Großkommentare der Praxis

Archiv-Nr. 22 01 61
Satz und Druck: Walter de Gruyter & Co., Berlin W 30

Inhaltsverzeichnis

zum V. Band, 2. Teil

Fünftes Buch. **Erbrecht**

Noch: Dritter Abschnitt. Testament

Es haben bearbeitet:

§§ 2147—2196: . . . . Bundesrichter Kurt Herbert Johannsen
§§ 2197—2264: . . . . Landgerichtspräsident Dr. Wilhelm Kregel
§§ 2265—2273: . . . . Bundesrichter Kurt Herbert Johannsen
§§ 2274—2302: . . . . Landgerichtspräsident Dr. Wilhelm Kregel
§§ 2303—2338: . . . . Bundesrichter Kurt Herbert Johannsen
§§ 2339—2345: . . . . Landgerichtspräsident Dr. Wilhelm Kregel
§§ 2346—2352: . . . . Bundesrichter Kurt Herbert Johannsen
§§ 2353—2385: . . . . Landgerichtspräsident Dr. Wilhelm Kregel

Vierter Titel

Vermächtnis

Vorbemerkungen

Übersicht

I. Rechtsgeschichte und Rechtsvergleichung

Anm. 1

1. Römisch-rechtlicher Ursprung

Eine letztwillige Zuwendung kann durch Erbeinsetzung oder durch ein Vermächtnis erfolgen. Während die Erbeinsetzung zu einer Gesamtrechtsnachfolge führt, hat das Vermächtnis eine Einzelzuwendung zum Gegenstand. Diese Form der letztwilligen Zuwendung geht auf das Legatum des älteren römischen Rechts zurück. An strenge Formen gebunden, hatte das Legatum, je nachdem welche der vier zur Verfügung stehenden Formeln verwandt worden war, entweder dingliche oder auch nur obligatorische Wirkung. Daneben entwickelte sich das unfeierliche bloß bittweise angeordnete Vermächtnis, das Fideikommiß. Dieses wurde durch den Kaiser Augustus gleichfalls als ein obligatorisch wirkendes, rechtsverbindliches Vermächtnis anerkannt. Das Legat und das Fideikommiß verschmolzen allmählich, so daß es im justinianischen Recht nur noch ein Vermächtnis gab. Dieses Vermächtnis begründete stets eine Verpflichtung des Beschwerten zur Erfüllung. Hierauf gründete sich die persönliche Legatsklage. Das Vermächtnis wirkte aber zugleich dinglich, wenn der Erblasser direkt das Eigentum oder ein sonstiges dingliches Recht an einer Sache vermacht hatte, die sich in der Erbschaft befand.

Dieses Recht wurde gemeines Recht.

2. Das Vermächtnisrecht des BGB

Anm. 2

Das Vermächtnisrecht des BGB hat an die gemeinschaftliche Tradition angeknüpft. Jedoch hat das Vermächtnis des BGB nur noch rein obligatorische Wirkung. Ein dinglich wirkendes Vermächtnis kennt das bürgerliche Recht nicht. Diese Form des Vermächtnisses wurde nicht übernommen, da das Sachenrecht des BGB auch sonst grundsätzlich keinen Übergang des Eigentums an einer Sache durch einen bloßen Willensentschluß kennt und da angenommen wurde, ein dinglich wirkendes Vermächtnis werde Schwierigkeiten im Grundbuchrecht machen. Maßgebend war aber vor allem die Erwägung, daß der vermachte Gegenstand auch für die Schulden des Erblassers haften muß und daß es den Erben möglich sein muß, den Gegenstand zu verwerten, um Nachlaßverbindlichkeiten zu begleichen. Diese Möglichkeit hätten sie nicht, wenn der Gegenstand einem Vermächtnisnehmer gehörte. Die Erben hätten dann nur einen persönlichen Ersatzanspruch gegen diesen, der unter Umständen wertlos sein kann. In solchem Fall würden auch die Nachlaßgläubiger mittelbar betroffen (Mot. 5, 133ff).

Anm. 3

Das nur schuldrechtlich wirkende Vermächtnis muß wie jedes andere obligatorische Rechtsgeschäft durch ein dingliches Geschäft erfüllt werden. Ebenso wie bereits vorher der Code civil, das ALR und das ABGB läßt auch das BGB das Vermächtnis wirksam werden ohne Rücksicht darauf, ob der mit dem Vermächtnis beschwerte Erbe die Erbschaft annimmt oder nicht. Ferner wurde der noch im gemeinen Recht geltende Grundsatz, daß den beschwerten Erben eine bestimmte Quote des Nachlasses verbleiben muß, die Falzidische Quart, aufgegeben. Der Gesetzgeber sah darin eine Einschränkung der Testierfreiheit des Erblassers, die ihm nicht gerechtfertigt schien. Auch nahm er an, daß die praktische Durchführung dieses Rechtsinstituts erhebliche Schwierigkeiten böte (Mot. 5, 205).

Anm. 4

3. Ausländisches Recht

Im Gegensatz zum BGB kennen das französische, das italienische und auch das neue schwedische Erbrecht auch das dinglich wirkende Vermächtnis, während das österreichische und das schweizerische Recht ebenso wie das deutsche nur das obligatorisch wirkende kennen.

II. Allgemeines

Anm. 5

1. Begriffsbestimmung

Der Begriff des Vermächtnisses ist in § 1939 bestimmt. Danach besteht das Vermächtnis in der Zuwendung eines Vermögensvorteiles, die keine Erbeinsetzung sein darf. Der Begriff Vermögensvorteil ist im weitesten Sinne zu verstehen. Ein Vermögensvorteil kann z. B. auch das vom Erblasser einem Erben eingeräumte Recht sein, bei der Erbauseinandersetzung ein Grundstück gegen Zahlung des vollen Wertes zu übernehmen (**OGH** 1, 165; **BGH** 23. 3. 1960 V ZR 14/59 Hamburg MDR 1950, 420; vgl. weiter § 2150 Anm. 12 und § 1939 Anm. 4—6).

Ebenso kann einem Dritten das Recht zugewandt werden, einen bestimmten Gegenstand gegen Zahlung eines bestimmten Preises von dem Beschwerten zu erwerben. Der Bedachte erwirbt damit einen Anspruch auf Leistung dieses Gegenstandes unter der aufschiebenden Bedingung, daß er von diesem Recht Gebrauch macht und sich verpflichtet, den festgesetzten Übernahmepreis zu zahlen (**BGH** NJW 1959, 2252).

Zu beachten ist, daß das Wort Vermächtnis allgemein und auch vom Gesetz in verschiedenem Sinne gebraucht wird. Es bezeichnet einmal die letztwillige Verfügung, durch die die Zuwendung angeordnet wird. Ferner wird dadurch der Erfolg der Verfügung als solcher ausgedrückt, der für den Beschwerten eine Belastung und für den bedachten Vermächtnisnehmer einen Vorteil darstellt. Schließlich wird mit dem Wort Vermächtnis auch der vermachte Gegenstand selbst bezeichnet.

Anm. 6

2. Sonstiges

Über Anordnung und Gegenstand des Vermächtnisses vgl. § 1939 Anm. 2—6.

Über die Aufwertung, Umstellung, Vertragshilfe und die Auswirkung des Lastenausgleichsgesetzes auf Vermächtnisse vgl. § 2174 Anm. 37ff, 48f, 50ff, 25ff.

III. Systematische Übersicht

1. Der Beschwerte

Anm. 7

Mit einem Vermächtnis kann nach § 2147 sowohl der Erbe als auch ein Vermächtnisnehmer beschwert werden. In diesem Fall spricht man von einem Untervermächtnis. Hat der Erblasser keine nähere Bestimmung darüber getroffen, wer beschwert sein soll, dann ist im Zweifel der Erbe beschwert. § 2148 enthält sodann eine Auslegungsregel dafür, wie sich die durch das Vermächtnis begründete Last verteilt, wenn mehrere Personen beschwert sind. Der Verteilungsmaßstab ist, wenn mehrere Erben beschwert sind, das Verhältnis ihrer Erbteile, und wenn mehrere Vermächtnisnehmer beschwert sind, das Verhältnis des Wertes der ihnen zugewandten Vermächtnisse.

Anm. 8

Das Vermächtnis wird nach § 2161, falls nicht ein anderer Wille des Erblassers anzunehmen ist, nicht dadurch unwirksam, daß der Beschwerte nicht Erbe oder Vermächtnisnehmer wird. Beschwert ist dann derjenige, dem der Wegfall des zunächst Beschwerten unmittelbar zustatten kommt.

2. Unwirksamwerden des Vermächtnisses

Anm. 9

Das Vermächtnis ist nach § 2160 unwirksam, wenn der Bedachte zur Zeit des Erbfalls nicht mehr lebt. Diese Regel entspricht dem Grundsatz, daß auch der Erbe den Erbfall erlebt haben muß.

Anm. 10

Das Vermächtnis kann schließlich noch durch Zeitablauf unwirksam werden. Der Gesetzgeber hat sich zu dem Grundsatz bekannt, daß der Erblasser den Erben nicht auf unabsehbare Zeit in der freien Verfügung über die Erbschaft einengen darf. Dieser Gedanke ist im Gesetz an verschiedenen Stellen zum Ausdruck gelangt. § 2210 läßt die Testamentsvollstreckung in bestimmten Fällen nach Ablauf von 30 Jahren enden. § 2109 beschränkt den Anfall der Erbschaft an einen Nacherben zeitlich. Entsprechendes bestimmen hier §§ 2162, 2163 für den Anfall eines Vermächtnisses, das unter einer aufschiebenden Bedingung oder unter der Bestimmung eines Anfangstermins angeordnet ist. Tritt der Termin oder die Bedingung nicht vorher ein, dann wird das Vermächtnis grundsätzlich mit dem Ablauf von 30 Jahren nach dem Erbfall unwirksam. § 2162 Abs. 2 behandelt entsprechend den Fall, daß der Bedachte zur Zeit des Erbfalls noch nicht erzeugt oder bestimmt ist. § 2163 regelt Ausnahmen von dem in § 2162 aufgestellten Grundsatz.

3. Der Bedachte

Anm. 11

Bezüglich der Person des Bedachten stellt § 2150 klar, daß auch dem Erben selbst ein Vermächtnis zugewandt werden kann. Ein solches Vermächtnis bezeichnet das Gesetz als Vorausvermächtnis. Schließlich schränkt das Gesetz die in § 2065 Abs. 2 enthaltene Regel, daß der Erblasser die Bestimmung der Person, die eine Zuwendung erhalten soll, nicht einem anderen überlassen kann, für das Vermächtnis ein. Der Gesetzgeber gestattet in § 2151 dem Erblasser, einen Dritten die Auswahl des Vermächtnisnehmers unter mehreren von den Erblassern bestimmten Personen vornehmen zu lassen. Falls der Erblasser angeordnet hat, daß die eine oder andere Person ein Vermächtnis erhalten soll, ist nach § 2152 anzunehmen, daß der Beschwerte bestimmen soll, wer das Vermächtnis erhält.

Anm. 12

In § 2190 ermöglicht das Gesetz, ähnlich wie bei der Erbfolge, auch für das Vermächtnis, einen Ersatzvermächtnisnehmer zu bestimmen, und § 2191 sieht gleichfalls die Möglichkeit vor, ein der Nacherbfolge entsprechendes Nachvermächtnis anzuordnen.

Anm. 13

Besondere Bestimmungen sind in §§ 2157, 2158, 2159 für den Fall getroffen, daß mehreren Personen derselbe Gegenstand vermacht worden ist. § 2157 betrifft die Bestimmung der Anteile der mehreren Vermächtnisnehmer. Die §§ 2089—93, die die Bestimmung der Anteile mehrerer Erben regeln, sollen entsprechend angewandt werden. Jedoch kann der Erblasser es nach § 2153 auch dem Beschwerten oder einem Dritten überlassen zu bestimmen, was jeder von dem vermachten Gegenstand erhalten soll. Auch diese Bestimmung enthält eine Ausnahme von dem Grundsatz des § 2065 Abs. 2. Die §§ 2158 und 2159 regeln die Anwachsung, im Falle daß einer der mehreren Bedachten vor oder nach dem Eintritt des Erbfalls wegfällt.

Anm. 14

4. Wahl- und Gattungsvermächtnis

Weitere Ausnahmen von dem Grundsatz des § 2065 Abs. 2 enthalten die §§ 2154, 2155 und 2156. § 2154 behandelt das Wahlvermächtnis. Der Erblasser kann bestimmen, daß der Vermächtnisnehmer nur den einen oder anderen Gegenstand erhalten soll. Er kann die Wahl einem Dritten überlassen. Falls dieser die Wahl nicht treffen kann, geht das Wahlrecht auf den Beschwerten über. § 2155 regelt den Fall, daß der Erblasser die vermachte Sache nur der Gattung nach bestimmt hat. Schließlich ermöglicht § 2156 dem Erblasser, sich damit zu begnügen, die Person des Bedachten und den Zweck des Vermächtnisses zu bestimmen. In diesem Fall kann er die Bestimmung der Leistung dem billigen Ermessen eines Dritten oder des Beschwerten überlassen.

5. Umfang und Inhalt des Vermächtnisses

Anm. 15

Umfang und Inhalt des Vermächtnisses bestimmen die §§ 2164—2173. § 2164 enthält den Grundsatz, daß das Vermächtnis sich im Zweifel auch auf das Zubehör der vermachten Sache erstreckt, das zur Zeit des Erbfalls vorhanden ist, und daß Ersatzansprüche für Beschädigungen, die die vermachte Sache nach der Anordnung des Vermächtnisses erlitten hat, im Zweifel mit vermacht sind. § 2165 behandelt die auf den vermachten Gegenstand ruhenden Lasten. Der Vermächtnisnehmer kann grundsätzlich nicht verlangen, daß sie beseitigt werden. Wenn aber dem Erblasser ein Anspruch auf ihre Beseitigung zusteht, ist dieser im Zweifel mit vermacht. § 2165 Abs. 2—§ 2168 enthalten noch besondere Regeln für die Belastungen eines vermachten Grundstücks. § 2165 Abs. 2 betrifft die Belastung mit Grundpfandrechten, die dem Erblasser selbst zustehen. Hier soll aus den Umständen entnommen werden, ob die Grundpfandrechte mit vermacht sind. § 2166 betrifft den Fall, daß das vermachte Grundstück mit einer Hypothek belastet ist. Da der Vermächtnisnehmer nicht verlangen kann, daß die Lasten beseitigt werden, ist es folgerichtig, wenn das Gesetz ausspricht, daß der Vermächtnisnehmer im Zweifel dem Erben gegenüber verpflichtet ist, den Hypothekengläubiger rechtzeitig zu befriedigen. Allerdings kann diese Verpflichtung nur so weit gehen, wie die Schuld durch den Wert des Grundstücks gedeckt wird. Die Höchstbetragshypothek ist von dieser Regel ausgenommen. Die §§ 2167 und 2168 behandeln die Verpflichtung des Vermächtnisnehmers, den Gläubiger einer Gesamthypothek oder einer Gesamtgrundschuld zu befriedigen. § 2168a läßt die in § 2165 Abs. 2—2167 aufgestellten Grundsätze sinngemäß für eingetragene Schiffe, Schiffsbauwerke und für Schiffshypotheken gelten.

Anm. 16

§ 2169 regelt den Fall, daß der vermachte Gegenstand zur Zeit des Erbfalls nicht zur Erbschaft gehört. Das Vermächtnis ist in diesem Fall unwirksam, falls es nicht nach dem Willen des Erblassers als Verschaffungsvermächtnis gelten soll. Über dieses enthält § 2170 nähere Bestimmungen. Falls das Vermächtnis des bestimmten Gegenstandes nach § 2169 Abs. 1 als solches unwirksam ist, kann es nach Abs. 2 und 3 in anderer Form gelten. Der Besitz gilt im Zweifel als vermacht, wenn der Erblasser den Besitz der vermachten Sache hatte. Als vermacht gilt im Zweifel auch der Anspruch auf Leistung des Gegenstandes, wenn dem Erblasser ein solcher zustand, und der Anspruch auf Ersatz des Wertes, wenn der Gegenstand nach der Anordnung des Vermächtnisses untergegangen oder dem Erblasser entzogen ist. Unwirksam ist nach § 2171 auch ein Vermächtnis, das auf eine zur Zeit des Erbfalls unmögliche Leistung gerichtet ist oder das gegen ein zu dieser Zeit bestehendes gesetzliches Verbot verstößt. Soweit es sich nur um eine vorübergehende Unmöglichkeit handelt, gilt § 308 entsprechend. § 2172 regelt die Rechtsfolgen, die sich ergeben, wenn der vermachte Gegenstand mit einem anderen verbunden oder vermischt worden ist, so daß das Eigentum an der anderen Sache sich auf den vermachten Gegenstand erstreckt oder daß Miteigentum eingetreten ist. Er regelt ferner den Fall, daß der Gegenstand in der Weise verarbeitet oder umgebildet worden ist, daß der Verarbeiter nach § 950 Eigentümer geworden ist. Hat der Erblasser die Verbindung, Vermischung oder Verarbeitung vorgenommen, dann ist das Vermächtnis unwirksam. Ist die Verbindung, Vermischung oder Verarbeitung durch einen anderen vorgenommen, dann sind nach § 2172 Abs. 2 im Zweifel die etwaigen Ersatzrechte des Erblassers vermacht. § 2173 behandelt schließlich den Fall, daß der Erblasser eine Forderung vermacht hat, die noch vor dem Erbfall durch Leistung erfüllt worden ist. Ist der geleistete Gegenstand noch in der Erbschaft vorhanden, dann gilt er im Zweifel als vermacht. Handelt es sich um eine Geldforderung, dann gilt im Zweifel die entsprechende Geldsumme als vermacht ohne Rücksicht darauf, ob ein solcher Geldbetrag in der Erbschaft vorhanden ist. Die mit dem Erbfall eingetretene Konfusion kann nicht dazu führen, die Leistung des vermachten Gegenstandes unmöglich zu machen. Das folgt aus § 2175. Falls eine Forderung gegen den Erben oder ein Recht, das auf einer Sache oder einem Recht des Erben ruht, vermacht ist, gilt das infolge der Konfusion durch den Erbfall eingetretene Erlöschen der Forderung oder des Rechts in Ansehung des Vermächtnisses als nicht erfolgt.

Die Rechtsnatur des Vermächtnisses als eines nur schuldrechtlichen Anspruchs bestimmt § 2174.

Anm. 17

6. Anfall des Vermächtnisses

Das Vermächtnis fällt nach § 2176 grundsätzlich mit dem Erbfall an. Vorher kann es nie anfallen, dagegen kann es nach §§ 2177, 2178 in einem späteren Zeitpunkt anfallen, wenn es unter einer aufschiebenden Bedingung oder einem Anfangstermin angeordnet ist und die Bedingung oder der Termin zur Zeit des Erbfalls noch nicht eingetreten sind. Entsprechendes gilt, wenn der Bedachte zur Zeit des Erbfalls noch nicht geboren oder bestimmt ist. In den Fällen, in denen das Vermächtnis erst nach dem Erbfall anfällt, sind nach § 2179 für die Zeit zwischen dem Erbfall und dem Anfall des Vermächtnisses die Vorschriften anzuwenden, die gelten, wenn eine Leistung unter einer aufschiebenden Bedingung geschuldet wird.

Ebenso wie die Erbschaft kann auch das Vermächtnis angenommen und ausgeschlagen werden. Darüber bestimmt § 2180.

Anm. 18

7. Erfüllung des Anspruchs aus dem Vermächtnis. Mängelhaftung. Herausgabe von Früchten

Die §§ 2181—2185 enthalten Bestimmungen darüber, wie die Forderung aus dem Vermächtnis zu erfüllen ist. Von dem Zeitpunkt, in dem das Vermächtnis anfällt, ist der Zeitpunkt, in dem die Forderung aus dem Vermächtnis fällig wird, zu unterscheiden. § 2181 enthält als Auslegungsregel den Satz, daß das Vermächtnis, falls die Zeit seiner Erfüllung dem freien Belieben des Beschwerten überlassen ist, im Zweifel erst beim Tode des Beschwerten fällig wird. Bestimmungen über die Gewährleisungspflicht für Rechts- und Sachmängel enthalten die §§ 2182 und 2183. Zu beachten ist, daß die Sachmängelhaftung nur für das Gattungsvermächtnis und die Rechtsmängelhaftung nur für das Gattungs- und das Verschaffungsvermächtnis in Betracht kommen. Falls ein bestimmter, zur Erbschaft gehörender Gegenstand vermacht ist, behandelt das Gesetz den Vermächtnisnehmer hinsichtlich des Fruchtgenusses und der Pflicht, die Lasten zu tragen, so als sei er mit dem Anfall des Vermächtnisses Eigentümer des Gegenstandes geworden. Nach § 2184 hat der Beschwerte ihm die seit dem Anfall des Vermächtnisses gezogenen Früchte und das sonst auf Grund des vermachten Rechts Erlangte herauszugeben. Jedoch hat er für Nutzungen, die keine Früchte sind, keinen Ersatz zu leisten. Andererseits trifft den Vermächtnisnehmer für diese Zeit, wenn es sich um das Vermächtnis einer bestimmten, zur Erbschaft gehörenden Sache handelt, nach § 2185 eine Ersatzpflicht. Er hat dem Beschwerten die Verwendungen zu ersetzen, die dieser auf die vermachte Sache nach dem Erbfall gemacht hat. Er hat ihm ferner die Aufwendungen zu ersetzen, die der Beschwerte nach dem Erbfall gemacht hat, um Lasten zu bestreiten, die auf der vermachten Sache ruhen. Maßgeblich sind dafür die Vorschriften, die für das Verhältnis zwischen dem Eigentümer und dem Besitzer gelten.

Anm. 19

8. Auf dem Vermächtnis ruhende Beschwerungen

Die §§ 2186—2189 betreffen schließlich das Untervermächtnis oder die Auflage, mit der ein Vermächtnisnehmer beschwert werden kann. Das Untervermächtnis wird nach § 2186 nicht fällig, bevor nicht das Vermächtnis, auf dem es lastet, fällig geworden ist. § 2187 beschränkt die Haftung des Hauptvermächtnisnehmers, wenn das ihm Zugewandte nicht ausreicht, um das Untervermächtnis oder die Auflage zu erfüllen. Falls aus dem eben angeführten Grunde oder mit Rücksicht auf die beschränkte Haftung des Erben der Vermächtnisnehmer sich selbst eine Kürzung seines Vermächtnisses gefallen lassen muß, kann er nach § 2188, falls nicht ein anderer Wille des Erblassers anzunehmen ist, die ihm auferlegten Untervermächtnisse und Auflagen verhältnismäßig kürzen. § 2189 sieht vor, daß der Erblasser bei derartigen Kürzungen bestimmten Vermächtnissen oder Auflagen einen Vorrang vor anderen Beschwerungen einräumen kann.

§ 2147

Mit einem Vermächtnisse kann der Erbe oder Vermächtnisnehmer beschwert werden. Soweit nicht der Erblasser ein anderes bestimmt hat, ist der Erbe beschwert.

E I 1756 Abs. 2, 1842 II 2018; M 5 10, 136, 137; P 5 6, 160, 161.

Entsprechend anwendbar auf die Auflage § 2192.

Übersicht

Beschwerter

Anm. 1

1. Die Anordnung des Vermächtnisses

Begriff des Vermächtnisses § 1939. Ein Vermächtnis kann nur durch Testament oder Erbvertrag angeordnet werden, im Erbvertrage sowohl durch vertragsmäßige Verfügung, die sich auch auf das Vermächtnis beschränken kann, Vermächtnisvertrag (§ 2278), als durch einseitige Verfügung (§ 2299). Auch die nicht sogleich vollzogene Schenkung von Todes wegen wird als Vermächtnis behandelt, § 2301.

Anm. 2

2. Der Beschwerte

Der Beschwerte ist Schuldner, der Bedachte Gläubiger in dem durch das Vermächtnis begründeten Schuldverhältnis, § 2174. Es entsteht hiermit eine Nachlaßverbindlichkeit, § 1967 Anm. 17. Nur der Erbe oder der Vermächtnisnehmer kann beschwert werden.

a) Der Erbe als Beschwerter

Anm. 3

Beschwert sein kann der Erbe, und zwar sowohl der gewöhnliche, der gesetzliche oder gewillkürte, Testaments- oder Vertragserbe, der bedingt eingesetzte Erbe, der Vor- oder Nacherbe. Dem Vertragserben muß das Vermächtnis in dem Vertrag auferlegt werden, durch den er als Erbe eingesetzt wird. Später kann ihm ein Vermächtnis nur auferlegt werden, wenn die Voraussetzungen gegeben sind, unter denen das vertragsmäßige Erbrecht aufgehoben oder geändert werden könnte (§§ 2289 Abs. 1 Satz 2, 2290 ff).

Anm. 4

Ein dem Vertragserben vor Abschluß des Erbvertrages auferlegtes Vermächtnis tritt, wenn es in dem Erbvertrag nicht ausdrücklich oder stillschweigend wiederholt wird, nach § 2289 Abs. 1 durch dessen Abschluß außer Kraft.

Anm. 5

Das dem Ersatzerben auferlegte Vermächtnis kann nur wirksam werden, wenn er tatsächlich zur Erbschaft berufen ist, weil der vorher Berufene vor oder nach Eintritt des Erbfalls weggefallen ist. Ebenso kann das Vermächtnis, das dem unter einer aufschiebenden Bedingung eingesetzten Erben auferlegt ist, nur gelten, wenn die Bedingung eingetreten ist. Beschwert ist jeder Erbe für seine Person oder schlechthin die Erbschaft (**RG** 14. 4. 1921 IV 562/20) mit der Wirkung, daß der das Vermächtnis erfüllende Vorerbe dieserhalb dem Nacherben einen Abzug machen kann (§ 2126 Anm. 2, 5).

Anm. 6

Sind dem Nacherben Leistungen auferlegt, die er schon vor Eintritt der Nacherbfolge bewirken soll, so kann es sich nur um die Setzung einer Bedingung für das Nacherbenrecht oder um einen unverbindlichen Wunsch des Erblassers handeln (**RG** 14. 4. 1921 IV 562/20).

Anm. 7

Nicht beschwert werden kann der Erbeserbe, obschon er in die Lage kommen kann, ein erst beim Tode des Erben fällig gewordenes Vermächtnis aus der ihm angefallenen Erbschaft zu entrichten (§ 2181 Anm. 2, **RG** WarnRspr 1919 Nr. 198). Die Verfügung, durch die dem Erbeserben oder den Erben eines Vermächtnisnehmers ein Vermächtnis auferlegt worden ist, wird, worauf Planck/Flad, 4. Aufl. § 2147 Anm. 2a zutreffend hinweist, häufig als ein dem Erben oder dem Vermächtnisnehmer auferlegtes, auf seinen Tod befristetes Vermächtnis ausgelegt werden müssen. In diesen Fällen hat der Erbeserbe oder der Erbe des Vermächtnisnehmers das Vermächtnis als eine Nachlaßverbindlichkeit zu erfüllen. Über die Beschwerung des als Erben berufenen Pflichtteilsberechtigten mit Vermächtnissen vgl. § 2306.

b) Vermächtnisnehmer als Beschwerter

Anm. 8

Ist der Vermächtnisnehmer selbst wiederum mit einem Vermächtnis beschwert (§§ 2186—2188), so spricht man von einem Untervermächtnis. Nachvermächtnis § 2191, sog. gesetzliche Vermächtnisse § 1939 Anm. 8. Auch derjenige, dem ein gesetzliches Vermächtnis angefallen ist, der überlebende Ehegatte, dem nach § 1932 der Voraus gebührt oder derjenige, dem nach § 1969 der Dreißigste zusteht, kann mit einem Vermächtnis beschwert werden (Planck/Flad, 4. Aufl. § 2147 Anm. 1b; Staudinger/Seybold, 11. Aufl. § 2147 Anm. 5).

Anm. 9

Der von Todes wegen Beschenkte kann nur, soweit er als Vermächtnisnehmer zu gelten hat, mit einem Vermächtnis beschwert werden, also nicht der Empfänger einer bereits vollzogenen, wenn auch unter Vorbehalt des Widerrufs erklärten Schenkung (§ 2301). Hier kann nur eine Auflage im Sinne von § 525 in Frage kommen.

Anm. 10

Ferner kann mit einem Vermächtnis nicht beschwert werden, wer nur mittelbar aus der Erbschaft etwas erlangt. So der Empfänger einer Leistung, die ein unter einer Bedingung Bedachter zur Erfüllung dieser Bedingung bewirkt (§ 1939 Anm. 7), oder der Ehemann oder Gewalthaber, dem nach früherem Recht (§§ 1363, 1369, 1383; 1651, 1652, 1686 in der vor dem 1. Juli 1958 geltenden Fassung) die Nutznießung an den der Frau oder den Gewaltunterworfenen gemachten Zuwendungen zustand. Im Falle des § 331 kann der Versprechensempfänger die für den Dritten ausbedungene Leistung zwar vertragsmäßig von anderweiten erst durch den Dritten zu erfüllenden Leistungen abhängig machen. Dies kann nach § 332 auf Grund vertragsmäßigen Vorbehalts auch einseitig in einer Verfügung von Todes wegen geschehen. Eine eigentliche Beschwerung des Dritten mit einem Vermächtnis liegt aber auch hierin nicht.

Anm. 11

3. Auslegungsregel (Satz 2)

Der Erbe ist beschwert kraft verfügender, den Willen des Erblassers ergänzender Bestimmung. Der abweichende Wille braucht jedoch nicht ausdrücklich erklärt zu sein. Das Vermächtnis bleibt regelmäßig auch nach Wegfall des Beschwerten wirksam, § 2161.

Anm. 12

4. Testamentsvollstrecker

Hat der Erblasser einen Testamentsvollstrecker eingesetzt, so ist es nach § 2203 dessen Aufgabe, die angeordneten Vermächtnisse zu erfüllen, falls nicht nach dem Willen des Erblassers ihm dieses Recht nicht zustehen soll (§ 2208). Der Erblasser kann nach § 2223 einen Testamentsvollstrecker allein zu dem Zweck ernennen, daß dieser für die Ausführung der einem Vermächtnisnehmer auferlegten Beschwerungen sorgt.

Anm. 13

5. Nichtigkeit wegen Verstoßes gegen die guten Sitten

Eine Vermächtnisanordnung kann nach § 138 wegen Verstoßes gegen die guten Sitten nichtig sein (vgl. dazu § 2078 Anm. 4ff).

§ 2148

Sind mehrere Erben oder mehrere Vermächtnisnehmer mit demselben Vermächtnisse beschwert, so sind im Zweifel die Erben nach dem Verhältnisse der Erbteile, die Vermächtnisnehmer nach dem Verhältnisse des Wertes der Vermächtnisse beschwert.

E I 1843 II 2019; M 5 137; P 5 161.

Entsprechend anwendbar auf die Auflage § 2192.

Mehrere Beschwerte

Anm. 1

Gegenüber der gesetzlichen Auslegungsregel steht der Nachweis offen, daß der Erblasser insbesondere mit Rücksicht auf die Art der Vermächtnisleistung und die persönlichen Verhältnisse der mehreren Beschwerten eine andere Verteilung gewollt habe. Ob er bei der Anordnung die mehreren Beschwerten namentlich oder nur in ihrer Erben- usw. Eigenschaft bezeichnet hat, macht keinen Unterschied. Die mehreren Erben sind, wenn sie sämtlich beschwert sind, dem Bedachten gegenüber Gesamtschuldner, §§ 2058ff. Die Erbteile sind nur im Verhältnisse der Miterben zueinander maßgebend (§ 426). Maßgebend für die Ausgleichspflicht der Erben untereinander ist nach dieser Gesetzesbestimmung das Verhältnis ihrer Erbteile. Danach haben Vorausvermächtnisse, die dem einzelnen Erben zugewandt sind, ebenso außer Betracht zu bleiben, wie Vermächtnisse, die ihm allein auferlegt sind.

Anm. 2

§ 2148 kann nicht unmittelbar angewandt werden, wenn **Erben und Vermächtnisnehmer gemeinsam beschwert** sind. In einem solchen Fall ist er entsprechend anzuwenden, so daß das Verhältnis des Wertes der verschiedenen Zuwendungen maßgebend ist. Dabei muß, falls das zugleich beschwerte Vermächtnis auf dem gleichfalls beschwerten Erbteil ruht, jenes bei der Ermittlung des Wertes des beschwerten Erbteils berücksichtigt werden. Nicht erforderlich ist es, zunächst unter Berücksichtigung des Wertes der Zuwendungen die ganzen Beschwerungen der beteiligten Erben und die der Vermächtnisse zu ermitteln und dann innerhalb der beiden Gruppen § 2148 anzuwenden, wie Staudinger/Seybold 11. Aufl. § 2148 Anm. 2 vorschlägt.

Anm. 3

Sind nur einige von mehreren Miterben (§ 2046 Abs. 2) oder sind mehrere Vermächtnisnehmer beschwert, so sind sie, wenn die Vermächtnisleistung teilbar ist, im Zweifel nach § 420 (zu vgl. mit § 421) dem Bedachten von vornherein nur nach Anteilen verpflichtet, die gemäß § 2148 zu bemessen sein werden. Dementsprechend kann in diesem Falle jeder das Vermächtnis zu seinem Anteil anfechten (§§ 2078, 2080).

Anm. 4

Für die Ermittlung des Wertes der von dem streitigen Vermächtnis betroffenen Vermächtnisse ist die Zeit des Erbfalls, gegebenenfalls unter Berücksichtigung der Zwischenzinsen (§§ 272, 813 Abs. 2) maßgebend. Falls der Erblasser nicht etwas anderes bestimmt hat, sind bei der Wertermittlung Beschwerungen der einzelnen Miterben oder Vermächtnisnehmer durch Vermächtnisse oder Auflagen unberücksichtigt zu lassen.

Anm. 5

Ist die Vermächtnisleistung unteilbar, so sind zwar auch dann, wenn einige von mehreren Miterben oder mehrere Vermächtnisnehmer beschwert sind, die Beschwerten Gesamtschuldner (§ 431). Trotzdem wird jeder von ihnen für sich anfechten können mit der Folge, daß er aus dem Gesamtschuldverhältnis ausscheidet (§ 425). Anders, wenn die mehreren Erben sämtlich beschwert sind; dann greift § 2038 Abs. 1 ein (Reichel AcP 138, 213).

Anm. 6

Die **alternative Beschwerung** (A oder B soll zahlen) wird in der Regel als Auferlegung eines gesamtschuldnerischen Vermächtnisses aufzufassen sein (§ 421). Über die Möglichkeit, ein Vermächtnis, das gegenüber einem Teile der mehreren Belasteten unwirksam ist, teilweise aufrechtzuerhalten, s. § 2085 Anm. 7.

§ 2149

Hat der Erblasser bestimmt, daß dem eingesetzten Erben ein Erbschaftsgegenstand nicht zufallen soll, so gilt der Gegenstand als den gesetzlichen Erben vermacht. Der Fiskus gehört nicht zu den gesetzlichen Erben im Sinne dieser Vorschrift.

E I 1791 II 2020; M 5 64; P 5 74, 79, 80.

Vermächtnis an die gesetzlichen Erben

1. Dem Erben vorenthaltene Gegenstände (Satz 1)

Anm. 1

Die Bestimmung ist nur anzuwenden, wenn der Erblasser in der letztwilligen Verfügung seinen Willen dahin ausgedrückt hat, daß der eingesetzte Erbe den betreffenden Gegenstand nicht haben soll. Hat der Erblasser ein Vermächtnis angeordnet, so ist darin, falls die Anordnung unwirksam ist, in der Regel nicht die Bestimmung enthalten, daß die den Gegenstand des Vermächtnisses bildende Sache dem Erben nicht zufallen soll. Das Testament gilt vielmehr regelmäßig so, wie wenn das Vermächtnis überhaupt nicht angeordnet wäre. Anders wäre es, wenn durch Auslegung des Testaments als Wille des Erblassers zu ermitteln wäre, daß die Erben den betreffenden Gegenstand unter keinen Umständen haben sollen. In diesem Fall hätte der Erblasser seinen letzten Willen nur lückenhaft geäußert, da er nicht wirksam bestimmt hat, wem der Gegenstand zufallen soll. Diese Lücke seines Willens wird durch § 2149 geschlossen, der eine ähnliche Aufgabe hat wie der § 2088, wenn der Erblasser seinen Nachlaß nicht vollständig vergeben hat, oder die §§ 2104, 2105, wenn er es unterlassen hat, den Nacherben oder den Vorerben zu bestimmen. Ebenso wie in den genannten Bestimmungen wird die Lücke auch hier dadurch geschlossen, daß die gesetzlichen Erben als Berechtigte eintreten. Der den Erben vorenthaltene Gegenstand gilt den gesetzlichen Erben als vermacht.

Anm. 2

§ 2149 kann nicht angewandt werden, wenn der Erblasser sich vorbehalten hat, noch über bestimmte Gegenstände zu verfügen. In diesem Fall gilt § 2086, so daß die Verfügung ohne den Vorbehalt gilt, falls der Erblasser die vorbehaltene Verfügung nicht getroffen hat. § 2149 ist dagegen anzuwenden, wenn sich aus dem Vorbehalt ausnahmsweise ergibt, daß die eingesetzten Erben die genannten Gegenstände unter keinen Umständen erhalten sollen.

Anm. 3

Falls der Erblasser seine gesetzlichen Erben eingesetzt hat, kann er eine Bestimmung, daß ihnen einzelne Gegenstände nicht zufallen sollen, nicht treffen, ohne zu bestimmen, wem diese Gegenstände zufallen sollen. Die bloße Bestimmung, daß die Gegenstände den eingesetzten gesetzlichen Erben nicht zufallen sollen, wäre unwirksam. In der Regel wird das Testament so gültig sein, als wäre diese Bestimmung nicht getroffen.

Anm. 4

Ein Verbot des Erblassers, über einen Nachlaßgegenstand unter Lebenden oder von Todes wegen zu verfügen, ist regelmäßig unwirksam, wenn es nicht als Nachvermächtnis aus §§ 2191, 2338 aufrechtzuerhalten ist. Ebensowenig steht es in der Macht des Erblassers, eine Zuwendung an den Bedachten dem Zugriffe der Gläubiger des Bedachten zu entziehen, wenn der Bedachte nicht zugleich selbst in der Verfügung wirksam beschränkt ist. Ein durch Pfändung, z. B. der vermachten Rente, auflösend bedingtes Vermächtnis ist zulässig (**RG** LZ 1915, 1097).

Anm. 5

2. Ausschluß des Fiskus

Ausschluß des Fiskus (§ 1936) wie bei der Nacherbfolge § 2104 Satz 2. Beim Mangel gesetzlicher Erben verbleibt mithin der ausgenommene Gegenstand dem eingesetzten Erben.

§ 2150

Das einem Erben zugewendete Vermächtnis (Vorausvermächtnis) gilt als Vermächtnis auch insoweit, als der Erbe selbst beschwert ist.

E I 1845 Abs. 1, 2 II 2021; M 5 139, 140; P 5 162, 163.

Übersicht

Vorausvermächtnis

I. Vorausvermächtnis des Alleinerben

1. Vermächtnis des alleinigen Vollerben

Anm. 1

Handelt es sich um einen Alleinerben, so ist die Anordnung, er solle einen Erbschaftsgegenstand im voraus als Vermächtnis erhalten, an sich bedeutungslos. Sie ist aber wirksam, insofern sie dem Erben in der Eigenschaft als Vermächtnisnehmer eine günstigere Stellung gewährt (**RG** ZBlFG 14, 236; WarnRspr 1913 Nr. 428). So hat die Unwirksamkeit der Erbeinsetzung regelmäßig nicht auch die Unwirksamkeit des Vermächtnisses zur Folge (§ 2085). Schlägt er die Erbschaft aus, so kann er doch das Vermächtnis annehmen, wenn er nicht mit diesem nur unter der Bedingung, daß er Erbe werde, bedacht ist. Eine Bedingung, unter der der Bedachte als Erbe eingesetzt ist, gilt in der Regel nicht zugleich für das Vorausvermächtnis.

Anm. 2

Beim Erbschaftskauf gilt das Vorausvermächtnis im Zweifel als nicht mitverkauft, § 2373. In allen Fällen, wo auch sonst die durch Vereinigung von Rechten und Verbindlichkeiten erlöschenden Rechtsverhältnisse nicht erlöschen, kann der Bedachte seine Rechtsstellung als Nachlaßgläubiger (§ 1967) unbeschränkt geltend machen. So im Falle der Nachlaßverwaltung und des Nachlaßkonkurses (§§ 1976, 1984; KO § 226 Nr. 5; über das Nachlaßvergleichsverfahren s. VerglO § 113 Nr. 7 in Verbindung mit KO § 226 Nr. 5), der Unzulänglichkeitseinrede (§ 1991 Abs. 2), beim Erbschaftskauf (§ 2377). Ebenso gegen den Testamentsvollstrecker (§ 2213).

Anm. 3

2. Vermächtnis des Vorerben im besonderen

Im Falle der Nacherbfolge verbleibt das Vorausvermächtnis im Zweifel dem Vorerben, § 2110 Abs. 2. Ein Grundstück, das dem Vorerben als Vorausvermächtnis zugewandt ist, gehört ihm als alleinigem und unbeschränktem Eigentümer. Im Grundbuch kann daher auch kein Nacherbenvermerk eingetragen werden. Bei Eintritt des Nacherbfalls verbleibt dieses Grundstück dem Vorerben, ohne daß es etwa von dem Nacherben dem Vorerben aufgelassen werden müßte (München JFG 23, 300; vgl. auch **BGH** 32, 60). Im Erbschein muß angegeben werden, daß sich das Recht des Nacherben nicht auf den Gegenstand des Vorausvermächtnisses erstreckt (KG JFG 21, 122).

II. Vorausvermächtnis eines von mehreren Miterben

1. Bedachter Miterbe ist mitbeschwert

a) Geltendmachen des Anspruchs gegen die anderen Miterben

Anm. 4

Daß der Bedachte seine Rechtsstellung als Nachfolger geltend machen kann, tritt besonders hervor, wenn einer von mehreren Erben im voraus bedacht und zugleich selbst mit beschwert ist. Er kann seine Vermächtnisforderung gegen die Miterben, wie jeder andere Miterbengläubiger, mit der Gesamthandsklage aus § 2059 Abs. 2 geltend machen.

Grundsätzlich kann er den vermachten Gegenstand von dem Miterben schon vor der Auseinandersetzung fordern, jedoch muß er sich unter Umständen, § 2046 Anm. 2, darauf verweisen lassen, seine Befriedigung bei der Auseinandersetzung zu suchen (**RG** 93, 196; **BGH** v. 5. 7. 1954 IV ZR 35/54). Der Vermächtnisnehmer, der zugleich Miterbe ist, ist verpflichtet, dazu beizutragen, daß der Nachlaß bis zur Auseinandersetzung der Erbengemeinschaft ungeschmälert erhalten und vor unnötigen Verlusten bewahrt bleibt. Die Geltendmachung des Vorausvermächtnisses kann daher gegen Treu und Glauben verstoßen, wenn die Befriedigung dieses Anspruchs vor der Auseinandersetzung für den Nachlaß sonst vermeidliche Verluste bringen würde, oder wenn es zweifelhaft ist, ob der Vorausvermächtnisnehmer mit Rücksicht auf frühere Zuwendungen bei der Teilung überhaupt noch etwas beanspruchen kann (**RG** 93, 196; **BGH** 5. 7. 1954 IV ZR 35/54).

Anm. 5

Der mit dem Vorausvermächtnis bedachte Miterbe kann vor der Auseinandersetzung nicht gegen einen einzelnen Miterben auf Erfüllung des Vermächtnisses klagen, da der einzelne Miterbe nach §§ 2059 Abs. 1 Satz 1, 2063 einem anderen Miterben gegenüber stets nur beschränkt und bis zur Teilung nur mit seinem Anteil am Nachlaß haftet.

Anm. 6

b) Vorausvermächtnis eines Gegenstandes an mehrere Miterben

Ist mehreren Miterben dasselbe Vorausvermächtnis vermacht, so gelten sie nach §§ 2157, 2091 im Zweifel nicht als nach dem Verhältnis ihrer Erbteile, sondern als nach gleichen Teilen bedacht. Die allgemeinen, für das Vermächtnis geltenden Regeln sind auch anzuwenden, wenn der Vorausvermächtnisnehmer zusammen mit anderen Personen mit demselben Gegenstand bedacht ist.

Anm. 7

c) Rang des Vorausvermächtnisses im Verhältnis zu anderen Vermächtnissen

Der Vorausvermächtnisnehmer genießt anderen Vermächtnisnehmern gegenüber, wenn der Erblasser gemäß § 2189 nicht etwas anderes angeordnet hat, keinen Vorrang. Bei der Berichtigung ihrer Forderungen haben die Vermächtnisnehmer nach §§ 1992, 1991 und im Nachlaßkonkurs nach § 226 Nr. 5 KO gleichen Rang. An dem Vergleichsverfahren über den Nachlaß sind sie nach § 113 Nr. 7 VerglO nicht beteiligt. Für die Anrechnung des Vorausvermächtnisses auf den Pflichtteil s. § 2307.

2. Bedachter Miterbe ist nicht mitbeschwert

Anm. 8

a) Allgemeine Regeln

Ist der mit dem Vermächtnis bedachte Miterbe selbst nicht mitbeschwert, ist das Vermächtnis vielmehr lediglich den anderen Miterben auferlegt, so gelten die allgemeinen Grundsätze (§ 2046 Anm. 7).

b) Teilungsanordnungen als Vorausvermächtnis

Anm. 9

Ein Vorausvermächtnis, bei dem der Bedachte selbst nicht mitbeschwert ist, kann auch in einer Bestimmung liegen, die sich äußerlich als Teilungsanordnung darstellt. So namentlich dann, wenn sich hinter einer Teilungsanordnung eine Bevorzugung des einen Erben auf Kosten der übrigen Erben verbirgt und in Wahrheit damit ein Vermächtnis gewollt ist (vgl. § 2048 Anm. 1, 2087 Anm. 15). Ob das der Fall ist, muß durch Auslegung des Testaments ermittelt werden.

Anm. 10

Ein Vorausvermächtnis kann vorliegen, wenn die Übernahme des zugewandten Gegenstandes zu einem besonders günstigen oder einem besonders hohen Preis erfolgen soll. In diesem Fall ist der den Gegenstand übernehmende Erbe zugunsten der Miterben beschwert, in jenem sind die Miterben zugunsten desjenigen beschwert, der den Gegenstand erhalten soll.

Anm. 11

Falls der Erblasser den Übernahmepreis noch in Reichsmark bezeichnet hat, tritt, wenn der Erbfall nach dem 20. Juni 1948 eingetreten ist, an die Stelle dieser Rechnungseinheit nach § 2 WährG die Rechnungseinheit Deutsche Mark. Dadurch kann das Vorausvermächtnis wirtschaftlich eine ganz andere Bedeutung erlangt haben, als der Erblasser es beabsichtigte. Es ist daher in diesen Fällen stets zu prüfen, ob diese Änderung dem Willen des Erblassers entspricht. Notfalls im Wege der ergänzenden Testamentsauslegung ist festzustellen, was der Erblasser bestimmt hätte, wenn er den Währungswechsel vorausschauend bedacht hätte.

Anm. 12

Die Anordnung, daß ein Miterbe das Recht erhält, einen bestimmten Nachlaßgegenstand zu übernehmen, kann aber auch dann ein Vorausvermächtnis sein, wenn die Übernahme zum normalen Preis erfolgen soll. Schon das Recht, den Gegenstand nach Belieben zu erwerben oder nicht zu erwerben, kann den Gegenstand des Vermächtnisses bilden, wenn darin ein Vermögensvorteil liegt (**OGH** 1, 165; **BGH** 23. 3. 1960 V ZR 14/59; Hamburg MDR 1950, 420). Eine derartige Zuwendung unterscheidet sich dadurch von der Teilungsanordnung, daß der Erbe den zugewandten Gegenstand neben seinem Erbteil erhält, während er ihn sich bei der Teilungsanordnung auf seinen Erbteil anrechnen lassen muß (**RG** 170, 170; **OGH** 1, 165).

III. Besonderheiten

Anm. 13

Gegenstand eines Vorausvermächtnisses kann auch ein einem Miterben an einem Nachlaßgrundstück zu bestellendes dingliches Vorkaufsrecht sein (**RG** 108, 84).

Anm. 14

Die letztwillige Anordnung über die Ausgleichung einer Schenkung kann als ein den Gegenstand der Schenkung betreffendes Vorausvermächtnis ausgelegt werden, wenn die Schenkung unter Lebenden unwirksam war (**RG** 82, 149).

Anm. 15

Ob in der Einsetzung als **Ersatzerbe** zugleich eine Ersatzberufung auf das Vorausvermächtnis (§ 2190) liegt, ist eine (nicht aus den §§ 2110 Abs. 2, 2373 zu entscheidende) Auslegungsfrage (Kiel OLG 34, 283).

§ 2151

Der Erblasser kann mehrere mit einem Vermächtnis in der Weise bedenken, daß der Beschwerte oder ein Dritter zu bestimmen hat, wer von den mehreren das Vermächtnis erhalten soll.

Die Bestimmung des Beschwerten erfolgt durch Erklärung gegenüber demjenigen, welcher das Vermächtnis erhalten soll; die Bestimmung des Dritten erfolgt durch Erklärung gegenüber dem Beschwerten.

Kann der Beschwerte oder der Dritte die Bestimmung nicht treffen, so sind die Bedachten Gesamtgläubiger. Das gleiche gilt, wenn das Nachlaßgericht dem Beschwerten oder dem Dritten auf Antrag eines der Beteiligten eine Frist zur Abgabe der Erklärung bestimmt hat und die Frist verstrichen ist, sofern nicht vorher die Erklärung erfolgt. Der Bedachte, der das Vermächtnis erhält, ist im Zweifel nicht zur Teilung verpflichtet.

E I 1770 Satz 2 1769 Abs. 2 II 2022; M 5 33—36; P 5 23—30, 42, 43.

Übersicht

Bestimmung des Bedachten durch den Beschwerten oder durch Dritte

1. Allgemeines

Anm. 1

In § 2065 Abs. 2 ist der Grundsatz aufgestellt, daß der Erblasser die Bestimmung der Person, die eine Zuwendung erhalten soll, oder die Bestimmung des Gegenstandes der Zuwendung keinem Dritten überlassen kann. Von diesem Grundsatz machen die §§ 2151, 2152 eine Ausnahme, soweit es sich um die Bestimmung der Person handelt, die ein Vermächtnis erhalten soll, und die §§ 2153—2156 hinsichtlich der Bestimmung des Gegenstandes des Vermächtnisses.

Anm. 2

Während der erste Entwurf vorsah, daß der Erblasser auch bei einem Vermächtnis die Person des Bedachten selbst zu bestimmen hatte, hat die II. Kommission es entsprechend dem bisherigen Recht für notwendig gehalten, bei den Vermächtnissen den Grundsatz des § 2065 Abs. 2 weitgehend aufzugeben. Bestimmend war der Gedanke, daß der Erblasser oft die künftige Entwicklung nicht voraussehen kann und daß es ihm gestattet sein muß, sich auf das Urteil einsichtiger und vertrauenswürdiger Dritter zu verlassen. Die Gründe, die eine entsprechende Regelung für die Erbeinsetzung ausschließen, gelten hier nicht. Einmal handelt es sich bei dem Vermächtnis nur um die Zuwendung einzelner Gegenstände, nicht um eine Gesamtrechtsnachfolge, und zum anderen ist bei der Zuwendung eines Vermächtnisses häufig mehr der damit verfolgte Zweck als die Person des Bedachten maßgebend.

Anm. 3

§ 2151 gilt auch für das Vorausvermächtnis (§ 2150; KG JW 1937, 2200).

2. Mehrere Bedachte

Anm. 4

Vorausgesetzt ist, daß der Kreis der mehreren — mindestens zwei — Personen, unter denen zu wählen ist, vom Erblasser wenigstens so genau umgrenzt ist, daß es nicht zweifelhaft ist, wer überhaupt zu diesem Kreis zählt, so daß ein sachlicher Anhalt dafür gegeben ist, wer als Bedachter bestimmt werden kann. Wo die Grenze liegt, ist Tatfrage. RG 96, 15 hat die hiernach erforderliche Umgrenzung bei einer Verfügung vermißt, nach der eine bestimmte Geldsumme „an verschiedene Vereine und wohltätige oder gemeinnützige Anstalten sowie bedürftige Personen" einer Stadt verteilt werden sollte. Die Verfügung wurde aber als die Anordnung einer Auflage nach § 2193 gelten gelassen; s. auch Düsseldorf JW 1925, 2147 Nr. 5. Da für die Auflage nach § 2192, 2193 die Bestimmung des Zweckes genügt und die Bestimmung der Person, an die die Leistung erfolgen soll, dem Beschwerten oder einem Dritten überlassen werden kann, liegt es allgemein nahe, eine Vermächtnisanordnung, in der der Kreis der im Sinne des § 2151 Bedachten nicht genügend bestimmt ist, in eine Auflage umzudeuten.

Anm. 5

Der Erblasser kann es nach § 2065 Abs. 1 nicht dem Beschwerten oder einem Dritten überlassen zu bestimmen, ob die Vermächtnisanordnung überhaupt gelten soll. Der zur Bestimmung berechtigte Dritte oder auch der Beschwerte, und zwar selbst dann, wenn er die Bestimmung selbst zu treffen hat, kann auch zu dem Kreis der bedachten Personen gehören.

Anm. 6

Zu dem Kreis der Bedachten gehören nach § 2160 nur diejenigen Personen, die zur Zeit des Erbfalls noch gelebt haben. Soweit sie nach dem Erbfall verstorben sind, können sie grundsätzlich weiterhin als bedacht mit der Wirkung bestimmt werden, daß ihre Erben den Gegenstand der Zuwendung erhalten.

3. Die Auswahl des Bedachten (Abs. 2)

Anm. 7

Die Auswahl kann dem Beschwerten (§ 2147) oder einem Dritten, insbesondere dem Testamentsvollstrecker, auch mehreren Personen gemeinsam übertragen sein. Die Bestimmung kann dem Belieben des Bestimmenden überlassen sein. Der Erblasser kann aber auch anordnen, daß die Bestimmung nach bestimmten Gesichtspunkten zu erfolgen hat. Eine Verweisung auf die Billigkeit wie in den Fällen der §§ 2155 Abs. 3, 2156 oder 319 fehlt hier, da es grundsätzlich nicht als Verstoß gegen die Billigkeit angesehen werden kann, wenn eine Person bestimmt wird, die der Erblasser selbst als in Betracht kommend bezeichnet hat.

Anm. 8

Die Bestimmung kann deshalb, selbst wenn der Erblasser für die Auswahl bestimmte Weisungen erteilt hat und wenn hiergegen verstoßen ist, grundsätzlich nicht durch das Gericht überprüft werden. Sie ist aber unwirksam, wenn sie arglistig erfolgt ist. Diese Unwirksamkeit kann gerichtlich festgestellt werden.

Anm. 9

Gehört derjenige, der die Bestimmung zu treffen hat, selbst zu dem Kreis der bedachten Personen und hat er sich als Empfänger der Zuwendung bezeichnet, so ist zu prüfen, ob dies mit dem Willen des Erblassers zu vereinbaren ist. Die Bestimmung wäre arglistig und unwirksam, wenn der Bestimmende sich dem Willen des Erblassers zuwider als der Bedachte bezeichnet hat. Ergibt sich bereits aus der letztwilligen Verfügung, daß der die Auswahl Treffende sich nicht selbst bezeichnen darf, dann hat der Erblasser ihn schon dadurch aus dem Kreis der Bedachten, zu dem er sonst gehören würde, ausgenommen.

Anm. 10

Die Bestimmung ist eine einem andern gegenüber abzugebende Willenserklärung und unwiderruflich (§§ 130—132). Sie kann nach den allgemeinen Bestimmungen wegen Willensmängel, Irrtums, Täuschung und Drohung angefochten werden. Wenn der Beschwerte sich selbst als bedacht bestimmen kann, genügt es, wenn er nach außen zu erkennen gibt, daß er den Gegenstand der Zuwendung erhalten will. Ist sie mehreren übertragen, so gilt § 317 Abs. 2, bei mehreren Testamentsvollstreckern § 2224.

4. Die Bestimmung kann nicht erfolgen (Abs. 3 Satz 1)

Anm. 11

Die Bedachten sind Gesamtgläubiger, wenn der Beschwerte die Bestimmung nicht treffen kann, sei es, weil er verstorben ist, sei es, weil er keine rechtswirksame Willenserklärung abgeben kann (§ 428 ff). Die Vorschrift weicht von § 2157 ab, nach der die mehreren regelmäßig nach Bruchteilen bedacht sind.

Anm. 12

Der Schlußsatz des § 2151 schließt die aus § 430 folgende Verpflichtung eines Berechtigten aus, das ausgezahlte Vermächtnis den Mitberechtigten anteilig zukommen zu lassen. Vielmehr sichert ihm der erste Zugriff das ganze Vermächtnis. Da die Bestimmung aber nur im Zweifel gilt, ist stets zu prüfen, ob der Erblasser nicht etwas anderes gewollt hat.

Anm. 13

Der Beschwerte kann gemäß § 428 nach seinem Belieben an jeden Berechtigten leisten. Praktisch ist daher, wenn er leistet, das Bestimmungsrecht auf ihn übergegangen. Gegenüber einer mehrfachen Verurteilung ist er durch ZPO § 767 mit dem Nachweise geschützt, daß er inzwischen die Bestimmung getroffen oder geleistet habe.

Anm. 14

5. Verzögerung der Bestimmung (Abs. 3 Satz 2)

Im Falle der Verzögerung durch die Wahlberechtigten steht den möglichen Bedachten kein Klagerecht zu, vielmehr setzt auf ihren Antrag das Nachlaßgericht Frist nach FGG § 80. Als Beteiligter kommt, wenn die Bestimmung einem Dritten übertragen ist, auch der Beschwerte in Betracht. Die sofortige Beschwerde des § 80 kann rügen, daß der Aufgeforderte überhaupt nicht zur Erklärung verpflichtet sei oder daß er sich bereits erklärt habe, oder sie kann die Art der Fristsetzung betreffen. Gegen Ablehnung der Verfügung einfache Beschwerde nach FGG §§ 19ff. Hat der Dritte die Frist verstreichen lassen, so kann der Beschwerte nach seinem Belieben leisten (Anm. 7). Eine nach Fristablauf, sei es auch vor der Leistung abgegebene Erklärung des Dritten bindet ihn nicht.

Anm. 15

6. Beweislast

Wer das Vermächtnis fordert, hat zu beweisen, daß er als Berechtigter bestimmt ist. Klagt er als Gesamtgläubiger, so hat er zu beweisen, daß die Bestimmung (z. B. wegen Todes oder Geschäftsunfähigkeit des hierzu Berufenen) nicht erfolgen kann oder daß die Frist bestimmt und verstrichen ist. Der Beschwerte kann einwenden, daß die Frist gewahrt sei, oder, wenn er selbst wahlberechtigt ist, jetzt noch die Wahl treffen (Kosten ZPO § 93).

§ 2152

Hat der Erblasser mehrere mit einem Vermächtnis in der Weise bedacht, daß nur der eine oder der andere das Vermächtnis erhalten soll, so ist anzunehmen, daß der Beschwerte bestimmen soll, wer von ihnen das Vermächtnis erhält.

E I 1769 Abs. 2 II 2023; M 5 34; P 5 23—26, 42, 43.

Alternativ Bedachte

Sind mehrere alternativ bedacht, so ergänzt das Gesetz in Übereinstimmung mit § 262 den Willen des Erblassers dahin, daß die Bestimmung gemäß § 2151 Abs. 2, 3 durch den Beschwerten erfolgen soll. Die Bestimmung gilt nicht nur, wenn der Erblasser nur zwei Bedachte bezeichnet hat, sondern allgemein, wenn er mehrere Personen bezeichnet hat, ohne anzugeben, wer die Auswahl vorzunehmen hat. Kann der Beschwerte die Bestimmung nicht treffen oder verzögert er sie, dann gilt auch hier § 2151 Abs. 3. — Alternative Beschwerung § 2148 Anm. 6.

§ 2153

Der Erblasser kann mehrere mit einem Vermächtnis in der Weise bedenken, daß der Beschwerte oder ein Dritter zu bestimmen hat, was jeder von dem vermachten Gegenstand erhalten soll. Die Bestimmung erfolgt nach § 2151 Abs. 2.

Kann der Beschwerte oder der Dritte die Bestimmung nicht treffen, so sind die Bedachten zu gleichen Teilen berechtigt. Die Vorschrift des § 2151 Abs. 3 Satz 2 findet entsprechende Anwendung.

E I 1777 Satz 2 II 2024; M 5 41, 42; P 5 39—42

Übersicht

Die Verteilung eines mehreren Personen vermachten Gegenstandes

1. Bestimmung der Anteile an dem vermachten Gegenstand

Anm. 1

Abweichend von dem Grundsatze des § 2065 Abs. 2 läßt das Gesetz zu, die Bestimmung der Anteile an einem vermachten Gegenstande (Summe, Sache, Recht § 90) einem andern zu überlassen. Die Anteile können körperlich, oder, so bei unteilbaren Sachen (Landgut), nach ideellen Bruchteilen bestimmt werden.

Anm. 2

Nach § 2151 Abs. 2 erklärt der Beschwerte die Bestimmung gegenüber dem, der das Vermächtnis erhalten soll, der Dritte gegenüber dem Beschwerten.

Anm. 3

Der Bestimmungsberechtigte kann nach dem Willen des Erblassers auch als ermächtigt gelten, ungleich zu teilen, sogar einen der Bedachten ganz zu übergehen. Die Bestimmung braucht nicht gleichzeitig, sie kann aber, weil einen Teilungsausspruch enthaltend, nur einheitlich in dem Sinne erfolgen, daß sie für die Beteiligten erst dann verbindlich wird, wenn die völlige Aufteilung des Gegenstandes durchgeführt ist (streitig; die gegenseitige Ansicht führt praktisch zu erheblichen Schwierigkeiten, worauf Planck/Flad 4. Aufl. § 2153 Anm. 2 zutreffend hinweist; wie hier auch Staudinger/Seybold 11. Aufl. § 2153 Anm. 4). Verzögerungen bei der Zuwendung wird durch Fristsetzung nach § 2151 Abs. 3 Satz 2 abgeholfen.

Anm. 4

Ist die vollzogene Aufteilung in sich widerspruchsvoll, sind z. B. mehr Teile vergeben als das Ganze hergibt, so ist sie im vollen Umfange nichtig. Nach Abs. 2 Satz 1 sind dann die Bedachten nach gleichen Teilen berechtigt.

2. Die Verteilung

Anm. 5

Die einmal vollzogene Verteilung ist für den Bestimmenden unwiderruflich und für die Bedachten, außer im Falle der Arglist, unanfechtbar (§ 2151 Anm. 8). Kommt es nicht zur Verteilung, so werden die mehreren Bedachten abweichend von § 2151 Abs. 3 nicht als Gesamtgläubiger, sondern als Bruchteilsgläubiger zu gleichen Teilen auf den Gegenstand des Vermächtnisses berechtigt.

§ 2151 Abs. 3 Satz 2 behandelt die Fristsetzung durch das Nachlaßgericht.

Anm. 6

Die §§ 2151 u. 2153 können verbunden anwendbar werden, wenn der Erblasser es dem Beschwerten oder einem Dritten überlassen hat, sowohl die Empfänger aus einem Kreise mehrerer Personen als auch die ihnen zuzuwendenden Vermächtnisanteile zu bestimmen (**RG** 96, 17). Kommt es in diesem Falle nicht zur Bestimmung, so kann jeder Angehörige des bedachten Personenkreises den Gegenstand als Gesamtgläubiger fordern (§ 2151 Anm. 11—13), muß aber jedem Mitbedachten den ihm gebührenden gleichen Anteil zukommen lassen.

§ 2154

Der Erblasser kann ein Vermächtnis in der Art anordnen, daß der Bedachte von mehreren Gegenständen nur den einen oder den anderen erhalten soll. Ist in einem solchenFalle die Wahl einem Dritten übertragen, so erfolgt sie durch Erklärung gegenüber dem Beschwerten.

Kann der Dritte die Wahl nicht treffen, so geht das Wahlrecht auf den Beschwerten über. Die Vorschrift des § 2151 Abs. 3 Satz 2 findet entsprechende Anwendung.

E I 1862 II 2025; M 5 170—172; P 5 193—196.

Entsprechend anwendbar auf die Auflage § 2192.

Übersicht

Wahlvermächtnis

Anm. 1

1. Allgemeines

Gleichgültig ist, ob die mehreren Gegenstände individuell oder nur der Gattung nach (§ 2155) bestimmt sind, ob sie bereits zur Erbschaft gehören oder dem Bedachten erst noch zu verschaffen sind (§§ 2169, 2170). Die Voraussetzung des Gesetzes ist auch gegeben, wenn der Erblasser das Vermächtnis in einer Weise bezeichnet hat, die auf mehrere in der Erbschaft vorhandene Gegenstände zutrifft. Dagegen handelt es sich um ein bedingtes Vermächtnis, wenn die Bestimmung des Gegenstandes von einem Ereignis abhängig gemacht ist (Losziehung, das gewinnende Pferd). Das Wahlrecht begründet ein alternatives Schuldverhältnis, auf das die allgemeinen Bestimmungen der §§ 262 bis 265 anzuwenden sind.

2. Wahlrecht des Beschwerten

Anm. 2

Das Wahlrecht steht nach § 262 im Zweifel dem Beschwerten zu. Die Wahl erfolgt dann durch Erklärung gegenüber dem Bedachten. Die gewählte Leistung gilt nach § 263 als die von Anfang an geschuldete.

Anm. 3

Nimmt der Beschwerte die Wahl nicht vor dem Beginn der Zwangsvollstreckung vor, so kann der Vermächtnisnehmer nach § 264 Abs. 1 die Zwangsvollstreckung nach seiner Wahl auf den einen oder anderen Gegenstand richten. Der Beschwerte kann aber, solange der Vermächtnisnehmer den von ihm gewählten Gegenstand nicht ganz oder teilweise empfangen hat, sich durch Leistung des anderen Gegenstandes von seiner Verpflichtung befreien.

Anm. 4

Ist die Leistung des einen Gegenstandes von Anfang an unmöglich oder wird sie später unmöglich, so beschränkt sich das Vermächtnis auf die übrigen Gegenstände; es sei denn, daß die Unmöglichkeit infolge eines Umstandes eingetreten ist, den der Bedachte zu vertreten hat (§ 265). In diesem Fall kann der Beschwerte sich nach § 275 dadurch befreien, daß er die durch das Verschulden des Bedachten unmöglich gewordene Leistung wählt.

Für die Erklärung des Dritten gegenüber dem Beschwerten vgl. § 2151 Anm. 10.

3. Wahlrecht des Bedachten

Anm. 5

Der Erblasser kann aber auch bestimmen, daß der Bedachte die Wahl vornehmen soll. Die Wahl erfolgt dann nach § 263 Abs. 1 durch Erklärung gegenüber dem Beschwerten, und auch dann gilt die gewählte Leistung als von Anfang an geschuldet. Der Beschwerte kann nach § 264 Abs. 2 den Bedachten unter Bestimmung einer angemessenen Frist zur Wahl auffordern, wenn dieser mit ihrer Vornahme in Verzug ist. Läßt der Bedachte die Frist ungenutzt verstreichen, dann geht das Wahlrecht auf den Beschwerten über.

Anm. 6

Falls die Leistung eines der in Betracht kommenden Gegenstände von Anfang an unmöglich ist oder später unmöglich wird, gilt wiederum § 265.

Anm. 7

Der Vermächtnisnehmer kann nach § 280 Schadensersatz fordern, wenn er eine Leistung wählt, die durch das Verschulden des Beschwerten unmöglich geworden ist.

Anm. 8

4. Wahlrecht eines Dritten

Schließlich kann der Erblasser bestimmen, daß ein Dritter die Wahl vornehmen soll. Für diesen Fall trifft § 2154 besondere Bestimmungen.

Wird die Wahl durch den Dritten unmöglich, so wird die Regel des § 262, Wahlrecht des Schuldners, wiederhergestellt.

Wird die Wahl verzögert, so greift die Fristsetzung durch das Nachlaßgericht (§ 2151 Anm. 14), nach Fristablauf wiederum das Wahlrecht des Beschwerten ein.

5. Mehrere Wahlberechtigte

Anm. 9

Sind hüben oder drüben mehrere Wahlberechtigte vorhanden, so können sie regelmäßig (§ 747, bei beschwerten Miterben auch § 2040 Abs. 1) die Wahl nur gemeinschaftlich vornehmen. Für die Wahl ist Übereinstimmung aller erforderlich. Erst wenn diese gegeben ist, ist die Wahl vorgenommen. Dazu ist, wenn die mehreren Beschwerten wahlberechtigt sind, notwendig, daß alle die Erklärung gegenüber dem Bedachten abgegeben haben. Es kann jedoch einer von ihnen durch die anderen bevollmächtigt werden, die Erklärung auch für sie abzugeben. Kommt es nicht zu einer übereinstimmenden Erklärung der mehreren Wahlberechtigten, so gilt, wenn das Wahlrecht den Bedachten zusteht, § 264 Abs. 2, und wenn es den Beschwerten zusteht, § 264 Abs. 1.

Anm. 10

§ 317 Abs. 2 ist entsprechend anzuwenden, wenn mehrere Dritte wahlberechtigt sind. Falls mehrere Testamentsvollstrecker wahlberechtigt sind, ist § 2224 anzuwenden.

Anm. 11

Ist in verschiedenen letztwilligen Verfügungen das Wahlrecht nacheinander verschiedenen Personen übertragen, ohne daß die jüngere die ältere aufhebt, so sind alle wahlberechtigt, und die zuerst ausgeübte Wahl entscheidet.

Anm. 12

6. Pflicht, die Gegenstände vorzuweisen

Die Pflicht zur Vorzeigung der für die Wahl in Betracht kommenden Gegenstände liegt dem Beschwerten nach §§ 242, 809 ob.

§ 2155

Hat der Erblasser die vermachte Sache nur der Gattung nach bestimmt, so ist eine den Verhältnissen des Bedachten entsprechende Sache zu leisten.

Ist die Bestimmung der Sache dem Bedachten oder einem Dritten übertragen, so finden die nach § 2154 für die Wahl des Dritten geltenden Vorschriften Anwendung.

Entspricht die von dem Bedachten oder dem Dritten getroffene Bestimmung den Verhältnissen des Bedachten offenbar nicht, so hat der Beschwerte so zu leisten, wie wenn der Erblasser über die Bestimmung der Sache keine Anordnung getroffen hätte.

E I 1863 II 2026; M 5 173, 174; P 5 193—201.

Entsprechend anwendbar auf die Auflage § 2192.

Übersicht

Gattungsvermächtnis

Anm. 1

I. Gattungsvermächtnis und gemischtes Vermächtnis

Die vermachte (körperliche) Sache kann schlechthin nur der Gattung nach bestimmt sein (§ 243). Dabei ist es gleichgültig, ob Sachen der fraglichen Art zum Nachlaß gehören. § 2169, der die Unwirksamkeit eines Vermächtnisses anordnet, wenn der vermachte Gegenstand zur Zeit des Erbfalls nicht zur Erbschaft gehört, bezieht sich nur auf das Vermächtnis eines bestimmten Gegenstandes, nicht auf das Gattungsvermächtnis. Das Vermächtnis kann aber auch auf eine im Nachlaß vorhandene Gattungssache beschränkt sein. Man spricht dann von einem gemischten Gattungsvermächtnis. Im letzteren Falle kann es sich auch um ein Wahlvermächtnis nach § 2154 handeln.

II. Die geschuldete Leistung (Abs. 1)

Anm. 2

Die individuelle Sachleistung bestimmt sich nach den Verhältnissen (nicht den Bedürfnissen) des Bedachten. Ist z. B. dem X und dem Z je ein Pferd vermacht und sind im Nachlasse ein Reit- und ein Wagenpferd vorhanden, so gebührt dem Kavalleristen X das Reitpferd, dem lahmen Z das Wagenpferd. Wenn dieser Maßstab versagt, hat der Beschwerte nach § 243 Sachen von mittlerer Art und Güte zu leisten.

Anm. 3

Hat der Erblasser dem Bedachten eine Sache der vermachten Art in der Absicht, das Vermächtnis im voraus zu erfüllen, schon unter Lebenden zugewendet, so wird das Gattungsvermächtnis dadurch allein noch nicht hinfällig. In der Regel wird aber anzunehmen sein, daß der Erblasser das Vermächtnis nur unter der stillschweigenden Bedingung angeordnet hat, daß er die Zuwendung nicht noch unter Lebenden vornehmen werde (**RG** Gruchot 63, 476f; § 2174 Anm. 15). Ein in dieser Weise bedingtes Vermächtnis wird dadurch, daß der Erblasser dem Bedachten den Gegenstand schon zu seinen Lebzeiten zuwendet, gegenstandslos. Ändert der Erblasser später seinen Willen und will er die Bedingung nicht mehr, dann muß er eine neue letztwillige Verfügung treffen. Durch seine Willensänderung allein tritt das gegenstandslos gewordene Vermächtnis nicht wieder in Kraft (**RG** WarnRspr 1930 Nr. 60). Es kann aber auch ein unbedingt angeordnetes Vermächtnis des Erblassers schon zu dessen Lebzeiten erfüllt werden. Die Leistungen werden dann unter der Bedingung erbracht, daß die Schuld später entsteht (**RG** WarnRspr 1941 Nr. 56).

III. Die Bestimmung der Leistung

Anm. 4

1. Der Bestimmende (Abs. 2)

Die Bestimmung der Sache liegt nach § 243 grundsätzlich dem Beschwerten ob. Ist sie dem Bedachten oder einem Dritten übertragen, so hat sich der Bestimmungsberechtigte nach § 2154, gegebenenfalls nachdem ihm auf Antrag des Beschwerten gemäß § 2151 Abs. 3 Satz 2 Frist gesetzt ist, gegenüber dem Beschwerten zu erklären. Im Falle der Unmöglichkeit einer Erklärung oder des Verstreichens der Frist fällt das Bestimmungsrecht an den Beschwerten zurück.

2. Offenbare Unbilligkeit der Bestimmung (Abs. 3)

Anm. 5

Auch für die von dem Bedachten oder dem Dritten zu treffende Bestimmung sind nach Abs. 1 die Verhältnisse des Bedachten maßgebend. Die von ihnen getroffene Bestimmung ist zwar unwiderruflich, aber abweichend von §§ 2151 Anm. 8, 10, 2153 Anm. 5, 2154 Anm. 4 nicht unanfechtbar. Sie ist vielmehr unwirksam, wenn sie offenbar unbillig ist. Das trifft zu, wenn sie im Hinblick auf die Verhältnisse des Bedachten den Maßstab von Treu und Glauben in grober Weise verletzt und ihre Unrichtigkeit sich dem Blick eines sachkundigen und unbefangenen Beurteilers sofort aufdrängen muß. Damit ist nicht etwa gesagt, daß nicht eine Beweisaufnahme notwendig sein kann, um die offenbare Unbilligkeit festzustellen. Im einzelnen vgl. dazu § 319 Anm. 2, 3; vgl. auch §§ 2048, 2217.

Anm. 6

Grundsätzlich ist der Wille des Erblassers, daß die von ihm bezeichnete Person die Bestimmung vornehmen soll, zu beachten. Deswegen kann nicht schon jede Abweichung in der Auffassung des Richters oder des Beschwerten von der des Bestimmenden dazu führen, dessen Bestimmungen wirkungslos zu machen. Diese Folge kann nur eintreten, wenn der Bestimmende die ihm übertragene Befugnis mißbraucht hat oder wenn er einem groben Irrtum unterlegen ist. In diesem Fall widerspricht seine Anordnung den eigentlichen Absichten des Erblassers (vgl. Prot. 5, 198).

Anm. 7

Die offenbare Unbilligkeit der Bestimmung hat den Rückfall des Bestimmungsrechts an den Beschwerten zur Folge (der mit einem Pferde bedachte Gutsverwalter wählt aus dem auch mit Gebrauchspferden besetzten Stalle das teuerste Rennpferd).

Anm. 8

3. Vom Beschwerten dem Abs. 1 zuwider getroffene Bestimmung

Entspricht die von dem Beschwerten getroffene Bestimmung nicht den Verhältnissen des Bedachten, dann braucht dieser die Leistung nicht als Erfüllung seines Vermächtnisanspruchs anzunehmen. Er kann vielmehr, auch wenn keine offenbare Unbilligkeit gegeben ist, auf Leistung einer seinen Verhältnissen entsprechenden Sache klagen. Das Gericht muß dann die Grundsätze aufstellen, nach welchen die zu leistende Sache auszuwählen ist (Prot. 5, 200). Befinden sich Sachen der fraglichen Art im Nachlaß, dann hat die Zwangsvollstreckung nach Maßgabe des § 884 ZPO zu erfolgen. Andernfalls kann der Bedachte, wenn der Beschwerte keine Leistung in der bestimmten Art macht, nach § 893 ZPO auf Leistung des Interesses klagen (ebenso Planck/Flad 4. Aufl. § 2155 Anm. 1 und Staudinger/Seyboldt 11. Aufl. § 2155 Anm. 6).

Über die Gewährleistungspflicht vgl. §§ 2182 Abs. 1 und 2183.

Anm. 9

IV. Beweislast

Der Bedachte hat zu beweisen, daß die von ihm beanspruchte Sache seinen Verhältnissen entspricht oder nach Abs. 2 vom Dritten bestimmt ist. Will der Beschwerte hiervon abweichen, so hat er die offenbare Unbilligkeit der getroffenen Bestimmung zu beweisen.

Anm. 10

V. Vermächtnis eines Sachinbegriffs

Das Vermächtnis eines Sachinbegriffs (§ 92 Abs. 2) mit wechselndem Bestand (Hausrat, Weinkeller, Bücherei, Warenlager, Herde) umfaßt im Zweifel, entsprechend der in § 2071 für die Zuwendung an einen Personeninbegriff gegebenen Vorschrift, diejenigen Gegenstände, welche zur Zeit des Erbfalls (nicht der Testamentserrichtung) dazu gehören. Darüber, ob durch ein derartiges Vermächtnis eine einheitliche Schuld oder eine Mehrheit von Einzelschulden begründet wird, und über die sich hieraus für die Ausschlagung, die Anfechtung und die Erfüllung ergebenden Folgerungen s. Reichel AcP 138, 199f.

§ 2156

Der Erblasser kann bei der Anordnung eines Vermächtnisses, dessen Zweck er bestimmt hat, die Bestimmung der Leistung dem billigen Ermessen des Beschwerten oder eines Dritten überlassen. Auf ein solches Vermächtnis finden die Vorschriften der §§ 315 bis 319 entsprechende Anwendung.

E I 1777 Satz 1 II 2037; M 5 41; P 5 39, 43.

Entsprechend anwendbar auf die Auflage § 2192.

Übersicht

Bestimmung der Leistung nach billigem Ermessen

1. Zweckbestimmung

Anm. 1

Vorausgesetzt ist, daß der Erblasser die Vermächtnisanordnung selbst getroffen (nicht bloß einen Dritten hierzu ermächtigt hat, **RG** WarnRspr 1911 Nr. 42), daß die Person des Bedachten bestimmt oder doch nach §§ 2151, 2152 bestimmbar ist (weitergehend bei Auflagen § 2193), daß aber der Gegenstand der Leistung nur aus dem angegebenen Zwecke ermittelt werden kann. Inwieweit diese Zweckangabe ausreicht, ist Tatfrage (Vermächtnis an X zur Bestreitung seiner Studienkosten, zu einer Reise nach Indien). Sie muß so weit gehen, daß sie genügend Anhaltspunkte für die Bestimmung der Leistung nach billigem Ermessen bietet.

Anm. 2

Hat der Erblasser die Person des Bedachten nicht bestimmt und auch keinen Personenkreis angegeben, aus dem der Bedachte nach §§ 2151, 2152 ausgewählt werden kann, dann ist das Vermächtnis unwirksam. Es wird aber in der Regel als Auflage aufrecht erhalten werden können (vgl. dazu § 2151 Anm. 4).

Anm. 3

2. Billiges Ermessen

Der Erblasser kann die Bestimmung der Leistung nicht dem freien Belieben des Beschwerten oder eines Dritten überlassen. Die Anordnung, daß der Beschwerte oder der Dritte nach billigem Ermessen zu entscheiden hat, braucht aber nicht wörtlich in dem Testament enthalten zu sein. Es genügt auch hier, wenn dieser Wille des Erblassers durch Auslegung aus dem Testament entnommen werden kann.

3. Entsprechende Anwendung der §§ 315 bis 319

Nach § 2156 Satz 2 sind die §§ 315—319 entsprechend anzuwenden.

Anm. 4

a) Bestimmung durch den Beschwerten oder durch einen Dritten

Nach § 315 Abs. 2 erfolgt die von dem Beschwerten zu treffende Bestimmung durch Erklärung gegenüber dem Bedachten. Die von einem Dritten zu treffende Bestimmung erfolgt nach § 318 Abs. 1 durch eine Erklärung gegenüber dem Beschwerten oder dem Bedachten.

Anm. 5

b) Bestimmung durch mehrere Personen

Für den Fall, daß mehrere die Bestimmung zu treffen haben, gilt § 317 Abs. 2 Danach ist im Zweifel Übereinstimmung aller erforderlich. Wenn aber nur die Höhe eines Vermächtnisses bestimmt werden soll, so ist, wenn verschiedene Summen genannt werden, im Zweifel die Durchschnittssumme maßgebend.

Anm. 6

c) Anfechtung der Bestimmung

Die Bestimmung kann wegen Irrtums, Drohung oder arglistiger Täuschung angefochten werden. Die Anfechtung steht nach § 318 Abs. 2 nur dem Beschwerten oder dem Bedachten zu. Sie ist jeweils unverzüglich, nachdem der Anfechtende von dem Anfechtungsgrund Kenntnis erlangt hat, dem anderen Teil gegenüber zu erklären. Nach 30 Jahren, seitdem die Bestimmung getroffen ist, ist keine Anfechtung mehr möglich. Der Dritte, der die Bestimmung getroffen hat, kann seine Erklärung nicht anfechten.

Anm. 7

d) Unverbindlichkeit der Bestimmung

Die Bestimmung ist nicht verbindlich, wenn sie dem Beschwerten überlassen und unbillig ist (§ 315 Abs. 3) oder einem Dritten überlassen und offenbar unbillig ist (§ 319 Abs. 1).

Anm. 8

e) Bestimmung durch Urteil

Die Bestimmung erfolgt durch Urteil, wenn sie in den in Anm. 7 erwähnten Fällen nicht verbindlich ist, wenn der Beschwerte, der die Bestimmung zu treffen hat, sie verzögert oder wenn der Dritte, dem sie überlassen ist, sie nicht treffen kann oder will oder wenn er sie verzögert (§§ 315 Abs. 3, 319 Abs. 1). Eine Fristbestimmung durch das Nachlaßgericht wie in den §§ 2151, 2153—2155 ist nicht vorgesehen.

§ 2157

Ist mehreren derselbe Gegenstand vermacht, so finden die Vorschriften der §§ 2089 bis 2093 entsprechende Anwendung.

E I 1846 II 2028; M 5 140, 141; P 5 163.

Übersicht

Gemeinschaftliches Vermächtnis

Anm. 1

1. Teilungsverhältnis

Derselbe Gegenstand kann den mehreren in derselben oder in mehreren nacheinander errichteten Verfügungen (s. jedoch § 2258) vermacht sein. Nach den für die Einsetzung mehrerer Erben geltenden Vorschriften sind die mehreren Vermächtnisnehmer, soweit sich nicht aus §§ 2066, 2069 (gesetzliche Erben, Abkömmlinge) ein anderes ergibt, zu gleichen Teilen bedacht (§§ 2091, 2093). Es entsteht mithin unter ihnen Gemeinschaft nach Bruchteilen, §§ 741 ff.

Anm. 2

2. Verminderung und Erhöhung der Teile

Sind die Bruchteile oder Summen bestimmt und übersteigen sie das den mehreren zugewendete Ganze oder erschöpfen sie das Ganze nicht, so tritt entsprechende Verminderung oder Erhöhung der Teile ein (§§ 2089, 2090). Zuwendung teils nach Bruchteilen, teils ohne Bruchteile § 2092.

Anm. 3

3. Vermächtnis einer teilbaren Leistung

Ob beim Vermächtnis einer teilbaren Leistung, insbesondere beim Summenvermächtnis, ein gemeinschaftliches oder ob mehrere Vermächtnisse anzunehmen sind (§ 420), ist Auslegungsfrage.

§ 2158

Ist mehreren derselbe Gegenstand vermacht, so wächst, wenn einer von ihnen vor oder nach dem Erbfalle wegfällt, dessen Anteil den übrigen Bedachten nach dem Verhältnis ihrer Anteile an. Dies gilt auch dann, wenn der Erblasser die Anteile der Bedachten bestimmt hat. Sind einige der Bedachten zu demselben Anteile berufen, so tritt die Anwachsung zunächst unter ihnen ein.

Der Erblasser kann die Anwachsung ausschließen.

E I 1870, 1871 II 2029; M 5 184—186; P 5 215, 216.

Übersicht

Das Anwachsungsrecht

I. Voraussetzungen für die Anwachsung

Anm. 1

Das Anwachsungsrecht beim Vermächtnis entspricht der Anwachsung der Erbteile in §§ 2094, 2095. Voraussetzung für die Anwachsung ist ein gemeinschaftliches Vermächtnis im Sinne von § 2157 und der Wegfall eines Mitbedachten

Anm. 2

1. Gemeinschaftliches Vermächtnis

Ein gemeinschaftliches Vermächtnis im Sinne von § 2157 ist immer gegeben bei Unteilbarkeit der Leistung. Es ist aber bei teilbaren Leistungen auch dann nicht ohne weiteres ausgeschlossen, wenn der Erblasser die Anteile nach Bruchteilen oder Summen bestimmt hat. Sind 1000 oder ist eine Forderung von 1000 dem A, B, C mit $^{5}/_{10}$, $^{3}/_{10}$, $^{2}/_{10}$

oder auch mit 500, 300, 200 vermacht, so ist es Auslegungsfrage, ob ein Vermächtnis zu 1000 oder ob drei Einzelvermächtnisse zu 500, 300 und 200 vorliegen.

2. Wegfall eines Mitbedachten

Anm. 3

Der Wegfall eines Mitbedachten kann eintreten vor dem Erbfalle durch Tod, Verzicht (§§ 2160, 2352), oder nach dem Erbfalle, aber mit Rückbeziehung auf den Zeitpunkt des Erbfalls durch Ausschlagung, Unwürdigkeit (§§ 2180, 2345), Unwirksamwerden der Zuwendung infolge Anfechtung (§ 2078 Anm. 65ff), Ausfalls der Bedingung (§§ 2074, 2177), insbesondere auch nach §§ 2162, 2163 oder infolge Nichterteilung der nach Art. 86 EG erforderlichen staatlichen Genehmigung.

Anm. 4

Fällt der Mitbedachte erst nach der Annahme durch Eintritt einer auflösenden Bedingung (oder mit Eintritt eines Endtermins; **RG** 148, 336: Ableben eines von mehreren mit der lebenslänglichen Nutznießung am Nachlaß Bedachten) weg, so wird mit Planck/Flad Anm. 5 gegen Strohal § 29 Anm. 27 anzunehmen sein, daß die übrigen Bedachten für diesen Fall aufschiebend (oder befristet) mitbedacht sind. Über die sonstigen Wirkungen der Anwachsung vgl. § 2094 Anm. 4, 5.

Anm. 5

II. Berufung einiger Bedachter zum selben Anteil (Abs. 1 Satz 2)

Abs. 1 Satz 2 regelt den Fall, daß bei einem gemeinschaftlichen Vermächtnis ein bestimmter Anteil mehreren Personen zugewandt ist. Falls von diesen einer wegfällt, tritt die Anwachsung zunächst unter denjenigen ein, denen dieser Anteil gleichfalls zugewandt ist. Die Bestimmung entspricht dem § 2094 Abs. 1 Satz 2 (vgl. § 2094 Anm. 7, 8).

Anm. 6

III. Ausschließung der Anwachsung (Abs. 2)

Die Vorschrift entspricht dem § 2094 Abs. 3 (vgl. § 2094 Anm. 10ff). Die Ausschließung kann erfolgen durch Berufung eines Ersatzvermächtnisnehmers (§§ 2190, 2099) oder dadurch, daß der Erblasser zu erkennen gibt, das Vermächtnis solle beim Wegfall des Bedachten hinfällig werden, d. h. dem Beschwerten zugute kommen.

§ 2159

Der durch Anwachsung einem Vermächtnisnehmer anfallende Anteil gilt in Ansehung der Vermächtnisse und Auflagen, mit denen dieser oder der wegfallende Vermächtnisnehmer beschwert ist, als besonderes Vermächtnis.

E I 1872 II 2030; M 5 186; P 5 215, 216.

Selbständigkeit der Vermächtnisanteile

Wörtlich übereinstimmend (bis auf die hier nicht in Betracht kommende Ausgleichungspflicht) mit § 1935, Erhöhung des gesetzlichen Erbteils, und § 2095, Anwachsung eines Erbteils. Der Vermächtnisnehmer, dem durch Anwachsung ein Anteil anfällt, kann deshalb von dem Unterbedachten nur bis zum Werte des beschwerten Anteils in Anspruch genommen werden (§ 2187). Kommt der Wegfall des Bedachten infolge Ausschließung der Anwachsung dem Erben oder einem sonstigen Beschwerten zustatten (§ 2158 Anm. 6), so haftet auch dieser für das auf dem frei gewordenen Anteil ruhende Untervermächtnis oder die Auflage nur mit der gleichen Beschränkung (§ 2187 Abs. 2).

§ 2160

Ein Vermächtnis ist unwirksam, wenn der Bedachte zur Zeit des Erbfalls nicht mehr lebt.

E I 1868 II 2031; M 5 181; P 5 212.

Erleben des Vermächtnisanfalls

Anm. 1

Der Bedachte muß den Anfall des Vermächtnisses (vgl. dazu §§ 2176, 2177) ebenso wie der Erbe den Anfall der Erbschaft (§§ 1923 Abs. 1, 2074) erlebt haben. Die Zuwendung ist nur unter dieser Bedingung wirksam.

Anm. 2

Im Gegensatze zum Erben (§ 1923 Abs. 2), aber entsprechend der Nacherbfolge (§§ 2101 Anm. 1, 2108 Anm. 1), braucht jedoch der Vermächtnisnehmer zur Zeit des Erbfalls nicht bereits erzeugt oder sonst bestimmt zu sein (§ 2178).

Anm. 3

Die Unwirksamkeit tritt nur ein, wenn kein Ersatzvermächtnisnehmer (§ 2190, auch nicht stillschweigend § 2069 Anm. 1) berufen ist und keine Anwachsung (§ 2158) stattfindet. Sie kommt dem Beschwerten zugute, nicht etwa dem gesetzlichen Erben (vgl. § 2149) oder beim Untervermächtnisse dem eingesetzten Erben.

§ 2161

Ein Vermächtnis bleibt, sofern nicht ein anderer Wille des Erblassers anzunehmen ist, wirksam, wenn der Beschwerte nicht Erbe oder Vermächtnisnehmer wird. Beschwert ist in diesem Falle derjenige, welchem der Wegfall des zunächst Beschwerten unmittelbar zustatten kommt.

E I 1876 II 2032; M 5 189—191; P 5 221.

Entsprechend anwendbar auf die Auflage § 2192.

Wegfall des Beschwerten

1. Wirksambleiben des Vermächtnisses

Anm. 1

Entsprechend dem Gedanken des § 2085 bleibt die Wirksamkeit des Vermächtnisses von dem Wegfall des damit beschwerten Erben oder Vermächtnisnehmers grundsätzlich unberührt. Dies gilt auch dann, wenn infolge Wegfalls des beschwerten Erben der mit dem Vermächtnisse Bedachte gesetzlicher Miterbe wird (§ 2150; **RG** Recht 1913 Nr. 1615).

Anm. 2

Ein anderer Wille des Erblassers braucht nicht notwendig in der letztwilligen Verfügung erklärt zu sein, er kann sich auch aus den Umständen, insbesondere aus einem Inhalt des Vermächtnisses ergeben, der nur von dem eigentlich Beschwerten geleistet werden kann (Erteilung von Unterricht).

Anm. 3

2. Unmittelbares Zustattenkommen des Wegfalls

Es kommt darauf an, wem der Wegfall rein rechtlich unmittelbar zustatten kommt. Unerheblich ist, ob damit auch ein wirtschaftlicher Vorteil verbunden ist. Der an die Stelle des Weggefallenen Tretende haftet daher auch dann, wenn ihm die Zuwendung überhaupt keinen wirtschaftlichen Vorteil gebracht hat. Der Wegfall des zunächst beschwerten Erben oder Vermächtnisnehmers kommt je nachdem dem Ersatzberufenen, dem Anwachsungsberechtigten oder an Stelle des eingesetzten Erben dem gesetzlichen und an Stelle des nächstberufenen gesetzlichen Erben dem entfernteren, evtl. auch dem Fiskus zustatten. Der Bedachte soll aber aus dem Wegfall auch keinen Vorteil haben. Der nachrückende Vermächtnisnehmer haftet deshalb nach § 2187 Abs. 2 nicht weiter, als der Weggefallene gehaftet haben würde.

§ 2162

Ein Vermächtnis, das unter einer aufschiebenden Bedingung oder unter Bestimmung eines Anfangstermins angeordnet ist, wird mit dem Ablaufe von dreißig Jahren nach dem Erbfall unwirksam, wenn nicht vorher die Bedingung oder der Termin eingetreten ist.

Ist der Bedachte zur Zeit des Erbfalls noch nicht erzeugt oder wird seine Persönlichkeit durch ein erst nach dem Erbfall eintretendes Ereignis bestimmt, so wird das Vermächtnis mit dem Ablaufe von dreißig Jahren nach dem Erbfall unwirksam, wenn nicht vorher der Bedachte erzeugt oder das Ereignis eingetreten ist, durch das seine Persönlichkeit bestimmt wird.

E I 1869 II 2033; M 5 182, 183; P 5 212—215.

Begrenzung der zeitlichen Wirksamkeit des Vermächtnisses 30jährige Frist

Anm. 1

§§ 2162, 2163 beschränken die zeitliche Wirksamkeit der Vermächtnisse in demselben Maße, wie § 2109 diejenige der Nacherbschaft. Bedingtes und betagtes Vermächtnis §§ 2177, 2074. Auch das Untervermächtnis (§ 2186) und das Nachvermächtnis (§ 2191) fallen hierunter.

Anm. 2

Nach § 2178 fällt in den Fällen des Abs. 2 das Vermächtnis an mit der Geburt des Bedachten oder mit Eintritt des maßgebenden Ereignisses. Die dreißigjährige Frist kann sich deshalb noch um die Empfängniszeit verlängern.

§ 2163

Das Vermächtnis bleibt in den Fällen des § 2162 auch nach dem Ablaufe von dreißig Jahren wirksam:

1. **wenn es für den Fall angeordnet ist, daß in der Person des Beschwerten oder des Bedachten ein bestimmtes Ereignis eintritt, und derjenige, in dessen Person das Ereignis eintreten soll, zur Zeit des Erbfalls lebt;**
2. **wenn ein Erbe, ein Nacherbe oder ein Vermächtnisnehmer für den Fall, daß ihm ein Bruder oder eine Schwester geboren wird, mit einem Vermächtnisse zugunsten des Bruders oder der Schwester beschwert ist.**

Ist der Beschwerte oder der Bedachte, in dessen Person das Ereignis eintreten soll, eine juristische Person, so bewendet es bei der dreißigjährigen Frist.

E II 2034; P 5 212—215, 225, 237—240; 6 91, 92.

Ausnahmen von der 30jährigen Frist

Die beiden hier zugelassenen Ausnahmen von der Regel des § 2162 entsprechen wörtlich den für die Nacherbschaft gegebenen Vorschriften des § 2109, s. dort.

§ 2164

Das Vermächtnis einer Sache erstreckt sich im Zweifel auf das zur Zeit des Erbfalls vorhandene Zubehör.

Hat der Erblasser wegen einer nach der Anordnung des Vermächtnisses erfolgten Beschädigung der Sache einen Anspruch auf Ersatz der Minderung des Wertes, so erstreckt sich im Zweifel das Vermächtnis auf diesen Anspruch.

E I 1859 II 2035; M 5 163, 164; P 5 179, 180.

Übersicht

Erstreckung des Vermächtnisses auf das Zubehör

1. Wesentliche Bestandteile und Bestandteile als Gegenstand eines Vermächtnisses

Anm. 1

Eine Bestimmung darüber, daß das Vermächtnis sich auf die wesentlichen und sonstigen Bestandteile der vermachten Sache erstreckt, war entbehrlich, da die Sache ohnehin aus ihren Bestandteilen besteht und da die wesentlichen Bestandteile nach § 93 auch nicht Gegenstand besonderer Rechte sein können.

Anm. 2

Möglich ist es aber, Teile einer Sache oder deren wesentliche Bestandteile zum Gegenstand eines Vermächtnisses zu machen. Das Vermächtnis begründet nur einen schuldrechtlichen Anspruch auf Leistung der vermachten Sache. Der Eigentümer kann dadurch, daß er die einfachen oder wesentlichen Bestandteile von der Sache trennt, die Bestandteilseigenschaft aufheben und die abgetrennten Teile dem Bedachten zur Erfüllung des Vermächtnisanspruchs übereignen.

Anm. 3

Umgekehrt kann der Erblasser auch einzelne einfache oder wesentliche Bestandteile einer Sache von dem Vermächtnis ausnehmen. Eine dahingehende Bestimmung ist darauf zu prüfen, ob nach dem Willen des Erblassers die Bestandteile getrennt und dem Beschwerten verbleiben sollen, oder ob der Bedachte sie zwar übernehmen, dem Beschwerten aber ihren Wert zu ersetzen hat (vgl. dazu Planck/Flad 4. Aufl. § 2164 Anm. 3; Staudinger/Seybold 11. Aufl. § 2164 Anm. 1).

2. Zubehör

Anm. 4

Das Zubehör ist nach Abs. 1 im Zweifel mit vermacht, soweit es beim Erbfall vorhanden war. Es handelt sich um eine Auslegungsregel. Ähnliche Vorschriften enthält das BGB in den §§ 314, 498, 926, 1031, 1062, 1096, 1120 und 1551.

Anm. 5

Die §§ 97, 98 bestimmen, was Zubehör einer Sache ist. Eine Sache, die zur Zeit des Erbfalls nur vorübergehend für den wirtschaftlichen Zweck der Hauptsache benutzt wird, ist nach § 97 Abs. 2 nicht Zubehör und daher nicht mit vermacht (vgl. dazu § 97 Anm. 27—32). Anderseits geht die Zubehöreigenschaft nicht dadurch verloren, daß die Sache vorübergehend von der Hauptsache getrennt worden ist. Mitvermacht sind daher im Zweifel auch diejenigen Zubehörsachen, die im Zeitpunkt des Erbfalls vorübergehend von der Hauptsache getrennt waren.

Anm. 6

Darüber, was Zubehör ist, entscheidet allein das Gesetz und nicht die Meinung des Erblassers; es sei denn, daß die Anordnung des Vermächtnisses eine über das Gesetz hinausgehende Tragweite haben soll.

Anm. 7

Es ist nicht notwendig, daß das Zubehör auch Eigentum des Erblassers ist. Grundsätzlich gilt nach § 2164 auch solches Zubehör als mitvermacht, das dem Erblasser nicht gehört. In solchen Fällen ist aber zu prüfen, ob der Erblasser diese Zubehörstücke von dem Vermächtnis nicht ausnehmen wollte oder ob er den Bedachten nicht nur dieselben Rechte zuwenden wollte, die er selbst an diesen Gegenständen hatte. Hatte der Erblasser Gegenstände, die der Bewirtschaftung des vermachten Gutes dienten, nur gemietet, dann kann es sein, daß er dem Bedachten nur die Rechte aus diesen Mietverträgen zuwenden wollte. Dabei wäre wiederum zu prüfen, ob nach dem Willen des Erblassers der Bedachte den Mietzins zu entrichten hat, oder ob diese Verpflichtung dem Beschwerten obliegen soll.

Anm. 8

Mit Recht weisen Staudinger/Seybold 11. Aufl. § 2164 Anm. 2 auch darauf hin, daß es regelmäßig näher liegt anzunehmen, der Bedachte habe die noch offenstehenden Kaufpreisraten für ein Zubehörstück zu zahlen, das auf Raten unter Eigentumsvorbehalt gekauft ist, als anzunehmen, der Beschwerte habe dem Bedachten das Eigentum an diesem Zubehörstück zu verschaffen.

Anm. 9

§ 2169 ist allerdings nicht anzuwenden. Wenn daher ein anderer Wille des Erblassers weder unmittelbar noch durch Auslegung aus dem Testament zu ermitteln ist, ist das in fremdem Eigentum stehende Zubehör nach der Regel des § 2164 mit vermacht, und es handelt sich insoweit um ein Verschaffungsvermächtnis im Sinne des § 2170.

Anm. 10

Entscheidend für die Frage, welches Zubehör mitvermacht ist, ist auch dann, wenn es sich um ein aufschiebend bedingtes oder betagtes Vermächtnis handelt, bei dem der Anfall nach § 2177 erst später eintritt, der Zeitpunkt des Erbfalls (aM Planck/Flad § 2164 Anm. 1).

Anm. 11

Der Wortlaut des Abs. 1 ist unzweideutig, § 2177 stellt den Anfall ausdrücklich in Gegensatz zum Erbfall, ein Übersehen scheint deshalb ausgeschlossen. Auch innere Gründe sprechen dafür, hinsichtlich des Zubehörs den bedingt Beschwerten schon vom Erbfall ab als gebunden zu behandeln (vgl. auch §§ 160 Abs. 1 und 2179).

3. Ersatzansprüche wegen Beschädigung (Abs. 2)

Anm. 12

Sie können hervorgehen aus schon bestehenden Schuldverhältnissen (gegen den Mieter) oder sonstwie aus Rechtsgeschäft (Versicherung) oder aus unerlaubter Handlung. Wenn die Sache vollständig zerstört oder dem Eigentümer entzogen ist, ist § 2164 Abs. 2 nicht anzuwenden. In dem Fall gelten nach § 2169 der Anspruch auf Ersatz des Wertes oder nach § 2172 die dort bezeichneten Rechte als vermacht.

Anm. 13

§ 2164 Abs. 2 erstreckt sich auch nicht auf die Ansprüche, die der Erblasser dadurch erworben hat, daß er die Sache nach Anordnung des Vermächtnisses veräußert hat. Das Vermächtnis erstreckt sich nicht auf die dadurch erworbene Gegenleistung.

Anm. 14

Ebenso fallen unter diese Bestimmung nicht die Ersatzansprüche, die der Erblasser wegen einer Beschädigung erworben hat, die eingetreten ist, bevor er das Vermächtnis angeordnet hatte. Zu beachten ist, daß der Entschädigungsanspruch (§§ 249ff) bereits bei Lebzeiten des Erblassers, aber erst nach Anordnung des Vermächtnisses entstanden sein muß, wenn die Auslegungsregel Platz greifen soll.

Anm. 15

Nach § 2174 steht ferner dem Bedachten der Anspruch auf Abtretung des Ersatzanspruchs nur dem Beschwerten gegenüber zu. Er kann ihn nicht ohne weiteres gegen den Dritten geltend machen.

Anm. 16

Im Sinne des Gesetzes dürfte liegen, auch die Gewährleistungsansprüche wegen Mängel der Sache (§§ 459ff) zu den hier gemeinten Ansprüchen zu zählen. Nur der Wandlungsanspruch ist, weil nicht auf Ersatz einer Wertminderung gerichtet, hiervon auszunehmen.

Ersatzanspruch des Beschwerten wegen Verwendungen § 2185.

Anm. 17

4. Umfang und Bestand der vermachten Sachen

Der Umfang und Bestand der vermachten Sache bestimmt sich allgemein nach dem Zeitpunkt des Erbfalls. Die Verbesserungen, die der Erblasser vorgenommen hat, und die Sachen, die er der vermachten Sache als Bestandteile eingefügt hat, kommen dem Bedachten zugute.

Anm. 18

5. Mitvermachte andere Sachen

Andere Sachen können als mitvermacht gelten, wenn sie nach dem Willen des Erblassers erforderlich sind, um die vermachte Sache so zu nutzen, wie der Erblasser es gewollt hat. Hierauf hat Planck/Flad 4. Aufl. § 2164 Anm. 4 zutreffend hingewiesen und als Beispiel angeführt, daß dem Bedachten ein Grundstück zugewandt ist, das nur über ein dem Beschwerten verbleibendes Grundstück Zugang zu einem öffentlichen Weg hat. Der Vermächtnisnehmer kann dann nach § 918 Abs. 2 verlangen, daß der Beschwerte den Notweg über das ihm verbliebene Grundstück duldet. Es dürfte dem Willen des Erblassers entsprechen, daß der Bedachte hierfür keine Entschädigung nach § 917 zu zahlen hat. Man muß daher annehmen, daß ein entsprechendes Wegerecht mitvermacht ist.

§ 2165

Ist ein zur Erbschaft gehörender Gegenstand vermacht, so kann der Vermächtnisnehmer im Zweifel nicht die Beseitigung der Rechte verlangen, mit denen der Gegenstand belastet ist. Steht dem Erblasser ein Anspruch auf die Beseitigung zu, so erstreckt sich im Zweifel das Vermächtnis auf diesen Anspruch.

Ruht auf einem vermachten Grundstück eine Hypothek, Grundschuld oder Rentenschuld, die dem Erblasser selbst zusteht, so ist aus den Umständen zu entnehmen, ob die Hypothek, Grundschuld oder Rentenschuld als mitvermacht zu gelten hat.

E I 1861 II 2036; M 5 165—169; P 5 181—188.

Übersicht

Beseitigung von Lasten

I. Anwendungsbereich der Vorschrift

1. Rechtsnatur als Auslegungsregel

Anm. 1

Die §§ 2165—2168a enthalten Bestimmungen darüber, welche Ansprüche dem Vermächtnisnehmer zustehen, wenn die ihm vermachte Sache mit einem dinglichen Recht belastet ist. Sie sind Auslegungsregeln und gelten daher nur im Zweifel. Grundsätzlich gilt, daß der Vermächtnisnehmer die Beseitigung der auf dem vermachten Gegenstand ruhenden dinglichen Rechte nicht verlangen kann.

Anm. 2

Ein der Auslegungsregel des § 2165 Abs. 1 Satz 1 entgegenstehender Wille des Erblassers ist regelmäßig anzunehmen, wenn die vermachte Sache mit dem gesetzlichen Pfandrecht des Vermieters (§ 559) oder mit dem Unternehmerpfandrecht (§ 647) belastet ist. Dasselbe ist anzunehmen, wenn die vermachten Wertpapiere nur zu einem vorübergehenden Zweck lombardiert sind (ebenso Planck/Flad 4. Aufl. § 2165 Anm. 1; Staudinger/Seybold 11. Aufl. § 2165 Anm. 6).

2. Unanwendbarkeit auf Verschaffungs- und Gattungsvermächtnisse

Anm. 3

§ 2165 setzt voraus, daß der vermachte Gegenstand, sei es eine bewegliche, eine unbewegliche Sache oder ein Recht (§ 90) im Zeitpunkt des Erbfalls zur Erbschaft gehört. Die Vorschrift ist daher nicht anwendbar auf das Verschaffungsvermächtnis § 2170. Der Vermächtnisnehmer kann vielmehr im Zweifel verlangen, daß ihm der Gegenstand lastenfrei verschafft wird (§§ 2169, 2170, 2182). Bildet ein Grundstück den Gegenstand des Verschaffungsvermächtnisses, so haftet allerdings der Beschwerte im Zweifel nicht dafür, daß das Grundstück frei von Grunddienstbarkeiten, beschränkten persönlichen Dienstbarkeiten und Reallasten ist (§ 2182 Abs. 3). Auch beim Gattungsvermächtnis können die §§ 2165—2168a nicht angewandt werden. Es gelten vielmehr die §§ 2155, 2182 Abs. 1, 2183. Dagegen kann § 2165 Abs. 1 wiederum angewandt werden bei dem gemischten Gattungsvermächtnis, einem Vermächtnis, das auf die im Nachlaß vorhandenen Sachen der betreffenden Gattung beschränkt ist (§ 2155 Anm. 1).

Anm. 4

Die Zuwendung des Erbschaftsgegenstandes muß ferner unmittelbar den Inhalt des Vermächtnisses bilden. Wäre nur das Recht vermacht, einen solchen Gegenstand aus der Erbschaft zu kaufen, so käme die Gewährleistung des Beschwerten nach §§ 434ff in Frage (**RG** WarnRspr 1913 Nr. 242).

Anm. 5

3. Zuwendung von zur Sicherheit an Dritte übereigneten Gegenständen

Nicht nur zur Erbschaft gehören Gegenstände, die einem Dritten zur Sicherheit übereignet sind. Da diese Gegenstände wirtschaftlich zum Vermögen des Erblassers gehören, ist in der Regel anzunehmen, daß der Wille des Erblassers im Sinne des § 2169 war, daß der Beschwerte den Gegenstand dem Bedachten verschaffen soll. Die §§ 2165 bis 2168a sind nicht anzuwenden, sondern die §§ 2182 Abs. 2 und 2183. Der Beschwerte muß dafür sorgen, daß das Sicherungsrecht abgelöst wird. Ergibt die Auslegung, daß der Beschwerte nicht verpflichtet sein soll, dem Bedachten den zur Sicherheit übereigneten Gegenstand zu verschaffen, dann gilt der Anspruch auf Rückübereignung nach § 2169 Abs. 3 als vermacht. Dazu muß durch Auslegung des Testaments ermittelt werden, ob der Bedachte nach dem Willen des Erblassers verpflichtet sein soll, die durch die Übereignung gesicherte Schuld zu tilgen oder dem Erben die für die Tilgung dieser Schuld gemachten Auslagen zu ersetzen. Falls ein dahingehender Wille des Erblassers nicht festzustellen ist, hat der Erbe als Gesamtrechtsnachfolger die Schuld zu tilgen, ohne daß er von dem Vermächtnisnehmer seine Auslagen ersetzt verlangen kann.

II. Keine Befreiung von dinglichen Lasten (Abs. 1 Satz 1)

Anm. 6

1. Grundsatz

Als Grundsatz gilt, daß der Gegenstand auf den Vermächtnisnehmer übergeht in derjenigen nicht bloß tatsächlichen (§ 2164 Anm. 1, 4—7, 10, 17), sondern auch rechtlichen Beschaffenheit, in welcher er sich zur Zeit des Anfalls befindet, also auch mit den dem Erblasser gegen das den Gegenstand belastende Recht etwa entstandenen Einreden (§§ 1137, 1211, 1254). In Betracht kommen nur dingliche Belastungen, diese aber auch dann, wenn der Beschwerte der Berechtigte ist (§ 2175 Anm. 5).

Anm. 7

2. Rückstände wiederkehrender Leistungen

Handelt es sich um Rückstände von wiederkehrenden dinglichen Leistungen, so wird meist Befreiung des Bedachten von der nachträglichen Erfüllung gewollt sein. Gleichgültig ist, ob der Erblasser die Belastung gekannt hat. Trifft dies zu, so ist um so mehr anzunehmen, daß der Bedachte die Belastung tragen solle.

Anm. 8

3. Keine Haftung für die persönliche Schuld

Der Vermächtnisnehmer muß zwar das Pfandrecht, das auf dem belasteten Gegenstand ruht, dulden. Er ist aber nicht verpflichtet, die persönliche Schuld, für die der vermachte Gegenstand haftet, zu tragen. Falls der Erblasser nichts anderes bestimmt hat, kann der Erbe, wenn er die persönliche Schuld getilgt hat, keinen Ersatz von dem Vermächtnisnehmer fordern. Hat dagegen der Vermächtnisnehmer die persönliche Schuld getilgt, so ist die Forderung gegen den Erben nach §§ 1249, 268 Abs. 3 auf ihn übergegangen. Wegen der Belastung des vermachten Gegenstandes mit Hypotheken und Grundschulden vgl. auch §§ 2166—2168a.

Anm. 9

4. Miet- und Pachtrechte

Zu den dinglichen Belastungen gehört nicht das Miet- und Pachtrecht. Der Vermächtnisnehmer tritt vielmehr regelmäßig in den Vertrag ein (§ 571) und muß die Verfügung des Erblassers gegen sich gelten lassen (§ 573).

Anm. 10

III. Anspruch des Erblassers auf Beseitigung der Lasten (Abs. 1 Satz 1)

Absatz 1 Satz 2 bestimmt, daß sich das Vermächtnis im Zweifel auf einen dem Erblasser zustehenden Anspruch auf Beseitigung der auf dem vermachten Gegenstand ruhenden Rechte erstreckt. Das gilt auch dann, wenn der Beseitigungsanspruch gegen den Erben selbst oder gegen den sonstigen Beschwerten gerichtet ist. Das durch den Erbfall durch Vereinigung von Recht und Verbindlichkeit erloschene Rechtsverhältnis gilt nach § 2175 in Ansehung des Vermächtnisses nicht als erloschen. Der Vermächtnisnehmer hat den Beseitigungsanspruch durch Klage oder Einrede geltend zu machen. Er kann die Beseitigung regelmäßig nicht von dem Beschwerten verlangen.

Anm. 11

IV. Belastung mit einem dem Erblasser zustehenden Grundpfandrecht (Abs. 2)

Absatz 2 betrifft den Fall, daß ein vermachtes Grundstück mit einer dem Erblasser selbst zustehenden Hypothek, Grund- oder Rentenschuld belastet ist. Dabei ist es unerheblich, ob das Grundrecht auf den Namen des Erblassers eingetragen ist oder ob es noch auf den Namen eines anderen lautet. Entscheidend ist, ob es sachlich-rechtlich dem Erblasser zusteht (vgl. §§ 1163, 1168, 1170 Abs. 2, 1171, 1177, 1196). Für diese Fälle hat das Gesetz keine Vermutung aufgestellt. Es soll vielmehr nach den Umständen entschieden werden, ob das Grundpfandrecht als mitvermacht zu gelten hat. Staudinger/Seybold 11. Aufl. § 2165 Anm. 8 weist zutreffend darauf hin, daß ein Grundstückseigentümer, der keine Rechtskenntnisse und auch keine besonderen Erfahrungen besitzt, in der Regel annimmt, das Grundstück sei durch die Tilgung der Schuld, für die ein Grundpfandrecht haftete, insoweit lastenfrei geworden. Unter diesen Voraussetzungen sprechen die Umstände dafür, daß der Vermächtnisnehmer einen Anspruch auf Freistellung von den noch eingetragenen Belastungen haben soll, daß wenigstens das dem Erblasser insoweit zustehende Recht mitvermacht und daher dem Vermächtnisnehmer mitzuübertragen ist.

Anm. 12

V. Beweislast

Der Vermächtnisnehmer ist dafür beweispflichtig, daß der Erblasser seine Befreiung von den Lasten gewollt habe. Beweist er, daß der Beseitigungsanspruch bereits dem Erblasser erwachsen war (Anm. 10), so trifft den Beschwerten der Gegenbeweis, daß dieser Anspruch gleichwohl nicht mit vermacht sei. Der Bedachte ist auch dafür beweispflichtig, daß ihm die Eigentümergrundschuld vermacht sei (Anm. 11).

§ 2166

Ist ein vermachtes Grundstück, das zur Erbschaft gehört, mit einer Hypothek für eine Schuld des Erblassers oder für eine Schuld belastet, zu deren Berichtigung der Erblasser dem Schuldner gegenüber verpflichtet ist, so ist der Vermächtnisnehmer im Zweifel dem Erben gegenüber zur rechtzeitigen Befriedigung des Gläubigers insoweit verpflichtet, als die Schuld durch den Wert des Grundstücks gedeckt wird. Der Wert bestimmt sich nach der Zeit, zu welcher das Eigentum auf den Vermächtnisnehmer übergeht; er wird unter Abzug der Belastungen berechnet, die der Hypothek im Range vorgehen.

Ist dem Erblasser gegenüber ein Dritter zur Berichtigung der Schuld verpflichtet, so besteht die Verpflichtung des Vermächtnisnehmers im Zweifel nur insoweit, als der Erbe die Berichtigung nicht von dem Dritten erlangen kann.

Auf eine Hypothek der im § 1190 bezeichneten Art finden diese Vorschriften keine Anwendung.

E II 2037; P 5 182, 183 188—192; 6 396

Übersicht

Belastung eines vermachten Grundstücks mit Hypotheken

Anm. 1

I. Grund und Zweck der Vorschrift

§ 2166 enthält eine Auslegungsregel für den Fall, daß ein vermachtes Grundstück belastet ist mit einer Hypothek zugunsten eines Dritten für eine persönliche Schuld des Erblassers oder für eine Schuld, zu deren Berichtigung dieser dem Schuldner gegenüber verpflichtet ist. Die Vorschrift bezieht sich nicht auf das Verschaffungsvermächtnis

§ 2170, das vermachte Grundstück muß vielmehr (wie in § 2165) zur Erbschaft gehören. Die Verpflichtung, im Zweifel die Geltendmachung dinglicher Rechte in das vermachte Grundstück geschehen zu lassen, ergibt sich schon aus § 2165 Abs. 1. Die in § 2166 enthaltene Vorschrift war notwendig, da andernfalls der bereits mit § 2165 Abs. 1 Satz 1 vom Gesetzgeber beabsichtigte Gedanke nicht voll zur Geltung gelangt wäre. Nach dieser Vorschrift wäre der Vermächtnisnehmer zwar verpflichtet gewesen, die Befriedigung des Hypothekengläubigers aus dem vermachten Grundstück geschehen zu lassen, ohne Ersatzansprüche gegen den Erben geltend machen zu können. Wenn er aber, um die Zwangsvollstreckung in das Grundstück abzuwenden, die infolge des Erbfalls den Erben treffende persönliche Schuld tilgt, würde die persönliche Forderung des Gläubigers gegen den Erben nach § 1143 auf ihn übergehen. Anderseits würde der Erbe, wenn er die persönliche Schuld tilgt, keinen Ersatzanspruch gegen den Vermächtnisnehmer erwerben. Wirtschaftlich gesehen würde daher entgegen der in § 2165 Abs. 1 Satz 1 zum Ausdruck gelangten Absicht des Gesetzgebers die Belastung doch den Erben treffen. Um diese Folge auszuschließen, erstreckt sich die aus § 2165 Abs. 1 Satz 1 ergebende Verpflichtung bis zu einem persönlichen Schuldverhältnis des Vermächtnisnehmers gegenüber dem Erben (auch wenn er nicht der Beschwerte ist) des Inhalts, daß er rechtzeitig für Befriedigung des Gläubigers zu sorgen hat und dem Erben aus der Verzögerung schadensersatzpflichtig wird. Der Gläubiger erwirbt dadurch (so auch § 329) keine unmittelbaren Rechte. Die gesteigerte Verpflichtung tritt jedoch nur unter der Voraussetzung ein, daß der Erblasser entweder persönlicher Schuldner der durch die Hypothek gesicherten Forderung war oder daß er, wenn die Hypothek für eine fremde Schuld bestellt war (§ 1113), dem Schuldner persönlich aufzukommen hatte. Nicht also, wenn der Erblasser überhaupt nur mit dem Grundstück haftete.

Anm. 2

II. Begrenzung der Haftung des Vermächtnisnehmers

Die Haftung des Vermächtnisnehmers ist durch den Wert des Grundstücks begrenzt. Er ist nur insoweit verpflichtet, als die Schuld durch den Wert des Grundstücks gedeckt wird. Daraus folgt, daß der Vermächtnisnehmer, der den Gläubiger durch freiwillige Zahlung befriedigt, nach § 1143 die Forderung gegen den persönlichen Schuldner in der Höhe erwirbt, in der sie durch den Grundstückswert nicht mehr gedeckt war. Umgekehrt geht die Hypothek, wenn der Erbe den Gläubiger befriedigt, nach § 1164 auf jenen in der Höhe über, in der sie durch den Grundstückswert gedeckt ist, da der Vermächtnisnehmer insoweit verpflichtet war, den Gläubiger zu befriedigen.

III. Die Bestimmung des Grundstückswerts

Anm. 3

1. Gemeiner Verkaufswert als Regel

Für die Wertbestimmung ist nicht die Zeit des Vermächtnisanfalls (§§ 2176—2178), sondern der zufällige Zeitpunkt entscheidend, in dem das vermachte Grundstück dem Bedachten aufgelassen worden ist (§§ 873, 925). § 2166 enthält, abgesehen von der Vorschrift über den Abzug bestimmter Belastungen, keine Bestimmung darüber, wie der Wert des Grundstücks zu berechnen ist. Ähnlich wie bei der Berechnung des Pflichtteils (vgl. dazu **BGH** 13, 45; § 2311 Anm. 17) ist auch hier grundsätzlich der wahre, innere Wert maßgebend. Ein besonderer Liebhaberwert, den das Grundstück gerade für den Vermächtnisnehmer hat, bleibt unberücksichtigt. In der Regel wird sich der innere Wert mit dem Verkaufswert decken.

Anm. 4

2. Höchstpreise

Abweichungen können aber bestehen, wenn für den Verkauf bestimmte Höchstpreise vorgeschrieben sind. Dieser auf rein wirtschaftspolitischen Erwägungen beruhende Wert gibt die wahren Wertverhältnisse nicht richtig wieder. Er kann daher für die nach § 2166 zu treffenden Entscheidungen grundsätzlich nicht maßgebend sein. Falls jedoch der Gläubiger zu einer Zeit zu befriedigen ist, während der der Höchstpreis noch galt, muß geprüft werden, inwieweit unter Berücksichtigung dieses Umstandes der Vermächtnisnehmer nach dem Willen des Erblassers dem Erben gegenüber verpflichtet ist, die an sich durch den wahren Wert des Grundstücks gedeckte Schuld zu tilgen. Der Wille des Erblassers kann dahin gegangen sein, daß diese Verpflichtung nur insoweit bestehen soll, als die Schuld durch den im Zeitpunkt der Befriedigung des Gläubigers geltenden gemeinen Verkaufswert unter Abzug der vorgehenden Belastungen gedeckt sein würde.

3. Abzug der Belastungen

Anm. 5

Von dem so ermittelten Wert sind die der Hypothek im Range vorgehenden Belastungen abzuziehen. Dazu rechnen Belastungen jeder Art, also auch Nießbrauchsrechte, Altenteile usw.

Anm. 6

Da nach Absatz 3 die Bestimmungen auf die Höchstbetragshypothek nicht anzuwenden sind, sind etwa im Range vorgehende Sicherungshöchstbetragshypotheken ebenfalls bei der Wertberechnung nicht abzuziehen. Der Grundgedanke des Gesetzes ist der, daß der Vermächtnisnehmer mit dem ganzen ihm zugewandten Grundstückswert haften soll, aber nicht darüber hinaus. Deswegen sind bei der Wertberechnung auch diejenigen Grundpfandrechte, die dem Erblasser selbst zustanden und die mitvermacht sind, nicht abzuziehen (Staudinger/Seybold 11. Aufl. § 2166 Anm. 4). Anders ist es, wenn der durch Auslegung zu ermittelnde Wille des Erblassers ergibt, daß der Wert dieser Pfandrechte dem Vermächtnisnehmer auf jeden Fall erhalten bleiben soll.

Anm. 7

4. Bei der Zwangsversteigerung sich ergebender Minder- oder Mehrerlös

Der hiernach festgestellte Grundstückswert bleibt im Verhältnis zwischen Erben und Vermächtnisnehmer maßgebend, auch wenn sich bei der späteren Zwangsversteigerung ein höherer oder geringerer Wert herausstellen sollte. Der bei der Zwangsversteigerung erzielte Mehrerlös verbleibt dem Vermächtnisnehmer. Umgekehrt bleibt der Vermächtnisnehmer dem Erben gegenüber verpflichtet, wenn der Gläubiger bei der Zwangsversteigerung nicht voll befriedigt wird, obwohl die Hypothek in dem maßgebenden Zeitpunkt durch den Grundstückswert gedeckt war.

Anm. 8

IV. Verpflichtung eines Dritten zur Berichtigung der Schuld (Abs. 2)

Abs. 2 regelt den Fall, daß ein Dritter dem Erblasser gegenüber verpflichtet ist, die Schuld zu befriedigen. In diesen Fällen ist es angebracht, daß der Erbe zunächst den Dritten auf Erfüllung seiner Verpflichtung in Anspruch nimmt. Der Vermächtnisnehmer haftet daher nach Abs. 2 nur insoweit, als der Erbe bei dem Dritten keine Befriedigung finden kann. Der Vermächtnisnehmer kann daher auch, wenn er den Hypothekengläubiger voll befriedigt, vom Erben verlangen, daß dieser ihm seinen Rückgriffsanspruch gegen den Dritten abtritt.

Der Erbe ist jedoch nicht genötigt, bevor er den Vermächtnisnehmer in Anspruch nimmt, gegen den Dritten zu klagen, wenn er dessen Zahlungsfähigkeit auf andere Weise nachweisen kann.

Anm. 9

V. Höchstbetragshypotheken (Abs. 3)

Abs. 3 nimmt die Höchstbetragshypothek des § 1190 von der in § 2166 getroffenen Regelung aus (vgl. Anm. 6).

Anm. 10

VI. Beweislast

§ 2166 enthält eine Auslegungsvorschrift. Sie gilt im Zweifel. Derjenige, der behauptet, der Erblasser habe etwas anderes gewollt, als es in dieser Vorschrift bestimmt ist, hat diejenigen Umstände darzulegen und zu beweisen, aus denen sich der entgegenstehende Wille des Erblassers ergibt.

Anm. 11

VII. Mit Pfandrechten belastete bewegliche Sachen

Sind bewegliche Sachen, die mit einem Pfandrecht belastet sind, Gegenstand eines Vermächtnisses, so kann der Vermächtnisnehmer zwar nicht Beseitigung des Pfandrechts verlangen (§ 2165). Er ist aber auch nicht, wie bei der Hypothek, zur Befriedigung des Gläubigers verpflichtet. Tut er es doch, so erwirbt er gemäß §§ 1249, 268 Abs. 3 dessen Forderung gegen den Erben.

§ 2167

Sind neben dem vermachten Grundstück andere zur Erbschaft gehörende Grundstücke mit der Hypothek belastet, so beschränkt sich die im § 2166 bestimmte Verpflichtung des Vermächtnisnehmers im Zweifel auf den Teil der Schuld, der dem Verhältnisse des Wertes des vermachten Grundstücks zu dem Werte der sämtlichen Grundstücke entspricht. Der Wert wird nach § 2166 Abs. 1 Satz 2 berechnet.

E II 2038; P 5 182, 183, 188—193; 6 396.

Übersicht

Belastung des vermachten Grundstücks mit einer Gesamthypothek

1. Umfang der Haftung des Vermächtnisnehmers

Anm. 1

Die Auslegungsvorschrift des § 2166 ist für den Fall näher ergänzt, daß eine Gesamthypothek sowohl auf dem vermachten, als auch auf anderen Nachlaßgrundstücken eingetragen ist. Der Vermächtnisnehmer ist dem Gläubiger der Gesamthypothek selbstverständlich mit dem Grundstück unbeschränkt verhaftet (§ 1132 Abs. 1). Im Verhältnis zum Erben beschränkt sich aber seine Haftung auf den zu ermittelnden verhältnismäßigen Teilbetrag (vgl. auch § 1172 Abs. 2.)

Anm. 2

Um den Umfang der Verpflichtung des Vermächtnisnehmers festzustellen, ist zunächst nach § 2167 zu ermitteln, in welchem Verhältnis der Wert des vermachten Grundstücks zu dem Wert aller zum Nachlaß gehörenden mit der Gesamthypothek belasteten Grundstücke steht. Der Vermächtnisnehmer haftet dem Erben gegenüber höchstens für einen diesem Verhältnis entsprechenden Teil der Gesamthypothek.

Anm. 3

Nach § 2166 ist weiter zu ermitteln, inwieweit der Vermächtnisnehmer dem Erben gegenüber verpflichtet ist, in Ansehung dieses Teiles den Gläubiger zu befriedigen. Die Verpflichtung besteht nur insoweit, als der Teil, für den der Vermächtnisnehmer nach

§ 2167 dem Erben gegenüber überhaupt nur haftet, im Sinne des § 2166 durch den Wert des vermachten Grundstücks gedeckt ist.

Anm. 4

2. Die Bestimmung der Grundstückswerte

Der Wert der in Betracht kommenden Grundstücke wird nach den in § 2166 Abs. 1 Satz 2 enthaltenen Grundsätzen berechnet. Maßgebender Zeitpunkt für die Wertbestimmung aller Grundstücke ist danach derjenige, in dem der Vermächtnisnehmer Eigentümer des ihm vermachten Grundstücks geworden ist. Bei sämtlichen Grundstücken werden von deren Wert die der Gesamthypothek vorgehenden Belastungen abgezogen. Im einzelnen vgl. § 2166 Anm. 3—7.

3. Gesamthypothek auf Nachlaßgrundstücken und nicht zum Nachlaß gehörenden Grundstücken

Anm. 5

Haftet die Hypothek noch auf anderen nicht zur Erbschaft gehörenden Grundstücken, so kommen für das Rechtsverhältnis zwischen Erben und Vermächtnisnehmer diese Grundsätze überhaupt nicht in Betracht. Es verbleibt bei der Regel des § 2166. Danach ist der Vermächtnisnehmer dem Erben gegenüber verpflichtet, den Gläubiger rechtzeitig zu befriedigen.

Anm. 6

Sofern auch noch andere zur Erbschaft gehörige Grundstücke mit der Hypothek belastet sind, beschränkt sich diese Verpflichtung auf den sich nach § 2167 ergebenden Betrag, der sich allein nach dem Verhältnis der zum Nachlaß gehörenden mit der Gesamthypothek belasteten Grundstücke bestimmt. Die gleichfalls mithaftenden, nicht zum Nachlaß gehörenden Grundstücke bleiben unberücksichtigt.

Anm. 7

Dasselbe gilt in entsprechender Anwendung des § 2168 Abs. 2, wenn bei einer Gesamthypothek der Erblasser zur Zeit des Erbfalls dem Eigentümer des zur Erbschaft nicht gehörenden, mit der Hypothek belasteten Grundstücks oder einem Rechtsvorgänger des Eigentümers zur Befriedigung des Gläubigers verpflichtet ist (Planck/Flad 4. Aufl. § 2167 Anm. 2).

Anm. 8

Ist dagegen der Eigentümer des nicht zum Nachlaß gehörenden Grundstücks dem Erben gegenüber zur Berichtigung der Schuld verpflichtet, für die die Gesamthypothek haftet, so besteht die Verpflichtung des Vermächtnisnehmers nach § 2166 Abs. 2 nur insoweit, als der Erbe die Berichtigung nicht von dem Dritten verlangen kann (vgl. dazu § 2166 Anm. 8).

Anm. 9

4. Vermächtnis eines ideellen Anteiles an einem mit einer Hypothek belasteten Grundstück

§ 2167 ist entsprechend anzuwenden, wenn ein ideeller Anteil an einem mit einer Hypothek belasteten, zum Nachlaß gehörenden Grundstück den Gegenstand des Vermächtnisses bildet (vgl. Stillschweig JW 1914, 7ff, 13). Für den Anteil an einem Schiff, der zusammen mit anderen Anteilen mit einer Schiffshypothek belastet ist, ergibt sich das bereits aus § 28 Abs. 1 SchiffsrechteG v. 15. 11. 1940, RGBl I 1499 (vgl. dazu § 2168a Anm. 7).

§ 2168

Besteht an mehreren zur Erbschaft gehörenden Grundstücken eine Gesamtgrundschuld oder eine Gesamtrentenschuld und ist eines dieser Grundstücke vermacht, so ist der Vermächtnisnehmer im Zweifel dem Erben gegenüber zur Befriedigung des Gläubigers in Höhe des Teiles der Grundschuld

oder der Rentenschuld verpflichtet, der dem Verhältnisse des Wertes des vermachten Grundstücks zu dem Werte der sämtliche Grundstücke entspricht. Der Wert wird nach § 2166 Abs. 1 Satz 2 berechnet.

Ist neben dem vermachten Grundstück ein nicht zur Erbschaft gehörendes Grundstück mit einer Gesamtgrundschuld oder einer Gesamtrentenschuld belastet, so finden, wenn der Erblasser zur Zeit des Erbfalls gegenüber dem Eigentümer des anderen Grundstücks oder einem Rechtsvorgänger des Eigentümers zur Befriedigung des Gläubigers verpflichtet ist, die Vorschriften des § 2166 Abs. 1 und des § 2167 entsprechende Anwendung.

E II 2039; P 5 182, 183 188—193; 6 396.

Übersicht

Belastung eines vermachten Grundstücks mit Gesamtgrund- oder Gesamtrentenschulden

Anm.

Anm. 1

1. Ausschließliche Belastung von Nachlaßgrundstücken (Abs. 1)

Die Auslegungsgrundsätze der §§ 2166, 2167 sind weiter ergänzt für den Fall, daß auf dem vermachten Grundstück eine Gesamtgrundschuld oder Gesamtrentenschuld eingetragen ist (§§ 1132, 1192, 1199). Abs. 1 setzt voraus, daß nur Nachlaßgrundstücke damit belastet sind. In diesem Falle tritt der Vermächtnisnehmer, falls er nicht die Beseitigung der Grundschuld verlangen kann (§ 2165 Anm. 3, 10), zu dem Erben in ein persönliches Schuldverhältnis, kraft dessen er dem Erben gegenüber — unbeschadet seiner vollen Haftung gegenüber dem Gläubiger — nur auf den verhältnismäßigen Teilbetrag der Grundschuld (§ 2167), sowie selbstverständlich nur mit dem nach § 2166 Abs. 1 Satz 2 zu bestimmenden Werte des Grundstücks als verhaftet gilt. Nur innerhalb der hierdurch gezogenen Grenzen findet § 1173 in Verbindung mit § 1192 Anwendung.

Anm. 2

2. Belastung von Nachlaßgrundstücken und nicht zum Nachlaß gehörenden Grundstücken (Abs. 2)

Sind neben dem vermachten noch andere nicht zur Erbschaft gehörende Grundstücke belastet, so kommt es darauf an, ob der Erblasser zur Zeit des Erbfalls gegenüber dem Eigentümer eines der anderen Grundstücke oder einem Rechtsvorgänger des Eigentümers zur Befriedigung des Gesamtgrundschuldgläubigers verpflichtet war (z. B. aus der Schuldübernahme im Falle des § 415 Abs. 3, vgl. auch § 1173). Trifft dies zu, dann wird, wie die Verweisungen ergeben, der Vermächtnisnehmer dem Erben bis zum Werte des ihm zugewendeten Grundstücks verpflichtet, wenn dieses das einzige mit der Gesamtgrundschuld belastete Nachlaßgrundstück ist (§ 2166 Abs. 1). Sind daneben noch andere Nachlaßgrundstücke belastet, dann vermindert sich seine Verpflichtung weiter bis zu dem auf das vermachte Grundstück entfallenden Teilbetrag (§ 2167). War der Erblasser den sonstigen Grundschuldnern oder ihren Rechtsvorgängern gegenüber nicht verpflichtet, den Gläubiger zu befriedigen, so entstehen zwischen Erben und Vermächtnisnehmer überhaupt keine besonderen Verpflichtungen, der Bedachte ist vielmehr von der Auflassung ab Gesamtgrundschuldner neben den anderen Eigentümern.

§ 2168a

§ 2165 Abs. 2, §§ 2166, 2167 gelten sinngemäß für eingetragene Schiffe, Schiffsbauwerke und für Schiffshypotheken.

Schiffe, Schiffsbauwerke und Schiffshypotheken

Anm. 1

1. Ursprung der Bestimmung

Die Bestimmung ist eingefügt durch Art. II Nr. 29 DV zum Ges. über Rechte an eingetragenen Schiffen und Schiffsbauwerken v. 21. 12. 1940, RGBl I 1609. Sie ist gleichzeitig mit dem Gesetz über Rechte an eingetragenen Schiffen und Schiffsbauwerken v. 15. 11. 1940, RGBl I 1499, am 1. Januar 1941 in Kraft getreten.

Anm. 2

2. Wesen der Schiffshypothek

§ 2168 ist nicht mit aufgeführt, da das Gesetz als dingliche Rechte an eingetragenen Schiffen nur die Schiffshypothek und den Nießbrauch, an Schiffsbauwerken nur die Schiffshypothek kennt. Die Schiffshypothek entspricht der Sicherungshypothek des BGB. § 8 Abs. 1 SchiffsrechteG bestimmt, daß das Recht des Gläubigers aus der Schiffshypothek sich nur nach der Forderung bestimmt. Trotz Eintragung besteht daher keine Schiffshypothek, wenn die Forderung nicht entstanden ist.

Anm. 3

3. Erlöschen der Schiffshypothek

Die Schiffshypothek erlischt mit dem Erlöschen der Forderung (§ 57 Abs. 1 SchiffsrechteG), durch Verzicht des Gläubigers (§ 57 Abs. 2 SchiffsrechteG) und dadurch, daß sich Hypothek und Eigentum in einer Person vereinigen (§ 64 Abs. 1 SchiffsrechteG). Eine Ausnahme macht § 64 Abs. 2 SchiffsrechteG für den Fall, daß die Forderung bestehen bleibt oder zugunsten eines Dritten als bestehend gilt.

4. Recht zur Eintragung einer Ersatzhypothek (§ 57 Abs. 3 SchiffsrechteG)

Anm. 4

Da die Schiffshypothek regelmäßig erlischt, wenn sie auf den Schiffseigentümer übergeht, bleibt für eine entsprechende Anwendung des § 2165 Abs. 2 nur in den seltenen Fällen des § 64 Abs. 2 SchiffsrechteG Raum.

Anm. 5

§ 2165 Abs. 2 kann nicht entsprechend angewandt werden auf das nach § 57 Abs. 3 SchiffsrechteG dem Eigentümer zustehende Recht, an die Stelle einer erloschenen, aber im Register noch nicht gelöschten Schiffshypothek eine andere eintragen zu lassen. Dieses Recht ist untrennbar mit dem Eigentum verbunden. Es geht mit der Übereignung des Schiffes an den Vermächtnisnehmer auf diesen über und kann nicht bei dem beschwerten Erben verbleiben.

Anm. 6

Falls der beschwerte Erbe, bevor er das Vermächtnis durch Übereignung des Schiffes erfüllt, von dem Recht nach § 57 Abs. 3 SchiffsrechteG für sich Gebrauch macht, kann der Vermächtnisnehmer die Beseitigung dieser Last verlangen. Dieser Anspruch steht ihm nicht zu, wenn der Erblasser dem beschwerten Erben das Recht eingeräumt hat, das vermachte Schiff, bevor es dem Vermächtnisnehmer übereignet wird, für sich zu belasten.

Anm. 7

5. Vermächtnis eines Anteils an einem Schiff

§ 2167 ist auch entsprechend anzuwenden, wenn ein Anteil an einem Schiff vermacht ist und wenn außer diesem Anteil auch andere Schiffsanteile mit der Hypothek belastet sind. Das folgt schon daraus, daß § 28 Abs. 1 SchiffsrechteG als Gesamtschiffshypothek eine Hypothek bezeichnet, die für eine Forderung besteht, und entweder auf mehreren Schiffen oder auf mehreren Anteilen an einem Schiff ruht.

§ 2169

Das Vermächtnis eines bestimmten Gegenstandes ist unwirksam, soweit der Gegenstand zur Zeit des Erbfalls nicht zur Erbschaft gehört, es sei denn, daß der Gegenstand dem Bedachten auch für den Fall zugewendet sein soll, daß er nicht zur Erbschaft gehört.

Hat der Erblasser nur den Besitz der vermachten Sache, so gilt im Zweifel der Besitz als vermacht, es sei denn, daß er dem Bedachten keinen rechtlichen Vorteil gewährt.

Steht dem Erblasser ein Anspruch auf Leistung des vermachten Gegenstandes oder, falls der Gegenstand nach der Anordnung des Vermächtnisses untergegangen oder dem Erblasser entzogen worden ist, ein Anspruch auf Ersatz des Wertes zu, so gilt im Zweifel der Anspruch als vermacht.

Zur Erbschaft gehört im Sinne des Abs. 1 ein Gegenstand nicht, wenn der Erblasser zu dessen Veräußerung verpflichtet ist.

E I 1848 II 2040; M 5 142—148; P 5 165—170.

Übersicht

Vermächtnis eines bestimmten Gegenstandes

I. Unwirksamkeit des Vermächtnisses nach Abs. 1 Halbsatz 1

1. Grund der Bestimmung

Anm. 1

§ 2169 gilt sowohl für das durch einfaches wie auch für das in einem gemeinschaftlichen Testament oder Erbvertrag angeordnete Vermächtnis. Die Vorschrift bezieht sich nur auf das Vermächtnis bestimmter Gegenstände, Sachen oder Rechte. Auf die Zugehörigkeit zum Nachlaßvermögen kommt es für die Wirksamkeit eines Gattungsvermächtnisses nicht an. Dafür gilt vielmehr § 2155.

§ 2169 gilt entsprechend, wenn das Recht zugewandt ist, von dem Beschwerten einen bestimmten Gegenstand käuflich zu erwerben (**BGH** 30. 9. 1959 V ZR 66/58).

Anm. 2

Der in Abs. 1 Halbsatz 1 enthaltene Grundsatz knüpft an eine ähnliche im gemeinen Recht enthaltene Regel an, die sich bereits im klassischen römischen Recht entwickelt hatte. Er beruht auf der Erwägung, daß nach dem eigentlichen Sinn und Zweck der letztwilligen Verfügung in der Regel davon auszugehen ist, daß der Erblasser nur über diejenigen Vermögensgegenstände verfügen will, die zu seinem Nachlaß gehören. Die Bestimmung beruht daher nicht darauf, daß ein nachträglicher stillschweigender Widerruf des Vermächtnisses durch den Erblasser angenommen wird, sondern auf dem Gedanken eines zur Zeit der Testamentserrichtung vorhandenen stillschweigenden, mindestens hypothetischen Willen des Erblassers (**BGH** 31, 14). Zur Wirksamkeit eines Vermächtnisses ist daher grundsätzlich erforderlich, daß der vermachte Gegenstand, Sache oder Recht (§ 90), oder der Gegenstand, an dem durch Vermächtnis ein Recht begründet werden soll, wenn auch nicht zur Zeit der Anordnung, so doch zur Zeit des Erbfalls sich im Vermögen des Erblassers befindet. Danach wird auf die Zugehörigkeit des vermachten Gegenstandes zur Erbschaft im Zeitpunkt des Erbfalls abgestellt.

2. Zugehörigkeit des vermachten Gegenstandes zur Erbschaft

a) Maßgeblichkeit der tatsächlichen Rechtslage im Zeitpunkt des Erbfalls

Anm. 3

Entscheidend ist, ob der vermachte Gegenstand in dem maßgeblichen Zeitpunkt nach der tatsächlichen Rechtslage zur Erbschaft gehörte. Es ist unerheblich, welche Vorstellungen der Erblasser sich hiervon machte.

Anm. 4

Unerheblich ist auch, ob der vermachte Gegenstand bereits zum Vermögen des Erblassers gehörte, als er das Vermächtnis anordnete, oder welches rechtliche Schicksal er in der Zeit zwischen der Anordnung des Vermächtnisses und dem Erbfall gehabt hat. Das Vermächtnis ist daher auch dann gültig, wenn der Erblasser den vermachten Gegenstand, nachdem er ihn einem Dritten vermacht hatte, veräußert, aber später wieder zurückerworben hat. Dabei spielt es keine Rolle, ob er den Rückerwerb von vornherein beabsichtigt hatte.

Anm. 5

Ist das Vermächtnis unwirksam, weil der Gegenstand im Zeitpunkt des Erbfalls nicht zur Erbschaft gehört, dann kommt es auch nicht darauf an, aus welchem Grund der Gegenstand aus dem Vermögen des Erblassers ausgeschieden ist, insbesondere, ob dies gegen oder mit dem Willen des Erblassers geschah. Es macht auch keinen Unterschied, ob der Gegenstand dem Beschwerten, dem Bedachten oder einem Dritten gehört.

§ 2288 ist zu beachten, wenn das Vermächtnis durch gemeinschaftliches Testament oder Erbvertrag angeordnet war. Im letzteren Fall ist auch daran zu denken, daß der Erblasser sich dem vertraglich Bedachten gegenüber stillschweigend schuldrechtlich verpflichtet haben kann, nicht über den vermachten Gegenstand zu verfügen. Handelt er einer solchen Verpflichtung zuwider und wird das Vermächtnis dadurch unwirksam, dann hat der Bedachte Schadensersatzansprüche gegen die Erben (**BGH** 31, 14, 18).

Anm. 6

b) Veräußerung vor Testamentserrichtung an nichtbevollmächtigte Vertreter eines Dritten

Hatte der Erblasser den Gegenstand des Vermächtnisses bereits vor Errichtung des Testaments durch Vertrag mit einem nichtbevollmächtigten Vertreter des Dritten veräußert, so ist das Vermächtnis nach der Regel des Abs. 1 auch dann unwirksam, wenn der Vertrag durch den Dritten erst nach dem Tode des Erblassers genehmigt wird; insbesondere kann die das Vermächtnis enthaltende letztwillige Verfügung nicht aus § 184 Abs. 2 aufrechterhalten werden, da diese Vorschrift eine vor der Genehmigung von dem Genehmigungsberechtigten selbst oder aus dessen Recht zugunsten eines Dritten vorgenommene Verfügung voraussetzt (§ 184 Anm. 10; **RG** 25. 4. 1921 IV 549/20).

Anm. 7

c) Unterbliebene Eintragung bei Veräußerung von Grundstücken

Unwirksam ist das Vermächtnis auch, wenn das vermachte Grundstück, zu dessen Übereignung der Erblasser sich bindend verpflichtet hatte, von ihm bereits aufgelassen, die Umschreibung im Grundbuch bei seinem Tode aber noch nicht erfolgt war, so daß das Grundstück ihm formell noch gehörte (**RG** 164, 202).

II. Wirksamkeit des Vermächtnisses als Verschaffungsvermächtnis (Abs. 1 Halbsatz 2)

Anm. 8

1. Ausnahmecharakter der Vorschrift

Auch das Vermächtnis eines individuell bestimmten Gegenstandes kann trotz der Nichtzugehörigkeit zur Erbschaft ausnahmsweise wirksam sein, wenn die Anordnung dahin auszulegen ist, daß sie auch für diesen Fall in Kraft treten solle (Begründung eines Insitzrechts oder Nutzungsrechts an einem nicht zum Nachlasse gehörigen Hause oder landwirtschaftlichen Grundstücke, **RG** WarnRspr 1911 Nr. 278, SeuffArch 80 Nr. 14). Es handelt sich dann um das Verschaffungsvermächtnis des § 2170.

2. Feststellung des Willens des Erblassers

Anm. 9

Durch Auslegung der letztwilligen Verfügung ist zu ermitteln, ob der Erblasser ein Verschaffungsvermächtnis gewollt hat. Es ist der Wille zu ermitteln, den der Erblasser gehabt hat, als er das Testament errichtete (aA Foer AcP 153, 492, 512; danach ist auch ein später formlos erklärter Wille erheblich; dagegen wie hier **BGH** 31, 14). Anhaltspunkte für die Ermittlnng des Willens des Erblassers können insbesondere auch aus dem Umstand entnommen werden, ob der Gegenstand, als der Erblasser das Vermächtnis anordnete, zu seinem Vermögen gehörte. In der Regel kann angenommen werden, daß der Erblasser ein Verschaffungsvermächtnis gewollt hat, wenn er, als er das Vermächtnis anordnete, wußte, daß der Gegenstand nicht zu seinem Vermögen gehörte (Celle HEZ 3, 39).

Anm. 10

Anders ist es, wenn er die Absicht hatte, diesen Gegenstand nach Errichtung seiner Verfügung zu erwerben, Ein Verschaffungsvermächtnis wird dann, wenn der Erblasser seine Absicht nicht verwirklicht hat, in der Regel nicht angenommen werden können·

Anm. 11

Für die Auslegung bedeutsam kann es auch sein, aus welchem Grunde der vermachte Gegenstand, nachdem der Erblasser das Vermächtnis angeordnet hatte, aus seinem Vermögen ausgeschieden ist und ob der Gegenstand nach den Vorstellungen des Erblassers oder dem Zweck des Rechtsgeschäfts nur vorübergehend aus dessen Vermögen ausscheiden sollte.

Anm. 12

Bei Gegenständen, die infolge Sicherungsübereignung aus dem Vermögen des Erblassers ausgeschieden sind, ist in der Regel als Wille des Erblassers anzunehmen, daß der Erbe sie dem Bedachten verschaffen soll (Staudinger/Seybold 11. Aufl. § 2169 Anm. 3). Dasselbe gilt, wenn der Erblasser einem Dritten eine Grundschuld vermacht hat, die er sicherungshalber an einen Kreditgeber abgetreten hat. Der Beschwerte ist dann im Zweifel nicht berechtigt, das Vermächtnis um den Betrag zu kürzen, den er aufwenden muß, um die Grundschuld zu verschaffen (vgl. dazu Kiel SchlHA 1939, 37).

Anm. 13

Regelmäßig von Bedeutung für die Auslegung der Vermächtnisanordnung ist es, ob der Erblasser die Nichtzugehörigkeit gekannt hat oder nicht (**RG** HRR 1934, 815).

Anm. 14

III. Beweislast für Abs. 1

Der Beweis, daß der Gegenstand nicht zur Erbschaft gehört, ist vom Beschwerten, der Gegenbeweis, daß die Zuwendung auch für diesen Fall gewollt war, vom Bedachten zu führen (**RG** 164, 202; SeuffArch 80 Nr. 14).

IV. Besondere Fälle des Abs. 1

Anm. 15

Sind nur Teile des vermachten Gegenstandes vorhanden, so bleibt das Vermächtnis „soweit“ in Kraft.

Anm. 16

Gehört der vermachte Gegenstand zu dem noch ungeteilten Nachlaß eines Dritten, an dem der Erblasser als Miterbe beteiligt ist (**RG** 105, 246), oder zum Gesamtgut einer ehelichen oder fortgesetzten Gütergemeinschaft, deren Teilhaber der Erblasser ist (**RG** HRR 1934, 815), so gehört der Gegenstand auch nicht zu einem Bruchteile zur Erbschaft dieses Erblassers. Das Vermächtnis ist nach der Regel des § 2169 Abs. 1 unwirksam. Ob es, wenn kein Verschaffungsvermächtnis vorliegt, im ersten Falle in das Vermächtnis eines Teiles des Anteils des Erblassers an dem Nachlasse des Dritten umzudeuten ist, ist Auslegungsfrage.

Anm. 17

Wirksam ist danach auch das Vermächtnis, durch das ein Recht an einer Sache begründet werden soll, die nur zu einem ideellen Anteil im Eigentum des Erblassers steht (Celle HEZ 3, 39). In diesem Fall wird in der Regel anzunehmen sein, daß der Erblasser ein Verschaffungsvermächtnis gewollt hat.

Anm. 18

Unter Umständen kann auch erst die ergänzende Testamentsauslegung dazu führen, ein Verschaffungsvermächtnis anzunehmen (vgl. **RG** 164, 196).

Anm. 19

Ist die in der Erbschaft steckende Erbschaft eines Dritten selbst vermacht, so betrifft das Vermächtnis eine Rechtsgesamtheit, nicht bestimmte einzelne Gegenstände im Sinne der §§ 2169, 2170 (**RG** WarnRspr 1917 Nr. 122).

V. Zuwendung des Besitzes nach Abs. 2

Anm. 20

Wenn der Erblasser dem Vermächtnisnehmer eine Sache zugewandt hat, die nicht zur Erbschaft gehört, die er aber im Zeitpunkt des Erbfalls in Besitz hatte, ist zunächst zu prüfen, ob ein Verschaffungsvermächtnis gewollt ist. Läßt sich ein dahingehender Wille nicht ermitteln, dann ist das Vermächtnis nach § 2169 Abs. 1 nicht ganz unwirksam. Vielmehr gilt nach Abs. 2 im Zweifel der Besitz als vermacht. Denn auch der bloße Besitz kann als Vermögensvorteil (§ 1939) vermacht werden. Ein auf Zuwendung des Gegenstandes selbst (des Hauses, des Pferdes) lautendes Vermächtnis soll deshalb nach der Auslegungsregel des Gesetzes in eine Zuwendung des Besitzes am Gegenstande umgedeutet werden, wenn der Erblasser selbst hieran nur den — mittelbaren oder unmittelbaren — Besitz gehabt hat (der Erblasser hatte das Haus nur mietweise inne, das Pferd nur in Verwahrung). Auch hier kommt es auf die Vorstellung des Erblassers über sein Recht an der besessenen Sache nicht an.

Anm. 21

Der Beschwerte kann sich mit dem Gegenbeweis befreien, daß der Besitz dem Bedachten keinen rechtlichen Vorteil gewähre. Dies kann jedoch nur bei dem wissentlich unrechtmäßigen Besitz zutreffen, da sonst schon die Tatsache des Besitzes Rechte erzeugt (Besitzschutz §§ 858ff, Ersitzung §§ 937ff, Nutzungsrechte §§ 987ff, Ersatz wegen Verwendungen §§ 994ff, Vermutung des Eigentums § 1006).

VI. Zuwendung der Leistungs- oder Ersatzansprüche nach Abs. 3

Anm. 22

Auch hier ist Voraussetzung, daß die Vermächtnisanordnung auf einen bestimmten, zur Zeit des Erbfalls aber noch nicht oder nicht mehr im Nachlaß vorhandenen Gegenstand lautet. Die Anordnung wird dann (ähnliche Surrogationsgrundsätze §§ 2041,

2111, 2146, 2374) in das Vermächtnis des betreffenden Ersatzanspruchs umgedeutet. Dies hat auch zu gelten, wenn der Ersatzanspruch bereits vor Anordnung des Vermächtnisses entstanden, dem Erblasser aber hiervon nichts bekannt geworden war.

Anm. 23

Zu den Ersatzansprüchen gehört auch der Bereicherungsanspruch, wie für den besonderen Fall des § 951 in § 2172 Anm. 6 anerkannt ist.

Anm. 24

War der Wertersatz schon vor Eintritt des Erbfalls geleistet, so gilt nach § 2173 im Zweifel der geleistete Gegenstand als zugewendet. Hat der Erblasser für den in der Vermächtnisanordnung bezeichneten bestimmten Gegenstand (Zuchthengst „Jupiter") nachher selbst Ersatz beschafft (Zuchthengst „Exzelsior"), so ist es reine Auslegungsfrage, ob der Ersatzgegenstand als zugewendet gelten darf.

Anm. 25

Der in Abs. 3 enthaltene Rechtsgedanke kann nicht allgemein dahin erweitert werden, daß stets oder in der Regel der Gegenstand als vermacht gilt, der an die Stelle des vermachten, ausgeschiedenen getreten ist (vgl. Planck/Flad 4. Aufl. § 2169 Anm. 5). Demnach tritt auch, wenn der Erblasser den vermachten Gegenstand veräußert hat, nicht der dafür erzielte Erlös an dessen Stelle. Das gilt auch dann, wenn der Erlös selbst noch im Nachlaß vorhanden ist und wenn der Erblasser aus wirtschaftlichen Gründen genötigt war, den Gegenstand zu veräußern. Dieser Verlust ist der in Abs. 3 vorausgesetzten Entziehung des vermachten Gegenstandes nicht rechtsähnlich. Entscheidend ist, daß auch in dem erwähnten Fall die Veräußerung auf einem Willensentschluß des Erblassers beruht, so daß der vermachte Gegenstand nicht ohne den Willen des Erblassers aus dessen Vermögen ausgeschieden ist (**BGH** 22, 357).

Das schließt aber nicht aus, im Wege der ergänzenden Testamentsauslegung festzustellen, daß der erzielte, im Nachlaß noch vorhandene Erlös vermacht sein soll. Jedoch muß eine dahingehende Willensrichtung durch Auslegung aus der letztwilligen Verfügung entnommen werden können. Hierfür kommt es wesentlich darauf an, welchen Zweck der Erblasser mit der Anordnung des Vermächtnisses verfolgte. Die Zuwendung des Erlöses kann nicht angenommen werden, wenn es dem Erblasser allein darauf angekommen ist, gerade den vermachten Gegenstand dem Bedachten zuzuwenden, z. B. einen Kunstgegenstand, weil er diesen bei dem Bedachten am besten aufgehoben glaubte. Anders kann es sein, wenn es dem Erblasser wesentlich darauf ankam, dem Bedachten überhaupt etwas zuzuwenden und wenn der vermachte Gegenstand nur ein Mittel war, um diese Absicht zu verwirklichen. Vgl. darüber **BGH** 22, 357, 360, dazu die Anmerkung LM BGB § 2169 Nr. 1, und **BGH** 31, 14, 22).

Anm. 26

VII. Veräußerungspflicht des Erblassers (Abs. 4)

Die hinsichtlich eines Gegenstandes bestehende Veräußerungspflicht hebt seine Zugehörigkeit zur Erbschaft an sich nicht auf, hat aber trotzdem die Unwirksamkeit des den Gegenstand betreffenden Vermächtnisses grundsätzlich zur Folge. Das Vermächtnis wird auch dadurch nicht wirksam, daß die Veräußerungspflicht nach dem Erbfall wieder wegfällt. Nach Abs. 2 kann auch an einer solchen Sache der Besitz bis zur Herausgabe vermacht sein. Ebensowenig wie der erzielte Erlös für den vom Erblasser veräußerten vermachten Gegenstand in entsprechender Anwendung des Abs. 3 als vermacht angesehen werden kann (Anm. 25), kann im Falle des Abs. 4 die dem Erben für die Veräußerung gebührende Gegenleistung als vermacht angesehen werden, wenn der Erblasser sich rechtsgeschäftlich verpflichtet hatte, den Gegenstand zu veräußern. Auch hier ist zu prüfen, ob notfalls im Wege der ergänzenden Testamentsauslegung ein dahingehender Wille des Erblassers festgestellt werden kann (Nürnberg NJW 1956, 1882; an der gegenteiligen in der 10. Aufl. Anm. 7 vertretenen Ansicht kann nicht festgehalten werden).

Anm. 27

VIII. Begründung von Rechten an nicht zum Nachlaß gehörenden Gegenständen durch Vermächtnis

Die zu § 2169 entwickelten Rechtssätze sind, worauf bereits in Anm. 2 hingewiesen ist, sinngemäß anzuwenden, wenn durch Vermächtnis ein Recht an einem Gegenstand begründet werden soll. Für die Wirksamkeit dieses Vermächtnisses kommt es grundsätzlich darauf an, ob der Gegenstand, an dem das Recht begründet werden soll, zum Nachlaß des Erblassers gehört und ob der Erblasser, falls diese Voraussetzung nicht gegeben ist, ein Verschaffungsvermächtnis gewollt hat.

§ 2170

Ist das Vermächtnis eines Gegenstandes, der zur Zeit des Erbfalls nicht zur Erbschaft gehört, nach § 2169 Abs. 1 wirksam, so hat der Beschwerte den Gegenstand dem Bedachten zu verschaffen.

Ist der Beschwerte zur Verschaffung außerstande, so hat er den Wert zu entrichten. Ist die Verschaffung nur mit unverhältnismäßigen Aufwendungen möglich, so kann sich der Beschwerte durch Entrichtung des Wertes befreien.

E I 1849 II 2041; M 5 148, 149; P 5 170, 171.

Übersicht

Verschaffungsvermächtnis

A. Allgemeine Pflichten des Beschwerten

Anm. 1

I. Leistungspflicht

Gehört der vermachte individuell bestimmte Gegenstand (§ 2169 Anm. 8ff) einem Dritten, so hat ihn der Beschwerte vom Dritten zu erwerben und nebst dem Zubehör (§ 2164) auf den Bedachten zu übertragen. Ist ein noch zu begründendes Recht an einem solchen Gegenstand vermacht (§ 2169 Anm. 27; **RG LZ** 1923, 454 Nr. 7), so hat der Beschwerte dem Bedachten das Recht vom Dritten zu verschaffen. Gehört der Gegenstand dem Beschwerten, so ist dieser kraft § 2174 dem Bedachten unmittelbar zur Leistung verpflichtet.

Anm. 2

II. Gewährleistungspflicht

Die Gewährleistungspflicht des Beschwerten bestimmt sich nach § 2182 Abs. 2 u. 3. Er haftet wie ein Verkäufer nach den Vorschriften der §§ 433 Abs. 1, 434—437, 440

Abs. 2—4 und der §§ 441—444. Ist ein Grundstück Gegenstand des Vermächtnisses, so haftet der Beschwerte nach § 2182 Abs. 3 im Zweifel nicht für die Freiheit des Grundstücks von Grunddienstbarkeiten, beschränkten persönlichen Dienstbarkeiten und Reallasten. Eine Haftung für Sachmängel trifft ihn nicht, da der Gegenstand in der Beschaffenheit vermacht ist, in der er sich befindet.

Anm. 3

III. Vermächtnis von dem Bedachten gehörenden Gegenständen

Gehört der vermachte Gegenstand bereits dem Bedachten, so ist das Vermächtnis in der Regel gegenstandslos. Das trifft insbesondere zu, wenn der Erblasser selbst dem Bedachten den Gegenstand bereits zu seinen Lebzeiten zugewandt hat. Falls der Erblasser den Besitz an dem Gegenstand hat, kann dieser nach § 2169 Abs. 2 vermacht sein (vgl. § 2169 Anm. 20).

Das Vermächtnis kann unter Umständen auch dahin auszulegen sein, daß der Beschwerte die auf dem Gegenstand ruhenden Belastungen zu beseitigen habe, unter Umständen, daß er dem Bedachten seine etwaigen Anschaffungskosten, vielleicht auch den Wert des Gegenstandes zu vergüten habe. War der Bedachte dem Erblasser zur Herausgabe verpflichtet, so liegt ein Befreiungsvermächtnis vor.

Anm. 4

IV. Erstreckung des Nacherbenrechts auf Vorempfänge

Zur Ausgleichung zu bringende Vorempfänge (§§ 2050, 2052) bilden keinen Bestandteil des Nachlasses. Eine vom Erblasser angeordnete Nacherbfolge erstreckt sich deshalb nicht darauf. Ein dem Nacherben zugedachtes Recht auf diese Gegenstände kann daher nur im Wege des Verschaffungsvermächtnisses begründet werden (**RG** 25. 11. 1920 IV 191/20).

B. Unmöglichkeit der Erfüllung des Vermächtnisses

I. Objektive Unmöglichkeit der Leistung

Anm. 5

1. Zur Zeit des Erbfalls bestehende objektive Unmöglichkeit

War die Leistung zur Zeit des Erbfalls objektiv unmöglich, dann ist das Vermächtnis nach § 2171 überhaupt unwirksam.

2. Nach dem Erbfall eintretende objektive Unmöglichkeit

Anm. 6

a) Vom Beschwerten nicht zu vertretende

Ist die Leistung nach Eintritt des Erbfalls infolge eines Umstandes, den der Beschwerte nicht zu vertreten hat, objektiv unmöglich geworden, so wird dieser nach der allgemeinen Vorschrift des § 275 Abs. 1 von der Verpflichtung zur Leistung frei. Objektive Unmöglichkeit kann z. B. dadurch eingetreten sein, daß die vermachte Sache untergegangen ist. Der Bedachte kann, falls der Beschwerte infolge des Umstandes, der die Leistung unmöglich macht, für den geschuldeten Gegenstand einen Ersatz oder Ersatzanspruch erlangt, nach § 281 Abs. 1 Herausgabe des Ersatzes oder Abtretung des Ersatzanspruchs verlangen. Ein dahingehender Anspruch wird dem Beschwerten in der Regel nur zustehen, wenn ihm der vermachte Gegenstand selbst gehörte oder wenn er einen Anspruch auf Lieferung dieses Gegenstandes gegen einen Dritten hatte.

b) Vom Beschwerten zu vertretende

Anm. 7

Wird die Leistung infolge eines Umstandes unmöglich, den der Beschwerte zu vertreten hat, so hat er dem Bedachten nach § 280 Abs. 1 den durch die Nichterfüllung entstandenen Schaden zu ersetzen. Das trifft zu, wenn der Erblasser dem Bedachten ein Wohnrecht an einem zum Nachlaß gehörenden Grundstück vermacht hat und der Beschwerte die Erfüllung dieses Vermächtnisses dadurch vereitelt, daß er das Grundstück veräußert, ohne zuvor das Wohnrecht dinglich sicherzustellen (Düsseldorf HRR 1942, 139).

Anm. 8

Nach § 287 ist der Beschwerte, wenn er sich im Verzug befindet, auch für eine durch Zufall eingetretene Unmöglichkeit verantwortlich, es sei denn, daß der Schade auch bei rechtzeitiger Leistung eingetreten wäre.

Anm. 9

Hat der Beschwerte die teilweise Unmöglichkeit der Leistung verschuldet, so kann der Bedachte nach § 280 Abs. 2, wenn die teilweise Erfüllung für ihn kein Interesse hat, den noch möglichen Teil der Leistung ablehnen und Schadensersatz wegen Nichterfüllung der ganzen Verbindlichkeit fordern.

II. Das subjektive Unvermögen zur Leistung (Abs. 2 Satz 1)

Anm. 10

Für den Fall, daß der Beschwerte die an sich objektiv mögliche Leistung nicht erbringen kann, trifft § 2170 Abs. 2 Satz 1 eine Regel, die von der allgemeinen des § 275 Abs. 2 abweicht. Der Beschwerte wird nicht, wie diese Vorschrift bestimmt, von der Leistung frei, sondern er hat den Wert der vermachten Sache zu ersetzen.

Anm. 11

Das subjektive Unvermögen des Beschwerten ist anzunehmen, wenn der Dritte, dem der Gegenstand gehört, sich weigert, diesen dem Beschwerten zur Verfügung zu stellen. Das auf Verschaffung des Gegenstandes gerichtete Vermächtnis wandelt sich dann in einen Anspruch des Bedachten auf Wertersatz.

Anm. 12

Der Beschwerte wird aber auch in diesem Fall von der Verpflichtung, Wertersatz zu leisten, frei, wenn die ursprünglich angeordnete Leistung, nachdem das Schuldverhältnis sich in die Verpflichtung zum Wertersatz umgewandelt hat, objektiv unmöglich geworden ist. Die eigentlich geschuldete Leistung ist die Verschaffung des Gegenstandes. Die Verpflichtung, Wertersatz zu leisten, soll nur das etwaige subjektive Unvermögen des Beschwerten, seine Verpflichtung zu erfüllen, ausgleichen. Sie soll dem Bedachten keine bessere Rechtstellung verschaffen als er sie hätte, wenn für den Beschwerten die ihn persönlich treffenden Hinderungsgründe der Leistung nicht bestehen würden. Ebensowenig soll der Umstand, daß der Beschwerte aus subjektiven Gründen nicht zu leisten vermag, seine Verpflichtung nicht über den Rahmen hinaus erweitern, der gegeben wäre, wenn diese Hinderungsgründe nicht bestünden. Nach dem Sinn und Zweck des Gesetzes muß daher der Beschwerte im Falle einer von ihm nicht verschuldeten objektiven Unmöglichkeit der Leistung von seiner Verpflichtung frei werden, ohne Rücksicht darauf, ob diese sich bereits nach § 2170 Abs. 2 Satz 1 in die Pflicht, Wertersatz zu leisten, umgewandelt hat (aA Prot. 5, 171; Strohal I § 34 Anm. 5 und wohl auch die 9. Aufl. dieses Kommentars in Anm. 2. Dagegen mit Recht Planck/Flad 4. Aufl. § 2170 Anm. 2b; vgl. auch Staudinger/Seybold 11. Aufl. § 2170 Anm. 4, der auf die erheblichen praktischen Bedenken, die gegen die gegenteilige Ansicht bestehen, hinweist).

Anm. 13

Steht das subjektive Unvermögen des Beschwerten fest, dann wandelt sich damit das Schuldverhältnis endgültig. Der Bedachte kann nur noch Wertersatz fordern. Die Verschaffung des Gegenstandes kann er auch dann nicht verlangen, wenn der Eigentümer sich nachträglich bereit erklärt, dem Beschwerten den Gegenstand zur Verfügung zu stellen.

Anm. 14

III. Unverhältnismäßige Aufwendungen zur Beschaffung des Gegenstandes (Abs. 2 Satz 2)

Dem subjektiven Unvermögen stellt das Gesetz in Abs. 2 Satz 2 den Fall gleich, daß der Beschwerte unverhältnismäßige Aufwendungen machen müßte, um den Gegenstand zu verschaffen (der Dritte fordert einen übermäßig hohen Preis). In diesem Falle bleibt jedoch der ursprüngliche Verschaffungsanspruch bestehen, bis sich der Beschwerte durch die Wertentrichtung davon befreit (vgl. auch §§ 251 Abs. 2, 633 Abs. 2).

IV. Wertersatz

Anm. 15

Der zu ersetzende Wert bemißt sich nach objektiven, durch die Verkehrsanschauung bestimmten Maßstäben. Ein besonderer Liebhaberwert, den der vermachte Gegenstand für den Bedachten hat, bleibt unberücksichtigt, wenn sich nicht durch Auslegung der letztwilligen Verfügung ergibt, daß der Erblasser diesen Wert maßgebend sein lassen wollte.

Anm. 16

Als Zeitpunkt, der für die Bestimmung des Wertes maßgebend ist, kommt beim subjektiven Unvermögen des Abs. 2 Satz 1 derjenige in Betracht, in dem die Wertersatzpflicht entsteht. Das ist der Zeitpunkt, in dem sich das subjektive Unvermögen des Beschwerten endgültig herausstellt. Im Falle des Abs. 2 Satz 2 (unverhältnismäßige Aufwendungen) ist für die Wertfestsetzung der Zeitpunkt der tatsächlichen Leistung des Ersatzes maßgebend, da bis dahin die Verpflichtung zur Leistung des Gegenstandes fortbesteht (ebenso Staudinger/Seybold 11. Aufl. § 2170 Anm. 5).

Anm. 17

C. Erbvertrag

Über die bösliche Vereitelung des Vermächtnisses vgl. § 2288.

§ 2171

Ein Vermächtnis, das auf eine zur Zeit des Erbfalls unmögliche Leistung gerichtet ist oder gegen ein zu dieser Zeit bestehendes gesetzliches Verbot verstößt, ist unwirksam. Die Vorschriften des § 308 finden entsprechende Anwendung.

E I 1853 II 2042; M 5 154—156; P 5 172, 173.

Entsprechend anwendbar auf die Auflage § 2192.

Übersicht

Das auf eine unmögliche Leistung gerichtete Vermächtnis

Anm. 1

I. Rechtsfolge im Falle nach dem Erbfall eintretender Unmöglichkeit

§ 2171 regelt den Fall, daß ein Vermächtnis bereits zur Zeit des Erbfalls auf eine unmögliche Leistung gerichtet ist. Falls die objektive Unmöglichkeit erst nach dem Erbfall eintritt, sind die allgemeinen Vorschriften der §§ 275 ff anzuwenden. Danach wird der Beschwerte von der Leistungspflicht frei, soweit er die eingetretene Unmöglichkeit nicht zu vertreten hat. Hat er die Unmöglichkeit zu vertreten, so hat er nach § 280 Abs. 1 dem Bedachten den durch die Nichterfüllung entstandenen Schaden zu ersetzen. Nach § 287 ist er, wenn er sich im Verzug befindet, auch für eine durch Zufall eintretende Unmöglichkeit verantwortlich, es sei denn, daß der Schaden auch bei rechtzeitiger Leistung eingetreten wäre.

Für das Verschaffungsvermächtnis enthält § 2170 Abs. 2 für den Fall des subjektiven Unvermögens zur Leistung eine besondere Regel (vgl. § 2170 Anm. 10—14). § 2172 behandelt den Fall einer Verbindung, Vermischung oder Verarbeitung der vermachten Sache unter dem Gesichtspunkt der Unmöglichkeit.

II. Unwirksamkeit des Vermächtnisses nach Satz 1

1. Objektive Unmöglichkeit zur Zeit des Erbfalls

a) Objektive Unmöglichkeit

Anm. 2

Das Vermächtnis ist auf eine unmögliche Leistung gerichtet, wenn die Leistung objektiv unmöglich ist, also von niemand erbracht werden kann. Gleichgültig ist, ob die Leistung aus tatsächlichen oder aus Rechtsgründen nicht erbracht werden kann. Demnach ist die Leistung auch dann unmöglich, wenn sie behördlich genehmigt werden muß und Genehmigung nicht erteilt wird (z. B. für die Übereignung landwirtschaftlicher Grundstücke nach KRG 45, oder eine Devisengenehmigung nach MilRegG 53).

Anm. 3

Die Leistung ist im Zeitpunkt des Erbfalls nicht unmöglich, wenn sie nicht erbracht werden kann, weil die Behörde nach Eintritt des Erbfalls über den Gegenstand anders verfügt hat. So ist § 2171 in folgendem Fall nicht angewandt worden: Der Erblasser hatte dem Bedachten eine Wohnung in seinem Hause zugewandt. Der Erbe konnte das Vermächtnis nicht erfüllen, weil die zuständige Behörde den Wohnraum für einen anderen Mieter in Anspruch nahm und den Abschluß eines Mietvertrages mit diesem Mieter erzwang (**RG** DR 1944, 292). § 2171 konnte deswegen nicht angewandt werden, weil die Leistung im Zeitpunkt des Erbfalls noch möglich war. Es bestand nur eine Rechtslage, nach der sie unmöglich werden konnte. In diesem Fall gebührt dem Vermächtnisnehmer nach § 281 der von dem Zwangsmieter gezahlte Mietzins als Ersatz. Ein Fall des § 2171 würde dagegen vorliegen, wenn die Wohnung im Zeitpunkt des Erbfalls nach dem RLG in Anspruch genommen gewesen wäre, so daß der Erbe über sie nicht hätte verfügen können. In derartigen Fällen muß aber das Vermächtnis in der Regel dahin ausgelegt werden, daß es für den Fall gelten soll, daß die Wohnung freigegeben wird (vgl. unten Anm. 8).

Anm. 4

Nicht auf eine unmögliche Leistung gerichtet und daher gültig ist das Vermächtnis des überlebenden Ehegatten, der in allgemeiner Gütergemeinschaft und dann mit den Kindern in fortgesetzter Gütergemeinschaft gelebt hatte, das darauf gerichtet ist, einem der Abkömmlinge einen zum Gesamtgut gehörenden Gegenstand zu verschaffen. Der Erblasser kann daher bestimmen, daß eines der Kinder das zum Gesamtgut gehörende Anwesen gegen Auszahlung der anderen Kinder erhalten soll (Tübingen DRZ 1950, 519).

Anm. 5

b) Ersatzansprüche oder Ersatzleistungen

Falls der vermachte Gegenstand nach der Anordnung des Vermächtnisses dem Erblasser entzogen worden oder untergegangen ist und falls der Erblasser deswegen einen Anspruch auf Ersatz des Wertes erlangt hat, gilt nach § 2169 Abs. 3 im Zweifel dieser Anspruch als vermacht. Für den Fall, daß eine den Gegenstand des Vermächtnisses bildende Forderung des Erblassers bereits zu seinen Lebzeiten durch Erfüllung untergegangen ist, bestimmt § 2173, daß im Zweifel der geleistete Gegenstand, wenn er noch in der Erbschaft vorhanden ist, als vermacht gilt. Wenn die Forderung auf Zahlung einer Geldsumme gerichtet war, gilt im Zweifel eine entsprechende Summe als vermacht, auch wenn sich eine solche in der Erbschaft nicht vorfindet.

Anm. 6

2. Verstoß gegen ein gesetzliches Verbot zur Zeit des Erbfalls

Der Unmöglichkeit der Leistung ist der Fall gleichzustellen, daß die durch das Vermächtnis angeordnete Leistung gegen ein gesetzliches Verbot verstößt, z. B. ein Ein- oder Ausfuhrverbot. Falls das gesetzliche Verbot erst nach dem Erbfall erlassen wird, handelt es sich um den Fall einer nachträglich eintretenden, vom Beschwerten nicht zu vertretenden objektiven Unmöglichkeit. Der Beschwerte wird, sofern er sich nicht im Verzug befindet, von der Leistung frei (vgl. oben Anm. 1).

Anm. 7

3. Verstoß gegen die guten Sitten

Da die ein Vermächtnis enthaltende letztwillige Verfügung ein Rechtsgeschäft ist, ist das gegen die guten Sitten verstoßende Vermächtnis nach § 138 BGB nichtig. Nichtig ist das Vermächtnis z. B., wenn der verheiratete Erblasser durch die Zuwendung eine Frau für den ehebrecherischen Verkehr, den er mit ihr unterhalten hat, entlohnen will oder wenn er sie durch die Zuwendung zur Fortsetzung dieses Verkehrs bewegen will (**RG** JW 1910, 6; 1911, 29). Das Vermächtnis zugunsten der Ehebrecherin kann aber ganz oder teilweise gültig sein, wenn der Erblasser damit sittlich zu billigende Zwecke verfolgt, sei es, daß er damit das an der Frau begangene Unrecht wiedergutmachen oder einen Beitrag für den Unterhalt und die Erziehung der von ihm mit dieser Frau gezeugten Kinder leisten will. In diesen Fällen ist aber stets auch zu prüfen, ob den Angehörigen des Erblassers, die er als Erben eingesetzt hat, zugemutet werden kann, der Bedachten die den Familienfrieden gestört hat, die Leistung zu erbringen. (Vgl. dazu § 2078 Anm. 6—8 und die dort angeführte Rechtsprechung.)

Anm. 8

III. Ausnahmsweise Wirksamkeit des Vermächtnisses (Satz 2)

Die zur Zeit des Erbfalls bestehende Unmöglichkeit oder Verbotswidrigkeit der Leistung steht der Wirksamkeit des Vermächtnisses dann nicht entgegen, wenn das Hindernis gehoben werden kann und das Vermächtnis für den Fall ausgesetzt ist, daß das Hindernis wegfällt; ferner dann nicht, wenn die Leistung unter einer anderen aufschiebenden Bedingung oder unter Bestimmung eines Anfangstermins vermacht ist; in diesem Fall ist das Vermächtnis wirksam, wenn die Unmöglichkeit der Leistung oder das entgegenstehende Verbot vor dem Eintritt der Bedingung oder des Termins, also vor dem Anfall des Vermächtnisses (§ 2177), gehoben wird. Das ergibt die Bezugnahme auf § 308 und damit auch auf § 309 in § 2171.

Anm. 9

IV. Vermächtnisse mit aufschiebenden und auflösenden unmöglichen Bedingungen

Ist das Vermächtnis aufschiebend oder auflösend unter einer unmöglichen Bedingung (Verheiratung mit der Schwester) angeordnet, so ist nach allgemeinen Grundsätzen im ersteren Falle die Zuwendung als unwirksam, die auflösende Bedingung dagegen als nicht beigefügt zu behandeln.

§ 2172

Die Leistung einer vermachten Sache gilt auch dann als unmöglich, wenn die Sache mit einer anderen Sache in solcher Weise verbunden, vermischt oder vermengt worden ist, daß nach den §§ 946 bis 948 das Eigentum an der anderen Sache sich auf sie erstreckt oder Miteigentum eingetreten ist, oder wenn sie in solcher Weise verarbeitet oder umgebildet worden ist, daß nach § 950 derjenige, welcher die neue Sache hergestellt hat, Eigentümer geworden ist.

Ist die Verbindung, Vermischung oder Vermengung durch einen anderen als den Erblasser erfolgt und hat der Erblasser dadurch Miteigentum er-

worben, so gilt im Zweifel das Miteigentum als vermacht; steht dem Erblasser ein Recht zur Wegnahme der verbundenen Sache zu, so gilt im Zweifel dieses Recht als vermacht. Im Falle der Verarbeitung oder Umbildung durch einen anderen als den Erblasser bewendet es bei der Vorschrift des § 2169 Abs. 3.

E I 1854 II 2043; M 5 173, 174; 6 396.

Übersicht

Unmöglichkeit infolge Verbindung, Vermischung und Verarbeitung

Anm. 1

1. Allgemeines

Die Verbindung beweglicher Sachen mit einem Grundstück (§ 946) oder mit anderen beweglichen Sachen (§ 947) oder die Vermischung beweglicher Sachen miteinander (§ 948) bewirkt Untergang der Sache im Rechtssinn und deshalb Unmöglichkeit der Leistung. Das gleiche gilt, wenn die vermachte Sache im Wege der Verarbeitung oder Umbildung als Stoff zur Herstellung einer neuen Sache benutzt worden ist und der Wert des Stoffes nicht überwiegt (§ 950).

2. Verbindung, Vermischung, Verarbeitung durch den Erblasser selbst oder in seinem Auftrage

Anm. 2

Hat der Erblasser selbst oder hat mit seinem Willen ein Dritter nach Anordnung des Vermächtnisses die Verbindungen vorgenommen, so gilt das Vermächtnis als erledigt. Die Sache, mit der der vermachte Gegenstand vermischt oder verbunden wird, kann gleichfalls dem Erblasser gehören, so daß ein Eigentumswechsel nicht eingetreten ist. Das Gesetz stellt darauf ab, daß die Sache, die den Gegenstand des Vermächtnisses bildete, als solche durch die Verbindung, Vermischung oder Verarbeitung untergegangen und in einer anderen Sache aufgegangen oder zu einer anderen verarbeitet ist. Das ist stets der Fall, wenn die Eigentumsverhältnisse sich geändert hätten, falls die betroffenen Sachen verschiedenen Eigentümern gehört hätten.

Anm. 3

Unter Umständen kann der Vermächtniswille auch dahin ausgelegt werden, daß die neugebildete Sache oder daß Wertersatz für die untergegangene Sache vermacht sein sollte. Auch Miteigentum oder ein Wegnahmeanspruch gegen den Beschwerten im Sinne von Abs. 2 kann als vermacht gelten, obwohl bei einer vom Erblasser selbst vorgenommenen Umgestaltung seiner eigenen Sachen von Rechten solchen Inhalts, die schon in seiner Person entstanden wären, nicht eigentlich gesprochen werden kann.

Anm. 4

Unberührt bleibt das Vermächtnis, wenn die Verbindung, Vermischung oder Verarbeitung eine solche war, daß unter der Voraussetzung, daß die davon betroffenen Sachen verschiedenen Eigentümern gehört hätten, das Eigentum an der den Gegenstand des Vermächtnisses bildenden Sache unverändert geblieben wäre. Bei einer Verbindung und Vermischung träfe das nach §§ 947 Abs. 2, 948 zu, wenn die vermachte Sache als

Hauptsache anzusehen war, bei der Verarbeitung nach § 950, wenn der Wert der Verarbeitung oder der Umbildung erheblich geringer war als der Wert des vermachten Stoffes.

Anm. 5

3. Verbindung, Vermischung, Verarbeitung durch einen anderen als den Erblasser

Ist die Verbindung durch einen andern als den Erblasser und ohne seinen Willen erfolgt, so verbleibt es zwar bei der Unmöglichkeit der Leistung und infolgedessen der Unwirksamkeit dieses Vermächtnisses. Es wird aber nach gesetzlicher Auslegungsregel („im Zweifel" bis zum Gegenbeweis des Beschwerten) dahin umgedeutet, daß an Stelle des ursprünglichen Gegenstandes die dem Erblasser aus §§ 947, 948, 951 Abs. 2 entstandenen Miteigentums- und Wegnahmerechte als vermacht gelten.

Anm. 6

4. Bereicherungsansprüche bei der Verarbeitung und Umbildung

Soweit dem Erblasser, wie insbesondere im Falle der Verarbeitung und Umbildung der Bereicherungsanspruch aus § 951 Abs. 1 zustand, gilt nunmehr dieser als vermacht (§ 2169 Anm. 23).

Anm. 7

5. Verbindung oder Vermischung der dem Erblasser gehörenden Sachen durch einen anderen

Falls die von einem anderen verbundenen und vermischten Sachen sämtlich dem Erblasser gehören, entsteht kein Miteigentum, das als vermacht gelten könnte. In diesem Fall liegt es nahe, anzunehmen, der Beschwerte sei nach dem Willen des Erblassers verpflichtet, für den Bedachten Miteigentum an der entstandenen einheitlichen Sache oder an dem Gemisch nach dem Verhältnis des Wertes der verbundenen oder vermischten Sachen zu begründen (Planck/Flad 4. Aufl. § 2172 Anm. 1b). Hatte der Erblasser ein Wegnahmerecht nach §§ 951, 997, dann kann als Wille des Erblassers angenommen werden, daß der Beschwerte, der das Eigentum an der Hauptsache erlangt hat, verpflichtet sein soll, die Wegnahme durch den Bedachten zu dulden.

§ 2173

Hat der Erblasser eine ihm zustehende Forderung vermacht, so ist, wenn vor dem Erbfalle die Leistung erfolgt und der geleistete Gegenstand noch in der Erbschaft vorhanden ist, im Zweifel anzunehmen, daß dem Bedachten dieser Gegenstand zugewendet sein soll. War die Forderung auf die Zahlung einer Geldsumme gerichtet, so gilt im Zweifel die entsprechende Geldsumme als vermacht, auch wenn sich eine solche in der Erbschaft nicht vorfindet.

E I 1855 II 2044; M 5 157, 158; P 5 174—176.

Übersicht

Zuwendung beim Erbfall bereits getilgter Forderungen

I. Erfüllung einer vermachten Forderung vor dem Erbfall

Anm. 1

Das Gesetz regelt den Fall, daß die vermachte Forderung dem Erblasser selbst als Gläubiger zustand und daß sie vor dem Erbfall durch Erfüllung untergegangen ist. Unerheblich ist es, ob die Forderung dem Erblasser schon zustand, als er das Vermächtnis anordnete, ob er sie erst später erworben hat oder ob das Vermächtnis ursprünglich auf einen anderen Gegenstand gerichtet war und sich erst später wegen Beschädigung oder Untergangs der vermachten Sache nach § 2164 Abs. 2, 2169 Abs. 3 auf eine Ersatzforderung gerichtet hat.

Anm. 2

Das Forderungsvermächtnis kann im übrigen auch durch das Vermächtnis der Schuldurkunde, des Sparkassenbuchs usw. ausgedrückt sein (s. aber auch **RG** SeuffArch 75 Nr. 107: Das Vermächtnis eines „Schreibtisches mit Inhalt" braucht nicht auf die Brief- und Buchhypotheken bezogen zu werden, über die die Hypothekenbriefe und Eintragungsbenachrichtigungen im Schreibtisch aufbewahrt wurden, § 2084 Anm. 35). Wenn ein Sparkassenbuch vermacht ist, werden regelmäßig nicht die einzelnen darin beurkundeten Forderungen, sondern nur die beim Erbfall bestehende Forderung des Erblassers den Gegenstand des Vermächtnisses bilden.

Anm. 3

Ist die Forderung durch Leistung an den Gläubiger erloschen, so kann sie auch nicht mehr Gegenstand des Vermächtnisses sein, und das Vermächtnis wäre insoweit nach § 2171 unwirksam. Es kommt grundsätzlich für die Anwendung des § 2173 nicht darauf an, ob und aus welchem Grunde der Erblasser die Erfüllung der Forderung verlangt hat oder ob die Forderung erloschen ist, weil der Schuldner freiwillig geleistet hat.

II. Rechtsnatur als Auslegungsregel

Anm. 4

Das Vermächtnis wird ähnlich wie in § 2169 Abs. 3 im Zweifel in ein Vermächtnis auf Leistung des Forderungsgegenstandes umgedeutet. Das Gesetz enthält insoweit eine Auslegungsregel. Der Beschwerte kann den Gegenbeweis dahin führen, daß das Vermächtnis nur auf die Forderung in dem zur Zeit des Erbfalls bestehenden Umfang gerichtet war (**RG** WarnRspr 1930 Nr. 60). Dann ist das Vermächtnis dadurch, daß die Forderung vor dem Erbfall getilgt worden ist, nach § 2171 unwirksam geworden.

Anm. 5

Die Umstände, die dazu geführt haben, daß die Forderung vor dem Erbfall erfüllt worden ist, können für den Beweis erheblich sein, daß der Erblasser entgegen der Auslegungsregel des § 2173 dem Bedachten den geleisteten Gegenstand nicht zuwenden wollte. Zu beachten ist, daß die Auslegungsregel des § 2173 nur entkräftet wird, wenn der Erblasser bei der Anordnung des Vermächtnisses einen entgegenstehenden Willen gehabt hat. Die angeführten Umstände können daher nur insoweit beweiserheblich sein, als sie Rückschlüsse auf den früheren Willen des Erblassers zulassen.

III. Vorhandensein des geleisteten Gegenstandes in der Erbschaft

1. Regelfall

Anm. 6

Die Umdeutung des Vermächtnisses in ein Vermächtnis auf den geleisteten Gegenstand findet statt, wenn dieser zur Zeit des Erbfalls noch in der Erbschaft vorhanden ist.

Anm. 7

Ist der Forderungsgegenstand nicht mehr vorhanden, hat ihn namentlich der Erblasser selbst schon weiter veräußert, so wird das Vermächtnis nur schwer als Verschaffungsvermächtnis (§ 2170) aufrechtzuerhalten sein.

2. Besonderheiten beim Geldforderungsvermächtnis nach Satz 2

Anm. 8

Beim Geldforderungsvermächtnis kommt es nach Satz 2 nicht darauf an, daß die geleistete Summe noch in der Erbschaft vorhanden ist. Vielmehr gilt die entsprechende Geldsumme im Zweifel in jedem Fall als vermacht, auch wenn überhaupt kein Geld im Nachlaß vorhanden ist. Der Gesetzgeber geht davon aus, daß bei einem Geldforderungsvermächtnis anders als bei dem Vermächtnis einer bestimmten Sache der Wille des Erblassers letztlich dahin ging, dem Bedachten eine Geldsumme zuzuwenden. § 2173 Satz 2 kann aber nicht entsprechend angewandt werden, wenn die vermachte Forderung nicht auf Geld, sondern auf Leistung verbrauchbarer oder vertretbarer Sachen gerichtet ist.

Anm. 9

Aufrechnung steht der Leistung gleich. Die den Gegenstand der Forderung bildende Geldsumme gilt daher nach Satz 2 als vermacht, gleichgültig, ob die Forderung durch Aufrechnung von seiten des Erblassers oder des Schuldners vor dem Erbfall erloschen ist.

Anm. 10

Sind verkehrsfähige Schuldverschreibungen auf den Inhaber vermacht und hat der Erblasser durch Verkauf darüber verfügt, so bildet im Zweifel der erzielte Erlös jetzt den Gegenstand des Vermächtnisses (KG OLG 10, 302).

Anm. 11

Wenn der Beschwerte nach dem Erbfall über die Forderung verfügt, so wird er dem Bedachten ersatzpflichtig. Erlischt sie durch Aufrechnung von seiten des Schuldners, so haftet er dem Bedachten auf Bereicherung.

Anm. 12

IV. Forderungen des Beschwerten oder Dritter als Gegenstand eines Vermächtnisses

Stand die Forderung nicht dem Erblasser, sondern dem Beschwerten oder einem Dritten zu und war ein Verschaffungsvermächtnis gemeint, so ist es Sache freier Auslegung, ob der vor dem Erbfall an den Gläubiger geleistete Gegenstand als vermacht zu gelten hat.

Anm. 13

V. Nebenrechte und Zinsen

Bestehende Nebenrechte der Forderung (Pfand, Bürgschaft) gelten im Zweifel als mitvermacht.

Aus § 2174 hat der Bedachte gegen den Beschwerten den Anspruch auf Übertragung der Forderung nach §§ 398ff mit Zinsen seit Anfall des Vermächtnisses (§ 2184).

VI. Besondere Arten von Vermächtnissen

Nicht besonders geregelt, aber auch nach BGB zulässig sind

1. Befreiungsvermächtnis

Anm. 14

Ein Befreiungsvermächtnis ist die Zuwendung der Befreiung von einer dem Bedachten gegen den Erblasser, den beschwerten Erben oder einen Dritten obliegenden Schuld. Sie kann insbesondere dann, wenn der Bedachte Schuldner des Erblassers ist, auch in dem Vermächtnis der Forderung an den Bedachten ausgedrückt sein (**RG** 5. 10. 1931 IV 102/31). Sie verpflichtet den Beschwerten in den beiden ersten Fällen zum Schulderlaß, je nach Umständen zu Quittungsleistung und Rückgabe des Schuldscheins (§§ 368,

371), Freigabe der bestellten Sicherheiten und gewährt dem Bedachten eine Einrede, wenn er vom Erben aus eigenem Recht oder aus dem des Erblassers auf Erfüllung belangt wird.

Anm. 15

Ist der Gläubiger ein Dritter, so hat der Beschwerte die Befreiung herbeizuführen (**RG** LZ 1914, 760).

Anm. 16

Ist die Schuld schon vor dem Erbfall von dem Bedachten zurückgezahlt, so kann die Auslegung zu der Annahme führen, daß ein Vermächtnis der Schuldsumme gewollt ist. So **RG** Gruchot 62, 248 für einen Fall, in dem die Schuld des Bedachten an den Erblasser nicht von diesem selbst, sondern von dessen Pfleger ohne Kenntnis des Befreiungsvermächtnisses eingezogen worden war. Für den Fall, daß der Erblasser dem Bedachten seine gegen diesen selbst gerichtete Forderung zugewandt hat, ist, falls die Schuld vor dem Erbfall getilgt ist, § 2173 anzuwenden. Planck/Flad 4. Aufl. § 2173 Anm. 3a will diese Bestimmung in allen Fällen anwenden, wenn bei einem Befreiungsvermächtnis die Schuld vor dem Erbfall durch Leistung des Bedachten erloschen ist.

Anm. 17

2. Schuldvermächtnis

Das Schuldvermächtnis ist das Vermächtnis dessen, was der Erblasser dem Bedachten schuldet oder schuldig zu sein erklärt (**RG** WarnRspr 1936 Nr. 41). Darin kann die Bestätigung eines schon bestehenden, wenn auch vielleicht unwirksamen Schuldverhältnisses (gleich dem Schuldanerkenntnis § 781) oder die selbständige Begründung eines solchen (gleich dem Schuldversprechen § 780) enthalten sein. Bestätigung einer unwirksamen Schenkung **RG** 82, 149 (§ 2150 Anm. 14). Im ersten der beiden Fälle ist, wenn die Schuld nicht bestand, gegebenenfalls Anfechtung wegen Irrtums aus § 2078 möglich. War die Schuld zur Zeit des Erbfalls schon getilgt, so ist das Vermächtnis nach § 2171 unwirksam. Hat ein in allgemeiner Gütergemeinschaft lebender Ehemann verfügt, daß dem Gläubiger einer das Gesamtgut belastenden Forderung das ihm Zukommende ausgezahlt werden solle, so kann dies dahin verstanden werden, daß die Schuld im Verhältnisse zwischen den Ehegatten bei Auseinandersetzung der Gütergemeinschaft nicht dem Gesamtgute, sondern dem persönlichen Nachlasse des Mannes zur Last fallen solle (**RG** 21. 11. 1921 IV 264/21).

Anm. 18

VII. Sonstige Rechte als Gegenstand eines Vermächtnisses

Sind sonstige Rechte oder eine Rechtsgesamtheit Gegenstand des Vermächtnisses, so bestimmt sich sein Inhalt nach den besonderen hierfür geltenden Vorschriften (Leibrente §§ 759—761, Nießbrauch §§ 1030—1089, Ausstattung § 1624; Handelsgeschäft HGB § 22 usw.).

§ 2174

Durch das Vermächtnis wird für den Bedachten das Recht begründet, von dem Beschwerten die Leistung des vermachten Gegenstandes zu fordern.

E I 1865 II 2045; M 5 176; P 5 201—210; 6 344—346.

Übersicht

Rechtsnatur des Vermächtnisses

I. Rechtsnatur des Anspruchs aus dem Vermächtnis

1. Begründung eines schuldrechtlichen Anspruchs

Anm. 1

Durch das Vermächtnis wird, wie auch beim Pflichtteil § 2303, nur ein Forderungsrecht des Bedachten gegen den Beschwerten begründet. Der zugewendete Gegenstand geht daher nicht, wie beim Vindikationslegat des gemeinen Rechtes, unmittelbar kraft Gesetzes auf den Bedachten über. Vielmehr muß der Beschwerte die zur Verwirklichung der Vermächtnisanordnung erforderlichen Rechtsakte vornehmen (Eigentumsübertragung, Abtretung, Neubegründung von Rechten, Erlaß der Schuld beim Befreiungsvermächtnis § 2173 Anm. 14 usw.).

Anm. 2

Der Erblasser kann den dinglichen Rechtsübergang des vermachten Gegenstandes auf den Bedachten nicht herbeiführen. Falls er dem Bedachten ein unmittelbares Recht an dem Gegenstand einräumen will, muß er ihn als Miterben einsetzen und durch eine Teilungsanordnung bestimmen, daß der Bedachte den betreffenden Gegenstand erhalten soll. Auch dann erlangt der Bedachte bei Eintritt des Erbfalls nur Miteigentum. Alleineigentümer kann er nur durch eine Verfügung der Miterbengemeinschaft werden.

Anm. 3

Auch das dem Miterben zugewandte Vorausvermächtnis hat nur schuldrechtliche Wirkungen. Ein Vorausvermächtnis an einen Vorerben wirkt allerdings insofern dinglich, als sich das Recht des Nacherben nicht auf den Gegenstand des Vorausvermächtnisses erstreckt.

Anm. 4

Der Erblasser kann, um die Durchführung seiner Vermächtnisanordnung zu gewährleisten, einen Testamentsvollstrecker einsetzen, der nach § 2203 die letztwilligen Verfügungen des Erblassers auszuführen hat.

2. Rechtsstellung des Bedachten vor Eintritt des Erbfalls

Anm. 5

a) Allgemeines

Der Vermächtnisnehmer hat vor dem Erbfall weder einen Anspruch noch eine rechtlich gesicherte Anwartschaft, sondern nur die Hoffnung, den ihm vermachten Gegenstand zu erwerben. Auch der Erbvertrag begründet keinen Anspruch des Bedachten gegen den Erben. Dieser entsteht erst mit dem Erbfall. Er richtet sich auch nicht gegen den Erblasser, sondern gegen den Erben.

Anm. 6

b) Verfügungen des Erblassers über den vermachten Gegenstand

Der Erblasser kann daher selbst dann, wenn das Vermächtnis in einem bindend gewordenen gemeinschaftlichen Testament oder in einem Erbvertrag angeordnet ist, durch Rechtsgeschäft unter Lebenden wirksam über den vermachten Gegenstand verfügen. Falls der Erblasser den vermachten Gegenstand veräußert, wird das Vermächtnis nach § 2169 Abs. 1 unwirksam, sofern es nach dem Willen des Erblassers nicht als Verschaffungsvermächtnis weitergelten soll. Wenn das Vermächtnis in einem bindend gewordenen gemeinschaftlichen Testament oder Erbvertrag angeordnet war, hat der Bedachte nur Anspruch aus dem entsprechend oder unmittelbar anzuwendenden § 2288 Abs. 2, wenn der Erblasser den Gegenstand in der Absicht, den Bedachten zu beeinträchtigen, veräußert hat (**BGH** 26, 274).

Anm. 7

c) Keine dingliche Sicherung des Bedachten

Da dem Bedachten vor Eintritt des Erbfalls weder ein Anspruch noch eine rechtlich gesicherte Anwartschaft zusteht, kann sein Anspruch vor Eintritt des Erbfalls auch nicht dinglich sichergestellt werden. Insbesondere kann, wenn ein Grundstück vermacht ist, keine Auflassungsvormerkung zugunsten des Vermächtnisnehmers eingetragen werden. Dabei ist es unerheblich, ob das Vermächtnis in einem Testament oder einem Erbvertrag angeordnet ist. Künftige oder bedingte Ansprüche sind nur dann vormerkungsfähig, wenn bereits eine feste, die Gestaltung des Anspruchs bestimmende Grundlage vorhanden ist. Grundsätzlich muß auch der Anspruch, der durch Vormerkung gesichert werden soll, gegen denjenigen bestehen oder entstehen, dessen Grundstück von der Vormerkung betroffen wird. Grundstückseigentümer ist vor Eintritt des Erbfalls der Erblasser, während der Anspruch nach dem Erbfall gegen den beschwerten Erben entsteht (**BGH** 12, 115. Dagegen für die Zulässigkeit der Eintragung der Vormerkung beim Erbvertrag Celle NJW 1953, 27 und Schulte DNotZ 1953, 360ff; vgl. dazu auch Hieber DNotZ 1952, 432; 1953, 635).

II. Anwendung der allgemeinen Vorschriften über Schuldverhältnisse

Anm. 8

1. Haftung, Verzug, Zinsen

Die gegenseitigen Rechte und Pflichten der Beschwerten und Bedachten bestimmen sich im übrigen nach den allgemeinen Vorschriften über Schuldverhältnisse. So insbesondere in der Frage der Vertretung eigenen und fremden Verschuldens (§§ 276ff) und der Verzugsfolgen (§§ 286ff). Demgemäß sind Zinsen von einem Geldvermächtnis regelmäßig nur als Verzugs- oder Prozeßzinsen nach §§ 288, 291 zu entrichten (**RG** LZ 1917, 191; WarnRspr 1927 Nr. 35).

Anm. 9

2. Anwendung des § 242

Die Bewirkung der Leistung auf die Vermächtnisschuld untersteht auch den Anforderungen des § 242 (**RG** 11. 11. 1920 IV 231/20; Anm. 45). Eine günstige Entwicklung des Nachlasses, insbesondere eines vom Erben fortgeführten Geschäftsunternehmens, kommt indes allein dem Erben und nicht dem zu seinen Lasten mit einem bestimmten Geldvermächtnis Bedachten zugute. Ebenso kann der Erbe regelmäßig die Folgen einer nach dem Erbfall eintretenden ungünstigen Entwicklung nicht auf einen seiner Vermächtnisnehmer abwälzen und ihm eine Verkürzung oder Stundung des Vermächtnisses aufdrängen (**RG** ZAkDR 1938, 277 mit kritischer Anmerkung von Boehmer). Jedoch kann der Anspruch aus dem Vermächtnis bei Erbfällen, die vor dem 21. Juni 1948 eingetreten sind, nach dem Gesetz über die richterliche Vertragshilfe vom 26. März 1952, BGBl I 198, gestundet oder herabgesetzt werden (unten Anm. 50—54).

Anm. 10

3. Pflichten des Beschwerten vor Annahme der Erbschaft und vor dem Anfall des Vermächtnisses

Auch schon vor Annahme der Erbschaft oder des mit einem Untervermächtnis belasteten Vermächtnisses darf der Beschwerte der Verwirklichung des Vermächtnisanspruchs nicht entgegenhandeln. Für die Zeit vor der Annahme der Erbschaft, beim Untervermächtnis für die Zeit vor Anfall des Vermächtnisses ist für die Verantwortlichkeit des Beschwerten § 1978 Abs. 1 Satz 2 entsprechend anzuwenden, so daß sich die Haftung des Beschwerten nach den Vorschriften der Geschäftsführung ohne Auftrag bestimmt (Planck/Flad 4. Aufl. § 2174 Anm. 3a η). Beim hinausgeschobenen Vermächtnisanfall ergibt sich die Haftung des Beschwerten bis zum Anfall des Vermächtnisses aus den §§ 2179, 160.

Anm. 11

4. Die Erfüllung des Vermächtnisanspruchs

Besondere Vorschriften für die Erfüllung enthalten die §§ 2181—2189. Die durch die Erfüllung entstehenden Kosten sind vom Beschwerten zu tragen. So die Kosten der Umschreibung einer Hypothekenforderung auf den Namen des Vermächtnisnehmers, mag die Hypothekenforderung selbst vermacht worden sein oder auf ein Geldvermächtnis an Erfüllungs Statt hingegeben werden (RFH 1 A 124).

Anm. 12

5. Leistungsort und Gerichtsstand

Als Leistungsort ergibt sich aus § 269 der Wohnort des Beschwerten, aber nur für den Fall, daß ein anderer Ort vom Erblasser weder ausdrücklich noch stillschweigend bestimmt worden noch aus den Umständen, insbesondere aus der Natur des Schuldverhältnisses zu entnehmen ist. Regelmäßig wird hiernach der letzte Wohnort des Erblassers in Frage kommen. Wohnt der Bedachte außerhalb des Leistungsortes, so darf als Wille des Erblassers vielfach unterstellt werden, daß der Beschwerte den Gegenstand wenigstens auf den Weg bringt (Schickschuld), unter Umständen auch, daß er ihn auf seine Kosten übersendet (Bringschuld). Vgl. Reichel AcP 138, 201. Für Klagen, welche Ansprüche aus Vermächtnissen betreffen, ist ohne Rücksicht auf den Leistungsort das Gericht der Erbschaft (ZPO § 27) zuständig.

Anm. 13

6. Anspruch des Bedachten auf Sicherstellung

Ein gesetzlicher Anspruch auf Sicherstellung steht dem Vermächtnisnehmer nicht zu. Doch kann sich ein solcher Anspruch für ihn unter Umständen aus der Vermächtnisanordnung ergeben (**RG** JR 1925 Nr. 1526; BayObLGZ NF 34, 365); so insbesondere auch bei einem auf den Tod des Erben befristeten Vermächtnis eines Nachlaßgrundstücks aus der Anordnung, daß das Grundstück nicht veräußert werden dürfe (**RG** SeuffArch 87 Nr. 10). Unter den Voraussetzungen des § 1981 Abs. 2 kann der Vermächtnisnehmer als Nachlaßgläubiger die Nachlaßverwaltung beantragen. Ferner kann er sich gegebenenfalls durch Arrest oder einstweilige Verfügung, insbesondere durch Eintragung einer Vormerkung (§ 885) schützen lassen.

Anm. 14

7. Anspruch des Bedachten auf Auskunft

Einen Anspruch auf Auskunfterteilung hat er, abgesehen von dem Vermächtnis eines Sachinbegriffs (§ 2155 Anm. 10, § 260), gegen den Beschwerten nur, wenn ihm der Anspruch mitvermacht ist. Als stillschweigend mitvermacht kann der Auskunftsanspruch angesehen werden, wenn der Gegenstand des Vermächtnisses nach der in der letztwilligen Verfügung vom Erblasser vorgenommenen Bezeichnung nur auf Grund einer vom Erben erteilten Auskunft bestimmt werden kann, z. B. wenn als Gegenstand des Vermächtnisses bestimmt ist „der doppelte Pflichtteilsbetrag", „der halbe Wert des Nachlasses" oder ein bestimmter Teil des sich „bei günstiger Verwertung der Immobilien" ergebenden Erlöses (**RG** 129, 239; Naumburg OLG 26, 340; MünchenOLG 42, 136).

Ist ein Vermächtnisnehmer mit einem Bruchteil des sich bei späterer Liquidierung ergebenden Wertes des Nachlasses und bis dahin mit einem Bruchteil der Reinerträgnisse des Nachlasses bedacht, so kann nicht nur das Recht auf Auskunft über den Bestand des Nachlasses, sondern auch das Recht auf Rechenschaftsablegung über die Einnahmen und Ausgaben, die mit der Verwaltung des Nachlasses bis zu seiner Liquidierung verbunden sind, als mitvermacht angesehen werden (**RG** LZ 1931, 688).

Anm. 15

8. Zuwendung des vermachten Gegenstandes an den Bedachten zu Lebzeiten des Erblassers

Hat der Erblasser dem Bedachten den Vermächtnisgegenstand bereits unter Lebenden zugewendet (vgl. über die Möglichkeit der Rechtsnatur einer solchen Zuwendung als Schenkung **RG** 95, 12), so ist das Vermächtnis, wenn es sich um eine Einzelsache handelt, nach § 2169 Abs. 1 unwirksam. Das Gattungsvermächtnis (§ 2155) bleibt an sich in Kraft. Doch ist Tatfrage, ob das Vermächtnis nicht unter der stillschweigenden Bedingung angeordnet ist, daß der Erblasser den Bedachten nicht selbst noch befriedigen werde (**RG** Gruchot 63, 476f); ist eine solche auflösende Bedingung nach dem Inhalt des Testaments anzunehmen, so ist eine spätere, auf den Fortfall der Bedingung gerichtete Sinnesänderung des Erblassers ohne Bedeutung, wenn er das Testament nicht formgültig ändert (**RG** WarnRspr 1930 Nr. 60). Der in der Annahme der Zuwendung unter Lebenden regelmäßig enthaltene Verzicht des Bedachten auf das Vermächtnis bedarf, um wirksam zu sein, der Form des § 2348 (§ 2352).

9. Fälligkeit, Gewährleistungsansprüche, Ansprüche auf Früchte und auf Ersatz von Verwendungen

Anm. 16

Der Anspruch aus dem Vermächtnis wird regelmäßig mit dessen Anfall fällig. Die Fälligkeit tritt also, soweit nicht die Ausnahmevorschriften der §§ 2177, 2178 durchgreifen, grundsätzlich mit dem Tode des Erblassers ein (§§ 2176, 271).

Anm. 17

Um eine bedingte Zuwendung handelt es sich, wenn der Erblasser dem Bedachten einen Gegenstand vermacht und ihn verpflichtet hat, aus seinem, des Bedachten, Vermögen eine Abfindung an andere Personen zu zahlen. Der Bedachte kann in solchem Fall die Erfüllung des Vermächtnisses nicht fordern, bevor er nicht die ihm auferlegte Zahlung angeboten hat (**BGH** 8. 5. 1952 IV ZR 144/51).

Anm. 18

Ist dagegen die Zeit der Erfüllung eines Vermächtnisses dem freien Belieben des Beschwerten überlassen, dann wird die Leistung nach § 2181 im Zweifel erst beim Tode des Beschwerten fällig. Für das Untervermächtnis bestimmt § 2186, daß der Beschwerte erst dann zur Erfüllung verpflichtet ist, wenn er die Erfüllung des ihm zugewandten Vermächtnisses verlangen kann.

Die Gewährleistungspflicht beim Gattungs- und Verschaffungsvermächtnis regeln die §§ 2182, 2183.

Über den Anspruch des Bedachten auf Herausgabe der Früchte und den Anspruch des Beschwerten auf Ersatz von Verwendungen bei dem Vermächtnis einer bestimmten zur Erbschaft gehörigen Sache vgl. §§ 2184, 2185.

10. Abtretung und Pfändung

Anm. 19

Die Forderung aus dem Vermächtnis kann grundsätzlich abgetreten und gepfändet werden (**RG** 67, 425). Das kann der Erblasser nicht ausschließen. Er kann aber das Vermächtnis unter der auflösenden Bedingung anordnen, daß die Forderung daraus weder abgetreten noch gepfändet wird. Die Pfändung schließt das Recht des Beklagten, das Vermächtnis nach § 2180 auszuschlagen, nicht aus, sie macht es ihm aber unmöglich, auf seinen Anspruch durch eine Erklärung gegenüber dem Beschwerten zu verzichten.

Anm. 20

Ausnahmsweise kann die Forderung aus dem Vermächtnis nicht abgetreten werden, wenn der Gegenstand des Vermächtnisses nicht übertragbar ist. Das trifft zu, wenn eine Forderung den Gegenstand des Vermächtnisses bildet, die nach § 399 nicht übertragbar ist. Die Forderung aus einem Vermächtnis, dessen Gegenstand der Anteil des Erblassers an einer offenen Handelsgesellschaft oder einer Kommanditgesellschaft ist, kann daher ohne Zustimmung der anderen Gesellschafter, insbesondere des beschwerten Erben, nicht abgetreten werden, sofern nicht nach dem Gesellschaftsvertrag die Anteile der Gesellschaft auch ohne eine solche Zustimmung abgetreten werden können. Die Abtretung ist ausgeschlossen, weil dadurch die dem beschwerten Erben obliegende Verpflichtung zur Leistung einen anderen Inhalt bekommen würde. Im Hinblick auf seine Haftung als Erbe für die zur Zeit des Erbfalls bestehenden Gesellschafts-Verbindlichkeiten und die Haftung des neu eintretenden Gesellschafters für diese Verbindlichkeiten nach § 130 HGB ist es für den beschwerten Erben wesentlich, wer an seiner Stelle als Gesellschafter in die Gesellschaft eintritt (**BGH** LM BGB § 399 Nr. 5; Baumgärtel JZ 1958, 654).

Die Forderung aus dem Vermächtnis ist grundsätzlich auch abtretbar, wenn zu ihrer Erfüllung eine behördliche Genehmigung notwendig ist, z. B. eine Devisengenehmigung nach dem MilRegG Nr. 53 oder eine Genehmigung für den Erwerb landwirtschaftlicher Grundstücke nach der BayDV-KRG 45 v. 22. 5. 1947, BayBS IV 351. Anders als in dem Fall der an die Genehmigung gebundenen Abtretung des Anteils an einer offenen Handelsgesellschaft oder Kommanditgesellschaft berührt es den Inhalt der dem Beschwerten obliegenden Pflicht nicht, ob die Genehmigung für den Bedachten oder für eine Person, an die dieser seine Forderung abgetreten hat, erteilt wird.

Anm. 21

11. Verjährung

Der Anspruch aus dem Vermächtnis verjährt nach § 198 in dreißig Jahren, gerechnet von dem Zeitpunkt, in dem das Vermächtnis anfällt (vgl. dazu §§ 2176ff). Ist eine Forderung vermacht, so richtet sich deren Verjährung nach den für sie geltenden Bestimmungen.

Anm. 22

12. Erbschaftsteuer

Die Erbschaftsteuer hat der Vermächtnisnehmer nach §§ 15, 2 Abs. 1 Nr. 1 des Erbschaftsteuergesetzes idF v. 1. 4. 1959, BGBl I 187, zu tragen. Neben ihm haftet nach § 15 Abs. 3 Erbschaftsteuergesetz als Gesamtschuldner der Nachlaß sowie jeder Erbe in Höhe des Wertes des aus der Erbschaft Empfangenen. Der mit dem Vermächtnis beschwerte Erbe kann daher bei einem Geldvermächtnis einen entsprechenden Betrag für die Entrichtung der Steuer einbehalten (**RG** Recht 1907 Nr. 1856; Braunschweig OLG 26, 342). Der Erbe kann, falls er die für ein Rentenvermächtnis geschuldete Erbschaftsteuer gezahlt hat, gegenüber dem Anspruch des Vermächtnisnehmers auf die Rente mit seinem Anspruch auf Erstattung des auf den geltend gemachten Rentenbetrag entfallenden Teils der Erbschaftsteuer auch insoweit aufrechnen, als die Rente nach § 850b Nr. 3 ZPO unpfändbar und damit nach § 394 die Aufrechnung an sich nicht zulässig ist (**BGH** 14. 4. 1956 IV ZR 1/56). Beim Vermächtnis eines anderen Gegenstandes kann er diesen bis zur Entrichtung der Steuer zurückbehalten. Grunderwerbsteuer ist, wenn dem Bedachten das vermachte Grundstück übereignet wird, nicht zu entrichten (vgl. Staudinger/Seybold 11. Aufl. § 2174 Anm. 8).

III. Die Vermächtnisschuld als Nachlaßverbindlichkeit

Anm. 23

Die Vermächtnisschuld ist, wenn der Erbe damit beschwert ist, Nachlaßverbindlichkeit (§ 1967). Sie unterscheidet sich aber von anderen Verbindlichkeiten dadurch, daß sie — gleich dem Pflichtteil — zur Voraussetzung hat, daß nach Tilgung der eigentlichen Nachlaßschulden ein Nachlaßüberschuß vorhanden ist. Die Forderung aus dem Vermächtnis rangiert somit nach den gewöhnlichen Nachlaßverbindlichkeiten. Anderseits hat der Erbe keinen Anspruch darauf, daß ihm irgend etwas (Falzidische Quart) vom Nachlaß verbleibe. Hierauf und auf der Tatsache, daß dem Erben das Vermächtnis regelmäßig aus den letztwilligen Verfügungen des Erblassers bekannt ist, beruhen folgende Besonderheiten:

Anm. 24

Das Vermächtnis wird, außer nach Teilung des Nachlasses unter Miterben (§ 2060 Anm. 6) durch das **Aufgebot** nicht betroffen, § 1972, hat aber sogar hinter den ausgeschlossenen Gläubigern zurückzutreten (§§ 1973 Anm. 12, 1974 Anm. 12). Im Verhältnis von Pflichtteilsrechten, Vermächtnissen und Auflagen zueinander haben die Pflichtteilsrechte den Vorrang, § 1974 Anm. 13; KO § 226. Im übrigen kann der Erblasser den Rang ordnen, § 2189. In diesem Verhältnis hat der Erbe auch im Falle der **Unzulänglichkeitseinrede** für die Berichtigung Sorge zu tragen, § 1991 Anm. 9, aber auch § 1979. Beruht die Überschuldung des Nachlasses auf Vermächtnissen, so ist der Erbe deshalb allein nicht zum Antrag auf Eröffnung des Nachlaßkonkurses verpflichtet, §§ 1980, 1992. Inwieweit im übrigen Vermächtnisse vom **Pflichtteilsrechte** beeinflußt werden, ergeben §§ 2306, 2318, 2321—2323. Besonderheiten im **Nachlaßkonkurse** KO §§ 219, 222, 226, 227, 230. An einem **Vergleichsverfahren** über den Nachlaß sind die Vermächtnisnehmer weder beteiligt, noch werden sie von einem Vergleich betroffen (VerglO § 113 Nr. 7). Haftung des Vorerben § 2145. Fälligkeit des **Untervermächtnisses,** mit dem ein Vermächtnisnehmer beschwert ist, und Beschränkung seiner Haftung §§ 2186—2188, **Anfechtung** des Vermächtnisses **wegen Erbunwürdigkeit** des Bedachten § 2345.

IV. Vermächtnis und Lastenausgleich

Anm. 25

1. Allgemeines

Daraus, daß das am 1. September 1952 in Kraft getretene Lastenausgleichsgesetz die Vermögensabgabeschuld rückwirkend zu Beginn des 21. Juni 1948 entstehen läßt, können sich Unbilligkeiten ergeben, wenn ein nach dem 20. Juni 1948 verstorbener Erblasser ein Vermächtnis oder eine Auflage angeordnet hat, bevor er von dem Bestehen der Vermögensabgabeschuld Kenntnis erlangt hatte. Ist der Erblasser davon ausgegangen, daß der Beschwerte das ihm zugewandte Vermögen ungeschmälert erhalten werde, dann wird es in der Regel seinen Vorstellungen und Absichten nicht entsprechen, wenn dieser, obwohl er die Vermögensabgabe leisten muß, auch die Beschwerungen in vollem Umfange zu erfüllen hat. § 70 LAG trifft daher eine Übergangsbestimmung. Sie betrifft Vermächtnisse und Auflagen, die vor dem 1. Oktober 1952 angeordnet worden sind, wenn der Erbfall nach dem 20. Juni 1948 eingetreten ist.

Anm. 26

2. Erbfall vor dem 21. Juni 1948 oder Anordnung eines Vermächtnisses nach dem 30. September 1952

Für Erbfälle vor dem 21. Juni 1948 war keine besondere Regelung erforderlich. Denn in diesen Fällen ist nicht schon der Erblasser, sondern erst der Erbe Schuldner der Vermögensabgabe geworden. Bei der Ermittlung seines für die Berechnung der Abgabeschuld maßgebenden Vermögens sind aber die ihn treffenden Verbindlichkeiten aus Vermächtnissen und Auflagen ohnehin schon zu berücksichtigen. Hat der Erblasser Vermächtnisse und Auflagen nach dem 30. September 1952 angeordnet, dann muß regelmäßig davon ausgegangen werden, daß er seine Bestimmung in Kenntnis der auf seinem Vermögen lastenden Abgabeschuld getroffen hat. Dann ist anzunehmen, daß der Beschwerte das Vermächtnis oder die Auflage erfüllen soll ohne Rücksicht darauf, daß ihn die Abgabeschuld des Erblassers als Nachlaßverbindlichkeit trifft. Falls der Erblasser jedoch ausnahmsweise auch nach dem 30. September 1952 noch irrige Vorstellungen von dem Bestehen der Abgabeschuld und der sich daraus für den Beschwerten ergebenden Belastung gehabt hat, kann seine letztwillige Verfügung unter Umständen wegen Irrtums nach § 2078 angefochten werden.

3. Kürzung der Vermächtnisse und Auflagen nach § 70 LAG

§ 70 LAG lautet:

Hat ein nach dem 20. Juni 1948 verstorbener Erblasser vor dem 1. Oktober 1952 ein Vermächtnis angeordnet und dabei die durch dieses Gesetz entstehende Verpflichtung des Erben, die auf den Nachlaß entfallende Vermögensabgabe zu tragen, nicht berücksichtigt, so ist im Zweifel als Wille des Erblassers anzunehmen, daß der Erbe berechtigt sein soll, das Vermächtnis um den Anteil des Zeitwerts der Abgabeschuld zu kürzen, der dem Anteil des gemeinen Werts des Vermächtnisses an dem gemeinen Wert des Nachlasses entspricht. Für den Zeitwert (§ 77) der Abgabeschuld, für den Wert des Vermächtnisses und den Wert des Nachlasses ist der Zeitpunkt des Erbfalls maßgebend. Zur Ermittlung des Nachlasses sind Vermächtnisse, Auflagen, Pflichtteile und die Vermögensabgabe außer Betracht zu lassen.

In den Fällen des Absatzes 1 kann der Vermächtnisnehmer die Kürzung des Vermächtnisses dadurch abwenden, daß er die Verpflichtung zur Entrichtung des Vierteljahresbetrags zu dem sich aus Absatz 1 ergebenden Anteil dem Erben gegenüber übernimmt und sich auf dessen Verlangen an der Stellung eines Antrags auf Genehmigung der Schuldübernahme nach § 60 beteiligt.

Die Absätze 1 und 2 gelten entsprechend im Falle einer Auflage.

Wird die einem Vermächtnisnehmer gebührende Leistung auf Grund des Absatzes 1 gekürzt, so kann der Vermächtnisnehmer die ihm selbst auferlegten Beschwerungen um den Anteil des ihn betreffenden Kürzungsbetrages mindern, der dem Verhältnis der auferlegten Beschwerungen zu dem Vermächtnis entspricht. Absatz 2 gilt entsprechend.

Die Absätze 1, 2 und 4 gelten nicht für die Fälle, in denen das Vermächtnis in einem Nießbrauch besteht; insoweit verbleibt es hinsichtlich der Lastenverteilung zwischen Eigentümer und Nießbraucher bei den Vorschriften des bürgerlichen Rechts in Verbindung mit § 73.

Anm. 27

Danach kommt es zeitlich allein darauf an, daß der Erbfall nach dem 20. Juni 1948 eingetreten und daß das Vermächtnis oder die Auflage vor dem 1. Oktober 1952 angeordnet ist. Es ist unerheblich, wann das Vermächtnis angefallen und ob es schon erfüllt ist. Der Beschwerte kann, falls er das Vermächtnis vor dem Inkrafttreten des Lastenausgleichsgesetzes bereits erfüllt hatte, den Betrag, um den das Vermächtnis nach § 70 LAG zu kürzen gewesen wäre, von dem Bedachten zurückfordern.

Anm. 28

§ 70 Abs. 1 LAG enthält eine Auslegungsregel. Der Gegenbeweis, daß der Erblasser keine Kürzung der von ihm angeordneten Vermächtnisse und Auflagen trotz der den Beschwerten treffenden Abgabenschuld gewollt hat, ist zulässig. Der Beweis muß dahin geführt werden, daß der Erblasser diese Kürzung, als er die Beschwerung anordnete, nicht wollte. Es braucht jedoch nicht bewiesen zu werden, daß der Erblasser sich bestimmte Vorstellungen über das Bestehen oder das spätere Entstehen einer Abgabeschuld gemacht hat. Es genügt, wenn erwiesen ist, daß der Wille des Erblassers allgemein dahin ging, das Vermächtnis oder die Auflage solle unter allen Umständen in voller Höhe geleistet werden. Anhaltspunkte für die Erforschung des Willens des Erblassers können seine Beweggründe für die Bestimmung, insbesondere die mit ihr verfolgten Zwecke ergeben. Eine ungeschmälerte Erfüllung des Vermächtnisses wird der Erblasser häufig gewollt haben, wenn er durch das Vermächtnis ihm geleistete wertvolle Dienste entlohnen (Köln NJW 1954, 356) oder eine Entschädigung für ihm gebrachte Opfer gewähren will. Daraus allein, daß der Erblasser seine früheren Verfügungen nicht geändert hat, nachdem er von dem Bestehen der Abgabeschuld Kenntnis erlangt hatte, kann nicht geschlossen werden, daß er die Kürzung nicht will. Er kann von einer Änderung gerade mit Rücksicht auf § 70 LAG abgesehen haben. Auch kann das Verhalten des Erblassers nach der Errichtung der Verfügung bei der Auslegung des Testaments nur insoweit berücksichtigt werden, als es Rückschlüsse auf den Willen zuläßt, den der Erblasser hatte, als er die Verfügung errichtete. § 70 LAG ist nicht mehr anzuwenden, wenn der Erblasser seine Verfügung nach dem 30. September 1952 inhaltlich derart geändert hat, daß sie als neu getroffen angesehen werden muß.

Anm. 29

Vermächtnisse und Auflagen können nur wegen der Vermögensabgabe und nicht wegen der vom Erblasser nicht berücksichtigten Hypotheken- und Kreditgewinnabgabe gekürzt werden.

Anm. 30

Der Gesetzgeber geht davon aus, daß der Vermächtnisnehmer nach dem Willen des Erblassers den Teil der Abgabeschuld tragen soll, der dem Verhältnis entspricht, in dem der gemeine Wert des Vermächtnisses zu dem gemeinen Wert des Nachlasses steht. Die Vermögensabgabe ist dabei mit ihrem nach § 70 LAG zu errechnenden Zeitwert anzusetzen. Der Kürzungsbetrag errechnet sich sonach nach der Formel

$$K = \frac{\text{gem. Wert d. Vermächtn.} \times \text{Zeitw. d. auf d. Nachl. fallend. Vermögensabgabeschuld}}{\text{gemeiner Wert des Nachlasses}}$$

Anm. 31

Auszugehen ist dabei von den für den Zeitpunkt des Erbfalls geltenden Werten. Die gewöhnlichen Nachlaßverbindlichkeiten und auch die Erbschaftsteuer, die Hypothekengewinnabgabe, die Kreditgewinnabgabe und die Soforthilfeabgabe, soweit sie nicht auf die Vermögensabgabe angerechnet wird, sind bei der Ermittlung des Nachlaßwertes abzusetzen. Dagegen dürfen die Verbindlichkeiten aus Vermächtnissen, Auflagen, Pflichtteil und die Vermögensabgabe selbst nicht abgesetzt werden.

Anm. 32

Falls eine Kürzung des Vermächtnisses oder der Auflage wegen der Natur der geschuldeten Leistung nicht möglich ist, muß dem Beschwerten ein Ausgleichsanspruch in Höhe des sich rechnerisch ergebenden Kürzungsbetrages zugebilligt werden.

Anm. 33

Abs. 2 gestattet dem Bedachten, die Kürzung seiner Zuwendung dadurch abzuwenden, daß er sich verpflichtet, die Vermögensabgabeschuld zu dem auf ihn entfallenden Anteil zu übernehmen. Er ist dann dem Beschwerten gegenüber verpflichtet, diesen von dem entsprechenden Teil der ihn treffenden Abgabeschuld zu befreien. Auf Verlangen des Beschwerten muß er sich an einen von diesem zu stellenden Antrag auf

Genehmigung der teilweisen Übernahme der Abgabeschuld nach § 60 LAG beteiligen. Mit der Genehmigung wird der Bedachte für den auf ihn entfallenden Teil Schuldner der Vermögensabgabe. Der Beschwerte wird insoweit von seiner Verpflichtung frei.

Anm. 34

Abs. 4 gestattet dem Vermächtnisnehmer, dessen Vermächtnis nach Abs. 1 gekürzt wird, die ihm selbst auferlegten Beschwerungen verhältnismäßig zu kürzen. Die Vorschrift entspricht dem § 2188. Das Kürzungsrecht muß dem Vermächtnisnehmer auch zustehen, wenn er von der Möglichkeit Gebrauch gemacht hat, die Kürzung nach Abs. 2 abzuwenden. Derjenige, dem das Untervermächtnis zugewandt ist, oder der durch die Auflage begünstigt ist, kann die Kürzung durch den beschwerten Vermächtnisnehmer gleichfalls dadurch abwenden, daß er sich entsprechend Abs. 2 verpflichtet, die Abgabeschuld anteilsmäßig zu übernehmen.

Anm. 35

Die angeführten Vorschriften gelten nach Abs. 5 nicht, wenn das Vermächtnis in einem Nießbrauch besteht. Hier verbleibt es wegen der Verteilung der Lasten zwischen Eigentümer und Nießbraucher bei den Vorschriften des bürgerlichen Rechts in Verbindung mit § 73 LAG. Diese Vorschrift bestimmt, inwieweit die Abgabeschuld als eine auf den Stammwert des Vermögens gelegte außerordentliche Last im Sinne des § 1047 anzusehen ist. Eigentümer und Nießbraucher haben die Vierteljahresbeträge im Innenverhältnis je zur Hälfte zu tragen. Eine Kürzung des Vermächtnisses kommt daher nicht in Betracht.

Anm. 36

4. Mithaft des Bedachten für die Abgabeschuld des Erblassers nach § 71 LAG

§ 71 LAG schreibt für diejenigen, die nach dem 20. Juni 1948 auf Grund eines Vermächtnisses oder einer Auflage Vermögen erworben haben, eine Mithaft für die Abgabeschuld des Erblassers vor. Die Mithaft besteht in Höhe des gemeinen Werts der Bereicherung zur Zeit des Erbfalls. Die Bestimmung soll verhindern, daß die Erfüllung der Abgabeschuld dadurch gefährdet wird, daß der Erblasser sein Vermögen von Todes wegen solchen Personen zuwendet, die für die auf diese Vermögensteile entfallende Abgabeschuld an sich nicht haften. Der Vermächtnisnehmer oder der durch die Auflage Begünstigte kann auf Antrag oder auch von Amts wegen aus der Haftung entlassen werden, wenn die Aussichten für die Verwirklichung des Abgabeanspruchs dadurch nicht wesentlich verschlechtert werden. Falls der Vermächtnisnehmer oder der durch die Auflage Begünstigte einen Teil der Abgabeschuld des Erblassers durch Vertrag mit dem Erben übernommen oder auf Grund einer letztwilligen Verfügung des Erblassers zu tragen hat, gilt § 60 LAG entsprechend. Danach kann die Abwälzung der Abgabeschuld mit der Folge genehmigt werden, daß der Vermächtnisnehmer oder der durch die Auflage Begünstigte für den übernommenen Teil allein haftet. Bezüglich des Restes der Abgabeschuld trifft ihn gleichwohl weiter die Mithaft nach § 71 LAG, falls er nicht nach Abs. 2 hieraus entlassen wird.

V. Aufwertung

1. Nach allgemeinen Regeln

Anm. 37

Darüber, ob ein vor oder während der Inflation in Mark ausgesetztes Summen- oder Rentenvermächtnis aufzuwerten ist, entscheidet in erster Linie der im Testament kundgegebene Wille des Erblassers. Danach kann sich ergeben, daß jede Aufwertung zu unterbleiben hat (**RG** 7. 2. 1927 IV 702/26: Ein Hamburger Kaufmann hatte in seinem Testament vom 29. Juni 1922 einer Person eine Jahresrente von 60000 Mark, dann in einem Nachtrage vom 21. Februar 1923, ohne dieses Markvermächtnis zu streichen, eine Jahresrente von 4 Contos de reis, brasilianischem Rechnungsgeld, und schließlich in einem Nachtrage vom 11. November 1923 noch von 4 weiteren Contos de reis vermacht).

Anm. 38

In der Regel wird, insbesondere bei Markvermächtnissen aus der Zeit vor merkbarer Inflation, Aufwertung geboten sein; und zwar, namentlich bei einem zum Unterhalt bestimmten Rentenvermächtnis (wie in dem Falle **RG** JW 1928, 885), auch dann, wenn der Erblasser noch längere Zeit während der Inflation gelebt hat, ohne sein Testament zu ändern (**RG** JW 1929, 586).

Anm. 39

Es muß in diesen Fällen im Wege ergänzender Testamentsauslegung (§ 2084 Anm. 26ff) festzustellen versucht werden, wie der Erblasser selbst nach seiner aus dem Testament, gegebenenfalls unter Mitberücksichtigung von Umständen außerhalb des Testaments, zu entnehmenden Willensrichtung die Aufwertungsfrage gelöst haben würde, wenn er mit der Geldentwertung gerechnet hätte (**BGH** LM BGB § 242 A Nr. 7). Versagt dieses Hilfsmittel, so ist über die Frage an der Hand des § 242 zu entscheiden (Anm. 9; 9. Aufl. § 242 Anm. 5d 8 Abs. 5).

Anm. 40

Unter dem einen wie unter dem andern Gesichtspunkt wird im allgemeinen (vorausgesetzt, daß der Erblasser vom Werte seines Vermögens bei der Testamentserrichtung eine wenigstens annähernd richtige Vorstellung gehabt hat, **RG** HRR 1931, 1742) einerseits davon auszugehen sein, in welchem Wertverhältnis das Vermächtnis zum Vermögen des Erblassers im Zeitpunkt der Testamentserrichtung stand, anderseits davon, in welchem Maße der Nachlaß bei der nach der Testamentserrichtung eingetretenen Entwicklung der wirtschaftlichen Verhältnisse seinen Wert behalten hat (**RG** WarnRspr 1938 Nr. 54).

Anm. 41

Für die Bestimmung dieses Maßes kommt es grundsätzlich nicht auf den Zeitpunkt des Erbfalls (so KG JW 1926, 1589, und für den besonderen Fall, daß nicht eine bestimmte Summe vermacht, die Höhe des Vermächtnisses vielmehr vom Stande des Nachlasses abhängig gemacht war, auch **RG** JW 1929, 585), sondern auf den Zeitpunkt an, in dem der Bedachte das ihm Zugewendete in die Hand bekommt; beruht eine Hinausschiebung dieses Zeitpunkts auf vertretbaren Handlungen des einen oder des anderen Beteiligten, so kann ein früherer Zeitpunkt in Betracht kommen (**RG** 108, 86; JW 1925, 360, 1930, 994).

Dasselbe gilt, wenn der Erblasser selbst ein Vermächtnis in Höhe einer bestimmten Quote seines Nachlasses zugewandt hat. Falls dieser zur Zeit der Erfüllung des Vermächtnisses noch wirtschaftlich unverändert vorhanden ist oder wenn das den Hauptgegenstand des Nachlasses bildende Grundstück nach der Beendigung der Geldentwertung (Stabilisierung der Mark oder Währungsreform) veräußert worden ist, entspricht es dem mutmaßlichen Willen des Erblassers, den als Vermächtnis zu zahlenden Geldbetrag in dieser Weise zu berechnen (**BGH** NJW 1960, 1759). Vgl. auch Bamberg BayZ 1925, 294 über die Berechnung eines Quotenvermächtnisses.

Anm. 42

Eine über das angegebene Maß hinausgehende Aufwertung bedarf der Begründung aus den besonderen Umständen des Falles (**RG** WarnRspr 1927 Nr. 35: Testament, aus dem der Wille des Erblassers erhellte, hinsichtlich der Erhaltung des Wertes der Zuwendungen den Vermächtnisnehmer vor dem Erben zu bevorzugen; KG JW 1926, 1846: Vermächtnis einer zum Unterhalt bestimmten Rente an den Stiefbruder zu Lasten der als Erbin eingesetzten Stadtgemeinde; **RG** WarnRspr 1926 Nr. 6: Vermächtnis einer zum Unterhalt bestimmten Rente an die zweite Ehefrau gegen deren Verzicht auf ihr gesetzliches Erbrecht, nachdem der mit dem Vermächtnis als gesetzlicher Erbe beschwerte Sohn erster Ehe schon vorher durch die Überlassung des väterlichen Geschäfts versorgt worden war; **RG** WarnRspr 1927 Nr. 85: Vermächtnis einer Pension durch die Mutter eines damaligen Landesherrn an die Witwe ihres früheren Hofmarschalls).

Anm. 43

Der Fall eines Rentenvermächtnisses kann auch so liegen, daß es für die Aufwertung nicht sowohl auf das Maß der Erhaltung des Wertes der Substanz als vielmehr auf das Maß der Erhaltung der Erträge des Nachlasses ankommt (Hamburg JW 1925, 2668; KG JW 1926, 835; vgl. auch **RG** LZ 1926, 1192 betreffend eine in einem Erbauseinandersetzungsvertrage zur Abfindung eines Miterben festgesetzte Rente).

Anm. 44

Bei der Aufwertung eines Summen- oder Rentenvermächtnisses gegenüber einem Erben, der sich den Nachlaß in seinem ursprünglichen Wert erhalten hat, braucht der sog. Verarmungsfaktor (9. Aufl. § 242 Anm. 5dα Abs. 2) auf seiten des Vermächtnisnehmers jedenfalls dann nicht berücksichtigt zu werden, wenn das Vermächtnis nach dem Willen des Erblassers in einem bestimmten Verhältnisse zum Werte des Nachlasses stehen sollte (**RG** JW 1927, 1833; 1929, 3488; 1930, 995 Nr. 13).

Anm. 45

Ob eine während der Inflation, wenn auch vor Mitte August 1922 (**RG** 113, 136), auf ein Geldvermächtnis geleistete Zahlung noch als Vollzahlung oder nur als eine durch einen Aufwertungsanspruch auszugleichende Teilzahlung zu gelten hat, hängt von den nach Treu und Glauben zu beurteilenden Umständen des einzelnen Falles ab (**RG** 114, 404; 115, 205; JW 1927, 1833 Nr. 14).

2. Nach dem Aufwertungsgesetz

Anm. 46

In die Anwendung dieser „allgemeinen Vorschriften" greift das Aufwertungsgesetz v. 16. 7. 1925 grundsätzlich nicht ein (§ 62). Es bestimmt in § 63 Abs. 2 Nr. 2 sogar ausdrücklich, daß als Vermögensanlagen, deren Aufwertung 25 v. H. des Goldmarkbetrags nicht übersteigen darf, Ansprüche nicht gelten, die auf den Beziehungen zwischen Erben und Vermächtnisnehmern beruhen. Diese Bestimmung erstreckt sich auch auf den Fall, daß eine Vermächtnisforderung nach § 607 Abs. 2 BGB in ein Darlehn umgewandelt oder zum Gegenstand eines Vergleichs gemacht ist (**RG** JW 1926, 1143; 1927, 1833 Nr. 14).

Nach § 63 Abs. 4 kann das Gericht über die Fälligkeit und die Verzinsung des Aufwertungsbetrags nach billigem Ermessen entscheiden; es darf jedoch über das aus §§ 25, 26, 28 AufwertungsG ersichtliche Maß hinaus ohne Zustimmung des Vermächtnisnehmers Stundung oder Zinsermäßigung nicht gewähren.

Ist die Vermächtnisforderung durch eine Hypothek gesichert, so bestimmt sich die Aufwertung der Hypothek nach §§ 4ff und diejenige der persönlichen Forderung, mit den sich aus §§ 11, 12 ergebenden Einschränkungen, nach § 10 Abs. 1 Nr. 2 AufwertungsG.

Anm. 47

Hat der Bedachte auf das Vermächtnis eine zum Nachlaß gehörende Hypothekenforderung an Erfüllungs Statt angenommen, so ist die Berechnung des der Aufwertung zugrunde zu legenden Goldmarkbetrags nach § 3 Nr. 2 AufwertungsG, also ebenso vorzunehmen, wie wenn die Hypothekenforderung vermacht worden wäre (KG JW 1926, 2696; BayObLGZ NF 25, 402).

VI. Umstellung

1. Umstellung nach § 18 Abs. 1 Nr. 3 UmstG

Anm. 48

Eine auf Geld lautende Forderung aus einem Vermächtnis, die vor dem 21. Juni 1948 entstanden ist, ist nach §§ 13 Abs. 3, 18 Abs. 1 Nr. 3 UmstG im Verhältnis 1:1 auf Deutsche Mark umgestellt. Das gilt auch für Ansprüche aus Vermächtnissen, die noch auf die alte, vor 1924 geltende Markwährung lauten, wenn sie vor dem 21. Juni 1948 entstanden, aber noch nicht beglichen sind. Sie sind zunächst nach den in Anm. 37ff aufgeführten Aufwertungsgrundsätzen zu behandeln. Auf diese Weise ist zu ermitteln, auf welchen Reichsmarkbetrag das Vermächtnis lautet. Dieser Betrag ist im Verhältnis 1:1 auf Deutsche Mark umgestellt (**BGH** LM BGB § 242A Nr. 7).

Anm. 49

Eine Umstellung kommt nur in Betracht, soweit der Anspruch aus dem Vermächtnis noch nicht erfüllt ist. Die Frage, ob der Anspruch vor dem 21. Juni 1948 erfüllt worden ist, kann vor allem streitig werden, wenn der Bedachte die ihm angebotene Reichsmark-Zahlung zurückgewiesen und der Beschwerte den Betrag unter Verzicht auf die Rücknahme hinterlegt hat. Grundsätzlich konnte ein Vermächtnis ebenso wie der Pflichtteilsanspruch (**BGH** 5, 12) vor dem 21. Juni 1948 durch Hingabe des geschuldeten Reichsmarkbetrages erfüllt werden. Falls der Gläubiger die angebotene Leistung zurückwies, geriet er nach § 293 in Annahmeverzug, und die Hinterlegung des geschuldeten Betrages unter Verzicht auf die Rücknahme hatte nach §§ 378, 376 schuldbefreiende Wirkung. Der Bedachte war dagegen nicht in Annahmeverzug geraten, wenn der Beschwerte ihm nicht die volle, sondern nur eine Teilleistung angeboten hatte, die mehr als unwesentlich hinter dem geschuldeten Betrag zurückblieb. Es ist dann unerheblich, aus welchem Grunde der Beschwerte die angebotene Leistung zurückgewiesen hat. Auch dann, wenn dies geschehen ist, weil er grundsätzlich keine Reichsmarkzahlung annehmen wollte, ist er nicht in Annahmeverzug geraten, und eine etwa erfolgte Hinterlegung hat keine schuldbefreiende Wirkung gehabt (**BGH** 10. 3. 1956 IV ZR 99/55). Ein Annahmeverzug ist insbesondere nicht eingetreten, wenn der Beschwerte verlangt hat, der Bedachte solle die angebotene, den geschuldeten Betrag nicht erreichende Leistung als Abfindung für seinen Anspruch annehmen. Auf die schuldbefreiende Wirkung der Hinterlegung kann der Beschwerte sich nicht berufen, wenn dem Bedachten die Höhe des Vermächtnisses unbekannt, ihm ein Anspruch auf Auskunft gegen den Beschwerten mit vermacht war (vgl. oben Anm. 14) und der Beschwerte dem Verlangen auf Auskunft nicht entsprochen hatte, bevor er die geschuldete Leistung anbot (**BGH** LM BGB § 2314 Nr. 2; entschieden für einen Pflichtteilsanspruch).

2. Vertragshilfe

Anm. 50

Der Beschwerte kann, wenn sich für ihn Schwierigkeiten aus der Umstellung ergeben, richterliche Vertragshilfe nach dem Vertragshilfegesetz vom 26. 3. 1952, BGBl I 198, geändert durch das Gesetz vom 24. 8. 1953, BGBl I 1003, in Anspruch nehmen. Falls mehrere Miterben mit dem Vermächtnis beschwert sind, ist nach § 2038 Abs. 1 Satz 2 Halbs. 2 jeder Miterbe allein berechtigt, den Antrag auf Vertragshilfe zu stellen (**BGH** LM VHG § 1 Nr. 13). Auf den Antrag kann das Vertragshilfegericht die Forderung stunden oder herabsetzen, wenn und soweit die fristgemäße oder volle Leistung dem Schuldner bei gerechter Abwägung der Interessen und der Lage beider Teile nicht zugemutet werden kann.

Anm. 51

Auch wenn das Vermächtnis keinen Geldbetrag, sondern eine andere Leistung zum Gegenstand hat, kann Vertragshilfe gewährt werden. In diesem Fall kann die Leistung, falls eine Herabsetzung geboten ist, auf einen Betrag in Deutscher Mark festgesetzt werden.

Anm. 52

Vertragshilfe wird nach §§ 7ff VHG in einem besonderen Verfahren durch das Gericht gewährt, bei dem der Schuldner seinen allgemeinen Gerichtsstand hat. Sie kann aber auch, wenn der Gläubiger einverstanden ist, in einem anhängigen Rechtsstreit durch das Prozeßgericht nach § 11 Abs. 4 VHG gewährt werden.

Anm. 53

Maßgebend für die Frage, ob und inwieweit Vertragshilfe zu gewähren ist, ist hier in erster Linie, ob der Wert, den der Nachlaß hatte, als die Forderung aus dem Vermächtnis entstand, so erheblich gemindert ist, daß es dem Beschwerten nicht zugemutet werden kann, die im Verhältnis 1 : 1 in Deutsche Mark umgestellte Vermächtnisforderung sofort und in voller Höhe zu begleichen. Diese Art der Vertragshilfe wird „korrigierende Vertragshilfe“ genannt. Auch bei ihr können aber unter Umständen die persönlichen

Verhältnisse der Beteiligten, insbesondere ihre Vermögens- und Einkommensverhältnisse mitzuberücksichtigen sein (**BGH** LM VHG § 1 Nr. 1, dazu Anm. Duden JZ 1954, 390; aA Staudinger/Seybold 11. Aufl. vor § 2147 Anm. 14b; Stuttgart NJW 1952, 1219).

Anm. 54

Der Beschwerte kann sich gegenüber dem Anspruch des Vermächtnisnehmers grundsätzlich nicht auf § 242 BGB berufen. Aus dieser Vorschrift kann er nur Rechte herleiten, soweit er sich auf einen Tatbestand beruft, der im Vertragshilferecht nicht geregelt ist, oder soweit er Rechte in Anspruch nimmt, die über die im Vertragshilferecht gegebenen Möglichkeiten hinausgehen (**BGH** 2, 153; 8, 347; LM BGB § 242 A Nr. 13).

Anm. 55

3. Umstellung vermachter Forderungen

Hat der Erblasser dem Bedachten durch das Vermächtnis eine Forderung zugewandt, die ihm gegen einen Dritten zusteht, so erfolgt die Umstellung dieser Forderung nach den für sie geltenden Bestimmungen. § 18 Abs. 1 Nr. 3 ist auf sie nur anzuwenden, wenn die zugewandte Forderung selbst zu den dort genannten Verbindlichkeiten gehört.

Anm. 56

4. Auf Reichsmark lautende Vermächtnisse bei Erbfällen nach dem 20. Juni 1948

Falls die Forderung aus dem Vermächtnis erst nach dem 20. Juni 1948 entstanden ist, war am Währungsstichtag noch keine Forderung vorhanden, die umgestellt werden konnte. Vielmehr tritt an die Stelle der in der letztwilligen Verfügung gewählten Rechnungseinheit Reichsmark, Goldmark oder Rentenmark nach § 2 WährG die Rechnungseinheit Deutsche Mark. Die Verbindlichkeit aus dem Vermächtnis ist dann von vornherein als DM-Verbindlichkeit entstanden. Für eine solche Verbindlichkeit kann keine Vertragshilfe gewährt werden. Stets und besonders in den zuletzt behandelten Fällen muß geprüft werden, ob nicht die gewöhnliche oder die ergänzende Testamentsauslegung dazu führt, die Höhe des Vermächtnisses anders zu bemessen. Das kann der Fall sein, wenn das Vermächtnis den Charakter einer Wertschuld hat und das mit seinem DM-Nennwert bezifferte Vermächtnis das vom Erblasser gewollte Wertverhältnis unrichtig wiedergibt (vgl. über die Testamentsauslegung in ihrem Verhältnis zur Umstellung und zu § 2 WährG § 2084 Anm. 16ff).

§ 2175

Hat der Erblasser eine ihm gegen den Erben zustehende Forderung oder hat er ein Recht vermacht, mit dem eine Sache oder ein Recht des Erben belastet ist, so gelten die infolge des Erbfalls durch Vereinigung von Recht und Verbindlichkeit oder von Recht und Belastung erloschenen Rechtsverhältnisse in Ansehung des Vermächtnisses als nicht erloschen

E I 1866 II 2046; M 5 176, 177; P 5 203, 210.

Übersicht

Vermächtnis von Forderungen oder Rechten des Erblassers gegen den Erben

1. Fortfall der Konfusion

Anm. 1

Ist eine zur Zeit des Erbfalls bereits bestehende **Forderung gegen den Erben** oder ein gegen ihn zustehendes **dingliches Recht** Gegenstand des Vermächtnisses, so würde nach dem vom BGB stillschweigend angenommenen Grundsatz der Konfusion oder Konsolidation (Vorbem. 2 vor § 241) das Recht mit dem Erbfall erlöschen und das Vermächtnis nach § 2169 Anm. 2—5 unwirksam werden. Dieser Erfolg ist unvermeidlich, wenn es sich um nicht übertragbare (§§ 399f, 1059, 1092) oder um mit dem Tode des Erblassers erlöschende Rechte handelt (§§ 1061, 1090).

Anm. 2

Das Gesetz verhindert aber im übrigen die Unwirksamkeit dadurch, daß es (übereinstimmend mit §§ 1976, 1991, 2143, 2377, für Grundstücke vgl. § 889) das vermachte Recht weiter bestehen läßt. Damit sind zugleich die hiermit verbundenen Neben- und Sicherungsrechte mit Wirkung auch gegen Dritte aufrechterhalten.

Anm. 3

Die Vereinigung gilt nur in Ansehung des Vermächtnisses als nicht erfolgt. Die Privatgläubiger des Erben können sich deshalb nicht darauf berufen, um zum Schaden des Vermächtnisnehmers die ererbte (und zugleich vermachte) Forderung für sich mit Beschlag zu belegen. Im übrigen tritt die Vereinigung ein, so daß sich die Nachlaßgläubiger nur unter den Voraussetzungen der §§ 1976, 1991 an die Forderung oder das gegen den Erben bestehende Recht halten könnten.

Anm. 4

2. Geltendmachung der vermachten Forderung

Auch wenn dem Bedachten eine Forderung gegen den Erben zugewandt ist, wirkt das Vermächtnis nur schuldrechtlich. Der Bedachte braucht jedoch nicht doppelt, zunächst auf Abtretung der Forderung und dann auf Erfüllung zu klagen. Er kann vielmehr beide Klagen miteinander verbinden (Planck/Flad 4. Aufl. § 2175 Anm. 4). Die Zwangsvollstreckung kann aber auch mit Rücksicht auf § 894 ZPO erst erfolgen, wenn das die Abtretung aussprechende Urteil rechtskräftig geworden ist.

Anm. 5

3. Belastung der vermachten Sache mit einem Recht des Erben

Ist umgekehrt der vermachte Gegenstand mit einem dem Erben gegen den Erblasser zustehenden Rechte, z. B. einem Pfandrechte belastet, so folgt aus § 2165 Abs. 1 Satz 1, daß der Bedachte die Beseitigung dieses Rechtes im Zweifel nicht verlangen kann und daß schon deshalb die Vereinigung als ausgeschlossen zu gelten hat (§ 1256).

Anm. 6

4. Vermächtnis einer nicht bestehenden Forderung

Bestand die vermachte Forderung überhaupt nicht, so kann gleichwohl ein Verschaffungsvermächtnis gewollt sein (§ 2170).

§ 2176

Die Forderung des Vermächtnisnehmers kommt, unbeschadet des Rechtes, das Vermächtnis auszuschlagen, zur Entstehung (Anfall des Vermächtnisses) mit dem Erbfalle.

E I 1867 Abs. 1 II 2047 Satz 1; M 5 177, 178; P 5 210, 211.

Übersicht

Anfall des Vermächtnisses

1. Anfall des Vermächtnisses

Anm. 1

Wie die Erbschaft mit dem Tode des Erblassers, dem Erbfall auf den Erben übergeht (§§ 1922, 1942), so entsteht mit demselben Zeitpunkt, gleichfalls unmittelbar kraft des Gesetzes, auch der Vermächtnisanspruch des § 2174 als ein zum Vermögen des Bedachten gehöriger veräußerlicher und vererblicher Bestandteil.

Anm. 2

Auch ein Vermächtnis, dessen Anfall gemäß §§ 2177ff hinausgeschoben ist, gewährt dem Berechtigten mit dem Erbanfall eine einen Vermögenswert darstellende, rechtlich geschützte Anwartschaft (§ 2177 Anm. 3, 4; § 2179 Anm. 1). Diese Anwartschaft ist übertragbar und pfändbar. Vor dem Erbfall besteht noch kein Recht des Bedachten, auch keine Anwartschaft, sondern nur eine Hoffnung, den Anspruch auf den vermachten Gegenstand zu erwerben (**BGH** 12, 118; § 2174 Anm. 5).

Anm. 3

Der Anfall ist nicht davon abhängig, daß der Erbe die Erbschaft angenommen hat. Doch besteht vorher kein Klagerecht, § 1958. Ebenso ist der mit einem Untervermächtnis beschwerte Bedachte nicht vor Fälligkeit des Hauptvermächtnisses zur Erfüllung verpflichtet, § 2186.

Anm. 4

Der Anfall des Vermächtnisses hat ebenso wie der Erbschaftsanfall (§ 1942 Anm. 2) den vorläufigen Erwerb des Vermächtnisanspruchs vorbehaltlich des Ausschlagungsrechts zur Folge. Doch ist abweichend von der Erbschaft die Möglichkeit der Ausschlagung regelmäßig an keine Frist und keine Form gebunden, § 2180 Anm. 2, 3.

Anm. 5

Fallen Erbfall und Vermächtnisfall zusammen, so muß der Vermächtnisnehmer (wie der Erbe) den Erbfall erlebt haben, § 2160. Ist der Vermächtnisanfall auf einen späteren Zeitpunkt hinausgeschoben (§§ 2177ff), so genügt, daß der Vermächtnisnehmer wenigstens zu diesem Zeitpunkt gelebt hat, während die Erbeinsetzung im gleichen Falle nur als Nacherbfolge gehalten werden kann (§ 2101 Anm. 1). Dem Erleben steht jedoch beim Vermächtnis wie bei der Erbfolge gleich, daß der Bedachte wenigstens als Erzeugter vorhanden ist (§§ 1923 Abs. 2, 2178).

Anm. 6

Wegen der Rechte in der Zeit zwischen Erbfall und Anfall vgl. § 2179. Recht des Bedachten auf den Fruchtgenuß vom Anfall ab § 2184. Unwirksamkeit des Vermächtnisses durch Zeitablauf §§ 2162, 2163.

Anm. 7

2. Fälligkeit des Anspruchs aus dem Vermächtnis

Von dem Anfall des Vermächtnisses ist die Fälligkeit des sich aus dem Vermächtnis ergebenden Anspruchs zu unterscheiden. Über den Zeitpunkt der Fälligkeit entscheidet in erster Linie der in der letztwilligen Verfügung geäußerte Wille des Erblassers. Hat dieser keine Bestimmung getroffen, so wird das Vermächtnis nach § 271 mit dem Anfall fällig. § 2186 enthält eine besondere Bestimmung für die Fälligkeit des Untervermächtnisses und § 2181 eine Auslegungsregel für den Fall, daß der Erblasser den Zeitpunkt der Erfüllung dem freien Belieben des Beschwerten überlassen hat (vgl. auch § 2174 Anm. 16ff).

§ 2177

Ist das Vermächtnis unter einer aufschiebenden Bedingung oder unter Bestimmung eines Anfangstermins angeordnet und tritt die Bedingung oder der Termin erst nach dem Erbfall ein, so erfolgt der Anfall des Vermächtnisses mit dem Eintritt der Bedingung oder des Termins.

E I 1867 Nr. 1 II 2047 Satz 2; M 5 178—181; P 5 210—212

Übersicht

Aufschiebend bedingtes oder befristetes Vermächtnis

1. Aufschiebend bedingtes Vermächtnis

Anm. 1

Handelt es sich um ein aufschiebend bedingtes Vermächtnis, so ist zunächst zu untersuchen, ob die Zuwendung nach dem Willen des Erblassers nur gelten soll, wenn der Bedachte den Eintritt der Bedingung erlebt.

a) Ist diese Frage nach der Regel des § 2074 zu bejahen, was insbesondere dann zutrifft, wenn das als Bedingung gesetzte Ereignis zu der Person des Bedachten in Beziehung steht, so ist die Zuwendung doppelt bedingt durch den Eintritt des Ereignisses und sein Erleben durch den Bedachten. Der Bedachte, der den Eintritt der Bedingung erlebt hat, muß nicht immer die in der Verfügung als solche ausdrücklich bezeichnete Person sein. Wenn der Erblasser einen Abkömmling bedacht hat, der vor Eintritt der Bedingung verstorben ist, aber seinerseits Abkömmlinge hinterlassen hat, sind nach § 2069 im Zweifel die Abkömmlinge des Weggefallenen bedacht, und es kommt für § 2074 darauf an, ob diese den Eintritt der Bedingung erlebt haben (**BGH** LM BGB § 2069 Nr. 1).

Anm. 2

b) Soll entgegen der Regel des § 2074 die Zuwendung auch gelten, wenn der Bedachte den Eintritt der Bedingung nicht erlebt hat, ergibt sich zugleich als wahrer Wille des Erblassers, daß die Zuwendung für den Fall des Eintritts der Bedingung entweder dem Bedachten selbst oder wenn er zu diesem Zeitpunkte nicht mehr lebt, seinen Erben gemacht sein soll.

Anm. 3

Der Bedachte erwirbt aber nicht nur in diesem Falle, sondern auch im Falle a (anders 2. Aufl.) mit dem Erbfall eine Anwartschaft, die gleich anderen bedingten Rechten (§ 2179) einen Bestandteil seines Vermögens bildet, für den Beschwerten Pflichten begründet und zum Gegenstand einer rechtsgeschäftlichen Verfügung gemacht und gepfändet werden kann (**RG** RJA 16, 208; WarnRspr 1920 Nr. 202; JW 1929, 586 Nr. 15). Sie gewährt einem hypothekarisch gesicherten Anwärter auch die Befugnis, die Aufwertung der Vermächtnisforderung nach dem Aufwertungsgesetz zu betreiben (**RG** DRiZRspr 1931 Nr. 82). Der Vermächtnisanspruch kommt jedoch nach der allgemeinen Vorschrift des § 158 Abs. 1 erst mit Eintritt der Bedingung zur Entstehung. Dies bringt das Gesetz dadurch zum Ausdruck, daß es bis dahin den Anfall des Vermächtnisses hinausschiebt.

Das Vermächtnis wird nicht dadurch unwirksam, daß der Beschwerte den vermachten Gegenstand vor Eintritt der Bedingung veräußert. Durch die Veräußerung kann allenfalls ein Unvermögen des Beschwerten, die geschuldete Leistung zu erbringen, eingetreten sein. (**BGH** 28. 5. 1958 IV ZR 328/57.) Dieses Unvermögen steht nach § 275 Abs. 2 der Unmöglichkeit gleich, und es kommt darauf an, ob der Beschwerte das Unvermögen zu vertreten hat. Im Falle eines Verschuldens besteht außerdem eine Schadensersatzpflicht nach §§ 2179, 160 Abs. 1 (§ 2179 Anm. 2). § 2170 Abs. 2 gilt nur für das Verschaffungsvermächtnis. Er kann nur angewandt werden, wenn das Vermächtnis auch als solches gewollt war.

Anm. 4

2. Vermächtnis unter Bestimmung eines Anfangstermins

Handelt es sich um eine Zuwendung unter Bestimmung eines Anfangstermins, so kommt § 2074 von vornherein nicht in Frage; die Zuwendung ist (falls freie Auslegung nicht etwa ergibt, daß sie nach dem wahren Willen des Erblassers unter der Bedingung des Erlebens des bestimmten Zeitpunkts durch den Bedachten gemacht ist) als vererbliche Anwartschaft erworben (**RG** WarnRspr 1919 Nr. 99; 1920 Nr. 202). Aber auch hier soll der Vermächtnisanspruch als künftiges Recht erst mit dem Anfangstermin zur Entstehung kommen (§ 163). Insbesondere ist nicht bloß die Fälligkeit des Anspruchs (§ 2181), sondern der Anfall selbst hinausgeschoben. Dies hat namentlich zur Folge, daß der Bedachte erst vom Eintritte des Termins ab auf die Früchte Anspruch hat (§ 2184).

Anm. 5

3. Hinausschieben der Fälligkeit

Stets ist zu prüfen, ob es sich um ein aufschiebend bedingtes oder aufschiebend befristetes Vermächtnis handelt oder ob nach dem wahren Willen des Erblassers nicht sofortiger Anfall und nur Aufschub der Fälligkeit gewollt ist (**RG** JW 1929, 586 Nr. 15). So insbesondere, wenn dem X 1000, zahlbar 10 Jahre nach dem Tode des Erblassers, mit der Bestimmung vermacht sind, daß der Beschwerte bis dahin die Zinsen zu zahlen habe (ähnliche Fälle Karlsruhe OLG 30, 206; **RG** Recht 1913 Nr. 2883). **RG** Recht 1911 Nr. 1326 behandelt die Auslegung einer Bestimmung, daß ein Vermächtnis aus bestimmten, dem Erblasser gehörigen Hypotheken gezahlt werden soll. Durch die Anordnung, der Bedachte solle das Vermächtnis erst beim Tode des Erben (**RG** Warn Rspr 1918 Nr. 61) oder der nießbrauchberechtigten Witwe (Celle OLG 30, 207) ausgezahlt erhalten, wird der Anfall des Vermächtnisses nicht notwendig hinausgeschoben.

Anm. 6

4. Vermächtnis wiederkehrender Leistungen

Auch beim Vermächtnis wiederkehrender Leistungen ist Tatfrage, ob das Bezugsrecht als sofort anfallendes einheitliches Recht, oder ob eine Reihe einzelner nach § 2177 zu beurteilender Vermächtnisse zugewendet ist. So kann eine Jahresrente auf die Lebenszeit des Sohnes und Erben diesem als Vorausvermächtnis, zugleich von seinem Tode ab aber dem Enkel vermacht sein (**RG** Recht 1907 Nr. 1128).

Anm. 7

5. Vermächtnis einer Leibrente

Bei der Leibrente (§ 759) wird es sich nach **RG** 67, 210 immer um ein derartiges in sich geschlossenes einheitliches Recht handeln.

Anm. 8

6. Zeitliche Grenzen für den Anfall. Gemeinschaftliches Testament

In den Fällen des § 2177 ist das Vermächtnis nur wirksam, wenn und soweit der Anfall innerhalb der zeitlichen Grenzen der §§ 2162, 2163 stattfindet. Hinausschiebung des Vermächtnisanfalls beim gemeinschaftlichen Testamente (§ 2269 Abs. 2) und beim Erbvertrag (§ 2280).

Anm. 9

7. Zuwendung bedingter oder betagter Rechte

Der Fall, daß der Gegenstand der Zuwendung selbst in einem bedingten oder betagten Rechte besteht, hat nichts Besonderes. Nur darauf kommt es an, ob die Zuwendung bedingt oder betagt gewollt ist.

8. Auflösend bedingtes oder befristetes Vermächtnis

Anm. 10

Das Vermächtnis kann auch unter einer auflösenden Bedingung oder Befristung zugewandt werden. Ein Nachvermächtnis im Sinne des § 2191 liegt vor, wenn der Erblasser bestimmt hat, daß der vermachte Gegenstand bei Eintritt der Bedingung oder des bestimmten Zeitpunkts einem Dritten herausgegeben werden soll.

Anm. 11

Ist die Bedingung oder der Termin schon vor der Erfüllung des Vermächtnisses eingetreten, so gilt nach § 2191 in Verbindung mit dem entsprechend anzuwendenden § 2102 der als Nachvermächtnisnehmer Bedachte als Ersatzbedachter.

Anm. 12

Der Beschwerte hat einen Anspruch auf Rückgewähr des vermachten Gegenstandes, wenn der Erblasser niemand bezeichnet hat, der den Gegenstand bei Eintritt der Bedingung oder des Termins erhalten soll. Der Beschwerte erlangt in diesem Fall mit dem Eintritt der Bedingung oder des Termins das Eigentum unmittelbar zurück, wenn der Gegenstand vorher unter der auflösenden Bedingung oder auflösend befristet an den Vermächtnisnehmer übereignet war. Bei Grundstücken ist eine derartige auflösend bedingte oder befristete Übereignung nicht möglich.

Anm. 13

Falls die auflösende Bedingung oder Befristung schon vor der Erfüllung des Vermächtnisses eingetreten ist und der Erblasser keinen Nachvermächtnisnehmer bestimmt hat, wird das Vermächtnis hinfällig.

§ 2178

Ist der Bedachte zur Zeit des Erbfalls noch nicht erzeugt oder wird seine Persönlichkeit durch ein erst nach dem Erbfall eintretendes Ereignis bestimmt, so erfolgt der Anfall des Vermächtnisses im ersteren Falle mit der Geburt, im letzteren Falle mit dem Eintritte des Ereignisses.

E I 1867 Nr. 2, 3 II 2048; M 5 180, 181; P 5 210—212.

Vermächtnis zugunsten noch nicht erzeugter oder noch unbestimmter Personen

Anm. 1

1. Natürliche Person als Bedachte

Abweichend von der Erbfolge (§ 1923), aber übereinstimmend mit der Nacherbfolge (§§ 2101, 2105) läßt das Gesetz ein Vermächtnis wirksam werden, das einem bei Eintritt des Erbfalls **noch nicht einmal erzeugten** oder **noch nicht bestimmten Bedachten** zugewendet ist, vorausgesetzt, daß die zeitlichen Grenzen der §§ 2162, 2163 innegehalten sind. Der Anfall wird aber in diesen Fällen bis zur Hebung der Unbestimmtheit hinausgeschoben (§ 2106 Abs. 2). War der Bedachte bei Eintritt des Erbfalls bereits erzeugt, so wird der Anfall nach der entsprechend anzuwendenden Regel des § 1923 Abs. 2 von der Geburt auf den Zeitpunkt des Erbfalls zurückbezogen. Es bleibt mithin bei der Regel des § 2176.

Anm. 2

2. Juristische Person als Bedachte

Der Wortlaut des Gesetzes deckt auch den Fall, daß eine noch nicht entstandene juristische Person bedacht ist. Ist der Erblasser zugleich deren Stifter, so gilt sie nach § 84 im Falle späterer Genehmigung als schon mit seinem Tode entstanden, und auch hier bleibt es bei der Regel des § 2176.

§ 2179

Für die Zeit zwischen dem Erbfall und dem Anfalle des Vermächtnisses finden in den Fällen der §§ 2177, 2178 die Vorschriften Anwendung, die für den Fall gelten, daß eine Leistung unter einer aufschiebenden Bedingung geschuldet wird.

E I 1867 Abs. 3 II 2049; M 5 179—181; P 5 211, 212.

Übersicht

Anwartschaftsrecht bei späterem Anfall

Anm. 1

1. Allgemeines

In denjenigen Fällen, in denen der Anfall des Vermächtnisses nach §§ 2177, 2178 über den Erbfall hinaus auf einen späteren Zeitpunkt hinausgeschoben ist, erwirbt der Bedachte mit dem Erbfall eine rechtlich geschützte Anwartschaft. Diese ist grundsätzlich übertragbar, pfändbar und auch vererblich. Falls es sich um ein aufschiebend bedingtes Vermächtnis handelt und falls nach der Auslegungsregel des § 2074 die Zuwendung nur gelten soll, wenn der Bedachte den Eintritt der Bedingung erlebt, ist die Vererblichkeit praktisch ausgeschlossen. Diese Regel gilt nicht für das unter einen Anfangstermin gestellte Vermächtnis. Der Erblasser kann aber in beiden Fällen etwas anderes bestimmen. Durch die Pfändung der Anwartschaft wird das Recht des Bedachten, das Vermächtnis auszuschlagen, nicht berührt.

2. Pflichten des Beschwerten in der Zeit zwischen Erbfall und Anfall des Vermächtnisses

Anm. 2

Wenn auch während des Schwebens der Bedingung, vor Eintritt des Anfangstermins und solange die Unbestimmtheit des Bedachten andauert (§§ 2177, 2178) ein Schuldverhältnis im Sinne von § 2174 noch nicht besteht, so sind doch nach Maßgabe der §§ 158—163 bereits für die Zwischenzeit Pflichten des Beschwerten vorhanden. Insbesondere macht er sich nach § 160 Abs. 1 durch schuldhafte Vereitelung oder Beeinträchtigung des Vermächtnisses dem Bedachten schadensersatzpflichtig und muß nach § 162 Abs. 1, wenn er den Eintritt der Bedingung arglistig verhindert, die Bedingung als eingetreten gelten lassen.

Anm. 3

Der Bedachte kann die ihm aus Verschulden des Beschwerten entstandenen Schadensersatz- und Surrogatsansprüche (§ 281) erst nach dem Anfall des Vermächtnisses geltend machen. Schon vorher ist aber nicht ausgeschlossen, daß er sich durch einstweilige Verfügung sichert oder im Konkurse Sicherung beansprucht (ZPO §§ 916 Abs. 2, 936, KO § 67). Unter Umständen kann auch ein Anspruch auf Sicherstellung als mitvermacht gelten (**RG** DNotV 1932, 539 Nr. 20, § 2174 Anm. 13). Geeignetenfalls sind die Rechte des Bedachten durch einen Pfleger wahrzunehmen (§ 1913).

Anm. 4

Auch wenn er vor Annahme der Erbschaft oder des mit einem Untervermächtnis beschwerten Vermächtnisses der Zuwendung arglistig entgegenhandelt, macht sich der Beschwerte haftbar (§ 2174 Anm. 10).

Anm. 5

3. Auflösend bedingtes Vermächtnis

Entsprechende Verpflichtungen entstehen nach § 160 Abs. 2 auf seiten des Bedachten, wenn ihm das Vermächtnis unter einer auflösenden Bedingung zugewendet war. Nach § 159 endlich kann der Erblasser, innerhalb der Zeitgrenzen der §§ 2161, 2162 die Rückbeziehung des Anfalls auf einen früheren Zeitpunkt und damit zugleich die Herausgabe der Früchte von diesem Zeitpunkt ab anordnen (§ 2184).

§ 2180

Der Vermächtnisnehmer kann das Vermächtnis nicht mehr ausschlagen, wenn er es angenommen hat.

Die Annahme sowie die Ausschlagung des Vermächtnisses erfolgt durch Erklärung gegenüber dem Beschwerten. Die Erklärung kann erst nach dem Eintritte des Erbfalls abgegeben werden; sie ist unwirksam, wenn sie unter einer Bedingung oder einer Zeitbestimmung abgegeben wird.

Die für die Annahme und die Ausschlagung einer Erbschaft geltenden Vorschriften des § 1950, des § 1952 Abs. 1, 3 und des § 1953 Abs. 1, 2 finden entsprechende Anwendung.

E I 1873 II 2050; M 5 186—189; P 5 216—220.

Übersicht

Annahme und Ausschlagung des Vermächtnisses

1. Allgemeines

Anm. 1

Zum Erwerbe des Vermächtnisses bedarf es an sich (wie auch bei der Erbschaft Anm. 1 vor § 1942; § 1943 Anm. 12) keiner Annahme. Der Vermächtnisanspruch entsteht vielmehr unmittelbar kraft des Gesetzes (§ 2176 Anm. 1—3). Hat der Bedachte aber die Annahme (zu unterscheiden von der Annahme des geleisteten Vermächtnisgegenstandes) einmal erklärt, so ist sie und ebenso ist die einmal erklärte Ausschlagung (wie bei der Erbschaft § 1943 Anm. 2) unwiderruflich.

Anm. 2

Abweichend von der Erbschaft (§ 1944) besteht jedoch für das Vermächtnis keine Ausschlagungsfrist. Das — noch nicht angenommene — Vermächtnis kann mithin jederzeit, auch von den Erben des Bedachten (Abs. 3) noch ausgeschlagen werden. Nur in dem besonderen Falle des § 2307 Abs. 2 darf der mit einem Vermächtnisse beschwerte Erbe dem bedachten Pflichtteilsberechtigten zur Erklärung Frist setzen.

2. Die Erklärung

a) Form

Anm. 3

Weder die Annahme- noch (abweichend von der Erbschaft § 1945) die Ausschlagungserklärung ist an eine Form gebunden. Beide können somit auch stillschweigend abgegeben werden (**RG** 22. 12. 1938 IV 39/38). So insbesondere die Annahme durch Annahme der Vermächtnisleistung, die Ausschlagung durch deren Verweigerung (Reichel AcP 138, 203f) oder dadurch, daß der Bedachte eine anderweite Verfügung über den Vermächtnisgegenstand geschehen läßt.

Anm. 4

Die Annahme einzelner von mehreren vermachten Gegenständen enthält, wenn der Bedachte den vollen Umfang des Vermächtnisses nicht kennt, nicht notwendig die Erklärung, das Vermächtnis anzunehmen (**BGH** 24. 9. 1953 IV ZR 37/53).

b) Empfänger der Erklärung

Anm. 5

Annahme und Ausschlagung können wirksam nur gegenüber dem Beschwerten (§§ 130—132), nicht also, wie für die Ausschlagung der Erbschaft vorgeschrieben (§ 1945), gegenüber dem Nachlaßgericht abgegeben werden. Doch ist die Ausschlagung wirksam, wenn sie dem Nachlaßgericht zugegangen und von diesem dem vermutlichen Willen des Erklärenden gemäß dem Beschwerten übermittelt ist (**RG** 113, 237).

Anm. 6

Die Erklärung gegenüber dem Nachlaßpfleger oder dem Testamentsvollstrecker (auch gegenüber einem nach § 2223 zur Fürsorge für die Ausführung eines Unter- oder Nachvermächtnisses bestellten Testamentsvollstrecker (**RG** DJZ 1924, 475) ist wirksam, sofern der Vermächtnisanspruch gegen diese Personen geltend gemacht werden kann (§§ 1960 Anm. 39, 1961 Anm. 7; § 2213).

Anm. 7

c) Zeitpunkt für die Abgabe

Die vor Eintritt des Erbfalls (§ 1922) abgegebene Annahme- oder Ausschlagungserklärung bindet den Bedachten nicht. Nur der Verzicht durch Vertrag mit dem Erblasser ist sogleich wirksam, § 2352. Er muß nach § 2348 gerichtlich oder notariell beurkundet werden. Wohl aber können die Erklärungen schon vor Anfall des Vermächtnisses erfolgen, wenn der Anfall über den Zeitpunkt des Erbfalls hinausgeschoben ist (§ 2176 Anm. 2), insbesondere also schon vor Eintritt der Bedingung oder des Anfangstermins (§ 2177). Das Verbot der Bedingung und Zeitbestimmung entspricht dem § 1947.

d) Auf die Erklärung anzuwendende Rechtsvorschriften

Anm. 8

Annahme und Ausschlagung unterliegen den allgemeinen Vorschriften über Willenserklärungen § 116ff, insbesondere denen über die Vertretung und Vollmacht § 164ff, Einwilligung und Genehmigung §§ 182ff.

Anm. 9

Die Erklärung kann durch einen Generalbevollmächtigten abgegeben werden. Bevollmächtigt kann auch der Beschwerte sein. Falls dieser die Annahme erklärt und dadurch seinen Pflichten aus dem der Vollmacht zugrunde liegenden Auftragsverhältnis zuwiderhandelt, muß er den Bedachten so stellen, als hätte er die Erklärung nicht abgegeben. Ist der bevollmächtigte Beschwerte Alleinerbe und der Bedachte pflichtteilsberechtigt, dann kann der Beschwerte sich ihm gegenüber nicht darauf berufen, daß er, da er das Vermächtnis angenommen hat, keine Pflichtteilsansprüche geltend machen kann. Dabei kommt es nicht darauf an, ob auch die Voraussetzungen für einen gegen Treu und Glauben verstoßenden Mißbrauch der Vollmacht gegeben sind (**BGH** 24. 9. 1953 IV ZR 37/53).

Anm. 10

Die Frau bedurfte schon nach dem vor dem 1. April 1953 geltenden Recht nicht der Zustimmung des Mannes (vgl. die vor dem 1. Juli 1958 geltende Fassung der §§ 1406 Nr. 1, 1453, 1519, 1549). Für das seit dem 1. Juli 1958 geltende Recht ergeben die §§ 1432, 1455 Nr. 1, daß auch dann, wenn die Ehegatten in Gütergemeinschaft leben, jeder von ihnen ein ihm angefallenes Vermächtnis nur selbst annehmen oder ausschlagen kann, und daß dabei der andere Ehegatte nicht mitzuwirken oder dem zuzustimmen braucht. Das Erfordernis vormundschaftsgerichtlicher Genehmigung für Gewalthaber und Vormund ist in §§ 1643 Abs. 2, 1822 Nr. 2 geregelt. Im Konkurs ist nur der Gemeinschuldner zur Annahme oder Ausschlagung des vor Eröffnung des Verfahrens angefallenen Vermächtnisses befugt (KO § 9). Durch die Pfändung wird die Ausschlagung des Vermächtnisses nicht gehindert. Der Ausschlagende bedarf für seine Erklärung keiner Genehmigung nach MilRegG 52 oder 53.

Anm. 11

3. Teilweise Annahme und Ausschlagung

Gemäß § 1950 können Annahme und Ausschlagung nicht wirksam auf einen Teil des Vermächtnisses beschränkt werden. Wohl aber kann grundsätzlich der mit mehreren Vermächtnissen Bedachte das eine annehmen und das andere ausschlagen.

Anm. 12

4. Vererblichkeit des Rechts zur Annahme und Ausschlagung

Nach § 1952 Abs. 1 ist das Annahme- und Ausschlagungsrecht vererblich, nach Abs. 3 daselbst kann von mehreren Erben des Bedachten jeder den seinem Erbteil entsprechenden Teil des Vermächtnisses ausschlagen.

5. Wirkung der Ausschlagung

Anm. 13

Nach § 1953 Abs. 1, 2 wird die Wirkung der Ausschlagung auf den Zeitpunkt des Vermächtnisanfalls zurückbezogen. Das Vermächtnis gilt in diesem Falle, soweit nicht Anwachsung eintritt (§§ 2158, 2159), als sogleich dem Ersatzbedachten (§ 2190) angefallen. Von der einmal erklärten Annahme oder Ausschlagung wird zugleich auch das erst künftig anwachsende Vermächtnis mitergriffen.

Anm. 14

Der Ersatzbedachte braucht nicht, wie der Ersatzerbe, im Falle des § 1953 Abs. 2 schon zur Zeit des Erbfalls gelebt zu haben (§ 2160 Anm. 2). Er muß aber auch nicht notwendig den Vermächtnisfall selbst erlebt haben, wenn dessen Zeitpunkt nach §§ 2176 bis 2178 hinausgeschoben war. Fällt vielmehr der zunächst Bedachte durch Ausschlagung weg, nachdem er bereits eine vererbliche Anwartschaft auf das Vermächtnis erworben hatte (§ 2177 Anm. 3, 4), so rückt der Ersatzbedachte in dieses Anwartschaftsrecht ein und vererbt es an seine Erben, wenn er selbst vor dem eigentlichen Vermächtnisanfall verstirbt.

Dem Beschwerten kommt die Ausschlagung zustatten, falls kein Ersatzbedachter vorhanden ist.

Das Untervermächtnis wird durch Ausschlagung des beschwerten Hauptvermächtnisses nicht berührt (§ 2161).

Anm. 15

Die Ausschlagung ist keine Schenkung § 517.

Anm. 16

6. Die Anfechtung der Erklärung

Die Anfechtung unterliegt, außer in dem Sonderfalle des Pflichtteilsberechtigten (§ 2308), nicht den für die Erbschaft gegebenen (§§ 1954—1957), sondern den allgemeinen Vorschriften der §§ 142ff. Sie erfolgt also gegenüber dem Beschwerten und nicht gegenüber dem Nachlaßgericht. Abweichend von § 1957 gilt auch die Anfechtung der Annahme nicht als Ausschlagung und die Anfechtung der Ausschlagung nicht als Annahme. Durch die Anfechtung wird vielmehr nur der Zustand der Unentschiedenheit wieder hergestellt. Abweichendes gilt nach § 2308 nur, falls ein Pflichtteilsberechtigter die Ausschlagung anficht, weil ihm der Wegfall von Beschwerungen, die auf dem Vermächtnis lasten, bei Abgabe seiner Erklärung nicht bekannt war. Die Erklärung ist zwar gleichfalls gegenüber dem Beschwerten abzugeben, im übrigen sind aber die §§ 1954ff entsprechend anzuwenden. Die Anfechtung muß binnen einer Frist von 6 Wochen erfolgen, und sie wirkt als Annahme.

§ 2181

Ist die Zeit der Erfüllung eines Vermächtnisses dem freien Belieben des Beschwerten überlassen, so wird die Leistung im Zweifel mit dem Tode des Beschwerten fällig.

E I 1766 II 2051; M 5 31; P 5 21.

Entsprechend anwendbar auf die Auflage § 2192.

Fälligkeit

Anm. 1

Die Zulässigkeit der Anordnung, daß der mit einem Vermächtnisse Bedachte dieses erst beim Tode des Beschwerten erhalten solle, wird in § 2181 vorausgesetzt (**RG** Seuff Arch 87 Nr. 10). Die Vorschrift läßt den nach §§ 2176ff sich bestimmenden Zeitpunkt des Vermächtnisanfalls unberührt, sie schiebt nur wie in § 2186 „im Zweifel" die Fälligkeit des bereits entstandenen Anspruchs hinaus (§ 271). Auf die unter diese Vorschrift fallenden Vermächtnisse sind daher auch die §§ 2162, 2163 nicht anwendbar. Selbstverständlich kann der Beschwerte schon früher leisten. Ob dem Bedachten die Früchte bis zum Tode des Beschwerten gebühren sollen (§ 2184), ist Sache freier Auslegung.

Anm. 2

Wenn in diesem Falle die Entrichtung des Vermächtnisses auch erst durch die Erben des beschwerten Erben oder Vermächtnisnehmers erfolgen kann, so werden diese doch nicht selbst mit dem Vermächtnisse beschwert, was nach § 2147 Anm. 7 unzulässig wäre; gegenüber dem Beschwerten kann seine lediglich befristete Verpflichtung auch durch Urteil festgetellt werden (**RG** WarnRspr 1919 Nr. 198). Die Anordnung enthält begrifflich nur eine Zeitbestimmung. Ob damit zugleich die Bedingung gesetzt sein sollte, daß der Bedachte den Zeitpunkt erlebe, ist Auslegungsfrage (**RG** JW 1918, 502).

§ 2182

Ist eine nur der Gattung nach bestimmte Sache vermacht, so hat der Beschwerte die gleichen Verpflichtungen wie ein Verkäufer nach den Vorschriften des § 433 Abs. 1, der §§ 434 bis 437, des § 440 Abs. 2 bis 4 und der §§ 441 bis 444.

Dasselbe gilt im Zweifel, wenn ein bestimmter nicht zur Erbschaft gehörender Gegenstand vermacht ist, unbeschadet der sich aus dem § 2170 ergebenden Beschränkung der Haftung.

Ist ein Grundstück Gegenstand des Vermächtnisses, so haftet der Beschwerte im Zweifel nicht für die Freiheit des Grundstücks von Grunddienstbarkeiten, beschränkten persönlichen Dienstbarkeiten und Reallasten.

E I 1879 II 2052; M 5 196—198; P 5 226—230.

Übersicht

Gewährleistung für Rechtsmängel

1. Allgemeines

Anm. 1

Die §§ 2182, 2183 regeln die Gewährleistungspflichten des Beschwerten für Sach- und Rechtsmängel gegenüber dem Vermächtnisnehmer. § 2182 bestimmt sowohl für das **Gattungs-** als auch für das **Verschaffungsvermächtnis,** daß der Beschwerte dem Bedachten den vermachten Gegenstand tatsächlich zu gewähren und für Rechtsmängel zu haften hat. § 2183 bezieht sich nur auf das Gattungsvermächtnis und regelt die Sachmängelhaftung.

Anm. 2

Soweit sich die §§ 2182, 2183 auf das Gattungsvermächtnis beziehen, enthalten sie dispositives Recht. Zwingenden Charakter hat § 2183 Satz 2 und der in Bezug genommene § 443. Die das Verschaffungsvermächtnis betreffende Vorschrift des § 2182 Abs. 2 und der ein Grundstücksvermächtnis betreffende § 2182 Abs. 3 enthalten Auslegungsregeln.

Anm. 3

Ist ein **bestimmter,** zur Erbschaft gehörender **Gegenstand vermacht,** so kommt eine Sach- und Rechtsmängelhaftung grundsätzlich nicht in Betracht. Sie können nur in Frage kommen, wenn die Mängel nach dem Erbfall infolge schuldhaften Verhaltens des Beschwerten eingetreten sind. Im übrigen gelten für diese Vermächtnisse die §§ 2165 bis 2168a. Danach kann der Vermächtnisnehmer im Zweifel nicht die Beseitigung der auf dem vermachten Gegenstand ruhenden Rechte verlangen.

Die Herausgabepflicht der von dem Beschwerten gezogenen **Früchte** regelt § 2184, den Anspruch des Beschwerten auf Ersatz von **Verwendungen** und Aufwendungen § 2185, die Erstreckung des Vermächtnisses auf das **Zubehör** § 2164.

Anm. 4

2. Gewährleistung beim Gattungsvermächtnis (§ 2155)

Sie bestimmt sich beim Fehlen anderer Bestimmungen des Erblassers nach den ergänzend anzuwendenden Vorschriften **für Rechtsmängel** (Sachmängel vgl. § 2183) wie folgt:

§ 433 Abs. 1: Der Beschwerte hat dem Bedachten die Sache zu übergeben und ihm daran das Eigentum zu verschaffen, und zwar nach § 434 frei von Rechten Dritter, nach § 435 unter kostenfreier Löschung nicht bestehender, im Grundbuch oder Schiffsregister eingetragener Rechte, jedoch gemäß § 436 ohne Haftung für Freiheit des Grundstücks von öffentlichen Abgaben und anderen nicht eintragungsfähigen öffentlichen Lasten; § 437 Abs. 2 (Abs. 1 kommt nur für das Verschaffungsvermächtnis Anm. 5 in Frage): beim Vermächtnis von Wertpapieren haftet der Beschwerte dafür, daß sie nicht zum Zwecke der Kraftloserklärung aufgeboten sind. § 440 Abs. 2—4 macht den Beschwerten, wenn er die vermachte bewegliche Sache dem Bedachten übergeben hat, unter gewissen Voraussetzungen wegen Entwehrung schadensersatzpflichtig, § 441 ebenso, wenn Besitzrechte vermacht sind. § 442 erklärt den Bedachten für Mängel im Rechte beweispflichtig, § 443 spricht im Falle der Arglist des Beschwerten einer auf Erlaß oder Beschränkung der Gewährleistungspflicht gerichteten Vereinbarung die Wirksamkeit ab, § 444 endlich begründet eine Verpflichtung des Beschwerten zur Auskunftserteilung und zur Herausgabe von Beweisurkunden.

3. Gewährleistung beim Verschaffungsvermächtnis

Anm. 5

Beim Verschaffungsvermächtnis gelten nach Abs. 2 „im Zweifel" dieselben Grundsätze. Die Vorschrift gilt hier sonach nur als Auslegungsregel. Aus der letztwilligen Verfügung kann sich ein anderer Wille des Erblassers ergeben. Es macht keinen Unterschied, ob es sich um das Vermächtnis einer körperlichen Sache oder eines Rechtes handelt (§ 90). Im letzteren Falle hat der Beschwerte, wenn das vermachte Recht zum Besitz der Sache berechtigt, dem Bedachten auch die Sache zu übergeben (§ 433 Abs. 1). Im übrigen haftet er nur für den rechtlichen Bestand des Rechtes (§ 437 Abs. 1), hat deshalb auch etwaige Mängel des verschafften Rechtes zu beseitigen. Jede Haftung entfällt, wenn der Beschwerte gemäß § 2170 Abs. 2 den Wert entrichtet hat.

Anm. 6

Zweifelhaft ist die Rechtslage, wenn ein Recht verschafft werden soll, dessen Bestehen der Erblasser vorausgesetzt hat, das aber tatsächlich nicht bestand oder doch im Zeitpunkt des Erbfalls nicht mehr bestand. Es ist eine Frage der Auslegung des letzten Willens, ob der Beschwerte auch in diesem Fall entsprechend § 2170 Abs. 2 Satz 1 dem Bedachten den Wert des Rechtes ersetzen soll. Läßt sich ein dahingehender Wille des Erblassers nicht ermitteln, so ist das Vermächtnis als auf eine unmögliche Leistung gerichtet nach § 2171 unwirksam (Planck/Flad 4. Aufl. § 2182 Anm. 2b γ). Ersatzpflichtig ist der Beschwerte, falls das Recht nach dem Erbfall infolge seines Verschuldens untergegangen ist (vgl. § 2170 Anm. 7—9).

Anm. 7

Eine Sachmängelhaftung gibt es beim Verschaffungsvermächtnis nicht, da die bestimmte Sache in dem Zustand, in dem sie sich befindet, gewährt werden soll.

4. Gewährleistung beim Vermächtnis eines zu verschaffenden Grundstücks

Anm. 8

Hier wird die aus § 434 sich ergebende Verpflichtung des Beschwerten, das Grundstück frei von Rechten zu verschaffen, zunächst durch § 436 dahin eingeschränkt, daß der Beschwerte nicht für die Freiheit des Grundstücks von öffentlichen Abgaben und von anderen öffentlichen Lasten, die zur Eintragung in das Grundbuch nicht geeignet sind, haftet. Eine Ausnahme gilt nach § 123 Abs. 2 LAG für die auf dem Grundstück ruhende, nach § 111 LAG eine öffentliche Last darstellende Hypothekengewinnabgabe. § 2182 Abs. 3 schränkt die Haftung des Beschwerten weiter dahin ein, daß er auch nicht für die Freiheit des Grundstücks von Grunddienstbarkeiten (§§ 1018ff), beschränkten persönlichen Dienstbarkeiten (§§ 1090ff) und Reallasten (§§ 1105ff) einzustehen hat. Wohl aber ist er abweichend von § 2165 Abs. 1 Satz 1 beim Verschaffungsvermächtnis im Zweifel zur Beseitigung der darauf ruhenden Grundschulden und Hypotheken usw. verpflichtet.

Anm. 9

Nach § 435 ist der Beschwerte verpflichtet, die im Grundbuch eingetragenen Rechte die nicht bestehen, auf seine Kosten löschen zu lassen, wenn sie im Falle ihres Bestehens das dem Bedachten zu verschaffende Recht beeinträchtigen würden. Das gleiche gilt, wenn ein eingetragenes Schiff, Schiffsbauwerk oder eine Schiffshypothek Gegenstand des Vermächtnisses ist, für die im Schiffsregister eingetragenen nicht bestehenden Rechte.

Anm. 10

5. Gewährleistung beim Wahlvermächtnis (§ 2154)

Der Umfang der Haftung bestimmt sich hier nach der Natur des gewählten Gegenstandes. Je nachdem, ob ein zur Erbschaft gehörender Gegenstand, eine nur der Gattung nach bestimmte Sache oder ein bestimmter, nicht zur Erbschaft gehörender Gegenstand gewährt worden sind, sind die für die betreffende Vermächtnisart geltenden Bestimmungen anzuwenden.

Anm. 11

6. Anwendung der Vorschriften über den Erwerb vom Nichtberechtigten

Soweit der gutgläubige Vermächtnisnehmer durch § 932 geschützt ist, hat er gegen den Beschwerten keinen Gewährleistungsanspruch, auch nicht insoweit er nach § 816 Abs. 1 Satz 2 zur Herausgabe der Bereicherung genötigt worden ist.

§ 2183

Ist eine nur der Gattung nach bestimmte Sache vermacht, so kann der Vermächtnisnehmer, wenn die geleistete Sache mangelhaft ist, verlangen, daß ihm an Stelle der mangelhaften Sache eine mangelfreie geliefert wird. Hat der Beschwerte einen Fehler arglistig verschwiegen, so kann der Vermächtnisnehmer statt der Lieferung einer mangelfreien Sache Schadensersatz wegen Nichterfüllung verlangen. Auf diese Ansprüche finden die für die Gewährleistung wegen Mängel einer verkauften Sache geltenden Vorschriften entsprechende Anwendung.

E I 1879 II 2053; M 5 196—198; P 5 226—230.

Übersicht

Gewährleistung für Sachmängel

1. Allgemeine Voraussetzungen

Anm. 1

Eine Gewährleistung für Sachmängel (Rechtsmängel § 2182) findet nur beim Gattungsvermächtnis (§ 2155) statt. Nach § 459 haftet der Beschwerte dafür, daß die geleistete Sache in dem Zeitpunkt, in dem die Gefahr auf den Bedachten übergeht, nicht mit Fehlern behaftet ist, die den Wert oder die Tauglichkeit zu dem gewöhnlichen oder zu dem nach dem Inhalt des Vermächtnisses vorausgesetzten Gebrauch aufheben oder mindern. Für die Frage, ob die Sache mangelhaft ist, kommt es daher in erster Linie darauf an, welchen Zwecken sie nach dem Willen des Erblassers dienen soll. Ergibt die Anordnung des Erblassers dafür keine Anhaltspunkte, so sind die Zwecke nach § 2155 aus den Verhältnissen des Bedachten zu ermitteln.

Anm. 2

Falls der Erblasser die Bestimmung der zu leistenden Sache einem Dritten überlassen hatte und falls dieser eine Bestimmung getroffen hat, die den Verhältnissen des Bedachten offenbar nicht entspricht, braucht dieser die Leistung dieser Sache nach § 2155 Abs. 3 nicht als Erfüllung entgegenzunehmen.

Anm. 3

Von den Gewährleistungsansprüchen, die § 480 Abs. 1 im Falle des Gattungskaufs gibt, steht dem Bedachten nur der Dritte auf Lieferung einer mangelhaften Sache zur Verfügung, ferner entsprechend § 480 Abs. 2 der Anspruch auf Schadensersatz wegen arglistigen Verschweigens eines Fehlers. Die Ansprüche auf Minderung und Wandlung kommen der Natur der Sache nach hier nicht in Frage.

Anm. 4

2. Die entsprechende Anwendung der Kaufvorschriften §§ 459 ff ergibt insbesondere, daß Kenntnis des Mangels auf seiten des Bedachten die Haftung ausschließt (§§ 460, 464) und daß die Ansprüche bei beweglichen Sachen in 6 Monaten verjähren (§ 477). Viehmängel §§ 481 ff.

§ 2184

Ist ein bestimmter zur Erbschaft gehörender Gegenstand vermacht, so hat der Beschwerte dem Vermächtnisnehmer auch die seit dem Anfalle des Vermächtnisses gezogenen Früchte sowie das sonst auf Grund des vermachten Rechtes Erlangte herauszugeben. Für Nutzungen, die nicht zu den Früchten gehören, hat der Beschwerte nicht Ersatz zu leisten.

E I 1878 II 2054 Abs. 1; M 1; M 5 194—196; P 5 221—225, 230—232.

Übersicht

Herausgabe der Früchte und des Erlangten

1. Voraussetzungen der Herausgabepflicht

Anm. 1

Die Herausgabe der Früchte kommt nur in Frage, wenn ein bestimmter zur Erbschaft gehörender Gegenstand, Sache oder Recht (§ 90), vermacht ist. Also nicht beim Gattungsvermächtnis (§ 2155). Dort können weitergehende Ansprüche nur als Verzugsfolgen nach § 286ff geltend gemacht werden. Ebenso werden bei einem auf Leistung einer Geldsumme gerichteten Vermächtnis, bevor der Beschwerte in Verzug gesetzt ist, keine Zinsen geschuldet.

Anm. 2

Auch wenn der Nacherbe mit einem Vermächtnis beschwert ist, kommt es für die Frage, ob der vermachte Gegenstand zur Erbschaft gehört, nur auf den Zeitpunkt des Erbfalls an. § 2111 ist insoweit nicht anzuwenden, da er nur das Verhältnis zwischen Vor- und Nacherben betrifft (Staudinger/Seybold 11. Aufl. § 2184 Anm. 3).

Beim Wahlvermächtnis (§ 2154) ist vorgängige Bestimmung des Gegenstandes durch Vollziehung der Wahl vorausgesetzt.

Anm. 3

Die Vorschriften des § 2184 sind übrigens nur ergänzender Natur. Der Erblasser kann etwas anderes bestimmen. Eine abweichende Bestimmung wird häufig anzunehmen sein, wenn der Zeitpunkt der Erfüllung des Vermächtnisses im Sinne des § 2181 dem freien Belieben des Beschwerten überlassen ist.

2. Umfang der Herausgabepflicht

Anm. 4

Herauszugeben sind die natürlichen oder bürgerlichen Früchte (§ 99), die der Beschwerte seit Anfall des Vermächtnisses (§§ 2176—2178) wirklich aus dem Gegenstande des Vermächtnisses gezogen hat, gleichviel ob auch der Bedachte bei sofortiger Erfüllung die Früchte haben würde.

Anm. 5

Da eine Verwaltungspflicht des Beschwerten nicht besteht, hat er grundsätzlich keinen Ersatz dafür zu leisten, daß er es versäumt hat, Früchte zu ziehen. Hat er dies jedoch vorsätzlich unterlassen, dann kann er sich unter Umständen nach § 826 schadensersatzpflichtig gemacht haben. Mit dem Eintritt des Verzuges oder der Rechtshängigkeit verschärft sich die Haftung des Beschwerten. Er haftet jetzt nach § 292 auch, wenn er es unterlassen hat, Früchte zu ziehen. Dagegen wird diese verschärfte Haftung nicht, wie in der 9. Aufl. in Anm. 5 ausgeführt ist, bereits durch die Kenntnis des Beschwerten von dem Bestehen der Erfüllungspflicht ausgelöst (vgl. dazu die Kritik bei Staudinger/Seybold 11. Aufl. § 2184 Anm. 5).

Anm. 6

Nach allgemeinen Grundsätzen haftet der Beschwerte für die Früchte nur unter Abzug der Gewinnungskosten (§ 102), gegebenenfalls nach den Teilungsgrundsätzen des § 101 und, soweit die Früchte nicht mehr in Natur vorhanden sind, auf Bereicherung. Der Beschwerte haftet, wenn er den Verlust der gezogenen Früchte verschuldet hat, z. B. wenn er sie in Kenntnis von dem Anfall des Vermächtnisses verbraucht hat (Prot. 5, 230ff).

Anm. 7

Ist ein Wohnrecht Gegenstand des Vermächtnisses, so kommt der Fruchtbezug aus diesem Rechte nach Stuttgart OLG 6, 313 nicht in Frage, weil die Mietzinseinnahme keine Frucht des Wohnrechts, sondern des vermieteten Gebäudes ist (vgl. dazu die kritische Bemerkung bei Planck/Flad 4. Aufl. § 2184 Anm. 1). Hat der Erblasser dem Bedachten ein freies Wohnrecht in einem ihm gehörigen Haus vermacht und kann der Erbe dieses Vermächtnis nicht erfüllen, da er auf Grund behördlicher Weisung gezwungen worden ist, die Wohnung an einen anderen Mieter zu vermieten, so gebührt dem Bedachten als Ersatz der von dem Beschwerten für diese Wohnung erzielte Mietzins (**RG** DR 1944, 292; § 2171 Anm. 3).

Anm. 8

3. Herausgabe des auf Grund des vermachten Rechts Erlangten

Auf Grund des vermachten Rechtes können erlangt sein die Schatzhälfte (§ 984), die Anlandung (EG Art. 65), durch Verbindung der vermachten Sache hinzugefügte Bestandteile (§§ 946, 947 Abs. 2), während der infolge Untergangs des Vermächtnisgegenstandes erlangte Ersatz oder Ersatzanspruch schon nach § 281 herausgegeben werden muß.

Anm. 9

4. Keine Herausgabe von Nutzungen

Dagegen verbleiben dem Beschwerten die Nutzungen, soweit sie bloß in den Vorteilen bestehen, welche der Gebrauch der Sache oder des Rechtes gewährt (§ 100, z. B. Gartengenuß, Wohnen in dem vermachten Hause), so lange, als er mit Erfüllung des Vermächtnisanspruchs nicht in Verzug gerät. Nach Eintritt der Rechtshängigkeit oder des Verzuges sind auch die Nutzungen herauszugeben und ist für nicht gezogene Nutzungen Ersatz zu leisten.

§ 2185

Ist eine bestimmte zur Erbschaft gehörende Sache vermacht, so kann der Beschwerte für die nach dem Erbfall auf die Sache gemachten Verwendungen sowie für Aufwendungen, die er nach dem Erbfalle zur Bestreitung von Lasten der Sache gemacht hat, Ersatz nach den Vorschriften verlangen, die für das Verhältnis zwischen dem Besitzer und dem Eigentümer gelten.

E I 1880 II 2055; M 5 199—204; M 5 233—236.

Übersicht

Ersatz von Verwendungen und Aufwendungen

Anm. 1

1. Allgemeine Voraussetzungen des Ersatzanspruchs

Wie in § 2184 ist vorausgesetzt, daß es sich um einen **bestimmten zur Erbschaft gehörenden Gegenstand** handelt. Maßgebend ist auch, wenn das Vermächtnis einem Nacherben auferlegt ist, der Zeitpunkt des Erbfalls. § 2111 ist nicht anzuwenden. Für § 2185 kommt aber nur eine **Sache** (§ 90), nicht ein Recht in Betracht. Beim Wahl-, Gattungs- und Verschaffungsvermächtnis (§§ 2154, 2155, 2170) kann es sich nur fragen, ob nach allgemeinen Grundsätzen ein Bereicherungsanspruch des Beschwerten gegeben ist.

2. Umfang des Ersatzanspruchs

Anm. 2

Der Ersatzanspruch des Beschwerten wegen Verwendungen und Aufwendungen regelt sich nach den §§ 994—1003. Er besteht grundsätzlich schon wegen der Verwendungen seit dem Erbfall (§ 2176), nicht erst wegen der Verwendungen seit dem etwa hinausgeschobenen Vermächtnisanfall (§§ 2177, 2178). Hierzu gehören auch die Kosten eines Rechtsstreits wegen des Vermächtnisgegenstandes.

Anm. 3

Hinsichtlich der Lasten der Sache ist nicht unterschieden zwischen öffentlichen und privatrechtlichen, gewöhnlichen und außerordentlichen Lasten (so §§ 103, 1047, 2126). Doch ist insoweit gemäß §§ 994 Abs. 1 Satz 2, 995 Satz 2 der Ersatzanspruch eingeschränkt für die Zeit, für welche dem Beschwerten die Nutzungen der Sache verbleiben. Dies trifft nach § 2184 regelmäßig zu für die Zeit vom Erbfall bis zum Vermächtnisanfall. Da aber nach § 2184 Anm. 9 dem Beschwerten die Nutzungen, soweit sie in Gebrauchsvorteilen bestehen, noch darüber hinaus zukommen können, so hat er auch für diejenigen Verwendungen keinen Ersatzanspruch, welche er zu eben diesen Gebrauchszwecken gemacht hat (Fütterung des von ihm benutzten Zug- oder Reitpferdes). In demselben Umfange ist nach § 256 auch der Zinsanspruch des Beschwerten eingeschränkt. Anderseits kann er, sofern er dem Bedachten die Früchte herauszugeben hat, die für den Fruchtertrag gemachten Verwendungen ersetzt verlangen. Die Kosten für die Gewinnung der Früchte kann er bereits nach § 102 fordern. Läßt sich im Einzelfall nicht sagen, ob die Verwendung dem Gebrauchszweck oder dem Fruchtertrag dient, so ist darauf abzustellen, ob der Fruchtertrag oder der Gebrauch der Hauptzweck der Sache ist (ebenso Planck/Flad 4. Aufl. § 2185 Anm. 2d; Staudinger/Seybold 11. Aufl. § 2185 Anm. 5). Anspruch auf Befreiung von Verbindlichkeiten § 257.

Anm. 4

Der Beschwerte kann notwendige Verwendungen immer ersetzt verlangen, soweit er jedoch Verwendungen macht, nach dem ihm bekannt geworden ist, daß das Vermächtnis angefallen ist oder zu einem bestimmten Zeitpunkt anfallen wird (§ 990), nur nach den Vorschriften über Geschäftsführung ohne Auftrag (§§ 994, 995).

Anm. 5

Insoweit der beschwerte Erbe gegen den Willen des Bedachten, aber in Ausübung seiner Verwaltungspflicht Aufwendungen vornimmt, steht ihm nach § 1978 Abs. 3 der Ersatzanspruch nur gegen den Nachlaß, nicht gegen den Bedachten zu (§ 683; aM Strohal I § 33 Anm. 27 Nr. 1).

Anm. 6

Wegen anderer als notwendiger Aufwendungen besteht der Ersatzanspruch nur, soweit sie vor Kenntnis des Vermächtnisanfalls gemacht sind und der Wert der Sache hierdurch erhöht bleibt, § 996.

Anm. 7

Der Beschwerte kann auch die Ersatzansprüche eines Rechtsvorgängers (Vorerben, Vorvermächtnisnehmers) geltend machen, § 999, die von ihm verbundene Sache abtrennen, § 997, und seinen Ersatzanspruch sowohl klageweise als durch Ausübung des Zurückbehaltungsrechts verfolgen, §§ 1000—1003, 273.

Anm. 8

Der Bedachte kann sich vom Ersatzanspruch durch Zurückgabe befreien, § 1001.

Anm. 9

Die für das Vermächtnis geschuldete Erbschaftsteuer kann der Erbe bei Auszahlung des Vermächtnisses abziehen (**RG** Recht 1907 Nr. 1856; § 2174 Anm. 22).

§ 2186

Ist ein Vermächtnisnehmer mit einem Vermächtnis oder einer Auflage beschwert, so ist er zur Erfüllung erst dann verpflichtet, wenn er die Erfüllung des ihm zugewendeten Vermächtnisses zu verlangen berechtigt ist.

E I 1877 II 2056; M 5 192, 193; P 5 221.

Übersicht

Fälligkeit des Untervermächtnisses

Anm. 1

1. Allgemeines

Die §§ 2186—2188 schützen den mit einem Untervermächtnis beschwerten Vermächtnisnehmer davor, daß er durch das Untervermächtnis über den ihm durch das Vermächtnis zuteil gewordenen Vorteil hinaus belastet wird. § 2186 betrifft die Fälligkeit des Untervermächtnisses, § 2187 den Umfang der Haftung des mit dem Untervermächtnis beschwerten Vermächtnisnehmers und § 2188 das Recht des Vermächtnisnehmers, das Untervermächtnis zu kürzen, wenn das Hauptvermächtnis gekürzt worden ist.

2. Fälligkeit des Untervermächtnisses (§ 2147 Anm. 8)

Anm. 2

Ist das damit beschwerte Hauptvermächtnis selbst noch nicht angefallen, weil es bedingt oder betagt ist (§§ 2176—2178), so kann von einer Geltendmachung des Untervermächtnisses regelmäßig nicht die Rede sein. Das Untervermächtnis ist dann in der Regel gleichfalls mittelbar betagt oder bedingt.

Anm. 3

Anders ist es, wenn sich ergibt, daß das Untervermächtnis nach dem Willen des Erblassers auch gelten soll, wenn die für das Hauptvermächtnis gesetzte Bedingung nicht eintritt. Fällt in diesen Fällen die Bedingung aus, so ist derjenige beschwert, dem der Wegfall des mit dem Untervermächtnis beschwerten Vermächtnisses unmittelbar zustatten kommt. In diesem Fall ist, worauf Planck/Flad 4. Aufl. § 2186 Anm. 2 zutreffend hinweist, das Untervermächtnis so zu behandeln, als sei es zugleich mit der Erbschaft angefallen, so daß § 2186 anzuwenden ist.

Anm. 4

Voraussetzung für die Anwendung des § 2186 ist, daß beide Vermächtnisse angefallen sind, daß aber die Fälligkeit des Untervermächtnisses vor derjenigen des Hauptvermächtnisses eintritt, sei es infolge letztwilliger Anordnung (X soll zu ihm beliebender Zeit dem Y 1000, Y aber der Z bei ihrer Verheiratung 500 auszahlen, § 2181), sei es weil sich die Erfüllung des Hauptvermächtnisses wegen Verzögerung der Erbschaftsannahme (§ 1958) oder durch Geltendmachung der aufschiebenden Einreden hinauszieht (§§ 2014, 2015). In diesen Fällen wird auch die Fälligkeit des Untervermächtnisses entsprechend hinausgeschoben.

Fürsorge für Ausführung der auferlegten Beschwerungen durch einen Testamentsvollstrecker § 2223.

Anm. 5

3. Beweislast

Der Untervermächtnisnehmer hat die Fälligkeit beider Vermächtnisse nachzuweisen. Dagegen gehört nicht zur Klagebegründung, daß das Hauptvermächtnis von dem damit Bedachten angenommen oder gar, daß es schon erfüllt sei. Es genügt, daß er es „zu verlangen berechtigt ist". Der Beschwerte kann dem Anspruch des Vermächtnisnehmers jedoch entgegenhalten, daß er das ihm zugewandte Vermächtnis selbst nicht oder davon doch nicht so viel erhalten werde, daß er daraus das Untervermächtnis erfüllen kann. Behauptet der Beschwerte, das Hauptvermächtnis ausgeschlagen zu haben (§ 2180), so ist er dafür beweispflichtig. Schlägt er erst nach der Klageerhebung aus, so wird die Klage hinfällig, der Untervermächtnisnehmer trägt die Kosten und wird nur ausnahmsweise aus § 826 Schadloshaltung fordern dürfen.

§ 2187

Ein Vermächtnisnehmer, der mit einem Vermächtnis oder einer Auflage beschwert ist, kann die Erfüllung auch nach der Annahme des ihm zugewendeten Vermächtnisses insoweit verweigern, als dasjenige, was er aus dem Vermächtnis erhält, zur Erfüllung nicht ausreicht.

Tritt nach § 2161 ein anderer an die Stelle des beschwerten Vermächtnisnehmers, so haftet er nicht weiter, als der Vermächtnisnehmer haften würde.

Die für die Haftung des Erben geltenden Vorschriften des § 1992 finden entsprechende Anwendung.

E I 1876 Abs. 2, 1881 II 2057; M 5 190, 191, 206, 207; P 5 221, 227, 834, 835.

Übersicht

Haftung des Vermächtnisnehmers für die ihm auferlegten Beschwerungen

1. Grundsatz der Haftungsbeschränkung

Anm. 1

Entsprechend der beschränkten Haftung des Erben (ähnlich auch bei der Schenkung § 526) reicht die Haftung des mit einem **Untervermächtnis** beschwerten Hauptvermächtnisnehmers nicht weiter als auf dasjenige, was er selbst aus dem Hauptvermächtnis erhält. Ob er das letztere schon angenommen hat oder nicht, ist gleichgültig. Erhält der Vermächtnisnehmer X 100 und ist er zugunsten des Z mit 1000 beschwert, so hat Z nur auf 100 Anspruch. Der Beschwerte kann deshalb einwenden und hat gegebenenfalls zu beweisen, daß das Hauptvermächtnis von vornherein oder z. B. weil er es nur zum Teil habe beitreiben können, zur Erfüllung des Untervermächtnisses nicht ausreiche. Er bleibt jedoch durch das nach § 2174 begründete Schuldverhältnis dem Untervermächtnisnehmer zur Sorgfalt in Geltendmachung seines eigenen Vermächtnisses verpflichtet und kann ihm aus Verschulden mit dem eigenen Vermögen haftbar werden. Keinesfalls ist er genötigt, den Zweitbedachten vorschußweise zu befriedigen.

Weiteres Kürzungsrecht § 2188.

Anm. 2

Auch mit einer **Auflage** kann der Erblasser den Vermächtnisnehmer nur bis zur Höhe des Betrags, den dieser selbst erhält, belasten. Vermacht jemand einer Kirchengemeinde einen Geldbetrag mit der Auflage, eine auf ihrem Friedhof liegende Grabstätte, solange der Friedhof als solcher bestehe, zu unterhalten, so wird die Zuwendung in der Regel so bemessen, daß ihr Ertrag die laufenden Ausgaben der Unterhaltung reichlich deckt, ihr Stamm mithin der Gemeinde als freie Bereicherung verbleibt, wenn die Erfüllung der Auflage mit der Einziehung des Friedhofs dereinst wegfällt. Wurde in einem solchen Falle der vermachte Geldbetrag in Händen der Gemeinde von der Geldentwertung betroffen, so kann ergänzende Testamentsauslegung dazu führen, daß die Gemeinde zur Aufwendung von Unterhaltungskosten nur noch nach Maßgabe des nunmehrigen Zinsertrags verpflichtet ist (so für einen nach PrALR, aber aus allgemeinen Erwägungen entschiedenen Fall **RG** 120, 237 = JW 1928, 1936; vgl. § 2192 Anm. 13).

2. Geltendmachung der Haftungsbeschränkung

Anm. 3

Für die Geltendmachung der Haftungsbeschränkung gelten die Grundsätze der Unzulänglichkeitseinrede, wobei der Wert des Hauptvermächtnisses dem Nachlaß im Sinne von §§ 1990—1992 entspricht. Hiernach hat der Beschwerte, wenn er die Unzulänglichkeit nicht schon im Prozesse nachweist, nach ZPO § 786 den Vorbehalt der beschränkten Haftung im Urteile zu erwirken und demnächst in der Zwangsvollstreckung seine Einwendungen geltend zu machen.

Anm. 4

Er hat das aus dem Hauptvermächtnis Erlangte dem Zweitbedachten zum Zwecke der Befriedigung im Wege der Zwangsvollstreckung herauszugeben und kann sich durch Abtretung des eigenen Vermächtnisanspruchs (§ 1990 Abs. 1), aber auch durch Auszahlung des Wertes des Hauptvermächtnisses (§ 1992 Satz 2) von jedem Anspruch des Zweitbedachten befreien.

Anm. 5

Nach §§ 1991, 1978, 1979 ist er dem Zweitbedachten für die Vereitelung seiner Befriedigung verantwortlich, anderseits zu Ersatzansprüchen noch über § 2185 hinaus berechtigt.

Die Wirkung der Konfusion tritt nicht ein (§ 1991 Abs. 2), die rechtskräftige Verurteilung des Beschwerten zur Leistung eines Untervermächtnisses wirkt anderen Zweitbedachten gegenüber wie Befriedigung (§ 1991 Abs. 3).

Mehrere Untervermächtnisse hat er in der Reihenfolge des § 1991 Abs. 4 (vgl. aber auch § 2189) zu erfüllen.

Anm. 6

3. Haftung eines nach § 2161 an die Stelle des ursprünglich Beschwerten Tretenden (Abs. 2)

Die Haftung des andern bleibt in gleichem Umfange wie nach Abs. 1 auch dann beschränkt, wenn der durch Wegfall des Vermächtnisses (Hauptvermächtnisses) frei werdende Erbe oder wenn ein Anwachsungsberechtigter oder der vielleicht auch ohnedies bedachte Ersatzvermächtnisnehmer (§§ 2159, 2161) zur Erfüllung des Untervermächtnisses oder der Auflage aus den ihm sonst gewordenen Zuwendungen an sich imstande wäre oder wenn der Erbe unbeschränkt haftete.

Anm. 7

4. Mehrere Vermächtnisse. Anwachsung von Anteilen anderer Vermächtnisse

Ist ein Vermächtnisnehmer mit mehreren selbständigen Vermächtnissen bedacht, so gilt jedes dieser Vermächtnisse hinsichtlich der ihm auferlegten Beschwerungen für die Frage der Haftungsbeschränkung als selbständig. Der Vermächtnisnehmer haftet also nicht mit Gegenständen eines zweiten Vermächtnisses für die dem ersten Vermächtnis auferlegten Beschwerungen und umgekehrt. Entsprechendes gilt nach § 2159, soweit dem Vermächtnisnehmer durch Anwachsung ein Anteil von einem anderen Vermächtnis zugefallen ist.

§ 2188

Wird die einem Vermächtnisnehmer gebührende Leistung auf Grund der Beschränkung der Haftung des Erben, wegen eines Pflichtteilsanspruchs oder in Gemäßheit des § 2187 gekürzt, so kann der Vermächtnisnehmer, sofern nicht ein anderer Wille des Erblassers anzunehmen ist, die ihm auferlegten Beschwerungen verhältnismäßig kürzen.

E I 1882 II 2058; M 5 207; M 5 207; P 5 237.

Übersicht

Kürzung der einem Vermächtnis auferlegten Beschwerungen

Anm. 1

1. Verhältnismäßige Kürzung der Beschwerungen

Zu einer Kürzung des beschwerten Hauptvermächtnisses kann es kommen

a) auf Grund der Haftungsbeschränkung des Erben, soweit das Vermächtnis im Nachlaßkonkurs (KO § 226; nicht auch im Nachlaßvergleichsverfahren, da die Vermächtnisforderung am Verfahren nicht beteiligt ist und von einem Vergleiche nicht betroffen wird, VerglO § 113 Nr. 7) oder infolge Geltendmachung der Unzulänglichkeitseinrede (§§ 1990—1992) ausfällt;

b) wegen eines Pflichtteilsanspruchs §§ 2318, 2322—2324;

c) gemäß § 2187, wenn der Beschwerte selbst schon als Untervermächtnisnehmer eine Kürzung erfahren hatte und nun einem Drittbedachten gegenübersteht.

In diesen Fällen ist er nach der zu vermutenden, aber durch den Bedachten widerlegbaren Absicht des Erblassers auch dann berechtigt, die erlittene Einbuße verhältnismäßig auf den Bedachten zu übertragen, wenn das Vermächtnis trotz der Kürzung an sich zur vollen Befriedigung des Bedachten ausreichen würde. Sind ihm von 1000 Hauptvermächtnis 250 = $^1/_4$ gekürzt, so kann er von 200 Untervermächtnis gleichfalls $^1/_4$ = 50 abziehen. Ist die Kürzung wegen Unteilbarkeit der Zuwendung ausgeschlossen und versteht sich der Nächstbedachte nicht zur Abfindung, so braucht der Beschwerte nur den entsprechend gekürzten Wert der Zuwendung zu leisten.

Anm. 2

2. Geltendmachung der Kürzung

Die Kürzung tritt nicht kraft Gesetzes ein. § 2188 gibt dem beschwerten Vermächtnisnehmer nur eine Befugnis. Es steht in seinem Belieben, ob er davon Gebrauch machen will. Die Befugnis muß spätestens während des Rechtsstreits, in dem die ihm auferlegte Leistung begehrt wird, ausgeübt werden. Die Voraussetzungen des Kürzungsrechts hat der Vermächtnisnehmer zu beweisen. Im späteren Zwangsvollstreckungsverfahren können nur noch die weniger weitgehenden Rechte aus § 2187 (vgl. dort Anm. 3, 4) geltend gemacht werden.

Anm. 3

3. Entsprechende Anwendung

§ 2188 ist entsprechend anzuwenden, wenn ein beschwerter Vermächtnisanteil bei einem mehreren gemeinschaftlich zugewandten Vermächtnis nach §§ 2157, 2090 deswegen gekürzt wird, weil die einzelnen zugewandten Bruchteile das Ganze übersteigen. Auch in diesem Fall ist zu prüfen, ob nicht nach dem Willen des Erblassers eine Kürzung ausgeschlossen ist (Staudinger/Seybold 11. Aufl. § 2188 Anm. 13).

Anm. 4

4. Kürzung nach § 70 LAG

Für Erbfälle, die nach dem 20. Juni 1948 eingetreten sind, gewährt § 70 Abs. 1 LAG im Zweifel dem Erben das Recht, die Vermächtnisse um den Anteil des Zeitwerts der Abgabeschuld zu kürzen, der dem Anteil des gemeinen Werts des Vermächtnisses an dem gemeinen Wert des Nachlasses entspricht. Voraussetzung dafür ist, daß das Vermächtnis vor dem 1. Oktober 1952 von dem Erblasser angeordnet ist und daß dieser dabei die durch das Lastenausgleichsgesetz begründete Verpflichtung des Erben, die auf den Nachlaß entfallende Vermögensabgabeschuld zu tragen, nicht berücksichtigt hat. Ein von einer solchen Kürzung betroffener Vermächtnisnehmer ist nach § 70 Abs. 4 LAG seinerseits berechtigt, die seinem Vermächtnis auferlegten Beschwerungen um den Anteil des ihn treffenden Kürzungsbetrages zu mindern, der dem Verhältnis des Wertes der auferlegten Beschwerung zu dem Wert des beschwerten Vermächtnisses entspricht. Diese Kürzung kann von den von ihr Betroffenen in entsprechender Anwendung des § 70 Abs. 2 LAG abgewandt werden (vgl. § 2174 Anm. 33).

§ 2189

Der Erblasser kann für den Fall, daß die dem Erben oder einem Vermächtnisnehmer auferlegten Vermächtnisse und Auflagen auf Grund der Beschränkung der Haftung des Erben, wegen eines Pflichtteilsanspruchs oder in Gemäßheit der §§ 2187, 2188 gekürzt werden, durch Verfügung von Todes wegen anordnen, daß ein Vermächtnis oder eine Auflage den Vorrang vor den übrigen Beschwerungen haben soll.

E I 2117 Abs. 2 Nr. 4 II 2059; M 5 638; P 5 770; 6 319.

Vorrang

Hat X von den ihm zugewendeten 1200 an A, B und C je 100, 400 und 1000 zu entrichten und ist angeordnet, daß C den Vorrang haben soll, so empfängt C volle 1000, in den Rest von 200 teilen sich A und B nach dem Verhältnis von 1:4, es empfangen somit A 40, B 160. Eine derartige Rangordnung bleibt auch im Nachlaßkonkurse wirksam, das dem Pflichtteil gleichkommende Vermächtnis geht jedoch den übrigen Beschwerungen vor (KO § 226 Abs. 3).

§ 2190

Hat der Erblasser für den Fall, daß der zunächst Bedachte das Vermächtnis nicht erwirbt, den Gegenstand des Vermächtnisses einem anderen zugewendet, so finden die für die Einsetzung eines Ersatzerben geltenden Vorschriften der §§ 2097 bis 2099 entsprechende Anwendung.

E I 1871 Abs. 2 Satz 2, 1883 II 2060; M 5 186, 207, 208; P 5 216, 237.

Ersatzvermächtnis

Ersatzvermächtnis entsprechend der Berufung eines Ersatzerben § 2096.

Die entsprechend anwendbaren Vorschriften ergeben nach § 2097: es macht keinen Unterschied, ob der Ersatzbedachte für den Fall berufen ist, daß der Erstbedachte das Vermächtnis nicht annehmen kann oder nicht annehmen will.

§ 2098: Die Gleichartigkeit mit der Erbeinsetzung ist nur dann gegeben, wenn die mehreren Bedachten zu Bruchteilen auf denselben Vermächtnisgegenstand berufen sind. Sind sie sich in diesem Falle zugleich gegenseitig oder sind für einen die übrigen nacheingesetzt, so rücken sie nach Verhältnis des einen jeden zugewendeten Vermächtnisses ein.

Sind mehrere mit selbständigen Vermächtnissen Bedachte sich gegenseitig nacheingesetzt, so rücken sie nach Kopfteilen ein.

§ 2098 Abs. 2 ergibt den Vorrang der zu einer Untergruppe vereinigten vor den übrigen Ersatzbedachten, § 2099 den Vorrang der Ersatzberufung vor dem Anwachsungsrecht (§ 2158).

Der Nachvermächtnisnehmer gilt zugleich als Ersatzbedachter, §§ 2191 Abs. 2, 2102.

Die Abkömmlinge eines bedachten eigenen Abkömmlings gelten immer zugleich als Ersatzbedachte, § 2069.

Darüber, ob der Ersatzbedachte den Erbfall oder den Vermächtnisfall erlebt haben müsse, vgl. § 2180 Anm. 14.

§ 2191

Hat der Erblasser den vermachten Gegenstand von einem nach dem Anfalle des Vermächtnisses eintretenden bestimmten Zeitpunkt oder Ereignis an einem Dritten zugewendet, so gilt der erste Vermächtnisnehmer als beschwert.

Auf das Vermächtnis finden die für die Einsetzung eines Nacherben geltenden Vorschriften des § 2102, des § 2106 Abs. 1, des § 2107 und des § 2110 Abs. 1 entsprechende Anwendung.

E I 1884, 1885 II 2061; M 5 208—211; P 5 237.

Übersicht

Nachvermächtnis

1. Die Rechtsnatur des Nachvermächtnisses

Anm. 1

Der Nachvermächtnisnehmer erwirbt den Anspruch auf den Vermächtnisgegenstand (Einzelsache oder vertretbare Sache, Geld), nachdem zuvor ein anderer, der Vorvermächtnisnehmer, denselben Gegenstand gehabt hat (§ 2100). Das Wesen des Nachvermächtnisses besteht darin, daß derselbe Gegenstand nacheinander verschiedenen Personen zugewandt wird.

Anm. 2

Nicht erforderlich ist die Identität des Gegenstandes, wie sie bestehen würde, wenn einzelne bestimmte Sachen den Gegenstand der Vermächtnisse bilden. Möglich ist, daß das Nachvermächtnis nur einen realen oder ideellen Bruchteil des vermachten Gegenstandes ergreift. Auch eine bestimmte Menge vertretbarer Sachen oder eine bestimmte Geldsumme kann Gegenstand des Nachvermächtnisses sein.

Anm. 3

Ein Nachvermächtnis liegt dagegen nicht vor, wenn die dem Vermächtnisnehmer auferlegte Leistung eine gänzlich andere ist als die ihm zugewandte. Die Rechtsprechung hat die Gleichheit des vermachten Gegenstandes und damit ein Nachvermächtnis verneint in einem Falle, in dem der Erblasser die Nutznießung an seinem ganzen Vermögen seiner Ehefrau und nach deren Tode die Nutznießung an der Hälfte seines Nachlasses einer Verwandten zugewandt hatte (Colmar Juristische Zeitschrift für . . . Elsaß-Lothringen 1907, 412).

Anm. 4

Das Nachvermächtnis kann nacheinander beliebig vielen Bedachten anfallen. Es unterliegt aber der zeitlichen Beschränkung der §§ 2162, 2163.

Anm. 5

Beschwerter und somit Schuldner des durch § 2174 begründeten Anspruchs ist der erste Vermächtnisnehmer. Gegen diesen und nicht gegen den Erben ist daher auch eine Klage auf Feststellung des Nachvermächtnisses zu richten (**RG** WarnRspr 1916 Nr. 54). Die Klage auf Erfüllung des Nachvermächtnisses ist auch dann gegen den ersten Vermächtnisnehmer zu richten, wenn nicht dieser, sondern der Erbe als Eigentümer des vermachten Grundstücks eingetragen ist. Dem steht nicht entgegen, daß der erste Vermächtnisnehmer nicht ohne Mitwirkung des Erben erfüllen kann. Entscheidend ist, daß der Nachvermächtnisnehmer nur einen Anspruch gegen den ersten Vermächtnisnehmer hat und daß über diesen Anspruch zu entscheiden ist (**OGH** 3, 378).

Anm. 6

Das Nachvermächtnis ist stets ein aufschiebend bedingtes oder befristetes Vermächtnis. Es fällt niemals mit dem Erbfall, sondern immer erst in dem für seinen Anfall maßgebenden Zeitpunkt an (vgl. dazu auch Anm. 7). Für die Zeit zwischen dem Erbfall und dem Anfall gilt § 2179. Schlägt der Berufene das Nachvermächtnis aus, so verbleibt es dem ersten Vermächtnisnehmer, es sei denn, daß ein Anwachsungsberechtigter (§ 2158) oder Ersatzbedachter (§ 2190) vorhanden ist (**RG** WarnRspr 1916 Nr. 54).

2. Entsprechende Anwendung des Nacherbenrechts

Anm. 7

a) Entsprechend anwendbare Bestimmungen

Entsprechend anwendbar sind: § 2102: Das Nachvermächtnis gilt im Zweifel zugleich als Ersatzvermächtnis, eine ihrer Art nach zweifelhafte Berufung nur als Ersatzvermächtnis. § 2106 Abs. 1: In Ermangelung anderer Bestimmungen fällt das Nachvermächtnis den späteren Bedachten mit dem Tode des Vorvermächtnisnehmers an. § 2107: Ist ein Abkömmling, der zur Zeit der Vermächtnisanordnung keinen Abkömmling hatte oder von dem der Erblasser zu dieser Zeit nicht wußte, daß er einen Abkömmling habe, für die Zeit nach seinem Tode mit einem Nachvermächtnisse belastet, so ist anzunehmen, daß das Nachvermächtnis nur für den Fall angeordnet ist, daß der zunächst Bedachte ohne Nachkommenschaft stirbt. § 2110 Abs. 1: Das Nachvermächtnis erstreckt sich im Zweifel auf das dem Vorvermächtnisnehmer infolge Wegfalls eines Mitbedachten angefallene Vermächtnis.

Anm. 8

b) Nicht entsprechend anwendbare Bestimmungen

Von den auf das Nachvermächtnis nicht übertragenen Vorschriften sind hervorzuheben: Das Nachvermächtnis bewirkt keinen Übergang des Vermächtnisgegenstandes kraft Gesetzes (§ 2139), sondern erzeugt nur den schuldrechtlichen Anspruch des § 2174. Der Vorvermächtnisnehmer ist nicht wie der Vorerbe (§§ 2112ff) in der Verfügung über den Vermächtnisgegenstand dinglich beschränkt. Besondere Sicherungsrechte hat das Gesetz dem Nachvermächtnisnehmer nicht eingeräumt. Die Sicherungsvorschriften der §§ 2113ff, die §§ 2127ff über die Auskunftspflicht oder Sicherheitsleistung sind weder unmittelbar noch entsprechend anzuwenden. Der Vorvermächtnisnehmer ist daher nicht nach bürgerlichem Recht zur Sicherheitsleistung verpflichtet (**RG** WarnRspr 1910 Nr. 157). Das Recht des Nachvermächtnisnehmers kann auch nicht, wie das Recht des Nacherben nach § 51 GBO, ins Grundbuch eingetragen werden (KG OLG 41, 31).

Anm. 9

3. Schuldrechtliche Bindung des Vorvermächtnisnehmers

Der Vorvermächtnisnehmer ist dem Nachbedachten schon bevor das Vermächtnis diesem anfällt schuldrechtlich verhaftet. Er kann deshalb nach Maßgabe der prozeß-

und konkursrechtlichen Vorschriften unter Umständen auch zur Sicherung angehalten werden (§ 2179 Anm. 3).

Arreste und einstweilige Verfügungen können gegen ihn erwirkt und auf die Weise auch die Eintragung einer Vormerkung zur Sicherung des Rechtes im Grundbuch erlangt werden. Die Surrogationsgrundsätze (§ 2111) kommen nur beschränkt zur Anwendung (§§ 2164 Anm. 12—16, 2169 Anm. 22—25).

Fünfter Titel

Auflage

Anm. 1

1. Begriffsbestimmung

Die Begriffsbestimmung der Auflage ist in § 1940 gegeben. Eine Auflage ist danach eine letztwillige Verfügung, durch die dem Erben oder dem Vermächtnisnehmer die Verpflichtung auferlegt wird, zu einem bestimmten Zwecke etwas zu tun oder zu lassen, ohne daß ein anderer das Recht erhält, die Leistung für sich zu verlangen. Vorausgesetzt ist danach wie bei dem Vermächtnis ein Beschwerter, dagegen ist kein Bedachter vorhanden, da demjenigen, welchem die Erfüllung der Auflage zustatten kommt, dem Begünstigten, keinerlei Rechte zustehen.

Soweit der Erbe beschwert ist, gehören die Verbindlichkeiten aus Auflagen zu den Nachlaßverbindlichkeiten, § 1967. Sie sind nicht in den Erbschein aufzunehmen (KG HRR 1941, 327). Der Gerichtsstand bestimmt sich nach § 27 ZPO.

Anm. 2

2. Systematische Übersicht

Da die Auflage in vielen Beziehungen dem Vermächtnis ähnelt, hat der Gesetzgeber in § 2192 angeordnet, daß zahlreiche das Vermächtnis betreffende Bestimmungen auf die Auflage entsprechend anzuwenden sind.

In der Regel ist die Zweckbestimmung das für die Auflage Entscheidende. § 2193 gestattet daher dem Erblasser, davon abzusehen, den Empfänger der Leistung zu bestimmen. Er kann, wenn er den Zweck der Auflage angegeben hat, die Bestimmung des Empfängers der Leistung dem Beschwerten oder einem Dritten überlassen. § 2193 sagt dann ferner, wie die Bestimmung in diesem Falle zu erfolgen hat.

Da bei der Auflage anders als beim Vermächtnis der Begünstigte nicht berechtigt ist, die Leistung zu fordern, hat das Gesetz in § 2194 bestimmt, daß der Erbe, der Miterbe und derjenige, dem der Wegfall des mit der Auflage zunächst Beschwerten unmittelbar zustatten kommen würde, den Vollzug der Auflage fordern kann. Dadurch wird sichergestellt, daß der Beschwerte sich seiner Leistungspflicht nicht entziehen kann. Aus demselben Grunde bestimmt § 2196, daß derjenige, dem der Wegfall des zunächst Beschwerten unmittelbar zustatten kommen würde, Ansprüche gegen den Beschwerten geltend machen kann, wenn dieser den Vollzug der Auflage schuldhaft unmöglich gemacht hat oder wenn die auf Erfüllung der Auflage gerichtete Zwangsvollstreckung erfolglos geblieben ist. Der Beschwerte muß dann das ihm Zugewandte insoweit herausgeben, als es zum Vollzug der Auflage hätte verwandt werden müssen.

Die etwaige Unwirksamkeit der Auflage hat nach § 2195 die Unwirksamkeit der unter der Auflage gemachten Zuwendung nur zur Folge, wenn anzunehmen ist, daß der Erblasser die Zuwendung nicht ohne Auflage gemacht haben würde.

§ 2192

Auf eine Auflage finden die für letztwillige Zuwendungen geltenden Vorschriften der §§ 2065, 2147, 2148, 2154 bis 2156, 2161, 2171, 2181 entsprechende Anwendung.

E I 1886 II 2062; M 5 211, 212; P 5 240—243, 305, 308.

Übersicht

Für entsprechend anwendbar erklärte Rechtsnormen

1. Für entsprechend anwendbar erklärte Rechtsnormen

Die hier angezogenen Bestimmungen über das Vermächtnis sind bereits bei den einzelnen Paragraphen als auf die Auflage entsprechend anwendbar kenntlich gemacht. Sie betreffen:

a) Die Unwirksamkeit der Auflage nach § 2065

Anm. 1

§ 2065 Abs. 1, der die Unwirksamkeit einer letztwilligen Verfügung vorschreibt, wenn der Erblasser einem anderen überlassen hat zu bestimmen, ob die Verfügung gelten oder nicht gelten soll, ist unmittelbar anzuwenden.

Anm. 2

Für eine entsprechende Anwendung kommt allein Abs. 2 in Betracht. Danach kann der Erblasser die Bestimmung der Person des Empfängers oder des Gegenstandes einer Auflage keinem Dritten überlassen. Diese Vorschrift verliert aber durch die §§ 2156 und 2193 erheblich an Bedeutung. Der Erblasser kann nach § 2156, der für die Auflage entsprechend anzuwenden ist, wenn er den Zweck der Auflage bestimmt hat, die Bestimmung der Leistung dem billigen Ermessen des Beschwerten oder eines Dritten überlassen. Unter derselben Voraussetzung kann er nach § 2193 die Bestimmung der Person, an welche die Leistung erfolgen soll, dem Beschwerten oder dem Dritten überlassen.

Anm. 3

b) Die Person des Beschwerten

Nach § 2147 kann mit der Auflage der Erbe oder ein Vermächtnisnehmer beschwert werden. Falls der Erblasser nichts anderes bestimmt hat, ist der Erbe beschwert.

Anm. 4

c) Mehrere mit derselben Auflage Beschwerte

Nach § 2148 sind im Zweifel mehrere beschwerte Erben nach dem Verhältnis ihrer Erbteile, mehrere beschwerte Vermächtnisnehmer nach dem Verhältnis des Wertes der beschwerten Vermächtnisse beschwert.

Anm. 5

d) Wahlschuld

Auch eine Auflage kann nach § 2154 in der Weise angeordnet werden, daß der Beschwerte von mehreren Leistungen nur die eine oder die andere erbringen soll. Hat der

Erblasser die Wahl einem Dritten überlassen, so erfolgt sie durch Erklärung gegenüber dem Beschwerten. Wenn der Dritte die Wahl nicht treffen kann oder wenn er sie nicht innerhalb einer ihm auf Antrag des Beschwerten vom Nachlaßgericht gesetzten Frist vornimmt, geht das Wahlrecht auf den Beschwerten über.

Anm. 6

e) Gattungsschuld

Bildet die Leistung einer nur der Gattung nach bestimmten Sache den Inhalt der Auflage, so hat der Beschwerte nach § 2155 eine den Verhältnissen des Bedachten, d.h. hier in der Regel eine den Zwecken der Auflage entsprechende Sache zu leisten. § 2154 Abs. 2 gilt hier ebenfalls, wenn die Bestimmung der zu leistenden Sache dem Bedachten oder einem Dritten übertragen ist. Falls die von dem Bedachten oder dem Dritten getroffene Bestimmung den Verhältnissen des Bedachten oder gegebenenfalls den Zwecken der Auflage offenbar nicht entspricht, hat der Beschwerte so zu leisten, als wenn der Erblasser keine Anordnung über die Bestimmung der Sache getroffen hätte.

Anm. 7

f) Wegfall des Beschwerten

Nach § 2161 bleibt, falls nicht ein anderer Wille des Erblassers anzunehmen ist, die Auflage auch wirksam, wenn der Beschwerte nicht Erbe oder Vermächtnisnehmer wird. Beschwert ist dann derjenige, dem der Wegfall des zunächst Beschwerten unmittelbar zustatten kommt.

Anm. 8

g) Unmögliche und gesetzlich verbotene Leistungen

Eine auf eine zur Zeit des Erbfalls unmögliche Leistung gerichtete oder gegen ein gesetzliches Verbot verstoßende Auflage ist nach § 2171 unwirksam. Nach dem entsprechend anzuwendenden § 308 ist die Auflage wirksam, wenn die Unmöglichkeit behoben werden kann oder das Verbot aufgehoben wird und die Auflage auch für diese Fälle angeordnet ist. Eine aufschiebend bedingte oder betagte Auflage ist wirksam, wenn die Unmöglichkeit behoben oder das gesetzliche Verbot aufgehoben wird, bevor die Bedingung oder der gesetzte Termin eingetreten ist.

Anm. 9

h) Fälligkeit der Auflage

Die Fälligkeit der Auflage tritt nach § 2181, wenn die Leistung dem freien Belieben des Beschwerten überlassen ist, im Zweifel mit dem Tode des Beschwerten ein.

Anm. 10

2. Auf das Vermächtnis und die Auflage gemeinsam anzuwendende Vorschriften

Sowohl vom Vermächtnis als von der Auflage handeln § 2159 (Fall der Anwachsung) und §§ 2186—2189 (Hinausschiebung der Fälligkeit der Auflage, beschränkte Haftung, Kürzungsrecht des Beschwerten, Rangverhältnis mehrerer Auflagen).

Anm. 11

3. Unanwendbare Vorschriften aus dem Vermächtnisrecht

Nicht anwendbar sind die auf den Bedachten bezüglichen Bestimmungen, da ein mit Forderungsrecht ausgestatteter Begünstigter bei der Auflage nicht denkbar ist (s. jedoch § 2193). Auch § 2307 ist auf Auflagen nicht entsprechend anwendbar (**RG** HRR 1928, 427). Zeitlich ist der Wirksamkeit der Auflage, wie die Nichtübernahme der §§ 2162, 2163 ergibt, keine Grenze gezogen.

Anm. 12

4. Anwendbarkeit der die letztwilligen Verfügungen allgemein betreffenden Vorschriften

Die die letztwilligen Verfügungen allgemein betreffenden Vorschriften des ersten Titels des III. Abschnitts gelten selbstverständlich auch für die Auflage. In Betracht kommen außer dem schon erwähnten § 2065 Abs. 1 insbesondere die Bestimmungen über die Anfechtung letztwilliger Verfügungen §§ 2078ff, über die Auslegung § 2084, über die teilweise Unwirksamkeit § 2085 und über den Vorbehalt einer Ergänzung § 2086.

5. Geldentwertung

Anm. 13

a) Aufwertung

Besteht die Leistung, zu der der Erblasser den Erben oder Vermächtnisnehmer durch die Auflage verpflichtet hat, in einer in Mark festgesetzten Zahlung, so gilt für die Frage, ob und in welchem Maße eine Aufwertung stattzufinden hat, das für die Aufwertung von Geldvermächtnissen § 2174 Anm. 37—47 Ausgeführte sinngemäß. Anderseits kann, wenn Gegenstand der Auflage ein Veräußerungsverbot (§ 1940 Anm. 5) ist und dieses Verbot durch die vom Erblasser nicht vorhergesehene Wirtschaftskatastrophe den ihm vom Erblasser beigelegten Sinn verloren hat, ergänzende Testamentsauslegung unter Umständen zur Beseitigung oder Einschränkung der Auflage führen (vgl. § 2134 Anm. 5). Hat die Geldentwertung das dem Beschwerten vermachte oder auf ihn vererbte Kapital in dem Maße betroffen, daß ihn die Vollziehung der ihm auferlegten Sachleistung ärmer machen würde, als er ohne die letztwillige Zuwendung gewesen wäre, so haftet er nach § 2187 und dem in § 526 zu findenden allgemeinen Rechtsgedanken (**RG** 112, 213) nicht über den Wert des Empfangenen hinaus. Im Wege ergänzender Testamentsauslegung (§ 2084 Anm. 26ff) kann möglicherweise das nachträglich entstandene Mißverhältnis zwischen der entwerteten Zuwendung und der wertbeständigen Auflage noch in weitergehendem Maße ausgeglichen werden (§ 2187 Anm. 2).

Anm. 14

b) Umstellung und Lastenausgleich

Die Umstellung spielt für das Recht der Auflage gleichfalls keine bedeutende Rolle. Bildet eine Geldleistung den Gegenstand der Auflage, dann gilt das zu § 2174 Anm. 48 bis 56 Ausgeführte. § 70 LAG gibt dem Beschwerten unter bestimmten, dort näher bezeichneten Voraussetzungen das Recht, eine Auflage mit Rücksicht auf die ihn treffende Vermögensabgabeschuld verhältnismäßig zu kürzen (vgl. darüber § 2174 Anm. 25—27). Nach § 71 LAG haftet derjenige, der nach dem 20. Juni 1948 auf Grund einer Auflage Vermögen erworben hat oder erwirbt, neben dem Erben für die Abgabeschuld des Erblassers in Höhe des gemeinen Werts der Bereicherung zur Zeit des Erwerbs (vgl. dazu § 2174 Anm. 36).

§ 2193

Der Erblasser kann bei der Anordnung einer Auflage, deren Zweck er bestimmt hat, die Bestimmung der Person, an welche die Leistung erfolgen soll, dem Beschwerten oder einem Dritten überlassen.

Steht die Bestimmung dem Beschwerten zu, so kann ihm, wenn er zur Vollziehung der Auflage rechtskräftig verurteilt ist, von dem Kläger eine angemessene Frist zur Vollziehung bestimmt werden; nach dem Ablaufe der Frist ist der Kläger berechtigt, die Bestimmung zu treffen, wenn nicht die Vollziehung rechtzeitig erfolgt.

Steht die Bestimmung einem Dritten zu, so erfolgt sie durch Erklärung gegenüber dem Beschwerten. Kann der Dritte die Bestimmung nicht treffen, so geht das Bestimmungsrecht auf den Beschwerten über. Die Vorschrift des § 2151 Abs. 3 Satz 2 findet entsprechende Anwendung; zu den Beteiligten im Sinne dieser Vorschrift gehören der Beschwerte und diejenigen, welche die Vollziehung der Auflage zu verlangen berechtigt sind.

E II 2063; P 5 30—32.

Übersicht

Bestimmung des Begünstigten durch Dritte

1. Allgemeines

Anm. 1

Der Grundsatz des § 2065 Abs. 2, der dem Erblasser untersagt, die Bestimmung der Person des Bedachten oder des Gegenstandes der Zuwendung einem anderen zu überlassen, ist beim Vermächtnis schon hinsichtlich des Gegenstandes der Leistung durchbrochen (§ 2156). Er wird bei der Auflage noch weiter abgeschwächt, insofern auch die Person des Begünstigten nicht vom Erblasser selbst bestimmt zu sein braucht. Nur die Zweckbestimmung der Auflage muß von diesem selbst ausgehen und zugleich genügend deutlich sein, um danach dem Beschwerten oder dem Dritten die Auswahl des Leistungsempfängers zu ermöglichen (10000 dem akademischen Senat zu X zu Reisestipendien für Xsche Künstler; vgl. auch **RG** 96, 15: Auflage zugunsten verschiedener Vereine oder gemeinnütziger Anstalten sowie bedürftiger Personen einer bestimmten Stadt, deren genaue Bezeichnung der Erblasser sich vorbehalten hatte; ferner **RG** Recht 1920 Nr. 1531: die nach der Aussetzung von Vermächtnissen getroffene Anordnung, daß der Rest des Vermögens zu Wohltätigkeitszwecken nach dem Ermessen des Testamentsvollstreckers Verwendung finden soll, genügt dem § 2193). Auch eine allgemeine Angabe der Empfänger, aus der die Zweckbestimmung ersichtlich wird, genügt, z. B. „für die Armen" (für diesen Fall ist jedoch die Auslegungsregel des § 2072 zu beachten), „für fleißige Schüler", „für Kriegsblinde", „für bedürftige Verwandte" usw. (KG OLG 21, 359).

Anm. 2

Die angegebene Zweckbestimmung braucht keinen Hinweis auf den Empfänger zu enthalten. Als genügend wurde angesehen die Bestimmung „zu römisch-katholischen kirchlichen Zwecken" (Köln OLG 18, 319) und „zu frommen und wohltätigen Zwecken" (BayObLGZ NF 13, 743).

Anm. 3

Die Bestimmungen der §§ 2151 Abs. 1, 2, 2152, 2153 Abs. 1 — nur insoweit könnten sie bei der Auflage in Frage kommen — sind, weil durch § 2193 ersetzt, auch nicht entsprechend anwendbar (str.).

Anm. 4

Für die Bestimmung ist, wenn feststeht, daß die Voraussetzungen des Abs. 1 gegeben sind, freies, auch nicht durch Billigkeit beschränktes Ermessen maßgebend, eine Anfechtung deshalb wie im Falle des § 2151 Anm. 8 nur wegen Arglist statthaft.

Anm. 5

2. Bestimmung durch den Beschwerten (Abs. 2)

Vorausgesetzt ist, daß einer der nach § 2194 Berechtigten oder daß der Testamentsvollstrecker (§§ 2208 Abs. 2, 2223) die Vollziehung der Auflage betrieben hat und daß die Frist entweder im Urteile (ZPO § 255) oder daß sie nachmals vom Kläger selbst bestimmt ist. Letzterenfalls ist der Streit über Angemessenheit der Frist nach ZPO § 766 vor dem Vollstreckungsgericht auszutragen. Die rechtzeitige Vollziehung der Auflage muß vor Fristablauf erfolgt sein. Nachträgliche Vollziehung befreit den Beschwerten nicht, wenn er an eine andere als die nunmehr vom Kläger bezeichnete Person leistet.

3. Bestimmung durch einen Dritten (Abs. 3)

Anm. 6

a) Bestimmung

Unwiderrufliche Erklärung gegenüber dem Beschwerten wie in § 2151 Abs. 2, Übergang des Bestimmungsrechts wie beim Wahlvermächtnis § 2154 Abs. 2, entweder sogleich, wenn die Bestimmung durch den Dritten unmöglich ist oder wenn er sie verzögert oder verweigert und die ihm vom Nachlaßgericht gesetzte Frist verstrichen ist.

Anm. 7

b) Fristsetzung durch das Nachlaßgericht

Das Nachlaßgericht kann nur dem Dritten, nicht auch dem Beschwerten (hierüber Anm. 5) die Frist nach § 80 FGG bestimmen. Beschwerderecht § 2151 Anm. 14. Beteiligte sind der Beschwerte, der Dritte sowie die nach §§ 2194, 2208 Abs. 2, 2223 zu dem Verlangen auf Vollziehung der Auflage Berechtigten, nicht aber diejenigen, welchen die Erfüllung der Auflage zugunsten gereichen würde (die Xschen Künstler in Anm 1).

§ 2194

Die Vollziehung einer Auflage können der Erbe, der Miterbe und derjenige verlangen, welchem der Wegfall des mit der Auflage zunächst Beschwerten unmittelbar zustatten kommen würde. Liegt die Vollziehung im öffentlichen Interesse, so kann auch die zuständige Behörde die Vollziehung verlangen.

E I 1888 II 2064; M 5 214—216; P 5 244—246.

Übersicht

Vollzug der Auflage

1. Die klageberechtigten Personen

Anm. 1

Ein anderer, dem ein Recht auf die Leistung zustünde, ist bei der Auflage nach § 1940 nicht vorhanden. Insbesondere hat derjenige, welchem die Erfüllung zugunsten gereichen würde, kein Klagerecht, z. B. nicht der Z, wenn dem X 100 mit der Auflage vermacht sind, davon 50 dem Z zu schenken, es sei denn, daß sich hinter der gewählten Form eine Vermächtnisanordnung (von 50 zugunsten des Z) verbirgt. Das Gesetz verleiht deshalb ein Klagerecht auf Vollziehung der Auflage jedenfalls dem Erben (gegen den beschwerten Vermächtnisnehmer), jedem Miterben (gegen den beschwerten Miterben oder Vermächtnisnehmer). Diese Befugnis hat der Miterbe auch, wenn auch er durch die Auflage beschwert ist. Das Klagerecht hat ferner, obwohl er in dieser Vorschrift nicht benannt ist, der Testamentsvollstrecker, da er nach § 2203 die letztwilligen Verfügungen des Erblassers zur Ausführung zu bringen hat, mindestens aber nach § 2208 Abs. 2, sofern nicht der Erblasser etwas anderes bestimmt hat, deren Ausführungen von den Erben verlangen kann.

Anm. 2

RG 172, 204 behandelt den Fall, daß der Erblasser dem Erben, der durch die Erbfolge in die Kommanditistenstellung einer Kommanditgesellschaft eingerückt ist, eine Auflage dahin gemacht hat, daß er die Ausübung seiner höchstpersönlichen Gesellschaftsrechte dem Testamentsvollstrecker (übrigens gleichzeitig der einzige persönlich haftende Gesellschafter) zu überlassen hat. Der Erbe kann sich nicht widersetzen, wenn der

Testamentsvollstrecker von dieser Befugnis Gebrauch machen will. Es kommt aber darauf an, ob die übrigen Gesellschafter mit dieser Anordnung einverstanden sind. **BGH** 12, 100, 103 erwähnt die Möglichkeit, daß der Erblasser dem Erben die Auflage macht, dem Testamentsvollstrecker, der ein zum Nachlaß gehöriges Handelsgeschäft führen soll, zu gestatten, auch über den Rahmen des § 2206 hinaus persönliche Verpflichtungen für den Erben einzugehen. Der Testamentsvollstrecker kann dann nach §§ 2208 Abs. 2, 2194 die Vollziehung der Auflage von den Erben verlangen.

Anm. 3

§ 2223 gestattet dem Erblasser einen Testamentsvollstrecker nur zu dem Zweck zu ernennen, daß er für die Ausführung der einem Vermächtnisnehmer auferlegten Beschwerungen sorgt. Das Klagerecht auf Vollzug der Auflage hat schließlich jeder, dem der Wegfall des zunächst Beschwerten unmittelbar zugute kommen würde, da er nach §§ 2161, 2192 in diesem Falle selbst zur Erfüllung der Auflage gehalten sein würde. In Frage kommen die § 2161 Anm. 3 bezeichneten Personen.

Anm. 4

Einer der in § 2194 genannten Personen steht das Klagerecht insoweit nicht zu, als damit der Vollzug einer zu ihren Gunsten gemachten Auflage verlangt werden soll. Dem steht entgegen, daß der Begünstigte nach § 1940 keinen Anspruch auf die dem Beschwerten auferlegte Leistung hat. Dem Wesen der Auflage würde es widersprechen, wenn er sich diesen Anspruch praktisch auf dem Umweg verschaffen würde, daß er das Klagerecht aus § 2194, das einen anderen Zweck hat, ausübt (**BGH** 8. 5. 1952 IV ZR 220/51).

Anm. 5

Nach Staudinger/Seybold 11. Aufl. § 2194 Anm. 5 ist klageberechtigt ferner derjenige, dem der Erblasser das Klagrecht in der letztwilligen Verfügung ausdrücklich beigelegt hat (dagegen Kipp/Coing § 58 III 4). Staudinger/Seybold aaO hält es gleichfalls für zulässig, daß der Erblasser bestimmt, daß einzelnen der in § 2194 genannten Personen das Klagerecht nicht zustehen soll.

Anm. 6

2. Klagerecht der zuständigen Behörde

In zweiter Linie ist das Klagerecht der zuständigen Behörde verliehen, wenn die Vollziehung im öffentlichen Interesse liegt. Ein solches Interesse kann auf wirtschaftlichem, religiösem oder ideellem Gebiete (Kunst und Wissenschaft) liegen. Es steht im Gegensatz zum reinen Privatinteresse. Welche Behörden zuständig sind, bestimmt das Landesrecht. Über die einzelnen in Frage kommenden Behörden vgl. Staudinger/Seybold 11. Aufl. § 2194 Anm. 6. Ähnlich bei der Schenkung § 525 Abs. 2.

3. Rechtsnatur des Klagerechts

Anm. 7

Das Klagerecht der in dieser Vorschrift genannten Personen enthält keine Klagepflicht. Es wird von dem Berechtigten im eigenen Namen ausgeübt, er ist Partei im Prozesse, Gläubiger im Konkurse sowohl des Nachlasses (KO § 226 Nr. 5) als des Beschwerten. Er kann aber die Leistung nicht an sich selbst beanspruchen und an ihrer Stelle nicht Schadensersatz wegen Nichterfüllung fordern.

Anm. 8

Das Recht ist, soweit es sich um Privatpersonen handelt, vererblich, aber, wie in Einschränkung dieses Satzes der früheren Auflagen (7. Aufl. Anm. 2) hinzugefügt werden muß, nur in dem Sinne, daß es bei Vererblichkeit der Rechtsstellung, auf der es beruht (Erbrecht oder Miterbrecht), mit dieser Rechtsstellung auf den Erben übergeht (Planck/Flad Anm. 1 Abs. 3). Mangels eines Vermögenswerts ist es nicht pfändbar und kann nicht abgetreten werden (**BGH** 8. 5. 1952 IV ZR 220/51). Es gehört deshalb im Konkurs des Klageberechtigten auch nicht zur Konkursmasse (**RG** 15. 5. 1933 IV 68/33).

Von mehreren Berechtigten kann jeder die Vollziehung der ganzen Auflage selbständig fordern, aber er verlangt die Leistung nicht für sich; die mehreren sind deshalb nicht Gesamtgläubiger im Sinne der §§ 428ff.

4. Verzicht auf das Klagrecht

Anm. 9

Die Frage, ob der zur Klage Berechtigte dem Beschwerten gegenüber auf dieses Recht verzichten oder einen Vergleich darüber abschließen kann, kann nur unter Berücksichtigung der Umstände des einzelnen Falles entschieden werden. Der Verzicht ist zulässig, wenn eine Sachlage besteht, die dem Erblasser selbst, z. B. wegen der veränderten Umstände, Veranlassung gegeben hätte, von der Anordnung der Auflage abzusehen. Ein Vergleich ist zulässig, wenn auch der Erblasser den Streit oder die Ungewißheit in dem gegebenen Fall durch einen Vergleich behoben hätte. Dagegen wäre ein Abkommen, auf Grund dessen der Klageberechtigte gegen die Gewährung eines Vermögensvorteils auf sein Klagerecht verzichtet, sittenwidrig und nichtig. Das Klagrecht wird dadurch nicht berührt.

Anm. 10

In jedem Fall beseitigt ein wirksamer Verzicht nur das Klagerecht desjenigen, der verzichtet hat, und der Vergleich berührt nur das Klagrecht der an ihm beteiligten Klageberechtigten. Das Klagerecht der anderen nach § 2194 Berechtigten bleibt davon unberührt. Ebenso wirkt auch ein Urteil, das gegen einen Klageberechtigten ergangen ist, nicht gegen die anderen Klageberechtigten (Planck/Flad 4. Aufl. § 2194 Anm. 1)

§ 2195

Die Unwirksamkeit einer Auflage hat die Unwirksamkeit der unter der Auflage gemachten Zuwendung nur zur Folge, wenn anzunehmen ist, daß der Erblasser die Zuwendung nicht ohne die Auflage gemacht haben würde.

E I 1887 II 2065; M 5 243, 245; 6 95.

Selbständigkeit von Auflage und Zuwendung

Anm. 1

Die Vorschrift enthält einen besonderen Anwendungsfall des in § 2085 aufgestellten Grundsatzes der Unabhängigkeit mehrerer in einem Testament aufgestellter letztwilliger Verfügungen (**RG** 28. 5. 1906 IV 565/05). Die Wirksamkeit der Auflage bleibt ganz unberührt, wenn sie ohne jede Rücksicht auf eine Zuwendung angeordnet ist. An Stelle des wegfallenden rückt dann einfach ein anderer Beschwerter ein (§§ 2161, 2192). Aber auch wenn zwischen Zuwendung und Auflage ein Zusammenhang besteht, kommt mit der Unwirksamkeit der Auflage nicht notwendig auch die Zuwendung zu Fall. Entscheidend ist die frei zu ermittelnde Willensmeinung des Erblassers. Sie wird in der Regel nur dann zur Unwirksamkeit der Zuwendung führen, wenn die Auflage als Zweck der Zuwendung erscheint, so daß der Beschwerte, ähnlich dem Verhältnis von Leistung und Gegenleistung, durch die Zuwendung in den Stand gesetzt oder doch dazu bewogen werden soll, die Auflage zu erfüllen. Der Beweis, daß eine derartige Abhängigkeit der Zuwendung von Erfüllung der Auflage gewollt sei, ist von demjenigen zu führen, welcher die Unwirksamkeit der Zuwendung behauptet. Umgekehrt fällt auch nicht notwendig die Auflage weg, wenn sich die Zuwendung (zu einem Teile) als unwirksam erweist (**RG** Gruchot 52, 1087).

Anm. 2

Es macht keinen Unterschied, ob die Unwirksamkeit der Auflage schon von vornherein vorhanden war (z. B. Unmöglichkeit, Willensmängel der betreffenden Anordnung) oder ob sie erst nachträglich eintritt (Ausfall der Bedingung, Verweigerung der zur Vollziehung notwendigen Mitwirkung eines Dritten, wobei § 2076 nicht anwendbar). Die Auflage ist nicht schon dann unwirksam, wenn es sich bloß um eine durch die veränderten Umstände gebotene andere Art der Vollziehung handelt (**RG** 29. 4. 1907 IV 506/06). Über Unmöglichkeit der Vollziehung s. auch § 2196.

§ 2196

Wird die Vollziehung einer Auflage infolge eines von dem Beschwerten zu vertretenden Umstandes unmöglich, so kann derjenige, welchem der Wegfall des zunächst Beschwerten unmittelbar zustatten kommen würde, die Herausgabe der Zuwendung nach den Vorschriften über die Herausgabe einer ungerechtfertigten Bereicherung insoweit fordern, als die Zuwendung zur Vollziehung der Auflage hätte verwendet werden müssen.

Das gleiche gilt, wenn der Beschwerte zur Vollziehung einer Auflage, die nicht durch einen Dritten vollzogen werden kann, rechtskräftig verurteilt ist und die zulässigen Zwangsmittel erfolglos gegen ihn angewendet worden sind.

E II 2066; P 5 246, 247; 6 95.

Übersicht

Herausgabe der Zuwendung bei nicht vollziehbarer Auflage

1. Grundgedanke der Vorschrift

Anm. 1

Die Unmöglichkeit, die Auflage zu vollziehen, kann die Unwirksamkeit auch der Zuwendung zur Folge haben. Es ist daher, bevor § 2196 angewandt werden kann, zunächst zu prüfen, ob die Zuwendung trotz der Unmöglichkeit, die Auflage zu vollziehen, rechtlich bestehen bleibt. Sie ist infolge der Unmöglichkeit unwirksam, wenn der Vollzug der Auflage nach dem Willen des Erblassers die Bedingung für die Zuwendung ist. Sie ist ferner nach § 2195 unwirksam, wenn ausnahmsweise anzunehmen ist, daß der Erblasser die Zuwendung nicht ohne die Auflage gemacht haben würde.

Anm. 2

Bleibt die Zuwendung bei Kräften, so kommt die Unmöglichkeit der Vollziehung dem Beschwerten zustatten (§ 275). Er soll sich jedoch nicht dadurch bereichern dürfen, daß er die Erfüllung schuldhaft unterläßt (§§ 276ff). § 2196 enthält kein zwingendes Recht. Der Erblasser kann Abweichendes bestimmen. Falls die Unmöglichkeit, die Auflage zu vollziehen, nur eine subjektive ist, ist als Wille des Erblassers anzunehmen, daß der Berechtigte den ihm nach § 2196 zustehenden Anspruch nur unter der Bedingung haben soll, daß er das danach Erlangte verwendet, um die Auflage, deren Vollzug objektiv möglich ist, zu vollziehen (Planck/Flad 4. Aufl. § 2196 Anm. 6; Kipp/Coing 11. Bearb. § 65 III).

2. Bereicherungsanspruch

Anm. 3

Ein Gläubiger, der wegen Nichterfüllung der Auflage aus §§ 280ff Schadensersatz beanspruchen könnte, ist bei der Auflage nicht vorhanden (§ 1940 Anm. 3, 6). Das Gesetz gibt statt dessen den gegebenenfalls nachrückenden Beschwerten (§ 2161 Anm. 3) — nicht aber auch dem Testamentsvollstrecker und nicht den nach § 2194 Satz 2 klageberechtigten Behörden — den Bereicherungsanspruch insoweit, als der Beschwerte durch schuldhafte Nichterfüllung der Auflage einen ungerechtfertigten Gewinn machen würde.

Ebensowenig wie dem durch die Auflage Begünstigten das Klagerecht nach § 2194 zusteht, wenn er zu dem dort genannten Personenkreis gehört (vgl. § 2194 Anm. 4), steht ihm, auch wenn ihm der Wegfall des zunächst Beschwerten unmittelbar zustatten kommen würde, der Bereicherungsanspruch aus § 2196 zu. Dieser Anspruch ist für ihn durch das Wesen der Auflage ausgeschlossen (ebenso Staudinger/Seybold 11. Aufl. § 2196 Anm. 3).

Kommt der Wegfall der Auflage neben dem Begünstigten unmittelbar auch anderen Personen zustatten, so haben diese allein den Bereicherungsanspruch aus § 2196.

Anm. 4

Steht der Anspruch einer Personenmehrheit zu, so kann, wenn er eine teilbare Leistung betrifft, jeder nach § 420 nur den auf ihn entfallenden Teil fordern. Geht er auf eine unteilbare Leistung, dann kann jeder nach § 432 die ganze Leistung an alle gemeinsam verlangen. Der Betrag der Bereicherung wird regelmäßig dem Betrage des ersparten Erfüllungsaufwandes gleichkommen und bemißt sich im übrigen nach § 818. Der Anspruch auf Herausgabe der Bereicherung oder auf Wertersatz ist nach § 818 Abs. 3 ausgeschlossen, soweit der Beschwerte durch die Zuwendung nicht mehr bereichert ist. Eine verschärfte Haftung tritt nach § 818 Abs. 4 mit der Rechtshängigkeit ein und in entsprechender Anwendung des § 819 auch, wenn der Beschwerte in Kenntnis des Bestehens der Auflage und der Unmöglichkeit, sie zu erfüllen, den ihm zugewandten Gegenstand vernichtet, beschädigt oder vergeudet hat (Planck/Flad 4. Aufl. § 2196 Anm. 4b; Staudinger/Seybold 11. Aufl. § 2196 Anm. 5). Mehrere Beschwerte haften, soweit jeder bereichert ist. Entsprechender Anspruch des Schenkers § 527.

Anm. 5

3. Fruchtlose Zwangsvollstreckung gegen den Beschwerten (Abs. 2)

Sie steht der verschuldeten Unmöglichkeit der Erfüllung gleich, wenn es sich bei der Auflage um unvertretbare Handlungen oder um Unterlassungen handelt. Klageberechtigte § 2194. Die zulässigen Zwangsmittel ergeben sich aus ZPO §§ 888, 890. § 887 (vertretbare Handlungen) kommt nicht in Frage. Erfordert die Erfüllung der Auflage überhaupt keine Aufwendungen (jährlicher Besuch des Grabes), so ist nach Erschöpfung der Zwangsmittel auch kein Bereicherungsanspruch gegeben.

Anm. 6

4. Entsprechende Anwendung

§ 2196 ist entsprechend anzuwenden, wenn dem gesetzlichen Erben eine Auflage gemacht ist (Planck/Flad 4. Aufl. § 2196 Anm. 7).

Sechster Titel

Testamentsvollstrecker

Übersicht

Vorbemerkungen

Anm. 1

I. Gliederung des Sechsten Titels

a) Ernennung des Testamentsvollstreckers, §§ 2197—2201;
b) Annahme und Ablehnung des Amtes, § 2202;
c) Allgemeine Aufgaben und Befugnisse, §§ 2203—2206;
d) Besondere Arten der Testamentsvollstreckung, §§ 2207—2210, 2222—2224;
e) Prozeßführung des Testamentsvollstreckers, §§ 2212, 2213 (auch § 2214);
f) Verhältnis zum Erben, §§ 2211, 2215—2221;
g) Ende des Amtes, §§ 2225—2227;
h) Akteneinsicht rechtlich Beteiligter, § 2228.

Anm. 2

II. Geschichtliches

Der Testamentsvollstrecker hat im germanischen Recht einen Vorläufer in dem Treuhänder (Salmann); diesem übereignet der letztwillig Verfügende sein Vermögen ganz oder teilweise mit näherer Weisung, es in bestimmter Weise zu verwenden. Erst die mittelalterliche, insbesondere kirchliche Rechtsübung hat jedoch — vor allem um letztwillige Zuwendungen zu frommen Zwecken zu überwachen — einen Testamentsvollstrecker im heutigen Sinne geschaffen (vgl. Kipp/Coing 11. Bearbeitung § 66 I). In den späteren Landesgesetzgebungen (PrALR I 12 §§ 557ff, BayLR III 2 §§ 15ff, Code Civil Art. 1025ff) ist die Testamentsvollstreckung nur dürftig geregelt worden. Das BGB hat sie erstmals umfassend behandelt und hierbei auch viele ganz neue Rechtssätze aufgestellt.

Außer den §§ 2197—2228 enthalten u. a. noch folgende Vorschriften Bestimmungen über den Testamentsvollstrecker: BGB §§ 83, 2306, 2338, 2364, 2368—2376; ZPO §§ 243, 327, 728, 748, 749, 779, 780, 863, 991; FGG §§ 76, 78, 80—82, 85, 86; KO §§ 217, 224; GBO §§ 35, 40, 52; ZVG § 175; SchiffsRegO §§ 41, 55.

Die Gesamtregelung, die das Testamentsvollstreckerrecht im BGB und in den bezeichneten Vorschriften gefunden hat, hat dem Testamentsvollstrecker eine sehr freie und selbständige Stellung mit umfassenden Machtbefugnissen gegeben.

Anm. 3

III. Rechtsstellung des Testamentsvollstreckers

Der Testamentsvollstrecker des BGB ist eine Rechtsgestalt, die schwer einzuordnen ist. Er hat lediglich den Willen des Erblassers auszuführen und stets im Interesse des Nachlasses zu handeln (**RG** 74, 218; 75, 302). Er ist jedoch weder Vertreter des Erblassers noch des oder der Erben (**RG** 56, 330; 61, 145; 76, 125; **BGH** 13, 203), aber auch nicht des Nachlasses (**RG** 3. 11. 1906 V 51/06). Er ist vielmehr, wie auch § 2202 Abs. 1 ausdrücklich besagt, **Träger eines (privaten) Amtes,** und zwar der geschichtlichen Herkunft und seinen Aufgaben nach ein nichtöffentlicher Treuhänder. Das Amt erhält seinen wesentlichen Inhalt aus den letztwilligen Anordnungen des Erblassers (**RG** 75, 302; 130, 134); es ist jedoch vom Gesetz mit weitgehenden selbständigen Befugnissen ausgestattet worden, die gegen den Erben und Dritte wirken (§§ 2208 Abs. 2, 2211, 2214), insbesondere mit einem umfassenden Verwaltungs- und Verfügungsrecht. Der Testamentsvollstrecker handelt somit kraft eigenen Rechts (**RG** 61, 145); insoweit kommt ihm auch die Gläubigerstellung nach § 372 zu (**RG** 7. 10. 1910 III 377/09). Vgl. im einzelnen zur rechtlichen Natur der Testamentsvollstreckung Planck/Flad Vorbem. 2, Kipp/Coing § 66 III, Bartholomeyczik, Erbrecht 4. Aufl. 1960 § 42 I 3.

Wenn der Testamentsvollstrecker auch Träger eines Amtes ist, so leitet sich dieses doch aus einem rechtsgeschäftlichen Akt her. Er hat deshalb auch in vielen Beziehungen — nach außen (§ 2208) wie nach innen (§ 2218) — keine wesentlich andere Stellung als die eines Bevollmächtigten (**RG** 75, 302; 130, 134). Daher können Rechtsgedanken, die das Vollmachtverhältnis beherrschen, auch auf die Testamentsvollstreckung übertragen werden. So kann ein Dritter aus einem Rechtsgeschäft, das der Testamentsvollstrecker unter Mißbrauch seiner Befugnisse mit ihm geschlossen hat, dann keine Rechte herleiten, wenn er den Mißbrauch hätte erkennen müssen (**RG** ebenda).

Die Amtstheorie hindert auch nicht, den Testamentsvollstrecker im weiteren Sinne des § 207 als Vertreter des Nachlasses (**RG** 100, 281), im weiteren Sinne der §§ 278 (dort Anm. 8) und 254 (dort Anm. 64) als gesetzlichen Vertreter des Erben (**RG** 144, 399) sowie als gesetzlichen Vertreter im Sinne gewisser Prozeßvorschriften (§ 2212 Anm. 4f) zu behandeln. Über den Unterschied zwischen dem Testamentsvollstrecker und einem Generalbevollmächtigten, der eine für die Erben wirksame Vollmacht des Erblassers hat, vgl. Vorbem. 11.

Die Befugnisse des Testamentsvollstreckers beschränken den Erben dinglich. Seine Ernennung beeinträchtigt daher ebenso die Rechte des Vertragserben (§ 2289; KG HRR 1934 Nr. 17), wie sie das Pflichtteilsrecht verletzt (§§ 2306, 2338).

Wegen des Verhältnisses des Testamentsvollstreckers zum Nachlaßverwalter (§ 1985) s. Anm. 8 sowie § 2205 Anm. 11.

Anm. 4

IV. Aufgaben des Testamentsvollstreckers

Die §§ 2303—2305 führen nacheinander die drei Hauptaufgaben auf, die der Testamentsvollstrecker für den Regelfall hat:

a) die letztwilligen Verfügungen des Erblassers auszuführen;
b) bei mehreren Erben die Auseinandersetzung zu bewirken;
c) den Nachlaß zu verwalten.

Der Erblasser kann sein Aufgabengebiet jedoch weitgehend beschränken (§§ 2208ff), z.B. auf einzelne Nachlaßgegenstände (§ 2208 Abs. 1 Satz 2) oder auch nur einzelne Maßnahmen (Erd- oder Feuerbestattung, Grabpflege, Vermächtnis) oder allein auf die Verwaltung des Nachlasses (§ 2209) im ganzen oder einzelner Gegenstände. Er kann die Testamentsvollstreckung auch zeitlich begrenzen.

Das Gesetz führt folgende Arten der Testamentsvollstreckung für bestimmte einzelne Zwecke auf:

a) für den Nacherben, § 2222;
b) bei Beschwerungen des Vermächtnisnehmers, § 2223;
c) bei der Pflichtteilsbeschränkung in guter Absicht, § 2238.

Anm. 5

V. Befugnisse des Testamentsvollstreckers

Der Testamentsvollstrecker hat nicht nur die Pflicht, sondern auch das Recht, den Nachlaß zu verwalten, ihn hierzu in Besitz zu nehmen und ferner über die Nachlaßgegenstände zu verfügen (§ 2205 Satz 2). Er darf zur ordnungsmäßigen Verwaltung und, soweit er verfügungsberechtigt ist, auch sonst Verbindlichkeiten für den Nachlaß eingehen (§ 2206 Abs. 1). Der Erblasser kann dieses Recht gemäß § 2207 ausdehnen. Er kann die Befugnisse des Testamentsvollstreckers aber nicht über das gesetzliche Höchstmaß hinaus erweitern (**RG** JW 1915, 245[7] = WarnRspr 1915 Nr. 292). Nur der Testamentsvollstrecker kann ein Recht gerichtlich geltend machen, das seiner Verwaltung unterliegt (§ 2212). Mehrere Testamentsvollstrecker führen das Amt gemeinschaftlich (§ 2224).

Anm. 6

VI. Ernennung des Testamentsvollstreckers

Der Erblasser ernennt den Testamentsvollstrecker durch Testament (§ 2197 Abs. 1). Er kann es aber auch einem Dritten überlassen oder das Nachlaßgericht ersuchen, den

Testamentsvollstrecker zu bestimmen (§§ 2198, 2200). Er kann ferner den Testamentsvollstrecker ermächtigen, einen oder mehrere Mitvollstrecker und einen Nachfolger zu ernennen (§ 2199). Das Amt des Testamentsvollstreckers beginnt jedoch weder mit dem Erbfall noch mit der Ernennung, sondern mit dem Zeitpunkt, in dem der Ernannte das Amt endgültig und bedingungslos annimmt (§ 2202). Das steht in jedem Falle, auch wenn das Nachlaßgericht ihn ernennt, in seinem freien Belieben.

Anm. 7

VII. Amtsende

Das Amt des Testamentsvollstreckers endet, wenn er stirbt oder einer der Unfähigkeitsgründe des § 2201 eintritt („erlischt"; § 2225), wenn er kündigt (§ 2226) oder das Nachlaßgericht ihn bei wichtigem Grunde auf Antrag eines der Beteiligten entläßt (§ 2227). Außer in diesen besonders geregelten Fällen endet das Amt, wenn eine auflösende Bedingung eintritt, eine Endfrist oder die Frist des § 2210 abläuft oder wenn sämtliche Aufgaben, die dem Testamentsvollstrecker obliegen, erfüllt sind (**RG** 81, 169). Vgl. im einzelnen auch § 2225 Anm. 1ff, ferner Hartung JR 1950, 695.

Anm. 8

VIII. Verhältnis zum Nachlaßverwalter

Mit der Anordnung einer Nachlaßverwaltung (§§ 1975ff) werden die Aufgaben des Testamentsvollstreckers nicht erledigt, und zwar weder während der Dauer noch nach Beendigung der Nachlaßverwaltung. Allerdings wird seine Tätigkeit während der Dauer der Nachlaßverwaltung im wesentlichen zugunsten des Nachlaßverwalters ausgeschaltet (§§ 1984, 1985). Dem Testamentsvollstrecker ist aber ein Recht zur Kontrolle des Nachlaßverwalters insoweit einzuräumen, als er durch geeignete Anträge bei dem zur Überwachung des Nachlaßverwalters zuständigen Nachlaßgericht auf Abstellung von Mängeln in der Verwaltung dringen kann (vgl. **RG** 72, 262). Nach Beendigung der Nachlaßverwaltung kommt das Recht und die Pflicht des Testamentsvollstreckers zur Verwaltung des Nachlasses wieder frei zur Entfaltung. Dies übrigens nicht nur dann, wenn er testamentarisch ermächtigt ist, auch nach Beendigung seiner eigentlichen Aufgaben die Verwaltung des Nachlasses dauernd in der Hand zu haben (§ 2209 Satz 1 Halbs. 2), sondern auch dann, wenn das Testament eine derartige Bestimmung nicht enthält (**RG** 13. 1. 1919 IV 299/18).

Anm. 9

IX. Verhältnis zum Erben

Zwischen dem Testamentsvollstrecker und dem Erben besteht ein gesetzliches Verpflichtungsverhältnis eigener Art. Der Testamentsvollstrecker hat dem Erben gemäß § 2215 ein Nachlaßverzeichnis mitzuteilen und ihm bei der Aufnahme des Inventars zu helfen. Er ist vor allem zur ordnungsmäßigen Verwaltung des Nachlasses verpflichtet (§ 2216). Er hat dem Erben Nachlaßgegenstände, die er nicht braucht, zu überlassen (§ 2217). Für schuldhafte Pflichtverstöße ist er dem Erben schadenersatzpflichtig (§ 2219). Ergänzend sind auf das Rechtsverhältnis zwischen dem Testamentsvollstrecker und dem Erben eine Reihe im einzelnen aufgeführter Vorschriften aus dem Auftragsrecht entsprechend anzuwenden (§ 2218). Der Erblasser kann den Testamentsvollstrecker nicht von den Pflichten befreien, die diesem nach den §§ 2215, 2216, 2218, 2219 obliegen (§ 2220).

Der Testamentsvollstrecker kann regelmäßig eine Vergütung verlangen (§ 2221).

Anm. 10

X. Mitwirkung des Nachlaßgerichts

Das Nachlaßgericht hat kein allgemeines Aufsichtsrecht wie etwa das Vormundschaftsgericht gegenüber dem Vormund. Der Erblasser kann auch keine solche Aufsicht anordnen (OLG 14, 302; 26, 344). Der Testamentsvollstrecker braucht daher keine Genehmigung des Nachlaßgerichts zu irgendwelchen Maßnahmen (vgl. dazu Backs DFG 1937, 43). Er kann auch — bei minderjährigen Erben — nicht der Aufsicht des Vormundschaftsgerichts unterstellt werden (aM Greiser DFG 1936, 245).

Anm. 11

XI. Prozeßführung

a) Aktivprozesse kann nur der Testamentsvollstrecker führen, soweit er verwaltungsbefugt ist, § 2212. Im übrigen ist der Erbe streitberechtigt. Im ersteren Falle wirkt das Urteil für und gegen den Erben, ZPO § 327 Abs. 1. Vollstreckbare Ausfertigung: ZPO § 728 Abs. 2.

b) Passivprozesse aus Ansprüchen gegen den Nachlaß können sowohl gegen den Erben als gegen den Testamentsvollstrecker geführt werden, § 2213 Abs. 1 Satz 1, jedoch gegen den Erben allein, wenn der Testamentsvollstrecker nicht verwaltungsbefugt ist oder ein Pflichtteilsanspruch erhoben wird. Soweit der Testamentsvollstrecker streitberechtigt ist, wirkt ein Urteil zwischen ihm und einem Dritten gleichfalls für und gegen den Erben, ZPO § 327 Abs. 2. Zwangsvollstreckung nach ZPO §§ 728 Abs. 2, 748, 780 Abs. 2.

c) Der Testamentsvollstrecker führt die Prozesse als „Partei kraft Amtes" im eigenen Namen. „Wirtschaftlich beteiligt" im Sinne von ZPO § 114 Abs. 3 sind jedoch die Erben. Sie können Streitgehilfen, ZPO § 66, und Zeugen sein.

d) Erbengläubiger können sich nicht an den Nachlaß halten, den der Testamentsvollstrecker verwaltet, § 2214.

Anm. 12

XII. Postmortale Vollmacht

Vollmachten, die über den Tod des Erblassers hinaus wirken sollen, können wirtschaftlich zu einem ähnlichen Erfolge führen wie die Testamentsvollstreckung (vgl. Lindemann, Erben nach Gegenständen, DNotZ 1951, 215 über Auflassungsvollmacht und Testamentsvollstreckung als Wege, um einem Erben einzelne Gegenstände zuzuwenden). Solche Vollmachten können jedoch im Einzelfalle wegen übermäßiger Beschränkung des Erben oder unzulässiger Umgehung der Sicherungen, welche die §§ 2197ff beim Testamentsvollstrecker vorsehen, sittenwidrig und daher nichtig sein. Das gilt insbesondere für eine unwiderrufliche Generalvollmacht, mindestens soweit der Widerruf ausgeschlossen ist.

Der so Bevollmächtigte ist — anders als der Testamentsvollstrecker — nicht Träger eines Amtes, sondern Vertreter des Erben, der infolge des Erbfalls in die bisherige Stellung des Erblassers ihm gegenüber eingerückt ist. Er kann auch nur solange auf den Nachlaß einwirken, als der Erbe die Vollmacht nicht widerruft (vgl. im einzelnen Planck/Flad Vorbem. 6 vor § 2197; Staudinger/Boehmer Erbrecht Einl. § 26 Bem. 17, 18; § 1922 Anm. 224ff; zum Widerruf der Vollmacht durch einzelne Miterben vgl. **RG** JR 1925 Nr. 1860; KG JFG 15, 334; **RG** JW 1938, 1892 = DJ 1938, 1127; über den Unterschied zwischen dem Generalbevollmächtigten und dem Testamentsvollstrecker s. auch BayObLG 19, 171 = OLG 40, 129).

Anm. 13

XIII. Legitimationsvorschriften

Die Ernennung eines Testamentsvollstreckers ist im Erbschein anzugeben (§ 2364 Abs. 1). Ebenso ist die Testamentsvollstreckung, wenn zum Nachlaß Grundstücke gehören, die der Verwaltung des Testamentsvollstreckers unterliegen, bei Umschreibung des Eigentums auf die Erben im Grundbuch zu vermerken (GBO § 52) und zwar gleichzeitig mit der Erbeneintragung (KG DNotZ 1956, 195). Das gleiche gilt auch für Eintragungen im Schiffsregister (SchiffsRegO § 55). Dagegen ist die Eintragung eines Testamentsvollstreckervermerks im Handelsregister überflüssig und unzulässig (**RG** 132, 141). Auf Antrag hat das Nachlaßgericht dem Testamentsvollstrecker ein Zeugnis über seine Ernennung zu erteilen (§ 2368 mit Anm. 1f.).

Anm. 14

XIV. Neueres Schrifttum

A. Bücher. Haegele, Der Testamentsvollstrecker, 1953; Wegler, Der Testamentsvollstrecker, 1938.

Das Nachlaßgericht hat nur in gesetzlich genau festgelegten Fällen mitzuwirken:

a) bei der Ernennung, §§ 2198 Abs. 2, 2200;
b) bei der Annahme oder Ablehnung des Amtes, § 2202;
c) bei Anordnungen des Erblassers, die den Nachlaß erheblich gefährden, § 2216 Abs. 2;
d) bei Meinungsstreit mehrerer Vollstrecker, § 2224 Abs. 1;
e) bei der Kündigung seitens des Testamentsvollstreckers, § 2226;
f) bei der Entlassung des Testamentsvollstreckers, § 2227;
g) bei der Einsicht in Erklärungen, § 2228;
h) beim Testamentsvollstreckerzeugnis, § 2368.

Das Nachlaßgericht ist andererseits nicht einmal befugt, die Auseinandersetzung von Miterben zu vermitteln, wenn der Testamentsvollstrecker sie zu bewirken hat, FGG § 86 Abs. 1.

B. Aufsätze. Backs, Selbständigkeit der Verfügungsmacht des Testamentsvollstreckers, DFG 1937, 45; Baur, Zur Verwaltungstestamentsvollstreckung, JZ 1958, 356; Baur, „Nutzungen" eines Unternehmens bei Anordnung von Vorerbschaft und Testamentsvollstreckung, JZ 1958, 465; v. Burchard, Befugnisse eines Testamentsvollstreckers in einer GmbH, GmbHRdsch 1954, 150; Donner, Der Testamentsvollstrecker des eingetragenen Einzelkaufmanns, des offenen Handelsgesellschafters, des Komplementärs und des Kommanditisten, DNotZ 1944, 143; Firsching, Testamentsvollstrecker-excutor-trustee, DNotZ 1959, 354; Flad, Testamentsvollstrecker, DFG 1936, 133; Granicky, Anordnung der Testamentsvollstreckung in einem gemeinschaftlichen Testament, NJW 1957, 407; Greiser, Über einige Fragen aus dem Recht des Testamentsvollstreckers, DFG 1936, 245; Greiser, Nachlaßgericht und Testamentsvollstrecker, DFG 1939, 216; Groschuff, Zur Frage der Registerfähigkeit der Testamentsvollstrecker ..., JW 1938, 1361; Haegele, Der Testamentsvollstrecker im Landwirtschaftsrecht, RdL 1954, 144; Haegele, Einzel- und Zweifelsfragen um den Testamentsvollstrecker, RPfleger 1957, 147; Haegele, Der Testamentsvollstrecker und das Selbstkontrahierungsverbot des § 181 BGB, Rpfleger 1958, 370; Heim, Zuständigkeit des Grundbuchrechtspflegers bei Bewilligungen des Testamentsvollstreckers, Rpfleger 1959, 113; Heise, Zur Höhe der Vergütung des Testamentsvollstreckers, DFG 1944, 96; Höver, Die Einschaltung des Nachlaßgerichts bei der Ernennung des Testamentsvollstreckers, DFG 1939, 25; Holch, Testamentsvollstreckung an einer OHG-Beteiligung?, DNotZ 1958, 282; von Lübtow, Insichgeschäfte des Testamentsvollstreckers JZ 1960, 151; Perkuhn, Ostzonaler Testamentsvollstrecker und Wertpapierbereinigung, WM IV B 1952, 729; Sauerlandt, Meinungsverschiedenheiten zwischen Testamentsvollstreckern, DFG 1940, 11; Waldmann, Zum Recht des Testamentsvollstreckers, DFG 1944, 37; Weiler, Die Rechtsstellung des Testamentsvollstreckers gegenüber den Erben hinsichtlich einer personengesellschaftlichen Beteiligung des Erblassers, DNotZ 1952, 283 ff.

Vgl. auch die Buchbesprechung von Wesenberg in JZ 1954, 302, ferner Staudenmaier und Haegele, Testamentsvollstrecker und § 1365 BGB, Rpfleger 1960, 385.

§ 2197

Der Erblasser kann durch Testament einen oder mehrere Testamentsvollstrecker ernennen.

Der Erblasser kann für den Fall, daß der ernannte Testamentsvollstrecker vor oder nach der Annahme des Amtes wegfällt, einen anderen Testamentsvollstrecker ernennen.

E I 1889 II 2067; M 5 217—219; P 5 248.

Übersicht

Ernennung von Testamentsvollstreckern

I. Ernennung (Abs. 1)

1. Allgemeines

Anm. 1

Die **Ernennung eines Testamentsvollstreckers** ist bei gewillkürter und bei gesetzlicher Erbfolge zulässig. § 2197 Abs. 1 schreibt Ernennung **„durch Testament"** vor. Es braucht keine Erbeinsetzung zu enthalten (§ 1938), kann sich vielmehr auf die Ernennung beschränken. Die Ernennung kann auch in einem gemeinschaftlichen Testament ausgesprochen werden; ob in einem solchen Falle die Testamentsvollstreckung erst nach dem Tode des letztversterbenden oder schon nach dem Tode des erstversterbenden Ehegatten eintreten soll, ist Frage der Auslegung (JFG 14, 275; vgl. hierzu auch Granicky NJW 1957, 407). Dem Testament steht eine einseitige Verfügung im Erbvertrage gleich (§ 2299); dagegen ist eine erbvertragsmäßige Ernennung unstatthaft (§ 2278 Abs. 2). Eine Bestellung des Testamentsvollstreckers durch Vertrag mit dem Erblasser ist nur als Auftrag wirksam und kann nach § 671 vom Erblasser wie vom Erben jederzeit widerrufen werden (**RG** 139, 41). Wohl aber kann sich der Testamentsvollstrecker durch Vertrag mit dem Erblasser wirksam zur Annahme des Amtes verpflichten (§ 2202 Anm. 2).

Anm. 2

Eine letztwillige Verfügung, durch die ein Testamentsvollstrecker ernannt worden ist, kann vom Erblasser jederzeit widerrufen und nach Eintritt des Erbfalls von den Erben durch Erklärung gegenüber dem Nachlaßgericht angefochten werden (§ 2081). Von der Gültigkeit anderer im Testament getroffener letztwilliger Verfügungen hängt die Ernennung zum Testamentsvollstrecker nur nach Maßgabe des § 2085 ab.

Anm. 3

2. Wortlaut der Ernennung

Die Testamentsvollstreckung braucht nicht mit feierlichen Worten angeordnet zu werden, wenn nur über den Willen des Erblassers kein Zweifel besteht (**RG** 130, 134). Der Wille kann in die Form einer Hoffnung oder eines Wunsches gekleidet sein; der Anordnung steht auch die Angabe des Beweggrundes (Hilfe für den Erben) oder die Bezeichnung als „Beistand" oder „Pfleger" nicht entgegen (**RG** 92, 72). Über die Möglichkeit, die Anordnung einer gesetzlich nicht zulässigen Pflegschaft in die Bestellung eines Testamentsvollstreckers umzudeuten, s. § 2084 Anm. 39. Nicht jede Übertragung von Verwaltungsgeschäften ist als Bestellung eines Testamentsvollstreckers aufzufassen. Es kann sich auch um ein Vermächtnis handeln (**OGH** 4, 223). Wer Verwaltungsbefugnisse im Testament ausschließlich im eigenen Interesse übertragen erhält, ist nicht Testamentsvollstrecker, möglicherweise aber Vorerbe (KGJ 38 A 124; BayZ 1923, 20; DRZ 1927 Nr. 680; JFG 16, 309; **RG** 16. 4. 1930 IV 252/29; vgl. § 2100 Anm. 22).

Anm. 4

3. Person des Vollstreckers

Hinsichtlich der Person des Vollstreckers bestehen außer nach § 2201 keine Beschränkungen. Auch Frauen, Ausländer, juristische Personen (wiewohl mit der zeitlichen Grenze des § 2210) können bestellt werden, ebenso Miterben (**RG** 61, 139; KG JR 1952, 324; **BGH** 30, 70). Der alleinige Erbe oder Vorerbe kann zwar, von dem Falle des § 2223 abgesehen (da der Testamentsvollstrecker den Erben in seinen Befugnissen beschränken soll und eine solche Anordnung eine Mehrheit von Personenvoraussetzt) nicht zum alleinigen Testamentsvollstrecker bestellt werden (**RG** 77, 177; 163, 58; KG RJA 17, 60; anders für den Statutarerben nach Frankfurter Recht KG JFG 5, 150); er kann aber einer von mehreren Testamentsvollstreckern sein, die ihr Amt gemeinschaftlich oder in Kollegialverfassung, § 2224 Anm. 1 u. 12, führen, (BayObLG 20 A 242; KG JFG 11, 126; JW 1933, 2915[1] mit Anm. von Löning). Die Ernennung sämtlicher Miterben zu Testamentsvollstreckern ist jedenfalls dann zulässig, wenn neben ihnen noch ein weiterer Testamentsvollstrecker berufen ist (**RG** 163, 57). Es ist auch zulässig, den Nacherben als Testamentsvollstrecker einzusetzen, sofern er als solcher nur den Vorerben beschränken soll (KGJ 52, 77); s. ferner § 2222 Anm. 2. Inwiefern eine Behörde als solche (im Gegensatz zu dem jeweiligen Inhaber eines Amtes, z. B. eines bayerischen Notariats, RJA 17, 55) bestellt werden kann, ist nach ihrer landesrechtlichen Verfassung zu beurteilen. Jedenfalls ist das neben und über dem Testamentsvollstrecker amtierende Nachlaßgericht hiervon ausgeschlossen.

4. Sonderfälle

Anm. 5

Der Testamentsvollstrecker kann auch nur für einen bestimmten Erbteil oder nur einem bestimmten Erben gegenüber ernannt werden, weiter unter der Bestimmung eines Anfangs- oder Endtermins, unter einer auflösenden oder (Abs. 2) einer aufschiebenden Bedingung, so in einem gemeinschaftlichen Testament durch den erstversterbenden Ehegatten für seinen Nachlaß unter der Bedingung, daß der überlebende Ehegatte für seinen eigenen Nachlaß einen Vollstrecker ernennt (**RG** LZ 1921, 457[7]). Die Testamentsvollstreckung kann auch für ein Vermächtnis angeordnet werden. In diesem Falle kann der Testamentsvollstrecker gleichzeitig für den Erben und den Vermächtnisnehmer bestimmt werden. Dem steht BGB § 181 nicht entgegen, weil der Testamentsvollstrecker weder Vertreter des Erben noch des Vermächtnisnehmers ist und weil er auch seine Rechte weder von dem einen noch von dem andern ableitet (**BGH** 13, 203).

Mehrere Testamentsvollstrecker § 2224, Ernennung durch andere als den Erblasser §§ 2198—2200. Von der Ernennung eines Testamentsvollstreckers ist eine Anordnung nach § 2216 Abs. 2 zu unterscheiden (**OGH** 10. 11. 1949 I 103/48).

Anm. 6

Die Ernennung eines Testamentsvollstreckers, der das Gesamtgut der fortgesetzten Gütergemeinschaft in Besitz und Verwaltung nehmen soll, ist unwirksam (§ 1518; **RG** LZ 1916, 476[11] = JW 1916, 43). Über die Ernennung eines Testamentsvollstreckers durch den überlebenden Ehegatten bei der fortgesetzten Gütergemeinschaft des westfälischen Güterrechts s. KG JFG 17, 244; 19, 111.

Anm. 7

II. Ersatzernennung (Abs. 2)

Die Ersatzernennung gilt auch für den Fall, daß der Ernannte das Amt ablehnt. Es können mehrere Ersatzmänner nacheinander bestellt sein.

Anm. 8

III. Eintragungsvorschriften, Nachweise

Die Anordnung der Testamentsvollstreckung wird bei der Eintragung des Erben im Grundbuch (GBO § 52) und im Schiffsregister (früher FGG § 118, jetzt SchiffsRegO idF v. 26. 5. 1951 [BGBl I 360] § 55) miteingetragen. Dagegen gehört der Testamentsvollstreckungsvermerk als solcher nicht in das Handelsregister. Der Testamentsvollstrecker darf insbesondere nicht neben den als Firmeninhabern eingetragenen Erben im Handelsregister erscheinen (OLG Dresden JFA 5, 217; **RG** 132, 138; KG JW 1937, 2599; vgl. auch § 2205 Anm. 7). Zeugnis über die Ernennung § 2368. Angabe im Erbschein § 2364, Nachweis vor dem Grundbuchamt GBO § 35 Abs. 2 und zum Schiffsregister SchiffsRegO § 41.

§ 2198

Der Erblasser kann die Bestimmung der Person des Testamentsvollstreckers einem Dritten überlassen. Die Bestimmung erfolgt durch Erklärung gegenüber dem Nachlaßgerichte; die Erklärung ist in öffentlich beglaubigter Form abzugeben.

Das Bestimmungsrecht des Dritten erlischt mit dem Ablauf einer ihm auf Antrag eines der Beteiligten von dem Nachlaßgerichte bestimmten Frist.

E I 1890 II 2068; M 5 219; P 5 248—250; 6 95, 96.

Übersicht

Ernennung durch einen Dritten

Neueres Schrifttum: Höver, Die Einschaltung des Nachlaßgerichts bei der Ernennung des Testamentsvollstreckers, DFG 1939, 25.

Anm. 1

I. Allgemeines (Abs. 1 Satz 1)

Die **Bestimmung des Testamentsvollstreckers durch einen Dritten** durchbricht wie beim Vermächtnis (§§ 2151 ff) den Grundsatz des § 2065. Die Ermächtigung des Dritten kann wie in § 2197 Abs. 1 nur durch Testament ausgesprochen werden. In der Auswahl des Dritten, der geschäftsfähig sein muß, ist der Erblasser nicht beschränkt; er kann die Bestimmung auch mehreren Dritten oder einer Körperschaft, sogar (**RG** 92, 68, 72) dem Erben selbst überlassen. Auch eine öffentliche Behörde kann der Erblasser rechtswirksam mit der Ernennung eines Testamentsvollstreckers beauftragen; fällt jedoch die Ernennung nicht in den Rahmen der ihr gesetzlich übertragenen Zuständigkeit, so ist nur der jeweilige Leiter der Behörde als Privatperson beauftragt (KG JW 1938, 1900[42]). Der Dritte bestimmt den Testamentsvollstrecker nach freiem Belieben; er ist im allgemeinen nicht gehindert, sich auch selbst zu bestimmen und haftet — außer im Falle der Arglist — nicht für schuldhafte Auswahl. Bei offenbaren Mißgriffen hilft das Entlassungsrecht des Nachlaßgerichts aus (§ 2227). Die Bestimmung darüber, ob überhaupt eine Testamentsvollstreckung stattfinden soll, kann einem Dritten nicht überlassen werden (RJA 12, 63 = KGJ 42 A 210; OLG 44, 100). Eine solche letztwillige Verfügung wäre unwirksam. Hat ein Erblasser in seiner Verfügung von Todes wegen die Bestimmung der Person des Testamentsvollstreckers einem Dritten überlassen und macht der Dritte von diesem Recht Gebrauch, so steht dem Dritten kein Beschwerderecht zu, wenn das Nachlaßgericht einen anderen Testamentsvollstrecker ernennt (KG HRR 1939 Nr. 1166).

II. Art und Form der Bestimmung (Abs. 1 Satz 2)

Anm. 2

Die Bestimmung ist (wie bei der Ausschlagung § 1945 Abs. 1) durch unwiderrufliche **Erklärung gegenüber dem Nachlaßgericht** zu treffen (§§ 130 ff). Beglaubigung § 129, FGG §§ 167 Abs. 2, 183, 191, 200; RNotO § 77. Öffentliche Beglaubigung ist nur erforderlich, wenn es sich um eine Privaturkunde handelt. Der Präsident einer Rechtsanwaltskammer wird, wenn er auf das Ersuchen eines Erblassers einen Testamentsvollstrecker aus dem Kreise der Rechtsanwälte seines Bezirks ernennt, in seiner amtlichen Eigenschaft tätig. Das Schriftstück, das solche Ernennung in gehöriger Form enthält, ist demgemäß eine der öffentlichen Beglaubigung nicht fähige Urkunde (KG DR 1942, 1330[8] = JFG 23, 306 gegen KG JFG 21, 100).

Anm. 3

Die Erklärung über die Testamentsvollstreckerbestimmung braucht ferner nicht öffentlich beglaubigt zu werden, wenn die Bestimmung einem Notar als Inhaber eines öffentlichen Amtes überlassen worden war; in diesem Falle genügt die Beifügung des Amtssiegels (OLG Neustadt/W. DNotZ 1951, 339). Akteneinsicht § 2228. Gebühr für die Entgegennahme der Erklärung KostO § 112 Abs. 1 Nr. 6.

III. Fristsetzung (Abs. 2)

Anm. 4

Damit die Frage, ob eine Testamentsvollstreckung eintritt und wer Vollstrecker wird, nicht längere Zeit ungeklärt bleibt, ist den Beteiligten die Befugnis eingeräumt worden, dem Bestimmungsberechtigten wie beim Vermächtnis und bei der Auflage (§§ 2151 Abs. 3, 2193 Abs. 2; vgl. auch § 2202 Abs. 3) eine Frist zu setzen.

Anm. 5

Beteiligte sind, wie in §§ 2202 Abs. 3, 2216 Abs. 2, 2227 Abs. 1, außer den Erben, Nacherben, Pflichtteilsberechtigten, Vermächtnisnehmern, Auflageberechtigten (§ 2194) auch die sonstigen Nachlaßgläubiger (§ 2213, ZPO § 748) und die Mitvollstrecker, dagegen nicht die Auflagebedachten (vgl. LG Verden MDR 1955, 231).

Anm. 6

Hat der Erblasser eine Frist gesetzt, so erlischt das Bestimmungsrecht des Dritten jedenfalls mit dem Ablaufe dieser Frist; die Setzung einer kürzeren Frist durch das Nachlaßgericht wird dadurch aber nicht ausgeschlossen. Die Fristbemessung durch das Nachlaßgericht unterliegt der sofortigen Beschwerde nach FGG § 80 (OLG Stuttgart RJA 5, 41; über die Frage, in welchem Umfang dem Dritten ein Beschwerderecht zusteht, s. KG HRR 1939 Nr. 1166), die Ablehnung einfacher Beschwerde nach FGG §§ 19, 20. Eine Verlängerung der Frist ist nicht statthaft (FGG § 18 Abs. 2). Unterläßt der Dritte die Bestimmung innerhalb der Frist, so wird die Bestellung eines Testamentsvollstreckers überhaupt hinfällig. Gebühr für die Fristbestimmung KostO §§ 113, 115.

§ 2199

Der Erblasser kann den Testamentsvollstrecker ermächtigen, einen oder mehrere Mitvollstrecker zu ernennen.

Der Erblasser kann den Testamentsvollstrecker ermächtigen, einen Nachfolger zu ernennen.

Die Ernennung erfolgt nach § 2198 Abs. 1 Satz 2.

E I 2069; P 5 248—250.

Übersicht

Ernennung durch den Testamentsvollstrecker

Anm. 1

I. Ernennung von Mitvollstreckern (Abs. 1)

Die **Ermächtigung des Testamentsvollstreckers zur Ernennung von Mitvollstreckern** kann wie die Ernennung des Testamentsvollstreckers selbst nur durch Testament angeordnet werden (§ 2197). Sie kann jedem der gemäß §§ 2197, 2198, 2200 ernannten Vollstrecker, auch mehreren gemeinsam (Zuwahl) beigelegt werden, entweder so, daß nur der übereinstimmende Wille der bisherigen Vollstrecker zur Ernennung eines Mitvollstreckers führt (OLG 44, 96) oder mit Stichentscheid des Nachlaßgerichts (KG Recht 1914 Nr. 1117; § 2224 Anm. 5). Der Testamentsvollstrecker kann vom Erblasser in der Auswahl beschränkt, aber zur Wahl auch förmlich verpflichtet sein. Jedenfalls ist er dem Erben für sorgfältige Wahl durch §§ 2218, 2219 verhaftet. Aus eigener Machtvollkommenheit kann er eine Wahl nicht vornehmen. Es ist auch ausgeschlossen, daß der Erblasser, statt die Ermächtigung selbst zu erteilen, einem andern das Recht einräumt, den ernannten Testamentsvollstrecker zur Ernennung eines Mitvollstreckers zu ermächtigen (OLG 44, 102).

II. Ernennung eines Nachfolgers (Abs. 2)

Anm. 2

Die **Ernennung des Nachfolgers** gehört nicht zur „Amtsführung" des Testamentsvollstreckers im Sinne des § 2224 (KG DFG 1942, 45). Der Testamentsvollstrecker kann sie regelmäßig nur vornehmen, solange er selbst noch im Amte ist und nur für den Fall der Beendigung seines Amtes gemäß §§ 2225—2227 (aM Planck/Flad Anm. 4), nicht indem er die Ausführung der ihm übertragenen Aufgaben ganz, etwa mittels einer Generalvollmacht unmittelbar auf einen Dritten überträgt (**RG** 81, 170; OLG 9, 408; 10, 303). Das Kammergericht (RJA 12, 112 = KGJ 43 A 88) gestattet ihm auch die Ernennung eines Nachfolgers mit abgegrenztem Wirkungskreise, während er im übrigen das Amt weiterführt, falls sich ein entsprechender Wille des Erblassers ermitteln läßt.

Anm. 3

Der Testamentsvollstrecker kann seinen Nachfolger auch in einer Erklärung ernennen, die dem Nachlaßgericht erst nach seinem Tode übermittelt werden soll. Er muß nur dafür sorgen, daß seine in gehöriger Form abgegebene Erklärung (§ 2198 Abs. 1 Satz 2) dem Nachlaßgericht alsbald nach seinem Tode zugeht (§ 130 Abs. 2; vgl. KG JW 1936, 2462[13]; auch **RG** 170, 382).

Anm. 4

Darüber, inwieweit der Testamentsvollstrecker sich in der Ausübung des Amtes vertreten lassen darf, s. § 2218 Anm. 4f. Die Ernennung setzt die Bezeichnung einer bestimmten Person voraus, der Testamentsvollstrecker kann daher nicht schlechthin seine Erben zu Nachfolgern berufen (§ 2225 Anm. 4). Durch Auslegung des Testaments ist zu ermitteln, ob dem ernannten Nachfolger wiederum das Recht zustehen soll, seinen Nachfolger zu ernennen.

Anm. 5

III. Form der Ernennung (Abs. 3)

Öffentlich beglaubigte **Erklärung gegenüber dem Nachlaßgericht,** wenn der Erblasser nicht noch mehr, z. B. Beurkundung nach § 128, vorgeschrieben hat. Die in der gehörigen Form erklärte Ernennung des Nachfolgers ist wirksam, auch wenn sie dem Nachlaßgericht erst nach dem Ableben des Testamentsvollstreckers zugeht, sofern sie nur mit seinem Willen beim Nachlaßgericht eingereicht wird (KG JW 1936, 2462[13]). Akteneinsicht § 2228. Gebühr für die Entgegennahme der Erklärung KostO § 112 Abs. 1 Nr. 6 (vgl. KG DRM 1939, 494[512]).

§ 2200

Hat der Erblasser in dem Testamente das Nachlaßgericht ersucht, einen Testamentsvollstrecker zu ernennen, so kann das Nachlaßgericht die Ernennung vornehmen.

Das Nachlaßgericht soll vor der Ernennung die Beteiligten hören, wenn es ohne erhebliche Verzögerung und ohne unverhältnismäßige Kosten geschehen kann.

E II 2070; P 5 250—252.

Übersicht

Ernennung durch das Nachlaßgericht

Anm. 1

I. Das Ersuchen des Erblassers (Abs. 1)

Das Nachlaßgericht ernennt den Testamentsvollstrecker nie von Amts wegen. Die Ernennung **setzt** vielmehr ein **Ersuchen** des Erblassers **voraus**, das im Testamente gestellt sein muß, aber durch freie Auslegung daraus ermittelt werden kann (vgl. OLG 40, 132; 42 S. 128 u. 139; 43, 401 A 1 b; WarnRspr 13 Nr. 239; DRZ 1934 Nr. 264). Das Ersuchen braucht daher nicht ausdrücklich, vielmehr kann es auch stillschweigend gestellt sein. Die Ernennung des Testamentsvollstreckers durch das Nachlaßgericht muß nur dem mutmaßlichen Willen des Erblassers entsprechen (KG DNotZ 1955, 649). Für die Annahme, daß der Erblasser das Nachlaßgericht um die Ernennung habe ersuchen wollen, muß im Testament freilich irgendein Anhalt gegeben sein (KG DFG 1944, 57; aM OLG Hamburg JW 1934, 2247[9], allerdings unter Hinweis auf die besonderen Hamburger Verhältnisse). Nach OLG Düsseldorf MDR 1957, 421 soll es genügen, wenn sich im Wege der ergänzenden Auslegung ergibt, daß ein Ersuchen im Sinne des § 2200 dem Willen des Erblassers entsprechen würde, falls er bei Errichtung des Testaments vorausschauend die inzwischen eingetretene Entwicklung bedacht hätte. Ob ein Ersuchen vorliegt, ist nur vom Nachlaßgericht und den ihm übergeordneten Beschwerdeinstanzen (Anm. 7) zu prüfen; hat das Nachlaßgericht den Testamentsvollstrecker ernannt, so kann dessen Berechtigung nicht vom Prozeßgericht oder vom Grundbuchamt daraufhin nachgeprüft werden, ob ein Ersuchen vorliegt (Planck/Flad Anm. 10, KG Recht 1925 Nr. 2438; Stuttgart JW 1934, 923[18] m. Anm. von Rozycki-v. Hoewel; aM Schlegelberger FGG § 81 Anm. 4 und für das frühere preußische Recht KGJ 31 A 86; vgl. § 2227 Anm. 7). Hat das Nachlaßgericht einen Testamentsvollstrecker ernannt, ohne daß ein Ersuchen des Erblassers vorlag, so liegt darin lediglich ein wichtiger Grund, ihn auf Antrag eines der Beteiligten nach § 2227 zu entlassen (KG Recht 1925 Nr. 2438); die Wirksamkeit der Ernennung wird jedoch nicht berührt (KG DNotZ 1955, 649; so jetzt auch Kipp/Coing 11. Bearbeitung § 67 I 7 mit Anm. 14). Die abweichende Ansicht, der Ernannte werde in einem solchen Falle nicht Testamentsvollstrecker, stellt den Willen des Erblassers ohne Grund über die Entscheidung des Gerichts und widerspricht auch dem Erfordernis der Rechtssicherheit. Der Hinweis auf § 2201 paßt nicht, weil dort eine Ausnahme geregelt ist, die allgemeinen Rechtsgrundsätzen entspricht (im Ergebnis wie hier auch Palandt/Rechenmacher 19. Aufl. Anm. 1). — Das Ersuchen kann bedingungsweise gestellt und auf Ernennung eines Mitvollstreckers gerichtet sein; es begreift regelmäßig auch die Bestellung eines etwaigen Nachfolgers in sich und bleibt jedenfalls in Kraft, bis ein zur Annahme bereiter Testamentsvollstrecker gefunden oder der Versuch der Bestellung mißlungen ist.

II. Die Entscheidung des Nachlaßgerichts

1. Allgemeines

Anm. 2

Die Entscheidung über das Ersuchen ist in das pflichtmäßige Ermessen des Gerichts gestellt (JW 1937, 475[24]); sie kann nicht nur aus dienstgeschäftlichen Gründen, sondern auch deswegen abgelehnt werden, weil eine Testamentsvollstreckung mit Rücksicht auf die Lage des Nachlasses und berechtigte Interessen der Nachlaßbeteiligten nicht zweckmäßig erscheint (KGJ 45, 114). Es kann auch geboten sein, die Ernennung eines bestimmten Testamentsvollstreckers abzulehnen, wenn Schwierigkeiten mit den

Erben vorauszusehen sind, die zu einer Entlassung des in Aussicht genommenen Testamentsvollstreckers — wenn auch vielleicht ohne sein Verschulden — führen können (OLG Düsseldorf MDR 1957, 421). Das Gericht hat im übrigen freie Wahl und kann auch ohne besonderes Ersuchen mehrere Vollstrecker ernennen. Die Ernennung des Testamentsvollstreckers kann unter Umständen in der Erteilung des Testamentsvollstreckerzeugnisses gefunden werden (JFG 19, 40). Sie wird jedoch erst wirksam, wenn sie dem Ernannten durch förmliche Zustellung oder zur Niederschrift bekannt gemacht ist (KG JW 1939, 421; HRR 1939 Nr. 167; KG DNotZ 1955, 649).

Anm. 3

Der Notar ist vom Amt des Testamentsvollstreckers nicht deshalb ausgeschlossen, weil er den Erbvertrag beurkundet hat (LG Göttingen DNotZ 1952, 445; vgl. auch OLG Hamburg DR 1939, 1524).

Anm. 4

Aus dem Grundsatz der Gleichbehandlung von sachlichem und Verfahrensrecht folgt, daß wegen eines dem holländischen Recht unterworfenen inländischen Nachlasses das deutsche Nachlaßgericht auch nicht auf Ersuchen des Erblassers befugt ist, einen Testamentsvollstrecker zu ernennen (OLG Neustadt/W. JZ 1951, 644 mit Anm. von Neuhaus).

Anm. 5

2. Anhörung der Beteiligten (Abs. 2)

Vor der Ernennung sind die Beteiligten tunlichst zu hören. Zum Begriff der **Beteiligten** vgl. § 2198 Abs. 3. Es handelt sich um eine bloße Ordnungsvorschrift; s. auch §§ 2216 Abs. 2 Satz 3, 2227 Abs. 2. Die Beteiligten sind darüber zu hören, ob überhaupt ein Testamentsvollstrecker und wer dazu ernannt werden soll. Auch die Nachlaßgläubiger gehören zwar zu den Beteiligten, doch wird ihre Anhörung in der Regel zu zeitraubend und daher untunlich oder doch nur in beschränktem Umfange angebracht sein. Das Nachlaßgericht darf aber nur dann davon absehen, die Beteiligten zu hören, wenn es nicht ohne erhebliche Verzögerung und nicht ohne unverhältnismäßige Kosten geschehen könnte (HansGZ 1928 B 608). Ein Verstoß hiergegen gibt Grund zur Beschwerde. — Recht der Beteiligten auf Akteneinsicht und Ausfertigungen FGG §§ 78, 85; vgl. auch Anm. zu § 2228. Gebühr für die Ernennung KostO §§ 113, 115.

Anm. 6

3. Unwirksamkeit der gerichtlichen Ernennung

Fehlt ein Ernennungsersuchen, so führt das nicht ohne weiteres zur Unwirksamkeit einer gleichwohl vorgenommenen Ernennung, sondern bildet in der Regel nur einen wichtigen Grund zur Entlassung des Testamentsvollstreckers (KG DNotZ 1955, 649). Unwirksamkeit tritt jedoch — abgesehen von den Fällen des § 2201 — ein, wenn die Ernennung nicht förmlich zugestellt worden ist (vgl. KG HRR 1939 Nr. 167). Ist die Bestellung eines Testamentsvollstreckers durch das Nachlaßgericht wegen eines Fehlers im Bestellungsakt unwirksam, so ist der Bestellte, solange er das Amt im Vertrauen auf die Gültigkeit der Bestellung ausgeübt hat, den Beteiligten gegenüber wie ein wirksam bestellter Testamentsvollstrecker berechtigt und verantwortlich (**RG** 27. 9. 1937 IV 93/37). Über die Haftung des Testamentsvollstreckers und seinen Vergütungsanspruch im Falle der Unwirksamkeit der Ernennung s. § 2219 Anm. 4, § 2221 Anm. 8.

4. Rechtsmittel

Anm. 7

Sofortige Beschwerde gegen die Ernennung nach FGG § 81 (KGJ 31 A 91; 49 A 249), deren jedoch der nach § 2202 Abs. 2 ablehnungsberechtigte Tesamentsvollstrecker selbst nicht bedarf. Wird die Ernennung auf Beschwerde aufgehoben, so bleiben doch die inzwischen vom Testamentsvollstrecker oder ihm gegenüber vorgenommenen Rechtsgeschäfte wirksam, FGG § 32. Gegen die Ablehnung der Ernennung ist einfache Beschwerde nach FGG §§ 19, 20 Abs. 1 gegeben.

Anm. 8

Beschwerdeberechtigt sind die Erben, und zwar jeder einzelne Miterbe, auch wegen einer vom Erblasser für den Erbteil eines andern Erben angeordneten Testamentsvollstreckung (RJA 11, 15), der Mitvollstrecker und die Nachlaßgläubiger, insbesondere auch Vermächtnisnehmer (RJA 8, 189) und Pflichtteilsberechtigte (OLG 40, 132 Anm. 1b). Hat das Nachlaßgericht einen Testamentsvollstrecker ernannt und dieser das Amt angenommen, das Beschwerdegericht aber die Ernennung aufgehoben, so hat der Ernannte die weitere Beschwerde gegen die Aufhebung (KGJ 40 A 42; HRR 1939 Nr. 1166 = DRW 1939, 1585).

§ 2201

Die Ernennung des Testamentsvollstreckers ist unwirksam, wenn er zu der Zeit, zu welcher er das Amt anzutreten hat, geschäftsunfähig oder in der Geschäftsfähigkeit beschränkt ist oder nach § 1910 zur Besorgung seiner Vermögensangelegenheiten einen Pfleger erhalten hat.

E I 1891 II 2071; M 5 219, 220; P 5 252.

Übersicht

Unfähigkeit zum Testamentsvollstrecker

Anm. 1

I. Unwirksamkeit der Ernennung

Die Ernennung verliert in allen Fällen (§§ 2197—2200) durch Mängel der Geschäftsfähigkeit, die bis zu dem in Anm. 2 angegebenen Zeitpunkt eintreten, von selbst ihre Kraft, ohne daß sie, auch im Falle des § 2200, noch besonders aufgehoben zu werden braucht.

Anm. 2

II. Maßgebender Zeitpunkt

Maßgebend ist der **Zeitpunkt, zu welchem er das Amt anzutreten hat,** d. h. in dem der Ernannte, abgesehen von der Geschäftsfähigkeit, in der Lage ist, sich über die Annahme des Amtes nach § 2202 Abs. 2 zu erklären (RJA 11, 92 = KGJ 41 A 70). Steht die Ernennung unter einem Anfangstermin, oder unter einer aufschiebenden Bedingung (§ 2197 Anm. 5), so ist, wenn die Annahme schon vorher erklärt war (§ 2202 Anm. 8), der Eintritt des Termins oder der Bedingung entscheidend. Wird die Entmündigung oder die vorläufige Vormundschaft erst nach dem hiernach maßgebenden Zeitpunkte aufgehoben, so hat das (abweichend von dem Grundsatze des § 115 und FGG § 61) keine rückwirkende Kraft. Erlöschen des Amtes infolge später eintretender Unfähigkeit § 2225. Vgl. über den maßgebenden Zeitpunkt im einzelnen Planck/Flad Anm. 3.

III. Gründe der Unwirksamkeit

Anm. 3

Geschäftsunfähigkeit § 104, **beschränkte Geschäftsfähigkeit** des Minderjährigen § 106, des wegen Geistesschwäche, Verschwendung oder Trunksucht Entmündigten oder nach § 1906 unter vorläufige Vormundschaft Gestellten § 114.

Anm. 4

§ 1910 betrifft **Pflegschaft** wegen geistiger oder körperlicher Gebrechen. Doch ist der Testamentsvollstrecker nicht unfähig, dem ein Pfleger nach § 1910 Abs. 2 nur für seine Person oder für einzelne Vermögensangelegenheiten bestellt ist.

IV. Besonderes

Anm. 5

Neben den Unfähigkeitsgründen gibt es beim Testamentsvollstrecker **keine** gesetzlich festgelegten **Untauglichkeitsgründe** (anders beim Vormund, §§ 1780, 1781). Der Gemeinschuldner ist nicht unfähig zum Testamentsvollstrecker. Doch kann die Konkurseröffnung, und zwar schon vor Antritt des Amtes, einen Grund zur Entlassung bilden (§ 2227). Dasselbe gilt vom Ehrverlust. Wer den Offenbarungseid geleistet hat oder gerichtlich bestraft worden ist, kann unter Umständen gleichfalls als Testamentsvollstrecker entlassen werden.

Anm. 6

Die Ernennung durch den Erblasser kann, wie jede letztwillige Verfügung, gemäß §§ 2078, 2081 Abs. 1 angefochten werden.

§ 2202

Das Amt des Testamentsvollstreckers beginnt mit dem Zeitpunkt, in welchem der Ernannte das Amt annimmt.

Die Annahme sowie die Ablehnung des Amtes erfolgt durch Erklärung gegenüber dem Nachlaßgerichte. Die Erklärung kann erst nach dem Eintritte des Erbfalls abgegeben werden; sie ist unwirksam, wenn sie unter einer Bedingung oder einer Zeitbestimmung abgegeben wird.

Das Nachlaßgericht kann dem Ernannten auf Antrag eines der Beteiligten eine Frist zur Erklärung über die Annahme bestimmen. Mit dem Ablaufe der Frist gilt das Amt als abgelehnt, wenn nicht die Annahme vorher erklärt wird.

E I 1892 II 2072; M 5 220—222; P 5 252. 253.

Übersicht

Annahme und Ablehnung des Amtes

I. Beginn des Amtes (Abs. 1)

Anm. 1

Das Amt des Testamentsvollstreckers fällt dem Ernannten nicht kraft Gesetzes an; er erhält dessen Rechte und Pflichten vielmehr erst durch die von ihm selbst abzugebende Annahmeerklärung. Der Beginn des Amtes fällt mit der Annahmeerklärung nur der Regel nach zusammen. Ausnahme s. Anm. 8.

Anm. 2

Hatte sich der Ernannte durch Vertrag mit dem Erblasser zur künftigen Annahme des Amtes verpflichtet, so kann er hierauf oder auf Zahlung einer etwa bedungenen Vertragsstrafe oder wegen Nichterfüllung auf Schadenersatz verklagt werden (vgl. DR 1939, 1524[35] mit Anm. von Smolla). Der Zwangsvollstreckung aus dem auf Annahme oder Wahrnehmung des Amtes lautenden Urteil könnte der widerstrebende Schuldner jederzeit mit der Kündigung begegnen (§ 2226). Ist dem in Aussicht genommenen Testamentsvollstrecker eine Zuwendung mit der Auflage gemacht, das Amt zu übernehmen, so entscheiden die §§ 2194, 2195. Die unter einer Bedingung gleichen Inhalts gemachte Zuwendung wird mit der Ablehnung ohne weiteres hinfällig.

Anm. 3

Rechtsgeschäfte, die der Testamentsvollstrecker vor Amtsantritt vornimmt, sind unwirksam und können auch durch den bloßen Amtsantritt nicht wirksam werden, wohl aber dadurch, daß der Testamentsvollstrecker den von ihm geschlossenen Vertrag oder das vorgenommene einseitige Rechtsgeschäft gemäß §§ 177, 180 nach dem Amtsantritt genehmigt. Denn er kann hierbei nur als Vertreter des künftigen Testamentsvollstreckers — allerdings seiner selbst — gehandelt haben. Nimmt er Verfügungen vor, so sind es Verfügungen eines Nichtberechtigten, die gemäß § 185 Abs. 2 dadurch wirksam werden, daß er sie nach Amtsantritt als nunmehr Berechtigter genehmigt.

II. Form der Annahme oder Ablehnung (Abs. 2 Satz 1)

Anm. 4

Die Annahme oder Ablehnung ist nur wirksam, wenn sie **dem Nachlaßgericht gegenüber** abgegeben wird (§ 130 Abs. 3). Eine Annahme durch schlüssige Handlungen, entsprechend der Erbschaftsannahme durch Betätigung als Erbe (§ 1943 Anm. 8f) ist deshalb ausgeschlossen. Immerhin ist die Erklärung an keine Form gebunden; sie braucht insbesondere nicht beglaubigt zu werden (KGJ 28 A 284); sie kann privatschriftlich (**RG** JW 1910, 903[9]), auch durch Bevollmächtigte abgegeben werden und in anderen an die Behörde gerichteten Anträgen oder Äußerungen stillschweigend enthalten sein, z.B. in Eingaben an das Nachlaßgericht, in denen der Ernannte sich darauf beruft, daß er Testamentsvollstrecker sei, und um Urkundenabschriften bittet (**RG** 81, 171; WarnRspr 1914 Nr. 63; über die Abgabe der Erklärung gegenüber der das Grundbuch führenden Abteilung des Amtsgerichts s. JFG 17, 282).

Anm. 5

Erklärt der Testamentsvollstrecker, er sei grundsätzlich bereit, das Amt anzunehmen, bittet er jedoch zugleich, die Erklärungsfrist zu verlängern, so liegt darin nur eine Bereitschaft zur Annahme, aber noch nicht die Annahme selbst (KG DFG 1944, 34 = DNotZ 1944, 99).

Anm. 6

Annahme und Ablehnung (KGJ 29 A 45) sind unwiderruflich, doch verbleibt dem Annehmenden das Kündigungsrecht.

Anm. 7

Die im gesetzlichen Güterstande lebende Ehefrau brauchte zur Annahme des Amtes auch schon vor dem 1. 4. 1953 nicht die Zustimmung des Mannes (§ 1399 Abs. 1). Da es sich bei der Amtsübernahme jedoch nicht um die Verpflichtung zu einer Leistung im Sinne des § 1358 handelt, war auch das Kündigungsrecht des Mannes ausgeschlossen (aM Planck/Flad Anm. 10, Crome § 674 Anm. 37; Kipp/Coing § 67 Anm. 26)

III. Zeitpunkt der Erklärung (Abs. 2 Satz 2 Halbsatz 1)

Anm. 8

Wenn die Annahme oder Ablehnung auch **nicht vor dem Erbfall**, oder, falls es sich um Testamentsvollstrecker für die Nacherbschaft handelt, nicht vor Eintritt der Nacherbfolge (§ 2139) erklärt werden kann, so ist doch der Ernannte nicht notwendig schon von diesem Zeitpunkte ab verpflichtet, sich zu erklären. Insbesondere kann er, wenn er unter Bestimmung eines späteren Anfangstermins oder unter einer aufschiebenden Bedingung ernannt ist, nicht vor Eintritt des Termins oder der Bedingung durch Fristsetzung (Abs. 3) zur Erklärung angehalten werden. Keinesfalls kann in diesem Falle die etwa schon vorher erklärte Annahme den Beginn des Amtes (Abs. 1) zur Folge haben. Die Erklärung kann auch abgegeben werden, bevor das Testament eröffnet worden ist (**RG** 74, 37f). Es gehört eigentlich sogar zu den Aufgaben eines Testamentsvollstreckers, der um seine Ernennung weiß und das Amt annehmen will, die Eröffnung schnellstens zu betreiben.

IV. Inhalt der Erklärung (Abs. 2 Satz 2 Halbsatz 2)

Anm. 9

Damit alsbald und endgültig geklärt wird, wer Testamentsvollstrecker ist, darf der Ernannte seine Erklärung **nicht** unter einer **Bedingung** oder **Zeitbestimmung** abgeben. Ein Verstoß hiergegen macht die Erklärungen unwirksam (vgl. auch §§ 1947, 2180 Abs. 2 Satz 2). Die Vorschrift hindert jedoch nicht, sich sogleich nach dem Erbfall endgültig über die Annahme oder Ablehnung des nur bedingt oder befristet angetragenen Amtes zu erklären (Planck/Flad Anm. 11 Abs. 2). Ist der Ernannte zur Zeit dieser Erklärung in der Geschäftsfähigkeit beschränkt, so kann er die Annahme nach allgemeinen Grundsätzen (§§ 107, 114) unter Einwilligung seines gesetzlichen Vertreters erklären. § 2201 fordert Geschäftsfähigkeit nur für die Zeit des Amtsantritts. Daß für einen Geschäftsunfähigen sein gesetzlicher Vertreter die Annahme erklären könnte, ist wegen der höchstpersönlichen Natur der Berufung zum Amte zu verneinen (Planck/Flad Anm. 10).

Anm. 10

Zur Schadenersatzpflicht eines Notars, der in einem von ihm selbst beurkundeten Testament zum Testamentsvollstrecker ernannt war, das Amt nach dem Eintritte des Erbfalls jedoch nicht angenommen und trotz Sorgebedürftigkeit des Nachlasses keine ausreichenden Schritte zu seiner Sicherung unternommen hat, vgl. OLG Hamburg DR 1939, 1524 mit Anm. von Smolla.

V. Fristsetzung für den Ernannten (Abs. 3)

Anm. 11

Von der **Fristbestimmung durch das Nachlaßgericht** und dem Beschwerderecht gilt das in § 2198 Anm. 4f Gesagte. Die Frist läuft auch gegen den über seine Ernennung im Rechtsirrtum befindlichen Testamentsvollstrecker und ungeachtet der gegen die Fristbestimmung eingelegten Beschwerde (KGJ 43, 86). Über Ablehnung der Fristbestimmung im Falle befristeter oder bedingter Ernennung s. oben Anm. 8.

VI. Besonderes

Anm. 12

Das Nachlaßgericht hat dem Testamentsvollstrecker auf Antrag ein Zeugnis über die Ernennung zu erteilen (vgl. im einzelnen § 2368 mit Anm.). Es dient dem Grundbuchamt gegenüber zugleich als Nachweis der Annahme (**RG** JW 1906, 132[3]; SeuffArch 61, 382). Der Grundbuchbeamte handelt schuldhaft, wenn er die Verfügungsbefugnis des Testamentsvollstreckers allein einem privatschriftlichen Testament des Erblassers entnimmt, ohne das Testamentsvollstreckerzeugnis einzufordern, durch dessen Einsicht er mindestens zu erheblichen Zweifeln im Hinblick auf die Verfügungsbefugnis des Testamentsvollstreckers im konkreten Fall hätte gelangen müssen (**RG** 2. 7. 1932 V 183/32). Angabe im Erbschein § 2364, Akteneinsicht § 2228, Vergütung § 2221, Gebühr für die Entgegennahme der Erklärungen KostO § 112 Abs. 1 Nr. 6, 115, Haftung der Erben KostO § 6.

§ 2203

Der Testamentsvollstrecker hat die letztwilligen Verfügungen des Erblassers zur Ausführung zu bringen.

E I 1897 Abs. 1 II 2073; M 5 226—228; P 5 261—272. 283

Übersicht

Ausführung der letztwilligen Verfügungen

I. Allgemeines

Anm. 1

Die **Ausführung der letztwilligen Verfügungen** ist die vornehmste, wenn auch nicht die einzige Aufgabe des Testamentsvollstreckers (§§ 2204ff). Die Aufgabe obliegt grundsätzlich auch dem zum Testamentsvollstrecker bestellten Miterben (**RG** 61, 142) und betrifft Verfügungen aller Art, auch familienrechtlichen Inhalts, sofern der Testamentsvollstrecker rechtlich und tatsächlich zu der Ausführung imstande und nicht vom Erblasser selbst beschränkt ist. Auch mit der Ausführung einer Bestattungsanordnung, selbst als einziger Aufgabe, kann ein Testamentsvollstrecker betraut werden (**RG** JW 1912, 540[19]; Josef Gruchot 65, 308—310 gegen Kipp § 113 Anm. 5). Wenn der Testamentsvollstrecker Verfügungen nicht selbst unmittelbar ausführen kann, kann er im Zweifel die Ausführung, insbesondere die Erfüllung einer Auflage vom Erben verlangen (§ 2208 Abs. 2). Der Testamentsvollstrecker kann auch berufen sein, dafür zu sorgen, daß die einem Vermächtnisnehmer auferlegten Beschwerungen ausgeführt werden (§ 2223). Insoweit kann er gleichzeitig für den Erben tätig werden (**BGH** 13, 203; vgl. auch Anm. 1 zu § 2197). Nach § 83 hat er die Genehmigung einer vom Erblasser errichteten Stiftung nachzusuchen.

II. Stellung des Testamentsvollstreckers

Anm. 2

Der Testamentsvollstrecker handelt bei der Ausführung kraft eigenen, ihm vom Erblasser übertragenen Rechtes (**RG** 56, 330; 59, 365).

Anm. 3

1. Gegenüber den Erben ist er deshalb von Weisungen unabhängig. Er kann auch durch den übereinstimmenden Willen der Miterben nicht gebunden oder zur Vornahme ihm untersagter Handlungen, z. B. unentgeltlicher Verfügungen, ermächtigt werden (**RG** 74, 215; 105, 249ff). Das gilt insbesondere bei der Enterbung in guter Absicht (§ 2338 Abs. 1).

Anm. 4

Das Rechtsverhältnis zwischen Testamentsvollstrecker und Erben regelt im übrigen § 2218. Der Erbe kann auch seinerseits den Testamentsvollstrecker auf Ausführung der letztwilligen Verfügungen, z. B. Auszahlung von Vermächtnissen, in Anspruch nehmen. Entsteht Streit über Gültigkeit und Tragweite einzelner Verfügungen, z. B. einer Vermächtnisanordnung, so steht beiden gegeneinander die Feststellungsklage zu. Das rechtliche Interesse des Erben besteht darin, daß er Träger der Verpflichtungen bleibt, dasjenige des Testamentsvollstreckers in seiner Verantwortlichkeit nach § 2219 (hierzu **RG** WarnRspr 1912 Nr. 174, 3). Für die Kosten eines Rechtsstreits, den der Testamentsvollstrecker gegen die Erben verliert, haftet der Nachlaß; der Testamentsvollstrecker haftet nur bei Verschulden aus dem Gesichtspunkt des Schadenersatzes persönlich (OLG Hamburg DNotZ 1939, 127). Die Erfüllung einer Verbindlichkeit muß der Erbe zwar gelten lassen, doch steht ihm unter Umständen nach § 812 der Bereicherungsanspruch, z. B. gegen den Empfänger eines diesem nicht gebührenden Vermächtnisses, zu (**RG** 1. 10. 1906 IV 80/06). Geeignetenfalls kann der Erbe einstweilige Verfügungen gegen den Testamentsvollstrecker ausbringen. Eine Leistung, die der Testamentsvollstrecker zur Erfüllung einer irrigerweise angenommenen, in Wahrheit nicht bestehenden Nachlaßverbindlichkeit bewirkt, ist im übrigen eine unentgeltliche Verfügung, die nach § 2205 Satz 3 auch bei Zustimmung der Erben unwirksam ist (**RG** 105, 246). Der Testamentsvollstrecker ist nicht unbedingt verpflichtet, den Erben die Ausführung einer letztwilligen Verfügung gemäß § 2203 vorher anzuzeigen. Aber vielfach wird sich aus dem besonderen Vertrauensverhältnis, das zwischen ihm und den Erben herrschen soll, die Pflicht ergeben, die Erben vor einschneidenden Maßnahmen zu hören (**RG** 130, 139).

Anm. 5

2. Zwischen **Erbansprechern** und dem Testamentsvollstrecker kann über Bestehen oder Nichtbestehen eines Erbrechts oder Nacherbrechts grundsätzlich nicht ge-

stritten werden; das folgt daraus, daß der Testamentsvollstrecker weder einen bestimmten Erben vertritt noch die Rechte der Erben am Nachlasse, sondern gegebenenfalls (§ 2205) den Nachlaß selbst für den wahren Erben zu verwalten hat (**RG** WarnRspr. 1919 Nr. 136; HRR 1932 Nr. 1453). Besondere Umstände können eine Ausnahme von dem Grundsatze begründen; so, wenn von der mit der Klage begehrten Feststellung, daß ein unter der Verwirkungsklausel (§ 2074 Anm. 5) zugewendetes Erbrecht verwirkt oder nicht verwirkt sei, die Art der Erbteilung durch den Testamentsvollstrecker oder sonst die Vollziehung einer letztwilligen Verfügung abhängt (**RG** 106, 47ff; Gruchot 62, 631; LZ 1922, 197[7]). Die Frage des Erbrechts kann auch, wenn der Testamentsvollstrecker aus Anlaß der ihm obliegenden Geschäftsführung klagt oder verklagt wird, als bloße Vorfrage in den Urteilsgründen oder gemäß ZPO § 280 entschieden werden (**RG** JW 1909, 52[18]; 13. 11. 1919 IV 218/19). Daß in dem Prozesse mit dem Testamentsvollstrecker insbesondere die Gültigkeit des Testaments, das seine Ernennung enthält, zu prüfen ist, ergibt sich aus der Bedeutung dieses Punktes für seine Sachbefugnis (**RG** JW 1919, 724[11]; vgl. auch **RG** LZ 1922, 513[3]).

III. Besondere Rechte des Testamentsvollstreckers

Anm. 6

Das Anfechtungsrecht (§ 2078) hat der Testamentsvollstrecker nur gegenüber Verfügungen, die seine Rechte aufheben oder beschränken. Gegen den dritten Erbschaftsbesitzer steht auch dem verwaltenden Testamentsvollstrecker der Erbschaftsanspruch zu (§ 2018 Anm. 3). Im übrigen s. wegen der Prozeßführung §§ 2212, 2213. Antrag auf Erteilung des Erbscheins § 2353 Anm. 6—9, auf Einziehung des unrichtigen Erbscheins § 2364 Anm. 4.

Anm. 7

Darüber, daß der Testamentsvollstrecker vom Erblasser nicht zur authentischen Auslegung des letzten Willens ermächtigt (**RG** WarnRspr 31 Nr. 9), dagegen zum Schiedsrichter bestellt werden kann, vgl. im einzelnen **RG** 66, 103; 100, 76; § 2065 Anm. 5, 6; auch § 2084 Anm. 40. Der Erblasser kann die Machtbefugnisse des Testamentsvollstreckers nicht über das Höchstmaß hinaus, das in den §§ 2203—2210 zugelassen worden ist, erweitern, soweit es sich nicht um Befugnisse handelt, die er auch jedem Dritten übertragen könnte (**RG** WarnRspr 1915 Nr. 292).

§ 2204

Der Testamentsvollstrecker hat, wenn mehrere Erben vorhanden sind, die Auseinandersetzung unter ihnen nach Maßgabe der §§ 2042 bis 2056 zu bewirken.

Der Testamentsvollstrecker hat die Erben über den Auseinandersetzungsplan vor der Ausführung zu hören.

E I 1898 2156 II 2074; M 5 228—231; P 5 272—276; 6 96—98. 348. 349.

Übersicht

Auseinandersetzung der Miterben

I. Das „Bewirken" des Testamentsvollstreckers (Abs. 1)

Anm. 1

1. Allgemeines

Die Auseinandersetzung unter Miterben gehört ohne weiteres zu den Aufgaben des Testamentsvollstreckers, wenn sie ihm nicht nach den §§ 2208, 2209 entzogen ist. Eine gerichtliche Auseinandersetzung findet deshalb überhaupt nicht statt, auch nicht auf übereinstimmenden Antrag aller Beteiligten, wenn ein hierzu berechtigter Testamentsvollstrecker vorhanden ist (FGG § 86 Abs. 1). Das Nachlaßgericht hat das letztere von Amts wegen zu prüfen (vgl. LG Koblenz JZ 1959, 316, 317; 1960, 313 unter 4d).

Anm. 2

2. Ausschluß der Auseinandersetzung

Wie die genannten Bestimmungen ergeben, hat sich der Testamentsvollstrecker der Auseinandersetzung zu enthalten, solange einer der Gründe der §§ 2043—2045 der Vornahme entgegensteht; ihn bindet auch eine Vereinbarung der Erben, die Erbengemeinschaft fortzusetzen (§§ 2042, 749 ff; **RG** WarnRspr 1934 Nr. 21). Jedoch haben diese Beschränkungen nur schuldrechtliche Bedeutung, eine im Widerspruche mit ihnen vorgenommene Verfügung des Testamentsvollstreckers ist wirksam (KGJ 52, 113). Heben die Erben die Vereinbarung über die Fortsetzung der Erbengemeinschaft auf oder verlangt trotz einer solchen Vereinbarung einer der Erben aus wichtigem Grunde (§ 749 Abs. 2, 3) die Aufhebung der Gemeinschaft, so ist der Testamentsvollstrecker berufen, die Auseinandersetzung durchzuführen. Die abweichende Ansicht des OLG München (JFG 14, 190), in einem solchen Falle sei nur die gerichtliche Auseinandersetzung zulässig, weil „ein zur Bewirkung der Auseinandersetzung berechtigter Testamentsvollstrecker nicht vorhanden sei", ist weder zwingend begründet noch zweckmäßig (vgl. auch Erman/Hense Anm. 1). Ist unter Ehegatten letztwillig der Überlebende bis zu seiner Wiederverheiratung als Testamentsvollstrecker berufen, aber die Auseinandersetzung über den Nachlaß des Erstversterbenden bis zur Wiederheirat des Überlebenden ausgeschlossen worden, so ist regelmäßig der Ausschluß nur im Interesse des überlebenden Ehegatten angeordnet; er darf daher die Auseinandersetzung auch schon vor seiner Wiederheirat bewirken (OLG Stuttgart HEZ 2, 115).

Anm. 3

3. Auseinandersetzungsbestimmungen

Für die Auseinandersetzung selbst sind zunächst die Anordnungen des Erblassers bindend. Wenn sie dem billigen Ermessen des Testamentsvollstreckers anheimgestellt ist (§ 2048; **RG** SeuffArch 88 Nr. 124), ist dieses Ermessen, sonst sind die gesetzlichen Vorschriften der angezogenen §§ 2042 ff maßgebend (vgl. wegen der Bindung des Testamentsvollstreckers an die Vorschriften des § 2046 **RG** 95, 325). Kraft seiner Verfügungsmacht über den Nachlaß (§ 2205) kann der Testamentsvollstrecker den Erben einzelne Erbschaftsgegenstände unmittelbar übertragen, z. B. Nachlaßgrundstücke an sie auflassen und Rechte für sie begründen (über die Notwendigkeit, die Erbfolge bei der Umschreibung eines Grundstücksrechtes des Erblassers auf den Erben grundbuchmäßig nachzuweisen s. KG HRR 1938 Nr. 314). Er ist auch trotz § 753 zum freihändigen Verkauf zu Zwecken der Teilung berechtigt, und zwar nicht nur nach außen hin, sondern auch im schuldrechtlichen Innenverhältnis zu den Erben; es steht insbesondere in seinem freien Ermessen, ob er ein Nachlaßgrundstück auch gegen den Willen der Erben freihändig verkaufen oder ob er es versteigern lassen will (**RG** 108, 289; zustimmend Planck/Greiff Anm. 3d; Endemann JW 1925, 785 zu 38; vgl. KGJ 52, 119; ferner OLG Saarbrücken JZ 1953, 509 mit Anm. von Keidel). Ist der Testamentsvollstrecker zugleich Miterbe, so kann er regelmäßig das zu teilende Nachlaßgrundstück zu dem ihm zukommenden Bruchteil auch an sich selbst auflassen (**RG** 61, 142; § 2205 Anm. 14).

Anm. 4

4. Ausgleichung unter den Miterben

Der Testamentsvollstrecker hat auch die Ausgleichung der Miterben herbeizuführen, bleibt aber bei der nachgiebigen Natur der §§ 2050—2056 (§ 2050 Anm. 3) an eine etwaige abweichende Regelung der Ausgleichspflicht durch Vertrag der Erben gebunden. Einen Streit über die Ausgleichspflicht haben die Miterben grundsätzlich untereinander und nicht gegen den Testamentsvollstrecker auszutragen (**RG** Recht 1929 Nr. 516; HRR 1932 Nr. 1307); besondere Umstände können aber ein Rechtsschutzbedürfnis für eine von ihm oder gegen ihn zu betreibende Feststellung begründen (vgl. die für Erbanwärterstreitigkeiten ergangenen Entscheidungen bei § 2203 Anm. 5).

Anm. 5

5. Verhältnis zu den Erben

Das Auskunftsverlangen des (nicht mit angezogenen) § 2057 steht dem Testamentsvollstrecker außer in Vollmacht eines Erben nicht zu. Im übrigen braucht er Vereinbarungen der Erben über eine von den Anordnungen des Erblassers oder den gesetzlichen Vorschriften abweichende Auseinandersetzung nicht zu berücksichtigen (**RG** 61, 145). Vielmehr bindet seine Auseinandersetzung die Erben. Diese braucht nicht gemäß § 1822 Nr. 2 vom Vormundschaftsgericht genehmigt zu werden, da es sich dabei nicht um einen Vertrag handelt.

Anm. 6

6. Sondertestamentsvollstrecker

Der nur für einen Erbteil oder einen bestimmten Erben ernannte Testamentsvollstrecker kann die Auseinandersetzung betreiben und vertritt hierbei den Erben; er kann sie aber nicht selbst — wie der gewöhnliche Testamentsvollstrecker — im Sinne des § 2204 Abs. 1 „bewirken“. Er kann vielmehr nur an Stelle des Erben, jedoch kraft seines Amtes aus eigenem Recht, einen Auseinandersetzungsvertrag schließen, wobei gegebenenfalls seine Willenserklärungen hinsichtlich einzelner Nachlaßgegenstände, aber auch nur insoweit, den Miterben binden (Planck/Flad § 2204 Anm. 9 und § 2211 Anm. 2; **BGH** 21. 5. 1953 IV ZR 234/52). Ist der Testamentsvollstrecker nur eingesetzt worden, um den Erbteil eines Minderjährigen bis zu dessen Volljährigkeit zu verwalten, so ist er auch nicht ohne weiteres befugt, einen Erbauseinandersetzungsvertrag zu schließen (**BGH** aaO).

Anm. 7

II. Anhören der Erben über den Auseinandersetzungsplan (Abs. 2)

Ein Auseinandersetzungsplan ist zwar nicht unbedingt erforderlich, aber durch Abs. 2 ist dem Testamentsvollstrecker (wie nach FGG § 93 dem Nachlaßgericht) die Anfertigung für den Regelfall vorgeschrieben. Sie ist erst dann geboten, wenn die Nachlaßverbindlichkeiten getilgt sind (§ 2046; **RG** 95, 329) und der Überschuß (§ 2947 Anm. 1) zur Verteilung reif ist. Die Erben brauchen den Plan nicht zu genehmigen; sie sind nur zu hören. Die Planfeststellung hat keine dingliche Wirkung. Sie verpflichtet die Erben, einander die ihnen zugeteilten Nachlaßgegenstände zu übertragen. Der Testamentsvollstrecker kann kraft seiner Verfügungsmacht (Anm. 2) die Verpflichtung trotz eines etwaigen Widerspruchs der Verpflichteten erfüllen; zur Übertragung auf den berechtigten Miterben muß dieser aber mitwirken (**RG** JW 1916, 1586[5]). Der Nachweis, daß die Erben gehört sind, braucht gegenüber dem Grundbuchamt nicht erbracht zu werden (KGJ 31 A 299). Die Erben bleiben berechtigt, die Ausführung des Planes durch einstweilige Verfügung zu hemmen und klagend anderweite Auseinandersetzung zu verlangen, wenn sie Verletzung der letztwilligen oder gesetzlichen Teilungsvorschriften oder im Falle des § 2048 Satz 2, 3 offenbare Unbilligkeit nachweisen können (vgl. **RG** WarnRspr 1934 Nr. 21).

§ 2205

Der Testamentsvollstrecker hat den Nachlaß zu verwalten. Er ist insbesondere berechtigt, den Nachlaß in Besitz zu nehmen und über die Nachlaßgegenstände zu verfügen. Zu unentgeltlichen Verfügungen ist er nur berechtigt, soweit sie einer sittlichen Pflicht oder einer auf den Anstand zu nehmenden Rücksicht entsprechen.

E I 1899 Abs. 1 Satz 1, 1900 II 2075; M 5 231—233; P 5 276—282, 527, 528.

Übersicht

Verwaltung des Nachlasses

I. Verwaltungsgrundsatz (Satz 1)

1. Allgemeines

Anm. 1

Zur Verwaltung des Nachlasses (§ 2038 Anm. 1—3) ist der Testamentsvollstrecker kraft seines Amtes ohne weiteres sowohl berechtigt als auch verpflichtet (§ 2216 Abs. 1). Sie endet, wenn mehrere Erben vorhanden sind, regelmäßig mit Vollzug der Auseinandersetzung (§ 2204). Wie lange sie sonst zu dauern hat, bestimmt sich nach den Anordnungen des Erblassers. Sie ist regelmäßig nicht als Selbstzweck gedacht, sondern als Mittel zur Ausführung der letztwilligen Verfügungen und zur Auseinandersetzung sowie zur Erfüllung der sonstigen dem Testamentsvollstrecker zugewiesenen Aufgaben (§ 2209 Anm. 3), kann ihm aber auch als einzige Aufgabe übertragen sein, §§ 2209, 2210. Zur Verwaltung gehört es insbesondere, den Nachlaß in Besitz zu nehmen, ihn zu sichern, Nachlaßforderungen einzuziehen (zum Einziehungsrecht gegenüber einem Schuldner-Miterben s. § 2039 Anm. 15), Vermächtnisverbindlichkeiten zu erfüllen (**BGH** 13, 203), ein Nachlaßverzeichnis aufzustellen (§ 2215), die Erbschaftsgegenstände instandzuhalten, Nachlaßbetriebe zu bewirtschaften, Sach- und Rechtsfrüchte zu ziehen usw. Die Vorschriften der §§ 2042, 752, nach denen bei teilbaren Gegenständen die Erbengemeinschaft durch Teilung in Natur aufzuheben ist, schränken die Verwaltungs- und Verfügungsbefugnis des Testamentsvollstreckers nicht ein (**RG** 6. 1. 1936 IV 231/35). Er ist auch befugt, empfangsbedürftige Willenserklärungen, die der Durchführung oder Vorbereitung der Auseinandersetzung dienen, entgegenzunehmen (**RG** JW 1924, 970[14]). Zur Verwaltungspflicht des Testamentsvollstreckers gehört auch die Erfüllung der der Erbengemeinschaft als Eigentümerin eines Nachlaßgrundstücks auferlegten Verkehrssicherungspflichten (vgl. LG Bochum VersR 1957, 305).

Anm. 2

Andererseits kann sich der zur Verwaltung des Nachlasses berufene Testamentsvollstrecker nicht rechtswirksam gegenüber den Erben verpflichten, nur solche Handlungen vorzunehmen, denen die Erben zuvor zugestimmt haben, und sein Amt jederzeit auf Verlangen auch nur eines Miterben niederzulegen (**BGH** 25, 275 = LM BGB § 2205 Nr. 2 mit Anm. von Johannsen = NJW 1957, 1916 = JZ 1958, 167 mit Anm. von Coing). Vielmehr obliegt es dem Testamentsvollstrecker gerade, die Anordnungen des Erblassers unter Umständen auch gegen den Widerstand einzelner Erben durchzusetzen.

Anm. 3

Berichtigung der Nachlaßverbindlichkeiten ist nicht (wie bei der Nachlaßverwaltung § 1985 Abs. 1) Ziel der Verwaltung. Diese bringt es aber von selbst mit sich, daß fällige Schulden bezahlt und lästige abgestoßen werden. Jedenfalls darf die Auseinandersetzung nicht vor Berichtigung oder Sicherung der Verbindlichkeiten vorgenommen werden (§ 2046 Abs. 1). Auch für die Berichtigung der Steuern, die der Erblasser schuldig geblieben ist, und der aus dem Nachlaß als solchem zu entrichtenden Steuern hat der Testamentsvollstrecker unter persönlicher Verantwortung zu sorgen (RAbgO §§ 103, 104, 106, 109, 117 in der Fassung v. 22. 5. 1931 mit Änderungen in Verbindung mit ErbschStG v. 1. 4. 1959 § 15 Abs. 3, 5). Die Vertretung des Erben im Steuerprozeß gehört nicht zu den Aufgaben, die regelmäßig einem Testamentsvollstrecker obliegen (RFH JW 1923, 622[4]). Dagegen umfaßt die Verwaltungsbefugnis die Erhebung von Anfechtungsklagen vor den Verwaltungsgerichten, wenn die behördlichen Maßnahmen sich auf den Nachlaß beziehen (vgl. Württ.-Bad. VGH DRsp I [174] 59c).

Anm. 4

Der Testamentsvollstrecker kann nicht auf Erfüllung von Verbindlichkeiten in Anspruch genommen werden, die von den Erben ohne seine Zustimmung über Nachlaßgegenstände eingegangen worden sind. Mit einer derartigen Forderung kann daher auch nicht gegen einen vom Testamentsvollstrecker geltendgemachten Anspruch des Nachlasses aufgerechnet werden; ebensowenig besteht wegen der auf diese Weise begründeten Forderung ein Zurückbehaltungsrecht gegenüber Ansprüchen, die der Testamentsvollstrecker geltend macht (**BGH** 25, 275 = NJW 1957, 1916 = JZ 1958, 167 mit Anm. von Coing = LM BGB § 2205 Nr. 2 mit Anm. von Johannsen). Zur Geltendmachung von Ansprüchen, die sich gegen den Nachlaß richten, gegen den Testamentsvollstrecker im allgemeinen vgl. die Anm. zu § 2213. Zur Schadenersatzpflicht des Testamentsvollstreckers vgl. § 2219.

Anm. 5

Macht der Testamentsvollstrecker eine zum Nachlaß gehörende Forderung gegenüber einem Erben geltend, so kann sich dieser seiner Leistungsverpflichtung grundsätzlich nicht mit dem Einwand entziehen, es sei nicht erforderlich, diese Forderung einzuziehen, oder er werde durch das Vorgehen des Testamentsvollstreckers im Vergleich zu den anderen Miterben benachteiligt. Die Berechtigung des Vorgehens des Testamentsvollstreckers kann in der Regel nur im Rahmen der Entscheidung nach § 2227 (Entlassung des Testamentsvollstreckers aus wichtigem Grund) überprüft werden (**BGH** aaO).

2. Verwaltung eines Handelsgeschäfts

Anm. 6

Gehört zum Nachlaß ein Handelsgeschäft oder war der Erblasser Gesellschafter einer OHG oder KG, deren Fortsetzung mit seinen Erben vereinbart ist, dann können sich für die Verwaltung durch den Testamentsvollstrecker Schwierigkeiten ergeben, weil der Geschäftsinhaber und der persönlich haftende Gesellschafter unbeschränkt haften, der Erbe jedoch aus Geschäften, die der Testamentsvollstrecker als solcher abschließt, nur beschränkt, nämlich mit dem Nachlaß haftet (§ 2206). Es bieten sich jedoch folgende rechtliche Möglichkeiten:

Anm. 7

Hat der Erblasser die Testamentsvollstreckung zur Verwaltung eines Handelsgeschäfts angeordnet, so kann der Testamentsvollstrecker die Anordnung dadurch ausführen, daß er das Geschäft im eigenen Namen unter persönlicher Haftung als Treuhänder für den Erben betreibt; er kann aber auch das Geschäft als Bevollmächtigter des Erben in dessen Namen und unter dessen persönlicher Haftung führen, sofern eine derartige Ermächtigung der letztwilligen Anordnung zu entnehmen ist (**BGH** 12, 100 = NJW 1954, 636 = DNotZ 1954, 270 = LM BGB § 2216 Nr. 1 mit Anm. von Johannsen). Führt der Testamentsvollstrecker das seiner Verwaltung unterworfene Handelsgeschäft im eigenen Namen, so muß er sich, weil er nach außen als Inhaber des Geschäfts auftritt, in das Handelsregister eintragen lassen; dagegen kann neben der Eintragung der Erben als Firmeninhaber die Ernennung des Testamentsvollstreckers nicht eingetragen werden (OLG Dresden JFG 5, 217; KG JW 1936, 1137[16]; 1937, 2599[38]; 1939, 104[27]; **RG** 132, 138 = JW 1931, 1361); über die Registerfähigkeit des Testamentsvollstreckers s. auch Groschuff JW 1938, 1361). Hat ein Erblasser die Weiterführung seines Handelsgeschäfts einem Testamentsvollstrecker übertragen, ohne daß es ihm wesentlich auf die Art der Durchführung dieser Anordnung ankam, so ist eine solche Verfügung — bei der gegebenen Unzulässigkeit der eigentlichen Testamentsvollstreckung — regelmäßig dahin zu verstehen, daß der Ernannte befugt sein soll, das Geschäft als treuhänderischer Inhaber für Rechnung der Erben zu betreiben (KG JW 1939, 104). Führt der Testamentsvollstrecker ein zum Nachlaß gehörendes Einzelhandelsgeschäft entweder als Treuhänder oder als Bevollmächtigter der Erben weiter, so kann er auch Prokura erteilen (KG NJW 1959, 1086 = DNotZ 1959, 609; vgl. auch KGJ 41, 75 = RJA 11, 271).

Anm. 8

Für Personalgesellschaften gilt, weil die Rechte der Gesellschafter grundsätzlich unübertragbar sind (§ 717 BGB), noch Besonderes. Der Machtbereich des Testamentsvollstreckers ist grundsätzlich auf den Nachlaß beschränkt. Ihm ist daher jede Einwirkung auf die Rechtsbeziehungen des Erben versagt, die nicht ausschließlich in den Bereich des Nachlasses fallen. Zu diesen Rechtsbeziehungen gehören die Rechte und Pflichten, die dem Erben aus der Rechtsnachfolge in der Gesellschafterstellung des Erblassers vermöge entsprechender Vereinbarung im Gesellschaftsvertrag einer OHG erwachsen (**RG** 170, 392). Solche Mitgliedschaftsrechte kann der Testamentsvollstrecker nur mit Zustimmung der übrigen Gesellschafter und grundsätzlich nur bei entsprechender ausdrücklicher letztwilliger Verfügung des Erblassers ausüben (Weiler DNotZ 1952, 283, 299; vgl. auch Kipp/Coing § 68 III 2 mit weiteren Nachweisen). Diese Grundsätze gelten auch für die Kommanditgesellschaft, und zwar auch für die Stellung des Kommanditisten (**RG** 172, 199 = DR 1944, 339[14]). Zum Einfluß der Testamentsvollstreckung auf die Ausübung der Mitgliedschaftsrechte des Gesellschafter-Erben vgl. auch KG DNotZ 1955, 419 = DRsp II (210) 56d.

Anm. 9

Über die Befugnisse eines Testamentsvollstreckers in einer Gesellschaft mit beschränkter Haftung vgl. v. Burchard GmbHRdsch 1954, 150: Der Testamentsvollstrecker führt — unter Ausschaltung der Erben — auch die Verwaltung der in den Nachlaß fallenden Geschäftsanteile an der GmbH. Hierzu gehört auch die Ausübung des Stimmrechts aus einem GmbH-Anteil (OLG Hamm JMBlNRW 1956, 158). Der Testamentsvollstrecker muß, wenn Anteile an einer GmbH zum Nachlaß gehören, Möglichkeiten, die das Gesetz und der Gesellschaftsvertrag zum Überwachen der Geschäftsführung der Gesellschaft bieten, gewissenhaft wahrnehmen und einem irgendwie ausgedrückten Willen des Erblassers entsprechen, diese Tätigkeit besonders auszugestalten. Er kann unter besonderen Umständen auch verpflichtet sein, die Geschäftsführung an Hand der Bankauszüge oder des Hauptjournals sowie der Belege und Unterlagen zu überprüfen (**BGH** NJW 1959, 1820 = MDR 1959, 921 = DRsp I [174] 74b = LM BGB § 2205 Nr. 3/4/5 = VersR 1959, 720 unter Hinweis auf **RG** 130, 131, 135; **BGH** 14, 53).

Anm. 10

Auch soweit eine Beteiligung an einer OHG zum Nachlaß gehört, ist eine Verwaltung durch den Testamentsvollstrecker möglich (vgl. Holch DNotZ 1958, 282). Der Gesellschafter einer OHG kann jedoch den Testamentsvollstrecker nicht letztwillig ermächtigen, an Stelle der als Gesellschafter eintretenden Erben einen vertretungsberechtigten Geschäftsführer zu bestellen (KG DR 1943, 353[10] unter Hinweis auf JFG 18, 344).

3. Einzelfragen

Anm. 11

Für die Dauer der Nachlaßverwaltung geht das Verwaltungsrecht im vollen Umfange auf den Nachlaßverwalter über (§ 1985 Abs. 1). Der Testamentsvollstrecker kann aber selbst zum Verwalter bestellt werden (vgl. auch § 1981 Anm. 6, 13; § 1985 Anm. 7).

Anm. 12

Beschränkung und Ausdehnung der Verwaltungsbefugnisse §§ 2208—2210, Unübertragbarkeit § 2218 Anm. 4, Prozeßführung §§ 2212, 2213 (s. auch § 2203 Anm. 1), Verantwortlichkeit § 2219. Der Testamentsvollstrecker kann die Eröffnung des Nachlaßkonkurses (KO § 217) und des Nachlaßvergleichsverfahrens (VerglO § 113 Nr. 1), das Aufgebot der Nachlaßgläubiger (§ 1970 Anm. 8), die Zwangsversteigerung der Nachlaßgrundstücke beantragen (ZVG § 175), sich auch für den Erben den Erbschein (§ 2353 Anm. 7) und für sich selbst ein besonderes Zeugnis des Nachlaßgerichts erteilen lassen (§ 2368).

II. Besitznahme

Anm. 13

Der **Besitz** geht nach § 857 nur auf den Erben, nicht auf den Testamentsvollstrecker über (aM F. Leonhard Erl. II B). Hat der Erbe vom Nachlasse schon (tatsächlich) Besitz ergriffen, so kann der Testamentsvollstrecker von ihm wie von jedem Dritten Übertragung des Besitzes und Auskunft nach § 260 verlangen (**RG** Recht 1907 Nr. 3830), soweit er dem Erben nicht einzelne Gegenstände gemäß § 2217 zu überlassen hat. Der Erbe ist, sobald der Testamentsvollstrecker die tatsächliche Gewalt (§ 854 Abs. 1) erlangt hat, und solange er für den Erben besitzt, mittelbarer Besitzer (§ 868; Planck/Flad Anm. 4). Der Testamentsvollstrecker ist nicht nur berechtigt, den Nachlaß in Besitz zu nehmen, sondern auch dazu verpflichtet (Hamburg HansGZ, Beiblatt Zivilrecht, 1920, 190).

III. Verfügungsmacht des Testamentsvollstreckers

Anm. 14

Die **Verfügungsmacht** ist dem Testamentsvollstrecker zwar nur zur Verwirklichung seiner Aufgaben eingeräumt; sie steht ihm aber (abgesehen von Satz 3) **unbeschränkt** und **ausschließlich** (§ 2211) mit der Wirkung zu, daß die von ihm (und ihm gegenüber) vorgenommenen dinglichen und rechtsgeschäftlichen Akte im Bereiche des Nachlaßvermögens für (und gegen) den Erben oder die Erbengemeinschaft rechtlich wirksam sind (**RG** 59, 366; 68, 258; 76, 126). Dies gilt von dem zum Testamentsvollstrecker bestellten Miterben auch dann, wenn die Verfügungen zugleich seinem eigenen Interesse dienen (Auflassung zu Bruchteilen an sich selbst); § 181 steht nicht entgegen (**RG** 61, 139, 145; KG Recht 1929 Nr. 983; s. auch § 181 Anm. 8). Liegt ein Widerstreit der persönlichen Interessen des Testamentsvollstreckers mit denen seines Amtes vor, wie in der Regel beim Verkauf eines Nachlaßgegenstandes an ihn, so kann er nach der bisher hier vertretenen Ansicht (vgl. 10. Aufl.) nicht verfügen, gleichviel ob er Miterbe ist oder nicht (**RG** 61, 143; KG JFG 12, 202); das Verfügungsrecht steht dann (wenn nicht etwa Mitvollstrecker vorhanden sind — s. hierüber DNotZ 1937, 337 sowie § 2224 Anm. 10, 12) dem oder den Erben zu (KG RJA 16, 139; § 2225 Anm. 9). Der Bundesgerichtshof geht neuerdings weiter. Er bejaht zwar gleichfalls, daß ein Interessenwiderstreit das Handeln des Testamentsvollstreckers unwirksam machen könne, hält jedoch — trotz eines solchen Widerstreits — ein In-sich-Geschäft des Testamentsvollstreckers für zulässig, wenn es vom Erblasser gestattet ist und dem Gebot ordnungsmäßiger Verwaltung des Nachlasses nicht widerspricht (**BGH** 30, 67, 69 mit Nachweisen = NJW 1959, 1429 = MDR 1959, 650[36] = DNotZ 1959, 480). An entgeltlichen Verfügungen über Nachlaßgegenstände kann der Testamentsvollstrecker durch die Erben nicht gehindert werden, falls seine Rechte nicht vom Erblasser entsprechend eingeschränkt worden sind (OLG Düsseldorf NJW 1952, 1259). Auch der lediglich zur Verwaltung des Nachlasses berufene Testamentsvollstrecker darf im Zweifel über die Nachlaßgegenstände verfügen (KG DR 1944, 245). Eine nach § 2205 Satz 3 (Anm. 21 ff) unwirksame Verfügung des Testamentsvollstreckers über einen Nachlaßgegenstand (z. B. die Bestellung einer Hypothek) kann nachträglich durch Erwerb des Gegenstandes seitens des Verfügenden wirksam werden (§ 185 Abs. 2; **RG** DR 1939, 1949[5]).

Anm. 15

Zur Frage des **Mißbrauchs** des Testamentsvollstreckeramts vgl. **OGH** 3, 242 (247). Rechtsgeschäfte, die der Testamentsvollstrecker mit Dritten unter Mißbrauch seines Amtes abschließt, sind für die Erben nicht verbindlich, wenn der Dritte den Mißbrauch erkannte oder infolge von Fahrlässigkeit nicht erkannte (**RG** 75, 301; 83, 348; 130, 134). Ein für den Nachlaß gemachter Erwerb kommt zwar dem Erben zu, unterliegt aber sogleich wieder der Verwaltung des Testamentsvollstreckers. Sein guter Glaube ist hierbei entscheidend. Der Grundsatz der dinglichen Ersetzung, § 2041, ist auf den durch einen Testamentsvollstrecker verwalteten Nachlaß auch dann anwendbar, wenn der Nachlaß einem Alleinerben zusteht (**RG** 138, 132).

Anm. 16

Das Verfügungsrecht (Inhalt: Anm. 9 vor § 104) erstreckt sich auf alle Nachlaßgegenstände, Sachen und Rechte (§ 90), soweit sie dem Erben nicht als höchstpersönliche zustehen (wie z. B. die Rechte aus einem Gesellschaftsverhältnis, JFG 13, 98). Der Testamentsvollstrecker kann das in § 1477 Abs. 2 bestimmte Übernahmerecht ausüben, weil die Bestimmung kein höchstpersönliches Recht des Ehegatten oder seiner Erben festgesetzt hat, sondern dem Anspruch auf Auseinandersetzung nur eine den allgemeinen Teilungsgrundsätzen abweichende Gestaltung seines Inhalts hat geben sollen (**RG** 85, 1). Dagegen kann der Testamentsvollstrecker eine Schenkung des Erblassers nicht widerrufen (§ 530 Abs. 2), sie nicht wegen Erbunwürdigkeit anfechten (§ 2340), sich auch nicht über Annahme oder Ausschlagung einer dem Erblasser vererbten Erbschaft erklären (§ 1952; wie hier: Planck/Flad Anm. 19; Staudinger/Dittmann 11. Aufl. Anm. 11; aM Strohal I § 40a A 14; F. Leonhard Erl. IIIc 3; Kipp/Coing § 68 III 8). Insbesondere letztere vertreten die Ansicht, Rechte, die dem Erblasser angefallen und jetzt auf dessen Erben übergegangen seien, gehörten zum Nachlaß und würden vom Testamentsvollstrecker verwaltet, auch wenn sie einen persönlichen Einschlag hätten. Damit wird jedoch verkannt, daß das Recht, eine Erbschaft anzunehmen oder auszuschlagen, höchstpersönlicher Natur ist (vgl. auch KO §§ 6, 9) und daß es auch als solches auf den Erben übergeht.

Anm. 17

Das Recht am Namen (§ 12) kann der Testamentsvollstrecker auch dann, wenn es vom Erblasser zum Gegenstand einer vertraglichen Abrede gemacht worden ist, wegen der auch dann fortbestehenden höchstpersönlichen Natur des Rechtes nicht wahrnehmen (**RG** Recht 1921 Nr. 2319). Über die Frage, inwieweit der Testamentsvollstrecker zur Geltendmachung eines Haftpflichtversicherungsanspruchs befugt ist, wenn das Schadensereignis und der Versicherungsfall nach dem Ableben des Erblassers als des Versicherungsnehmers eingetreten sind, s. **RG** 159, 337.

Anm. 18

Ist der Erbe minderjährig, so steht dem Vormund oder Gewalthaber keine Anteilnahme an der Verwaltung, nur die Vertretung des Erben gegenüber dem Testamentsvollstrecker zu; die Bestimmungen, welche die gesetzlichen Vertreter Minderjähriger an die Genehmigung des Vormundschaftsgerichts binden, greifen gegenüber dem Testamentsvollstrecker nicht ein (SeuffArch 78 Nr. 142; **RG** 61, 144; Backs DFG 1937, 45; aM Greiser DFG 1936, 245).

Anm. 19

In der Verfügung über Nachlaßgrundstücke und Rechte, die im Grundbuch oder im Schiffsregister eingetragen sind, ist er, auch beim Vorhandensein eines Nacherben (LZ 1916, 962[5]), gleichfalls nur durch Satz 3 beschränkt. Seine Eintragungsbewilligung genügt ohne Zwischeneintrag des Erben (GBO § 40 Abs. 2; FGG § 111 Abs. 2). Unterliegt ein Nachlaßgrundstück der Verwaltung des Testamentsvollstreckers, dann steht ihm auch ausschließlich das Recht zu, die Berichtigung des Grundbuchszu beantragen (OLG München JFG 20, 373). Über die Miteintragung der Testamentsvollstreckung, wenn der Erbe im Grundbuch und Schiffsregister eingetragen wird (anders beim Handelsregister Anm. 7), und über den Nachweis der Befugnisse des Testamentsvollstreckers s. § 2197 Anm. 8. Über den Testamentsvollstrecker im Grundbuchrecht s. auch Kutzner DWohnA 1938, 385. Erwähnung des Testamentsvollstreckers im Zuschlagsbeschlusse, falls durch ihn oder mit seiner Einwilligung durch den Erben ein Grundstück mit Mitteln des Nachlasses erstanden wird: Seibert JW 1934, 1542.

Zur Frage, ob der Testamentsvollstrecker bei Verfügungen über das Vermögen im ganzen den Verfügungsbeschränkungen des § 1365 unterliegt, sofern sie für den Erben gelten, vgl. FamRZ 1959, 249 = DNotZ 1959, 609 (nur Leitsatz).

Anm. 20

Das Recht, über seinen Anteil am Nachlasse zu verfügen (§ 2033), verbleibt dem Miterben, wenn es auch nichts an dem Umfange des dem Testamentsvollstrecker zustehenden Verfügungsrechts ändert (vgl. § 2208 Anm. 10). Die Verfügung über den Anteil des Erben am Nachlaß oder über einen Erbteil im ganzen und eine Mitwirkung bei einer solchen Verfügung steht dem Testamentsvollstrecker nicht zu; sie kann ihm auch durch eine Bestimmung des Erblassers nicht mit dinglicher Wirkung eingeräumt werden (**RG** 7. 12. 1914 IV 352/14). Der Testamentsvollstrecker darf auch nicht im Rahmen der von ihm zu bewirkenden Erbauseinandersetzung (§ 2204) über den Erbteil eines Miterben verfügen (**BGH** 21. 5. 1953 IV ZR 234/52; vgl. auch § 2204 Anm. 6). — Die Pfändung oder Verpfändung eines Miterbenanteils beschränkt die gesetzlichen Rechte des Testamentsvollstreckers nicht; er kann also auch über ein Grundstück, das seiner Verwaltung unterliegt, verfügen, es insbesondere belasten, ohne daß die Pfandgläubiger einzelner Erbanteile zustimmen müßten (KG JR 1952, 323). — Auch ein Vermächtnisnehmer kann einem als Verwalter des Nachlasses eingesetzten Testamentsvollstrecker die Veräußerung von Nachlaßgrundstücken nicht untersagen (OLG Düsseldorf JR 1952, 365).

IV. Unentgeltliche Verfügungen (Satz 3)

Anm. 21

Nur unentgeltliche Verfügungen (mit der dem § 534 entsprechenden Ausnahme) sind dem Testamentsvollstrecker verwehrt und, wenn sie dennoch vorgenommen sind, ohne Rücksicht auf die Kenntnis des Empfängers und selbst mit Zustimmung des Erben (**RG** 74, 218; 105, 249f; OLG Düsseldorf JMBlNRW 1949, 26 mit Anm. von Bettermann S. 65) unwirksam. Auch der Erblasser ist nicht in der Lage, den Testamentsvollstrecker von dieser Beschränkung seines Verfügungsrechts zu befreien (**RG** DRW 1939, 776[12]). Eine im Schrifttum vordringende Ansicht geht neuerdings mit guten Gründen dahin, die Erben könnten unentgeltlichen Verfügungen des Testamentsvollstreckers zustimmen und sie dadurch wirksam machen, wenn außer ihren Rechten keine Interessen Dritter (insbesondere von Gläubigern) betroffen würden und kein gegenteiliger Wille des Erblassers anzunehmen sei (Haegele Rpfleger 1957, 147. 150; Staudinger/Dittmann 10./11. Aufl. Anm. 37; beide mit weiteren Nachweisen). Das Grundbuchamt kann sich, wo es sich anders als beim Vorerben (§ 2113 Anm. 17) lediglich um eine Frage der Legitimationsprüfung des Verwalters eines fremden Vermögens handelt (**RG** SeuffArch 91, 117), bei den im einzelnen zu erläuternden Erklärungen der Beteiligten, daß die Verfügung keine unentgeltliche sei, begnügen, wenn ihre Darlegung verständlich ist und der Wirklichkeit gerecht wird und wenn ferner kein Anlaß besteht zu zweifeln, daß der Testamentsvollstrecker pflichtgemäß handelt (**RG** 65, 223; KG JFG 7, 284; 17, 63; JW 1932, 1390[8]; HRR 1933 Nr. 19; München JFG 19, 241; vgl. aber auch KG HRR 1938 Nr. 1428). Immerhin setzen die in der Rechtsprechung für die Entgeltlichkeit einer Verfügung aufgestellten

Erfahrungssätze normale wirtschaftliche Verhältnisse voraus und gelten deshalb nicht für die Inflationszeit mit ihrer erfahrungsmäßigen Wertverschleuderung (JFG 3, 278; auch 2, 433).

Anm. 22

Zum Begriff der unentgeltlichen Verfügung § 2113 Anm. 17ff; die dort angeführten Entscheidungen sind zum Teil zu § 2205 ergangen. Zum Begriff der Unentgeltlichkeit vgl. auch **RG** 163, 348 (GrSen f. Zivilsachen), wo mehrfach (S. 354, 357, 359) auf die zu § 2205 ergangene Entscheidung **RG** 105, 246 verwiesen wird. Hiernach ist auch die rechtsgrundlose Verfügung als unentgeltlich zu behandeln (Kipp/Coing § 68 IV 2a mit Anm. 44).

Die zu den §§ 527, 531 entwickelten Grundsätze, daß bei der teilweisen Unentgeltlichkeit des Geschäfts unter Umständen nur ein Ausgleich in Geld stattzufinden hat, sind für § 2205 nicht anwendbar (**RG** 24. 9. 1936 IV 118/36; vgl. auch OLG Stuttgart RdL 1956, 244).

Anm. 23

Fallen beim Vorhandensein zweier Testamentsvollstrecker die auf eine Verfügung gerichtete Willenserklärung des einen und die zur Wirksamkeit der Verfügung erforderliche Genehmigung des andern zeitlich auseinander, so kommt es für die Frage, ob auch der zweite Testamentsvollstrecker das von der anderen Seite Geleistete als einen entsprechenden Gegenwert für das aus der Erbschaft Hingegebene angesehen hat und nach dem Maßstab ordnungsmäßiger Verwaltung ansehen durfte, auf die zur Zeit der Genehmigung bestehenden Verhältnisse an (**RG** JW 1932, 1358[15]). Eine Verfügung, für die der Nachlaß eine vollwertige Gegenleistung erhält, wird nicht dadurch zu einer unentgeltlichen, daß der Testamentsvollstrecker die Gegenleistung pflichtwidrig zu unentgeltlichen Zuwendungen an andere Personen verwendet (KG JW 1938, 949[13]). Die Verfügung über ein Nachlaßgrundstück, die der Testamentsvollstrecker unter Zustimmung der Erben zur Erfüllung einer vermeintlichen, in Wahrheit nicht bestehenden Vermächtnisschuld vornimmt, ist als unentgeltliche Verfügung unwirksam (**RG** DR 1941, 59 mit Anm. von v. Hippel S. 157). Belastet ein Testamentsvollstrecker ein Nachlaßgrundstück mit einer Hypothek, deren Bestellung als unentgeltliche Verfügung über den Nachlaßgegenstand unwirksam ist, und erwirbt der Testamentsvollstrecker später einen Bruchteil des Grundstücks, auf dem die Hypothek eingetragen wurde, als sein Eigentum, so wird die Hypothek auf diesem Bruchteil voll wirksam (**RG** HRR 1939 Nr. 1462).

Anm. 24

Der Nacherbe kann eine Grundbucheintragung, die auf einer unentgeltlichen Verfügung des Testamentsvollstreckers beruht, selbständig mit der Beschwerde anfechten und beantragen, daß ein Amtswiderspruch zugunsten des Vorerben eingetragen werde (KG DR 1943, 90).

Anm. 25

Die Frage, wann eine sittliche Pflicht oder eine auf den Anstand zu nehmende Rücksicht zu bejahen ist, ist insbesondere in Anm. 3—9 zu § 534 erörtert worden (vgl. auch §§ 1446, 1641, 1804, 2113, 2330). Auch mündliche Wünsche des Erblassers können unter Umständen eine solche sittliche Pflicht begründen (OLG Kiel SchlHA 1917, 169 unter Hinweis auf **RG** 70, 19 und 385, auch 73, 49; 75, 136).

§ 2206

Der Testamentsvollstrecker ist berechtigt, Verbindlichkeiten für den Nachlaß einzugehen, soweit die Eingehung zur ordnungsmäßigen Verwaltung erforderlich ist. Die Verbindlichkeit zu einer Verfügung über einen Nachlaßgegenstand kann der Testamentsvollstrecker für den Nachlaß auch dann eingehen, wenn er zu der Verfügung berechtigt ist.

Der Erbe ist verpflichtet, zur Eingehung solcher Verbindlichkeiten seine Einwilligung zu erteilen, unbeschadet des Rechtes, die Beschränkung seiner Haftung für die Nachlaßverbindlichkeiten geltend zu machen.

E I 1902 II 2076; M 5 234, 235; P 5 528—530, 544, 545.

Übersicht

Eingehung von Verbindlichkeiten

I. Verbindlichkeiten für den Nachlaß (Abs. 1 Satz 1)

Anm. 1

Die Befugnis des Testamentsvollstreckers, **Verbindlichkeiten für den Nachlaß einzugehen,** besteht nicht wie seine Verfügungsmacht nach § 2205 unbeschränkt. Sie reicht nur so weit, als zur ordnungsmäßigen Verwaltung (vgl. § 2216 Anm. 1) erforderlich ist. Das Ausbieten einer Nachlaßhypothek in der Zwangsversteigerung gehört regelmäßig hierher, selbst wenn der Testamentsvollstrecker bei seinem abschließenden Gebot über das unbedingt erforderliche Maß hinausgeht (KG OLG 17, 354; JW 1932, 1398[4]). Auch eine Wechselverbindlichkeit kann in diesen Rahmen fallen (**RG** 60, 30), nicht aber der Abschluß eines Gesellschaftsvertrags, durch den die Erben Gesellschafter einer GmbH werden (KGJ 33 A 135; RJA 8, 127; vgl. hierzu auch Sommer DNotZ 1936, 937). Das Erfordernis ist nicht in objektivem Sinne zu verstehen; es genügt vielmehr, wenn der Gläubiger die Übernahme der Verbindlichkeit nach den Umständen ohne Fahrlässigkeit als geboten angesehen hat (**RG** 83, 348; HRR 1929 Nr. 2004; Planck/Flad Anm. 3; Kipp/Coing § 68 III 6a; aM F. Leonhard Erl. I A 2). Soweit die Grenze weder objektiv noch nach der entschuldbaren Auffassung des Gläubigers eingehalten ist, erwirbt dieser gegen den Nachlaß keine Rechte; er kann sich gemäß § 179 nur an den Testamentsvollstrecker halten. Dafür, daß die Grenze eingehalten sei, ist der Gläubiger beweispflichtig. Die Befugnis kann dem Testamentsvollstrecker vom Erblasser entzogen, inhaltlich oder gegenständlich beschränkt (§ 2208), er kann auch umgekehrt von jeder Beschränkung entbunden sein (§§ 2207, 2209 Anm. 6).

Anm. 2

Ordnet ein Erblasser letztwillig die Testamentsvollstreckung zur Verwaltung eines von ihm betriebenen Einzelhandelsgeschäfts an, so kann der Testamentsvollstrecker diese Anordnung, wenn ihr nicht die Ermächtigung zur Geschäftsführung als Bevollmächtigter der Erben in deren Namen und unter deren persönlicher Haftung zu entnehmen ist, nur dann ausführen, wenn er das Geschäft im eigenen Namen und unter persönlicher Haftung als Treuhänder für die Erben betreibt. Andernfalls wäre die Verwaltung durch den Testamentsvollstrecker, wenn die Erben nicht zustimmen, daß er sie bei der Führung des Geschäfts auch über die Mittel des Nachlasses hinaus persönlich verpflichtet, rechtlich unmöglich. Der Testamentsvollstrecker kann daher unter solchen Umständen in der Regel die Übertragung des Geschäfts auf sich als Treuhänder verlangen (**RG** 132, 138; KG JW 1936, 1137; OLG München JFG 14, 428; **BGH** 12, 102). Ebenso liegt es, wenn zum Nachlaß des Erblassers, der eine Verwaltungs-Testamentsvollstreckung angeordnet hat, der vererbliche Gesellschaftsanteil des persönlich haftenden Gesellschafters einer Personalhandelsgesellschaft gehört (**BGH** 24, 112). Zweifelhaft ist dagegen, ob das gleiche auch bei einem Kommanditanteil gilt (auch insoweit für die treuhänderische Übertragung **RG** 172, 199). Wegen der Eingehung von Verbindlichkeiten für ein Handelsgeschäft, das der Verwaltung des Testamentsvollstreckers unterliegt, vgl. im übrigen Anm. 6ff zu § 2205.

Anm. 3

II. Verbindlichkeiten zu einer Verfügung (Abs. 1 Satz 2)

Die Beschränkung der Anm. 1 entfällt auch dann, wenn der Testamentsvollstrecker zur Verfügung über einen Nachlaßgegenstand berechtigt ist und eine **Verbindlichkeit zu eben dieser Verfügung eingeht.** Da die Verfügungsmacht des Testamentsvollstreckers grundsätzlich und abgesehen von § 2205 Satz 3 und § 2208 Abs. 1 Satz 1 unbeschränkt ist, braucht der Gläubiger, der z. B. mit dem Testamentsvollstrecker einen Kaufvertrag über einen Nachlaßgegenstand abschließt, nicht zu prüfen, ob das Rechtsgeschäft zur ordnungsmäßigen Verwaltung erforderlich sei, sondern nur, ob dem Testamentsvollstrecker hierüber die Verfügung zusteht (KGJ 27 A 192, vgl. auch §§ 1445, 1821 Nr. 3 ,1822 Nr. 1). Doch kann er aus einem vom Testamentsvollstrecker unter Mißbrauch seiner Befugnisse abgeschlossenen Verpflichtungsgeschäft keine Rechte herleiten, wenn er diesen Mißbrauch erkannte oder hätte erkennen müssen (§ 2205 Anm. 15).

III. Einwilligung des Erben (Abs. 2 Halbs. 1)

Anm. 4

Aus den Verträgen, die der Testamentsvollstrecker als solcher (also z. B. nicht als Treuhänder im Falle der Verwaltung eines Einzelhandelsgeschäfts oder des Geschäftsanteils eines persönlich haftenden Gesellschafters einer Personalhandelsgesellschaft — vgl. **BGH** 12, 102; 24, 112 und oben Anm. 1) schließt, haftet er nicht in eigener Person, auch wenn ein etwaiger Wille, in fremdem Namen zu handeln, nicht erkennbar hervorgetreten ist; denn der Testamentsvollstrecker handelt, wenn er als solcher auftritt, nicht in fremdem, sondern in eigenem Namen (**RG** 20. 3. 1906 III 492/05). Die von dem Testamentsvollstrecker im Rahmen des Abs. 1 eingegangenen („solche") Verbindlichkeiten verpflichten vielmehr den Erben ohne weiteres („für den Nachlaß"). Die **Einwilligung des Erben** (§ 183) schützt aber den Testamentsvollstrecker vor Schadenersatzansprüchen aus § 2219, den Vertragsgegener vor Einwendungen des Erben aus Abs. 1. Sie entbindet den Testamentsvollstrecker jedoch nicht von der Pflicht, die letztwilligen Verfügungen auszuführen (§ 2203) und deckt nicht unentgeltliche (§ 2205 Satz 3) oder zu eigenem Nutzen vorgenommene Verfügungen des Testamentsvollstreckers (**RG** 74, 215). Die Einwilligung kann ferner notwendig werden, wenn der Erbe, z. B. durch Eintragungen im Grundbuche, als allein verfügungsberechtigt ausgewiesen ist. Der Testamentsvollstrecker (nicht auch der Dritte) kann gleich dem Vorerben (§ 2120) die Einwilligung des Erben im Klagewege herbeiführen. Umgekehrt steht dem Erben frei, gegen den Testamentsvollstrecker oder den Dritten auf Feststellung zu klagen, daß das Geschäft unverbindlich sei.

Anm. 5

Der Anspruch des Testamentsvollstreckers auf Einwilligung zur Eingehung von Verbindlichkeiten richtet sich nur gegen den Erben oder Vorerben, *nicht auch gegen den Nacherben oder Ersatznacherben* (OLG Neustadt/Weinstr. NJW 1956, 1881).

Anm. 6

IV. Haftungsbeschränkung (Abs. 2 Halbs. 2)

Die vom Testamentsvollstrecker eingegangenen Verbindlichkeiten sind, weil sie den Erben als solchen treffen, *Nachlaßverbindlichkeiten*, § 1967. Sie unterliegen deshalb auch den Grundsätzen der **beschränkten Erbenhaftung.** Darf er sich hierauf nicht berufen (Vorbem. 20ff vor § 1967), so haftet er auch für diese Verbindlichkeiten unbeschränkt. Doch bedarf das wegen einer Nachlaßverbindlichkeit gegen den verwaltenden Testamentsvollstrecker ergehende Urteil keines Vorbehalts (ZPO § 780 Abs. 2). Im Nachlaßkonkurse gehören die vom Testamentsvollstrecker eingegangenen Verbindlichkeiten zu den Masseschulden (KO § 224 Nr. 5). Am Nachlaßvergleichsverfahren sind sie auch dann nicht beteiligt und werden von einem Vergleiche nicht betroffen, wenn sie zur Zeit der Eröffnung des Verfahrens bereits begründet waren (VerglO § 113 Nr. 6).

§ 2207

Der Erblasser kann anordnen, daß der Testamentsvollstrecker in der Eingehung von Verbindlichkeiten für den Nachlaß nicht beschränkt sein soll. Der Testamentsvollstrecker ist auch in einem solchen Falle zu einem Schenkungsversprechen nur nach Maßgabe des § 2205 Satz 3 berechtigt.

E I 1902 II 2077; M 5 234, 235; P 5 528—530, 542, 543.

Erweiterte Verpflichtungsbefugnis

Anm. 1

I. Zu Satz 1: Die Bestimmung gestattet eine **Befreiung von den Beschränkungen des § 2206** durch letztwillige Anordnung, wie sie in § 2136 auch gegenüber den Beschränkungen des Vorerben zugelassen ist. Sie gilt im Falle des § 2209 als stillschweigend ausgesprochen (§ 2209 Satz 2). Der Testamentsvollstrecker bleibt gleichwohl zur ordnungsmäßigen Verwaltung verpflichtet (§§ 2220, 2216); er kann deshalb auch in diesem Falle zu seiner Entlastung die Einwilligung des Erben nach § 2206 Abs. 2 verlangen (str.; wie hier Planck/Flad Anm. 3). Der Auftrag des Erblassers, ein Verschaffungsvermächtnis zu erfüllen, enthält regelmäßig auch die nach § 2207 wirksame Ermächtigung für den Testamentsvollstrecker, solche Verpflichtungen einzugehen, die zum Erwerbe des Vermächtnisgegenstandes unumgänglich sind (**RG** 85, 7).

Anm. 2

II. Zu Satz 2: Zu **Schenkungsversprechen** kann der Testamentsvollstrecker allgemein auch vom Erblasser nicht ermächtigt werden (ebensowenig wie der Vorerbe §§ 2136, 2113 Abs. 2). Vgl. auch § 2205 Anm. 21ff wegen unentgeltlicher Verfügungen.

§ 2208

Der Testamentsvollstrecker hat die in den §§ 2203 bis 2206 bestimmten Rechte nicht, soweit anzunehmen ist, daß sie ihm nach dem Willen des Erblassers nicht zustehen sollen. Unterliegen der Verwaltung des Testamentsvollstreckers nur einzelne Nachlaßgegenstände, so stehen ihm die im § 2205 Satz 2 bestimmten Befugnisse nur in Ansehung dieser Gegenstände zu.

Hat der Testamentsvollstrecker Verfügungen des Erblassers nicht selbst zur Ausführung zu bringen, so kann er die Ausführung von dem Erben verlangen, sofern nicht ein anderer Wille des Erblassers anzunehmen ist.

E I 1905 II 2078; M 5 241; P 5 302, 309, 310, 528, 542, 543, 545.

Übersicht

Beschränkte Testamentsvollstreckung

I. Beschränkungen im allgemeinen (Abs. 1 Satz 1)

Anm. 1

Die Vorschrift behandelt die Beschränkung der Rechte des Testamentsvollstreckers nicht erschöpfend. Weitere wesentliche Einschränkungen der Befugnisse des Testamentsvollstreckers sind aus § 2209 (Beschränkung auf die Verwaltung) und aus den §§ 2222, 2223 (Zuteilung von vornherein begrenzter Aufgaben) ersichtlich.

Anm. 2

Die in § 2208 geregelte **Beschränkung der Rechte** des Testamentsvollstreckers oder die völlige Entziehung einzelner Rechte braucht nicht ausdrücklich angeordnet zu sein; sie kann sich vielmehr auch aus dem Umständen ergeben, so für Verfügungen, bei denen ein schwerwiegender Interessenwiderstreit gegeben ist (**RG** SeuffArch 85 Nr. 165). Daß sie als Ausnahme von der Regel der §§ 2203—2206 gewollt sei, hat zu beweisen, wer sich hierauf beruft (**RG** 61, 142; WarnRspr 1938 Nr. 123; München HRR 1938 Nr. 381). Eine Beschränkung ergibt sich aber nicht schon aus der Anordnung einer befreiten Vorerbschaft (**RG** JW 1938, 1454). Eine Beschränkung des Verwaltungs- und Verfügungsrechts liegt auch nicht darin, daß der Testamentsvollstrecker den Nachlaß an den Vorerben herauszugeben hat, sobald besondere letztwillige Anordnungen erfüllt sind (BayObLG NJW 1959, 1920 = MDR 1959, 761 = JR 1959, 384).

Anm. 3

Die Beschränkung ist auch gegen Dritte wirksam, selbst wenn jene die Beschränkung weder kannten noch kennen mußten. Sie ist in dem Zeugnis des § 2368 anzugeben, soweit sie sich auf das Verwaltungsrecht des Testamentsvollstreckers bezieht. Ist dies unterblieben, so ist der Dritte gemäß § 2366 durch den öffentlichen Glauben des Zeugnisses geschützt. Hiervon abgesehen kann er sich nicht auf Unkenntnis berufen.

II. Beschränkung auf einzelne Gegenstände (Abs. 1 Satz 2)

Anm. 4

Ist das Verwaltungsrecht des Testamentsvollstreckers **gegenständlich beschränkt,** so hat er nur in Ansehung der einzelnen Nachlaßgegenstände (Sachen, Rechte, auch Inbegriffe von Gegenständen, z. B. Handelsgeschäft) das Recht auf Besitznahme und das Verfügungsrecht, jedoch inhaltlich im vollen Umfange des § 2205. Insbesondere ist er ermächtigt, wegen dieser Gegenstände nach § 2206 für den Nachlaß Verbindlichkeiten einzugehen.

Anm. 5

Die Verfügungsbefugnis des Testamentsvollstreckers ist nach der Auffassung des Gesetzes ein Ausfluß und notwendiger Bestandteil seiner Verwaltungsbefugnis, da der Erbe sonst die Verwaltungsmacht des Testamentsvollstreckers und damit die Erledigung der ihm zugewiesenen Aufgaben willkürlich vereiteln könnte. Gleichwohl ist es nicht schlechthin unzulässig, lediglich die Verfügungsbefugnis des Testamentsvollstreckers zugunsten des Erben zu beschränken; doch muß ein solcher Wille des Erblassers wegen der rechtlichen und tatsächlichen Schwierigkeiten, die sich aus einem Auseinanderfallen der Verwaltungs- und der Verfügungsbefugnis ergeben können, deutlich erkennbar sein (**RG** WarnRspr 1938 Nr. 123). Die Aussetzung eines Nießbrauchsvermächtnisses enthält grundsätzlich keine Beschränkung der Befugnisse des Testamentsvollstreckers (OLG Düsseldorf NJW 1952, 1259).

Anm. 6

Über die Frage, ob mit der Ernennung eines Testamentsvollstreckers die Befreiung des Vorerben gemäß § 2137 Abs. 2 vereinbar ist, s. § 2137 Anm. 3. Die Anordnung, der Testamentsvollstrecker solle zwischen den Erben eine „friedliche Auseinandersetzung" herbeiführen, braucht nicht zu bedeuten, daß ihm lediglich eine vermittelnde Tätigkeit zugewiesen sein sollte (**RG** 28. 1. 1932 IV 354/31).

Anm. 7

Die nur für einen Erbteil angeordnete Vollstreckung berechtigt den Testamentsvollstrecker nicht zur Verfügung nach § 2033 (vgl. Anm. 10), sondern nur zur Vertretung dieses Miterben und zur Mitwirkung bei der Auseinandersetzung. Ob ihm auch die Verwaltung an den dem Miterben zugeteilten Gegenständen zustehen soll, ist Auslegungsfrage.

Anm. 8

Gehört ein GmbH-Geschäftsanteil zum Nachlaß, so kann der Erblasser durch Verfügung von Todes wegen einen Testamentsvollstrecker allein zu dem Zweck ernennen, daß er das Stimmrecht an dem Geschäftsanteil unter Ausschluß der Erben ausübt. Ist dem Testamentsvollstrecker in einem solchen Fall die Wahrnehmung des Stimmrechts für dauernd übertragen, so besteht die Testamentsvollstreckung auch dann fort, wenn sich die Erben auseinandergesetzt haben (OLG Hamm JMBlNRW 1956, 158). Die Befugnisse des Testamentsvollstreckers können im übrigen u. a. beschränkt sein auf die Verwaltung eines Vermächtnisses (**BGH** 13, 203 = DNotZ 1954, 399) oder auf bestimmte Aufgaben bei reiner Verwaltungsvollstreckung (BayObLGZ 1956, 186).

Zur Frage der Fortführung von Handelsgeschäften durch den Testamentsvollstrecker vgl. Anm. 6ff zu § 2205.

Anm. 9

III. Beaufsichtigende Testamentsvollstreckung (Abs. 2)

Dem Testamentsvollstrecker bleibt das **Aufsichtsrecht über die Ausführung der letztwilligen Verfügungen,** wenn ihm, entgegen § 2203, die Ausführung selbst nicht zusteht. Kraft dessen kann er gegen den Erben oder nach § 2223 gegen den beschwerten Vermächtnisnehmer auf Ausführung klagen, wenn der Beschwerte keinen andern Willen des Erblassers nachweist. Ein Testamentsvollstrecker kann auch mit der Bestimmung ernannt werden, daß er nur Verfügungen des Erben über Nachlaßgegenstände zustimmen soll (KGJ 44, 81).

IV. Erweiterte Befugnisse des Testamentsvollstreckers

Anm. 10

Eine Erweiterung der Machtbefugnisse des Testamentsvollstreckers über die Grenzen der §§ 2203—2210 hinaus, insbesondere die allgemeine Ermächtigung zu Schenkungen ist ungültig (§ 2207 Anm. 2). Auch die Befugnis, über einen Erbteil zu verfügen oder bei einer solchen Verfügung des Miterben (§ 2033) mitzuwirken, kann ihm nicht mit dinglicher Wirkung eingeräumt werden (**RG** JW 1915, 245[7]). Ebenso kann zur Eingehung einer persönlichen Verpflichtung durch den Erben, mag sich die Verpflichtung auch auf einen Nachlaßgegenstand beziehen, die Zustimmung des Testamentsvollstreckers nicht mit Wirkung gegenüber dem anderen Vertragsteile für erforderlich erklärt werden (KGJ 44, 86). Der Erblasser kann den Testamentsvollstrecker auch nicht ermächtigen, die letztwillige Verfügung maßgebend auszulegen; denn es ist rechtsgrundsätzlich ausgeschlossen, den Erblasser im Willen zu vertreten (**RG** 66, 103, 105; § 2065 Anm. 5). Überall da jedoch, wo einem Dritten vom Erblasser gewisse Befugnisse übertragen werden dürfen (so §§ 2048, 2151, 2153—2156, 2193), kann auch der Testamentsvollstrecker als dieser Dritte bestimmt werden (**RG** SeuffArch 88 Nr. 124). Soweit dem Testamentsvollstrecker „sonstige Aufgaben" zugewiesen sind (§ 2209 Anm. 3), erwachsen ihm daraus keine selbständigen Befugnisse.

Anm. 11

Bei der Ausübung seiner Befugnisse ist der Testamentsvollstrecker zu besonderer Gewissenhaftigkeit und Sorgfalt verpflichtet (**RG** 130, 135). Ein von dem Testamentsvollstrecker unter Mißbrauch seiner Befugnisse mit einem Dritten abgeschlossenes Rechtsgeschäft ist bereits dann unwirksam, wenn der Dritte den Mißbrauch hätte erkennen müssen (**RG** 83, 353; 75, 302). Vgl. im übrigen die Anm. zu § 2219.

§ 2209

Der Erblasser kann einem Testamentsvollstrecker die Verwaltung des Nachlasses übertragen, ohne ihm andere Aufgaben als die Verwaltung zuzuweisen; er kann auch anordnen, daß der Testamentsvollstrecker die Verwaltung nach der Erledigung der ihm sonst zugewiesenen Aufgaben fortzu-

führen hat. Im Zweifel ist anzunehmen, daß einem solchen Testamentsvollstrecker die im § 2207 bezeichnete Ermächtigung erteilt ist.

E II 2079; P 5 302, 303, 305—307, 529, 530, 543, 546.

Übersicht

Verwaltungstestamentsvollstreckung

I. Verwaltung des Nachlasses ohne andere Aufgaben (Satz 1 Halbs. 1)

Anm. 1

Die Verwaltung des Nachlasses ohne andere Aufgaben kann sich auf den ganzen Nachlaß erstrecken (§ 2205) und wird dann regelmäßig ein Teilungsverbot in sich begreifen (§ 2044). Sie kann nach § 2208 auch inhaltlich oder gegenständlich, nämlich auf einen Erbteil oder einzelne Nachlaßgegenstände (für diese mit der Folge eines Teilungsverbots, **RG** WarnRspr 1934 Nr. 21) beschränkt sein. Die Anordnung ermöglicht dem Erblasser, den Erben auf geraume Zeit, insbesondere über die Volljährigkeit hinaus von der Verfügung über den Nachlaß auszuschließen (§ 2211 Abs. 1; vgl. JFG 16, 306), so insbesondere bei der Enterbung in guter Absicht, § 2338 Anm. 1f, und zugleich den Zugriff der Gläubiger auf den Nachlaß zu verhindern, § 2214. Sie ist ferner ein Mittel, das gesetzliche Verwaltungsrecht des elterlichen Gewalthabers oder des Vormundes (§§ 1638, 1686, 1794) auszuschließen.

Anm. 2

Die Bestellung eines Pflegers nach § 1909 Abs. 1 Satz 2, die von Amts wegen zu erfolgen hat, wird allerdings, wenn der Erblasser das elterliche Verwaltungsrecht nach § 1638 Abs. 1 ausdrücklich ausgeschlossen hatte, durch die Anordnung nicht entbehrlich gemacht (KGJ 38 A 73; aM Palandt/Rechenmacher Anm. 2; vgl. auch LG Dortmund NJW 1959, 2264 mit näheren Nachweisen, wo jedoch verkannt wird, daß die hier vertretene Ansicht von denselben tatsächlichen Voraussetzungen wie KGJ 38 A 73 ausgeht). Diese kann auch dazu dienen, dem Gewalthaber (z. B. der Witwe) die Verwaltung in der Eigenschaft als Testamentsvollstrecker und deshalb frei von den sonst bestehenden gesetzlichen Beschränkungen zu übertragen. Von den hierin liegenden Beschränkungen seines Erbrechts kann sich der Erbe nur gemäß § 2306 (Pflichtteil) frei machen. Für das Rechtsverhältnis zwischen Testamentsvollstrecker und Erben bleiben während der Verwaltung die §§ 2215—2219 maßgebend. Über die entsprechende Anwendung des § 2209 auf den Fall der Beschränkung eines Vermächtnisnehmers durch die Ernennung eines Testamentsvollstreckers (vgl. **BGH** 13, 203) s. § 2223 Anm. 2. Der lediglich zur Verwaltung des Nachlasses berufene Testamentsvollstrecker ist im Zweifel auch befugt, über Nachlaßgegenstände zu verfügen (KG DR 1944, 245[19]).

Anm. 3

II. Verwaltung des Nachlasses nach Erledigung der sonstigen Aufgaben (Satz 1 Halbs. 2)

Dieses Verwaltungsrecht unterscheidet sich in seiner Beschaffenheit nicht von dem Verwaltungsrecht des Halbs. 1; insbesondere treten die Besonderheiten des selbständigen Verwaltungsrechts auch hier sogleich ein und nicht erst dann, wenn die sonstigen Aufgaben des Testamentsvollstreckers erledigt sind (Planck/Flad Anm. 4b). Der Kreis der dem Testamentsvollstrecker zuzuweisenden **sonstigen Aufgaben** (z. B. Erziehung der Kinder, Herausgabe des literarischen Nachlasses, Leistung von Rechtsbeistand) ist auf Grund der Testierfreiheit unbeschränkt, der Erblasser kann sich hierzu auch der Auflage (§ 1940) oder der bedingten Zuwendung an den Testamentsvollstrecker bedienen. Die gesetzlichen Befugnisse des Testamentsvollstreckers kann er hierdurch aber nicht erweitern (§ 2208 Anm. 10).

III. Allgemeiner Inhalt des Verwaltungsrechts

Anm. 4

Das in § 2209 geregelte Verwaltungsrecht entspricht inhaltlich dem gewöhnlichen Verwaltungsrecht des Testamentsvollstreckers nach § 2205 Satz 1, ist also nach Inhalt und Umfang durch die Aufgaben des Testamentsvollstreckers (vgl. insbes. §§ 2203, 2204) und durch den Willen des Erblassers (§ 2208) bedingt. Es schließt im Zweifel auch das Recht ein, über Nachlaßgegenstände zu verfügen (KG DR 1944, 245). Der Erbe kann zwar jährliche Rechnungslegung (§§ 2218 Abs. 2, 2220) verlangen, den jährlichen Reinertrag aber nur, wenn dies der Wille des Erblassers war (**RG** JR 1929, Nr. 1652). Die Verpflichtung, eine Schlußrechnung zu legen (§§ 2218, 666), kann sich für den Testamentsvollstrecker schon vor Beendigung seines Amts ergeben, z. B. wenn er zwar die zur Ausführung des letzten Willens dienende Verwaltungstätigkeit i. S. des § 2205 beendigt hat, eine ihm übertragene Verwaltungstätigkeit i. S. des § 2209 Satz 1 Halbs. 2 aber erst ihren Anfang nehmen soll. In diesem Falle erstreckt sich die Rechenschaftspflicht auf den abgeschlossenen ersten Teil der Aufgaben (**RG** 26. 5. 1919 IV 75/19).

Anm. 5

Auch bei der Bestellung des Testamentsvollstreckers „zur Verwaltung" kann je nach Sachlage die Übertragung aller Befugnisse gewollt sein (OLG Düsseldorf NJW 1952, 1259).

Anm. 6

IV. Erweiterte Verpflichtungsbefugnis (Satz 2)

Eine Nachlaßverwaltung erfordert regelmäßig, daß der Testamentsvollstrecker immer wieder neue Geschäfte abschließt. Die Beschränkungen des § 2206 wären insoweit hinderlich. Deshalb stellt § 2209 Satz 2 die Vermutung auf, daß der Erblasser angeordnet hat, der Testamentsvollstrecker solle in der Befugnis, Verbindlichkeiten für den Nachlaß eingehen, nicht beschränkt sein. Die Ermächtigung gilt für den ganzen Nachlaß (§ 2207) oder — bei der gegenständlich beschränkten Testamentsvollstreckung — für die einzelnen Nachlaßgegenstände (§ 2208 Anm. 10).

V. Zeitliche Beschränkung

Anm. 7

Ist dem Testamentsvollstrecker **nur die Verwaltung** als einzige oder doch als eine die beiden anderen Hauptaufgaben (§§ 2203, 2204) überdauernde Verrichtung zugewiesen worden, so ist die Wirksamkeit einer solchen Anordnung nach § 2210 zeitlich begrenzt. Zur Verwaltungs- oder Dauertestamentsvollstreckung als Mittel, um ein Teilungsverbot bei einem testamentarischen Familiengut zu sichern, vgl. Kohler DNotZ 1958, 245.

Anm. 8

Die Anordnung des Erblassers, es solle gewöhnliche Testamentsvollstreckung eintreten, die Auseinandersetzung jedoch bis zum Tode des Testamentsvollstreckers aufgeschoben sein (OLG Stuttgart HEZ 2, 115; vgl. auch § 2204 Anm. 2), fällt nicht unter § 2209.

Anm. 9

§ 2217 Satz 2, wonach das Recht des Testamentsvollstreckers durch die Überlassung von Gegenständen an die Erben erlischt, ist auf die dauernde Vollstreckung nach § 2209 nicht anzuwenden (**RG** 106, 381).

§ 2210

Eine nach § 2209 getroffene Anordnung wird unwirksam, wenn seit dem Erbfalle dreißig Jahre verstrichen sind. Der Erblasser kann jedoch anordnen, daß die Verwaltung bis zum Tode des Erben oder des Testamentsvollstreckers oder bis zum Eintritt eines anderen Ereignisses in der Person des einen oder des anderen fortdauern soll. Die Vorschrift des § 2163 Abs. 2 findet entsprechende Anwendung.

E II 2080; P 5 303, 305 308; 6 91 92.

Befristung der Verwaltungsvollstreckung

Anm. 1

I. Zu Satz 1

Nur die **besondere Verwaltung** des § 2209 ist, wie die Nacherbschaft (§ 2109), das Vermächtnis (§ 2162) und das Teilungsverbot (§ 2044), **zeitlich begrenzt** (**RG** 155, 352). Die allgemeine Verwaltungsbefugnis, die erforderlich ist, um die dem Testamentsvollstrecker nach den §§ 2203, 2204 obliegenden oder ihm sonst zugewiesenen Aufgaben (§ 2209 Anm. 3) zu erfüllen, unterliegt diesen Grenzen nicht. Ein Wechsel in der Person des Testamentsvollstreckers während dieses Zeitraums ist ohne Bedeutung, wenn die Verwaltungsdauer nicht auf die Lebenszeit des Testamentsvollstreckers abgestellt ist.

Anm. 2

II. Zu Satz 2

Dem Erblasser ist eine **Verlängerung des Zeitraums** unter den gleichen Voraussetzungen wie in §§ 2109 Nr. 1, 2163 Nr. 1 (s. dort) gestattet. Soll die Verwaltung bis zum Tode eines Nachfolgers des Testamentsvollstreckers (§ 2199 Abs. 2) oder bis zum Eintritt eines Ereignisses in der Person dieses Nachfolgers dauern, so muß der betreffende Nachfolger, wenn eine Umgehung des Gesetzes verhütet werden soll, vor Ablauf von 30 Jahren mindestens ernannt worden sein. — Lebenszeit des Abkömmlings als Zeitgrenze im Falle des § 2338 (dort Anm. 15).

Anm. 3

III. Zu Satz 3

Ist der Erbe oder der Testamentsvollstrecker eine **juristische Person,** so bleibt es bei der 30jährigen Frist. Die Vorschrift ergibt übrigens, daß auch juristische Personen (z. B. Treuhandinstitute, Banken) Testamentsvollstrecker sein können; vgl. auch Flad DFG 1936, 136.

§ 2211

Über einen der Verwaltung des Testamentsvollstreckers unterliegenden Nachlaßgegenstand kann der Erbe nicht verfügen.

Die Vorschriften zugunsten derjenigen, welche Rechte von einem Nichtberechtigten herleiten, finden entsprechende Anwendung.

E I 1901 II 2081 Abs. 1 Satz 1. Abs. 2; M 5 233, 234; P 5 286, 287, 531, 532; 6 129, 130.

Übersicht

Verfügungsbeschränkung des Erben

I. Kein Verfügungsrecht des Erben (Abs. 1)

Anm. 1

1. Allgemeines

Das durch § 2205 dem Testamentsvollstrecker übertragene und nicht gemäß § 2208 entzogene Verfügungsrecht über die Nachlaßgegenstände schließt, solange der Nachlaß im ganzen oder ein einzelner Nachlaßgegenstand der Verwaltung des Testamentsvollstreckers unterliegt (§§ 2205 Anm. 1 ff, 2209, 2217 Anm. 1 f; vgl. auch § 2225 Anm. 9), das Verfügungsrecht des Erben ganz aus. Das gilt sogleich vom Erbfall, nicht erst vom Amtsantritt des Testamentsvollstreckers ab (§ 2202; KGJ 40, 196). So ist nur der Testamentsvollstrecker und nicht der Erbe des Mieters berechtigt, das Mietverhältnis zu kündigen (**RG** 74, 35 = JW 1910, 820[43]). Auch der befreite Vorerbe kann durch die Anordnung einer Testamentsvollstreckung in seiner Verfügungsbefugnis über Nachlaßgegenstände beschränkt werden (**BGH** 28. 5. 1951 IV ZR 68/50). Andererseits kann der Testamentsvollstrecker über Nachlaßgegenstände verfügen, ohne daß der Gläubiger eines Miterben, der den Miterbenanteil gepfändet hat, mitzuwirken braucht (KG JR 1952, 323). Über Testamentsvollstreckung und Konkurs vgl. LG Aachen NJW 1960, 46 mit Anm. von v. Buch.

Anm. 2

2. Schutz des Testamentsvollstreckers

Zum Schutze des Testamentsvollstreckers dient die Eintragung im Grundbuch und Schiffsregister (GBO § 52, SchiffsRegO § 55; darüber, daß kein Testamentsvollstreckervermerk einzutragen ist, falls ein Bevollmächtigter, dem vom Erblasser mit Wirkung über den Tod hinaus Vollmacht erteilt ist, über Nachlaßgrundstücke oder Grundstücksrechte verfügt, s. JFG 12, 274).

3. Unwirksamkeit der Verfügungen des Erben

Anm. 3

Verfügung ist gemeint als dingliche im Gegensatze zur tatsächlichen Verfügung und zur bloß schuldrechtlichen Verpflichtung (Anm. 9 vor § 104; **BGH** 1, 294, 304). Der Erbe ist daher durch das Verfügungsrecht des Testamentsvollstreckers nicht gehindert, Schuldverhältnisse in Beziehung auf einen Nachlaßgegenstand einzugehen (**RG** Recht 1921 Nr. 1394; **RG** HRR 1929 Nr. 1833) oder auch die ihm angefallene Erbschaft zu verkaufen (§ 2376 Anm. 3). Er kann aber nicht erfüllen, solange ihm das Verfügungsrecht des Testamentsvollstreckers entgegensteht oder wenn der Testamentsvollstrecker anderweit verfügt hat. Die dennoch vorgenommene Verfügung des Erben ist nicht, wie bei einem Veräußerungsverbote im Sinne des § 135, nur relativ, d.h. nur gegenüber dem Testamentsvollstrecker selbst und denjenigen Personen, in deren Interesse die Testamentsvollstreckung angeordnet ist (so 2. Aufl. sowie beiläufig **RG** Warn Rspr 1919 Nr. 71), sondern schlechthin unwirksam, da die Beschränkungen des Erben bei der Testamentsvollstreckung über den Mangel der Veräußerungsbefugnis hinausgehen; sie kann aber nach § 185 Abs. 2 dadurch wirksam werden, daß der Testamentsvollstrecker sie genehmigt oder daß sein Recht wegfällt, bevor er eine entgegenstehende Verfügung getroffen hat (**RG** 87, 432; WarnRspr 1915 Nr. 292 S. 455; LZ 1931, 1325[4]). Eine bedingt oder betagt — für den Fall der Erlangung des freien Verfügungsrechts — vom Erben vorgenommene Verfügung wird mit Eintritt der Bedingung oder des Termins ohne weiteres wirksam und erzeugt gemäß § 160 schon vorher eine Bindung der Beteiligten.

Anm. 4

Daraus, daß der Erbe nach § 2211 nicht über einen der Verwaltung des Testamentsvollstreckers unterliegenden Gegenstand verfügen kann, folgt, daß er hinsichtlich solcher Gegenstände auch keine Verbindlichkeiten mit der Wirkung eingehen kann, daß sie den Testamentsvollstrecker zur Vornahme von Verfügungen über diese Gegenstände verpflichten (**BGH** 25, 275, 287). Wohl aber kann der Erbe sich selbst (nicht den Nachlaß) verpflichten (**RG** HRR 1929 Nr. 1833). Der Testamentsvollstrecker kann daher auch nicht auf Erfüllung solcher Verbindlichkeiten in Anspruch genommen werden, die von den Erben ohne seine Zustimmung über Nachlaßgegenstände eingegangen worden sind (**BGH** aaO). Mit einer solchen Forderung kann auch nicht gegen einen vom Testamentsvollstrecker geltend gemachten Nachlaßanspruch aufgerechnet und es kann ihretwegen auch kein Zurückbehaltungsrecht geltend gemacht werden (**BGH** aaO).

Anm. 5

4. Verfügungen zugunsten des Testamentsvollstreckers

Gebührt ein Nachlaßgegenstand auf Grund der letztwilligen Verfügung dem Testamentsvollstrecker für seine Person (z. B. ein ihm vermachtes Grundstück), so kann er gegen den Erben auf die Leistung (Auflassung) klagen. Er begibt sich damit hinsichtlich dieser Leistung der eigenen Verfügung über den Gegenstand und überläßt ihn zum Erfüllen der Verbindlichkeit dem Erben (**RG** 82, 149). Er kann aber auch die Verbindlichkeit an sich selbst erfüllen (vgl. **RG** 61, 139; § 2205 Anm. 14).

Anm. 6

5. Verfügungen des Erben über seinen Anteil

Der Erbe ist nicht gehindert, gemäß § 2033 über seinen Anteil am Nachlasse zu verfügen (§ 2208 Anm. 7). Hierdurch wird jedoch die Fortdauer der dem Testamentsvollstrecker zustehenden Rechte nicht beeinträchtigt. Ist die Verpfändung des Erbanteils eines Miterben im Grundbuch eingetragen, so verliert die Eintragung ihre Bedeutung und kann als gegenstandslos gelöscht werden, wenn der Testamentsvollstrecker des Nachlasses das Grundstück wirksam veräußert (OLG Celle HRR 1941 Nr. 128).

Anm. 7

6. Aufwertung

Die Anmeldung zur Aufwertung gemäß AufwG § 16 stellte weder eine Verfügung über das angemeldete Recht noch seine gerichtliche Geltendmachung im Sinne des § 2212 dar; zur Anmeldung einer der Verwaltung des Testamentsvollstreckers unterliegenden Forderung war daher neben diesem auch der Erbe selbst befugt (**RG** 121, 393).

Anm. 8

7. Umstellung

Gehört das Recht, über dessen Umstellung in einem Verfahren nach Art. II § 6 der 40. DVO z. UmstG entschieden wird, zu einem Nachlaß, welcher der Verwaltung eines Testamentsvollstreckers unterliegt, so kann der beteiligte Erbe seine Rechte als Beteiligter nicht selbst wahrnehmen. Ein solches Recht kann vielmehr nur der Testamentsvollstrecker kraft seines Amts gerichtlich geltend machen. Er ist daher als Beteiligter zu hören, ihm sind die ergehenden Beschlüsse zuzustellen, er allein ist statt des Erben beschwerdeberechtigt (BayObLGZ 1, 454; 1, 544).

Anm. 9

II. Anwendung der Gutglaubensvorschriften (Abs. 2)

Der Schutz des guten Glaubens steht dem Erwerber eines Grundstücks oder eines eingetragenen Rechtes (§§ 892, 893), einer beweglichen Sache (§§ 932 ff), eines Nießbrauchs oder Pfandrechts (§§ 1032, 1207) zur Seite, wenn er sich unverschuldet in Unkenntnis darüber befindet, daß die Sache zum Nachlaß gehört oder daß ein Testamentsvollstrecker bestellt ist, oder wenn er irrig glaubt, daß die Sache der Verwaltung des Testamentsvollstreckers nicht unterliege. Dagegen ist ein Irrtum über die allgemeinen Schranken, die den Verwaltungsbefugnissen des Testamentsvollstreckers gezogen sind, für den Dritten kein Entschuldigungsgrund (**RG** 74, 219). Insbesondere kann sich der Dritte, der die Bestellung des Testamentsvollstreckers kennt, nicht gegenüber der Unwirksamkeit von unentgeltlichen Verfügungen und Verfügungen zu eigenem Nutzen, die der Testamentsvollstrecker unter Überschreitung der gesetzlichen und testamentarischen Schranken vornimmt, auf Rechtsirrtum (guten Glauben) berufen (**RG** 74, 215).

§ 2212

Ein der Verwaltung des Testamentsvollstreckers unterliegendes Recht kann nur von dem Testamentsvollstrecker gerichtlich geltend gemacht werden.

E I 1903 Abs. 1 II 2082; M 5 235, 236; P 5 287—291, 532.

Übersicht

Prozeßführungsrecht des Testamentsvollstreckers

I. Stellung des Testamentsvollstreckers

Anm. 1

Die **gerichtliche Geltendmachung** eines Rechtes ist dem Testamentsvollstrecker ebenso ausschließlich vorbehalten wie das Verfügungsrecht (§§ 2205, 2211), wenn und soweit das betreffende Recht seiner Verwaltung unterliegt (§§ 2205 Anm. 1 ff, 2208, 2209, 2217 Anm. 1 f). Das gilt für die Geltendmachung vor den ordentlichen, vor den Verwaltungsgerichten oder sonstigen Gerichten, im Schiedsverfahren, im Wege der Klage, Einrede, Widerklage oder durch Aufrechnung im Prozesse oder im Verfahren der freiwilligen Gerichtsbarkeit, z. B. mit dem Antrag, das Grundbuch durch Eintragung des Erben als Berechtigten zu berichtigen (**RG** 61, 145; KG RJA 16, 232; München JFG 14, 9; die Anmeldung gemäß AufwG § 16 gehört nicht hierher: **RG** 121, 393; § 2111 Anm. 7). Der Erbe ist von der Geltendmachung ganz ausgeschlossen; nur der Testamentsvollstrecker ist Partei (**RG** JW 1912, 147[26]). Die Erben sind auch nicht neben dem Testamentsvollstrecker zu einer Feststellungsklage gegen Dritte über den Umfang der Nachlaßmasse legitimiert (**RG** 30. 5. 1905 VII 49/05).

Der Erbe ist dagegen allein zur Prozeßführung befugt, wenn ihm die materiellrechtliche Verfügungsbefugnis zusteht (**BGH** 31, 279, 285 = MDR 1960, 296 für Recht des Erben, allein Nachlaßverbindlichkeiten einzuziehen). Hat das Tatsachengericht eine Klage im Hinblick auf eine Testamentsvollstreckung wegen mangelnder Prozeßführungsbefugnis des klagenden Erben abgewiesen, so ist das Revisionsgericht bei der Prüfung der Prozeßführungsbefugnis des Klägers — als einer Prozeßvoraussetzung — nicht an die tatsächlichen Feststellungen des Tatsachengerichts gebunden (**BGH** 31, 279, 281 = NJW 1960, 523 = LM ZPO § 561 Nr. 26 mit Anm. von Mattern).

Anm. 2

Es besteht kein zwingender Grund, dem Erben das Recht aus § 2194 abzuschneiden, gerichtlich die Vollziehung einer Auflage zu verlangen, wenn ein Testamentsvollstrecker ernannt worden ist. § 2212 ist nicht anwendbar, weil insoweit kein Recht besteht, das der Verwaltung des Testamentsvollstreckers unterliegt (aM LG Braunschweig MDR 1955, 169 = DRspr I [174] 52b, das § 2212 entsprechend anwenden will, weil § 2194 nach der Systematik des Gesetzes subsidiär gelte). Das Klagrecht des § 2194 soll sicherstellen, daß die Auflage erfüllt wird. Dieser Zweck rechtfertigt es, den Kreis der Klageberechtigten möglichst groß zu halten und ihn nicht ohne Not einzuschränken.

Anm. 3

Für die Kosten eines Prozesses, in dem der Testamentsvollstrecker ein Recht verfolgt, das seiner Verwaltung unterliegt, oder in dem gegen ihn ein Anspruch geltend gemacht wird (§ 2113), der sich gegen den Nachlaß richtet, haftet er nur mit dem Nachlaß. Daraus wurde in den früheren Auflagen in

Übereinstimmung mit **RG** (II. ZS.) 81, 292 gefolgert, daß ihm mangels der Voraussetzungen des § 114 ZPO das Armenrecht nicht bewilligt werden könne. Abweichend hiervon hat **RG** (VI. ZS.) JW 1930, 1487[2] (Anm. dazu 2049[10]), **RG** 143, 97 nach Zustimmung des II. ZS. ausgesprochen: Wenn in einem solchen Falle der Nachlaß nicht ausreiche, um die Prozeßkosten zu bestreiten, sei die Frage des Unvermögens im Sinne des § 114 ZPO aus der Person der Erben zu beantworten, deren Rechte und Pflichten der Testamentsvollstrecker wahrnehme. Diese neuere, den Lebensbedürfnissen entsprechende Ansicht ist auf der Grundlage der Amtstheorie (Anm. 3 vor § 2197) in ZPO § 114 Abs. 3 gesetzlich anerkannt worden.

Anm. 4

Die Eigenart der Parteistellung kraft Amtes bringt es mit sich, daß vielfach und insbesondere da, wo die materiellen Wirkungen entscheiden, nicht die für Parteien, sondern die für gesetzliche Vertreter geltenden Prozeßvorschriften sinngemäß anzuwenden sind, so bei dem Wechsel der Person des Testamentsvollstreckers (ZPO § 241; **RG** WarnRspr 1913 Nr. 330; 1915 Nr. 34) und beim Wegfall des Amtes des Testamentsvollstreckers oder seines für den Rechtsstreit maßgebenden Verwaltungsrechts (ZPO §§ 239; 246; **RG** 155, 350).

Anm. 5

Der Testamentsvollstrecker ist wegen eines Nachlaßanspruchs, der nur von ihm geltend gemacht werden kann, auch Vertreter des Nachlasses in dem weiteren Sinne des § 207; die Verjährung eines solchen Anspruchs vollendet sich deshalb nicht vor Ablauf von sechs Monaten oder des für die Verjährung bestimmten kürzeren Zeitraums von dem Zeitpunkt an, in dem er sein Amt gemäß § 2202 angenommen hat (**RG** 100, 279).

Anm. 6

Aufnahme des durch den Tod des Erblassers unterbrochenen Verfahrens ZPO § 243. Vollstreckbare Ausfertigung für und gegen den Erben ZPO § 728 Abs. 2.

Anm. 7

Der verwaltende Testamentsvollstrecker ist berechtigt, das Aufgebot der Nachlaßgläubiger (§ 1970; ZPO § 991), die Eröffnung des Nachlaßkonkurses (KO § 217) und des Nachlaßvergleichsverfahrens (VerglO § 113 Nr. 1) sowie die Anordnung der Nachlaßverwaltung zu beantragen (§ 1981 Anm. 6). Passivprozeß § 2213.

Anm. 8

II. Rechte des Erben

Lehnt der Testamentsvollstrecker ab, einen Rechtsstreit zu führen, so kann der Erbe ihn nach § 2218 im Klagewege dazu anhalten (**RG** Gruchot 50, 387) oder seine Entlassung beantragen (§ 2227). Da jedoch das Urteil für und gegen den Erben wirkt (ZPO § 327), kann er als Nebenintervenient beitreten; er gilt dann als Streitgenosse des Testamentsvollstreckers (ZPO §§ 66, 69). Wegen der §§ 2216 Abs. 1, 2219 kann der Testamentsvollstrecker auch verpflichtet sein, ihm den Streit zu verkünden (ZPO §§ 72 ff). Hauptintervention des Erben (ZPO § 64) ist denkbar, wenn er dem Testamentsvollstrecker seine Vollstreckereigenschaft abspricht, oder wenn er bestreitet, daß das betreffende Recht dessen Verwaltung unterliege. Vgl. auch Anm. 1 a.E. zur Prozeßführungsbefugnis des Erben.

Anm. 9

III. Zum Erbschaftsanspruch

Der Testamentsvollstrecker ist auch ausschließlich befugt, den Erbschaftsanspruch gegen den dritten Erbschaftsbesitzer zu erheben (§ 2018 Anm. 3), ebenso die erbschaftlichen Einzelansprüche nach § 2029 und den Anspruch auf Auskunft und Rechnungslegung über den Nachlaß (**RG** WarnRspr 1938 Nr. 103); das gleiche gilt für die Geltendmachung eines zum Nachlasse gehörigen Erbanspruchs an dem Nachlaß eines vor dem Erblasser gestorbenen Dritten (**RG** WarnRspr 1919 Nr. 136 = Seuff

Arch 74, 249). Dagegen ist es ausgeschlossen, daß der Testamentsvollstrecker gegen den durch Verfügung von Todes wegen ernannten Erben den Erbschaftsanspruch mit dem Vorbringen erhebt, jener sei nicht Erbe (§ 2203 Anm. 5). Wird in einem Prozesse mit dem Testamentsvollstrecker, was gemäß § 2203 Anm. 5 unter Umständen allerdings möglich ist, das Bestehen oder Nichtbestehen eines Erbrechts festgestellt, so schafft diese nicht unter ZPO § 327 fallende Entscheidung keine Rechtskraft unter den mehreren Erbansprechern (**RG** JW 1909, 52[18]; 1919, 724[11]). Andererseits bindet auch eine unter den Erbansprechern ergehende Entscheidung den Testamentsvollstrecker nicht; die Leistung an die siegreiche Partei wird ihn aber regelmäßig befreien. Für Erbschaftsansprüche, die sich gegen den Nachlaß richten, ist der Testamentsvollstrecker nicht passiv legitimiert (**RG** 81, 151; vgl. § 2213 Anm. 5).

IV. Einwendungen gegenüber Ansprüchen des Testamentsvollstreckers

Anm. 10

Der Erbe, gegen den der Testamentsvollstrecker eine zum Nachlaß gehörende Forderung geltend macht, kann sich seiner Verpflichtung zur Leistung grundsätzlich nicht mit dem Einwand entziehen, die Einziehung der Forderung sei nicht notwendig oder er werde durch das Vorgehen des Testamentsvollstreckers im Vergleich zu anderen Erben benachteiligt. Die Berechtigung des Testamentsvollstreckers ist in einem solchen Falle regelmäßig nur im Rahmen der Entscheidung über einen Entlassungsgrund nach § 2227 überprüfbar (**BGH** 25, 27).

Anm. 11

Erhebt der Testamentsvollstrecker als solcher eine Klage, so kann ihm der Beklagte die Ungültigkeit der die Ernennung zum Testamentsvollstrecker enthaltenden letztwilligen Verfügung und damit der Ernennung selbst entgegenhalten, wenngleich die Frage der Wirksamkeit der letztwilligen Verfügung endgültig nur zwischen den gesetzlichen Erben und den in der Verfügung Bedachten ausgetragen werden kann (**RG** 19. 6. 1919 IV 16/19). Andererseits muß sich der Testamentsvollstrecker, wenn er zum Nachlaß gehörende Rechte geltendmacht, alle Einwendungen gefallen lassen, die dem Erben gegenüber begründet sind, soweit sie nicht auf Verfügungen des Erben beruhen, zu denen dieser nach § 2211 nicht befugt ist (**RG** 138, 132).

§ 2213

Ein Anspruch, der sich gegen den Nachlaß richtet, kann sowohl gegen den Erben als gegen den Testamentsvollstrecker gerichtlich geltend gemacht werden. Steht dem Testamentsvollstrecker nicht die Verwaltung des Nachlasses zu, so ist die Geltendmachung nur gegen den Erben zulässig. Ein Pflichtteilsanspruch kann, auch wenn dem Testamentsvollstrecker die Verwaltung des Nachlasses zusteht, nur gegen den Erben geltend gemacht werden.

Die Vorschrift des § 1958 findet auf den Testamentsvollstrecker keine Anwendung.

Ein Nachlaßgläubiger, der seinen Anspruch gegen den Erben geltend macht, kann den Anspruch auch gegen den Testamentsvollstrecker dahin geltend machen, daß dieser die Zwangsvollstreckung in die seiner Verwaltung unterliegenden Nachlaßgegenstände dulde.

E I 1903 Abs. 2, 1904 II 2083 Abs. 1, 2; M 5 236, 237; P 5 287—289, 291—301, 532—539, 541, 542; 6 349, 350, 396, 397.

Übersicht

Verteidigungsprozesse

I. Die Passivlegitimation bei Ansprüchen gegen den Nachlaß (Abs. 1 Satz 1)

Anm. 1

Während im Aktivprozesse die Prozeßführung dem verwaltenden Testamentsvollstrecker ausschließlich zusteht (§ 2212), kann im Passivprozesse regelmäßig sowohl der Erbe, als Schuldner der betreffenden dinglichen oder persönlichen Nachlaßverbindlichkeit, wie der Testamentsvollstrecker, dieser mit Rücksicht auf sein Verfügungsrecht über den Nachlaß (§ 2205 Anm. 3) in den Rechtsstreit hineingezogen werden. Dies gilt auch dann, wenn es sich um einen bloßen Feststellungsanspruch handelt. Auch der Anspruch auf Herausgabe eines Gegenstandes, der sich in dem Nachlasse befindet, den der Testamentsvollstrecker gemäß § 2205 Satz 2 (s. dort Anm. 13) in Besitz genommen hat, kann gegen den Erben geltend gemacht werden; ZPO § 748 steht nur der Zwangsvollstreckung in den Nachlaß entgegen, solange die Verwaltungsbefugnis des Testamentsvollstreckers dauert (**RG** Recht 1921 Nr. 1395). Andererseits kann z. B. der Anspruch auf Leistung eines vermachten Gegenstandes auch dann gegen den Testamentsvollstrecker erhoben werden, wenn dieser den Nachlaß noch nicht in Besitz genommen hat (HansGZ 1920 Beibl. 190). Das gegenüber dem Testamentsvollstrecker allein ergehende Urteil wirkt nach ZPO § 327 auch (für und) gegen den Erben, selbst wenn dieser unbeschränkt haftet. Dagegen wirkt das gegen den Erben allein ergehende Urteil nicht gegen den Testamentsvollstrecker; zur Zwangsvollstreckung in den von ihm verwalteten Nachlaß ist nach ZPO § 748 ein gegen ihn ergehendes Urteil erforderlich. Aus einem nur gegen den Erben erlassenen Schiedsspruch kann daher auch das Vollstreckungsurteil des § 1042 ZPO, das die Zwangsvollstreckung erst ermöglicht, nicht ergehen (**RG** 56, 327). Ist die Klage nur gegen den Testamentsvollstrecker oder nur gegen den Erben erhoben, so kann jeder dem andern als Nebenintervenient beitreten (ZPO §§ 66ff), der Erbe wird dadurch Streitgenosse des verklagten Testamentsvollstreckers, nicht aber umgekehrt der Testamentsvollstrecker Streitgenosse des verklagten Erben (ZPO § 69). Die Streitverkündung an den andern steht dem Testamentsvollstrecker immer, gegebenenfalls auch dem Erben zu (ZPO § 72).

Anm. 2

Ist ein Rechtsstreit, der gegen den Erblasser anhängig war, durch dessen Tod unterbrochen, so kann das Verfahren gemäß ZPO § 243 durch den Testamentsvollstrecker oder, nach Beginn seines Amtes (§ 2202), auch gegen ihn aufgenommen werden. Außerdem kann das Verfahren gemäß ZPO § 239 von dem Erben aufgenommen oder die Aufnahme gegen ihn vom Gegner erzwungen werden; der Testamentsvollstrecker und der Erbe sind, wenn beide freiwillig oder gezwungen den Prozeß fortsetzen, Streitgenossen.

Anm. 3

Über den Wegfall der Testamentsvollstreckung und den Wechsel in der Person des Testamentsvollstreckers während des Rechtsstreits s. § 2212 Anm. 4. Vollstreckbare Ausfertigung des gegenüber dem Testamentsvollstrecker ergangenen Urteils für und gegen den Erben ZPO § 728 Abs. 2, desgleichen des gegen den Erblasser ergangenen Urteils für und gegen den Testamentsvollstrecker ZPO § 749, s. auch § 779 Abs. 2. Das gegen den Testamentsvollstrecker erlassene Urteil bedarf nicht des Vorbehalts, ZPO § 780 Abs. 2.

Anm. 4

Neben dem Gerichtsstande der Erbschaft (ZPO §§ 27, 28) kommt, da der Testamentsvollstrecker selbst Partei ist (§ 2212 Anm. 1), auch sein allgemeinerGerichtsstand nach ZPO §§ 13ff in Betracht.

Anm. 5

Der Erbschaftsanspruch nach § 2018 ist nicht gegen den Testamentsvollstrecker, sondern gegen die Erben geltend zu machen (**RG** 81, 151). Auch wer auf Grund eines Testaments ein Erbrecht geltend machen will, kann auf Feststellung seines Erbrechts regelmäßig nicht gegen den im Testament bestellten Testamentsvollstrecker, sondern nur gegen die als Erben Auftretenden klagen. Nur unter besonderen Umständen kann einer solchen Klage auch gegen den Testamentsvollstrecker das Rechtsschutzinteresse zuzubilligen sein, z. B. dann, wenn das geltend gemachte Erbrecht von allen Miterben anerkannt und nur vom Testamentsvollstrecker bestritten wird. Das Urteil, das in einem derartigen Fall gegen den Testamentsvollstrecker ergeht, schafft indessen keine Rechtskraft gegen die Miterben (**RG** 11. 3. 1918 IV 388/17). Vgl. sonst über die Grenzen der Passivlegitimation des Testamentsvollstreckers § 2203 Anm. 4, 5 und § 2204 Anm. 4.

Anm. 6

Der Testamentsvollstrecker ist allein und persönlich zu verklagen, wenn festgestellt werden soll, daß er nicht berechtigt ist, das Testamentsvollstreckeramt auszuüben oder wenn von ihm ein Nachlaßgegenstand herausverlangt wird, den er auf Grund eines vermeintlichen Vermächtnisanspruchs in Besitz genommen hat (**OGH** 2, 47f).

II. Ausnahme, wenn der Testamentsvollstrecker nicht verwaltet (Abs. 1 Satz 2)

Anm. 7

Voraussetzung für die (von Amts wegen zu prüfende, **RG** HansRGZ 1932 B 323) Passivlegitimation des Testamentsvollstreckers ist, daß ihm die **Verwaltung des ganzen Nachlasses** zusteht (§ 2205 Anm. 1 ff), mag er auch einzelne Nachlaßgegenstände dem Erben nach § 2217 zur freien Verfügung überlassen haben, es sei denn, daß sich der Rechtsstreit gerade hierauf bezieht. Der Testamentsvollstrecker ist nicht verklagbar, wenn ihm die Verwaltung völlig entzogen ist; er kann dann auch der Zwangsvollstrekkung nicht widersprechen. Ist die Verwaltung auf einzelne Nachlaßgegenstände beschränkt (§ 2208 Anm. 4), so ist der Anspruch selbst dann gegen den Erben zu verfolgen, wenn er sich, wie z. B. bei den dinglichen Klagen des § 24 ZPO, auf eben diesen Gegenstand bezieht. Doch ist nach ZPO § 748 Abs. 2 die Zwangsvollstreckung in den Gegenstand nur zulässig, wenn zugleich der Testamentsvollstrecker zur Duldung verurteilt ist (Anm. 12). Es genügt deshalb nicht, die Hypothekenklage auf Zahlung aus dem Grundstück (§§ 1113, 1191) nur gegen den Testamentsvollstrecker zu richten, obwohl die Urteilsformel in diesem Falle der Fassung des Abs. 3 zu entsprechen pflegt.

Anm. 8

Dem Falle, daß der Testamentsvollstrecker den ganzen Nachlaß verwaltet, ist es gleichzustellen, wenn er einen Erbteil verwaltet und ein Vermächtnis erfüllt werden soll, mit dem der Erbteil belastet ist (**RG** 27. 1. 1938 IV 191/37).

III. Ausnahme für Pflichtteilsansprüche (Abs. 1 Satz 3)

Anm. 9

Der **Pflichtteilsanspruch**, §§ 2303ff, einschließlich des Verlangens, Auskunft nach § 2314 zu erteilen (so **RG** 50, 224), kann zwar **nur gegen den Erben** geltend gemacht werden; doch ist nach ZPO § 748 Abs. 3 auch in diesem Falle, soweit der Berechtigte sich an den der Testamentsvollstreckung unterliegenden Nachlaß oder die einzelnen vom Testamentsvollstrecker verwalteten Nachlaßgegenstände halten will, ein Urteil gegen den Testamentsvollstrecker auf Duldung der Zwangsvollstreckung erforderlich (Anm. 12).

Anm. 10

Folgende Fälle gehören nicht hierher: Wenn der Pflichtteilsberechtigte auf Grund von § 2306 geltend macht, die Testamentsvollstreckung, die ihn beschränke, sei unwirksam, und deshalb negative Fetstellungsklage gegen den Testamentsvollstrecker erhebt, ferner wenn über den Bestand des Pflichtteilsrechts nur als Voraussetzung eines andern Anspruchs gestritten wird.

Anm. 11

IV. Anwendung des § 1958 (Abs. 2)

Der Anspruch kann **vor Annahme der Erbschaft** nach § 1958 nicht gegen den Erben, wohl aber gegen den Testamentsvollstrecker, soweit er passiv legitimiert ist, erhoben werden. Vorausgesetzt ist, daß sein Amt nach § 2202 begonnen hat. Entsprechend beim Nachlaßpfleger § 1960 Abs. 3.

V. Duldungsanspruch gegen den Testamentsvollstrecker (Abs. 3)

Anm. 12

Steht dem Testamentsvollstrecker die Verwaltung zu (Anm. 7f) und handelt es sich nicht um einen Pflichtteilsanspruch (Anm. 9), so steht es im Belieben des Nachlaßgläubigers, ob er Erben und Testamentsvollstrecker — als Streitgenossen oder in verschiedenen Rechtsstreitigkeiten — beide auf Leistung (aM OLG 3, 12) oder ob er nur den Erben auf Leistung, den Testamentsvollstrecker auf Duldung der Zwangsvollstreckung verklagen will. Auf diesen Anspruch ist er beschränkt, wenn das Verwaltungsrecht des Testamentsvollstreckers sich nur auf einzelne Nachlaßgegenstände bezieht oder wenn der Pflichtteil verlangt wird.

Anm. 13

Ist der Klageantrag gegen den Testamentsvollstrecker gleichwohl auf Leistung gerichtet, so ist doch darin der Anspruch auf Duldung der Zwangsvollstreckung als das Mindere mit enthalten und dementsprechend sogar im Revisionsrechtszuge zu erkennen (**RG** 24. 6. 1907 IV 121/07; HRR 1932 Nr. 1453).

Anm. 14

Ohne ein Urteil dieses Inhalts kann der Kläger nach ZPO § 748 Abs. 2, 3 die Zwangsvollstreckung nicht betreiben. Daraus folgt aber nicht, daß die Klage gegen den Testamentsvollstrecker mit derjenigen gegen den Erben verbunden werden muß, oder daß der Testamentsvollstrecker nur verurteilt werden kann, wenn vorher der Erbe zur Leistung verurteilt worden ist (**RG** 109, 166; vgl. für den ähnlichen Fall von ZPO § 739: **RG** 59, 234; JW 1919, 319[22]).

Anm. 15

Der auf Duldung belangte Testamentsvollstrecker ist nicht gehindert, gegen den geltend gemachten Anspruch, auch gegen den Pflichtteilsanspruch, alle dem Erben zustehenden materiellen Einreden geltend zu machen. Daß gegen den Erben bereits rechtskräftiges Leistungsurteil ergangen ist, steht ihm ebensowenig entgegen, wie dem Erben ein gegen den Testamentsvollstrecker ergangenes rechtskräftiges Duldungsurteil. Das Urteil gegen den Testamentsvollstrecker erzeugt keine Rechtskraft gegen den Erben (**RG** 109, 167). Wohl aber kann der Testamentsvollstrecker sich auf die Rechtskraft eines Urteils berufen, das den Anspruch gegen den Erben abgewiesen hat. Zulässig ist gegebenenfalls auch eine Klage auf Feststellung der Duldungspflicht, wenn die ziffernmäßige Berechnung des Anspruchs noch nicht möglich ist (**RG** 23. 2. 1939 IV 178/38).

§ 2214

Gläubiger des Erben, die nicht zu den Nachlaßgläubigern gehören, können sich nicht an die der Verwaltung des Testamentsvollstreckers unterliegenden Nachlaßgegenstände halten.

E II 2083 Abs. 3; P 5 297, 298, 542; 6 398.

Eigengläubiger des Erben

Anm. 1

Die Stellung der Nachlaßgläubiger regelt § 2213. Durch Bestellung eines verwaltenden Testamentsvollstreckers (§§ 2205, 2209) und auf die Dauer dieser Verwaltung (§ 2210) werden die **Eigen-(Privat-)gläubiger des Erben** vom Zugriff auf den Nachlaß überhaupt **ausgeschlossen** oder doch, wenn die Verwaltung des Testamentsvollstreckers gegenständlich beschränkt ist (§ 2208 Anm. 4), vom Zugriff auf die ihr unterliegenden Gegenstände. Eine Zwangsvollstreckung in diese Gegenstände zu ihren Gunsten ist nicht statthaft (**RG** LZ 1916, 1473[8]; KG JR 1952, 324). Dieser Rechtszustand ist eine Folge der dem Testamentsvollstrecker eingeräumten ausschließlichen Verfügungsmacht und tritt (wie § 2211 Anm. 1) sogleich mit dem Erbfall, nicht erst mit dem Amtsbeginn des Testamentsvollstreckers ein. Er wirkt praktisch wie eine zugunsten der Nachlaßgläubiger eintretende Absonderung des Nachlasses vom Eigenvermögen des Erben, verhindert aber mangels einer positiven dem § 1976 entsprechenden Vorschrift nicht das Erlöschen durch Vereinigung von Recht und Verbindlichkeit (aM Strohal § 40a Anm. 44).

Anm. 2

Wer ein dingliches Recht an einem Erbschaftsgegenstande hat, kann den Gegenstand trotz des Verwaltungsrechts des Testamentsvollstreckers in Anspruch nehmen; auch der Inhaber der elterlichen Gewalt über den Erben kann die Ansprüche, die ihm auf Grund seines gesetzlichen Nutznießungsrechts zustehen, gegen den Testamentsvollstrecker erheben (**RG** JW 1913, 740[10]).

Anm. 3

Die Vorschrift des § 2214 gehört dem sachlichen Recht an, sie wirkt deshalb trotz KO § 13 auch im Konkurse des Erben voll. Sie ist von Amts wegen zu beachten und notfalls gemäß ZPO § 766 zur Geltung zu bringen (vgl. Schmidt DJZ 1935, 552). Zum Verhältnis von Testamentsvollstreckung und Konkurseröffnung s. ferner LG Aachen NJW 1960, 46 mit Anm. von v. Buch.

Die Pfändung des Anteils eines Miterben (§ 2033 Anm. 11) ist dem Eigengläubiger des Miterben nicht verwehrt. Die Pfändung eines Erbanteils darf ferner — ohne Zustimmung des Testamentsvollstreckers — im Wege der Grundbuchberichtigung auf Antrag des Pfändungsgläubigers als Verfügungsbeschränkung eingetragen werden, auch wenn der Testamentsvollstrecker das Grundstück verwaltet (RJA 10, 69 = KGJ 37 A 273).

§ 2215

Der Testamentsvollstrecker hat dem Erben unverzüglich nach der Annahme des Amtes ein Verzeichnis der seiner Verwaltung unterliegenden Nachlaßgegenstände und der bekannten Nachlaßverbindlichkeiten mitzuteilen und ihm die zur Aufnahme des Inventars sonst erforderliche Beihilfe zu leisten.

Das Verzeichnis ist mit der Angabe des Tages der Aufnahme zu versehen und von dem Testamentsvollstrecker zu unterzeichnen; der Testamentsvollstrecker hat auf Verlangen die Unterzeichnung öffentlich beglaubigen zu lassen.

Der Erbe kann verlangen, daß er bei der Aufnahme des Verzeichnisses zugezogen wird.

Der Testamentsvollstrecker ist berechtigt und auf Verlangen des Erben verpflichtet, das Verzeichnis durch die zuständige Behörde oder durch einen zuständigen Beamten oder Notar aufnehmen zu lassen.

Die Kosten der Aufnahme und der Beglaubigung fallen dem Nachlasse zur Last.

E I 1906 II 2084; M 5 241, 242; P 5 310—312.

Übersicht

Nachlaßverzeichnis

Vorbem.: Befreiung unzulässig § 2220

I. Mitteilungspflicht gegenüber dem Erben (Abs. 1 Halbs. 1)

Anm. 1

Der Testamentsvollstrecker hat dem Erben das Nachlaßverzeichnis unverzüglich (§ 121) nach Annahme des Amtes (§ 2202) und unverlangt mitzuteilen. Doch kann ihm der Erbe — nicht auch der Erblasser — die Mitteilung erlassen (LZ 1924, 239[2] = OLG 43, 403). Die Verpflichtung besteht gegenüber dem Erben, erstreckt sich aber, wenn mehrere Erben vorhanden sind, jedem gegenüber auf den ganzen Nachlaß. Sie besteht auch gegenüber demjenigen, dem ein Erbteil im Wege der Zwangsvollstreckung überwiesen worden ist (KG in OLG 12, 273; abweichend jedoch, wenn dem Pfändungsgläubiger der Erbanteil nur zum Teil überwiesen worden ist). Der Vermächtnisnehmer hat als solcher darauf keinen Anspruch (vgl. OLG 21, 330). Ist er jedoch mit dem Nießbrauche am Nachlaß bedacht, so ergibt sich die Pflicht des Testamentsvollstreckers zur Mitwirkung und Auskunft aus §§ 1035, 1068 (**RG** JW 1904, 338[7]).

Anm. 2

Gegebenenfalls hat der Testamentsvollstrecker nach § 260 Abs. 1 den Offenbarungseid zu leisten. Das Verzeichnis dient als Grundlage der dem Testamentsvollstrecker obliegenden ordnungsmäßigen Verwaltung (§ 2216 Abs. 1) und ist für seine Schadenersatzpflicht bedeutsam (§ 2219). Die für das Inventar erforderliche Beschreibung und Wertangabe (§ 2201 Abs. 2) ist zweckmäßig, aber für das Verzeichnis des Tesamentsvollstreckers nicht vorgeschrieben.

Anm. 3

Der Testamentsvollstrecker ist zur Rechnungslegung und gegebenenfalls zur Ableistung des Offenbarungseids nach § 259 sowie zur Beeidigung des Nachlaßverzeichnisses nach § 260 schon dann verpflichtet, wenn seine Aufgabe, den Nachlaß zu erwerben und zu verteilen, im wesentlichen erfüllt ist (**RG** 20. 9. 1913 IV 243/13).

II. Beihilfepflicht gegenüber dem Erben (Abs. 1 Halbs. 2)

Anm. 4

Die Pflicht zur **Beihilfe des Testamentsvollstreckers bei Aufnahme des Inventars** besteht selbständig neben der Verzeichnispflicht des Testamentsvollstreckers, wenn der Erbe ein Inventar freiwillig errichtet (§ 1993) oder weil ihm eine Inventarfrist bestimmt ist (§ 1994). Dem Testamentsvollstrecker selbst kann die Frist nicht bestimmt werden. Die Beihilfe besteht insbesondere darin, über die in seinem Besitze befindlichen Nachlaßgegenstände und über die Nachlaßschulden Auskunft zu geben, erstere auch vorzuzeigen.

Anm. 5

Hat der Erbe gemäß § 2314 auf Verlangen eines Pflichtteilsberechtigten ein Verzeichnis der Nachlaßgegenstände unter Zuziehung des Pflichtteilsberechtigten herzustellen und dabei auch den Wert der Gegenstände ermitteln zu lassen, so hat der Testamentsvollstrecker seinerseits entsprechende Verpflichtungen gegenüber dem Erben. Dies folgt aus der Beihilfepflicht nach § 2215 Abs. 1, auch aus § 2218 mit § 666 (**RG** JW 1916, 673[4]). Genügt das Verzeichnis des Testamentsvollstreckers den Anforderungen des Inventars, so kann der Erbe sich nach § 2004 hierauf berufen. Der Erbe ist seinerseits dem Testamentsvollstrecker auskunftspflichtig, soweit er Nachlaßgegenstände in Besitz genommen hat (§ 2205 Anm. 13).

Anm. 6

III. Förmlichkeiten (Abs. 2)

Das privatschriftliche Verzeichnis genügt wie beim Vorerben (§ 2121). **Beglaubigung** (§ 129) kann vom Erben verlangt werden. Auf die Unterzeichnung durch den Testamentsvollstrecker kann der Erbe, auch stillschweigend, verzichten (**RG** 22. 11. 1934 IV 160/34).

Anm. 7

IV. Zuziehung des Erben (Abs. 3)

Zuziehung wie beim Nacherben; § 2121 Abs. 2. Der Erbe ist jedoch nicht, auch nicht auf Verlangen des Testamentsvollstreckers, verpflichtet, bei der Aufnahme des Verzeichnisses anwesend zu sein oder gar mitzuwirken, seine Richtigkeit anzuerkennen oder es mitzuunterzeichnen.

Anm. 8

V. Aufnahme eines amtlichen Verzeichnisses (Abs. 4)

Die Vorschrift entspricht der des § 2121 Abs. 3. Ein Verzicht auf ein amtliches Verzeichnis kann nicht ohne weiteres daraus gefolgert werden, daß der Erbe sich jahrelang bei dem ihm mitgeteilten Privatverzeichnisse beruhigt hat (**RG** JW 1916, 673[4]).

Anm. 9

VI. Kostenlast (Abs. 5)

Die Bestimmung gleicht der des § 2121 Abs. 4. Die **Kosten** sind im Konkurse Masseschulden, KO § 224 Nr. 5. Am Nachlaßvergleichsverfahren ist die Kostenschuld nicht beteiligt (VerglO § 113 Nr. 6). Die Kosten eines Rechtsstreits gegen den Testamentsvollstrecker wegen der Pflichten aus § 2115 (auch § 2118) trägt dieser persönlich, nicht der Nachlaß (KG OLG 10, 303). Zur Sicherheitsleistung ist der Testamentsvollstrecker durch das Gesetz nicht verpflichtet.

§ 2216

Der Testamentsvollstrecker ist zur ordnungsmäßigen Verwaltung des Nachlasses verpflichtet.

Anordnungen, die der Erblasser für die Verwaltung durch letztwillige Verfügung getroffen hat, sind von dem Testamentsvollstrecker zu befolgen. Sie können jedoch auf Antrag des Testamentsvollstreckers oder eines anderen Beteiligten von dem Nachlaßgericht außer Kraft gesetzt werden, wenn ihre Befolgung den Nachlaß erheblich gefährden würde. Das Gericht soll vor der Entscheidung soweit tunlich die Beteiligten hören.

E I 1899 Abs. 1 Satz 1 II 2085; M 5 231; P 5 276—279, 283, 284, 531.

Übersicht

Verwaltungspflicht

Vorbem.: Befreiung unzulässig § 2220

I. Pflicht zur ordnungsmäßigen Verwaltung (Abs. 1)

Anm. 1

Zum **Begriff** der **ordnungsmäßigen Verwaltung** §§ 2038, 276.

Anm. 2

Der **Inhalt der Verwaltungspflicht** bestimmt sich näher danach, ob dem Testamentsvollstrecker die Verwaltung nur als Mittel zur Ausführung der letztwilligen Verfügungen und zur Erbauseinandersetzung (§§ 2203, 2204), oder ob sie ihm für längere Dauer, in größerem oder geringerem Umfange, als Selbstzweck oder zur Erfüllung sonstiger Aufgaben übertragen ist (§§ 2205, 2208, 2209). Zur ordnungsmäßigen Führung einer solchen Verwaltung kann es gehören, die Rechtswirksamkeit von Veräußerungsgeschäften des Erblassers und die Zugehörigkeit von Aufwertungsansprüchen zum Nachlaß nachzuprüfen (BayObLG 27, 78; 28, 34), ferner dem Erben zu ermöglichen, nicht nur seinen standesmäßigen Unterhalt zu bestreiten (**RG** Recht 1922 Nr. 615), sondern auch seinen Unterhaltspflichten zu genügen (**RG** LZ 1918, 1268[15]).

Anm. 3

Der Erblasser kann den Testamentsvollstrecker von der Pflicht zur ordnungsmäßigen Verwaltung weder befreien noch das Maß der von ihm zu vertretenden Sorgfalt (§ 276) herabzumindern (aM Strohal § 40a Anm. 37), noch die Unabänderlichkeit seiner Anordnungen bestimmen.

Anm. 4

Für die Behandlung von Nachlaßgeldern und Wertpapieren durch den Testamentsvollstrecker gelten die §§ 2116ff auch dann nicht, wenn der Nacherbe vorhanden ist (KGJ 44, 87). Eingehung von Verbindlichkeiten aus Anlaß der Verwaltung §§ 2206, 2207. Über die Frage, ob der Testamentsvollstrecker berechtigt und gegebenenfalls auch verpflichtet ist, den Nachlaß zum Zwecke der Umschuldung eines Familiengutes zu verwenden, s. Heck AcP 141, 335ff.

Anm. 5

Verantwortlichkeit. Der Testamentsvollstrecker ist für seine Verwaltung den Erben, die ihn zur Vornahme einer pflichtmäßigen Verwaltungshandlung auch durch Klage zwingen können (**RG** 73, 26; auch LZ 1929, 1408) und etwaigen Vermächtnisnehmern (§ 2219), nicht aber, wie der Nachlaßverwalter (§ 1985 Anm. 14) unmittelbar auch sonstigen Nachlaßgläubigern verantwortlich. Doch versteht sich von selbst, daß er ihre Interessen gleich dem Erben selbst (§ 1978 Anm. 4) vorzugsweise mit im Auge zu behalten hat. Grobe Pflichtverletzung und Unfähigkeit als Entlassungsgrund § 2227 Abs. 1. Amtsmißbrauch kann dem Testamentsvollstrecker nicht allein deshalb vorgeworfen werden, weil er sich auch von seinem persönlichen Interessen hat leiten lassen. Er darf sich aber wegen seiner eigenen Belange nicht mit einem mäßigen Erfolge begnügen, wenn er ein besseres Ergebnis erzielen könnte (**OGH** 3, 247).

Anm. 6

Ordnet ein Erblasser letztwillig eine Testamentsvollstreckung zur Verwaltung eines von ihm betriebenen **Handelsgeschäfts** an, so kann der Testamentsvollstrecker die Anordnung dadurch ausführen, daß er das Geschäft für den Erben im eigenen Namen unter persönlicher Haftung als Treuhänder betreibt; er kann aber auch das Geschäft als Bevollmächtigter des Erben in dessen Namen und unter dessen persönlicher Haftung führen, falls eine solche Ermächtigung der letztwilligen Anordnung zu entnehmen ist (**BGH** 12, 102 = LM BGB § 2216 Nr. 1 mit Anm. von Johannsen = NJW 1954, 636). Wandelt der Testamentsvollstrecker ein zum Nachlaß gehörendes Einzelhandelsgeschäft unter Änderung der alteingeführten Firma und Entnahme erheblicher Beträge aus der Nachlaßmasse zur Beschränkung seiner persönlichen Haftung und ohne die sichere Aussicht auf Steuereinsparungen in eine GmbH um und erwirbt er hierbei Geschäftsanteile auf seinen Namen, so verletzt er die ihm obliegende Verpflichtung zur ordnungsmäßigen Verwaltung des Nachlasses (**BGH** MDR 1958, 670 = BB 1958, 721). Wenn Anteile an einer GmbH zum Nachlaß gehören, muß der Testamentsvollstrecker die Möglichkeiten, die das Gesetz und der Gesellschaftsvertrag zur Überwachung der Geschäftsführung der Gesellschaft bieten, gewissenhaft wahrnehmen und gegebenenfalls dem zum Ausdruck gekommenen Willen des Erblassers im Hinblick auf eine besondere Ausgestaltung der Kontrolltätigkeit Rechnung tragen; unter besonderen Umständen kann er verpflichtet sein, an Hand der Bankauszüge oder des Hauptjournals mitsamt den Belegen und sonstigen Unterlagen die Geschäftsführung zu überprüfen (**BGH** NJW 1959, 1820 = MDR 1959, 921 = LM BGB § 2205 Nr. 3/4/5 = VersR 1959, 720). Auch im allgemeinen ist der Testamentsvollstrecker zu besonderer Gewissenhaftigkeit und Sorgfalt verpflichtet (**RG** 130, 135).

Anm. 7

Ein Testamentsvollstrecker kann, wenn dies vom Erblasser gestattet ist und dem Gebot ordnungsmäßiger Verwaltung nicht widerspricht, auch mit sich selbst einRechtsgeschäft (In-sich-Geschäft) über einen Nachlaßgegenstand vornehmen. § 181 ist insoweit entsprechend anwendbar. In der Ernennung eines Miterben zum Testamentsvollstrecker liegt hierbei in der Regel die Gestattung derjenigen In-sich-Geschäfte, die im Rahmen ordnungsmäßiger Verwaltung des Nachlasses liegen; an die Ordnungsmäßigkeit sind strenge Anforderungen zu stellen (**BGH** 30, 67 = NJW 1959, 1429 = MDR 1959, 650). Der Testamentsvollstrecker kann den ihm obliegenden Beweis für die Gestattung des Selbstkontrahierens u. U. dadurch führen, daß er Ordnungsmäßigkeit im Sinne von § 2216 nachweist (**BGH** 30, 71).

Anm. 8

Verstöße gegen § 2216 berühren im allgemeinen die Wirksamkeit der vom Testamentsvollstrecker abgeschlossenen Geschäfte nicht, sondern haben nur schuldrechtliche Folgen (**BGH** 30, 71). Ein von einem Testamentsvollstrecker unter Mißbrauch seiner Befugnis mit einem Dritten abgeschlossenes Geschäft ist aber regelmäßig unwirksam, wenn der Dritte den Mißbrauch kannte oder hätte kennen müssen (**RG** 83, 353; 75, 302).

II. Anordnungen des Erblassers (Abs. 2 Satz 1)

Anm. 9

Anordnungen des Erblassers verpflichten den Testamentsvollstrecker nur, wenn sie letztwillig getroffen sind, dann aber so, daß er auch nicht von ihnen abgehen darf, wenn alle Beteiligten darüber einig sind, sie nicht zu befolgen. Daraus folgt aber nicht, daß sich der Testamentsvollstrecker immer schadenersatzpflichtig macht, wenn er sich mit dem Erben über ein Abweichen von bestimmten Anordnungen des Erblassers verständigt (**RG** 11. 6. 1934 IV 50/34). Verfügungen, die er den Anordnungen zuwider vorgenommen hat, sind gleichwohl wirksam (RJA 10, 114).

Anm. 10

Sind die Anordnungen in der Form von Wünschen getroffen worden, so sind sie verbindlich, wenn der Erblasser wollte, daß der Testamentsvollstrecker ihnen folgen sollte (**RG** HansRGZ B 33, 325). Weisungen, die ihm im Wege eines Auftrags unter Lebenden erteilt worden sind, können vom Erben jederzeit widerrufen werden (§ 2197 Anm. 1). Soweit letztwillige Anordnungen seine Rechte aufheben oder beschränken, ist er gegebenenfalls zur Anfechtung berechtigt (§ 2203 Anm. 6). Der Dritte, dem die Anordnung zustatten kommt, kann aus ihr kein Recht für sich herleiten, so auch in dem Falle, daß dem Testamentsvollstrecker aufgegeben ist, dem zu seiner Unterstützung anzunehmenden Rechtsanwalt eine bestimmte Vergütung zu zahlen (**RG** Recht 1907 Nr. 2334).

Anm. 11

Als eine Verwaltungsanordnung ist bei einer dauernden Verwaltung auch die Bestimmung möglich, daß der Testamentsvollstrecker eine feste Jahressumme an den Erben zu dessen freier Verfügung auszahlen soll; es liegt dann kein Vorausvermächtnis einer Rente (§ 2150) vor; was in solchem Falle nach einer Geldentwertung an den Erben zu zahlen ist, bestimmt sich nicht nach Aufwertungsgrundsätzen (§ 2174 Anm. 37ff), sondern lediglich nach dem, nötigenfalls durch ergänzende Testamentsauslegung (§ 2084 Anm. 33) zu ermittelnden Willen des Erblassers (**RG** LZ 1929, 1406[5] = HRR 1929, Nr. 1652).

III. Eingreifen des Nachlaßgerichts (Abs. 2 Satz 2)

Anm. 12

Außerkraftsetzung durch das Nachlaßgericht setzt einen Antrag des Testamentsvollstreckers (bei gemeinschaftlicher Führung des Amtes aller Testamentsvollstrecker, DRM 1939, 586[683]) oder anderer Beteiligter (wie in § 2198 Anm. 5, aber mit Ausschluß einfacher Nachlaßgläubiger) und die Besorgnis einer erheblichen Gefährdung des Nachlasses voraus (ähnlich bei der Verwaltung des Vormundes und des Gewalthabers, §§ 1803 Abs. 2, 1639 Abs. 2). Von der Vorschrift werden insbesondere auch solche Fälle getroffen, bei denen die maßgebenden Umstände sich in der Zeit zwischen der Anordnung und ihrer Vollziehung geändert haben (KG HRR 1933 Nr. 19). Hierher gehörte in der Zeit fortschreitender Geldentwertung z. B. der Fall, daß der Erblasser die Anlegung des Nachlasses in mündelsicheren Staatspapieren angeordnet hatte (HansGZ 1923 Bbl. 61).

Anm. 13

Eine Anordnung kann nach Ansicht des Kammergerichts nicht mehr außer Kraft gesetzt werden, wenn eine Gefährdung des Nachlasses durch sie schon dadurch beseitigt ist, daß der Testamentsvollstrecker ihr eigenmächtig zuwidergehandelt hat (RJA 10, 114). Das ist jedoch bedenklich. Der Testamentsvollstrecker kann gerade wegen seiner Eigenmacht bemüht sein, die Entscheidung des Nachlaßgerichts nachträglich herbeizuführen, um sich tunlichst auch gegen etwaige Ersatzansprüche zu schützen (Kipp/Coing § 73 II 2 mit Anm. 7; Planck/Flad Anm. 5 Abs. 2).

Anm. 14

Bloße Unzweckmäßigkeit begründet noch kein Eingreifen des Nachlaßgerichts. Doch kann unter Gefährdung des Nachlasses auch eine Gefährdung derjenigen Erbinteressen verstanden werden, welche der Erblasser mit der besonderen Zweckbestimmung, die er dem Nachlaß zugunsten der Bedachten gegeben hat, durch Verwaltungsanordnungen hat fördern wollen (HRR 1933 Nr. 1765; DRM 1939, 586[683]). Auch die Änderung wird möglichst im Sinne des Erblassers zu treffen sein.

Anm. 15

Teilungsanordnungen (§ 2048) kann das Nachlaßgericht nur aufheben, soweit sie mit Verwaltungsanordnungen zusammenfallen (JFG 14, 154; DRM 1939, 586[683]), z. B. die übertrieben hohe Preisfestsetzung für ein zu veräußerndes Grundstück (zu weitgehend KG DJZ 1927, 1559; hiernach soll das Nachlaßgericht eine Anordnung, daß einem Miterben bei der Auseinandersetzung ein bestimmter Gegenstand aus dem Nachlaß zuzuteilen sei, unter den Voraussetzungen des § 2216 Abs. 2 Satz 2 insofern außer Kraft setzen können, als sie zugleich das Verbot für den Testamentsvollstrecker enthalte, den Gegenstand anderweit zu veräußern).

Anm. 16

Die Aufhebungsbefugnis des Nachlaßgerichts bezieht sich **nicht** auf die Anordnung der Testamentsvollstreckung als solche, auf die Bestimmung des Zeitpunkts, bis zu dem sie dauern soll, auf die Zahl der Testamentsvollstrecker und die ihnen zustehende Vergütung (HRR 1934 Nr. 1681; JW 1937, 475[24]). Unter Umständen kann ein auf diesem Wege nicht zu erreichender Erfolg aber das Ergebnis einer ergänzenden Testamentsauslegung sein (§ 2084 Anm. 26ff); hierüber hat jedoch im Streitfalle das Prozeßgericht zu entscheiden.

Anm. 17

Das Nachlaßgericht ist grundsätzlich weder befugt, die Amtsführung des Testamentsvollstreckers zu beaufsichtigen (so schon KG in OLG 14, 302) noch die Testamentsvollstreckung aufzuheben (KG JR 1951, 732).

IV. Anhören der Beteiligten (Abs. 2 Satz 3)

Anm. 18

Als Beteiligte kommen neben den Erben, Vermächtnisnehmern und Auflageberechtigten auch der Testamentsvollstrecker selbst (wie in §§ 1826, 1827, 2200, 2227, 2360) in Betracht, nicht jedoch sonstige Nachlaßgläubiger oder -schuldner (zum Begriff des „Beteiligten" vgl. KG HRR 1928 Nr. 2281; Planck/Flad Anm. 6). Sie sind zu hören, d. h. es ist ihnen Gelegenheit zu geben, sich zu äußern, und zwar nur soweit dies tunlich, d. h. ohne übermäßigen Aufwand an Zeit und Kosten ausführbar ist.

Anm. 19

Gegen die Entscheidung ist die einfache Beschwerde gegeben; beschwerdeberechtigt ist im Falle der Zurückweisung des Antrags nur der Antragsteller, sonst jeder in seinem Rechte Beeinträchtigte, von mehreren ihr Amt gemeinschaftlich führenden Testamentsvollstreckern jeder einzelne (FGG §§ 19, 20, 82; aM DRM 1939, 586[683]). Gebühr für die Entscheidung des Nachlaßgerichts KostO §§ 113, 115.

§ 2217

Der Testamentsvollstrecker hat Nachlaßgegenstände, deren er zur Erfüllung seiner Obliegenheiten offenbar nicht bedarf, dem Erben auf Verlangen zur freien Verfügung zu überlassen. Mit der Überlassung erlischt sein Recht zur Verwaltung der Gegenstände.

Wegen Nachlaßverbindlichkeiten, die nicht auf einem Vermächtnis oder einer Auflage beruhen, sowie wegen bedingter und betagter Vermächtnisse oder Auflagen kann der Testamentsvollstrecker die Überlassung der Gegenstände nicht verweigern , wenn der Erbe für die Berichtigung der Verbindlichkeiten oder für die Vollziehung der Vermächtnisse oder Auflagen Sicherheit leistet.

E I 1907 II 2086; M 5 242, 243; P 5 312—314, 543.

Übersicht

Herausgabe von Nachlaßgegenständen

I. Voraussetzungen der Herausgabepflicht (Abs. 1 Satz 1)

Anm. 1

Der Testamentsvollstrecker hat schon vor Beendigung seines Amtes **Nachlaßgegenstände dem Erben zu überlassen,** soweit **offenbar,** d. h. ohne weitläufige Beweiserhebungen (Prot. 5, 313, s. auch §§ 319, 1591, 1717, 2048) erhellt, daß er sie nicht braucht.

Anm. 2

Beschränken sich die Obliegenheiten des Testamentsvollstreckers auf die Ausführung letztwilliger Verfügungen und die Auseinandersetzung (§§ 2203, 2204), so bedarf er der Nachlaßgegenstände nur insoweit, als er sie Dritten herauszugeben oder zu versilbern hat, um Mittel zur Tilgung der Nachlaßverbindlichkeiten zu gewinnen. Ist er dagegen schlechthin und auf längere Dauer mit der Verwaltung beauftragt (§ 2209), so werden hiervon regelmäßig alle Nachlaßgegenstände umfaßt, an denen fremde Verwaltung möglich ist (§ 2205 Anm. 10); für die Anwendung des § 2217 ist dann kein Raum (**RG** 19. 3. 1923 IV 313/22; LZ 1929, 1407). Ist die Verwaltung auf einzelne Nachlaßgegenstände beschränkt (§ 2208 Anm. 4), z. B. auf ein Landgut, Handelsgeschäft, so ist es Tatfrage, welche einzelnen Gegenstände dem Testamentsvollstrecker hierfür entbehrlich sind.

Anm. 3

Der Testamentsvollstrecker ist nur auf das Verlangen des Erben (bei mehreren Erben der Gesamtheit der Erben, **RG** 2. 3. 1922 IV 516/21) zur Überlassung verpflichtet. Der Erbe muß notfalls Klage erheben. Dies schließt nicht aus, daß der Testamentsvollstrecker, unter seiner Verantwortung aus § 2219, die Gegenstände dem Erben auch unverlangt überläßt (KGJ 40, 210). Jedenfalls hat er ihm, wenn er die Gegenstände herauszugeben oder von vornherein im Besitze des Erben belassen hat (§ 2205 Anm. 13), die freie Verfügung darüber zu verschaffen, also auch Eintragungen, die ihn beschränken (GBO § 52; SchiffsRegO § 55), löschen zu lassen; vgl. aber LG Hannover, wonach es, um Nachlaßgegenstände zur Verfügung der Erben zu überlassen genügen soll, ihnen die Verwaltungsbefugnis zu übertragen (JR 1950, 693 mit Anm. von Hartung). Der Anspruch auf Herausgabe von Nachlaßgegenständen richtet sich gegen den Testamentsvollstrecker persönlich, nicht gegen ihn in seiner Amtseigenschaft (**OGH** 2, 47).

Anm. 4

Der Testamentsvollstrecker kann den Erben Nachlaßgegenstände erst dann wirksam überlassen, wenn er das Amt angenommen hat (**RG** HRR 1942 Nr. 567 = DR 1942, 980). Der Testamentsvollstrecker ist ferner regelmäßig dann nicht befugt, dem Erben Nachlaßgegenstände zur freien Verfügung zu überlassen, wenn ihm die Veräußerung dieser Gegenstände auf Zeit untersagt und sein Verfügungsrecht insoweit eingeschränkt ist (KG HRR 1939 Nr. 1398 = DR 1939, 1951[6]).

Anm. 5

Der Testamentsvollstrecker kann durch den Erblasser von der Überlassungspflicht befreit werden; in § 2220 ist § 2217 nicht mit angezogen.

Anm. 6

Haftung des Testamentsvollstreckers bei vorzeitiger Ausantwortung von Nachlaßgegenständen gegenüber dem Steuerfiskus gemäß den § 2205 Anm. 3 angeführten Steuergesetzen.

II. Die Überlassung und ihre Folgen (Abs. 1 Satz 2)

Anm. 7

Eine **Überlassung** im Sinne dieser Vorschrift liegt nur dann vor, wenn der Testamentsvollstrecker die Gegenstände, sei es auch nur hinsichtlich der Verwaltung und Nutznießung zugunsten des Erben rechtswirksam und endgültig so aufgegeben hat, daß der Erbe im Rechtsverkehr Verfügungen treffen kann, ohne ihn in Anspruch zu nehmen, nicht aber dann, wenn die Beteiligten die Auseinandersetzung als eine lediglich innere Angelegenheit angesehen und an der Verfügungsmacht des Testamentsvollstreckers nach außen hin nichts geändert haben (**RG** HRR 1930 Nr. 985). § 2217 Abs. 1 Satz 2, wonach das Recht des Testamentsvollstreckers durch die Überlassung von Gegenständen an die Erben erlischt, findet auf die dauernde Vollstreckung nach § 2209 keine Anwendung (**RG** 106, 383).

Anm. 8

Gibt ein Testamentsvollstrecker einen Nachlaßgegenstand entgegen den Bestimmungen des Testaments dem Erben irrtümlich frei, so kann er gemäß § 812 verlangen, daß sein Verwaltungsrecht wiederhergestellt werde (**BGH** 12, 104 = LM BGB § 2216 Nr. 1 = NJW 1954, 636; 24, 106, 109f = LM BGB § 2218 Nr. 1 mit Anm. von Fischer = NJW 1957, 1026; Kipp/Coing § 73 II 4 Anm. 14; Planck/Flad Anm. 4; aM die 9. Aufl. dieses Kommentars). Dies gilt sowohl bei einem Irrtum des Testamentsvollstreckers über seine Pflicht zur Freigabe als auch dann, wenn sich der Irrtum auf die Freigabehandlung selbst bezieht (**BGH** 24, 106, 110 = NJW 1957, 1026).

Anm. 9

Mit der Überlassung **erlischt das Verwaltungsrecht,** zugleich aber das hiervon unzertrennliche Verfügungsrecht des Testamentsvollstreckers (§§ 2205 Anm. 14ff, 2211 Anm. 1ff), ebenso sein Recht, wegen dieser Nachlaßgegenstände Nachlaßverbindichkeiten einzugehen (§ 2206 Anm. 1f) und darüber Prozeß zu führen (§§ 2212 Anm. 1ff, 2213 Anm. 1ff).

III. Recht des Erben, Sicherheit zu leisten (Abs. 2)

Anm. 10

Durch **Sicherheitsleistung** nach §§ 232ff kann der Erbe die Herausgabe immer dann erzwingen, wenn der Testamentsvollstrecker die Nachlaßgegenstände zurückhalten will, um sie zur Tilgung gewöhnlicher Nachlaßverbindlichkeiten einschließlich der Pflichtteilsansprüche zu versilbern, oder wenn er bestimmte Gegenstände beim Eintritt einer Bedingung oder eines Termins an bestimmte Bedachte oder Auflageberechtigte auszuhändigen hat. Nicht dagegen kann er die Überlassung von Gegenständen fordern, die zur Vollziehung bereits fälliger Vermächtnisse und Auflagen bestimmt sind.

Anm. 11

Die Sicherheit ist dem Testamentsvollstrecker zu bestellen und kann von dem beteiligten Gläubiger nur in Anspruch genommen werden, wenn sie ihm abgetreten oder im Wege der Zwangsvollstreckung überwiesen ist.

§ 2218

Auf das Rechtsverhältnis zwischen dem Testamentsvollstrecker und dem Erben finden die für den Auftrag geltenden Vorschriften der §§ 664, 666 bis 668, 670, des § 673 Satz 2 und des § 674 entsprechende Anwendung.

Bei einer länger dauernden Verwaltung kann der Erbe jährlich Rechnungslegung verlangen.

E I 1908 Abs. 1, 2 II 2087; M 5 244; P 5 263, 314—316.

Übersicht

Anwendung der Auftragsvorschriften

Vorbem.: Befreiung unzulässig § 2220.

I. Entsprechend anzuwendende Vorschriften (Abs. 1)

1. Allgemeines

Anm. 1

Das **Rechtsverhältnis zwischen Testamentsvollstrecker und Erben** ist nicht selbst Auftrag, sondern nur in gewissen Beziehungen dem Auftrage nachgebildet. Rechtlich ist es ein besonderes gesetzliches Verpflichtungsverhältnis, das durch den Willen des Erblassers ausgelöst wird (vgl. Anm. 3, 9 vor § 2197). Testamentsvollstrecker und Erben können sich allerdings innerhalb bestimmter Grenzen außerhalb der gesetzlichen Regelung einigen (Flad DFG 1936, 134f). Einzelbestimmungen enthalten die Vorschriften der §§ 2206 Abs. 2, 2208 Abs. 2, 2215 und 2217. Auf das Auftragsrecht ist nur deshalb ergänzend verwiesen worden, um das Gesetz kürzer zu fassen (Planck/Flad Anm. 1).

Anm. 2

Zu anderen Beteiligten als dem Erben steht der Testamentsvollstrecker, von § 2219 Anm. 7 abgesehen, überhaupt in keinem Rechtsverhältnis. Insbesondere ist er dem Pflichtteilsberechtigten und regelmäßig auch dem Vermächtnisnehmer nicht zur Auskunft verpflichtet (**RG** 50, 224 und JW 1904, 388[7]). In den besonderen Fällen, in denen ein Anspruch auf Auskunftserteilung als mitvermacht anzusehen ist (§ 2174 Anm. 14), kann dieser Anspruch aber gemäß § 2213 auch gegen den verwaltenden Testamentsvollstrecker geltend gemacht werden.

Anm. 3

Ist ein Aktionär an einer AG mit Aktien beteiligt, von denen ein Teil einer Verwaltungstestamentsvollstreckung unterliegt, so geht das Verwaltungsrecht des Testamentsvollstreckers unter, wenn die AG in eine KG umgewandelt und dieser Aktionär (Erbe) nunmehr Kommanditist wird. Der Testamentsvollstrecker hat in diesem Fall einen Anspruch auf Wiederherstellung seines Verwaltungsrechts. Dieser Anspruch ist in der Weise durchsetzbar, daß der Erbe dem Testamentsvollstrecker treuhänderisch denjenigen Teil seines Kommanditanteils überträgt, der den Aktien entspricht, die zunächst der Testamentsvollstreckung unterlagen. Zur Wirksamkeit einer solchen Übertragung ist grundsätzlich die Zustimmung der übrigen Gesellschafter erforderlich (**BGH** 24, 106 = NJW 1957, 1026 mit Hinweisen S. 1028 = LM BGB § 2218 Nr. 1 mit Anm. von Fischer).

2. Einzelbestimmungen

Anm. 4

§ 664: Der Testamentsvollstrecker kann sein Amt zwar jederzeit niederlegen (§ 2226), auch im Falle des § 2199 Abs. 2 einen Nachfolger ernennen; er darf aber die Ausführung der ihm übertragenen Aufgaben nicht, auch nicht mit Zustimmung des Erben, im ganzen einem Dritten übertragen (**RG** 81, 170). Die Bestellung von Prokuristen für das zum Nachlaß gehörige Handelsgeschäft ist als Verwaltungsmaßregel (§ 2205 Anm. 7) nicht ausgeschlossen (RJA 11, 271). Auch die Bestellung eines Dritten oder eines Mitvollstreckers zum Generalbevollmächtigten ist wirksam, sofern eine solche Bevollmächtigung nicht durch das Testament untersagt und die Vollmacht nicht unter Ausschluß des Widerrufsrechts erteilt ist, der Vollmachtgeber also nicht nur in der rechtlichen Lage ist, während der Dauer der gewährten Vertretungsbefugnis die Testamentsvollstreckergeschäfte in vollem Umfange selbst zu besorgen, sondern auch, die Vertretungsbefugnis durch Widerruf jederzeit zu beendigen (KG JFG 7, 279 gegen KGJ 27 A 197). Über die Bestellung eines Generalbevollmächtigten als möglichen Grund für die Entlassung des Testamentsvollstreckers s. § 2227 Anm. 5.

Anm. 5

Der Testamentsvollstrecker wird regelmäßig ermächtigt sein, einzelne Verrichtungen zu übertragen; bei Verhinderung kann er sogar dazu verpflichtet sein. Soweit ihm die Übertragung gestattet ist, haftet er nur für ein Verschulden bei der Übertragung. Für das Verschulden eines Gehilfen haftet er in gleichem Umfange wie für eigenes Verschulden. Umgekehrt kann auch der Erbe Ansprüche selbst, die ihm aus §§ 2215—2217 gegen den Testamentsvollstrecker zustehen, nicht übertragen, wohl aber die aus diesem Grunde entstandenen Herausgabe- und Ersatzansprüche. Der Testamentsvollstrecker tritt jedoch bei Veräußerung des Erbanteils (§ 2033) zu dem Erwerber ohne weiteres in Beziehungen.

Anm. 6

§ 666: Benachrichtigungs- und Auskunftspflicht (vgl. § 2215 Anm. 1—5). Sie besteht für einen den Vorerben beschränkenden Testamentsvollstrecker bloß gegenüber dem Vorerben; der Nacherbe kann von einem solchen Testamentsvollstrecker Auskunft nur unter den besonderen Voraussetzungen des § 2127 verlangen (**RG** Recht 1913 Nr. 221). Die Auskunft ist nur auf Verlangen zu erteilen und erstreckt sich auch auf bevorstehende Geschäfte; die erforderlichen Nachrichten sind auch unaufgefordert zu geben (**RG** 130, 139). Rechenschaft ist zu legen, sobald der Testamentsvollstrecker die ihm obliegende Aufgabe im wesentlichen erfüllt hat; s. auch Abs. 2 und § 259 (Erstreckung des Offenbarungseids darauf, daß der Nachlaßbestand nicht durch den Ansatz von Ausgaben, die nicht zu Nachlaßzwecken gemacht worden sind, als zu niedrig hingestellt wird, **RG** JW 1913, 1150[7]). Unter Umständen besteht auch schon, bevor das Amt des Testamentsvollstreckers geendet hat, einerseits Anspruch gegen ihn auf Schlußrechnung, z. B. dann, wenn die Verwaltungstätigkeit, die den letzten Willen durchführen soll, im Sinne des § 2205 beendigt ist und eine selbständige Verwaltungstätigkeit im Sinne des § 2209 beginnt (**RG** LZ 1919, 1243[19]); anderseits kann auch schon ein Anspruch des Testamentsvollstreckers auf Entlastung wegen eines einzelnen Geschäfts (**RG** WarnRspr 1909 Nr. 245) oder eine Klage auf Feststellung eines künftigen Empfangsberechtigten gegeben sein (**RG** WarnRspr 1912 Nr. 174, 3). Die Ansprüche auf Auskunft und Rechenschaft sind als bloße Hilfsansprüche für sich allein nicht übertragbar und daher (ZPO § 851) für sich allein auch nicht pfändbar (**RG** JW 1931, 525[10]); sie können anderseits bei der Pfändung eines Erbteils (ZPO § 859 Abs. 2) auch, ohne daß die Pfändung ausdrücklich auf sie ausgedehnt wird, als mitgepfändet gelten; dies gilt auch dann, wenn die Forderung, für die gepfändet wird, den Wert des Erbteils nicht erschöpft (vgl. JW 1929, 869[3] mit Anm. von Kipp und 1930, 1014[7]); erschwert das Vorhandensein mehrerer Pfändungsgläubiger die Verpflichtung des Testamentsvollstreckers, so ist dem durch entsprechende Anwendung des § 432 zu begegnen (**RG** LZ 1916, 1473[9]). Zum Unvermögen des Testamentsvollstreckers, Rechnung zu legen, wenn durch Versehen seiner Ehefrau die Belege über die Nachlaßverwaltung vernichtet worden sind, vgl. OLG München HRR 1941 Nr. 628.

Anm. 7

§ 667: Herausgabe der Erbschaft nach, im Falle des § 2217 schon vor Endigung des Amtes.

Anm. 8

§ 668: Der Testamentsvollstrecker ist verpflichtet, Geld, das er dem Erben herauszugeben oder für ihn zu verwenden hat, von der Zeit der Verwendung an zu verzinsen, wenn er dieses Geld für sich selbst verwendet (vgl. §§ 246, 1834).

Anm. 9

§ 670: Ersatzpflicht des Erben für Aufwendungen des Testamentsvollstreckers innerhalb der Grenzen seiner Haftung für Nachlaßverbindlichkeiten (s. auch KO § 224 Nr. 6). Zu den Auslagen, deren Ersatz der Testamentsvollstrecker nach § 670 fordern kann, sind entsprechend § 1835 Abs. 2 (s. Anm. dazu) auch die Gebühren zu rechnen, die ihm nach den gesetzlichen Bestimmungen als Rechtsanwalt für die Dienste erwachsen, die er auf Grund seines Berufs leistet (**RG** 149, 121). Ein Zurückbehaltungsrecht des Testamentsvollstreckers folgt aus § 273; er hat aber kein Recht auf Vorschuß (§ 669 nicht anwendbar).

Anm. 10

§ 673 Satz 2: Anzeige- und vorläufige Besorgungspflicht der Erben des Testamentsvollstreckers, wenn das Amt nach § 2225 durch seinen Tod endete.

Anm. 11

§ 674: Erlischt das Amt des Testamentsvollstreckers ohne sein Wissen, z. B. durch Eintritt einer auflösenden Bedingung (Verheiratung des Erben) oder gemäß § 2210 Satz 2, so gilt es zugunsten des Testamentsvollstreckers als fortbestehend, bis er vom Erlöschen Kenntnis erlangt oder das Erlöschen kenn muß. Unter diesen Voraussetzungen ist auch der vom Testamentsvollstrecker abgeleitete Erwerb des gutgläubigen Dritten geschützt (§ 169). Das gilt jedoch nicht, wenn der Testamentsvollstrecker in bösem oder wenn er fahrlässigerweise in falschem Glauben war. Auch das Vorweisen des Zeugnisses deckt in diesem Falle den Dritten nicht (§ 2368 Anm. 11). Nur der öffentliche Glaube des Grundbuchs (§§ 892, 893) kann ihm helfen.

II. Anspruch auf jährliche Rechnungslegung (Abs. 2)

Anm. 12

Die Vorschrift enthält eine Abweichung von § 666 in besonderem Hinblick auf §§ 2209, 2210. In welcher Weise die Pflicht zur Rechnungslegung zu erfüllen ist, bestimmt sich nach den Umständen des einzelnen Falles und nach dem gemäß § 242 zu beobachtenden billigen Ermessen (**RG** WarnRspr 1936 Nr. 159).

Anm. 13

Der Übergang von dem Anspruch aus Abs. 2 zu dem Anspruch aus Abs. 1 ist Klageänderung (**RG** WarnRspr 1936 Nr. 159).

§ 2219

Verletzt der Testamentsvollstrecker die ihm obliegenden Verpflichtungen, so ist er, wenn ihm ein Verschulden zur Last fällt, für den daraus entstehenden Schaden dem Erben und, soweit ein Vermächtnis zu vollziehen ist, auch dem Vermächtnisnehmer verantwortlich.

Mehrere Testamentsvollstrecker, denen ein Verschulden zur Last fällt, haften als Gesamtschuldner.

E I 1908 Abs. 1 II 2088; M 5 244; P 5 263 315.

Übersicht

Verantwortlichkeit des Testamentsvollstreckers

Vorbem.: Befreiung unzulässig; der Erblasser kann insbesondere auch nicht anordnen, daß die Haftung des Testamentsvollstreckers auf Vorsatz und grobe Fahrlässigkeit beschränkt sein soll (vgl. § 2220).

I. Verantwortlichkeit gegenüber dem Erben

Anm. 1

Der Testamentsvollstrecker steht nur zum Erben, gegebenenfalls auch zum Vor- oder Nacherben, in einem gesetzlichen Schuldverhältnis (§ 2218) und ist deshalb grundsätzlich nur **dem Erben schadenersatzpflichtig**, ausnahmsweise auch dem Vermächtnisnehmer (Anm. 7). Sämtliche dem Testamentsvollstrecker obliegende Verrichtungen (§§ 2203—2209, 2212—2218, 2226 Satz 3) unterstehen danach dem Grundsatze des § 276, wonach er Vorsatz und Fahrlässigkeit zu vertreten hat (**RG** 27. 9. 1928 IV 118/28). Für das von ihm zu vertretende Maß von Gewissenhaftigkeit und Sorgfalt ist auf seine besondere Vertrauensstellung sowie darauf Rücksicht zu nehmen, daß der Erbe nicht immer sein Recht in gleicher Weise schützen kann, wie es der Erblasser hätte tun können (**RG** 130, 134f). Der Testamentsvollstrecker ist für den Schaden verantwortlich, der dem Nachlaß durch eine überflüssige, leichtfertige oder durch persönliche Interessen beeinflußte Prozeßführung entsteht (**RG** JW 1936, 3388[7]). Er kann ferner wegen Mißachtung berechtigter Wünsche der Miterben bei der freiwilligen Versteigerung eines Nachlaßgrundstücks (OLG Saarbrücken JZ 1953, 509 mit zust. Anm. von Keidel) oder wegen einer bei der Verwaltung des Nachlasses begangenen unerlaubten Handlung (**BGH** LM BGB § 823 [Ad] Nr. 1 = VersR 1957, 297 = JR 1957, 419) persönlich zur Verantwortung herangezogen werden. Zur Haftung des Testamentsvollstreckers bei Umwandlung einer Einzelhandelsfirma in eine GmbH vgl. ferner **BGH** BB 1958, 721 = MDR 1958, 670 = DRsp I (174) 70a = LM BGB § 2219 Nr. 4. Amtsmißbrauch liegt jedoch nicht schon deshalb vor, weil der Testamentsvollstrecker im eigenen Interesse gehandelt hat (**OGH** 3, 247; vgl. § 2216 Anm. 5). Hat er das in seiner Verwaltung befindliche, von ihm nach den bisher maßgebenden Grundsätzen angelegte Vermögen in der Inflationszeit der Entwertung verfallen lassen, so kann ihm dies nicht ohne weiteres zum Verschulden angerechnet werden (**RG** JR 1927 Nr. 114; vgl. AufwG § 79). Über die Grenzen der Verwaltungsbefugnis bei Fortführung eines Handelsgeschäfts vgl. **BGH** 12, 100 = LM BGB § 2216 Nr. 1 = NJW 1954, 636.

Anm. 2

Jeder einzelne Miterbe kann den Testamentsvollstrecker darauf verklagen, die Grenzen seiner Verwaltungsbefugnis einzuhalten oder eine pflichtmäßige Verwaltungshandlung vorzunehmen (**RG** 73, 28; § 2216 Anm. 5). Ist, wie bei der Auskunftspflicht oder der Herausgabepflicht (§ 2217 Anm. 1f), eine Leistung an den Erben zu bewirken, so bestimmt sich beim Vorhandensein einer Erbengemeinschaft das Klagerecht des einzelnen Miterben zwar, da der Anspruch nicht zum Nachlasse gehört, sondern erst in der Person des Erben entsteht, nicht nach § 2039, wohl aber nach der entsprechenden Vorschrift des § 432 (vgl. **RG** 86, 68). Der dem Erben oder einer Erbengemeinschaft aus der Pflichtverletzung eines früheren Testamentsvollstreckers erwachsene Ersatzanspruch gehört zum Nachlaß, sofern der Nachlaß als solcher und nicht (z. B. durch Benachteiligung bei der Auseinandersetzung) ein einzelner Miterbe geschädigt ist; dann steht nach § 2212 die gerichtliche Geltendmachung des Anspruchs allein dem neuen Testamentsvollstrecker zu; dabei ist ein mitwirkendes Verschulden des geschädigten Rechtsinhabers (des oder der Erben) nach § 254 zu beachten (**RG** 138, 132; Hildebrandt JW 1933, 1311 zu 14).

Anm. 3

Soweit der Erblasser den Testamentsvollstrecker von der Erfüllung seiner Obliegenheiten nicht befreien kann (§ 2220), kann er auch das Maß seiner Vertretungspflicht nicht mindern (vgl. **RG** 133, 135; aM Strohal § 40a Anm. 36). Seine Haftung für Vertreter und Gehilfen ergibt § 664 (§ 2218 Anm. 5). Steht ihm die Ernennung eines Mitvollstreckers oder des Nachfolgers zu (§ 2199), so hat er ein bei der Auswahl ihn treffendes Verschulden gleichfalls zu vertreten. Ebenso haftet im Falle des § 2200 nach § 839 der Nachlaßrichter.

Anm. 4

Ist die Bestellung des Testamentsvollstreckers durch das Nachlaßgericht unwirksam, so ist der Bestellte gleichwohl, solange er das Amt im Vertrauen auf die Gültigkeit der Bestellung ausgeübt hat, den Beteiligten gegenüber verantwortlich wie ein wirksam bestellter Testamentsvollstrecker (vgl. **RG** JW 1937, 3187[46]).

Anm. 5

Die Haftung des Erben für Handlungen des Testamentsvollstreckers erstreckt sich so weit, als dadurch Nachlaßverbindlichkeiten begründet werden (§ 1967). Dies trifft zu, soweit der Testamentsvollstrecker innerhalb des durch die letztwillige Verfügung des Erblassers und die gesetzlichen Vorschriften bestimmten Rechtskreises tätig wird, nicht aber soweit er aus Veranlassung seines Amtes Dritten Schaden zufügt (Streitfrage, vom **RG** WarnRspr 1914 Nr. 127 dahingestellt gelassen).

Anm. 6

Schadenersatz §§ 249 ff. Strafrechtliche Verantwortung des Testamentsvollstreckers StGB § 266; Haftung für die Erbschaftssteuer und für Steuern, die der Erblasser schuldig geblieben ist, § 2205 Anm. 3). Wegen der Haftung für die Kosten eines Rechtsstreits, den der Testamentsvollstrecker gegen den Erben verliert, vgl. OLG Hamburg DNotZ 1939, 127; § 2203 Anm. 4.

II. Verantwortlichkeit gegenüber dem Vermächtnisnehmer

Anm. 7

Die Haftung des Testamentsvollstreckers ist ausdrücklich auch **gegenüber dem Vermächtnisnehmer** begründet (RJA 10, 115), und zwar auch wenn es sich, wie im Falle des § 2223, um ein Untervermächtnis handelt (vgl. zur Testamentsvollstreckung für ein Vermächtnis **BGH** 13, 203). Der Vermächtnisnehmer kann den Testamentsvollstrecker auch dann auf Schadenersatz in Anspruch nehmen, wenn ihm aus demselben Grunde ein Ersatzanspruch gegen den mit dem Vermächtnis beschwerten Erben zusteht. Er muß nicht zunächst seine Ersatzansprüche gegen den Erben geltend machen (**BGH** LM BGB § 2258 Nr. 1; anders die vorige Auflage im Anschluß an **RG** 27. 9. 1928 IV 118/28). Die Schadenersatzpflicht tritt überdies, wenn der Erbe beschwert ist, nur in dem Umfange ein, in dem dieser nach §§ 1991 Abs. 4, 1992 zur Entrichtung des Vermächtnisses verbunden war. Der Vermächtnisnehmer hat keinen Anspruch auf Rechnungslegung (Kassel OLG 21, 330).

Anm. 8

Gegenüber dem durch eine Auflage Begünstigten besteht keine Haftung des Testamentsvollstreckers (**RG** WarnRspr 1937 Nr. 133; s. § 1940 Anm. 6).

III. Gesamtschuldnerische Haftung mehrerer Vollstrecker

Anm. 9

Die gesamtschuldnerische Haftung mehrerer Vollstrecker (§§ 421 ff) — vorausgesetzt, daß jeden ein Mitverschulden trifft — entspricht der Haftung mehrerer Vorstandsmitglieder und Liquidatoren (§§ 42, 53) oder mehrerer Vormünder (§ 1833). Sie besteht nur, soweit sie das Amt gemeinschaftlich führen (§ 2224). Ist jedem ein besonderer Wirkungskreis zugewiesen, so haftet er für sich allein, wenn den übrigen auch kein Aufsichtsrecht zusteht.

Anm. 10

Im Verhältnis zueinander sind sie nach § 426 zu gleichen Teilen ersatzpflichtig. Der bloß aufsichtsführende Testamentsvollstrecker (§ 2208 Anm. 9) kann jedoch entsprechend § 1833 Abs. 2 von den übrigen nicht mit in Anspruch genommen werden.

Anm. 11

Verjährung § 195. Haftung aus unerlaubter Handlung §§ 840, 852.

§ 2220

Der Erblasser kann den Testamentsvollstrecker nicht von den ihm nach den §§ 2215, 2216, 2218, 2219 obliegenden Verpflichtungen befreien.

E I 1906 Abs. 1 1908 Abs. 3 II 2089; M 5 241 242 244; P 5 263 310 314 316; 6 98.

Befreiungsverbot

Anm. 1

Die Bestimmung ist schon in den Anmerkungen zu den in ihr genannten Vorschriften berücksichtigt. Das Gesetz läßt es danach nicht zu, daß ein Erblasser den Erben mit gebundenen Händen dem ausgedehnten Machtbereich des Testamentsvollstreckers überliefert. Aus diesem Grundgedanken ergibt sich die Unverbindlichkeit aller Umgehungsversuche, insbesondere auch einer Anordnung, durch die der Erblasser den Erben in der Befugnis beschränkt, die Entlassung des Testamentsvollstreckers gemäß § 2227 zu beantragen (**RG** 133, 128; § 2227 Anm. 3). Der Erblasser kann ferner nicht anordnen, daß der Testamentsvollstrecker nur für Vorsatz oder nur für grobes Verschulden haften solle (Kipp/Coing § 130 II 7). Das Nachlaßgericht darf nicht nur prüfen, ob die Einzelbestimmungen für sich allein wirksam sind; es muß vielmehr erörtern, ob das Testament, wenn man seinen Inhalt und seine Auswirkungen im ganzen betrachtet, für die Erben eine übermäßige Beschränkung ihrer Persönlichkeit und Bewegungsfreiheit bewirkt und deshalb etwa sogar sittenwidrig ist (vgl. OLG München JFG 14, 428 unter Hinweis auf Flad DFG 1936, 133).

Anm. 2

Der Erbe kann auf den Schutz des § 2220 dem Testamentsvollstrecker gegenüber wirksam verzichten (Hamburg OLG 43, 403).

§ 2221

Der Testamentsvollstrecker kann für die Führung seines Amtes eine angemessene Vergütung verlangen, sofern nicht der Erblasser ein anderes bestimmt hat.

E I 1909 Satz 1 II 2090; M 5 244 245; P 5 316 317.

Übersicht

Vergütung

Schrifttum: Heise, Zur Höhe der Vergütung des Testamentsvollstreckers, DFG 1944, 96.

I. Vergütung

Anm. 1

Hat der Erblasser letztwillig selbst eine Vergütung ausgeworfen oder hat er jede Vergütung ausgeschlossen, so bleibt seine Bestimmung maßgebend, wenn sie nicht durch Vertrag mit dem Erben geändert wird. Ist dem Testamentsvollstrecker eine Zuwendung gemacht, so ist es Auslegungsfrage, ob damit ein besonderer Vergütungsanspruch ausgeschlossen werden sollte.

Anm. 2

Die Vergütung ist, auch wenn sie letztwillig zugesprochen ist, kein Vermächtnis sondern eine gewöhnliche Nachlaßverbindlichkeit, es sei denn, daß aus der unangemessenen Höhe der zugebilligten Vergütung ein Vermächtniswille erhellt (§ 1939). Die Vergütung ist im Nachlaßkonkurse Masseschuld (KO § 224 Nr. 6) und selbst dann aus dem ganzen Nachlasse zu entrichten, wenn der Testamentsvollstrecker nur für einen Erbteil bestellt ist. Am Nachlaßvergleichsverfahren ist die Vergütung des Testamentsvollstreckers nicht beteiligt (VerglO § 113 Nr. 6).

Anm. 3

Dem Nachlaßgericht steht (anders beim Nachlaßpfleger, §§ 1960 Anm. 18, 1836, und beim Nachlaßverwalter, § 1987 Anm. 2) die Festsetzung nicht zu (RJA 4, 140). Es kann die Befugnis, da seine Zuständigkeit gesetzlich umgrenzt ist, auch nicht durch eine letztwillige Verfügung erhalten; eine solche Verfügung kann unter Umständen jedoch dahin ausgelegt werden, daß die mit den Verrichtungen des Nachlaßgerichts betraute Person die Vergütung entsprechend den §§ 317, 2156 festsetzen solle; die Festsetzung kann dann, wenn sie der Billigkeit nicht entspricht, auf Klage geändert werden (OLG Rostock SeuffArch 78 Nr. 143). Beansprucht und behält der Testamentsvollstrecker eine Vergütung ein, die nach der Ansicht des Nachlaßgerichts zu hoch ist, so liegt darin nur unter besonderen Umständen ein Entlassungsgrund (§ 2227; KG JW 1937, 475[25]).

Der Testamentsvollstrecker ist nicht berechtigt, die Vergütung selbst festzusetzen. Ohne entsprechende Bestimmung des Erblassers fehlt dem Testamentsvollstrecker grundsätzlich auch die Berechtigung, mit seinem Mittestamentsvollstrecker eine Vereinbarung über die Höhe der diesem für seine Tätigkeit zustehenden Vergütung zu treffen (**BGH** LM § BGB 2221 Nr. 2 = Betrieb 1957, 716 = NJW 1957, 947).

Anm. 4

Im allgemeinen hat der Testamentsvollstrecker vielmehr den Vergütungsanspruch, nötigenfalls im Prozesse, gegen den Erben geltend zu machen, der die beschränkte Haftung vorschützen kann (**RG** 29. 10. 1917 IV 241/17). Der Klageantrag muß, von ganz besonderen Umständen abgesehen, die begehrte Vergütung ziffernmäßig bezeichnen (ZPO § 253 Abs. 2 Nr. 2; **RG** WarnRspr 1937 Nr. 170). Es kann auch zu einer negativen Feststellungsklage des Erben gegen den Testamentsvollstrecker darüber kommen, daß dieser nicht mehr als den vom Kläger bezeichneten Betrag als Vergütung verlangen dürfe. Zur Führung eines solchen Prozesses brauchte auch schon nach früherem Recht eine Ehefrau als Erbin nicht die Zustimmung ihres Mannes, wenn ihr die Erbschaft gemäß § 1369 als Vorbehaltsgut zugewendet war (**RG** 29. 10. 1917 IV 241/17).

Anm. 5

Über Berechtigung und Höhe der Vergütung hat das Prozeßgericht zu entscheiden, wenn der Erblasser keine entsprechende Anordnung getroffen hat oder die Erben nicht zustimmen (**BGH** LM BGB § 2221 Nr. 2 = Betrieb 1957, 716 = NJW 1957, 947). Hierbei kann der Richter die Vergütung in Hundertteilen der Nachlaßmasse oder als runde Summe festsetzen; er braucht dabei, unter gebotener Würdigung der besonderen Verhältnisse des Einzelfalles, nur den Wert der Gesamtarbeit, nicht den jeder einzelnen Arbeit des Testamentsvollstreckers zu berücksichtigen (**RG** 1. 11. 1918 VII 219/18). Wird die Vergütung nach Hundertteilen des reinen Nachlasses bemessen, so sind bei dessen Berechnung für die Regel nur die vom Erblasser herrührenden Nachlaßschulden, nicht die Verbindlichkeiten aus Vermächtnissen oder Pflichtteilsrechten abzuziehen (HRR 1933 Nr. 1766; dort ist auch der mögliche Einfluß einer nach dem Erbfall ohne Verschulden des Testamentsvollstreckers eingetretenen Entwertung des Nachlasses auf die Höhe der Vergütung erörtert). Über anderweitige Festsetzung einer in der Inflationszeit in Papiermark festgesetzten Vergütung s. HRR 1934 Nr. 1684, über den Verlust des Anspruchs auf Vergütung bei groben Verstößen gegen die Treupflicht s. SchlHolst Anz 1938, 128. Über Richtlinien für die Bemessung der Vergütung s. Plaßmann JW 1935, 1830. Bemessung und Fälligkeit der Vergütung nach Hamburger Ortsgebrauch: **RG** HansRGZ B 1934, 58; Hamburg das. 1933 S. 127, 639; 1936, 145; DNotZ 1939, 127. Die zwischen den Erben und dem Testamentsvollstrecker vereinbarte einmalige Vergütung — neben einer laufenden Vergütung — kann mit der Konstituierung des Nachlasses verdient sein (**RG** JW 1936, 3388[7]). Zur Höhe der Vergütung, wenn der Nachlaß einen lebendigen Betrieb darstellt und der Testamentsvollstrecker daher eine „unternehmerische Tätigkeit" ausübt vgl. LG Hamburg MDR 1959, 761 = DRsp I (174) 74c.

Anm. 6

Die Vergütung ist regelmäßig nach Beendigung des Amtes, bei länger andauernder Verwaltung periodisch (§ 2218 Abs. 2) zu entrichten. Im Falle vorzeitiger Beendigung des Amtes ist der an sich angemessene Satz entsprechend zu mindern (vgl. auch § 628). Hierbei kann der Testamentsvollstrecker grundsätzlich die ihm zustehende Schlußvergütung erst verlangen, wenn er den Erben Rechnung gelegt hat (**BGH** LM BGB § 2221 Nr. 1).

Anm. 7

Verjährung: § 195 (OLG Düsseldorf JW 1918, 741[5]). Verwirkung: Der Testamentsvollstrecker, der gegen seine Treupflicht verstößt, kann dadurch seinen Vergütungsanspruch verwirken (OLG Kiel SchlHAnz 1958, 128).

Anm. 8

Ist die Bestellung des Testamentsvollstreckers durch das Nachlaßgericht unwirksam, so hat der Bestellte gleichwohl, solange er das Amt im Vertrauen auf die Gültigkeit der Bestellung ausgeübt hat, Anspruch auf eine angemessene Vergütung (vgl. **RG** JW 1937, 3187[46]; s. auch § 2219 Anm. 4).

Anm. 9

II. Auslagen

Neben der Vergütung hat der Testamentsvollstrecker Anspruch auf Ersatz seiner Auslagen (§§ 2218, 670) sowie auf Bezahlung der berufsmäßigen, regelmäßig nur gegen Entgelt geleisteten Dienste (als Rechtsanwalt, Bankier, Makler, Wirtschafts- und Steuerberater, Treuhänder, Arzt, Handwerker oder sonstwie), soweit auch der Laien-Testamentsvollstrecker derartige Dienste innerhalb seines Amtes nicht selbst verrichtet hätte (§ 1835 Abs. 2; **RG** 149, 121 = JW 1936, 571[3] mit Anm. von Plaßmann; s. § 2218 Anm. 9 zu § 670). KG in OLG 25, 16 will ihm nicht Ersatz der Kosten gestatten, die er für Aufstellung des Teilungsplans durch einen Rechnungsverständigen gezahlt hat. Ist jedoch die vom Erblasser ausgesetzte Vergütung ausdrücklich oder stillschweigend so bemessen worden, daß sie auch eine Pauschalvergütung für solche beruflichen Dienste darstellen sollte, dann kann der Testamentsvollstrecker, der sein Amt in Kenntnis dieser Anordnung vorbehaltlos angenommen hat, auch für berufliche Tätigkeiten keine besondere Vergütung verlangen (Kipp/Coing § 130 IV 2 und Anm. 39). Bestellt ein Rechtsanwalt, der Testamentsvollstrecker ist, einen anderen Anwalt zum Prozeßbevollmächtigten, so kann er die Gebühren und Auslagen eines Verkehrsanwalts weder dem Gegner berechnen noch vom Nachlaß ersetzt verlangen; denn die Prozeßunterweisung gehört zu den Pflichten und Aufgaben jedes Testamentsvollstreckers (OLG Hamburg JW 1937, 834 Nr. 34). Anderseits können jedoch Kosten des Testamentsvollstreckers in Verfahren, die seine Absetzung oder die Ernennung eines Mitvollstreckers betreffen, dem Nachlaß entnommen werden, falls jener den letzten Willen des Erblassers in berechtigter Weise verteidigt hat (**RG** JW 1936, 1388[7]).

Anm. 10

III. Vorschüsse

Leistung von Vorschüssen (§ 669, in § 2218 nicht mit angezogen) kann er vom Erben nicht verlangen, um so weniger, als er gewöhnlich über den Nachlaß verfügen und sich daraus wegen seiner Aufwendungen und der ihm zustehenden Vergütung selbst befriedigen kann (OLG Königsberg SeuffArch 75 Nr. 227).

§ 2222

Der Erblasser kann einen Testamentsvollstrecker auch zu dem Zwecke ernennen, daß dieser bis zu dem Eintritt einer angeordneten Nacherbfolge die Rechte des Nacherben ausübt und dessen Pflichten erfüllt.

E II 2091; P 5 309; 6 99.

Übersicht

Testamentsvollstrecker für Nacherben

Anm. 1

I. Testamentsvollstreckung im Interesse des Nacherben

Der Wirkungskreis des Testamentsvollstreckers umfaßt regelmäßig auch eine durch Erbfall oder Eintritt der Nacherbfolge bereits eröffnete Erbschaft. § 2222 gestattet, für die Zeit vor Anfall der Nacherbschaft (§ 2139) einen Testamentsvollstrecker zu bestellen, der dessen Rechte (§§ 2116—2119, 2121—2123, 2127—2129, ZPO § 773) wahrnehmen und dessen Pflichten (§§ 2120, 2123) erfüllen soll. Innerhalb der hierdurch gezogenen Grenzen gelten für den Testamentsvollstrecker die allgemeinen Grundsätze, insbesondere über seine ausschließliche Verfügungsmacht und Streitbefugnis (§§ 2211 bis 2213). Die hierin liegende Beschränkung der Rechte des Nacherben macht es notwendig, auch in der Eintragung nach GBO § 51 die Bestellung des Testamentsvollstreckers mit zu erwähnen (KGJ 40, 198). Vermerk im Erbschein § 2363 Anm. 8. Durch die Ernennung eines solchen Testamentsvollstreckers kann sich die sonst nach §§ 1912, 1913 gebotene Bestellung eines Pflegers für den Nacherben erledigen. Im Zweifel ist nicht anzunehmen, daß der im allgemeinen ernannte Testamentsvollstrecker auch mit der Wahrnehmung der Rechte und Pflichten des Nacherben nach § 2222 betraut ist. Der Testamentsvollstrecker kann zugleich einer von mehreren Nacherben sein (Bay ObLG NJW 1959, 1920 = MDR 1959, 761).

Anm. 2

II. Testamentsvollstreckung für Vor- und Nacherben

Ist dem Vorerben ein Testamentsvollstrecker bestellt, so steht an und für sich nichts im Wege, demselben Testamentsvollstrecker auch die Fürsorge für den Nacherben zu übertragen, so insbesondere im Falle des § 2338. Denn mit der Bestellung einer gemeinschaftlichen Vertrauensperson für Vor- und Nacherben ist nicht notwendig ein Interessenwiderstreit geschaffen (aM KG in OLG 10, 305). Der für den Vorerben und den Nacherben bestellte Testamentsvollstrecker ist auch rechtlich in der Lage, Nachlaßgegenstände dem Vorerben zur freien Verfügung dergestalt zu überlassen, daß die Gegenstände aus dem durch die nacherbrechtlichen Beschränkungen gebundenen Nachlaß endgültig ausscheiden (KG JFG 11, 121 = HRR 1933 Nr. 1202). Dagegen würde es dem Gesetzesgedanken des § 2222 zuwiderlaufen, wenn der Vorerbe selbst zum Testamentsvollstrecker für den Nacherben bestellt würde. Eine solche Bestellung ist deshalb unwirksam (**RG** 77, 177; KGJ 52, 78; Planck/Flad Anm. 2; Kipp/Coing § 67 I 9d mit Nachweisen, s. aber § 76 II ebenda), außer wenn der Vorerbe und Testamentsvollstrecker nur Miterbe oder wenn er nur einer von mehreren Testamentsvollstreckern ist, die ihr Amt gemeinschaftlich oder in Kollegialverfassung führen (JFG 11, 126; § 2197 Anm. 4). Zur Übertragung des Rechts des Nacherben auf den Vorerben (§ 2108 Anm. 14) ist der gemäß § 2222 bestellte Testamentsvollstrecker nicht befugt (JW 1937, 1553[15]).

Hat ein Erblasser diejenigen Abkömmlinge des Vorerben zu Nacherben berufen, die bei dessen Tode noch leben, so sind die Nacherben bis zum Ableben des Vorerben unbekannt; die erforderliche Zustimmung der Nacherben zu Verfügungen des Nacherben über Nachlaßgegenstände kann in diesem Falle nur ein Nacherbenvollstrecker (§ 2222) oder ein nach § 1913 bestellter Pfleger erteilen (BayObLGZ 1959, 493 = NJW 1960, 965 = JR 1960, 184).

Anm. 3

III. Testamentsvollstreckung für Nacherben nach Eintritt der Nacherbfolge

Das Amt des nach § 2222 bestellten Testamentsvollstreckers erledigt sich durch Ausschlagung des Vor- oder Nacherben und endigt mit Eintritt der Nacherbfolge. Eine hiermit erst wirksam werdende Testamentsvollstreckung für den Nacherben unterliegt den allgemeinen Vorschriften. Der Erblasser kann es dem nach § 2222 ernannten Testamentsvollstrecker jedoch nicht überlassen, den Zeitpunkt zu bestimmen, in dem die Nacherbfolge eintreten soll (**BGH** 15, 199).

§ 2223

Der Erblasser kann einen Testamentsvollstrecker auch zu dem Zwecke ernennen, daß dieser für die Ausführung der einem Vermächtnisnehmer auferlegten Beschwerungen sorgt.

E I 1910 II 2092; M 5 245. 246; P 5 317.

Beschwerungen eines Vermächtnisnehmers

Anm. 1

I. Fürsorge für Untervermächtnisse und Auflagen

Dem Testamentsvollstrecker ist zwar durch § 2203 allgemein die Ausführung letztwilliger Verfügungen übertragen. Da er jedoch grundsätzlich nur zum Erben in einem Rechtsverhältnis steht (§ 2218 Anm. 2), so bedurfte es einer besonderen Vorschrift, um ihn auch dem beschwerten Vermächtnisnehmer gegenüber zur Fürsorge für Untervermächtnisse und Auflagen, auch Nachvermächtnisse (§ 2191) zu ermächtigen. Der hierfür maßgebende Wille des Erblassers kann durch Auslegung aus der allgemeinen Bestellung des Testamentsvollstreckers ermittelt werden. Die Fürsorge kann ihm aber auch als einzige Aufgabe übertragen sein. Auch für die so beschränkte Testamentsvollstreckung gelten, soweit anwendbar, die allgemeinen Vorschriften, wobei das beschwerte Vermächtnis der Erbschaft gleichzustellen ist. Daraus folgt insbesondere, daß der Vermächtnisnehmer, soweit die Verwaltung dem Testamentsvollstrekker zusteht, von der Verfügung über den Vermächtnisgegenstand und dessen gerichtlicher Einforderung ausgeschlossen (§§ 2211, 2212) und daß der Testamentsvollstrekker gegen die Klage des Zweitbedachten und der Auflageberechtigten (§ 2194) im Umfange des § 2213 der richtige Beklagte ist (**RG** DJZ 1924, 475). Andererseits steht dem Testamentsvollstrecker, soweit er die Beschwerung nicht selbst ausführen kann, nach § 2208 Abs. 2 die Klage gegen den Beschwerten zu.

Anm. 2

II. Vermächtnisvollstreckung im allgemeinen

Darüber, ob dem Testamentsvollstrecker, der einen Vermächtnisnehmer beschränkt, die Verwaltung der vermachten Gegenstände als einzige Aufgabe oder noch für die Zeit nach „Ausführung der dem Vermächtnisnehmer auferlegten Beschwerungen" übertragen werden kann, besteht keine ausdrückliche Vorschrift. Die Frage ist in entsprechender Anwendung der §§ 2209, 2210 (mit Sachse LZ 1932, 301 gegen Planck/Flad Anm. 3 Abs. 3) zu bejahen. Der Wortlaut des § 2223 und sein Inhalt stehen dem nicht entgegen; die Vorschrift soll den Wirkungskreis des Testamentsvollstreckers (§ 2203) nicht beschränken, sondern nur Zweifel ausschließen, die sich aus § 2194 ergeben könnten (**BGH** 13, 203, 206 = LM BGB § 2203 Nr. 1 = NJW 1954, 1036 = MDR 1954, 399).

§ 2224

Mehrere Testamentsvollstrecker führen das Amt gemeinschaftlich; bei einer Meinungsverschiedenheit entscheidet das Nachlaßgericht. Fällt einer von ihnen weg, so führen die übrigen das Amt allein. Der Erblasser kann abweichende Anordnungen treffen.

Jeder Testamentsvollstrecker ist berechtigt, ohne Zustimmung der anderen Testamentsvollstrecker diejenigen Maßregeln zu treffen, welche zur Erhaltung eines der gemeinschaftlichen Verwaltung unterliegenden Nachlaßgegenstandes notwendig sind.

E I 1893 II 2093; M 5 222. 223; P 5 255—257

Übersicht

Mehrere Testamentsvollstrecker

I. Gemeinschaftliche Amtsführung

Anm. 1

Mehrere Testamentsvollstrecker (§§ 2197 Abs. 1, 2199 Abs. 1, 2200 Anm. 2) führen das Amt **gemeinschaftlich** sowohl nach innen, indem sie ihre Beschlüsse nur einstimmig fassen können, wie nach außen, indem sie (abweichend von HGB § 115 Abs. 1) grundsätzlich sämtlich bei einem Rechtsgeschäfte tätig zu werden haben. Sie können z.B. auch den Antrag, das Grundbuch zu berichtigen, nur gemeinsam stellen (OLG München HRR 1938, 1019). Doch können sie unbeschadet ihrer Haftung nach §§ 2218 (dort Anm. 4f), 664 die Ausführung einem aus ihrer Mitte oder einem Dritten übertragen. Soweit mehreren von ihnen ein Verschulden zur Last fällt, haften sie als Gesamtschuldner, § 2219 Abs. 2. Eigenmächtige Teilung des Wirkungskreises entbindet sie nicht von der gemeinschaftlichen Verantwortung, s. aber Anm. 12, 14.

Anm. 2

Unter Umständen kann es zweifelhaft sein, ob überhaupt ein Mitvollstrecker bestellt worden ist oder nur eine Verwaltungsanordnung aus § 2216 Abs. 2 vorliegt, so wenn der Testamentsvollstrecker nach dem Testament für gewisse Geschäfte an die Zustimmung eines anderen (Rechts- oder Wirtschaftskundigen) gebunden ist; es handelt sich dann um eine Auslegungsfrage (**RG** 130, 138).

Anm. 3

Das Auskunfts- und Rechenschaftsverlangen kann auch gegen einen einzelnen Testamentsvollstrecker geltend gemacht werden (**RG** JW 1913, 495[17]). Die Steuerbehörde (§ 2205 Anm. 3) kann bis zur Höhe des von mehreren Testamentsvollstreckern verwalteten Nachlasses jeden von ihnen in Anspruch nehmen und es ihm überlassen, die nach dem bürgerlichen Recht etwa erforderliche Mitwirkung des oder der Mitvollstrecker seinerseits herbeizuführen (RFinH JW 1925, 2038[7]).

Anm. 4

Die Frage, ob § 2224 eine notwendige Streitgenossenschaft zwischen den mehreren Vollstreckern begründet, hängt von den Umständen ab. Eine nur gemeinsam zu bewirkende Aufgabe ist z. B. die Bewirkung der Auseinandersetzung zwischen den Miterben. Auf Vornahme der Erbauseinandersetzung muß also — ebenso wie bei Fehlen eines Testamentsvollstreckers gegen sämtliche Miterben (vgl. § 2042) — gegen sämtliche Testamentsvollstrecker geklagt werden (**RG** 29. 10. 1917 IV 241/17).

Anm. 5

II. Meinungsverschiedenheiten (Abs. 1 Satz 1 Halbs. 2)

Das **Nachlaßgericht** ist zur **Entscheidung von Meinungsverschiedenheiten** wie im Falle des § 1797 Abs. 1 das Vormundschaftsgericht berufen. Eine Meinungsverschiedenheit im Sinne des § 2224 besteht z. B., wenn mehrere Testamentsvollstrecker sich nicht über die Ernennung eines weiteren Mitvollstreckers einigen können (vgl. § 2199 Abs. 1; KG Recht 1914 Nr. 1117). Die Entscheidung kann nicht nur von jedem Testamentsvollstrecker, sondern auch von sonstigen Beteiligten beantragt werden (RJA 13, 94).

Anm. 6

Der Prozeßweg unter den Testamentsvollstreckern zur Schlichtung einer Meinungsverschiedenheit über eine gemeinschaftlich auszuführende Amtshandlung ist ausgeschlossen (OLG 1, 196). Steht aber nicht fest, daß die in Rede stehende Amtshandlung den mehreren Vollstreckern gemeinschaftlich obliegt, besteht vielmehr Streit darüber, wer von ihnen sie vorzunehmen hat oder ob sie gemeinschaftlich vorzunehmen ist, so entscheidet hierüber das Prozeßgericht (OLG 26, 357). Eine Meinungsverschiedenheit im Sinne des § 2224 liegt auch nicht vor, wenn unter zwei Testamentsvollstreckern, von denen der eine zugleich Nachlaßschuldner oder Nachlaßgläubiger ist, Streit darüber besteht, ob dieser auf Grund seiner Schuld eine Leistung an den Nachlaß zu bewirken oder auf Grund seiner Forderung etwas aus dem Nachlaß zu erhalten hat. In solchem Falle ist der zweite Testamentsvollstrecker gemäß Anm. 10, unter Umständen auch Anm. 14 für sich allein befugt, die Nachlaßforderung einzuklagen oder die gegen den Nachlaß gerichtete Forderung abzuwehren (**RG** 98, 173 sowie HRR 1930 Nr. 1110; KGJ 46, 134). Ein unter solchen Umständen beklagter Testamentsvollstrecker gilt als weggefallen i. S. des § 2224 Abs. 1 (**RG** 58, 299; 61, 143). Ebenso entscheidet Meinungsverschiedenheiten der Testamentsvollstrecker über die Vereinbarkeit einer Verwaltungsmaßnahme mit der letztwilligen Verfügung nicht das Nachlaß-, sondern das Prozeßgericht (**BGH** 20, 264 = NJW 1956, 986 = JZ 1956, 494 mit Anm. von Baur; vgl. auch Anm. 7 a. E.). Um eine der Entscheidung des Nachlaßgerichts unterliegende Meinungsverschiedenheit zwischen mehreren Testamentsvollstreckern handelt es sich auch dann nicht, wenn der eine zur Befriedigung seiner Ansprüche gegen den Nachlaß, also zu eigenen Zwecken, Gelder aus dem Nachlaß entnimmt und der andere damit nicht einverstanden ist; der Streit hierüber gehört vielmehr ebenfalls vor das Prozeßgericht (**RG** 31. 3. 1930 IV 763/29).

Anm. 7

Streiten mehrere Testamentsvollstrecker darüber, ob einer von ihnen dem von einem anderen beabsichtigten Rechtsgeschäft zuzustimmen hat, so kann das Nachlaßgericht, wenn es das Rechtsgeschäft billigt, nur aussprechen, daß der sich Weigernde zuzustimmen habe, nicht dagegen, daß seine Zustimmung ersetzt werde. Das Nachlaßgericht schaltet sich also nicht an Stelle des einen Testamentsvollstreckers in den rechtsgeschäftlichen Vorgang ein; es hat vielmehr nur eine Art schiedsrichterlicher Stellung des Inhalts, daß es von den widerstreitenden Meinungen eine als sachgemäß und richtig bezeichnen und deren Durchführung anordnen kann (KG DR 1943, 353). Das Nachlaßgericht darf sich erst recht nicht voll an die Stelle der Testamentsvollstrecker setzen und keine Auffassung durchdrücken, die von keinem der Testamentsvollstrecker vertreten wird (JW 1936, 1017[55]; Kipp/Coing § 74 I 1 Anm. 5 mit Nachweisen; über Änderungen von untergeordneter Bedeutung s. JFG 15, 344). Andererseits kann es nicht gezwungen werden, einer der Ansichten beizutreten, wenn es sämtliche Meinungen verwirft. Es hat deshalb, wenn es ihm nicht gelingt, einen der Testamentsvollstrecker zu einem entsprechenden Antrage zu bestimmen, die Entscheidung abzulehnen und in wichtigen Angelegenheiten den Beteiligten zu überlassen, die Entlassung des oder der widerspenstigen Testamentsvollstrecker nach § 2227 herbeizuführen (Schaub DJZ 1908, 700). Das Nachlaßgericht hat auch nur bei Meinungsverschiedenheiten mehrerer Testamentsvollstrecker wegen der sachlichen Amtsführung zu entscheiden, jedoch nicht bei Meinungsverschiedenheiten über Rechtsfragen, z. B. Auslegung einzelner Testamentsbestimmungen, und zwar auch nicht insoweit, als diese als Vorfragen für die beabsichtigte Amtsführung erheblich sind (OLG Hamburg MDR 1953, 364; **BGH** 20, 264 = NJW 1956, 986 gegen OLG Hamm NJW 1956, 608; vgl. auch Planck/Flad Anm. 3, ferner oben Anm. 6).

Anm. 8

Die auf Vornahme eines Rechtsgeschäfts lautende Entscheidung des Nachlaßgerichts wird nach FGG §§ 82 Abs. 2, 53 Abs. 1, vorbehaltlich § 53 Abs. 2 erst mit der Rechtskraft wirksam. Die Beschwerde steht, und zwar als sofortige jedem Testamentsvollstrekker selbständig, überdies aber den sonstigen Beteiligten, Erben, Bedachten und Auflageberechtigten aus § 2194 zu (FGG §§ 60 Nr. 6, 20, 82 Abs. 1).

Anm. 9

Gebühr für die Entscheidung des Nachlaßgerichts KostO §§ 113, 115.

Anm. 10

III. Wegfall eines Mitvollstreckers (Abs. 1 Satz 2)

Der **Wegfall** eines Testamentsvollstreckers kann in der Ablehnung des Amtes oder in der Beendigung nach §§ 2225, 2227, aber auch darin seinen Grund haben, daß er im einzelnen Falle durch rechtliche, in seiner Person liegende Gründe dauernd verhindert ist, an einem Rechtsgeschäfte (**RG** 58, 300; 61, 139) oder an einer Prozeßhandlung (**RG** 98, 173) mitzuwirken. Vorübergehende Verhinderung durch Krankheit u. dgl. ist kein Wegfall. Der Rechtsgedanke des § 2224 Abs. 1 Satz 2 ist entsprechend anzuwenden, wenn der Testamentsvollstrecker zu einer Zeit, in der er tätig werden soll, nicht verfügbar ist. Von zwei eingesetzten Testamentsvollstreckern kann daher einer allein amtsbefugt sein, weil z. B. der andere vermißt ist (**OGH** NJW 1950, 64; OLG Oldenburg NdsRpfl 1948, 10).

Anm. 11

Der Wegfall eines Testamentsvollstreckers hindert die weitere Amtsführung durch den allein übrig bleibenden Testamentsvollstrecker auch dann nicht, wenn gemeinsame Amtsführung angeordnet war (KG JR 1955, 65).

IV. Abweichende Anordnungen des Erblassers (Abs. 1 Satz 3)

Anm. 12

Der Erblasser kann letztwillig abweichende Anordnungen insofern treffen, als er jedem der mehreren Testamentsvollstrecker einen besonderen Wirkungskreis mit eigener Verantwortung anweist (JFG 14, 9), jeden nach außen zur vollen Vertretung ermächtigt (Anm. 1), Mehrheitsbeschlüsse zuläßt (Kollegialverfassung), die Entscheidung des Nachlaßgerichts ausschließt, sie einem Dritten oder auch einem der Testamentsvollstrecker überträgt, mit Wegfall des einen auch das Amt der anderen erlöschen läßt oder nach § 2198 Abs. 2 für Ersatz sorgt u. dgl. Die abweichenden Anordnungen sind im Vollstreckerzeugnis (§ 2368) mit anzugeben (KGJ 22 A 269; 31 A 94).

Anm. 13

Unzulässig ist, die Wirksamkeit von Rechtshandlungen des Testamentsvollstreckers von der Genehmigung des Nachlaßgerichts abhängig zu machen, da der Erblasser über den Wirkungskreis von Behörden nicht bestimmen kann.

V. Erhaltungsmaßregeln (Abs. 2)

Anm. 14

Ohne Zustimmung der anderen zu handeln ist der Testamentsvollstrecker, wie bei der Gemeinschaft (§ 744 Abs. 2) und der Erbengemeinschaft (§ 2038 Abs. 1) nur ermächtigt, wenn es sich um dringliche Erhaltungsmaßregeln handelt, z. B. unaufschiebbare Erneuerungsarbeiten, Zahlung von Hypothekenzinsen, um die Zwangsvollstreckung abzuwenden, Bestellung von Äckern. Dazu kann auch die Klage auf Feststellung einer Nachlaßforderung oder ihre gerichtliche Beitreibung gehören (**RG** 98, 173; JW 1902 Beil. 244[135]).

Anm. 15

Nimmt ein Testamentsvollstrecker ein Rechtsgeschäft oder eine dingliche Verfügung vor, ohne durch Abs. 2 gedeckt zu sein, so kann die Handlung nach §§ 177ff, 185 nur durch Genehmigung der übrigen oder durch eine zustimmende Entscheidung des Nachlaßgerichts (Anm. 5) oder des durch eine abweichende Anordnung des Erblassers (Anm. 12) sonst zur Entscheidung Berufenen wirksam werden.

Anm. 16

Das Recht, innerhalb des Rahmens des Abs. 2 selbständig zu handeln, kann der Erblasser dem einzelnen Testamentsvollstrecker nicht entziehen. Das ist (mit Planck/Flad Anm. 10) aus dem Zweck des Abs. 2 und seiner Stellung gegenüber dem Abs. 1 Satz 3 zu folgern.

§ 2225

Das Amt des Testamentsvollstreckers erlischt, wenn er stirbt oder wenn ein Fall eintritt, in welchem die Ernennung nach § 2201 unwirksam würde.

E I 1894 II 2094; M 5 223; P 5 257—259.

Übersicht

Erlöschen des Amtes

I. Erlöschen des Amtes im allgemeinen

Anm. 1

Das **Amt** des Testamentsvollstreckers **endet** von selbst, ohne daß es (wie bei der Nachlaßpflegschaft § 1960 Anm. 35) einer förmlichen Aufhebung oder einer Anzeige der Amtsniederlegung an das Nachlaßgericht bedarf, so durch Erledigung aller dem Testamentsvollstrecker zugewiesenen Aufgaben (**RG** 81, 166; BayObLG 1953, 360; Planck/Flad 4. Aufl. Vorbem. 1b vor §§ 2225—2227; Kipp/Coing § 132 V; Hartung JR 1950, 695), ebenso durch Eintritt der auflösenden Bedingung oder des Endtermins, insbesondere im Falle des § 2210.

Anm. 2

Nicht beendet wird das Amt des Testamentsvollstreckers dadurch, daß er zum Vormunde des Alleinerben bestellt wird (KGJ 48, 141), auch nicht durch Eröffnung des Nachlaßkonkurses oder der Nachlaßverwaltung (**RG** Gruchot 63, 617). Konkurseröffnung über das Vermögen des Testamentsvollstreckers kann nur einen Entlassungsgrund nach § 2227 bilden. Die Testamentsvollstreckung erlischt regelmäßig auch nicht beim Tode des Erben, sondern nur dann, wenn sie gerade für den Erben oder für dessen Lebenszeit angeordnet ist (Planck/Flad Anm. 3; OLG München NJW 1951, 74 Nr. 9).

Anm. 3

Ist streitig, ob das Amt des Testamentsvollstreckers beendet ist, so entscheidet hierüber nicht das Nachlaßgericht. Denn diesem steht nicht allgemein das Recht zu, den Testamentsvollstrecker zu beaufsichtigen und über Streitigkeiten zwischen ihm und den Erben zu befinden. Das Nachlaßgericht ist auch nicht befugt, die Testamentsvollstreckung aufzuheben. Notfalls ist der Streit im ordentlichen Rechtswege auszutragen (KG JR 1951, 732; BayObLGZ 1953, 361 mit Nachw.; OLG Schleswig SchlHA 1957, 303).

II. Tod des Testamentsvollstreckers

Anm. 4

Das Amt geht nicht auf seine Erben über, soweit nicht der Erblasser einen bestimmten Erben nach § 2197 Abs. 2 als Nachfolger ernannt hat. Die Berufung des oder der Erben schlechthin ist keine „Ernennung". Anzeigepflicht und vorläufige Fortführung des Amtes durch die Erben des Testamentsvollstreckers §§ 2218, 673 Satz 2 (vgl. § 2218 Anm. 10).

Anm. 5

Dem Tode eines Menschen steht bei einer juristischen Person der Verlust eigener Rechtsfähigkeit gleich. Das Testamentsvollstreckeramt einer Aktiengesellschaft erlischt aus diesem Grunde auch dann, wenn sie durch Verschmelzung nach HGB § 306 (jetzt AktG § 233) in einer anderen Aktiengesellschaft aufgeht (HansRGZ B 1932, 791).

Anm. 6

III. Die Fälle des § 2201

Geschäftsunfähigkeit oder beschränkte Geschäftsfähigkeit, Bestellung eines Pflegers nach § 1910 zur Besorgung der Vermögensangelegenheiten. Wird die Entmündigung oder Pflegschaft wieder aufgehoben, so lebt hiermit das einmal erloschene Amt nicht wieder auf.

IV. Folgen der Amtsbeendigung

Anm. 7

Das dem Testamentsvollstrecker erteilte Zeugnis wird mit Beendigung des Amtes von selbst kraftlos, § 2368 Abs. 3; die Vermerke im Grundbuch und Schiffsregister (GBO § 52, FGG § 118) sind auf Antrag des Erben zu löschen; Herausgabe- und Rechenschaftspflicht §§ 2218 Anm. 6, 7, 666,667; Wirksamkeit einer nach Beendigung des Amtes vorgenommenen Verfügung § 674. Über die Voraussetzungen der Löschung eines Testamentsvollstrecker-Vermerks im Grundbuch nach Amtsende vgl. OLG Hamm in Rpfleger 1958, 15 mit Anm. von Haegele.

Eine vom Testamentsvollstrecker erteilte Vollmacht erlischt mit Beendigung des Amtes (KGJ 41, 79). Läßt er die Vollmacht nebst dem Testamentsvollstreckerzeugnis in den Händen des Bevollmächtigten, so haftet er entsprechend § 179, wenn der Bevollmächtigte auf Grund dieser Urkunden einen Vertrag schließt (**RG** DNotZ 1933, 303[19]).

Über den Einfluß der Beendigung des Amtes auf den Gang eines schwebenden Prozesses s. § 2212 Anm. 4).

Anm. 8

Erlischt das Testamentsvollstreckeramt, so endet damit nicht ohne weiteres auch die Testamentsvollstreckung als solche. Ob das geschieht, richtet sich nach dem Inhalt der letztwilligen Verfügung; durch eine Vereinbarung kann die Testamentsvollstreckung nicht beendet werden (OLG Hamm JMBlNRW 1958, 5 = Rpfleger 1958, 15 mit zustimmender Anm. von Haegele).

Anm. 9

Der Wegfall der Testamentsvollstreckung bewirkt, daß der Erbe nicht mehr in der Verfügungsmacht beschränkt ist (§ 2211 Anm. 1). Diese Folge tritt auch dann ein, wenn der Testamentsvollstrecker durch rechtliche, in seiner Person liegende Gründe an einer bestimmten Verfügung über einen Nachlaßgegenstand verhindert ist (vgl. § 2224 Anm. 10). Auch in einem solchen Falle steht das Verfügungsrecht dem Erben zu (KG RJA 16, 139), falls der Erblasser keine andere Regelung für den Wegfall oder die Verhinderung des Testamentsvollstreckers vorgesehen hat (DNotZ 1937, 337). Vgl. auch § 2205 Anm. 14.

Anm. 10

Stellt sich nachträglich heraus, daß zum Nachlaß Rückerstattungsansprüche gehören, dann lebt nicht die beendete Testamentsvollstreckung wieder auf (so Leitsatz zu OLG München NJW 1951, 74 Nr. 9); es erweist sich in diesem Falle nur, daß die Testamentsvollstreckung noch nicht beendet war.

§ 2226

Der Testamentsvollstrecker kann das Amt jederzeit kündigen. Die Kündigung erfolgt durch Erklärung gegenüber dem Nachlaßgerichte. Die Vorschriften des § 671 Abs. 2, 3 finden entsprechende Anwendung.

E I 1895 II 2095; M 5 223. 224; P 5 259, 260.

Kündigung des Testamentsvollstreckers

I. Kündigungsrecht (Satz 1)

Anm. 1

Das **Kündigungsrecht** steht dem Testamentsvollstrecker gleich dem Beauftragten (§ 671 Abs. 1) **jederzeit** zu, und zwar ohne daß er dabei über den Grund Rechenschaft zu geben hätte. Doch darf er, außer wenn ein wichtiger Grund vorliegt, nicht zur Unzeit kündigen (§ 671 Abs. 2). Hatte er durch Vertrag mit dem Erblasser oder dem Erben auf das Kündigungsrecht verzichtet, so darf er nur aus wichtigen Gründen kündigen (§ 671 Abs. 3). Aber auch die unzeitige oder grundlose Kündigung bringt das Amt zum Erlöschen und kann den Testamentsvollstrecker nur schadenersatzpflichtig machen. Das KG hat in RJA 12, 112 (§ 2199 Anm. 2) die Beschränkung der Kündigung auf einen Teil des Amtes zugelassen, wenn sich ein entsprechender Wille des Erblassers feststellen läßt (ebenso JFG 19, 40). Dem Ehemann stand auch schon vor dem 1. 4. 1953 aus § 1358 kein Kündigungsrecht zu (§ 2202 Anm. 7). Zulässig ist eine Vereinbarung zwischen dem Erben und dem Testamentsvollstrecker über die Niederlegung des Testamentsvollstreckeramtes (**RG** 156, 70, 75f).

Anm. 2

Die Testamentsvollstreckung selbst wird durch die Amtsniederlegung des Testamentsvollstreckers dann nicht beendigt, wenn der Erblasser Ersatzbestimmungen getroffen hat (§ 2197 Abs. 2, §§ 2198—2200; **RG** 156, 70, 76).

Anm. 3

II. Zu Satz 2

Die **Erklärung ist gegenüber dem Nachlaßgericht** abzugeben, jedoch ohne Formzwang wie § 2202 Anm. 4. Wirksamkeit § 130. Einsicht der Akten § 2228. Gebühr für die Entgegennahme der Kündigung KostO §§ 112 Abs. 1 Nr. 6, 115; vgl. auch KostO § 6 Satz 2 wegen der Haftung des Erben für die entstehenden Kosten.

§ 2227

Das Nachlaßgericht kann den Testamentsvollstrecker auf Antrag eines der Beteiligten entlassen, wenn ein wichtiger Grund vorliegt; ein solcher Grund ist insbesondere grobe Pflichtverletzung oder Unfähigkeit zur ordnungsmäßigen Geschäftsführung.

Der Testamentsvollstrecker soll vor der Entlassung wenn tunlich gehört werden.

E I 1896 II 2096; M 5 224—226; P 5 260, 261.

Übersicht

Entlassung des Testamentsvollstreckers

I. Allgemeines

Anm. 1

Die **Entlassung** des Testamentsvollstreckers kann nicht von Amts wegen, sondern nur **auf Antrag,** auch schon vor Beginn des Amtes (§ 2202) ausgesprochen werden. § 2227 schließt eine Klage auf Feststellung, daß die Einsetzung des Testamentsvollstreckers nichtig sei, nicht aus; die Entlassung aus wichtigem Grunde setzt vielmehr sogar voraus, daß der Testamentsvollstrecker gültig ernannt worden ist. Ein Streit hierüber kann nur im ordentlichen Verfahren ausgetragen werden, nicht vor dem Nachlaßgericht. Wird die Klage abgewiesen, weil die Anordnung des Erblassers rechtswirksam sei, dann kann der Erbe bei wichtigem Grunde die Entlassung des Testamentsvollstreckers beantragen (**RG** 168, 179; s. auch Anm. 5). Auch die Frage, ob die Testamentsvollstreckung beendet ist, ist bei Streit im ordentlichen Rechtswege zu entscheiden, weil das Nachlaßgericht kein allgemeines Aufsichtsrecht hat und nicht befugt ist, eine Testamentsvollstreckung aufzuheben oder für beendet zu erklären (KG JR 1951, 732; vgl. auch § 2225 Anm. 3).

Anm. 2

1. Antragsberechtigte

Antragsberechtigt sind die **Beteiligten** im Sinne von § 2198 Anm. 5, also einschließlich der Nachlaßgläubiger, auch soweit sie nicht Vermächtnisnehmer oder Pflichtteilsberechtigte sind (ebenso Planck/Flad Anm. 2; aM KG JFG 5, 154; Kipp/Coing § 75 IV Anm. 5), und Mitvollstrecker, dagegen nicht der Testamentsvollstrecker selbst; ihm steht vielmehr nach § 2226 das Kündigungsrecht zu. Ein Miterbe ist auch dann, wenn sein Erbteil gepfändet worden ist oder wenn er seinen Erbteil verpfändet oder übertragen hat (§ 2033), weiter als Beteiligter anzusehen, und zwar im Falle der Übertragung, weil seine Haftung nach §§ 2382, 2385 fortdauert (DRZ 1929 Nr. 656). Nach JFG 16, 74 steht das Antragsrecht auch der Devisenstelle zu. Die Dienstbehörde eines Beamten, deren Genehmigung nach BBG § 65 Abs. 1 Nr. 1 zur Übernahme des Testamentsvollstreckeramtes erforderlich ist, hat kein eigenes Antragsrecht, sie kann den Beamten nur zur Kündigung anhalten.

Anm. 3

2. Entscheidung des Nachlaßgerichts

Das **Nachlaßgericht** wird im Wege der freiwilligen Gerichtsbarkeit tätig; der Prozeßweg ist damit ausgeschlossen. Einem Schiedsspruch oder einem Schiedsgutachten darüber, ob ein wichtiger Entlassungsgrund vorliege, kommt für die im Verfahren der freiwilligen Gerichtsbarkeit (FGG § 12) zu treffende Entscheidung keine Bedeutung zu; der Erblasser darf einem Schiedsgericht auch nicht die Entscheidung darüber übertragen, ob der Erbe nach § 2227 berechtigt sei, einen Antrag zu stellen, oder ob er einen etwa schon gestellten Antrag zurückzunehmen habe (**RG** 133, 128). Eigentliche Aufsichtsrechte stehen dem Nachlaßgerichte nicht zu, auch nicht bei entsprechenden Anordnungen des Erblassers (OLG 40, 136 Anm. 1; KG JR 1951, 732). Eine zeitweilige Entlassung ist unstatthaft; desgleichen eine einstweilige Anordnung des Nachlaßgerichts auf vorläufige Amtsenthebung (JFG 3, 172). Die Entlassung kann auch nicht in der Weise beschränkt werden, daß der Testamentsvollstrecker für bestimmte Verrichtungen im Amte bleibt (DRZ 1929 Nr. 498).

Sind die Aufgaben des Testamentsvollstreckers erledigt und ist damit sein Amt erloschen, so kann er nicht mehr entlassen werden (JFG 14, 275).

II. Wichtiger Grund

Anm. 4

Was als wichtiger Grund zu gelten habe, ist dem pflichtmäßigen Ermessen des Nachlaßgerichts anheimgestellt. Der wichtige Grund braucht nicht in dem Verhalten des Testamentsvollstreckers zu liegen (Vogel JW 1934, 1400 gegen Donner das. 887).

Pflichtverletzung grober Art, z. B. durch eine von den Umständen nicht gebotene Bevorzugung der eigenen geldlichen Interessen vor denen der Erben (OLG 44, 98; JW 1937, 475[25] betr. Einbehaltung einer vermeintlich zu hohen Vergütung; vgl. § 2221 Anm. 3), und Unfähigkeit sind (wie in § 27 Abs. 2 beim Vereinsvorstand) nur beispielsweise aufgeführt. Über die Voraussetzungen des Amtsmißbrauchs vgl. **OGH** 3, 247.

Anm. 5

Verschulden des Testamentsvollstreckers ist nicht vorausgesetzt (KGJ 36 A 74; BayObLG 28, 34; 1953, 361; OLG Düsseldorf MDR 1957, 421); es genügt, daß er durch sein persönliches Verhalten oder die bei ihm tatsächlich bestehenden Verhältnisse begründeten Anlaß zu der Annahme gibt, sein Verbleiben im Amte werde die Ausführung des letzten Willens beeinträchtigen oder die berechtigten Interessen der Beteiligten gefährden (OLG 30, 210; DRZ 1934 Nr. 11). In der Regel muß jedenfalls eine objektive Gefährdung des Nachlasses und des Erben festzustellen sein (OLG Düsseldorf DNotZ 1950, 67). Mißtrauen der Erben gegenüber dem Testamentsvollstrecker genügt jedoch, wenn es nicht auf persönlicher Einstellung der Erben, sondern auf Tatsachen beruht, die der Testamentsvollstrecker durch sein Verhalten — sei es auch ohne sein Verschulden — herbeigeführt hat (OLG Hamm JMBlNRW 1958, 101; BayObLG 1957, 317). So kann ein wichtiger Grund zur Entlassung auch darin liegen, daß die Vergütung, die der Testamentsvollstrecker fordert, sich nicht mehr innerhalb der möglichen Grenzen der Angemessenheit hält (KG JR 1955, 65). Unter diesem Gesichtspunkte sind auch Feindschaft oder ein erheblicher Interessengegensatz zwischen dem Vollstrecker und dem Erben (OLG 26, 357 u. 358; 40, 137; **RG** 18. 5. 1931 IV B 10/31; **RG** 168, 179; BayObLG 1953, 361; OLG Schleswig SchlHA 1958, 312) oder zwischen Mitvollstreckern (RJA 14, 25) und längere Abwesenheit des Vollstreckers (KGJ 47, 92) als Entlassungsgründe zu würdigen; ebenso wenn er einen Generalbevollmächtigten (§ 2218 Anm. 4 zu § 664) unter Umständen bestellt, welche die Erteilung einer Generalvollmacht überhaupt als unsachgemäß und gefährlich oder den bestellten Bevollmächtigten als ungeeignet erscheinen lassen (JFG 7, 282). Die Internierung des Testamentsvollstreckers ist jedoch für sich allein kein ausreichender Entlassungsgrund, jedenfalls so lange nicht, als die Geschäfte durch Bevollmächtigte weitergeführt werden (OLG Celle HannRpfl 1946, 134). Auch die Tatsache allein, daß der Testamentsvollstrecker als Notar den Erbvertrag beurkundet hat, in dem das Nachlaßgericht gebeten worden war, einen Notar des Gerichtsbezirks zum Testamentsvollstrecker zu ernennen, rechtfertigt die Entlassung nicht (LG Göttingen DNotZ 1952, 445).

Anm. 6

Die Verhinderung des Vollstreckers, bei einer einzelnen Nachlaßangelegenheit, z. B. infolge seiner Eigenschaft als Nachlaßschuldner, mitzuwirken, ist an sich und vorbehaltlich einer besonderen Sachlage (wie in dem Falle JFG 3, 169) noch kein wichtiger Grund zu seiner Entlassung (**RG** 98, 174; vgl. §§ 2224 Anm. 6, 10, 2225 Anm. 9).

Anm. 7

Wird klargestellt, daß das Nachlaßgericht den Testamentsvollstrecker ohne ein entsprechendes Ersuchen des Erblassers ernannt hat (§ 2200 Anm. 1), so besteht gleichfalls ein wichtiger Grund für die Entlassung; sie setzt auch in diesem Falle einen Antrag voraus (Recht 1925 Nr. 2438; KG DNotZ 1955, 649). Wegen ungerechtfertigter Benachteiligung eines Miterben vgl. **BGH** 25, 275, 283 = NJW 1957, 1916 = JZ 1958, 167 mit Anm. von Coing.

III. Die Anhörung des Testamentsvollstreckers (Abs. 2)

Anm. 8

Anhörung wie § 2216 Anm. 18 nur „wenn tunlich"; da die Entlassung eine besonders einschneidende Maßnahme ist, sollte jedoch nur in ganz besonderen Ausnahmefällen davon abgesehen werden, den Testamentsvollstrecker zu hören.

Anm. 9

Dem Testamentsvollstrecker steht gegen seine Entlassung sofortige Beschwerde (FGG § 81 Abs. 2), den Beteiligten gegen die Ablehnung einfache Beschwerde zu (FGG §§ 19ff). Akteneinsicht und Ausfertigungen FGG § 78, 85. Gebühr für die Entlassung KostO §§ 113, 115.

Anm. 10

Der Testamentsvollstrecker kann die Kosten, die ihm durch ein auf seine Entlassung abzielendes Verfahren entstehen, dem Nachlaß entnehmen, wenn er sich in berechtigter Verteidigung des letzten Willens des Erblassers befunden hat (**RG** JW 1936, 3388[7]).

Anwendbarkeit des älteren Rechtes **RG** 46, 70.

Anm. 11

IV. Verhältnis zu anderen Rechtsbehelfen

Durch § 2227 wird die Klage auf Feststellung der Nichtigkeit einer letztwilligen Anordnung, in der eine bestimmte Person zum Testamentsvollstrecker ernannt ist, nicht ausgeschlossen (**RG** 168, 177). Bei einer Mehrheit von Erben steht jedem einzelnen von ihnen das Recht zu, vom Testamentsvollstrecker die Einhaltung der Grenzen seiner Verwaltungsbefugnis zu verlangen. Verletzt der Testamentsvollstrecker die ihm nach § 2216 obliegende Pflicht zur ordnungsmäßigen Verwaltung des Nachlasses, so ist jeder Erbe bei der Erzwingung dieser Pflicht im Klagewege nicht auf die Geltendmachung der in den §§ 2219, 2227 vorgesehenen Rechte beschränkt, sondern auch aus § 2216 berechtigt (**RG** 73, 26, 28).

§ 2228

Das Nachlaßgericht hat die Einsicht der nach § 2198 Abs. 1 Satz 2, § 2199 Abs. 3, § 2202 Abs. 2, § 2226 Satz 2 abgegebenen Erklärungen jedem zu gestatten, der ein rechtliches Interesse glaubhaft macht.

P 6 338, 339.

Akteneinsicht

Akteneinsicht ist jedem zu gewähren, der ein rechtliches, nicht nur ein berechtigtes (OLG 10, 18) Interesse glaubhaft macht. Vgl. zum Begriff des rechtlichen Interesses im allgemeinen **BGH** 4, 323, 324; 9, 111; ferner § 1953 Anm. 6. Verwandte Vorschriften enthalten die §§ 1953 Abs. 3 Satz 2, 1957 Abs. 2 Satz 2, 2010, 2081 Abs. 2 Satz 2, 2146 Abs. 2, 2264, 2384 Abs. 2.

Es betreffen **§ 2198:** Die Bestimmung des Testamentsvollstreckers durch einen Dritten, **§ 2199:** Bestimmung des Mitvollstreckers oder Nachfolgers durch den Testamentsvollstrecker, **§ 2202:** Annahme- oder Ablehnungserklärung, **§ 2226:** Kündigung. Vgl. auch FGG § 34, 78, 85.

Das Gesetz über die Einsicht in gerichtliche öffentliche Bücher und Register vom 30. 9. 1936 (RGBl I 853) ist durch das KRG Nr. 24 aufgehoben worden.

Siebenter Titel

Errichtung und Aufhebung eines Testaments

Übersicht

Vorbemerkungen

Anm. 1

I. Verhältnis zum Testamentsgesetz

Die Vorschriften des Siebenten Titels (§§ 2229—2264) waren zeitweilig durch das Gesetz über die Errichtung von Testamenten und Erbverträgen vom 31. 7. 1938 — RGBl I 973 — (TestG) aufgehoben und durch dessen Bestimmungen ersetzt. Sie sind nunmehr durch den Ersten Teil Art. 5 Nr. 5 des Gesetzes zur Wiederherstellung der Gesetzeseinheit auf dem Gebiete des bürgerlichen Rechts vom 5. 3. 1953 — BGBl I 33 — wieder in das BGB eingefügt worden. In den Schlußvorschriften im Zweiten Teil Art. 1 Nr. 6 dieses Gesetzes ist das TestG gleichzeitig mit Ausnahme des § 51 aufgehoben worden. Die §§ 2229—2264 in ihrer neuen Fassung übernehmen jedoch nahezu vollinhaltlich die Regelung des TestG, das gegenüber der ursprünglichen Fassung der Bestimmungen des BGB zahlreiche erwünschte Formerleichterungen gebracht und sich in der Praxis bewährt hat. Die **Abweichungen** gegenüber dem TestG bestehen im wesentlichen in folgendem: Der in TestG § 27 enthaltene Hinweis auf Sondervorschriften für Wehrmachtsangehörige ist entfallen. Die Vorschrift über das Seetestament (§ 2251, früher TestG § 25) ist den gegenwärtigen Verhältnissen angepaßt. Die Bestimmungen des § 48 Abs. 1 und 3 TestG über die Nichtigkeit einer Verfügung von Todes wegen sind nicht übernommen worden. Bei den sonstigen Änderungen handelt es sich vorwiegend darum, das Testamentsrecht der Fassung und dem Sprachgebrauch des BGB anzugleichen. Diesem ist es insbesondere fremd, Beispiele und Empfehlungen im Gesetzestext (so in TestG §§ 2 Abs. 2, 21, 24 anzuführen (vgl. nunmehr §§ 2229 Abs. 4, 2247, 2250). Die Bestimmung des § 48 Abs. 2 TestG, die schon durch das KRG Nr. 37 vom 30. 10. 1946 (KRABl S. 220) aufgehoben wurde (für die Zeit vorher vgl. Meiss SJZ 1946, 65), ist nicht wiederhergestellt worden. Wegen der Einzelheiten wird auf die vergleichenden Gegenüberstellungen der Vorschriften des TestG zu den entsprechenden Vorschriften des BGB (ursprünglicher und neuer Fassung) in der Einleitung zum Dritten Abschnitt (vor § 2064) verwiesen.

II. Übergangsbestimmungen

Anm. 2

1. Für das Inkrafttreten des **BGB** gelten die Übergangsvorschriften der Art. 214, 215 EGBGB.

Anm. 3

2. Die Übergangsregelung, die für die Ablösung der alten Vorschriften des Siebenten Titels durch das am 4. 8. 1938 in Kraft getretene **TestG** gilt, enthält TestG § 51. Das Gesetz zur Wiederherstellung der Gesetzeseinheit auf dem Gebiete des bürgerlichen Rechts vom 5. 3. 1953 hat die Bestimmung aufrechterhalten (Zweiter Teil Art. 1 Nr. 6 aaO).

TestG § 51 lautet:

Das Gesetz gilt nicht für Erbfälle, die sich vor seinem Inkrafttreten ereignet haben.

Die vor dem Inkrafttreten des Gesetzes erfolgte Errichtung oder Aufhebung eines Testaments oder Erbvertrags wird nach den bisherigen Vorschriften beurteilt, auch wenn der Erblasser nach dem Inkrafttreten des Gesetzes stirbt.

Bei Erbfällen, die sich nach dem Inkrafttreten des Gesetzes ereignen, sind an die Gültigkeit eines Testaments keine höheren Anforderungen zu stellen, als nach diesem Gesetz für ein Testament der betreffenden Art zulässig ist, auch wenn das Testament vor dem Inkrafttreten dieses Gesetzes errichtet ist. Dies gilt entsprechend für Erbverträge.

Anm. 4

a) Aus den Vorschriften des § 51 ergibt sich folgende **Übergangsregelung:**

Ist **der Erbfall vor dem Inkrafttreten des Testamentsgesetzes** (4. 8. 1938) **eingetreten,** so ist, wie durch Abs. 1 klargestellt wird, ausschließlich das alte Recht anzuwenden (**RG** HRR 1939 Nr. 150 u. WarnRspr 1939 Nr. 80). An einer nach altem Recht eingetretenen Erbfolge soll durch das TestG nichts geändert werden (Begr.).

Anm. 5

Ist **der Erbfall nach dem Inkrafttreten des Gesetzes eingetreten,** so sind grundsätzlich die Vorschriften des TestG anzuwenden. Jedoch wird die vor dem Inkrafttreten des Gesetzes erfolgte Errichtung oder Aufhebung eines Testaments oder Erbvertrags nach altem Recht beurteilt (Abs. 2); eine Ausnahme hiervon gilt nach Abs. 3 für die Errichtung eines Testaments oder Erbvertrags insofern, als die vom TestG vorgesehenen Formerleichterungen auch den vor seinem Inkrafttreten errichteten Testamenten und Erbverträgen zugute kommen sollen.

Anm. 6

Ist im Falle eines vor dem Inkrafttreten des TestG errichteten gemeinschaftlichen Testaments der Mann vor dem Inkrafttreten des Gesetzes verstorben, so richtet sich seine Beerbung nach altem Recht (Abs. 1); ist die Beitrittserklärung der Frau nichtig, weil sie entgegen der zwingenden Formvorschrift des § 2267 nicht eigenhändig datiert ist, so ist eine Auslegung des Testaments nach § 2269 mit Rücksicht auf § 2270 Abs. 2 unmöglich (KG JW 1938, 3169[20] mit Anm. von Vogels = ZAkDR 1939, 173 mit Anm. von Boehmer). Die Verfügung der Frau ist nach Abs. 3 als formgültig anzusehen; stehen aber die Verfügungen der Ehegatten miteinander in Wechselbeziehung, so hat die nach altem Recht begründet gewesene Formnichtigkeit der Verfügung der Frau gemäß § 2270 Abs. 1 die Verfügung des Mannes unwirksam gemacht; dies hat zur Folge, daß auch die Verfügung der Frau unwirksam ist. Hieraus ergibt sich weiter, daß die Frau auch an der Errichtung einer neuen, von der früheren abweichenden Verfügung nicht gehindert ist (KG JFG 20, 298 = HRR 1939, 1506 = DRW 1939, 1955[11] = ZAkDR 1939, 688 mit Anm. von Boehmer; vgl. auch Vogels JW 1938, 3170. Waren bei einem gemeinschaftlichen Testament, das vor dem 4. 8. 1938 errichtet worden ist, die Verfügungen des einen Ehegatten wegen Formmangels nichtig, war deshalb der andere nicht gebunden und hat er darauf seine Verfügung in einem Testament widerrufen, so ist der Widerruf mit dem Inkrafttreten des TestG nicht deshalb unwirksam geworden, weil das gemeinschaftliche Testament nunmehr in vollem Umfange als formgültig anerkannt wurde (KG JFG 22, 119 = DR 1941, 103 mit Anm. von Vogels = HRR 1941 Nr. 324 = DNotZ 1941, 110). Vgl. auch Imlau, Fragen des Übergangsrechts des Testamentsgesetzes vom 21. 7. 1938, DFG 1941, 19.

Anm. 7

b) Die Abs. 2 u. 3 haben nur die **Formvorschriften** (aber einschließlich der Vorschriften über die Testierfähigkeit, § 1 Abs. 2, §§ 2, 3, 11 Abs. 3, 21 Abs. 4 TestG; vgl. §§ 2229 Abs. 1, 3, 4, 2238 Abs. 3, 2247 Abs. 4), jedoch nicht die Vorschriften im Auge, welche die sachliche Wirksamkeit eines Testaments oder Erbvertrags berühren. § 51 Abs. 3 TestG will den Erblasser dagegen schützen, daß infolge der früheren strengeren Vorschriften des BGB der von ihm erklärte Wille nicht zur Geltung gelangt, obwohl er nach dem TestG gültig erklärt war. Die Vorschrift will aber den Erblasser nicht gegen seinen Willen an einer Erklärung festhalten, die nach dem BGB nichtig war und von ihm als nichtig anerkannt ist (**BGH** LM BGB § 986 Nr. 1 mit Anm. von Pritsch). Ein nach früherem Recht wegen Formmangels nichtiger Erbvertrag wird auch nach § 51 Abs. 3 TestG nicht mit dem Inkrafttreten des Gesetzes von selbst voll wirksam. Der Erblasser kann daher anderweit letztwillig verfügen. Erst mit dem Erbfall wird der Formmangel nach § 51 Abs. 3 TestG geheilt, soweit nicht inzwischen getroffene andere letztwillige Verfügungen entgegenstehen (**BGH** aaO). Enthält der Erbvertrag wechselbezügliche Verfügungen der Ehegatten, dann wird er insoweit mit dem ersten Erbfall voll wirksam, wenn er bis zu diesem Zeitpunkt unverändert bestehen geblieben ist (**BGH** LM TestG § 51 Nr. 2). Hat ein Notar bei der Errichtung eines Testaments vor dem Inkrafttreten des TestG eine Person als Zeugen zugezogen, obwohl sie in dem Testament bedacht wurde, so tritt mit dem Erbfall, sofern er sich nach dem Inkrafttreten des TestG ereignet, eine Heilung dieses Formmangels ein (OLG Hamm NJW 1956, 874[13]).

Anm. 8

c) Die vom TestG vorgesehenen **Formerleichterungen** sollen den vor seinem Inkrafttreten errichteten Testamenten oder Erbverträgen zugute kommen. Soweit das TestG strengere Anforderungen stellt (z. B. § 16 Abs. 3 u. § 18 Abs. 1 gegenüber § 2242 Abs. 2 u. § 2244 Abs. 1 BGB), bleiben gemäß Abs. 2 die bisherigen Vorschriften ausschließlich maßgebend.

Anm. 9

3. Die Übergangsregelung zur **Aufhebung des § 48 Abs. 2 TestG** hat KRG 37 Art. II getroffen. Hiernach beschränkt sich die Wirkung der Aufhebung auf diejenigen Erbfälle, die bei Verkündung des KRG 37 (5. 11. 1946) noch nicht geregelt waren. Geregelt ist ein Erbfall im Sinne des Art. II KRG 37 jedenfalls dann, wenn durch rechtskräftiges Urteil oder Einigung der Beteiligten die erbrechtlichen Verhältnisse und die Ansprüche der Beteiligten am Nachlaß festgestellt sind. Es kommt in diesen Fällen nicht darauf an, ob die Ansprüche erfüllt worden sind oder ob Auseinandersetzungsstreitigkeiten bestehen (OLG Dresden JR 1950, 85). Jedoch ist nach dem Grundgedanken, der in Art. XII Abs. 2 KRG 45 und in § 58 Abs. 2 der Verfahrensordnung für Landwirtschaftssachen (LVO) vom 2. 12 1947 (VOBl BZ S. 157) ausgedrückt ist, ein geregelter Erbfall auch dann anzunehmen, wenn der Tod des Erblassers vom Zeitpunkt des Inkrafttretens des KRG 37 an gerechnet länger als drei Jahre zurückliegt, ohne daß bis zu diesem Zeitpunkt gegen die Personen, die die Erbschaft in Besitz genommen haben, im Klagewege ein Anspruch geltend gemacht worden ist, der die Erbfolge in Frage stellt. Zur Inbesitznahme der Erbschaft ist unmittelbarer oder mittelbarer Besitz notwendig; der nur auf BGB § 857 gestützte Besitz als Erbe reicht nicht aus (**BGH** 10, 115). Ein Testament, das während der Herrschaft des TestG errichtet worden ist und damals gegen TestG § 48 Abs. 2 verstieß, bleibt daher nur nichtig, wenn der Erbfall vor dem Inkrafttreten des KRG 37 eingetreten und in diesem Zeitpunkt geregelt war. In allen anderen Fällen ist das Testament gültig. Auf diese Weise können auch solche Verfügungen von Todes wegen wirksam sein, von deren Ungültigkeit sich der Erblasser nach dem früheren Gesetzesstande überzeugt und deren Widerruf er daher unterlassen hatte. Schwierigkeiten, die sich hieraus ergeben, kann gegebenenfalls durch Anfechtung nach BGB § 2078 abgeholfen werden.

Anm. 10

Im übrigen ist zu beachten, daß sich die Nichtigkeit einer letztwilligen Zuwendung, nachdem TestG § 48 Abs. 2 weggefallen ist, aus **BGB § 138** ergeben kann. Der Erblasser ist auch jetzt nicht von jeder Rücksichtnahme und jeder Verantwortung gegenüber seinen Angehörigen frei. Der Ausschließung erbberechtigter Verwandter von der Erbfolge sind vielmehr durch die guten Sitten Grenzen gesetzt. Verteilt jemand seine Erbschaft unter Verletzung der durch die Familienzugehörigkeit gebotenen Rücksicht so stellt dies freilich für sich allein noch keinen Verstoß gegen die guten Sitten dar. Die Übergehung eines Angehörigen kann aber unsittlich sein, wenn besonders erschwerende Umstände hinzukommen (**OGH** 3, 161). Vgl. ferner Anm. 4 vor § 1937 und Anm. 21 vor § 2064; neuerdings auch Gernhuber FamRZ 1960, 326ff.

Anm. 11

4. Für die Übernahme der Vorschriften des TestG durch das **Gesetz zur Wiederherstellung der Gesetzeseinheit auf dem Gebiet des bürgerlichen Rechts** am 1. 4. 1953 sind keine besonderen Überleitungsbestimmungen erlassen worden. Sie erschienen entbehrlich, weil die Wiedereinfügung der §§ 2229—2264 mit keiner sachlichen Änderung des durch das TestG geschaffenen Rechtszustandes verbunden sein sollte. Hierbei ist übersehen, daß der ersatzlose Fortfall des § 48 Abs. 3 TestG eine Übergangslösung notwendig machen könnte. TestG § 51 kann nicht entsprechend angewandt werden. Ebensowenig ist der Grundgedanke des Art. 213 EGBGB zu verwenden (aM Palandt/Rechenmacher Einf. vor BGB § 2229 Anm. 3). Es wird vielmehr EGBGB Art. 214 entsprechend anzuwenden sein. Hat also der Erblasser vor dem 1. 4. 1953 eine Verfügung von Todes wegen errichtet, so ist sie im Hinblick auf TestG § 48 Abs. 3 auch dann nach dem alten Rechtszustand zu beurteilen, wenn er erst nach dem 1. 4. 1953 stirbt.

Unabhängig von der vorerörterten Streitfrage zu EG Art. 213, 214 ist TestG § 48 Abs. 3 jedenfalls noch anwendbar, wenn sowohl die Testamentserrichtung wie der Erbfall vor dem 1. 4. 1953 liegen (**BGH** NJW 1956, 988[6] = FamRZ 1956, 221 = LM TestG § 48 Nr. 1). Durch Ausnutzung seiner Todesnot ist der Erblasser nur dann dazu bestimmt worden, eine Verfügung von Todes wegen zu errichten, wenn die Art, in der er beeinflußt worden ist, nach den gesamten Umständen sittlich anstößig ist (BGH aaO).

Anm. 12

III. Testamentsformen

Das BGB unterscheidet zwischen der ordentlichen und außerordentlichen Testamentsform. Ordentliche Testamentsformen sind das vor einem Richter oder Notar durch mündliche Erklärung zur Niederschrift oder durch Übergabe einer Schrift errichtete öffentliche Testament (§§ 2231 Nr. 1, 2232—2246) und das eigenhändige Privattestament (§§ 2231 Nr. 2, 2247—2248). Außerordentliche Testamentsformen sind das Nottestament vor dem Bürgermeister (§§ 2249, 2250 Abs. 1), das Dreizeugentestament am abgesperrten Ort und bei naher Todesgefahr (§ 2250) und das Dreizeugentestament in der besonderen Erscheinungsform des Seetestaments (§ 2251).

IV. Sondervorschriften

Anm. 13

Neben dem BGB bestehen Sondervorschriften:

1. für Testamente von Wehrmachtsangehörigen (Militärtestamente) im Gesetz über die freiwillige Gerichtsbarkeit und andere Rechtsangelegenheiten in der Wehrmacht (WehrmFGG) v. 24. 4. 1934 (RGBl I 335, 352) idF der 5. ErgVO v. 6. 9. 1943 (RGBl I 537). Sie sind auch heute noch für unerledigte Fälle früherer Wehrmachtsangehöriger und für Kriegsgefangene bedeutsam;

Anm. 14

2. für die Errichtung von Testamenten und Erbverträgen deutscher Staatsangehöriger im Ausland vor dem deutschen Konsul (Konsulartestamente) im Gesetz betr. die Organisation der Bundeskonsulate sowie die Amtsrechte und Pflichten der Bundeskonsuln (Konsulargesetz) v. 8. 11. 1867 idF des Gesetzes v. 14. 5. 1936 (RGBl I 447) und des Gesetzes v. 16. 12. 1950 (BGBl 784). Die hier einschlägigen Bestimmungen haben im wesentlichen folgenden Wortlaut:

KonsGes § 16a: Vor den Berufskonsuln können von deutschen Staatsangehörigen Testamente und Erbverträge errichtet werden. Auf das dabei zu beobachtende Verfahren sind die Vorschriften der §§ 2233 bis 2246, 2256 Abs. 1 und 2, 2276, 2277 BGB entsprechend anzuwenden. Der Berufskonsul tritt an die Stelle des Richters; ein Kanzler oder Konsulatssekretär tritt an die Stelle des Urkundsbeamten der Geschäftsstelle; ein etwa zugezogener Dolmetscher braucht nicht vereidigt zu werden.

Der das Errichtungsprotokoll nebst Anlagen enthaltende verschlossene Umschlag ist dem Amtsgericht Berlin-Schöneberg zur Verwahrung zu übermitteln; das Amtsgericht Berlin-Schöneberg erteilt den Hinterlegungsschein. Stirbt der Erblasser, bevor das Testament abgesandt worden ist, so kann der Konsul es eröffnen; das bei der Eröffnung anzuwendende Verfahren bestimmt sich nach den Vorschriften der §§ 2260, 2261 Satz 2 BGB.

KonsGes § 37a: Die Befugnisse ... zur Aufnahme von Testamenten und Erbverträgen (§§ 16, 16a) stehen nur denjenigen Konsuln zu, die dazu von der für auswärtige Angelegenheiten zuständigen Obersten Bundesbehörde besonders ermächtigt sind.

Die in Abs. 1 bezeichneten Befugnisse ... können durch Verfügung der in Abs. 1 genannten Obersten Bundesbehörde auch einem an einer konsularischen Behörde beschäftigten Beamten, der nicht Konsul ist, übertragen werden, wenn er die in § 7 Abs. 1 bezeichnete Prüfung bestanden oder die Fähigkeit zum Richteramt oder zum höheren Verwaltungsdienst auf Grund der dafür vorgeschriebenen Prüfungen in einem deutschen Lande erlangt hat.

Die §§ 16a, 37a KonsGes sind durch das Gesetz zur Wiederherstellung der Gesetzeseinheit auf dem Gebiet des bürgerlichen Rechts v. 5. 3. 1953 unberührt geblieben (Zweiter Teil Art. 4 Nr. 2). Soweit in ihnen auf Vorschriften des TestG verwiesen ist (§ 16a des Konsulargesetzes; TestG § 50 Abs. 6), treten jedoch an deren Stelle wiederum die entsprechenden Vorschriften des BGB (unrichtig Soergel Vorbem. vor BGB § 2229 Erl. IIIb);

Anm. 15

3. für die Testamente von Verfolgten in den Rückerstattungsgesetzen (REGamZ Art. 80, REGbrZ Art. 67, BerlREAO Art. 69; vgl. ferner Firsching DNotZ 1955, 298f).

Anm. 16

V. Internationales Privatrecht

Aus EGBGB Art. 24 Abs. 1 und 25 Abs. 1 ist als Grundsatz abzuleiten: Jeder Erblasser wird nach den Gesetzen des Staates beerbt, dem er zur Zeit seines Todes angehört (Erbstatut). Hiernach bestimmen sich insbesondere auch seine Testierfähigkeit und der zulässige Inhalt des Testaments. Bei einem deutschen Erblasser ist also das deutsche Recht maßgebend (vgl. auch EGBGB Art. 7 Abs. 1). Die Testamentsform regelt EG BGB Art. 11. Das im Ausland von einem Deutschen errichtete Testament ist hiernach grundsätzlich ohne Rücksicht auf entgegenstehende Vorschriften des Ortsrechts formgültig, wenn die — deutsche — Heimatform gewahrt ist (EGBGB Art. 11 Abs. 1 Satz 1). Es genügt aber auch, wenn die — vom Recht des Errichtungsorts vorgeschriebene — Ortsform beobachtet wird (EGBGB Art. 11 Abs. 1 Satz 2). Ist der Erblasser ein Ausländer, so gilt für das von ihm auf deutschem Gebiet errichtete Testament ebenfalls das Erbstatut (EGBGB Art. 7 Abs. 1, 25), also das betreffende ausländische Recht. Die Testamentsform bestimmt sich jedoch auch bei ausländischen Erblassern nach EGBGB Art. 11, d. h. entweder nach Heimatrecht oder nach — deutschem — Ortsrecht. Für den Wechsel der Staatsangehörigkeit enthält EGBGB Art. 24 Abs. 3 Sondervorschriften.

Anm. 17

Im **interzonalen Privatrecht** sind die vorstehenden Grundsätze entsprechend anwendbar.

VI. Neueres Schrifttum

Anm. 18

1. Handbücher: Leopold, Testamentsrecht, 1939; Vogels/Seybold, Gesetz über die Errichtung von Testamenten und Erbverträgen v. 31. 7. 1938, 4. Aufl. 1949;

Karger, Steuerlich zweckmäßige Testamente und Schenkungen, 6. Aufl. 1960; Model, Testament und Güterstand des Unternehmers, 3. Aufl. 1960; Schneider/Zartmann/Martin, Familienunternehmen und Unternehmertestament, 3. Aufl.

Anm. 19

2. Aufsätze: Boehmer, Fragen zum Testamentsgesetz, DNotZ 1940, 97, 140, 187; Daimer, Belehrungspflicht bei Beurkundungen von letztwilligen Verfügungen, DJ 1941, 1102; Dirian, Die Testierfähigkeit der deutschen Kriegsgefangenen und Zivilinternierten, NJW 1954, 1636; Firsching, Fragen des Testamentsrechts, DNotZ 1955, 283; Glaser, Eigenhändigkeit der Unterschrift des Erblassers im öffentlichen Testament, DNotZ 1958, 302; Glaser, Begriff der Eigenhändigkeit der Unterschrift im Sinne des § 2242 BGB, Betrieb 1957, 233; Granicky, Durchführung der Rückgabe eines Testaments gemäß § 2256, Rpfleger 1957, 246 (vgl. hierzu auch die Stellungnahme von Fischer Rpfleger 1958, 177); Hilderscheid, Die Amtspflichten des Notars bei der Beurkundung von Testamenten und Erbverträgen, DNotZ 1939, 13; Höver, Die Ablieferung und Eröffnung von letztwilligen Verfügungen, DFG 1937, 133; Imlau, Fragen des Übergangsrechts des Testamentsgesetzes v. 31. 7. 1938, DFG 1941, 19; Ischinger, Nicht vorhandene Testamentsurkunden, Rpfleger 1949, 559; Kohler, Das Teilungsverbot, besonders beim testamentarischen Familiengut, DNotZ 1958, 245; Kohler, Testamentarische Vorsorge gegen die Abwanderung des Familienvermögens, BB 1959, 58; vgl. auch DNotZ 1959, 607; Lange, Das Gesetz über die Errichtung von Testamenten und Erbverträgen, ZAkDR 1938, 577; Raape, § 2225 nF BGB (vordem TestG § 8) in international-privatrechtlicher Hinsicht, SRZ 1954, 65; Rohs, Die Belehrungspflicht bei Beurkundung einer Verfügung von Todes wegen, DJ 1942, 422; Rohs, Die Verschließung öffentlicher Testamente (§ 20 TestG), JR 1949, 143; Schmidt, Der Widerruf des Testaments durch Vernichtung oder Veränderung der Testamentsurkunde, MDR 1951, 321; Schmidt, Überspannung des Formalismus im Testamentsrecht, JZ 1951, 745; Schulze, Über die Verwendung von Blindenschrift bei der Errichtung letztwilliger Verfügungen, DNotZ 1955, 629; Seybold, Formvorschriften für den Ehe- und Erbvertrag, DNotZ 1943, 125; Vogels, Sicherstellung der Testamentseröffnung gemäß AV v. 24. 4. 1936, DFG 1936, 109; Vogels, Das neue Testamentsrecht, DJ 1938, 1269; Vogels, Das eigenhändige Testament nach dem Gesetz vom 31. 7. 1938, JW 1938, 2161; Vogels, Die Durchführung des Testamentsgesetzes vom 31. 7. 1938, DR 1940, 1649 mit weiteren Nachweisen; Weihe, Zur Anwendung der Dienstordnung für Notare, DNotZ 1938, 767; Weyer, Gefahren des eigenhändigen Testaments, DFG 1936, 116; Weyer, Das neue Testamentsrecht, DNotZ 1938, 574; Zillmer, Anwesenheitspflicht der Zeugen bei der Testamentserrichtung, JZ 1952, 748; Gernhuber, Testierfreiheit, Sittenordnung und Familie, FamRZ 1960, 326—335; Herminghausen, Zur Beurkundung letztwilliger Verfügungen bei Höfen, DNotZ 1960, 100.

§ 2229

Ein Minderjähriger kann ein Testament erst errichten, wenn er das sechzehnte Lebensjahr vollendet hat.

Der Minderjährige oder ein unter vorläufige Vormundschaft gestellter Volljähriger bedarf zur Errichtung eines Testaments nicht der Zustimmung seines gesetzlichen Vertreters.

Wer entmündigt ist, kann ein Testament nicht errichten. Die Unfähigkeit tritt schon mit der Stellung des Antrags ein, auf Grund dessen die Entmündigung ausgesprochen wird.

Wer wegen krankhafter Störung der Geistestätigkeit, wegen Geistesschwäche oder wegen Bewußtseinsstörung nicht in der Lage ist, die Bedeutung einer von ihm abgegebenen Willenserklärung einzusehen und nach dieser Einsicht zu handeln, kann ein Testament nicht errichten.

E I 1912 II 2097; M 5 247—253; P 5 317—325; 6 73.

Übersicht

Testierfähigkeit

I. Allgemeines

Anm. 1

§ 2229 faßt die früheren Bestimmungen der §§ 1 Abs. 2, 3 und 2 TestG zusammen. Die Vorschrift des § 1 Abs. 1 TestG erscheint wieder als § 2064. Weitere als die in § 2229 bestimmten Beschränkungen der Testierfähigkeit sind dem Gesetze unbekannt.

Anm. 2

Beim Güterstande der allgemeinen Gütergemeinschaft ist zur Wirksamkeit der in den §§ 1511—1515 bezeichneten Verfügungen eines Ehegatten die Zustimmung des anderen Ehegatten erforderlich (§ 1516).

II. Beginn der Testierfähigkeit (Abs. 1)

Anm. 3

Die Vorschrift entspricht § 2229 Abs. 2 aF und TestG § 1 Abs. 2. Der **Minderjährige** unter 16 Jahren (Berechnung des Lebensalters § 187 Abs. 2) ist schlechthin testierunfähig. Er kann auch durch seinen gesetzlichen Vertreter kein Testament errichten (§ 2064). Das von ihm errichtete Testament ist nichtig.

Anm. 4

Von der Vollendung des 16. Lebensjahres an steht der Minderjährige dem Volljährigen gleich; nur darf er sich während der ganzen Dauer der Minderjährigkeit der Form des eigenhändigen Testaments nicht bedienen (§ 2247 Abs. 4) und das öffentliche Testament nur durch mündliche Erklärung oder durch Übergabe einer offenen Schrift errichten (§ 2238 Abs. 3). Für den Erbvertrag s. § 2275 sowie §§ 2290, 2292. Ein im mobilen Verhältnis befindlicher minderjähriger Wehrmachtangehöriger konnte ein eigenhändiges Testament nach § 3 WehrmFGG v. 24. 4. 1934 errichten.

Anm. 5

Die §§ 2238 Abs. 3, 2247 Abs. 4 beschränken sachlich die persönliche Fähigkeit zur Testamentserrichtung (vgl. **RG** 111, 252); sie werden aber im Zusammenhange des Gesetzes als Formvorschriften behandelt. Daraus ist gemäß EG Art. 11 Abs. 1 Satz 2 zu folgern, daß das von einem minderjährigen Deutschen über 16 Jahre im Ausland durch Übergabe einer verschlossenen Schrift oder eigenhändig errichtete Testament gültig ist, wenn ihm das Gesetz des Errichtungsortes eine solche Errichtung gestattet (Planck/Strecker § 2238 Anm. 5a, § 2247 Anm. 2; aM Staudinger/Raape Art. 24 Anm. B IV, 1). Über die Testierfähigkeit eines in Deutschland testierenden Ausländers s. EG Art. 7 und Art. 24 Abs. 3 (vgl. hierzu im einzelnen Raape DNotZ 1950, 192).

Anm. 6

Um nichts anderes als um eine **Beschränkung der Testierfähigkeit** handelt es sich bei der durch EG Art. 200, PrAG Art. 48 aufrechterhaltenen Bestimmung des PrGes v. 16. 4. 1860 § 6, wonach Eheleute in westfälischer Gütergemeinschaft bei bestehender beerbter Ehe über das gemeinschaftliche Vermögen nur gemeinschaftlich von Todes wegen verfügen können, also von einseitigen letztwilligen Verfügungen ausgeschlossen sind (**RG** 2. 6. 1921 IV 622/20; vgl. auch **RG** 111, 249ff und dagegen Endemann JW 1926, 543, der die Gültigkeit einer einseitigen letztwilligen Verfügung eines westfälischen Ehegatten nur nach der Rechtslage entschieden sehen will, die zur Zeit seines Todes bestanden habe; damit wird er aber dem in den Motiven zu § 6 des Münsterschen Entwurfs ausgesprochenen, dem § 6 des Gesetzes von 1860 zugrunde liegenden Gedanken nicht gerecht, daß in einer für den Zusammenhalt der Familie so wichtigen Angelegenheit ein Zusammenwirken beider Ehegatten zu fordern sei).

III. Testierfähige Minderjährige (Abs. 2)

Anm. 7

Die Vorschrift entspricht § 2229 Abs. 1 aF und TestG § 1 Abs. 3. Sie behandelt testierfähige Minderjährige (Abs. 1) und Volljährige, die unter vorläufiger Vormundschaft stehen, gleich. Für die Abgrenzung von Minderjährigen und Volljährigen ist insofern zu beachten, daß in der sowjetischen Besatzungszone (SBZ) und in Ostberlin das Volljährigkeitsalter auf 18 Jahre herabgesetzt worden ist (G v. 22. 5. 1950 — GBl 437; VO des Magistrats von Großberlin v. 8. 6. 1950 — VOBl 149). Uneingeschränkt testierfähig ist hiernach u. a. ein 18jähriger, der sich nach Inkrafttreten der genannten Vorschriften aus der SBZ, wo er sich nicht nur vorübergehend aufhielt, in die Bundesrepublik begeben hat (vgl. hierzu KG JZ 1951, 508 m. Anm. von Beitzke; KG MDR 1953, 45; s. auch Raape NJW 1951, 457). Die vorläufige Bevormundung, die nach der Stellung eines Entmündigungsantrags angeordnet werden kann (§ 1906), ist als solche kein Hindernis der Testamentserrichtung. Nur würde der unter vorläufige Vormundschaft gestellte Volljährige, da er nach § 114 hinsichtlich der Geschäftsfähigkeit einem Minderjährigen, der das 7. Lebensjahr vollendet hat, gleichsteht, ebenso wie dieser der Zustimmung des gesetzlichen Vertreters zur Testamentserrichtung bedürfen (§ 107). Hiervon abweichend erklärt Abs. 3 die **Zustimmung des gesetzlichen Vertreters** des Minderjährigen oder des unter vorläufige Vormundschaft gestellten Volljährigen für **nicht erforderlich**. Die Pflegschaft wegen Gebrechlichkeit nach § 1910 ist ebenfalls kein Hindernis der Testamentserrichtung.

Anm. 8

Abs. 2 ist, soweit er die vorläufige Vormundschaft betrifft, nur für den Fall bedeutsam, daß das Verfahren nicht zur Entmündigung führt, sei es, daß der Entmündigungsantrag zurückgenommen oder abgewiesen oder daß der Entmündigungsbeschluß infolge einer Anfechtungsklage aufgehoben wird (vgl. § 115 Abs. 2) oder daß der unter vorläufige Vormundschaft Gestellte stirbt, bevor der Entmündigungsbeschluß unanfechtbar geworden ist (§ 2230 Abs. 1). Wird die Entmündigung bei seinen Lebzeiten unanfechtbar ausgesprochen, so ist das Testament nach § 2229 Abs. 3 nichtig.

IV. Testierunfähigkeit Entmündigter (Abs. 3)

Anm. 9

Die Vorschrift entspricht TestG § 2 Abs. 1. Die einzelnen Fälle der **Entmündigung** ergeben sich aus § 6; vgl. die Erläuterungen hierzu. Solange die Entmündigung nicht ausgesprochen ist, kann sich die Testierfähigkeit nur aus § 2229 Abs. 4 ergeben. Auch die Entmündigung steht unter den besonderen Voraussetzungen des § 2230 der Gültigkeit des Testaments nicht entgegen. Wer wegen Geistesschwäche, Verschwendung oder Trunksucht entmündigt ist, bleibt nach § 2253 Abs. 2 (bisher TestG § 32 Abs. 2) befugt, ein vor der Entmündigung errichtetes Testament zu widerrufen (vgl. § 2253 Anm. 5; OLG Köln NJW 1955, 466 zum Widerruf eines Widerrufstestaments). Lichte Zwischenräume werden, wenn die Entmündigung erfolgt ist, nicht berücksichtigt.

Anm. 10

Kommt es nicht zur Entmündigung, so bleibt das während des Verfahrens errichtete Testament wirksam, auch wenn eine vorläufige Vormundschaft nach § 1906 angeordnet war (s. Anm. 7). Dagegen wird die Wirkung der einmal ausgesprochenen Entmündigung (ZPO §§ 661, 683) **auf den Zeitpunkt der Antragstellung zurückbezogen** (ZPO §§ 647, 680). Das gilt — abweichend vom früheren Recht (§ 2229 Abs. 3 aF) — auch bei Entmündigung wegen Geisteskrankheit.

V. Testierunfähigkeit geistig Gestörter (Abs. 4)

Anm. 11

Die Vorschrift entspricht TestG § 2 Abs. 2. Hinter dem Worte „Bewußtseinsstörung" ist nur der Klammerzusatz „(zum Beispiel wegen Trunkenheit)" als entbehrlich und unüblich fortgelassen worden. Abs. 4 unterscheidet sich (entsprechend schon TestG § 2 Abs. 2) von den §§ 104 Nr. 2, 105 Abs. 2 vor allem darin, daß neben der **„krankhaften Störung der Geistestätigkeit"** die **„Geistesschwäche"** besonders genannt und daß das Tatbestandsmerkmal des „Ausschlusses der freien Willensbestimmung" entsprechend StGB § 51 dahin umschrieben ist, daß der Erklärende „nicht in der Lage ist, die Bedeutung einer von ihm abgegebenen Willenserklärung einzusehen und nach dieser Einsicht zu handeln". Hieraus ergibt sich keine sachliche Änderung gegenüber dem früher geltenden Recht.

Anm. 12

Der Begriff der „krankhaften Störung der Geistestätigkeit" umfaßte schon nach § 104 Nr. 2 die **Geistesschwäche,** unter der lediglich ein geringerer Grad der geistigen Erkrankung zu verstehen ist (§ 6 Anm. 1, § 104 Anm. 12). Zwischen einer dauernden oder nur vorübergehenden Störung der Geistestätigkeit oder Geistesschwäche wird nicht unterschieden. Auch im Falle eines dauernden Zustandes ist das Testament jedoch, solange nicht die Entmündigung erfolgt ist, wirksam, wenn es in einem sog. lichten Zwischenraum errichtet worden ist.

Anm. 13

Die **Bewußtseinsstörung** ist an die Stelle der „Bewußtlosigkeit" (§ 105 Abs. 2) getreten. Auch damit ist keine sachliche Änderung verbunden; als Bewußtlosigkeit war auch nach bisherigem Recht schon eine erhebliche Trübung des Bewußtseins anzusehen (§ 105 Anm. 6; **RGSt** 64, 353). So kann insbesondere eine auf Geistesschwäche oder Bewußtseinsstörung beruhende Entschlußunfähigkeit testierunfähig machen (OLG Schleswig SchlHA 1954, 15). Hauptbeispiel der Bewußtseinsstörung ist weiterhin die Trunkenheit, während Psychopathie und Rauschgiftsucht in der Regel die Testierfähigkeit nicht ausschließen (BayObLGZ 1956, 377). Zum Ausschluß der freien Willensbestimmung durch Arteriosklerose vgl. **BGH** NJW 1951, 481. Über die Testierfähigkeit beim Vorliegen heimlicher Geisteskrankheiten und ihre Feststellung im Rechtsstreit s. ferner Meyer DJ 1941, 755. Unheilbare Gehirnerweichung spricht nicht unbedingt für Testierunfähigkeit; es muß in jedem Falle nachgewiesen werden, daß die freie Willensbestimmung gerade in dem Zeitpunkt ausgeschlossen war, in welchem die letztwillige Verfügung, die wegen Geschäftsunfähigkeit als nichtig beanstandet wird, errichtet wurde (OLG Hamburg MDR 1950, 731).

Anm. 14

Es gibt keine abgestufte Testierfähigkeit dergestalt, daß der Erblasser zur Errichtung eines schwierigen Testaments nicht mehr, zur Errichtung eines einfachen Testaments jedoch rechtlich fähig wäre (**OGH** 2, 45, 53 = NJW 1949, 544). Vielmehr ist allgemein zu fordern, daß der Erblasser in der Lage sein muß, sich über die Tragweite seiner Anordnungen, insbesondere über ihre Auswirkungen auf die persönlichen und wirtschaftlichen Verhältnisse der Betroffenen, und über die Gründe, die für oder gegen ihre sittliche Berechtigung sprechen, ein klares Urteil zu bilden und nach diesem Urteil frei von Einflüssen interessierter Dritter zu handeln (**BGH** MDR 1958, 316 = FamRZ 1958, 127 = DNotZ 1958, 601). Dabei setzt die Testierfähigkeit regelmäßig voraus, daß der Erblasser imstande ist, den Inhalt des Testaments von sich aus zu bestimmen und auszudrücken; ausnahmsweise kann es jedoch genügen, daß der Erblasser in der Lage ist, sich für oder gegen die Genehmigung des vom Notar nach seinen Angaben aufgesetzten notariellen Testaments zu entscheiden, so wenn er, nachdem er im Vollbesitz seiner geistigen Kräfte die Einzelheiten eines zu errichtenden Testaments dem Notar angegeben hatte, einen Schlaganfall mit der Folge einer Bewußtseinstörung erlitten hat, danach aber die Bedeutung des verlesenen Testaments noch erkennen und sich frei entschließen konnte (**BGH** 30, 294 = NJW 1959, 1822 = MDR 1959, 833 = DNotZ 1959, 589).

Anm. 15

Nach § 2241 a Abs. 3 sollen sich der Richter oder der Notar davon überzeugen, daß der Erblasser testierfähig ist, und seine Wahrnehmungen über die Testierfähigkeit in der Niederschrift angeben (für die Fälle der Nottestamente s. §§ 2249 Abs. 1, 2250 Abs. 3, 2251).

VI. Beweislast

Anm. 16

Gegenüber einem ordnungsgemäß errichteten, zumal einem öffentlichen Testamente, das die Testierfähigkeit bezeugt, ist die Behauptung, der Erblasser sei zur Zeit der Testamentserrichtung nicht testierfähig gewesen, von demjenigen zu beweisen, der die Nichtigkeit des Testaments behauptet (**RG** WarnRspr 1913 Nr. 243; **RG** 18. 5. 1908 IV 367/07). Im Falle des Abs. 4 genügt nicht der Nachweis, daß sich der Erblasser „um" diese Zeit in dem dort vorausgesetzten Zustande befunden habe (**RG** WarnRspr 1919 Nr. 179; vgl. aber auch **RG** 162, 229). Für ein eigenhändiges Testament, das keine Angabe über die Zeit der Errichtung enthält, ergibt sich aus § 2247 Abs. 5 eine Umkehr der Beweislast (s. § 2247 Anm. 26).

VII. Testierfreiheit

Anm. 17

Von der Testierfähigkeit zu unterscheiden ist die **Testierfreiheit** (§ 2302 Anm. 1). Sie findet ihre Schranken in den Vorschriften über den Pflichtteil (§§ 2303ff) und über die Bindung an einen Erbvertrag (§ 2289, § 2278 Anm. 1) und an die wechselbezüglichen Verfügungen in einem gemeinschaftlichen Testament (§ 2271). Die Beschränkung der Testierfähigkeit durch TestG § 48 Abs. 2 ist fortgefallen (vgl. Anm. 1 und 9 vor § 2229).

Anm. 18

Die Vorschrift des EG Art. 64 Abs. 2, wonach die Landesgesetze das Recht des Erblassers, über ein dem Anerbenrecht unterliegendes Grundstück von Todes wegen zu verfügen, nicht beschränken können, ist, nachdem das Reichserbhofgesetz durch das KRG Nr. 45 aufgehoben worden ist, insofern wieder bedeutsam geworden, als nunmehr landesgesetzliche (und zonenrechtliche) Regelungen des Anerbenrechts gelten, denen eine von der Erbfolgeordnung des BGB abweichende Hoferbenordnung gemeinsam ist. Die Erbfolge kraft Höferechts, d. h. den ungeteilten Übergang des Hofes an einen Anerben, kann der Eigentümer hiernach nicht durch letztwillige Verfügung ausschließen (vgl. HöfeOBrZ § 16). Die durch EGBGB Art. 64 Abs. 2 aufrechterhaltene Testierfreiheit gestattet ihm jedoch, einen anderen als den gesetzlichen Hoferben letztwillig zum Erben zu bestimmen (vgl. im einzelnen Anm. 4 vor § 1922).

§ 2230

Hat ein Entmündigter ein Testament errichtet, bevor der Entmündigungsbeschluß unanfechtbar geworden ist, so steht die Entmündigung der Gültigkeit des Testaments nicht entgegen, wenn der Entmündigte noch vor dem Eintritt der Unanfechtbarkeit stirbt.

Hat ein Entmündigter nach der Stellung des Antrags auf Wiederaufhebung der Entmündigung ein Testament errichtet, so steht die Entmündigung der Gültigkeit des Testaments nicht entgegen, wenn die Entmündigung auf Grund des Antrags wiederaufgehoben wird.

E II 2098; P 5 320, 321, 326.

Übersicht

Sonderfälle bei Entmündigung

Anm. 1

I. Tod eines Entmündigten vor Rechtskraft des Entmündigungsbeschlusses (Abs. 1)

Die Vorschrift entspricht TestG § 3. Die **Testierunfähigkeit des Entmündigten** (§ 2229 Abs. 3) wird nach ZPO §§ 661, 683 mit Zustellung des Entmündigungsbeschlusses wirksam und wird sogar auf den Zeitpunkt der Antragstellung zurückbezogen. Der Beschluß wird unanfechtbar, wenn die Monatsfrist der ZPO §§ 664, 684 abgelaufen oder wenn die rechtzeitig erhobene Klage rechtskräftig abgewiesen oder wenn sie zurückgenommen worden ist. Solange hiernach die Anfechtung möglich oder ein Erfolg der schon eingeleiteten Anfechtung nicht ausgeschlossen ist, hindert die Tatsache der Entmündigung für sich allein nicht, wirksam ein Testament zu errichten, wenn der Entmündigte innerhalb dieses Zeitraums stirbt. Vielmehr hat derjenige, welcher Unwirksamkeit des vom Entmündigten errichteten Testaments behauptet, nach allgemeinen Grundsätzen (s. 2229 Anm. 16) den Mangel der Testierfähigkeit aus § 2229 Abs. 4 für die Zeit der Testamentserrichtung zu beweisen.

II. Testamentserrichtung nach dem Antrage, die Entmündigung wieder aufzuheben (Abs. 2)

Anm. 2

Ist die Entmündigung unanfechtbar geworden, so kann der Entmündigte ein gültiges Testament errichten, wenn vorher beantragt worden ist, die Entmündigung wieder aufzuheben (ZPO §§ 675, 685) und wenn es demnächst wirklich zur Wiederaufhebung der Entmündigung kommt (ZPO §§ 672, 679 Abs. 4, 686 Abs. 4). Damit ist zugleich ausgesprochen, daß zur Zeit des Beschlusses oder Urteils, welche die Wiederaufhebung anordnen, kein Grund zur Entmündigung nach § 6 mehr vorgelegen habe. Demjenigen, der die Ungültigkeit des Testaments behauptet, ist jedoch der Beweis nicht abgeschnitten, daß der Erblasser gleichwohl zur Zeit der Testamentserrichtung willensunfrei im Sinne von § 2229 Abs. 4 gewesen sei. Dagegen ist nach Abs. 2 der Beweisantritt ausgeschlossen, daß der Erblasser damals noch mit Recht entmündigt gewesen sei. Das Testament, das in der Zeit nach Zustellung des unangefochtenen oder erfolglos angefochtenen Entmündigungsbeschlusses bis zur Stellung des Wiederaufhebungsantrags errichtet worden ist, ist und bleibt dagegen nichtig.

Anm. 3

Abs. 2 ist **nicht anwendbar,** wenn der Entmündigte stirbt, bevor über den Wiederaufhebungsantrag entschieden worden ist; der Antrag wird in diesem Falle gegenstandslos (Stein/Jonas/Schönke, ZPO § 675 A II a.E.; Palandt/Rechenmacher Anm. 2; aM AG Breslau DJ 1937, 945; Vogels/Seybold zu TestG § 3 Anm. 3; Denecke in Anm. 9 zu § 6 dieses Komm.; Kipp/Coing § 17 Anm. 10, die es zulassen wollen, das Aufhebungsverfahren auch nach dem Tode des Entmündigten fortzuführen und gegebenenfalls festzustellen, daß der Aufhebungsantrag gerechtfertigt war).

§ 2231

Ein Testament kann in ordentlicher Form errichtet werden:
1. vor einem Richter oder vor einem Notar;
2. durch eine vom Erblasser nach § 2247 abgegebene Erklärung.

E I 1914, 1915 Abs. 1 Satz 1 II 2099 Abs. 1; M 5 261; P 5 326—330; KB 318—321; RTVerh 726—741.

Übersicht

Ordentliche Testamentsformen

Anm. 1

I. Allgemeines

Die Vorschrift entspricht TestG § 4. Als **ordentliche Testamentsformen** kennt das BGB ebenso wie das TestG das öffentliche Testament (Nr. 1) und das eigenhändige Testament (Privattestament; Nr. 2 in Verb. mit § 2247). Über außerordentliche Formen und sonstige in Kraft gebliebene Testamentsformen s. Anm. 12—15 vor § 2229.

Anm. 2

II. Testament vor einem Richter

Zur Aufnahme des **richterlichen Testaments** ist nur der verfassungsgemäß (GVG §§ 2ff) bestellte Einzelrichter („vor einem Richter"), sonach der Amtsrichter befugt (FGG § 167 Abs. 1). Inwieweit die Geschäfte des Amtsrichters von einem bei dem Amtsgerichte nicht planmäßig angestellten Richter oder von einem Gerichtsassessor wahrgenommen werden können, bestimmte sich früher einheitlich nach § 10 Abs. 2 der VO zur einheitlichen Regelung der Gerichtsverfassung v. 20. 3. 1935 (RGBl I 403) und § 7 der VO v. 16. 5. 1939 (RGBl I 917). Nach dem durch FGG § 2 für anwendbar erklärten § 166 (früher § 167) GVG darf der Richter Amtshandlungen außerhalb seines Bezirks ohne Zustimmung des Amtsgerichts des Ortes nur vornehmen, wenn Gefahr im Verzug obwaltet; er hat in diesem Falle dem zuständigen Amtsgericht nachträglich hiervon Anzeige zu machen. Liegen die Voraussetzungen des § 116 GVG nicht vor und trifft das Landesrecht keine Sonderbestimmungen, so ist die Beurkundung außerhalb des Amtsbezirks nichtig. FGG § 7 greift nicht ein, da einem Gericht außerhalb seines Bezirks die Gerichtsbarkeit fehlt, also nicht nur die örtliche Zuständigkeit mangelt (Keidel FGG 6. Aufl. § 2 Anm. 4h, § 7 Anm. 3a; Schlegelberger FGG 7. Aufl. § 167 Anm. 17; Firsching DNotZ 1955, 284; aM die 9. Aufl. dieses Kommentars). In einem Prozeßvergleich kann ein Testament nicht errichtet werden (**RG** 48, 187), wohl aber ein Erbvertrag (OLG Celle RPfleger 1954, 246).

III. Testament vor einem Notar

Anm. 3

Der Notar darf nach RNotO § 12 Amtshandlungen außerhalb seines Amtsbezirks (des Oberlandesgerichtsbezirks, in dem sich sein Amtssitz befindet) nur vornehmen, wenn Gefahr im Verzuge ist oder die Aufsichtsbehörde es genehmigt; jedoch berührt ein Verstoß hiergegen nicht die Gültigkeit der Amtshandlung (Abs. 3).

Anm. 4

Früher bestand Streit darüber, ob die von einem Notar außerhalb der Grenzen des Landes, in dem er zum Notar bestellt war, vorgenommene Amtshandlung gültig war oder nicht. Für die Gültigkeit die früheren Auflagen dieses Kommentars; anders jedoch KG JFG 10, 9 sowie **RG** JW 1927, 2126[25]. Die Streitfrage wurde durch das Erste Gesetz zur Überleitung der Rechtspflege auf das Reich v. 16. 2. 1934 (RGBl I 91) Art. 4 dahin entschieden, daß „notarielle Urkunden im gesamten Reichsgebiet dieselbe Wirksamkeit" haben. Ferner traf die VO über die Amtsbezirke der Notare v. 17. 6. 1934 (RGBl I 514) eine dem jetzigen § 12 RNotO entsprechende Vorschrift. Diese Bestimmungen gelten als Bundesrecht weiter (GrundG Art. 74, 123, 125; vgl. Wolff NJW 1951, 303; Firsching DNotZ 1955, 284).

Anm. 5

IV. Landesrecht zu Nr. 1

EG Art. 141 ermächtigte die Landesgesetzgebung, zu bestimmen, daß für die Beurkundung von Rechtsgeschäften, die nach den Vorschriften des BGB gerichtlicher oder notarieller Beurkundung bedürfen, entweder nur die Gerichte oder nur die Notare zuständig sind. Diese landesgesetzlichen Vorschriften gelten, soweit sie **nur die Notare** für zuständig erklären, nach RNotO § 77 Abs. 2, TestG § 50 Abs. 5 und dem Gesetz v. 5. 3. 1953 Zweiter Teil Art. 4 Nr. 1 weiter. Landesgesetze, nach denen — mit Ausnahmen, insbesondere für Grundbuch- und Erbrecht — nur die Notare zuständig sind, bestehen für Baden, Bayern, Bremen und Hamburg-Stadt sowie in Rheinland-Pfalz. Vgl. für Baden FGG §§ 22, 23, für Bayern AGGVG Art. 15, AGBGB Art. 167, für Bremen AGBGB § 6, für Hamburg FGG v. 29. 12 1899 §§ 8, 9, für Rheinland-Pfalz § 22 Abs. 4 NotO v. 3. 9. 1949 — GVBl 391 (JMBl 1949, 99; 1950, 42).

V. Eigenhändiges Testament

Anm. 6

Das TestG hat sich trotz der mit dem eigenhändigen Testament gemachten ungünstigen Erfahrungen und trotz der mit ihm verbundenen Nachteile für seine Beibehaltung entschieden, jedoch die Formvorschriften erheblich gemildert. Das Gesetz v. 5. 3. 1953 hat es hierbei belassen. Vgl. die Erläuterungen zu § 2247. Im allgemeinen behandelt das Gesetz das eigenhändige Testament als dem öffentlichen Testament gleichwertig. Jedoch ist das eigenhändige Testament in Grundbuchangelegenheiten (GBO § 35), beim Schiffspfandrecht (SchiffsRegO § 41) und nach RSchuldbG v. 31. 5. 1910 § 16 nicht als Beweismittel für die Erbfolge und für die Ernennung eines Testamentsvollstreckers zugelassen, so daß dieser Beweis durch einen Erbschein oder ein ihm gleichgestelltes Zeugnis geführt werden muß. Anders ZVG § 17 Abs. 3.

Anm. 7

Wer minderjährig ist oder Geschriebenes nicht zu lesen vermag, kann kein eigenhändiges Testament errichten (§ 2247 Abs. 4). Gemeinschaftliches eigenhändiges Testament § 2267. Amtliche Verwahrung §§ 2248, 2256 Abs. 3, 2258a, 2258b. Ablieferungspflicht § 2259.

§ 2232

Für die Errichtung eines Testaments vor einem Richter oder vor einem Notar gelten die Vorschriften der §§ 2233 bis 2246.

KB 321.

Übersicht

Öffentliches Testament

I. Allgemeines

Anm. 1

Die Vorschrift entspricht TestG § 5. Neben den hier angezogenen Vorschriften kommen an sich **ergänzend** die Bestimmungen der §§ 168—180, 182 FGG über gerichtliche und notarielle Urkunden in Betracht (vgl. § 168: „unbeschadet" usw.). Jedoch ist für die Anwendung der §§ 168—180 FGG tatsächlich kaum noch Raum, weil für diese Vorschriften schon durch die in die neue Fassung der §§ 2233—2246 übernommenen §§ 6—20 TestG fast lückenlos ersetzt worden sind (Vogels/Seybold TestG § 5 Anm. 23; KGJ 51, 91). § 182 ist nur für Erbverträge bedeutsam.

Anm. 2

Für die richterliche Beurkundungstätigkeit gelten auch die allgemeinen Vorschriften des FGG, insbesondere § 6 Abs. 2, wonach ein Richter sich der Ausübung seines Amtes wegen Befangenheit enthalten kann. Die Beurkundungstätigkeit der Notare regeln auch die Vorschriften der RNotO und der Dienstordnung für Notare (DOfNot) v. 5. 6. 1937 (DJ 874) idF der AV v. 11. 7. 1938 u. 25. 4. 1939 (DJ 1938, 1088; 1939, 699). Bei Abweichungen sind die Vorschriften der §§ 2229 ff maßgebend.

Anm. 3

Nach EG Art. 151 und FGG § 200 greifen ergänzend auch etwaige Vorschriften der Landesgesetze über die Errichtung gerichtlicher oder notarieller Urkunden ein. Diese Vorschriften gelten weiter (vgl. RNotO § 81, TestG § 50 Abs. 3 Nr. 1; Gesetz v. 5. 3. 1953 Zweiter Teil Art. 4 Nr. 1). Ein Verstoß hiergegen ist ohne Einfluß auf die Gültigkeit der Verfügung von Todes wegen (**RG** 53, 152); nur eine Verletzung der Vorschriften über die sachliche Zuständigkeit (z. B. EG Art. 141, s. § 2231 Anm. 5) kann nach Maßgabe der Landesgesetze (Staudinger/Keidel Art. 151 Anm. 2b) die Verfügung nichtig machen (EG Art. 151 Satz 2; FGG § 200 Abs. 2).

II. Haftung für Versehen

Anm. 4

1. des Richters: Haftung des betreffenden Landes nach § 839 in Verbindung mit GG Art. 34, früher WeimRV Art. 131; VO über die Haftung des Reichs für die Justizbeamten v. 3. 5. 1935 (RGBl I 587); Gesetz über die Haftung des Reiches für seine Beamten v. 22. 5. 1910 (RGBl. 798, vgl. hierzu Schröer DRZ 1948, 232); vgl. auch DGB § 23, jetzt BBG § 78 (BGBl 1953 I 551);

Anm. 5

2. des Notars: Persönliche Haftung der Notare und gegebenenfalls ihrer Vertreter nach RNotO §§ 21, 30, 35; AusfVO v. 26. 6. 1937 (RGBl I 663) § 7. Der Staat haftet für Notare grundsätzlich nicht. Eine Ausnahme bildet jedoch die Regelung für die Notare des Landes Baden und für die württembergischen Bezirksnotare. Zur Sorgfaltspflicht des Notars bei der Beurkundung einer letztwilligen Verfügung vgl. **BGH** 27, 274 = NJW 1958, 1398 = MDR 1958, 664, 837 mit Anm. von Keidel = DNotZ 1958, 554; zur Belehrungspflicht auch **RG** 148, 321, 325; **BGH** 19, 5; zur Frage- und Aufklärungspflicht OLG Stuttgart MDR 1960, 496[72].

Anm. 6

Die Haftung besteht insbesondere auch gegenüber denjenigen Personen, zu deren Gunsten das ungültige Testament errichtet wurde (**RG** 58, 296; 74, 426; 95, 219; WarnRspr 1917 Nr. 243; 1939 Nr. 63, 80).

Anm. 7

III. Gebühren und Steuern

Gebühren für die Beurkundung eines Testaments KostO §§ 46, 141.

Urkundensteuer wird seit dem 1. 9. 1941 nicht mehr erhoben (RGBl 1941 I 511).

§ 2233

Ist der Erblasser nach der Überzeugung des Richters oder Notars taub, blind, stumm oder sonst am Sprechen verhindert, so muß der Richter einen Urkundsbeamten der Geschäftsstelle oder zwei Zeugen, der Notar einen zweiten Notar oder zwei Zeugen zuziehen.

In anderen Fällen steht es dem Richter oder Notar frei, die im Abs. 1 bezeichneten Personen zuzuziehen. Von dieser Befugnis soll er Gebrauch machen, wenn der Erblasser es verlangt. Die Zuziehung soll unterbleiben, wenn der Erblasser ihr widerspricht.

E I 1915 Abs. 1 Satz 2 Abs. 2 II 2099 Abs. 2; M 5 261—263; P 5 330—332.

Übersicht

Mitwirkende Personen

I. Allgemeines

Anm. 1

Die Vorschrift entspricht TestG § 6. — Nach § 2233 aF mußte in allen Fällen der Richter einen Urkundsbeamten der Geschäftsstelle oder zwei Zeugen, der Notar einen zweiten Notar oder zwei Zeugen zur Errichtung des Testaments zuziehen. TestG § 6 hatte diesen Zuziehungszwang entsprechend FGG § 169 auf die Fälle beschränkt, in denen der Erblasser an bestimmten Gebrechen leidet (Abs. 1), es im übrigen aber in das Ermessen des Richters oder des Notars gestellt, ob er Überwachungspersonen zuziehen wollte (Abs. 2). § 2233 nF hat diese Regelung wörtlich übernommen. Es wird ferner verwiesen: Wegen der Anwesenheit der **„mitwirkenden Personen"** (d. h. des Richters oder des Notars und der in § 2233 Abs. 1 genannten Personen, nicht des Erblassers, vgl. § 2241 Abs. 1 Nr. 2) während der ganzen Verhandlung auf § 2239, wegen der Angabe ihrer Namen in der Niederschrift auf § 2241 Abs. 1 Nr. 2, wegen der Unterzeichnung der Niederschrift durch sie auf § 2242 Abs. 4. Zur freiwilligen Zuziehung von Zeugen s. §§ 2234 Anm. 3, 2235 Anm. 7; OLG Köln NJW 1957, 1929 = DNotZ 1958, 94.

Anm. 2

§ 2233 gilt auch für den Erbvertrag (§ 2276), nicht aber für die Nottestamente; für letztere ist die Zuziehung von Überwachungspersonen besonders geregelt.

Anm. 3

Werden die in **Abs. 1** vorgeschriebenen Überwachungspersonen nicht zugezogen, so hat das die Nichtigkeit des Testaments zur Folge („muß"; § 125). Jedoch entscheidet darüber, ob der Erblasser an einem Gebrechen der in Abs. 1 bezeichneten Art leidet, lediglich die pflichtmäßige, nach freier Prüfung gewonnene Überzeugung des beurkundenden Richters oder Notars. Das Testament kann daher, wenn der Richter oder der Notar von der Zuziehung einer Überwachungsperson abgesehen hatte, weil nach seiner Überzeugung ein solches Gebrechen nicht vorlag, nicht mit der Behauptung angefochten werden, der Erblasser habe zur Zeit der Testamentserrichtung in Wirklichkeit an einem Gebrechen der in Abs. 1 bezeichneten Art gelitten (vgl. § 2243 Anm. 1).

Anm. 4

Abs. 2 enthält bloße Ordnungsvorschriften („soll"). Das Testament ist auch dann gültig, wenn sie selbst oder die sonstigen Bestimmungen über die mitwirkenden Personen verletzt werden (ebenso Kipp/Coing § 14 V, Vogels/Seybold TestG § 6

Anm. 13; **OGH** JR 1949, 321; Rohs DNotZ 1951, 176; Firsching DNotZ 1955, 287; aM Palandt/Rechenmacher Anm. 4; Zillmer JZ 1952, 748). Es ist daher z. B. unschädlich, wenn eine nach den §§ 2234—2237 ausgeschlossene Urkundsperson zugezogen worden ist oder wenn ein Zeuge die Niederschrift nicht mit unterschrieben hat.

Anm. 5

II. Taubheit

Taubheit kann auch bei hochgradiger Schwerhörigkeit gegeben sein. Eine Sondervorschrift für die Testamentserrichtung durch einen tauben Erblasser enthält § 2242 Abs. 2. Wer taub ist, soll nicht als Testamentszeuge zugezogen werden (§ 2237 Nr. 4).

III. Blindheit

Anm. 6

Als **blind** ist auch der in hohem Grade Schwachsichtige (**RG** JW 1903, 130[23]) sowie derjenige anzusehen, dessen Sehvermögen vorübergehend (z. B. infolge einer Augenkrankheit) gestört ist. Das folgt aus dem Gesetzeszweck; er will den Erblasser davor schützen, daß ihm eine Verfügung unterschoben wird, die seinem Willen nicht entspricht (OLG Oldenburg NdsRpfl 1948, 175 = MDR 1949, 178). § 2238 Abs. 4 trifft eine Sonderregelung für die Testamentserrichtung durch einen Blinden. Als Testamentszeuge soll ein Blinder nicht zugezogen werden (§ 2237 Nr. 4). Das Testament eines Blinden ist nur formgültig, wenn der Blinde es eigenhändig unterschrieben oder wenn die Urkundsperson ihre Überzeugung, daß jener schreibunfähig sei, in die Urkunde aufgenommen hat (OLG Koblenz NJW 1958, 1784). Über die Verwendung von Blindenschrift bei der Errichtung letztwilliger Verfügungen vgl. Schulze DNotZ 1955, 629.

Anm. 7

IV. Stummheit und sonstige Sprachverhinderung

Stummheit liegt vor, wenn sich der Erblasser infolge eines natürlichen Fehlers durch die Sprache in keiner Weise verständlich machen kann (Planck/Strecker § 2243 Anm. 2). Dem Stummen ist gleichgestellt, wer aus anderen Gründen (z. B. wegen Erkrankung der Sprachorgane oder auch infolge eines ärztlichen Verbots) am Sprechen verhindert ist. Am Sprechen verhindert ist nur der Erblasser, der seine Sprache überhaupt nicht gebrauchen, sondern nur unartikuliert lallen kann (OLG Köln MDR 1957, 740). Es schadet dagegen nicht, wenn er das Sprechen zu einzelnen Fragen durch Zeichen und Gebährden unterstützen oder ersetzen muß (ebenda unter Hinweis auf **RG** 63, 86; 108, 400; **OGH** 3, 383). Eine Sondervorschrift für die Testamentserrichtung durch einen Stummen oder Sprachverhinderten ist § 2243. Stumme sollen nicht als Testamentszeugen mitwirken (§ 2237 Nr. 4).

V. Urkundsbeamter der Geschäftsstelle

Anm. 8

Nach GVG § 153 wird bei jedem Gericht eine **Geschäftsstelle** eingerichtet, die mit der erforderlichen Zahl von **Urkundsbeamten** besetzt wird. Die allgemeinen Anordnungen für die Geschäftsstellen (vgl. § 12 der VO zur einheitlichen Regelung der Gerichtsverfassung v. 20. 3. 1935, RGBl I 403) werden jetzt für den Bereich der Länder wieder durch die Landesjustizverwaltungen getroffen. Ob die Niederschrift, die über die Errichtung des Testaments aufzunehmen ist (§§ 2240ff), vom Richter oder vom Urkundsbeamten der Geschäftsstelle angefertigt wird, ist gleichgültig.

VI. Zeugen

Anm. 9

Die Zeugen sind bloße Überwachungspersonen. Sie werden nicht besonders verpflichtet (so mit Recht Leopold, Testamentsrecht S. 20; jetzt auch Palandt/Rechenmacher Anm. 3; Vogels/Seybold TestG § 6 Anm. 10). Sie erfüllen ihr Amt, indem sie während des Errichtungsaktes anwesend sind (§ 2239; bisher TestG § 12 und die Niederschrift mit unterschreiben (§ 2242 Abs. 4; bisher § 16 Abs. 4 TestG). Ausschließungsgründe ergeben die §§ 2234—2237, bisher §§ 7—10 TestG. Eine besondere Verschwiegenheitspflicht ist den Zeugen gesetzlich nicht auferlegt (vgl. aber zur Verschwiegenheitspflicht des Notars RNotO § 19 Abs. 1 Satz 1). Über die Vergütung der Zeugen bestehen keine Vorschriften; die GebO für Zeugen und Sachverständige ist nicht anwendbar. Die an Urkundszeugen gezahlten Vergütungen werden als bare Auslagen erhoben (KostO 137 Nr. 3, 141).

Anm. 10

Einen besonderen Schreibzeugen sieht § 2242 Abs. 3 vor, wenn der Erblasser nach der Überzeugung der Urkundsperson nicht schreiben kann.

Anm. 11

VII. Zweiter Notar

Dem nur als Überwachungsperson amtierenden „zweiten Notar" steht der die Testamentsverhandlung leitende und die Niederschrift besorgende als „beurkundender Notar" gegenüber (vgl. §§ 2236, 2237 Nr. 6). Ausschließungsgründe für den zweiten Notar ergeben die §§ 2234—2236. Vgl. wegen der Gebühren des zweiten Notars KostO § 151.

Anm. 12

VIII. Begriff des „Zuziehens"

Der Urkundsbeamte der Geschäftsstelle, die Zeugen oder der zweite Notar müssen vom Richter oder vom beurkundenden Notar (nicht vom Erblasser, **RG** ZBlFG 14, 168 mit Folgerungen für die Regreßpflicht des Richters oder Notars) zugezogen, d.h. in irgendeiner Form zur Anwensenheit bei der Testamentserrichtung veranlaßt und in die Lage gebracht werden, dabei „mitzuwirken" (§§ 2239, 2242 Abs. 4). Bloß zufällige Anwesenheit genügt nicht. Zufällig Anwesende können jedoch „zugezogen" werden (Firsching DNotZ 1955, 287; vgl. auch KG DFG 43, 42).

IX. Freigestellte Zuziehung weiterer Personen (Abs. 2)

Anm. 13

Über die Rechtsnatur des Abs. 2 als einer bloßen **Ordnungsvorschrift** s. Anm. 4.

Anlaß, Überwachungspersonen zuzuziehen, kann dem Richter oder Notar z. B. die Befürchtung geben, daß die Erben später einwenden könnten, er habe den Willen des Erblassers nicht richtig wiedergegeben, oder der Erblasser sei infolge geistiger oder körperlicher Schwäche bei der Beurkundung nicht mehr verfügungsfähig gewesen.

Anm. 14

Der Erblasser wird die Zuziehung z. B. dann verlangen, wenn er sie für dienlich hält, um Streitigkeiten unter den zukünftigen Erben auszuschließen; er wird ihr widersprechen, wenn er besonderen Wert darauf legt, sein Testament geheimzuhalten. Vgl. Begr. zum TestG in DJ 1938, 1255. Den Wünschen des Erblassers „soll" der Richter oder Notar nachkommen. Auf die Gültigkeit des Testamentes ist es aber ohne Einfluß, wenn er ihnen nach pflichtmäßigem Ermessen nicht nachkommen zu können glaubt.

§ 2234

Als Richter, Notar, Urkundsbeamter der Geschäftsstelle oder Zeuge kann bei der Errichtung des Testaments nicht mitwirken:

1. **der Ehegatte des Erblassers, auch wenn die Ehe nicht mehr besteht;**
2. **wer mit dem Erblasser in gerader Linie oder im zweiten Grade der Seitenlinie verwandt oder verschwägert ist.**

E I 1916 Abs. 1 II 2100; M 5 263, 264; P 5 332—334.

Ausschließung wegen des Verhältnisses zum Erblasser

Anm. 1

I. § 2234 stimmt wörtlich mit TestG § 7 überein.

Anm. 2

II. Die **Ausschließungsgründe** der §§ 2234, 2235 sind im Gegensatz zu denen der §§ 2236, 2237 zwingend („kann nicht"). Sie beziehen sich sowohl auf den beurkundenden wie auf den zweiten Notar (§ 2233 Anm. 11). Die trotzdem erfolgende Mitwirkung hat Nichtigkeit des Testaments oder der Zuwendung (§ 2235 Abs. 2) zur Folge. Entsprechend anwendbar auf den Dolmetscher (§ 2244 Abs. 1), den Schreibzeugen (§ 2242 Abs. 3), bei den außerordentlichen Testamentsformen (§§ 2249 Abs. 1, 2250 Abs. 3, 2251) und beim Erbvertrage (§ 2276), nicht aber auf die Vertrauensperson nach § 2242 Abs. 2 Satz 2 (s. dort Anm. 12). Die Ausschließungsgründe für den Richter nach FGG § 6 kommen daneben nicht in Betracht.

Anm. 3

Die freiwillige Zuziehung eines an sich nach § 2234 ausgeschlossenen Zeugen hat auf die Wirksamkeit des Testaments keinen Einfluß, während § 2235 (Teilnichtigkeit des Testaments) auch für freiwillig zugezogene Zeugen gilt (OLG Köln NJW 1957, 1929 = DNotZ 1958, 94; s. im einzelnen § 2235 Anm. 7).

Anm. 4

III. Ehegatte wie FGG § 170 Nr. 2, nicht auch der Verlobte.

Anm. 5

IV. Verwandte (§ 1589) **und Verschwägerte** (§ 1590) wie FGG § 170 Nr. 3. Die Schwägerschaft dauert auch nach Auflösung der Ehe fort, § 1590 Abs. 2. Legitimation und Ehelichkeitserklärung §§ 1719, 1736ff, Annahme an Kindes Statt §§ 1757, 1762ff, uneheliche Kinder § 1705.

§ 2235

Als Richter, Notar, Urkundsbeamter der Geschäftsstelle oder Zeuge kann bei der Errichtung des Testaments nicht mitwirken, wer in dem Testament bedacht oder zum Testamentsvollstrecker ernannt wird oder wer zu einem Bedachten oder Ernannten in einem Verhältnis der im § 2234 bezeichneten Art steht.

Die Mitwirkung einer hiernach ausgeschlossenen Person hat nur zur Folge, daß die Zuwendung an den Bedachten oder die Ernennung zum Testamentsvollstrecker nichtig ist.

E I 1916 Abs. 2 II 2101; M 5 265, 266; P 5 332—334.

Übersicht

Ausschließung wegen des Verhältnisses zum Bedachten

Anm. 1

I. Allgemeines

Die Vorschrift entspricht TestG § 8. Abweichend von § 2235 aF hatte schon das Testamentsgesetz neben dem Bedachten auch den Testamentsvollstrecker einbezogen (s. Anm. 4). § 2235 ist gleichfalls zwingendes Recht (§ 2234 Anm. 2; s. aber Abs. 2) und bezieht sich sowohl auf den beurkundenden wie auf den zweiten Notar (§ 2233 Anm. 11).

II. Bedachte

Anm. 2

Bedachte sind der Erbe (auch der Nach- und Ersatzerbe), Vermächtnisnehmer, nicht aber der durch eine Auflage Begünstigte (Anm. 1 vor § 2192; ebenso Palandt/Rechenmacher Anm. 2; jetzt auch Vogels/Seybold TestG § 8 Anm. 2), auch nicht der im Testament als Vormund oder Pfleger Benannte (§§ 1776 Abs. 1 Nr. 1 u. 2, 1777, 1915—1917; RJA 16, 167).

Anm. 3

Die Folge des Abs. 2 tritt auch dann ein, wenn der Bedachte oder Ernannte, weil das Testament verschlossen übergeben wird, von der Zuwendung oder Ernennung keine Kenntnis erlangt (KGJ 51, 93). Sie bleibt aber gültig, wenn das übergebene Testament als eigenhändiges Testament aufrechterhalten werden kann (§ 2238 Anm. 6). Für den Bestand der Zuwendung oder Ernennung ist es unschädlich, wenn der Richter usw. nicht persönlich, sondern nur als gesetzlicher Vertreter (der Gemeinde, **RG** WarnRspr 1911 Nr. 279) bedacht oder ernannt ist, oder wenn er zu dem Bedachten oder Ernannten erst nach der Testamentserrichtung in ein Verhältnis der im § 2234 bezeichneten Art tritt.

Anm. 4

III. Testamentsvollstrecker

Anders als nach § 2235 aF ist von der Mitwirkung auch ausgeschlossen, wer im Testament zum Testamentsvollstrecker ernannt ist oder zu dem Ernannten in einem Verhältnis der im § 2234 bezeichneten Art steht. Die Ernennung zum Testamentsvollstrecker ist häufig mit Vorteilen verbunden und aus diesem Grunde einer Zuwendung im engeren Sinne gleichgestellt worden (Begr. zum TestG). Vgl. auch Raape in SRZ (Saarländische Rechts- und Steuerzeitschrift) 1954, 65: „§ 2235 nF BGB (vordem § 8 TestG) in internationalprivatrechtlicher Hinsicht“.

IV. Folge bei Verstoß (Abs. 2)

Anm. 5

Ein **Verstoß** gegen Abs. 1 bewirkt zunächst nur **teilweise Nichtigkeit,** während die Verletzung des § 2234 das ganze Testament nichtig macht. Es ist nach § 2085 zu beurteilen, ob etwa die Nichtigkeit der Zuwendung oder Ernennung das ganze Testament unwirksam werden läßt. Wirken ausgeschlossene Personen an der Testamentserrichtung eines Deutschen im Auslande mit, so ist das Testament gleichwohl gültig, wenn die dort geltende Form gewahrt ist (EGBGB Art. 11 Abs. 1; vgl. hierzu auch LG Zweibrücken NJW 1955, 1800, wonach § 2235 eine Formvorschrift i. S. des Art. 11 Abs. 1 Satz 2 EG, jedoch keine Inhaltsbestimmung gemäß Art. 24 Abs. 1 EG ist).

Anm. 6

Hat der Erblasser angeordnet, daß der Erbe nur bis zum Eintritt eines bestimmten Zeitpunktes oder Ereignisses Erbe sein soll, und ist die Bestimmung, wer dann die Erbschaft erhalten soll, nach der vorliegenden Vorschrift nichtig, so ist § 2104 anwendbar (KG HRR 1938 Nr. 1399 = ZAkDR 1939, 30 mit Anm. von Lange). Entsprechendes gilt für den Fall des § 2105.

Anm. 7

Der Schreiber des übergebenden Testaments kann gültig bedacht oder ernannt werden. Gegebenenfalls Anfechtung aus § 2078. Nach dem Wortlaut und dem Zweck des Gesetzes sind auch Zuwendungen an solche Zeugen nichtig, die nur nach §2233 Abs. 2, also freiwillig, zugezogen worden sind (LG Dortmund MDR 1951, 34; OLG Hamm DNotZ 1951, 176; OLG Köln NJW 1957, 1929 = DNotZ 1958, 94; Firsching DNotZ 1955, 287; aM Rohs DNotZ 1951, 176 Anm.; OLG Hamm DNotZ 1956, 424 unter Aufgabe der früheren Rechtsprechung; OLG Karlsruhe JZ 1957, 380).

§ 2236

Als Urkundsbeamter der Geschäftsstelle oder zweiter Notar oder Zeuge soll bei der Errichtung des Testaments nicht mitwirken, wer zu dem Richter oder dem beurkundenden Notar in einem Verhältnis der im § 2234 bezeichneten Art steht.

E I 1917 Abs. 1 II 2102; M 5 266; P 5 334, 335.

Ausschließung wegen des Verhältnisses zu den Urkundspersonen

Die Vorschrift entspricht TestG § 9. Während § 2236 aF jedoch zwingenden Rechts war (ebenso nach wie vor FGG § 172), hat § 2236 nF (wie TestG § 9) nur die Bedeutung einer **Ordnungsvorschrift** („soll"), deren Verletzung auf die Gültigkeit der Testaments ohne Einfluß ist.

§ 2234: Ehe, Verwandtschaft, Schwägerschaft. Ob die Überwachungspersonen untereinander in einem solchen Verhältnis stehen, ist unerheblich.

§ 2237

Als Zeuge soll bei der Errichtung des Testaments nicht mitwirken:
1. **ein Minderjähriger;**
2. **wer der bürgerlichen Ehrenrechte für verlustig erklärt ist, während der Zeit, für welche die Ehrenrechte aberkannt sind;**
3. **wer nach den gesetzlichen Vorschriften wegen einer strafgerichtlichen Verurteilung unfähig ist, als Zeuge eidlich vernommen zu werden;**
4. **wer geisteskrank, geistesschwach, taub, blind oder stumm ist oder nicht schreiben kann;**
5. **wer die deutsche Sprache nicht versteht; dies gilt nicht im Falle des § 2245;**
6. **wer als Hausangestellter oder Gehilfe im Dienste des Richters oder des beurkundenden Notars steht.**

E I 1917 Abs. 2, 3 II 2103; M 5 266—270; P 5 334—336.

Übersicht

Besondere Ausschließungsgründe für Zeugen

Anm. 1

I. Allgemeines

Die Vorschrift entspricht TestG § 10. Sie enthält — wie FGG § 173 — nur **Ordnungsvorschriften,** deren Verletzung das Testament nicht unwirksam macht. Gegenüber § 2237 aF sind neu eingefügt die Fälle der Nr. 4 und 5. Schon für das frühere Recht folgte aber aus der Natur der Sache, daß als Zeuge nur mitwirken kann, wer fähig ist, die einzelnen Vorgänge der Testamentserrichtung wahrzunehmen (so auch Firsching DNotZ 1955, 286), sollte er tatsächlich auch nicht darauf geachtet oder das Gehörte nicht erfaßt oder verstanden haben (OLG 32, 64). S. hierüber und über die Frage, welchen Einfluß nach früherem Recht die Mitwirkung eines hiernach ausgeschlossenen früheren Zeugen auf die Gültigkeit des Testaments hat, § 2237 Anm. 2 der 9. Aufl. dieses Kommentars. Frauen und Ausländer sind unbeschränkt zeugenfähig. Weitergehende landesgesetzliche Vorschriften sind auf die Gültigkeit des Testaments ohne Einfluß (EG Art. 151).

II. Einzelfälle, Nr. 1—6

Anm. 2

1. Zu Nr. 1

Minderjährige (und nicht für volljährig erklärte): §§ 2, 3. Dagegen sind die wegen Verschwendung und Trunksucht Entmündigten oder vorläufig Bevormundeten den Minderjährigen nur in Ansehung der Geschäftsfähigkeit gleichgestellt (§ 114), sonach zur Mitwirkung als Überwachungspersonen an sich nicht untauglich. Wegen der Geistesschwachen s. Nr. 4.

Anm. 3

2. Zu Nr. 2

Verlust der bürgerlichen Ehrenrechte: StGB § 32—36. Die nach § 34 Nr. 3 eintretende Unfähigkeit, Zeuge bei Aufnahmen von Urkunden zu sein, ist durch die Sollvorschrift des § 2237 für Testamente entsprechend abgeschwächt.

Anm. 4

3. Zu Nr. 3

Unfähigkeit zum Zeugnis: StGB § 161 als Folge der Verurteilung wegen Meineids.

Anm. 5

4. Zu Nr. 4

Geisteskranke usw.: § 2229 Anm. 11 ff, § 2233 Anm. 5—7. Die **Schreibunfähigkeit** kann darauf beruhen, daß der Zeuge nicht Schreiben gelernt hat (Analphabeten), oder körperlich behindert ist. Erforderlich ist im Hinblick auf § 2242 Abs. 4, daß der Zeuge wenigstens seinen Namen schreiben kann. Obwohl § 2237 Nr. 4 nur eine Sollvorschrift aufstellt, kann doch in den Fällen, in denen die Zuziehung von Zeugen zwingend vorgeschrieben ist (§§ 2233 Abs. 1, 2242 Abs. 3 Satz 2), das Testament nicht wirksam zustandekommen, falls sich herausstellt, daß ein Zeuge schreibunfähig ist. Es ist im Gesetz nicht vorgesehen, daß die Unterschrift durch ein Handzeichen oder durch Feststellung der Schreibunfähigkeit ersetzt werden kann. Notfalls muß die Testamentsverhandlung nach Zuziehung eines anderen Zeugen wiederholt werden.

Anm. 6

5. Zu Nr. 5

vgl. § 2244 Anm. 2 ff; 2245 Anm. 2.

Anm. 7

6. Zu Nr. 6

Hausangestellte (§ 2237 Nr. 4 aF: Gesinde) sind Personen, die dem Richter oder dem beurkundenden Notar häusliche oder persönliche Dienste leisten.

Anm. 8

Gehilfen des Richters können nicht in Betracht kommen, da sowohl Richter wie Gehilfe (z. B. Urkundsbeamter der Geschäftsstelle, Referendar) im Dienste des Staates stehen. Zu den Gehilfen des Notars gehören nur die zur dauernden Dienstleistung im Berufe, gleichviel ob zu juristischen oder rein mechanischen Verrichtungen angenommenen Hilfspersonen, nicht bloß vorübergehend Beschäftigte (Gepäckträger). Ob die Zeugen zum Erblasser oder zum zweiten Notar (§ 2233 Anm. 11) im Hausangestellten- oder Gehilfenverhältnis stehen, ist gleichgültig.

Anm. 9

III. Sonstige Anwendbarkeit der Vorschrift

Die Bestimmung ist ferner anzuwenden auf Dolmetscher, § 2244 Abs. 1 Satz 2, auf das Nottestament vor dem Bürgermeister, § 2249 Abs. 1 Satz 3, auf das Nottestament am abgesperrten Ort, das Nottestament bei naher Todesgefahr und das Seetestament, §§ 2250 Abs. 3 Satz 2, 2251 (mit Ausnahme von Nr. 6), auf den Erbvertrag, § 2276 Abs. 1 Satz 2.

§ 2238

Das Testament wird in der Weise errichtet, daß der Erblasser dem Richter oder dem Notar seinen letzten Willen mündlich erklärt oder eine Schrift mit der mündlichen Erklärung übergibt, daß die Schrift seinen letzten Willen enthalte.

Der Erblasser kann die Schrift offen oder verschlossen übergeben. Die Schrift kann von dem Erblasser oder von einer anderen Person geschrieben sein. Der Richter oder der Notar soll von dem Inhalt der offen übergebenen Schrift Kenntnis nehmen.

Wer minderjährig ist, kann das Testament nur durch mündliche Erklärung oder durch Übergabe einer offenen Schrift errichten.

Ist der Erblasser nach der Überzeugung des Richters oder des Notars nicht imstande, Geschriebenes zu lesen, so kann er das Testament nur durch mündliche Erklärung errichten.

E I 1918, 1922 II 2104; M 5 270, 271, 277; P 5 336, 339.

Übersicht

Errichtung des Testaments

I. Allgemeines

Anm. 1

1. Die Vorschrift entspricht TestG § 11.

Die eigentliche **Errichtung des Testaments** besteht in der mündlichen Erklärung des letzten Willens oder in der Übergabe der Schrift und der sie begleitenden Erklärung (**RG** 61, 149). Im Sinne des Gesetzes gehört aber zu dem Testamentsakt auch die Herstellung der „über die Errichtung" aufzunehmenden Niederschrift (§§ 2240, 2241; bisher TestG § 13), der sich zufolge einer Ordnungsvorschrift (§ 2246) die Verschließung und Verwahrung der Niederschrift anschließen soll. Ein Verstoß gegen die Formvorschriften des § 2238 bewirkt, von Abs. 2 Satz 3 abgesehen, immer Nichtigkeit (§ 125). Der Erblasser kann vor einem Richter oder Notar in der einen oder der anderen Form nur persönlich testieren (§ 2064). Wegen der Testierfähigkeit vgl. §§ 2229, 2230.

2. Die mündliche Erklärung des letzten Willens

Anm. 2

Die Erklärung richtet sich an den amtierenden Richter oder Notar. Sie ist allein maßgebend; darauf, ob sie von der Amtsperson richtig verstanden ist, kommt es nicht an (**RG** JW 1910, 61[4]; 27. 10. 1924 IV 713/23; vgl. aber § 2084 Anm. 8).

Anm. 3

Sie kann nur durch das Mittel der Sprache, auch einer fremden Sprache (**RG** 85, 308), also nur durch die lautliche Bildung von Worten, die von den mitwirkenden

Personen (§§ 2233, 2239) zu verstehen sein müssen (**RG** 108, 400ff), niemals durch bloße Zeichen oder Gebärden (Kopfnicken) geschehen (so bereits **RG** 85, 125ff; 29. 6. 1931 IV 449/30). Gegen diese „enge Auslegung" sind in **RG** 161, 378, ohne daß es für die Entscheidung darauf angekommen wäre, Bedenken in folgender Richtung erhoben worden: Das Erfordernis der mündlichen Erklärung als Form der Testamentserrichtung sei vom Gesetzgeber möglicherweise nur als Gegensatz zu der Testamentserrichtung durch Übergabe einer Schrift gemeint; deshalb müsse eine „mündliche" Erklärung in diesem Sinne unter Umständen auch dann angenommen werden, wenn der Erblasser seine Zustimmung zu einem ihm vorgelesenen Entwurf nicht mit einem vernehmlichen „Ja", sondern aus irgendeinem Grunde nur durch Kopfnicken oder eine sonstige Gebärde in einer für die mitwirkenden Personen klaren, unmißverständlichen Weise zu erkennen gegeben habe (ausgenommen den Sondertatbestand des § 2243). Es konnte jedoch schon für § 2238 aF nicht und noch weniger für TestG § 11 angenommen werden, daß der Gesetzgeber von einer solchen Auffassung ausgegangen sei. Wenn er eine Erklärung durch bloße Gebärden für eine zuverlässige Kundgabe des letzten Willens hätte ansehen wollen, so hätte es nahe gelegen, dem Stummen oder Sprechverhinderten diese Art der Erklärung zu gestatten. Diesen hat der Gesetzgeber aber in § 2243 (sofern nicht etwa der Stumme sich in der Lautsprache verständlich machen kann, vgl. § 2243 Anm. 3) nur die schriftliche Erklärung gestattet und dabei auch noch besondere Sicherungsmittel (vgl. auch § 2233 Abs. 1) für nötig erachtet. Es wäre ein widersinniges Ergebnis, wenn die Erklärung durch Gebärden dem Erblasser, der nicht sprechen kann, verwehrt, dagegen dem Erblasser, der nicht sprechen will, gestattet wäre. Eindeutig wird aber durch die Entstehungsgeschichte des TestG widerlegt, daß der Gesetzgeber von der vom Reichsgericht als möglich angenommenen Auffassung ausgegangen ist. Der ERAussch der AkDR hatte dazu geneigt, die Form der Testamentserrichtung dem FGG, das an die Art der Erklärung der Beteiligten keine besonderen Anforderungen stellt, anzupassen und sich — wie Schweizer ZGB Art. 500 — mit der „Mitteilung" des letzten Willens zu begnügen (wonach jedes vom Erblasser selbst ausgehende Ausdrucksmittel genügen würde; vgl. Gmür-Tuor, Komm. z. Schw. ZGB Anm. I, 1 zu Art. 500); darauf, daß die Verständigung gerade mündlich erfolge, legte er kein besonderes Gewicht (vgl. 1. Denkschr. S. 36, 64, 65, 69/70). Diesen Vorschlägen zu folgen, hat aber der Gesetzgeber bewußt abgelehnt, und zwar aus Sorge um eine eindeutige Übermittlung des letzten Willens an den Beurkundenden (Lange ZAkDR 1938, 579). Abgesehen hiervon könnte es kein Richter oder Notar mit seiner Amtspflicht vereinbaren, ein Testament als „mündlich" errichtet zu beurkunden, wenn der Erblasser in Wirklichkeit bei dem ganzen Testamentsakt kein Wort gesprochen hat. Trotz der in **RG** 161, 378 geäußerten Zweifel ist daher auch für § 2238 nF an der älteren reichsgerichtlichen Rechtsprechung festzuhalten. Auch der Bundesgerichtshof hat zu TestG § 11 Abs. 1 entschieden, der Erblasser könne seinen letzten Willen mündlich („mit dem Munde") nur mit Mitteln der Lautsprache — durch das verständlich gesprochene Wort —, nicht durch Kopfnicken, Gebärden oder sonstige Zeichen erklären (**BGH** 2, 172 = LM TestG § 11 Nr. 1 mit Anm. von Ascher = DNotZ 1952, 75 mit Anm. von Seybold; zustimmend Firsching DNotZ 1955, 288; vgl. ferner **OGH** 2, 45; 3, 383; OLG Schleswig SchlHA 1954, 15).

Anm. 4

Der Gültigkeit des Testaments tut es keinen Abbruch, daß in der Niederschrift der Wille des Erblassers nicht ausdrücklich als „mündlich" erklärt festgestellt ist; die Feststellung, daß der Erblasser dem Richter oder Notar seinen letzten Willen „erklärt" oder „kundgegeben" habe, ist ohne weiteres im Sinne einer mündlichen Erklärung zu verstehen (**RG** 161, 381).

Anm. 5

Der Erblasser braucht sich nicht in ausführlicher oder zusammenhängender Rede zu äußern; die Erklärung kann vielmehr auch im Wege der Rede und Gegenrede, Frage und Antwort zwischen dem verhandelnden Beamten und dem Erblasser zum Ausdruck kommen (**RG** Gruchot 65, 99). Auch die Benutzung von Niederschriften ist hierbei nicht ausgeschlossen (**RG** 63, 87). Das bloße Vorlesen der Niederschrift über die Testamentserrichtung und deren Genehmigung durch den Erblasser (§ 2242) soll nach **RG** 85, 120; 86, 391; JW 1920, 641[7]; Gruchot 65, 99; 2. 6. 1931 IV 449/30 die mündliche Erklärung nie ersetzen können, weil derselbe Vorgang nicht zugleich bedeuten könne, eine Erklärung werde abgegeben wie eine schon abgegebene Erklärung werde genehmigt. Abweichend hiervon ist in **RG** 161, 378 für den Fall, daß bei der Testamentserrichtung zulässigerweise (s. o.) ein vorher fertiggestellter Entwurf benutzt und Satz für Satz vorgelesen wird, angenommen worden, es könne in der Billigung des vorgelesenen Entwurfs durch den Erblasser sowohl die Erklärung des letzten Willens selbst als auch die Anerkennung der Niederschrift gefunden werden. Dabei wird vorausgesetzt, daß die Billigung an sich sowohl dem Erfordernis der mündlichen Erklärung des letzten Willens wie dem der Genehmigung der Niederschrift genügt (vgl. auch **OGH** 2, 51). Die Bezugnahme auf eine Schrift gemäß FGG § 176 Abs. 2 reicht nicht aus, wenn sie nicht von der besonderen hierfür vorgeschriebenen Erklärung (Anm. 8) begleitet ist (FGG § 168; **RG** 61, 149; Recht 1918 Nr. 736). Jedoch kann in der Genehmigung der Niederschrift zugleich die Erklärung liegen, daß die übergebene Schrift den letzten Willen enthalte (**RG** 92, 27). Vgl. ferner KG MDR 1960, 843 = DRSp I (174) 83a = DNotZ 1960, 485.

3. Die Übergabe einer Schrift mit dem letzten Willen

Anm. 6

Für die zu übergebende Schrift gilt hinsichtlich des Stoffes, der Sprache, der Schriftzeichen das beim eigenhändigen Testament Gesagte (§ 2247 Anm. 7ff). Dagegen braucht die Schrift nicht eigenhändig verfaßt zu sein (Anm. 11); die Benutzung von Typen (Druck, Maschinenschrift) ist zulässig, Datierung und Unterschrift sind entbehrlich. Das übergebene Schriftstück kann auch in Blindenschrift verfaßt sein (Schulze DNotZ 1955, 629). Mehrere gleichzeitig überreichte Willenserklärungen, auch wenn sie verschieden datiert sind, gelten als einheitlich im Augenblicke der Übergabe abgegeben. Soweit sie sich widersprechen, heben sie sich gegenseitig auf. Erfüllt die übergebene Schrift sämtliche Erfordernisse des § 2247, so bleibt sie als eigenhändiges Testament in Kraft, wenn der öffentliche Errichtungsakt aus irgendeinem Grunde ungültig sein oder gemäß § 2252 werden sollte (KGJ 50, 81; **RG** WarnRspr 1931 Nr. 50). Es müßte denn bewiesen werden, daß der Erblasser die fertiggestellte Schrift bis zur Übergabe in Amtshand nur als unverbindlichen Entwurf behandelt wissen wollte (vgl. aber § 2086).

Anm. 7

Die Übergabe erfordert, schon um Identitätszweifel zu beseitigen, daß der Erblasser selbst die Schrift dem Richter oder Notar körperlich, wenn auch nicht gerade von Hand zu Hand aushändigt. Es genügt deshalb nicht, daß er ein Schriftstück als sein Testament bezeichnet, das sich überhaupt nicht mehr in seinem Besitz, vielleicht bereits in der Hand einer der mitwirkenden Personen befindet (**RG** 81, 34). Dagegen genügt es, wenn der Richter oder Notar das in seinem Besitze befindliche Schriftstück dem Erblasser in greifbare Nähe hinlegt und dann in Gegenwart der übrigen mitwirkenden Personen mit erklärter Zustimmung des Erblassers an sich nimmt (**RG** 150, 189; WarnRspr 1914 Nr. 88; OLG 44, 99).

Anm. 8

Die mündliche Erklärung, die den Übergabeakt begleitet, erfordert nicht den Gebrauch feierlicher Worte. Es genügt, wenn der Erblasser die Frage des Testamentsbeamten, ob die übergebene Schrift seinen letzten Willen enthalte, mit „Ja" beantwortet (Anm. 5); es genügt ferner, daß der Testamentsbeamte dem Erblasser sagt, wenn er wolle, daß die Schrift als sein Testament gelten solle, müsse er ihm die Worte „das ist mein Testament" nachsprechen, und daß der Erblasser, der etwa infolge einer Krankheit nur mühsam sprechen kann, darauf die vier ihm einzeln vorgesprochenen Worte einzeln nachspricht; auch auf solche Weise kann, wie durch die Antwort „Ja" auf eine entsprechende Frage, ein auf eigenem Willensentschluß beruhendes Bekenntnis zum Inhalte der Schrift als letztem Willen kundgegeben werden (**RG** 108, 400). Im übrigen gilt das in Anm. 2—5 Gesagte.

Anm. 9

Durch die Überreichung und durch Aufnahme der Niederschrift wird das überreichte Schriftstück selbst Bestandteil der öffentlichen Urkunde (**RG** 84, 165f). Die mündliche Erklärung kann sich zugleich auf Zusätze, Änderungen oder Berichtigungen zu dem sachlichen Inhalt des übergebenen Testaments erstrecken. Gesetzlich besteht kein Hindernis, in dieser Weise beide Formen der Testamentserrichtung zusammenzufassen (**RG** 82, 149; WarnRspr 1931 Nr. 50).

II. Besonderes bei Übergabe einer Schrift (Abs. 2)

Anm. 10

1. Förmlichkeiten (Satz 1, 3)

Die **verschlossen** übergebene Schrift darf der Richter oder Notar nicht öffnen. Dagegen soll er von dem Inhalt der **offen** übergebenen Schrift Kenntnis nehmen (Abs. 2 Satz 3; anders nach früherem Recht, vgl. § 2238 aF). Hierdurch soll ihm ermöglicht werden, den Erblasser auf Bedenken gegen den Inhalt des Testaments oder auf Zweifel an seiner Gültigkeit hinzuweisen (§ 2241b). Übergabevermerk auf der Schrift selbst ist zweckmäßig, aber gesetzlich nicht vorgeschrieben.

Anm. 11

2. Der Schreiber (Satz 2)

Die übergebene Schrift braucht **nicht eigenhändig** geschrieben zu sein. Derjenige, welcher sie niedergeschrieben hat, ist von der Mitwirkung bei der Testamentserrichtung nicht ausgeschlossen. Soweit nicht § 2235 (Ausschließung wegen des Verhältnisses zum Bedachten) entgegensteht, kann er darin auch wirksam bedacht werden.

Anm. 12

III. Errichtung durch Minderjährige (Abs. 3)

Minderjährige, soweit sie nicht für volljährig erklärt sind (§ 3), sind vom öffentlichen Testament in der Form der Übergabe einer verschlossenen Schrift ausgeschlossen. Nach früherem Recht (§ 2238 Abs. 2 aF) konnten sie auch durch Übergabe einer offenen Schrift kein Testament errichten. Da sie nach § 2247 auch kein eigenhändiges Testament errichten konnten, waren Stumme oder sonst am Sprechen Verhinderte, solange sie minderjährig waren, im Hinblick auf § 2243 von der Testamentserrichtung ganz ausgeschlossen. § 2238 Abs. 3 ermöglicht ihnen nunmehr, ein Testament durch Übergabe einer offenen Schrift zu errichten.

IV. Errichtung durch Lesensunkundige (Abs. 4)

Anm. 13

Wer nicht imstande ist, **Geschriebenes zu lesen,** ist — wie nach § 2238 Abs. 2 aF — von der Errichtung eines Testaments durch Übergabe einer — offenen oder verschlossenen — Schrift ausgeschlossen, gleichviel, ob er am Lesen durch dauerndes körperliches Unvermögen wie der Blinde oder in hohem Grade Schwachsichtige (**RG** 86, 386; JW 1903, 130[23]) oder durch vorübergehende Beeinträchtigung der Sehkraft oder wegen Verstandes- oder Erziehungsmängeln (Analphabet) verhindert ist. Das Lesevermögen muß auch für die überreichte Schrift wenigstens so weit vorhanden sein, daß der Erblasser Geschriebenes dieser Art im allgemeinen zu lesen vermag (**RG** 76, 94). Der Erblasser muß die gebrauchten Schriftzeichen (Kurzschrift usw.) entziffern oder die benutzte fremde Sprache verstehen können. Bloßes Schreibunvermögen ist unschädlich. Blinde, die die Blindenschrift beherrschen, sind „imstande, Geschriebenes zu lesen", und können daher durch Übergabe einer Blindenschrift testieren, ohne daß es darauf ankommt, ob die das Testament entgegennehmende Amtsperson die Schrift ebenfalls lesen kann (Schulze DNotZ 1955, 629). Wegen der Unterschriftsverpflichtung eines testierenden Blinden vgl. auch **RG** 86, 385.

Darüber, ob Leseunvermögen vorliegt, entscheidet lediglich die nach freier Prüfung gewonnene Überzeugung des beurkundenden Richters oder Notars (s. § 2233 Anm. 3), wie durch die gegenüber § 2238 Abs. 2 aF geänderte Fassung des Abs. 4 klargestellt wird.

Anm. 14

Ist der Erblasser, der Geschriebenes nicht zu lesen vermag, zugleich stumm oder sonst am Sprechen verhindert, so kann er nach § 2243 auch kein Testament durch mündliche Erklärung errichten; er ist mithin, da er sich auch des eigenhändigen Testaments nicht bedienen kann (§ 2247), von der Testamentserrichtung ganz ausgeschlossen.

§ 2239

Die bei der Errichtung des Testaments mitwirkenden Personen müssen, soweit sich aus § 2242 Abs. 2, 3 nichts anderes ergibt, während der ganzen Verhandlung zugegen sein.

E I 1915 Abs. 3 II 2105; M 5 263; P 5 331, 332.

Übersicht

Anwesenheit der mitwirkenden Personen

Schrifttum: Zillmer, JZ 1952, 745.

Anm. 1

I. Allgemeines

Die Vorschrift stimmt inhaltlich mit TestG § 12 überein; von § 2239 aF unterscheidet sie sich durch den Hinweis auf § 2242 Abs. 2, 3: § 2239 ist auch auf die außerordentlichen Testamentsformen (§§ 2249—2251) und auf den Erbvertrag (§ 2276) anzuwenden. Die bei Verletzung des § 2239 grundsätzlich eintretende Nichtigkeitsfolge (vgl. Anm. 3) gilt nicht unbedingt auch für das sog. Dreizeugentestament, dessen Voraussetzungen in § 2250 selbständig und abschließend geregelt sind (KG NJW 1957, 953).

Anm. 2

II. Mitwirkende Personen

Die mitwirkenden Personen sind die in § 2233 Genannten. Der Erblasser gehört nicht dazu; er ist vielmehr in §§ 2241 Nr. 2, 2242, 2245, 2246 zu den Mitwirkenden ausdrücklich in Gegensatz gestellt worden und braucht mithin der Vollziehung der Testamentsniederschrift durch die Mitwirkenden (§ 2242 Abs. 3) nicht notwendig beizuwohnen (**RG** 85, 123; JW 1905, 24[26]; 1936, 989[3]). Das gleiche gilt für den Dolmetscher (vgl. § 2244 Abs. 1, wo § 2239 nicht mit angezogen worden ist; Näheres § 2244 Anm. 14).

Anm. 3

III. „während der ganzen Verhandlung“

Die **ganze Verhandlung** begreift nicht nur die eigentliche Testamentserklärung und den Akt der Schriftübergabe nach § 2238, sondern auch die in §§ 2242—2245 erwähnten Erklärungen und sonstigen Vorgänge, demgemäß auch die Verlesung, Genehmigung und Unterzeichnung der Niederschrift in sich. Insbesondere genügt nicht, daß die Zeugen nur diesem letzten Teile der Testamentsverhandlung beigewohnt haben (**RG** 63, 86; vgl. § 2238 Anm. 1 ff) oder daß der Urkundsbeamte der Geschäftsstelle nur das Diktat des Richters zu hören bekommt (**RG** JW 1909, 461[21]). Abwesenheit eines Mitwirkenden auch nur bei einem dieser Vorgänge macht das ganze Testament nichtig (§ 125). Insofern enthält § 2239 eine bewußte Abweichung von FGG § 174. Die Unterschrift eines Mitwirkenden kann, soweit das noch zulässig ist (§ 2242 Anm. 18), nur in Gegenwart der übrigen Mitwirkenden rechtswirksam nachgeholt werden (RJA 14, 270; vgl. aber auch den besonderen Fall **RG** 1936, 989[3]).

IV. Zugegensein

Anm. 4

Zugegensein setzt voraus, daß die Mitwirkenden den Erblasser während der ganzen Verhandlung (**RG** 161, 128), soweit sie in seiner Gegenwart stattzufinden hat (vgl. Anm. 2), sehen und hören können. Unter Umständen besonderer Art, z. B. bei dem Testament von Verschütteten, mag das Hörenkönnen genügen (vgl. hierzu aber Staudinger/Firsching Anm. 5). Ob die Zeugen der Verhandlung tatsächlich gefolgt sind, ist nicht entscheidend (KG OLG 32, 64; Firsching, DNotZ 1955, 287 vor Anm. 33). Es reicht aus, wenn der Zeuge versteht, daß der Erblasser seinen letzten Willen niederlegt (**OGH** 3, 388; OLG Saarbrücken SaarlRZ 1957, 85). Die Mitwirkung bei der Versiegelung und Verwahrung des Testaments ist nur durch die Ordnungsvorschrift des § 2246 angeordnet. Bei vorbereitenden Gesprächen ist die Anwesenheit der übrigen Mitwirkenden nicht erforderlich, ebensowenig während der Abfassung und Herstellung der Niederschrift, die (als vorbereitender Entwurf) der eigentlichen Testamentsverhandlung sogar vorausgegangen sein darf (**RG** 85, 124; JW 1915, 581[15]; Gruchot 50, 115 u. 65, 99; HRR 1932 Nr. 130). Freiwillig hinzugezogene Zeugen brauchen nicht während der ganzen Errichtungsverhandlung anwesend zu sein (**OGH** JR 1949, 321; aM Zillmer JZ 1952, 748).

Anm. 5

Überhaupt erfordert das Gesetz, wenngleich „die ganze letztwillige Erklärung eine Einheit bildet" (**RG** 161, 128), keine Einheit der Errichtungshandlung. Unterbrechungen selbst von längerer Dauer sind zulässig (vgl. hierzu Seybold DNotZ 1952, 77); die Niederschrift muß aber über eine etwaige Änderung des Tages der Verhandlung (§ 2241 Abs. 1; vgl. aber auch Abs. 3, 4) und soll über eine Änderung des Ortes der Verhandlung (§ 2241 Abs. 2) Aufschluß geben. Aus § 2241 Nr. 1 aF ergaben sich insoweit weitergehende Anforderungen. Entfernt sich ein Mitwirkender zeitweilig, so ist das unerheblich, wenn in seiner Abwesenheit nicht verhandelt worden ist (**RG** WarnRspr 1913 Nr. 207 u. 244). Ein Wechsel der mitwirkenden Personen vor Abschluß des Testamentsaktes ist dagegen schon wegen § 2242 Abs. 4 unzulässig.

§ 2240

Über die Errichtung des Testaments muß eine Niederschrift in deutscher Sprache aufgenommen werden.

E I 1919 Abs. 1 II 2106; M 5 271; P 5 336, 337.

Deutschsprachige Niederschrift

Anm. 1

I. Die Vorschrift stimmt wörtlich mit TestG § 13 Abs. 1 überein und entspricht § 2240 aF sowie FGG § 175.

Anm. 2

II. Die **Niederschrift** (§§ 2241, 2241 a, 2242) ist wesentlicher Bestandteil des Errichtungsakts; ebenso bei den außerordentlichen Testamentsformen (§§ 2249—2251; s. aber auch § 2249 Abs. 6) und beim Erbvertrag (§ 2276). Die **deutsche Sprache** ist auch bei Zuziehung eines Dolmetschers anzuwenden (§ 2244); im Falle des § 2245 ist durch Ordnungsvorschrift wenigstens deutsche Übersetzung vorgeschrieben.

§ 2241

Die Niederschrift muß enthalten:

1. den Tag der Verhandlung;
2. die Bezeichnung des Erblassers und der mitwirkenden Personen;
3. die nach § 2238 erforderlichen Erklärungen des Erblassers und im Falle der Übergabe einer Schrift die Feststellung der Übergabe.

Die Niederschrift soll ferner den Ort der Verhandlung enthalten.

Das Fehlen einer Angabe über den Tag der Verhandlung steht der Gültigkeit des Testaments nicht entgegen, wenn diese Angabe aus dem vom Richter oder Notar nach § 2246 auf den Testamentsumschlag gesetzten Vermerk hervorgeht.

Das Testament ist nicht schon deshalb ungültig, weil die Angabe über den Tag der Verhandlung unrichtig ist.

E I 1919 Abs. 2 II 2107.

Übersicht

Inhalt der Niederschrift

Anm. 1

I. Vorbemerkung

§ 2241 stimmt mit TestG § 13 Abs. 2—5 überein. Die Abs. 2—4 der neuen Fassung wurden durch das TestG neu eingefügt, um häufige Fehlerquellen auszuschließen.

II. Mußerfordernisse (Abs. 1)

Anm. 2

1. Allgemeines

Die in Abs. 1 aufgestellten Erfordernisse der Testamentsniederschrift sind zwingend („muß"). Ihre Verletzung hat die Nichtigkeit des Testaments zur Folge (§ 125), soweit nicht die in den Abs. 3 u. 4 vorgesehenen Milderungen Platz greifen. Die Verletzung weitergehender Vorschriften (z. B. EG Art. 151, DOfNot §§ 24—29; s. § 2232 Anm. 3) beeinträchtigt die Gültigkeit der Amtshandlung nicht (vgl. **BGH** 6. 10. 1960 V ZR 142/60 = DNotZ 1960, 668 = NJW 1960, 2336 zu DOfNot §§ 24 Abs. 1, 29 Abs. 1 Satz 1, die nur „Dienstanweisungen" seien). Die Beweiskraft der danach hergestellten öffentlichen Urkunde ist nach ZPO §§ 415, 418, 419 zu beurteilen. Wer die Nichteinhaltung der Formvorschriften behauptet, muß daher den nach § 415 Abs. 2 zugelassenen Nachweis der Unrichtigkeit führen (**RG** 161, 381).

2. Der Tag der Verhandlung (Abs. 1 Nr. 1, Abs. 3, 4)

Anm. 3

Nach § 2241 Nr. 1 aF war die Angabe des Ortes und des Tages der Verhandlung zwingend vorgeschrieben. Die neue Fassung hält — im Anschluß an des TestG — hieran nur wegen des Tages der Verhandlung fest; sie hat aber auch dieses Erfordernis in den Abs. 3 u. 4 stark gemildert. Wegen des Ortes der Verhandlung besteht nur noch eine Sollvorschrift (Abs. 2; Anm. 10).

Anm. 4

Es genügt, wenn sich der Tag der Verhandlung aus dem Text der Niederschrift ergibt (**RG** JW 1911, 589[36]). Nur die ausgeschriebene kalendermäßige Bezeichnung des Tages entspricht der Bedeutung der öffentlichen Urkunde, wenn auch der Gebrauch üblicher Abkürzungen die Gültigkeit nicht beeinträchtigen mag (**RG** 53, 152). Eine mangelhafte oder unvollständige Tagesangabe ist unschädlich, wenn sie aus der Niederschrift selbst (OLG 44, 99), gegebenenfalls unter Verwendung offenkundiger Tatsachen, oder aus den die Testamentserrichtung betreffenden, gesetzlich vorgeschriebenen Beurkundungen, die mit dem Errichtungsakt in unmittelbarem Zusammenhang stehen, z. B. aus dem nach § 2246 auf den Testamentsumschlag gesetzten Vermerk, ergänzt werden kann (**RG** 81, 95; 84, 163; JW 1929, 587[17]; KGJ 50, 76; s. auch **RG** WarnRspr 1917 Nr. 243). Die Einträge in dem vom Amtsgericht nach § 27 der Aktenordnung (idF der AV v. 4. 8. 1938, DJ 1259), zu führenden Verwahrungsbuch oder in der vom Notar nach DOfNot § 7 zu führenden Urkundenrolle sind hierfür ungeeignet, da sie nicht zu den unmittelbaren Beurkundungsvorgängen gehören (vgl. **RG** WarnRspr 1931 Nr. 129).

Anm. 5

Auch das völlige Fehlen der Tagesangabe in der Niederschrift beeinflußt nach **Abs. 3** (anders als nach § 2241 aF) die Gültigkeit des Testaments nicht, wenn die Angabe aus dem nach § 2246 auf den Testamentsumschlag gesetzten Vermerk hervorgeht. In anderer als der hier vorgesehenen Weise darf die fehlende Tagesangabe nicht ergänzt werden, da Abs. 3 eine Ausnahmevorschrift ist, die nicht ausdehnend angewandt werden kann (Vogels/Seybold TestG § 13 Anm. 8 Abs. 3). Die Einträge im Verwahrungsbuche des Amtsgerichts oder in der Urkundenrolle des Notars können daher auch insoweit nicht herangezogen werden.

Anm. 6

Daß die Tagesangabe unrichtig ist, steht nach **Abs. 4** der Gültigkeit des Testaments nicht entgegen (anders nach § 2241 aF), gleichviel ob der Tag nur versehentlich oder mit Absicht unrichtig angegeben ist (s. aber die Strafvorschrift in StGB § 348 für den Fall einer vorsätzlichen Falschbeurkundung). Es ist daher auch unschädlich, wenn die Niederschrift nicht darüber Aufschluß gibt, daß sich die Testamentsverhandlung über mehrere Tage erstreckt hat (s. § 2239 Anm. 5).

Anm. 7

3. Personenbezeichnung (Abs. 1 Nr. 2)

Die **Bezeichnung** des **Erblassers** und der **mitwirkenden Personen** muß nicht notwendig eine namentliche, aber doch so bestimmt sein, daß sie die Personen der Beteiligten ergibt. Zur Person des Erblassers kann auch ein regelmäßig geführtes Pseudonym genügen. Es ist ratsam, die Mitwirkenden als Richter, beurkundenden Notar, zweiten Notar (§ 2233 Anm. 11), Zeugen besonders zu kennzeichnen; jedoch ist dies entbehrlich, wenn hierüber nach dem Gesamtinhalt der Niederschrift kein berechtigter Zweifel möglich ist (vgl. JW 1925, 387[19] sowie Josef das. 754). Die Personen brauchen nicht feierlich als „bei der Verhandlung mitwirkend" genannt zu werden (**RG** JW 1909, 20[15]). Die Bezeichnung gehört ordnungsgemäß in den Text der Niederschrift; es kann aber, falls an der Einheitlichkeit der Beurkundung kein Zweifel besteht, unter Umständen genügen, wenn sich die Bezeichnung am Rande der Niederschrift befindet, oder wenn sie (**RG** 50, 16) erst aus der Niederschrift ersichtlich wird, während im Texte nur von „den unterzeichneten Gerichtspersonen" die Rede ist. Vgl. auch KG JFG 20, 319 = DFG 1939, 206 = HRR 1939 Nr. 1505 = DRW 1939, 1953[9] über die Möglichkeit, stillschweigend auf die Unterschrift hinzuweisen. Aufnahme einer Feststellung über die Person des Erblassers § 2241 a.

4. Erklärungen des Erblassers und Übergabefeststellung (Abs. 1 Nr. 3)

Anm. 8

Die Niederschrift muß als Haupterfordernis die mündlichen **Erklärungen des Erblassers** in den beiden Formen des § 2238 Abs. 1 enthalten, also die Erklärung des Testamentsinhalts selbst oder, bei Übergabe einer Schrift, die sie begleitende Erklärung.

Anm. 9

Die weiter vorgeschriebene **Feststellung der Übergabe** kann auch in der niedergeschriebenen Erklärung: „Wir überreichen hiermit . . ." gefunden werden (**RG** Warn Rspr 1908 Nr. 74). Ob die Schrift offen oder verschlossen übergeben war, muß nicht notwendig festgestellt werden. Es genügt, daß die rechtserheblichen Umstände und Erklärungen schriftlich und in Gegenwart der mitwirkenden Personen niedergelegt sind und dies durch Unterschrift bezeugt ist (KG HEZ 1, 233 = SJZ 1948, 200 mit Anm. von Weigelin).

Verschließung, Aufschrift und Verwahrung: § 2246.

Anm. 10

III. Ort der Verhandlung (Abs. 2)

§ 2241 Nr. 1 aF schrieb die Abgabe des Ortes der Verhandlung zwingend vor. Abs. 2 hat diese Vorschrift zu einer bloßen Sollvorschrift abgeschwächt. Auf die Gültigkeit des Testaments ist es daher ohne Einfluß, wenn die Ortsangabe fehlt oder unrichtig ist.

§ 2241 a

Kennt der Richter oder der Notar den Erblasser, so soll er dies in der Niederschrift feststellen. Kennt er ihn nicht, so soll er angeben, wie er sich Gewißheit über seine Person verschafft hat.

Kann sich der Richter oder der Notar über die Person des Erblassers keine volle Gewißheit verschaffen, wird aber gleichwohl die Aufnahme der Verhandlung verlangt, so soll er dies in der Niederschrift unter Anführung des Sachverhalts und der zur Feststellung der Person beigebrachten Unterlagen angeben.

Der Richter oder der Notar soll sich davon überzeugen, daß der Erblasser testierfähig ist (§ 2229). Er soll seine Wahrnehmungen über die Testierfähigkeit in der Niederschrift angeben.

Übersicht

Feststellung der Person und Prüfung der Testierfähigkeit des Erblassers

Schrifttum: Firsching, Fragen des Testamentsrechts, DNotZ 1955, 283 [284 bis 286].

I. Feststellung der Person (Abs. 1)

Anm. 1

Über die Feststellung der Person des Erblassers enthielt das BGB ursprünglich keine Bestimmungen. Jedoch galten die Vorschriften des FGG § 176 Abs. 3 auch für die Testamentserrichtung (§ 2232 Anm. 1). Diese hat das TestG in § 14 Abs. 1 u. 2 in etwas anderer Fassung übernommen; sie sind in § 2241 a ebenso beibehalten worden. Vgl. auch DOfNot § 31 und Begründung zum TestG DJ 1938, 1256.

Anm. 2

Die Abs. 1 u. 2 sind lediglich Sollvorschriften. Das Fehlen der hier vorgeschriebenen Feststellungen und Angaben ist daher auf die Gültigkeit des Testaments ohne Einfluß. In welcher Weise sich der Richter oder Notar, falls er den Erblasser nicht schon vor der Testamentserrichtung gekannt hat, Gewißheit über seine Person verschafft, ist seinem pflichtmäßigen Ermessen überlassen. In jedem Falle muß er hierbei die äußerste Sorgfalt anwenden (**RG** 124, 63).

Anm. 3

Das zuverlässigste Mittel zur Feststellung der Person ist ein mit einem Lichtbild versehener amtlicher Ausweis (**RG** 156, 87), der in der Niederschrift zweckmäßigerweise genau bezeichnet wird. In Betracht kommt ferner die Vorstellung des Erblassers durch Erkennungszeugen, deren Zuverlässigkeit dem beurkundenden Beamten bekannt sein muß (**RG** 124, 63; DOfNot § 31 Abs. 2). Ihre Namen sind nach Abs. 1 Satz 2 in der Niederschrift anzuführen. Sie gehören jedoch nicht zu den mitwirkenden Personen im Sinne des § 2239 und brauchen daher, falls sie nicht zugleich in anderer Eigenschaft mitwirken, die Niederschrift nicht zu unterschreiben (RJA 2, 33). Andere Erkenntnisquellen (z.B. Sachkenntnis der als Erblasser auftretenden Person, sonstige von ihr vorgelegte Urkunden, vgl. **RG** 156, 88/89) wird der beurkundende Beamte nur unter besonderen Umständen (z.B. bei lebensgefährlicher Erkrankung des Erblassers) verwenden.

Anm. 4

II. Mangelnde Gewißheit (Abs. 2)

Kann sich der beurkundende Beamte über die Person des Erblassers **keine volle Gewißheit** verschaffen, so darf er, falls gleichwohl die Aufnahme der Verhandlung verlangt wird, die Entgegennahme des Testaments nicht ablehnen (anders DOfNot § 31 Abs. 4). Denn es ist immer ungewiß, ob der Erblasser später noch imstande sein wird, ein Testament zu errichten (Firsching DNotZ 1955, 285). Die Feststellung der Person muß dann zunächst offen bleiben. In der Niederschrift soll in einem solchen Falle nach Abs. 2 angegeben werden, a) daß sich der beurkundende Beamte keine volle (oder unter Umständen überhaupt keine) Gewißheit über die Person des Erblassers verschaffen kann, b) daß der Erschienene gleichwohl die Aufnahme der Verhandlung verlangt, und es sollen c) der Sachverhalt und die vom Erschienenen zur Feststellung seiner Person beigebrachten Unterlagen angeführt werden.

III. Bedeutung der Feststellungen nach Abs. 1 und 2

Anm. 5

1. Die dem **Abs. 1** entsprechende Feststellung stellt sich als ein Zeugnis des beurkundenden Beamten darüber dar, daß das Testament von der in der Niederschrift angegebenen Person errichtet worden ist. Sie begründet daher nach ZPO § 418 Abs. 1 vollen **Beweis** für die Person des Erblassers (Stein/Jonas/Schönke, ZPO § 418 Bem. II; RJA 9, 224). Der Gegenbeweis, daß das Testament in Wirklichkeit nicht von der in der Niederschrift angegebenen Person errichtet worden sei, ist nach ZPO § 418 Abs. 2 zulässig. Erforderlich ist aber ein voll überzeugender Beweis der Unrichtigkeit; es genügt nicht, daß die Glaubwürdigkeit der Beurkundung nur erschüttert wird (**RG** JW 1938, 1538[32]).

Anm. 6

2. Hat sich der beurkundende Beamte keine Gewißheit über die Person des Erblassers verschaffen können **(Abs. 2)** oder fehlt es in der Niederschrift an den nach den Abs. 1 u. 2 vorgeschriebenen Angaben, so muß im Streitfalle derjenige, der aus dem Testament Rechte herleitet, beweisen, daß es von der in der Niederschrift angegebenen Person errichtet worden ist.

IV. Prüfung der Testierfähigkeit (Abs. 3)

Anm. 7

Die Bestimmung enthält ebenfalls eine Sollvorschrift. Vgl. auch DOfNot § 32, ferner Seybold/Hornig/Lemmens 3. Aufl. RNotO § 21 VIII S. 223.

Anm. 8

Die Testierfähigkeit ist ein Unterfall der Geschäftsfähigkeit. Wie es grundsätzlich keine auf besonders schwierige Geschäfte beschränkte (partielle) Geschäftsunfähigkeit gibt (**BGH** NJW 1953, 1342 = MDR 1953, 605 gegen **RG** JW 1938, 1590), so gibt es auch keine abgestufte Testierfähigkeit; der Erblasser kann also nicht fähig sein, ein einfaches Testament, dagegen unfähig, ein schwieriges Testament zu errichten (**OGH** 2, 45, 53 = NJW 1949, 544; vgl. § 2229 Anm. 14; auch OLG Hamburg MDR 1950, 731).

Anm. 9

Steht die Testierunfähigkeit zweifellos fest (z. B. weil der Erblasser noch nicht 16 Jahre alt oder weil er unanfechtbar entmündigt ist), dann sollte der Richter oder Notar die Entgegennahme des Testaments ablehnen. Auch bei ernsten Zweifeln an der Testierfähigkeit sollte dagegen die Urkundsperson das Testament aufnehmen, ihre Zweifel jedoch in geeigneter Weise mit beurkunden oder anderweitig niederlegen (so schon v. Dassel, Das Recht 1917 Sp. 329).

Anm. 10

Über die Beweislast hinsichtlich der Testierfähigkeit s. § 2229 Anm. 16.

§ 2241 b

Der Richter oder der Notar soll den Erblasser auf Bedenken gegen den Inhalt seiner mündlichen Erklärung oder der offen übergebenen Schrift hinweisen.

Bestehen Zweifel an der Gültigkeit des beabsichtigten Testaments, so sollen die Zweifel dem Erblasser mitgeteilt und der Inhalt der Mitteilung und die hierauf vom Erblasser abgegebenen Erklärungen in der Niederschrift festgestellt werden.

Übersicht

Bedenken gegen die Errichtung des Testaments

Schrifttum: Bärmann, Vorsorgende Rechtspflege und Belehrungspflicht, DJ 1943, 147; Daimer, Belehrungspflicht bei Beurkundung von letztwilligen Verfügungen, DJ 1941, 1102; 1942, 488; vgl. auch 1943, 399; Rohs, Die Belehrungspflicht bei Beurkundung einer Verfügung von Todes wegen, DJ 1942, 422.

Anm. 1

I. Allgemeines

Die Vorschrift stimmt mit TestG § 15 überein. Die alte Fassung des BGB enthielt keine entsprechende Bestimmung.

Anm. 2

II. Belehrungspflicht (Abs. 1)

Eine besondere Belehrungspflicht ist dem Richter oder dem Notar ausdrücklich weder in der aF des BGB noch im FGG, wohl aber vielfach in den landesrechtlichen Ausführungsvorschriften auferlegt worden (z. B. PrFGG Art. 40). Vgl. auch DOfNot § 30. Im Zusammenhang mit § 2241 b bestimmt § 2238 Abs. 2 Satz 3, daß der Richter oder der Notar von dem Inhalt der offen übergebenen Schrift Kenntnis nehmen soll. Wird die Schrift verschlossen übergeben und gestattet der Erblasser dem beurkundenden Beamten nicht, sie zu öffnen (s. § 2238 Anm. 10), so muß die Belehrungspflicht aus Abs. 1 entfallen. Abs. 1 enthält, ebenso wie Abs. 2, eine bloße **Sollvorschrift.** Die in Abs. 1 bestimmte Belehrungspflicht schließt die Pflicht in sich, den Erblasser bei der Bildung seines letzten Willens zu beraten und auf eine sachdienliche Fassung des Testaments hinzuwirken, die Zweifel nach Möglichkeit ausschließt (streitig, ebenso Rohs, Rpfleger 1956, 110 mit eingehender Begründung; s. auch Rohs, Die Geschäftsprüfung der Notare, 3. Aufl. 1953 S. 19f).

III. Verfahren bei Zweifeln an der Gültigkeit (Abs. 2)

Anm. 3

Bloße Zweifel an der Gültigkeit des beabsichtigten Testaments berechtigen den Richter oder den Notar nicht, die Beurkundung abzulehnen. Er soll aber in diesem Falle nach Abs. 2 verfahren. In Betracht kommen z.B. Bedenken, die sich hinsichtlich der Testierfähigkeit des Erblassers oder aus einer entgegenstehenden erbvertraglichen Bindung ergeben (Begr. zum TestG). Vgl. auch DOfNot § 34. Steht die Ungültigkeit des beabsichtigten Testaments zweifellos fest oder werden mit dem Testament erkennbar unerlaubte oder unredliche Zwecke verfolgt, so hat der Richter oder der Notar die Beurkundung abzulehnen (RNotO § 15 Abs. 2; PrFGG Art. 40 Abs. 2; Lange ZAkDR 1938, 579; vgl. auch oben § 2241a Anm. 9).

Anm. 4

§ 2241 Abs. 2 ist eine Sonderbestimmung für den Fall der Testamentserrichtung; die getroffene Regelung ist für die notarielle Beurkundung im allgemeinen nicht maßgebend (**BGH** 29, 8).

§ 2242

Die Niederschrift muß vorgelesen, vom Erblasser genehmigt und von ihm eigenhändig unterschrieben werden. In der Niederschrift soll festgestellt werden, daß dies geschehen ist. Hat der Erblasser die Niederschrift eigenhändig unterschrieben, so wird vermutet, daß sie vorgelesen und von ihm genehmigt ist. Die Niederschrift soll dem Erblasser auf Verlangen auch zur Durchsicht vorgelegt werden.

Ist der Erblasser taub, so soll ihm die Niederschrift zur Durchsicht vorgelegt werden, auch wenn er dies nicht verlangt; in der Niederschrift soll festgestellt werden, daß dies geschehen ist. Kann der taube Erblasser Geschriebenes nicht lesen, so soll bei dem Vorlesen eine Vertrauensperson zugezogen werden, die sich mit ihm zu verständigen vermag; in der Niederschrift soll die Zuziehung festgestellt werden.

Kann der Erblasser nach der Überzeugung des Richters oder des Notars nicht schreiben, so wird die Unterschrift des Erblassers durch die Feststellung dieser Überzeugung in der Niederschrift ersetzt. In einem solchen Falle muß der Richter oder der Notar bei dem Vorlesen und der Genehmigung einen Zeugen zuziehen; der Zuziehung des Zeugen bedarf es nicht, wenn der Richter oder der Notar gemäß § 2233 oder nach einer anderen gesetzlichen Vorschrift einen Urkundsbeamten der Geschäftsstelle oder einen zweiten Notar oder zwei Zeugen zuzieht.

Die Niederschrift muß von den mitwirkenden Personen unterschrieben werden.

E I 1919 Abs. 3, 4, 1920 II 2108; M 5 273—275; P 5 536—539.

Übersicht

Verlesung, Genehmigung und Unterzeichnung

Neueres Schrifttum: Glaser, Begriff der Eigenhändigkeit der Unterschrift im Sinne des § 2242, Betrieb 1957, 233; Glaser, Eigenhändigkeit der Unterschrift des ffrblassers im öffentlichen Testament, DNotZ 1958, 302; Grauel, Zur Lesens- und Schreibunfähigkeit beim öffentlichen Testament, Rpfleger 1961, 12.

Anm. 1

I. Allgemeines

Die Vorschrift entspricht TestG § 16. Die Abs. 1, 3 u. 4 in TestG § 16 waren an die Stelle des § 2242 aF getreten. Abs. 2 ist also gegenüber der alten BGB-Fassung neu.

Die Beobachtung der **wesentlichen Förmlichkeiten** muß, soweit das Gesetz nicht bloße Sollvorschriften aufstellt, aus der Niederschrift selbst hervorgehen oder, wenn es sich nicht um die Ergänzung von Lücken, sondern um die bloße Beseitigung von Zweifeln oder Unklarheiten handelt, aus urkundlichen Vorgängen, die mit der Errichtung der Niederschrift in unmittelbarem Zusammenhange stehen (**RG** 86, 390; 97, 298; JW 1927, 1205[19]; 1929, 587[17]; § 2241 Anm. 4); sie kann dagegen nicht anderweitigen Ermittlungen entnommen werden (**RG** JW 1904, 208[21]; WarnRspr 1931 Nr. 86, 1939 Nr. 80; s. auch Anm. 15; anders BayObLG 31, 371 für ein Gemeindetestament nach § 2249).

II. Abs. 1 Satz 1

Anm. 2

1. Geltungsbereich der Vorschrift

Abs. 1 Satz 1 betrifft nur die Niederschrift im engeren Sinne, d. h. alle nach § 2241 Abs. 1 Nr. 1—3 wesentlichen Bestandteile, nicht die in § 2241 Abs. 1 Nr. 3 bezeichnete Schrift, auch wenn sie offen übergeben wird (**RG** 84, 165), ebensowenig die Feststellungen, die nach § 2242 Abs. 1 Satz 2 (**RG** 79, 368), nach Abs. 3 (**RG** 63, 31; 86, 391) und nach § 2243 Abs. 2, § 2244 Abs. 3, § 2245 Abs. 2 in der Niederschrift zu treffen sind. Vorzulesen und zu genehmigen ist insbesondere auch die Beurkundung über Ort und Tag der Verhandlung (**RG** 50, 215; 109, 373); ebenso die Bezeichnung der bei der Verhandlung mitwirkenden Personen (**RG** JW 1911, 804[5]). Nach Firsching DNotZ 1955, 289 soll allerdings § 2242 Abs. 1 Satz 1 sich nur auf § 2241 Abs. 1 Nr. 3 erstrecken und das Testament auch dann gültig sein, wenn die Orts- und Zeitangabe nicht mit vorgelesen ist. Dem steht jedoch entgegen, daß nach § 2241 auch diese Angaben Teile der Niederschrift sind. Es ist aber zulässig, daß zunächst der Teil der Niederschrift vorgelesen wird, der die einleitenden Angaben des § 2241 Abs. 1 Nr. 1 u. 2 enthält, daß dann erst der nach § 2238 erforderliche eigentliche Errichtungsvorgang vollzogen, gemäß § 2241 Abs. 1 Nr. 3 beurkundet und darauf dieser Teil der Niederschrift vorgelesen wird (**RG** 108, 403).

Anm. 3

2. Verlesung

Die Verlesung, gleichviel von welchem der Mitwirkenden sie vorgenommen wird, ist auch bei Taubheit des Erblassers (Abs. 2) wesentlich, unverzichtbar und wird weder durch lautes Diktat noch durch die Durchsicht der Niederschrift (Abs. 1 Satz 4, Abs. 2 Satz 1) ersetzt.

Anm. 4

3. Genehmigung des Erblassers

Für die Genehmigung ist keine mündliche Erklärung (§ 2238 Anm. 2ff) vorgeschrieben, sie kann deshalb auch stillschweigend ausgedrückt werden (Kopfnicken; **RG** 108, 403). Der Erblasser kann die Genehmigung auch in der Weise äußern, daß er, nachdem die Niederschrift vorgelesen worden ist, ohne Widerspruch unterschreibt; nach Abs. 1 Satz 3 (s. Anm. 8f) wird vermutet, daß die Niederschrift vorgelesen und vom Erblasser genehmigt worden ist, wenn er sie eigenhändig unterschrieben hat. Über die Frage, ob die mündliche Erklärung, durch die das Testament errichtet wird, mit der Vorlesung und Genehmigung der Niederschrift in einem einzigen Verhandlungsvorgang zusammengezogen werden kann, s. § 2238 Anm. 5; **RG** 85, 120; 161, 378; **OGH** 2, 51.

Anm. 5

4. Unterschrift des Erblassers

Die Unterschrift muß eine **eigenhändige** sein. Dies ist nicht deshalb ausgeschlossen, weil eine zweite Person mitbestimmend an der Herstellung der Unterschrift mitgewirkt hat (**RG** WarnRspr 1911 Nr. 336; s. auch § 2247 Anm. 8). Die mit Unterstützung eines Dritten geleistete Unterschrift verliert die Eigenschaft der Eigenhändigkeit noch nicht, solange der Unterschreibende den Willen hat, seine Unterschrift zu leisten und diesen Willen so betätigt, daß die Leistung der Unterschrift von seinem Willen abhängig bleibt (**BGH** LM TestG § 16 Nr. 1 mit Nachw.; OLG Köln DNotZ 1957, 158 = MDR 1957, 421 = JMBlNRW 1957, 90); vgl. auch **BGH** MDR 1958, 664, 837 mit Anm. von Keidel und § 2247 Anm. 8. Die Hilfe darf daher nicht so weit gehen, daß der Erblasser sich die Hand wie ein willenloses Werkzeug führen läßt und die Schriftzüge somit nicht mehr von ihm, sondern alleinbestimmend von dem Dritten hergestellt werden (vgl. BayObLGZ 1948—1951, 598 mit Nachw. = DNotZ 1952, 78 mit Anm. von Rechenmacher). Durch Handzeichen kann die Unterschrift nicht ersetzt werden. Erforderlich ist Namensunterschrift (§ 126; dahingestellt gelassen **RG** 87, 110f; ausgesprochen für § 2231 Nr. 2 aF **RG** 110, 168; 134, 310; 137, 216). Sie wird verständigerweise so geleistet, daß sie in Verbindung mit dem Inhalte des Testaments oder offenkundigen Tatsachen die Personengleichheit des Erblassers außer Zweifel stellt. Inwieweit hierzu der bloße Familienname genügt, oder auch Vor- und Zuname oder eine sonstige nähere Bezeichnung nötig ist, ist Tatfrage. Die Formvorschrift wird aber durch die Unterzeichnung mit dem bloßen Familiennamen stets erfüllt. Frauen brauchen ihren Mädchennamen nicht hinzuzufügen (DJ 1935, 1772). Der Gebrauch eines unrichtigen, aber tatsächlich vom Erblasser geführten Vornamens ist unschädlich (**RG** WarnRspr 1913 Nr. 300), ebenso eine Verstümmelung des Namens, wenn sie dessen Erkennbarkeit nicht ausschließt (s. einerseits KGJ 50, 79, andererseits **RGSt** 43, 231). Auch auf die Lesbarkeit der Unterschrift kommt es nicht an, solange nur feststeht, daß es sich um die Unterschrift des Erblassers handelt (s. auch Glaser, DNotZ 1958, 303). Die für das eigenhändige Testament in § 2247 Abs. 3 vorgesehenen Erleichterungen gelten für das öffentliche Testament nicht (**BGH** 27, 274, 276 = auszugsweise MDR 1958, 664, 837 mit Anm. von Keidel). Die Unterzeichnung durch Angabe der Familienstellung genügt daher nicht; ebensowenig die Unterzeichnung mit dem bloßen Vornamen, es sei denn, daß sein alleiniger Gebrauch — wie seinerzeit in Deutschland bei fürstlichen Personen oder wie bei kirchlichen Würdenträgern — üblich ist. Die Unterschrift muß nicht notwendig mit der in der Niederschrift enthaltenen Bezeichnung des Erblassers (§ 2241 Abs. 1 Nr. 2) übereinstimmen. Räumlich muß sie zu der vorangehenden Niederschrift in einem Verhältnis stehen, daß sie deren Inhalt deckt; darauf, ob sich die Unterschrift des Erblassers über oder unter dem Feststellungsvermerk (Anm. 7) befindet, kommt es nicht an (JFG 4, 275; **RG** 62, 1; 63, 37; 69, 82). Auch der Blinde hat, wenn er dazu imstande ist, zu unterzeichnen; andernfalls muß der Ersatzformvorschrift des Abs. 3 genügt werden (**RG** 86, 385; zur Gültigkeit von Blindentestamenten vgl. ferner OLG Koblenz NJW 1958, 1784). Zum Begriff der Eigenhändigkeit der Unterschrift vgl. im übrigen Glaser Betrieb 1957, 233.

Anm. 6

Satz 1 ist nach wie vor eine Mußvorschrift (Begr. zum TestG); das Testament ist daher nichtig, wenn die Niederschrift nicht vorgelesen oder nicht vom Erblasser genehmigt oder nicht von ihm eigenhändig unterschrieben worden ist (so insbesondere auch Glaser DNotZ 1958, 302).

Anm. 7

III. Feststellung der Förmlichkeiten (Abs. 1 Satz 2)

Schon das TestG hatte, um Formnichtigkeit möglichst zu vermeiden, die Mußvorschrift des § 2242 Abs. 1 Satz 2 aF (und des § 177 Abs. 1 Satz 2 FGG) zu einer Sollvorschrift abgeschwächt. Die neue Fassung hat hieran festgehalten. Das bedeutet nicht, daß der beurkundende Beamte insoweit nicht mehr dieselbe Sorgfalt wie bisher anzuwenden brauchte. Es ist nach wie vor von erheblicher Bedeutung, ob die Vorlesung, Genehmigung und eigenhändige Unterschrift des Erblassers in der Niederschrift festgestellt worden ist oder nicht (vgl. Anm. 8).

Mit der **Feststellung** bezeugen die mitwirkenden Personen, daß Abs. 1 Satz 1 beachtet worden ist. Die Feststellung braucht nicht besonders verlesen und vom Erblasser genehmigt zu werden; sie wird aber auch durch seine Unterschrift nicht ersetzt. Sie hat sich auf alle drei Erfordernisse: Vorlesung, Genehmigung, Unterzeichnung zu erstrecken (JFG 1, 355; **RG** 50, 217; JW 1904, 208[21]; WarnRspr 1931 Nr. 86). Daß die Unterzeichnung eigenhändig erfolgt ist, braucht nicht besonders hervorgehoben zu werden (JFG 14, 472; 15, 262). Der Feststellungsvermerk muß nicht notwendig der gesamten Niederschrift räumlich nachfolgen, sondern kann auch einen nun erst beginnenden, vom Erblasser unterschriebenen Zusatz decken, wenn der Niederschrift zu entnehmen ist, daß sich der Vermerk auch hierauf beziehen soll (**RG** JW 1911, 766[28]). Der Gebrauch der üblichen Abkürzung „V. g. u." genügte nach **RG** 53, 150, ebenso die Feststellung, „das Testament" (statt „die Niederschrift") sei vorgelesen worden (**RG** 50, 23; BayZ 1908, 19; JW 1929, 587[17]). Der Gebrauch von Abkürzungen kann aber durch Landesrecht ausgeschlossen sein (z. B. NdsFGG v. 14. 5. 1958 Art. 54 Abs. 1).

IV. Die Vermutung des Abs. 1 Satz 3

Anm. 8

Die Verlesung, Genehmigung und eigenhändige Unterzeichnung durch den Erblasser ist ein zwingendes Formerfordernis (Anm. 6). Fehlt dagegen eine diese Vorgänge bezeugende Feststellung in der Niederschrift, so folgt hieraus allein nicht schon die Nichtigkeit des Testaments (Anm. 7). Doch müßte in diesem Falle derjenige, der sich auf das Testament beruft, im Streitfalle mit sonstigen Beweismitteln den Beweis erbringen, daß die Erfordernisse des Satz 1 erfüllt sind. Satz 3 will erreichen, daß die Urkunde auch beim Fehlen der nach Satz 2 vorgeschriebenen Feststellung in sich beweiskräftig ist (Begr. zum TestG). Er knüpft daher an die eigenhändige Unterzeichnung der Niederschrift durch den Erblasser die Vermutung, daß die Niederschrift vorgelesen und von ihm genehmigt ist. Damit die Vermutung Platz greifen kann, muß also feststehen, daß der Erblasser die Niederschrift eigenhändig unterschrieben hat; fehlt es hieran, so ist das Testament schon aus diesem Grunde nichtig. Daß der Erblasser die Niederschrift eigenhändig unterschrieben hat, muß, falls es auch insoweit an einer Feststellung nach Satz 2 fehlt, beweisen, wer sich auf die Gültigkeit des Testaments beruft. Die dann eintretende Vermutung, daß die Niederschrift vorgelesen und vom Erblasser genehmigt ist, kann von demjenigen, der die Nichtigkeit des Testaments wegen Fehlens eines dieser Erfordernisse geltend macht, mit allen zulässigen Beweismitteln widerlegt werden (ZPO § 292).

Anm. 9

Da die Vermutung die eigenhändige Unterzeichnung durch den Erblasser voraussetzt, kann sie im Falle des Abs. 3 (Schreibunfähigkeit des Erblassers) nicht eingreifen.

Anm. 10

V. Vorlage zur Durchsicht (Abs. 1 Satz 4)

Die Vorlage zur Durchsicht (für den Fall, daß der Erblasser sie verlangt, durch bloße Ordnungsvorschrift angeordnet) braucht nicht beurkundet zu werden. Sie kann die Vorlesung auch dann nicht ersetzen, wenn alle Mitwirkenden von ihr Kenntnis genommen haben.

Anm. 11

VI. Der taube Erblasser (Abs. 2 Satz 1)

Die Verständigung mit einem tauben Erblasser (§ 2233 Anm. 5) war ursprünglich im BGB nicht geregelt. Jedoch waren insoweit die landesrechtlichen Vorschriften anwendbar, z.B. PrFGG Art. 41. Abs. 2 knüpft an diese Vorschriften an, indem er eine Reihe von Ordnungsvorschriften aufstellt. Die Vorlage zur Durchsicht macht die nach Abs. 1 Satz 1 zwingend vorgeschriebene Vorlesung der Niederschrift nicht entbehrlich (Anm. 10).

Anm. 12

VII. Der taube, lesensunfähige Erblasser (Abs. 2 Satz 2)

Eine **Vertrauensperson** für den Fall zuzuziehen, daß der taube Erblasser auch lesensunfähig ist, ist nur für die Verlesung der Niederschrift vorgeschrieben. Ist die Vertrauensperson zugezogen worden, so gehört sie, wie aus § 2239 zu folgern ist, für diesen Teil der Testamentsverhandlung zu den „mitwirkenden Personen"; sie hat daher nach Abs. 4 auch die Niederschrift mit zu unterschreiben. Unterzeichnet die Vertrauensperson nicht, so ist dies jedoch — anders als bei den übrigen mitwirkenden Personen (Anm. 17f) — auf die Gültigkeit des Testaments ohne Einfluß; denn dieses wäre selbst dann gültig, wenn die Zuziehung der Vertrauensperson entgegen der Ordnungsvorschrift des Abs. 2 Satz 2 gänzlich unterblieb. Die Ausschließungsgründe der §§ 2234 bis 2237 sind auf die Vertrauensperson nicht anzuwenden; als Vertrauenspersonen werden vielfach gerade die nächsten Angehörigen in Betracht kommen. Es steht auch nichts entgegen, als Vertrauensperson den Urkundsbeamten der Geschäftsstelle, den zweiten Notar oder einen der Zeugen (§ 2233 Abs. 1) zuzuziehen, falls er sich mit dem tauben und lesensunkundigen Erblasser verständigen kann (vgl. PrFGG Art. 41 Abs. 2 Satz 4).

VIII. Der schreibunfähige Erblasser (Abs. 3 Satz 1)

Anm. 13

1. Begriff der Schreibunfähigkeit

Schreibunfähigkeit des Erblassers im Sinne des Abs. 3 liegt nicht vor, wenn er wenigstens seinen Namen schreiben kann (vgl. § 2237 Anm. 5 zu Nr. 4). Kann er das nicht, so ist die **Unterschrift entbehrlich,** wenn ein Doppeltes vorliegt: Überzeugung des beurkundenden Beamten von der Schreibunfähigkeit und Feststellung dieser Überzeugung in der Niederschrift (Abs. 3 Satz 1); hinzukommen muß ferner ein besonderer „Schreibzeuge", falls nicht ohnehin eine Überwachungsperson für die ganze Testamentsverhandlung zugezogen ist (Abs. 3 Satz 2; s. Anm. 16). Nimmt bei der Errichtung eines Testaments die Urkundsperson die Erklärung des Erblassers auf, er könne nicht oder nicht mehr schreiben, so wird die Unterschrift des Erblassers hierdurch nur dann ersetzt, wenn der sonstige Inhalt der Niederschrift selbst ergibt, daß die Urkundsperson damit auch ihre Überzeugung von der Schreibunfähigkeit des Erblassers festgestellt hat. Umstände, die außerhalb der Niederschrift liegen, sind insoweit unbeachtlich (**BGH** 17, 36 = NJW 1955, 787 = LM BGB § 2242 Nr. 1 m. Anm. von Ascher = DNotZ 1956, 202 zu OLG Hamm NJW 1955, 520). Zur Sorgfaltspflicht des Notars bei der Beurkundung einer letztwilligen Verfügung in bezug auf die Schreibfähigkeit des Erblassers vgl. **BGH** 27, 274 = Rpfleger 1958, 373.

Anm. 14

2. Die Überzeugung der Urkundsperson

Nach § 2242 Abs. 2 aF (ebenso wie nach FGG § 177 Abs. 2 Satz 1) genügte die bloße, durch den beurkundenden Beamten nicht nachzuprüfende Erklärung des Erblassers, daß er nicht schreiben könne, um seine Unterschrift entbehrlich zu machen. Wegen des Beweiswerts, den die eigenhändige Unterschrift u. a. für die Personengleichheit des Erblassers hat (vgl. Begr. zum TestG), ist der Erblasser nunmehr erst dann von der Unterzeichnung befreit, wenn er nach der **Überzeugung des beurkundenden Beamten** nicht schreiben kann. In welcher Weise sich der beurkundende Beamte diese Überzeugung verschafft, ist seinem pflichtmäßigen Ermessen überlassen (vgl. § 2233 Anm. 3, § 2238 Anm. 13).

Anm. 15

3. Die Feststellung der Überzeugung

Die **Feststellung der Überzeugung in der Niederschrift** ist auch hier lediglich Zeugnis der Urkundspersonen (Anm. 7) und bildet keinen Bestandteil der vorzulesenden, vom Erblasser zu genehmigenden und zu unterzeichnenden Niederschrift. Eine Vorlesung und Genehmigung dieses Feststellungsvermerks durch den Erblasser ist daher überflüssig. In anderer Weise (als durch die Feststellung der Überzeugung von der Schreibunfähigkeit des Erblassers in der Niederschrift) kann dessen fehlende Unterschrift (Anm. 5) nicht ersetzt werden (KG DRW 1939, 1953[10] = ZAkDR 1939, 652 gegen Boehmer ZAkDR 1939, 461; OLG Frankfurt HEZ 1, 34; OLG Celle HEZ 3, 39 = JR 1950, 725; vgl. hierzu Kipp/Coing § 15 Anm. 1; s. auch oben Anm. 1). Abs. 3 Satz 1 enthält eine zwingende Formvorschrift; ein Verstoß gegen sie hat die Nichtigkeit des Testaments zur Folge. Es ist jedoch nicht erforderlich, daß die Feststellung ausdrücklich mit den Worten des Gesetzes getroffen wird; vielmehr genügt es, wenn sich die Überzeugung des beurkundenden Beamten aus dem sonstigen Inhalt der Niederschrift zweifelsfrei ergibt (KG DRW 1939, 384[39] mit Anm. von Ripfel = ZAkDR 1939, 460 mit Anm. von Boehmer; DRW 1939, 1388[11] = DJ 1939, 1049 mit Anm. von Vogels; DRW 1939, 1953[10] = DJ 1939, 1951 mit Anm. von Vogels = ZAkDR 1939, 652 mit Anm. von Boehmer. Vgl. auch Leopold DRM 1939, 416). In diesen vom KG entschiedenen Fällen hatten sich die beurkundenden Notare auf die dem bisherigen Recht entsprechende Feststellung der Erklärung des Erblassers, nicht schreiben zu können, beschränkt, also die durch § 16 Abs. 3 Satz 1 angeordnete Formerschwerung offensichtlich übersehen. Es ist bedenklich, in der Niederschrift die Feststellung der Überzeugung des beurkundenden Beamten zu finden, wenn dieser selbst sich infolge Unkenntnis der gesetzlichen Vorschrift nicht seiner Pflicht bewußt war, sich über die Schreibunfähigkeit des Erblassers ein eigenes Urteil zu bilden. Jedenfalls ist das KG, wie Vogels DJ 1939, 1050 (noch schärfer Coing NJW 1949, 755 zu Nr. 6) mit Recht bemerkt, in dem Bestreben, die Testamente nach Möglichkeit aufrechtzuerhalten, bis an die äußerste Grenze einer weitherzigen Auslegung gegangen (vgl. auch KG DNotZ 1942, 184 mit Anm. von Fraas). Der BGH hat die von Vogels geäußerten Bedenken aufgenommen, jedoch grundsätzlich die Rechtsprechung des Kammergerichts bestätigt und ausgesprochen, der sonstige Inhalt der Niederschrift müsse ergeben, daß die Urkundsperson ihre Überzeugung festgestellt habe, der Erblasser könne nicht (oder „nicht mehr") schreiben. Er hat insoweit jedoch Umstände, die außerhalb der Niederschrift liegen, für unbeachtlich erklärt (**BGH** 17, 36 = NJW 1955, 787 = LM BGB § 2242 Nr. 1 mit Anm. von Ascher = DNotZ 1956, 202 gegen OLG Hamm NJW 1955, 520 — nur Leitsatz —; vgl. auch KG NJW 1960, 1208 mit weiteren Nachweisen).

Es ist auch bedenklich, allein in dem niederschriftlichen Hinweis: „Es erschien der ... trotz seiner **Blindheit** voll geschäftsfähige ..." eine Feststellung der Schreibunfähigkeit zu sehen (ähnlich OLG Oldenburg NdsRpfl 1957, 245; aM OLG Stuttgart HEZ 2, 195 = NJW 1949, 755 mit abl. Anm. von Coing = DRZ 1949, 521 mit zust. Anm. von Natter); ein Blinder ist nicht immer schreibunfähig; es besteht auch keine allgemeine Überzeugung, daß er es sei. Daher enthält die Feststellung des Notars, er sei von der Blindheit des Erblassers überzeugt, nicht ohne weiteres auch die Feststellung, daß er von dessen Schreibunfähigkeit überzeugt sei (**BGH** 31, 136 = MDR 1960, 39 = NJW 1960, 813 mit Anm. von Bärmann = Rpfleger 1960, 11 mit Anm. von Haegele = DNotZ 1960, 158 zur Vorlage OLG Hamm Rpfleger 1959, 379 mit Anm. von Haegele; vgl. auch OLG Koblenz NJW 1958, 1784; § 2233 Anm. 6). Die Urkundsperson ist verpflichtet, ihre Überzeugung in der Niederschrift eindeutig festzustellen. Die Beglaubigung eines Handzeichens des Erblassers enthält allein keine Feststellung, daß der Notar von der Schreibunfähigkeit des Erblassers überzeugt ist (**BGH** 28, 188 = LM BGB § 2242 Nr. 3 mit Anm. von Piepenbrock = NJW 1958, 1915 = MDR 1958, 912 = DNotZ 1958, 650 = FamRZ 1958, 459 = JR 1959, 143, zugleich zur Frage, ob der Notar einen solchen Feststellungswillen haben muß). Dagegen kann (Tatfrage!) den Anforderungen des § 2242 Abs. 3 genügt sein, wenn es in der Niederschrift über eine Testamentserrichtung im Anschluß an die Erklärung des Erblassers, er könne nicht schreiben, heißt, der Notar habe „daher" einen Schreibzeugen zugezogen (OLG Hamm JMBlNRW 1958, 102). S. im übrigen die folgende Anm.

Anm. 16

IX. Der Schreibzeuge (Abs. 3 Satz 2)

Abs. 3 Satz 2 entspricht FGG § 177 Abs. 2 Satz 2 u. 3. Die Vorschrift ist dadurch erforderlich geworden, daß nach § 2233 nF — wie schon nach TestG § 16 — abweichend von § 2233 aF die Zuziehung von Überwachungspersonen nicht allgemein vorgeschrieben ist. Der Schreibzeuge gehört, wie sich aus § 2239 ergibt, zu den „mitwirkenden Personen" und muß daher nach § 2242 Abs. 4 die Niederschrift mit unterschreiben (Anm. 17ff). Er braucht jedoch, abweichend von § 2239, nicht während der ganzen Verhandlung, sondern nur während der Vorlesung, Genehmigung und Unterzeichnung anwesend zu sein. Anderseits genügt es nicht, daß er ausweislich der Niederschrift als Erkennungszeuge mitgewirkt hat und dann anwesend geblieben, aber erst nach der Vorlesung und Genehmigung wieder zugezogen worden ist, lediglich um die von dem Schreibunfähigen gefertigten Kreuze zu bestätigen (KG DR 1940, 1849). Die Niederschrift braucht nicht notwendig zu ergeben, in welchem Abschnitt der Verhandlung der Schreibzeuge zugezogen worden ist, wenn nur anderweit bewiesen werden kann, daß er rechtzeitig, also vor dem Vorlesen, zugezogen worden ist. Es genügt ferner, wenn dem Zeugen irgendwie erkennbar geworden ist, daß er als Zeuge zugezogen wird (KG DR 1943, 697). Die Ausschließungsgründe der §§ 2234—2237 gelten auch für den Schreibzeugen (§ 2234 Anm. 2). Angabe des Schreibzeugen in der Niederschrift § 2241 Abs. 1 Nr. 2. Ist die Zuziehung eines Schreibzeugen entgegen Abs. 3 Satz 2 unterblieben, so ist das Testament nichtig.

Eine andere gesetzliche Vorschrift im Sinne des Halbs. 2 ist z. B. PrFGG Art. 2.

X. Die Unterschrift der mitwirkenden Personen (Abs. 4)

Anm. 17

Die **Unterschrift der mitwirkenden Personen** (§ 2239 Anm. 2; s. auch oben Anm. 12 u. 16) muß zu der Niederschrift auch räumlich so stehen, daß dadurch ihr gesamter Inhalt, einschließlich etwaiger Randvermerke, des Vermerks über die Vorlesung und Genehmigung, der Unterschrift des Erblassers und der sonst vorgeschriebenen Feststellungen gedeckt wird. Auf die Reihenfolge der Unterschriften kommt es nicht an; zweckmäßig ist es aber, daß der Richter oder der beurkundende Notar die ganze Urkunde mit seiner Unterschrift abschließt (**RG** JW 1936, 989[3] a.E.). Fehlt die Unterschrift der Urkundsperson unter der Niederschrift, so ist das Testament ungültig; die Namensunterschrift auf dem Umschlag, in den die Niederschrift nach § 2246 zu nehmen ist, ersetzt jene Unterschrift nicht (OLG München DNotZ 1944, 12; OLG Hamm DNotZ 1952, 80; Firsching DNotZ 1955, 292). Die Unterschriften brauchen nicht notwendig die letzten Worte der Niederschrift zu bilden (**RG** 68, 297: Vermerk „unterschrieben" erst unter der Namenszeichnung, vgl. auch KGJ 43, 100). Daß die mitwirkenden Personen nur die vom Erblasser überreichte Schrift mit unterschreiben, genügt nicht (HRR 1936 Nr. 598). Zum Umfang der Sorgfaltspflicht des Notars bei der Beurkundung eines Testaments vgl. **BGH** 17, 69 = NJW 1955, 788 = LM BGB § 2242 Nr. 2 für einen Fall, in dem der Notar es — wegen einer „Fehlerinnerung" — unterlassen hat, die Niederschrift zu unterschreiben. Zur Unterzeichnung des beurkundenden Notars mit falschem Familiennamen vgl. BayObLG JZ 1955, 706.

Anm. 18

Die Mitwirkenden müssen eigenhändig unterschreiben. Das kann weder durch Handzeichen noch durch Feststellung der Schreibunfähigkeit ersetzt werden (vgl. § 2237 Anm. 5 zu Nr. 4). Ist die Unterzeichnung ganz unterblieben, so darf sie durch einen besonders zu beurkundenden Akt in Gegenwart der übrigen „mitwirkenden Personen" nachgeholt werden. Das gilt jedoch mindestens dann nicht, wenn das Testament schon eröffnet ist (**RG** JW 1936, 989[3]; KGJ 38 A 141; OLG München DNotZ 1944, 12, 14; s. aber auch § 2239 Anm. 3 sowie **RG** 79, 366). Firsching, DNotZ 1955, 290, will insoweit allein auf den Todeszeitpunkt des Erblassers (oder den vorhergehenden eines anderen Mitwirkenden) abstellen. Planck/Strecker, § 2242 Anm. 4c und Vogels/Seybold TestG § 16 Anm. 16 halten die Übergabe des Testaments zur Verwahrung (§ 2246) für maßgebend. Für einen solchen engeren Standpunkt bestehen aber keine zwingenden Gründe. Dagegen hat die von Firsching aaO vertretene Ansicht gute Gründe für sich. Es ist mißlich, wenn im Zeitpunkt des Erbfalls nicht feststeht, wer Erbe ist. Mit einer bedingten Erbeinsetzung (unter der Bedingung, daß die Unterschrift bis zur Eröffnung nachgeholt wird) zu helfen, wäre gekünstelt. § 2105 paßt auf diese Fälle nicht.

Anm. 19

Es ist jedoch nicht wesentlich, daß auch der Erblasser, der selbst nicht zu den mitwirkenden Personen gehört, der Unterzeichnung beiwohnt (§ 2239 Anm. 2). Es ist auch unschädlich, wenn der Erblasser stirbt oder geschäftsunfähig wird, unmittelbar nachdem er die verlesene Niederschrift genehmigt und unterzeichnet oder sie im Falle des Abs. 3 (Anm. 16) in Gegenwart des Schreibzeugen genehmigt hat (DJ 1935, 1772; **RG** JW 1936, 989[3]; Firsching DNotZ 1955, 290 Anm. 52a).

§ 2243

Wer nach der Überzeugung des Richters oder des Notars stumm oder sonst am Sprechen verhindert ist, kann das Testament nur durch Übergabe einer Schrift errichten. Er muß die Erklärung, daß die Schrift seinen letzten Willen enthalte, bei der Verhandlung eigenhändig in die Niederschrift oder auf ein besonderes Blatt schreiben, das der Niederschrift als Anlage beigefügt werden muß.

Das eigenhändige Niederschreiben der Erklärung sowie die Überzeugung des Richters oder des Notars, daß der Erblasser am Sprechen verhindert ist, sollen in der Niederschrift festgestellt werden. Die Niederschrift braucht von dem Erblasser nicht besonders genehmigt zu werden.

E I 1921 II 2109; M 5 276 277; P 5 339.

Übersicht

Verhinderung des Erblassers am Sprechen

Anm. 1

I. Allgemeines

Die Vorschrift entspricht TestG § 17. Vgl. auch FGG § 178.

II. Stummheit oder Sprechverhinderung (Abs. 1 Satz 1)

Anm. 2

Wegen der Begriffe „Stummheit" und „Sprechverhinderung" s. § 2233 Anm. 7; OLG Köln MDR 1957, 740 (unten Anm. 3 aE). Entscheidend ist auch hier, wie nach §§ 2233 Abs. 1, 2238 Abs. 4, 2242 Abs. 3, 2244 Abs. 1, 2245 Abs. 1 lediglich die pflichtmäßige, nach freier Prüfung gewonnene Überzeugung der Urkundsperson. Das Testament kann deshalb nicht mit der Behauptung angefochten werden, der Erblasser habe sprechen können; es könnte höchstens durch den nach ZPO § 418 Abs. 2 zulässigen Beweis entkräftet werden, daß die Urkundsperson jene Überzeugung nicht gehabt habe (**RG** 108, 397, 402).

Anm. 3

Kann sich der Stumme in der Lautsprache verständlich machen, so ist er auch zu mündlichen Erklärungen im Sinne von § 2238 befähigt. Dagegen ist die Zeichensprache zur Kundgebung des letzten Willens ausgeschlossen. Wer am Sprechen und gleichzeitig am Schreiben (Anm. 6) verhindert ist, kann deshalb überhaupt nicht testieren (vgl. RJA 17, 70). Diese schon nach BGB aF gegebene Rechtslage hat das TestG bewußt auch weiterhin in Kauf genommen (Begr. zum TestG). Dasselbe gilt für den Sprechverhinderten, der Geschriebenes nicht lesen kann (§ 2238 Anm. 14). Dagegen hat § 2238 Abs. 3 dem sprechverhinderten Minderjährigen die Testamentserrichtung durch Übergabe einer offenen Schrift ermöglicht (§ 2238 Anm. 12). Ein Erblasser ist erst dann als am Sprechen verhindert anzusehen, wenn er die Sprache überhaupt nicht gebrauchen, sondern allenfalls unartikulierte Laute ausstoßen kann (OLG Köln MDR 1957, 740).

Anm. 4

Übergabe einer Schrift § 2238 Anm. 6—9; Zeugenzwang § 2233 Abs. 1.

Anm. 5

§ 2243 gilt auch für das Nottestament vor dem Bürgermeister (§§ 2249 Abs. 1, 2250 Abs. 1). Für das Dreizeugentestament, das nur durch mündliche Erklärung errichtet werden kann, ist § 2243 gegenstandslos und daher in § 2250 Abs. 3 nicht mit angezogen; die Zeichensprache ist auch hier ausgeschlossen (Vogels/Seybold Anm. 3).

Anm. 6

III. Eigenhändige Erklärung (Abs. 1 Satz 2)

Die eigenhändige schriftliche Erklärung (zur Eigenhändigkeit vgl. § 2242 Anm. 5) ersetzt die mündliche Erklärung nach § 2238 Abs. 1. Sie muß deshalb gleich dieser bei der Verhandlung, d. h. vor den Augen der mitwirkenden Personen (§ 2239) niedergeschrieben werden, darf nicht schon vorher hergestellt sein, braucht aber nicht unterschrieben zu werden und dem Gesetze nicht wörtlich zu entsprechen. Da die Erklärung in die Niederschrift oder auf ein besonderes Blatt, das der Niederschrift als Anlage beigefügt werden muß, zu schreiben ist, darf der Umschlag des verschlossen übergebenen Schriftstücks nicht zum Niederschreiben der Erklärung benutzt werden.

IV. Feststellungen der Urkundsperson (Abs. 2 Satz 1)

Anm. 7

Die Mußvorschrift des § 2243 Abs. 2 Satz 1 aF ist schon in TestG § 17 Abs. 2 Satz 1 — entsprechend der Regelung in TestG § 16 Abs. 1 Satz 2 — zu einer bloßen Sollvorschrift abgeschwächt worden. Fehlt es in der Niederschrift an den nach Abs. 2 Satz 1 vorgeschriebenen Feststellungen, so hat dies nicht die Nichtigkeit des Testaments zur Folge. Doch muß, wer sich auf das Testament beruft, im Streitfalle mit sonstigen Beweismitteln den Beweis erbringen, daß die Urkundsperson sich von der

Sprechverhinderung überzeugt hat und daß der Erblasser die nach Abs. 1 Satz 2 erforderliche Erklärung in der Verhandlung eigenhändig niedergeschrieben hat (vgl. auch § 2242 Anm. 8). Wird dieser Beweis nicht erbracht, dann ist das Testament nichtig.

Anm. 8

Neben den hier vorgeschriebenen besonderen Feststellungen ist die Feststellung der Schriftübergabe (§ 2241 Anm. 9) sowie die der Vorlesung und Unterzeichnung erforderlich. Darüber, daß diese Feststellungen nicht vorgelesen zu werden brauchen, s. § 2242 Anm. 7. Die Feststellung der Genehmigung entfällt im Hinblick auf Abs. 2 Satz 2 (s. Anm. 9).

Anm. 9

V. Sonstige Förmlichkeiten (Abs. 2 Satz 2)

Die **Niederschrift** braucht zwar nicht vom Erblasser besonders genehmigt zu werden, sie muß aber — einschließlich der niedergeschriebenen Erklärung — vorgelesen und vom Erblasser unterzeichnet werden (§ 2242 Anm. 5); das gilt selbst dann, wenn die eigenhändige Erklärung (Anm. 6) von ihm bereits unterschrieben worden ist.

Anm. 10

VI. Anderweit Behinderte

Blinde sind auf das öffentliche, mündlich erklärte Testament beschränkt (§ 2238 Anm. 13, § 2247 Anm. 30). Taube sind unbeschränkt testierfähig (§ 2242 Anm. 11, 12). Taubstumme können, wenn schreibkundig, nach § 2247, wenn sie die Lautsprache beherrschen, auch nach § 2238 testieren (oben Anm. 3).

§ 2244

Ist der Erblasser nach der Überzeugung des Richters oder des Notars der deutschen Sprache nicht mächtig, so muß bei der Errichtung des Testaments ein beeidigter Dolmetscher zugezogen werden. Auf den Dolmetscher sind die nach den §§ 2234 bis 2237 für einen Zeugen geltenden Vorschriften entsprechend anzuwenden.

Die Niederschrift muß in die Sprache, in der sich der Erblasser erklärt, übersetzt werden. Die Übersetzung muß von dem Dolmetscher angefertigt oder beglaubigt und vorgelesen werden; die Übersetzung muß der Niederschrift als Anlage beigefügt werden.

In der Niederschrift soll die Überzeugung des Richters oder des Notars, daß der Erblasser der deutschen Sprache nicht mächtig sei, festgestellt werden. Die Niederschrift muß den Namen des Dolmetschers und die Feststellung enthalten, daß der Dolmetscher die Übersetzung angefertigt oder beglaubigt hat. Der Dolmetscher muß die Niederschrift unterschreiben.

E I 1923 Abs. 1—3 II 2110; M 5 278 297; P 5 339—342.

Übersicht

Unkenntnis der deutschen Sprache

I. Allgemeines

Anm. 1

Die Vorschrift entspricht TestG § 18. Vgl. auch FGG §§ 179, 180.

Anm. 2

Während nach § 2244 aF die bloße Erklärung des Erblassers, der deutschen Sprache nicht mächtig zu sein, genügte, um die Urkundsperson zu zwingen, einen Dolmetscher zuzuziehen, ist das nach § 2244 nF nur erforderlich — wie in TestG § 18 —, wenn der Erblasser nach der **Überzeugung des beurkundenden Richters oder Notars der deutschen Sprache nicht mächtig** ist. Hierdurch soll verhindert werden, daß der Erblasser lediglich aus politischen oder sonstigen unsachlichen Gründen den Gebrauch der deutschen Sprache ablehnt (Begr. zum TestG). Weigert sich der Erblasser, sich der deutschen Sprache zu bedienen, obwohl er ihrer nach der Überzeugung des Beurkundenden mächtig ist, so ist die Entgegennahme des Testaments abzulehnen.

Anm. 3

Ein Irrtum der Urkundsperson darüber, ob der Erblasser der deutschen Sprache mächtig ist oder nicht, ist auf die Gültigkeit des Testaments ohne Einfluß. Nichtig wäre das Testament nur dann, wenn sie die Zuziehung eines Dolmetschers unterlassen hätte, obwohl sie wußte, daß der Erblasser der deutschen Sprache nicht mächtig ist.

Anm. 4

Wegen der Feststellung der Überzeugung der Urkundsperson in der Niederschrift s. Anm. 12. Der Erblasser kann auf die Einhaltung der Mußvorschrift des Abs. 1 Satz 1 nicht verzichten.

Anm. 5

Deutsche ist nicht gleich hochdeutsche Sprache. Versteht der Richter (Notar) die vom Erblasser gebrauchte Mundart nicht, so ist er in der Wahl der Mittel, um eine gegenseitige Verständigung herbeizuführen, nicht beschränkt.

II. Die Zuziehung eines Dolmetschers

Anm. 6

Der Dolmetscher ist förmlich zuzuziehen (§ 2233 Anm. 12), und zwar neben den in § 2233 genannten Personen. Er kann daher nicht gleichzeitig als Urkundsbeamter der Geschäftsstelle (RJA 2, 59; abweichend GVG § 190, FGG § 8), zweiter Notar oder Zeuge mitwirken. Der Dolmetscher muß **beeidigt** sein. Ist er nicht im allgemeinen beeidigt, so hat der Richter oder der Notar ihn nach den insoweit in Kraft gebliebenen landesrechtlichen Vorschriften (vgl. z. B. PrFGG Art. 86), gegebenenfalls nach GVG § 189 (FGG § 8) zu beeidigen.

Anm. 7

Anwendbarkeit des § 2244 auf das Nottestament vor dem Bürgermeister §§ 2249 Abs. 1, 2250 Abs. 1, auf den Erbvertrag § 2276 Abs. 1. Das Dreizeugentestament kann nicht unter Zuziehung eines Dolmetschers errichtet werden (§ 2250 Abs. 3).

Anm. 8

Zusatzgebühr bei Erklärung des Erblassers in einer fremden Sprache KostO § 59 Abs. 1; durch Zuziehung des Dolmetschers entstandene Auslagen KostO §§ 59 Abs. 2, 137 Abs. 1 Nr. 3, 141. Die Beeidigung eines Dolmetschers, der zu einer Testamentserrichtung gemäß FGG § 179 zugezogen wird, ist ein gebührenfreies Nebengeschäft der Beurkundung (Korintenberg/Wenz/Ackermann 5. Aufl. KostO § 49 Erl. 1 Abs. 3).

Anm. 9

III. Entsprechend anwendbare Vorschriften (Abs. 1 Satz 2)

Die entsprechend anzuwendenden Vorschriften betreffen: § 2234: Ausschließung des Ehegatten, gewisser Verwandter und Verschwägerter des Erblassers; § 2235: Ausschließung wegen des Verhältnisses zum Bedachten; § 2236: Sollvorschrift wegen des Verhältnisses zum beurkundenden Beamten; § 2237: Sollvorschriften wegen gewisser Untauglichkeitsgründe.

Anm. 10

IV. Die Niederschrift (Abs. 2 Satz 1)

Der eigentlichen Testamentserrichtung nach §§ 2238, 2243, die seitens des Erblassers in der fremden Sprache erklärt und vom Dolmetscher deutsch wiedergegeben wird, folgt die Aufnahme der **Niederschrift in deutscher Sprache,** im Falle des § 2243 zugleich die Entgegennahme der die Übergabe begleitenden fremdsprachlichen Erklärung und deren Übersetzung. Die deutsche Niederschrift ist darauf in die fremde Sprache **schriftlich zu übersetzen.** Keine Nebenniederschrift in der fremden Sprache, s. jedoch § 2245.

Anm. 11

V. Die Übersetzung der Niederschrift (Abs. 2 Satz 2)

Ob die **Übersetzung** vom Dolmetscher selbst oder einer anderen Person angefertigt wird, ist gleichgültig. Jedenfalls muß sie vom Dolmetscher selbst vorgelesen und, wenn er sie nicht selbst angefertigt hat, mit seiner Namensunterschrift beglaubigt werden. Hat er die Übersetzung selbst angefertigt, so braucht er sie nicht zu unterschreiben. Der Erblasser braucht die Übersetzung nicht zu genehmigen. Als eigentlicher maßgebender Inhalt der Testamentserklärung gilt die deutsche Niederschrift. Die Behandlung der Übersetzung als Anlage (§ 2246) erfordert keine förmliche Verbindung mit der Niederschrift (s. aber die Ordnungsvorschrift des § 28 Abs. 2 DOfNot).

Anm. 12

VI. Die Feststellung der Überzeugung (Abs. 3 Satz 1)

Abs. 3 Satz 1 enthält eine Sollvorschrift, deren Verletzung die Gültigkeit des Testaments nicht beeinflußt. Auch wenn die Feststellung fehlt, wird in aller Regel schon die Tatsache, daß ein Dolmetscher zugezogen worden ist, den Schluß auf die Überzeugung der Urkundsperson zulassen, daß der Erblasser der deutschen Sprache nicht mächtig ist. Die Feststellung bedarf nicht der Verlesung, Genehmigung und Unterschrift des Erblassers (s. § 2242 Anm. 7, 15).

Anm. 13

VII. Die Muß-Feststellungen (Abs. 3 Satz 2)

Die in Abs. 3 Satz 2 genannten Feststellungen sind dagegen zwingend vorgeschrieben. Werden sie nicht beachtet, so ist das Testament nichtig. Der Dolmetscher muß aufgeführt oder sonstwie genügend bezeichnet werden (KGJ 35 A 83; vgl. auch § 2241 Anm. 7). Wesentlich ist ferner, daß der Dolmetscher in der Niederschrift als derjenige genannt ist, der die Übersetzung angefertigt oder beglaubigt und sie vorgelesen habe (KGJ 39 A 75; **RG** JW 1915, 582[16]; aber auch **RG** 97, 295, wonach die Anfertigung oder Beglaubigung der Übersetzung durch den Dolmetscher in der Niederschrift genügend festgestellt ist, wenn darin gesagt wird, der Dolmetscher habe die Verhandlung in der „beigefügten" Übersetzung vorgelesen, und wenn die Übersetzung mit einem Vermerk abgeschlossen ist, der vom Dolmetscher unterschrieben ist und die Richtigkeit der Übersetzung bezeugt. Die Feststellungen bedürfen ebensowenig wie die durch Abs. 3 Satz 1 vorgeschriebene (Anm. 12) der Verlesung, Genehmigung und Unterschrift des Erblassers.

VIII. Unterschrift des Dolmetschers (Abs. 3 Satz 3)

Anm. 14

Geziemenderweise hat der Dolmetscher dem ganzen Errichtungsakte beizuwohnen. Da er jedoch nicht zu den mitwirkenden Personen gehört (§ 2239 Anm. 2), genügt die **Anwesenheit des Dolmetschers,** solange er gebraucht wird. Insbesondere ist sie während des ihm allein obliegenden Vorlesens der Übersetzung unerläßlich.

Anm. 15

Seine **Unterschrift** hat er in Gegenwart der Mitwirkenden, nicht notwendig auch des Erblassers (§ 2242 Anm. 19), unter die Niederschrift zu setzen. Daraus folgt, daß er es nicht später nachholen kann, die Übersetzung anzufertigen oder sie zu beglaubigen und sie der Niederschrift als Anlage beizufügen.

§ 2245

Sind sämtliche mitwirkenden Personen nach der Überzeugung des Richters oder des Notars der Sprache, in der sich der Erblasser erklärt, mächtig, so ist die Zuziehung eines Dolmetscher nicht erforderlich.

Unterbleibt die Zuziehung eines Dolmetschers, so muß die Niederschrift in der fremden Sprache aufgenommen werden und die Überzeugung des Richters oder des Notars feststellen, daß die mitwirkenden Personen der fremden Sprache mächtig seien. In der Niederschrift soll die Überzeugung des Richters oder des Notars, daß der Erblasser der deutschen Sprache nicht mächtig sei, festgestellt werden. Eine deutsche Übersetzung der Niederschrift soll als Anlage beigefügt werden.

E I 1923 Abs. 4 II 2111; M 5 279, 280; P 5 339—342.

Übersicht

Niederschrift in fremder Sprache

Anm. 1

I. Allgemeines

§ 2245 stimmt mit TestG § 19 überein. Von § 2245 aF weicht die Vorschrift in mehreren Punkten ab (vgl. auch FGG § 179). § 2245 ist auf die Nottestamente §§ 2249 Abs. 1, 2250 Abs. 3 und auf den Erbvertrag § 2276 anzuwenden

II. Entbehrlichkeit eines Dolmetschers (Abs. 1)

Anm. 2

Erste Voraussetzung für die Niederschrift in fremder Sprache ist, daß der Erblasser nach der Überzeugung des Richters oder Notars der deutschen Sprache nicht mächtig ist (§ 2244 Anm. 2). Die Überzeugung soll in der Niederschrift festgestellt werden (Anm. 6). Ferner müssen sämtliche mitwirkenden Personen (§ 2239) nach der Überzeugung des Richters oder Notars der Sprache, in der sich der Erblasser erklärt, mächtig sein. Ihre bloße Versicherung, daß dies der Fall sei, genügt (anders als nach § 2245 Abs. 1 aF) nicht. Daß die zugezogenen Zeugen die deutsche Sprache verstehen, ist im Falle des § 2245 nicht erforderlich (§ 2237 Nr. 5). Die Überzeugung des Richters oder Notars, daß die mitwirkenden Personen der fremden Sprache mächtig sind, muß in der Niederschrift festgestellt werden (Anm. 5). Werden keine Überwachungspersonen zugezogen, so ist der beurkundende Richter oder Notar die einzige mitwirkende Person.

Anm. 3

Die Zuziehung eines **Dolmetschers** ist „nicht erforderlich". Die Urkundsperson ist aber nicht daran gehindert, auch wenn die Voraussetzungen des Abs. 1 gegeben sind.

Wird der Dolmetscher zugezogen, so sind lediglich die Formvorschriften des § 2244 maßgebend. Die nach KostO § 59 zu erhebende Zusatzgebühr ist in beiden Fällen die gleiche.

III. Förmlichkeiten (Abs. 2)

Anm. 4

1. Maßgeblichkeit der fremdsprachlichen Niederschrift

Die Vorschrift bestimmt eine Ausnahme von § 2240 (Aufnahme in deutscher Sprache). Im Gegensatz zu § 2244 Anm. 11 ist die fremdsprachliche Niederschrift maßgebend. Sie muß allen sonstigen für die Niederschrift gegebenen Formvorschriften entsprechen. Das Testament ist nichtig, wenn die Niederschrift in deutscher Sprache aufgenommen wird, ohne daß ein Dolmetscher mitgewirkt hat. Der nach § 2246 auf den Umschlag zu setzende Vermerk ist in deutscher Sprache abzufassen.

Anm. 5

2. Feststellung wegen der Fremdsprache

Die Urkundsperson **muß** ihre Überzeugung feststellen, daß die Mitwirkenden der fremden Sprache mächtig seien. Fehlt die Feststellung, so ist das Testament nichtig. Werden keine Überwachungspersonen zugezogen, so muß der Beurkundende jedenfalls seine eigene Kenntnis der fremden Sprache in der Niederschrift feststellen. Die Feststellung braucht nicht vorgelesen, genehmigt und vom Erblasser unterschrieben zu werden (§ 2242 Anm. 7, 15, § 2244 Anm. 12).

Anm. 6

3. Abs. 2 Satz 2

Die Bestimmung ist, ebenso wie § 2244 Abs. 3 Satz 1, eine bloße **Soll**vorschrift. Vgl. § 2244 Anm. 12. Die Vorlesung usw. der Feststellung ist auch hier nicht erforderlich.

Anm. 7

4. Deutsche Übersetzung als Anlage (Abs. 2 Satz 3)

Eine deutsche Übersetzung als Anlage beizufügen, ist nur ordnungshalber vorgeschrieben. Es ist gleichgültig, von wem sie angefertigt ist; sie braucht auch nicht — wie im Falle des § 2244 Anm. 11 — beglaubigt und vorgelesen zu werden (zum Vorlesen aM Vogels/Seybold TestG § 19 Anm. 4).

§ 2246

Der Richter oder der Notar soll die Niederschrift über die Errichtung des Testaments mit den Anlagen, insbesondere im Falle der Errichtung durch Übergabe einer Schrift mit dieser Schrift, in Gegenwart der übrigen mitwirkenden Personen und des Erblassers in einen Umschlag nehmen und diesen mit dem Amtssiegel verschließen. Der Richter oder der Notar soll das Testament auf dem Umschlag nach der Person des Erblassers sowie nach der Zeit der Errichtung näher bezeichnen und diese Aufschrift unterschreiben.

Der Richter oder der Notar soll veranlassen, daß das verschlossene Testament unverzüglich in besondere amtliche Verwahrung gebracht wird (§§ 2258a, 2258b). Dem Erblasser soll über das in Verwahrung genommene Testament ein Hinterlegungsschein erteilt werden.

E I 1932 Abs. 1, 2 II 2112; M 2 295, 296; P 5 351.

Übersicht

Verschließung und Verwahrung des Testaments

Schrifttum: Rohs, Die Verschließung öffentlicher Testamente, JR 1949, 143.

Anm. 1

I. Allgemeines

§ 2246 stimmt mit TestG § 20 inhaltlich überein.

II. Amtliche Verschließung des Testaments (Abs. 1)

Anm. 2

1. Zu Abs. 1 Satz 1

Der Testamentsakt geht mit der Unterzeichnung der Niederschrift nach § 2242 zu Ende. Werden die in § 2246 erteilten Ordnungsvorschriften nicht befolgt, so ist das auf die Gültigkeit des Testaments ohne Einfluß. Da diese Vorschriften auch im Interesse der im Testament Bedachten erlassen sind, können sie durch den Willen des Erblassers außer Kraft gesetzt werden (**RG** WarnRspr 1938 Nr. 21).

Anm. 3

Als Anlagen kommen in Frage die übergebene Schrift (§ 2238 Abs. 1), das besondere Blatt (§ 2243 Abs. 1), die Übersetzung (§§ 2244, 2245). Die Beifügung sonstiger Anlagen ist unstatthaft aber unschädlich.

Anm. 4

Die zwingende Vorschrift des § 2239 über die **Gegenwart der mitwirkenden Personen** (vgl. hierzu den Vorschlag von Rohs aaO, das Gesetz zu ändern) wird infolge der Natur der Vorschriften des § 2246 als bloßer Ordnungsvorschriften insoweit von selbst ebenfalls zur Ordnungsvorschrift. Die Anwesenheit des **Erblassers** ist gleichfalls nicht wesentlich (§ 2242 Anm. 19).

Anm. 5

Das **Amtssiegel** wird durch Trocken- oder Farbstempel, die keinen Verschluß herzustellen vermögen, nicht ersetzt. Mitverschluß durch sein Privatsiegel ist dem Erblasser nicht verwehrt. Über die Feststellung der Unversehrtheit des Verschlusses bei der Testamentseröffnung vgl. § 2260 Abs. 3 Satz 2.

Anm. 6

2. Zu Abs. 1 Satz 2

Nähere Anweisungen für den **Vermerk auf dem Umschlag** enthält die AV des RJM und des RMdInn v. 15. 6. 1939 (DJ 1078) Abschn. I Nr. 1. Die Unterschrift auf dem Umschlag kann die Unterschrift der Urkundsperson unter der Niederschrift nicht ersetzen (vgl. § 2242 Anm. 17).

III. Besondere amtliche Verwahrung (Abs. 2)

Anm. 7

1. Zu Abs. 2 Satz 1

Besondere amtliche Verwahrung im Gegensatz zu der gewöhnlichen Aktenverwahrung (**RG** 48, 99). Nähere Vorschriften in den §§ 2258a, 2258b (vgl. die Erläuterungen hierzu). Testamentsakten des Amtsgerichts: AktenO § 27 Abs. 2; Vermerkblatt des Notars: DOfNot §§ 16, 20. Gebühr für die amtliche Verwahrung: KostO §§ 101, 103. — Amtliche Verwahrung des eigenhändigen Testaments § 2248, des Nottestaments § 2249 Abs. 1, des Erbvertrages § 2277; wegen der Anwendbarkeit der §§ 2246, 2248 auf das Dreizeugentestament s. § 2250 Anm. 8 a.E. Rücknahme aus der Verwahrung § 2256. Die vor einem deutschen Konsul errichteten Testamente sind in der Regel an das Amtsgericht Berlin-Schöneberg zur Verwahrung zu übermitteln (§ 50 Abs. 4; § 16a des Ges. betr. die Organisation der Bundeskonsulate usw. v. 8. 11. 1867 idF des Ges. v. 14. 5. 1936 RGBl I 447 und des Ges. v. 16. 12. 1950 BGBl 748; vgl. Anm. 14 vor § 2229).

Anm. 8

Das Standesamt ist von der Verwahrung zu benachrichtigen; es teilt seinerseits dem Gericht oder Notar den Tod des Erblassers mit. Die frühere einheitliche Regelung durch die AV des RJM und des RMdI v. 15. 6. 1939 (DJ 1078) Abschn. I Nr. 2 (vgl. hierzu Vogels DJ 1939, 1197), v. 19. 5. 1943 (DJ 287) und v. 12. 2. 1945 (DJ 48) ist jetzt durch landesrechtliche Bestimmungen ersetzt worden; vgl. für die BrZ AV ZJA v. 12. 8. 1949 (ZJBlBrZ 170), geändert durch AV d. Nds. JM v. 18. 9. 1952 (NdsRpfl 162), durch GemAV d. JM u. d. IM NRW v. 9. 8. 1952 (JMBl 187) u. durch Hamb. AV v. 23. 9. 1952 (JVerwBl 11); s. ferner Gem. AV d. JM u. d. IM Bad.-Württ. v. 29. 1. 1953 (Justiz 55), die bayer. Bekanntmachungen v. 28. 6. 1949 (JMBl 120) u. v. 18. 9. 1952 (JMBl 234), die Brem. AO v. 10. 10. 1949 (GBl 213) u. v. 6. 2. 1954 (GBl 29), die Hess. RdE v. 21. 4. 1949 (JMBl 57) u. v. 27. 6. 1952 (JMBl 53) und die Rhld.-Pf. VO v. 20. 10. 1949 (JBl 98) u. v. 20. 12. 1952 (JBl 111).

Anm. 9

2. Zu Abs. 2 Satz 2

Der **Hinterlegungsschein** ist von Amts wegen und trotz etwaigen Verzichts zu erteilen. Form des Hinterlegungsscheins: AktenO § 27 Abs. 6 idF der AV v. 4. 8. 1938 (DJ 1259).

§ 2247

Der Erblasser kann ein Testament in ordentlicher Form durch eine eigenhändig geschriebene und unterschriebene Erklärung errichten.

Der Erblasser soll in der Erklärung angeben, zu welcher Zeit (Tag, Monat und Jahr) und an welchem Ort er sie niedergeschrieben hat.

Die Unterschrift soll den Vornamen und den Familiennamen des Erblassers enthalten. Unterschreibt der Erblasser in anderer Weise und reicht diese Unterzeichnung zur Feststellung der Urheberschaft des Erblassers und der Ernstlichkeit seiner Erklärung aus, so steht eine solche Unterzeichnung der Gültigkeit des Testaments nicht entgegen.

Wer minderjährig ist oder Geschriebenes nicht zu lesen vermag, kann ein Testament nicht nach obigen Vorschriften errichten.

Enthält ein nach Abs. 1 errichtetes Testament keine Angabe über die Zeit der Errichtung und ergeben sich hieraus Zweifel über seine Gültigkeit, so ist das Testament nur dann als gültig anzusehen, wenn sich die notwendigen Feststellungen über die Zeit der Errichtung anderweit treffen lassen. Dasselbe gilt entsprechend für ein Testament, das keine Angabe über den Ort der Errichtung enthält.

KB 321.

Übersicht

Eigenhändiges Testament

Neueres Schrifttum: Schulze, Über die Verwendung von Blindenschrift bei der Errichtung letztwilliger Verfügungen, DNotZ 1955, 629; Krause, Kann eine formmangelhafte Verfügung von Todes wegen rechtsgültig sein? FamRZ 1955, 161.

Anm. 1

I. Allgemeines

Die Vorschrift stimmt inhaltlich mit TestG § 21 überein; Abs. 2 ist neu gefaßt, in Abs. 3 u. 5 sind die in TestG § 21 angeführten Beispiele gestrichen worden. § 2247 aF enthielt nur eine Bestimmung, die dem jetzigen Abs. 4 entsprach. Die jetzigen Abs. 1 u. 2 sind teilweise an die Stelle des § 2231 Nr. 2 aF getreten. Die Abs. 3 u. 5 sind durch das TestG neu eingefügt worden.

Anm. 2

Das **eigenhändige Testament** ist eine ordentliche Testamentsform neben dem öffentlichen Testament (§ 2231 Nr. 2). Als Privaturkunde (ZPO § 416) steht es jedoch an Beweiswert erheblich hinter dem öffentlichen Testament zurück (s. § 2231 Anm. 6 sowie unten Abschnitt VI).

Anm. 3

Damit unnötige Formenstrenge vermieden, anderseits eine zuverlässige Wiedergabe des Willens des Erblassers sichergestellt wird, hat das TestG die vom BGB ursprünglich an das eigenhändige Testament gestellten Formanforderungen stark gemildert: Die Angabe des Ortes und des Tages der Errichtung ist nur noch als Sollvorschrift angeordnet (Abs. 2); statt der Namensunterschrift ist unter gewissen Voraussetzungen auch eine andere Art der Unterzeichnung für zulässig erklärt worden (Abs. 3); beim gemeinschaftlichen eigenhändigen Testament ist die nach § 2267 aF erforderlich gewesene Erklärung des anderen Ehegatten weggefallen und die Mitunterzeichnung für genügend erklärt worden (TestG § 28 Abs. 2, jetzt § 2267). Damit sind die Hauptursachen der Formnichtigkeit zahlreicher eigenhändiger Testamente beseitigt. Die weiterhin beibehaltenen Formerfordernisse — eigenhändige Niederschrift und Unterschrift — sind so leicht zu erfüllen, daß an ihnen kein eigenhändiges Testament zu scheitern brauchte. Immerhin wird es auch in Zukunft Fälle geben, in denen selbst diese auf ein Mindestmaß herabgesetzten Formgebote nicht beachtet werden. In diesen Fällen ist das Testament **nichtig**. Die Nichtigkeitsfolge kann, soweit zwingende Formvorschriften verletzt worden sind, nicht mit der Begründung ausgeräumt werden, das Ergebnis sei den Umständen nach unbillig oder damit, die Vorschrift sei im allgemeinen oder für den besonderen Fall zwecklos oder ihr Zweck werde auf andere Weise erreicht (vgl. KG JFG 17, 274; aM Rumpf JW 1938, 2579). Solche Gesichtspunkte können zwar unter Umständen für die Auslegung von Formvorschriften durch den Richter insofern bedeutsam sein, als bei Zweifeln über den Umfang eines Formgebotes derjenigen Auslegung der Vorzug zu geben ist, bei der eine unnötige Formenstrenge vermieden wird. Unnötig ist sie jedoch dann nicht, wenn sie geboten ist, um den Willen des Erblassers zuverlässig wiederzugeben oder seine Urheberschaft und die Ernstlichkeit seiner Erklärung festzustellen.

Anm. 4

Diese Auslegungsgrundsätze ermächtigen den Richter jedoch nicht, über die zwingenden Formerfordernisse hinwegzusehen, die der Gesetzgeber für unabweislich gehalten hat. Das TestG hat in § 23 Abs. 6 und § 24 Abs. 3 den Richter nur für Nottestamente ermächtigt, gegebenenfalls zur Aufrechterhaltung des Testaments auch über die Verletzung zwingender Formvorschriften hinwegzusehen. Die neue Fassung des BGB ist dabei verblieben. Für das eigenhändige Testament (wie auch für das ordentliche öffentliche Testament) fehlt es an einer solchen Ermächtigung.

Anm. 5

Für das eigenhändige Testament genügt die Form eines an einen Bedachten, einen Beschwerten, einen Testamentsvollstrecker oder eine sonstige Vertrauensperson gerichteten **Briefes** (oder einer Postkarte, JFG 16, 91). Der Erblasser muß aber den Willen gehabt haben, seine letztwillige Verfügung schon in dem Briefe selbst zu treffen (KG DFG 1941, 9). Ist die Person des Bedachten im Texte des Briefes nicht genannt, enthält der Brief aber Anhaltspunkte zur Bestimmung seiner Persönlichkeit, so können auch äußere Umstände, insbesondere die auf dem Umschlage des Briefes stehende Anschrift zu seiner näheren Kennzeichnung herangezogen werden (§ 2084 Anm. 23; **RG** LZ 1927, 531[5]; wegen der Möglichkeit, das Testament mit anderen brieflichen Mitteilungen zu verbinden, vgl. Anm. 12).

Anm. 6

Ist der Verfasser eines Schriftstücks, das den Erfordernissen des eigenhändigen Testaments entspricht, überzeugt, daß auf diese Weise kein rechtsgültiges Testament zustande gekommen sei, so kann der Inhalt des Schriftstücks nicht als rechtsgeschäftliche Willenserklärung aufgefaßt werden; bloße Zweifel an der Gültigkeit schaden jedoch nicht (**RG** LZ 1922, 293[5]). Ebenso ist zu entscheiden, wenn der Erblasser die Möglichkeit, ein Testament in mehreren Urschriften herzustellen (Anm. 12), nicht kennt und deshalb eine von ihm nach der Urschrift gefertigte, überall den Erfordernissen des eigenhändigen Testaments genügende Abschrift für kein gültiges Testament hält (**RG** LZ 1923, 322[11]). Hat der Erblasser auf einem Fragebogen, den die Erbschaftssteuerbehörde ihm anläßlich des Todes seiner Ehefrau zugesandt hat, Bestimmungen über seinen eigenen Nachlaß niedergeschrieben, so liegt darin nur dann ein wirksames Testament, wenn erwiesen ist, daß er damit rechtsgeschäftlich handeln wollte (**RG** DR 1942, 1340).

II. Eigenhändige Niederschrift

Anm. 7

Erstes Erfordernis ist eigenhändige Niederschrift des Testaments in seinem gesamten Wortlaute. Daran hat schon das TestG festgehalten (OLG Düsseldorf DR 1943, 698[8]; **BGH** NJW 1958, 547[7] = FamRZ 1958, 102), weil die Aufgabe dieses Erfordernisses die beim eigenhändigen Testament ohnehin vorhandene Gefahr der Fälschung oder Verfälschung so erheblich vergrößern würde, daß der Schaden den Nutzen überwöge (Begr. zum TestG). Wer nicht schreiben oder Geschriebenes nicht lesen kann, kann daher kein eigenhändiges Testament errichten (Anm. 30). Das bloße Nachmalen der von einem anderen geschriebenen Erklärung durch den Erblasser, der Geschriebenes dieser Art nicht selbst lesen kann, genügt dem Erfordernis der Eigenhändigkeit nicht (DNotZ 1937, 68).

Anm. 8

Der Erblasser muß sich (wenn er nicht auf den Gebrauch eines anderen Körperteils, etwa Fuß oder Mund, angewiesen ist) zum Schreiben unmittelbar der Hand bedienen. Deshalb ist mechanische Herstellung mit Hilfe von Typen (Druck, Maschinenschrift) oder durch mittelbare Kraftanwendung (Durchpausen) ausgeschlossen. Schreiben mit fremder Hilfe (geführter Feder) ist solange eigenhändiges Schreiben, als der Schreibende dabei selbst noch die Gestalt der Schriftzüge bestimmt, also nicht, wenn die Hand des Erblassers bei der Niederschrift, sei es auch nur einzelner Worte oder Zahlen, völlig unter fremder Herrschaft und Leitung steht (**RG** WarnRspr 1909 Nr. 31, 1911 Nr. 336; KGJ 48, 82; BayObLG JW 1921, 276[1]; BayObLGZ 1951, 598 = DNotZ 1952, 78 mit Anm. von Rechenmacher; **BGH** LM TestG § 16 Nr. 1 mit Nachweisen). Vgl. auch zur Schadenersatzpflicht eines Notars, der bei der Testamentserrichtung zugelassen hat, daß dem Erblasser bei der Unterschrift beim Familiennamen die Hand geführt wurde **BGH** 27, 274 = NJW 1958, 1398 = MDR 1958, 664, 837 mit Anm. von Keidel = LM BGB § 2247 Nr. 1 mit Anm. von Pagendarm; ferner § 2242 Anm. 5.

Anm. 9

Der Stoff, auf dem (Papier, Holz, Metall, Stein) und mittels dessen (Tinte, Bleistift, Pinsel, Griffel, Meißel) das Testament niedergeschrieben wird, ist gleichgültig. In **RG** JW 1910, 291[26] ist die Niederschrift mittels Griffels auf einer Schiefertafel für einfache ländliche Verhältnisse nicht beanstandet, aber hervorgehoben worden, daß die

Benutzung besonders rasch vergänglicher Stoffe dem Wesen des Testaments widerspreche und seine Ernstlichkeit in Frage stellen könne.

Anm. 10

Die Wahl der Sprache — einer toten oder lebendigen — steht dem Erblasser frei, falls er sich darin genügend verständlich machen kann. Ebenso die Wahl der Schriftzeichen (der benutzten oder einer anderen Sprache), insbesondere der Kurzschrift, wenn die Möglichkeit, sie zu entziffern, nicht auf einen engen Kreis von Sachkennern beschränkt ist, sowie der Rundschrift (JW 1937, 44[29]). Konnte der Erblasser selbst das von ihm Geschriebene nicht lesen, so ist das Testament nach Abs. 4 nichtig.

Anm. 11

Der Zusatz einzelner Verfügungen, den der Erblasser bei der Abfassung des Testaments von fremder Hand fertigen läßt oder in Maschinenschrift fertigt, macht nicht notwendig das ganze Testament nichtig, vielmehr ist hierüber nach § 2085 zu entscheiden (**RG** 63, 23 und Recht 1921 Nr. 582).

Anm. 12

Die Niederschrift muß keine in sich geschlossene selbständige Urkunde bilden, sofern sie nur nach dem Willen des Erblassers eine sogleich wirksame Verfügung von Todes wegen (nicht bloß ein Entwurf, die Mitteilung des Vorhabens zu testieren u. dgl.) sein soll. Das Testament kann deshalb auch einem Brief (**RG** JW 1907, 143[25]; Anm. 5) oder dem Antrag an eine Behörde (RWirtschG JW 1923, 197[2]) einverleibt sein. Ebenso kann es mehrere lose Blätter umfassen, wenn deren Zusammengehörigkeit feststeht. Es kann endlich auch in mehreren Urschriften hergestellt werden (JW 1934, 2563[2]), wozu besonderer Anlaß vorliegt, wenn (z. B. bei einer Errichtung im Felde) der Verlust einer Testamentsschrift zu befürchten ist (**RG** LZ 1923, 322[11]). S. auch Anm. 6. Unzulässig ist es, auf eine Urkunde zu verweisen, die ihrerseits der Testamentsform entbehrt (**RG** WarnRspr 1915 Nr. 210; 1917 Nr. 59; 1925 Nr. 29; vgl. aber Anm. 18 über den Fall, daß die frühere Erklärung zum Bestandteil einer neuen formgerechten Verfügung gemacht ist, und **RG** WarnRspr 1938 Nr. 51: Anordnung von Vermächtnissen in einem gemeinschaftlichen Testament für „weitere aus unserer Traubibel zu ersehende Patenkinder").

Anm. 13

III. Unterschrift (Abs. 1 u. 3)

Die Unterschrift ist ein zwingendes Erfordernis. Es genügt nicht, daß auch ohne solche Unterschrift die Urheberschaft des Erblassers und die Ernstlichkeit seiner Erklärung klargestellt wird. Ein eigenhändiges Testament, das weder unterschrieben ist noch die Bezeichnung des Testators im Text enthält, ist nichtig (**RG** DJ 1942, 20 = HRR 1942, 267 = DNotZ 1942, 308). Die Unterschrift bildet den eigentlichen Abschluß des Testaments und gehört deshalb richtigerweise als unterste Zeile unter die Urkunde. Doch kann auch eine auf ein voll beschriebenes Blatt oder eine auf die voll beschriebene Vorderseite eines Blattes quer gesetzte Unterschrift genügen (**RG** LZ 1920, 161[10]), wie überhaupt eine solche räumliche Beziehung der Namensschrift zum Text ausreicht, daß sie diesen nach der Verkehrsauffassung deckt (JFG 5, 171; 16, 91; BayObLG 31, 316; **RG** HRR 1942, 754 = DR 1942, 1340 = DNotZ 1942, 336; ähnlich DFG 1942, 62).

Anm. 14

Bei einem Testament in Briefform kann die in dem Brief fehlende Unterschrift des Erblassers unter Umständen durch seine Namensunterschrift auf dem Umschlage ersetzt werden, wenn das einliegende Schriftstück keinen Zweifel an der Ernstlichkeit und Endgültigkeit seines Inhalts aufkommen läßt (KG DR 1940, 199 = DFG 1940, 4 = HRR 1940, 292 = JFG 21, 36). Befindet sich die Unterschrift lediglich auf dem verschlossenen Briefumschlag, der das Testament enthält, so kommt es darauf an, ob sie der äußeren Erscheinung nach als Fortsetzung des im Umschlag befindlichen Schriftstücks dessen Inhalt oder ob sie nur einen selbständigen, auf den Umschlag gebrachten Vermerk deckt; der durch Umstände außerhalb der Urkunde, d. h. des Umschlags mit der Einlage, nachweisbare Wille des Erblassers, durch die Unterschrift auf dem Umschlage die letztwillige Verfügung zu vollziehen, ersetzt nicht die Erfüllung des Formerfordernisses, daß die Unterschrift die Verfügung der äußeren Erscheinung nach decken muß (**RG** 61, 7; 110, 166; vgl. auch **RG** DR 1945, 55 für die von dem Ehemann geschriebene Aufschrift auf dem Umschlage zu einem gemeinschaftlichen Testament: „Karl und Auguste M.").

Anm. 15

Ein Absendervermerk, der auf einem dem Nachlaßgericht geöffnet eingelieferten Umschlag eines Briefes angebracht ist, kann die fehlende Unterschrift jedoch nicht ersetzen (JFG 18, 66; vgl. jedoch zum Absendervermerk auf einer Postkarte KG JFG 16, 91). — Eine Selbstbenennung des Erblassers am Anfang des Testaments und irgendwelche auf den Abschluß der Erklärung deutende Merkmale ersetzen die abschließende Unterschrift nicht. Denn nur die Unterschrift läßt einigermaßen sicher erkennen, daß der Erblasser seine letztwillige Verfügung wirksam werden lassen wollte (**RG** HRR 1942, 754 = DR 1942, 1340 = DNotZ 1942, 336; OLG Freiburg HEZ 2, 39 = DRZ 1949, 19; OLG Schleswig SchlHA 1952, 83; OLG Braunschweig MDR 1955, 292 = FamRZ 1955, 222 gegen KG DR 1941, 1464 mit Anm. von Vogels = HRR 1941, 630 = DNotZ 1941, 222; vgl. ferner von Hippel ZAkDR 1941, 269f und 1942, 104). Es ist für den Regelfall auch bedenklich, einen Schlußvermerk: „Ich, der Ehemann X habe dieses Testament eigenhändig geschrieben und unterschrieben. Y, den (Datum)" zugleich als Unterschrift anzuerkennen. Denn diese Fassung deutet darauf hin, daß der Erblasser seine Erklärung erst durch eine übliche Unterschrift abschließen wollte. Jedoch kann das Tatfrage sein (vgl. OLG Düsseldorf JMBlNRW 1954, 116).

Anm. 16

Erforderlich ist **Namensunterschrift,** und zwar soll die Unterschrift den Vornamen und den Familiennamen des Erblassers enthalten; jedoch ist auch eine andere Art der Unterzeichnung unter der Voraussetzung zulässig, daß sie ausreicht, um die Urheberschaft des Erblassers und die Ernstlichkeit seiner Erklärung festzustellen. Das TestG führte als Beispiele an, daß der Erblasser nur mit dem Vornamen oder durch Angabe der Familienstellung (z.B. „Euer Vater") unterschreibt (aM **RG** 110, 308 zu § 2231 Nr. 2 aF). In Betracht kommt auch die Unterzeichnung lediglich mit dem Familiennamen oder mit einem Kosenamen, mit dem Pseudonym eines unter diesem Namen bekannten Schriftstellers oder Künstlers sowie die Unterzeichnung eines Einzelkaufmanns mit der ihm zustehenden Firma. Diese Ausnahmen gelten jedoch nur für das eigenhändige und nicht für das öffentliche Testament (**BGH** 27, 276 = MDR 1958, 664 [auszugsweise] und 837 mit Anm. von Keidel).

Anm. 17

Die bloße Unterzeichnung mit den Anfangsbuchstaben des Vornamens oder des Familiennamens oder beider Namen genügt dagegen nicht den Erfordernissen einer Unterschrift (Begr. zum TestG; Vogels/Seybold TestG § 21 Anm. 8 Abs. 3); selbst wenn aus dem Testamentsinhalt die Person des Unterzeichners zweifelsfrei zu ersehen wäre, so würde doch die Unterzeichnung mit dem Anfangsbuchstaben nicht erkennen lassen, daß der Erblasser das Testament endgültig hat abschließen und nicht einen bloßen Entwurf mit seinem Namenszeichen hat versehen wollen. Ebensowenig kann das Handzeichen, auch das beglaubigte (§ 126 Abs. 1), als Unterschrift anerkannt werden (**RG** 110, 168; 134, 310). Das gleiche gilt für Schnörkel, drei Kreuze oder sonstige Unterschriftszeichen.

IV. Errichtungshandlung im übrigen

Anm. 18

Das Gesetz erfordert **keine Einheit der Errichtungshandlung.** Es ist deshalb gleichgültig, wann der Text des Testaments und ob er etwa im Zustande der Testierunfähigkeit (§ 2229 Anm. 3ff, 9f, 11ff) niedergeschrieben ist, wenn nur das Hindernis im Augenblick des Testamentsabschlusses durch Unterschrift behoben war. Der Erblasser kann auch das von ihm zu einem anderen Zwecke oder als früheres Testament Niedergeschriebene dazu benutzen, um es durch eigenhändige Ergänzung so zu vollenden, daß es sein nunmehr gewolltes Testament darstellt; ob das frühere Testament gültig oder aus dem schon angegebenen Grunde fehlender Testierfähigkeit oder wegen eines Formverstoßes nichtig war, macht dabei keinen Unterschied (**RG** 111, 247; 115, 111; WarnRspr 1919 Nr. 70; KG HRR 1934 Nr. 1514).

Anm. 19

Durchstreichungen, Radierungen, Einschaltungen beeinträchtigen an sich und vorbehaltlich der Entscheidung aus ZPO § 419 die Gültigkeit des Testaments nicht. Eine Durchstreichung, die nach Abschluß des Testaments vorgenommen wird, wirkt regelmäßig als Widerruf (§ 2255). Ein Streichungsvermerk auf einer Testamentsabschrift kann genügen (OLG Frankfurt NJW 1950, 607). Eine nachträglich hinzugesetzte Einschaltung muß, um als Verfügung (nicht bloße Erläuterung) wirksam zu sein, eigenhändig geschrieben und durch die Unterschrift gedeckt sein (so auch Firsching DNotZ 1955, 293).

Anm. 20

Der **Beweis der Formgültigkeit** des Testaments ist im Streitfalle von dem zu führen, der sich auf das Testament beruft (auch gegenüber der Klage auf Feststellung der Nichtigkeit, **RG** SeuffArch 74 Nr. 141); ebenso steht es mit der Beweislast bei einem Streite darüber, ob eine Urkunde den letzten Willen des Erblassers enthält oder nur einen Entwurf darstellt (**RG** LZ 1922, 466[12]). Zu der Frage, ob sich hierbei der auf Grund des Testaments mit dem Erbschein ausgestattete Erbe auf die Vermutung des § 2365 berufen darf, vgl. dort Anm. 4. Ist die Echtheit der Unterschrift dargetan, so wird bis zum Nachweis des Gegenteils auch vermutet, daß die Orts- und Zeitangabe (Anm. 22f) der Wahrheit entspricht (ebenso wie nach bisherigem Recht, **RG** 64, 423; 136, 126; WarnRspr 1919 Nr. 70; LZ 1927, 1266[7]; BayObLG 32, 554; über die Beweislast beim undatierten Testament s. Anm. 26). Dagegen ist mit der Echtheit der Unterschrift nur bewiesen, daß das Darüberstehende vom Erblasser erklärt, nicht aber daß es eigenhändig geschrieben sei. Die Eigenhändigkeit dieser Niederschrift ist vielmehr, soweit erforderlich, von dem, der sich auf das Testament beruft, noch besonders zu beweisen (**RG** SeuffArch 74 Nr. 141).

Anm. 21

Amtliche Verwahrung §§ 2248, 2256 Abs. 3; Ablieferungspflicht § 2259. Gemeinschaftliches eigenhändiges Testament § 2267. Urkundensteuer wird seit dem 1. 9. 1941 nicht mehr erhoben.

V. Orts- und Zeitangabe (Abs. 2)

Anm. 22

Während § 2231 Nr. 2 aF die eigenhändige Angabe des Ortes und des Tages der Testamentserrichtung zwingend vorschrieb, bezeichnete TestG § 21 Abs. 2 es — im Anschluß an ÖABGB § 578 — nur als rätlich, daß der Erblasser Zeit und Ort der Niederschrift seiner Erklärung angibt. Die neue Fassung des § 2247 Abs. 2 ist hierbei trotz der Änderung des Wortlauts dem Sinne nach verblieben. Die Gültigkeit des Testaments hängt daher, anders als nach der alten Fassung (§ 2231 Nr. 2), nicht davon ab, daß diese Angaben eigenhändig geschrieben oder daß sie richtig oder daß sie überhaupt vorhanden sind. Doch kann das völlige Fehlen dieser Angaben unter besonderen Umständen dazu führen, daß das Testament als ungültig zu behandeln ist (Abs. 5, Anm. 24ff).

Anm. 23

Die Zeit der Errichtung soll kalendermäßig nach Tag, Monat und Jahr angegeben werden. Auch vor dem Inkrafttreten des TestG war ein eigenhändiges Testament nicht schon deshalb nichtig, weil es am Tage des Datums begonnen, aber erst am folgenden Tage vollendet worden ist (ErbhRspr § 28 REG Nr. 1 mit Anm. von Vogels). Die Ortsangabe wird im allgemeinen nur in den Fällen von Bedeutung sein, in denen das Testament von einem Deutschen im Ausland oder von einem Ausländer in Deutschland errichtet worden ist (vgl. EG Art. 11 Abs. 1 Satz 2, Art. 24, 25). Die Angabe des vom Errichtungsorte verschiedenen Wohnortes des Erblassers genügt nicht der Vorschrift in Abs. 2.

VI. Fehlen der Zeit- und Ortsangabe (Abs. 5)

Anm. 24

Die Feststellung der Zeit, zu der das Testament errichtet ist, ist bedeutsam, wenn der Erblasser es zu einer Zeit errichtet haben kann, zu der er noch nicht testierfähig (§ 2229 Abs. 1) oder zu der er vorübergehend testierunfähig war (§§ 2229 Abs. 3 und 4, 2230), oder wenn der Erblasser mehrere einander widersprechende Testamente hinterlassen hat (vgl. § 2258).

Anm. 25

Enthält das Testament eine Zeitangabe, so wird vermutet, daß sie der Wahrheit entspricht (oben Anm. 20). Wer die Nichtigkeit des Testaments wegen Testierunfähigkeit geltend macht, muß daher beweisen, daß der Erblasser zu dieser Zeit testierunfähig war, oder aber daß das Testament in Wirklichkeit zu einer anderen Zeit errichtet worden ist, zu der der Erblasser testierunfähig war (s. § 2229 Anm. 16). Entsprechend hat gegenüber einem mit Zeitangabe versehenen Testament, durch das ein früheres Testament aufgehoben wird (§ 2258 Abs. 1), derjenige, der sich auf das frühere Testament beruft, die Unrichtigkeit der Zeitangabe zu beweisen.

Anm. 26

Enthält das Testament dagegen keine Zeitangabe, so ist es zwar nicht aus diesem Grunde nichtig (Anm. 22); jedoch muß, wenn die Gültigkeit des Testaments davon abhängt, zu welcher Zeit es errichtet ist, derjenige, der sich auf die Gültigkeit beruft, die Zeit der Errichtung beweisen. Diesen Beweis kann er mit allen zulässigen Beweismitteln führen (KG MDR 1953, 51). Gelingt ihm dieser Beweis nicht, so ist das Testament als ungültig zu behandeln. Vgl. auch § 2258 Anm. 5.

Anm. 27

Abs. 5 ist nicht anwendbar, wenn die Zeit der Errichtung zwar nicht in der in Abs. 2 bezeichneten Weise kalendermäßig angegeben ist, wenn sie sich aber in anderer Weise aus der Testamentsurkunde selbst (gegebenenfalls auch aus dem das Testamententhaltenden Umschlag, vgl. oben Anm. 14 sowie JFG 14, 68), sei es auch unter Heranziehung allgemeinkundiger Tatsachen oder im Leben des Erblassers zeitlich hervorstechender, auf einen bestimmten Kalendertag fallender Ereignisse feststellen läßt (z. B. „am 50. Geburtstage meiner Frau", „an meinem Silberhochzeitstage"). Dagegen ist Abs. 5 zum mindesten entsprechend anzuwenden, wenn die Unrichtigkeit der Zeitangabe nachgewiesen wird und derjenige, der sich auf die Gültigkeit des Testaments beruft, nicht zu beweisen vermag, zu welcher Zeit das Testament wirklich errichtet worden ist.

Anm. 28

Enthält das Testament mehrere Zeitangaben, so schließt die jüngste durch Unterschrift gedeckte Zeitangabe das Testament ab (**RG** 115, 112; KG JW 1935, 3122[44]). Ist aber wegen der mehrfachen Zeitangabe bei Berücksichtigung der sonst im Testament angegebenen und der allgemeinkundigen Tatsachen nicht erkennbar, zu welcher Zeit das Testament errichtet ist, so steht das dem gänzlichen Fehlen der Angabe gleich (KGJ 37 A 119; RJA 16, 247; JFG 9, 91; vgl. **RG** JW 1939, 352[20]). Auch völlige Unlesbarkeit der Zeitangabe wirkt wie ihr Fehlen, gleichviel ob sie schon bei Errichtung des Testaments gegeben war oder ob sie auf nachträglich eingetretene Veränderungen zurückzuführen ist.

Anm. 29

Das Gesagte gilt für die Ortsangabe entsprechend, soweit sie rechtlich überhaupt erheblich ist (s. Anm. 23). Kommt es für die Gültigkeit des Testaments z. B. darauf an, daß es in einem bestimmten ausländischen Staate errichtet worden ist, so genügt der Nachweis, daß es in diesem Staate errichtet wurde, auch wenn sich kein bestimmter Ort ermitteln läßt.

VII. Minderjährige und Lesensunfähige (Abs. 4)

Anm. 30

Minderjährige sind nach § 2238 Abs. 3 auch von der Übergabe einer verschlossenen Schrift, **Lesensunfähige** (§ 2238 Anm. 13) nach § 2238 Abs. 4 überhaupt vom schriftlich übergebenen Testament ausgeschlossen. Ist der Lesensunfähige zugleich stumm oder sonst am Sprechen verhindert, so kann er überhaupt nicht testieren (§ 2238 Anm. 14, § 2243 Anm. 2), während der Minderjährige in einem solchen Falle durch Übergabe einer offenen Schrift testieren kann (§ 2238 Anm. 12). Ein Blinder, der die Blindenschrift beherrscht, kann in dieser Schrift ein eigenhändiges Testament errichten (Vogels/Seybold TestG § 21 Anm. 11).

Anm. 31

Über die Rechtsnatur der Bestimmung des Abs. 4 s. § 2229 Anm. 5.

Anm. 32

VIII. Eigenhändiges gemeinschaftliches Testament

Ein eigenhändiges gemeinschaftliches Testament kann in erleichterter Form nur in der Weise errichtet werden, daß einer der Ehegatten das Testament eigenhändig schreibt und unterschreibt und der andere Ehegatte die gemeinschaftliche Erklärung eigenhändig mitunterzeichnet (**BGH** FamRZ 1958, 102).

§ 2248

Ein nach den Vorschriften des § 2247 errichtetes Testament ist auf Verlangen des Erblassers in besondere amtliche Verwahrung zu nehmen (§§ 2258a, 2258b). Dem Erblasser soll über das in Verwahrung genommene Testament ein Hinterlegungsschein erteilt werden.

KB 321.

Verwahrung des eigenhändigen Testaments

Anm. 1

I. § 2248 entspricht TestG § 22.

Anm. 2

II. Zu Satz 1: Die **besondere amtliche Verwahrung des eigenhändigen Testaments** (vgl. § 2246 Anm. 7) macht es nicht, wie die Übergabe der Schrift nach § 2238, zum öffentlichen Testament. Sie findet nur auf Verlangen des Erblassers statt, das formlos und regelmäßig auch durch einen Vertreter gestellt werden kann (RJA 1, 146). Eine Belehrungspflicht des Gerichts (§ 2241 b) besteht nicht; das Gericht ist jedoch nicht gehindert, den Erblasser zu beraten und zu belehren, falls er dies wünscht. Zuständig ist jedes Amtsgericht, § 2258a Abs. 2 Nr. 4. Nähere Vorschriften über die amtliche Verwahrung enthalten § 2258b sowie AV v. 15. 6. 1939 (DJ 1078) und § 27 der AktO idF der AV v. 4. 8. 1938 (DJ 1259). Kosten der amtlichen Verwahrung KostO §§ 101, 103. Rücknahme des Testaments ist zulässig; sie gilt nicht als Widerruf, § 2256 Abs. 3. Ablieferungspflicht nach dem Erbfall § 2259.

Anm. 3

III. Zu Satz 2: Wegen des **Hinterlegungsscheins** s. § 2246 Anm. 9.

§ 2249

Ist zu besorgen, daß der Erblasser früher sterben werde, als die Errichtung eines Testaments vor einem Richter oder vor einem Notar möglich ist, so kann er das Testament vor dem Bürgermeister der Gemeinde, in der er sich aufhält, errichten. Der Bürgermeister muß zwei Zeugen zuziehen. Die Vorschriften der §§ 2234 bis 2246 sind anzuwenden; der Bürgermeister tritt an die Stelle des Richters oder des Notars. Ist ein Dolmetscher zuzuziehen, so kann der Bürgermeister den Dolmetscher beeidigen.

Die Besorgnis, daß die Errichtung eines Testaments vor einem Richter oder vor einem Notar nicht mehr möglich sein werde, soll in der Niederschrift festgestellt werden. Der Gültigkeit des Testaments steht nicht entgegen, daß die Besorgnis nicht begründet war.

Der Bürgermeister soll den Erblasser darauf hinweisen, daß das Testament seine Gültigkeit verliert, wenn der Erblasser den Ablauf der im § 2252 vorgesehenen Frist überlebt. Er soll in der Niederschrift feststellen, daß dieser Hinweis gegeben ist.

Für die Anwendung der vorstehenden Vorschriften steht der Vorsteher eines Gutsbezirks dem Bürgermeister einer Gemeinde gleich.

Das Testament kann auch vor demjenigen errichtet werden, der nach den gesetzlichen Vorschriften zur Vertretung des Bürgermeisters oder des Gutsvorstehers befugt ist. Der Vertreter soll in der Niederschrift angeben, worauf sich seine Vertretungsbefugnis stützt.

Sind bei der Abfassung der Niederschrift über die Errichtung des in den vorstehenden Absätzen vorgesehenen Testaments Formfehler unterlaufen, ist aber dennoch mit Sicherheit anzunehmen, daß das Testament eine zuverlässige Wiedergabe der Erklärung des Erblassers enthält, so steht der Formverstoß der Gültigkeit des Testaments nicht entgegen.

E I 1925, 1932 Abs. 1, 2 II 2113; M 5 281, 282, 295, 296; P 5 342—345, 351; KB 322.

Übersicht

Nottestament vor dem Bürgermeister

Schrifttum: Vogels, Beurkundung eines Nottestaments durch den Bürgermeister ..., Zeitschrift für Standesamtswesen 1938, 425.

Anm. 1

I. Allgemeines

§ 2249 entspricht TestG § 23. Dieses hat die Erfordernisse des Nottestaments gegenüber § 2249 aF erheblich erleichtert. Zur Mitwirkungspflicht eines Krankenhauses bei der Errichtung eines Nottestaments vgl. OLG Hamburg JZ 1955, 160; **BGH** FamRZ 1958, 177.

II. Voraussetzungen

Anm. 2

Das **Gemeindetestament** (auch Dorftestament genannt) ist in § 2249 Abs. 1 für den Fall naher Todesgefahr des Erblassers und in § 2250 Abs. 1 für den Fall vorgesehen, daß der Aufenthaltsort des Erblassers infolge außerordentlicher Umstände abgesperrt ist. Die im § 2249 Abs. 1 vorausgesetzte Besorgnis, auf deren objektive Begründetheit es nach Abs. 2 Satz 2 nicht ankommt, wird regelmäßig nur in Land- oder kleineren Stadtgemeinden gegeben sein. Doch ist die Art der Gemeinde nicht entscheidend. Auch wenn ein Amtsgericht oder ein Notar darin seinen Sitz hätte, ist das Gemeindetestament nicht ausgeschlossen. Weder der Richter noch der Notar darf rechtzeitig erreichbar sein, die Feststellung (Anm. 14f) hat sich daher (vorausgesetzt, daß nicht landesgesetzlich nur der Notar für zuständig erklärt ist, § 2231 Anm. 5) auf beide Möglichkeiten zu erstrecken (**RG** WarnRspr 1917 Nr. 243; KG JR 1925 Nr. 1639; offengelassen **RG** JW 1903 Beil. 64[149]; Unerreichbarkeit des Amtsrichters für genügend erklärt JW 1902 Beil. 216[65]; als Tatfrage behandelt JW 1905, 24[26]).

Anm. 3

Da TestG § 23 Abs. 2 Satz 1 bereits die Mußvorschrift des § 2249 Abs. 2 Satz 1 aF in eine Sollvorschrift umgewandelt hat (Anm. 14), ist die Gültigkeit des Testaments nicht mehr davon abhängig, daß die Feststellung diesen Anforderungen entspricht. Die gesetzlichen Bestimmungen, die von den beurkundenden Personen bei der Aufnahme von Nottestamenten zu beachten sind, sind in der „Anweisung des RMdI und des RJM v. 22. 11. 1938 für Bürgermeister und Gutsvorsteher zur Aufnahme von Nottestamenten" (RMBliV 2037; DJ 2013) idF des Runderlasses v. 14. 6. 1939 (RMBliV 1210; DJ 1076) erläutert worden (inzwischen ersetzt durch entsprechende Vorschriften der Länder, z. B. in Niedersachsen durch RdErl. vom 24. 7. 1954 NdsMBl 427).

Anm. 4

Ein gemeinschaftliches Testament kann nach § 2249 auch dann errichtet werden, wenn dessen Voraussetzungen nur bei einem der Ehegatten vorliegen, § 2266. Der Erbvertrag kann nur in ordentlicher Form errichtet werden (vgl. § 2276).

III. Zuständigkeit

Anm. 5

Aufenthalt des Erblassers in der Gemeinde, sei es auch bloß vorübergehender Art (Durchreise), genügt. Wohnsitz oder dauernder Aufenthalt ist nicht erfordert.

Anm. 6

Zuständig war nach der deutschen Gemeindeordnung für die Aufnahme des Nottestaments der **Bürgermeister** der Gemeinde (DGO § 6), in Gutsbezirken (DGO § 12 Abs. 2 Satz 2) der **Gutsvorsteher** (Abs. 4) oder derjenige, der nach den gesetzlichen Vorschriften (DGO § 35; vgl. auch § 119 Nr. 2) zur Vertretung des Bürgermeisters oder des Gutsvorstehers befugt war (Abs. 5). Jedoch soll nach OLG Karlsruhe JZ 1957, 380 auch das von einem Bürgermeister außerhalb seiner Gemeinde errichtete Testament gültig sein, wenn die Beteiligten den Bürgermeister auf Grund örtlicher Beziehungen für zuständig gehalten haben. Soweit in den Ländern neue Gemeindeordnungen an die Stelle der deutschen Gemeindeordnung getreten sind (s. Sartorius, Verfassungs- und Verwaltungsgesetze Anhang 4), sind jetzt deren Bestimmungen maßgebend. Der Zweite Teil Art. 4 Nr. 6 GesEinhG hat die DVO des ZJA der britischen Zone zu TestG § 23 v. 12. 12. 1946 (VOBl BrZ 1947, 9) aufrechterhalten; hiernach ist auch der gemäß der deutschen Gemeindeordnung bestellte Hauptgemeindebeamte oder sein Vertreter zuständig.

Anm. 7

Der **Vertreter** soll die Quelle seiner Vertretungsbefugnis (die gesetzliche Vorschrift oder den Auftrag, vgl. DGO § 35 Abs. 3) in der Niederschrift angeben. Das Nottestament ist nichtig, wenn es nicht von einer hierzu befugten Person aufgenommen ist (vgl. **RG** WarnRspr 1938 Nr. 21).

Anm. 8

EG Art. 150, der dem Landesgesetz gestattete, an Stelle des Vorstehers der Gemeinde oder neben ihm andere Personen (Orts-, Dorfgerichtspersonen) zu bestellen, ist aufgehoben (TestG § 50 Abs. 3 Nr. 1; GesEinhG Zweiter Teil Art. 3).

Anm. 9

IV. Zuziehung zweier Zeugen (Abs. 1 Satz 2)

Die **Zuziehung von zwei Zeugen** ist, abweichend von § 2233, in allen Fällen zwingend vorgeschrieben. Ihre Bezeichnung mit einem Amtscharakter ist unschädlich (Schöffen **RG** JW 1905, 24[26]). Die Mitwirkung eines Gemeindebeamten (Gemeindeschreibers) findet nicht oder doch nur in der Eigenschaft eines Zeugen statt (vgl. RJA 14, 278).

V. Anwendbare Vorschriften (Abs. 1 Satz 3)

Anm. 10

Die angezogenen §§ 2234—2246 ergeben, daß alle für das ordentliche öffentliche Testament erlassenen Vorschriften (Unfähigkeit des Richters oder Notars oder eines Zeugen, Art der Errichtung durch mündliche Erklärung oder Schriftübergabe, Feststellung der Person und Prüfung der Testierfähigkeit des Erblassers, Belehrungspflicht, ständige Anwesenheit, Inhalt der Niederschrift, die besonderen Bestimmungen bei Taubheit, Sprechunvermögen und Unkenntnis der deutschen Sprache, endlich über die Art der Verwahrung) auf das Gemeindetestament unmittelbar anzuwenden sind, nur daß der Bürgermeister usw. an die Stelle des Richters oder Notars tritt. Die Verletzung einer dieser Vorschriften bewirkt deshalb Nichtigkeit, soweit dies beim ordentlichen öffentlichen Testament der Fall ist und soweit es sich nicht um Formfehler beim Abfassen der Niederschrift handelt (Anm. 18ff).

Anm. 11

Haftung des Bürgermeisters usw. oder der Gemeinde für Versehen: **RG** 58, 296; JW 1904, 144[15]; WarnRspr 1917 Nr. 243, 1925 Nr. 30, 1938 Nr. 21 = JW 1938, 810; OLG Königsberg JW 1939, 348[15]; s. auch § 2232 Anm. 4ff.

Anm. 12

Auch das Gemeindetestament hat die Eigenschaft einer öffentlichen Urkunde (§ 2241 Anm. 2), jedoch unter Beschränkung der Gültigkeitsdauer auf drei Monate (§ 2252). Kosten der Testamentserrichtung: Anweisung des RMdI und des RJM v. 22. 11. 1938 (s. oben Anm. 3) §§ 21—23; Urkundensteuer wird seit dem 1. 9. 1941 nicht mehr erhoben.

Anm. 13

VI. Zu Abs. 1 Satz 4

Beeidigung des Dolmetschers: § 2244 Anm. 6.

VII. Feststellung der Besorgnis (Abs. 2 Satz 1)

Anm. 14

Die Mußvorschrift des § 2249 Abs. 2 Satz 1 aF über die **Feststellung** der Besorgnis ist zu einer Sollvorschrift abgeschwächt worden. Fehlt die Feststellung, so ist das Testament gleichwohl gültig. Nur muß im Streitfalle derjenige, der sich auf das Testament beruft, beweisen, daß der Bürgermeister usw. die Besorgnis gehabt habe (vgl. § 2242 Anm. 8); denn die Testamentserrichtung durch den Bürgermeister setzt voraus, daß diese Besorgnis besteht (s. auch Anm. 16).

Anm. 15

Die Feststellung braucht nicht ausdrücklich mit den Worten des Gesetzes getroffen zu werden; es genügt, wenn sie sonst dem Inhalt der Niederschrift zu entnehmen ist (**RG** JW 1903 Beil. 64[149]; OLG 40, 139). Es genügt dagegen nicht, wenn nur die Erklärung des Erblassers festgestellt wird, er habe den Bürgermeister mit der Niederschrift seines letzten Willens beauftragt, weil es ihm nicht möglich sei, einen Richter oder Notar nach seinem Aufenthaltsort zu beordern (JFG 3, 164). Vorlesung, Genehmigung und Unterschrift des Erblassers sind für den Feststellungsvermerk nicht erforderlich (RJA 5, 45; § 2242 Anm. 7).

Anm. 16

VIII. Unbegründete Besorgnis (Abs. 2 Satz 2)

Über das Vorhandensein der **Besorgnis** entscheidet das pflichtmäßige Ermessen des Bürgermeisters usw. Die Besorgnis ist unbedingte Voraussetzung für die Gültigkeit des Nottestaments (KG HEZ 1, 233 = SJZ 1948, 200 mit Anm. von Weigelin). Der Bürgermeister hat daher die Aufnahme des Testaments abzulehnen, wenn er bei gewissenhafter Prüfung zu der Überzeugung gelangt, daß die Besorgnis nicht begründet sei (BayVerwGH JW 1921, 1148[1]). Das Nottestament ist aber sowohl dann gültig, wenn der Bürgermeister die Sachlage falsch beurteilt und irrig das vorzeitige Ableben — oder den vorzeitigen Verlust der Testierfähigkeit — besorgt, als auch dann, wenn er selbst dieses nicht befürchtet, sachlich aber eine solche Besorgnis begründet ist (**RG** 171, 27 = WarnRspr 1943 Nr. 63). Nur mit dieser Einschränkung läßt sich die in der 9. Aufl. dieses Kommentars zu TestG § 23 in Anm. 8 vertretene Ansicht aufrechterhalten, das Testament sei nichtig, wenn der Bürgermeister die Besorgnis feststelle, obwohl er sie tatsächlich nicht empfunden habe (vgl. Planck/Strecker § 2249 Anm. 2; Vogels 3. Aufl. Anm. 10, jedoch Vogels/Seybold 4. Aufl. Anm. 10). Das Nottestament ist also insoweit nur dann nichtig, wenn objektiv keine Lebensgefahr zu besorgen war und der Bürgermeister dies auch wußte. Im übrigen ist die ordnungsmäßige Feststellung der Besorgnis (wie in den Fällen der §§ 2238 Abs. 4, 2242 Abs. 3, 2243—2245) ohne Rücksicht auf den wirklichen Sachverhalt maßgebend. Gesetzgeberischer Grund für diese Vorschrift: **RG** 109, 372.

Anm. 17

IX. Hinweis auf Fristablauf (Abs. 3)

Die Bestimmung enthält Sollvorschriften, deren Verletzung auf die Gültigkeit des Testaments ohne Einfluß ist, den Bürgermeister usw. oder die Gemeinde aber unter Umständen schadenersatzpflichtig macht, falls der Erblasser es mangels eines Hinweises unterlassen hatte, rechtzeitig ein ordentliches Testament zu errichten.

X. Wirkung von Formfehlern (Abs. 6)

Anm. 18

Als **Formfehler der Niederschrift** im Sinne des Abs. 6 kommen nur Verstöße gegen zwingende Formvorschriften in Betracht; Verstöße gegen bloße Sollvorschriften berühren die Gültigkeit des Testaments ohnehin nicht (DRW 1940, 544[8]). Um die Niederschrift eines Nottestaments herzustellen, reicht es aus, wenn die aufgenommene Urkunde erkennen läßt, daß die letztwilligen Erklärungen des Erblassers vor dem Gemeindevorsteher und in Zeugengegenwart abgegeben worden sind. Zu den Fassungsmängeln einer solchen Niederschrift gehört es auch, wenn die Unterschrift eines Zeugen fehlt. Der Mangel ist unschädlich, wenn nur die Niederschrift die Erklärung des Erblassers zuverlässig wiedergibt und der Zeuge als solcher bei der Testamentserrichtung mitgewirkt hat. Das kann gegebenenfalls auch mit Beweismitteln, die außerhalb der Niederschrift liegen, nachgewiesen werden. Läßt sich das nicht feststellen, so ist das Testament nichtig. Im übrigen genügt es für den Begriff der „Niederschrift“, daß die rechtserheblichen Umstände und Erklärungen sich aus der Urkunde ergeben, daß sie in Gegenwart der mitwirkenden Personen in ihr schriftlich niedergelegt worden sind und daß dies unterschriftlich bezeugt worden ist (KG HEZ 1, 233 = NJW 1947/48, 188 = SJZ 1948, 200 mit Anm. von Weigelin; enger bei etwas anderer Sachlage OLG Gera HEZ 1, 232 = SJZ 1948, 202).

Anm. 19

Zweifel an der Testierfähigkeit des Erblassers berühren die Frage nicht, ob das Testament formgültig ist (KG DFG 1940, 15 = DR 1940, 544 mit Anm. von Vogels = JFG 21, 38 = DNotZ 1942, 101).

Anm. 20

Abs. 6 gilt nur für Formfehler, die bei Abfassung der Niederschrift unterlaufen sind (z. B. für Verstöße gegen § 2241 Abs. 1, § 2242 Abs. 1 und Abs. 4; vgl. zum TestG DRW 1940, 544[8]; KG NJW 1947/48, 190); Verstöße gegen andere zwingende Formvorschriften (z. B. Nichtzuziehung der beiden Zeugen) machen das Testament in jedem Falle nichtig (Begr. zum TestG).

Anm. 21

XI. Beweislast

Wer sich auf die Rechtswirksamkeit eines Nottestaments beruft, das unter Verstoß gegen Formvorschriften errichtet worden ist, muß im Streitfalle beweisen, daß es die Erklärungen des Erblassers zuverlässig wiedergibt (**BGH LM ZPO** § 416 Nr. 1).

§ 2250

Wer sich an einem Ort aufhält, der infolge außerordentlicher Umstände dergestalt abgesperrt ist, daß die Errichtung eines Testaments vor einem Richter oder vor einem Notar nicht möglich oder erheblich erschwert ist, kann das Testament in der durch § 2249 bestimmten Form oder durch mündliche Erklärung vor drei Zeugen errichten.

Wer sich in so naher Todesgefahr befindet, daß voraussichtlich auch die Errichtung eines Testaments nach § 2249 nicht mehr möglich ist, kann das Testament durch mündliche Erklärung vor drei Zeugen errichten.

Wird das Testament durch mündliche Erklärung vor drei Zeugen errichtet, so muß hierüber eine Niederschrift aufgenommen werden. Auf die Zeugen sind die Vorschriften der §§ 2234, 2235 und des § 2237 Nr. 1 bis 5, auf die Niederschrift die Vorschriften der §§ 2240, 2241, 2241a, 2242, 2245, 2249 Abs. 6 entsprechend anzuwenden; ferner ist § 2249 Abs. 2 sinngemäß anzuwenden. Unter Zuziehung eines Dolmetschers kann ein Testament in dieser Form nicht errichtet werden.

E I 1927 II 2114; M 5 283—286; P 5 346; KB 322.

Übersicht

Nottestament in besonderen Fällen

Anm. 1

I. Allgemeines

§ 2250 stimmt inhaltlich mit TestG § 24 überein. Dieses hatte den Abs. 2 neu eingefügt. Das **Absperrungstestament** wurde früher meist Seuchentestament genannt. Letztere Bezeichnung ist jedoch durch die Entwicklung überholt (vgl. Anm. 4).

II. Nottestament bei Absperrung (Abs. 1)

Anm. 2

1. Abgesperrter Ort

Unter dem **Orte,** dessen Absperrung vorausgesetzt ist, wird nicht nur eine Niederlassung (Gemeinde), sondern im weitesten Sinne jeder Punkt der Erdoberfläche, zu Lande oder zu Wasser, z. B. auch ein Haus, eine Wohnung, ein Schiff, ein Stück freies Feld usw. verstanden.

Anm. 3

2. Außerordentliche Umstände

Der Kreis der **außerordentlichen Umstände** ist unbeschränkt (polizeiliche, militärische Maßnahmen, Aufruhr, Überschwemmungen, Wegezerstörungen usw.). Das in § 2250 Abs. 1 aF angeführte Beispiel (Ausbruch einer Krankheit) ist wegen der Art, in der sich die Seuchenbekämpfung nach den jetzt geltenden gesundheitspolizeilichen Bestimmungen vollzieht, nicht übernommen worden (Vogels/Seybold TestG § 24 Anm. 2). Bei Seereisen vgl. jedoch die Sonderregelung des § 2251.

Anm. 4

3. Voraussetzungen der Absperrung

Die **Absperrung** besteht nicht nur, wenn die Möglichkeit des Verkehrs nach allen Seiten aufgehoben ist, sondern auch wenn der Verkehr mit Richter oder Notar (z. B. durch die Notwendigkeit beträchtlicher Umwege) erheblich erschwert ist. Das Testament ist nur gültig, wenn der Bürgermeister usw. oder die drei Zeugen der Überzeugung waren, es liege eine Absperrung im Sinne des Abs. 1 vor; unter dieser Voraussetzung ist es unschädlich, daß eine Absperrung in diesem Sinne in Wirklichkeit nicht vorlag (§ 2249 Abs. 2 Satz 2; wie hier Vogels/Seybold TestG § 24 Anm. 3). Anders nach § 2250 aF, wo nur der Abs. 1 des § 2249 herangezogen war, während § 2250 Abs. 1 — entsprechend TestG § 24 Abs. 1 — nunmehr auf § 2249 in seinem ganzen Umfange verweist; für das Dreizeugentestament s. auch § 2250 Abs. 3 Satz 2 Halbs. 2. Vgl. auch § 2249 Anm. 14—16.

4. Testamentsformen

Anm. 5

Das Gesetz stellt in § 2250 Abs. 1 zwei Formen zur Wahl des Erblassers: die Form des **Gemeindetestaments** nach § 2249 (womit nicht gefordert ist, daß außer den besonderen Umständen der Anm. 2—4 auch noch die in § 2249 vorausgesetzte Besorgnis früheren Versterbens gegeben sein müsse) sowie die besondere Form des Testaments durch **mündliche Erklärung vor drei Zeugen (Dreizeugentestament).**

Anm. 6

Außerdem steht dem Erblasser noch die ordentliche Testamentsform des eigenhändigen Testaments nach § 2247 zur Verfügung.

Anm. 7

III. Dreizeugentestament bei naher Todesgefahr

Abs. 2 sieht einen der alten Fassung des BGB nicht bekannten weiteren Fall des **Dreizeugentestaments** vor. Er will dem Umstand Rechnung tragen, daß in manchen Fällen auch der Bürgermeister nicht rechtzeitig zu erreichen sein wird (Begr. zum TestG). Als Beispiel führte das TestG einen Unfall im Gebirge an. Vorausgesetzt ist **nahe Todesgefahr** des Erblassers. Zur Gültigkeit des Testaments ist nicht erforderlich, daß der Erblasser zur Zeit der Testamentserrichtung tatsächlich in naher Todesgefahr schwebt; es genügt, wenn alle drei Zeugen, vor denen das Testament errichtet wird, befürchten, daß die Errichtung eines Testaments vor einem Notar, Richter oder Bürgermeister wegen der nahen Todesgefahr voraussichtlich nicht mehr möglich sein werde, und wenn der Zustand des Erblassers diese Besorgnis, wenn auch nicht tatsächlich, so doch nach dem pflichtmäßigen Ermessen der Zeugen rechtfertigt. Der Besorgnis der Todesgefahr in diesem Sinne ist die Besorgnis des nahen Eintritts der Testierunfähigkeit gleichzusetzen, wenn zu befürchten ist, daß die Testierunfähigkeit voraussichtlich bis zum Tode des Erblassers ununterbrochen oder doch nur mit kurzen Unterbrechungen fortdauern werde, welche die Möglichkeit nicht gewährleisten, noch ein Testament zu errichten (**BGH** 3, 372 = LM TestG § 24 Nr. 1 mit Anm. von Ascher unter Hinweis auf **RG** DR 1944, 841 gegen **RG** DR 1944, 40). Das Testament ist aber auch dann gültig, wenn die drei Zeugen die Todesgefahr nicht besorgt haben, sie aber wirklich bestand (**RG** DNotZ 1943, 274). Zur Mitwirkungspflicht eines Krankenhauses bei der Errichtung eines Nottestaments vgl. OLG Hamburg JZ 1955, 160. Das Nottestament gemäß § 2250 Abs. 2 kann nach zwingender Vorschrift nicht durch Übergabe einer Schrift an die drei Zeugen sondern nur in mündlicher Erklärung vor ihnen errichtet werden (OLG Frankfurt HEZ 1, 236).

Wünscht der Patient eines öffentlichen Krankenhauses, vor einer Operation noch ein Testament zu errichten, dann ist das Krankenhaus nicht verpflichtet, ihn in dieser Angelegenheit rechtlich zu belehren, aber u. U. gehalten, ihm die Erfüllung seines Wunsches in anderer Weise zu erleichtern. Amtspflicht der für das Krankenhaus zuständigen Kommunalorgane ist es, durch entsprechende organisatorische Maßnahmen für die Erfüllung dieser Pflichten vorzusorgen (**BGH** NJW 1958, 2107 = FamRZ 1958, 177 = VersR 1958. 299).

IV. Voraussetzungen für die Errichtung eines Dreizeugentestaments

Anm. 8

1. Niederschrift (Abs. 3 Satz 1, Satz 2 Halbs. 2)

Die **Niederschrift** ist wesentlich (DRW 1940, 544[8], wo ausgeführt ist, daß die Annahme völligen Fehlens einer Niederschrift sich mit noch so zahlreichen und groben Verstößen gegen die Vorschriften über die nähere Ausgestaltung der Niederschrift nicht begründen läßt; zustimmend Vogels aaO S. 546). Von welchem der drei Zeugen oder ob die Niederschrift von einer vierten Person abgefaßt wird, ist gleichgültig. Die Niederschrift muß grundsätzlich in deutscher Sprache (§ 2240), im Falle des § 2245 aber in der betreffenden fremden Sprache aufgenommen werden und hat den einzelnen Formvorschriften der §§ 2241, 2242 zu genügen. Sie soll die in § 2241 a vorgeschriebenen Feststellungen über die Person und die Testierfähigkeit des Erblassers sowie die Feststellung enthalten, daß der Aufenthaltsort des Erblassers infolge außerordentlicher Umstände abgesperrt sei oder daß sich der Erblasser in naher Todesgefahr befinde (§ 2249 Abs. 2). Formfehler der Niederschrift sind unter den Voraussetzungen des § 2249 Abs. 6 unschädlich. Die Niederschrift muß noch zu Lebzeiten des Erblassers angefertigt (Firsching DNotZ 1955, 297), ihm vorgelesen, von ihm genehmigt und unterzeichnet werden. Diese Erfordernisse gehören nicht zur „Abfassung" der Niederschrift im Sinne des § 2249 Abs. 6 (KG JFG 21, 293 = DR 1940, 1685 mit Anm. von Vogels = ZAkDR 1941, 101 mit Anm. von Lange = HRR 1940, 1288 = DNotZ 1941, 26; aM wegen der Unterschrift Firsching DNotZ 1955, 297f unter Hinweis auf **RG** DRW 1944, 841. Im letzteren Falle stand aber fest, daß die eigentliche letztwillige Verfügung vorgelesen und von der Erblasserin unterschriftlich genehmigt worden ist). Hat der Bedachte selbst die Niederschrift vorgelesen, so ist die zu seinen Gunsten getroffene Verfügung nach dem Zwecke des § 2235 Abs. 1 auch dann nichtig, wenn drei weitere Zeugen vorhanden sind (KG DNotZ 1942, 338 = HRR Nr. 753 = DR 1942, 1339). Versiegelung des Testaments und Verbringung in die besondere amtliche Verwahrung ist nicht vorgeschrieben; sie steht jedoch den Zeugen in entsprechender Anwendung der §§ 2246, 2248 frei. Die Niederschrift hat nur die Beweiskraft einer Privaturkunde (ZPO §§ 416, 440; LM ZPO § 416 Nr. 1).

Anm. 9

2. Zeugen (Abs. 3 Satz 2)

Für die **Zeugen** gelten die allgemeinen Unfähigkeits- und Untauglichkeitsgründe der §§ 2234, 2237 Nr. 1—5. Zeuge kann bei einem Dreizeugentestament nur derjenige sein, der sich bewußt ist, daß er für die richtige Wiedergabe der Erklärungen des Erblassers mitverantwortlich ist (KG DNotZ 1942, 338 = HRR 1942, 753 = DR 1942, 1339). Zuwendungen an die Zeugen und ihre Angehörigen sowie die Ernennung einer dieser Personen zum Testamentsvollstrecker sind nach § 2235 nichtig. Die nicht angezogenen §§ 2236, 2237 Nr. 6 kommen der Natur der Sache nach nicht in Betracht. § 2239 ist nicht erwähnt worden; hieraus folgt jedoch nicht, daß die drei Zeugen nicht während der ganzen Verhandlung anwesend sein müßten. „Vor drei Zeugen" ist nicht gleich „nacheinander vor je einem Zeugen", die Erklärung des Erblassers muß vielmehr gleichzeitig an alle drei gerichtet sein (vgl. **RG** 161, 127; aM OLG Freiburg HEZ 2, 338 = DRZ 1950, 255). § 2242 Abs. 4 ergibt ferner, daß sie auch gemeinschaftlich beim Vorlesen, Genehmigen und Unterzeichnen der Niederschrift (oder beim Feststellen der Überzeugung, daß der Erblasser schreibunfähig sei) mitwirken müssen (vgl. auch Kipp/Coing § 29 II 2 und Anm. 9). Erst mit der Unterzeichnung durch die Zeugen ist der Testamentsakt beendet.

Anm. 10

3. Ausschluß für Dolmetscher (Abs. 3 Satz 3)

Das **Dreizeugentestament ist ausgeschlossen,** wenn die Zuziehung eines **Dolmetschers** nach § 2244 erforderlich wäre. Für das fremdsprachliche Testament bleibt mithin nur der Weg des § 2245. Ferner ist das Dreizeugentestament ausgeschlossen, wenn das Testament durch Übergabe einer Schrift errichtet werden soll (§ 2238 Anm. 6ff) oder (wegen Sprechunvermögens nach § 2243) nur in dieser Form errichtet werden kann.

Anm. 11

4. Abschließende Regelung

Die Vorschriften über die Errichtung eines Dreizeugentestaments sind in § 2250 selbständig und abschließend geregelt. Ein Dreizeugentestament ist deshalb nicht in jedem Falle nichtig, in dem ein öffentliches Testament wegen Verletzung des § 2239 nichtig wäre (KG NJW 1957, 953).

Anm. 12

V. Beweislast

Vgl. § 2249 Anm. 21 (**BGH** LM ZPO § 416 Nr. 1).

Anm. 13

VI. Verfolgtentestament

Trotz Formmängeln sind letztwillige Verfügungen, die in der „maßgebenden Zeit" (30. Januar 1933 bis 8. Mai 1945) errichtet worden sind, unter den besonderen Voraussetzungen der Rückerstattungsgesetze (Art. 67 REGBrZ; Art. 80 REGAmZ; Art. 69 BerlREAO) gültig (vgl. hierzu Harmening/Hartenstein/Osthoff/Falk Rückerstattungsgesetz II. Aufl. Bl. Nr. 210).

§ 2251

Wer sich während einer Seereise an Bord eines deutschen Schiffes außerhalb eines inländischen Hafens befindet, kann ein Testament durch mündliche Erklärung vor drei Zeugen nach § 2250 Abs. 3 errichten.

E I 1929 II 2115; M 5 287; P 5 349.

Übersicht

Seetestament

Anm. 1

I. Allgemeines

§ 2251 entspricht TestG § 25. Statt „Schiffes" hieß es bisher „nicht zur Kriegsmarine gehörenden Fahrzeugs". Das Seetestament ist kein Nottestament, da es keine besondere Notlage, etwa Seenot oder Seuchen, voraussetzt. Es handelt sich mithin um eine außerordentliche Testamentsform.

Anm. 2

II. Seereise

Die **Seereise** erfordert kein festes Reiseziel; sie steht aber im Gegensatz zur bloßen Seefahrt zu Zwecken der Fischerei oder zu kurzen Sport- und Vergnügungsfahrten. Die Seereise ist auch angetreten, wenn vorerst ein Binnengewässer benutzt wird, um die hohe See zu gewinnen (z. B. die Elbe zwischen Hamburg und Cuxhaven). Auch eine Küstenfahrt kann eine Seereise sein. Der Aufenthalt in einem ausländischen Hafen gehört zur Seereise. Dagegen kommen bei einem Aufenthalt in einem inländischen Hafen, solange nicht — wie bei Quarantäne — die besonderen Umstände der Absperrung (§ 2250 Abs. 1) vorliegen, nur die gewöhnlichen Testamentsformen in Betracht.

III. Schiff

Anm. 3

Auf die Art des Schiffes (See- oder Binnenschiff, Motor- oder Segelboot) kommt es nicht an. Auch ein Floß ist zu den Schiffen im Sinne des § 2251 zu rechnen.

Anm. 4

Ob die Vorschrift auch auf Luftfahrzeuge (Flugzeuge, Luftschiffe, Ballone) auf einem Fluge über See anzuwenden ist, war schon früher nicht zweifelsfrei (vgl. Goldmann DJZ 1925, 101; Anm. 3 in der 9. Aufl. dieses Kommentars). TestG § 25 ist aber wohl überwiegend mindestens entsprechend angewandt worden (Seibert ZAkDR 1938, 666; Vogels/Seybold § 25 Anm. 4; aM anscheinend Lange, ZAkDR 1938, 580). Der Wortlaut des § 2251 nF („Schiff" statt „Fahrzeug") zwingt nicht dazu, eine entsprechende Anwendung jetzt nicht mehr zuzulassen (aM Palandt/Rechenmacher Anm. 2). Notfalls, insbesondere auch bei Landreisen in Luftfahrzeugen, kann, sofern die Voraussetzungen hierfür gegeben sind, das Dreizeugentestament nach § 2250 Abs. 2 errichtet werden.

IV. Errichtung an Bord eines deutschen Schiffes

Anm. 5

Das Testament kann nur **an Bord** des Fahrzeuges, nicht während eines vorübergehenden Landaufenthalts, und nur auf **deutschen Fahrzeugen** errichtet werden. Soweit es sich um Schiffe handelt, gehört dazu grundsätzlich, daß sie im ausschließlichen Eigentum eines Deutschen stehen (vgl. Flaggenrechtsgesetz v. 8. 2. 1951 — BGBl I 79 —); es kommt nicht darauf an, ob das Schiff im Schiffsregister eingetragen und ein Schiffszertifikat oder Flaggenzeugnis (Flaggenrechtsgesetz § 3) erteilt worden ist. Über Ausländer auf deutschen Schiffen und Deutsche auf ausländischen Schiffen EG Art. 11 Abs. 1.

Anm. 6

Deutsche Schiffe sind nach internationalen Gepflogenheiten auch während einer Seereise deutscher Boden. Daher können hier auch deutsche Notare tätig werden (Firsching DNotZ 1955, 284).

Anm. 7

Unter den **Zeugen** muß sich nicht notwendig der Schiffsführer befinden.

§ 2252

Ein nach § 2249, § 2250 oder § 2251 errichtetes Testament gilt als nicht errichtet, wenn seit der Errichtung drei Monate verstrichen sind und der Erblasser noch lebt.

Beginn und Lauf der Frist sind gehemmt, solange der Erblasser außerstande ist, ein Testament vor einem Richter oder Notar zu errichten.

Tritt im Falle des § 2251 der Erblasser vor dem Ablauf der Frist eine neue Seereise an, so wird die Frist mit der Wirkung unterbrochen, daß nach Beendigung der neuen Reise die volle Frist von neuem zu laufen beginnt.

Wird der Erblasser nach dem Ablauf der Frist für tot erklärt oder wird seine Todeszeit nach den Vorschriften des Verschollenheitsgesetzes festgestellt, so behält das Testament seine Kraft, wenn die Frist zu der Zeit, zu welcher der Erblasser nach den vorhandenen Nachrichten noch gelebt hat, noch nicht verstrichen war.

E I 1926, 1928, 1930 II 2116; M 5 282, 283, w86, 288; P 5 345, 346, 349.

Übersicht

Gültigkeitsdauer der Not- und Seetestamente

Anm. 1

I. Allgemeines

§ 2252 stimmt voll mit TestG § 26 überein.

II. Dreimonatsfrist (Abs. 1)

Anm. 2

Die **Gültigkeitsdauer der Nottestamente** ist auf drei Monate beschränkt. Fristberechnung §§ 187, 188. Das Testament verliert mit Fristablauf von selbst seine Kraft, und zwar vermöge gesetzlicher Fiktion unter Rückbeziehung auf den Zeitpunkt der Errichtung. Es gilt als nicht errichtet und behält somit auch nicht die Wirkung des Widerrufs (§§ 2254, 2258). Auf die beschränkte Gültigkeitsdauer soll der Bürgermeister den Erblasser hinweisen (§ 2249 Abs. 3, 2250 Abs. 1; vgl. § 2249 Anm. 17); auch soll der Hinterlegungsschein einen Hinweis auf die Bestimmungen des § 2252 enthalten (§ 27 Abs. 6 AktenO idF der AV v. 4. 8. 1938, DJ 1259). Über den Fall, daß eine dem Bürgermeister nach § 2249 Abs. 1 oder § 2250 Abs. 1 in Verbindung mit § 2238 Abs. 1 übergebene Schrift den Erfordernissen des § 2247 entspricht, vgl. § 2238 Anm. 6.

Anm. 3

Ein eigenhändiges, vom Bürgermeister beglaubigtes Testament, von dem der Erblasser bei der Errichtung angenommen hat, daß er ein Nottestament im Sinne der

§§ 2249, 2252 errichte, ist nicht von vornherein nichtig; seine Fortgeltung wird auch nicht dadurch beeinflußt, daß der Erblasser die Vernichtung der Testamentsurkunde (§ 2255) oder die Errichtung eines neuen Testaments (§§ 2254, 2258) nur deshalb unterläßt, weil er glaubt, das als Nottestament angesehene Testament sei mit Ablauf von drei Monaten seit dem Errichtungstage kraftlos geworden; das Testament kann auch nicht durch Anfechtung (§ 2078) entkräftet werden, falls der Erblasser ebenso verfügt haben würde, wenn er gewußt hätte, daß er ein unbeschränkt gültiges eigenhändiges Testament errichte (**RG** 104, 320).

Anm. 4

III. Fristhemmung (Abs. 2)

Gleichgültig ist, aus welchen Gründen der Erblasser außerstande ist, d. h. es ihm unmöglich ist, vor einem (deutschen) Richter oder Notar in der Form des § 2238 zu testieren, ob wegen Fortdauer der Absperrung, der Seereise oder wegen besonderer Umstände, die in seiner Person liegen (schwere Krankheit). Erhebliche Erschwerung allein genügt nicht, wenn sie nicht mit der Fortdauer der Absperrung zusammentrifft (§ 2250 Anm. 4). Anderseits bleibt die Frist auch dann gehemmt, wenn der Erblasser anderweit im Auslande (sei es auch vor einem deutschen Konsul) oder durch eigenhändiges Testament oder in einer der außerordentlichen Testamentsformen testieren kann. Vgl. im übrigen §§ 202—205.

Anm. 5

VI. Besonderheiten beim Seetestament (Abs. 3)

Beim **Seetestament** kann der Erblasser auf ein und derselben Reise so oft und so lange in deutschen Zwischenhäfen verweilt haben, daß die Dreimonatsfrist noch vor beendeter Reise abgelaufen ist (vgl. Anm. 4). Dagegen kommt bei Antritt einer neuen Reise die bis dahin verstrichene und noch nicht abgelaufene Frist nicht mehr in Betracht. Ob es sich um Fortsetzung der alten oder Antritt einer neuen Reise handelt, ist Tatfrage.

Anm. 6

V. Wirkung der Todeserklärung und Todeszeitfeststellung (Abs. 4)

Der nach der **Todeserklärung** maßgebende Zeitpunkt des Todes (VerschG idF v. 15. 1. 1951 — BGBl I 63 — § 9 Abs. 2—4) ist regelmäßig so weit hinausgeschoben, daß die Dreimonatsfrist meist verstrichen, aber keine Gewißheit darüber zu erlangen wäre, ob etwa eine Hemmung eingetreten sei (Anm. 4). Um die außerordentlichen Testamente aufrechtzuerhalten, ist deshalb die Lebensvermutung des § 10 VerschG beseitigt; die Zeit des Todes wird auf den Zeitpunkt zurückverlegt, an welchem nach den letzten vorhandenen Nachrichten (VerschG §§ 3, 5, 6, 9 Abs. 3a) der Erblasser noch gelebt hat (vgl. Arnold Rpfleger 1957, 145).

Anm. 7

VI. Beweislast

Die **Beweislast** dafür, daß das Testament aus den besonderen Gründen der Abs. 2—4 noch über die Dreimonatsfrist hinaus gegolten habe, trifft denjenigen, der aus der Gültigkeit Rechte ableitet. Ist dagegen der Zeitpunkt des Todes des Erblassers streitig, so muß derjenige, der sich auf die Ungültigkeit des Testaments beruft, beweisen, daß der Erblasser bei Ablauf der Dreimonatsfrist noch gelebt hat (Planck/Strecker § 2252 Anm. 1).

§ 2253

Der Erblasser kann ein Testament sowie eine einzelne in einem Testament enthaltene Verfügung jederzeit widerrufen.

Die Entmündigung des Erblassers wegen Geistesschwäche, Verschwendung oder Trunksucht steht dem Widerruf eines vor der Entmündigung errichteten Testaments nicht entgegen.

E I 1753 Abs. 2 II 2121 Abs. 1; M 5 8; P 5 5, 351—353.

Übersicht

Widerruf des Testaments

Anm. 1

I. Allgemeines

§ 2253 stimmt mit TestG § 32 überein.

II. Recht zum jederzeitigen Widerruf (Abs. 1)

Anm. 2

Es gehört zum Wesen der einseitigen Verfügung von Todes wegen (§ 1937), daß sie jederzeit frei widerruflich ist. Der vertragsmäßige Verzicht hierauf ist nichtig (§ 2302). Auch im Testamente selbst kann sich der Erblasser des Widerrufsrechts nicht wirksam begeben oder dafür erschwerte Formen bestimmen (derogatorische Klausel). Der Widerruf ist eine Willenserklärung des Inhalts, daß dasjenige, was vorher erklärt ist, nicht gelten solle; er richtet sich gegen den Inhalt des vorher Erklärten, nicht gegen den Fortbestand der Urkunde über diese Erklärung; danach rechtfertigt sich die folgende Entscheidung: Ein Erblasser hatte in einem teils gültig (eigenhändig geschriebenen), teils ungültig errichteten (mit Maschinenschrift gefertigten) Testament sein früheres Testament in gültiger Form widerrufen, in der irrtümlichen Annahme, daß das neue Testament seinem ganzen Inhalte nach gültig war. Da in dem neuen Testament der Wille zum Ausdruck kam, Bestimmungen des früheren Testaments sachlich aufrechtzuerhalten, diese nur formell ungültig in das neue Testament übernommen waren, ist ein Widerruf insoweit als nicht gewollt und das alte Testament insoweit als in Kraft geblieben behandelt worden (**RG** Recht 1921 Nr. 584, 585).

Anm. 3

Hat der Widerruf nicht das ganze Testament, sondern nur eine einzelne Verfügung zum Gegenstande, so ist nach § 2085 zu beurteilen, inwieweit hiervon die Wirksamkeit anderer Verfügungen beeinflußt wird. Auch teilweiser Widerruf einer einzelnen Verfügung (Herabsetzung einer ausgesetzten Zuwendung) und bedingter Widerruf ist zulässig. Letzterer bewirkt, daß die Zuwendung auflösend bedingt ist (Widerruf der dem X vermachten 1000 DM für den Fall, daß er die Z heirate). Verwirkungsklausel § 2074 Anm. 1. Auf andere Weise, als in den §§ 2253—2258 bestimmt ist, kann eine letztwillige Verfügung nicht aufgehoben werden (**RG** 104, 323; Gruchot 63, 477; WarnRspr 1930 Nr. 60). Beschränkte Widerruflichkeit des gegenseitigen Testaments § 2271. Rücktritt vom Erbvertrage §§ 2293—2297. Eine in einem Erbvertrage enthaltene einseitige Verfügung kann wie beim Testament vom Erblasser jederzeit auch durch einseitige Verfügung von Todes wegen aufgehoben werden (§ 2299 Abs. 2 Satz 1 in Verbindung mit § 2253; **BGH** 29, 129, 133).

Anm. 4

Ein vor dem 1. 1. 1900 errichtetes Testament kann nur in den Testamentsformen des BGB, demgemäß also auch durch eigenhändiges Testament widerrufen werden. Dies gilt auch von der Form, in der ein unter PrALR errichtetes wechselseitiges Testament gemäß dem früheren Rechte (EG Art. 214 Abs. 2) durch einseitige Verfügung von Todes wegen widerrufen werden kann; die §§ 2271, 2296 sind auf einen solchen Widerruf nicht anwendbar; vgl. Einl. Anm. 5 zum 5. Buche.

Anm. 5

III. Widerruf eines vor Entmündigung errichteten Testaments (Abs. 2)

Die wegen Geistesschwäche usw. Entmündigten sind nach § 2229 Abs. 3 nicht testierfähig, jedoch ausnahmsweise, und zwar ohne Zustimmung ihres gesetzlichen Vertreters zum Widerruf in einer der Formen der §§ 2254—2256, insoweit also auch zur Errichtung eines Testaments (§ 2254) befähigt. Sie können aber nicht stillschweigend gemäß § 2258 widerrufen, da hier ein wirksamer, neuer und abweichender Testamentsinhalt vorausgesetzt ist. Die Möglichkeit, zu widerrufen, beschränkt sich ferner auf vor der Entmündigung errichtete Testamente. Der Entmündigte kann deshalb zwar ein erstes Testament wirksam machen, indem er einen noch vor der Entmündigung erklärten Widerruf dieses Testaments (§ 2257) oder ein noch vor der Entmündigung errichtetes zweites abweichendes Testament widerruft (§ 2258; ebenso Planck/Strecker Anm. 4 Abs. 4; neuerdings auch OLG Köln NJW 1955, 466 mit umfassenden Nachweisen und ausführlicher Begründung; aM Strohal § 42 Anm. 3). Er kann aber nicht den erst nach der Entmündigung erklärten Widerruf durch einen zweiten Widerruf beseitigen und dadurch das einmal widerrufene Testament wieder in Kraft setzen (Vogels/Seybold TestG § 32 Anm. 9). Der Eintritt eines der in § 2229 Abs. 4 bezeichneten Zustände schließt die Möglichkeit des Widerrufs aus.

§ 2254

Der Widerruf erfolgt durch Testament

E I 1933 Abs. 1 II 2121 Abs. 2 Satz 1; M 5 297, 298; P 5 351—353; 6 73

Widerruf durch Testament

Anm. 1

I. § 2254 stimmt mit § 2254 aF und TestG § 33 Abs. 1 wörtlich überein.

Anm. 2

II. Der Widerruf kann durch **jede Form des Testaments** erklärt werden (vgl. § 2253 Anm. 4), gleichviel in welcher Form das widerrufene Testament errichtet war. Doch bleibt das widerrufene Testament, wenn sich der Erblasser hierzu der außerordentlichen Form bedient (§§ 2249—2251), gemäß § 2252 nur drei Monate wirksam. Nur ein gültiges Testament kann die Widerrufswirkung äußern. Bloßer brieflicher Widerruf gegenüber dem Bedachten genügt nicht (**RG** JW 1910, 22[34]), wenn er sich nicht als ein gültiges Testament in Briefform darstellt (§ 2247 Anm. 5). Der Widerruf nach § 2254 muß nicht ausdrücklich erklärt sein; er kann auch durch Auslegung oder Umdeutung aus einer widersprechenden anderweitigen Verfügung nach § 2258 entnommen werden (BayObLGZ 1956, 377).

Anm. 3

Anfechtung §§ 2078ff. Widerruf des Widerrufs § 2257. Widerruf durch schlüssige Handlung § 2255; ein verlorenes Testament kann jedoch nur in der Form des § 2254 widerrufen werden; vgl. hierzu § 2255 Anm. 12. Stillschweigender Widerruf durch neues, mit dem früheren inhaltlich in Widerspruch stehendes Testament § 2258. Widerruf im Erbvertrage § 2299 Abs. 1, s. auch § 2289.

Anm. 4

Gebühr für die Beurkundung des Widerrufs KostO § 46 Abs. 2; Urkundensteuer wird seit dem 1. 9. 1941 nicht mehr erhoben.

§ 2255

Ein Testament kann auch dadurch widerrufen werden, daß der Erblasser in der Absicht, es aufzuheben, die Testamentsurkunde vernichtet oder an ihr Veränderungen vornimmt, durch die der Wille, eine schriftliche Willenserklärung aufzuheben, ausgedrückt zu werden pflegt. Hat der Erblasser die Testamentsurkunde vernichtet oder in der bezeichneten Weise verändert, so wird vermutet, daß er die Aufhebung des Testaments beabsichtigt habe.

E I 1934 II 2122; M 5 299—302; P 5 353; 6 73.

Übersicht

Widerruf durch schlüssige Handlung

Schrifttum: Schmidt, Der Widerruf des Testaments durch Vernichtung oder Veränderung der Testamentsurkunde, MDR 1951, 321; Schmidt, Überspannung des Formalismus im Testamentsrecht, JZ 1951, 745; Firsching, Fragen des Testamentsrechts, DNotZ 1955, 294ff.

I. Allgemeines

Anm. 1

§ 2255 stimmt mit § 2255 aF und TestG § 33 Abs. 2 wörtlich überein.

Anm. 2

Für die Anfechtung der stillschweigenden Widerrufserklärung sind §§ 2078ff maßgebend(§§ 2078 Anm. 58, 2081 Anm. 6, **RG** 102, 69). Ein Widerruf des Widerrufs ist nicht möglich (Palandt/Rechenmacher § 2255 Anm. 5; unten Anm. 11).

II. Widerruf durch schlüssige Handlung im allgemeinen

Anm. 3

Der **Widerruf durch schlüssige Handlungen** (§§ 2255, 2256) ist sachlich letztwillige Verfügung (**RG** 102, 69), setzt deshalb Testierfähigkeit (§ 2229, wegen der Entmündigten § 2253) und persönliches Handeln voraus (§ 2064). Dies schließt nicht aus, daß sich der Erblasser hierzu der Hand eines Dritten als seines Werkzeugs bedient (JFG 6, 146; HRR 1933 Nr. 1492). Solange der Dritte den ihm erteilten Auftrag nicht ausführt, bleibt das Testament in Kraft (Reichel AcP 138, 206; JFG 14, 280). Nach dem Tode des Erblassers kann der Dritte nicht mehr als Werkzeug tätig werden (**RG** SeuffArch 70 Nr. 248). Es genügt auch nicht, daß der Erblasser der von einem Dritten eigenmächtig vorgenommenen Vernichtung oder Veränderung nachträglich zustimmt. Da es sich auf seiten des Dritten um eine bloß tatsächliche, nicht rechtsgeschäftliche Verfügung handelt, greift § 185 nicht ein.

III. Aufhebungsabsicht

Anm. 4

Nur das Vernichten und Verändern in Aufhebungsabsicht ist als Widerruf wirksam. Eine unfreiwillige Zerstörung des Testaments läßt seine Gültigkeit daher ebenso unberührt wie sein Verlust und sein Unlesbarwerden. In diesen Fällen kommt es allein darauf an, ob sich Formgültigkeit und Inhalt des Testaments zuverlässig beweisen läßt (KG JW 1938, 1601). Zum Verlust von Testamenten vgl. im übrigen unten Anm. 12. Korrekturen zur Vorbereitung eines neuen Testaments, aber mit der Absicht, das errichtete Testament vorerst weiter bestehen zu lassen, genügen nicht (**RG** 71, 301). Ebenso ist der Fall zu beurteilen, daß der Erblasser die Summenzahl eines Geldvermächtnisses nachträglich ausstreicht und die doppelte Zahl darüber oder an den Rand setzt, wenn dies nicht in der Absicht geschieht, das bisherige Vermächtnis aufzuheben, sondern in der Absicht, es bestehen zu lassen und durch ein gleichartiges Vermächtnis von gleicher Höhe zu ergänzen; kommt die beabsichtigte Ergänzung nicht zustande (§ 2247 Anm. 18ff), so bleibt doch die Vermächtnisanordnung in ihrer ursprünglichen Fassung gültig (**RG** 111, 261; KG HRR 1934 Nr. 1514). Vermutete Absicht Anm. 13. Die Absicht muß schon während des Handelns vorgelegen haben; anders § 2256 Anm. 10.

Ob die Absicht einen den Formerfordernissen des Gesetzes (Anm. 6ff) entsprechenden Ausdruck gefunden hat, ist vom Revisionsgericht frei zu beurteilen(**RG** 69, 414; 111, 265ff).

Anm. 5

Das OLG Freiburg verneint die Widerrufsabsicht, wenn der Erblasser ein früheres Testament in der irrigen Annahme zerreißt, ein später errichtetes Testament sei formgültig; in solchem Falle liege nur eine scheinbare Willenserklärung vor (RPfleger 1952, 340). Näher liegt es jedoch, einen Irrtum im Beweggrunde anzunehmen und eine Anfechtung nach § 2078 Abs. 2 zuzulassen.

IV. Vernichten und Verändern

Anm. 6

Vernichten ist Zerstören des Stoffes der Urkunde durch Verbrennen, Zerreißen, Zerschneiden, nicht bloßes Wegwerfen. Zum Zerreißen vgl. OLG Freiburg RPfleger 1952, 340; Anm. 5.

Anm. 7

Veränderungen der Testamentsurkunde wirken nur dann als Widerruf, wenn sie nach Verkehrsgewohnheiten („pflegt“) objektiv geeignet sind, den Willen auszudrücken, eine schriftliche Willenserklärung (nicht gerade eine letztwillige Verfügung, **RG** Warn Rspr 1915 Nr. 90) aufzuheben. Deshalb genügen bloße einschränkende Randbemerkungen nicht (**RG** JW 1911, 590[37]); ebensowenig eine nur auf das Datum beschränkte Durchstreichung mit Bleistift (**RG** JW 1913, 41[30]) oder unwesentliche Fassungsänderungen (**RG** 71, 303). In der Regel wird es sich um Durchstreichen der ganzen Urkunde, der Unterschrift, des Textes oder von Teilen des Textes, sei es auch nur mit Bleistift (**RG** WarnRspr 1915 Nr. 90), Herausschneiden eines Teiles der Urkunde (HRR 1933 Nr. 1492), Radieren, Einklammern usw. handeln. Über den ungewöhnlichen Fall einer mit Tintenstift nach Art einer Schraffierung bewirkten Durchstrichelung der Unterschrift und eines wichtigen Textwortes s. **RG** WarnRspr 1928 Nr. 15. Einreißen der Urkunde, insbesondere in Verbindung mit der Entfernung eines aufgedrückten Privatsiegels kann genügen (**RG** 69, 413). Ebenso besonders charakteristische Stichworte und Zeichen, wie ein augenfälliges „annulliert“ (**RG** JW 1911, 545[45]) oder cessat (deleatur), wenn der **Entwertungsvermerk** auf die Testamentsurkunde selbst gesetzt ist, nicht nur auf den Umschlag, in dem sich das in sich abgeschlossene Testament befindet (**RG** JW 1925, 475[19]; HRR 1929 Nr. 1653; KG HRR 1938 Nr. 1228). Eigenhändigkeit des Entwertungsvermerks und Beifügung von Datum und Unterschrift sind hierbei nicht erforderlich, ebensowenig ist es nötig, daß der Vermerk die Schriftzeichen des Testaments überdeckt und (oder) unterschrieben ist (KG DNotZ 1957, 560 = NJW 1957, 1364 für den neben der Testamentsüberschrift angebrachten Vermerk „ungültig“; vgl. zum Meinungsstreit, inwieweit Entwertungsvermerke wirksam sind, auch Kipp/Coing § 31 II Anm. 6; Schmidt MDR 1951, 324; Firsching DNotZ 1955, 295). Auch ein Streichungsvermerk auf einer Testamentsabschrift kann genügen (OLG Frankfurt NJW 1950, 607).

Anm. 8

Ob auf solche Weise nur einzelne Verfügungen oder ob der ganze Testamentsinhalt widerrufen werden sollte, ist Tatfrage. Jedenfalls kann sich der Widerruf auch mit den Mitteln des § 2255 auf einzelne Verfügungen beschränken, ohne daß das Fortgelten des übrigen Testamentsinhalts (§ 2085) von einer neuen Datierung des Testaments abhängig wäre (JFG 6, 146; HRR 1933 Nr. 1492; **RG** 71, 302). Enthält allerdings die Durchstreichung oder dgl. eines Teiles des Textes zugleich eine positive Änderung des Testamentsinhalts (so, wenn von dem Satze: „Ich setze A und B als Erben ein, und zwar dergestalt, daß A mein Vorerbe und B mein Nacherbe sein soll“, der mit „und zwar“ beginnende Satzteil durchstrichen oder wenn aus der Einsetzung dreier Personen als Erben „zu gleichen Teilen“ der Name der einen wegradiert wird), dann handelt es sich um eine neue letztwillige Verfügung, bei deren Errichtung die vorgeschriebenen Formen von neuem gewahrt werden müssen (**RG** 71, 302f; Herschel, JW 1933, 148; aM Firsching, DNotZ 1955, 295).

Anm. 9

Sind mehrere Urschriften vorhanden (JW 1934, 2563[2]), so ist es, namentlich wenn sie der Erblasser sämtlich in Gewahrsam hat, Sache freier, durch die Vermutung des Abs. 2 Satz 2 nicht gedeckter Beurteilung, ob er mit der Vernichtung (**RG** LZ 1936, 322[11]) oder mit der Veränderung (JR 1925 Nr. 1529) nur einer oder einiger Urschriften die Aufhebungsabsicht verfolgte, oder ob er etwa nur die Zahl der Urschriften vermindern wollte (JFG 14, 280).

Anm. 10

Als selbstverständlich ist vorausgesetzt, daß dem Erblasser die Testamentsurkunde zugänglich ist. Dies trifft regelmäßig zu beim eigenhändigen Testament (s. aber §§ 2248, 2256 Abs. 3) und beim Dreizeugentestament (§ 2250 Abs. 1, 2, § 2251). Die Anwendung des § 2255 ist aber auch gegenüber dem amtlich verwahrten Testament (§§ 2246, 2249) nicht grundsätzlich ausgeschlossen.

Anm. 11

Bei dem in schlüssiger Form erklärten Widerruf verbleibt es endgültig. Wiederzusammensetzen der zerstückelten Urkunde, Unterpunktieren der durchstrichenen Stellen ist kein wirksamer Widerruf des Widerrufs (Anm. 2).

Anm. 12

V. Verlust des Testaments

Ein Testament, das infolge von Kriegsereignissen oder auf andere Weise verlorengegangen ist, wird durch den Verlust nicht wirkungslos. Will der Erblasser das Testament nicht mehr gelten lassen, so kann er es nicht dadurch widerrufen, daß er den Verlust formlos billigt. Das verlorene Testament kann nur in der Form des § 2254 widerrufen werden (**BGH** JZ 1951, 591 mit zust. Anm. von Coing = LM BGB § 1960 Nr. 1 = NJW 1951, 559; auch Firsching DNotZ 1955, 295; Müller Haus und Wohnung 1952, 67; aM Schmidt JZ 1951, 745). Um ein verlorengegangenes Testament wiederherzustellen, d. h. seinen Inhalt festzustellen, müssen alle Beweismittel bei strengen Anforderungen ausgeschöpft werden (JR 1951, 762). Zur Frage der Beweislast, wenn Ansprüche aus einem verlorenen Testament geltend gemacht werden, vgl. Anm. 13.

Anm. 13

VI. Beweislast

Dafür, daß der Erblasser das Testament vernichtet oder verändert hat, besteht keine Vermutung. Vor allem kann dann, wenn das Testament oder wenigstens seine Originalurkunde unauffindbar ist, nicht ohne weiteres vermutet werden, daß der Erblasser es vernichtet habe. Vielmehr ist dies von der Partei zu beweisen, die sich auf das Nichtbestehen des Testaments beruft (**RG** JW 1912, 798[16]; OLG Saarbrücken HEZ 2, 262 = DNotZ 1950, 68). Steht fest, daß der Erblasser das Testament vernichtet oder verändert hat, so hat, wer die fortdauernde Wirksamkeit des Testaments behauptet, die Rechtsvermutung des Satz 2 zu widerlegen (ZPO § 292) und nachzuweisen, daß keine Aufhebungsabsicht bestanden habe (**RG** JW 1911, 283[16]). Bei mehreren Urschriften s. jedoch Anm. 9. Ist die Urkunde vernichtet, so hat er außerdem mit den gewöhnlichen Beweismitteln den von ihm behaupteten Testamentsinhalt nachzuweisen (**RG** JW 1907, 366[15]). Dasselbe gilt auch, wenn die Testamentsurkunde etwa sonst aus Versehen vernichtet oder durch Zufall untergegangen ist (JW 1935, 3122[43]). Der Testamentserbe, der seine Rechte aus einem unauffindbaren Testament herleitet, kann daher mit allen zulässigen Beweismitteln dartun, daß der Erblasser ein Testament des von ihm behaupteten Inhalts errichtet habe. Hierbei muß eine letztwillige Verfügung ihrem vollen Umfang nach feststehen, wenn Rechte aus ihr hergeleitet werden sollen. Es kann jedoch, obwohl ein Teil des Testaments nicht festgestellt werden kann, der Gesamtwille des Erblassers insoweit erkennbar sein, daß der festgestellte Teil ohne Rücksicht auf den Inhalt und den Umfang des nicht festgestellten Inhalts des Testaments Bestand haben soll und daß dieser Teil durch die Unbestimmtheit der nicht bekannten Verfügungen seinem Umfang nach nicht wesentlich berührt wird; dies reicht dann aus, um diejenigen Ansprüche zu verfolgen, die sich aus dem feststellbaren Teil ergeben (**BGH** LM BGB § 2085 Nr. 1).

§ 2256

Ein vor einem Richter oder vor einem Notar oder nach § 2249 errichtetes Testament gilt als widerrufen, wenn die in amtliche Verwahrung genommene Urkunde dem Erblasser zurückgegeben wird. Die zurückgebende Stelle soll den Erblasser über die im Satz 1 vorgesehene Folge der Rückgabe belehren, dies auf der Urkunde vermerken und aktenkundig machen, daß beides geschehen ist.

Der Erblasser kann die Rückgabe jederzeit verlangen. Das Testament darf nur an den Erblasser persönlich zurückgegeben werden.

Die Vorschriften des Abs. 2 gelten auch für ein nach § 2248 hinterlegtes Testament; die Rückgabe ist auf die Wirksamkeit des Testaments ohne Einfluß.

E I 1935 II 2123; M 5 302, 303; P 5 353, 354; 6 73; KB 322.

Übersicht

Rücknahme aus der amtlichen Verwahrung

Anm. 1

I. Allgemeines

§ 2256 stimmt mit TestG § 34 Abs. 1—3 überein. Das TestG hatte Abs. 1 Satz 2 neu eingefügt und den § 2272 aF als Abs. 4 übernommen. Zur Rücknahme eines Testaments gemäß § 2256 im allgemeinen vgl. Granicky Rpfleger 1957, 246 und Fischer Rpfleger 1958, 177.

II. Widerruf durch Rücknahme im allgemeinen

Anm. 2

Der Widerruf durch Rücknahme kommt nur bei dem öffentlichen Testament des § 2238 und bei dem Gemeindetestament des § 2249 (und 2250 Abs. 1) in Frage, weil nur bei diesen Testamenten eine amtliche Verwahrung gemäß § 2246 stattfindet. Wegen der übrigen Testamentsformen s. Anm. 10. Das Gesetz legt der Rücknahme (der Rückgabe auf Verlangen des Erblassers) die Widerrufswirkung zwingend bei („gilt als widerrufen“) ohne Rücksicht darauf, ob sie mit dem Aufhebungswillen geschieht (§ 2255 Anm. 4) oder nicht. Der Widerruf kann also nicht durch die Erklärung ausgeschlossen werden, das Testament solle bestehen bleiben; eine mit diesem Vorbehalt geforderte Rückgabe ist abzulehnen; eine neue Hinterlegung des einmal zurückgegebenen Testaments kann es nicht wieder in Kraft setzen. Die bloße Vorlegung zur Einsicht (§ 2264 Anm. 4) ist damit nicht ausgeschlossen. Im übrigen ist auch hier Testierfähigkeit, und zwar im Zeitpunkte der Rückgabe erforderlich (§ 2255 Anm. 3, wegen des Entmündigten § 2253 Anm. 5).

Anm. 3

Die Rücknahme eines Testaments aus amtlicher Verwahrung hat nur dann die Wirkung eines Widerrufs, wenn der Zurücknehmende geschäftsfähig und testierfähig war; denn die Rücknahme stellt eine Verfügung von Todes wegen dar (**BGH** 23, 211). Anfechtung nach §§ 2078ff (§ 2078 Anm. 58) ist wegen Mängel im Willen, das Testament zurückzunehmen, möglich, z. B. wenn der Erblasser zu der Rücknahme durch die irrige Annahme bestimmt worden ist, ein späteres Testament sei gültig. Die Rücknahme eines öffentlichen Testaments aus der amtlichen Verwahrung kann aber auch mit der Begründung angefochten werden, der Erblasser habe die rechtliche Bedeutung der Rücknahme als eines Widerrufs nicht gekannt (KG DRW 1940, 1684 mit zustimmender Anm. von Vogels = DNotZ 1941, 28 = HRR 1940, 1287 gegen M 5, 302; KG RJA 11, 180 = KGJ 41, 97), ferner, der Erblasser sei zur Rücknahme durch unrichtige Erwartungen über den weiteren Verlauf eines ihm bekannten Vorfalls bestimmt worden (KG DRW 1942, 143 mit zustimmender Anm. von Vogels = DNotZ 1942, 186).

III. Art und Wirkung der Rückgabe

Anm. 4

Gegenstand der Rückgabe sind alle nach § 2246 unter Verschluß gebrachten Schriftstücke, sowohl das übergebene als das mündlich erklärte Testament, die hierüber aufgenommene Niederschrift und sonstige Anlagen (§ 2246 Anm. 3). Der herausgebende Beamte ist nicht befugt, das Siegel zu öffnen. Die Aufnahme einer Niederschrift über die Rückgabe ist nicht wesentlich (s. aber AktenO § 27 Abs. 9 idF der AV v. 4. 8. 1938, DJ 1259). Herauszugeben haben der Amtsrichter und der Urkundsbeamte der Geschäftsstelle gemeinschaftlich (§ 2258b Abs. 1).

Anm. 5

Die Tatsache der **Rückgabe an den Erblasser wirkt unmittelbar** kraft Gesetzes als Widerruf, vorausgesetzt, wie aus Abs. 2 zu ergänzen ist, daß sie auf Verlangen des Erblassers und an ihn persönlich erfolgt, ferner, daß es bereits zur amtlichen Verwahrung nach § 2246 gekommen ist. Hat z. B. der Notar das von ihm aufgenommene Testament nicht gemäß § 2246 Abs. 2 an das Amtsgericht zur amtlichen Verwahrung abgeliefert, so wirkt es nicht als Widerruf, wenn er das Testament dem Erblasser aushändigt (**RG** WarnRspr 1913 Nr. 245; **BGH** NJW 1959, 2113 = MDR 1959, 997 = DRsp I [174] 75c = JR 1960, 135 = Rpfleger 1960, 151).

Anm. 6

Die Rückgabe einer in besonderer amtlicher Verwahrung befindlichen Verfügung von Todes wegen ist im Gegensatz zu früher (KostO § 93 Abs. 2 aF) nicht mehr gebührenpflichtig (Korintenberg/Wenz/Ackermann KostO 5. Aufl. § 101 Anm. 3).

Anm. 7

IV. Belehrungspflicht (Abs. 1 Satz 2)

Fassung des **Vermerks über die Belehrung** des Erblassers: AktenO § 27 Abs. 9 idF der AV v. 4. 8. 1938, DJ 1259. Die Widerrufswirkung tritt auch dann ein, wenn die Belehrung des Erblassers entgegen der Sollvorschrift des Abs. 1 Satz 2 unterblieben ist.

Anm. 8

V. Rückgabeverlangen (Abs. 2 Satz 1)

Das **Verlangen des Erblassers** bewirkt erst in Verbindung mit der Rückgabe den Widerruf, so daß, wenn sich die Rückgabe verzögert (vgl. Anm. 9) und der Erblasser darüber hinwegstirbt, das Testament in Kraft bleibt (Reichel 138, 206 Anm. 9). Das Verlangen ist an keine Form gebunden, muß nicht notwendig beurkundet werden und ergibt sich regelmäßig schon aus der Annahme der Schriftstücke. Dem Verlangen ist auch dann stattzugeben, wenn das zurückverlangte Testament schon anderweit widerrufen (§ 2254) oder aus anderen Gründen, z. B. durch Zeitablauf nach § 2252 unwirksam geworden ist.

Anm. 9

VI. Rückgabe „an den Erblasser persönlich“ (Abs. 2 Satz 2)

Entsprechend dem § 2064 kann auch in Form der Rücknahme der Erblasser nur persönlich, also nicht durch Vertreter widerrufen. Er hat mithin dem Verwahrungsbeamten seine Personengleichheit nachzuweisen (vgl. § 2241 a). Rückgabe des Hinterlegungsscheins (§ 2246 Anm. 9) genügt nicht, sie ist aber auch nicht wesentlich. Bei erheblicher Entfernung von der Verwahrungsstelle greift die Rechtshilfe ein, nötigenfalls durch Ersuchen eines deutschen Konsuls (RJA 13, 91). Vgl. auch AktenO § 27 Abs. 8 idF der AV v. 4. 8. 1938 (DJ 1259). Rückgabe durch die Post ist nicht zulässig (JW 1935, 3559[36]).

Anm. 10

VII. Rücknahme eines eigenhändigen Testaments (Abs. 3)

Die Hinterlegung des eigenhändigen Testaments ist in § 2248 nur freigestellt. Dem entspricht es, daß einer Rückforderung des Testaments von der Verwahrungsstelle die zwingende Wirkung des Widerrufs nicht beigelegt ist. Hierfür dienen die einfachen Formen des § 2255 Abs. 2. Entsprach die nach § 2238 (Anm. 6ff) übergebene Schrift den Erfordernissen des eigenhändigen Testaments, so bewirkt die in den Formen der Abs. 1, 2 vollzogene Rückgabe vermöge der zwingenden Wirkung, die das Gesetz ihr beigelegt hat, den endgültigen Widerruf des Testaments auch in seiner etwa möglichen Eigenschaft eines eigenhändigen Testaments (aM Firsching DNotZ 1955, 294 Anm. 63 mit Nachw.; Planck/Strecker § 2258 Anm. 5, § 2231 Anm. III 2; wie hier Kipp/Coing § 31 Anm. 15; Palandt/Rechenmacher Anm. 4). Die Widerrufswirkung als Folge der Rückgabe ist auch bei dem Dreizeugentestament der §§ 2250, 2251 ausgeschlossen, da auch hier die amtliche Verwahrung vom Gesetze nicht vorgeschrieben ist. Anders bei dem vor einem deutschen Konsul errichteten Testament (KonsG v. 8. 11. 1867 § 16a idF des G v. 14. 5. 1936, RGBl I 447 und des G v. 16. 12. 1950, BGBl 784; Anm. 14 vor § 2229).

§ 2257

Wird der durch Testament erfolgte Widerruf einer letztwilligen Verfügung widerrufen, so ist im Zweifel die Verfügung wirksam, wie wenn sie nicht widerrufen worden wäre.

E I 1933 Abs. 2 II 2194; M 5 289, 299; P 5 351—353.

Übersicht

Widerruf des Widerrufs

Anm. 1

I. Allgemeines

§ 2257 stimmt wörtlich mit TestG § 35 überein. Das TestG hat die Wörter „im Zweifel“ eingefügt (vgl. Anm. 3).

Anm. 2

II. Anwendungsbereich

Der Widerruf des Widerrufs (nicht dessen Anfechtung, § 2078 Anm. 58) ist ausgeschlossen, wenn der erste Widerruf durch Vernichtung oder Veränderung der Testamentsurkunde (§ 2255 Anm. 6ff) oder durch Rücknahme aus der amtlichen Verwahrung erfolgt war (§ 2256 Anm. 2, 3). In beiden Fällen muß das Testament, wenn es wiederhergestellt werden soll, neu errichtet werden. War dagegen der Widerruf nach § 2254 durch Testament erklärt, so kann dieses widerrufende Testament seinerseits in allen drei Formen der §§ 2254—2256 widerrufen werden.

Anm. 3

III. Widerlegbare Vermutung („im Zweifel")

Das frühere Testament lebt nur dann wieder auf, wenn kein gegenteiliger Wille des Erblassers anzunehmen ist. § 2257 hat mithin nur die Bedeutung einer widerlegbaren Vermutung (Begründung zum TestG). Vgl. zum Widerruf eines Widerrufstestaments durch einen Entmündigten OLG Köln NJW 1955, 466; § 2253 Anm. 5. Auch nach § 2257 aF war übrigens der durch Auslegung ermittelbare Wille des Erblassers zu berücksichtigen, wenn er darauf gerichtet war, daß die ursprüngliche letztwillige Verfügung nicht wieder in Kraft treten solle.

Anm. 4

IV. Wirksamkeit des zweiten Widerrufs

Die Wirksamkeit des zweiten Widerrufs wird auf den Zeitpunkt des ersten Widerrufs **zurückbezogen.** Das erste Testament bleibt sonach regelmäßig in Kraft, wie wenn es überhaupt nicht widerrufen wäre. Dies setzt voraus, daß es noch unversehrt vorhanden, namentlich nicht in der Zwischenzeit nach §§ 2255, 2256 vernichtet, verändert oder zurückgenommen ist. Wäre es durch Zufall untergegangen, so müßte sein Inhalt mit den gewöhnlichen Beweismitteln festgestellt werden (§ 2255 Anm. 12). Der Entmündigte kann den erst nach der Entmündigung erklärten Widerruf nicht widerrufen (§ 2253 Anm. 5). Zulässig ist auch teilweiser oder beschränkter Widerruf des Widerrufs.

§ 2258

Durch die Errichtung eines Testaments wird ein früheres Testament insoweit aufgehoben, als das spätere Testament mit dem früheren in Widerspruch steht.

Wird das spätere Testament widerrufen, so ist im Zweifel das frühere Testament in gleicher Weise wirksam, wie wenn es nicht aufgehoben worden wäre.

E I 1936 II 2125; M 5 303—305; P 5 354, 355.

Übersicht

Aufhebung durch späteres widersprechendes Testament

Anm. 1

I. Allgemeines

§ 2258 stimmt wörtlich mit TestG § 36 überein. Das TestG hat in Abs. 2 „im Zweifel" eingefügt (vgl. Anm. 6). Die in § 2258 für Testamente getroffene Regelung wird durch § 2289 Abs. 1 Satz 1 auch auf das Verhältnis von Erbvertrag und früher errichtetem Testament übertragen (**BGH** 26, 213, 214).

II. Stillschweigende Aufhebung des früheren durch ein späteres Testament (Abs. 1)

Anm. 2

Vorausgesetzt ist, daß beim Erbfall mehrere zeitlich aufeinanderfolgende Testamente des Erblassers vorhanden sind, die — jedes für sich allein — gleichmäßig gültig und wirksam wären, inhaltlich aber einander widersprechen, ohne daß das spätere Testament einen Widerruf des früheren Testaments enthielte (§ 2254). Soweit in einer späteren Verfügung der Wille des Erblassers ausgedrückt ist, eine bestimmte frühere Verfügung aufzuheben, ist nicht § 2258, sondern § 2254 gegeben (**BGH** LM BGB § 2258 Nr. 1). § 2258 behandelt in erster Linie den Fall sachlicher Unvereinbarkeit mehrerer zu verschiedenen Zeiten errichteter letztwilliger Verfügungen. Insoweit ist der Wille des Erblassers nicht allein entscheidend. Zwei letztwillige Verfügungen können auch sachlich unvereinbar sein, wenn der Erblasser, als er die zweite errichtete, nicht an die frühere gedacht hat. Ein Widerspruch im Sinne des § 2258 kann nach Ansicht des BGH aber auch bestehen, wenn die beiden Verfügungen sachlich miteinander vereinbar sind, sofern der Wille des Erblassers feststellbar ist, daß die letzte Verfügung ausschließlich gelten solle (**BGH** aaO im Anschluß an Planck/Strecker § 2258 Anm. 1 Abs. 2; OLG 16, 271; JFG 3, 161; KG RJA 9, 87; vgl. ferner KG JW 1935, 3122[43]). Läßt sich eine solche Absicht feststellen, dann wird allerdings regelmäßig auch ein Fall des § 2254 vorliegen (vgl. F. Leonhard § 2258 Erl. I B).

Anm. 3

Grundsätzlich (vgl. auch § 2085) bleiben bei einem Widerspruch die mehreren Testamente nebeneinander in Kraft (**RG** JW 1916, 405[9] und 8. 3. 1920 IV 432/19; § 2084 Anm. 15). Nur soweit sie sich widersprechen, legt das Gesetz der späteren Verfügung ausschließliche Wirkung bei. Die bloße Tatsache, daß ein zweites Testament errichtet worden ist, beeinträchtigt also die Wirksamkeit des ersten Testaments nicht; soweit widersprechend verfügt worden ist, braucht jedoch auf seiten des Erblassers kein besonderer Aufhebungswille vorhanden zu sein. Die Widerrufswirkung tritt ein, auch wenn er z. B. das erste Testament ganz vergessen hätte.

Anm. 4

Inwieweit sich die mehreren letztwilligen Verfügungen widersprechen, ist in freier Auslegung (§ 133) unter Berücksichtigung auch außerhalb des Testaments liegender Umstände zu ermitteln (**RG** JW 1913, 991[2] für den Fall, daß in einem älteren und in einem neueren Testamente derselben Person dieselbe Summe vermacht worden ist; **RG** WarnRspr 1931 Nr. 12 für den Fall, daß derselben Person in einem Testament vom September 1923 300000 GM und in einem Testament vom November 1924 200000 M vermacht worden sind). Die aufhebende Wirkung des späteren Testaments bleibt auch dann bestehen, wenn es z. B. infolge Ausfalls der Bedingung, Vorversterbens des eingesetzten Erben, Ausschlagung gegenstandslos werden sollte. Der Entmündigte kann nicht nach § 2258 widerrufen (§ 2253 Anm. 5).

Anm. 5

Mehrere gleichzeitig errichtete Testamente heben sich, soweit sie sich widersprechen, gegenseitig auf. Hinterläßt der Erblasser mehrere undatierte eigenhändige Testamente, die sich widersprechen, und läßt sich nicht feststellen, daß eins von ihnen später errichtet ist und daher die anderen aufgehoben hat, so sind alle Testamente als ungültig anzusehen (§ 2247 Abs. 5). Ist ein datiertes und ein undatiertes eigenhändiges Testament vorhanden, so hat derjenige, der sich auf das undatierte Testament als das spätere beruft, zu beweisen, daß es später errichtet worden ist; gelingt ihm dieser Beweis nicht, so ist das undatierte Testament, soweit es mit dem datierten in Widerspruch steht, als ungültig zu behandeln (Begründung zum TestG). Vgl. § 2247 Anm. 24ff. Ist das spätere Testament ohne Zutun des Erblassers abhanden gekommen, steht aber fest, daß er durch dieses Testament ein früheres außer Kraft setzen wollte, ohne daß sich der sonstige Inhalt des späteren Testaments feststellen ließe, so tritt die gesetzliche Erbfolge ein (JW 1935, 3122[43]).

Anm. 6

III. Widerlegbare Vermutung („im Zweifel")

Abs. 2 hat, ebenso wie § 2257, nur die Bedeutung einer widerlegbaren Vermutung (§ 2257 Anm. 3). Vgl. zum Widerruf eines Widerrufstestaments seitens eines Entmündigten OLG Köln NJW 1955, 466; § 2253 Anm. 5.

Anm. 7

IV. Widerruf des späteren Testaments (Abs. 2)

Das spätere Testament kann in allen Formen der §§ 2254—2256 widerrufen werden. Damit fallen die darin getroffenen widersprechenden Verfügungen und das ältere, formell nicht aufgehobene Testament bleibt auch inhaltlich voll bestehen.

Anm. 8

V. Spätere Erbverträge und gemeinschaftliche Testamente

Zur Aufhebung eines Testaments durch einen späteren Erbvertrag s. § 2289. Für gemeinschaftliche Testamente besteht keine entsprechende Bestimmung; auf sie ist § 2258 anzuwenden.

§ 2258a

Für die besondere amtliche Verwahrung der Testamente sind die Amtsgerichte zuständig.

Örtlich zuständig ist:

1. **wenn das Testament vor einem Richter errichtet ist, das Amtsgericht, dem der Richter angehört;**
2. **wenn das Testament vor einem Notar errichtet ist, das Amtsgericht, in dessen Bezirk der Notar seinen Amtssitz hat;**
3. **wenn das Testament vor dem Bürgermeister einer Gemeinde oder dem Vorsteher eines Gutsbezirks errichtet ist, das Amtsgericht, zu dessen Bezirk die Gemeinde oder der Gutsbezirk gehört;**
4. **wenn das Testament nach § 2247 errichtet ist, jedes Amtsgericht.**

Der Erblasser kann jederzeit die Verwahrung bei einem anderen Amtsgericht verlangen.

Das Gericht, welches das Testament in Verwahrung nimmt, hat, wenn der Erblasser seinen Wohnsitz in dem Bezirk eines anderen Gerichts hat, diesem von der Verwahrung Nachricht zu geben.

DJ 1938, 1258.

Übersicht

Zuständigkeit für die besondere amtliche Verwahrung

I. Allgemeines

Anm. 1

§ 2258a entspricht TestG § 37. Das TestG hatte — abweichend von der alten Fassung des BGB im Anschluß an die §§ 81, 82 PrAGBGB — einheitliche Bestimmungen über die besondere amtliche Verwahrung in den §§ 37, 38 TestG getroffen. Die neue Fassung des BGB hat diese in den §§ 2258a und 2258b übernommen. Die §§ 37, 38 TestG betrafen auch Erbverträge; insoweit verweist jetzt § 2300 auch auf die §§ 2258a und 2258b.

Anm. 2

Die **besondere amtliche Verwahrung** ist im Gegensatz zur gewöhnlichen Aktenverwahrung (**RG** 48, 99) mit besonderen Sicherungen gegen Abhandenkommen oder Beschädigung ausgestattet. Sie ist in § 2246 Abs. 2, § 2249 Abs. 1 und § 16a KonsG v. 8. 11. 1867 idF des G v. 14. 5. 1936 (RGBl I 447) und des G v. 16. 12. 1950 (BGBl 784) vorgeschrieben. Ein eigenhändiges Testament wird auf Antrag des Erblassers (§ 2248) in besondere amtliche Verwahrung genommen. Gebühr für die besondere amtliche Verwahrung: KostO § 101.

Anm. 3

II. Sachliche Zuständigkeit der Amtsgerichte (Abs. 1)

Die Regelung der Zuständigkeit für die besondere amtliche Verwahrung und des Verfahrens war früher der Landesgesetzgebung überlassen. Nunmehr sind im gesamten Bundesgebiet grundsätzlich — auch für die Länder mit Nurnotariat (EGBGB Art. 141) — die Amtsgerichte ausschließlich zuständig. Sondervorschriften gelten in Baden-Württemberg (teilweise) gemäß dem Zweiten Teil Art. 4 Nr. 4 u. 5 des GesEinhG v. 5. 3. 1953 (BGBl I 33); sie betreffen die Zuständigkeit der Bezirksnotare. Über die Ablieferung solcher Testamente, die sich bei anderen Stellen in amtlicher Verwahrung befanden, s. AV v. 4. 8. 1938, DJ 1259, Abschn. Vc.

Anm. 4

III. Örtliche Zuständigkeit (Abs. 2)

Der Wohnsitz des Erblassers ist für die örtliche Zuständigkeit bedeutungslos. Das Amtsgericht des Wohnsitzes ist jedoch von der Verwahrung zu benachrichtigen (Abs. 4). Für die Verwahrung der vor einem deutschen Konsul errichteten Testamente ist das Amtsgericht Berlin zuständig (§ 16a KonsG v. 8. 11. 1867 idF des G v. 14. 5. 1936, RGBl I S. 447 und des G v. 16. 12. 1950, BGBl 784; früher auch TestG § 50 Abs. 4).

Anm. 5

IV. Abweichende Bestimmung des Erblassers (Abs. 3)

Das Verlangen des Erblassers, das keiner Form bedarf, kann bei der Testamentserrichtung oder später gestellt werden. § 16 DOfNot ist insoweit überholt (Boehmer DNotZ 1940, 147). Übersendung an das andere Amtsgericht: AktenO § 27 Abs. 7.

Anm. 6

V. Benachrichtigungspflicht (Abs. 4)

Die **Benachrichtigung des Amtsgerichts des Wohnsitzes** soll die Nachforschungen nach dem Vorhandensein letztwilliger Verfügungen beim Tode des Erblassers erleichtern. Behandlung der Anzeigen durch das Amtsgericht des Wohnsitzes: AktO § 27 Abs. 2 u. 13 idF der AV v. 4. 8. 1938, DJ 1259. Demselben Zweck diente auch die AV über Benachrichtigung in Nachlaßsachen v. 15. 6. 1939, DJ 1078. Hiernach hatte das Gericht, das ein öffentliches oder privates Testament oder einen Erbvertrag in besondere amtliche Verwahrung nahm, das Standesamt des Geburtsortes des Erblassers oder die beim Amtsgericht Berlin zu führende Reichskartei für Testamente von der Verwahrung zu benachrichtigen. Vgl. hierzu Vogels DJ 1936, 756; StAZ 1936, 190; DFG 1936, 209; DJ 1939, 1197; ferner die AVen v. 19. 5. 1943 (DJ 287) und v. 12. 2. 1945 (DJ 48). S. auch § 2246 Anm. 8.

§ 2258b

Die Annahme zur Verwahrung sowie die Herausgabe des Testaments ist von dem Richter anzuordnen und von ihm und dem Urkundsbeamten der Geschäftsstelle gemeinschaftlich zu bewirken.

Die Verwahrung erfolgt unter gemeinschaftlichem Verschluß des Richters und des Urkundsbeamten der Geschäftsstelle. Der Hinterlegungsschein ist von ihnen zu unterschreiben und mit dem Dienststempel zu versehen.

DJ 1938, 1258.

Verfahren bei der besonderen amtlichen Verwahrung

Anm. 1

I. Allgemeines

§ 2258b entspricht TestG § 38. TestG § 38 Abs. 1 Satz 2 (über die Führung des Verwahrungsbuchs) ist als entbehrlich (vgl. AktenO § 27) nicht übernommen worden. Vgl. im übrigen § 2258a Anm. 1.

Anm. 2

II. Annahme zur Verwahrung und Herausgabe aus der Verwahrung (Abs. 1)

Nähere Vorschriften trifft § 27 Abs. 4, 5 der Aktenordnung. Der Richter hat zu prüfen, ob die Voraussetzungen für die besondere amtliche Verwahrung oder für die Herausgabe aus der Verwahrung vorliegen, ob die sachliche und die örtliche Zuständigkeit gegeben ist, ferner ob Umschlag und Verschluß in Ordnung sind; vor der Herausgabe hat sich der Richter auch über die Personengleichheit des Erblassers zu vergewissern (§ 2256 Anm. 6). Belehrung des Erblassers über die Wirkung der Rückgabe: § 2256 Abs. 1 Satz 2. — Ermächtigung des Rechtspflegers zur Annahme und Herausgabe: Abschn. III der AV v. 4. 8. 1938 DJ 1259 idF v. 16. 8. 1939 DJ 1398; jetzt RpflegerG § 3 Abs. 1 Nr. 2b.

Anm. 3

III. Gemeinschaftlicher Verschluß der Verwahrungspersonen (Abs. 2)

Nähere Vorschriften AktenO § 27 Abs. 4; vgl. zum Hinterlegungsschein § 2246 Anm. 9.

§ 2259

Wer ein Testament, das nicht in besondere amtliche Verwahrung gebracht ist, im Besitz hat, ist verpflichtet, es unverzüglich, nachdem er von dem Tode des Erblassers Kenntnis erlangt hat, an das Nachlaßgericht abzuliefern.

Befindet sich ein Testament bei einer anderen Behörde als einem Gericht in amtlicher Verwahrung, so ist es nach dem Tode des Erblassers an das Nachlaßgericht abzuliefern. Das Nachlaßgericht hat, wenn es von dem Testament Kenntnis erlangt, die Ablieferung zu veranlassen.

E I 1937 II 2126; M 5 305, 306; P 5 355, 356.

Übersicht

Ablieferung von Testamenten

Anm. 1

I. Allgemeines

§ 2259 stimmt mit TestG § 39 wörtlich überein. Die Vorschrift soll sicher stellen, daß alle Testamente gerichtlich eröffnet werden.

II. Ablieferungspflicht

Anm. 2

Die Ablieferungspflicht **obliegt jeder Privatperson,** die ein nicht nach den §§ 2246—2248 oder sonst in besondere amtliche Verwahrung gebrachtes Testament, auch dasjenige eines im Inlande verstorbenen Ausländers (KGJ 36 A 85), aus irgendeinem Grunde besitzt. In Betracht kommt vor allem das eigenhändige Testament, ferner das Dreizeugentestament (§§ 2250, 2251), das der Verwahrung nicht unterliegt. Das einmal abgelieferte Testament hat aus Gründen der Rechtssicherheit und wegen § 2264 urschriftlich beim Nachlaßgericht zu verbleiben; der Erbe kann nicht Rückgabe verlangen (KGJ 38 A 145), auch ein naher Angehöriger selbst dann nicht, wenn es sich um das letzte Andenken an einen Kriegsgefallenen handelt (RJA 15, 118). Es genügt, daß das (offene oder verschlossene) Schriftstück sich äußerlich als Testament, als eine Kundgebung des letzten Willens kennzeichnet (JW 1931, 1373[8]). Abzuliefern ist auch ein Testament, das offenbar formungültig ist (JFG 14, 158), nur eine Erbeinsetzung des Verwahrenden selbst enthält, sachlich gegenstandslos geworden oder widerrufen worden ist (z. B. ein öffentliches Testament, das dem Erblasser zurückgegeben worden ist und daher gemäß § 2256 als widerrufen gilt, JFG 15, 92). Ist das Testament noch vorhanden, so können auch Durchstreichungen usw. (§ 2255) nicht von der Ablieferungspflicht befreien (aM Planck/Strecker § 2259 Anm. 2).

Anm. 3

Nicht abzuliefern ist eine Erklärung, durch die der Erblasser lediglich seinen auf Feuerbestattung gerichteten Willen bekundet (G über die Feuerbestattung v. 15. 5. 1934, RGBl I 380, § 4 Nr. 2, 3; DurchfVO v. 10. 8. 1938, RGBl I 1000, § 1 idF v. 24. 4. 1942, RGBl I 242; vgl. Anm. 7 vor § 1937; § 1968 Anm. 2). Eine solche Erklärung ist keine letztwillige Verfügung im Sinne der §§ 1937—1940 (Vogels DRpfl 1938, 274 Anm. 1; Haberstrumpf BayZ 1930, 220).

Anm. 4

Ablieferung des Erbvertrags: § 2300. Ein Erbvertrag ist auch dann an das Nachlaßgericht abzuliefern und zu eröffnen, wenn er durch einen späteren Erbvertrag aufgehoben worden ist (LG Münster JMBlNRW 1957, 196).

III. Ablieferung an das Nachlaßgericht

Anm. 5

Die Ablieferung an das Nachlaßgericht (§ 1960 Anm. 10ff) ist unverzüglich (§ 121) und unverlangt zu bewirken. Die Unterlassung kann strafbar sein (StGB § 274 Nr. 1) und jedenfalls den Beteiligten gegenüber schadenersatzpflichtig machen; die Ablieferung kann von ihnen auch mit Klage gefordert werden (**RG** WarnRspr 1913 Nr. 246). S. auch Anm. 9. Mehrere Urschriften des Testaments sind sämtlich abzuliefern (§ 2260 Anm. 4). Die an das Nachlaßgericht abgelieferte Verfügung von Todes wegen wird nicht zur besonderen amtlichen Verwahrung gebracht, sondern bis zu ihrer Eröffnung von der Geschäftsstelle bei den anzulegenden Akten aufbewahrt (AktenO § 27 Abs. II idF der AV v. 4. 8. 1938 , DJ 1259).

Anm. 6

Die Kosten der Ablieferung gehören, weil sie den Erben als solchen treffen, zu den Nachlaßverbindlichkeiten (§ 1967).

IV. Ablieferungspflicht von Behörden

Anm. 7

Die Ablieferungspflicht der Behörden (Abs. 2 Satz 1) gilt auch für Gerichtsbehörden die nicht zur besonderen amtlichen Verwahrung und demgemäß nicht zur Eröffnung des Testaments berechtigt sind (§ 2261), so für die Kollegialgerichte, insbesondere auch für das Prozeßgericht (**RG** 14. 2. 1927 IV 766/26; Höver DFG 1937, 134). Im übrigen kommen in Betracht: der Bürgermeister (§§ 2249, 2250 Abs. 1), Polizeibehörden und Staatsanwaltschaften im Falle einer Beschlagnahme.

Anm. 8

§ 2259 Abs. 2 aF hatte noch die **Notare** neben den Behörden aufgeführt. Für sie kommt jedoch keine Ablieferungspflicht mehr in Betracht; sie sind für die besondere amtliche Verwahrung von Verfügungen von Todes wegen nicht mehr zuständig; daher hatten sie alle von ihnen verwahrten Verfügungen von Todes wegen schon nach RNotO § 79 Abs. 1 an das Amtsgericht abzugeben (Ausnahmen für das Land Baden-Württemberg [Oberlandesgerichtsbezirke Stuttgart und Karlsruhe] RNotO §§ 85, 86). Die vor ihnen errichteten Testamente haben die Notare unverzüglich in die besondere amtliche Verwahrung des Amtsgerichts zu bringen (§ 2246 Abs. 2), Erbverträge nach Maßgabe des § 2277.

Anm. 9

V. Einschreiten des Nachlaßgerichts (Abs. 2 Satz 2)

Das Nachlaßgericht veranlaßt die Ablieferung seitens Behörden durch Ersuchen. Verweigern sie die Herausgabe des Testaments, so ist dem Nachlaßgericht nur der Weg der Aufsichtsbeschwerde an ihre vorgesetzte Behörde gegeben. Privatpersonen können durch Ordnungsstrafen (FGG § 83 Abs. 1 in Verb. mit § 33 Abs. 1 u. 3 idF des Art. 4 der VO v. 5. 8. 1935, RGBl I 1065) und durch den vor dem Nachlaßgericht (RJA 11, 95) zu leistenden Offenbarungseid (FGG § 83 Abs. 2) zur Ablieferung angehalten werden; auch kann Gewalt gebraucht werden, wenn die Ablieferung nicht auf andere Weise herbeizuführen ist (FGG § 33 Abs. 2). Das Nachlaßgericht kann ferner im Wege der Rechtshilfe Privatpersonen über das Vorhandensein einer Verfügung von Todes wegen befragen lassen (**RG** 69, 271).

§ 2260

Das Nachlaßgericht hat, sobald es von dem Tode des Erblassers Kenntnis erlangt, zur Eröffnung eines in seiner Verwahrung befindlichen Testaments einen Termin zu bestimmen. Zu dem Termin sollen die gesetzlichen Erben des Erblassers und die sonstigen Beteiligten, soweit tunlich, geladen werden.

In dem Termin ist das Testament zu öffnen, den Beteiligten zu verkünden und ihnen auf Verlangen vorzulegen. Die Verkündung darf im Falle der Vorlegung unterbleiben. Die Verkündung unterbleibt ferner, wenn im Termin keiner der Beteiligten erscheint.

Über die Eröffnung ist eine Niederschrift aufzunehmen. War das Testament verschlossen, so ist in der Niederschrift festzustellen, ob der Verschluß unversehrt war.

E I 1038 Abs. 1 II 2127; M 5 306, 307; P 5 356.

Übersicht

Eröffnung des Testaments durch das Nachlaßgericht

Anm. 1

I. Allgemeines

§ 2260 stimmt wörtlich mit TestG § 40 überein. Abs. 2 Satz 3 ist durch das TestG neu eingefügt worden (vgl. Begründung zum TestG DJ 1938, 1258).

II. Eröffnung

Anm. 2

1. Zuständigkeit

Das Testament wird durch das Nachlaßgericht oder das nach § 2261 hierzu berufene andere **Gericht** eröffnet. Notare sind für die Eröffnung nicht mehr zuständig (RNotO § 79 Abs. 2). Auch der württembergische Bezirksnotar, der ein Testament in besondere amtliche Verwahrung genommen hat, ist zur Eröffnung des Testaments nicht berufen. Er muß das Testament nach Kenntnis vom Tod des Erblassers zur Eröffnung an das örtlich zuständige Nachlaßgericht — im ehemaligen Landesteil Württemberg an das „ordentliche Nachlaßgericht" — abliefern (BayObLGZ 1958, 1).

Anm. 3

2. Voraussetzungen

Die Eröffnung setzt voraus, daß das Gericht durch die ihm nach Abschnitt II der AV v. 15. 6. 1939 (DJ 1078) vom Standesbeamten des Geburtsortes des Erblassers oder von der Testamentskartei zugehende Nachricht oder durch Vorlegung einer Sterbeurkunde oder einer Todeserklärung vom Tode des Erblassers Kenntnis erlangt hat. Auch eine zuverlässige nicht amtliche Nachricht vom Tode eines Kriegsteilnehmers kann ausreichen (RJA 14, 141). Eröffnung alter Testamente ohne Todesnachricht § 2263a. Vorausgesetzt wird ferner, daß sich das zu eröffnende Testament, sei es von vornherein, sei es nach späterer Ablieferung (§ 2259), in Verwahrung des Gerichts befindet

Anm. 4

3. Umfang

Die Eröffnung umfaßt die Öffnung und die Verkündung. Die Gültigkeit eines Schriftstücks, das sich äußerlich als Testament darstellt (§ 2259 Anm. 2), ist vor der Eröffnung nicht zu prüfen; diese darf auch nicht wegen vermeintlicher Zwecklosigkeit unterbleiben (RJA 13, 82; JW 1931, 1373[8]; JFG 14, 158; JFG Erg. 16, 71; auch OLG 40, 141 sowie JFG 1, 174, wonach ein angeblich widerrufenes Testament jedenfalls dann zu eröffnen ist, wenn Zweifel darüber bestehen können, ob ein Widerruf vorliegt). Ist ein Testament in mehreren Urschriften errichtet worden (§ 2247 Anm. 12), so sind alle Testamentsschriften zu eröffnen, da es für die Beteiligten, z. B. um Zweifel über die Echtheit oder die inhaltliche Übereinstimmung der Urkunden zu beheben, wichtig sein kann, von jeder dieser Urkunden Kenntnis zu erhalten (JW 1934, 2563[2]). Ist die Urschrift des öffentlichen Testaments im Ausland und kann ihre Ablieferung wegen des ausländischen Rechts nicht durchgesetzt werden, so kann eine Ausfertigung eröffnet werden (RJA 13, 87). Auch sonst kann eine öffentlich beglaubigte Abschrift eröffnet werden, wenn die Unterschrift verlorengegangen ist (RJA 15, 25). Die einfache Abschrift eines verlorengegangenen Testaments hat KG RJA 16, 239 nicht zur Eröffnung zugelassen.

Anm. 5

4. Sonderfälle

Zur Eröffnung des Testaments eines Ausländers sind die deutschen Gerichte zuständig, wenn hinsichtlich irgendwelchen Vermögens, insbesondere Grundvermögens, die Erbfolge nach deutschem Rechte stattfindet (RJA 16, 215; vgl. auch Höver DFG 1937, 134). Richtet sich dagegen die Erbfolge ausschließlich nach ausländischem Recht, so ist das deutsche Gericht, soweit nicht durch Staatsverträge Abweichendes vereinbart worden ist, nicht befugt, das Testament zu eröffnen (vgl. JFG 15, 78 sowie Vogels DRpfl 1938, 276). Das BayObLG hat daher zutreffend die Zuständigkeit des deutschen Nachlaßgerichts zur Eröffnung eines Ausländertestaments für den Fall bejaht, daß ein Staatsvertrag die Mitwirkung des deutschen Gerichts vorsieht oder deutsches materielles Erbrecht anzuwenden ist (BayObLGZ 1958, 34; angeführt bei Keidel JZ 1959, 440).

Anm. 6

Eröffnung des gemeinschaftlichen Testaments § 2273, des Erbvertrags § 2300.

III. Terminsbestimmung und Ladung

Anm. 7

Das Nachlaßgericht bestimmt den Termin und lädt die Beteiligten von Amts wegen. Zustellung ist nicht vorgeschrieben, das Erscheinen der Beteiligten kann nicht erzwungen werden (§ 2262). Erscheinen sie freiwillig, so kann das Testament auch ohne Ladung und förmliche Terminsbestimmung sogleich eröffnet werden. Beibringung des Hinterlegungsscheins (§ 2246 Abs. 2 Satz 2) ist nicht wesentlich. Es liegt nicht im Sinne des Gesetzes („soweit tunlich"; KGJ 45, 134), weitläufigere Ermittlungen der gesetzlichen Erben der Terminsbestimmung vorangehen zu lassen.

Anm. 8

Zu den **Beteiligten** gehören Bedachte, auch bedingt Bedachte, selbst wenn als Bedingung ein vom freien Belieben des Belasteten abhängiges Ereignis gesetzt ist (**RG** RJA 16, 207ff), Auflageberechtigte (§ 2194), Testamentsvollstrecker, Personen, bezüglich deren familienrechtliche Anordnungen getroffen sind (Vormünder, Gewalthaber, Ehegatten), soweit sie aus dem offen vorliegenden Testament oder aus bereits eröffneten Testamenten des Erblassers dem Nachlaßgerichte bekannt sind, nicht dagegen Nachlaßgläubiger. Die Beteiligten können auch durch Vertreter erscheinen.

Anm. 9

Das Nachlaßgericht kann das Testament nicht, auch nicht auf Antrag der Beteiligten, im Wege der Rechtshilfe eröffnen lassen (BayObLG 5, 516; 31, 91; JR 1926 Nr. 811).

IV. Öffnung und Verkündung (Abs. 2)

Anm. 10

Die **Öffnung** hat sich auf den amtlichen wie auf den vom Erblasser selbst bewirkten Verschluß, die **Verkündung** auf den gesamten Inhalt der zum Testament gehörigen offen (**RG** 48, 99) oder verschlossen überreichten Schriftstücke einschließlich der Niederschriften und deren Anlagen (§ 2246 Anm. 3) zu erstrecken. Der Richter hat auch solche Schriftstücke zu verkünden, die nach der Meinung des Erblassers letztwillige Verfügungen enthalten sollten, aber den gesetzlichen Erfordernissen, insbesondere beim eigenhändigen Testament, so wenig genügen, daß sie überhaupt keine Testamente sind. Auch widerrufene, durch Fristablauf erloschene (§ 2252) und gegenstandslos gewordene Testamente sind zu verkünden (Anm. 4).

Anm. 11

Die Verkündung besteht regelmäßig in der Verlesung der Schriftstücke, doch genügt nach pflichtmäßigem Ermessen des Richeters auch die Mitteilung des Inhalts. Sie ist wesentlicher Formalakt. Sie vermittelt dem Erben regelmäßig die erforderliche Kenntnis und setzt die Ausschlagungsfrist in Lauf (vgl. § 1944 Anm. 215ff). Die früher streitig gewesene Frage, ob die Verkündung auch dann erforderlich ist, wenn im Termin keiner der Beteiligten erscheint, ist mit dem TestG (s. Anm. 1) dahin entschieden, daß in diesem Falle die Verkündung unterbleibt. Ein Verzicht der Erschienenen auf die Verkündung ist nicht zu beachten (OLG 6, 179; BayObLG 1950, 391). Sie ist nur dann entbehrlich, wenn das Testament den Beteiligten auf Verlangen im Termin vorgelegt wird (s. auch § 2264). Zu irgendwelchen Erklärungen über die Echtheit des Testaments, Annahme der Erbschaft u. dgl. sind die Beteiligten nicht verpflichtet. Das eröffnete Testament bleibt offen bei den Akten des Nachlaßgerichts. Eine Rückgabe des Testaments an den Ablieferer oder den Erben ist nicht zulässig (JW 1931, 1373[8]; vgl. § 2259 Anm. 2, auch § 2300 Anm. 2).

Anm. 12

V. Niederschrift (Abs. 3)

Über die Form der Niederschrift bestehen keine besonderen Vorschriften. Zuziehung eines Urkundsbeamten der Geschäftsstelle ist nicht vorgeschrieben. Da es sich nicht um die Beurkundung eines Rechtsgeschäfts handelt, sind die §§ 167ff FGG nicht unmittelbar maßgebend. Wesentlich ist wegen § 1944 Anm. 15ff, daß der Tag der Verkündung beurkundet wird. Die in Satz 2 vorgeschriebene Feststellung bezieht sich auf alle Verschlüsse der Urkunden, die äußeren sowohl (§ 2246 Anm. 6) wie auf etwaige innere. Beanstanden die Beteiligten die Feststellung, so sind auch ihre Erklärungen in der Niederschrift festzuhalten. Ist das Testament versehentlich bei Lebzeiten des Erblassers eröffnet worden, so wird seine (fortdauernde) Gültigkeit dadurch nicht beeinträchtigt. Der Verschluß ist dann zweckmäßig unter seiner Mitwirkung wieder herzustellen.

VI. Besonderes

Anm. 13

Die Kosten der Testamentseröffnung sind Nachlaßverbindlichkeiten (§ 1967) und im Nachlaßkonkurse Masseschuld (KO § 224 Nr. 4); am Nachlaßvergleichsverfahren sind sie nicht beteiligt (VglO § 113 Nr. 6). Gebühr für die Eröffnung KostO §§ 102, 103. Eine Urkundensteuer wird seit dem 1. 9. 1941 nicht mehr erhoben.

Anm. 14

Die Möglichkeit, ein öffentliches Testament mit Eröffnungsniederschrift zum Nachweise der Erbfolge oder der Ernennung eines Testamentsvollstreckers in Grundbuchangelegenheiten, beim Schiffsregister und beim Reichsschuldbuch zu verwenden, regeln GBO § 35, SchiffsregisterO § 41 Abs. 1 Satz 2 (BGBl 1951 I 359), RSchuldbG v. 31. 5. 1910 § 16.

§ 2261

Hat ein anderes Gericht als das Nachlaßgericht das Testament in amtlicher Verwahrung, so liegt dem anderen Gericht die Eröffnung des Testaments ob. Das Testament ist nebst einer beglaubigten Abschrift der über die Eröffnung aufgenommenen Niederschrift dem Nachlaßgericht zu übersenden; eine beglaubigte Abschrift des Testaments ist zurückzubehalten.

E I 1938 Abs. 2 II 2128; M 5 307; P 5 356, 357.

Eröffnung durch ein anderes Gericht

Anm. 1

I. Allgemeines

§ 2261 stimmt wörtlich mit TestG § 41 überein.

Anm. 2

II. Zuständigkeit eines anderen Gerichts

Das Gericht, das gemäß den §§ 2246, 2248 das Testament in amtliche Verwahrung genommen hatte, wird vielfach nicht zugleich Nachlaßgericht (§ 1960 Anm. 10) sein. Um eine Übersendung der noch uneröffneten Testamentsurschrift zu vermeiden, ist deshalb diesem **andern Gericht die Eröffnung**, und zwar im vollen Umfange des § 2260 **übertragen** worden. Dagegen liegt die Benachrichtigung nach § 2262 lediglich dem Nachlaßgericht ob. Das Verwahrungsgericht hat das Testament auch dann zu eröffnen, wenn die amtliche Verwahrung nicht die „besondere" der §§ 2246 Abs. 2, 2258a, 2258b (TestG §§ 20 Abs. 2, 37, 38) gewesen ist (KG DJ 1941, 407 = DR 1941, 1074 = JFG 22, 199 = DNotZ 1941, 399).

Anm. 3

III. Eröffnungsverfahren

Die **Urschrift** des Testaments nebst den Niederschriften und Anlagen, die einen Bestandteil des Errichtungsakts bilden (§ 2246 Anm. 2, 3), ist nach Eröffnung dem — in- oder ausländischen — Nachlaßgericht zu übersenden und von diesem offen aufzubewahren. Lehnt das Nachlaßgericht die Annahme ab, so steht dem übersendenden Gerichte hiergegen keine Beschwerde zu, da ihm die Sorge dafür, daß das eröffnete Testament von der zuständigen Stelle verwahrt werde, nicht obliegt (RJA 15, 289). Wohl aber steht dem Nachlaßgericht die Beschwerde zu, wenn das andere Gericht ihm die Abgabe des Testaments in Urschrift verweigert (JFG 14, 168).

§ 2262

Das Nachlaßgericht hat die Beteiligten, welche bei der Eröffnung des Testaments nicht zugegen gewesen sind, von dem sie betreffenden Inhalt des Testaments in Kenntnis zu setzen.

E I 1939 Abs. 1 II 2129; M 5 307, 308; P 5 357.

Benachrichtigung der Beteiligten

Anm. 1

§ 2262 stimmt wörtlich mit TestG § 42 überein.

Anm. 2

Die **Benachrichtigung der Beteiligten** (§ 2260 Anm. 8) obliegt auch im Falle des § 2261 allein dem Nachlaßgericht. Die gesetzlichen Erben kommen nicht allgemein, sondern nur soweit in Betracht, als sie ausgeschlossen (§ 1938) oder enterbt (§ 2336) oder augenscheinlich im Pflichtteil verletzt sind. Die Beteiligten sind, soweit sie dem Nachlaßgericht, und zwar nach Einziehung gehöriger Erkundigungen (**RG** 69, 274), bekannt geworden sind, sämtlich, nicht bloß „soweit tunlich" (§ 2260 Anm. 7) in Kenntnis zu setzen, können aber auf Nachricht wirksam verzichten. Ist eine nicht vertretene oder zukünftige Nachkommenschaft bedacht, so hat das Nachlaßgericht beim Vormundschaftsgericht die Bestellung eines Pflegers anzuregen und, wenn ein Pfleger bestellt wird, diesen zu benachrichtigen; gegen die Ablehnung der Anregung steht ihm aber die Beschwerde nicht zu (RJA 15, 26). Die Pflicht zur Benachrichtigung ist von der Rechtswirksamkeit des Testaments im ganzen oder der einzelnen darin getroffenen Verfügungen unabhängig (**RG** RJA 16, 212; KG JW 1931, 1373[8]). Eine Form der Benachrichtigung ist nicht vorgeschrieben. Regelmäßig genügt einfache Abschrift, nach Umständen auch kurze inhaltliche Mitteilung mit dem Anheimgeben, das Testament einzusehen (§ 2264). Darüber, wie einzelne nicht handschriftlich hergestellte Teile eines eigenhändigen Testaments in der Abschrift ersichtlich zu machen sind s. AktenO § 27 Abs. 12 idF der AV v. 4. 8. 1938 (DJ 1259). Bekanntgabe im Wege der Rechtshilfe ist nicht ausgeschlossen (JR 1926 Nr. 811; BayObLG 31, 91). Die Kosten der Benachrichtigung gehören zu den Kosten der Eröffnung (§ 2260 Anm. 13).

Anm. 3

Benachrichtigung des für die Verwaltung der Erbschaftssteuer zuständigen Finanzamts § 12 ErbStDVO v. 1. 7. 1952 (BGBl I 357), § 187a RAbgO.

§ 2263

Eine Anordnung des Erblassers, durch die er verbietet, das Testament alsbald nach seinem Tode zu eröffnen, ist nichtig.

E I 1938 Abs. 3 II 2130; M 5 307; P 5 357.

Nichtigkeit eines Eröffnungsverbots

Anm. 1

§ 2263 stimmt wörtlich mit TestG § 43 überein.

Anm. 2

Nichtig ist auch das Verbot der Benachrichtigung nach § 2262 (**RG** LZ 1919, 1241[18] und RJA 16, 213) oder der Einsicht nach § 2264.

§ 2263 a

Befindet sich ein Testament seit mehr als dreißig Jahren in amtlicher Verwahrung, so hat die verwahrende Stelle von Amts wegen, soweit tunlich, Ermittlungen darüber anzustellen, ob der Erblasser noch lebt. Führen die Ermittlungen nicht zu der Feststellung des Fortlebens des Erblassers, so ist das Testament zu eröffnen. Die Vorschriften der §§ 2260 bis 2262 sind entsprechend anzuwenden.

DJ 1938, 1259.

Eröffnungsfrist für Testamente

Anm. 1

I. Allgemeines

Eine dem § 2263a, bisher TestG § 46 entsprechende reichsrechtliche Vorschrift gab es früher nicht. Die Frist für die Eröffnung alter Testamente war landesrechtlich geregelt (vgl. PrAGBGB Art. 82).

Anm. 2

II. Geltungsbereich

Zu eröffnen sind auch Testamente, die sich beim Inkrafttreten des TestG bereits in amtlicher Verwahrung befanden (Vogels ZAkDR 1938, 666), soweit sie nicht schon auf Grund der AV v. 11. 5. 1936 (DJ 748) vor dem 30. 9. 1938 zurückgenommen worden sein sollten.

Anm. 3

III. Ermittlungspflicht

Die seit mehr als 30 Jahren in amtlicher Verwahrung befindlichen Testamente werden durch das alljährliche im Oktober vom zweiten Verwahrungsbeamten nach § 27 Abs. 10 Satz 3 der Aktenordnung aufzustellende Verzeichnis erfaßt. Der Umfang der anzustellenden Ermittlungen steht im Ermessen des Nachlaßgerichts. In Betracht kommen z. B. Anfragen bei der Polizeibehörde, beim Standesbeamten des Geburtsortes, bei Verwandten, bei der Dienstbehörde des Erblassers usw. Ergeben die Ermittlungen nicht mit Sicherheit, daß der Erblasser noch lebt, so ist das Testament zu eröffnen.

Anm. 4

IV. Eröffnung

Für die Eröffnung ist das Nachlaßgericht (§ 2260) oder das in § 2261 bezeichnete andere Gericht zuständig. — Ist das Testament eröffnet worden, obwohl der Erblasser noch lebt, so verliert die Verfügung von Todes wegen hierdurch nicht ihre Gültigkeit. Sie ist wieder in — besondere oder gewöhnliche — Verwahrung zu nehmen. Zweckmäßig ist es, den Erblasser vorher zu benachrichtigen, damit er sich über die Rücknahme des Testaments nach § 2256 schlüssig machen kann (Planck/Strecker § 2260 Anm. 8; Vogels ZAkDR 1938, 666).

§ 2264

Wer ein rechtliches Interesse glaubhaft macht, ist berechtigt, ein eröffnetes Testament einzusehen sowie eine Abschrift des Testaments oder einzelner Teile zu fordern; die Abschrift ist auf Verlangen zu beglaubigen.

E I 1939 Abs. 2 II 2131; M 5 308; P 5 357.

Übersicht

Einsichtnahme, Abschrifterteilung

Anm. 1

I. Allgemeines

§ 2264 stimmt wörtlich mit TestG § 47 überein.

Anm. 2

II. Rechtliches Interesse

Rechtliches Interesse, wie BGB § 1953 Abs. 3 und FGG § 85, im Gegensatz zum berechtigten Interesse, FGG §§ 34, 78, GBO § 12. Glaubhaftmachung FGG § 15 Abs. 2. Interessiert sind (auch bei zweifelloser Ungültigkeit des Testaments, JW 1931, 1373[8]) jedenfalls die Beteiligten (§ 2260 Anm. 8), die gesetzlichen Erben, auch wenn der Erblasser sie nicht bedacht hat (BayObLGZ 1954, 310 = DNotZ 1955, 433), nach Umständen auch Nachlaßgläubiger und selbst Eigengläubiger des Erben. Wissenschaftliche, historische und ähnliche Interessen können nach FGG § 34 berücksichtigt werden.

III. Inhalt des Einsichtsrechts

Anm. 3

Die **Einsicht** an der amtlichen Verwahrungsstelle, auch derjenigen des „anderen Gerichts" (§ 2261), darf den Berechtigten nicht verweigert werden. In dem Recht auf Einsicht ist die Befugnis enthalten, sich selbst Aufzeichnungen zu machen oder selbst Abschriften anzufertigen; KG (RJA 12, 205) gestattet, wenigstens im allgemeinen, auch die Herstellung einer Photographie. Inwieweit das rechtliche Interesse dessen, der die Einsicht begehrt, die Kenntnisnahme des ganzen Testamentes oder nur einzelner Teile rechtfertigt, ist unter Abwägen etwa entgegenstehender anderer rechtlicher Interessen nach den Umständen zu entscheiden. Derjenige, dem das Testament zu verkünden ist, darf auch, und zwar vom ganzen Testament, Einsicht nehmen und Abschrift fordern (RJA 9, 79). Über die Einsichtnahme in ein nur teilweise verkündetes gemeinschaftliches Testament s. § 2273 Anm. 7. Beschwerde nach FGG §§ 19ff.

Anm. 4

Dem Erblasser selbst kann das Recht auf Einsicht in das nach den §§ 2246, 2248 in besondere Verwahrung genommene, noch nicht eröffnete Testament oder auf Abschrifterteilung (auch wenn ein rechtliches Interesse nicht glaubhaft gemacht ist, JFG 4, 159) nicht versagt werden. Da § 2246 nur eine Ordnungsvorschrift ist, muß es genügen, wenn der geöffnete Verschluß unter der bloßen Mitwirkung des Erblassers, unter Umständen selbst ohne solche, wiederhergestellt und hierüber ein Vermerk angefertigt wird (OLG 9, 411; JW 1922, 522[9]; 1927, 1650[2]). Recht der Steuerbehörden auf Einsicht RAbgO v. 22. 5. 1931 § 188.

IV. Recht auf Abschrift

Anm. 5

Der Berechtigte kann, anstatt sich selbst eine Abschrift anzufertigen, eine solche des Testaments oder einzelner Teile fordern. Die Abschrift kann nur vom Nachlaßgericht, nicht vom Notar gefordert werden (BayObLGZ 1954, 310 = DNotZ 1955, 433).

Anm. 6

Das Testament umfaßt auch hier die Niederschriften und Anlagen (§ 2261 Anm. 3, § 2246 Anm. 2, 3). Die Beglaubigung der Abschrift richtet sich nach den landesrechtlichen Vorschriften (für eigenhändige Testamente s. auch AktenO § 27 Abs. 12 idF der AV v. 4. 8. 1938, DJ 1259). Von einem öffentlichen Testament kann gemäß FGG § 182 und den Vorschriften des Landesrechts auch eine Ausfertigung verlangt werden. Die Kosten gehen zu Lasten des Einsichtnehmenden.

Anm. 7

V. Einsicht in Erbvertrag

Einsichtnahme der Vertragschließenden in einen in besondere amtliche Verwahrung genommenen Erbvertrag: § 2277 Anm. 4. Einsicht in einen eröffneten Erbvertrag: § 2300 Anm. 2.

Achter Titel

Gemeinschaftliches Testament

Anm. 1

I. Begriff

Das Gesetz enthält keine Bestimmung darüber, was unter einem gemeinschaftlichen Testament zu verstehen ist. Nach dem sprachlichen Inhalt des Begriffs handelt es sich dabei um letztwillige Verfügungen mehrerer Personen, die gemeinschaftlich getroffen sind. Nicht ohne weiteres ergibt sich, ob die Gemeinschaftlichkeit darin bestehen muß, daß sie in ein und derselben Urkunde enthalten sind, ob sie auf dem Willensentschluß der Verfügenden, gemeinschaftlich testieren zu wollen oder auf beiden Elementen zusammen beruht (vgl. darüber § 2265 Anm. 2—7).

Anm. 2

II. Geschichte

Das gemeinschaftliche Testament des BGB geht auf eine Rechtsgewohnheit des spätmittelalterlichen Rechts zurück. Es wurde als zulässig angesehen, daß mehrere Testamente in einer Verhandlung errichtet wurden. Solche gemeinsam errichteten Testamente konnten jedes für sich allein widerrufen werden. Erst später nahm man eine gegenseitige Abhängigkeit der in dem Testament enthaltenen wechselbezüglichen Verfügungen an und auch eine gewisse Bindung der Verfügenden. Die Verfügungen blieben zwar zu Lebzeiten der Testierenden frei widerruflich. Der Widerruf hatte aber zur Folge, daß die mit der widerrufenen in Wechselbeziehung stehenden Verfügungen des anderen Teils gleichfalls unwirksam wurden. Diese Unwirksamkeit trat nur dann nicht ein, wenn dem anderen Teil der Widerruf bekannt war und er trotzdem seine Verfügungen bestehen lassen hatte. Der Überlebende verlor nach dem Tode des Mittestierenden, wenn er das ihm Zugewandte annahm, das Recht zum Widerruf (vgl. dazu Kipp/Coing 11. Bearb. § 32 II).

Die I. Kommission lehnte es ab, das gemeinschaftliche Testament in das BGB aufzuhehmen. Man hielt es für überflüssig und bezeichnete es als eine „unklare Mitte zwischen Erbvertrag und Testament" (Mot. 5, 253). Die II. Kommission nahm es dagegen mit Rücksicht auf die Gewohnheit in weiten Kreisen auf (Prot. 5, 426). Ebenso wie im ABGB und im ALR wurde das gemeinschaftliche Testament jedoch nur für Ehegatten zugelassen (§ 2265). Die geringe Liebe, die das gemeinschaftliche Testament bei den Beratungen des Entwurfs und bei den Schöpfern des Gesetzes fand, hat dazu geführt, daß es im Gesetz nur mit wenigen Bestimmungen und nicht bis in alle Einzelheiten geregelt worden ist. Zur Ergänzung müssen Bestimmungen aus dem Recht des Erbvertrages, insbesondere die Bestimmungen über die Anfechtung der Erbverträge, herangezogen werden. Es liegt in der Natur der Sache, daß das gemeinschaftliche Testament mehr als andere letztwillige Verfügungen Anlaß zu Rechtsstreitigkeiten geben kann, da die Frage, in welchem Umfang der überlebende Ehegatte durch das gemeinschaftliche Testament gebunden ist, oft nicht klar beantwortet werden kann, und da auch der überlebende Ehegatte zuweilen nach Wegen sucht, um die ihm lästige Bindung zu umgehen. Dennoch ist das gemeinschaftliche Testament und ganz besonders das gemeinschaftliche privatschriftliche Testament eine sehr beliebte und weit verbreitete Testamentsform geworden, die nicht mehr entbehrt werden möchte.

III. Systematische Übersicht

Anm. 3

1. Errichtung des gemeinschaftlichen Testaments

Die Regelung, die das gemeinschaftliche Testament im Gesetz gefunden hat, ist in vieler Hinsicht lückenhaft. Die **§§ 2265—2267** befassen sich mit der Errichtung des gemeinschaftlichen Testaments. § 2266 bestimmt folgerichtig, daß ein gemeinschaftliches Nottstament auch errichtet werden kann, wenn die dafür gesetzlich vorgesehenen Voraussetzungen nur bei einem der Ehegatten vorliegen. § 2267 gewährt eine Formerleichterung für das gemeinschaftliche eigenhändige Testament. Es ist nicht erforderlich, daß jeder der Ehegatten seinen letzten Willen in der Form des § 2247 in der gemeinschaftlichen Urkunde erklärt. Vielmehr genügt es, wenn einer der Ehegatten in der dort vorgesehenen Form den Testamentsinhalt niederschreibt und der andere diese Erklärung mitunterzeichnet. Er soll dabei angeben, zu welcher Zeit und an welchem Ort er seine Unterschrift beigefügt hat.

Anm. 4

2. Rechtsfolgen bei gestörter oder aufgelöster Ehe

§ 2268 regelt die Rechtsfolgen, die sich ergeben, wenn die Ehe der gemeinschaftlich testierenden Eheleute nichtig ist, wenn sie vor dem Tode eines der Ehegatten aufgelöst worden ist oder wenn der verstorbene Ehegatte bei seinem Tode eine begründete Klage auf Aufhebung oder Scheidung der Ehe wegen eines Verschuldens des anderen Eheteils erhoben hatte. Im ersteren Fall ist das gemeinschaftliche Testament seinem ganzen Inhalt nach unwirksam, in den beiden anderen bleiben die Verfügungen insoweit wirksam, als anzunehmen ist, daß sie auch für diesen Fall getroffen sein würden.

Anm. 5

3. Gegenseitiges Bedenken der Ehegatten

Sehr häufig setzen Eheleute sich in einem gemeinschaftlichen Testament gegenseitig als Erben ein und bestimmen, daß ihr Nachlaß nach dem Tode des Überlebenden an einen Dritten fallen soll. Für diesen Fall trifft **§ 2269** Abs. 1 eine Auslegungsregel. Ein Testament mit diesem Inhalt ist im Zweifel nicht im Sinne der Anordnung einer Vor- und Nacherbschaft auszulegen, sondern dahin, daß der Dritte den gesamten Nachlaß als Erbe des zuletzt Versterbenden erhalten soll. Absatz 2 enthält eine Auslegungsregel für den Fall, daß ein Vermächtnis angeordnet ist, das nach dem Tode des Überlebenden erfüllt werden soll. Im Zweifel soll angenommen werden, daß dieses Vermächtnis dem Bedachten erst mit dem Tode des Überlebenden anfallen soll.

Anm. 6

4. Wechselbezügliche Verfügungen

Die **§§ 2270, 2271** befassen sich mit den wechselbezüglichen Verfügungen eines gemeinschaftlichen Testaments. Das sind solche Verfügungen, von denen anzunehmen ist, daß die Verfügung des einen Ehegatten nicht ohne die des anderen getroffen sein würde. § 2270 Abs. 1 bestimmt, daß die Nichtigkeit oder der Widerruf der einen Verfügung die Unwirksamkeit der anderen, mit ihr in Wechselbeziehung stehenden zur

Folge hat. Das gilt jedoch nach Abs. 3 nur für solche wechselbezüglichen Verfügungen, die eine Erbeinsetzung, ein Vermächtnis oder eine Auflage zum Gegenstand haben.

Absatz 2 enthält wiederum eine Auslegungsregel, nach der für zwei häufig vorkommende Fälle im Zweifel die Wechselbezüglichkeit der Verfügungen anzunehmen ist. Das soll gelten, wenn Eheleute sich gegenseitig bedenken oder wenn der eine dem anderen etwas zuwendet und dieser für den Fall seines Überlebens eine Verfügung zugunsten einer dem anderen verwandten oder sonst nahestehenden Person trifft.

§ 2271 regelt den Widerruf wechselbezüglicher Verfügungen. Er erfolgt bei Lebzeiten der Eheleute nach den für den Rücktritt von einem Erbvertrag geltenden Vorschriften des § 2296. § 2271 Abs. 1 Satz 2 stellt klar, daß ein Ehegatte bei Lebzeiten des anderen seine Verfügung nicht einseitig durch eine neue Verfügung von Todes wegen aufheben kann. Absatz 2 bestimmt, unter welchen Voraussetzungen der überlebende Ehegatte seine volle Testierfreiheit zurückerlangen kann. Er hat kein Recht zum Widerruf mehr. Grundsätzlich muß er, um seine volle Testierfreiheit zurückzuerlangen, das ihm Zugewandte ausschlagen. Dann kann er die von ihm in dem gemeinschaftlichen Testament getroffenen wechselbezüglichen Verfügungen aufheben. Hat der Überlebende das ihm Zugewandte angenommen, so kann er seine wechselbezüglichen Verfügungen nur aufheben, wenn der von ihm Bedachte sich einer Verfehlung schuldig gemacht hat, die einen Erblasser zur Entziehung des Pflichtteils berechtigen würde. Absatz 3 regelt den Fall, daß ein pflichtteilsberechtigter Abkömmling bedacht ist, der in hohem Maße verschuldet ist oder sich der Verschwendung ergeben hat. Dem überlebenden Ehegatten wird in diesem Fall hinsichtlich seiner dem Abkömmling gemachten Zuwendungen gestattet, Anordnungen zu treffen, wie sie in § 2338 vorgesehen sind.

Anm. 7

5. Rücknahme, Eröffnung, Wiederverschließung

§ 2272 behandelt die Rücknahme des gemeinschaftlichen Testaments aus amtlicher Verwahrung und **§ 2273** die Eröffnung und Wiederverschließung des gemeinschaftlichen Testaments nach dem Tode des zuerst verstorbenen Ehegatten.

§ 2265

Ein gemeinschaftliches Testament kann nur von Ehegatten errichtet werden.

E I 1913 II 2132; M 5 253—257; P 5 424—427.

Übersicht

Errichtung eines gemeinschaftlichen Testaments

Anm. 1

I. Allgemeines

§ 2265 war zeitweilig durch das Gesetz über die Errichtung von Testamenten und Erbverträgen v. 31. 7. 1938 außer Kraft gesetzt. An seiner Stelle galt der mit ihm wörtlich übereinstimmende § 28 Abs. 1 TestG. Durch das Gesetz zur Wiederherstellung der Gesetzeseinheit auf dem Gebiete des Bürgerlichen Rechts v. 5. 3. 1953, BGBl I 33, ist § 28 TestG wieder aufgehoben worden, und es gilt wieder § 2265.

II. Rechtsnatur des gemeinschaftlichen Testaments

1. Die Gemeinschaftlichkeit des Testaments

Anm. 2

Der Begriff des gemeinschaftlichen Testaments ist vom Gesetzgeber nicht näher bestimmt. Von einem gemeinschaftlichen Testament kann, wie der Sinn des Wortes ergibt, nur die Rede sein, wenn die letztwilligen Erklärungen der Ehegatten aus einem gemeinsamen Entschluß hervorgegangen und aufgesetzt sind. Zweifelhaft kann sein, welche besonderen Anforderungen hiernach im einzelnen an die Gestalt des gemeinschaftlichen Testaments zu stellen sind.

Anm. 3

Das Reichsgericht hat das Wesen des gemeinschaftlichen Testaments darin gesehen, daß die letztwilligen Verfügungen mehrerer Personen in einer einheitlichen Urkunde erklärt werden. Aus der Niederschrift der Verfügung muß sich nach Ansicht des Reichsgerichts ergeben, ob ein gemeinschaftliches Testament in Frage steht oder ob Einzeltestamente vorliegen. Die Urkunde selbst kann aus mehreren Blättern oder Bogen bestehen. Auf den Inhalt der Verfügungen, auf die Einheitlichkeit oder Gemeinschaftlichkeit des Errichtungsaktes oder auf die Absicht der Verfügenden kommt es nach Ansicht des Reichsgerichts nicht an. Nach dieser Rechtsansicht konnte ein gemeinschaftliches Testament vor dem Inkrafttreten des Testamentsgesetzes nicht in der Weise errichtet werden, daß jeder der Ehegatten die beabsichtigte letztwillige Verfügung niederschrieb, sie datierte, unterzeichnete und von dem anderen Ehegatten mitunterzeichnen ließ (**RG** 50, 309; 72, 204; JW 1917, 925). Das Reichsgericht hat in diesen Entscheidungen angedeutet, daß ein gemeinschaftliches Testament auch eine andere Gestalt haben könne, als § 2267 aF sie vorgesehen hat; es hat jedoch nicht positiv gesagt, wie ein solches Testament als eigenhändiges gestaltet werden müsse. Praktisch stand also nur die Gestalt nach § 2267 aF zur Verfügung, die ausdrückliche Bezugnahme des einen Ehegatten auf das vom anderen Ehegatten niedergeschriebene Testament (vgl. **OGH** 1, 337).

Anm. 4

Der herrschenden Lehre (vgl. Planck/Greiff, 4. Aufl. Vorbem. vor § 2265 vor Nr. 1) ist von Hippel, Formalismus und Rechtsdogmatik, 131 ff entgegengetreten. Er weist zutreffend auf die Schwierigkeiten hin, bei einem eigenhändigen gemeinschaftlichen Testament zu erkennen, wann überhaupt eine einheitliche Urkunde gegeben ist. Coing (JZ 1952, 611; Kipp/Coing 11. Bearb. § 33 VI 2) fordert keine besonderen formellen Kriterien für das gemeinsame Testament. Er läßt das materielle Kriterium des Entschlusses der Ehegatten, gemeinsam zu testieren, entscheidend sein.

Anm. 5

Ausgehend von der Erwägung, daß das Testamentsgesetz für das eigenhändige und auch für das gemeinschaftliche Testament Formerleichterungen gebracht hat und daß nach der allgemeinen Tendenz dieses Gesetzes privatschriftliche letztwillige Verfügungen nach Möglichkeit nicht an Formerfordernissen scheitern sollen, hat das Oberlandesgericht Freiburg (DRZ 1948, 179) ein gültiges gemeinschaftliches Testament angenommen, wenn die letztwilligen, inhaltlich in Beziehung zueinander stehenden Verfügungen von Ehegatten auf zwei räumlich miteinander verbundenen Blättern niedergeschrieben sind und wenn der nach § 133 zu ermittelnde Wille der Ehegatten die Gemeinschaftlichkeit erkennen läßt, obwohl die Verfügungen nicht ausdrücklich aufeinander Bezug nehmen. Diesen Erwägungen ist auch **OGH** 1, 337 beigetreten. Nach dieser Entscheidung genügt es, wenn aus dem räumlichen, zeitlichen, örtlichen und inhaltlichen Zusammenhang der Erklärungen beider Ehegatten, der aus den Niederschriften selbst ersichtlich ist, in Verbindung mit der Lebenserfahrung der Wille beider Ehegatten festgestellt werden kann, ihre Vermögensverhältnisse von Todes wegen gemeinsam zu regeln und ihre äußerlich selbständig formulierten Erklärungen zu einer einheitlichen Erklärung ihres gemeinsamen Willens in einer Urkunde zusammenzufassen.

Anm. 6

Dem Obersten Gerichtshof ist darin zu folgen, daß die auf den äußeren Umstand der Errichtung der Verfügungen in einer Urkunde abstellende Rechtsprechung des Reichsgerichts mindestens für die jetzt geltende Fassung des Gesetzes nicht mehr zutrifft.

Anm. 7

Der Bundesgerichtshof hat diese Frage bisher offengelassen. Er hat jedoch in dem Urteil **BGH** 9, 113 mit Recht bemerkt, daß, soweit die beiderseitigen Erklärungen in äußerlich selbständigen, besonderen Urkunden enthalten sind, aus diesen selbst eine gemeinschaftliche Erklärung erkennbar sein muß. Der bloße Wille der Ehegatten allein, ein gemeinschaftliches Testament errichten zu wollen, kann noch nicht dazu führen, den von ihnen in getrennten Urkunden errichteten letztwilligen Verfügungen den Charakter eines gemeinschaftlichen Testaments zu geben. Von diesem kann nur gesprochen werden, wenn die jeweils abgegebenen Erklärungen ihren Charakter als gemeinschaftliche erkennen lassen. Das trifft zu, wenn das Testament in der Form des § 2267 errichtet ist. Es kann aber auch, ohne daß der eine Ehegatte die Erklärung des anderen mitunterzeichnet hat, zutreffen, wenn beide Erklärungen auf demselben oder auf miteinander verbundenen Blättern enthalten sind und ihr Inhalt erkennen läßt, daß sie gemeinschaftlich abgegeben sind (ebenso Bartholomeyczik, Erbrecht 4. Aufl. 1960, § 26 III 3a; Staudinger/Dittmann 11. Aufl. Vorbem. 18 vor § 2265). Dagegen genügt nach **BGH** 9, 117 nicht, daß die auf getrennten Bogen niedergeschriebenen Erklärungen der Ehegatten sich nach Inhalt und Fassung im wesentlichen gleichen, und daß die Ehegatten die Urkunden mit ihren Erklärungen ausgetauscht haben oder daß sie in einem verschlossenen Umschlag zusammen verwahrt worden sind (BayObLGZ 1959, 228). Es kann aber anders sein, wenn der verschlossene Umschlag von beiden Ehegatten mit einer gemeinsamen Aufschrift versehen worden ist (vgl. KG JFG 5, 157, 162; vgl. weiter § 2267 Anm. 6; BayObLG NJW 1959, 1969).

Anm. 8

2. Art und Natur der einzelnen Verfügungen

Das gemeinschaftliche Testament ist gegenseitig oder reziprok, wenn sich beide Ehegatten darin gegenseitig bedenken oder einer um des andern willen einen Dritten bedenkt.

Es ist gegenseitig in dem engeren Sinne des § 2270, wechselbezüglich oder korrespektiv, wenn nach dem Willen beider Erblasser die Wirksamkeit der Verfügungen der einen Seite von der Wirksamkeit der gegnerischen Verfügungen abhängig sein soll.

In allen Fällen sind die beiderseitigen Verfügungen grundsätzlich einseitig und, abgesehen von dem besonderen Falle des § 2271 Abs. 2, frei widerruflich. Umgekehrt haben sich mit Abschluß des Erbvertrags beide Erblasser oder der Erblasser und ein Dritter gegenseitig gebunden und dürfen nur in den besonderen Fällen der §§ 2293 ff hiervon einseitig zurücktreten.

3. Errichtungsformen

Anm. 9

Das gemeinschaftliche Testament kann in allen vom Gesetz zur Verfügung gestellten ordentlichen und außerordentlichen Formen (§§ 2232—2251) errichtet werden. Besonderheiten beim eigenhändigen Testament § 2267, beim Nottestament § 2266.

Bezüglich der Testierfähigkeit gelten die allgemeinen Vorschriften §§ 2229—2230; anders beim Erbvertrag § 2275.

Anm. 10

Da das Reichsgericht verlangte, daß das gemeinschaftliche Testament in einer Urkunde errichtet werde (Anm. 3), konnten sich beide Ehegatten nur der gleichen Testamentsform bedienen. Es konnte nicht der eine vor dem Notar, der andere eigenhändig testieren (so anscheinend noch Kipp/Coing 11. Bearb. § 33 I). Wenn man jedoch zugibt, daß ein gemeinschaftliches eigenhändiges Testament aus mehreren Urkunden bestehen kann, die die Gemeinschaftlichkeit des Willens der Testatoren erkennen lassen (§ 2267 Anm. 6; vgl. auch oben Anm. 7), dann muß auch diese Frage hier neu durchdacht werden. Man erwäge den Fall, daß die Notwendigkeit, ein gemeinschaftliches Testament zu errichten, in einem Augenblick eintritt, in dem die Ehegatten sich an verschiedenen Orten aufhalten. Der eine Ehegatte errichtet zu notarischem Protokoll das gemeinschaftliche Testament. Der andere Ehegatte erklärt vor einem anderen Notar, daß er dieses Testament zur Kenntnis nehme und daß es auch sein Testament sein solle. Diese Art, ein gemeinschaftliches Testament zu errichten, wird am ehesten praktisch werden können, wenn die Ehegatten schon vorher den Entschluß gefaßt hatten, in bestimmter Weise gemeinschaftlich zu testieren. Es erscheint jedoch nicht ausgeschlossen, daß auch ohne vorherigen Entschluß in dieser Weise ein gemeinschaftliches Testament errichtet wird. Sieht man das erste Testament als ein bedingtes an, dann steht § 2065 seiner Gültigkeit nicht entgegen (§ 2065 Anm. 9). Man wird es jedoch, solange der andere Ehegatte es nicht auch zu seinem Testament gemacht hat, als noch nicht abgeschlossenes gemeinschaftliches Testament ansehen müssen, ähnlich wie ein eigenhändiges, dem der andere Ehegatte noch nicht beigetreten ist. Zur Frage, inwieweit das zuerst errichtete Testament als einseitiges Testament aufrechterhalten werden kann, wenn ein gemeinschaftliches Testament nicht zustande kommt, vgl. Anm. 15.

Wenn man die Möglichkeit anerkennt, ein gemeinschaftliches Testament in verschiedenen notarischen Urkunden zu errichten, dann bestehen auch (entgegen der 10. Aufl. Anm. 2 Abs. 4) keine Bedenken, für die verschiedenen Urkunden unterschiedliche Testamentsformen zu wählen.

Anm. 11

Beim öffentlichen Testament (§§ 2238, 2249) können beide Teile ihren letzten Willen gemeinschaftlich mündlich erklären oder eine Schrift oder auch je eine Schrift mit der mündlichen Erklärung übergeben, daß die Schrift oder die Schriften ihren gemeinschaftlichen letzten Willen enthalten. Das war schon nach dem früheren Stand der Rechtsprechung anerkannt (Dresden LZ 1917, 888; JFG 6, 154). Der letzte Wille kann auch von dem einen Teile durch Übergabe einer Schrift, vom andern mündlich erklärt werden. Dagegen ist unzulässig, daß ein Teil den letzten Willen mündlich erklärt, während der stumme oder am Sprechen verhinderte andere Teil eine dem § 2243 entsprechende schriftliche Erklärung übergibt, daß die Niederschrift auch seinen letzten Willen enthalte; die Bezugnahme auf die Niederschrift könnte die in § 2243 geforderte Übergabe einer eigenen Testamentsschrift nicht ersetzen (Planck/Greiff Vorbem. 3a vor § 2265, Staudinger/Dittmann 11. Aufl. § 2267 Nr. 8; aM Strohal § 43 Anm. 9.

Anm. 12

Ist ferner der eine Teil, weil er Geschriebenes nicht zu lesen vermag, auf mündliche Erklärung des letzten Willens beschränkt (§§ 2238 Abs. 4, 2247 Abs. 4), so muß sich notwendig auch der andere Teil dieser Erklärungsform bedienen, da seine schriftliche Erklärung dem leseunkundigen Partner nicht verständlich sein würde. Ist ein Teil an der schriftlichen, der andere an der mündlichen Erklärung verhindert, so können sie gemeinschaftlich überhaupt nicht testieren.

Anm. 13

III. Errichtung nur durch Ehegatten

Nur Ehegatten in bestehender Ehe können gemeinschaftlich testieren. Nicht Verlobte, denen jedoch der Erbvertrag offen steht (§§ 2275 Abs. 3, 2276 Abs. 2), und nicht Ehegatten, deren eheliche Gemeinschaft nach den früheren Vorschriften (BGB §§ 1586, 1587) aufgehoben ist. Unwirksamkeit des Testaments im Falle der Nichtigkeit oder Auflösung der Ehe § 2268. Besondere Vorschrift für die Gütergemeinschaft § 1516 Abs. 3.

IV. Gültigkeit einzelner Verfügungen eines ungültigen gemeinschaftlichen Testaments

Anm. 14

Das von Nichtehegatten gemeinschaftlich errichtete Testament ist seinem ganzen Inhalte nach nichtig. In der 9. Auflage ist in § 28 TestG Anm. 3 unter Berufung auf KG RJA 9, 12; JFG 14, 160; **RG** 87, 33 die Ansicht vertreten worden, die in dem von Nichtehegatten errichteten gemeinschaftlichen Testament enthaltenen Verfügungen könnten auch dann, wenn sie den für ein Einzeltestament bestehenden Formerfordernissen genügen, nicht als ein oder zwei Einzeltestamente aufrechterhalten werden. Dieser Ansicht ist nur für die wechselbezüglichen Verfügungen zuzustimmen. Der Zusammenhang dieser Verfügungen, der auch den Grund für die Bestimmungen der §§ 2270, 2271 bildet, verbietet es, sie als frei widerrufliche und vielleicht ohne Rücksicht auf die Weitergeltung der ihr entsprechenden Verfügungen des anderen Teils aufrechtzuerhalten. Diese Gründe treffen aber auf die nicht wechselbezüglichen Verfügungen nicht zu. Soweit in dem formnichtigen gemeinschaftlichen Testament nicht-wechselbezügliche Verfügungen enthalten sind, die den an ein Einzeltestament zu stellenden Formerfordernissen genügen, können diese als Einzeltestament gültig bleiben (KG DR 1942, 1745; Koblenz HEZ 1, 283; Kipp/Coing 11. Bearb. § 34 I; Staudinger/Dittmann 11. Aufl. § 2265 Nr. 7; Bartholomeyczik, Erbrecht 4. Aufl. 1960 § 26 II 2; Lutter FamRZ 1959, 273, der jedoch zu Unrecht auf § 140 abstellt; der Bundesgerichtshof hat im Beschl. v. 14. 12. 1955 IV ZR 289 55 das Armenrecht für eine Revision versagt, die sich gegen ein Urteil wenden wollte, in dem diese Rechtsansicht vertreten wurde). Gegenüber Oberlandesgericht Neustadt (NJW 1958, 1785), das sich gegen die hier vertretene Ansicht wendet, muß betont werden, daß es nicht darauf ankommt, ob die wechselbezüglichen Verfügungen auch wechselseitig sind. Alle wechselbezüglichen Verfügungen, ob sie wechselseitig sind oder nicht, sind unwirksam. Gültig können nur die nicht wechselbezüglichen Verfügungen sein. Davon ist auch das Kammergericht in der Entscheidung DR 1942, 1745 ausgegangen, wie die mitgeteilten Gründe des Beschlusses ergeben.

Anm. 15

Dasselbe gilt, wenn ein von Ehegatten errichtetes gemeinschaftliches Testament wegen eines Formmangels nicht rechtsgültig zustande gekommen ist (KG DNotZ 1943, 204) oder wenn ein solches Testament nicht zustande gekommen ist, weil der andere Ehegatte es nicht mit unterzeichnet hat (KG DNotZ 1943, 137). Vgl. aber § 2269 Anm. 21.

Anm. 16

Derjenige, der sich auf die Gültigkeit derartiger Bestimmungen beruft, muß die Voraussetzungen dafür beweisen. Er muß beweisen, daß die Bestimmungen nicht wechselbezüglich sind und gegebenenfalls auch, daß sie trotz der Ungültigkeit anderer in dem Testament enthaltenen wechselbezüglichen Bestimmungen des Erblassers gelten sollen. § 2085 kann hier, wo es sich um die Frage, ob ein formnichtiges gemeinschaftliches Testament teilweise als Einzeltestament aufrechterhalten werden kann, nicht angewandt werden.

Anm. 17

Ferner ist zu beachten, daß auch eine bloß äußerliche Vereinigung mehrerer Einzeltestamente auf demselben Blatte Papier möglich ist (Dresden JFG 6, 150; **RG** 72, 205). Wird aber über das Testament zweier Verlobter nur eine Urkunde in einer notariellen Niederschrift aufgenommen, das von jedem der beiden, dem Notar und den Zeugen, nur einmal unterschrieben wird, so liegt ein gemeinschaftliches, wegen Fehlen der Ehe nichtiges Testament vor (**RG** JW 1911, 766 Nr. 29). Das Testament wird nicht dadurch gültig, daß die Verlobten später heiraten.

Anm. 18

Gemeinschaftliche, unter der Herrschaft des älteren Rechts von Nichtehegatten errichtete Testamente bleiben wirksam (**RG** JW 1911, 766 Nr. 29).

§ 2266

Ein gemeinschaftliches Testament kann nach den §§ 2249, 2250 auch dann errichtet werden, wenn die dort vorgesehenen Voraussetzungen nur bei einem der Ehegatten vorliegen.

E II 2133; P 5 428, 429.

Gemeinschaftliches Nottestament

Anm. 1

§ 2266 war durch TestG § 50 Abs. 3 Nr. 1 aufgehoben. An seine Stelle war vorübergehend TestG § 28 Abs. 3 getreten.

Anm. 2

Das gemeinschaftliche Gemeindetestament nach § 2249 ist zulässig, auch wenn die dort vorausgesetzte Besorgnis nur bei einem der Ehegatten vorliegt.

Für das Absperrungstestament (§ 2250 Abs. 1) und das Seetestament (§ 2251) ergibt sich im allgemeinen aus der Natur der Sache, daß die dort aufgestellten Erfordernisse immer für beide Erblasser zutreffen. Da aber die Ehegatten sich nicht derselben Testamentsform zu bedienen brauchen (§ 2265 Anm. 10; § 2267 Anm. 6), kann ein gemeinschaftliches Testament auch zustande kommen, wenn der eine Ehegatte seine Erklärung in der Form und unter den Voraussetzungen des § 2250 Abs. 1 oder des § 2251 abgibt und der andere Ehegatte seine in der Form eines ordentlichen privatschriftlichen oder öffentlichen Testaments.

Im Falle des § 2250 Abs. 2 können die Ehegatten, auch wenn sich nur einer von ihnen in naher Todesgefahr befindet, ein gemeinschaftliches Testament vor drei Zeugen errichten.

Anm. 3

Ein gemeinschaftliches Testament gilt nach § 2252 nur dann als nicht errichtet, wenn seit der Errichtung drei Monate verstrichen sind und beide Ehegatten noch leben (KG RJA 16, 216). Das Testament bleibt, wenn auch nur einer der Ehegatten innerhalb der Frist verstorben ist, in vollem Umfange, also einschließlich der darin enthaltenen nicht wechselbezüglichen Verfügungen, gültig (KGJ 51, 87; aA Kipp/Coing 11. Bearb. § 33 IV; Schultheis ZBlFG 17, 174). Überleben beide Ehegatten die Dreimonatsfrist, so wird das Testament hinfällig.

Anm. 4

Zur Hemmung des Fristablaufs nach § 2252 Abs. 2 genügt es, daß einer der Ehegatten außerstande ist, an der Errichtung eines gemeinschaftlichen öffentlichen Testaments teilzunehmen (Planck/Greiff § 2266 Anm. 3).

Ebenso sind § 2252 Abs. 3 und 4 bereits anzuwenden, wenn nur bei einem der Ehegatten die dort angeführte Voraussetzung gegeben ist.

§ 2267

Zur Errichtung eines gemeinschaftlichen Testaments nach § 2247 genügt es, wenn einer der Ehegatten das Testament in der dort vorgeschriebenen Form errichtet und der andere Ehegatte die gemeinschaftliche Erklärung eigenhändig mitunterzeichnet. Der mitunterzeichnende Ehegatte soll hierbei angeben, zu welcher Zeit (Tag, Monat und Jahr) und an welchem Ort er seine Unterschrift beigefügt hat.

Übersicht

Formerleichterung für die Errichtung gemeinschaftlicher Testamente

I. Die verschiedenen Fassungen der Bestimmung und ihre zeitliche Geltung

Anm. 1

§ 2267 lautete in seiner ursprünglichen Form:

Zur Errichtung eines gemeinschaftlichen Testaments nach § 2231 Nr. 2 genügt es, wenn einer der Ehegatten das Testament in der dort vorgeschriebenen Form errichtet und der andere Ehegatte die Erklärung beifügt, daß das Testament auch als sein Testament gelten solle. Die Erklärung muß unter Angabe des Ortes und Tages eigenhändig geschrieben und unterschrieben werden.

E II 2134, P 5 425—429.

Diese Bestimmung wurde durch das Testamentsgesetz außer Kraft gesetzt. An ihre Stelle trat § 28 Abs. 2 TestG, dessen Fassung mit der jetzt geltenden Fassung des § 2267 übereinstimmt.

Anm. 2

Die jetzt geltende, von § 28 Abs. 2 TestG übernommene Fassung der Bestimmung hat die Formerfordernisse des § 2267 gegenüber dessen ursprünglicher Fassung wesentlich gemildert.

Jedoch hat das Gesetz zur Wiederherstellung der Gesetzeseinheit auf dem Gebiete des bürgerlichen Rechts v. 3. 5. 1953, BGBl I 33, § 51 TestG nicht wiederaufgehoben. Daher gilt § 2267 in seiner alten Fassung für gemeinschaftliche Testamente, die vor dem Inkrafttreten des Testamentsgesetzes (4. 8. 1938) errichtet worden sind. Nach § 51 Abs. 3 TestG sind aber bei Erbfällen, die sich nach dem Inkrafttreten des Testamentsgesetzes ereignet haben, auch wenn das Testament vorher errichtet worden ist, an dessen Gültigkeit keine höheren Anforderungen zu stellen als nach dem Testamentsgesetz für ein Testament der betreffenden Art zulässig ist.

Anm. 3

Ist daher im Falle eines vor dem Inkrafttreten des TestG errichteten gemeinschaftlichen Testaments der Mann vor dem Inkrafttreten des Gesetzes verstorben, so richtet sich seine Beerbung nach altem Recht (§ 51 Abs. 1 TestG); ist die Beitrittserklärung der Frau nichtig, weil sie entgegen der zwingenden Formvorschrift des § 2267 aF nicht eigenhändig datiert ist, so ist eine Auslegung des Testaments nach § 2269 BGB mit Rücksicht auf § 2270 Abs. 2 unmöglich (KG JW 1938, 3169 mit Anm. Vogels = ZAkDR 1939, 173 mit Anm. Boehmer). Die Verfügung der Frau ist nach § 51 Abs. 3 TestG als formgültig anzusehen; stehen aber die Verfügungen der Ehegatten miteinander in Wechselbeziehung, so hat die nach altem Recht begründet gewesene Formnichtigkeit der Verfügung der Frau gemäß § 2270 Abs. 1 BGB die Verfügung des Mannes unwirksam gemacht; dies hat zur Folge, daß auch die Verfügung der Frau als unwirksam anzusehen ist. Hieraus ergibt sich weiter, daß die Frau auch an der Errichtung einer neuen, von der früheren abweichenden Verfügung nicht gehindert ist (KG DR 1939, 1955 = ZAkDR 1939, 688 mit Anm. Boehmer; vgl. auch Vogels JW 1938, 3170 und Leopold DRM 1939, 418).

Anm. 4

Ist der Erbfall nach dem Inkrafttreten des Testamentsgesetzes eingetreten, so kann das nach dem bisherigen Recht formungültige gemeinschaftliche Testament nach § 51 Abs. 3 TestG nur Geltung erlangen, wenn die in dem Testament enthaltenen Erklärungen der Ehegatten noch nicht widerrufen sind. Der Zweck des § 51 Abs. 3 ist allein, dem Willen der Erblasser Geltung zu verschaffen. Die Vorschrift soll nicht dazu dienen, Testamente aufrechtzuerhalten, die nicht mehr dem Willen des einen oder beider Erblasser entsprechen.

Das nach früherem Recht wegen Formmangels nichtige gemeinschaftliche Testament ist nicht schon mit dem Inkrafttreten des Testamentsgesetzes nach § 51 Abs. 3 TestG voll wirksam geworden. Vielmehr konnten die Ehegatten, die die Nichtigkeit nach den bisherigen Bestimmungen erkannt hatten, auch weiterhin über ihren Nachlaß von Todes wegen verfügen. Die Heilung des Formmangels ist, wenn dem nicht inzwischen getroffene andere Verfügungen von Todes wegen eines oder beiden Ehegatten entgegenstehen, mit dem Tode des zuerst verstorbenen Ehegatten eingetreten (vgl. entsprechend für den Erbvertrag **BGH** LM BGB § 986 Nr. 1, vgl. auch KG DNotZ 1941, 110). Damit die Heilung eintreten kann, ist es nicht erforderlich, daß die Ehegatten den Willen, die Verfügung weiter gelten zu lassen, geäußert haben (**BGH** LM TestG § 51 Nr. 2).

II. Errichtung in anderer als der nach § 2267 vorgesehenen Form

Anm. 5

§ 2267 in seiner jetzt geltenden, wie auch in seiner früheren Fassung läßt durch die Worte „genügt es" erkennen, daß die Bestimmung nur die Form, die sonst bei der Errichtung des gemeinschaftlichen Testaments zu wahren war, erleichtern will. Das gemeinschaftliche Testament kann an sich in allen vom Gesetz zur Verfügung gestellten ordentlichen und außerordentlichen Formen (§§ 2232—2251) errichtet werden. Besonderheiten gelten für das Nottestament (vgl. darüber Anm. 2—4 zu § 2266) und für das eigenhändige Testament.

Anm. 6

Nach der bislang herrschenden Rechtsprechung und Lehre entspricht es beim gemeinschaftlichen eigenhändigen Testament der Regel des § 2247, daß beide Ehegatten ihre letztwilligen Erklärungen, jeder die seine, in einer die beiden Erklärungen zu einer Einheit zusammenfassenden Urkunde eigenhändig niederschreiben und unterschreiben (vgl. die Fälle Dresden OLG 30, 225; JFG 6, 150; Hamburg OLG 32, 68 Anm. 1; KG JFG 5, 164; BayObLG JFG 5, 168; Planck/Greiff 4. Aufl. § 2267 Anm. 6 und die 9. Aufl. Anm. 4 zu § 28 TestG; ferner § 2265 Anm. 2ff). An dieser Rechtsprechung kann nur zum Teil festgehalten werden. Daß beide Erklärungen in einer Urkunde zu einer Einheit zusammengefaßt sind, ist nicht entscheidend. Wesentlich ist vielmehr, daß die in der Form des § 2247 abgegebenen Erklärungen so, wie sie beurkundet sind, als gemeinschaftlich abgegeben erkennbar geworden sind (vgl. dazu im einzelnen § 2265 Anm. 4ff; **BGH** 9, 113; **OGH** 1, 337; Freiburg DRZ 1948, 179). Diese Art der Errichtung wird durch § 2267 nicht ausgeschlossen. Es ist nicht erforderlich, daß die Ehegatten ihre Verfügungen gleichzeitig und am gleichen Ort niedergeschrieben haben. Die abgegebenen Erklärungen müssen aber stets von beiden Ehegatten gemeinschaftlich erklärt sein. Dieser Umstand muß durch Auslegung aus der Urkunde entnommen werden können. Dazu können auch außerhalb der Testamentsurkunde gelegene Umstände herangezogen werden. Dadurch, daß jeder Ehegatte die Verfügung des anderen mitunterzeichnet hat, kommt in der Regel der Wille, gemeinschaftlich testieren zu wollen, zum Ausdruck (Schleswig SchlHA 1955, 21; BayObLG NJW 1959, 1969; aA Koblenz NJW 1954, 1648). Eine letztwillige Verfügung, die ein Ehegatte zunächst allein als Einzeltestament errichtet hat, kann nicht nachträglich allein durch Erklärungen des anderen Ehegatten zu einer gemeinschaftlichen umgeformt werden.

III. Formerleichterung des § 2267

Anm. 7

Die Formerleichterung des § 2267 besteht darin, daß der Testamentsinhalt nur durch einen Ehegatten niedergeschrieben zu werden braucht.

1. § 2267 alter Fassung

§ 2267 in seiner früheren Fassung verlangte von dem anderen Ehegatten die Beifügung einer von ihm unter Angabe des Ortes und Tages eigenhändig zu schreibenden und zu unterschreibenden Erklärung, daß das Testament auch als sein Testament gelten solle.

a) Einheitlichkeit der Urkunde

Anm. 8

Sie wird dadurch nicht ausgeschlossen, daß die von dem einen Ehegatten niedergeschriebene Verfügung auf einem durch sie nicht voll ausgenutzten Blatte und die Erklärung des andern auf einem besonderen Blatte steht, sofern sich nur die Erklärung auf dem zweiten Blatte als eine Fortsetzung der Niederschrift auf dem ersten Blatte darstellt (KG RJA 17, 58; JFG 5, 164; BayObLG JFG 5, 168). Der Gebrauch der Gesetzesworte ist für die Erklärung des zweiten Ehegatten nicht wesentlich (KG JFG 5, 163). Der Vermerk: „einverstanden, genehmigt" kann genügen, wenn der Testamentstext selbst schon die Gemeinschaftlichkeit der Verfügungen andeutet, insbesondere beide Ehegatten als redend aufführt („Wir bestimmen"). Die bloße Mitunterschrift kann jedoch die von dem andern Ehegatten „beizufügende Erklärung" auch in diesem Falle nicht ersetzen (Karlsruhe JFG 9, 85).

Anm. 9

Auch zwei gleichlautende Testamente, von denen das eine vom Ehemann geschrieben und von ihm und der Frau unterschrieben, das andere auf einer besonderen Urkunde von der Frau geschrieben und von ihr und dem Mann unterschrieben ist, sind von Rechtsprechung und Lehre nicht als gültiges gemeinschaftliches Testament angesehen worden; sie können aber als Einzeltestamente gültig sein (**RG** 72, 204; LZ 1927, 1266; vgl. dazu § 2265 Anm. 3—7, 10, 15).

Das von dem zuerst testierenden Ehegatten niedergeschriebene Testament ist in der durch §§ 2231 Nr. 2, 2247 vorgeschriebenen Form erst dann errichtet, wenn es mit Datum und Unterschrift versehen ist. Die „Erklärung" des andern Ehegatten ist deshalb unwirksam, wenn sie vor Abschluß des Testaments, insbesondere wenn sie unter einem früheren Datum als demjenigen des Testaments erfolgt. Dagegen ist es unschädlich, wenn sie nicht hinter das abgeschlossene Testament, sondern auf einen frei gebliebenen Raum zwischen dessen Text und dessen Datum gesetzt wird (BayObLG JFG 8, 123). Ferner ist auch hier (vgl. Anm. 6) nicht wesentlich, daß die beiden Erklärungen an demselben Orte und Tage abgegeben werden. Die Beitrittserklärung kann vielmehr sowohl zeitlich später als auch an einem anderen Errichtungsort beigefügt werden, allerdings immer nur bei Lebzeiten des Ausstellers der ersten Erklärung (KG RJA 16, 224).

b) Eigenhändigkeit

Anm. 10

Sie ist sowohl für die Erklärung als für das Datum und die Unterschrift — die durch Aufführung des Namens im Text der Erklärung nicht ersetzt wird — erforderlich. Das gemeinschaftliche Privattestament muß also auch in der erleichterten Form jedenfalls zwei eigenhändige Angaben des Ortes und Tages enthalten. Im übrigen gilt bezüglich des wahrheitsgetreuen Datums und der sonstigen Erfordernisse das § 2231 Anm. 7 u. § 2247 Anm. 2ff Gesagte.

Anm. 11

Etwaige Zusätze und Änderungen müssen gleichfalls den Mindesterfordernissen des § 2267 genügen. Immerhin hat das Reichsgericht (**RG** JW 1917, 925) einen Zusatz im folgenden Fall als gültig angesehen: Der eine Ehegatte hatte seine Erklärung, der andere seine Beitrittserklärung (unter dem gleichen Tage) datiert und unterschrieben. Der erstgenannte Ehegatte hatte zwischen seine Erklärung und die Beitrittserklärung des anderen einen Zusatz gesetzt und unterschrieben, aber nicht datiert. Das Reichsgericht sagt, in der Regel könne angenommen werden, daß das erste Datum sich auch auf den Zusatz erstrecken solle. Dem ist zuzustimmen.

Anm. 12

Formfehler in der Niederschrift, Datierung und Unterschrift des vorangehenden Testaments machen das gemeinschaftliche Testament in vollem Umfange, Fehler der Nachschrift regelmäßig nur diese Nachschrift nichtig, wenn sich nicht aus § 2270 Abs. 1 auch in diesem Falle Nichtigkeit des ganzen Testaments ergibt.

2. § 2267 in der jetzt geltenden Fassung

Anm. 13

Das Fehlen der von § 2267 alter Fassung geforderten Erklärung des anderen Ehegatten führte in zahlreichen Fällen zur Nichtigkeit des gemeinschaftlichen Testaments. Entsprechend den Vorschlägen des Erbrechtsausschusses der AkDR (1. Denkschrift S. 60) begnügte sich das TestG daher damit, daß der andere Ehegatte seinen Willen, das Testament solle auch als sein Testament gelten, durch eigenhändige Mitunterzeichnung zum Ausdruck bringt (Begr.), wobei er angeben soll, zu welcher Zeit und an welchem Orte er seine Unterschrift beigefügt hat (Anm. 16). Vorausgesetzt ist, daß das von dem einen Ehegatten in der Form des § 2247 errichtete Testament letztwillige Erklärungen beider Ehegatten enthält. Die Unterschriften müssen auch die von dem anderen Ehegatten niedergeschriebene Erklärung decken. Das ist nicht der Fall, wenn ein Ehegatte auf demselben Bogen zunächst die von ihm getroffenen Verfügungen niedergeschrieben und unterschrieben hat, und wenn er danach die von dem anderen Ehegatten zu treffenden Verfügungen geschrieben hat, die sodann nur von diesem unterzeichnet sind. Ein solches Testament ist formungültig. Die Form des § 2267 ist nicht gewahrt. Das Testament kann auch nicht als gemeinschaftliches, in der Form des § 2247 errichtetes gelten, da der eine Ehegatte die von ihm getroffene Verfügung nicht eigenhändig geschrieben hat (**BGH** LM BGB § 2267 Nr. 1). Auf die Reihenfolge der Unterschriften kommt es nicht an. Die Unterschrift soll den Vornamen und den Familiennamen des Ehegatten enthalten; eine andere Art der Unterzeichnung macht jedoch unter den Voraussetzungen des § 2247 Abs. 3 Satz 2 das Testament nicht ungültig. Vgl. § 2247 Anm. 13—17.

Anm. 14

Zusätze und Änderungen, die der Ehegatte, der das Testament niedergeschrieben hat, im Einverständnis mit dem anderen Ehegatten vorgenommen hat, müssen entweder durch beide Unterschriften gedeckt (vgl. für die alte Fassung Anm. 11) oder von beiden Ehegatten besonders unterschrieben sein. Keine wirksame Änderung liegt dagegen vor, wenn diese nur von dem einen Ehegatten verfügt ist und die Unterschrift des anderen Ehegatten nur ausdrückt, daß er von dieser Änderung Kenntnis genommen, nicht aber, daß er sie auch gebilligt habe (vgl. BayObLGZ 1959, 199, 207).

Anm. 15

Unter Umständen genügt es, daß jeder Ehegatte einen Teil des Testaments niederschreibt (KG HRR 1928, 718).

Aufrechterhaltung eines formungültigen gemeinschaftlichen Testaments als Einzeltestament des erstverstorbenen Ehegatten: München JFG 18, 8; vgl. dazu § 2265 Anm. 15, 16.

Anm. 16

IV. Angabe von Zeit und Ort

Die Angabe der Zeit und des Ortes der Mitunterzeichnung ist, wie nach § 2247 Abs. 2, zur Gültigkeit des Testaments nicht notwendig, aber rätlich (vgl. § 2247 Anm. 22ff). Für den Fall, daß diese Angaben fehlen, gilt § 2247 Abs. 5 entsprechend (s. dort Anm. 24—29).

§ 2268

Ein gemeinschaftliches Testament ist in den Fällen des § 2077 seinem ganzen Inhalte nach unwirksam.

Wird die Ehe vor dem Tode eines der Ehegatten aufgelöst oder liegen die Voraussetzungen des § 2077 Abs. 1 Satz 2 vor, so bleiben die Verfügungen insoweit wirksam, als anzunehmen ist, daß sie auch für diesen Fall getroffen sein würden.

E II 2135; P 5 446—448.

Einfluß der Nichtigkeit und der Auflösung der Ehe

Anm. 1

1. Die Regel des Abs. 1

Völlige Unwirksamkeit aller in dem gemeinschaftlichen Testamente getroffenen Verfügungen, gleichviel ob sie wechselbezüglich sind oder überhaupt nicht miteinander in Verbindung stehen, greift nur durch, wenn die Ehe nach §§ 16—22 EheG **nichtig** ist. Im übrigen wird sie durch die Ausnahmebestimmung des Abs. 2 durchbrochen. Die füher für Abs. 1 noch in Betracht kommende Nichtigerklärung der Ehe infolge wirksamer Anfechtung (§ 1343 Abs. 1) ist durch die Aufhebung der Ehe ersetzt worden (EheG §§ 28—37, 39; s. hierüber Anm. 2).

2. Die Regel des Abs. 2

Anm. 2

Im Falle der **Auflösung der Ehe** vor dem Tode durch Scheidung (§§ 42 ff EheG), Aufhebung (§§ 28—37, 39 EheG), Wiederverheiratung nach vorausgegangener Todeserklärung (§ 38 Abs. 2 EheG) oder auch nur der **Erhebung einer begründeten Scheidungs- oder Aufhebungsklage** aus Verschulden des anderen Ehegatten (§ 2077 Abs. 1 Satz 2, vgl. dazu § 2077 Anm. 7—13) ist zu prüfen, ob die Verfügungen eines jeden der beiden Erblasser nach seinem zu ermittelnden Willen auch für diesen Fall Geltung behalten sollten (so auch § 2077 Abs. 3). Insoweit bleiben sie wirksam. Diese Annahme ist bei wechselbezüglichen Verfügungen im Sinne von § 2270 Abs. 1 u. 2 regelmäßig ausgeschlossen. Sie wird aber bei anderen, mit dem ehelichen Verhältnis der Erblasser nicht im Zusammenhang stehenden Verfügungen regelmäßig begründet sein. Sind sie einmal unwirksam geworden, so lebt das gemeinschaftliche Testament auch durch Wiederverheiratung der Ehegatten nicht wieder auf.

Anm. 3

Dasselbe hat, da es sich um Verfügungen beider Ehegatten handelt, anders als in den durch § 2077 Abs. 1 Satz 2 geregelten Fällen, auch zu gelten, wenn der mit begründeter Scheidungs- oder Aufhebungsklage verfolgte Ehegatte vor dem klagenden Teile verstirbt. Auch in diesem Falle bleiben insbesondere die wechselbezüglichen Verfügungen beider Teile unbeschadet des gesetzlichen Erbrechts des überlebenden Ehegatten unwirksam (aM Strohal § 43 Anm. 23).

Anm. 4

Handelt es sich in Wahrheit um zwei selbständige Testamente der Ehegatten, so bleibt lediglich § 2077 anwendbar. Beim Erbvertrage § 2279 Abs. 2.

Anm. 5

Die Beweislast trifft denjenigen, welcher Fortdauer der Gültigkeit der gemeinschaftlichen Verfügungen behauptet.

Anm. 6

Die Aufhebung der ehelichen Gemeinschaft (§ 1575) ließ zwar das Band der Ehe bestehen, hatte aber im übrigen die mit der Scheidung verbundenen Wirkungen (§ 1586); dieser Auflösungsgrund ist durch § 84 EheG 1938 beseitigt worden. Durch Wiederherstellung der ehelichen Gemeinschaft (§ 1587) lebt das einmal unwirksam gewordene gemeinschaftliche Testament nicht wieder auf.

§ 2269

Haben die Ehegatten in einem gemeinschaftlichen Testamente, durch das sie sich gegenseitig als Erben einsetzen, bestimmt, daß nach dem Tode des Überlebenden der beiderseitige Nachlaß an einen Dritten fallen soll, so ist im Zweifel anzunehmen, daß der Dritte für den gesamten Nachlaß als Erbe des zuletzt versterbenden Ehegatten eingesetzt ist.

Haben die Ehegatten in einem solchen Testament ein Vermächtnis angeordnet, das nach dem Tode des Überlebenden erfüllt werden soll, so ist im Zweifel anzunehmen, daß das Vermächtnis dem Bedachten erst mit dem Tode des Überlebenden anfallen soll.

E II 2136; P 5 406, 407, 459.

Übersicht

Berliner Testament

I. Grundgedanke und Zweck der Bestimmung

Anm. 1

Der am häufigsten vorkommende und praktisch wichtigste Fall des gemeinschaftlichen Testaments ist der, daß die Ehegatten sich gegenseitig als Erben einsetzen und zugleich Verfügungen für den Fall des Todes des Längstlebenden treffen. Durch eine solche Verfügung soll erreicht werden, daß der überlebende Ehegatte für die Dauer seines Lebens im ungeschmälerten und unbeschränkten Genuß des gesamten Vermögens bleibt, daß aber zugleich für die Zeit nach seinem Tode Bestimmungen über das Vermögen getroffen werden, die den Absichten beider Ehegatten gerecht werden. Diese Testamentsform gestattet es ferner, das Vermögen beider Ehegatten überhaupt ungetrennt in einer Hand zu belassen, indem eine Person als Erbe des Längstlebenden bestimmt wird.

Anm. 2

Ein so abgefaßtes Testament könnte dahin ausgelegt werden, jeder Ehegatte habe den anderen in erster Linie zu seinem Erben berufen, aber zugleich den Dritten für den Fall, daß der andere Gatte zuerst sterben sollte, als Ersatzerben und für den Fall, daß der andere Gatte zuletzt sterben sollte, als Nacherben eingesetzt. Der Dritte erhält dann beim Tode des überlebenden Ehegatten den „beiderseitigen Nachlaß" aus verschiedenen

Berufungsgründen, nämlich den Nachlaß des zuerst Verstorbenen als dessen Nacherbe und den Nachlaß des Überlebenden als dessen Ersatzerbe.

Das Gesetz behandelt diese Art und Weise der Erbfolge als zulässig, stellt aber im § 2269 eine davon abweichende Auslegungsregel auf. Nach dieser soll im Zweifel angenommen werden, daß der Dritte für den gesamten Nachlaß als Erbe des zuletzt versterbenden Ehegatten eingesetzt ist.

Anm. 3

Dem § 2269 Abs. 1 liegt der Gedanke zugrunde, daß Ehegatten, die in der dort vorgesehenen Weise gemeinschaftlich testieren, das beiderseitige Vermögen als eine Einheit betrachten und daher regelmäßig sowohl ein verschiedenes Rechtsverhältnis während der Lebensdauer des überlebenden Ehegatten als auch die Möglichkeit einer Trennung der beiden Vermögensmassen bei dessen Tode ausschließen wollen (**RG** 79, 277; 113, 240).

Für die Entscheidung darüber, ob ein einseitiges Testament eines Ehegatten die Einsetzung des anderen Ehegatten zum Vollerben oder zum bloßen Vorerben enthält, kann jener Gedanke nicht analog verwendet werden (**RG** 13. 11. 1924 IV 70/24; Düsseldorf JW 1925, 2148 mit zustimmender Anm. Kipp).

§ 2269 ist entsprechend anzuwenden, wenn die Ehegatten sich in zwei Einzeltestamenten gegenseitig als Erben eingesetzt haben, und wenn sie später in einem gemeinschaftlichen Testament bestimmen, daß der beiderseitige Nachlaß an einen Dritten fallen soll, oder darin ein Vermächtnis anordnen, das nach dem Tode des Überlebenden erfüllt werden soll. Für den Fall, daß die Ehegatten, als sie das zweite Testament errichteten, irrtümlich annahmen, sie hätten auch schon vorher gemeinschaftlich testiert, vgl. **BGH** FamRZ 1960, 432 (teilweise veröffentlicht MDR 1960, 912).

II. Gegenseitige Erbeinsetzung und Berufung von Schlußerben nach Abs. 1

1. Allgemeine Voraussetzungen für die Anwendung der Bestimmung

Anm. 4

§ 2269 setzt voraus ein mindestens gegenseitiges = reziprokes, wenn auch nicht notwendig wechselbezügliches = korrespektives Testament (§ 2265 Anm. 8), in dem die Ehegatten gegenseitig jeder den anderen als alleinigen Erben des Zuerstversterbenden — nicht auch andere Personen neben dem Überlebenden — einsetzen (**RG** BayZ 1907, 64; LZ 1919, 1241 Nr. 18). Ein Fall des § 2269 ist daher nicht gegeben, wenn die Ehegatten sich nur gegenseitig zu Erben eingesetzt haben, ohne zu bestimmen, an wen der Nachlaß nach dem Tode des Überlebenden fallen soll.

Anm. 5

Die Bestimmung, daß der beiderseitige Nachlaß nach dem Tode des Überlebenden an einen Dritten fallen soll, braucht aber nicht ausdrücklich geschehen zu sein. Es ist vielmehr in jedem Fall, in dem gemeinsame Abkömmlinge vorhanden sind, nach den allgemeinen für die Auslegung letztwilliger Verfügungen geltenden Regeln zu prüfen, ob ein Wille des Erblassers festgestellt werden kann, daß der beiderseitige Nachlaß nach dem Tode des Längstlebenden an die Abkömmlinge fallen soll (**BGH** 3. 4. 1952 IV ZR 128/51). Bedenken bestehen in dieser Hinsicht gegen den Beschluß des Oberlandesgerichts Hamm (DNotZ 1951, 41). Der Beschluß behandelt ein Testament, in dem die Ehegatten sich gegenseitig zu Alleinerben eingesetzt und weiter bestimmt hatten, daß ihre Kinder sämtlich Vermächtnisse in Höhe ihres Pflichtteils erhalten sollten, falls eines von ihnen aus dem Nachlaß des Erstversterbenden seinen Pflichtteil verlangen sollte. Diese Vermächtnisse sollten beim Tode des Erstversterbenden anfallen, jedoch erst beim Tode des Überlebenden fällig werden. Außerdem sollte das Kind, das den Pflichtteil verlangt, auch aus dem Nachlaß des Überlebenden nur den Pflichtteil erhalten. Diese Bestimmung legt die Annahme nahe, daß die Erblasser damit einen Ausgleich bezwecken. Der Vorteil, den das Kind, das nach dem Tode des zuerst Versterbenden den Pflichtteil verlangte, gegenüber den anderen Geschwistern erreichte, sollte auf die Weise, das den anderen für diesen Fall entsprechende Vermächtnisse zugewandt wurden, ausgeglichen werden (vgl. unten Anm. 35). Ein derartiger Ausgleich kann aber nur sinnvoll sein, wenn die Kinder Erben des Längstlebenden sind.

Ebenso hat das BayObLG zutreffend entschieden, eine Berufung der Kinder als Schlußerben könne aus der Bestimmung entnommen werden, daß ein Kind, das nach dem Tode des zuerst versterbenden Ehegatten den Pflichtteil verlange, auch nach dem Tode des zuletzt versterbenden nur den Pflichtteil haben solle (BayObLGZ 1959, 199).

Anm. 6

Der Dritte (oder mehrere Dritte) muß ferner erst nach dem Tode des Überlebenden, nicht schon für den Eintritt eines bestimmten Zeitpunkts oder Ereignisses (§ 2104), und zwar auf den beiderseitigen Nachlaß als Erbe berufen sein.

Für dieses Testament hat sich die Bezeichnung Berliner Testament eingebürgert; gegen diese Bezeichnung Endemann JW 1933, 1350).

2. Bei der Auslegung des Testaments zu berücksichtigende Umstände

Anm. 7

§ 2269 enthält eine Auslegungsregel (im Zweifel ist anzunehmen). Eine andere Testamentsauslegung, z. B. die Anordnung einer Vor- und Nacherbschaft, ist möglich, jedoch ist derjenige, der einen auf Vor- und Nacherbfolge gerichteten Willen des Erblassers behauptet, beweispflichtig (**RG** 60, 117; **BGH** 22, 366). Die im Gesetz enthaltene Auslegungsregel greift durch, wenn nach Prüfung aller Umstände begründete, auf anderem Wege nicht zu lösende Zweifel über die Willensmeinung der Erblasser bestehen bleiben (**RG** 59, 85; HRR 1929, 207; **BGH** 22, 366; Berücksichtigung der Vermögensverhältnisse beider Erblasser, **RG** 79, 278, aber auch Recht 1914 Nr. 944).

§ 2269 gründet sich auf die Lebenserfahrung, daß die Ehegatten bei einem so gefaßten Testament den Nachlaß in der Regel so behandelt wissen wollen, wie es in Anm. 3 Abs. 1 dargelegt ist. Diese Lebenserfahrung ist auch bei der Auslegung des Testaments zu berücksichtigen. Wenn daher ein dem Wortlaut des § 2269 entsprechendes Testament anders ausgelegt werden soll als es nach § 2269 im Zweifel auszulegen ist, muß derjenige, der hieraus für sich Rechte herleitet, Umstände dartun und beweisen, aus denen sich ergibt, daß die Lebenserfahrung, auf der § 2269 beruht, nicht durchgreift (**BGH** FamRZ 1960, 432, teilweise veröffentlicht MDR 1960, 912).

Anm. 8

Die Bezeichnung des als Erbe eingesetzten Dritten als „Nacherbe des zuletzt versterbenden Ehegatten“ ist unzutreffend. Sie steht einer Auslegung des Testaments im Sinne des § 2269 nicht entgegen (**RG** JR 1925 Nr. 1016; KG DR 1943, 1108; **BGH** 27.6.1956 IV ZR 81/56; Anm. 12). Sind in einem eigenhändigen gemeinschaftlichen Testament, das von einem Notar entworfen ist, die für den Fall des Todes des zuletzt Versterbenden Berufenen als Nacherben bezeichnet, so soll nach **RG** 160, 109 die Erbeinsetzung nicht im Sinne des § 2269 ausgelegt werden können. Hiergegen Schiedermair DR 1939, 937; vgl. auch Leopold, Testamentsrecht, 1939, 238 Anm. 1). Zu beachten ist, daß es für die Auslegung nie darauf ankommt, was die bei der Testamentserrichtung hinzugezogene Hilfsperson oder der Notar, der ein vor ihm errichtetes Testament beurkundet hat, unter den in der Urkunde verwandten Begriffen verstanden hat. Entscheidend ist stets, wie die Erblasser den Begriff verstanden haben. Denn es kommt allein darauf an, ihren Willen festzustellen. Sofern ein Notar ein Testament entworfen hat, kann allerdings in der Regel davon ausgegangen werden, daß er den Inhalt des Testaments mit den Erblassern erörtert und ihnen die fraglichen Rechtsbegriffe erläutert hat und daß die Erblasser ihren letzten Willen unter Benutzung der zutreffenden Rechtsbegriffe niedergelegt haben, so daß diese das besagen, was der Erblasser wirklich gewollt hat. Diese Annahme entfällt aber, wenn der sonstige Testamentsinhalt nicht dem Sinn der darin verwandten Begriffe entspricht (**BGH** 14. 6. 1951 IV ZR 10/50; RdL 1953, 66; vgl. ferner LM BGB § 2100 Nr. 1). In ähnlicher Weise hat auch das Reichsgericht in der Entscheidung DR 1944, 493 erkannt.

Anm. 9

Die Erbfolge, wie sie sich für den durch § 2269 geregelten Zweifelsfall ergibt, kann, wenn diese Vorschrift nicht angewandt werden kann, in derselben Weise erreicht werden, wenn Nichtehegatten einen Erbvertrag schließen, in dem ihr Wille, sich gegenseitig zu Alleinerben und Dritte zum Erben des Längstlebenden einzusetzen, klar ausgedrückt wird (Oldenburg HEZ 1, 107; Düsseldorf NRWJMBl 1950, 150).

Anm. 10

Eine Berufung von Dritten auf den beiderseitigen Nachlaß kann in der Bestimmung gefunden werden, daß das Vermögen beider Ehegatten nach dem Tode des Überlebenden in zwei gleiche Teile geteilt werden und die eine Hälfte den Verwandten des Mannes, die andere Hälfte denen der Frau zukommen soll (**RG** 79, 278; Recht 1923 Nr. 757).

Anm. 11

Falls eine Auslegung des Testaments ergibt, daß das Vermögen beim Tode des Überlebenden wieder in seine ursprünglichen Bestandteile auseinanderfallen soll, ist die Auslegungsregel des § 2269 widerlegt. Es liegt eine Vor- und Nacherbschaft vor. So ist es, wenn beim Tode des überlebenden Ehegatten die Verwandten des Mannes auf den Nachlaß des Mannes und die Verwandten der Frau auf deren Nachlaß berufen sind (**RG** 79, 277; s. aber auch KG JW 1934, 1423); anders, wenn das beiderseitige Vermögen kraft Gütergemeinschaft bereits zu einer Einheit verbunden war und jeder Erblasser unter seinem Nachlasse nur die Hälfte des beim Tode des Überlebenden vorhandenen gesamten Vermögens verstanden wissen wollte (**RG** LZ 1914, 1361). Der Fall **RG** DNotV 1933, 193 Nr. 24, in dem abgelehnt wurde, § 2269 anzuwenden, lag insofern besonders, als die Erben, die jeder der beiden Ehegatten für die Zeit nach dem Tode des Letztlebenden auf seinen in der Hälfte des gütergemeinschaftlichen Vermögens bestehenden Nachlaß berufen hatte, nicht durch gemeinschaftliche Verfügung eingesetzt worden waren.

III. Rechtsnatur des „Berliner Testaments"

1. Das Erbrecht des überlebenden Ehegatten

Anm. 12

a) Verschmelzung des beiderseitigen Vermögens

Nach der in § 2269 enthaltenen Auslegungsregel wird der „beiderseitige Nachlaß" als einheitlicher, als „gesamter Nachlaß" behandelt. Es wird angenommen, jeder Ehegatte habe lediglich für den Fall, daß er zuerst sterben sollte, den andern Gatten und für den Fall, daß er diesen überleben sollte, den Dritten als Erben eingesetzt. Der Überlebende wird demgemäß Vollerbe (über die Terminologie s. **RG** 160, 109 sowie Schiedermair DR 1939, 937) des Vorverstorbenen. Die beiden Einzelvermögen, das ererbte und das eigene, verschmelzen in seiner Hand zu einem Vermögen. Dieses einheitliche Vermögen erhält der Dritte nur als Erbe des Überlebenden und kraft der von diesem ausgesprochenen Berufung. Die testamentarische Bezeichnung des Dritten als „Nacherbe des zuletzt versterbenden Ehegatten" ist danach in jedem Falle unzufreffend (München JFG 15, 247; Anm. 8).

b) Verfügungen des überlebenden Ehegatten unter Lebenden

Anm. 13

Der überlebende Ehegatte kann grundsätzlich über das ererbte Vermögen in jeder Hinsicht durch Rechtsgeschäft unter Lebenden frei verfügen (**BGH** 26, 274, 278; 26, 378, 381). Er kann daraus auch Schenkungen machen. Verfügungsbeschränkungen, wie sie für den Vorerben in §§ 2112ff angeordnet sind, unterliegt er nicht. Der Dritte erhält den Nachlaß des Überlebenden, so wie er bei dessen Tode vorhanden ist, also einschließlich dessen, was der Überlebende dazu erworben hat. Für die nach dem ersten Erbfall eingetretene Vermögensminderung kann er keinen Ersatz beanspruchen.

Anm. 14

Der Überlebende darf jedoch im Falle des § 2270 die Verfügungen des gemeinschaftlichen Testaments nicht durch bösliche Schenkungen vereiteln. Die Schutzvorschriften der §§ 2287, 2288 BGB sind auf unwiderruflich gewordene, wechselseitige letztwillige Verfügungen in gemeinschaftlichen Testamenten entsprechend anzuwenden (**RG** 58, 65; 77, 113; WarnRspr 1926, Nr. 188; **OGH** 1, 161; **BGH** 8. 5. 1952 IV ZR 144/51; 8. 7. 1954 IV ZR 226/53).

Anm. 15

Zu beachten ist, daß der nach § 2287 begründete Anspruch nicht zum Nachlaß gehört. Er steht daher dem einzelnen Schlußerben persönlich und nicht der Miterbengemeinschaft zu (**RG** 77, 7; JW 1912, 142; WarnRspr 1926, 188; SeuffArch 90 Nr. 55; **BGH** 8. 5. 1952 IV ZR 144/51). Er unterliegt deswegen auch nicht der Verwaltung eines Testamentsvollstreckers (**BGH** 22. 10. 1958 V ZR 29/58). Der Schlußerbe oder der Vermächtnisnehmer können Ansprüche aus § 2287 oder § 2288 erst geltend machen, wenn ihnen die Erbschaft oder das Vermächtnis angefallen ist. Die §§ 2287, 2288 können nicht entsprechend angewandt werden, wenn dem überlebenden Ehegatten in dem Testament völlige Freiheit, insbesondere auch die Freiheit zur Errichtung abweichender letztwilliger Verfügungen eingeräumt ist (**BGH** 8. 10. 1953 IV ZR 2/53).

Anm. 16

Nichtig ist jedoch eine Übereignung des oder der Hauptbestandteile des Vermögens, die der Überlebende kurz vor seinem Tode in der erkennbar gewordenen Absicht vornimmt, damit das gemeinschaftliche Testament auszuhöhlen und die nach § 2271 Abs. 2 eingetretene Bindung gegenstandslos zu machen (**BGH** LM BGB § 2271 Nr. 4; vgl. auch **OGH** 2, 160, dort ist keine Umgehung des § 2271 Abs. 2 angenommen worden in einem Fall, in dem der Überlebende seinen Grundbesitz übereignet, aber noch erhebliche Sparguthaben behalten hatte). Die Unwirksamkeit kann bereits zu Lebzeiten des verfügenden Ehegatten durch eine von dem Schlußerben gegen ihn oder gegen den Erwerber gerichtete Feststellungsklage geltend gemacht werden (vgl. § 2271 Anm. 14). Die Nichtigkeit der Verfügung kann aber nur in besonders liegenden Ausnahmefällen angenommen werden und nicht schon dann, wenn der überlebende Ehegatte über den Hauptgegenstand des Vermögens verfügt. Das hat auch der Bundesgerichtshof wiederholt betont (**BGH** 26, 274, 278; 26, 378, 381; 22. 10. 1958 V ZR 29/58: Nichtigkeit ist nur in besonders krassen Ausnahmefällen anzunehmen; vgl. auch Burkart NJW 1956, 1501; Dittmann DNotZ 1958, 619). Darin, daß Ehegatten einander gegenseitig als Vollerben einsetzen, liegt ein Beweis des Vertrauens. Dieses Vertrauen kann mißbraucht werden. Damit müssen die Ehegatten rechnen. Es ist nicht Aufgabe der Gerichte, hier allgemein regelnd einzugreifen (**BGH** 26, 274, 278). Nichtigkeit kann daher in aller Regel nur angenommen werden, wenn das gemeinschaftliche Testament durch das Rechtsgeschäft wirtschaftlich ganz bedeutungslos geworden ist und wenn das Rechtsgeschäft vorgenommen worden ist, um damit die Bindung an die gemeinschaftlich getroffene Verfügung zu umgehen. Der Erblasser muß das Rechtsgeschäft, durch das das gemeinschaftliche Testament wirtschaftlich ganz bedeutungslos geworden ist, an Stelle einer von ihm an sich beabsichtigten Verfügung von Todes wegen vorgenommen haben, weil er wußte, daß er diesen von ihm erstrebten Erfolg durch die Errichtung einer Verfügung von Todes wegen nicht erreichen konnte. Erheblich weiter geht **BGH** NJW 1960, 524. Dieses Urteil berücksichtigt nicht genügend, daß die Ansprüche des Schlußerben wegen der vom Erblasser unter Lebenden vorgenommenen Verfügungen grundsätzlich in den §§ 2287 ff BGB geregelt sind, die auf das gemeinschaftliche Testament entsprechend anzuwenden sind. Das Urteil läßt außer acht, daß die erheblich weitergehende Folge der Nichtigkeit solcher Verfügungen nur in krassen Ausnahmefällen gerechtfertigt sein kann. Nimmt man eine Nichtigkeit auch in weniger schweren Fällen an, dann verlieren die §§ 2287 ff ihre Bedeutung, und es entsteht die Gefahr einer erheblichen Rechtsunsicherheit. Zu weitgehend ebenfalls **BGH** DNotZ 1958, 654. In dem Urteil vom 27. 4. 1960 V ZR 4/59 stellt der Bundesgerichtshof wieder wesentlich stärkere Anforderungen. Es handelt sich darum, daß der 79jährige Vater kurz vor seinem

Tode seinen Grundbesitz an seine drei noch lebenden Söhne gegen Übernahme des Lastenausgleichs und die Einräumung eines Nießbrauchswohnrechts übertragen hatte. Der Schlußerbe sollte dieses Vermögen nicht haben, da der Erblasser den Einfluß der Mutter des Schlußerben auf die Verwaltung seines Nachlasses nicht wollte. Es handelte sich bei den Grundstücken auch um den ausschlaggebenden Teil des Vermögens. In der Entscheidung wird ausgeführt, der Erblasser hätte, wenn er nicht gebunden gewesen wäre, denselben Erfolg herbeiführen können, wenn er das Testament widerrufen und die drei Söhne als Erben eingesetzt hätte. Das reicht nach dem Urteil nicht aus, um Nichtigkeit annehmen zu können, da es sich nicht um die vorweggenommene Erbfolge einer tatsächlich getroffenen, aber unwirksamen Verfügung von Todes wegen handelt und auch nicht um den Fall einer planmäßigen Weggabe des Gesamtvermögens. Denn die Grundstücke waren durch zwei Rechtsgeschäfte veräußert, und es war nicht festzustellen, daß bei Abschluß des ersten Rechtsgeschäfts bereits die Absicht bestanden hatte, das Gesamtvermögen fortzugeben und daß die Veräußerungen in Erfüllung eines solchen Planes erfolgt waren. Ein Anspruch aus § 2287 wird für möglich gehalten. Der Entscheidung ist im Ergebnis zuzustimmen. Strenge Anforderungen auch **BGH** 12. 10. 1960 V ZR 65/59. Vgl. weiter § 2271 Anm. 14; Burkart NJW 1959, 2093; Mattern MDR 1960, 1 und Staudinger/Dittmann 11. Aufl. § 2286 Nr. 15.

Anm. 17

Da aber der Übergabevertrag über eine der Höfeordnung der früheren Britischen Zone unterliegende Besitzung Rechtsgeschäft unter Lebenden und auch eine vorweggenommene Erbfolge ist, kann der durch das gemeinschaftliche Testament gebundene überlebende Ehegatte den Hof nicht einer anderen Person übergeben als der, die in dem gemeinschaftlichen Testament als Hoferbe bestimmt ist. Eine Veräußerung des Hofes durch Rechtsgeschäft unter Lebenden bleibt dagegen grundsätzlich zulässig (**BGH** 23, 249, 259; RdL 1951, 129; LM HöfeO § 17 Nr. 4).

Anm. 18

c) Verfügungen des überlebenden Ehegatten von Todes wegen

Dem überlebenden Ehegatten kann in dem Testament das Recht eingeräumt werden, die für den Fall seines Todes dort getroffenen Verfügungen zu widerrufen und über den Nachlaß anderweit zu verfügen. Diese Bestimmung verstößt nicht gegen § 2065, da der Überlebende, wenn er von dieser Befugnis Gebrauch macht, nicht über den Nachlaß des zuerst Verstorbenen, sondern nur über seinen eigenen Nachlaß verfügt (**BGH** 2, 35). Die Abänderungsbefugnis kann auch nur für den Fall des Eintritts bestimmter Umstände gegeben sein. Falls in einem solchen Fall weiter bestimmt ist, daß das Vorliegen dieser Umstände nicht der gerichtlichen Nachprüfung unterliegen soll, ist das Gericht nicht befugt zu untersuchen, ob die angeführten Umstände, auf die die Abänderung gestützt worden ist und auf die sie nach dem Inhalt des Testaments auch gestützt werden konnte, tatsächlich vorgelegen haben (vgl. **BGH** NJW 1951, 959).

d) Bedingte Nacherbeinsetzung für den Fall der Wiederheirat

Anm. 19

Es ist indessen möglich, daß mit der im Sinne des § 2269 ausgesprochenen Erbeinsetzung eine bedingte Nacherbeinsetzung z. B. der Kinder für den Fall der Wiederverheiratung des überlebenden Ehegatten verbunden wird (München JFG 15, 39; **RG** 156, 172); in einem solchen Falle ist im Zweifel anzunehmen, daß der überlebende Ehegatte in seiner Eigenschaft als bedingter Vorerbe nach § 2136 von den gesetzlichen Beschränkungen eines solchen, soweit möglich, befreit sein soll (§ 2136 Anm. 9; KG JFG 13, 155; JW 1937, 2520; 1938, 2748; Köln HEZ 2, 37; Kipp/Coing 11. Bearb. § 79 IV 1). **BGH** NJW 1951, 354 will jedenfalls für ländliche Verhältnisse keine Auslegungsregel anerkennen, nach der bei einem gemeinschaftlichen Testament kinderloser Ehegatten mit Nacherbeneinsetzung der Wille regelmäßig auf eine befreite Vorerbschaft gerichtet ist.

Anm. 20

Wenn der Fall der Wiederheirat eintritt und der überlebende Ehegatte dann das von ihm Ererbte ganz oder teilweise an die als Nacherben Berufenen herausgeben muß, fragt sich, was aus der Bestimmung wird, die die Berufung der Schlußerben nach seinem Tode enthält. Das Kammergericht NJW 1957, 1073 nimmt an, daß in diesen Fällen im Zweifel die Erbeinsetzung der gemeinsamen Kinder auf den Nachlaß des Überlebenden gegenstandslos wird, so daß der Überlebende über seinen Nachlaß frei verfügen kann, und daß die gesetzliche Erbfolge eintritt, wenn er nicht verfügt hat. Diese Ansicht geht zu weit. In allen Fällen, in denen dem überlebenden Ehegatten aus dem Nachlaß des Erstverstorbenen im Falle der Wiederheirat mehr an Werten verbleibt, als was dem Wert seines Pflichtteils entsprechen würde, kann nicht ohne weiteres angenommen werden, daß die Berufung der Abkömmlinge als Schlußerben im Falle der Wiederheirat hinfällig werden soll. Es müssen vielmehr besondere Umstände vorliegen, um im Wege der Auslegung einen dahingehenden Willen der Ehegatten anzunehmen.

Läßt sich nicht feststellen, daß die Berufung der Abkömmlinge als Schlußerben hinfällig ist, dann ist zu prüfen, ob der überlebende Ehegatte in dem erwähnten Fall nach der Wiederheirat und nach der Auseinandersetzung mit den Kindern noch weiter an die zugunsten der Schlußerben getroffene Verfügung gebunden sein soll. Auch dies ist eine Auslegungsfrage (vgl. darüber § 2271 Anm. 33).

Anm. 21

e) Nichtigkeit der Verfügung eines Ehegatten wegen Formmangels

Wenn bei einem den Voraussetzungen des § 2269 entsprechenden gemeinschaftlichen Testament die Verfügung der überlebenden Frau wegen Formmangels nichtig ist, so kann gemäß § 2084 die Verfügung des vorverstorbenen Mannes dahin ausgelegt werden, daß die Frau Vorerbin und die im Testament bedachten Dritten seine Nacherben sein sollen (KG JW 1937, 1410). Im übrigen vgl. § 2265 Anm. 15.

2. Das Erbrecht des Schlußerben

a) Rechtsstellung zu Lebzeiten des überlebenden Ehegatten

Anm. 22

Der Dritte hat mit dem Tode des Zuerstversterbenden im Gegensatze zu § 2108 Abs. 2 noch keinerlei vererbliche oder veräußerliche Rechte erworben, die den Schutz des § 823 Abs. 1 genießen könnten (**BGH** 6. 5. 1954 IV ZR 217/53). Eine Zuwendung an ihn wird vorbehaltlich des § 2069 hinfällig, wenn er vor dem Überlebenden verstirbt. Bei einseitigen Abkömmlingen des erstversterbenden Ehegatten trifft § 2069 nach seinem Wortlaut nicht zu. Jedoch wird in der Regel angenommen werden können, daß der darin enthaltene Rechtsgedanke auch in diesen Fällen zutrifft (ähnlich Planck/Greiff 4. Aufl. § 2269 Anm. 2a); vgl. unten Anm. 26.

Anm. 23

Immerhin besteht für den Dritten oder die Dritten, wenn der überlebende Ehegatte nach den §§ 2270, 2271 an das Testament gebunden ist, keine bloße Hoffnung, Erben zu werden; vielmehr kann dann von einem bereits bedingt oder betagt bestehenden Rechtsverhältnis gesprochen werden, das unter Umständen zwischen den mehreren Dritten als den künftigen Miterben auch zum Gegenstand einer Feststellungsklage gemacht werden kann (**RG** HRR 1928, 843).

Anm. 24

Da die Schlußerben Erben des Längstlebenden sind, können sie auch nicht zu dessen Lebzeiten einen Vertrag darüber schließen, wie sie die auf Grund des Testaments eintretende Erbfolge nach dem Tode des längstlebenden Ehegatten unter sich regeln wollen. Ein solcher Vertrag ist nach § 312 nichtig, und zwar auch dann, wenn die Vertragschließenden pflichtteilsberechtigte Abkömmlinge der Ehegatten sind (**BGH** LM BGB § 312 Nr. 1).

b) Auslegung der zugunsten der Schlußerben getroffenen Bestimmungen

Anm. 25

Auf die Verfügung, die die Berufung der Schlußerben enthält, sind auch die Auslegungsregeln der §§ 2066 ff anzuwenden. Hierbei ist jedoch zu bedenken, daß die in einem gemeinschaftlichen Testament getroffenen wechselbezüglichen Verfügungen auf dem Willen beider Ehegatten beruhen. Die Auslegungsregel ist daher schon dann widerlegt, wenn erwiesen ist, daß einer der Ehegatten den nach der Auslegungsregel im Zweifel anzunehmenden Willen nicht gehabt hat (vgl. § 2084 Anm. 14).

Anm. 26

Daß im Rechtssinne nur der Überlebende als Erblasser des Dritten in Betracht kommt, schließt nicht aus, bei Auslegung des Testaments, insbesondere von Anordnungen, die zugunsten der gesetzlichen Erben, der Verwandten oder der Abkömmlinge des Zuerstverstorbenen getroffen sind, diesen für die Auslegungsregeln der §§ 2066 bis 2069 als Erblasser anzusehen. Auch dann, wenn der Erstverstorbene als Erblasser im Sinne des § 2066 anzusehen ist, ist der maßgebliche Zeitpunkt für die Frage, wer als seine gesetzlichen Erben berufen sind, der Tod des zuletzt verstorbenen Ehegatten. Das ist der Zeitpunkt des Erbfalls, auf den § 2066 abstellt.

Anm. 27

Die Auslegungsregel des § 2069 kann nicht angewandt werden, wenn der als Schlußerbe berufene und weggefallene Abkömmling nur ein Abkömmling des einen Ehegatten war und wenn dem anderen Ehegatten diese verwandtschaftliche Beziehung unbekannt war. Als Schlußerbin ist die „Nichte" der Frau berufen, die in Wahrheit ihre voreheliche Tochter ist. Grund und Voraussetzung für die Anwendung der Auslegungsregel des § 2069 bei einem gemeinschaftlichen Testament ist, daß beiden Ehegatten die verwandtschaftliche Beziehung des Schlußerben zu dem anderen Ehegatten bekannt sind.

Anm. 28

Sind mehrere Dritte, insbesondere Verwandte beider Erblasser ohne Bestimmung von Anteilen bedacht, so haben sie vermöge der Einheitlichkeit des Nachlasses im Zweifel als gleichmäßig, d. h. ohne Unterschied nach der Herkunft des Vermögens als sämtlich auf den ungetrennten Nachlaß berufen zu gelten.

Anm. 29

Der Wille der Ehegatten kann aber auch dahin gegangen sein, daß das gesamte Vermögen beim Tode des Überlebenden in zwei Hälften zerlegt werden soll, von denen eine den Verwandten des Mannes, die andere den Verwandten der Frau jeweils nach dem Verhältnis ihrer gesetzlichen Erbteile zufallen soll (**BGH** LM BGB § 2270 Nr. 2). Die Aufteilung des Vermögens unter die beiden Verwandtengruppen kann auch zu dem Bruchteil erfolgen, der sich aus dem Verhältnis der Werte beider Vermögen ergibt (**RG** 79, 278).

Anm. 30

Schließlich kann auch die Festsetzung der Höhe der Erbteile der als Erben eingesetzten Dritten dem überlebenden Ehegatten vorbehalten werden (Oldenburg OLG 6, 178). § 2065 Abs. 2 steht dem nicht entgegen, denn der überlebende Ehegatte verfügt damit nur über seinen eigenen Nachlaß und bestimmt nicht den Gegenstand der Zuwendung aus dem Nachlaß des Zuerstverstorbenen. Das würde zutreffen, falls der Dritte als Nacherbe des Erstverstorbenen berufen wäre.

IV. Pflichtteilsrecht nach dem Tode des Erstverstorbenen

Anm. 31

Sind die als Erben des überlebenden Ehegatten Eingesetzten am Nachlasse des Zuerstverstorbenen pflichtteilsberechtigt, so sind sie nach dem ersten Erbfall nicht gehindert, den Pflichtteil geltend zu machen (**RG** 30. 6. 1904 IV 516/03; **BGH** 22,

364). Eine Absicht der Ehegatten, dem Überlebenden die unbeschränkte Verfügung über das gesamte Vermögen zu gewähren, ist daher gegen den Willen Pflichtteilsberechtigter nicht durchführbar. Dies darf nicht unbeachtet bleiben, wenn beim Streite darüber, ob das Testament im Sinne des § 2269 oder im Sinne der Berufung des Überlebenden zum Vorerben und der Kinder zu Nacherben auszulegen sei, für die Auslegung im ersten Sinne das Vorhandensein jener Absicht geltend gemacht wird (**RG** Recht 1923 Nr. 1023).

Anm. 32

Wenn die Ehegatten mit einem Abkömmling einen Erbvertrag geschlossen haben, in dem sie sich gegenseitig zu alleinigen Vollerben und den Abkömmling als Erben des Längstlebenden berufen haben, kann, wenn nicht besondere Umstände dem entgegenstehen, angenommen werden, daß der Abkömmling dadurch, daß er die in dem Erbvertrag getroffenen Anordnungen annimmt, zugleich auf seinen Pflichtteilsanspruch nach dem Tode des zuerst Verstorbenen verzichtet. Eine andere Auslegung kann geboten sein, wenn der Abkömmling sich im Zusammenhang mit seiner Erbeinsetzung auch seinerseits zu Leistungen an den Erblasser verpflichtet hat (**BGH** 22, 364).

Anm. 33

Da die Pflichtteilsberechtigten im Falle des § 2269 überhaupt nicht als Erben des Erstverstorbenen berufen sind, brauchen sie, um nach dessen Tod ihren Pflichtteilsanspruch geltend zu machen, auch nicht gemäß § 2306 Abs. 1 Satz 2 auszuschlagen (Kiel OLG 44, 106). Sie bleiben vielmehr auch dann, wenn sie den Pflichtteil fordern, nach dem Tode des Überlebenden im vollen im gemeinschaftlichen Testament bestimmten Umfang erbberechtigt.

Anm. 34

Es ist aber Auslegungsfrage, ob sie nach dem Willen der Erblasser, der auch stillschweigend erklärt sein kann, zur Anrechnung des empfangenen Pflichtteils auf den demnächstigen, tatsächlich aus beiden Nachlässen ihnen zufließenden Erbteil verpflichtet sein sollen. Wäre freilich der Pflichtteilsberechtigte, sei es von vornherein, sei es vermöge des § 2306 auf den Pflichtteil am Nachlasse des Zuletztverstorbenen beschränkt, so braucht er sich hierauf den aus dem Nachlasse des Zuerstverstorbenen geforderten Pflichtteil nicht anrechnen zu lassen (Kipp/Coing 11. Bearb. § 79 IV 2; Stettin LZ 1927, 547).

Anm. 35

Falls die Kinder als Erben des Längstlebenden eingesetzt sind, kann ein gewisser Ausgleich auch dadurch geschaffen werden, daß, falls ein Kind nach dem Tode des Erstversterbenden den Pflichtteil fordert, den anderen Vermächtnisse in Höhe ihres gesetzlichen Erbteils zugewandt werden, die mit dem Tode des Erstversterbenden anfallen, aber erst nach dem Tode des Überlebenden zu zahlen sind (Jastrow DNotV 1904, 424ff; Planck/Greiff 4. Aufl. § 2269 Anm. 2e; Kipp/Coing 11. Bearb. § 79 IV 2 bei Anm. 18; vgl. oben Anm. 5). Die beim Tode des Längstlebenden fällig werdenden Vermächtnisse gehören, da sie von dem Erstverstorbenen angeordnet worden sind, zu dessen Nachlaßverbindlichkeiten und mindern daher die Erbschaft des Längstlebenden und damit die gegen seinen Nachlaß bestehenden Pflichtteilsansprüche in Höhe der Hälfte des Wertes des Vermächtnisses.

V. Vermächtnisanordnungen (Abs. 2)

Anm. 36

Als Folge des in Abs. 1 aufgestellten Satzes, wonach die Anordnungen des gemeinschaftlichen Testaments im Zweifel den beiderseitigen, beim Tode des Überlebenden vorhandenen Gesamtnachlaß zum Gegenstand haben, ergibt sich, daß im Zweifel auch eine Vermächtnisanordnung erst mit diesem Zeitpunkte wirksam wird (**RG** WarnRspr 1938 Nr. 51).

Anm. 37

Nach ihrem Wortlaut trifft die Vorschrift nur eine Bestimmung darüber, in welchem Zeitpunkt das Vermächtnis anfällt. Sie besagt ausdrücklich nichts darüber, welcher der beiden Ehegatten das Vermächtnis angeordnet hat, wessen Nachlaß mit diesem Vermächtnis beschwert ist. Die zwar nicht ausnahmslos geltende Regel ist, daß das Vermächtnis mit dem Erbfall anfällt. Die Vorschrift des § 2269 Abs. 2 ist daher so zu verstehen, daß das Vermächtnis im Zweifel ein Vermächtnis des überlebenden Ehegatten sein soll (**BGH** 28. 5. 1958 IV ZR 328/57; auch **BGH** 26, 274 geht hiervon aus). Die in dem Testament hinsichtlich des Vermächtnisses getroffene Bestimmung geht dahin, daß jeder der Ehegatten ein Vermächtnis für den Fall aussetzt, daß er von beiden der Überlebende ist. Die Anordnung des zuerst Verstorbenen hat sich durch dessen Tod erledigt. Die Bestimmung des überlebenden Ehegatten ist wirksam geblieben. Der Bedachte muß daher den Tod dieses und damit beider Ehegatten erlebt haben. Die Vermächtnisforderung kommt erst mit dem Tode des Längstlebenden zur Entstehung (§ 2176). Vor dem Tode des Überlebenden stehen dem Bedachten, da es sich nicht um einen Fall des § 2177 handelt, auch nicht die Rechte des § 2179 zu. Denn wenn auch der überlebende Ehegatte infolge der Wechselbezüglichkeit der Verfügungen an die Vermächtnisanordnung gebunden ist, hat doch der Vermächtnisnehmer vor dessen Tod noch kein Recht, das abgetreten oder vererbt werden könnte.

Anm. 38

Da es sich um ein Vermächtnis des überlebenden Ehegatten handelt, kann dieser zu seinen Lebzeiten frei über den Gegenstand des Vermächtnisses verfügen. Veräußert er die vermachte Sache, dann wird das Vermächtnis nach § 2169 Abs. 1 unwirksam, wenn sich nicht ergibt, daß es nach dem Willen beider Ehegatten auch für diesen Fall als Verschaffungsvermächtnis gelten soll. Der bedachte Vermächtnisnehmer hat nur, wenn der Überlebende den Gegenstand in der Absicht veräußert hat, den Bedachten zu beeinträchtigen, die Rechte aus dem entsprechend anzuwendenden § 2288 (**BGH** 26, 274).

Anm. 39

Bei der Vorschrift des Abs. 2 handelt es sich auch um eine Auslegungsregel. Der Bedachte kann demgegenüber nachweisen, daß das Vermächtnis als ein solches des zuerst Verstorbenen gewollt ist, dessen Anfall nach § 2177 auf den Zeitpunkt des Todes des überlebenden Ehegatten hinausgeschoben ist. Der Bedachte kann die Regel des Abs. 2 aber auch ganz widerlegen durch den Nachweis, daß das Vermächtnis nach dem Willen der Erblasser als Vermächtnis des Erstverstorbenen bereits bei dessen Tode anfallen und nur die Fälligkeit hinausgeschoben sein sollte. Um diesen Beweis zu führen, muß er aber Umstände dartun und beweisen, aus denen sich ergibt, daß die Lebenserfahrung, auf der auch § 2269 Abs. 2 beruht, hier nicht durchgreift (**BGH** FamRZ 1960, 432, teilweise veröffentlicht MDR 1960, 912; vgl. oben Anm. 7 Abs. 2). In diesen Fällen würde, sofern der überlebende Ehegatte für die Nachlaßverbindlichkeiten nicht unbeschränkt haftbar geworden ist, nur der Nachlaß des Erstverstorbenen für die Erfüllung des Vermächtnisses haften.

Anm. 40

VI. Zeitlicher Anwendungsbereich

Ist auch nur ein Ehegatte **vor dem 1. Januar 1900** gestorben, so kommt § 2269 nicht in Frage, die Auslegung des gemeinschaftlichen Testaments ist vielmehr gemäß EG Art. 213 nach altem Recht zu beurteilen (**RG** 76, 20; JW 1911, 717). Sind beide Ehegatten nach dem 31. Dezember 1899 gestorben, so ist § 2269 auch auf ein früher errichtetes gemeinschaftliches Testament anzuwenden, es sei denn, daß die Erblasser die Bestimmungen des Testaments den Vorschriften des älteren Rechtes angepaßt und dadurch den Willen zu erkennen gegeben haben, daß ihre Bestimmungen im Sinne dieser Vorschriften zu verstehen seien (**RG** JW 1911, 220; WarnRspr 1913 Nr. 331; 1938 Nr. 22; DJZ 1924, 906; KG DNotZ 1942, 223; **RFH** 1 A 121; § 2084 Anm. 45).

Möglich ist auch vom Standpunkt des PrALR aus eine Auslegung gegenseitiger Testamente mit dem in § 2269 vorausgesetzten Inhalt (**RG** 16. 1. 1933, IV 351/32).

Anm. 41

VII. Erbvertrag und Erbschaftsteuer

Entsprechende Anwendung beim Erbvertrag § 2280. Über die Behandlung des Falles des § 2269 im Erbschaftsteuerrechte s. ErbschaftsteuerG v. 1. 4. 1959, BGBl I 187, § 10 Abs. 3.

§ 2270

Haben die Ehegatten in einem gemeinschaftlichen Testamente Verfügungen getroffen, von denen anzunehmen ist, daß die Verfügung des einen nicht ohne die Verfügung des anderen getroffen sein würde, so hat die Nichtigkeit oder der Widerruf der einen Verfügung die Unwirksamkeit der anderen zur Folge.

Ein solches Verhältnis der Verfügungen zueinander ist im Zweifel anzunehmen, wenn sich die Ehegatten gegenseitig bedenken oder wenn dem einen Ehegatten von dem anderen eine Zuwendung gemacht und für den Fall des Überlebens des Bedachten eine Verfügung zugunsten einer Person getroffen wird, die mit dem anderen Ehegatten verwandt ist oder ihm sonst nahe steht.

Auf andere Verfügungen als Erbeinsetzungen, Vermächtnisse oder Auflagen findet die Vorschrift des Abs. 1 keine Anwendung.

E II 2137; P 5 448—459; 6 397.

Übersicht

Wechselbezügliche Verfügungen

I. Begriff und Voraussetzungen der Wechselbezüglichkeit im allgemeinen

Anm. 1

Als wechselbezügliche Verfügungen kommen nach Abs. 3 nur Erbeinsetzungen, Vermächtnisse und Auflagen in Betracht. Die Fälle des Abs. 2 sind nicht erschöpfend.

Wesentlich ist nur, daß zwischen beiden Verfügungen „Zusammenhang des Motivs" (Prot. 5, 451) in dem Sinne besteht, daß jeder der beiden Ehegatten eine auf seiner Willensentschließung beruhende Anordnung getroffen hat, die ohne die Verfügung des anderen nicht gewollt sein würde, oder, anders ausgedrückt, daß jede der beiden Verfügungen mit Rücksicht auf die andere getroffen ist und nach dem Willen der Erblasser mit ihr stehen und fallen soll (**RG** 116, 149). Um feststellen zu können, ob Verfügungen wechselbezüglich sind, muß zunächst durch Auslegung der Inhalt der in dem Testament getroffenen Verfügungen festgestellt werden (**BGH** LM BGB § 2270 Nr. 2).

Der die Wechselbezüglichkeit bedingende Zusammenhang kann auch dann vorliegen, wenn die beiderseitigen Anordnungen in eine sprachlich einheitliche Verfügung zugunsten desselben Dritten zusammengefaßt sind (**RG** 88, 330; WarnRspr 1920 Nr. 18).

Anm. 2

Gleichheit des mit den beiderseitigen Anordnungen verfolgten Zweckes ist weder erforderlich noch für sich allein unbedingt genügend, kann aber einen Anhalt dafür bieten, daß beide Verfügungen nach dem Willen der Erblasser voneinander abhängig sein sollen (**RG** Recht 1921 Nr. 1633).

Anm. 3

Zwischen gleichlautenden Verfügungen wird der Zusammenhang meist ohne weiteres gegeben sein, auch wenn sich die Ehegatten nicht gegenseitig bedenken (§ 2269), vielleicht weil sie insoweit der gesetzlichen Erbfolge nach § 1931 Abs. 2 freien Lauf lassen wollen.

Anm. 4

Er kann auch bei verschiedenartigen Verfügungen vorliegen, z. B. wenn ein Ehegatte seinen Nachlaß nur seinen Verwandten — nicht an Fremde oder einen bestimmten Fremden — zuwendet, weil auch der andere Ehegatte nur seine Verwandten — keine Fremden, keinen bestimmten Fremden bedenkt, oder wenn er sich mit einer Auflage beschweren läßt, weil er auch seinerseits dem anderen Teil eine Auflage macht.

Anm. 5

Möglich ist zwischen den Verfügungen der beiden Ehegatten in einem gemeinschaftlichen Testament auch ein bloß einseitiges Abhängigkeitsverhältnis derart, daß nur die Verfügung des einen von der des anderen, nicht aber diese Verfügung von jener abhängig gemacht ist. Dann werden (mit KG JFG 10, 67) die §§ 2270, 2271 entsprechend anzuwenden sein (str.; wie hier Staudinger/Dittmann 11. Aufl. § 2270 Nr. 4; aM Strohal § 43 Anm. 28; § 43a Anm. 9 wohl auch Planck/Greiff 4. Aufl. § 2270 Anm. 2 am Ende). Falls Ehegatten sich gegenseitig zu Erben eingesetzt und als Schlußerben ihre gesetzlichen Erben berufen haben, kann die Einsetzung der Verwandten des zuerst Verstorbenen wechselbezüglich und die Einsetzung der Verwandten des Überlebenden nicht wechselbezüglich sein, so daß dieser über den seinen Verwandten zugewandten Teil des Nachlasses anderweit verfügen kann (**BGH** LM BGB § 2270 Nr. 2; vgl. Anm. 16). Im Ergebnis ähnlich beim Erbvertrag **BGH** NJW 1961, 120.

Anm. 6

Dagegen ist das Abhängigkeitsverhältnis für die Zeit nach dem Tode des Zuerststerbenden als verneint anzusehen, wenn ein Erblasser dem anderen ausdrücklich gestattet, spätere abweichende Verfügungen zu treffen (**RG** 79, 32, 34; LZ 1920, 705; **BGH** FamRZ 1956, 83).

Anm. 7

Voraussetzung ist, daß die Verfügungen in einem gemeinschaftlichen Testamente ausgesprochen sind. Stehen die in getrennten Testamenten getroffenen Verfügungen zweier Erblasser, die nicht Ehegatten zu sein brauchen, in dem hier angenommenen gegenseitigen Abhängigkeitsverhältnis, so kann, wenn eine von ihnen unwirksam geworden ist, die andere geeignetenfalls wegen Irrtums im Beweggrunde angefochten werden (§ 2078 Abs. 2).

II. Die Auslegungsregel des Abs. 2

1. Ermittlung des auf die Wechselbezüglichkeit gerichteten Willens

a) Durch einfache Auslegung

Anm. 8

Auch für die in Abs. 2 hervorgehobenen hauptsächlichsten Fälle stellt das Gesetz nur die Auslegungsregel auf, daß die Wechselbezüglichkeit „im Zweifel" gewollt sei. Die Regel hat ihr Vorbild in dem § 493 PrALR II 1, nicht in einer Norm des gemeinen Rechts (**RG** 28. 4. 1927 IV 579/26). Sie ist nicht anzuwenden, wenn pflichtmäßige Willenserforschung (§ 133, § 2084 Anm. 1 ff, insbes. Anm. 14) dazu führt, daß die eine von den beiden sich darbietenden Willensmöglichkeiten, nämlich die von den Erblassern gewollte Abhängigkeit oder die von ihnen gewollte Unabhängigkeit der beiderseitigen Verfügungen für zutreffend oder unzutreffend erklärt werden kann. Es ist daher in jedem Fall zu prüfen, ob die betreffende Verfügung nach dem Willen der Erblasser wechselbezüglich sein soll. Hierzu ist es notwendig, zunächst durch Auslegung den Inhalt der in dem Testament getroffenen Verfügungen festzustellen (**BGH** LM BGB § 2270 Nr. 2). Nur wenn diese Willenserforschung zu keinem Ergebnis führt, greift insofern die Auslegungsregel des § 2270 Abs. 2 ein, wenn es sich um Verfügungen des dort angeführten Inhalts handelt.

Anm. 9

Bei der hiernach anzustellenden Willenserforschung handelt es sich um eine Auslegung des gemeinschaftlichen Testaments, für die alle für die Testamentsauslegung angeführten Grundsätze gelten. Für die Auslegung können daher auch Umstände außerhalb des Testaments, so frühere oder spätere Äußerungen der Erblasser und ihre beiderseitigen Vermögensverhältnisse in Betracht kommen (KG KGJ 42, 119; JFG 14, 288; JW 1935, 1442; Karlsruhe JFG 9, 85; **RG** 116, 150; Recht 1929 Nr. 1020). Jedoch genügt, wenn die Ehegatten sich gegenseitig zu Erben eingesetzt haben, die Tatsache allein noch nicht, daß zur Zeit der Testamentserrichtung nur die Ehefrau Vermögen besaß, um die Wechselbezüglichkeit auszuschließen. Auch in diesem Fall können die verschiedensten Umstände Anlaß geben, eine Wechselbezüglichkeit der Verfügungen zu wollen, insbesondere, wenn die Ehegatten das Testament in jungen Jahren errichten und vielleicht damit rechnen, daß auch der Ehemann aus seinen Einkünften noch Ersparnisse machen wird (**RG** DR 1940, 723).

Anm. 10

Daraus, daß die Ehegatten in einem gemeinschaftlichen Testament, in dem sie sich gegenseitig zu Alleinerben eingesetzt haben, nach dem Tode des Längstlebenden einem Dritten einen Gegenstand vermacht haben, der zur Zeit der Testamentserrichtung im Miteigentum der Ehegatten steht, folgt allein nicht zwingend, daß die von ihnen getroffenen Verfügungen wechselbezüglich sind. Die gegenseitige Erbeinsetzung mag die äußere Voraussetzung für die rechtliche Möglichkeit der von den Ehegatten getroffenen Vermächtnisanordnung darstellen. Für die Frage der Wechselbezüglichkeit ist indes entscheidend auf die sich aus dem Willen der Ehegatten ergebende innere Abhängigkeit der Verfügungen abzustellen (**RG** 170, 172).

Anm. 11

Entgegen der Auslegungsregel des § 2270 Abs. 2 ist in der Regel keine Wechselbezüglichkeit anzunehmen, wenn der Wert der Zuwendung des einen Ehegatten an den anderen erheblich hinter dem Wert seines gesetzlichen Erbteils oder gar des Pflichtteils zurückbleibt. Anders ist es, wenn der Ehegatte die Absicht hatte, das Erbrecht seines Ehepartners noch weiter zu beschränken und hiervon mit Rücksicht auf die ihm gemachte Zuwendung abgesehen hat (KG DR 1940, 2171).

Anm. 12

b) Durch ergänzende Auslegung

Die Entscheidung der Frage, ob die Verfügungen wechselbezüglich sind, kann unter Umständen auch im Wege der ergänzenden Testamentsauslegung getroffen werden. Zwar kann diese nie dazu führen, einen im Testament zweifelsfrei ausgedrückten Willen zu entkräften. Es kann aber sein, daß die Erblasser ihre Verfügungen als wechselbezügliche errichtet haben und daß in späterer Zeit Umstände eingetreten sind, an die sie bei der Errichtung ihres Testaments nicht gedacht haben. Die Wechselbezüglichkeit ist dann zu verneinen, wenn die Erblasser sie für diesen später eingetretenen Fall ausgeschlossen hätten, falls sie diese Umstände bei der Testamentserrichtung vorausschauend bedacht hätten (München HRR 1942, 839). Jedoch ist Vorsicht geboten bei der Prüfung der Frage, ob die Beteiligten bei Kenntnis der zukünftigen Lage für diesen Fall die gegenseitige Abhängigkeit der Verfügungen voneinander durchbrochen und damit dem Überlebenden volle Verfügungsfreiheit auch von Todes wegen gegeben hätten, oder ob sie nicht statt dessen für diesen Fall die eine oder andere Verfügung unterlassen oder nur sonst inhaltlich anders getroffen hätten (**BGH** 27. 4. 1960 V ZR 4/59).

Anm. 13

2. Nachträglicher Verlust der Wechselbezüglichkeit

Letztwillige Verfügungen, die ursprünglich als wechselbezügliche errichtet waren, können diesen Charakter auch später verlieren. Dazu genügt jedoch nicht ein einfacher, formloser Willensentschluß des einen oder beider Ehegatten. Denn die Wechselbezüglichkeit ist eine besondere, auf dem Willen der Erblasser beruhende Eigenschaft ihrer letztwilligen Anordnung. Sie kann nur in der Form einer letztwilligen Verfügung geändert werden. Jeder Ehegatte kann nur die Wechselbezüglichkeit seiner eigenen letztwilligen Verfügungen wieder ausschließen. Das kann, ohne daß der andere Ehegatte mitzuwirken oder davon Kenntnis zu haben braucht, durch eine einseitige von ihm errichtete letztwillige Verfügung geschehen. Die Bestimmung des § 2271 steht dem nicht entgegen, da sie nur dem Schutz des anderen Ehegatten dient, dieser aber dadurch, daß die für ihn bestehende Bindung entfällt, nur besser gestellt wird. Der Ehegatte selbst, der die ändernde Bestimmung trifft, bleibt seinerseits gebunden, da die Wechselbezüglichkeit der von seinem Ehepartner errichteten Verfügung solange unberührt bleibt, bis auch dieser sie aufhebt. In einem solchen Fall besteht eine vom Gesetz an sich in § 2270 nicht vorgesehene einseitige Bindung eines Ehegatten (ebenso Staudinger/Dittmann 11. Aufl. § 2270 Nr. 6).

Anm. 14

3. Beweislast

Falls die Verfügungen inhaltlich dem § 2270 Abs. 2 entsprechen, ist, solange kein gegenteiliger Wille festgestellt werden kann, anzunehmen, daß sie wechselbezüglich sind und daß die in Abs. 1 vorgeschriebenen Folgen eintreten. Wer behauptet, daß entgegen Abs. 1 die Nichtigkeit oder der Widerruf der Verfügungen des einen Ehegatten nicht die Nichtigkeit der Verfügungen des anderen zur Folge hat, sondern daß diese weitergelten, muß diejenigen Umstände vortragen und beweisen, die es ermöglichen, durch Auslegung festzustellen, daß die Verfügungen nicht wechselbezüglich sind.

Beim Fehlen der Voraussetzungen des Abs. 2 gilt nicht etwa eine Vermutung gegen die Wechselbezüglichkeit, vielmehr ist dann über ihr Vorhandensein nach freiem richterlichem Ermessen zu entscheiden (BayObLGZ NF 21 A 90).

4. Gegenseitiges Bedenken der Ehegatten (Abs. 2 Halbs. 1)

Anm. 15

Die Ehegatten können sich gegenseitig bedenken nur durch Erbeinsetzung oder Vermächtnisse. Eine Auflage (§ 1940), die dem andern Teil zugute kommt, genügt nicht. Doch steht der Erbeinsetzung gleich und ist als Zuwendung aufzufassen, wenn die Ehegatten im Testamente der gegenseitigen Erbfolge (§ 1931) auch nur stillschweigend freien Lauf lassen.

Anm. 16

Aus der wechselbezüglichen Erbeinsetzung der Ehegatten ergibt sich nicht ohne weiteres, daß das Testament auch seinem übrigen Inhalte nach wechselbezüglich sein soll; diese Frage ist vielmehr für jede einzelne Verfügung zu prüfen (München JFG 15, 262). In dem häufigen Falle, daß kinderlose Eheleute sich gegenseitig als Erben einsetzen und bestimmen, nach dem Tode des Letztlebenden solle das beiderseitige Vermögen teils an Verwandte des Mannes, teils an Verwandte der Frau fallen, sind regelmäßig wechselbezüglich die Einsetzungen der Gatten im Verhältnisse zueinander, außerdem die Einsetzung jedes Gatten im Verhältnisse zu der von ihm ausgesprochenen Einsetzung der Verwandten des andern Gatten, also wenn der Mann zuerst stirbt, die Einsetzung der Frau durch ihn mit der Einsetzung seiner Verwandten durch die Frau, dagegen nicht ohne weiteres mit der von der Frau ausgesprochenen Einsetzung ihrer Verwandten (**BGH** LM BGB § 2270 Nr. 2; oben Anm. 5). Möglich ist aber die Erstreckung der Wechselbezüglichkeit auch hierauf, so wenn sich die Ehegatten über die Auswahl der zu bedenkenden beiderseitigen Verwandten, auf deren Bedenkung nicht nur der mit dem einzelnen verwandte Erblasser, sondern beide Gatten Wert legten, verständigt haben (**RG** SchlHA 1920, 33; auch BayObLGZ NF 21 A 90; Dresden JFG 2, 162).

Über die Anwendung der Auslegungsregel des Abs. 2 auf ein gemeinschaftliches Testament von Eheleuten, die in westfälischer Gütergemeinschaft des Pr. Ges. v. 16. 4. 1860, GS 165 (geänd. durch Art. 48 PrAGBGB v. 20. 9. 1899, GS 404) lebten, s. **RG** HRR 1934, 820.

5. Zuwendungen an einen Ehegatten und Zuwendungen an Verwandte des anderen oder diesem nahestehende Personen (Abs. 2 Halbs. 2)

Anm. 17

Die Ehegatten bedenken sich nicht gegenseitig. In dem gemeinschaftlichen Testament wird vielmehr nur dem einen Ehegatten (A) von dem andern eine Zuwendung gemacht. Der andere (B) erlangt aber gewissermaßen als Gegenleistung, daß für den Fall des Überlebens des Bedachten (A) von diesem eine Verfügung zugunsten einer Person getroffen wird, die mit dem andern (B) verwandt ist oder ihm sonst nahesteht, was auch für einen gemeinschaftlichen Abkömmling der beiden Ehegatten oder eine beiden in gleichem Maße durch Freundschaft oder dergleichen verbundene Person zutrifft (**RG** 116, 149f). In der Denkschrift (Heymannsche Ausgabe 433) hat der Tatbestand des Gesetzes keinen zutreffenden Ausdruck gefunden. Der dort angeführte Fall, daß die Verfügung zugunsten des Dritten gerade von demjenigen Ehegatten (B) getroffen wird, welcher auch die Zuwendung an den überlebenden Ehegatten macht, wird von der Auslegungsregel nicht getroffen, die nur für Fälle bestimmt ist, in denen sich Verfügungen beider Ehegatten gegenüberstehen (Planck/Greiff Anm. 4b; s. auch **RG** JW 1909, 52; aM die 5. und die früheren Auflagen dieses Kommentars).

Anm. 18

Verwandtschaft § 1589.

Nahestehende Personen sind Verschwägerte, Freunde, Hausgenossen usw. Wird die Schwägerschaft mit dem „anderen Ehegatten" nur durch den mitbestimmenden Ehegatten vermittelt, wie dann, wenn der Mann, der von seiner zweiten Frau als Erbe eingesetzt ist, für den Fall seines Überlebens seine ersteherlichen Kinder als Erben einsetzt, so hängt es von den Umständen des einzelnen Falles ab, ob diese mit dem anderen Ehegatten verschwägerten Personen als „ihm nahestehend" anzusehen sind (KG HRR 1932, 627).

III. Rechtliche Abhängigkeit der wechselbezüglichen Verfügungen

Anm. 19

Wechselbezügliche Verfügungen sind nach § 2270 Abs. 1 insofern voneinander abhängig, als die Nichtigkeit oder der Widerruf der einen die Unwirksamkeit der anderen zur Folge hat. Gleichgültig ist, ob die Nichtigkeit wegen eines materiellen oder eines formellen Mangels, ob sie von Anfang an bestanden hat oder erst als Erfolg der Anfechtung nach § 142 Abs. 1 eintritt.

Anm. 20

Die bloße Möglichkeit, daß eine der wechselbezüglichen Verfügungen infolge einer vielleicht später eintretenden Änderung der tatsächlichen Verhältnisse nichtig wird, genügt indes nicht, um die Wirksamkeit der von ihr abhängigen Verfügung zu erschüttern (KG JFG 21, 94, entschieden für den Fall einer Anerbenbestimmung nach dem Reichserbhofgesetz, die sich möglicherseise in späterer Zeit als unwirksam erweisen konnte).

Über den Widerruf vergleiche § 2271 Anm. 2ff.

Anm. 21

In beiden Fällen tritt die Unwirksamkeit der anderen Verfügung unmittelbar kraft Gesetzes ein. Es ist deshalb gleichgültig, ob der andere Teil die Nichtigkeit oder den Widerruf gekannt oder dem Widerruf sogar zugestimmt hat. Die Unwirksamkeit beschränkt sich jedoch, wenn der andere Teil mehrere Verfügungen getroffen hatte, auf diejenigen seiner Verfügungen, welche zu der nichtigen oder widerrufenen Verfügung im Abhängigkeitsverhältnis gestanden hatten; ob die so beschränkte Unwirksamkeit auch Unwirksamkeit der sonstigen Verfügungen des andern Teiles zur Folge hat, ist nach § 2085 zu beurteilen (**RG** 116, 149; WarnRspr 1913 Nr. 247).

Anm. 22

Ist die Verfügung des einen Ehegatten aus anderen Gründen als wegen Nichtigkeit oder Widerrufs unwirksam — der von ihm eingesetzte Erbe z. B. schlägt die Erbschaft aus —, so bleibt die Wirksamkeit der anderen Verfügung hiervon unberührt (str.), wenn sie nicht als durch Verwirklichung der erledigten Verfügung bedingt zu gelten hat.

Anm. 23

Darüber, ob und inwieweit auch teilweiser Widerruf der einen Verfügung (Herabsetzung eines Vermächtnisses) die Unwirksamkeit der anderen Verfügung nach sich zieht, ist nach dem zu ermittelnden Willen der Erblasser zu entscheiden.

Entsprechend dem § 2270 beim Erbvertrag § 2298.

Anm. 24

IV. Andere Verfügungen (Abs. 3)

Andere Verfügungen, wie familienrechtliche Anordnungen (Vorbem. 2 vor § 1937), Ausschließung (§ 1938), Entziehung des Pflichtteils (§ 2336), **RG** WarnRspr 1933 Nr. 152, Teilungsanordnungen (§ 2048), Ernennung eines Testamentsvollstreckers (§ 2197, KGJ 48, 99; Darmstadt DNotZ 1936, 380) werden kraft Gesetzes (vgl. Anm. 7, 21) auch dann nicht unwirksam, wenn sie nach dem Willen der Ehegatten mit der nichtigen oder widerrufenen Verfügung wechselbezüglich sein sollen. Dagegen ist ihre Anfechtung aus § 2078 nicht ausgeschlossen.

§ 2271

Der Widerruf einer Verfügung, die mit einer Verfügung des anderen Ehegatten in dem im § 2270 bezeichneten Verhältnisse steht, erfolgt bei Lebzeiten der Ehegatten nach den für den Rücktritt von einem Erbvertrage geltenden Vorschriften des § 2296. Durch eine neue Verfügung von Todes wegen kann ein Ehegatte bei Lebzeiten des anderen seine Verfügung nicht einseitig aufheben.

Das Recht zum Widerruf erlischt mit dem Tode des anderen Ehegatten; der Überlebende kann jedoch seine Verfügung aufheben, wenn er das ihm Zugewendete ausschlägt. Auch nach der Annahme der Zuwendung ist der Überlebende zur Aufhebung nach Maßgabe des § 2294 und des § 2336 berechtigt.

Ist ein pflichtteilsberechtigter Abkömmling der Ehegatten oder eines der Ehegatten bedacht, so findet die Vorschrift des § 2289 Abs. 2 entsprechende Anwendung.

E II 2138; P 5 451—458.

Übersicht

Widerruf wechselbezüglicher Verfügungen

Anm. 1

I. Allgemeines

§ 2271 behandelt die Zulässigkeit und die Form des einseitigen Widerrufs wechselbezüglicher Verfügungen eines gemeinschaftlichen Testaments. Absatz 1 betrifft den Widerruf zu Lebzeiten der Ehegatten. Absatz 2 den Widerruf zur Zeit nach dem Tode des einen der Ehegatten, Absatz 3 behandelt die Möglichkeit einer Enterbung in guter Absicht.

II. Der Widerruf

Anm. 2

1. Gemeinsamer Widerruf durch beide Ehegatten

Von selbst versteht sich, daß die Ehegatten gemeinschaftlich jederzeit das gemeinschaftliche Testament in allen Formen der §§ 2253—2258 BGB widerrufen können (KG HRR 1932, 14). Nach § 2289 kann dies auch durch Erbvertrag geschehen.

2. Einseitiger Widerruf eines Ehegatten

Anm. 3

a) Widerruf nicht wechselbezüglicher Verfügungen

§ 2271 hat nur den einseitigen Widerruf eines Ehegatten im Auge. Soweit es sich um nicht wechselbezügliche Verfügungen des gemeinschaftlichen Testaments, insbesondere um andere Verfügungen als Erbeinsetzungen, Vermächtnisse und Auflagen handelt, ist der Widerruf unbeschränkt zulässig in allen Formen, auch durch Streichung der eigenen Niederschrift gemäß § 2255, jedoch mit Ausnahme des § 2256 (vgl. § 2272, § 2270 Abs. 3; Dresden JFG 8, 130; **RG** WarnRspr 1933 Nr. 152: Die in dem gemeinschaftlichen Testament gegen ein gemeinschaftliches Kind ausgesprochene Pflichtteilsentziehung kann danach vom überlebenden Ehegatten mit der Wirkung aufgehoben werden, daß das Kind zwar nicht am Nachlaß des erstverstorbenen, wohl aber an dem des überlebenden Elternteils pflichtteilsberechtigt wird).

b) Widerruf wechselbezüglicher Verfügungen

Anm. 4

Selbst die wechselbezüglichen Verfügungen sind bis zum Tode des Zuerstversterbenden für jeden Teil frei widerruflich, der Widerruf ist jedoch neben dem Erfordernis mindestens beschränkter Geschäftsfähigkeit an die Formvorschrift des § 2296 gebunden: persönlich abgegebene und gerichtlich oder notariell beurkundete Erklärung gegenüber dem anderen Ehegatten.

Anm. 5

Der Widerruf wird wirksam, wenn er dem anderen Ehegatten zugeht. Falls dieser bei der Beurkundung des Widerrufs nicht anwesend ist, muß die beurkundete Erklärung, die Urschrift der Beurkundung oder eine Ausfertigung davon, ihm zugehen oder zugestellt werden. Übermittlung oder Zustellung einer beglaubigten Abschrift genügt nicht (**BGHZ** 31, 5; vgl. § 2296 Anm. 3; aA Jansen NJW 1960, 475; Hieber DNotZ 1960, 240). Es kommt nicht darauf an, ob der andere Ehegatte von dem Widerruf Kenntnis erhält. Falls der Ehegatte, dem der Widerruf zu erklären ist, geschäftsunfähig oder in der Geschäftsfähigkeit beschränkt ist, muß der Widerruf, um wirksam zu werden, dem gesetzlichen Vertreter zugehen, es sei denn, daß dieser darin eingewilligt hat, daß er dem in der Geschäftsfähigkeit nur beschränkten Ehegatten erklärt wird. Falls der Aufenthalt des anderen Ehegatten unbekannt ist, kann die Erklärung des Widerrufs nach § 132 Abs. 2 nach den für die öffentliche Zustellung einer Ladung geltenden Vorschriften der Zivilprozeßordnung erfolgen.

Anm. 6

Hat der widerrufende Teil alles getan, was von seiner Seite geschehen muß, damit die Erklärung an den anderen Teil gelangt, so ist der Widerruf wirksam, auch wenn er erst nach dem Tode des Widerrufenden dem anderen Ehegatten zugeht (§ 130 Abs. 2; **RG** 65, 270). Er ist jedoch im Hinblick auf den Sinn und Zweck des § 2271 Abs. 1 unwirksam, wenn der Widerrufende die Weisung erteilt hat, daß der Widerruf erst nach seinem Tode dem anderen Ehegatten zugehen soll (**BGH** 9, 233; Natter JZ 1954, 381; Kipp/Coing 11. Bearb. § 35 III 3a; Staudinger/Dittmann 11. Aufl. § 2271 Nr. 13; aA München DNotZ 1944, 114; Schmidt JZ 1933, 603; 1954, 605; Dilcher JuS 1961, 20).

Anm. 7

Der einseitige Widerruf der wechselbezüglichen Verfügung ist deshalb unwirksam (s. jedoch Anm. 18—27), wenn er erklärt wird durch Testament (§ 2254), durch Vernichtung oder Veränderung der Testamentsurkunde (§ 2255; über den Beweis von Inhalt und Formgültigkeit des vernichteten Testaments vgl. **RG** LZ 1920, 387; **BGH** LM BGB § 2085 Nr. 1), durch eine trotz § 2272 etwa doch erfolgte einseitige Rücknahme aus amtlicher Verwahrung oder durch Errichtung eines neuen (sei es auch nur teilweise, z. B. durch die Hinzufügung von Beschränkungen oder Beschwerungen, Anm. 13, **RG** WarnRspr 1920 Nr. 18) widersprechenden Testaments (§ 2258 und Anm. 11); dies gilt auch insoweit, als es sich bei dem neuen Testament um andere Verfügungen im Sinne des § 2270 Abs. 3, etwa um die Anordnung einer Testamentsvollstreckung handelt (Dresden JFG 8, 127).

Anm. 8

Eine wechselbezügliche Verfügung, durch die ein Vermächtnis oder eine Auflage angeordnet ist, kann in entsprechender Anwendung des § 2291 mit Zustimmung des anderen Ehegatten durch einseitiges Testament aufgehoben werden. Die Zustimmungserklärung bedarf der gerichtlichen oder notariellen Beurkundung und ist unwiderruflich (ebenso Kipp/Coing 11. Bearb. § 35 Anm. 22; Staudinger/Dittmann 11. Aufl. § 2271 Nr. 7; aA Planck/Greiff 4. Aufl. § 2271 Anm. II 2b).

Anm. 9

c) Widerruf gemeinschaftlicher Testamente mit wechselbezüglichen und nicht wechselbezüglichen Verfügungen

In der Form des § 2296 können nur die wechselbezüglichen, nicht auch die sonstigen Verfügungen des gemeinschaftlichen Testaments widerrufen werden. Der Ehegatte, der sowohl wechselbezügliche als auch andere Verfügungen einseitig widerrufen will, muß sich deshalb sowohl der Form des § 2296 als auch einer der Formen der §§ 2254 bis 2258 bedienen.

Anm. 10

d) Sonstige den Widerruf betreffende Vorschriften

Wirkung des Widerrufs § 2270 Anm. 19—23. Der in der Form des § 2296 erklärte Widerruf ist selbst unwiderruflich (§ 2257 kann nicht in Frage kommen). Er hat zur Folge, daß eine vorher errichtete widersprechende letztwillige Verfügung nunmehr Gültigkeit erlangt (**RG** 65, 275).

Anm. 11

3. Kein einseitiger Widerruf nach § 2258 (Abs. 1 Satz 2)

Satz 2 bestätigt die Regel des Satz 1 auch für den Fall des § 2258, der eine förmliche Widerrufserklärung nicht voraussetzt. Er bezieht sich deshalb gleichfalls nur auf wechselbezügliche Verfügungen. Davon abgesehen verbleibt beiden Ehegatten die unbeschränkte Testierfreiheit. § 2271 steht daher auch nicht entgegen, daß ein Ehegatte in einem einseitigen Testamente seine Verfügung mit der Bestimmung wiederholt, daß sie nunmehr ohne Rücksicht auf bestimmte Verfügungen des anderen Ehegatten getroffen ist (KG JFG 17, 44; 18, 332 mit Anm. Vogels in JW 1939, 353). Gemeinsam können die Ehegatten auch das wechselbezügliche Testament durch ein neues Testament beseitigen (Anm. 2). Dagegen reicht die Zustimmung des einen Teiles zu dem einseitigen Testament des anderen Ehegatten hierzu nicht aus (Dresden JW 1919, 516 mit Anm. Kretzschmar; JFG 8, 129; KG 14, 285).

Widerruf eines unter PrALR errichteten gegenseitigen Testaments § 2253 Anm. 4.

III. Die Bindung des überlebenden Ehegatten

Anm. 12

1. Eintritt und Umfang der Bindung

Mit dem Tode des anderen Ehegatten tritt diejenige Bindung des Überlebenden an die im gemeinschaftlichen Testament von ihm selbst getroffenen Verfügungen ein, die beim Erbvertrag grundsätzlich von vornherein besteht (Vorbem. 4 vor § 2274; § 2278 Anm. 1) und in § 2298 Abs. 2 auch bei Vorbehalt des Rücktritts für den Fall aufrechterhalten wird, daß von dem Rücktrittsrecht bei Lebzeiten der Vertragschließenden kein Gebrauch gemacht worden ist. Die Gebundenheit des Überlebenden tritt kraft Gesetzes mit dem Tode des Zuerststerbenden ein, nicht, wie nach § 492 PrALR II 1 (**RG** 31, 240) und nach gemeinem Recht (Rostock SeuffArch 78 Nr. 145; JFG 3, 163; vgl. auch **RG** 6, 174; 41, 169) erst mit Annahme der ihm etwa gemachten Zuwendung; sie tritt selbst dann ein, wenn er überhaupt nicht bedacht wäre.

2. Folgen der Bindung

Anm. 13

Die Bindung hat zur Folge, daß letztwillige Anordnungen des Überlebenden, soweit und solange ihnen die wechselbezüglichen Verfügungen des gemeinschaftlichen Testaments entgegenstehen — außer im Rahmen von Abs. 2 Satz 2 und Abs. 3 —, nicht wirksam sind. Der Überlebende ist insoweit in seiner Testierfreiheit beschränkt. Damit ist zugleich ausgeschlossen, daß der Überlebende die Verfügungen zwar formell bestehen läßt, sie aber durch Hinzufügung von Beschwerungen oder Beschränkungen, z. B. durch die Belastung des eingesetzten Erben mit einem Vermächtnis (Rostock SeuffArch 78 Nr. 145; aber auch Köln LZ 1928, 1710) oder durch die Ernennung eines Testamentsvollstreckers (KG RJA 12, 18; BayObLGZ NF 19 A 171; München HRR 1942, 839, aber auch KG RJA 16, 253) wesentlich abändert (vgl. Anm. 7; Dresden JFG 8, 127 und **RG** WarnRspr 1920 Nr. 18).

Wenn ein Ehegatte in einem gemeinschaftlichen Testament eine Testamentsvollstreckung angeordnet hat oder eine von ihm vorher angeordnete Testamentsvollstrekkung in dem gemeinschaftlichen Testament aufrecht erhalten worden ist, kann der Ehegatte diese Beschränkung zwar ohne Zustimmung seines Ehepartners durch eine einseitige Verfügung von Todes wegen ganz oder teilweise aufheben, er kann aber nicht an Stelle des von ihm berufenen Testamentsvollstreckers eine andere Person als Testamentsvollstrecker berufen. Darin liegt eine wesentliche Änderung und nicht nur eine Einschränkung der dem gemeinschaftlichen Testament beigefügten Beschränkung. Sie kann von dem Ehegatten nicht allein vorgenommen werden (unrichtig LG Stade MDR 1960, 142).

Anm. 14

Der überlebende Ehegatte, der Alleinerbe seines verstorbenen Ehepartners geworden ist, kann grundsätzlich unter Lebenden über den ihm angefallenen Nachlaß frei verfügen (**BGH** 26, 274, 278; 26, 378, 381; 6. 5. 1954 IV ZR 217 53). Er darf im Hinblick auf den entsprechend anwendbaren § 2287 die Verfügungen des gemeinschaftlichen Testaments nicht durch bösliche Schenkungen vereiteln (**RG** 58, 64; 77, 113; WarnRspr 1926 Nr. 188; vgl. auch § 2269 Anm. 14, 15). Ferner darf er sich der nach § 2271 Abs. 2 eingetretenen Bindung nicht dadurch entziehen, daß er in der Absicht, das gemeinschaftliche Testament auszuhöhlen und die Bindung gegenstandslos zu machen, kurz vor seinem Tode den oder die Hauptbestandteile seines Vermögens veräußert. Die zu diesem Zweck vorgenommenen Übereignungen sind nichtig (**BGH** LM BGB § 2271 Nr. 4; vgl. dagegen **OGH** 2, 160. Keine Unwirksamkeit der Übereignung eines Grundstücks in einem Fall, in dem der Erblasser noch erhebliche Sparguthaben behielt). Die Nichtigkeit der Verfügung kann aber nur in besonders liegenden Ausnahmefällen angenommen werden. Das hat auch der Bundesgerichtshof immer wieder betont (**BGH** 26, 274, 278; 26, 378, 381; 22. 10. 1958 V ZR 29/58: Nichtigkeit ist nur in besonders krassen Ausnahmefällen anzunehmen; vgl. dazu auch § 2269 Anm. 16 mit weiteren Hinweisen u. Dittmann DNotZ 1958, 619). Die Nichtigkeit kann von demjenigen, zu dessen Gunsten die Bindung besteht, bereits zu Lebzeiten des Verfügenden durch eine Feststellungsklage, die sich entweder gegen den Veräußerer oder gegen den Erwerber richtet, geltend gemacht werden. Düsseldorf NJW 1957, 266 hält auch die gegen einen zukünftigen Miterben gerichtete Klage für zulässig. Falls dieser nicht Erwerber des veräußerten Gegenstandes ist, dürfte jedoch in aller Regel zu Lebzeiten des Erblassers das Feststellungsinteresse für eine gegen ihn gerichtete Klage fehlen.

Anm. 15

Der Übergabevertrag über eine der Höfeordnung der früheren britischen Zone unterliegende Besitzung ist Rechtsgeschäft unter Lebenden und vorweggenommene Erbfolge. Eine durch das gemeinschaftliche Testament eingetretene Bindung des überlebenden Ehegatten kann diesen daher hindern, den Hof einer anderen Person zu übergeben als der in dem gemeinschaftlichen Testament als Anerbe bestimmten, während eine Veräußerung des Hofes durch bloßes Rechtsgeschäft unter Lebenden an sich zulässig bleibt (**BGH** 23, 249, 259; RdL 1951, 129; LM HöfeO § 17 Nr. 4; vgl. § 2269 Anm. 17).

Anm. 16

Letztwillige Anordnungen aus § 1638 (Befreiung des von ihm durch eine wechselbezügliche Verfügung Zugewendeten von der elterlichen Verwaltung) sind dem überlebenden Ehegatten nicht verwehrt (**RG** 22. 10. 1928 IV A 618/28; Braunschweig

DNotZ 1951, 374). Entsprechendes galt vor dem 1. Juli 1958 für die Befreiung des Zugewandten von der elterlichen Nutznießung nach dem damals geltenden § 1651 Nr. 2 und ebenso für die Zeit vor dem 1. April 1953 nach dem seinerzeit geltenden § 1369 für den Ausschluß der ehemännlichen Verwaltung und Nutznießung hinsichtlich des zugewandten Vermögens.

Anm. 17

Der Gebundene wird nicht gehindert, die von ihm in dem gemeinschaftlichen Testament getroffenen Verfügungen durch eine neue einseitige zu wiederholen und zu bestätigen.

3. Inkrafttreten widersprechender Verfügungen nach Anfechtung des gemeinschaftlichen Testaments oder Wegfall des Bedachten

Anm. 18

Wenn das gemeinschaftliche Testament angefochten und dadurch unwirksam wird, entfällt die Bindung. Das hat zur Folge, daß die dem gemeinschaftlichen Testament widersprechenden und bislang unwirksamen Verfügungen wirksam werden. Wenn nach Errichtung eines wechselseitigen Testaments der überlebende Ehegatte in einem weiteren Testament seinen Gatten zweiter Ehe als Erben eingesetzt hat und dieser das erste Testament aus § 2079 mit Erfolg anficht, so tritt Erbfolge auf Grund des zweiten Testaments und nicht etwa gesetzliche Erbfolge ein (**RG** 130, 213).

Anm. 19

Das spätere einseitige Testament des durch eine wechselbezügliche Verfügung gebundenen Ehegatten erlangt auch dann seine volle Kraft, wenn sich die von ihm getroffene wechselbezügliche Verfügung durch den Wegfall des in ihr Bedachten, sei es seinen vorzeitigen Tod, Ausschlagung, Erbverzicht oder Erbunwürdigkeit, erledigt (BayObLGZ NF 22 A 120; 32, 411; **RG** 149, 200; WarnRspr 1918 Nr. 124; vgl. § 2352 Anm. 2).

IV. Beseitigung der Bindung

Anm. 20

1. Wegfall des von dem zuletzt Verstorbenen Bedachten

Der Überlebende wird von selbst befreit, wenn sich seine wechselbezügliche Verfügung durch Wegfall des Bedachten erledigt (Anm. 19).

Das gemeinschaftliche Testament wird nicht dadurch gegenstandslos, daß beim Tode des zuerst verstorbenen Ehegatten kein aktiver Nachlaß vorhanden ist.

Anm. 21

2. Zustimmung des Bedachten zu abweichenden Verfügungen

Die Bindung besteht mit Rücksicht auf das Vertrauen, das der andere Ehegatte in den Fortbestand der gemeinschaftlich getroffenen Verfügungen gesetzt hat. Nur er allein kann deswegen den anderen Ehegatten aus der Bindung entlassen. Der durch eine wechselseitige Verfügung Bedachte kann die für den überlebenden Ehegatten bestehende Bindung nicht dadurch beseitigen, daß er einer dieser Verfügung widersprechenden, ihm nachteiligen Verfügung formlos zustimmt. Er muß seine Zustimmung in der für den Erbverzicht (§ 2348) vorgeschriebenen Form erklären (vgl. § 2346 Anm. 15—17; § 2352 Anm. 2). Hat er das nicht getan, dann kann es dennoch gegen Treu und Glauben verstoßen, wenn er sich auf die Unwirksamkeit der von dem überlebenden Ehegatten zu seinem Nachteil getroffenen Verfügung beruft. Ein solcher Verstoß liegt vor, wenn er selbst bei der Errichtung dieser Verfügung mitgewirkt hat und auch bereit gewesen wäre, den zu ihrer Wirksamkeit erforderlichen Erbverzicht zu erklären. Ihm muß bekannt gewesen sein, daß zu seinen Gunsten eine Bindung des überlebenden Ehegatten bestand, oder er muß selbst dann bereit gewesen sein, den Verzicht zu erklären, wenn er diese Kenntnis gehabt hätte (**BGH** LM BGB § 2271 Nr. 7).

3. Ausschlagung und Aufhebung der Verfügung durch den Überlebenden (Abs. 2 Satz 1)

Anm. 22

a) Allgemeines

Der überlebende Ehegatte kann sich aber auch von der Gebundenheit dadurch befreien, daß er das ihm Zugewandte ausschlägt. Er kann dann seine Verfügung aufheben. Die Ausschlagung des ihm Zugewandten für sich allein macht die übrigen Verfügungen des gemeinschaftlichen Testaments nicht hinfällig (KGJ 48, 99). Das Gesetz fordert jedoch nicht, daß die Ausschlagung der Aufhebung der Verfügung vorangehe. Der vom Überlebenden schon bei Lebzeiten des andern Ehegatten in den Formen der §§ 2254 bis 2256 erklärte und deshalb an sich unwirksame Widerruf (vgl. Anm. 7), insbesondere ein den wechselbezüglichen Verfügungen widersprechendes Testament (§ 2258) erlangt deshalb nach dem Tode des Zuerstverstorbenen volle Wirksamkeit, sobald die Ausschlagung des Überlebenden hinzutritt (BayObLGZ NF 22 A 120; vgl. auch **RG** 65, 275).

b) Die Aufhebung der Verfügung

Anm. 23

Sie begreift den eigentlichen Widerruf (§§ 2254—2256) und die Errichtung eines neuen widersprechenden Testaments (§ 2258) in sich. Sie setzt Testierfähigkeit des Überlebenden voraus, ist mithin ausgeschlossen, wenn er geschäftsunfähig geworden ist (§ 2229 Abs. 3 u. 4). In diesem Falle bleibt nur Anfechtung des gemeinschaftlichen Testaments aus § 2078 Abs. 2 möglich.

Anm. 24

Gegenstand der Aufhebung ist unmittelbar nur die eigene vom Überlebenden getroffene oder mitgetroffene Verfügung. Sie hat aber gemäß § 2270 Abs. 1 ohne weiteres auch Unwirksamkeit der vom anderen Teil getroffenen (wechselbezüglichen) Verfügungen zur Folge.

c) Die Ausschlagung des Zugewandten

aa) Durch den überlebenden Ehegatten

Anm. 25

Die Ausschlagung des Zugewandten setzt voraus, daß der Überlebende im gemeinschaftlichen Testamente vom Zuerstverstorbenen als Erbe oder Vermächtnisnehmer bedacht ist. Dem ist der Fall gleichzustellen, daß beide Ehegatten zwar nur an Dritte Zuwendungen gemacht, im Verhältnis zueinander aber der gesetzlichen Erbfolge bewußt freien Lauf gelassen (§ 2270 Anm. 3) oder sich auf ihre gesetzlichen Erbteile förmlich eingesetzt haben (München JFG 15, 36). Dann befreit sich der Überlebende durch Ausschlagung des ihm anfallenden gesetzlichen Erbteils. Wäre der Überlebende von dem Zuerstversterbenden überhaupt nicht bedacht, hätte er sich aber gleichwohl im Sinne der Wechselbezüglichkeit gebunden (§ 2270 Anm. 17), so könnte er nichts ausschlagen und deshalb auch nicht wirksam widerrufen. Anders ist es, wenn der überlebende Ehegatte zwar bedacht, jedoch kein Nachlaß des zuerst Verstorbenen vorhanden ist. Das gemeinschaftliche Testament wird dadurch nicht gegenstandslos. Der überlebende Ehegatte muß auch in diesem Fall, um seine volle Testierfreiheit zurückzuerlangen, ausschlagen.

Anm. 26

Dadurch, daß der Dritte die ihm von dem zuerst Verstorbenen gemachte Zuwendung ausschlägt, entfällt die Bindung des überlebenden Ehegatten nicht (ebenso Planck/Greiff 4. Aufl. § 2271 Anm. IVbα; Staudinger/Dittmann 11. Aufl. § 2271 Nr. 39; aA Kipp/Coing 11. Bearb. § 35 III 3b). Anders ist es, wenn der von dem überlebenden Ehegatten durch eine wechselbezügliche Verfügung Bedachte ausschlägt, so daß diese sich erledigt. Dann entfällt die Bindung rückwirkend (vgl. oben Anm. 20).

Anfechtung der Annahme und Ausschlagung §§ 1954—1956.

Anm. 27

bb) Ausschlagung durch Erben des zuletzt verstorbenen Ehegatten

Hatte der Überlebende die Verfügung aufgehoben, ist er aber vor Ablauf der Ausschlagungsfrist verstorben, so vererbt sich zwar gemäß §§ 1952, 2180 Abs. 3 das Recht, die Erbschaft nach dem Erstverstorbenen auszuschlagen, auf seine Erben. Dadurch, daß die Erben ausschlagen, wird die von dem zuletzt verstorbenen Ehegatten vorgenommene Aufhebung seiner in dem gemeinschaftlichen Testament getroffenen wechselbezüglichen Verfügungen nicht wirksam. Eine von ihm errichtete, diesem widersprechende Verfügung kann dadurch nicht wirksam werden. Diese Wirkung tritt nur ein, wenn der überlebende Ehegatte selbst ausgeschlagen hat. Die Ausschlagung durch die Erben kann die Bindung des Überlebenden nicht mehr beseitigen, wenn sie ihr Erbrecht, wie die Regel bildet, selbst erst aus dem wechselbezüglichen Testamente herleiten. Denn die Ausschlagung wirkt gemäß §§ 1953 Abs. 1, 2180 Abs. 3 auf die Zeit des ersten Erbfalls zurück, ihr Erbrecht und somit auch das Ausschlagungsrecht hätte mithin als von Anfang an nicht vorhanden gewesen zu gelten. Der in dem späteren widersprechenden Testament eingesetzte Erbe kann gleichfalls nicht ausschlagen. Das Recht auszuschlagen kann nicht aus einer Verfügung hergeleitet werden, die zunächst unwirksam ist und allenfalls infolge der Ausschlagung wirksam werden könnte (**RG** 95, 214, 218f). Die Voraussetzungen für das Recht, die Erbschaft auszuschlagen und das Wirksamwerden der abweichenden Verfügung wäre gegeben, wenn der Überlebende von seinen gesetzlichen Erben beerbt wird. Auch wenn diese ausschlagen, bleiben dennoch die von dem Erblasser aufgehobenen, in dem gemeinschaftlichen Testament getroffenen wechselbezüglichen Verfügungen wirksam. § 2271 gestattet seinem Sinne nach nur dem überlebenden Ehegatten dadurch, daß er seine materiellen Vorteile aus den in dem gemeinschaftlichen Testament getroffenen Verfügungen aufgibt, sich die volle Testierfreiheit wieder zu verschaffen. Er schafft sich damit zunächst nur einen ideellen Vorteil. Nach dem Tode des überlebenden Ehegatten kommt es aber nicht mehr darauf an, diesem die Testierfreiheit zu verschaffen, sondern zu ermöglichen, daß eine von ihm getroffene unwirksame Verfügung gültig wird. Könnte der Erbe diesen Erfolg herbeiführen, so würde seine Entschließung nicht nur einen anderen Erfolg als die vom Erblasser zu treffende Entscheidung herbeiführen, sondern auch auf ganz anderen Erwägungen beruhen. Sie würde hauptsächlich von materiellen Erwägungen abhängen, nämlich davon, ob die Ausschlagung und das Wirksamwerden der dem gemeinschaftlichen Testament widersprechenden Verfügungen für den ausschlagenden Erben wirtschaftlich vorteilhaft ist. Der Erbe würde auch praktisch entscheiden, ob eine von seinem Erblasser getroffene Verfügung gelten soll oder nicht. Das wäre mit dem in § 2065 Abs. 1 enthaltenen Grundgedanken nicht vereinbar. Daraus allein kann allerdings die hier vertretene Rechtsansicht nicht hergeleitet werden. Eine ähnliche Lage besteht auch, wenn die Gültigkeit der später getroffenen Verfügung davon abhängt, ob das gemeinschaftliche Testament durch Anfechtung zu Fall gebracht wird (unten Anm. 53; teilweise anderer Ansicht die 10. Aufl. § 2271 Anm. 4c bb).

V. Ausschluß der Bindung durch Bestimmungen des Erblassers

Anm. 28

Allgemein läßt sich sagen, daß nach dem Willen der Ehegatten die nach § 2271 Abs. 1 bestehenden Beschränkungen für den Widerruf nicht weiter gehen sollen, als es erforderlich ist, um zu verhindern, daß ein Ehegatte ohne Kenntnis des anderen seine wechselbezüglichen Verfügungen in einer den Interessen jenes Ehegatten widersprechenden Weise ändert. Es kann daher in der Regel angenommen werden, daß nach dem Willen der Ehegatten die Beschränkungen unter der Bedingung entfallen sollen, daß an die Stelle der widerrufenen, den einen Ehegatten begünstigenden wechselbezüglichen Verfügung eine andere tritt, durch die dieser nur besser gestellt wird. Unter dieser Voraussetzung kann ein Ehegatte seine wechselbezüglichen Verfügungen durch einseitiges Testament zu Lebzeiten des anderen Ehegatten, ohne daß dieser davon Kenntnis zu haben braucht, durch andere ersetzen (KG JW 1938, 680). In Fällen, in denen die Ehegatten ihre gemeinschaftlichen Kinder zu Erben eingesetzt und sich gegenseitig den lebenslänglichen Nießbrauch an dem Nachlaß vermacht hatten, ist ein von dem einen Ehegatten später errichtetes Testament, durch das er den anderen Ehegatten zum Alleinerben eingesetzt hatte, aus den angeführten Gründen für gültig erklärt worden (**BGH** 30, 261; KG DR 1943, 697). Es handelt sich hierbei aber stets um eine Auslegungsfrage. Es muß festgestellt werden, ob nach dem im Testament erklärten Willen der Ehegatten eine solche Änderung der Verfügung zulässig sein soll. Das kann unter Umständen zweifelhaft sein, wenn an die Stelle der Zuwendung des Nießbrauchs die Berufung als Alleinerbe treten soll.

Anm. 29

Abs. 2 Satz 1, der die Bindung des überlebenden Ehegatten an die von ihm getroffenen wechselbezüglichen Verfügungen für die Zeit nach dem Tode des anderen Ehegatten vorschreibt, enthält gleichfalls nachgiebiges Recht. Dem überlebenden Ehegatten kann daher im gemeinschaftlichen Testament die Befugnis eingeräumt werden, seine eigenen, den Charakter der Wechselbezüglichkeit tragenden Verfügungen noch nach dem Tode des Zuerstversterbenden (formell oder sachlich, ganz oder teilweise Anm. 13—15) zu widerrufen (**BGH** 6. 12. 1951 IV ZR 173/50).

Anm. 30

Das Recht zum Widerruf kann auch durch ein von dem Gestattenden allein errichtetes Testament eingeräumt werden. Durch eine Erklärung, die nicht in der Form einer wirksamen letztwilligen Verfügung abgegeben worden ist, kann es allerdings nicht begründet werden (vgl. § 2270 Anm. 13).

Anm. 31

Das Widerrufsrecht kann ihm auch nur unter bestimmten Voraussetzungen eingeräumt werden. Da es dem Erblasser möglich wäre, dem überlebenden Ehegatten ein freies Widerrufsrecht einzuräumen, kann er auch bestimmen, daß das Vorliegen der Voraussetzungen, an die er die Zulässigkeit des Widerrufs geknüpft wissen will, gerichtlich nicht nachprüfbar sein soll (**BGH** NJW 1951, 959). Ein derartiger Widerruf zieht nach § 2270 die Unwirksamkeit der entsprechenden Verfügungen des Zuerstverstorbenen nach sich (**RG** SeuffArch 76 Nr. 163; Rostock SeuffArch 78 Nr. 145; KG JR 1925 Nr. 1640; München JFG 15, 262; **RG** Recht 1923 Nr. 54, wo es gebilligt ist, daß die Einräumung der gedachten Befugnis in der Bestimmung der Erblasser gefunden ist: „Wir behalten uns vor, in betreff unseres Vermögens Abänderungen durch Nachzettel zu treffen“; **RG** DNotV 1932, 348 Nr. 14, wo der Vorbehalt der Befugnis für den überlebenden Ehegatten, „das Testament“ auch nach Annahme der Erbschaft zu ändern, dahin ausgelegt ist, daß er sich nur auf eigene wechselbezügliche Verfügungen dieses Ehegatten richte).

Anm. 32

Ob dem überlebenden Ehegatten die Befugnis eingeräumt ist, seine wechselbezüglichen Verfügungen nach dem Tode des anderen Ehepartners zu ändern, ist durch Auslegung des Testaments zu ermitteln. Diese Befugnis kann auch auf Grund einer ergänzenden Testamentsauslegung festgestellt werden. Der überlebende Ehegatte kann daher nach dem Tode seines Ehepartners eine Testamentsvollstreckung für den Schlußerben anordnen, wenn der verstorbene Ehegatte, falls er bei der Testamentserrichtung die später eingetretenen Umstände vorausschauend bedacht hätte, diese Maßnahme gebilligt hätte. Diese Feststellung kann aber nicht allein daraus getroffen werden, daß die Anordnung der Testamentsvollstreckung nach der subjektiven Überzeugung des überlebenden Ehegatten auch im Sinne des Verstorbenen liegt (KG JFG 23, 45).

Anm. 33

Setzen sich die Ehegatten gegenseitig zu Vollerben und die Kinder zu Erben des Überlebenden mit der Bestimmung ein, daß sich der Überlebende im Falle der Wiederverheiratung mit den Kindern den gesetzlichen Vorschriften entsprechend auseinanderzusetzen hat, so soll nach KG JFG 15, 325 (ebenso JW 1938, 2748; München HRR 1938,

881) im Zweifel anzunehmen sein, daß sie für den Wiederverheiratungsfall den Überlebenden mindestens von der Bindung an die von ihm verfügte Einsetzung der Kinder auf seinen Nachlaß haben befreien wollen; hiergegen Domke JW 1937, 2521; aM auch Palandt/Seibert § 2269 Anm. 4. KG NJW 1957, 1073 nimmt in solchen Fällen an, daß die Ehegatten die Erbeinsetzung der gemeinsamen Kinder auf den Nachlaß des Überlebenden mit dessen Wiederheirat für erledigt angesehen haben. Eine allgemeingültige Auslegungsregel des angegebenen Inhalts wird sich nicht aufstellen lassen; vielmehr wird es stets Frage der Auslegung des einzelnen Testaments sein, ob ihm ein auf Befreiung von der Bindung gerichteter Wille der Erblasser entnommen werden kann (vgl. § 2269 Anm. 20).

Bestimmt ein gemeinschaftliches Testament, daß ein als Erbe des letztlebenden Ehegatten bedachtes Kind, wenn es das Testament anfechte, nur den Pflichtteil erhalte, so kann dieser Bestimmung die Bedeutung zukommen, daß, sofern das Kind vom Nachlasse des Erstverstorbenen den Pflichtteil fordere und damit dem Testament zuwiderhandle, der Überlebende ihm gegenüber an seine Verfügungen nicht mehr gebunden sein solle (Dresden OLG 40, 143).

Anm. 34

Die Wirksamkeit von Abänderungen, die der überlebende Ehegatte nicht an seinen eigenen Verfügungen, sondern auf Grund einer Ermächtigung des andern Ehegatten an dessen Verfügungen vornimmt, richtet sich nicht nach § 2271 Abs. 2, sie hängt vielmehr ausschließlich davon ab, ob und inwieweit eine Ermächtigung zu solchen Abänderungen mit § 2065 vereinbar ist (**RG** JW 1925, 2121; § 2065 Anm. 4).

Anm. 35

Die Bestimmung, daß der Überlebende zur freien Verfügung über die Erbschaft berechtigt sein solle, enthält im Zweifel nur die Ermächtigung, unter Lebenden, nicht auch von Todes wegen frei zu verfügen (KG JW 1936, 3264; München JFG 15, 351).

VI. Fortfall der Bindung infolge schwerer Verfehlungen des Schlußerben

Anm. 36

Der Überlebende darf auch nach Annahme der ihm selbst im gemeinschaftlichen Testamente gemachten Zuwendung seine wechselbezügliche Verfügung aufheben, die einen Dritten begünstigt, wenn sich der Bedachte einer Verfehlung schuldig gemacht hat, die den Erblasser zur Entziehung des Pflichtteils berechtigen würde (§ 2294).

Der Überlebende kann nur seine eigenen Verfügungen und nicht auch die des verstorbenen Ehegatten aufheben. Sofern aber die Ehegatten sich gegenseitig zu Alleinerben und den Schlußerben als Erben des Zuletztversterbenden eingesetzt haben, ist der überlebende Ehegatte praktisch in der Lage, den Schlußerben auch vom Nachlaß des Zuerstverstorbenen auszuschließen. Denn der Schlußerbe kann nur als Erbe des zuletzt versterbenden Ehegatten in den Genuß der Vermögensgegenstände gelangen, die zum Nachlaß des Zuerstverstorbenen gehören.

Anm. 37

Form und Wirksamkeit der Aufhebung sowie der Beweis des Aufhebungsgrundes richten sich nach § 2336 (**RG** 26. 5. 1930 IV 364/29). Sie muß durch eine letztwillige Verfügung erfolgen, in der der Grund der Aufhebung angegeben ist. Ist die Aufhebung erfolgt, weil der Bedachte einen ehrlosen oder unsittlichen Lebenswandel führt, so ist sie unwirksam, wenn er sich zur Zeit des Erbfalls von dem ehrlosen und unsittlichen Lebenswandel dauernd abgewandt hat.

Anm. 38

Die Gültigkeit der dem Überlebenden selbst gemachten Zuwendung bleibt von der Aufhebung, wie auch im Falle des Abs. 3, unberührt.

VII. Beschränkung des Bedachten in guter Absicht (Absatz 3)

Anm. 39

Falls der Bedachte ein pflichtteilsberechtigter Abkömmling beider oder eines der Ehegatten ist, kann jeder Ehegatte ihm nach dem entsprechend anwendbaren § 2289

Abs. 2 Beschränkungen auferlegen. Voraussetzung dafür ist, daß der bedachte Pflichtteilsberechtigte sich in solchem Maße der Verschwendung ergeben hat oder in solchem Maße überschuldet ist, daß sein späterer Erwerb erheblich gefährdet wird. Der Ehegatte kann dann bestimmen, daß nach dem Tode des Abkömmlings dessen gesetzliche Erben das ihm Zugewandte als Nacherben oder Nachvermächtnisnehmer nach dem Verhältnis ihrer gesetzlichen Erbteile erhalten sollen. Der Ehegatte kann auch für die Lebenszeit des Abkömmlings die Verwaltung des ihm Zugewandten einem Testamentsvollstrecker übertragen. Der Abkömmling hat dann Anspruch auf den jährlichen Reinertrag. Die Anordnung ist unwirksam, wenn zur Zeit des Erbfalls der Abkömmling sich dauernd von dem verschwenderischen Leben abgewandt hat oder wenn in diesem Zeitpunkt die den Grund der Anordnung bildende Überschuldung nicht mehr besteht.

Sie erfolgt nach §§ 2289 Abs. 2, 2338 Abs. 2, 2336 durch eine letztwillige Verfügung, in der der Grund angegeben werden muß.

Anm. 40

Die Beschränkung kann jeder Ehegatte sowohl seinen eigenen Abkömmlingen auferlegen als auch denen, die nur Abkömmlinge des anderen Ehegatten sind. Er kann sie nur bezüglich der von ihm gemachten Zuwendungen und nicht auch hinsichtlich der von dem anderen Ehegatten herrührenden Zuwendungen treffen. Die Anordnungen können sowohl zu Lebzeiten beider Ehegatten als auch in der Zeit nach dem Tode eines der Ehegatten getroffen werden. Das Wesen dieser Bestimmung besteht darin, daß die Ehegatten unter den gegebenen Voraussetzungen die Anordnung durch eine letztwillige Verfügung treffen können, ohne ihre wechselbezüglichen Verfügungen nach § 2271 Abs. 1 Satz 1 zu widerrufen und daß diese Anordnungen auch nicht durch eine nach § 2271 Abs. 2 eingetretene Bindung ausgeschlossen wird.

Anm. 41

Die wechselbezüglichen Verfügungen des anderen Ehegatten werden durch die nach Absatz 3 getroffenen Anordnungen nicht berührt. Der Grundsatz des § 2270 Abs. 1 ist insoweit durchbrochen.

VIII. Anfechtung des gemeinschaftlichen Testaments

Anm. 42

1. Anfechtung der Verfügungen des zuerst verstorbenen Ehegatten

Die Anfechtung der von dem zuerst verstorbenen Ehegatten getroffenen Verfügungen durch den Überlebenden oder durch dessen Erben ist aus den allgemeinen Gründen der §§ 2078, 2079 zulässig. Sie kann erfolgen, auch nachdem der Überlebende das ihm Zugewendete angenommen hat. Soweit die Anfechtung durchgreift, führt sie gemäß § 2270 Abs. 1 zugleich die Unwirksamkeit derjenigen Verfügungen des überlebenden Ehegatten herbei, die mit den angefochtenen wechselbezüglich sind.

2. Anfechtung der eigenen Verfügungen durch den überlebenden Ehegatten

a) Das Recht zur Anfechtung

Anm. 43

Der überlebende Ehegatte kann, nachdem die Bindung nach § 2271 Abs. 2 eingetreten ist, auch seine eigenen Verfügungen aus den in §§ 2078, 2079 angeführten Gründen anfechten. Es ist zwar nicht angängig, ihm dieses Recht unmittelbar aus den §§ 2078, 2079 zu gewähren, wie in **RG** 77, 171 angenommen wurde. Ein solches Anfechtungsrecht könnte der überlebende Ehegatte nur haben, wenn bei einem Einzeltestament dem Erblasser dasselbe Recht nach diesen Vorschriften zustehen würde. Das ist aber, wie § 2080 erkennen läßt, nicht der Fall. Diese Vorschrift enthält eine abschließende und erschöpfende Regelung des Kreises der anfechtungsberechtigten Personen. Hierzu zählt der Erblasser nicht. Der Gesetzgeber hat dem Erblasser kein eigenes Anfechtungsrecht eingeräumt, da er dieses mit Rücksicht auf die Möglichkeit eines Widerrufs des Testaments für entbehrlich hielt. Nur beim Erbvertrag, bei dem ein freies Widerrufsrecht nicht besteht, wurde das Anfechtungsrecht begründet (Mot. 5, 48, 322).

Anm. 44

Falls der überlebende Ehegatte die von ihm getroffenen wechselbezüglichen Verfügungen nach dem Tode seines Ehepartners überhaupt nicht anfechten könnte, würde das gemeinschaftliche Testament eine ungleich stärkere Bindung schaffen als dieses bei einem Erbvertrag der Fall ist. Dieser kann unter den Voraussetzungen der §§ 2078, 2079 nach § 2081 angefochten werden. Eine solche unterschiedliche Behandlung des Erbvertrags und des gemeinschaftlichen Testaments ist nicht gerechtfertigt. Es müssen daher die bindend gewordenen wechselbezüglichen Verfügungen eines gemeinschaftlichen Testaments durch den überlebenden Ehegatten in entsprechender Anwendung der §§ 2281 ff aus den in den §§ 2078, 2079 angeführten Gründen angefochten werden können (**RG** 87, 95; 132, 1; WarnRspr 1918 Nr. 213; 1931 Nr. 25; Recht 1920 Nr. 424; KG DNotZ 1933, 580).

Hat der überlebende Ehegatte wieder geheiratet, so entsteht dadurch für ihn das Anfechtungsrecht nach § 2079.

b) Frist für die Ausübung des Anfechtungsrechts

Anm. 45

Das Anfechtungsrecht des überlebenden Ehegatten ist zeitlich nicht begrenzt. Eine Ausschlußfrist wie sie § 2082 Abs. 3 bestimmt, kann für ihn nicht gelten, da das Anfechtungsrecht die versagte Widerrufsmöglichkeit in den Fällen ersetzen soll, in denen ein Festhalten an den früher getroffenen Bestimmungen des gemeinschaftlichen Testaments nicht gerechtfertigt ist.

Anm. 46

Die Anfechtung muß jedoch in entsprechender Anwendung des § 2283 binnen Jahresfrist erfolgen. Nach § 2283 Abs. 2 beginnt die Frist im Falle der Anfechtbarkeit wegen Drohung in dem Zeitpunkt, in welchem die Zwangslage aufhört, in den übrigen Fällen in dem Zeitpunkt, in welchem der Erblasser von dem Anfechtungsgrund Kenntnis erlangt. Zur Kenntnis des Anfechtungsgrundes gehört auch die Kenntnis von dem Vorhandensein des gemeinschaftlichen Testaments. Diese Kenntnis erfordert nicht das Bewußtsein von dessen Vorhandensein. Die Frist ist auch dann verstrichen und damit das Anfechtungsrecht untergegangen, wenn der überlebende Ehegatte, nachdem er eine neue Ehe eingegangen ist, die Anfechtung unterlassen hat, weil er an die Regelung seines Nachlasses im ersten Jahre seiner neuen Ehe nicht gedacht hat und sich deswegen an das Vorhandensein des gemeinschaftlichen Testaments nicht erinnert hat. Kenntnis von dem Vorhandensein des gemeinschaftlichen Testaments hat der überlebende Ehegatte solange, als er sich des Testamentes ohne weitere Gedächtnishilfe erinnern würde, falls er sich mit der Frage seiner Nachlaßregulierung befassen sollte.

Anm. 47

Der Beginn der Frist wird nicht dadurch hinausgeschoben, daß der überlebende Ehegatte irrig annimmt, das gemeinschaftliche Testament sei nicht bindend; er könne es, nachdem er wiedergeheiratet habe, durch ein anderes Testament widerrufen oder es sei durch seine Wiederheirat von selbst oder auch dadurch, daß er ein anderes Testament errichtet habe, außer Kraft getreten. Ein solcher Irrtum hat nicht die Unkenntnis einer zum Anfechtungstatbestand gehörenden Tatsache zur Folge, sondern er beruht auf einer rechtsirrtümlichen Beurteilung des Anfechtungstatbestandes. Er hat seinen Grund in der Unkenntnis der gesetzlichen Bestimmungen über das Anfechtungsrecht und kann daher den Fristbeginn nicht hinausschieben (vgl. § 2082 Anm. 9ff und die dort angeführte Rechtsprechung).

c) Die Wirkung der Anfechtung

Anm. 48

Der überlebende Ehegatte kann nur seine wechselbezüglichen Verfügungen anfechten. Die nicht wechselbezüglichen muß er, wenn er sie nicht weitergelten lassen will, widerrufen, sofern sich nicht ihre Unwirksamkeit entgegen der Regel des § 2085 wegen ihres Zusammenhangs mit den wechselbezüglichen Verfügungen ergibt.

Anm. 49

Von der Anfechtung werden unmittelbar zunächst nur diejenigen Verfügungen ergriffen, auf die sich der Anfechtungsgrund erstreckt. Im Gegensatz zur Anfechtung des Einzeltestaments (vgl. dazu § 2078 Anm. 66ff, § 2079 Anm. 28, 29) führt aber beim gemeinschaftlichen Testament die Anfechtung einer wechselbezüglichen Verfügung grundsätzlich zur vollständigen Nichtigkeit dieser Verfügung. Die Anfechtung kann hier wegen der gegenseitigen Abhängigkeit der wechselbezüglichen Verfügungen in der Regel in ihren Wirkungen nicht beschränkt werden. Die in § 2270 bestimmte Abhängigkeit hat zur Folge, daß der Inhalt einer Verfügung eines Ehegatten, die mit der Verfügung des anderen Ehegatten in Wechselbeziehung steht, nicht einseitig verändert werden kann. Denn in der Regel bedingen sich die wechselbezüglichen Verfügungen in ihrem ganzen Inhalt gegenseitig.

Anm. 50

Da aber der wechselbezügliche Charakter einer wechselbezüglichen Verfügung ausschließlich auf dem Willen der Ehegatten beruht, kann, sofern im übrigen die Voraussetzungen dafür vorliegen, ausnahmsweise die Anfechtung auch hier in ihren Wirkungen beschränkt sein und nicht zur vollständigen Nichtigkeit der von ihr betroffenen Verfügungen führen. Diese Ausnahme ist gegeben, wenn anzunehmen ist, daß der Erstverstorbene seine mit der angefochtenen in Wechselbeziehung stehende Verfügung in gleicher Weise getroffen hätte, wenn die angefochtene Verfügung des anderen Ehegatten nur den Inhalt gehabt hätte, den sie nach der Anfechtung haben würde. Die betreffenden Verfügungen der beiden Ehegatten sind in diesem Fall inhaltlich nur beschränkt wechselbezüglich, so daß hier die Wechselbezüglichkeit der beschränkten Wirkung der Anfechtung nicht entgegensteht (ebenso Staudinger/Dittmann 11. Aufl. § 2271 Nr. 69).

Anm. 51

Soweit die Anfechtung einer wechselbezüglichen Verfügung die Nichtigkeit dieser Verfügung herbeiführt, hat diese wegen der in § 2270 bestimmten Abhängigkeit auch die Nichtigkeit der mit ihr in Wechselbeziehung stehenden Verfügungen des anderen Ehegatten zur Folge. Diese wiederum bedingt aus gleichem Grunde die Nichtigkeit anderer Verfügungen, zu denen sie in Wechselbeziehung steht usw.

Anm. 52

Sofern das gemeinschaftliche Testament durch die Anfechtung nichtig geworden ist, wird es in allen seinen Wirkungen beseitigt. Das hat zur Folge, daß ein früheres Testament des Erblassers, das durch den Inhalt des angefochtenen Testaments aufgehoben war, weitergilt. Ein später errichtetes Testament, das mit Rücksicht auf die durch das gemeinschaftliche Testament eingetretene Bindung keine Wirksamkeit erlangen konnte, wird jetzt wirksam. Durch das gemeinschaftliche Testament war nur die Testierfreiheit des Erblassers eingeschränkt. Diese Einschränkung ist durch die Anfechtung rückwirkend fortgefallen, so daß ein Grund für die Unwirksamkeit des später errichteten Testaments überhaupt nicht bestanden hat (**RG** 130, 213).

3. Anfechtung nach dem Tode des zuletzt verstorbenen Ehegatten

Anm. 53

Nach dem Tode des zuletzt verstorbenen Ehegatten können die in § 2080 genannten Personen dessen Verfügungen anfechten. Ihr Anfechtungsrecht wird jedoch durch das Anfechtungsrecht des zuletzt verstorbenen Ehegatten begrenzt. Ihnen steht das Anfechtungsrecht infolge des entsprechend anzuwendenden § 2085 insoweit nicht mehr zu, als jener das Recht, die Verfügung aus gleichem Grunde anzufechten, bereits verloren hat.

Anm. 54

Die in § 2080 genannten Personen machen ein eigenes und kein Recht ihres Erblassers geltend. Ihr Anfechtungsrecht ist sachlich nicht dasselbe wie das ihres Erblassers. Dessen Anfechtungsrecht zielt in erster Linie darauf ab, ihm die durch das gemeinschaftliche Testament eingeschränkte Testierfreiheit wieder zu verschaffen. Das Anfechtungsrecht der in § 2080 Genannten bezweckt dagegen die letztwillige Verfügung zu beseitigen, um den Anfechtungsberechtigten selbst dadurch einen Vermögensvorteil zu verschaffen.

Anm. 55

Die Frist zur Anfechtung kann niemals vor dem Erbfall zu laufen beginnen. Für die Anfechtung der von dem längstlebenden Ehegatten in einem gemeinschaftlichen Testament getroffenen Bestimmungen beginnt sie daher frühestens im Zeitpunkt des Todes dieses Ehegatten. Das gilt auch dann, wenn der Anfechtungsberechtigte von diesen Verfügungen und den ihnen zugrunde liegenden irrigen Vorstellungen schon nach dem Tode des zuerst verstorbenen Ehegatten Kenntnis erlangt hat. Unrichtig Frankfurt MDR 1959, 393. Hier wird nicht beachtet, daß es sich bei der anfechtbaren Verfügung um eine solche des überlebenden Ehegatten handelt, daß dieser zu seinen Lebzeiten selbst berechtigt ist, seine Verfügungen anzufechten und daß die in § 2080 bezeichneten Personen nach dem entsprechend anzuwendenden § 2285 die Verfügung nicht mehr anfechten können, wenn das Anfechtungsrecht des Erblassers zur Zeit des Erbfalls erloschen ist.

Anm. 56

Sie können im Gegensatz zu dem zuletzt verstorbenen Ehegatten sowohl die wechselbezüglichen als auch die nicht wechselbezüglichen Verfügungen anfechten. Auch soweit sie die wechselbezüglichen Verfügungen nach § 2285 nicht mehr anfechten können, da der zuletzt verstorbene Ehegatte sein darauf gestütztes Anfechtungsrecht verloren hat, können sie doch aus demselben Anfechtungsgrund die nicht wechselbezüglichen Verfügungen anfechten (**BGH** FamRZ 1956, 83). Falls sich dann ergibt, daß der überlebende Ehegatte seine wechselbezüglichen Verfügungen nicht ohne die nichtwechselbezüglichen getroffen haben würde, werden jene durch die Anfechtung der letzteren mit unwirksam. Das hat dann wieder die Unwirksamkeit der dazu in Wechselbeziehung stehenden Verfügungen des zuerst verstorbenen Ehegatten zur Folge. In der Regel wird aber daraus, daß der zuletzt verstorbene Ehegatte die Anfechtungsfrist verstreichen lassen und seine nichtwechselbezüglichen Verfügungen nicht widerrufen hat, geschlossen werden können, daß er die Verfügung auch bei Kenntnis der Sachlage getroffen hätte, oder daß er durch den als Anfechtungsgrund geltend gemachten Umstand nicht zu seiner Verfügung bestimmt worden ist. Die in § 2080 genannten Personen würden dann aus diesen Gründen überhaupt nicht anfechtungsberechtigt sein.

4. Anfechtung von Testamenten, die vor dem Inkrafttreten des BGB errichtet sind

Anm. 57

Während die Bindung des Erblassers durch ein vor dem Inkrafttreten des BGB errichtetes gemeinschaftliches Testament, also die Rechtslage, vermöge deren er das an sich gültig errichtete Testament nicht frei widerrufen darf, gemäß EG Art. 214 Abs. 2 (Einl. vor § 1922 Anm. 5) nach altem Recht zu beurteilen ist (**RG** WarnRspr 1938 Nr. 22), untersteht die Anfechtung eines solchen Testaments, gleichviel ob der erste Erbfall vor oder nach jenem Zeitpunkt eingetreten ist, nicht nur in formeller, sondern auch in materieller Hinsicht dem neuen Rechte, sofern der Anfechtungsgrund erst unter dessen Herrschaft entstanden oder dem Anfechtungsberechtigten bekannt geworden ist (**RG** 77, 165; KGJ 44, 92).

§ 2272

Ein gemeinschaftliches Testament kann nach § 2256 nur von beiden Ehegatten zurückgenommen werden.

E II 2139; P 5 459.

Rücknahme aus der amtlichen Verwahrung

Anm. 1

Die Bestimmung bezieht sich auf die Rücknahme sowohl des öffentlichen als des nach § 2248 hinterlegten eigenhändigen Testaments, obwohl diese Rücknahme keine

Widerrufswirkung hat. Sie gilt auch nach Aufhebung oder Scheidung der Ehe, gleichviel, inwieweit das Testament nach § 2268 BGB unwirksam geworden ist (KG RJA 14, 266). Nach dem Tode eines der Ehegatten kann das gemeinschaftliche Testament überhaupt nicht mehr ausgehändigt werden. Durch eine Aushändigung entgegen dieser Bestimmung an einen Ehegatten wird die Gültigkeit des Testaments nicht beeinträchtigt.

Anm. 2

Die Rückgabe geschieht in der Weise, daß beide Ehegatten persönlich und gleichzeitig erscheinen und das Testament herausverlangen. Falls sie sich nicht darüber einigen können, wem das Testament auszuhändigen ist, kann die Rückgabe nicht erfolgen. Die Rückgabe setzt wegen der Widerrufswirkung voraus, daß beide Ehegatten insoweit geschäftsfähig sind, als dies zum Widerruf einer letztwilligen Verfügung erforderlich ist. Das gilt auch, wenn ein eigenhändiges gemeinschaftliches Testament aus der amtlichen Verwahrung zurückverlangt wird (Planck/Greiff 4. Aufl. § 2272 Anm. 1).

Über Widerruf gemäß § 2255 siehe § 2271 Anm. 2, 3, 7.

§ 2273

Bei der Eröffnung eines gemeinschaftlichen Testaments sind die Verfügungen des überlebenden Ehegatten, soweit sie sich sondern lassen, weder zu verkünden noch sonst zur Kenntnis der Beteiligten zu bringen.

Von den Verfügungen des verstorbenen Ehegatten ist eine beglaubigte Abschrift anzufertigen. Das Testament ist wieder zu verschließen und in die besondere amtliche Verwahrung zurückzubringen.

Die Vorschriften des Abs. 2 gelten nicht, wenn das Testament nur Anordnungen enthält, die sich auf den Erbfall beziehen, der mit dem Tode des erstversterbenden Ehegatten eintritt, insbesondere wenn das Testament sich auf die Erklärung beschränkt, daß die Ehegatten sich gegenseitig zu Erben einsetzen.

E II 2140; P 5, 424, 459.

Übersicht

Eröffnung des gemeinschaftlichen Testaments

Anm. 1

I. Grundgedanke der Vorschrift

Das gemeinschaftliche Testament enthält in der Regel Verfügungen beider Ehegatten. Nur in seltenen Ausnahmefällen versterben diese gleichzeitig. Aus vielen und verständlichen Gründen wünscht der überlebende Ehegatte nicht, daß die von ihm getroffenen letztwilligen Verfügungen schon vor seinem Ableben bekannt werden. Diesem Umstand trägt § 2273 Rechnung. Er bestimmt, daß grundsätzlich nur die Verfügungen des verstorbenen Ehegatten zu verkünden und sonst zur Kenntnis der Beteiligten zu bringen sind. Anderseits müssen alle Verfügungen des verstorbenen Ehegatten eröffnet werden. Gegenüber dieser unbedingten Notwendigkeit muß der oben angeführte Grundsatz zurücktreten. Die Verfügungen des überlebenden Ehegatten können daher nur insoweit geheim gehalten werden, als sie sich von denen des Verstorbenen trennen lassen.

Anm. 2

II. Zur Fassung des Gesetzes

Die Absätze 1 und 2 stimmen mit § 2273 aF wörtlich überein. Sie sind in dieser Form als Abs. 1 und 2 in § 44 des Testamentsgesetzes übernommen worden. Dieser Bestimmung wurde ein dritter Absatz hinzugefügt, der Zweifelsfragen klärte, die in der Rechtsprechung aufgetreten waren. Dieser Absatz wiederum ist als Abs. 3 in sprachlich verbesserter Form in die jetzt geltende Bestimmung übernommen worden.

III. Die Eröffnung der Verfügungen des verstorbenen Ehegatten

Anm. 3

1. Anwendung der allgemeinen Vorschriften

Auch bei der Eröffnung des gemeinschaftlichen Testaments sind die allgemeinen Bestimmungen über die Eröffnung der Testamente, § 2260—2263, anzuwenden. Danach hat das Nachlaßgericht, sobald es von dem Tode des Erblassers Kenntnis erhält, zur Eröffnung eines in seiner Verwahrung befindlichen Testaments einen Termin zu bestimmen, zu dem die gesetzlichen Erben des Erblassers und die sonstigen Beteiligten zu laden sind. In diesem Termin ist das Testament zu öffnen und den Beteiligten nach Maßgabe des § 2273 zu verkünden und auf Verlangen vorzulegen. Mit Rücksicht auf § 2263 können die Ehegatten nicht bestimmen, daß das Testament erst nach dem Tode des zuletzt verstorbenen Ehegatten eröffnet werden darf. Eine solche Bestimmung ist nichtig.

2. Trennung der Verfügungen beider Ehegatten

Anm. 4

Die Eröffnung erfolgt nach dem Tode des Zuerstverstorbenen, beschränkt sich aber grundsätzlich auf seine Verfügungen. Voraussetzung ist, daß die beiderseitigen Verfügungen sich sondern lassen. Das ist der Fall, soweit sie in selbständigen, auch äußerlich auseinander gehaltenen Sätzen enthalten sind, dagegen regelmäßig ausgeschlossen, soweit die Ehegatten in der Mehrheitsform gemeinschaftlich verfügen oder ausdrücklich auf Verfügungen des anderen Teiles Bezug nehmen. Die Verfügungen der beiden Ehegatten müssen sich sprachlich in der Weise voneinander trennen lassen, daß die Verfügungen des zuerst Verstorbenen ihrem Inhalt nach ohne die Verfügungen des Überlebenden verständlich bleiben.

Anm. 5

Der Trennung steht nicht entgegen, wenn die Beweggründe der Verfügung des zuerst verstorbenen Ehegatten nur aus den Verfügungen des anderen Ehegatten erkennbar sind. Die Wechselbezüglichkeit steht daher einer Trennung auch nicht entgegen.

Anm. 6

In Zweifelsfällen sind beide Verfügungen zu verkünden. Jedenfalls erstreckt sich die Verkündigungspflicht des Richters auf alle von dem betreffenden Erblasser herrührenden oder mitherrührenden Verfügungen, einerlei ob er sie für noch wirksam oder für gegenstandslos geworden erachtet. Er hat deshalb die von dem Erstverstorbenen für den eigenen Überlebensfall getroffenen Verfügungen selbst dann zu verkünden, wenn sie zugleich nicht sonderungsfähige Verfügungen des Überlebenden enthalten (**RG** 150, 315; aM BayObLG RJA 1, 45; früher auch KG in KGJ 24 A 183; 34 A 102; 35 A 109 und JW 1931, 1373; das Kammergericht hält an dieser Meinung nach **RG** 137, 228 und 150, 317 nicht mehr fest).

3. Vorlegung zur Einsicht

Anm. 7

a) Durch die Beteiligten

Wollen die Beteiligten vom Inhalt des Testaments durch Vorlegung Kenntnis nehmen (§ 2260 Anm. 11), so sind die ihnen vorzuenthaltenden Stellen zu verdecken; in der Benachrichtigung nach § 2262 sind diese Stellen nicht zu erwähnen, und in den nach § 2264 zu erteilenden Abschriften sind sie wegzulassen.

Anm. 8

b) Durch den überlebenden Ehegatten

Die Beschränkung bezüglich der Bekanntgabe und Vorlegung gilt nicht für den überlebenden Ehegatten. Er kennt seine Verfügungen, und es besteht kein Grund, ihm zu versagen, nachträglich nochmals Einsicht in das von ihm Angeordnete zu nehmen. Er kann aber nicht gestatten, daß das Nachlaßgericht auch anderen die von ihm getroffenen Verfügungen bekannt gibt oder das ganze Testament zur Einsicht vorlegt. Dem steht § 2273 entgegen.

Anm. 9

4. Beschwerde. Ausfertigung als Ersatz für Erbschein

Beschwerde aus § 19 FGG gegen den Ausschluß eines Teiles des gemeinschaftlichen Testaments von der Verkündung (KGJ 35 A 103); ebenso gegen eine Verfügung des Nachlaßgerichts, durch die es nach dem Tode eines Ehegatten seine Entschließung kundgibt, das gemeinschaftliche Testament in vollem Umfange zu verkünden (KG Recht 1930 Nr. 434).

Über die Frage, ob die Ausfertigung eines nur zum Teil eröffneten und verkündeten gemeinschaftlichen Testaments nebst Eröffnungsverhandlung den Erbschein ersetzt (§ 2260 Anm. 14), s. Semprich und Kaulbach DJ 1940, 59.

Anm. 10

IV. Anfertigung einer beglaubigten Abschrift (Abs. 2)

Die beglaubigte Abschrift der (verkündeten) Verfügungen bleibt in gewöhnlicher, nicht besonderer amtlicher Verwahrung. In dem Beglaubigungsvermerk ist anzugeben, daß das gemeinschaftliche Testament weitere Verfügungen des verstorbenen Ehegatten nicht enthält oder daß etwa vorhandene weitere Verfügungen gegenstandslos geworden sind (KGJ 32 A 100; 35 A 103; Dresden ZBlFG 6, 369).

V. Wiederverschließung und amtliche Verwahrung

1. Wiederverschließung

Anm. 11

Die Wiederverschließung und das Zurückbringen in die besondere amtliche Verwahrung einschließlich Siegelung und entsprechender durch den Verkündungsvermerk vervollständigter Aufschrift usw. vollzieht sich gemäß § 2246, jedoch ist die Mitwirkung von Überwachungspersonen hierbei nicht erforderlich.

Anm. 12

Falls jedoch das Testament, weil etwa zunächst beglaubigte Abschriften gefertigt werden müssen, in dem zur Eröffnung anberaumten Termin nicht wieder verschlossen werden kann, ist hierzu ein neuer Termin anzuberaumen, der dem überlebenden Ehegatten bekanntzugeben ist, denn dieser hat ein Recht darauf, sich davon zu überzeugen, daß seine Verfügung wieder ordnungsgemäß verschlossen worden ist.

Anm. 13

Das Testament wird verschlossen ohne Rücksicht darauf, ob der überlebende Ehegatte in dem Termin erschienen ist. Es wird dazu in einen neuen Umschlag gelegt, auf dem die Eröffnung und Wiederverschließung vermerkt wird. Die Erteilung eines neuen Hinterlegungsscheins an den überlebenden Erblasser ist zweckmäßig.

Anm. 14

Die besonderen Vorschriften des § 2273 erledigen sich nicht dadurch, daß der Überlebende der Eröffnung des gemeinschaftlichen Testaments nach seinem ganzen Inhalt zustimmt; dies folgt daraus, daß das Nachlaßgericht mit der Verkündung der Testamente und mit der Wiederverschließung eines nach dem Tode eines Ehegatten verkündeten gemeinschaftlichen Testaments gemäß den §§ 2260, 2273, unabhängig von den Anträgen Beteiligter, von Amts wegen vorzugehen, demgemäß auch den Umfang der Verkündung im Rahmen des Gesetzes zu bestimmen hat (KGJ 35 A 109).

Anm. 15

2. Zuständigkeit des Nachlaßgerichts

Die Wiederverschließung und weitere Verwahrung erfolgt in jedem Falle durch das Nachlaßgericht, auch wenn das Testament vorher von einem anderen Gericht verwahrt wurde (§ 27 Nr. 4 der Aktenordnung idF der AV v. 4. 8. 1938, DJ 1259). Weigert sich das andere Gericht (§ 2261), die Urschrift des von ihm eröffneten gemeinschaftlichen Testaments dem Nachlaßgericht zu übersenden, so steht diesem die Beschwerde zu (KG JFG 14, 168).

Sind für den ersten und zweiten Erbfall verschiedene Nachlaßgerichte zuständig, so ist das zweite Nachlaßgericht nach § 2261 zur endgültigen Aufbewahrung der Urschrift des Testaments berufen (Kiel OLG 21, 336; Rostock OLG 35, 378; München JFG 14, 73).

Anm. 16

3. Bisher nicht amtlich verwahrte Testamente

Befand sich ein eigenhändiges gemeinschaftliches Testament vorher nicht in amtlicher Verwahrung, so ist es offen bei den Akten zu verwahren; auf Verlangen des Überlebenden ist es jedoch in besondere amtliche Verwahrung zu nehmen (KGJ 24 B 11; § 27 Abs. 11 der Aktenordnung — oben Anm. 15). Dem Überlebenden darf das Testament keinesfalls zurückgegeben werden (§ 2259 Anm. 2). Ratsam ist es, worauf Planck/Greiff 4. Aufl. § 2273 Anm. 2c hinweist, in diesem Fall dem Überlebenden eine Bescheinigung über den Verbleib des Testaments zu geben, um so eine gewisse Gewähr dafür zu schaffen, daß das Vorhandensein des Testaments bei seinem Tode bekannt wird.

Anm. 17

VI. Bedeutung einer Verkündung des ganzen Testamentsinhalts

Ist das Testament, weil eine Sonderung der Verfügungen unmöglich war, bereits nach dem ersten Erbfall seinem ganzen Inhalte nach verkündet worden, so hat die Mitverkündung der Verfügungen des Überlebenden doch nur die Bedeutung eines tatsächlichen Vorganges, mit dem sich die Rechtsfolgen der Eröffnung und Verkündung (§ 1944 Abs. 2) nicht verbinden. Dementsprechend gelten auch für ein solches Testament die Vorschriften in Abs. 2 des § 2273; nach dem Tode des Überlebenden ist es nochmals zu eröffnen und zu verkünden (**RG** 137, 222 gegen KGJ 24 B 5; 53, 85; Dresden JFG 2, 160 und 7. Aufl. Anm. 3), es sei denn, daß die Verfügungen des Überlebenden mit dem Tode des Erstverstorbenen gegenstandslos geworden sind, Anm. 20). Auch ein schon vor 1900 seinem ganzen Inhalte nach verkündetes gemeinschaftliches Testament ist bei dem späteren Tode des überlebenden Ehegatten nochmals zu eröffnen (anders KGJ 53, 82 und 7. Aufl. Anm. 3).

VII. Erneute Öffnung des wiederverschlossenen Testaments

Anm. 18

Unter Umständen kann es erforderlich sein, das wiederverschlossene Testament bei Lebzeiten des überlebenden Ehegatten nochmals zu öffnen, wenn es in einem Rechtsstreit vorgelegt werden soll oder wenn die Erteilung eines Erbscheins nach dem zuerst verstorbenen Ehegatten beantragt wird (KGJ 35 A 103; 37 A 127). In der Regel werden dazu die nach Absatz 2 angefertigten beglaubigten Abschriften genügen. Falls aber daraus der Wille des Erblassers nicht eindeutig entnommen werden kann, ist es gestattet, das Testament wieder zu öffnen. Einsicht und Abschriften können nach § 2264 nur insoweit verlangt werden, als es § 2273 Satz 1 gestattet (Planck/Greiff 4. Aufl. § 2273 Anm. 2d).

Anm. 19

Falls das Gericht bei einer von ihm zu treffenden Entscheidung Teile des gemeinschaftlichen Testaments, die nicht mit eröffnet sind, mitverwertet, müssen diese den Beteiligten bekanntgegeben werden. Es würde sowohl den im Zivilprozeß als auch den in der freiwilligen Gerichtsbarkeit geltenden Grundsätzen widersprechen, wenn das Gericht seine Entscheidung auf Umstände stützen könnte, die vor den Betroffenen geheimgehalten werden.

Anm. 20

VIII. Ausnahme von Absatz 2. Testamente mit ausschließlich für den Tod des Erstversterbenden geltenden Vorschriften (Absatz 3)

Abs. 3 sieht eine Ausnahme von dem Erfordernis der Wiederverschließung (und mithin auch der nochmaligen Eröffnung beim Tode des überlebenden Ehegatten: Vogels/Seybold, TestG 4. Aufl. § 44 Anm. 4; Palandt/Seibert Anm. 4; Leopold, Testamentsrecht, 248 Anm. 2 sowie AV v. 12. 3. 1940, DJ 366, Vogels DR 1940, 1652 gegen Lisken DRM 1939, 420; 1940, 9) für den Fall vor, daß das Testament **nur Anordnungen** enthält, **die sich auf den ersten Erbfall beziehen.** Bisher war dies streitig (vgl. einerseits KG JW 1934, 2999; JFG 14, 168 sowie die 8. Aufl. dieses Komm., anderseits Dresden DRpflRspr 1936 Nr. 458; Planck/Greiff § 2273 Anm. 3a; Ebert, Deutsches Gemein- und Wirtschaftsrecht 1937, 78). Als Beispiel führt das Gesetz den Fall an, daß sich das Testament auf eine gegenseitige Erbeinsetzung der Ehegatten beschränkt. In Betracht kommen ferner Verfügungen, die die Ehegatten gemäß §§ 1512—1516 BGB über die Anteile ihrer Abkömmlinge am Gesamtgute der fortgesetzten Gütergemeinschaft getroffen haben (Planck/Greiff aaO). Im Falle des § 2273 Abs. 3 bleibt das gemeinschaftliche Testament offen bei den Akten des Nachlaßgerichts.

Gebühr im Falle des Abs. 3: Witte DFG 1939, 32.

Vierter Abschnitt

Erbvertrag

Übersicht

Vorbemerkungen

Anm. 1

I. Gliederung des Abschnitts:

a) Abschluß und Eröffnung des Erbvertrages, §§ 2274—2277, 2300, 2300a;
b) Inhalt des Erbvertrages, §§ 2278—2280, 2298, 2299;
c) Anfechtung, §§ 2281—2285;
d) Wirkungen des Erbvertrages, §§ 2286—2289;
e) Aufhebung, §§ 2290—2292;
f) Rücktritt des Erblassers, §§ 2293—2297;
g) Schenkung von Todes wegen, § 2301;
h) Vertrag über Verfügung von Todes wegen, § 2302.

II. Allgemeines

Anm. 2

Der Abschluß von Erbverträgen hat sich erst im Mittelalter herausgebildet. Dem römischen Recht war die Einrichtung als eine unzulässige Beschränkung der Testierfreiheit fremd. Die Verfasser des BGB übernahmen sie wegen dringenden Bedürfnisses, die Erbfolge in gewissen Fällen bindend zu regeln (vgl. Motive 5, 310ff; Protokolle 5, 365ff; s. im einzelnen zur Geschichte des Erbvertrages auch Kipp/Coing 11. Bearb. § 36 I; Bartholomeyczik 1960 § 25 I).

Anm. 3

TestG § 50 Abs. 3 hatte die §§ 2274—2277 und 2300 aufgehoben. Sie blieben nur für Erbfälle sowie für die Errichtung und Aufhebung eines Erbvertrages vor dem Inkrafttreten des Testamentgesetzes (4. 8. 1938) maßgebend, TestG § 51 Abs. 1 und 2. An ihre Stelle traten die §§ 29—31 und 45 TestG. Das Gesetz zur Wiederherstellung der Gesetzeseinheit auf dem Gebiete des bürgerlichen Rechts v. 5. 3. 1953 (BGBl I 33) hat das Testamentgesetz — außer TestG § 51 — aufgehoben und die §§ 2274—2227 und 2300 wieder aufleben lassen. Im einzelnen entsprechen:

TestG	§ 29 Abs. 1	=	BGB	§ 2274
	§ 29 Abs. 2—4	=		§ 2275
	§ 30	=		§ 2276
	§ 31	=		§ 2277
	§ 45	=		§ 2300
	§ 46	=		§ 2300a.

Wegen der **Übergangsbestimmungen** vgl. Anm. vor § 2229 Anm. 2—11, insbesondere zu TestG § 51.

III. Wesen des Erbvertrages

Anm. 4

Vgl. auch § 1941 Anm. 1—3. Der Erbvertrag ist wegen seiner Doppelnatur als Verfügung von Todes wegen und als Vertrag rechtlich besonders bemerkenswert. Er unterscheidet sich schon wegen seines Vertragscharakters grundlegend vom Testament, insbesondere auch vom gemeinschaftlichen Testament. Er ist ein „wirklicher Vertrag" (**BGH** 26, 204, 207 = NJW 1958, 498 = JZ 1958, 399 = LM BGB § 2289 mit Anm. von Johannsen; vgl. auch Planck/Greiff 4. Aufl. Vorbem. 2 vor § 2274; ferner nachstehend § 2276 Anm. 5 und § 2289 Anm. 3). Die Gegenüberstellung in § 1937: „einseitige Verfügung von Todes wegen (Testament, letztwillige Verfügung)" und § 1941: „durch Vertrag ... (Erbvertrag)" bringt das klar zum Ausdruck. Sein besonderes Merkmal ist jedoch die erbrechtliche Bindung (§ 2289; vgl. auch Abschnitt I der Anm. von Johannsen zu LM BGB § 2289 Nr. 3), die mit dem Vertragsschluß eintritt. Das Testament ist dagegen grundsätzlich frei widerruflich, §§ 2253ff. Der Erbvertrag ist anders als das gemeinschaftliche Testament (§ 2265) nicht auf Ehegatten beschränkt.

Anm. 5

Beim Erbvertrag wird ferner der Unterschied zwischen einem Rechtsgeschäft unter Lebenden und einer Verfügung von Todes wegen besonders deutlich. Das erstere schafft eine Verbindlichkeit, die sich gegen das gegenwärtige Vermögen richtet oder bewirkt eine unmittelbare dingliche Rechtsänderung im gegenwärtigen Vermögensbestande; der Vertragsgegner erlangt also noch bei Lebzeiten des Erblassers und vor dem Erbfalle ein Forderungsrecht auf Leistung aus seinem Vermögen oder ein dingliches Recht an dessen Vermögensrechten. Das ist jedoch bei der Verfügung von Todes wegen, also auch beim Erbvertrage, nicht der Fall; hier ist der Erblasser weder dinglich noch schuldrechtlich gehindert, unter Lebenden über sein Vermögen zu verfügen (**RG** SeuffArch 77 Nr. 60; **BGH** 8, 23, 30; **BGH** 31, 13 = NJW 1959, 2252 = MDR 1960, 39 u. 296 mit Anm. von Baumgärtel = DNotZ 1960, 207 mit Anm. von Hieber, auch zu der Möglichkeit, daß sich der Erblasser neben der erbvertraglichen Bindung dem Bedachten gegenüber zugleich schuldrechtlich verpflichtet, über einen vermachten Gegenstand auch unter Lebenden nicht mehr zu verfügen). Der Erbvertrag erzeugt nur eine erbrechtliche Bindung; er gewährt dem Vertragserben also nicht einmal eine rechtlich gesicherte Anwartschaft, so daß die Rechtsstellung des Vertragserben insbesondere auch durch eine Vormerkung nicht gesichert werden kann (**BGH** 12, 115; DNotZ 1954, 264; OLG Hamm DNotZ 1956, 151; siehe hierzu auch Holthöfer JR 1955, 11, ferner § 2286 Anm. 2f).

Anm. 6

Zur Abgrenzung zwischen einem Kauf- und Erbvertrag bei der entgeltlichen Einräumung des Rechts, nach dem Tode des Erblassers dessen Geschäft zu übernehmen, vgl. OLG Hamburg MDR 1950, 615, das einen Kaufvertrag annimmt, während Coing darin einen mit einem anderen Vertrage verbundenen Vermächtnisvertrag sieht (Kipp/Coing 9. Bearb. § 61 III 2d; s. aber auch 11. Bearb. § 81 V). Für die Abgrenzung ist die Frage, ob der Berechtigte den Anspruch erst beim Tode des Vertragsgegners geltend machen kann, nicht wesentlich (aM OLG Stuttgart JR 1949, 383 für einen Schulderlaß „auf den Tod der Gläubigerin"; dagegen Stachels JR 1949, 385 und Ehlers JR 1950, 86). Entscheidend ist vielmehr, ob der Vertrag einen Anspruch begründet, dessen Erfüllung nur hinausgeschoben worden ist, oder ob der Anspruch selbst erst mit dem Todesfalle entstehen soll. Was die Parteien jeweils gewollt haben, ist im Zweifelsfalle durch Auslegung zu ermitteln (**RG** HRR 1930, 1464; vgl. auch **BGH** 31, 13, 20). Stellt der Anspruch sich als ein Entgelt oder Teilentgelt für eine Gegenleistung des Berechtigten dar, so liegt regelmäßig ein Vertrag unter Lebenden vor.

IV. Inhalt des Erbvertrages

Anm. 7

Der Erblasser kann vertraglich nur Erben einsetzen sowie Vermächtnisse und Auflagen anordnen (§§ 1941 Abs. 1, 2278 Abs. 2). Jeder der Vertragschließenden kann aber im Erbvertrage einseitig jede Verfügung treffen, die durch Testament getroffen werden kann (§ 2299 Abs. 1), z. B. einen Testamentsvollstrecker ernennen.

Anm. 8

Der Erbvertrag kann mit einem anderen Vertrage in derselben Urkunde verbunden werden, § 2277 Abs. 1 Satz 2, insbesondere — was weit verbreitet ist — mit einem Ehevertrag (§ 2276 Abs. 2), mit einem Unterhaltsvertrag zugunsten des Erblassers oder mit einem Erbverzichtsvertrag. Setzt sich ein Vertrag aus erbvertraglichen Bestimmungen und aus vertragsmäßigen Abmachungen unter Lebenden zusammen (BayObLG 28, 634 = JFG 6, 159), so wird dadurch weder seine Gültigkeit als Erbvertrag in Frage gestellt noch unterliegen deshalb die mit ihm verbundenen schuldrechtlichen Vereinbarungen den Regeln des Erbvertrages (BayObLG 1953, 229). Vgl. im übrigen § 2278 Anm. 4ff.

Anm. 9

V. Abschluß des Vertrages

Die einschlägigen Bestimmungen waren in das TestG übernommen, sind jetzt aber wieder in das BGB eingefügt worden (s. oben Anm. 3). Sie weichen gegenüber den Vorschriften über die Testamentserrichtung hinsichtlich der Testierfähigkeit und der Form ab. Der Erblasser muß beim Erbvertrage unbeschränkt geschäftsfähig sein (§ 2275 Abs. 1; vgl. dagegen für das Testament §§ 2229, 2230, 2238 Abs. 3, 2247 Abs. 4). Der Erbvertrag muß öffentlich beurkundet werden (§ 2276 Abs. 1), während das Testament in ordentlicher Form auch durch eine eigenhändige Erklärung errichtet werden kann (§§ 2231 Nr. 2, 2247). Für Ehegatten und Verlobte gelten wegen der Geschäftsfähigkeit und der Form Sondervorschriften (§§ 2275 Abs. 2 und 3, 2276 Abs. 2). Sie können auch dann als Erblasser einen Erbvertrag schließen, wenn sie beschränkt geschäftsfähig sind. Es genügt die für den Ehevertrag (§ 1432) vorgeschriebene Form (§ 1434), wenn Erb- und Ehevertrag in derselben Urkunde verbunden sind. Letzteres bedeutet allerdings kaum noch eine Erleichterung (vgl. § 2276 Anm. 8).

VI. Nichtigkeit von Erbverträgen

Anm. 10

Sie richtet sich nach den allgemeinen Bestimmungen, insbesondere den §§ 116 Abs. 2, 117 Abs. 1, 118, 125, 134, 138.

Anm. 11

Erbverträge können insbesondere auch wegen Verstoßes gegen die guten Sitten nach § 138 nichtig sein. Hierbei kann neben anderem wesentlich sein, ob ein auffälliges Mißverhältnis zwischen den Zuwendungen an den Vertragserben und den von ihm übernommenen Pflichten besteht. Regelmäßig genügt es aber nicht allein, wenn der Vorteil, den der Vertragserbe durch die Erbeinsetzung erlangt — rein wirtschaftlich gesehen — erheblich größer ist als seine Gegenleistungen, die den Erblasser veranlaßt haben, den Erbvertrag zu schließen. Denn der Erblasser kann grundsätzlich nach seinem Belieben letztwillig über sein Vermögen verfügen (**BGH** 30. 9. 1954 IV ZR 68/54 mit Beispielen). Der Bundesgerichtshof hat ferner einen Verstoß gegen die guten Sitten in folgendem Falle bejaht: Der Erblasser war geistig beschränkt; seine ältere Schwester, die ihn pflegte, hat diese Stellung ausgenutzt und ihn, um planmäßig erhebliche Teile seines Vermögens an sich zu bringen, bestimmt, sie durch Erbvertrag als Erbin einzusetzen; sie wußte hierbei, daß ihr Bruder die Tragweite des Vertrages nicht übersah (**BGH** LM BGB § 138 [Bc] Nr. 1 mit Anm. von Ascher). S. im einzelnen auch § 2276 Anm. 12.

Anm. 12

VII. Unwirksamkeit

Die Vorschriften des § 2077 gelten für einen Erbvertrag zwischen Ehegatten oder Verlobten auch insoweit, als ein Dritter bedacht ist (§ 2279 Abs. 2).

Anm. 13

VIII. Umdeutung

Ein Erbvertrag, der undurchführbar geworden ist, kann unter Umständen im Wege der Umdeutung (§ 140) aufrechterhalten werden; hierbei sind die Auslegungsregeln der §§ 2084, 2085 zu beachten (**OGH** JR 1950, 536). Andererseits kann ein Übertragsvertrag, der wegen Verstoßes gegen § 310 nichtig ist, möglicherweise in einen Erbvertrag umgedeutet werden (**BGH** 8, 34 im Anschluß an **RG** JW 1910, 467). Es kann sowohl ein nichtiges Rechtsgeschäft unter Lebenden als eine Verfügung von Todes wegen aufrechterhalten werden wie umgekehrt eine nichtige Verfügung von Todes wegen als ein Rechtsgeschäft unter Lebenden. Denn § 140 gilt für alle Arten von Rechtsgeschäften (vgl. **RG** aaO; auch OLG Koblenz HEZ 1, 283; ferner **BGH** 7. 10. 1960 V ZR 60/59 = WM IV B 1961, 87; § 2302 Anm. 1 a. E.

Anm. 14

IX. Anfechtung, Aufhebung, Rücktritt

Diese Tatbestände sind für den Erbvertrag besonders geregelt worden (s. oben Anm. 1 c, e, f).

Anfechtung: Die §§ 2281—2284 behandeln das Anfechtungsrecht des Erblassers, § 2285 dasjenige anderer Personen.

Aufhebung: Die §§ 2290—2292 setzen das beiderseitige Einverständnis der Vertragsteile voraus.

Rücktritt: Die §§ 2293—2297 gewähren dem Erblasser ein besonderes Rücktrittsrecht.

Anm. 15

X. Verwandte Verträge

Als verwandte Verträge, die jedoch nicht unter den Begriff des Erbvertrages fallen, sind hervorzuheben:

a) Verträge über den Nachlaß eines noch lebenden Dritten (§ 312),
b) schuldrechtliche Verträge über die Errichtung oder Aufhebung einer Verfügung von Todes wegen (§ 2302),
c) Erbverzichte (§§ 2346ff),
d) Versprechen, nach dem Tode des Vertragsgegners an einen Dritten zu leisten, insbesondere Abfindungsvereinbarungen bei Gutsüberlassungen (§§ 330 Satz 2, 331; vgl. hierzu § 2301 Anm. 17f).

Anm. 16

XI. Zwischenstaatliches Recht

Zum zwischenstaatlichen Recht vgl. EGBGB Art. 24 Abs. 3; ferner Raape DNotZ 1950, 194.

Anm. 17

XII. Rückerstattungsrecht

Zur Anfechtung von Erbverträgen nach den Rückerstattungsgesetzen im allgemeinen vgl. § 2078 Anm. 96, 97. Inzwischen hat auch das BayObLG ausgesprochen, Art. 79 REG (AmZ) schließe es als Sondervorschrift aus, daß nach dem 31. 12. 1948 Verfügungen von Todes wegen allein aus den Gründen des Art. 1 REG noch rechtswirksam angefochten werden könnten (BayObLG 1954, 183). Ist ein Erbvertrag, der ein deutsches Grundstück betrifft, in Deutschland geschlossen worden, so kann der später nach England ausgewanderte überlebende Vertragsteil über den auf das Nachlaßgrundstück gerichteten Rückerstattungsanspruch nicht anderweit letztwillig verfügen. Denn auch dieser Anspruch gehört, wie das Grundstück selbst, zum unbeweglichen Vermögen und vererbt sich — im Gegensatz zur Fahrnis — infolge der Rückverweisung des englischen internationalen Privatrechts nach deutschem Erbrecht (OLG Frankfurt NJW 1954, 111).

Anm. 18

XIII. Neueres Schrifttum

Boehmer, Schenkungen von Todes wegen und Schenkungen unter Lebenden (§ 2301 BGB), ZAkDR 1939, 610; Coing, Wie ist die bindende Wirkung von Erbverträgen zu ermitteln?, NJW 1958, 689; Firsching, Der Ehe- und Erbvertrag im deutschen, österreichischen und schweizerischen Recht, DNotZ 1954, 229; Flatten, Gemeinschaftliches Testament oder Erbvertrag?, DNotZ 1941, 47; Haegele, Zur Auslegung und Wirksamkeit alter Verfügungen von Todes wegen im Landwirtschaftsrecht, DNotZ 1954, 287; Harrer, Rücktritt und Widerruf beim gebundenen Erblasserwillen, LZ 1924, 16; Hieber, Sicherung eines Grundstücksvermächtnisses durch Auflassungsvormerkung, DNotZ 1958, 306; Hilderscheid, Der einseitige Widerruf eines gemeinschaftlichen Testaments und der einseitige Rücktritt vom Erbvertrag in der notarischen Praxis, DNotZ 1942, 204; Holthöfer, Sicherung des Vertragserben zu Lebzeiten des Erblassers, DRiZ 1954, 141 und JR 1955, 11; Ischinger, Die Bestätigung anfechtbarer Verfügungen von Todes wegen, Rpfleger 1951, 159; Küster, Grenzen des Rücktrittsvorbehalts im Erbvertrag?, JZ 1958, 394; Lutter, Zur Umdeutung nichtiger gemeinschaftlicher Testamente von Nicht-Ehegatten, FamRZ 1959, 273; Mattern, Die Aushöhlung von Testamenten und Erbverträgen, MDR 1960, 1; Münzenberger, Die Aushöhlung des § 2286 BGB, BWNotZ 1959, 1; Raape, Der Notar und das internationale Privatrecht, DNotZ 1950, 188, 194; Reithmann, Erbverträge zwischen mehr als zwei Beteiligten, DNotZ 1957, 527; Rötelmann, Zuwendung unter Lebenden auf den Todesfall, NJW 1959, 661; Schulte, Erbvertrag und Übergabevertrag, RdL 1951, 29; Schulte, Wie kann der Eigentümer einer landwirtschaftlichen Besitzung für seinen Todesfall seinen Ehegatten sichern und zugleich die Besitzung seinen Abkömmlingen erhalten?, DNotZ 1953, 355; Senft, Gemeinschaftliches Testament oder Erbvertrag?, DNotZ 1941, 242; Thieme, Sicherung des Vertragserben oder Vermächtnisnehmers zu Lebzeiten des Erblassers, JR 1956, 292.

Zur **Form** des Erbvertrages, insbesondere zur Frage der formlosen Hoferbenbestimmung vgl. § 2276 vor Anm. 1 und Anm. 12.

Zur **„Aushöhlung“** gemeinschaftlicher Testamente und Erbverträge durch Verfügungen des überlebenden Teiles vgl. § 2287 vor Anm. 1 und Anm. 3; neuestens auch zum Ausdruck „Aushöhlung“ (= Umgehungsgeschäft) **BGH** 17. 11. 1959 V ZR 18/59 = DNotZ 1960, 210 = FamRZ 1960, 145 = NJW 1960, 524, ferner **BGH** 12. 10. 1960 V ZR 65/59 unter III der Entscheidungsgründe.

Zur **Sicherung des Vertragserben** vgl. § 2287 vor Anm. 1 und § 2286 Anm. 1, 2, 3.

§ 2274

Der Erblasser kann einen Erbvertrag nur persönlich schließen.

E I 1941 II 2141; M 5 314; P 5 374, 377.

Abschluß eines Erbvertrages

Anm. 1

I. § 2274 stimmt mit § 2274 aF und TestG § 29 Abs. 1 wörtlich überein.

Anm. 2

II. Das Gesetz unterscheidet zwischen dem **Erblasser** als demjenigen Teile, welcher im Erbvertrag Erbeinsetzungen, Vermächtnisse oder Auflagen aus seinem Vermögen anordnet, und dem „anderen Vertragschließenden“, der sich nur auf Annahme der vom Erblasser abgegebenen Erklärungen beschränkt, aber nicht notwendig selbst bedacht zu sein braucht (einseitiger Erbvertrag). Es können aber auch beide Teile als Erblasser auftreten (zweiseitiger Erbvertrag). Endlich können auf der einen Seite mehrere Erblasser (**RG** 67, 65), auf der anderen mehrere andere Vertragschließende vorhanden sein. Auch das für beide Teile als unwiderruflich erklärte gemeinschaftliche Testament kann in Wahrheit einen Erbvertrag enthalten (**RG** WarnRspr 1913 Nr. 248), selbst wenn die Unwiderruflichkeit nicht ausdrücklich erklärt ist (vgl. **RG** LZ 1919, 594[8]).

Anm. 3

III. Der Erblasser kann, wie das Testament (§ 2064), so auch den Erbvertrag **nur persönlich** errichten. Dasselbe gilt bei Anfechtung des Erbvertrags, wenn der Erblasser nicht geschäftsunfähig ist (§ 2282), bei Bestätigung (§ 2284), Aufhebung des Vertrags (§ 2290 Abs. 2) und bei Erklärung des Rücktritts (§ 2296 Abs. 1). Dagegen kann der andere Vertragschließende, wenn er nicht selbst Erblasser ist, auch durch Vertreter handeln, letzteres notwendigerweise, wenn er juristische Person ist.

§ 2275

Einen Erbvertrag kann als Erblasser nur schließen, wer unbeschränkt geschäftsfähig ist.

Ein Ehegatte kann als Erblasser mit seinem Ehegatten einen Erbvertrag schließen, auch wenn er in der Geschäftsfähigkeit beschränkt ist. Er bedarf in diesem Falle der Zustimmung seines gesetzlichen Vertreters; ist der gesetzliche Vertreter ein Vormund, so ist auch die Genehmigung des Vormundschaftsgerichts erforderlich.

Die Vorschriften des Absatzes 2 gelten auch für Verlobte.

E I 1942 II 2142; M 5 314, 315; P 5 374—378.

Geschäftsfähigkeit

Anm. 1

I. § 2275 stimmt mit § 2275 aF und TestG § 29 Abs. 2—4 überein.

Anm. 2

II. Zu Abs. 1

Unbeschränkte Geschäftsfähigkeit ist nur auf seiten des Erblassers (§ 2274 Anm. 3) erforderlich. Der andere nur vertragschließende Teil braucht nicht geschäftsfähig zu sein und bedarf, da er durch den Erbvertrag in diesem Falle nur einen rechtlichen Vorteil erlangen kann, nicht einmal der Einwilligung seines gesetzlichen Vertreters (§ 107). Der entgegen Abs. 1 geschlossene Vertrag ist, wenn es sich nicht um einen Ehegatten oder Verlobten handelt (Abs. 2, 3), als Erbvertrag nichtig; er kann (anders nach Anm. 4) auch nicht nachträglich wirksam werden. Nach § 140 ist es aber nicht ausgeschlossen, den Erbvertrag als Testament aufrechtzuerhalten, falls dessen Voraussetzungen genügt ist.

Anm. 3

III. Zu Abs. 2 Satz 1

Eine **Ausnahme zugunsten von Ehegatten und Verlobten** (Abs. 3), auch ohne daß zugleich ein Ehevertrag geschlossen wird (§ 2276 Abs. 2), macht das Gesetz insofern, als es auf der Erblasserseite auch beschränkte Geschäftsfähigkeit (§§ 106, 114) genügen läßt. Danach können selbst eine noch nicht 16jährige Verlobte oder eine von der Altersschranke befreite Frau (EheG § 1) und im Gegensatze zu § 2229 Abs. 3 auch ein wegen Geistesschwäche, Verschwendung oder Trunksucht Entmündigter zwar kein Testament errichten, wohl aber mit Zustimmung ihrer gesetzlichen Vertreter als Erblasser Erbverträge schließen. Die Bestätigung ist jedoch ausgeschlossen (§ 2284).

Anm. 4

IV. Zu Abs. 2 Satz 2

Die **Zustimmung des gesetzlichen Vertreters** (Vater, Mutter, Vormund, Pfleger) macht die persönliche Mitwirkung des Erblassers (§ 2274 Anm. 2) nicht entbehrlich. Sie kann als Einwilligung vorher oder als Genehmigung nachträglich erklärt werden (§§ 183, 184). Sie wird dadurch ersetzt, daß der Erblasser nach Erlangung der unbeschränkten Geschäftsfähigkeit den Erbvertrag durch eine wenn auch nur stillschweigende Erklärung gegenüber dem anderen Ehegatten genehmigt (§ 108 Abs. 3). Nach dem Tode des anderen ebenfalls als Erblasser aufgetretenen Ehegatten aber kann die Genehmigung nicht mehr erteilt werden (KGJ 47, 100; zweifelnd mit ausführlicher Begründung BayObLG NJW 1960, 577 = FamRZ 1960, 33). In der Zwischenzeit gilt der Erbvertrag als hinkendes Geschäft im Sinne von §§ 108, 109. Die Zustimmung oder Genehmigung ist an die Beobachtung der für den Erbvertrag vorgeschriebenen Form selbst nicht gebunden (§ 182 Abs. 2). Nach alledem ist nicht wesentlich, daß die Zustimmung des gesetzlichen Vertreters schon bei Abschluß des Erbvertrags vorliegt (aM die bei

Planck/Greiff § 2275 Anm. 2b Angeführten). Genehmigung des Vormundschaftsgerichts §§ 1828ff. Sie ist für den Gewaltinhaber nicht erforderlich.

Anm. 5

V. Zu Abs. 3

Verlöbnis § 1297.

§ 2276

Ein Erbvertrag kann nur vor einem Richter oder vor einem Notar bei gleichzeitiger Anwesenheit beider Teile geschlossen werden. Die Vorschriften der §§ 2233 bis 2245 finden Anwendung; was nach diesen Vorschriften für den Erblasser gilt, gilt für jeden der Vertragschließenden.

Für einen Erbvertrag zwischen Ehegatten oder zwischen Verlobten, der mit einem Ehevertrag in derselben Urkunde verbunden wird, genügt die für den Ehevertrag vorgeschriebene Form.

E I 1943, 1944 II 2143; M 5 315—319; P 5 379—381.

Übersicht

Form des Erbvertrags

Neueres Schrifttum: Herminghausen, Formlos bindende Hofzusagen, DNotZ 1958, 115; Hilderscheid, Die Amtspflichten des Notars bei der Beurkundung von Testamenten und Erbverträgen, DNotZ 1939, 13; Küchenhoff, Faktische Vertragsverhältnisse und faktische Arbeitsverhältnisse?, Recht der Arbeit 1958, 121, 127; Lehmann, Faktische Vertragsverhältnisse, NJW 1958, 1, 2; Roemer, Zur formlosen Hoferbenbestimmung in der Rechtsprechung des BGH, DNotZ 1957, 283; Schulte, Formlose bäuerliche Übergabe- und Erbverträge, NJW 1958, 361 und 820; Seybold, Formvorschriften für den Ehe- und Erbvertrag, DNotZ 1943, 125; Wieacker, Hoferbenbestimmung durch schlüssiges oder sozialtypisches Verhalten?, FamRZ 1957, 287.

Anm. 1

I. Allgemeines

§ 2276 stimmt mit § 2276 aF und TestG § 30 überein. Die nach Abs. 1 Satz 2 anzuwendenden Vorschriften sind jedoch zum Teil geändert worden (vgl. z. B. zu § 2233 aF, TestG § 6 = § 2233 nF **OGH** NJW 1949, 822).

II. Gleichzeitige Anwesenheit beider Teile vor Urkundsperson (Abs. 1 Satz 1)

Anm. 2

Dadurch, daß ein Erbvertrag nur **vor einem Richter oder Notar** — nach Landesgesetz auch nur vor dem Notar (§ 2231 Anm. 5) — zustande kommen kann, sind die Form des eigenhändigen Testaments (§ 2247) und die außerordentlichen Testamentsformen der §§ 2249—2251 ausgeschlossen.

Anm. 3

Das Erfordernis der gleichzeitigen **Anwesenheit beider Teile,** wie bei der Auflassung (§ 925), beim Ehevertrag (§ 1434) und beim Annahmevertrag (§ 1750), macht ferner die Form des § 128 unanwendbar. Der Erblasserteil muß immer selbst anwesend sein, der bloß vertragschließende Teil kann sich vertreten lassen (§ 2274 Anm. 2). Dagegen ist die Anwesenheit des nur zustimmenden gesetzlichen Vertreters nicht erforderlich (§ 2275 Anm. 4). Im übrigen bleiben nach EG Art. 151 mit dem dort gemachten Vorbehalte die allgemeinen Vorschriften der Landesgesetze über die Errichtung gerichtlicher oder notarieller Urkunden unberührt (s. § 2232 Anm. 3).

Anm. 4

Ein Erbvertrag kann aber auch in einem **Prozeßvergleich** beurkundet werden (so OLG Celle DNotZ 1954, 423 für Vergleiche nach der LVO und dem LwVG). Denn der Prozeßvergleich ersetzt jede für das Rechtsgeschäft sonst durch Bundesgesetz oder Landesgesetz vorgeschriebene Beurkundungsform einschließlich der Beurkundung der gleichzeitig und in Anwesenheit beider Teile vor der Urkundsbehörde abgegebenen Erklärungen (Schlegelberger FGG 7. Aufl. Erl. 4 vor §§ 167ff).

Anm. 5

Der Erblasser kann sich in einem Erbvertrage das Recht vorbehalten, in bestimmtem Rahmen über die Vergabe seines Vermögens anders als im Erbvertrage vorgesehen zu verfügen. Auch ein solcher **Vorbehalt** muß in der Form des § 2276 vereinbart sein (**BGH** 26, 204 = LM BGB § 2289 Nr. 3 mit ausführlicher Anmerkung von Johannsen = NJW 1958, 498 = MDR 1958, 223 = JZ 1958, 399 = DRsp I [174] 70b; dazu ferner Coing NJW 1958, 689, 692 zustimmend; Küster JZ 1958, 394, 395 Anm. 4 ablehnend; s. auch Anm. 4 vor § 2274 und § 2289 Anm. 3 Mitte).

Anm. 6

III. Anwendbare Vorschriften (Abs. 1 Satz 2 Halbs. 1)

Die (außer im Falle des Abs. 2) anzuwendenden **Formvorschriften für das öffentliche Testament** ergeben im einzelnen: **§ 2233:** Zuziehung eines Urkundsbeamten der Geschäftsstelle oder zweier Zeugen oder eines zweiten Notars ist im allgemeinen nicht erforderlich. **§§ 2234—2237:** Gründe der Unfähigkeit oder Untauglichkeit, als Richter, Notar, Urkundsbeamter der Geschäftsstelle oder Zeuge mitzuwirken. **§ 2238:** Der Erbvertrag kann grundsätzlich sowohl durch mündliche Erklärung als auch durch Übergabe einer offenen oder verschlossenen, von den Vertragschließenden selbst oder von einer anderen Person geschriebenen Schrift zustande kommen. Nicht ausgeschlossen ist, daß sich der eine Teil mündlich, der andere (soweit nicht die Vorschriften des § 2238 Abs. 3, 4 entgegenstehen) schriftlich mit dem Hinzufügen erklärt, daß die von ihm übergebene Schrift seine Vertragserklärung enthalte. **§ 2239:** Anwesenheit der mitwirkenden Personen während der ganzen Verhandlung. **§§ 2240 bis 2242:** Form und Inhalt der Niederschrift, die auch von dem nur annehmenden Teile mit zu unterzeichnen ist. **§ 2243:** Die Erklärung des stummen oder am Sprechen verhinderten Teiles kann nur durch Übergabe einer Schrift nebst eigenhändig niedergeschriebener Erklärung abgegeben werden, während sich der andere Teil nach § 2238 beliebig erklären kann. **§ 2244:** Kann auch nur ein Vertragsteil nicht deutsch sprechen, so muß ein beeidigter Dolmetscher zugezogen werden. **§ 2245:** Es kann in einer fremden Sprache verhandelt werden, wenn alle Beteiligten, also auch beide Vertragschließenden, der fremden Sprache mächtig sind.

Gebühr für die Beurkundung des Erbvertrags KostO § 46 Abs. 1.

Anm. 7

IV. Der andere Vertragschließende

Die Erklärung des „anderen" lediglich vertragschließenden Teiles beschränkt sich beim einseitigen Erbvertrag auf die Annahme der gegnerischen Erklärungen. Trotzdem ist er, auch wenn er durch Vertreter handelt, damit an die Form des öffentlichen Testaments gebunden. Nach seiner Person — nicht auch nach der Person des Vertreters (vgl. Planck/Greiff § 2276 Anm. 3a; aM Strohal § 44 Anm. 17) — sind die Unfähigkeits- und Untauglichkeitsgründe der §§ 2234—2237 zu beurteilen. Dagegen ist die Person des Vertreters entscheidend, wenn das Gesetz je nach gewissen persönlichen Eigenschaften des Erklärenden (Minderjährigkeit, Sprech-, Leseunvermögen usw.) die Einhaltung besonderer Formen vorschreibt.

V. Ehegatten und Verlobte (Abs. 2)

Anm. 8

Die Form des Ehevertrags bietet jetzt gegenüber Abs. 1 kaum noch Erleichterungen. Sie fordert nach § 1434 ebenfalls gleichzeitige Anwesenheit beider Teile vor dem Gericht oder Notar. Auch die Zuziehung von Überwachungspersonen ist in den §§ 169, 177 Abs. 2 FGG in derselben Weise geregelt wie jetzt in den §§ 2233, 2242 Abs. 3. Die Verständigung mit einem Stummen muß gegebenenfalls durch einen Dolmetscher vermittelt werden (FGG § 178). Anderseits ist die Aufnahme der Niederschrift nur in deutscher Sprache und, wenn auf eine Schrift Bezug genommen wird, ohne daß im übrigen die Testamentsform eingehalten ist, nur deren offene Übergabe zulässig (FGG §§ 175, 176 Abs. 2).

Anm. 9

Die materiellrechtliche Vorschrift des § 2274, daß der Erblasserteil den Vertrag nur persönlich schließen kann, bleibt auch hier in Kraft. Es muß sich um einen wahren Ehevertrag im Sinne von § 1432 handeln. Die mit einem Erbvertrage verbundene Vereinbarung Verlobter, daß in ihrer Ehe das gesetzliche Güterrecht gelten solle, ist in **RG** 133, 20 als ein Ehevertrag in diesem Sinne anerkannt. Beide Verträge sind in derselben Urkunde verbunden, wenn sie in einer Niederschrift beurkundet sind. Die bloß äußerliche Verbindung zweier Niederschriften durch Zusammenheften macht sie nicht zu einer Urkunde und reicht daher für Abs. 2 nicht aus (aM frühere Auflagen). Sind die Voraussetzungen für die erleichterte Form einmal gegeben, so ist der so beurkundete Vertrag auch Erbvertrag in voller Bedeutung des Wortes. Insbesondere können darin einseitig auch andere, sonst nur durch Testament zu treffende Verfügungen getroffen werden (§ 2299).

Anm. 10

Die gleiche Vorschrift gilt für die Aufhebung des Erbvertrags (§ 2290 Abs. 4).

Anm. 11

Wird der von Verlobten geschlossene Ehevertrag infolge Auflösung des Verlöbnisses unwirksam, so entfällt in der Regel auch der Erbvertrag (Palandt/Rechenmacher 19. Aufl. § 2276 Anm. 3; s. aber KGJ 37 A 115 sowie § 2279).

Anm. 12

VI. Umdeutung bei Formmangel

Wird die Formvorschrift des § 2276 nicht beachtet, so ist der Erbvertrag grundsätzlich nichtig (§ 125; s. auch § 2281 Anm. 1, 2 und vor § 2274 Anm. 10, 11). Ein wegen Formmangels ungültiger Erbvertrag kann jedoch unter besonderen Umständen nach § 140 als ein Rechtsgeschäft anderer Art aufrechterhalten werden, z. B. aus § 312 Abs. 2 (**RG** JR 1927 Nr. 1403) oder als gemeinschaftliches Testament (KGJ 31 A 112).

Anm. 13

VII. Bindung kraft Treu und Glauben

Nach der — insbesondere im Schrifttum stark angegriffenen — neueren Rechtsprechung des Bundesgerichtshofs kann in der Vereinbarung über die Hoferbfolge, die in einem formlosen Erbvertrag enthalten ist, nach Treu und Glauben eine bindende Bestimmung des Hoferben liegen (**BGH** 23, 249 = LM HöfeO § 7 Nr. 17 mit Anm. von Hückinghaus = FamRZ 1957, 131, 310 mit eingehenden Nachweisen = NJW 1957, 787 mit Besprechung von Lehmann NJW 1958, 1, 2; Wieacker FamRZ 1957, 287; Herminghausen DNotZ 1958, 115; Küchenhoff Recht der Arbeit 1958, 121, 127; vgl. auch Lorenz AcP 156, 381, 408 über die „soziale Ordnungsfunktion der Formvorschriften"). Der BGH wendet damit auf einen Erbvertrag die gleichen Grundsätze an, nach denen er in **BGH** 12, 286 formlose „Vereinbarungen" über die künftige Hofnachfolge für einen Übergabevertrag als bindend anerkannt hat (vgl.

§ 2302 Anm. 4; Bedenken bei OLG Schleswig SchlHA 1957, 278). Die Bedenken, der BGH setze hiermit ein richterliches Billigkeitsrecht (Wieacker aaO), die Rücksicht auf die Massenerscheinung sprenge nicht allein die Lehre von den Willenserklärungen, sondern auch die gesetzlichen Formvorschriften (Küchenhoff aaO), sind nicht von der Hand zu weisen. Küchenhoff wendet sich insbesondere gegen den Satz der Entscheidungsgründe (**BGH** 23, 261), „daß Vertragsverhältnisse nach dem Grundsatz von Treu und Glauben auch durch tatsächliche Vorgänge, nicht bloß durch auf die Rechtsfolgen gerichtete Erklärungen begründet werden können". Der BGH läßt den Grundsatz, daß unter Umständen ein formloser Erbvertrag nach Treu und Glauben als wirksam zu behandeln sei, auch dann gelten, wenn der Erbfall dem Reichserbhofrecht unterliegt, sofern ein freies Bestimmungsrecht des Erblassers gegeben war (**BGH** LM BGB § 2276 Nr. 2 = NJW 1958, 377 = FamRZ 1958, 59).

§ 2277

Die über einen Erbvertrag aufgenommene Urkunde soll gemäß § 2246 verschlossen, mit einer Aufschrift versehen und in besondere amtliche Verwahrung gebracht werden, sofern nicht die Parteien das Gegenteil verlangen. Das Gegenteil gilt im Zweifel als verlangt, wenn der Erbvertrag mit einem anderen Vertrag in derselben Urkunde verbunden wird.

Über einen in besondere amtliche Verwahrung genommenen Erbvertrag soll jedem der Vertragschließenden ein Hinterlegungsschein erteilt werden.

E I 1945 Satz 1, 2 II 2144; M 5 319; M 5 381, 382.

Übersicht

Verschließung und Verwahrung des Erbvertrags

Anm. 1

I. Allgemeines

§ 2277 stimmt mit § 2277 aF und TestG § 31 überein.

Anm. 2

II. Verschluß

Verschluß mit dem Amtssiegel, Aufschrift und Verwahrung der über den Erbvertrag, sei es auch in den Formen des Ehevertrags (§ 2276 Abs. 2) aufgenommenen Urkunde „nebst Anlagen" — etwaigen Vertreternachweisen, der vormundschaftsgerichtlichen Genehmigung, wenn sie sogleich erteilt ist, usw. — geschehen wie beim öffentlichen Testament nach § 2246 in Gegenwart der mitwirkenden Personen und im unmittelbaren Anschluß an den Errichtungsakt. Es ist deshalb nicht statthaft, nachträglich zu hinterlegen.

Anm. 3

III. Aufschrift

Die Aufschrift soll den Erbvertrag „näher bezeichnen". Dazu gehört die Angabe des Tages der Errichtung und der Person der Vertragschließenden.

IV. Besondere amtliche Verwahrung

Anm. 4

Nach § 2246 Abs. 2 Satz 1 (s. dort auch Anm. 7f) soll der Richter oder Notar veranlassen, daß das verschlossene Testament unverzüglich in besondere amtliche Verwahrung gebracht wird (§§ 2258a, 2258b). Wenn die Parteien das Gegenteil verlangen, was sie jedoch sogleich zu erklären haben, wird der Vertrag nicht verschlossen und nur in gewöhnliche Verwahrung genommen. Auf Antrag ist ihnen in diesem Falle eine Ausfertigung des Erbvertrags zu erteilen. Die Urschrift des Erbvertrags an die Vertragschließenden herauszugeben, ist grundsätzlich unstatthaft (JFG 17, 237; PrFGG Art. 42; DOfNot §§ 15, 16). Jede Partei kann jederzeit verlangen, daß ihr Einsicht in die in besondere amtliche Verwahrung genommene, zu diesem Zwecke wieder zu öffnende Urkunde gewährt oder eine Abschrift erteilt wird (§ 2264 Anm. 3ff, JW 1927, 1650[2]; dagegen nicht der Notar KGJ 38 A 150). Die Rücknahme aus der besonderen amtlichen Verwahrung steht den Parteien nur gemeinschaftlich zu (vgl. § 2272 Anm. 2). Sie wirkt abweichend von § 2256 Abs. 1 nicht als Widerruf (JFG 17, 237). Hierfür sind vielmehr die Formen der §§ 2290—2292 ausschließlich maßgebend. Wird die amtliche Verwahrung auf Verlangen aller Vertragsteile nachträglich aufgehoben, so ist die Urkunde entsprechend §§ 15 Abs. 1, 16 Abs. 2 Satz 1 DOfNot zur gewöhnlichen Verwahrung zu bringen, jedoch nicht an die Parteien herauszugeben (JFG 17, 237; Kipp/Coing § 37 Anm. 5; Boehmer DNotZ 1940, 187ff mit Nachweisen gegen Leonhard § 2277 Erläut. IV).

Anm. 5

Benachrichtigung des Standesbeamten: Früher einheitliche Regelung durch die AV v. 15. 6. 1939 (DJ 1078), v. 19. 5. 1943 (DJ 287) und v. 12. 2. 1945 (DJ 48); jetzt landesrechtliche Bestimmungen, vgl. die Zusammenstellung bei § 2246 Anm. 8.

Anm. 6

V. Gegenvermutung bei Doppelvertrag (Abs. 1 Satz 2)

Der **andere Vertrag,** mit welchem der Erbvertrag **in derselben Urkunde verbunden** ist, wird regelmäßig, muß aber nicht notwendig ein Ehevertrag sein (§ 2276 Abs. 2). So kann z. B. ein selbständiger Pflichtteilsverzichtsvertrag mit dem Erbvertrage in derselben Urkunde verbunden werden (**BGH** 22, 364, 367; vgl. auch § 2278 Anm. 4). Ist er nicht Ehevertrag, so bestehen für den damit verbundenen Erbvertrag keine Formerleichterungen, es müssen vielmehr insoweit die Formen des öffentlichen Testaments eingehalten sein (§ 2276 Abs. 1). Eine „Verbindung" der beiden Verträge in derselben Urkunde erfordert keinen inneren Zusammenhang zwischen ihnen (wie zwischen dem Erbvertrag und einem Leibrentenvertrag im Falle des § 2295); es genügt, daß sie in einer Niederschrift zusammengefaßt sind (§ 2276 Anm. 9). Obwohl das Wort „gilt" gebraucht wird, handelt es sich nicht um eine Unterstellung (Fiktion), sondern um eine „echte" Vermutung (Rosenberg, Die Beweislast, 3. Aufl. S. 212).

Anm. 7

VI. Hinterlegungsschein (Abs. 2)

Der Hinterlegungsschein (§ 2246 Anm. 9) ist jedem, also auch dem bloß annehmenden Vertragschließenden, zu erteilen.

§ 2278

In einem Erbvertrage kann jeder der Vertragschließenden vertragsmäßige Verfügungen von Todes wegen treffen.

Andere Verfügungen als Erbeinsetzungen, Vermächtnisse und Auflagen können vertragsmäßig nicht getroffen werden.

E I 1940 Abs. 3, 1956 Abs. 4 II 2145; M 5 313, 333—337; P 5 366, 373, 400—405.

Übersicht

Inhalt des Erbvertrags

I. Vertragsmäßige Verfügungen von Todes wegen

Anm. 1

§ 2278 ergänzt den § 1941 und faßt zusammen, was dort und in den Bestimmungen der §§ 2298 Abs. 1, 2299 Abs. 1 schon enthalten ist. Das Gesetz gestattet, im Erbvertrage und unter den Voraussetzungen des § 2276 Abs. 2 auch im Ehevertrage nicht nur vertragsmäßige, sondern auch einseitige Verfügungen zu treffen (§ 2299). Nur bezüglich der **vertragsmäßigen** Verfügungen von Todes wegen tritt Gebundenheit der Vertragschließenden ein. Sie hat indes nur erbrechtliche Wirkungen, läßt das Verfügungsrecht unter Lebenden grundsätzlich unbeschränkt (§ 2286) und hindert auch den Bedachten nicht, die ihm vertragsmäßig gemachten Zuwendungen nach Eintritt des Erbfalls auszuschlagen, selbst wenn er ausdrücklich hierauf verzichtet hat (§ 2279 Anm. 1). Bei Lebzeiten des anderen Vertragschließenden kann sich jeder Teil durch Aufhebung mit Zustimmung des anderen Teiles (§§ 2290 ff), gegebenenfalls auch durch Anfechtung (§§ 2281 ff) und einseitigen Rücktritt (§§ 2293 ff) von der Bindung befreien. Damit wird regelmäßig zugleich der ganze Vertrag hinfällig (§ 2298). Zur Abgrenzung vertragsmäßiger und einseitiger Verfügungen vgl. auch **BGH** NJW 1961, 120.

Anm. 2

Auch Zuwendungen an Dritte können den ausschließlichen Inhalt eines Erbvertrages bilden. Ein solcher wirkt jedoch nicht wie ein Vertrag zugunsten Dritter (§ 328), da keiner der Vertragsteile eine Verpflichtung eingeht und auch für den Bedachten kein Forderungsrecht begründet wird (**BGH** 12, 119 = LM BGB § 883 Nr. 2 mit Anm. von Pritsch = JZ 1954, 436 mit Anm. von Coing = DNotZ 1954, 264 mit Anm. von Hieber; vgl. auch Thieme JR 1956, 292). In den Erbvertrag kann auch ein Vorbehalt des Erblassers aufgenommen werden, in bestimmtem Rahmen anderweit über den Nachlaß zu verfügen. Ein solcher Vorbehalt bedarf der Form des § 2276 (**BGH** 26, 204 = NJW 1958, 489 = MDR 1958, 223 = LM BGB § 2289 Nr. 3 mit Anm. von Johannsen = JZ 1958, 399; aA — für die Wirksamkeit eines unbeschränkten gegebenenfalls auch formlosen Vorbehalts — Küster JZ 1958, 394; vgl. dagegen Coing NJW 1958, 689, 692, der Formerfordernis des § 2276 bejaht.

Anm. 3

II. Gegenständliche Beschränkung der Verfügungen

Unter den „anderen Verfügungen" des Abs. 2 sind nur solche von Todes wegen zu verstehen. Daß vertragsmäßige Verfügungen unter Lebenden mit einem Erbvertrage verbunden werden können, ist in § 2276 Abs. 2 und § 2277 (Anm. 6) anerkannt (JFG 6, 159). Die vertragsmäßigen Verfügungen von Todes wegen sind wie beim wechselbezüglichen Testament (§ 2270 Abs. 3) gegenständlich beschränkt. Danach können immer nur einseitig gemäß § 2299 angeordnet werden: Die Ausschließung eines gesetzlichen Erben (§ 1938), die Entziehung des Pflichtteils (§§ 2333 ff), reine Teilungsanordnungen (§ 2048), die Ernennung eines Testamentsvollstreckers (§§ 2197 ff, **RG** 116, 322; anders nach § 557 I 12 PrALR, das für die Ernennung eines Testamentsvollstreckers durch eine vor 1900 errichtete Verfügung von Todes wegen gemäß EG Art. 214 Abs. 1 maßgebend geblieben ist: **RG** HRR 1932 Nr. 1452), die in einem Erbvertrage erteilte Auflassungsvollmacht (vgl. OLG Köln DNotZ 1951, 36), familienrechtliche Anordnungen aller Art (vor § 1937 Anm. 2), Widerruf älterer letztwilliger Verfügungen (§ 2254). Doch steht nichts im Wege, eine vertragsmäßige und insoweit unwirksame Verfügung solchen Inhalts im Wege der Umdeutung gemäß § 140 als einseitige aufrechtzuerhalten. Anderseits sind Erbeinsetzungen usw. nicht schon deshalb vertragsmäßige Verfügungen von Todes wegen, weil sie in einem Erbvertrage getroffen sind.

Vielmehr ist nach dem frei zu ermittelnden Willen der Vertragschließenden zu entscheiden, ob und inwieweit eine gegenseitige Bindung oder freie Widerruflichkeit der einzelnen Verfügungen beabsichtigt ist (**RG** WarnRspr 1917 Nr. 91); bei Zuwendungen eines Erblassers an einen Dritten kommt das Interesse, auch das bloß moralische Interesse, das der andere Vertragsteil an der Verfügung hat, als Auslegungsmerkmal in Betracht (**RG** 116, 321; vgl. auch OLG Düsseldorf HRR 1942 Nr. 523 bei einem Nachvermächtnis zugunsten der Kinder des Vertragsteile). Vgl. hierzu ferner Weyer DNotZ 1938, 366.

III. Einzelheiten

Anm. 4

Im Erbeinsetzungsvertrage können sich die Vertragschließenden gegenseitig oder nur der eine den andern oder auch Dritte (§ 1941 Abs. 2; **RG** 67, 65) zu „Vertragserben" — gewöhnlichen Erben, Vor-, Nach- oder Ersatzerben — berufen, sei es auf die ganze Erbschaft oder nur auf einen Bruchteil neben den gesetzlichen oder neben testamentarischen Erben. Stehen sich beide Teile als gesetzliche Erb- oder Pflichtteilsberechtigte gegenüber, so ist Auslegungsfrage, ob der Erbvertrag zugleich den Verzicht auf den gesetzlichen Erbteil oder auf den Pflichtteil enthält. Die Erklärungen, die in einem Erbvertrage abgegeben worden sind, den Ehegatten mit einem ihrer Kinder geschlossen haben, können dann als Verzicht des Schlußerben auf seinen Pflichtteil und als Annahme dieses Verzichts durch die Erblasser aufgefaßt werden, wenn der Erbvertrag dahin geht, daß die Ehegatten sich gegenseitig als Alleinerben und das am Vertrag beteiligte Kind als Schlußerben einsetzen, während den anderen Kindern Vermächtnisse für den Fall zugewandt werden, daß sie keine Pflichtteilsansprüche geltend machen (**BGH** 22, 364, 367f = NJW 1957, 422 = LM BGB § 2348 Nr. 1 mit Anm. von Johannsen = JR 1957, 339 mit Anm. von v. Lübtow). Der nach § 2302 unzulässige Verzicht auf Errichtung eines Testaments kann unter Umständen in eine vertragsmäßige Einsetzung der gesetzlichen Erben umgedeutet werden.

Anm. 5

Wird Grundbesitz oder sonstiges Vermögen durch Vertrag mit der Maßgabe übergeben, daß dieser erst nach dem Tode des Übergebers vollzogen werden soll, so hängt es vom Vertragsinhalt und von den Umständen ab, ob er ein Vertrag unter Lebenden oder ein verschleierter Erbvertrag ist (**BGH** 8, 23 = LM BGB § 305 Nr. 2 mit Anm. von Ascher; BayObLG 1953, 226 = DNotZ 1953, 599; aM für ein Landgut OGH NJW 1949, 822 Nr. 2, wonach stets ein verschleierter Erbvertrag vorliegen soll; dazu ablehnend Pikalo NJW 1950, 424). Handelt es sich um einen Vertrag unter Lebenden, bei dem nur die Leistungspflicht bis zum Todesfall aufgeschoben worden ist, so kann ein etwaiger Auflassungsanspruch auch schon zu Lebzeiten des Grundstückseigentümers durch eine Vormerkung gesichert werden (BayObLG aaO).

Anm. 6

Beim Vermächtnisvertrage können die Vertragschließenden ebenso wie Dritte als Beschwerte (§ 2147) oder Bedachte in Betracht kommen. Das vertragsmäßig angeordnete Vermächtnis hat gemäß § 2289 den Vorrang, soweit ein einseitig angeordnetes daneben nicht bestehen kann. Kein Vermächtnisvertrag ist es, wenn der Erblasser unter Lebenden eine Pflicht übernimmt, deren Erfüllung nur bis nach seinem Tode hinausgeschoben ist (**RG** 8. 4. 1907 IV 424/06). Auch die einem Kaufvertrage beigefügte Abrede, Übergabe, Auflassung und Zahlung des Kaufpreises sollten erst nach dem Tode des Verkäufers erfolgen und der Bestand des Vertrags durch das Überleben des Käufers bedingt sein, macht den Vertrag nicht zu einem Geschäft von Todes wegen (**RG** SeuffArch 79 Nr. 13; OLG Düsseldorf NJW 1954, 1041).

Anm. 7

Der Vermächtnisnehmer hat vor dem Eintritt des Erbfalles, auch wenn das Vermächtnis auf einem Erbvertrage beruht, weder einen künftigen Anspruch noch eine rechtlich gesicherte Anwartschaft, sondern nur eine tatsächliche Aussicht. Es ist auch bei einem Grundstücksvermächtnis, das auf einem Erbvertrage beruht, unzulässig, zugunsten des Vermächtnisnehmers eine Auflassungsvormerkung einzutragen, selbst wenn der Erblasser die Eintragung bewilligt hat (**BGH** 12, 115 gegen OLG Celle NJW 1953, 27; vgl. auch Anm. von Coing JZ 1954, 436; Anm. von Hieber DNotZ 1954, 264; Bespr. Thieme JR 1956, 292, ferner Holthöfer JR 1955, 11 und die weiteren Nachweise bei § 2286 Anm. 2).

Anm. 8

Haben in einem Erbvertrage die Eltern ihre Kinder auf den Pflichtteil verwiesen, falls diese den Erbvertrag anfechten, so kann hieraus allein noch nicht entnommen werden, daß die Kinder Erben des letztlebenden Elternteils sein sollten (**OGH** MDR 1950, 669).

Anm. 9

Die Vollziehung der im Auflagevertrag gemachten Auflage kann nur von den nach § 2194 Berechtigten verlangt werden, auch wenn sich der andere Teil vertragsmäßig zu der Leistung verpflichtet hat. Die Grundsätze vom Vertrag zugunsten Dritter (§§ 328ff) kommen nicht in Betracht (**RG** WarnRspr 1917 Nr. 91).

Anm. 10

Errichtung einer Stiftung durch Erbvertrag § 83.

§ 2279

Auf vertragsmäßige Zuwendungen und Auflagen finden die für letztwillige Zuwendungen und Auflagen geltenden Vorschriften entsprechende Anwendung.

Die Vorschriften des § 2077 gelten für einen Erbvertrag zwischen Ehegatten oder Verlobten auch insoweit, als ein Dritter bedacht ist.

E I 1946, 1948 Abs. 2 II 2146; M 5 320, 321, 323; P 5 373, 382, 383, 386.

I. Anwendung testamentsrechtlicher Vorschriften (Abs. 1)

Anm. 1

Die **entsprechende** Anwendung der testamentsrechtlichen Vorschriften auf vertragsmäßige Zuwendungen, d. h. Erbeinsetzungen und Vermächtnisse sowie Auflagen (§ 2278 Abs. 2), bezieht sich nach **RG** 67, 66 auf den zulässigen Inhalt, die notwendige Bestimmtheit, die Auslegung solcher Verfügungen, auf Anfall und Erwerb des Zugewendeten und die Pflicht, eine Auflage zu erfüllen (u. a. §§ 2064—2076, 2087—2093, 2096—2098, 2100—2107, 2147—2156, 2189—2193, ferner 1937—1959, 2094, 2095, 2176—2180), nicht aber auf § 2265, der das gemeinschaftliche Testament nur für Ehegatten zuläßt. Auf das erbvertragliche Vermächtnis ist auch § 2169 anwendbar (**BGH** 31, 13, 17 = NJW 1959, 2252 = MDR 1960, 296 mit Anm. von Baumgärtel = DNotZ 1960, 207 mit Anm. von Hieber). Insbesondere ist der Überlebende, selbst wenn er hierauf im Erbvertrage verzichtet hat, nicht gehindert, das ihm Zugewendete nach dem Erbfall auszuschlagen (§ 2278 Anm. 1).

Anm. 2

Auch die allgemeinen Vorschriften über Willenserklärungen kommen nur in dem für letztwillige Verfügungen geltenden Umfange in Betracht (§ 2078 Anm. 30ff). Doch wird die Willensübereinstimmung und die daraus hervorgehende gegenseitige Gebundenheit ausgeschlossen, wenn Scheingeschäft oder geheimer Vorbehalt im Sinne der §§ 117, 116 Satz 2 vorliegen. Die Anfechtung des Erbvertrages ist in den §§ 2281ff besonders, aber nicht erschöpfend geregelt worden (§ 2285 Anm. 1).

II. Besonderheiten bei Erbverträgen zwischen Ehegatten oder Verlobten (Abs. 2)

Anm. 3

Haben sich Ehegatten oder Verlobte in dem zwischen ihnen geschlossenen Erbvertrage oder hat ein Ehegatte oder Verlobter in dem mit einem Dritten geschlossenen Erbvertrage den anderen Ehegatten oder Verlobten letztwillig bedacht, so folgt aus Abs. 1 verbunden mit § 2077, daß die Zuwendung unwirksam ist, wenn die Ehe nichtig, vor dem Tode des Zuwendenden aufgelöst ist, oder auch nur begründete Scheidungs- oder Aufhebungsklage von ihm erhoben war, oder wenn das Verlöbnis vor dem Tode des Erblassers aufgelöst worden ist. Handelt es sich um einen zweiseitigen Vertrag der Ehegatten oder Verlobten selbst, so hat die Unwirksamkeit der Zuwendung schon nach § 2298 Abs. 1 die Unwirksamkeit des ganzen Erbvertrages und damit auch etwaiger an Dritte gemachter Zuwendungen zur Folge. Dies gilt wie im Falle des § 2268 Abs. 2 grundsätzlich auch dann, wenn der schuldig mit der Scheidungs- oder Aufhebungsklage verfolgte Teil schon vor dem klagenden Teile verstorben ist.

Anm. 4

Abs. 2 hat dagegen den einseitigen Erbvertrag im Auge, bei dem nur ein Ehegatte oder Verlobter als Erblasser auftritt, während sich der andere auf die Annahme der an Dritte gemachten Zuwendungen beschränkt. Auch derartige **Zuwendungen an Dritte** werden in den Fällen des § 2077 nach ausdrücklicher Vorschrift des Abs. 2 den Zuwendungen an den Ehegatten oder Verlobten gleichgestellt. Da jedoch in dem hier vorausgesetzten Falle auf seiten des nur annehmenden Teiles keine Verfügungen in Frage kommen, deren Unwirksamkeit auch die Unwirksamkeit der Verfügungen des anderen Erblassers zur Folge haben könnte, ist es abweichend von § 2268 Abs. 2 dem Dritten unschädlich, wenn der mit der Scheidungs- oder Aufhebungsklage belangte schuldige Vertragschließende vor dem Erblasser stirbt (aM Planck/Greiff Anm. 3, Kretzschmar § 52 Anm. 1, Crome § 659 Anm. 13). Eheverfehlungen des Erblasserteils können bei einem einseitigen Erbvertrage dem bedachten Dritten niemals schädlich werden. Zu beachten ist jedoch, daß es sich hierbei überall nur um gesetzliche Auslegungsregeln handelt (§§ 2077 Abs. 3, 2085, 2298 Abs. 3). Hängen die dem Dritten gemachten Zuwendungen mit dem ehelichen oder Verlobtenverhältnis der Vertragschließenden nicht zusammen, so werden sie sowohl im Falle des zweiseitigen wie des einseitigen Erbvertrags auch bei Nichtigkeit usw. der Ehe leicht aufrechtzuerhalten sein.

§ 2280

Haben Ehegatten in einem Erbvertrage, durch den sie sich gegenseitig als Erben einsetzen, bestimmt, daß nach dem Tode des Überlebenden der beiderseitige Nachlaß an einen Dritten fallen soll, oder ein Vermächtnis angeordnet, das nach dem Tode des Überlebenden zu erfüllen ist, so finden die Vorschriften des § 2269 entsprechende Anwendung.

E II 2147; P 5 406, 407.

Anm. 1

Auslegungsregel für den **Ehegattenerbvertrag**; vgl. im einzelnen § 2269 Anm. 1—41. **Dritter** ist eine Person, die den Erbvertrag nicht mit geschlossen hat (vgl. OLG Celle NJW 1959, 1923 = NdsRpfl 1959, 248 = DRsp I [174] 78d).

Anm. 2

Haben in einem Erbvertrage die Eltern ihre Kinder auf den Pflichtteil verwiesen, falls diese den Erbvertrag anfechten, so kann daraus allein noch nicht entnommen werden, daß die Kinder als Erben des letztsterbenden Elternteils eingesetzt sein sollten (**OGH MDR** 1950, 669). Über einen Pflichtteilsverzicht in einem Erbvertrage zwischen Ehegatten und Kindern vgl. **BGH** 22, 364; Näheres mit weiteren Fundstellen § 2278 Anm. 4.

Anm. 3

Auch andere Personen als Ehegatten können in einem Erbvertrage, in dem sie sich gegenseitig als Erben einsetzen, bestimmen, daß für den gesamten beiderseitigen Nachlaß ein Dritter als Erbe des zuletztversterbenden Vertragsteils eingesetzt sein soll (OLG Oldenburg HEZ 1, 107; OLG Düsseldorf JMBlNRW 1950, 150).

§ 2281

Der Erbvertrag kann auf Grund der §§ 2078, 2079 auch von dem Erblasser angefochten werden; zur Anfechtung auf Grund des § 2079 ist erforderlich, daß der Pflichtteilsberechtigte zur Zeit der Anfechtung vorhanden ist.

Soll nach dem Tode des anderen Vertragschließenden eine zugunsten eines Dritten getroffene Verfügung von dem Erblasser angefochten werden, so ist die Anfechtung dem Nachlaßgerichte gegenüber zu erklären. Das Nachlaßgericht soll die Erklärung dem Dritten mitteilen.

E I 1948 Abs. 1 II 2148 Abs. 1, 3; M 5 322, 323; P 5 585, 586, 395—397, 418—420.

Übersicht

Anfechtung durch den Erblasser

I. Nichtigkeit des Erbvertrags

Anm. 1

Die Nichtigkeit des Erbvertrags (vgl. Anm. 10, 11 vor § 2274), z.B. wegen Formmangels, kann ohne weiteres von jedermann geltend gemacht werden. Beruht sie nur auf dem Mangel der Willensübereinstimmung, so lassen sich die vermeintlich vertragsmäßigen Verfügungen unter Umständen als einseitige aufrechterhalten (§ 2299). Nichtigkeit der einzelnen Verfügung hat, wenn sie eine vertragsmäßige ist, im Zweifel Unwirksamkeit des ganzen Vertrags (§ 2298), wenn sie einseitig getroffen war, im Zweifel nur Unwirksamkeit eben dieser Verfügung zur Folge (§ 2085).

Anm. 2

Wegen der Umdeutung formnichtiger Verträge und ihrer Aufrechterhaltung zumindest in einzelnen Punkten vgl. § 2276 Anm. 12 sowie Anm. 13 vor § 2274.

II. Anfechtung durch den Erblasser im allgemeinen (Abs. 1 Halbs. 1)

Anm. 3

Die Anfechtung des Erbvertrags mit der Nichtigkeitsfolge aus § 142 Abs. 1 wegen Irrtums und Drohung oder wegen Übergehung eines Pflichtteilsberechtigten (§§ 2078, 2079) steht jedem zu, dem die Aufhebung des Vertrags unmittelbar zustatten kommen würde (§ 2080, s. aber auch § 2285); das folgt schon aus § 2279 Abs. 1 (**RG** WarnRspr 1934 Nr. 128). § 2281 dehnt das Anfechtungsrecht unter den gleichen Voraussetzungen auch auf denjenigen Vertragsteil aus, der als **Erblasser** in Betracht kommt (§ 2274 Anm. 2). Damit ist ihm ein Mittel gewährt, mit dem er seine Gebundenheit beseitigen kann, das der gewöhnliche Erblasser wegen der freien Widerruflichkeit einseitiger Verfügungen von Todes wegen nicht braucht. Hat der Erblasser die Voraussetzungen für eine Anfechtung gemäß § 2078 Abs. 2 jedoch selbst durch ein Verhalten herbeigeführt, das gegen Treu und Glauben verstößt, dann kann er nach allgemeinen Rechtsgrundsätzen nicht anfechten (**BGH** 4, 91 = LM BGB § 2285 Nr. 1 mit Anm. von Ascher; vgl. auch Fischer Jherings Jahrbücher 71, 230). Das treuwidrige Verhalten des Erblassers müssen sich auch die gemäß den §§ 2285, 2080 anfechtungsberechtigten Personen entgegenhalten lassen (vgl. Ascher aaO).

Anm. 4

Form und Frist §§ 2282, 2283. Widerruf beim gemeinschaftlichen Testament § 2271. Die §§ 2281 ff gelten entsprechend auch für die Anfechtung wechselbezüglicher Verfügungen in einem gemeinschaftlichen Testament (JFG 15, 353; OLG Kiel HEZ 2, 334; OLG Hamburg MDR 1955, 168); für die Anfechtung nicht-wechselbezüglicher Verfügungen sind dagegen die §§ 2078 ff anzuwenden (**BGH** FamRZ 1956, 83). Vgl. auch § 2271 Anm. 43, 44 mit weiteren Nachweisen.

Anm. 5

Der andere (nur annehmende) Vertragschließende könnte sich der Anfechtung, an der er regelmäßig kein Interesse hat, nur nach den allgemeinen Grundsätzen über Willenserklärungen bedienen (§§ 119 ff). Die an der Aufrechterhaltung des Erbvertrags „Interessierten" können nach erklärter Anfechtung unter Umständen Feststellungsklage erheben, daß die Anfechtung unwirksam sei (**RG** 13. 10. 1904 IV 172/04).

III. Anfechtung wegen Übergehens eines Pflichtteilsberechtigten (Abs. 1 Halbs. 2)

Anm. 6

Das Anfechtungsrecht wegen Übergehens eines Pflichtteilsberechtigten ist nach § 2079 Satz 2 (dort Anm. 26—29) von vornherein ausgeschlossen, wenn der Erblasser auch bei Kenntnis der Sachlage zu dessen Nachteil verfügt haben würde. Auf das Anfechtungsrecht aus diesem Grunde kann deshalb im Erbvertrage selbst wirksam verzichtet werden. Hat der Erblasser dem Pflichtteilsberechtigten im Erbvertrage den Pflichtteil entzogen, so hat er kein Anfechtungsrecht, wenn das Entziehungsrecht gemäß §§ 2336, 2337 nachträglich wieder erloschen ist (Prot. 5, 412). Das Anfechtungsrecht besteht nur, solange der übergangene Pflichtteilsberechtigte als solcher vorhanden ist. Die einmal erklärte Anfechtung bleibt jedoch wirksam, auch wenn demnächst der Pflichtteilsberechtigte vor dem Erbfall weggefallen, ein eigenes Anfechtungsrecht des Übergangenen aus § 2079 somit gar nicht entstanden ist. Ob der Eintritt des Pflichtteilsberechtigten vom Erblasser selbst, z. B. durch Eheschließung oder Annahme an Kindes Statt, herbeigeführt ist, ist an sich unerheblich. Immerhin kann ein Kindesannahmevertrag, der lediglich zu dem Zwecke geschlossen ist, die Anfechtung eines Erbvertrags zu ermöglichen oder es kann wenigstens die daraufhin erklärte Anfechtung nach § 226 oder § 138 nichtig sein (vgl. einerseits **RG** JW 1917, 536[2] und G v. 23. 11. 1933, RGBl I 979, Art. V, anderseits **RG** 138, 373; Anm. zu § 1741).

Anm. 7

Ein Erbvertrag, der die Voraussetzung dafür gewesen ist, daß der eine der beiden Miteigentümer des zu entschuldenden Gutes die persönlichen Schulden des anderen für den Fall der Entschuldung auf seinen Eigentumsanteil mitübernommen hat, ist nicht deshalb der Anfechtung nach den §§ 2281, 2079 entzogen, weil in dem bestätigten Entschuldungsplan darauf hingewiesen worden ist (Osthilfe SichVO v. 17. 11. 1931 §§ 18, 19; **RG** 161, 19 = DRW 1939, 1790[2] mit Anm. von Hopp).

Anm. 8

IV. Anfechtungsgegner (Abs. 2 Satz 1)

Bei **Lebzeiten** der Vertragschließenden ist die Anfechtung nach der Regel des § 143 **gegenüber dem anderen Teile,** wiewohl unter Beobachtung der in § 2282 Abs. 3 erteilten Formvorschrift, zu erklären. Mit dem **Tode des einen Vertragsteils** ist sein höchstpersönliches Anfechtungsrecht erloschen; es kann daher von seinen Erben nur insoweit, als sie zu den in § 2080 bezeichneten Personen gehören und nur kraft eigenen Rechts geltend gemacht werden. Auf seiten des überlebenden Teiles kommt eine Anfechtung der zu seinen Gunsten getroffenen Verfügungen des Zuerstverstorbenen nicht in Frage. Seine eigenen Verfügungen zugunsten des anderen Teiles haben sich durch dessen Tod erledigt. Es kann sich also nur noch um die Anfechtung vertragsmäßiger Erbeinsetzungen, Vermächtnisse und Auflagen (§ 2278 Abs. 2) **zugunsten Dritter** handeln, gleichviel ob diese Verfügungen von ihm selbst oder von dem anderen Teile herrühren. In diesem Falle hat der Überlebende (wie nach § 2081) die Anfechtung **dem Nachlaßgerichte gegenüber,** d. h. dem für den Todesfall des Zuerstverstorbenen zuständigen Gerichte zu erklären.

V. Mitteilung durch das Nachlaßgericht (Abs. 2 Satz 2)

Anm. 9

Die **Mitteilungspflicht** des Nachlaßgerichts gilt nur gegenüber dem Dritten, nicht auch gegenüber den sonstigen Interessenten, insbesondere den Erben des Vertragsgegners (vgl. § 2081 Anm. 9).

Anm. 10

Gebühr für die Entgegennahme der Anfechtungserklärung KostO §§ 112 Abs. 1 Nr. 4, 115.

§ 2282

Die Anfechtung kann nicht durch einen Vertreter des Erblassers erfolgen. Ist der Erblasser in der Geschäftsfähigkeit beschränkt, so bedarf er zur Anfechtung nicht der Zustimmung seines gesetzlichen Vertreters.

Für einen geschäftsunfähigen Erblasser kann sein gesetzlicher Vertreter mit Genehmigung des Vormundschaftsgerichts den Erbvertrag anfechten.

Die Anfechtungserklärung bedarf der gerichtlichen oder notariellen Beurkundung.

E I 1948 Abs. 4 II 2148 Abs. 2, 2149 Abs. 1, 2; M 5 324; P 5 385, 386.

Anfechtungserklärung (Vertretung, Form)

Anm. 1

I. Zu Abs. 1 Satz 1

Das **Anfechtungsrecht** ist **höchstpersönlich,** wie auch der Abschluß (§ 2274), die Bestätigung (§ 2284), die Aufhebung des Erbvertrags (§ 2290 Abs. 2) und der Rücktritt (§ 2296 Abs. 1) dem Erblasser nur persönlich zustehen. Auch eine bloße Vertretung in der Erklärung ist ausgeschlossen (Lent DNotZ 1951, 151; vgl. auch **BGH** 5, 349).

Anm. 2

II. Zu Abs. 1 Satz 2

Auch der in der **Geschäftsfähigkeit beschränkte** Erblasserteil (§§ 106, 114) muß persönlich anfechten. Er kann aber nicht bestätigen (§ 2284) und ist, abweichend von dem ihm ausnahmsweise nachgelassenen Abschluß des Erbvertrags (§ 2275 Anm. 4), bei der Anfechtung nicht an die Zustimmung des gesetzlichen Vertreters und die Genehmigung des Vormundschaftsgerichts (§ 1831) gebunden (ebenso §§ 2290 Abs. 2, 2296 Abs. 1; vgl. auch § 1595 Abs. 1; ZPO § 612 Abs. 1).

Anm. 3

III. Zu Abs. 2

Zugunsten des **geschäftsunfähigen** Erblasserteils wird, wie in den Fällen des § 1595 Abs. 2, ZPO § 612 Abs. 2, die Regel des Abs. 1 durchbrochen, außerdem aber die Genehmigung des Vormundschaftsgerichts erfordert. Anfechtung nach Wiedererlangen der Geschäftsfähigkeit § 2283 Abs. 3.

Anm. 4

IV. Zu Abs. 3

Gerichtliche oder notarielle Beurkundung (§ 128) ist sowohl bei der Anfechtung unter Lebenden (ebenso beim Rücktritt § 2296 Abs. 2) gegenüber dem anderen Teile als auch nach dem Tode eines Vertragsteils gegenüber dem Nachlaßgericht erforderlich (§ 2281 Anm. 8). Beurkundung vor einer nicht gerichtlichen Nachlaßbehörde (EG Art. 147) genügt nicht. Auf die Anfechtung eines gemeinschaftlichen Testaments durch den überlebenden Ehegatten (§ 2271 Anm. 44) findet auch diese Formvorschrift entsprechende Anwendung (**RG** 87, 95). Sie gilt aber, wie beim Erbvertrag so auch beim gemeinschaftlichen Testament, nur für die Anfechtung durch den Erblasser selbst, nicht für die durch andere Personen (§ 2281 Anm. 3; JW 1934, 2635[9]).

§ 2283

Die Anfechtung durch den Erblasser kann nur binnen Jahresfrist erfolgen.

Die Frist beginnt im Falle der Anfechtbarkeit wegen Drohung mit dem Zeitpunkt, in welchem die Zwangslage aufhört, in den übrigen Fällen mit dem Zeitpunkt, in welchem der Erblasser von dem Anfechtungsgrunde Kenntnis erlangt. Auf den Lauf der Frist finden die für die Verjährung geltenden Vorschriften der §§ 203, 206 entsprechende Anwendung.

Hat im Falle des § 2282 Abs. 2 der gesetzliche Vertreter den Erbvertrag nicht rechtzeitig angefochten, so kann nach dem Wegfalle der Geschäftsunfähigkeit der Erblasser selbst den Erbvertrag in gleicher Weise anfechten, wie wenn er ohne gesetzlichen Vertreter gewesen wäre.

E I 1948 Abs. 5 II 2150; M 5 324, 325; P 5 385, 386.

Anfechtungsfrist

Anm. 1

I. Zu Abs. 1

Einjährige Ausschlußfrist wie in § 2082. Sie läuft auch dem in der Geschäftsfähigkeit beschränkten Erblasser (§ 2282 Anm. 2).

Anm. 2

II. Zu Abs. 2

Fristbeginn und Fristenlauf übereinstimmend mit § 1954, s. dort Anm. 10, 11, jedoch ohne daß dem Anfechtungsberechtigten bei seinen Lebzeiten eine zeitliche Schranke (dort 30 Jahre) gezogen wäre. Vgl. auch §§ 124, 2082 Anm. 2 und 2271 Anm. 45—47 (**RG** Recht 1920 Nr. 424). Bei der Fristberechnung ist das Gesetz über den Ablauf der durch Kriegs- und Nachkriegsvorschriften gehemmten Fristen v. 28. 12. 1950 (BGBl 821) nebst dem Ergänzungsgesetz v. 30. 3. 1951 (BGBl I 213) zu beachten. Die Frist wird nicht dadurch gehemmt, daß der Erblasser die rechtliche Tragweite der abgegebenen Erklärungen verkennt (OLG Koblenz NJW 1947/48, 628).

Anm. 3

III. Zu Abs. 3

Die Frist läuft auch gegen den **gesetzlichen Vertreter.** Abs. 3 durchbricht aber den Grundsatz zugunsten des Vertretenen dann, wenn dieser nach Fristablauf die — wenn auch nur beschränkte — Geschäftsfähigkeit wiedererlangt. In diesem Falle wird ihm gemäß dem in Abs. 2 angezogenen § 206 eine sechsmonatige Nachfrist eingeräumt (ebenso § 1595 Abs. 2; EheG § 36).

In allen Fällen handelt es sich um die Anfechtung durch den Erblasser. Für diejenige des nur annehmenden Teiles (§ 2281 Anm. 5) gelten die Fristen der §§ 121, 124, für sonstige Anfechtungsberechtigte §§ 2080, 2082.

Anm. 4

IV. Mehrere Erblasser

Bei mehreren Erblassern kann jeder für sich anfechten. Macht nur einer von seinem Anfechtungsrecht Gebrauch, so fallen auch die wechselbezüglichen Verfügungen der anderen weg (vgl. Reithmann DNotZ 1957, 529).

§ 2284

Die Bestätigung eines anfechtbaren Erbvertrags kann nur durch den Erblasser persönlich erfolgen. Ist der Erblasser in der Geschäftsfähigkeit beschränkt, so ist die Bestätigung ausgeschlossen.

E I 1948 Abs. 4 II 2149 Abs. 3; M 5 323, 324; P 5 385, 386.

Bestätigung

Schrifttum: Ischinger, Die Bestätigung anfechtbarer Verfügungen von Todes wegen, Rpfleger 1951, 159.

Anm. 1

I. Zu Satz 1

Wie mit der Anfechtung des Erbvertrags vornehmlich bezweckt wird, die vertragsmäßige Bindung zu beseitigen (§ 2281 Anm. 3), so kommt umgekehrt mit der **Bestätigung des anfechtbaren Erbvertrags** der Wille zum Ausdruck, trotzdem gebunden zu bleiben. Es handelt sich mithin nicht sowohl um Bestätigung der im Erbvertrage getroffenen Verfügung von Todes wegen, die, wenn § 2279 Abs. 1 Anwendung fände, nur als erneute Verfügung von Todes wegen denkbar wäre (vgl. § 2078 Anm. 79), sondern um Bestätigung des mit dem Erbvertrage zustandegekommenen Rechtsgeschäfts. Gemäß § 144 Abs. 2 ist deshalb die Bestätigung an keine Form gebunden, sie kann auch stillschweigend und braucht nicht gegenüber dem anderen Teil oder dem Nachlaßgericht erklärt zu werden (so jetzt auch BayObLG 1954, 71 = NJW 1954, 1039 mit Nachweisen; Palandt/Rechenmacher 19. Aufl.; aM Strohal I § 45 Anm. 16). Der Erblasser kann aber **nur persönlich** bestätigen, wie er auch nur persönlich, nicht durch Vertreter den Erbvertrag schließen (§ 2274), anfechten (§ 2282), aufheben (§ 2290) und davon zurücktreten kann (§ 2296). Es ist auch — anders als bei § 1750 — eine Vertretung in der Erklärung des Willens ausgeschlossen (**BGH** 5, 349). Der wegen Formmangels nichtige Erbvertrag kann auch nicht durch die Erben des Vertragserben bestätigt werden (**RG** 8. 4. 1907 IV 424/06).

Anm. 2

II. Zu Satz 2

Dem in der **Geschäftsfähigkeit beschränkten** Erblasser (§§ 106, 114) ist zwar als Ehegatten oder Verlobten nachgelassen, den Vertrag zu schließen (§ 2275 Abs. 2), nicht aber auch ihn zu bestätigen. Um so mehr ist dies für den Geschäftsunfähigen ausgeschlossen. Die Bestätigung selbst ist nach allgemeinen Grundsätzen anfechtbar.

§ 2285

Die im § 2080 bezeichneten Personen können den Erbvertrag auf Grund der §§ 2078, 2079 nicht mehr anfechten, wenn das Anfechtungsrecht des Erblassers zur Zeit des Erbfalls erloschen ist.

E I 1949 Abs. 2 II 2151; M 5 325, 326; P 5 386, 387.

Abhängiges Anfechtungsrecht anderer Personen

I. Anfechtung durch Dritte

Anm. 1

Außer dem Erblasserteil (§§ 2281—2283) steht gemäß § 2279 Abs. 1 das Anfechtungsrecht auch dritten Personen zu, soweit ihnen nach § 2080 die Aufhebung des Erbvertrags, der durch Irrtum, Zwang oder nicht gewollte Übergehung eines Pflichtteilsberechtigten beeinflußt ist (§§ 2078, 2079), unmittelbar zustatten kommen würde. Form und Frist der Anfechtung bestimmen sich allein nach den §§ 2081, 2082. Daher gilt folgendes: Keine Beurkundung der Anfechtungserklärung, kein Verbot der Vertretung (§ 2282), aber 30jährige Ausschlußfrist (§ 2082 Abs. 3) und darüber hinaus Verweigerungsrecht des Beschwerten (§ 2083). Die Anfechtung ist nach Maßgabe des § 2081 entweder dem Nachlaßgericht oder gegenüber dem Anfechtungsgegner, bei Anfechtung einer Vermächtnisanordnung also in entsprechender Anwendung von § 143 Abs. 4 Satz 1 gegenüber dem Bedachten, nicht gegenüber dem überlebenden Vertragschließenden oder seinen Erben zu erklären (str., wie hier **RG** 143, 353; Planck/Greiff Anm. 1); vgl. auch § 2081 Anm. 12f.

Anm. 2

§ 2285 ist auf das wechselbezügliche gemeinschaftliche Testament entsprechend anzuwenden (**RG** 132, 4 mit Nachweisen; § 2271 Anm. 44). Beim nichtwechselbezüglichen Testament wird das allgemeine Testamentsanfechtungsrecht jedoch durch § 2285 nicht beschränkt (**BGH** FamRZ 1956, 83).

II. Erlöschen des Anfechtungsrechts

Anm. 3

Das Anfechtungsrecht des Dritten ist zwar ein eigenes selbständiges Recht mit besonderem Fristenlauf nach § 2082 Abs. 2; es kann aber keine stärkere Wirkung äußern als das Anfechtungsrecht des Erblassers selbst, wenn es diesem bereits bis zu seinem Tode zustand. Insofern ist es vom Anfechtungsrecht des Erblassers weitgehend abhängig (vgl. auch OLG Kiel HEZ 2, 337). War des Erblassers Recht zu diesem Zeitpunkt durch Ablauf der Jahresfrist (§ 2283) oder durch Bestätigung (§ 2284) erloschen, so kann auch der Dritte nicht mehr anfechten. Der am Erbvertrage selbst nicht beteiligte Dritte kann ihn jedoch nicht bestätigen.

Anm. 4

Das Anfechtungsrecht des Erblassers erlischt noch nicht dadurch im Sinne des § 2285, daß er sein Anfechtungsrecht ohne Erfolg ausübt (**BGH** 4, 91). Dem § 2285 könnte jedoch sinngemäß entnommen werden, daß die im § 2080 bezeichneten Personen den Erbvertrag auch dann nicht mehr anfechten können, wenn der Erblasser ergebnislos angefochten hat und sie sich auf dieselben Anfechtungsgründe stützen (vgl. Ascher bei LM BGB § 2285 Nr. 1; auch LG Karlsruhe NJW 1958, 714 = DNotZ 1958, 601 Nr. 5). § 2285 ist jedenfalls nicht anwendbar, wenn ein neuer Anfechtungstatbestand vorgetragen wird; kommt es nach dem neuen Anfechtungsgrund auf das Gesamtverhalten des Anfechtungsgegners an, so kann unterstützend auch auf solche Anfechtungstatbestände zurückgegriffen werden, auf die keine selbständige Anfechtung mehr gestützt werden kann (**BGH** 4, 94).

§ 2286

Durch den Erbvertrag wird das Recht des Erblassers, über sein Vermögen durch Rechtsgeschäft unter Lebenden zu verfügen, nicht beschränkt.

E I 1951 II 2152; M 5 327, 328; P 5 388, 389.

Neueres Schrifttum: Münzenberger, Die Aushöhlung des § 2286 BGB, BWNotZ 1958, 143; 1959, 1 (vgl. DNotZ 1959, 261); s. auch § 2287 vor Anm. 1.

Verfügungsrecht unter Lebenden

I. Grundsatz der unbeschränkten Verfügungsmacht

Anm. 1

Grundsätzlich ist der Erblasser durch den Erbvertrag in der **Verfügung unter Lebenden** ebensowenig beschränkt wie durch sonstige Verfügungen von Todes wegen (**BGH** 31, 13, 15ff; Näheres Anm. 5 vor § 2274). Nur bösliche Schenkungen (§ 2287) und die Vereitelung von Vermächtnissen (§ 2288) sind ihm untersagt. Beschränkungen in der Errichtung neuer Verfügungen von Todes wegen ergeben sich aus § 2289. Der Vermächtnisnehmer erlangt, auch wenn das Vermächtnis auf einem Erbvertrage beruht, vor dem Eintritt des Erbfalls weder einen künftigen Anspruch noch eine rechtlich gesicherte Anwartschaft, sondern lediglich eine tatsächliche Aussicht (**BGH** 12, 115 = JZ 1954, 436 mit Anm. von Coing = DNotZ 1954, 264 mit Anm. von Hieber). Auch die Aussicht des Vertragserben auf das, was ihm durch Erbvertrag zugedacht ist, schafft keine rechtlich gesicherte Anwartschaft; sie ist insbesondere kein Vermögen im Sinne des § 1836 (BayObLG 1952, 289 = JZ 1953, 242). Der im Erbvertrage Bedachte erlangt mithin als solcher vor dem Erbfall kein Recht, wie der Nacherbe nach §§ 2108ff, gegen tatsächliche oder rechtliche Beeinträchtigungen durch den Erblasser etwa mit Hilfe einstweiliger Verfügungen geschützt zu werden (OLG 21, 363). Ebensowenig ist er als solcher zu dem Antrag auf Entmündigung wegen Verschwendung berechtigt (vgl. auch BayObLG 1952, 289 = JZ 1953, 242). Verpflichtet sich der Erblasser gegenüber dem Vertragserben, sein Grundstück nicht zu belasten, so hat diese Vereinbarung nur schuldrechtliche Wirkung unter den Parteien (OLG Hamm DNotZ 1956, 151). Ein Rechtsgeschäft unter Lebenden im Sinne des § 2286 ist auch ein sog. Abnährungsvertrag (Verpfründungsvertrag), durch den sich der Erblasser gegen Gewährung von Kost, Pflege usw. unter Verpfändung einer Kaufgeldhypothek verpflichtet, daß nach seinem Tode dem Pfandgeber eine entsprechende Entschädigung bezahlt werden solle (**RG** 8. 4. 1907 IV 424/06). Vgl. auch Anm. 5—8 sowie § 2295 Anm. 1.

Anm. 2

Ansprüche aus einem Erbvertrage können auch **nicht** zu Lebzeiten des Erblassers durch eine **Vormerkung** gesichert werden, auch nicht wenn der Erblasser die Eintragung der Vormerkung bewilligt hat. Die erbrechtliche Bindung des Erblassers ist in den Bestimmungen über den Erbvertrag erschöpfend geregelt; die Beteiligten können diese Bindung, da im Erbrecht keine Vertragsfreiheit besteht, nicht durch schuldrechtliche Vereinbarungen oder dingliche Sicherungsmittel verstärken (KG JFG 23, 148; OLG Frankfurt NJW 1953, 1848; **BGH** 12, 115 = LM BGB § 883 Nr. 2, nur Leitsatz mit Anm. von Pritsch = NJW 1954, 633 = JZ 1954, 436 mit Anm. von Coing = DNotZ 1954, 264 mit Anm. von Hieber; OLG Hamm DNotZ 1956, 151; aM OLG Celle NJW 1953, 27 = DNotZ 1952, 236; vgl. auch Hieber DNotZ 1952, 432; 1953, 635; 1954, 269; 1958, 306; Schulte DNotZ 1953, 355; Holthöfer DRiZ 1954, 141 und JR 1955, 11; Thieme JR 1956, 292.

Anm. 3

Es ist allerdings Holthöfer zuzugeben, daß vielfach ein Bedürfnis besteht, den Vertragserben (auch den Vermächtnisnehmer) gegen Verfügungen des Erblassers, die ihn schädigen könnten, zu schützen; denn weder § 2287 noch sonstige Vorschriften des bürgerlichen Rechts (etwa § 826) reichen hierzu aus. Der Ausweg muß bei der derzeitigen Rechtslage jedoch in einem entsprechenden Rechtsgeschäft unter Lebenden gesucht werden. Die Frage, inwieweit das möglich ist, hat der BGH ausdrücklich offen gelassen (vgl. auch Prisch aaO; **BGH** 31, 13, 18f).

Anm. 4

Die Bindung des Erblassers regelt sich nach den „bisherigen Gesetzen", wenn der Erbvertrag vor 1. 1. 1900 errichtet ist (EG Art. 214 Abs. 2).

II. Besonderheiten bei Übergabeverträgen

Anm. 5

Übergabeverträge haben eine doppelte Natur. Sie sind einerseits Rechtsgeschäfte unter Lebenden, enthalten regelmäßig aber auch eine vorweggenommene Erbfolge und unterscheiden sich hierdurch wesentlich von anderen Grundstücksveräußerungen unter Lebenden. Das gilt nicht nur für Höfe im Sinne der Höfeordnung, sondern auch für andere landwirtschaftliche und nichtlandwirtschaftliche Besitzungen. Denn es handelt sich überall um gleichartige wirtschaftliche Vorgänge (so **BGH** 19. 10. 1954 V ZB 23/54 = NJW 1955, 218 — nur Leitsatz — für Höfe und andere landwirtschaftliche Besitzungen). Der V. Zivilsenat des Bundesgerichtshofs will jedoch die doppelte Natur des Übergabevertrages bei Besitzungen, die nicht der Höfeordnung unterliegen, außer Betracht lassen und in solchen Fällen den Übergabevertrag lediglich als eine Veräußerung unter Lebenden behandeln, weil das Gesetz in den §§ 7, 17 HöfeO für die Übertragung eines Hofes besondere Bestimmungen getroffen habe, die für sonstige Besitzungen nicht gälten (vgl. **BGH** RdL 1951, 129 = DNotZ 1951, 344; RdL 1951, 301 = LM LVO § 23 Nr. 5; RdL 1952, 133 mit Anm. von Wöhrmann = LM HöfeO § 17 Nr. 4; RdL 1953, 53 Nr. 17 = LM HöfeO § 12 Nr. 3; auch **BGH** 8, 33). Diese unterschiedliche Behandlung ist nicht unbestritten und wird auch durch den Hinweis auf die Regelung der Höfeordnung allein nicht zwingend begründet (für eine Gleichbehandlung OLG Hamm NJW 1954, 1504; anscheinend auch Wöhrmann RdL 1952, 134).

Der Bundesgerichtshof kommt von seiner Unterscheidung aus zu folgenden Rechtssätzen:

Anm. 6

Ein Übergabevertrag, der einen Hof im Sinne der Höfeordnung betrifft, ist als vorweggenommene Erbfolge gemäß § 2289 insoweit unwirksam, als er das Recht eines Dritten beeinträchtigt, der durch Erbvertrag als Hoferbe eingesetzt war (**BGH** LM HöfeO § 12 Nr. 3). Wer durch Erbvertrag oder gemeinschaftliches Testament an eine bestimmte Erbfolge in einen Hof gebunden ist, kann nicht anderweitig — auch nicht durch Übergabevertrag — letztwillig über den Hof verfügen (**BGH** 30. 1. 1951 V BLw 57/49 = DNotZ 1951, 343 = RdL 1951, 129; insoweit in **BGH** 1, 121 nicht abgedruckt). Wer durch Erbvertrag oder gemeinschaftliches Testament zum Hoferben bestimmt worden ist, hat ein Beschwerderecht gegen die Genehmigung eines mit einer anderen Person geschlossenen Übergabevertrages, weil die Genehmigung ihn unmittelbar in seinem Recht beeinträchtigt (**BGH** RdL 1952, 133 = LM HöfeO § 17 Nr. 4).

Anm. 7

Handelt es sich dagegen um einen landwirtschaftlichen Besitz, der nicht der Höfeordnung unterliegt, so hat im entsprechenden Falle der vorgesehene Hoferbe kein Beschwerderecht, weil hier der Übergabevertrag allein als Rechtsgeschäft unter Lebenden zu behandeln ist (**BGH** LM LVO § 23 Nr. 5 = RdL 1951, 301).

Anm. 8

Nach westfälischem Güterrecht ist der überlebende Ehegatte befugt, einen Übertragungs-(Übergabe-)vertrag zu schließen. Diese Befugnis kann durch einen Erbvertrag oder durch ein gemeinschaftliches Testament der Ehegatten ausgeschlossen werden (**BGH** NJW 1955, 218 — nur Leitsatz — = FamRZ 1955, 15 = RdL 1955, 29 = LM Westf. Güterrecht Nr. 3; die Entscheidung des BGH ist zum Vorlagebeschluß des OLG Hamm NJW 1954, 1504 ergangen).

§ 2287

Hat der Erblasser in der Absicht, den Vertragserben zu beeinträchtigen, eine Schenkung gemacht, so kann der Vertragserbe, nachdem ihm die Erbschaft angefallen ist, von dem Beschenkten die Herausgabe des Geschenkes

nach den Vorschriften über die Herausgabe einer ungerechtfertigten Bereicherung fordern.

Der Anspruch verjährt in drei Jahren von dem Anfalle der Erbschaft an.

E I 1952 Abs. 1, 2 II 2153 Abs. 1 Satz 1, Abs. 2; M 5 328—330; P 5 389—394; 6 351.

Übersicht

Bösliche Schenkungen

Neueres Schrifttum:

Burkart, Aushöhlung gemeinschaftlicher Testamente durch den überlebenden Ehegatten, NJW 1956, 1501; Burkart, Die Rechtsprechung des BGH über die Aushöhlung von Testamenten, NJW 1959, 2093; Dittmann, Die Aushöhlung des gemeinschaftlichen Testaments, DNotZ 1958, 619; Mattern, Die Aushöhlung von Testamenten und Erbverträgen, MDR 1960, 1; Münzenberger, Die Aushöhlung des § 2286 BGB, BWNotZ 1959, 1.

Hieber, Sicherung eines Grundstücksvermächtnisses durch Auflassungsvormerkung, DNotZ 1958, 306; Holthöfer, Sicherung des Vertragserben zu Lebzeiten des Erblassers, JR 1955, 11; Schulte, Wie kann der Eigentümer einer landwirtschaftlichen Besitzung für seinen Todesfall seinen Ehegatten sichern und zugleich die Besitzung seinen Abkömmlingen erhalten?, DNotZ 1953, 355; Thieme, Sicherung des Vertragserben oder Vermächtnisnehmers zu Lebzeiten des Erblassers, JR 1956, 292.

I. Allgemeines

Anm. 1

Unbeschadet seiner Verfügungsfreiheit unter Lebenden (§ 2286) darf der Erblasser den Vertragserben nicht durch bösliche Schenkungen beeinträchtigen. Hierzu gehört auch die gemischte Schenkung (Anm. 13; § 516 Anm. 25; **RG** JW 1935, 275[5]; OLG Celle MDR 1948, 142), das Schenkungsversprechen (§ 518) und die vollzogene Schenkung auf den Todesfall (§ 2301 Abs. 2), während das Schenkungsversprechen von Todes wegen ohne weiteres unwirksam ist (§§ 2301 Abs. 1, 2289 Abs. 1). Dagegen ist die Hingabe, sei es auch des ganzen Vermögens, gegen Entgelt (z. B. gegen eine Leibrentenverpflichtung) niemals Schenkung. Sie könnte nur „in eklatanten Fällen" (Prot. 5, 392) einen Schadenersatzanspruch aus § 826 begründen (vgl. auch **OGH** 1, 161, 167; 2, 160, 170; Kipp/Coing 11. Bearb. § 38 III 4).

Anm. 2

Der Erblasser kann die Anwendbarkeit des § 2287 dadurch **ausschließen,** daß er sich im Erbvertrage (so gut wie den Rücktritt nach § 2293) völlige Freiheit in der Vornahme von Schenkungen vorbehält (str., vom **RG** WarnRspr 1918 Nr. 124 dahingestellt gelassen). In der Vereinbarung, daß der Vertragserbe nur den Überrest erhalten solle, ist eine solche Ausschließung aber nicht zu finden; vgl. § 2137 Abs. 1 mit § 2113 Abs. 2 (**RG LZ** 1919, 1187[4]; WarnRspr 1926 Nr. 188). Der Schutz des § 2287 wirkt nicht nur gegenüber Verfügungen, sondern auch gegenüber reinen Verpflichtungsgeschäften (OLG Celle NdsRpfl 1947, 121 = MDR 1948, 142 mit Anm. von Kleinrahm).

Anm. 3

§ 2287 ist auch auf den Überlebenden beim gemeinschaftlichen Testament anzuwenden (**OGH** 1, 161 = MDR 1949, 287 mit Anm. von Boehmer; **BGH** DNotZ 1951, 345; § 2271 Anm. 44). Doch ist dieser aus einem gemeinschaftlichen Testament, das unter der Herrschaft des PrALR errichtet worden ist (EG Art. 214 Abs. 2), in bezug auf Schenkungen unter Lebenden nicht beschränkt (**RG** WarnRspr 1912 Nr. 314; 1918 Nr. 124; DJZ 1924, 906). Zur „Aushöhlung" von gemeinschaftlichen Testamenten und Erbverträgen durch Verfügung unter Lebenden vgl. **BGH** LM BGB § 2271 Nr. 4 = DNotZ 1955, 85 = JZ 1954, 676; **BGH** DNotZ 1958, 654 = DRspr I (174) 72b; **BGH** NJW 1960, 524 = FamRZ 1960, 145; auch Dittmann DNotZ 1958, 619; Burkart, NJW 1959, 2093; Mattern MDR 1960, 1 mit Übersicht über die Rechtsprechung des **BGH**; ferner § 2271 Anm. 14 und Anm. 18 vor § 2274.

Anm. 4

II. Beeinträchtigungsabsicht

Die Absicht, den Vertragserben zu beeinträchtigen, wird nicht durch das Bewußtsein ersetzt, daß die aus anderen unverfänglichen Beweggründen, z. B. aus idealen, sittlichen oder Anstandsrücksichten vorgenommene Schenkung den Vertragserben verkürzen werde. Es muß gerade als der zu erreichende Erfolg bezweckt sein, dem Vertragserben die Vorteile der Erbeseinsetzungen zu entziehen (vgl. **RG** WarnRspr 1938 Nr. 144 = DJ 1938, 1368 mit Anm. von Vogels). Spielen mehrere Beweggründe mit, so kommt es darauf an, welcher der eigentlich treibende und bestimmende gewesen ist (**RG** 77, 111; JW 1912, 142[18], 467[14]; 1935, 275[5]; Recht 1921 Nr. 1398; SeuffArch 90 Nr. 55). Dieser Rechtsprechung haben sich auch der OGHBrZ und der BGH angeschlossen (**OGH** 1, 163 = MDR 1949, 287 mit Anm. von Boehmer; 2, 167; **BGH** LM KO § 146 Nr. 1: „Bedingter Vorsatz genügt nicht"; ferner **BGH** 9. 3. 1955 IV ZR 121/54 und 6. 7. 1955 IV ZR 34/55 = **BGH** 18, 67 = NJW 1955, 1354, insoweit jedoch bei beiden Fundstellen nicht abgedruckt). Zu den Voraussetzungen für die Annahme einer Beeinträchtigungsabsicht vgl. ferner **BGH** FamZ 1957, 171 = DNotZ 1957, 548 = DRspr I (174) 62b; **BGH** LM BGB § 2287 Nr. 5a = FamRZ 1958, 59 — nur Leitsatz —; **BGH** NJW 1960, 524 = FamRZ 1960, 145 = DNotZ 1960, 210; **BGH** 31, 13, 23. Unkenntnis eines der Vertragspartner, daß der andere Vertragsteil mit einem Rechtsgeschäft unter Lebenden das für ihn geltende Testierverbot des § 2271 Abs. 2 umgehen will, schließt die Unwirksamkeit dieses Rechtsgeschäfts als Umgehungsgeschäft nicht aus (**BGH** NJW 1960, 524 = FamRZ 1960, 145). Hat der Erblasser den Vertragserben von der beabsichtigten Schenkung verständigt und dieser sich einverstanden erklärt, so kann je nach Sachlage die Benachteiligungsabsicht gefehlt haben oder dem Erben verborgen geblieben sein; der Erbe kann aber auch die Benachteiligungsabsicht erkannt und trotzdem sein Einverständnis erklärt haben (vgl. im einzelnen **OGH** 2, 169). Die Annnahme, im letzteren Falle sei das Einverständnis als „Gestattung böswilligen Tuns" gemäß § 138 nichtig, ist mindestens in dieser Allgemeinheit bedenklich. Der Anspruch aus § 2287 geht gegen den Beschenkten. Es wird in vielen Fällen angemessen sein, mindestens diesem gegenüber den Erben an seiner Einverständniserklärung festzuhalten.

III. Der Berechtigte (Vertragserbe)

Anm. 5

Der Herausgabeanspruch entsteht erst in der Person des Vertragserben. Er gehört mithin nicht zum Nachlaß und kann deshalb nicht vom Testamentsvollstrecker geltend gemacht werden (**RG** 77, 5; Recht 1921 Nr. 1397; SeuffArch 90 Nr. 55; **RG** 24. 6. 1920 IV 144/20). Jedoch ist ein zukünftiger Erbe unter Umständen berechtigt, gegen seinen zukünftigen Miterben auf Feststellung zu klagen, daß ein Grundstück im Vermögen des noch lebenden Erblassers verblieben ist, wenn seine Übereignung die Vorwegnahme einer nach § 2271 Abs. 2 unzulässigen anderweitigen Verfügung von Todes wegen darstellt (OLG Düsseldorf NJW 1957, 266). Auch die Nachlaßgläubiger sind zu dem Herausgabeverlangen nicht berechtigt. Doch bleibt ihr aus KO §§ 29ff oder

AnfG §§ 3 ff abgeleiteter selbständiger Anfechtungsanspruch unberührt. Vertragserbe ist der von dem Zuerstverstorbenen im Erbvertrag eingesetzte Erbe (auch der Nacherbe, **RG** WarnRspr 1938 Nr. 144), gleichviel ob er den Vertrag selbst mit geschlossen oder darin nur als Dritter bedacht ist. Ist der Nacherbe zugleich Vertragserbe des Vorerben, so wird er gegenüber unentgeltlichen Rechtsgeschäften des Vorerben in erster Linie durch § 2287 geschützt (OLG Celle MDR 1948, 142). Dem nur annehmenden Vertragschließenden (§ 2274 Anm. 2) erwachsen aus der Schenkung keine Rechte.

Anm. 6

Mehreren Vertragserben steht der Herausgabeanspruch, weil er nicht zum Nachlaß und deshalb auch nicht zum Gesamthandvermögen der Erbengemeinschaft nach § 2032 Anm. 4 gehört, nach den Grundsätzen der §§ 741 ff jedem für sich zu dem seinem Erbteil entsprechenden Bruchteile zu (**RG** 77, 7; JW 1912, 142[18]; WarnRspr 1926 Nr. 188; SeuffArch 90 Nr. 55). Nur bei Unteilbarkeit der Leistung ist ein Gesamtgläubigerverhältnis gegeben (§ 432).

Anm. 7

IV. Der Verpflichtete

Der Herausgabeanspruch ist nur **gegen den Beschenkten** gewährt. Er steht mithin abweichend von § 2288 Abs. 2 nicht zu gegen testamentarische oder gesetzliche Erben, wenn sie neben dem Vertragserben berufen sind.

Anm. 8

V. Entstehung des Anspruchs

Der Anspruch des Vertragserben entsteht erst mit dem **Anfalle der Erbschaft,** regelmäßig also mit dem Tode des Erblassers (§ 1942 Anm. 12). Schlägt er die Erbschaft aus, so gilt der Anfall als nicht erfolgt (§ 1953 Anm. 1), damit ist aber auch seinem Herausgabeanspruch der Boden entzogen (aM Strohal § 45 Anm. 43). Vor dem Anfall hat auch der Vertragserbe keine Rechte, weder gegen den Erblasser noch gegen den Beschenkten (aM Strohal § 45 Anm. 40). Insbesondere kann er wegen seines bloß möglichen Anspruchs nicht durch einstweilige Verfügungen (ZPO §§ 916 Abs. 2, 936) geschützt werden (§ 2286 Anm. 1).

VI. Inhalt des Anspruchs

Anm. 9

Der Beschenkte ist zur **Herausgabe** nach den für die **ungerechtfertigte Bereicherung** geltenden Grundsätzen, somit zur Herausgabe des Geschenkes selbst oder des dafür erlangten Ersatzes (Surrogats) oder zum Wertersatz im Umfange des § 818 verpflichtet. Handelt es sich um ein Schenkungsversprechen, so geht der Anspruch auf Befreiung von der Schenkungsverpflichtung. Es ist an sich unerheblich, ob der Beschenkte die Beeinträchtigungsabsicht kennt; wohl aber steigert sich in diesem Falle der Umfang der Herausgabepflicht gemäß § 819.

Anm. 10

Kein Auskunftsanspruch: Der Vertragserbe hat weder nach § 2287 noch im Regelfalle nach sonstigen Bestimmungen einen Anspruch auf Auskunft gegen den Beschenkten. Bösliche Schenkungen begründen keine Rechtsbeziehung, aus der sich eine solche Auskunftspflicht ergeben könnte. § 260 Abs. 1 kann jedoch insoweit anwendbar sein, als etwa der Vertragserbe einen Inbegriff von Gegenständen verschenkt hat und dessen Bestand streitig ist (**BGH** 18, 67 = NJW 1955, 1354 = MDR 1955, 598 = LM BGB § 2287 Nr. 4 mit Anm. von Johannsen).

Anm. 11

Verzicht: Der Vertragserbe kann durch ein Rechtsgeschäft mit dem Beschenkten, aber auch mit dem Erblasser wirksam auf den Herausgabeanspruch verzichten. Bei einem Verzichtsvertrage mit dem Erblasser handelt es sich um einen Vertrag zugunsten eines Dritten (vgl. **OGH** 2, 169). Es ist allerdings nicht einzusehen, warum der „nachträgliche“ Verzicht nicht sittenwidrig, die vorherige Einverständniserklärung dagegen in jedem Falle nach § 138 nichtig sein soll (**OGH** aaO; ebenso Palandt/Rechenmacher Anm. 2a). Auch hierbei kann es sich um einen Verzichtsvertrag zugunsten des Beschenkten handeln. Ob der Vertrag vor oder nach der Schenkung geschlossen wird, ist rechtlich unerheblich.

Anm. 12

VII. Verjährungsfrist (Abs. 2)

Der Anspruch verjährt in **drei Jahren** (ebenso der Pflichtteilsergänzungsanspruch nach § 2332 Abs. 2). Es entscheidet lediglich der Zeitpunkt des Erbschaftsanfalls (§ 1942), gleichviel wann der Vertragserbe von der Schenkung Kenntnis erlangt hat und (abweichend von § 2325 Abs. 3) gleichviel, wie lange die Schenkung vor dem Erbfall zurückliegt. Handelt es sich um ein bloßes Schenkungsversprechen des Erblassers, so kann der Vertragserbe gegenüber dem Erfüllungsverlangen des Beschenkten nach § 821 auch nach Ablauf der Verjährungsfrist die Leistung verweigern.

Anm. 13

VIII. Gemischte Schenkung

Schwierigkeiten bereitet die sog. „gemischte Schenkung“ (**BGH** 3, 206, 211 = NJW 1952, 20; **BGH** 30, 120 = NJW 1959, 1363 = MDR 1959, 649). Nach der Rechtsprechung des Bundesgerichtshofs geht in solchen Fällen der dem Vertragserben in § 2287 eingeräumte Anspruch in der Regel nur dann auf Herausgabe des „geschenkten“ Gegenstandes, wenn der unentgeltliche Charakter des Geschäfts überwiegt, wobei ein Vergleich des Wertes des überlassenen Gegenstandes mit dem Werte der Gegenleistung einen Anhalt geben kann (**BGH** NJW 1953, 501 = LM BGB § 2287 Nr. 2; vgl. auch **BGH** 30, 120, 123 = NJW 1959, 1363 zu § 531 Abs. 2). Sonst ist nur der „Mehrwert“ geschenkt und daher auch nur der überschießende Betrag herauszugeben (**RG** 148, 239). Die abweichende Rechtsprechung des OGH hat der BGH ausdrücklich abgelehnt; hiernach sollte der Anspruch sich auf den geschenkten Gegenstand selbst — gegen Erstattung der Gegenleistung — richten und nicht nur auf einen Unterschiedsbetrag in Geld, wenn festzustellen ist, daß der Gegenstand ohne die teilweise Schenkung dem Beschenkten überhaupt nicht, auch nicht zu einem höheren Preise, zugefallen wäre (**OGH** 1, 258 für Widerruf wegen groben Undanks; **OGH** 2, 160 für § 2287).

§ 2288

Hat der Erblasser den Gegenstand eines vertragsmäßig angeordneten Vermächtnisses in der Absicht, den Bedachten zu beeinträchtigen, zerstört, beiseite geschafft oder beschädigt, so tritt, soweit der Erbe dadurch außerstande gesetzt ist, die Leistung zu bewirken, an die Stelle des Gegenstandes der Wert.

Hat der Erblasser den Gegenstand in der Absicht, den Bedachten zu beeinträchtigen, veräußert oder belastet, so ist der Erbe verpflichtet, dem Bedachten den Gegenstand zu verschaffen oder die Belastung zu beseitigen; auf diese Verpflichtung finden die Vorschriften des § 2170 Abs. 2 entsprechende Anwendung. Ist die Veräußerung oder die Belastung schenkweise erfolgt, so steht dem Bedachten, soweit er Ersatz nicht von dem Erben erlangen kann, der im § 2287 bestimmte Anspruch gegen den Beschenkten zu.

E I 1956 Abs. 3 Satz 2 II 2154; M 5 337; P 5 400, 401, 404, 405.

Übersicht

Vereitelung von Vermächtnissen

Anm. 1

I. Allgemeines

Der **vertragsmäßig bedachte Vermächtnisnehmer** braucht einen besonderen Schutz gegen die böswillige Vereitelung von Vermächtnissen, weil ein Sachvermächtnis regelmäßig nur dann wirksam ist, wenn der vermachte Gegenstand noch zur Erbschaft gehört (§§ 2169ff; anwendbar gemäß § 2279 Abs. 1, **BGH** 31, 13, 17 = NJW 1959, 2252 = MDR 1960, 39, 296 mit Anm. von Baumgärtel = DNotZ 1960, 207 mit Anm. von Hieber). Ist das vertragsmäßige Vermächtnis (§ 2278 Anm. 6f) auch für den Fall angeordnet, daß sein Gegenstand nicht zur Erbschaft gehört, so bleibt der Beschwerte schon nach §§ 2169 Abs. 1, 2170, 2182 Abs. 2 zur Leistung verpflichtet, sofern der Gegenstand überhaupt noch vorhanden ist (Verschaffungsvermächtnis).

Gegen die Vereitelung von Auflagen gibt es keinen Schutz.

II. Tatsächliche Vereitelung in Beeinträchtigungsabsicht (Abs. 1)

Anm. 2

Abs. 1 macht darüber hinaus den Erben auch dann ersatzpflichtig, wenn er den Vermächtnisgegenstand, weil vom Erblasser zerstört, beiseite geschafft oder beschädigt, nicht oder doch nicht unversehrt verschaffen kann (§§ 2171, 2172). Wenn es sich ferner um das Vermächtnis eines bestimmten in der Erbschaft vorhandenen Gegenstandes handelt, so wird gegen die Regel des § 2169 Abs. 1 (dort Anm. 1 ff) das Vermächtnis nicht schon dadurch unwirksam, daß dieser Gegenstand zur Zeit des Erbfalls nicht zur Erbschaft gehört. Allgemeine Voraussetzung ist jedoch, daß der Erblasser, indem er das Vermächtnis in dieser Weise vereitelte, gegenüber dem Bedachten in Beeinträchtigungsabsicht gehandelt hat (§ 2287 Anm. 4; **BGH LM KO** § 146 Nr. 1; **OGH** 1, 161). § 2288 ist auch auf bindend gewordene letztwillige Anordnungen in gemeinschaftlichen Testamenten anzuwenden (**OGH** 1, 161 = MDR 1949, 287 mit Anm. von Boehmer).

Anm. 3

Beeinträchtigungsabsicht liegt — ebenso wie im Falle des § 2287 gegenüber dem Vertragserben (vgl. § 2287 Anm. 4) — nur vor, wenn der Wille, den Bedachten zu benachteiligen, jedenfalls das leitende Motiv des Erblassers gewesen ist (**BGH** DNotZ 1957, 548 = FamRZ 1957, 171 = DRsp I [174] 62b). Der Erblasser hat den Gegenstand des Vermächtnisses nicht in der Absicht, den Bedachten zu beeinträchtigen, veräußert, wenn er ihn zu seinen Lebzeiten einer von ihm als Erben eingesetzten Person zugewandt hat, um dieser dadurch eine Wohltat zu erweisen. In diesem Fall ist der Erbe jedoch nach Eintritt des Erbfalls verpflichtet, dem Bedachten den Gegenstand zu verschaffen, wenn der Erblasser sich diesem gegenüber zugleich durch Rechtsgeschäft unter Lebenden verpflichtet hatte, ihm den Gegenstand bei seinem Ableben zu übereignen (**BGH** aaO).

Anm. 4

An die Stelle des eigentlichen Leistungsgegenstandes (§ 2174) tritt, soweit er sich nicht mehr verschaffen läßt, die **Verpflichtung des Erben zum Wertersatz,** und zwar des gemeinen Verkehrswerts im Zeitpunkte des Vermächtnisanfalls (§ 2176). Die Ersatzleistung liegt als Nachlaßverbindlichkeit in allen Fällen dem Erben (Vertrags- oder gewöhnlichen Erben) ob, auch wenn er nicht der ursprüngliche und von der Leistung freigewordene Beschwerte ist. Das Rechtsgeschäft, durch das ein Erblasser, der durch gemeinschaftliches Testament oder Erbvertrag an die Anordnung eines Vermächtnisses gebunden ist, über den Vermächtnisgegenstand unter Lebenden verfügt, ist grundsätzlich rechtswirksam. Dem bedachten Vermächtnisnehmer stehen in der Regel nur die Ansprüche aus § 2288 zu (**BGH** 26, 274 = NJW 1958, 547 = MDR 1958, 223 = JR 1958, 343 = LM BGB § 2287 Nr. 6).

III. Rechtliche Verfügungen zum Nachteil des Bedachten (Abs. 2)

Anm. 5

Abs. 2 handelt im Gegensatz zu den bloß tatsächlichen von rechtlichen Verfügungen, **böslichen Veräußerungen und Belastungen eines bestimmten Vermächtnis-**

gegenstandes, gleichviel ob ohne oder gegen Entgelt. Das Vermächtnis wird im Falle der Veräußerung durch den Erblasser dem Verschaffungsvermächtnis auch dann gleichgestellt, wenn es von vornherein nicht als solches gemeint war (§§ 2169 Abs. 1, 2170). Ebenso entsteht im Falle der Belastung dem Vermächtnisnehmer stets der Anspruch auf Beseitigung der Rechte, der ihm sonst nach § 2165 grundsätzlich versagt ist.

Anm. 6

Aus der Anwendung des **§ 2170 Abs. 2** folgt ein Anspruch auf Wertersatz an Stelle der Verschaffung in Natur oder der Beseitigung der Belastung.

Anm. 7

IV. Zu Abs. 2 Satz 2:

Während der Anspruch aus § 2287 (dort Anm. 7) von vornherein nur **gegen** den Beschenkten zusteht, haftet in den Fällen des Abs. 1, tatsächlicher böslicher Vereitelung des Vermächtnisses, überhaupt nur der Erbe, in den Fällen des Abs. 2 gleichfalls der Erbe, aber **aushilfsweise** innerhalb dreijähriger Verjährungsfrist auch der Beschenkte. Dem Bedachten liegt deshalb der Beweis ob, daß und inwieweit er Ersatz vom Erben, der damit nur eine Nachlaßverbindlichkeit zu erfüllen hat, nicht habe erlangen können.

§ 2289

Durch den Erbvertrag wird eine frühere letztwillige Verfügung des Erblassers aufgehoben, soweit sie das Recht des vertragsmäßig Bedachten beeinträchtigen würde. In dem gleichen Umfang ist eine spätere Verfügung von Todes wegen unwirksam, unbeschadet der Vorschrift des § 2297.

Ist der Bedachte ein pflichtteilsberechtigter Abkömmling des Erblassers, so kann der Erblasser durch eine spätere letztwillige Verfügung die nach § 2338 zulässigen Anordnungen treffen.

E I 1953 Abs. 1, Satz 2 II 2155; M 5 331, 332; P 5 395, 396, 422; 6 351—353.

Übersicht

Auswirkung auf andere letztwillige Verfügungen

I. Wirkung auf frühere letztwillige Verfügungen (Abs. 1 Satz 1)

Anm. 1

In § 2289 kommt die **erbrechtliche Bindung** (vgl. Anm. 4 vor § 2274; DNotZ 1957, 535: Vorsicht bei Bindung durch Erbvertrag), die der Erbvertrag — anders als das gemeinschaftliche Testament (§§ 2265 ff) — schon mit dem Vertragsschluß bewirkt, besonders stark zum Ausdruck. Eine **frühere letztwillige Verfügung** wird nach § 2258 durch ein späteres Testament insoweit **aufgehoben,** als dieses mit der früheren Verfügung in Widerspruch tritt. Diese Wirkung äußert auch der Erbvertrag. Sie geht aber insofern weiter, als der rechtswirksame Erbvertrag auch frühere Verfügungen aufhebt, die rechtlich neben den neuen vertragsmäßigen, nach § 2278 Abs. 2 auf Erbeinsetzungen, Vermächtnisse und Auflagen beschränkten Verfügungen bestehen könnten, aber wirtschaftlich das **Recht des Bedachten beeinträchtigen** würden. Es fallen insbesondere, gegen die Regel des § 2161, früher angeordnete Vermächtnisse und Auflagen durch Einsetzung eines Vertragserben ohne weiteres zusammen, ebenso die Ernennung eines Testamentsvollstreckers (BayObLG 30, 59; HRR 1934 Nr. 17). Das vertragsmäßig zugewendete hebt ein früher letztwillig angeordnetes Vermächtnis, wenn beide denselben bestimmten Gegenstand betreffen, auf; sonst hat es vor diesem den Vorrang (KO § 226 Abs. 3; vgl. auch VerglO § 113 Nr. 7). Die Aufhebung reicht nur so weit, als Beeinträchtigung vorliegt. Soweit dies der Fall ist, können sich auch Dritte auf die Unwirksamkeit der früheren (wie der späteren) Verfügung berufen, z. B. der vom früher eingesetzten Erben verklagte Nachlaßschuldner oder der zugunsten verschiedener Bedachter mit demselben Vermächtnis Beschwerte.

Anm. 2

Vorausgesetzt ist, daß der den Erbvertrag schließende Erblasser an die frühere Verfügung nicht durch einen früheren Erbvertrag oder durch wechselbezügliches Testament (§ 2271 Abs. 1 und 2) bereits gebunden war. Inwieweit dies der Fall ist, beurteilt sich gemäß EG Art. 214 Abs. 2 gegebenenfalls nach dem älteren Rechte, vgl. Einl. Anm. 5 zu diesem Buche. Soweit der Erblasser bereits gebunden ist, kann der neu Bedachte durch den Erbvertrag keine Rechte erwerben und darin also nicht beeinträchtigt werden. Die bloße Möglichkeit, sich von der Gebundenheit nachträglich zu befreien (§ 2271 Anm. 20—27; Anfechtbarkeit des Erbvertrags §§ 2281 ff; Rücktritt §§ 2293 ff), genügt nicht, dem Erblasser die Vertragsfreiheit zu verschaffen (vgl. BayObLG 21 Anm. 10). Dagegen ist der während des Zustandes der Gebundenheit geschlossene Erbvertrag voll wirksam, sobald dies Hindernis behoben ist. Umgekehrt lebt aber auch die frühere letztwillige Verfügung wieder auf, wenn der neue, sie aufhebende Erbvertrag a) demnächst infolge Aufhebung oder Rücktritt wieder beseitigt ist (vgl. auch § 2258) oder b) wegen Wegfalls des vertragsmäßig Bedachten vor oder nach dem Erbfall gegenstandslos wird, es wäre denn, daß die ältere Verfügung im Erbvertrag gemäß § 2299, § 2254 schlechthin — ausdrücklich oder stillschweigend — widerrufen wäre (zu b streitig; vgl. JFG 5, 181).

Anm. 3

II. Wirkung auf spätere Verfügungen von Todes wegen (Abs. 1 Satz 2)

Spätere Verfügungen von Todes wegen (Testament oder Erbvertrag mit einem Dritten, nicht Verträge unter Lebenden, bei denen nur die Erfüllung bis zum Tode des Verpflichteten hinausgeschoben wird, OLG Düsseldorf NJW 1954, 1041) sind in gleichem Umfange, d. h. insoweit **unwirksam,** als sie das Recht des vertragsmäßig Bedachten beeinträchtigen würden (Anm. 1; wegen der nachträglichen Ernennung eines Testamentsvollstreckers s. **RG** 139, 43 mit Anm. von Boehmer JW 1933, 1301 sowie KG JW 1938, 2746[21]). Der Erblasser wird durch den Abschluß des Erbvertrags nicht in der Testierfähigkeit beschränkt (**RG** 149, 201 zu § 2271 Abs. 1), sondern nur in seiner Testierfreiheit. Eine dem Erbvertrage zuwiderlaufende Verfügung ist deshalb nicht schlechthin nichtig, sondern wird voll wirksam, wenn der Erbvertrag durch Aufhebung, die gemäß § 2297 auch nach dem Tode des anderen Vertragschließenden möglich ist, oder durch Rücktritt beseitigt wird, oder wenn der vertragsmäßig Bedachte vor oder nach dem Erbfall unfreiwillig oder freiwillig wegfällt (vgl. JW 1933, 2779[6] mit Anm. von Zilkens; für das gemeine Recht **RG** 4, 171 und 18. 5. 1922 IV 438/21). Die, wenn auch formlose, Zustimmung des Vertragserben zu einem späteren Testament des Erblassers kann die Bedeutung haben, daß er die Bestimmungen des Testaments auch insoweit gegen sich gelten lassen muß, als sie in seine durch den Erbvertrag begründete Rechtsstellung eingreifen (**RG** 134, 325). War dem Erblasser im Erbvertrage das Recht vorbehalten worden, allgemein oder innerhalb gewisser Grenzen spätere abweichende Verfügungen zu treffen, so kann, soweit hiervon Gebrauch gemacht wird, der Bedachte nicht beeinträchtigt werden (JFG 15, 229). In dem bloßen Vorbehalt des Rücktritts (§ 2293) ist der Vorbehalt der Verfügungsfreiheit noch nicht zu erblicken. Ein neuer Erbvertrag derselben Vertragschließenden ist voll wirksam. Neues gemeinschaftliches Testament § 2292.

Eine letztwillige Verfügung, die einer in einem Erbvertrage vertragsmäßig getroffenen Verfügung widerspricht, beeinträchtigt das Recht des vertragsmäßig Bedachten auf jeden Fall; sie kann nicht deswegen wirksam sein, weil sie, wirtschaftlich gesehen, für den vertragsmäßig Bedachten günstiger als die erbvertragliche Regelung ist (**BGH**

26, 204, 213 = NJW 1958, 498 = MDR 1958, 223 = JZ 1958, 399 = DRsp I [174] 70b = LM BGB § 2289 Nr. 3 mit ausführlicher Anmerkung von Johannsen; s. ferner Coing NJW 1958, 689; kritisch Küster JZ 1958, 394; vgl. auch Anm. 4 vor § 2274 und § 2276 Anm. 5).

Anm. 4

III. Behandlung pflichtteilsberechtigter Abkömmlinge (Abs. 2)

Der pflichtteilsberechtigte Abkömmling (§ 2303) kann vom Erblasser als anderer Vertragschließender oder als Dritter bedacht sein. Sind die Voraussetzungen des § 2338 (Enterbung in guter Absicht) gegeben, so wird angenommen, auch der andere Vertragsteil sei im Familieninteresse hiermit einverstanden. Der Erblasser darf deshalb diese letztwillige Anordnung sowohl bei Lebzeiten des anderen Teiles, auch ohne sein Vorwissen, als nach seinem Tode treffen; sie kann die ganze Zuwendung, nicht nur den Pflichtteil umfassen (KGJ 48, 144) Auf diese Befugnis kann im Erbvertrage nicht wirksam verzichtet werden (§ 138 Abs. 1). Dagegen ist der Erblasser erst dann berechtigt, dem Bedachten den Pflichtteil auf Grund des § 2333 zu entziehen, wenn er den Rücktritt vom Erbvertrage erklärt hat (§ 2294); nach dem Tode des anderen Vertragsschließenden gilt insoweit § 2297.

Anm. 5

IV. Übergangsrecht

Ein Erbvertrag, der nach früherem Recht wegen Formmangels nichtig war, ist auch nach TestG § 51 Abs. 3 nicht mit dem Inkrafttreten des Testamentsgesetzes von selbst voll wirksam geworden. Der Erblasser kann daher anderweit von Todes wegen verfügen. Erst mit dem Erbfall wird der Formmangel nach TestG § 51 Abs. 3 geheilt, soweit nicht inzwischen getroffene sonstige Verfügungen von Todes wegen entgegenstehen (LM BGB § 986 Nr. 1 mit Anm. von Pritsch). Vgl. auch Anm. 7 vor § 2229.

V. Landwirtschaftsrecht

Anm. 6

Der Übergabevertrag über einen Hof im Sinne der Höfeordnung hat in der Regel eine doppelte Natur; er ist zwar ein Rechtsgeschäft unter Lebenden, aber zugleich vorweggenommene Erbfolge. Ein solcher Übergabevertrag ist deshalb gemäß § 2289 insoweit unwirksam, als er das Recht eines Dritten beeinträchtigt, der durch Erbvertrag als Hoferbe eingesetzt war (OLG Hamm JMBlNRW 1951, 58 = DRspr II [282] 49a; **BGH** LM HöfeO § 12 Nr. 3; entsprechend bei gemeinschaftlichem Testament **BGH** LM HöfeO § 17 Nr. 4; s. auch § 2286 Anm. 5f). Entsprechendes gilt im umgekehrten Falle: Hat also der Hofeigentümer mit einem Abkömmling einen Übergabevertrag geschlossen, so ist ein späterer Erbvertrag mit einem anderen Abkömmling unwirksam, soweit darin ein anderer als der Übernehmer zum Hoferben bestimmt ist. Das gilt auch dann, wenn bei Abschluß des Erbvertrages der Übergabevertrag noch nicht — oder noch nicht rechtskräftig — genehmigt war. Der Erbvertrag wird jedoch wirksam, wenn die Genehmigung zur Übergabe rechtskräftig versagt ist (OLG Celle NdsRpfl 1960, 62).

Eine Übergabe im Wege „vorweggenommener Erbfolge" braucht nicht bei jeder Übergabe an einen Abkömmling oder sonstigen Hoferbenberechtigten gegeben zu sein. Es kann je nach dem Inhalt des Vertrages (Kaufpreis, Zahlungsweise) auch ein reiner Kaufvertrag zugrunde liegen (vgl. OLG Oldenburg NdsRpfl 1951, 141).

Anm. 7

Zur Bindung des Erblassers durch Erbverträge unter der Herrschaft des Reichserbhofgesetzes vgl. **BGH** LM BGB § 2289 Nr. 1 = NJW 1951, 524 gegen OLG Celle DNotZ 1951, 83 = MDR 1950, 419 mit Anm. von Rötelmann; ferner LM BGB § 2289 Nr. 2.

Anm. 8

VI. Rückerstattung

Ist ein Erbvertrag, der auch ein deutsches Grundstück umfaßt, in Deutschland geschlossen worden, so kann der später nach England ausgewanderte überlebende Vertragsteil auf Grund der Rückverweisung des englischen internationalen Privatrechts nicht anderweit über den auf das Nachlaßgrundstück gerichteten Rückerstattungsanspruch verfügen (OLG Frankfurt NJW 1954, 111; vgl. auch Anm. 17 vor § 2274).

§ 2290

Ein Erbvertrag sowie eine einzelne vertragsmäßige Verfügung kann durch Vertrag von den Personen aufgehoben werden, die den Erbvertrag geschlossen haben. Nach dem Tode einer dieser Personen kann die Aufhebung nicht mehr erfolgen.

Der Erblasser kann den Vertrag nur persönlich schließen. Ist er in der Geschäftsfähigkeit beschränkt, so bedarf er nicht der Zustimmung seines gesetzlichen Vertreters.

Steht der andere Teil unter Vormundschaft, so ist die Genehmigung des Vormundschaftsgerichts erforderlich. Das gleiche gilt, wenn er unter elterlicher Gewalt steht, es sei denn, daß der Vertrag unter Ehegatten oder unter Verlobten geschlossen wird.

Der Vertrag bedarf der im § 2276 für den Erbvertrag vorgeschriebenen Form.

E I 1957 II 2156; M 5 339—342; P 5 407, 408; 6 100.

Übersicht

Aufhebung durch Vertrag

I. Der Aufhebungsvertrag im allgemeinen (Abs. 1 Satz 1)

Anm. 1

Die von der einseitigen Anfechtung aus §§ 2281 ff wohl zu unterscheidende Aufhebung des Erbvertrags, d. h. der Gesamtheit oder einzelner der darin getroffenen vertragsmäßigen Verfügungen (Erbeinsetzungen, Vermächtnisse, Auflagen § 2278 Abs. 2) kann bei Lebzeiten der Vertragschließenden nur durch Vertrag derselben Personen erfolgen. Inwieweit hiervon zugleich einseitige im Erbvertrage getroffene Verfügungen betroffen werden, bestimmt § 2299 Abs. 3. Durch die Aufhebung werden auch die zugunsten Dritter getroffenen Verfügungen hinfällig (**RG** 134, 327). Sie brauchen nicht zuzustimmen, weil sie durch den Vertragsabschluß keine eigenen Rechte erlangt haben. Wohl aber können sie schon vor dem Erbfall einen Verzichtsvertrag mit dem Erblasser schließen (§ 2352 Anm. 4). Der Aufhebungsvertrag kann sich auch auf die gegenseitige Gebundenheit beschränken und die Verfügungen als einseitige inhaltlich bestehen lassen. Der zweite Vertrag ist nicht deshalb sittenwidrig (§ 138 Abs. 1), weil mit ihm bezweckt wird, den im ersten Vertrage dem Sohne des Erblassers zugedachten Erbteil dadurch dem Zugriffe seiner Gläubiger zu entziehen, daß er nunmehr seinen Abkömmlingen zugewendet wird; ein solcher Zweck entspricht dem Grundgedanken des § 2338 Abs. 1 (**RG** SeuffArch 74 Nr. 55).

Anm. 2

Erleichterte Form ist vorgesehen bei der Aufhebung von Vermächtnissen und Auflagen § 2291 und bei der Aufhebung durch gemeinschaftliches Testament § 2292. Es ist zu beachten, daß Erbeinsetzungen, Vermächtnisse und Auflagen nicht schon deshalb vertragsmäßige Verfügungen von Todes wegen sind, weil sie in einem Erbvertrage stehen. Wenn in einem solchen Falle auch der äußere Anschein für eine vertragsmäßige Verfügung von Todes wegen spricht, so hat doch der Richter nach dem frei zu ermittelnden Willen der Vertragsschließenden zu entscheiden, ob und inwieweit eine gegenseitige Bindung oder freie Widerruflichkeit der einzelnen Verfügungen beabsichtigt ist (**RG** 3. 2. 1916 IV 295/15).

Anm. 3

II. Tod eines Erbvertragspartners (Abs. 1 Satz 2)

Nach dem Tode eines Vertragschließenden ist die Aufhebung des Erbvertrags nur im Falle des § 2297, also nicht durch Vertrag mit den Erben des Zuerstverstorbenen möglich, auch nicht (wie beim wechselbezüglichen Testamente § 2271 und in dem besondern Falle des § 2298 Abs. 2), wenn der Überlebende ausschlägt. Die ihm auferlegten Beschwerungen gehen vielmehr auf den nachrückenden Bedachten über (§§ 2161, 2192).

III. Persönlicher Vertragsschluß (Abs. 2)

Anm. 4

Zu Abs. 2 Satz 1: Für den **Erblasserteil** ist wie beim Abschluß (§ 2274), bei der Bestätigung (§ 2284), beim Rücktritt (§ 2296) und grundsätzlich bei der Anfechtung (§ 2282) **persönliches Handeln** unerläßlich. Der geschäftsunfähig gewordene Erblasserteil kann deshalb den Erbvertrag nicht wieder aufheben.

Anm. 5

Zu Abs. 2 Satz 2: Auch der in der **Geschäftsfähigkeit beschränkte** Erblasser (§§ 106, 114) muß persönlich aufheben, bedarf aber hierzu weder der Zustimmung seines Vertreters noch der Genehmigung des Vormundschaftsgerichts. Das gleiche gilt bei der Anfechtung und beim Rücktritt §§ 2282 Anm. 2, 2296 Anm. 1.

IV. Genehmigung des Vormundschaftsgerichts (Abs. 3)

Anm. 6

Zu Abs. 3 Satz 1: Der „**andere** (nur annehmende) **Teil**" kann bei dem Aufhebungsvertrag auch durch Vertreter handeln. Ist er geschäftsunfähig, so muß er dabei vertreten werden. Ist er beschränkt geschäftsfähig, so muß, da er einen rechtlichen Vorteil aufgibt, nach §§ 107, 108, 114 sein gesetzlicher Vertreter zustimmen. Für die Zustimmung gilt das zu § 2275 Anm. 4 Gesagte. **Genehmigung des Vormundschaftsgerichts** §§ 1828ff. Pflegschaft § 1915.

Anm. 7

Zu Abs. 3 Satz 2: Abweichend vom Abschluß des Erbvertrags (§ 2275 Anm. 2) ist bei der Aufhebung **Zustimmung des Gewalthabers** (§§ 1630, 1686) des anderen Teiles und sogar vormundschaftsgerichtliche Genehmigung notwendig. Nur die letztere — nicht auch die Zustimmung des Gewalthabers — ist entbehrlich, wenn es sich um einen Aufhebungsvertrag zwischen **Ehegatten und Verlobten** handelt.

Anm. 8

V. Form des Aufhebungsvertrags (Abs. 4)

Form des § 2276, bisher TestG § 30: Vertragsschluß vor Richter oder Notar unter gleichzeitiger Anwesenheit beider Teile. Wird der Aufhebungsvertrag mit einem Ehevertrag oder mit der Aufhebung oder Änderung eines Ehevertrags verbunden (§ 1432), so genügt die erleichterte Form des § 2276 Abs. 2. Die über die Aufhebung des Erbvertrags aufgenommene Urkunde ist nicht amtlich zu verwahren (§ 2277). Anderseits ist Aufhebung durch Rücknahme des Erbvertrags aus der amtlichen Verwahrung (§ 2256) ausgeschlossen (§ 2277 Anm. 4).

VI. Anfechtung des Aufhebungsvertrags

Anm. 9

Der Aufhebungsvertrag kann nur nach den allgemeinen Grundsätzen über die Anfechtung von Rechtsgeschäften angefochten werden (§§ 119ff, 142ff). Die besonderen für die Anfechtung letztwilliger Verfügungen erteilten Vorschriften der §§ 2078ff könnten nur auf Grund von § 2279 (Anm. 1f) angewandt werden, auf den Erblasserteil überdies nur dann, wenn der Aufhebungsvertrag im Sinne von § 2281 dem Erbvertrage gleichzustellen wäre. Gegenstand der Anfechtung ist jedoch in dem hier vorausgesetzten Falle keine vertragsmäßige Zuwendung oder Auflage; es soll im Gegenteil eine solche Zuwendung (Auflage) beseitigt, also ein verneinendes Ergebnis erzielt werden, und zwar nicht einmal äußerlich, wie im Falle des § 2081, in Form einer letztwilligen Verfügung, sondern lediglich auf rechtsgeschäftlichem Wege (wie hier Staudinger/Herzfelder 9. Aufl. Anm. VI; Soergel 8. Aufl. Anm. 1; aM Planck/Greiff Anm. 4; Kipp/Coing 11. Bearb. § 39 V; Palandt/Rechenmacher 19. Aufl. Anm. 4; Erman/Hense 2. Aufl. Anm. 4; jetzt auch Staudinger/Dittmann 10./11. Aufl. Anm. 15).

Anm. 10

Nach erfolgreicher Anfechtung lebt der aufgehobene Erbvertrag wieder auf (§ 142 Abs. 1). Beschränken sich die Beteiligten auf die Aufhebung des aufhebenden Vertrags, so kann das nur den Sinn haben, den Erbvertrag wiederherzustellen; hierfür muß daher gleichfalls die Form des § 2276 beachtet werden.

§ 2291

Eine vertragsmäßige Verfügung, durch die ein Vermächtnis oder eine Auflage angeordnet ist, kann von dem Erblasser durch Testament aufgehoben werden. Zur Wirksamkeit der Aufhebung ist die Zustimmung des anderen Vertragschließenden erforderlich; die Vorschriften des § 2290 Abs. 3 finden Anwendung.

Die Zustimmungserklärung bedarf der gerichtlichen oder notariellen Beurkundung; die Zustimmung ist unwiderruflich.

E II 2157; P 5 415—417; 6 397.

Aufhebung durch Testament

Anm. 1

I. Zu Abs. 1 Satz 1

Gegenüber § 2290 ist für die Aufhebung eine **erleichterte Form** nachgelassen, soweit es sich um vertragsmäßige **Vermächtnisse oder Auflagen,** nicht also um Erbeinsetzungen handelt (§ 2278 Abs. 1). Jede der zulässigen Testamentsformen genügt. Ob die Aufhebung schlechthin (§ 2254) oder durch Errichtung eines inhaltlich abändernden Testaments erfolgt (§ 2258 Abs. 1), ist gleichgültig. Der Widerruf des aufhebenden Testaments macht nach § 2258 Abs. 2, § 2279 die aufgehobene Verfügung, und zwar als vertragsmäßige, von neuem wirksam, auch wenn die damit gegenstandslos gewordene Zustimmung des anderen Teiles erklärt war.

Anm. 2

II. Zu Abs. 1 Satz 2

Die **Zustimmung des anderen Vertragschließenden,** auch wenn er selbst nicht bedacht oder beschwert ist, ist als Einwilligung oder Genehmigung gegenüber dem Erblasserteile (§§ 182—184) in der Form des Abs. 2, doch ohne das Erfordernis gleichzeitiger Anwesenheit, wie nach § 2276 Abs. 1, § 2290 zu erklären. Sie ist **unwiderruflich** (Abs. 2), kann auch durch Vertreter abgegeben werden und bedarf unter den Voraussetzungen des § 2290 Abs. 3 der Genehmigung des Vormundschaftsgerichts. Sie ist auch wirksam, wenn sie schon im Erbvertrage selbst erklärt ist; sie liegt aber nicht schon darin ausgesprochen, daß dem Erblasser der Rücktritt gemäß § 2293 gestattet ist. Aus § 2290 (Anm. 3) ist zu entnehmen, daß die Zustimmung nach dem Tode des anderen Vertragschließenden durch seine Erben nicht mehr nachgeholt werden kann.

Anm. 3

III. Zu Abs. 2

Gerichtliche oder notarielle Beurkundung wie bei der Anfechtungserklärung und beim Rücktritt §§ 2282, 2296. Die Formvorschrift hat den Zweck, den Beteiligten ein zuverlässiges Beweismittel und sichere Kenntnis der nunmehr wieder unbeschränkten Testierfreiheit zu verschaffen (vgl. Harrer LZ 1924, 15, 16). Im übrigen vgl. § 128 Anm. 3, 4. Ähnlich bei letztwilligen Verfügungen bei der fortgesetzten Gütergemeinschaft § 1516.

§ 2292

Ein zwischen Ehegatten geschlossener Erbvertrag kann auch durch ein gemeinschaftliches Testament der Ehegatten aufgehoben werden; die Vorschriften des § 2290 Abs. 3 finden Anwendung.

E II 2158; P 5 446.

Aufhebung durch gemeinschaftliches Testament

Anm. 1

I. Zu Halbs. 1

Aufhebung des Erbvertrags durch gemeinschaftliches Testament ist zulässig, wenn die Vertragschließenden zur Zeit der Aufhebung **Ehegatten** sind (§ 2265 Abs. 1), mögen sie auch den Erbvertrag seinerzeit als Fremde oder als Verlobte geschlossen haben (RJA 9, 18). Wie im Falle des § 2291 Anm. 1 genügt jede Testamentsform (beim eigenhändigen Testament vgl. § 2267), und auch hier ist gleichgültig, ob sich das gemeinschaftliche Testament auf den Widerruf (sämtlicher oder einzelner Verfügungen) beschränkt oder inhaltlich neue Anordnungen trifft. Abweichend von § 2291 können auf diesem Wege auch vertragsmäßige Erbeinsetzungen aufgehoben werden (**RG** 134, 327). Eine Vertretung ist schon durch § 2064 ausgeschlossen. Die Errichtung zweier selbständiger Testamente durch die Gatten reicht zur Aufhebung des Erbvertrags auch dann nicht aus, wenn sie in beiderseitigem Einverständnis geschieht (Bay ObLG 20 A 117). In einem gemeinschaftlichen Testament kann der Erbvertrag auch durch neue Verfügungen in der Weise ergänzt werden, daß zwischen den vertragsmäßigen Verfügungen und den testamentarischen Wechselbezüglichkeit eintritt (Bay ObLG 1956, 205).

II. Zu Halbs. 2

Anm. 2

Die **Beschränkung der Geschäftsfähigkeit** hindert jedenfalls den Erblasserteil nicht, den Erbvertrag durch widerrufendes Testament aufzuheben, weder nach Testamentsgrundsätzen (§§ 2229 Abs. 1, 2, 2253) noch unter dem Gesichtspunkt des Aufhebungsvertrags (§ 2290 Anm. 5).

Anm. 3

Dagegen handelt es sich auf seiten des anderen (nur annehmenden) Teiles nicht um den Widerruf eigener Verfügungen, sondern um die Entlassung des Erblasserteils aus der vertragsmäßigen Bindung. Er könnte deshalb, wenn er wegen Geistesschwäche usw. entmündigt ist, nach § 2229 Abs. 3 als an der Testamentserrichtung verhindert angesehen werden. Allein die Bezugnahme auf § 2290 Abs. 3 ergibt, daß das Gesetz die Fähigkeit des nur annehmenden Teiles zur testamentarischen Aufhebung des Erbvertrags lediglich nach den Grundsätzen über den Aufhebungsvertrag beurteilt wissen und dafür sogar erleichterte Formen schaffen will. Auch der beschränkt geschäftsfähige Ehegatte ist deshalb, soweit er sich auf die Aufhebung des Erbvertrags beschränkt, trotz § 2229 Abs. 3 testamentsfähig. Doch braucht er, wie die Bezugnahme auf § 2290 Abs. 3 weiter ergibt, zu der aufhebenden Verfügung des gemeinschaftlichen Testaments als Minderjähriger oder sonst in der Geschäftsfähigkeit Beschränkter die Einwilligung seines gesetzlichen Vertreters und zugleich, wenn er unter Vormundschaft (oder Pflegschaft) steht, die vormundschaftsgerichtliche Genehmigung. Die letztere kommt jedoch nicht in Frage, wenn er der elterlichen Gewalt unterworfen ist, da es sich stets um Ehegatten handelt (§ 2290 Anm. 7). Sie beschränkt sich auf den aufhebenden Teil des gemeinschaftlichen Testaments, wenn darin zugleich andere Verfügungen getroffen sind. Genehmigt der Ehegatte die testamentarische Aufhebung nachträglich, nachdem er unbeschränkt geschäftsfähig geworden ist, so kann das den mangelhaften Testamentsakt nicht wirksam machen (vgl. Harrer LZ 1924, 16).

§ 2293

Der Erblasser kann von dem Erbvertrage zurücktreten, wenn er sich den Rücktritt im Vertrage vorbehalten hat.

E I 1958 Abs. 1, Satz 1 II 2159; M 5 342, 343; P 5 409.

Rücktritt kraft Vorbehalts

Anm. 1

Der **Rücktritt** ist eine einseitige, von der Zustimmung des anderen Teiles (§§ 2290 bis 2292) unabhängige Aufhebung des Erbvertrags. Form §§ 2296, 2297. Der **Vorbehalt** wie demnächst auch die Erklärung des Rücktritts können sich auf den ganzen Erbvertrag oder nur auf einzelne vertragsmäßige Verfügungen beziehen. Inwieweit im letzteren Falle auch die anderen Verfügungen hiervon betroffen werden, bestimmt sich nach den §§ 2298, 2299. Das Gesetz spricht nur von einem Vorbehalt zugunsten des **Erblassers.**

Anm. 2

Ein **Rücktrittsvorbehalt des „anderen Vertragschließenden"** ist nur dann rechtlich möglich, wenn er eine Leistung bewirkt oder eine Verpflichtung übernommen hat und befugt sein will, hiervon zurückzutreten; ein solches Rücktrittsrecht steht, auch hinsichtlich der Form seiner Ausübung, unter den allgemeinen Vorschriften der §§ 346 ff; die Ausübung hebt die Leistungspflicht auf und begründet eine Forderung auf Rückgewähr des Geleisteten (Kipp/Coing § 40 IV 2; anders die 5. und die früheren Auflagen dieses Kommentars, die ein vorbehaltenes Rücktrittsrecht des Vertragspartners des Erblassers in dem Sinne zulassen, daß durch seine Ausübung die Verfügungen des Erblassers ihren Vertragscharakter verlieren, aber als letztwillige Verfügungen wirksam bleiben; einen Rücktritt dieser Art kennt aber das Gesetz nicht).

Anm. 3

Im übrigen wird durch den bloßen Vorbehalt des Rücktritts die Bindung des Erblassers nicht beseitigt, sie bleibt vielmehr mit ihren aus §§ 2287—2289 ersichtlichen Wirkungen bestehen, bis der Rücktritt wirklich erklärt ist. Kein Vorbehalt des Rücktritts ist es, wenn der Erblasser sich vorbehält, dem vertragsmäßig Bedachten einseitig noch Beschränkungen oder Beschwerungen aufzuerlegen. Ist der Erbvertrag unter einer auflösenden Bedingung, sei es auch eigenes Handeln des Erblassers (Wiederverheiratung) geschlossen, so wird er mit Eintritt der Bedingung ohne weiteres hinfällig. Die Ausübung des vorbehaltenen Rücktrittsrechts ist an keine Frist gebunden. Nach dem Tode des anderen Teiles greift § 2297 ein.

Anm. 4

Ein vorbehaltener **Rücktritt** ist **unwirksam** bei stillschweigender Billigung des zum Rücktritt berechtigenden Verhaltens des Vertragserben durch den Erblasser. Hat z. B. der Erblasser sich für den Fall des Abzugs des Vertragserben vom Hof ein Rücktrittsrecht vorbehalten, so kann er dies nicht ausüben, wenn er dem Abzug zugestimmt hat (OLG Oldenburg NdsRpfl 1955, 191).

Anm. 5

Die Ausübung des Rücktrittsrechts kann nicht ohne weiteres in einer anderweitigen Erbeinsetzung erblickt werden (OLG Saarbrücken SaarRuStZ 1957, 45). Zu den Anforderungen an die **Rücktrittserklärung** selbst vgl. im übrigen die Anm. zu §§ 2296, 2297.

§ 2294

Der Erblasser kann von einer vertragsmäßigen Verfügung zurücktreten, wenn sich der Bedachte einer Verfehlung schuldig macht, die den Erblasser zur Entziehung des Pflichtteils berechtigt oder, falls der Bedachte nicht zu den Pflichtteilsberechtigten gehört, zu der Entziehung berechtigen würde, wenn der Bedachte ein Abkömmling des Erblassers wäre.

E II 2160 Abs. 1; P 5 395—397, 411—413; 6 351—353.

Rücktritt wegen Verfehlungen

Anm. 1

Der **Erblasser kann wegen einer Verfehlung des Bedachten,** gleichviel ob es der andere Vertragschließende oder ein Dritter ist, einseitig von einer einzelnen vertragsmäßigen Verfügung (Erbeinsetzung, Vermächtnis § 2278 Abs. 2), die den Bedachten begünstigt, **zurücktreten,** wenn ihn die Verfehlung gegenüber dem Bedachten als Abkömmling (§ 2333; vgl. **BGH** LM BGB § 1621 Nr. 1 zu § 2333 Nr. 5), als Elternteil (§ 2334) oder als Ehegatten (§ 2335) zur **Entziehung des Pflichtteils** berechtigen würde. Auf dieses Rücktrittsrecht kann im Erbvertrage nicht verzichtet (§ 138 Abs. 1; **RG** WarnRspr 1942 Nr. 52), es kann auch nach dem Tode des anderen Vertragschließenden ausgeübt werden (§ 2297). Verfehlungen des nicht bedachten anderen Teiles kommen nicht in Betracht; ebensowenig Verfehlungen des Bedachten, die vor Abschluß des Vertrags begangen sind. Waren sie dem Erblasser unbekannt, so kann nur die Anfechtung aus §§ 2281, 2078 begründet sein (aM Strohal § 46 Anm. 40). Ist das Entziehungsrecht durch Verzeihung oder Besserung des Lebenswandels erloschen (§§ 2337, 2336 Abs. 4), so kann auch das Rücktrittsrecht nicht mehr ausgeübt werden. Doch wird der einmal erklärte Rücktritt durch nachträgliche Verzeihung oder Besserung nicht unwirksam (aM Strohal § 46 Anm. 42). Das Gesetz schreibt nicht vor, daß der Grund des Rücktritts in der Erklärung angegeben werden müsse, die gegenüber dem anderen Teil bei Lebzeiten abzugeben ist (wie im Falle des § 2297 nach § 2336 Abs. 2, so Strohal § 46 Anm. 46a). Nach allgemeinen Regeln ist für den Grund beweispflichtig, wer sich auf die Wirksamkeit des Rücktritts beruft (**BGH** NJW 1952, 700). Soweit sich jedoch der im Erbvertrage Bedachte gegenüber einer körperlichen Mißhandlung, die er vorsätzlich am Erblasser verübt hat, auf wirkliche oder vermeintliche Notwehr oder sonstige Schuldausschließungsgründe beruft, hat er zu beweisen, daß sie vorgelegen haben (**BGH** aaO). § 2336 Abs. 3 ist insoweit — abweichend von § 2297 — nicht anzuwenden. Das ist berechtigt, weil in den Fällen der §§ 2297 und 2333 einer der Beteiligten nicht mehr am Leben ist, während beim Rücktritt nach § 2294 beide Parteien noch leben. Daneben bleibt der Erblasser gemäß § 2289 Abs. 2 zur Enterbung in guter Absicht berechtigt.

Anm. 2

Haben **Eheleute** vor einem Notar in einer einzigen von diesem beurkundeten Verhandlung durch Ehevertrag den Güterstand der allgemeinen Gütergemeinschaft vereinbart und gleichzeitig einen Erbvertrag abgeschlossen, so kann jeder Ehegatte unter den Voraussetzungen der §§ 2294, 2295 von einer in dem Erbvertrage getroffenen vertragsmäßigen Verfügung zurücktreten; der Ehevertrag wird dadurch nicht berührt (**BGH** 29, 129 = NJW 1959, 625 = MDR 1959, 284 = DNotZ 1959, 209 = DRsp [174] 72d).

Anm. 3

Nichtpflichtteilsberechtigten Bedachten gegenüber kommen nur die Verfehlungen des § 2333 in Betracht.

Anm. 4

Zum gemeinschaftlichen Testament vgl. § 2271 Anm. 36—38.

§ 2295

Der Erblasser kann von einer vertragsmäßigen Verfügung zurücktreten, wenn die Verfügung mit Rücksicht auf eine rechtsgeschäftliche Verpflichtung des Bedachten, dem Erblasser für dessen Lebenszeit wiederkehrende Leistungen zu entrichten, insbesondere Unterhalt zu gewähren, getroffen ist und die Verpflichtung vor dem Tode des Erblassers aufgehoben wird.

E II 2161; P 5 410, 411; 6 353.

Rücktritt wegen Aufhebung der Gegenpflicht

Anm. 1

Der Erblasser kann, wie im Falle des § 2291, von einer einzelnen vertragsmäßigen Verfügung (Erbeinsetzung, Vermächtnis § 2278 Abs. 2) zurücktreten, wenn der im Erbvertrage **Bedachte** (der andere Vertragschließende oder ein Dritter) **zu wiederkehrenden Leistungen auf Lebenszeit des Erblassers verpflichtet** war und diese Verpflichtung weggefallen ist. Diese Leistungen (§ 197 Anm. 10f) werden meist in Gewährung von Leibrente, Ausgedinge, Versorgung in einer Anstalt (Verpfründungsvertrag) u.dgl. bestehen. Die Unterhaltsgewährung ist nur beispielsweise erwähnt. Wenn es sich auch nicht um Leistung und Gegenleistung im eigentlichen Sinne handelt (§§ 320ff), so müssen doch die vertragsmäßige Verfügung und die Leistungsverpflichtung in einem gewissen ursächlichen Zusammenhange stehen („mit Rücksicht auf").

Anm. 2

Wesentlich ist, daß der **Bedachte rechtsgeschäftlich,** unter Lebenden oder von Todes wegen (z.B. durch letztwillige Verfügung eines Dritten), zu der Leistung **verpflichtet** ist. Das Bestehen einer gesetzlichen, z.B. einer Unterhaltspflicht genügt nicht. Verpflichtet sich der Bedachte vertragsmäßig, so kann es auch im Erbvertrage selbst geschehen. Doch sind auch in diesem Falle die Verfügung von Todes wegen (im Erbvertrag) und die schuldrechtliche Verpflichtung unter Lebenden streng auseinanderzuhalten (vgl. auch OLG Hamburg MDR 1950, 615).

Anm. 3

Das **Rücktrittsrecht** ist nur **bei Aufhebung** gegeben, nicht auch bei Nichterfüllung der **Verpflichtung,** deshalb auch nicht bei Unterlassung der nach §§ 133, 157 oder § 242 (**RG** JW 1921, 1080[6]; 1923, 45[4]; WarnRspr 1926 Nr. 6; LZ 1926, 1192[2] u.a.; vgl. auch § 2174 Anm. 37—45) gebotenen Aufwertung einer von der Geldentwertung betroffenen Unterhaltsrente. Ebensowenig, wenn die Verpflichtung nicht entstanden oder wenn sie nichtig ist. Wohl aber kann in diesen Fällen der Erblasser zur Anfechtung gemäß §§ 2281, 2078 Abs. 2 berechtigt sein. Die Aufhebung kann vertragsmäßig vereinbart oder durch Eintritt von Bedingungen, Unmöglichkeit der Leistung (§ 275) u.dgl. herbeigeführt werden. Ist mit dem Erbvertrage ein gegenseitiger Vertrag unter Lebenden verbunden, durch den der Bedachte sich verpflichtet hat, dem Erblasser auf Lebenszeit Unterhalt zu gewähren, so kann der Erblasser, wenn die Voraussetzungen des § 326 vorliegen, von diesem Vertrage und zugleich gemäß § 2295 vom Erbvertrage zurücktreten (**RG** 23. 5. 1935 IV 31/35). In jedem Falle entsteht mit dem Rücktritte des Erblassers für den Verpflichteten der Anspruch auf Rückgabe des Geleisteten aus § 812 Abs. 1 Satz 2. Handelt es sich auf seiten des Bedachten um andere als wiederkehrende oder um zeitlich begrenzte Leistungen, so ist das Rücktrittsrecht aus § 2295 nicht gegeben. Der Erblasser kann aber den Erbvertrag, gerade weil er kein gegenseitiger Vertrag ist, jedenfalls anfechten, auf Grund des § 812 auch Befreiung von der eingegangenen vertragsmäßigen Bindung beanspruchen (str.). War die vertragsmäßige Zuwendung von vornherein durch das Fortbestehen der Leistungspflicht des Bedachten bedingt, so wird sie durch den Wegfall dieser Verpflichtung ohne weiteres hinfällig.

Anm. 4

Wegen Rücktritts von einer vertragsmäßigen Verfügung, die in einem mit einem **Ehevertrage** verbundenen Erbvertrage getroffen worden ist, vgl. **BGH** 29, 129 und § 2294 Anm. 2.

§ 2296

Der Rücktritt kann nicht durch einen Vertreter erfolgen. Ist der Erblasser in der Geschäftsfähigkeit beschränkt, so bedarf er nicht der Zustimmung seines gesetzlichen Vertreters.

Der Rücktritt erfolgt durch Erklärung gegenüber dem anderen Vertragschließenden. Die Erklärung bedarf der gerichtlichen oder notariellen Beurkundung.

E I 1958 II 2162 Abs. 1, 2; M 5 343, 344; P 5 409, 410.

Form des Rücktritts unter Lebenden

I. Allgemeines (Abs. 1)

Anm. 1

Abs. 1 entspricht wörtlich der für die Anfechtung erteilten Vorschrift; s. § 2282 Anm. 1, 2. Der geschäftsunfähige Erblasser kann nicht zurücktreten. Dagegen kann der Geschäftsgegner geschäftsunfähig sein (vgl. Palandt/Rechenmacher 19. Aufl. Anm. 1). Die persönliche Natur des Rücktrittsrechts verbietet es auch dem das Testament verwahrenden Notar, nach dem Tode des Erblassers durch Versendung des Testaments den Rücktritt zu erklären (OLG Saarbrücken SaarRuStZ 1957, 45).

Anm. 2

Der **Rücktritt** ist eine einseitige, empfangsbedürftige Erklärung grundsätzlich unwiderruflichen Charakters. Nur wenn er vertragsmäßig unter Beobachtung der Form des § 2290 Abs. 4 wieder rückgängig gemacht wird, kann der weggefallene Erbvertrag wieder aufleben. Die Rücktrittserklärung muß wegen der ihr beigelegten Verfügungswirkung so bestimmt sein, daß sie jeden Zweifel an dem Erklärungswillen ausschließt. In einer anderweitigen Erbeinsetzung kann die Ausübung des Rücktrittsrechts nicht ohne weiteres gesehen werden (OLG Saarbrücken SaarRuStZ 1957, 45).

II. Zu Abs. 2 Satz 1

Anm. 3

Der **Rücktritt** ist in allen Fällen der §§ 2293—2295 **gegenüber dem anderen Vertragschließenden zu erklären,** und zwar durch Übermittlung der Urschrift oder einer Ausfertigung der gerichtlichen oder notariellen Urkunde gemäß §§ 130 ff (**RG** 65, 272), nicht, einer bloßen Abschrift, KG DNotZ 1933, 578; auch nicht einer beglaubigten Abschrift, OLG Düsseldorf NJW 1949, 789; OLG Köln DNotZ 1955, 395; **BGH** 31, 5, 7f = MDR 1960, 33 = DRsp I [174] 77c = VersR 1959, 1005 = NJW 1960, 33, 475 mit Anm. von Jansen. Dies gilt auch dann, wenn der andere Teil nicht der Bedachte ist, aus dessen Person der Rücktrittsgrund abgeleitet wird. Zur Aufhebung nach dem Tode des anderen Treiles § 2297.

Anm. 4

Sind an dem Vertrage mehr als zwei Vertragschließende beteiligt, so muß die Rücktrittserklärung allen anderen Vertragspartnern übermittelt werden (Reithmann DNotZ 1957, 529).

Anm. 5

Über die Unzulässigkeit der Anweisung, den Testamentsinhalt dem Vertragsgegner erst nach dem Tode des Erblassers zu übermitteln, vgl. **BGH** 9, 235.

III. Zu Abs. 2 Satz 2

Anm. 6

Gerichtliche oder notarielle Beurkundung § 128 Anm. 3, 4. Andere Formen des Rücktritts können auch im Erbvertrage nicht wirksam vereinbart werden. — Ebensowenig beim Widerruf wechselbezüglicher Verfügungen im gemeinschaftlichen Testament § 2271 Anm. 4—8.

Anm. 7

Gebühr: KostO § 46 Abs. 2.

§ 2297

Soweit der Erblasser zum Rücktritte berechtigt ist, kann er nach dem Tode des anderen Vertragschließenden die vertragsmäßige Verfügung durch Testament aufheben. In den Fällen des § 2294 finden die Vorschriften des § 2336 Abs. 2 bis 4 entsprechende Anwendung.

E I 1961 II 2163; M 5 348, 349; P 5 397, 421, 422.

Aufhebung nach dem Tode des „Anderen“

I. Zu Satz 1

Anm. 1

Nach dem Tode des „anderen Vertragschließenden“ kann das **Rücktrittsrecht** (§§ 2293—2295) **nur durch Testament** ausgeübt werden, gleichviel, ob der Rücktrittsgrund nach dem Tode oder schon bei Lebzeiten des anderen Teiles eingetreten ist. Doch verliert der Vorbehalt des Rücktritts beim zweiseitigen Erbvertrag mit dem Tode des Zuerstversterbenden seine Kraft, die Aufhebung ist jetzt nur noch unter Ausschlagung des Zugewendeten möglich (§ 2298 Anm. 5). Die vertragsmäßige Verfügung (Erbeinsetzung, Vermächtnis, Auflage, § 2278 Abs. 2) kann im Testament schlechthin (§ 2254) oder auch mittelbar durch Errichtung eines der Verfügung widersprechenden Testaments aufgehoben werden (§ 2258). Wird das aufhebende Testament widerrufen, so tritt nach § 2257 der Erbvertrag wieder in Kraft. Eine Mitteilung an die Erben des anderen Vertragschließenden ist nicht erforderlich; der nur ihnen gegenüber erklärte Rücktritt wäre unwirksam.

Anm. 2

Über die Auslegung einer Wiederverheiratungsklausel in einem Erbvertrage, durch den sich Ehegatten gegenseitig zu Vollerben und die Kinder zu Erben des Überlebenden eingesetzt haben, vgl. § 2271 Anm. 3.

II. Zu Satz 2

Anm. 3

Beruht der Rücktrittsgrund nach § 2294 auf einer **Verfehlung des Bedachten,** so muß der Erblasser — abweichend von der Rücktrittserklärung unter Lebenden, § 2294 Anm. 1 — wegen § 2336 Abs. 2 den Grund der Entziehung im Testament angeben. Dieser Grund muß ferner zur Zeit der Testamentserrichtung noch bestehen; er darf mithin weder verziehen sein (§ 2337), noch darf im Falle des § 2333 Nr. 5 der Bedachte seinen Lebenswandel gebessert haben. Die Aufhebung ist auch dann unwirksam, wenn der Bedachte sich zur Zeit des Erbfalles von dem ehrlosen oder unsittlichen Lebenswandel im Sinne des § 2333 Nr. 5 dauernd abgewendet hat (§ 2336 Abs. 4; LG Mönchen-Gladbach MDR 1952, 750).

Anm. 4

Der Beweis des Rücktrittsgrundes liegt demjenigen ob, welcher die Aufhebung der Verfügung geltend macht. Auch nachträgliche Besserung macht nach § 2336 Abs. 4 die Aufhebung hinfällig. Dagegen beseitigt nachträgliche Verzeihung, ebenso wie beim Rücktritt unter Lebenden (§ 2294 Anm. 1) die einmal erklärte Aufhebung nicht (aM Strohal § 46 Anm. 47). Für den nicht mit angezogenen § 2337 gewährt die Möglichkeit Ersatz, das aufhebende Testament zu widerrufen.

§ 2298

Sind in einem Erbvertrage von beiden Teilen vertragsmäßige Verfügungen getroffen, so hat die Nichtigkeit einer dieser Verfügungen die Unwirksamkeit des ganzen Vertrags zur Folge.

Ist in einem solchen Vertrage der Rücktritt vorbehalten, so wird durch den Rücktritt eines der Vertragschließenden der ganze Vertrag aufgehoben. Das Rücktrittsrecht erlischt mit dem Tode des anderen Vertragschließenden. Der Überlebende kann jedoch, wenn er das ihm durch den Vertrag Zugewendete ausschlägt, seine Verfügung durch Testament aufheben.

Die Vorschriften des Abs. 1 und des Abs. 2 Satz 1, 2 finden keine Anwendung, wenn ein anderer Wille der Vertragschließenden anzunehmen ist.

E I 1959, 1961 II 2164; M 5 344—346, 348, 349; P 5 413, 414, 421, 422.

Übersicht

Zweiseitiger Erbvertrag

I. Folge bei Nichtigkeit einer vertragsmäßigen Verfügung (Abs. 1)

Anm. 1

§ 2298 setzt einen **zweiseitigen Erbvertrag** voraus, bei dem beide Vertragschließende als Erblasser — sei es zugunsten des anderen Teiles oder von Dritten — vertragsmäßige Verfügungen (Erbeinsetzungen, Vermächtnisse oder Auflagen, § 2278 Abs. 2) getroffen haben. Soweit eine solche gegenseitige Bindung vorliegt, nimmt das Gesetz ohne weiteres, wiewohl unter Vorbehalt des Gegenbeweises nach Abs. 3, ein Abhängigkeitsverhältnis zwischen mehreren Verfügungen an. Es läßt deshalb, ebenso wie gemäß § 2270 Abs. 1 beim wechselseitigen Testament, bei **Nichtigkeit** auch nur **einer Verfügung den ganzen Erbvertrag,** d. h. sämtliche darin getroffenen Verfügungen **unwirksam** werden. Die Nichtigkeit der Verfügung kann von Anfang an gegeben sein (vgl. **RG** WarnRspr 1942 Nr. 52 bei Verzicht auf Rücktritt nach § 2294) oder als Erfolg der Anfechtung eintreten (§ 142 Abs. 1). Bloßes Unwirksamwerden infolge Wegfalls des darin Bedachten (durch Ausschlagung usw.) genügt nicht.

Anm. 2

Inwieweit Nichtigkeit einer vertragsmäßigen Verfügung auch den Bestand einseitiger im Erbvertrage getroffener Verfügungen (§ 2299) beeinflußt, ist nach § 2085 zu beurteilen.

II. Rücktritt bei Vorbehalt (Abs. 2)

Anm. 3

1. Aufhebung des ganzen Vertrages (Satz 1)

Entsprechend dem Widerrufe im Falle des § 2270 bewirkt auch der Rücktritt Aufhebung des ganzen Erbvertrages im Sinne von Abs. 1. Auch hier ist vorausgesetzt, daß es sich um einen zweiseitigen Erbvertrag handelt. Ferner, daß sich der eine oder der andere Teil gemäß § 2293 den Rücktritt vorbehalten hatte. Nicht getroffen werden deshalb die Fälle des Rücktritts wegen einer Verfehlung des Bedachten (§ 2294) und wegen Wegfalls einer ihm auferlegten Verpflichtung (§ 2295). Auch hier ist nur § 2085 entscheidend. Dasselbe gilt, wenn der Rücktritt nur in bezug auf eine einzelne vertragsmäßige Verfügung ausgeübt wird. Für einseitige Verfügungen vgl. § 2299 Abs. 3.

Anm. 4

2. Erlöschen des Rücktrittsrechts (Satz 2)

Das Erlöschen des Rücktrittsrechts **mit dem Tode des anderen Vertragschließenden** (s. jedoch Anm. 5) ist gleichfalls eine Besonderheit, die weder für den einseitigen Erbvertrag (s. § 2297 Anm. 1) noch für die Rücktrittsfälle der §§ 2294, 2295 gilt. Hat sich der Überlebende im Erbvertrage den Rücktritt nicht vom Vertrage, sondern nur von einer einzelnen Verfügung vorbehalten, so kann er im Rahmen dieses Vorbehalts auch nach dem Tode des Zuerstverstorbenen abweichende Verfügungen treffen (aM Planck/Greiff Anm. 3b). Kein Erlöschen des Anfechtungsrechts § 2281 Abs. 2.

Anm. 5

3. Aufhebungsrecht des Überlebenden (Satz 3)

Ebenso wie im Falle des wechselbezüglichen Testaments (§ 2271 Anm. 25f) kann der Überlebende den im Erbvertrage vorbehaltenen Rücktritt auch dann noch ausüben, wenn er die ihm selbst gemachten **vertragsmäßigen** — nicht notwendig auch die einseitigen — **Zuwendungen ausschlägt.** Es besteht mithin kein Rücktrittsrecht, wenn nur Dritte im Erbvertrage bedacht waren. Eine etwaige Ausschlagung des Dritten ist ohne Bedeutung (aM Kipp § 38 bei Anm. 4). Der Rücktritt geschieht jetzt im Wege des **Testaments,** sei es, daß darin schlechthin widerrufen wird (§ 2254), oder daß inhaltlich vom Erbvertrage abweichende Verfügungen getroffen werden (§ 2258 Abs. 1). Im einzelnen gilt auch hier das in § 2271 Anm.25f Gesagte.

III. Ausnahmen bei anderem Willen der Vertragschließenden (Abs. 3)

Anm. 6

Das Gesetz gibt nur **Auslegungsregeln.** Insbesondere ist der Nachweis zugelassen, daß der eine der beiden Erblasser die selbständige Geltung seiner Verfügung gewollt habe und sie im Sinne von §§ 2085, 2270 Anm. 1 ff auch ohne die nichtige oder widerrufene Verfügung des anderen Teiles getroffen hätte. Die in § 2270 Abs. 2 in dieser Beziehung aufgestellten Rechtsvermutungen sind hier nicht ohne weiteres maßgebend. Der Wille der Vertragschließenden soll entscheiden, auch wenn er nicht im Erbvertrage selbst Ausdruck gefunden hat. Das Rücktrittsrecht selbst wurzelt im Falle des Vorbehalts nur im Parteiwillen. Es kann deshalb jedenfalls wirksam bedungen sein, das vorbehaltene Rücktrittsrecht solle mit dem Tode des Zuerstverstorbenen nicht erlöschen. Von der für den Rücktritt erteilten Formvorschrift, nämlich dem Gebrauch der Testamentsform, kann der Überlebende allerdings nicht entbunden werden. Dagegen ist nicht abzusehen, warum er nicht von der materiellrechtlichen Verpflichtung, der Ausschlagung des Zugewendeten als Vorbedingung des Rücktritts, vertragsmäßig befreit werden könnte. Umgekehrt kann der Rücktrittsvorbehalt aus § 2293 wirksam dahin eingeschränkt werden, daß der Rücktritt nur bei Lebzeiten des anderen Teiles zulässig, nach seinem Tode aber selbst mit dem Opfer der Ausschlagung nicht gestattet sein solle. Es ist daher ohne sachliche Bedeutung, wenn Abs. 2 Satz 3 in Abs. 3 nicht mit angezogen ist (str.; wie hier Planck/Greiff Anm. 4).

Anm. 7

Der Vorbehalt kann sich auch auf einen Teil des Vermögens beschränken. Ist z. B. im zweiseitigen Erbvertrage dem Überlebenden ausdrücklich das Recht vorbehalten worden, über Kapital und Fahrnis auch letztwillig frei zu verfügen, so wird hierin in der Regel ein solcher beschränkter Rücktrittsvorbehalt liegen (KG OLG 44, 107).

Anm. 8

Der Beweis, daß ein anderer Vertragswille vorliege, ist von dem zu führen, der sich hierauf beruft.

§ 2299

Jeder der Vertragschließenden kann in dem Erbvertrag einseitig jede Verfügung treffen, die durch Testament getroffen werden kann.

Für eine Verfügung dieser Art gilt das gleiche, wie wenn sie durch Testament getroffen worden wäre. Die Verfügung kann auch in einem Vertrag aufgehoben werden, durch den eine vertragsmäßige Verfügung aufgehoben wird.

Wird der Erbvertrag durch Ausübung des Rücktrittsrechts oder durch Vertrag aufgehoben, so tritt die Verfügung außer Kraft, sofern nicht ein anderer Wille des Erblassers anzunehmen ist.

E I 1955, 1956 Abs. 1, 1960 II 2165; M 5 333, 347, 348; P 5 398—404, 415—418.

Einseitige Verfügungen

Anm. 1

I. Zu Abs. 1

Einseitige Verfügungen (§ 1937) im Gegensatze zu den vertragsmäßigen können gelegentlich des Erbvertrags (auch im Falle des § 2276 Abs. 2) in demselben Rechtsakte von dem einen oder dem anderen Vertragschließenden, auch von dem nur annehmenden Teile getroffen werden. Sie können sowohl Erbeinsetzungen, Vermächtnisse, Auflagen zum **Gegenstand** haben, wenn keine vertragsmäßige Bindung (§ 2278 Abs. 2) beabsichtigt ist, als auch letztwillige Anordnungen jeder anderen Art (vgl. § 2278 Anm. 3). Voraussetzung ist, daß sie in einem gültigen Erbvertrage getroffen sind. Ist dieser wegen Formmangels, infolge durchgeführter Anfechtung oder aus anderen Gründen nichtig, so fallen damit auch die einseitigen Verfügungen, die einen Bestandteil des Erbvertrags bilden, zusammen.

Anm. 2

II. Zu Abs. 2 Satz 1

Die **Anwendung der Testamentsvorschriften** bezieht sich zwar nicht auf die Testamentsform. Wohl aber wird persönliche Errichtung (§ 2064) und Testierfähigkeit (§ 2229) erfordert. Die verminderten Erfordernisse des Erbvertrags im Falle des § 2275 Abs. 2 genügen nicht (aM Planck/Greiff Anm. 2b in der 4. gegen Planck selbst in der 3. Aufl.). Umgekehrt können, wenn der Erbvertrag als solcher z. B. wegen verweigerter Zustimmung des gesetzlichen Vertreters (§ 2275 Anm. 4) unwirksam, aber den Testamentsvorschriften entsprochen ist, die einseitigen Verfügungen als gemeinschaftliches Testament wenigstens dann aufrechterhalten werden, wenn der Vertrag unter Ehegatten geschlossen ist (§ 2265).

Anm. 3

III. Zu Abs. 2 Satz 2

Daß die einseitige Verfügung von dem Verfügenden (nicht auch vom anderen Teile) durch Testament jederzeit frei widerrufen werden kann, ergeben die §§ 2253, 2254, 2258. Es kann aber auch **durch aufhebenden Vertrag** gemäß § 2290 geschehen, wenn er sich nicht auf die einseitige Verfügung beschränkt, sondern zugleich mindestens eine vertragsmäßige Verfügung aufhebt. Daß die aufzuhebende einseitige und die vertragsmäßige Verfügung in einem und demselben Erbvertrag getroffen sein müßten, fordert das Gesetz nicht (aM Planck/Greiff Anm. 3b).

Anm. 4

IV. Zu Abs. 3

Die **Aufhebung des ganzen Erbvertrags** durch Rücktritt (§§ 2293—2297) des Urhebers der Verfügung oder durch Vertrag (§ 2290) wirkt im Zweifel auch als Aufhebung der darin enthaltenen einseitigen Verfügung. Einen anders gearteten Willen des Erblassers hat zu beweisen, wer die fortdauernde Geltung der einseitigen Verfügung behauptet (vgl. auch § 2298 Abs. 3). Beschränkt sich der Rücktritt oder die Aufhebung auf eine einzelne vertragsmäßige Verfügung, so werden die übrigen einseitigen Verfügungen nur unter den Voraussetzungen des § 2085 unwirksam.

§ 2300

Die für die amtliche Verwahrung und die Eröffnung eines Testaments geltenden Vorschriften der §§ 2258a bis 2263, 2273 sind auf den Erbvertrag entsprechend anzuwenden, die Vorschriften des § 2273 Abs. 2, 3 jedoch nur dann, wenn sich der Erbvertrag in besonderer amtlicher Verwahrung befindet.

E I 1945 Satz 3 II 2166; M 5 319; P 5 381, 382, 459.

Verwahrung und Eröffnung des Erbvertrags

Anm. 1

I. Allgemeines

§ 2300 entspricht TestG § 45; neu eingefügt sind die Worte „die amtliche Verwahrung und" sowie die entsprechenden Vorschriften. Diese waren bisher gemäß TestG §§ 37, 38 unmittelbar auf Erbverträge anzuwenden (vgl. § 2258a Anm. 1). Sachlich hat sich also nichts geändert.

Anm. 2

II. Entsprechende Anwendung der für die amtliche Verwahrung und die Eröffnung eines Testaments geltenden Vorschriften

§ 2258a: Zuständigkeit für die besondere amtliche Verwahrung; diese ist nur erforderlich, wenn die Parteien das Gegenteil nicht verlangen (§ 2277 Abs. 1). **§ 2258b:** Verfahren bei der besonderen amtlichen Verwahrung. **§ 2259:** Pflicht zur Ablieferung des urschriftlichen Erbvertrags an das Nachlaßgericht (KGJ 36 A 91), auch wenn er von den Parteien aufgehoben worden ist (JFG 17, 238/239; JMBlNRW 1957, 196; jetzt auch Palandt/Rechenmacher 19. Aufl. Anm. 3; aM Boehmer DNotZ 1940, 192). Übrigens besteht die Pflicht, die Erbvertragsurkunde abzuliefern, nicht nur gegenüber dem Nachlaßgericht; es kann auch jeder Beteiligte, um sein privates Interesse an der Eröffnung zu wahren, Klage auf Ablieferung erheben (**RG** 12.12. 1910 IV 236/10). Der abgelieferte Erbvertrag verbleibt bei dem Nachlaßgericht (DOfNot § 16 Abs. 2; AktenO § 27 Abs. 11 Satz 3; JFG 17, 259 = ZAkDR 1938, 676 mit Anm. von Weber). **§ 2260:** Eröffnungstermin und Verkündung durch das Nachlaßgericht oder **§ 2261:** durch ein anderes Gericht. Beschwerderecht des Nachlaßgerichts gegen verweigerte Übersendung der Urschrift KGJ 37 A 127. **§ 2262:** Benachrichtigung der nicht erschienenen Beteiligten. **§ 2263:** Nichtigkeit des Eröffnungsverbots. Das Recht auf Einsicht und Erteilung von Abschriften steht den Interessenten zu (**RG** 53, 393), zwar nicht auf Grund des nicht mit angezogenen § 2264, wohl aber nach FGG § 34 (**RG** JW 1932, 1365). **§ 2273:** Eröffnung des gemeinschaftlichen Testaments.

Anm. 3

III. Verfügungen des überlebenden Ehegatten

Die **Verfügungen des überlebenden Ehegatten** sind, soweit sie sich sondern lassen, nach § 2273 Abs. 1 **nicht zu verkünden** (**RG** 150, 315). Es bedarf aber keiner

Abschrift von den Verfügungen des Erstverstorbenen und keiner Verbringung in die amtliche Verwahrung (§ 2273 Abs. 2), wenn der Erbvertrag gemäß § 2277 Abs. 1 von vornherein nur in gewöhnliche amtliche Verwahrung genommen war. Eine Wiederverschließung unterbleibt auch dann, wenn sich der Erbvertrag zwar in besonderer Verwahrung befand, wenn er aber lediglich Anordnungen enthält, die sich auf den ersten Erbfall beziehen (§ 2273 Abs. 3). Soweit hiernach keine besondere amtliche Verwahrung stattfindet, bleibt der Erbvertrag offen bei den Akten des Nachlaßgerichts (Anm. 2).

§ 2300a

Befindet sich ein Erbvertrag seit mehr als fünfzig Jahren in amtlicher Verwahrung, so ist § 2263a entsprechend anzuwenden.

Eröffnungsfrist für Erbverträge

Anm. 1

I. Allgemeines

Die Vorschrift geht auf TestG § 46 zurück, der für Testamente und Erbverträge galt; vgl. auch § 2263a mit Anmerkungen.

Anm. 2

II. Geltungsbereich

§ 2300a gilt nicht nur für Erbverträge, die sich in besonderer amtlicher Verwahrung befinden, sondern auch für solche, die nur in gewöhnliche Verwahrung genommen worden sind (§ 2277 Abs. 1 und Anm. 4 dazu). Auch die letztere ist eine amtliche Verwahrung. Insbesondere trifft aber auch für solche Erbverträge der Zweck des § 2263a zu (Boehmer DNotZ 1940, 193). Daher obliegt die in § 2263a vorgeschriebene Ermittlungspflicht auch dem Notar, der Erbverträge in gewöhnlicher Urkundenverwahrung hat, und im Falle des § 39 RNotO dem Amtsgericht, das seine Akten und Bücher verwahrt. § 2300a gilt auch für Erbverträge, die vor dem Inkrafttreten des TestG (4. 8. 1938) errichtet worden sind.

Anm. 3

III. Verwahrungsfrist

Die Verwahrungsfrist beträgt beim Erbvertrage fünfzig Jahre, beim Testament dagegen nur dreißig Jahre (§ 2263a), weil Erbverträge vielfach, insbesondere in Verbindung mit Eheverträgen, in jüngeren Jahren geschlossen werden.

§ 2301

Auf ein Schenkungsversprechen, welches unter der Bedingung erteilt wird, daß der Beschenkte den Schenker überlebt, finden die Vorschriften über Verfügungen von Todes wegen Anwendung. Das gleiche gilt für ein schenkweise unter dieser Bedingung erteiltes Schuldversprechen oder Schuldanerkenntnis der in den §§ 780, 781 bezeichneten Art.

Vollzieht der Schenker die Schenkung durch Leistung des zugewendeten Gegenstandes, so finden die Vorschriften über Schenkungen unter Lebenden Anwendung.

E I 1963 II 2167; M 5 350—352; P 5 460—462.

Übersicht

Schenkung von Todes wegen

Neueres Schrifttum: Boehmer, Schenkungen von Todes wegen und Schenkungen unter Lebenden, ZAkDR 1939, 610; Hoffmann, Der Vertrag zugunsten Dritter von Todes wegen, AcP 158, 178; G. u. D. Reinicke, Lebensversicherung und Nachlaßgläubiger, NJW 1956, 1053; dieselben, Zur Kollision von Gesellschaftsrecht und Erbrecht, NJW 1957, 561, 562; Rötelmann, Zuwendungen unter Lebenden auf den Todesfall, NJW 1959, 661, 930; Zehner, Versicherungssumme und Nachlaßinteressenten, AcP 153, 424.

I. Allgemeines

Anm. 1

Das BGB hat die Schenkung von Todes wegen, welche im gemeinen Recht als donatio mortis causa Zuwendungen von Todes wegen durch Rechtsgeschäfte unter Lebenden ermöglichte, nicht als selbständige erbrechtliche Einrichtung übernommen. Es hat sie aber auch nicht ganz ausgeschlossen. Vielmehr erkennt es Schenkungen unter der Bedingung, daß der Beschenkte den Schenker überlebt, grundsätzlich an. Es wendet aber verschiedenes Recht an. Für das nichtvollzogene Schenkungsversprechen und das schenkweise erteilte Schuldversprechen oder Schuldanerkenntnis gelten die Vorschriften über die Verfügungen von Todes wegen (Anm. 1—8). Auf die vollzogene Schenkung von Todes wegen sind dagegen die Vorschriften über Schenkungen unter Lebenden anzuwenden (Anm. 9—16). Mit diesen Bestimmungen sollte verhindert werden, daß zwingende erbrechtliche Sicherungsvorschriften umgangen werden können, welche zum Schutze der vertragsmäßig bedachten Erben und Vermächtnisnehmer, der Pflichtteilsberechtigten und Nachlaßgläubiger bestehen. Daher ist auch das Bestreben billigenswert, den Absatz 1 weit und den Absatz 2 eng auszulegen.

Anm. 2

Das BGB selbst bietet aber eine weitgehende Umgehungsmöglichkeit, indem es in § 331 den **Vertrag zugunsten Dritter** mit Wirkung auf den Todesfall als Rechtsgeschäft unter Lebenden anerkennt und insoweit also die erbrechtlichen Sicherungsvorschriften ausschaltet (vgl. hierzu Anm. 17f).

Anm. 3

Von den Schenkungen von Todes wegen sind ferner die Fälle zu unterscheiden, in denen nur die **Erfüllung** des Schenkungsversprechens auf den Tod des Schenkers **hinausgeschoben** worden ist. Hierbei handelt es sich um reine Rechtsgeschäfte unter Lebenden (vgl. Anm. 5).

Anm. 4

Der Gebrauch des Wortes **„Schenken“** in einer für den Todesfall getroffenen Verfügung hindert nicht, die Verfügung als ein Testament und die sog. Schenkung als Erbeinsetzung oder Vermächtnis aufzufassen, es zwingt auch nicht zur Anwendung der Vorschriften über die Schenkung von Todes wegen (**RG** 22. 11. 1923 IV 792/22).

II. Schenkungsversprechen von Todes wegen (Abs. 1 Satz 1)

1. Voraussetzungen

Anm. 5

Das Schenkungsversprechen steht im Gegensatz zu der vollzogenen Schenkung des Abs. 2. Der bloß Versprechende will nicht, daß der Gegenstand der Schenkung jetzt schon aus seinem Vermögen ausscheide. Will er aber jetzt schon dem Beschenkten oder seinen Erben endgültig zur Leistung verpflichtet sein, so handelt es sich um eine Schenkung unter Lebenden, auch dann, wenn die Erfüllung bis nach dem Tode des Schenkers hinausgeschoben ist; es ist mithin nur § 518 anzuwenden (**RG** 53, 296; 9. 11. 1921 V 23/21). Anders ist es dagegen, wenn der Schenker an sein Versprechen nur **unter der** ausdrücklich erklärten oder sich aus den Umständen ergebenden **Bedingung** gebunden sein will, **daß ihn der Beschenkte überlebt** (was auch mit Beschränkung auf den Fall bedungen werden kann, daß der Schenker in einer bestimmten Lebensgefahr umkommt). Der Eintritt gerade dieser Bedingung (des Erlebens des Todes des Schenkers durch den Beschenkten) bildet nach §§ 1923, 2074, 2160 die allgemeine Voraussetzung einer Zuwendung von Todes wegen. Deshalb sind nach folgerichtiger Vorschrift auch die hierfür geltenden Formen zu beobachten (Anm. 7). Die Form des § 518 (dort Anm. 17, gerichtliche oder notarielle Beurkundung) genügt nicht.

Anm. 6

§ 2301 Abs. 1 ist ferner nicht anwendbar, wenn das Schenkungsversprechen nach seinem Inhalt erst nach dem Tode des Versprechenden angenommen werden darf, aber auch bei vorzeitigem Tode des Versprechensempfängers von dessen Erben angenommen werden kann (**OGH** MDR 1949, 282).

Anm. 7

2. Anwendbare Vorschriften

Nach den **Vorschriften über Verfügungen von Todes wegen** gestaltet sich das Schenkungsversprechen, je nachdem das ganze Vermögen oder nur einzelne Gegenstände zugewendet werden, als Erbeinsetzung oder Vermächtnis. Der Entw. I § 1963 erklärte demgemäß „die Vorschriften über den Erbeinsetzungsvertrag oder den Vermächtnisvertrag" für anwendbar. Dadurch, daß an die Stelle dieser Worte die Worte „Vorschriften über Verfügungen von Todes wegen" gesetzt sind, sollte nach Prot. 5, 461 keine sachliche Änderung herbeigeführt werden. Dem entspricht die Stellung des § 2301 in dem Abschnitt „Erbvertrag". Einem einseitigen Schenkungsversprechen legt das Gesetz hier ebensowenig wie in den §§ 516ff rechtliche Bedeutung bei. Danach ist ein Schenkungsversprechen von Todes wegen nur bindend, wenn die für den Erbvertrag geltenden Vorschriften eingehalten werden. Anders in einer beiläufigen Bemerkung **RG** (7. ZS) 83, 227 und die 5. sowie die früheren Auflagen dieses Kommentars, von denen ein einseitiges Schenkungsversprechen in Testamentsform zugelassen wird. Das kann nur in dem Sinne aufrechterhalten werden, daß eine in Testamentsform abgegebene Erklärung, mit der den Worten nach eine „Schenkung" von Todes wegen gemacht ist, in Zweifelsfällen (§ 2084 Anm. 34f) als eine letztwillige Verfügung zur Geltung gebracht werden kann (**RG LZ** 1924, 162²). Das Schenkungsversprechen von Todes wegen kann nicht nach den §§ 530ff widerrufen werden; es gelten lediglich die §§ 2290ff, 2293ff über Aufhebung und Rücktritt vom Erbvertrag.

Anm. 8

III. Schuldversprechen oder Schuldanerkenntnis (Abs. 1 Satz 2)

Entsprechend § 518 Abs. 1 Satz 2 sind das **Schuldversprechen** (§ 780) und das **Schuldanerkenntnis** (§ 781) unter die gleichen Vorschriften gestellt, wenn der abstrakte Vertrag eine Schenkung zum Rechtsgrunde hat und durch das Überleben des Beschenkten bedingt ist.

IV. Vollzug der Schenkung (Abs. 2)

1. Voraussetzungen

Anm. 9

Die **Schenkung ist vollzogen,** wenn die versprochene oder die im Schuldversprechen oder Schuldanerkenntnis übernommene Leistung bewirkt worden ist (s. § 518 Anm. 2—8).

Anm. 10

Hierzu **genügt nicht**: Die Übergabe des Schenkungsgegenstandes an einen Boten, der die Sache erst nach dem Tode des Schenkers dem Beschenkten überbringt (**RG** 83, 223), oder ein entsprechender, erst nach dem Tode des Schenkers ausgeführter Auftrag (**RG** Recht 1924 Nr. 169), die bloße Übergabe eines Schuldscheins an den Beschenkten, sei es auch mit der Ermächtigung, den Schenkungsgegenstand nach dem Tode des Schenkers von dem dritten Schuldner in Empfang zu nehmen (**RG** JW 1904, 337[3]), der Vermerk auf einem vom Beschenkten ausgestellten Schuldschein, der Schein werde mit dem Tode des Erblassers ungültig (**RG** WarnRspr 1908 Nr. 302), die Vollmacht, das Bankguthaben des Schenkers im Falle seines Todes abzuheben, selbst wenn sie mit der Erklärung erteilt wird, das Geld solle dem Bevollmächtigten gehören (**RG** LZ 1919, 692[6]; aM Rötelmann NJW 1959, 661 Anm. 22; hierzu Palandt/Rechenmacher 19. Aufl. Anm. 3a).

Anm. 11

Dagegen **genügt**: Die Abtretung des Herausgabeanspruchs gemäß § 931 (**RG** WarnRspr 1909 Nr. 33), ebenso die Übergabe eines Sparkassenbuchs im Sinne der Abtretung des Sparkassenguthabens (**RG** Gruchot 50, 651; WarnRspr 1915 Nr. 142); eine solche Abtretung an den von Todes wegen zu Beschenkenden kann auch darin gefunden werden, daß ihm ein an die Sparkassenverwaltung gerichtetes Ersuchen übergeben wird, das Guthaben umzuschreiben (**RG** 23. 6. 1919 IV 108/19; vgl. Jena DRW 1939, 1535[44]). In der formlosen Abtretung eines Bankguthabens kann auch dann die rechtswirksame Vollziehung einer Schenkung liegen, wenn sie von der Bedingung abhängig gemacht wird, daß der Beschenkte den Schenker überlebt (**RG** 22. 10. 1908 IV 32/08). Ein schenkweise erfolgender Schulderlaß (§ 397) trägt auch dann, wenn er an die Bedingung geknüpft ist, daß der Schuldner den Gläubiger überlebt, die Vollziehung der Schenkung in sich, (**RG** 53, 294; WarnRspr 1921 Nr. 95). Überall macht es keinen Unterschied, ob die Leistung gleichzeitig mit der Schenkung oder erst hinterher mit der Absicht bewirkt wird, das vorausgegangene Schenkungsversprechen zu erfüllen (**RG** WarnRspr 1913 Nr. 249; 1915 Nr. 142). Zum Schulderlaß „auf den Tod der Gläubigerin" vgl. OLG Stuttgart JR 1949, 383 mit kritischen Anmerkungen von Stachels S. 385 und Ehlers JR 1950, 86.

2. Anwendbare Vorschriften

Anm. 12

Nach den **Vorschriften über Schenkungen unter Lebenden** (§ 518 Abs. 2) heilt der Vollzug der Schenkung den Formmangel. Damit entfällt auch die Form der Verfügung von Todes wegen. Diese Heilungswirkung kommt der Schenkung unter Lebenden und der Schenkung auf den Todesfall gleichmäßig zustatten (**RG** 8. 5. 1911 IV 476/10). Der Vorbehalt des Widerrufs ist auch bei der vollzogenen Schenkung zulässig. Im übrigen bestimmt sich der Widerruf nach den §§ 530—533 (**RG** JW 1914, 301[8]).

Anm. 13

Auch die vollzogene Schenkung von Todes wegen steht unter der Bedingung, daß der Beschenkte den Schenker überlebt (**RG** WarnRspr 1921 Nr. 95). Sie wird regelmäßig als auflösende aufzufassen sein in dem Sinne, daß die Schenkung, wenn der Beschenkte früher stirbt, mit dessen Tod an den Schenker zurückfallen soll. Sie kann aber auch aufschiebend gewollt sein (§ 158). Staudinger/Boehmer 10. Aufl. Einl. § 27 Bem. 16 und Palandt/Seibert 8. Aufl. Anm. 3b, c wollten nur die durch das Vorversterben des Bedachten auflösend, nicht die durch sein Überleben aufschiebend bedingte Zuwendung als Vollziehung gelten lassen; hiergegen mit Recht Jena DRW 1939, 1535[44] (vgl. auch Boehmer ZAkDR 1939, 610) in Übereinstimmung mit **RG** WarnRspr 1921 Nr. 95. In beiden Erläuterungsbüchern wird jetzt jedoch die hier vertretene Ansicht geteilt (Staudinger/Boehmer 11. Aufl. Einl. § 26 Anm. 16; Staudinger/Lehmann Vorbem. 13 vor §§ 1937ff; Palandt/Rechenmacher 19. Aufl. Anm. 3c; ferner Kipp/Coing 11. Bearb. § 81 II 2c; vgl. auch Siebert, Die Nachfolge von Todes wegen in die Mitgliedschaft des Gesellschafters einer **OHG** in NJW 1955, 812 unter A II 2). Anrechnung der Schenkung auf den Pflichtteil § 2315; Ergänzung des Pflichtteils § 2325.

Anm. 14

Eine Schenkung von Todes wegen kann nicht durch Vormerkung gesichert werden (**BGH** 12, 115; vgl. auch Hieber DNotZ 1954, 270).

Anm. 15

Ein OHG-Gesellschafter kann seinen Gesellschaftsanteil mit Zustimmung der übrigen Gesellschafter in der Weise auf einen Mitgesellschafter übertragen, daß der Anteil mit dem Tode des Übertragenden dem Erwerber zuwächst. Die Vorschrift des § 2301 steht einer solchen Verfügung mangels Schenkung jedenfalls dann nicht entgegen, wenn der Erwerber den Erben des Verstorbenen den Wert des Anteils zu vergüten hat (**BGH** NJW 1959, 1433 = MDR 1959, 638 = FamRZ 1959, 291 = LM BGB § 516 Nr. 3 = DRsp II [210] 103d). Zur Abgrenzung einer letztwilligen Verfügung von einer schenkweisen Übertragung eines Gesellschaftsanteils unter Lebenden vgl. KG JR 1959, 101.

Anm. 16

Im **Erbschaftsteuerrecht** wird die Schenkung von Todes wegen, wenn sie unter Lebenden vollzogen ist, als Schenkung, sonst als Erwerb von Todes wegen behandelt (ErbschStG v. 1. 4. 1959 — BGBl. I 187 — §§ 1, 2 Abs. 1 Nr. 3, § 3; **RFH** 29, 152).

V. Vertrag zugunsten Dritter auf den Todesfall

Anm. 17

Von dem Schenkungsversprechen gemäß § 2301 Abs. 1 ist der Vertrag zugunsten Dritter mit Wirkung auf den Todesfall zu unterscheiden. Das Gesetz hat die Zulässigkeit solcher Verträge als Rechtsgeschäfte unter Lebenden in § 331 ausdrücklich anerkannt, obwohl sie mit dem Grundsatz des § 2301 Abs. 1 nur schwer zu vereinbaren sind. Nach § 331 Abs. 1 erwirbt der Dritte, dem nach dem Tode des Versprechensempfängers geleistet werden soll, das Recht auf die Leistung im Zweifel erst mit dessen Tode. Er hat vorher auch keine Rechtsanwartschaft. Eine solche Zuwendung kommt in ihrem Endziel einer Verfügung von Todes wegen nahe; sie hat aber die Eigentümlichkeit, daß das so Zugewendete sich zwar erst mit dem Tode des Gläubigers (= Versprechensempfängers) von dessen Vermögen trennt, jedoch nicht zu seinem Nachlaß gehört. Die Form einer Verfügung von Todes wegen ist für dieses Geschäft nicht vorgeschrieben (vgl. auch §§ 1937—1941). Hat der Erblasser z. B. in einem von ihm geschlossenen Lebensversicherungsvertrage einen Dritten als Bezugsberechtigten benannt, so fällt die Versicherungssumme auch dann nicht in den Nachlaß, wenn die Benennung widerruflich ist (OLG Stuttgart NJW 1956, 1073). Dies hat zur Folge, daß die Versicherungssumme dem Zugriff der Nachlaßgläubiger nur dann offensteht, wenn sie die Zuwendung als Schenkung nach den Vorschriften der KO oder des AnfG anfechten können (vgl. Reinicke NJW 1956, 1053).

Anm. 18

Es fehlt nicht an Versuchen, die Anwendbarkeit des § 331 auf bestimmte Fälle zu beschränken, für welche die Verfasser des BGB diese gesetzliche Möglichkeit geschaffen haben, z. B. auf Lebensversicherungsverträge, Gutsübergaben mit Abfindungen oder Leibgedingen zugunsten Dritter, Witwenkassen (so Kipp/Coing 9. Bearb. § 61 III 3a unter Hinweis auf Motive 2, 265); dazu sollen dann noch die Fälle des Gesellschaftsrechts (BGB § 727, HGB § 139) kommen. Soweit dagegen Verträge zugunsten Dritter nur das Ziel haben, bestimmte Gegenstände (z. B. ein Bankguthaben) aus dem Nachlaß zugunsten des Dritten für den Fall des Überlebens auszusondern, „also nur eine Schenkung von Todes wegen zu ersetzen, bei der der Schenkende kein Opfer bringt", sollen sie als nichtige Umgehungsgeschäfte zu behandeln sein, für welche die Vorschriften der §§ 328, 331 nicht geschaffen seien (Kipp/Coing aaO; noch enger Boehmer, der den § 331 im allgemeinen nur auf Vermögens- oder Gutsüberlassungsverträge und Lebensversicherungsverträge anwenden will, vgl. Boehmer in RG-Festschrift III 312ff; bei Staudinger 11. Aufl. Einl. § 27; ZAkDR 1939, 611; s. aber auch Kipp/Coing 11. Bearb. § 81 IV; ferner Bartholomeyczik Erbrecht 1960 § 59 IV). Das Reichsgericht hat Verträge zugunsten Dritter mit Wirkung auf den Todesfall jedoch in weiterem Umfange anerkannt. Die Rechtsprechung ist dem RG weitgehend gefolgt (**RG** 80, 175; 88, 137; 106, 1; WarnRspr 1908 Nr. 204; HRR 1930, 1464; KG 41 A 62; auch **BGH** 8, 31; vgl. jedoch auch **RG** 98, 279 mit Bedenken gegen **RG** 88, 137; ferner OLG Stuttgart HEZ 3, 1ff, wo die Streitfrage auf S. 5 dahingestellt bleibt).

§ 2302

Ein Vertrag, durch den sich jemand verpflichtet, eine Verfügung von Todes wegen zu errichten oder nicht zu errichten, aufzuheben oder nicht aufzuheben, ist nichtig.

E I 1754 II 2168; M 5 8; P 5 5, 462.

Schutz der Testierfreiheit

I. Allgemeines

Anm. 1

Das Gesetz kennt zwar eine erbrechtliche Bindung des Erblassers durch Erbvertrag (§ 2278 Anm. 1) und im Falle des § 2271 Abs. 2 durch Errichtung eines gemeinschaftlichen Testaments, erklärt aber darüber hinaus, um die **Testierfreiheit** weitmöglich zu sichern, jede vertragsmäßige Beschränkung des Erblassers, die Verfügungen von Todes wegen betrifft (Anm. 2 vor §§ 1937ff), für nichtig. Eine solche Einschränkung kann auch nicht in der Weise vorgenommen werden, daß ein Erbvertrag mit einem anderen Vertrage gekoppelt wird, um dann hinsichtlich seiner Aufhebbarkeit das rechtliche Schicksal dieses mit ihm verknüpften Vertrages zu teilen. Der Erbvertrag bewahrt vielmehr auch in diesen Fällen seine volle Selbständigkeit; seine Aufhebbarkeit richtet sich daher ausschließlich nach den gesetzlichen Bestimmungen, die auch sonst für ihn gelten (**BGH** 29, 129, 133 = NJW 1959, 625 = MDR 1959, 284 = FamRZ 1959, 147 = DRsp I [174] 72d für den Fall der Koppelung von Ehe- und Erbvertrag). Dies gilt auch von Beschränkungen, zu denen sich der Erblasser unter dem älteren Rechte verpflichtet hatte (**RG** 75, 34 und HRR 1930 Nr. 1467; KG JR 1927 Nr. 246). Die Nichtigkeit, die von jedermann geltend gemacht werden kann, ergreift auch etwa bedungene Vertragsstrafen (§ 344). Ebensowenig begründet der Bruch eines solchen nichtigen Vertrags eine Schadenersatzpflicht (**RG** 28. 4. 1927 IV 579/26). Zur Umdeutung gemäß § 140 bei Verstoß gegen § 2302 vgl. aber **BGH** 7. 10. 1960 V ZR 60/59 = WM IV B 1961, 87.

Anm. 2

Auch im Erbvertrage können die Vertragschließenden auf das Recht der Aufhebung gemäß §§ 2290—2292 oder des Rücktritts gemäß §§ 2294, 2295 nicht wirksam verzichten. Die Verpflichtung, keine Verfügung von Todes wegen zu errichten, kann schon nach § 2278 Abs. 2 nicht vertragsmäßig eingegangen werden. Sie wäre nur zu halten, wenn sie sich in eine Erbeinsetzung der gesetzlichen Erben umdeuten läßt. Die Verpflichtung, eine ältere Verfügung von Todes wegen nicht aufzuheben, wäre nur wirksam, wenn diese Verfügung, einen dem § 2278 Abs. 2 entsprechenden Inhalt (Erbeinsetzung, Vermächtnis, Auflage) vorausgesetzt, inhaltlich oder in überreichter Urschrift auf dem Wege des § 2238 (vgl. § 2276 Anm. 6) zum Bestandteil des Erbvertrags gemacht würde. Die bloße Bezugnahme auf eine ältere Verfügung kann schon wegen Unzulässigkeit des mystischen Testaments nicht genügen (§ 2086 Anm. 5). Noch weniger kann sich der Erblasser einseitig in der Testierfreiheit beschränken oder die Gültigkeit späterer Verfügungen von der Einhaltung selbst gesetzter Formen abhängig machen (derogatorische Klausel, § 2253 Anm. 2). Werden diese Formen nicht beachtet, so kann der Zweifel entstehen, ob die errichtete Verfügung von Todes wegen als fertige und gültige gewollt sei.

Anm. 3

Hat der Erblasser jemandem versprochen, ihn als Entgelt für Dienstleistungen oder dgl. durch eine letztwillige Verfügung zu bedenken, so braucht das nicht in jedem Falle nichtig zu sein. Geht das Versprechen ausschließlich auf die Errichtung der letztwilligen Verfügung, so greift allerdings § 2302 ein. Die Vergütung kann aber auch allgemein versprochen worden sein und der Hinweis auf die letztwillige Verfügung kann eine unschädliche Nebenabrede über die Art der Erfüllung enthalten haben (WarnRspr 1917 Nr. 14).

Anm. 4

II. Besonderheiten des Höferechts

Ein Übergabevertrag über einen Hof im Sinne der Höfeordnung fällt nicht unter § 2302. Der Erblasser verpflichtet sich in ihm nicht im Sinne dieser Vorschrift. Übergabeverträge sind vielmehr Rechtsgeschäfte unter Lebenden, die zugleich unmittelbar erbrechtlich wirken (vgl. § 2286 Anm. 5f). § 2302 greift auch dann nicht ein, wenn der Hofeigentümer sich zunächst nur durch einen nicht formgerechten, für ihn aber nach Treu und Glauben bindenden Vorvertrag verpflichtet hat, den Hof auf einen bestimmten Abkömmling zu übertragen. Auch darin kann nach der umstrittenen Rechtsprechung des Bundesgerichtshofs schon eine Bestimmung des Hofnachfolgers nach Höferecht liegen (**BGH** 12, 286 = LM HöfeO § 7 Nr. 12 = NJW 1954, 1241, 1644 mit Anm. von Rötelmann = RdL 1954, 193, 311 mit Anm. von Pikalo und Rötelmann; kritisch Riedel JZ 1955, 109 und 1957, 118 mit Nachw.; vgl. auch Baur JZ 1954, 631). An die Wirksamkeit einer formlosen Vereinbarung über die Hoferbfolge sind jedenfalls strenge Anforderungen zu stellen. Sie kann nur nach umfassender Aufklärung des Sachverhalts beurteilt werden. Eine Bindung des Erblassers ist allenfalls zu bejahen, wenn sie nicht verneint werden könnte, ohne das Rechtsempfinden — vor allem in bäuerlichen Kreisen — gröblich zu verletzen (**BGH** NJW 1955, 1065 mit Anm. von G. u. D. Reinicke = LM HöfeO § 7 Nr. 14).

Fünfter Abschnitt

Pflichtteil

Übersicht

Vorbemerkungen

I. Beteiligung der nächsten Angehörigen am Nachlaß des Erblassers

Anm. 1

1. Allgemeines

Der Grundsatz der Testierfreiheit, der dem Erblasser ermöglicht, nach seinem freien Belieben über seinen Nachlaß zu verfügen, widerstreitet dem natürlichen Empfinden, nach dem mindestens ein Teil des Nachlasses den nächsten Angehörigen zugute kommen muß. Schon die Rechtsordnungen des Altertums haben sich bemüht, diesen Konflikt zu lösen. Drei Möglichkeiten sind dazu gegeben.

a) Die nächsten Angehörigen sind in jedem Fall zu einer bestimmten Quote als Erben am Nachlaß beteiligt, das sog. materielle Noterbrecht.

b) Sie haben gegen die eingesetzten Erben einen Anspruch auf Zahlung einer bestimmten Geldsumme.

c) Sie haben gegen die eingesetzten Erben einen von ihrer Bedürftigkeit abhängigen Unterhaltsanspruch.

2. Rechtsgeschichte

a) Römisches Recht

Anm. 2

Gegen Ende der römischen Republik wurde der Gedanke der Beteiligung der nächsten Angehörigen an dem Nachlaß des Erblassers, auch wenn dieser ihn anders vergeben hatte, zuerst verwirklicht. Das Centumviralgericht, das für Nachlaßsachen zuständig war, gestattete den Abkömmlingen und Ascendenten, das Testament, durch das sie von der Erbfolge ausgeschlossen waren, mit der Anfechtungsklage anzufechten. Sie führte dazu, daß die gesetzliche Erbfolge eintrat. Die Klage war nicht zulässig, wenn der Erblasser den Berechtigten mindestens ein Viertel des gesetzlichen Erbteils hinterlassen hatte.

Anm. 3

Dieses Recht wurde in verschiedener Weise fortgebildet und schließlich von Justinian neu geordnet. Er setzte den Pflichtteil fest auf ein Drittel des gesetzlichen Erbteils, wenn dieser mindestens ein Viertel der Erbschaft betrug, und auf die Hälfte, wenn er weniger als ein Viertel der Erbschaft ausmachte. Die Ascendenten und Descendenten hatten Anspruch darauf, als Erbe eingesetzt zu werden. War das ohne einen gesetzlich zulässigen Grund nicht geschehen, dann konnten sie mit einer darauf zielenden Klage ihren vollen gesetzlichen Erbteil verlangen. Waren sie als Erben eingesetzt und betrug ihr Erbteil weniger als ihr Pflichtteil, dann hatten sie nur eine Geldforderung gegen die eingesetzten Erben auf das an ihrem Pflichtteil, nicht das an ihrem gesetzlichen Erbteil Fehlende. Darin lag ein Widerspruch. Die Rechte der übergangenen vollbürtigen oder durch den Vater halbbürtig verwandten Geschwister waren etwas anders geregelt.

Anm. 4

b) Gemeines Recht. Deutsche Partikularrechte

Das justinianische Recht wurde mit dem darin enthaltenen Widerspruch als gemeines Recht in Deutschland rezipiert. Die deutschen Partikularrechte bekannten sich zunächst vorwiegend zu dem zwingenden materiellen Noterbrecht. Erst später setzte sich das System des Pflichtteilsanspruchs in Form einer bloßen Geldforderung gegen den Erben mehr und mehr durch. In dieser Weise wurde wenigstens in späterer Zeit der Pflichtteilsanspruch nach dem ALR rechtlich beurteilt (vgl. dazu Staudinger/Böhmer, 11. Aufl. Band V Einl. § 14 Nr. 26). Auch das österreichische ABGB kannte den Pflichtteilsanspruch nur als einen schuldrechtlichen Geldanspruch. Im Gegensatz dazu bekannte sich der code civil zu dem System des materiellen Noterbrechts. Der Erblasser konnte nach diesem Recht überhaupt nur über einen bestimmten Teil seines Vermögens, die quotité disponible, unter Lebenden und von Todes wegen frei verfügen. Der Rest, die portion réservée, verblieb dem Pflichterben. Ebenso hat auch das sächs. BGB das System des zwingenden gesetzlichen Erbrechts verwirklicht.

Über die Regelung des Pflichtteilsrechts im ausländischen Recht vgl. Staudinger/Böhmer aaO § 15.

Anm. 5

c) Beratung des BGB

Bei der Beratung des BGB wurde das gemeinrechtliche System wegen des darin enthaltenen nicht verständlichen Widerspruchs abgelehnt (Mot. 5, 386). Auch das französische System des zwingenden Erbrechts wurde nach längeren Erörterungen verworfen (Prot. 5, 490ff) und das preußische System des Pflichtteilsanspruchs als reiner Geldsummenforderung gegen den Erben vorgezogen.

II. Das Pflichtteilsrecht des BGB (systematische Übersicht)

Anm. 6

1. Pflichtteilsberechtigte. Pflichtteilsrecht

Pflichtteilsberechtigt sind nach § 2303 die Abkömmlinge, Eltern und der Ehegatte des Erblassers. Ihnen steht das Pflichtteilsrecht zu. Nach § 2309 sind jedoch entfernte Abkömmlinge und die Eltern des Erblassers insoweit nicht pflichtteilsberechtigt, als ein Abkömmling, der sie im Falle der gesetzlichen Erbfolge ausschließen würde, den Pflichtteil verlangen kann oder das ihm Hinterlassene annimmt. Das Pflichtteilsrecht ist ein zwischen dem Pflichtteilsberechtigten und dem Erblasser bereits zu dessen Lebzeiten bestehendes (**RG** 92, 1), den Tod des Erblassers überdauerndes und mit dessen Erben sich fortsetzendes Rechtsverhältnis (**BGH** 28, 177). Das Pflichtteilsrecht beruht auf der Verwandtschaft oder der Eheschließung. Ersterenfalls entsteht es regelmäßig mit der Geburt, letzterenfalls mit der Heirat (**RG** 92, 3). Das Pflichtteilsrecht äußert schon zu Lebzeiten des Erblassers rechtliche Wirkungen. Nach § 312 Abs. 2 können die künftigen gesetzlichen Erben über den gesetzlichen Erbteil und den Pflichtteil eines von ihnen am Nachlaß eines noch lebenden Dritten Verträge schließen. Nach §§ 1822 Nr. 1, 1643 sind Rechtsgeschäfte möglich, durch die ein Minderjähriger zu einer Verfügung über seinen künftigen Pflichtteil verpflichtet wird. Der Erblasser kann den von ihm geschlossenen Erbvertrag oder ein gemeinschaftliches Testament wegen Übergehung eines Pflichtteilsberechtigten nach § 2281 anfechten.

2. Pflichtteilsanspruch. Pflichtteil

Anm. 7

Nach Eintritt des Erbfalls kann aus dem Pflichtteilsrecht für den Pflichtteilsberechtigten der Pflichtteilsanspruch entstehen. Er entsteht nach § 2317 mit dem Erbfall. Voraussetzung dafür, daß der Pflichtteilsanspruch entsteht, ist, daß ein Pflichtteilsberechtigter (§ 2303) durch Verfügung von Todes wegen ganz oder in solchem Umfang von der Erbfolge ausgeschlossen ist, daß er aus dem Nachlaß weniger an Werten erhält, als es dem halben Wert seines gesetzlichen Erbteils entspricht. Die Zuwendung des Pflichtteils ist nach der Auslegungsregel des § 2304 nicht als Erbeinsetzung anzusehen. Der Pflichtteilsanspruch ist vererblich, übertragbar und verjährt nach § 2332 in drei Jahren.

Anm. 8

Der Anspruch auf den Pflichtteil gibt dem Pflichtteilsberechtigten das Recht, von den Erben als den grundsätzlichen Trägern der Pflichtteilslast seinen Pflichtteil zu fordern. Der Pflichtteil besteht in der Hälfte des Wertes des gesetzlichen Erbteils. Je nachdem, ob der Pflichtteilsberechtigte ganz übergangen, ob er zu einer geringeren Quote als Erbe eingesetzt oder durch Annahme eines Vermächtnisses etwas aus dem Nachlaß erlangt hat, steht ihm der Anspruch auf den vollen Pflichtteil oder nur ein Pflichtteilsrestanspruch nach §§ 2305, 2307 Abs. 1 Satz 2 zu. Schließlich kann er einen Pflichtteilsergänzungsanspruch haben, wenn der Erblasser den ihm zustehenden Pflichtteil durch Schenkungen geschmälert hat (§ 2325ff; unten Anm. 18, 19).

Anm. 9

Das Gesetz will grundsätzlich gewährleisten, daß der Pflichtteilsberechtigte auch tatsächlich die Hälfte des Wertes seines gesetzlichen Erbteils bekommt. Der Erblasser kann dieses Recht weder dadurch vereiteln, daß er dem Pflichtteilsberechtigten einen

Erbteil zuwendet, dessen Wert geringer ist, oder daß er den ihm zugewandten Erbteil durch Ernennung eines Testamentsvollstreckers oder durch Teilungsanordnungen beschränkt oder mit Vermächtnissen oder Auflagen beschwert.

Anm. 10

Der Pflichtteilsberechtigte kann nach § 2305, wenn ihm ein Erbteil hinterlassen ist, dessen Wert geringer ist als die Hälfte seines gesetzlichen Erbteils, von den Miterben als Ergänzung seines Pflichtteils den Wert des an der Hälfte fehlenden Teils verlangen. Übersteigt der dem Pflichtteilsberechtigten zugewandte Erbteil die Hälfte des gesetzlichen Erbteils nicht, dann gelten die vorhin erwähnten Beschränkungen und Beschwerungen nach § 2306 Abs. 1 Satz 1 als nicht angeordnet. Wenn der hinterlassene, in der beschriebenen Weise beschränkte oder beschwerte Erbteil größer ist, kann der Pflichtteilsberechtigte nach Satz 2 dieser Vorschrift den Erbteil ausschlagen und dann den Pflichtteil verlangen. Einer Beschränkung der Erbeinsetzung ist nach Abs. 2 gleichzuachten, wenn der Pflichtteilsberechtigte als Nacherbe eingesetzt ist.

Anm. 11

Auch wenn dem Pflichtteilsberechtigten ein Vermächtnis zugewandt ist, kann er nach § 2307 den Pflichtteil verlangen, wenn er jenes ausschlägt. Falls er nicht ausschlägt, kann er als Pflichtteil nur den Unterschiedsbetrag zwischen dem Wert des vollen Pflichtteils und dem Wert des Vermächtnisses fordern. Um Klarheit über die gegen ihn bestehenden Ansprüche zu erzielen, kann der mit dem Vermächtnis beschwerte Erbe den Pflichtteilsberechtigten unter Bestimmung einer Frist auffordern zu erklären, ob er das Vermächtnis annimmt. Das Vermächtnis gilt als ausgeschlagen, wenn der Berechtigte nicht innerhalb der Frist die Annahme erklärt.

Anm. 12

Die Beschränkungen und Beschwerungen, die auf dem Erbteil oder dem dem Pflichtteilsberechtigten zugewandten Vermächtnis ruhen, sind für dessen Entschließungen über die Ausschlagungen sehr bedeutsam. Mit Rücksicht darauf gibt das Gesetz dem Pflichtteilsberechtigten in § 2308 das Recht, die Ausschlagung anzufechten, wenn ihm unbekannt war, daß einzelne Beschränkungen oder Beschwerungen zur Zeit der Ausschlagung bereits weggefallen waren.

3. Berechnung des Pflichtteils

Anm. 13

a) Berechnung der Pflichtteilsquote

§§ 2310—2316 enthalten Vorschriften für die Berechnung des Pflichtteils. § 2310 bestimmt zunächst, wie der für die Berechnung des Pflichtteils maßgebende Erbteil festzustellen ist. Dabei werden diejenigen, die durch letztwillige Verfügung von der Erbfolge ausgeschlossen sind, die die Erbschaft ausgeschlagen haben oder für erbunwürdig erklärt sind, mitgezählt. Nicht mitgezählt wird, wer durch Erbverzicht von der gesetzlichen Erbfolge ausgeschlossen ist.

Anm. 14

b) Feststellung des Bestandes und des Wertes des Nachlasses

§§ 2311—2314 behandeln, wie Bestand und Wert des Nachlasses festzustellen sind. Der Wert ist, soweit erforderlich, durch Schätzung zu ermitteln. Der Erblasser kann keine bindenden Anordnungen für die Wertbestimmung treffen. Maßgebender Zeitpunkt für die Ermittlung des Wertes ist die Zeit des Erbfalls. § 2313 bestimmt, wie ungewisse oder unsichere Rechte und zweifelhafte Verbindlichkeiten, desgleichen aufschiebend bedingte, zu behandeln sind. Sie bleiben zunächst außer Ansatz. Erst wenn sie sich verwirklichen, hat eine der veränderten Rechtslage entsprechende Ausgleichung zu erfolgen. Auflösend bedingte Rechte und Verbindlichkeiten sind dagegen wie unbedingte zu berücksichtigen. Aber auch hier hat eine Ausgleichung zu erfolgen, wenn die Bedingung eintritt. Um ihm zu ermöglichen, seine Rechte wahrzunehmen, gibt § 2314 dem Pflichtteilsberechtigten gegen den Erben einen Anspruch auf Auskunft über den Bestand des Nachlasses. § 2312 trifft eine besondere Regelung für den Fall, daß einem von mehreren Erben das Recht eingeräumt ist, ein zum Nachlaß gehöriges Landgut zum Ertragswert zu übernehmen.

Anm. 15

c) Anrechnung von Zuwendungen unter Lebenden

Zuwendungen unter Lebenden, die der Erblasser einem Pflichtteilsberechtigten gemacht hat, sind, wenn der Erblasser dieses bei der Zuwendung angeordnet hat, auf dessen Pflichtteil anzurechnen. § 2315 bestimmt, wie dieses erfolgt.

Anm. 16

d) Ausgleichung unter Abkömmlingen

§ 2316 behandelt den Pflichtteilsanspruch eines von mehreren Abkömmlingen, wenn unter ihnen im Falle der gesetzlichen Erbfolge eine Zuwendung des Erblassers zur Ausgleichung zu bringen sein würde. Der Pflichtteilsanspruch bestimmt sich dann nach demjenigen, was auf den gesetzlichen Erbteil unter Berücksichtigung der Ausgleichspflicht bei der Teilung entfallen würde. Demgemäß kann nach Abs. 2 der pflichtteilsberechtigte Erbe, dessen so berechneter Pflichtteil mehr als der Wert des hinterlassenen Erbteils beträgt, von den Miterben den Mehrbetrag als Pflichtteil auch dann verlangen, wenn der hinterlassene Erbteil die Hälfte des gesetzlichen Erbteils erreicht oder übersteigt.

Anm. 17

4. Verteilung der Pflichtteilslast

Die §§ 2318—2324, die die Pflichtteilslast zum Gegenstand haben, behandeln insbesondere die Frage, wie sich diese Last auf die Personen, die etwas aus der Erbschaft erhalten haben, in ihrem Verhältnis untereinander verteilt.

Auch hier gilt, daß den Beteiligten, soweit sie selbst pflichtteilsberechtigt sind, grundsätzlich ihr eigener Pflichtteil verbleiben soll (§ 2318 Abs. 2, 3, § 2319). Abgesehen davon kann der Erblasser durch letztwillige Verfügung bestimmen, wen von den in Frage kommenden Personen in ihrem Verhältnis untereinander die Pflichtteilslast treffen soll.

Soweit er keine Anordnungen getroffen hat, gilt folgendes: Der Erbe, der mit Vermächtnissen oder Auflagen beschwert ist, braucht die Pflichtteilslast nicht allein zu tragen. Er kann nach § 2318 Abs. 1 die Erfüllung dieser Beschwerungen insoweit verweigern, daß die Pflichtteilslast von dem Vermächtnisnehmer oder dem durch die Auflage Begünstigten verhältnismäßig getragen wird. Dieses Recht hat er jedoch nach § 2323 insoweit nicht, als er nach den folgenden Bestimmungen die Pflichtteilslast nicht zu tragen hat.

Derjenige, der den Vorteil daraus hat, daß der Pflichtteilsberechtigte von der gesetzlichen Erbfolge ausgeschlossen ist oder das ihm Zugewandte ausgeschlagen hat, soll auch die Pflichtteilslast mindestens in Höhe des erlangten Vorteils tragen. Das gilt nach § 2320 für denjenigen, der an Stelle des Pflichtteilsberechtigten gesetzlicher Erbe wird oder dem der Erblasser durch Verfügung von Todes wegen den Erbteil des Pflichtteilsberechtigten zugewandt hat. Nach § 2321 gilt es für den, dem es zustatten kommt. daß der Pflichtteilsberechtigte ein ihm zugewandtes Vermächtnis ausgeschlagen hat.

Da die Beschwerungen bestehen bleiben, die auf dem Erbteil oder dem Vermächtnis ruhen, das der Pflichtteilsberechtigte ausgeschlagen hat, kann derjenige, dem die Ausschlagung zustatten kommt, nach § 2322 diese Beschwerungen soweit kürzen, daß ihm der zur Deckung der Pflichtteilslast erforderliche Betrag verbleibt.

5. Pflichtteilsergänzungsanspruch

Anm. 18

a) Gegen den Erben

Der Erblasser soll auch das Recht des Pflichtteilsberechtigten nicht durch Schenkungen unter Lebenden beeinträchtigen können. Das Gesetz gibt diesem daher, wenn der Erblasser Schenkungen unter Lebenden gemacht hat, einen Pflichtteilsergänzungsanspruch. Darüber handeln die §§ 2325—2331.

Der Anspruch richtet sich nach § 2325 zunächst gegen den Erben. Den Anspruch hat nach § 2326 auch der als Erbe eingesetzte Pflichtteilsberechtigte. Er hat ihn insoweit, als der Wert des ihm hinterlassenen Erbteils den Wert des gewöhnlichen Pflichtteilsanspruchs und des Pflichtteilsergänzungsanspruchs nicht erreicht. Er wird durch alle Schenkungen begründet. Ausgenommen sind nach § 2330 nur Schenkungen, durch die einer sittlichen Pflicht oder einer auf den Anstand zu nehmenden Rücksicht entsprochen worden ist.

Auf den Pflichtteilsergänzungsanspruch sind Schenkungen, die der Pflichtteilsberechtigte selbst von dem Erblasser erhalten hat, anzurechnen. Darüber handelt § 2327.

Entsprechend dem schon vorher erwähnten allgemeinen Grundsatz kann der selbst pflichtteilsberechtigte Erbe nach § 2328 die Ergänzung soweit verweigern, daß ihm sein eigener Pflichtteil einschließlich dessen verbleibt, was ihm zur Ergänzung des Pflichtteils gebühren würde.

Anm. 19

b) Gegen den Beschenkten

Soweit der Erbe nicht verpflichtet ist, besteht nach § 2329 ein besonders geregelter Bereicherungsanspruch gegen den Beschenkten. Die Herausgabe des Geschenkes kann nach den Vorschriften über die Herausgabe einer ungerechtfertigten Bereicherung zum Zwecke der Befriedigung wegen des fehlenden Betrages verlangt werden. Der Anspruch richtet sich in erster Linie gegen denjenigen, der zuletzt vom Erblasser beschenkt worden ist. Früher Beschenkte haften nur insoweit, als später Beschenkte nicht verpflichtet sind. Durch Zahlung des ganzen fehlenden Betrages kann der Beschenkte den Herausgabeanspruch abwenden. § 2331 behandelt schließlich Schenkungen aus dem Gesamtgut einer Ehe.

Anm. 20

6. Pflichtteilsentziehung

Schwere Verfehlungen, deren sich ein Pflichtteilsberechtigter schuldig machte, berechtigen den Erblasser, ihm den Pflichtteil zu entziehen. Darüber handeln die §§ 2333 ff. Die Gründe, aus denen einem Abkömmling der Pflichtteil entzogen werden kann, sind in § 2333 unter Nr. 1—5 aufgezählt. Aus welchen Gründen der Erblasser seinen Eltern und seinem Ehegatten den Pflichtteil entziehen kann, regeln die §§ 2334 und 2335.

Das Recht, den Pflichtteil zu entziehen, erlischt nach § 2337 durch Verzeihung. Eine Verfügung, durch die die Entziehung angeordnet ist, wird durch die Verzeihung unwirksam. Die Entziehung des Pflichtteils eines Abkömmlings wegen eines ehrlosen oder unsittlichen Lebenswandels wird nach § 2336 Abs. 4 darüber hinaus auch schon dann unwirksam, wenn dieser sich zur Zeit des Erbfalls von dem zu beanstandenden Lebenswandel dauernd abgewandt hat.

Über die Art und Weise, wie die Entziehung zu erfolgen hat, trifft § 2136 Bestimmungen. Sie geschieht durch letztwillige Verfügungen. Der Entziehungsgrund muß zur Zeit ihrer Errichtung bestehen und in der Verfügung angegeben werden. Derjenige, der sich auf die Entziehung des Pflichtteils beruft, muß beweisen, daß der Grund tatsächlich bestanden hat.

Anm. 21

7. Beschränkung des Pflichtteils

Schließlich gestattet § 2338 dem Erblasser, den Pflichtteil eines Abkömmlings zu beschränken, wenn dieser sich in solchem Maße der Verschwendung ergeben hat oder in solchem Maße überschuldet ist, daß sein späterer Erwerb erheblich gefährdet wird. Die Beschränkung kann darin bestehen, daß der Erblasser die gesetzlichen Erben des Pflichtteilsberechtigten zu Nacherben oder Nachvermächtnisnehmern beruft. Er kann auch die Verwaltung des dem Abkömmling Zufallenden einem Testamentsvollstrecker übertragen. Jener hat in diesem Fall nur Anspruch auf den Reinertrag. Die Anordnung hat in derselben Art und Weise zu erfolgen wie die Entziehung des Pflichtteils. Sie wird gleichfalls unwirksam, wenn ihr Grund zur Zeit des Erbfalls nicht mehr besteht, sei es, daß der Abkömmling nicht mehr überschuldet ist oder daß er sich von dem verschwenderischen Leben dauernd abgewandt hat.

§ 2303

Ist ein Abkömmling des Erblassers durch Verfügung von Todes wegen von der Erbfolge ausgeschlossen, so kann er von dem Erben den Pflichtteil verlangen. Der Pflichtteil besteht in der Hälfte des Wertes des gesetzlichen Erbteils.

Das gleiche Recht steht den Eltern und dem Ehegatten des Erblassers zu, wenn sie durch Verfügung von Todes wegen von der Erbfolge ausgeschlossen sind. Die Vorschriften des § 1371 bleiben unberührt.

E I 1975 Abs. 1, 1976 Abs. 2, 1978; M 5 382—391; P 5 497—500.

Übersicht

Pflichtteilsrecht und Pflichtteilsanspruch

I. Pflichtteilsberechtigte

1. Der Kreis der Pflichtteilsberechtigten

Anm. 1

Das Pflichtteilsrecht (vgl. über den Begriff Anm. 6 vor § 2303; **RG** 92, 1; **BGH** 28, 177) steht nur zu den **Abkömmlingen** (§ 1924 Anm. 5ff, beim Zusammentreffen mit der märkischen Witwe **RG** 65, 249), den **Eltern** (§ 1925 Anm. 2, beim Zusammentreffen mit dem überlebenden Ehegatten, der in westfälischer Gütergemeinschaft — s. Anm. 2 — gelebt hat, **RG** 82, 264) und dem **Ehegatten** (§§ 1931—1933).

Anm. 2

Pflichtteilsberechtigt sind demnach nicht die Geschwister, Voreltern und sonstigen Verwandten des Erblassers. Kein Pflichtteilsrecht hat die an Stelle ihres verstorbenen Ehemannes als dessen Alleinerbin gemäß § 16 Abs. 1 des Pr. Ges. betr. das eheliche Güterrecht in der Provinz Westfalen v. 16. 4. 1860, GS 165, idF des Art. 48 PrAGBGB v. 20. 9. 1899, GS 205, in die fortgesetzte Gütergemeinschaft eingetretene Schwiegertochter des überlebenden Ehegatten gegen dessen Nachlaß (**RG** 158, 65).

2. Abkömmlinge

Anm. 3

Nur diejenigen Abkömmlinge sind pflichtteilsberechtigt, die ohne die von dem Erblasser verfügte Ausschließung zur gesetzlichen Erbfolge berufen sein würden. § 2309 bestimmt daher, daß entferntere Abkömmlinge insoweit nicht pflichtteilsberechtigt sind, als ein Abkömmling, der sie im Falle der gesetzlichen Erbfolge ausschließen würde, den Pflichtteil verlangen kann oder das ihm Hinterlassene annimmt.

Anm. 4

Zu dem Kreis der pflichtteilsberechtigten Abkömmlinge gehören nach § 1 Nr. 3 Ges. über die Rechtswirkungen des Ausspruchs einer nachträglichen Eheschließung v. 29. 3. 1951, BGBl I 215, auch die Kinder, die von einem Mann stammen, der auf Grund des Erlasses v. 6. 11. 1941 durch Ausspruch des Standesbeamten nach seinem Tode als mit der Kindesmutter verheiratet erklärt worden ist. Dem unehelichen Kind steht kein Pflichtteilsanspruch gegen die Erben seines Vaters zu. Jedoch können diese das Kind wegen der ihm zustehenden Unterhaltsansprüche nach § 1712 Abs. 2 mit dem Betrag abfinden, der ihm als Pflichtteil zustehen würde.

Bezüglich der Pflichtteilsquote in den Fällen, in denen der Erblasser bei seinem Tode mit dem überlebenden Ehegatten im Güterstand der Zugewinngemeinschaft gelebt hat, vgl. Anm. 8, 9, 15.

3. Eltern

Anm. 5

Voraussetzung des Pflichtteilsrechts der Eltern ist gleichfalls, daß sie ohne ihre Ausschließung durch den Erblasser in der zweiten Ordnung der gesetzlichen Erbfolge als Erben berufen sein würden. Demzufolge sind die Eltern nach § 2309 insoweit nicht pflichtteilsberechtigt, als ein Abkömmling, der sie im Falle der gesetzlichen Erbfolge ausschließen würde, den Pflichtteil verlangen kann oder das ihm Hinterlassene annimmt. Bezüglich der Pflichtteilsquote vgl. Anm. 8, 9, 15.

Anm. 6

Pflichtteilsberechtigt sind auch die uneheliche Mutter (§ 1705) und der Vater eines für ehelich erklärten Kindes (§ 1736). Kein Pflichtteilsrecht haben der uneheliche Vater (§ 1589 Abs. 2) und Adoptiveltern (§ 1759). Die Verwirkung der elterlichen Gewalt nach § 1680 läßt das Pflichtteilsrecht grundsätzlich unberührt. Regelmäßig wird aber der Tatbestand, der zur Verwirkung der elterlichen Gewalt geführt hat, zugleich einen Pflichtteilsentziehungsgrund nach § 2334 darstellen.

4. Ehegatten

Anm. 7

Der Ehegatte, dem nach § 1933 kein Erbrecht zusteht, ist auch nicht pflichtteilsberechtigt. Kein Erbrecht und daher auch keinen Pflichtteilsanspruch hat eine Frau, die auf Grund des Erlasses v. 6. 11. 1941 nach dem Tode des Mannes durch Ausspruch des Standesbeamten als mit diesem verheiratet erklärt worden ist (§ 1 Nr. 2 Ges. v. 29. 3. 1951 — s. Anm. 4).

Anm. 8

Falls der überlebende Ehegatte mit dem Erblasser bei dessen Tode im **Güterstand der Zugewinngemeinschaft** gelebt hat, ist § 1371 zu beachten. Nach Abs. 1 dieser Bestimmung erhöht sich dann der gesetzliche Erbteil des überlebenden Ehegatten um ein Viertel der Erbschaft. Diese Erhöhung ist — von der in Abs. 2 bestimmten Ausnahme abgesehen — allgemein bestimmt. Sie gilt nicht nur, wenn der überlebende Ehegatte gesetzlicher Erbe wird, sondern führt auch in den Fällen, in denen der Ehegatte durch letztwillige Verfügung als Erbe berufen oder in denen er ein ihm vom Erblasser zugewandtes Vermächtnis angenommen hat, zu einer entsprechenden Erhöhung seiner Pflichtteilsquote. Der Pflichtteil des überlebenden Ehegatten beträgt in diesen Fällen, falls er gesetzlicher Erbe neben Abkömmlingen ist, ein Viertel und falls er gesetzlicher Erbe neben Verwandten der zweiten Ordnung oder Großeltern des Erblassers ist, drei Achtel. Ist der überlebende Ehegatte gesetzlicher Erbe neben Großeltern und Abkömmlingen derselben, dann kann sein Pflichtteil mit Rücksicht auf § 1931 Abs. 1 Satz 2 bis zu $^{15}/_{32}$ betragen. Nach dem großen Pflichtteil bemessen sich z. B. der Pflichtteilsrestanspruch (§ 2305 Anm. 7) und der Pflichtteilsergänzungsanspruch (§ 2325 Anm. 27—29) des erbenden oder mit einem Vermächtnis bedachten Ehegatten und die (dann entsprechend geringeren — Anm. 15) Pflichtteile pflichtteilsberechtigter Verwandter (§ 2306 Anm. 24).

Niederländer NJW 1960, 1737, 1743 vertritt die Ansicht, § 1371 führe zu keiner Erhöhung der Pflichtteilsquote des überlebenden Ehegatten. Die Höhe des ihm gebührenden Pflichtteils sei in allen Fällen nach dem normalen, nicht erhöhten gesetzlichen Erbteil zu berechnen. Dieser Ansicht ist nicht zuzustimmen. Sie ist, wie Niederländer selbst bemerkt, mit den gesetzlichen Materialien „völlig unvereinbar". Daraus muß geschlossen werden, daß die Zwecke, die das Gesetz damit verfolgt, daß die erbrechtliche Abfindung in das Gesetz aufgenommen wurde, nicht vollkommen erreicht werden, wenn die Bestimmung in dem von Niederländer vertretenen Sinn ausgelegt wird. Gegen Niederländer vgl. auch Hampel, FamRZ 1960, 461 und Reinicke, Betrieb, 1960, 1445.

Die Erhöhung des gesetzlichen Erbteils und damit die Erhöhung der Pflichtteilsquote gilt auch dann, wenn der verstorbene Ehegatte keinen Zugewinn erzielt hatte oder wenn der Überlebende selbst allein einen Zugewinn erzielt hat. Im letzteren Falle steht auch den Erben des verstorbenen Ehegatten kein güterrechtlicher Anspruch auf Ausgleich des Zugewinns zu. Sie können ihn von dem Erblasser nicht erworben haben, da dieser selbst den Anspruch nie gehabt hat (aA Bärmann AcP 1957, 184ff; JZ 1957, 227; wie hier Staudinger/Ferid, 11. Aufl. § 2303 Nr. 42d; Thiele FamZ 1958, 395).

Eine Erhöhung des gesetzlichen Erbteils des überlebenden Ehegatten ist nicht möglich, wenn dieser ohnehin nach § 1931 Abs. 2 alleiniger gesetzlicher Erbe ist. In diesem Fall steht ihm auch dann, wenn er mit dem Erblasser bei dessen Tode im Güterstand der Zugewinngemeinschaft gelebt hat, nur eine Pflichtteilsquote von ½ zu.

Im Hinblick auf § 1371 Abs. 1 ergibt sich die Frage, ob sich der Pflichtteil des nach § 2303 pflichtteilsberechtigten Ehegatten, der mit dem Erblasser im **Güterstand der Zugewinngemeinschaft** gelebt hat, auch dann, wenn er keinen güterrechtlichen Anspruch auf Ausgleich des Zugewinns stellt oder stellen kann, nur nach der normalen Erbquote des § 1931 oder nach der erhöhten Quote des § 1371 Abs. 1 berechnet. Die Frage geht dahin, ob für diesen Ehegatten der kleine, nach §§ 1931, 2303 zu berechnende oder der große nach §§ 1371 Abs. 1, 1931, 2303 zu berechnende Pflichtteil als der normale anzusehen ist. § 1371 Abs. 2 Halbs. 2 bestimmt, daß der Ehegatte nur den kleinen Pflichtteil beanspruchen kann, wenn er güterrechtlichen Ausgleich des Zugewinns begehrt. Der Gesetzeswortlaut ergibt indes keinen sicheren Anhalt dafür, ob sonst der große Pflichtteil als der normale anzusehen ist, wenn der Ehegatte keine Zuwendung aus dem Nachlaß des Verstorbenen erhalten hat. § 1371 Abs. 1 und Abs. 2 sind unglücklich gefaßt. Abs. 2 kann so verstanden werden, daß sich im Halbsatz 2 die Worte „in diesem Falle“ darauf beziehen, daß der überlebende Ehegatte, wie es im vorangehenden Halbsatz 1 ausgeführt ist, nicht Erbe wird und ihm auch kein Vermächtnis zusteht. Er ist dann pflichtteilsberechtigt nach § 2303, und ihm stünde dann nur der kleine Pflichtteil als normaler zu. Trotz der Schwierigkeiten und Unstimmigkeiten, zu denen diese Auslegung führt, ist sie richtig. Obwohl § 1371 erbrechtlichen Charakter trägt, ist er in die Bestimmungen des Güterrechts eingereiht. Daraus ergibt sich, daß bei seiner Auslegung die güterrechtlichen Erwägungen maßgebend sein müssen. Der Gesetzgeber hat einerseits dem überlebenden Ehegatten das Recht eingeräumt, statt der vom Erblasser gewollten erbrechtlichen Abfindung den güterrechtlichen Zugewinnausgleich zu fordern und sich daneben mit dem kleinen Pflichtteil zu begnügen. Ebenso muß aber der Erblasser die Möglichkeit haben, den überlebenden Ehegatten auf einen ihm etwa zustehenden güterrechtlichen Zugewinnausgleichanspruch zu verweisen und ihm daneben nur den kleinen Pflichtteil zukommen zu lassen. Das ist nur möglich, wenn der kleine Pflichtteil als der normale im Sinne des § 2303 angesehen wird. Die entgegengesetzte Auffassung kann zu einer dem Willen des Erblassers widersprechenden Benachteiligung anderer Erben, insbesondere der Abkömmlinge führen, da der überlebende Ehegatte auch dann, wenn er keinen Anspruch auf Ausgleich des Zugewinns hat, den erhöhten Pflichtteil fordern könnte. Die hier vertretene Auffassung entspricht dem, was die Verfasser des Gesetzes beabsichtigten (vgl. Maaßfeller Betrieb 1958, 563 und Reinicke NJW 1958, 122; wie hier Bartholomeyczik, Erbrecht, 4. Aufl. 1960 § 48a III 2, Bosch FamRZ 1958, 297; Braga FamRZ 1937, 338f; Ermann/Bartholomeyzik, Gleichberechtigungsgesetz § 2303 Anm. 3b; Ermann/Finke § 1371 Anm. 6; Finke MDR 1957, 578; Hampel FamR 1958, 162; Krüger/Breetzke/Nowack § 1371 Anm. 8; Kipp/Coing 11. Bearbeitung § 10 I 6b; Maaßfeller Betrieb 1957, 624, 626; Maaßfeller/Reinicke, Gleichberechtigungsgesetz, 1958, § 1371 Anm. 9; Reinicke NJW 1957, 892; Reinicke/Schwarzhaupt, Die Gleichberechtigung von Mann und Frau, 1957, 39f; Staudinger/Ferid 11. Aufl. § 2303 Nr. 42r. Im Gegensatz zu dieser hier vertretenen Ansicht wird der Anspruch auf den erhöhten, großen Pflichtteil als der normale angesehen von Bärmann AcP

1957, 188; Hägele, Justiz, Amtsblatt des Justizministeriums Baden-Württemberg 1957, 390; Lange NJW 1957, 1381; 1958, 288; Müller-Freienfels JZ 1957, 689. Nach Ansicht dieser Schriftsteller kann der überlebende Ehegatte stets wählen, ob er den kleinen Pflichtteil und güterrechtlichen Zugewinnausgleich beanspruchen will oder den großen Pflichtteil ohne güterrechtlichen Zugewinnausgleich. Nach Beitzke, Familienrecht 9. Aufl. 73 soll der überlebende Ehegatte das Wahlrecht haben, wenn er enterbt worden ist. Boehmer NJW 1958, 525 gibt dem überlebenden Ehegatten gleichfalls das Wahlrecht, jedoch nicht in den Fällen, in denen er mit Rücksicht darauf, daß er die ihm gemachte Zuwendung ausgeschlagen hat, nach bisherigem Recht, also ohne die Bestimmung des § 1371 Abs. 3 keinen Pflichtteilsanspruch hatte. Wegen der abweichenden Ansicht Niederländers vgl. oben.

Anm. 9

Der Ehegatte, der mit dem Verstorbenen im **Güterstand der Zugewinngemeinschaft** gelebt hat, ist nach § 1371 Abs. 3 auch dann pflichtteilsberechtigt, wenn er durch Verfügung von Todes wegen oder als gesetzlicher Erbe zur Erbschaft berufen war, diese aber ausgeschlagen hat. Der Ehegatte kann den Zugewinnausgleich nach den güterrechtlichen Vorschriften nur verlangen, wenn er nicht Erbe wird und auch kein Vermächtnis erhält. Wenn er als Erbe berufen ist, muß er, um den güterrechtlichen Zugewinnausgleich verlangen zu können, die Erbschaft ausschlagen. Dadurch soll er seinen Pflichtteilsanspruch nicht verlieren.

Anm. 10

5. Vom Pflichtteilsrecht ausgeschlossene Personen

Nicht pflichtteilsberechtigt sind Personen, die nach § 2344 für erbunwürdig erklärt sind, die nach § 2346 auf ihr gesetzliches Erbrecht oder ihr Pflichtteilsrecht verzichtet haben, diejenigen, auf die sich nach § 2349 dieser Verzicht erstreckt und ferner diejenigen, denen der Erblasser nach § 2333 ff den Pflichtteil entzogen hat.

Anm. 11

6. Wahlrecht der nach § 2079 Anfechtungsberechtigten

Der nach § 2079 Anfechtungsberechtigte hat die Wahl, ob er dieses Recht geltend machen oder den Pflichtteil verlangen will. Ficht er mit Erfolg an, dann gilt der Pflichtteilsanspruch als nicht entstanden, da dann die Verfügung, durch die er von der Erbfolge ausgeschlossen ist, nicht mehr besteht. Verlangt der Anfechtungsberechtigte den Pflichtteil, so wird darin in der Regel eine sein Anfechtungsrecht ausschließende Bestätigung des Testaments zu erblicken sein (vgl. § 2078 Anm. 80; § 2079 Anm. 30). Ist ein zur Zeit des Erbfalls vorhandener Pflichtteilsberechtigter unabsichtlich übergangen, so kann er nach §§ 2079, 2281 Abs. 1 die Verfügung von Todes wegen anfechten und sich damit das volle gesetzliche Erbrecht verschaffen.

II. Voraussetzungen für das Bestehen des Anspruchs auf den vollen Pflichtteil

Anm. 12

Der Anspruch auf den vollen Pflichtteil nach § 2303 besteht nur, wenn der Berechtigte vollständig von der Erbfolge ausgeschlossen ist. Voraussetzung für diesen Anspruch ist daher, daß der Pflichtteilsberechtigte durch Verfügung von Todes wegen von der Erbfolge ausgeschlossen worden ist. Und zwar von jeder, nicht bloß von der gesetzlichen Erbfolge, sei es positiv durch die Zuwendung des ganzen Nachlasses an andere als Erben, sei es negativ durch die Anordnung, daß er nicht Erbe sein solle (§ 1938). Ein Pflichtteilsanspruch nach § 2303 besteht nicht, wenn der Erblasser den an sich Pflichtteilsberechtigten als Erben eingesetzt und bestimmt hat, er solle, falls er das ihm Zugewandte ausschlage, von der gesetzlichen Erbfolge ausgeschlossen sein. Es kann aber ein Anspruch nach § 2306 bestehen (Planck/Greiff 4. Aufl. § 2303 Anm. 3).

Anm. 13

Die §§ 2305, 2306 regeln den Fall, daß dem Berechtigten ein Erbteil hinterlassen ist, der als solcher oder infolge der damit verbundenen Beschwerungen im Werte hinter dem dem Berechtigten sonst zustehenden Pflichtteilsanspruch zurückbleibt. § 2307 regelt den Fall, daß dem Pflichtteilsberechtigten ein Vermächtnis zugewandt ist.

III. Der Pflichtteilsanspruch

Anm. 14

Der ausgeschlossene Pflichtteilsberechtigte erwirbt mit dem Erbfall als Nachlaßgläubiger (§ 1967 Anm. 17) den ordentlichen Pflichtteilsanspruch auf eine der Hälfte seines gesetzlichen Erbteils gleichkommende Geldsumme als persönlichen Anspruch gegen den Erben (§ 2317).

Anm. 15

Falls der Erblasser mit dem hinterbliebenen Ehegatten im **Güterstand der Zugewinngemeinschaft** gelebt hat, kann es mit Rücksicht auf § 1371 zunächst ungewiß sein, wie hoch sich der Pflichtteil der Pflichtteilsberechtigten beläuft. Wenn der überlebende Ehegatte die gesetzliche Erbfolge oder eine Zuwendung von Todes wegen, Erbeinsetzung oder Vermächtnis annimmt, berechnen sich die Pflichtteilsquoten unter Berücksichtigung des nach § 1371 Abs. 1 um $^1/_4$ erhöhten gesetzlichen Erbteils des Ehegatten. Die Pflichtteile der Abkömmlinge betragen dann zusammen nur $^1/_4$ gegenüber sonst $^3/_8$, die der Eltern zusammen nur $^1/_8$ gegenüber sonst $^1/_4$ des Nachlasses.

Der Ansicht von Bärmann AcP 157, 209 (ähnlich Krüger/Breetzke/Nowack § 1371 Anm. 1), daß die pflichtteilsberechtigten Verwandten nur dann schlechter gestellt werden, wenn der überlebende Ehegatte gesetzlicher Erbe, und nicht auch dann, wenn er Testamentserbe geworden sei oder ein Vermächtnis angenommen habe, kann nicht zugestimmt werden. § 1371 Abs. 1 bestimmt ganz allgemein, daß sich der gesetzliche Erbteil des überlebenden Ehegatten um ¼ erhöht (vgl. oben Anm. 8). Das hat zur Folge, daß der gesetzliche Erbteil der übrigen Pflichtteilsberechtigten gleichfalls allgemein zusammen um ¼ und ihre Pflichtteilsquote zusammen um $^1/_8$ geringer ist als die normale Quote. In dem Ausnahmefall des § 1371 Abs. 2, wenn der überlebende Ehegatte nach § 2303 pflichtteilsberechtigt ist oder falls er die Erbschaft oder die Zuwendung ausgeschlagen hat, steht ihm nur der normale kleine Pflichtteil zu, so daß auch die gesetzlichen Erbteile und die Pflichtteile der übrigen Pflichtteilsberechtigten unverändert bleiben.

Es bleibt daher solange, bis der überlebende Ehegatte die gesetzliche Erbfolge oder die Zuwendung angenommen oder ausgeschlagen hat, ungewiß, wie hoch die Pflichtteilsquote der Abkömmlinge oder Eltern ist. Wenn der überlebende Ehegatte als Erbe berufen ist, klärt sich die Ungewißheit spätestens mit dem Ablauf der sechswöchigen Ausschlagungsfrist nach § 1944 Abs. 1, in besonderen Fällen nach Ablauf der nach § 1944 Abs. 3 sechs Monate betragenden Ausschlagungsfrist. Falls ihm nur ein Vermächtnis zugewandt ist, besteht keine Ausschlagungsfrist. In diesem Fall muß § 2307 Abs. 2 entsprechend angewandt werden, damit es den Erben möglich ist zu klären, in welchem Umfang Pflichtteilsansprüche bestehen. Der Erbe kann den Ehegatten zur Erklärung über die Annahme des Vermächtnisses auch dann auffordern, wenn nicht er, sondern ein anderer Vermächtnisnehmer mit dem Vermächtnis zugunsten des Ehegatten beschwert ist (§ 2307 Anm. 16).

Anm. 16

Bei Vor- und Nacherbfolge kann der Pflichtteilsberechtigte bis zum Eintritt des Nacherbfalls nur den Vorerben, nicht auch gleichzeitig den Nacherben belangen (**RG** 113, 50).

Daneben steht ihm nach §§ 2325—2331 als außerordentliches Rechtsmittel der Ergänzungsanspruch zu, soweit der Nachlaß innerhalb der letzten 10 Jahre vor dem Erbfall durch Schenkungen vermindert worden ist.

Ist der Pflichtteilsberechtigte als Erbe eingesetzt, so vermindert sich der Pflichtteilsanspruch, soweit er als Erbe bedacht ist (§ 2305). Entsprechend beim Vermächtnis, wenn es nicht ausgeschlagen wird, § 2307 Abs. 1. Beschränkungen und Beschwerungen des (gegen die Vermutung des § 2304 zugewendeten) Pflichterbteils werden nach § 2306 ohne weiteres hinfällig.

Anm. 17

Der Pflichtteil ist regelmäßig nicht selbst Erbteil, sondern bemißt sich nur wirtschaftlich und ziffernmäßig nach der Hälfte des Wertes des gesetzlichen Erbteils. Dieser „Erbteil" ist identisch mit dem ganzen Nachlaß, wenn der Pflichtteilsberechtigte der einzige gesetzliche Erbe sein würde. Bei der Berechnung des Pflichtteils ist zunächst die Quote, zu der der Berechtigte als gesetzlicher Erbe berufen sein würde, festzustellen. Dabei sind die im § 2310 angeordneten Besonderheiten zu beachten. Berechnungsgrundsätze §§ 2311 ff. Und zwar ist der Erbteil zugrunde zu legen, der dem betreffenden Pflichtteilsberechtigten gebührt hätte, wenn er im Augenblicke des Erbfalls aus eigenem Rechte gesetzlicher Erbe des betreffenden Erblassers geworden wäre, sei es auch, daß ihm vorgehende Pflichtteilsberechtigte erst nach dem Erbfall weggefallen sind (vgl. aber auch §§ 2309, 2310). Falls der Ehegatte zugleich erbberechtigter Verwandter ist, bemißt sich sein Pflichtteil doch nur nach dem Erbteil, der ihm als Ehegatte anfallen würde. Über die Besonderheiten nach § 12 HöfeOBrZ, wenn ein Hof den Gegenstand des Nachlasses bildet vgl. **BGH** 25, 289, 290. Über die Aufwertung des Pflichtteilsanspruchs § 2317 Anm. 9.

§ 2304

Die Zuwendung des Pflichtteils ist im Zweifel nicht als Erbeinsetzung anzusehen.

E I 1977 II 2170; M 5 391; P 5 499, 500.

Übersicht

Zuwendung des Pflichtteils

I. Erbeinsetzung und Pflichtteilszuwendung

Anm. 1

Nach der in dieser Vorschrift enthaltenen Auslegungsregel verschafft die Zuwendung des Pflichtteils dem Bedachten im Zweifel nicht die Erbenstellung (§ 2087), sondern nur ein Forderungsrecht gegen den Nachlaß (§ 2317). Doch kann die Würdigung des besonderen Falles auch zu dem entgegengesetzten Ergebnis führen: Beschränkung des Erbteils auf die Höhe des Pflichtteils (München JFG 14, 76; **RG** WarnRspr 1933 Nr. 181).

Anm. 2

Den Beweis, daß Erbeinsetzung gewollt sei, hat zu führen, wer daraus Rechte herleitet, z. B. der Gläubiger, der den Pflichtteilsberechtigten wegen einer Nachlaßverbindlichkeit in Anspruch nimmt.

II. Auslegung im Sinne einer Verweisung auf den Pflichtteil oder der Zuwendung eines Vermächtnisses

1. Allgemeine Fälle

Anm. 3

Wenn es sich entsprechend der Auslegungsregel bei der Zuwendung des Pflichtteils nicht um eine Erbeinsetzung handelt, ergibt sich die weitere Frage, ob der Erblasser mit dieser Bestimmung den Pflichtteilsberechtigten nur auf seinen Pflichtteil verwiesen hat oder ob er ihm damit einen seinem Pflichtteil entsprechenden Betrag als Vermächtnis zugewandt hat. Darüber, ob das eine oder das andere anzunehmen ist, sagt das Gesetz nichts. Was gewollt ist, muß durch Auslegung des Testaments ermittelt werden.

Wichtig ist die Feststellung allgemein für die Frage der Verjährung. Wenn der Pflichtteilsberechtigte nur auf den Pflichtteil verwiesen ist, gilt nach § 2332 die dreijährige Verjährungsfrist. Dagegen verjährt sein Anspruch nach §§ 195, 198 in 30 Jahren, wenn ihm ein dem Pflichtteil entsprechender Betrag als Vermächtnis zugewandt ist. Das Vermächtnis kann nach §§ 2176, 2180 durch Erklärung gegenüber dem Beschwerten ausgeschlagen werden. Auf den Pflichtteilsanspruch kann der Berechtigte nur durch Vertrag mit dem Erben verzichten. Zu beachten ist, daß auch das Pflichtteilsvermächtnis mit Rücksicht auf die schutzwürdigen Interessen des Berechtigten weitgehend nach den für den Pflichtteil geltenden Regeln behandelt wird (vgl. darüber Ferid NJW 1960, 121, 124f).

Anm. 4

Ob das eine oder das andere gewollt ist, hängt davon ab, ob der Erblasser dem Pflichtteilsberechtigten etwas zuwenden oder ihn nur von allem ausschließen wollte, auf das er keinen unentziehbaren gesetzlichen Anspruch hat. Haben Eltern ein Kind für den Fall, daß es die von ihnen mit Bezug auf seinen Erbteil getroffene Regelung nicht anerkennen würde, auf den Pflichtteil „beschränkt", so liegt es nahe, darin nur die Verweisung auf den gesetzlichen Pflichtteilsanspruch zu finden (**RG** 113, 237; Dresden OLG 44, 106; BayObLGZ 1959, 199, 205). Anderseits hat **RG** 129, 239 in einer letztwilligen Verfügung, laut der ein Ehemann seine Frau auf den „Pflichtteil im Sinne des § 2304" setzte und ihr „außerdem" ein Vermächtnis in Höhe des Betrags ihres gesetzlichen Pflichtteils hinterließ, eine einheitliche Einsetzung der Frau als Vermächtnisnehmerin auf den doppelten Pflichtteilsbetrag, also auf den Wert ihres gesetzlichen Erbteils gefunden (vgl. auch **RG** HRR 1932, 958).

Anm. 5

Die Anordnung eines Vermächtnisses wird anzunehmen sein, wenn der Erblasser besondere Bestimmungen über die Erfüllung des Anspruchs getroffen hat, aus denen folgt, daß das Pflichtteilsrecht nicht angewandt werden soll. Ein Vermächtnis ist daher anzunehmen, wenn der Erblasser bestimmt hat, daß der Berechtigte in Höhe des Pflichtteils Wertpapiere erhalten soll, wenn er die Leistung nur bestimmten Miterben auferlegt oder besondere Bestimmungen für den Zeitpunkt der Fälligkeit getroffen hat.

Anm. 6

Nur der Ausspruch der gesetzlichen Rechtsfolge und keine selbständige Verfügung ist anzunehmen, soweit der Erblasser in einer Verfügung seine Ehefrau auf den Pflichtteil verweist, nachdem er in derselben Verfügung eine andere Person zum Alleinerben eingesetzt hat. Die Verweisung der Ehefrau auf den Pflichtteil ist nur dann eine ihrer Art nach selbständige Verfügung, wenn der Erblasser diesen Erfolg unabhängig von der Berufung des Alleinerben wollte (**RG** DR 1941, 1000).

Anm. 7

Auch die Einsetzung des Pflichtteilsberechtigten zum „Erben" schließt die Annahme nicht aus, daß er gleichwohl nur ein Forderungsrecht haben soll, falls dies nach den zu § 2084 Anm. 1 ff dargelegten Auslegungsgrundsätzen als der wahre, wenngleich unvollkommen ausgedrückte Wille des Erblassers ermittelt werden kann (**RG** WarnRspr 1913 Nr. 428; 1914 Nr. 220; HRR 1928, 962).

2. Besonderheiten für den Ehegatten, der im Güterstand der Zugewinngemeinschaft gelebt hat

Anm. 8

Falls der Pflichtteilsberechtigte ein Ehegatte ist, der mit dem Erblasser im Güterstand der Zugewinngemeinschaft gelebt hat, hängt auch die Höhe des von dem überlebenden Ehegatten zu beanspruchenden Betrages davon ab, ob die Bestimmung in dem einen oder anderen Sinne auszulegen ist. Ist sie nur eine Verweisung auf den Pflichtteil, dann hat der Überlebende nur den normalen, kleinen Pflichtteil zu fordern, der sich nach der sich aus § 1931 ergebenden Erbquote berechnet. Daneben steht ihm nach § 1371 Abs. 2 der Anspruch auf Ausgleich des Zugewinns nach den güterrechtlichen Vorschriften zu (§ 2303 Anm. 8).

Falls ihm ein Vermächtnis in Höhe des Pflichtteils zugewandt ist, kann es zweifelhaft sein, ob der Erblasser damit den kleinen oder den nach § 1371 Abs. 1 erhöhten Pflichtteil gemeint hat. Im letzteren Falle kann der Ehegatte den güterrechtlichen Zugewinnausgleich nur verlangen, wenn er den als Vermächtnis zugewandten Pflichtteil ausschlägt. Er kann dann den normalen kleinen Pflichtteil nach § 2307 dennoch fordern.

Falls der überlebende Ehegatte das Vermächtnis annimmt, kann er, auch wenn ihm damit nur der normale keine Pflichtteil zugewandt ist, grundsätzlich nach §§ 1371 Abs. 1, 2307 Abs. 1 Satz 2 die Erhöhung des Vermächtnisses auf den Wert des großen Pflichtteils verlangen.

Anm. 9

Falls die Verfügung vor dem 1. Juli 1958 getroffen ist, kann in aller Regel angenommen werden, daß der Erblasser nur den normalen kleinen Pflichtteil zuwenden wollte (aA wohl Ferid NJW 1960, 126; im Ergebnis wie hier Staudinger/Ferid 11. Aufl. § 2304 Nr. 74). Die Verfügung ist jedoch nach § 2078 Abs. 2 anfechtbar, da der Erblasser als selbstverständlich angenommen hat, daß der Bedachte aus seinem Nachlaß nicht mehr als den zugewandten Betrag des kleinen Pflichtteils erhalten werde, während er tatsächlich dessen Erhöhung auf den großen Pflichtteil beanspruchen kann.

Anm. 10

Falls die Bestimmung nach dem 30. Juni 1958 errichtet worden ist, muß durch Auslegung ermittelt werden, ob der Erblasser den kleinen oder den großen Pflichtteil zuwenden wollte. Obwohl der normale Pflichtteil der kleine ist, kann der Erblasser doch mit Rücksicht auf § 1371 an den erhöhten großen gedacht haben. Falls sich ergibt, daß der Erblasser nur den kleinen Pflichtteil zuwenden wollte, ist anzunehmen, daß die Zuwendung unter der stillschweigenden Bedingung gemacht worden ist, daß ihre Ergänzung auf den großen Pflichtteil nicht gefordert wird. Eine solche Bedingung ist zulässig (vgl. darüber § 2307 Anm. 5, 15). Der Bedachte kann dann, wenn er die Zuwendung annimmt, keine Ergänzung fordern. Er kann jedoch den Anspruch auf güterrechtlichen Ausgleich des Zugewinns geltend machen. Staudinger/Ferid 11. Aufl. § 2304 Nr. 76 weist mit Recht darauf hin, daß es sinnwidrig wäre, dem Ehegatten in diesem Fall den güterrechtlichen Zugewinnausgleichsanspruch zu versagen, da er sich diesen immer dadurch verschaffen kann, daß er das Vermächtnis ausschlägt und dann einen dem Vermächtnis entsprechenden Betrag als Pflichtteil fordert (vgl. auch Ferid NJW 1960, 126). Anders ist es, wenn dem überlebenden Ehegatten ein Gegenstand als Vermächtnis zugewandt ist, dessen Wert dem Wert seines normalen kleinen Pflichtteils entspricht. Falls der Ehegatte in diesem Fall den güterrechtlichen Zugewinnausgleichsanspruch geltend machen will, muß er das ihm zugewandte Vermächtnis ausschlagen. Er kann dann neben dem güterrechtlichen Zugewinnausgleichsanspruch den normalen kleinen Pflichtteil in Geld fordern. Wenn sich nicht feststellen läßt, wie die Verfügung auszulegen ist, gereicht das an sich dem Bedachten zum Nachteil. Er kann dann nur den Betrag des normalen, kleinen Pflichtteils als Vermächtnis beanspruchen. Praktisch wirkt es sich, abgesehen von der Verjährungsfrist (§ 2332 Anm. 1, 18), aber doch so aus, als wenn ihm der große Pflichtteil zugewandt ist. Er kann nach § 2307 Abs. 1 Satz 2 die Ergänzung auf den großen Pflichtteil beanspruchen. Daß die Zuwendung an die auflösende Bedingung, daß der Pflichtteilsrest nicht gefordert werde, geknüpft ist, läßt sich in diesem Fall nicht feststellen. Auch kann die Zuwendung nicht angefochten werden, denn wenn nicht festgestellt werden kann, ob der Erblasser den großen oder den kleinen Pflichtteil zuwenden wollte, läßt sich auch nicht feststellen, daß er sich irrte, als er die Bestimmung traf.

§ 2305

Ist einem Pflichtteilsberechtigten ein Erbteil hinterlassen, der geringer ist als die Hälfte des gesetzlichen Erbteils, so kann der Pflichtteilsberechtigte von den Miterben als Pflichtteil den Wert des an der Hälfte fehlenden Teiles verlangen.

E I 1979 II 2171; M 5 391, 392; P 5 500—503.

Übersicht

Pflichtteilsrestanspruch

1. Anspruchsvoraussetzungen

Anm. 1

Vorausgesetzt ist, daß der Pflichtteilsberechtigte durch Verfügung von Todes wegen oder kraft der insoweit unberührt gebliebenen gesetzlichen Erbfolge zwar **als Erbe** berufen, gleichwohl aber im Pflichtteil geschmälert ist, sei es, daß er ausdrücklich **auf weniger als die Hälfte des gesetzlichen Erbteils** eingesetzt ist, oder daß ihm infolge der sonstigen Vergebungen des Nachlasses nicht diese Hälfte verbleibt.

Anm. 2

Falls der Pflichtteilsberechtigte durch Zuweisung einzelner Nachlaßgegenstände zum Erben eingesetzt ist, ist die Größe des ihm hinterlassenen Erbteils aus dem Verhältnis des Wertes der ihm zugesprochenen Gegenstände zum Wert des Gesamtnachlasses zu ermitteln. Ist er als Vermächtnisnehmer bedacht, so gilt § 2307, im Falle der Beeinträchtigung des hinterlassenen Erbteils durch Beschränkungen und Beschwerungen § 2306.

Anm. 3

Es ist nicht möglich, einen Pflichtteilsberechtigten zu einer geringeren als der seinem Pflichtteil entsprechenden Quote unter der Bedingung als Erbe einzusetzen, daß er den Pflichtteilsrestanspruch nach § 2305 nicht geltend macht. Durch diese Bedingung würde der Pflichtteil weiter verkürzt, als es nach dem Gesetz zulässig ist, denn der Pflichtteilsberechtigte könnte sich nicht dadurch, daß er die Erbschaft ausschlägt, den Anspruch auf den vollen Pflichtteil verschaffen. Auch bei einer in dieser Weise bedingten Zuwendung ist er zunächst als Erbe berufen. Er ist nicht durch Verfügung von Todes wegen von der Erbfolge ausgeschlossen, wie es § 2303 für das Bestehen des Anspruchs auf den vollen Pflichtteil voraussetzt. Die Bedingung wirkt sich nach § 2103 im Sinne der bedingten Anordnung einer Nacherbschaft aus. Diese ist nach § 2306 Abs. 1 Satz 1 dann nicht wirksam, wenn der Pflichtteilsberechtigte zu einer solchen Quote als Erbe eingesetzt ist, daß ihm ein Pflichtteilsrestanspruch nach § 2305 zusteht (vgl. hierzu § 2306 Anm. 15).

2. Rechtsnatur des Anspruchs

Anm. 4

Der Bedachte bleibt Erbe zu dem ihm zugewendeten Bruchteil der Erbschaft. Daneben steht ihm, insoweit als Nachlaßgläubiger, der **Geldanspruch** des § 2317 **auf den Fehlbetrag** zu, der sich als Unterschied zwischen dem Schätzungswerte des ihm ausgesetzten und der Hälfte des gesetzlichen Erbteils ergibt.

Anm. 5

Auf diesen Geldanspruch bleibt er, anders als in den Fällen des § 2306 Abs. 1 Satz 2, auch dann beschränkt, wenn er als Erbe ausschlagen sollte (**RG** 93, 9; 113, 48). Namentlich ist er in diesem Falle nicht berechtigt, etwa den vollen gesetzlichen Erbteil (§ 1948 Anm. 2, 4) oder auch nur den vollen Pflichtteilsanspruch geltend zu machen. Der Grund für diese Regelung besteht darin, daß der zum Erben berufene Pflichtteilsberechtigte grundsätzlich keinen Pflichtteilsanspruch hat. Er kann sich diesen, von dem Ausnahmefall des § 2306 Abs. 1 Satz 2 abgesehen, nicht dadurch verschaffen, daß er den Erbteil ausschlägt.

Der Pflichtteilsrestanspruch ist der gewöhnliche, allerdings nur in begrenzter Höhe zustehende Pflichtteilsanspruch. Daraus hat **RG** 93, 9 geschlossen, daß der Pflichtteilsberechtigte, der den hinterlassenen Erbteil ausgeschlagen hat, in erster Linie nach § 2306 Abs. 1 Satz 2 auf den vollen Pflichtteil klagen und für den Fall, daß § 2306 Abs. 1 Satz 1 anzunehmen ist, den Pflichtteilsrestanspruch geltend machen kann.

Anm. 6

Vom Pflichtteilsrestanspruch zu unterscheiden ist der Pflichtteilsergänzungsanspruch, der in den §§ 2325—2331 geregelt ist. Von einer Ergänzung des Pflichtteils im technischen Sinn spricht das Gesetz nur, wenn der Pflichtteilsanspruch selbst durch Schenkungen unter Lebenden beeinträchtigt worden ist.

3. Anspruch des Ehegatten, der mit dem Erblasser im Güterstand der Zugewinngemeinschaft gelebt hat

Anm. 7

Der pflichtteilsberechtigte Ehegatte, der mit dem Erblasser im Güterstand der Zugewinngemeinschaft gelebt hat, ist nicht auf den Pflichtteilsrestanspruch beschränkt; er kann sich den Anspruch auf den vollen Pflichtteil nach § 1371 Abs. 3 dadurch verschaffen, daß er die Erbschaft ausschlägt. Ihm steht dann zwar nur der nach §§ 1931, 2303 zu berechnende, normale oder kleine Pflichtteil zu; daneben hat er aber Anspruch auf güterrechtlichen Ausgleich des Zugewinns. Wenn er die Erbschaft nicht ausschlägt, ist nach § 1371 Abs. 1 für die Berechnung eines ihm zustehenden Pflichtteilsrestanspruchs der große Pflichtteil maßgebend, dessen Quote nach dem um ¼ erhöhten gesetzlichen Erbteil des Ehegatten errechnet wird. Vgl. § 2303 Anm. 8, 15.

Anm. 8

Zweifelhaft kann es sein, ob der Erblasser den überlebenden Ehegatten unter der Bedingung als Erben einsetzen kann, daß dieser den ihm an sich nach § 2305 zustehenden Pflichtteilsrestanspruch nicht geltend macht. Anders als in den gewöhnlichen Fällen (Anm. 3) könnte man eine solche Bedingung uneingeschränkt für zulässig halten, wenn der überlebende Ehegatte mit dem Erblasser im Güterstand der Zugewinngemeinschaft gelebt hat. Er würde damit in seinem unentziehbaren Recht auf den normalen Pflichtteil nicht beeinträchtigt werden. Denn nach § 1371 Abs. 3 kann er diesen auch verlangen, wenn er als Erbe berufen worden ist und die Erbschaft ausgeschlagen hat.

Der Sinn des § 1371 Abs. 3 ist es aber nicht, insoweit ein Sonderpflichtteilsrecht für den Pflichtteilsberechtigten zu schaffen. § 1371 will dessen Stellung nicht verschlechtern. Sein einziger Zweck ist der zu ermöglichen, daß der überlebende Ehegatte erbrechtlich für den güterrechtlichen Anspruch auf Ausgleich des Zugewinns abgefunden werden kann.

§ 1371 eröffnet zwei Wege. Der Erblasser kann den Ehegatten auf den kleinen Pflichtteil verweisen. Dann hat dieser das Recht, daneben einen etwa bestehenden güterrechtlichen Anspruch auf Ausgleich des Zugewinns geltend zu machen. Der Anspruch auf den kleinen Pflichtteil und auf den güterrechtlichen Ausgleich des Zugewinns kann dem Ehegatten nicht genommen werden. Der Anspruch auf güterrechtlichen Ausgleich des Zugewinns steht ihm aber nur zu, wenn er weder als Erbe noch als Vermächtnisnehmer etwas aus dem Nachlaß des Erblassers erhält.

Da es dem Erblasser erlaubt ist, seinen Ehegatten dadurch, daß er ihn von der Erbfolge ausschließt und ihm auch kein Vermächtnis zuwendet, auf den kleinen Pflichtteil und einen daneben etwa bestehenden Anspruch auf güterrechtlichen Ausgleich des Zugewinns zu verweisen, muß es ihm auch gestattet sein, seinem Ehegatten die Wahl zu lassen, ob er diese Ansprüche geltend machen oder sich mit einer Berufung als Erbe zu einer Quote begnügen will, die zwischen der Quote des normalen und der des erhöhten Pflichtteils liegt. Das kann in der Weise geschehen, daß der Erblasser seinen Ehegatten zu einer entsprechenden Quote als Erbe einsetzt unter der Bedingung, daß dieser keinen auf den erhöhten Pflichtteil zielenden Restanspruch geltend macht. Nimmt der Ehegatte die Erbschaft an, dann verzichtet er damit auf den erhöhten Pflichtteilsrestanspruch. Er kann nur einen auf den Wert des kleinen Pflichtteils gerichteten Pflichtteilsrestanspruch geltend machen. Schlägt er aus, dann kann er den normalen kleinen Pflichtteil und güterrechtlichen Ausgleich des Zugewinns nach § 1371 Abs. 2, 3 fordern.

Anm. 9

4. Haftung der Miterben

Auch der Pflichtteilsrestanspruch begründet eine Nachlaßverbindlichkeit und ist gemäß § 2046 bei der Auseinandersetzung zu erledigen, an der ja der Pflichtteilsberechtigte als Miterbe gleichfalls teilnimmt. Nach § 2063 Abs. 2 können die Miterben sich hinsichtlich dieses Anspruchs auf ihre beschränkte Haftung auch dann noch berufen, wenn sie den anderen Nachlaßgläubigern gegenüber unbeschränkt haftbar geworden sind. Der Miterbe, der selbst pflichtteilsberechtigt ist, kann nach § 2319 die Befriedigung des Pflichtteilsrestanspruchs insoweit verweigern, daß ihm sein eigener Pflichtteil verbleibt.

§ 2306

Ist ein als Erbe berufener Pflichtteilsberechtigter durch die Einsetzung eines Nacherben, die Ernennung eines Testamentsvollstreckers oder eine Teilungsanordnung beschränkt oder ist er mit einem Vermächtnis oder einer Auflage beschwert, so gilt die Beschränkung oder die Beschwerung als nicht angeordnet, wenn der ihm hinterlassene Erbteil die Hälfte des gesetzlichen Erbteils nicht übersteigt. Ist der hinterlassene Erbteil größer, so kann der Pflichtteilsberechtigte den Pflichtteil verlangen, wenn er den Erbteil ausschlägt; die Ausschlagungsfrist beginnt erst, wenn der Pflichtteilsberechtigte von der Beschränkung oder der Beschwerung Kenntnis erlangt.

Einer Beschränkung der Erbeinsetzung steht es gleich, wenn der Pflichtteilsberechtigte als Nacherbe eingesetzt ist.

E I 1981 Abs. 1 Satz 1, Abs. 2, 2034 Abs. 1 II 2172; M 5 394—399, 504, 505; P 5 506—510, 514—516, 627; 6 354.

Übersicht

Fortfall von Beschränkungen und Beschwerungen

I. Gemeinsame Voraussetzungen der in § 2306 geregelten Fälle

Anm. 1

1. Berufung des Pflichtteilsberechtigten als Erbe

Wie im Falle des § 2305 ist vorausgesetzt, daß der Pflichtteilsberechtigte als Erbe berufen ist. Seine Berufung kann auch hier entweder auf Verfügung von Todes wegen oder darauf beruhen, daß insoweit gesetzliche Erbfolge eintritt (**RG** Recht 1924 Nr. 1002). Ist er mit einem Vermächtnis bedacht, so gilt § 2307.

Anm. 2

2. Der Wert des hinterlassenen Erbteils

Die Beschränkungen und Beschwerungen des dem Pflichtteilsberechtigten ausgesetzten Erbteils werden vom Gesetz verschieden behandelt, je nachdem dieser Erbteil, d. h. die Erbquote größer als der Wert der Hälfte des gesetzlichen Erbteils ist oder diesen Wert nicht übersteigt, ihr gleichkommt oder dahinter zurückbleibt. Bei der Ermittlung dieses Wertverhältnisses bleiben die auf dem Erbteil ruhenden Beschränkungen und Beschwerungen außer Betracht (**RG** 93, 8; SeuffArch 74 Nr. 107; JW 1925, 359 Nr. 12; HRR 1939, 369; **BGH** 19, 309, 310; **RFH** 3, 63). Für den Ehegatten, der mit dem Erblasser im Güterstand der Zugewinngemeinschaft gelebt hat, ist der nach § 1371 Abs. 1 um ¼ erhöhte gesetzliche Erbteil maßgebend (§ 2308 Anm. 8).

Anm. 3

3. Die Wertberechnung im Falle der Anrechnung und Ausgleichung

Das Gesetz hat nur den Regelfall, daß sich der Pflichtteil schlechthin nach § 2303 Abs. 1 Satz 2 berechnet, im Auge. Ist der Pflichtteil, weil eine Anrechnung (§ 2315) oder Ausgleichung (§ 2316) oder beides stattzufinden hat, größer oder geringer als die Hälfte des gesetzlichen Erbteils, so ist an deren Stelle der rechnerische Betrag des Pflichtteils in dem Sinne maßgebend, daß der Wert, den der Berechtigte unter Berücksichtigung der Anrechnung und Ausgleichung als Pflichtteil erhalten würde, zu vergleichen ist mit dem Rohwert des hinterlassenen Erbteils, ohne Abzug der Beschränkungen und Beschwerungen (**RG** 93, 3; 113, 48; Recht 1925 Nr. 462; Staudinger/Ferid § 2303 Nr. 44; § 2315 Nr. 78—80; aA Breslau HRR 1940, 654, das auch in diesen Fällen dem Gesetzeswortlaut entsprechend nur darauf abstellt, ob der hinterlassene Erbteil quotenmäßig die Hälfte des gesetzlichen Erbteils übersteigt. Ebenso Männer Recht 1919, 367; Natter JZ 1955, 138).

4. Die in Betracht kommenden Beschränkungen

Als Beschränkungen kommen nur in Betracht:

Anm. 4

a) Die Einsetzung eines Nacherben

Der Pflichtteilsberechtigte ist als Vorerbe, nach ihm ist ein Nacherbe eingesetzt (§ 2100). So insbesondere, wenn der überlebende Ehegatte als Vorerbe, die Kinder als Nacherben berufen sind. Dagegen kommt § 2306 nicht in Frage, wenn die Kinder durch gemeinschaftliches Testament nach dem Überlebenden schlechthin als Erben des gesamten beiderseitigen Nachlasses berufen und damit zugleich von der Erbfolge in den Nachlaß des Zuerstverstorbenen ausgeschlossen sind. Aus diesem Nachlasse sogleich den Pflichtteil zu fordern, bleibt ihnen unverwehrt (§ 2269 Anm. 31). Den Fall, daß der Pflichtteilsberechtigte selbst als Nacherbe eingesetzt ist, behandelt Abs. 2 (Anm. 29—33).

Anm. 5

b) Die Ernennung eines Testamentvollstreckers

Sie beschränkt den Erben sowohl in der Richtung der §§ 2203, 2204, als insbesondere dadurch, daß er über einen der Verwaltung des Testamentsvollstreckers unterliegenden Gegenstand nicht verfügen kann (§ 2211).

Anm. 6

c) Teilungsanordnungen (§ 2048 Anm. 1—5)

Hierzu gehört auch die Anordnung, der Pflichtteilsberechtigte habe sich Zuwendungen unter Lebenden anrechnen zu lassen, deren Kürzung er nach den Grundsätzen der §§ 2315, 2316 nicht zu dulden braucht (**RG** 67, 309; 113, 46). Dagegen soll nach **RG** LZ 1932, 1050, wenn die Zuweisung bestimmter Nachlaßgegenstände die über eine bloße Teilungsanordnung hinausgehende (gemäß § 2087 Anm. 9—15 mögliche) Bedeutung hat, den Erbteil des so Bedachten zu bestimmen, Abs. 1 Satz 1 unanwendbar sein. Das erscheint bedenklich. Gerade sofern und weil die Anführung der Gegenstände „zunächst und hauptsächlich" die Bedeutung der Erbteilsbestimmung hat, kann die in dieser Anführung nebenbei liegende Teilungsanordnung als nicht angeordnet gelten, ohne daß deshalb auch die Erbteilsbestimmung hinfällig werden müßte. Teilungsanordnungen, die den Pflichtteilsberechtigten nur Rechte einräumen, beschränken den Pflichtteil nicht und fallen daher auch nicht unter die Vorschrift des § 2306.

5. Von § 2306 nicht betroffene Beschränkungen und Anordnungen

Anm. 7

Die Aufzählung der für den Pflichtteilsberechtigten nicht verbindlichen Beschränkungen ist erschöpfend. Es werden deshalb von § 2306 nicht betroffen:

Anm. 8

a) Die familienrechtlichen Anordnungen

Hierzu gehört z. B. Bestimmung des Pflichtteils zum Vorbehaltsgut § 1418 oder Ausschluß des elterlichen Verwaltungsrechts § 1638 u. dgl. (Anm. 2 vor § 1937).

Anm. 9

b) Die Erbeinsetzung des Pflichtteilsberechtigten unter einer aufschiebenden Bedingung und Ersatzberufung des Pflichtteilsberechtigten

Für den maßgebenden Zeitpunkt des Erbfalls (§ 2317) ist der so Bedachte jedenfalls ausgeschlossen. Ob ihm auch nur die Nacherbenstellung gemäß § 2105 zukommt, bleibt ungewiß. Er ist deshalb auch nicht im Sinne von Abs. 2, d. h. unbedingt als Nacherbe eingesetzt (aM Kipp 8. Bearb. § 132 Anm. 11). Daraus folgt, daß er sogleich den Pflichtteil fordern kann, ohne zur Ausschlagung genötigt zu sein. Nimmt er aber nach Eintritt der Bedingung den Erbteil an, so versteht sich von selbst, daß er sich den bereits empfangenen Pflichtteil hierauf anrechnen zu lassen oder ihn zurückzugeben hat. Dasselbe gilt, wenn der Pflichtteilsberechtigte nur zum **Ersatzerben** berufen ist (§ 2096).

Anm. 10

6. Beschränkungen anstatt einer Pflichtteilsentziehung

War der Erblasser nach §§ 2333ff zur Entziehung des Pflichtteils berechtigt, hat er aber statt dessen in den Formen des § 2306 Beschränkungen und Beschwerungen des Pflichtteilsberechtigten angeordnet, oder hat er unter den Voraussetzungen des § 2338 in guter Absicht verfügt, so kann sich der Bedachte hiervon nicht durch Berufung auf § 2306 befreien.

Anm. 11

7. Weggefallene Beschränkungen und teilweiser Erbverzicht

Beschränkungen usw., die schon vor dem Erbfall oder durch Ausschlagung des Bedachten mit Wirkung auf die Zeit des Erbfalls weggefallen sind (§§ 1953 Abs. 1, 2180 Abs. 3), kommen überhaupt nicht in Betracht, der nachträgliche Wegfall kann aber den Pflichtteilserben berechtigen, gemäß § 2308 die Ausschlagung des Erbteils anzufechten. Ist er unbeschränkt und unbeschwert gerade auf den Pflichtteil als Erbe eingesetzt, so kann er nicht ausschlagen und statt dessen den Pflichtteilsanspruch als Nachlaßgläubiger geltend machen (§ 2305 Anm. 5).

Beschränkungen und Beschwerungen, denen der Pflichtteilsberechtigte durch einen zulässigen teilweisen Erbverzicht zugestimmt hat (§ 2346 Anm. 15—17) kommen gleichfalls nicht in Betracht.

II. Erbteil gleich oder geringer als der Pflichtteil (Abs. 1 Satz 1)

1. Pflichtteilsberechtigter ist nur als Erbe berufen

Anm. 12

Ist der ausgesetzte Erbteil geringer als der Pflichtteil oder gleich dem Pflichtteil, so fallen die der Erbeinsetzung hinzugefügten Beschränkungen und Beschwerungen im Verhältnis zu dem Pflichtteilsberechtigten kraft Gesetzes weg (**RG** JW 1911, 370). Die Beschränkungen und Beschwerungen fallen auch gegen den Willen des Pflichtteilsberechtigten fort. Begünstigt wird dadurch aber nur der pflichtteilsberechtigte Erbe. Schlägt dieser aus und fällt sein Erbteil an eine nicht pflichtteilsberechtigte Person, dann gilt § 2306 nicht. Nach der Ausnahmevorschrift des § 2311 Abs. 1 Satz 2 behält der überlebende Ehegatte den Voraus auch dann, wenn die auf dem Erbteil der Abkömmlinge oder Eltern ruhenden Beschwerungen und Beschränkungen nach § 2306 fortfallen.

Anm. 13

Die in § 2306 genannten Beschränkungen und Beschwerungen werden grundsätzlich nicht im ganzen, sondern nur hinsichtlich des Erbteils des Pflichtteilsberechtigten unwirksam. Der Erbteil der Miterben bleibt, wenn sie auch auf diesem ruhen, weiter belastet. Die nach § 2306 Abs. 1 Satz 1 eintretende Unwirksamkeit einer Verfügung kann aber nach § 2085 zur Folge haben, daß auch andere Verfügungen unwirksam werden. So kann insbesondere die Unwirksamkeit einer Teilungsanordnung bewirken, daß auch weitere Teilungsanordnungen unwirksam sind.

Anm. 14

Aus Satz 1 ergibt sich, daß der Testamentsvollstrecker gegenüber dem pflichtteilsberechtigten Miterben, dem diese Bestimmung zustatten kommt, keine Befugnisse hat. Dieser kann gegen den Testamentsvollstrecker auf Unterlassung der beeinträchtigenden Verfügungen klagen. Er macht damit keinen Pflichtteilsanspruch geltend. § 2213 Abs. 1 Satz 3 steht daher seiner Klage nicht entgegen. Anderseits ist der Testamentsvollstrecker diesem Miterben gegenüber auch nicht nach § 2216 verpflichtet, den Nachlaß zu verwalten. Falls er aber den Nachlaß auch für diesen Miterben verwaltet, obwohl ihm bekannt ist, daß er dazu nicht berechtigt ist, haftet er nach den Grundsätzen der Geschäftsführung ohne Auftrag (vgl. Planck/Greiff 4. Aufl. § 2306 Anm. 3a).

Anm. 15

Die Beschränkungen und Beschwerungen sollen dagegen nicht ohne weiteres fortfallen, wenn der Erblasser den Pflichtteilsberechtigten ausdrücklich vor die Wahl gestellt hatte, unter gewissen Beschränkungen oder Beschwerungen Pflichtteilserbe oder nur gewöhnlicher Pflichtteilsgläubiger zu werden. Schlägt er in diesem Falle nicht rechtzeitig aus, so soll er, obwohl nur Pflichtteilserbe, auch an die hinzugefügten Beschränkungen gebunden bleiben (so **RG** WarnRspr 1913 Nr. 250. Ebenso Oertmann ZBlFG 15, 365; Planck/Greiff 4. Aufl. § 2306 Anm. 3e α am Ende; Staudinger/Ferid 11. Aufl. § 2306 Nr. 3, 53). Diese Auffassung beachtet nicht, daß die nach gemeinem Recht zulässige cautela Socini in dem zwingenden Recht des § 2306 Abs. 1

Satz 1 eine Schranke findet. Für die besonderen Verhältnisse des pflichtteilsberechtigten Ehegatten, der im Güterstand der Zugewinngemeinschaft gelebt hat, vgl. unten Anm. 38. Von diesem Falle abgesehen, bleibt ihm, wenn der Erbteil noch hinter dem Pflichtteil zurückbleibt, der Pflichtteilsrestanspruch nach § 2305. Auch wenn er den Erbteil ausschlägt, hat er nur diesen Anspruch, nicht den Anspruch auf den vollen Pflichtteil (**RG** 93, 3; 113, 48). Schlägt er aus, so kommt dem nach § 2161 nachrückenden Beschwerten § 2322 zugute.

Anm. 16

Die Beschränkungen usw., z. B. eine Teilungsanordnung, daß sich der Pflichtteilsberechtigte eine unter Lebenden empfangene Zuwendung auf den Pflichtteil anrechnen zu lassen habe, sind auch dann zu streichen, wenn der Pflichtteilsberechtigte nicht als Erbe berufen, sondern von der Erbfolge ausgeschlossen und dadurch lediglich Nachlaßgläubiger auf den Pflichtteilsanspruch geworden ist (**RG** 67, 309).

Anm. 17

2. Dem Pflichtteilsberechtigten ist neben dem Erbteil ein Vermächtnis zugewandt

Der Fall, daß dem Pflichtteilsberechtigten neben seinem Erbteil ein Vermächtnis zugewandt ist, bietet keine Besonderheiten, wenn er dieses ausschlägt. Nimmt er das Vermächtnis an, dann gelten die Beschränkungen und Beschwerungen nur dann als nicht angeordnet, wenn der Wert des Erbteils und der Wert des Vermächtnisses zusammen den Wert des Pflichtteils nicht übersteigen. Diese Rechtsfolge soll nach § 2306 Abs. 1 Satz 1 nur eintreten, wenn der Pflichtteilsberechtigte nicht mehr als seinen Pflichtteil bekommt. Daß der Wert des Vermächtnisses hierbei zu berücksichtigen ist, folgt aus § 2307 Abs. 1 Satz 2, der bestimmt, daß der Wert eines angenommenen Vermächtnisses auf den Pflichtteil anzurechnen ist (§ 2307 Anm. 8; Neustadt NJW 1957, 1523).

III. Erbteil größer als der Pflichtteil (Abs. 1 Satz 2)

Anm. 18

Ist der Erbteil größer als der Pflichtteil (Abs. 1 Satz 2), so hat der Erbe das Wahlrecht. Er kann entweder den Erbteil ausschlagen und sich hierdurch von allen Beschränkungen usw. befreien. Dann hat er nur den Anspruch auf den vollen Pflichtteil nach §§ 2303, 2317, dessen Geltendmachung bis zur Ausschlagung ausgeschlossen ist (**RG** JW 1931, 1354). Er kann auch die Erbschaft annehmen und sich damit den ihm auferlegten Beschränkungen usw. auf die Gefahr hin unterwerfen, daß ihm daraus eine Beeinträchtigung im Pflichtteil erwächst, gegen die er sich nur im Rahmen der §§ 2318 ff schützen kann.

Anm. 19

Die Regelung entspricht dem Sachstande, wie wenn der Erblasser mit der gemeinrechtlichen cautela Socini verfügt hätte. Auch heute noch kann der Erblasser in entsprechender Weise verfügen, auch außerhalb des eigentlichen Pflichtteilsrechts. So kann er anordnen, daß ein Abkömmling die Verwaltung seines Anteils an der fortgesetzten Gütergemeinschaft durch einen Dritten zu dulden habe, widrigenfalls sein Anteil auf die Hälfte herabgesetzt sein solle (§ 1512); eine solche Anordnung hat zwar keine dingliche Wirkung, nötigt aber den Abkömmling, wenn er sich nicht mit der Hälfte begnügen will, ihr nachzukommen (**RG** LZ 1915, 1657). Vgl. auch über die Verwirkungsklausel § 2074 Anm. 5—18. Anfechtung der Ausschlagung § 2308. Verhältnis zu § 2338 dort Anm. 8.

Anm. 20

Die Ausschlagung des Erbteils ist auch erforderlich, wenn bei der westfälischen Gütergemeinschaft ein Kind gegenüber einer letztwilligen Verfügung des überlebenden Ehegatten den Anspruch auf den Wert des Schicht- und Pflichtteils nach § 10 Abs. 4 des Pr. Ges. v. 16. 4. 1860 (s. § 2303 Anm. 2) geltend machen will (**RG** 162, 377 = DR 1940, 803 mit Anm. Vogels).

Anm. 21

Der Erbteil des ausschlagenden Pflichtteilsberechtigten fällt nach § 1953 rückwirkend auf die Zeit des Erbfalls demjenigen an, der berufen gewesen wäre, wenn der Ausschlagende zur Zeit des Erbfalls nicht gelebt hätte. Der danach als Erbe Berufene bleibt in der Regel mit den Beschränkungen und Beschwerungen belastet (§§ 2161, 2192). Der an die Stelle des Pflichtteilsberechtigten eintretende gesetzliche Erbe trägt nach § 2320 die Pflichtteilslast. Um diese decken zu können, kann er nach § 2322 die auf dem Erbteil ruhenden Vermächtnisse und Auflagen soweit kürzen, daß ihm der Betrag zur Befriedigung des Pflichtteilsberechtigten verbleibt.

IV. Die Ausschlagungsfrist

Anm. 22

Sie beginnt regelmäßig mit Kenntnis von dem Erbanfall und dem Grunde der Berufung und nicht vor Verkündung der die Erbeinsetzung enthaltenden Verfügung von Todes wegen (§ 1944 Anm. 2—21). Diese allgemeinen Voraussetzungen müssen auch gegeben sein, damit die Frist gegen den Pflichtteilserben zu laufen beginnt (**RG** 59, 341; WarnRspr 1914 Nr. 26).

Anm. 23

Fällt bei ihm mit der Kenntnis von jenen Umständen die Kenntnis von der Beschränkung oder Beschwerung nicht zusammen, so wird zu seinen Gunsten der Fristbeginn hinausgeschoben, bis er die Beschränkung oder Beschwerung erfährt.

Anm. 24

Daraus, daß ihm das Gesetz je nach der Größe des Erbteils zwei verschiedenartige Rechtsbehelfe an die Hand gibt, folgt ferner, daß ihm die Frist auch nicht eher laufen kann, als bis er davon Kenntnis erlangt, daß ihm mehr als die Hälfte des gesetzlichen Erbteils hinterlassen ist.

Für Abkömmlinge und Eltern kann sich, wenn der Erblasser mit dem überlebenden Ehegatten im **Güterstand der Zugewinngemeinschaft** gelebt hat, dadurch eine Unklarheit über das Verhältnis des Wertes des ihnen zugewandten Erbteils zu ihrem Pflichtteilsanspruch ergeben, daß auch dem überlebenden Ehegatten eine Zuwendung gemacht oder daß er als gesetzlicher Erbe berufen ist. Nimmt dieser die Erbschaft oder die Zuwendung an, dann haben Eltern und Abkömmlinge nach § 1371 Abs. 1 jeweils zusammen nur einen gegenüber dem normalen um $^1/_8$ geringeren Pflichtteil zu beanspruchen. Schlägt der überlebende Ehegatte aus, dann steht ihnen der normale Pflichtteil zu. Wenn der hinterlassene Erbteil größer ist als der den Eltern oder Abkömmlingen mit Rücksicht auf § 1371 Abs. 1 zustehende geringere Pflichtteil, jedoch nicht größer als ihr normaler Pflichtteil, kommt es für die Frage, ob ein Fall des § 2306 Abs. 1 Satz 1 oder Satz 2 vorliegt, darauf an, ob der überlebende Ehegatte die Zuwendung angenommen hat. In diesem Fall kann daher die Ausschlagungsfrist für die Pflichtteilsberechtigten erst beginnen, wenn der überlebende Ehegatte sich entschieden hat, unter Umständen erst, wenn er die Erbschaft nach § 1944 nicht mehr ausschlagen kann. Wenn dem überlebenden Ehegatten ein Vermächtnis zugewandt ist, können die Miterben ihm nach dem entsprechend anzuwendenden § 2307 Abs. 2 eine Frist für die Erklärung, ob er die Zuwendung annimmt, auch dann setzen, wenn nicht sie, sondern ein anderer Vermächtnisnehmer mit diesem Vermächtnis beschwert ist (§ 2303 Anm. 15, § 2307 Anm. 16).

Anm. 25

Ist der Pflichtteilsberechtigte zwar als Erbe, aber auf Summen oder einzelne Gegenstände eingesetzt (§ 2087 Anm. 9ff), so beginnt die Frist erst, wenn er das Wertverhältnis der Zuwendung zum ganzen Nachlaß und damit den auf ihn entfallenen Bruchteil der Erbschaft zu übersehen vermag (**RG** 113, 47f).

Anm. 26

Ist der Pflichtteilserbe unmittelbar auf einen Bruchteil eingesetzt, so ist, von der oben Anm. 23 erwähnten Ausnahme abgesehen, mit der Kenntnis dieses Bruchteils in der Regel auch die Kenntnis davon gegeben, ob der hinterlassene Erbteil die Hälfte des gesetzlichen Erbteils übersteigt; auf die Kenntnis vom Bestande des Nachlasses kommt es dann nicht an.

Anm. 27

Von dieser Regel ist aber weiter für die Fälle eine Ausnahme zu machen, in denen bei der Berechnung des Pflichtteils Anrechnungs- oder Ausgleichungspflichten zu berücksichtigen sind (Anm. 3). In diesen Fällen beginnt die Ausschlagungsfrist erst, wenn der Pflichtteilserbe weiß, ob sein Erbteil den ihm bei Berücksichtigung der gesetzlichen Anrechnungs- oder Ausgleichungspflichten zukommenden Pflichtteilsbetrag übersteigt (**RG** 113, 45; BayObLGZ 1959, 77). Diese Ausnahme gilt aber nur, wenn tatsächlich eine Anrechnungs- oder Ausgleichungspflicht besteht. Der Beginn des Laufs der Frist wird nicht schon deswegen hinausgeschoben, weil der Erbe Zweifel über das Bestehen dieser Pflichten hat (BayObLGZ 1959, 77).

Anm. 28

Hat der Pflichtteilsberechtigte die Erbschaft in Unkenntnis der Beschränkungen und Beschwerungen angenommen und sich dadurch seines Rechts, die Erbschaft auszuschlagen, begeben, so kann er die Annahmeerklärung nach den allgemeinen Vorschriften der §§ 119ff anfechten (vgl. § 2308 Anm. 3).

V. Als Nacherbe eingesetzter Pflichtteilsberechtigter

Anm. 29

1. Nacherbteil gleich oder kleiner als der Pflichtteil

Ist der Pflichtteilsberechtigte lediglich als Nacherbe eingesetzt und übersteigt dieser Nacherbteil nicht den Pflichtteil, so verwandelt sich die Nacherbeinsetzung sogleich in die gewöhnliche Erbeinsetzung und es gilt das Anm. 12—16 Gesagte (**RG** 22. 11. 1906 IV 186/06). Das Recht des Vorerben entfällt, soweit es den Erbteil des Pflichtteilsberechtigten ergreifen würde.

2. Nacherbteil größer als der Pflichtteil

Anm. 30

Ist der Nacherbteil größer als der Pflichtteil, so hat er gemäß Anm. 18 das Wahlrecht, ob er die ihm angetragene Nacherbschaft annehmen oder ob er sie ausschlagen und statt dessen den Pflichtteil fordern will.

Anm. 31

Zur Erklärung hierüber ist er jedoch grundsätzlich nicht vor Eintritt der Nacherbfolge verpflichtet (§ 2142 Anm. 4, 6). Auch dieser Zeitpunkt setzt die Frist nicht in Lauf, solange er nicht Kenntnis von der in seiner Nacherbeinsetzung liegenden Beschränkung erhalten hat (**RG** 59, 345). Freilich läuft ihm unabhängig hiervon die dreijährige Verjährungsfrist des Pflichtteilsanspruchs aus § 2332 Abs. 2, 3. Er ist also, wenn er sich den Pflichtteilsanspruch sichern will, der wiederum von der vorgängigen Ausschlagung der Nacherbschaft abhängig ist, schließlich doch genötigt, von der in § 2142 Abs. 1 ihm nur wahlweise nachgelassenen Ausschlagung unter Umständen bereits vor Eintritt der Nacherbfolge Gebrauch zu machen (**RG** aaO).

Anm. 32

Schlägt der Pflichtteilsberechtigte aus, so verbleibt die Erbschaft nach § 2142 Abs. 2 dem Vorerben, soweit nicht der Erblasser etwas anderes bestimmt hat. Ob dadurch, daß der Pflichtteilsberechtigte ausschlägt, auch eine weitere Nacherbeneinsetzung unwirksam wird, bestimmt sich nach dem Willen des Erblassers (**RG** WarnRspr 1913 Nr. 241; Karlsruhe JFG 1, 154).

Anm. 33

Falls der Nacherbe nicht ausschlägt, steht ihm kein Pflichtteilsanspruch zu. In einem solchen Fall, in dem das Gericht den Vorerben zu Unrecht zur Zahlung des Pflichtteils verurteilt hatte, so daß der Vorerbe leisten mußte, hat das Oberlandesgericht Breslau entschieden, daß der Pflichtteilsberechtigte gegen Treu und Glauben verstößt, wenn er dennoch später sein Nacherbenrecht geltend macht. Er muß sich vielmehr so behandeln lassen, als habe er die Erbschaft ausgeschlagen (DR 1943, 91).

VI. Erbeinsetzung des Ehegatten, der mit dem Erblasser im Güterstand der Zugewinngemeinschaft gelebt hat

Anm. 34

Wenn der hinterbliebene als Erbe eingesetzte Ehegatte mit dem Erblasser im Güterstand der Zugewinngemeinschaft gelebt hat, kommt es für die Rechtsfolgen des § 2306 darauf an, ob der ihm zugewandte Erbteil größer ist als der Wert der Hälfte des nach § 1371 Abs. 1 um $^1/_4$ erhöhten gesetzlichen Erbteils. Wenn das Testament des Erblassers vor dem 1. Juli 1958 errichtet worden ist, können sich somit andere Rechtsfolgen ergeben, als der Erblasser es sich vorgestellt hatte. Hat der Erblasser seine Ehefrau und drei seiner Kinder zu gleichen Teilen als Erben eingesetzt und dem vierten Kind ein Vermächtnis im Werte von 20% des Nachlasses zugewandt, dann wären Ehegatte und Kinder, wenn der Erbfall vor dem 1. Juli 1958 eingetreten wäre, an dem Nachlaß wertmäßig gleichmäßig beteiligt gewesen. Wenn der Erbfall nach dem 30. Juni 1958 eintritt, lastet das Vermächtnis nach § 2306 Abs. 1 Satz 1 nicht mehr auf dem Erbteil des überlebenden Ehegatten. Die als Erben berufenen Kinder können das Testament nicht wegen des Irrtums des Erblassers über die Auswirkung seiner Verfügung anfechten. Diese Anfechtung würde ihnen nicht unmittelbar zustatten kommen, da sie bei der dann eintretenden gesetzlichen Erbfolge mit Rücksicht auf das erhöhte Erbrecht des überlebenden Ehegatten nur zu je $^1/_8$ als Erben berufen wären. Sie können jedoch das auf ihren Erbteilen allein lastende Vermächtnis insoweit anfechten, als sie durch dessen Erfüllung weniger an Werten erhalten würden, als das mit dem Vermächtnis bedachte Kind. Das Ergebnis wäre, daß der überlebende Ehegatte $^1/_4 = {}^4/_{16}$ des Wertes und die Kinder je $^3/_{16}$ des Wertes des Nachlasses erhalten. Würde das Vermächtnis auf eine unteilbare Leistung gerichtet sein, dann könnte überhaupt nicht angefochten werden.

Anm. 35

Falls der hinterbliebene Ehegatte nach § 2306 Abs. 1 Satz 2 ausschlägt, kann er den normalen kleinen Pflichtteil verlangen (§ 2303 Anm. 8). Wenn kein Anspruch auf güterrechtlichen Ausgleich des Zugewinns besteht, bringt daher die Ausschlagung nach § 2306 Abs. 1 Satz 2 nur Vorteile, wenn die auf dem Erbteil lastenden Beschränkungen und Beschwerungen so groß sind, daß sie den Erbteil auch noch beeinträchtigen, soweit dieser den Wert des kleinen Pflichtteils nicht übersteigt.

Anm. 36

Wenn der Erbteil des Ehegatten beschränkt oder beschwert ist, kann dieser sich besser stehen, wenn die ihm zugewandte Erbquote nicht größer als die Quote des großen Pflichtteils ist. In diesem Falle würden die Beschränkungen und Beschwerungen als nicht angeordnet gelten, und es würde ein Pflichtteilsrestanspruch nach § 2305 auf die Wertdifferenz zwischen dem Wert des großen Pflichtteils und dem Wert des zugewandten Erbteils bestehen. Der Ehegatte würde den Wert des großen Pflichtteils unbeschränkt und unbeschwert erhalten. Ist die Erbquote auch nur um ein Geringes größer als die Quote des großen Pflichtteils, dann muß der Ehegatte entweder ausschlagen und sich mit dem kleinen Pflichtteil begnügen, oder er muß die Beschränkungen und Beschwerungen im vollen Umfang tragen. Es ist ihm nicht möglich, sich einen dem Wert seines großen Pflichtteils entsprechenden Teil des Wertes des Nachlasses zu verschaffen, wenn der Wert des zugewandten Erbteils infolge der darauf ruhenden Beschränkungen und Beschwerungen geringer ist als der Wert des großen Pflichtteils.

Beispiel: Wert des Nachlasses 16000.

Erster Fall:

Überlebender Ehegatte und Bruder des Erblassers (die einzigen lebenden Verwandten) sind zu je $^1/_2$ als Erben eingesetzt. Der Ehegatte ist mit einem Vermächtnis von 3000 beschwert. Nimmt er an, dann erhält er 8000 — 3000 = 5000. Schlägt er aus, so erhält er den normalen Pflichtteil mit 4000.

Zweiter Fall:

Der überlebende Ehegatte ist zu $^3/_8$, ($^1/_8$ weniger als im Falle 1), der Bruder zu $^5/_8$ als Erbe eingesetzt. Der überlebende Ehegatte hat nicht mehr als den großen Pflichtteil erhalten. Das Vermächtnis gilt nach § 2306 Abs. 1 Satz 1 als gestrichen. Er erhält 6000, also 1000 mehr als in dem Fall, in dem er zu einer um $^1/_8$ höheren Quote als Erbe berufen war.

Anm. 37

Diese sich aus dem Gesetz ergebende, an sich unbegründete Rechtsfolge wird durch einen neben dem kleinen Pflichtteil etwa bestehenden Anspruch auf güterrechtlichen Ausgleich des Zugewinns ausgeglichen. Sie wirkt sich wirtschaftlich nicht aus, wenn der Nachlaß des Erblassers, je nachdem der überlebende Ehegatte pflichtteilsberechtigt ist, neben Verwandten der ersten oder zweiten Ordnung zu mindestens $^2/_7$ = 28,57% oder $^1/_3$ = $33\,^1/_3$% aus auszugleichendem, also zur Hälfte dem überlebenden Ehegatten zustehendem (§ 1378) Zugewinn besteht. In diesen Fällen verschaffen normaler kleiner Pflichtteil und güterrechtlicher Anspruch auf Ausgleich des Zugewinns an Werten mindestens ebensoviel, als es dem Wert des großen Pflichtteils entspricht.

Anm. 38

Der Erblasser kann den überlebenden Ehegatten zu einer Quote, die größer als die Hälfte des normalen gesetzlichen Erbteils, aber geringer als die Hälfte des nach § 1371 Abs. 1 erhöhten Erbteils ist, unter der Bedingung als Erbe einsetzen, daß der Ehegatte die von ihm auf den Erbteil gelegten Beschwerungen und Beschränkungen trägt. Den Wert des kleinen Pflichtteils kann der überlebende Ehegatte sich stets dadurch verschaffen, daß er die Erbschaft ausschlägt. Der Erblasser kann ihn auch dadurch, daß er ihm überhaupt nichts zuwendet, auf diesen Wert beschränken. Dann muß es dem Erblasser auch gestattet sein, den überlebenden Ehegatten unter der Bedingung, daß dieser die angeordneten Beschränkungen und Beschwerungen trägt, zu einer den kleinen Pflichtteil übersteigenden Quote als Erbe einzusetzen (vgl. § 2305 Anm. 8).

§ 2307

Ist ein Pflichtteilsberechtigter mit einem Vermächtnisse bedacht, so kann er den Pflichtteil verlangen, wenn er das Vermächtnis ausschlägt. Schlägt er nicht aus, so steht ihm ein Recht auf den Pflichtteil nicht zu, soweit der Wert des Vermächtnisses reicht; bei der Berechnung des Wertes bleiben Beschränkungen und Beschwerungen der im § 2306 bezeichneten Art außer Betracht.

Der mit dem Vermächtnisse beschwerte Erbe kann den Pflichtteilsberechtigten unter Bestimmung einer angemessenen Frist zur Erklärung über die Annahme des Vermächtnisses auffordern. Mit dem Ablaufe der Frist gilt das Vermächtnis als ausgeschlagen, wenn nicht vorher die Annahme erklärt wird.

E I 1980, 1982 II 2173; M 5 392—394, 399—401; P 5 503—506, 510, 511.

Übersicht

Pflichtteil und Vermächtnis

Anm. 1

I. Allgemeines

§ 2307 bezieht sich auf die Fälle, in denen ein Anspruch auf den vollen Pflichtteil nach §§ 2303, 2317 besteht. Der Pflichtteilsberechtigte ist nicht genötigt, sich wegen seines Pflichtteilsanspruchs durch ein **Vermächtnis** abfinden zu lassen, gleichviel ob es im Wert dem Pflichtteil gleichkommt oder ihn übersteigt oder dahinter zurückbleibt (§ 2306 Anm. 12, 18). Doch kann er den Pflichtteilsanspruch erst geltend machen (**RG** JW 1931, 1354), wenn er das Vermächtnis ausgeschlagen hat (§ 2180).

II. Der Anspruch auf den Pflichtteil

Anm. 2

1. Bei Ausschlagung des Vermächtnisses

Der Pflichtteilsberechtigte kann, falls er das Vermächtnis ausschlägt, den Pflichtteilsanspruch in voller Höhe geltend machen, wie wenn ihm nichts zugewendet wäre. Die Pflichtteilslast trifft denjenigen, dem die Ausschlagung zustatten kommt, §§ 2321 ff. Anfechtung der Ausschlagung § 2308.

2. Bei Annahme des Vermächtnisses

Anm. 3

Wenn der Pflichtteilsberechtigte das Vermächtnis annimmt, hat er, falls das Vermächtnis im Wert hinter dem Wert des Pflichtteilsanspruchs zurückbleibt, einen Pflichtteilsrestanspruch. Ebenso wie im Falle des § 2305 neben dem Erbteil (§ 2305 Anm. 4) kann er neben dem Vermächtnis nach § 2317 den Geldbetrag fordern, um den das Vermächtnis im Wert hinter dem Pflichtteil zurückbleibt.

Anm. 4

Falls der Erblasser angeordnet hat, daß der Pflichtteilsberechtigte sich einen ihm vermachten Gegenstand mit einem bestimmten Wert auf seinen Pflichtteil anrechnen lassen soll, hat die Anrechnung, falls der Pflichtteilsberechtigte das Vermächtnis annimmt, mit diesem Wert zu erfolgen (München HRR 1942, 61). Soweit der Wert des vermachten Gegenstandes höher als der vom Erblasser bestimmte Anrechnungsbetrag ist, enthält die Bestimmung eine weitere Begünstigung des Pflichtteilsberechtigten, die der Erblasser ohne weiteres treffen kann. Falls der wahre Wert hinter dem Anrechnungsbetrag zurückbleibt, wird dadurch praktisch der Pflichtteil des Berechtigten verkürzt. Aber auch dagegen bestehen keine Bedenken, da wie in Anm. 7 näher ausgeführt ist, auch Belastungen und Beschwerungen, die auf dem Vermächtnis ruhen, bestehen bleiben und dazu führen können, daß der Pflichtteil verkürzt wird. Die Bestimmung des Erblassers über den Anrechnungsbetrag ist dagegen nicht maßgebend für die nach § 2311 vorzunehmende Berechnung des Pflichtteils selbst. Hier ist von den wahren Nachlaßwerten auszugehen.

Anm. 5

Der Erblasser kann dem Pflichtteilsberechtigten das Vermächtnis demnach auch mit der Maßgabe zuwenden, daß damit der ganze Pflichtteilsanspruch abgegolten sein soll. Darin liegt keine unzulässige Verkürzung des Pflichtteils, da es dem Bedachten unbenommen bleibt, das Vermächtnis auszuschlagen und den vollen Pflichtteil zu fordern. Nimmt er das Vermächtnis an, dann kann er keine Pflichtteilsansprüche mehr geltend machen.

Anm. 6

Wenn dem Pflichtteilsberechtigten der Nießbrauch an Gegenständen zugewandt ist, ist dessen Kapitalwert zu berechnen und auf den Pflichtteil anzurechnen.

Insoweit er sich das Vermächtnis auf den Pflichtteil anrechnen zu lassen hat, steht es nach KO § 226 Abs. 3 dem Pflichtteilsrechte gleich (vgl. auch VerglO § 113 Nr. 7).

Eine Anfechtung des Testaments kann nicht darauf gestützt werden, daß das hinterlassene Vermächtnis den Pflichtteil nicht deckt (KGJ 29 A 201).

Die Annahme des Vermächtnisses kann der Pflichtteilsberechtigte nur nach den allgemeinen Grundsätzen der §§ 119ff anfechten.

Anm. 7

III. Auf dem Vermächtnis ruhende Beschränkungen und Beschwerungen

Beim Vermächtnis sind Beschränkungen im Sinne von § 2306 Anm. 4—6 denkbar. Entsprechend der Nacherbeinsetzung kann ein Nachvermächtnis nach § 2191 angeordnet werden. Ein Testamentsvollstrecker kann ernannt werden, um den Gegenstand des Vermächtnisses zu verwalten (§§ 2211, 2212) oder um die dem Vermächtnisnehmer auferlegten Beschwerungen auszuführen (§ 2223). Auch Teilungsanordnungen können in Frage kommen, ebenso Beschwerungen in Form von Untervermächtnissen und dem Vermächtnisnehmer gemachten Auflagen (§§ 2147, 2192). Alle derartigen Beschränkungen und Beschwerungen bleiben, wenn der Pflichtteilsberechtigte nicht ausschlägt, abweichend von § 2306 Abs. 1 Satz 1 auch dann für ihn bindend, wenn der Wert des Vermächtnisses den Pflichtteil nicht erreicht. Trotzdem darf er die hieraus sich ergebenden Einbußen vom Werte des Vermächtnisses nicht absetzen. Er kann insoweit auch vom Erben keine Vervollständigung mit Hilfe des Pflichtteilsanspruchs verlangen. Er geht unter Umständen leer aus, wenn ihm nach Erfüllung der auf dem Vermächtnis liegenden Beschwerungen nichts übrigbleibt (§ 2187).

Anm. 8

IV. Befristete und bedingte Vermächtnisse

Befristungen und Bedingungen der Vermächtniszuwendung gehören nicht zu den „Beschränkungen und Beschwerungen" im Sinne des Gesetzes (§ 2306 Anm. 9), soweit damit nicht ein Nachvermächtnis nach § 2191 angeordnet ist. Der Pflichtteilsberechtigte muß nach Satz 1 auch solche Vermächtnisse ausschlagen, wenn er den vollen Pflichtteil verlangen will. Ist das Vermächtnis aufschiebend befristet oder bedingt (§ 2177), so kann er zwar nicht vor dem Eintritte der Bedingung oder des Termins zur Erklärung nach Abs. 2 aufgefordert werden. Will er jedoch nicht ausschlagen, sondern sich vorbehalten, neben dem Vermächtnis den Anspruch auf Vervollständigung des Pflichtteils zu erheben (Anm. 3), so kann er durch die Rücksicht auf die dreijährige Verjährungsfrist (§ 2332 Abs. 3) genötigt sein, noch vor Eintritt der Bedingung oder des Termins die Annahme des noch schwebenden Vermächtnisses zu erklären und damit die Gefahr der völligen Vereitelung desselben zu übernehmen.

Anm. 9

V. Ersatzvermächtnisnehmer

Der Pflichtteilsberechtigte kann den Pflichtteil sofort verlangen, wenn er nur als Ersatzvermächtnisnehmer bedacht und der zunächst Bedachte noch nicht weggefallen ist. Wird die Ersatzberufung später wirksam, so muß das auf den Pflichtteil Geleistete insoweit zurückgewährt werden, als der Wert des Vermächtnisses den Pflichtteil deckt. Die Rückgewähr hat nicht zu erfolgen, wenn der Pflichtteilsberechtigte das Vermächtnis ausschlägt.

Anm. 10

VI. Fristbestimmung zur Annahme des Vermächtnisses (Abs. 2 Satz 1)

Da beim Vermächtnis keine gesetzliche Ausschlagungsfrist läuft (§ 2180 Anm. 2), darf der beschwerte Erbe — nicht ein etwa beschwerter Vermächtnisnehmer —, um sich Gewißheit darüber zu verschaffen, ob er das Vermächtnis oder den Pflichtteil zu leisten hat, dem Bedachten eine angemessene Frist zur Erklärung setzen. Eine Form ist hierfür nicht vorgeschrieben. Mehrere Erben können die Frist nur gemeinschaftlich setzen. Sie ist nicht angemessen, wenn sie früher abläuft als eine Inventarfrist, die dem Erben selbst gemäß § 1994 auf Antrag des Pflichtteilsberechtigten bestimmt worden ist (**RG** Recht 1908 Nr. 350). Fristsetzung bei aufschiebend befristeten und bedingten Vermächtnissen Anm. 8.

Anm. 11

VII. Wirkung des Fristablaufs

Der Fristablauf gilt als Ausschlagung. Der Pflichtteilsberechtigte kann nach Ablauf der Frist, ohne daß die Ausschlagung gemäß § 2180 dem Beschwerten gegenüber erklärt worden ist, den vollen Pflichtteilsanspruch geltend machen (Anm. 1). Ob darin, daß der Pflichtteilsanspruch gegen den Erben geltend gemacht wird — zumal wenn der Erbe mit dem Beschwerten identisch ist — zugleich die Ausschlagung enthalten ist, ist Tatfrage. Will der Bedachte das Vermächtnis fordern, so hat er zu beweisen, daß er noch vor Ablauf der gesetzten (angemessenen) Frist angenommen hat.

VIII. Pflichtteilsberechtigter als Erbe und Vermächtnisnehmer

Anm. 12

Ist der Pflichtteilsberechtigte sowohl als Erbe eingesetzt wie als Vermächtnisnehmer bedacht, so hat er sich, wenn er das Vermächtnis nicht ausschlägt, jedenfalls dessen Wert auf den Pflichtteil anrechnen zu lassen. Sei es, daß er den die Hälfte des gesetzlichen Erbteils übersteigenden Erbteil ausschlägt (§ 2306 Abs. 1 Satz 2) und nur den reinen Pflichtteilsanspruch erhebt. Sei es auch, daß er neben dem zu geringen Erbteil (§ 2306 Abs. 1 Satz 1) bloß den Pflichtteilsrestanspruch geltend macht, auf den dann der Wert des Vermächtnisses anzurechnen ist. Nicht anders ist es, wenn der Pflichtteilsberechtigte den zu geringen Erbteil ausgeschlagen hat. Auch dann steht ihm nur der Pflichtteilsrestanspruch nach § 2305 zu. Auf diesen ist der Wert des Vermächtnisses anzurechnen.

Anm. 13

Ist der Wert des Vermächtnisses größer als der nach § 2305 bestehende Pflichtteilsrestanspruch, dann bleiben, falls der Pflichtteilsberechtigte das Vermächtnis annimmt, obwohl der Erbteil selbst geringer als die Hälfte des gesetzlichen Erbteils ist, die auf diesem lastenden Beschränkungen und Beschwerungen bestehen. Denn der Erbe hat insgesamt an Zuwendungen durch den Erblasser mehr als den Pflichtteil erhalten (§ 2306 Anm. 17; Neustadt NJW 1957, 1523).

IX. Vermächtnis zugunsten des Ehegatten, der mit dem Erblasser im Güterstand der Zugewinngemeinschaft gelebt hat

1. Alleinige Zuwendung eines Vermächtnisses

Anm. 14

Der nicht als Erbe berufene Ehegatte, der mit dem Erblasser bei dessen Tod im Güterstand der Zugewinngemeinschaft gelebt hat, kann, wenn er das Vermächtnis ausschlägt, nach § 2307 nur den normalen, nach §§ 1371 Abs. 2, 2303, 1931 zu errechnenden Pflichtteil verlangen (§ 2303 Anm. 8). Falls er das Vermächtnis annimmt, steht ihm nach § 1371 Abs. 1 ein Anspruch auf den großen Pflichtteil zu. Er kann dann, wenn das Vermächtnis im Wert hinter dem großen Pflichtteil zurückbleibt, nach §§ 1371 Abs. 1, 2307, 2317 den Betrag verlangen, um den das Vermächtnis im Wert hinter dem großen Pflichtteil zurückbleibt. Er muß aber in diesem Fall die auf dem Vermächtnis lastenden Beschränkungen und Beschwerungen nach § 2307 Abs. 1 Satz 2 tragen. Da er sich von diesen nur dadurch befreien kann, daß er das Vermächtnis ausschlägt, und da er dann nur den Anspruch auf den normalen, kleinen Pflichtteil hat, ist es — sofern kein anzugleichender Zugewinn vorhanden ist — für ihn wirtschaftlich nur dann vorteilhaft, das Vermächtnis auszuschlagen, wenn die darauf lastenden Beschränkungen und Beschwerungen so groß sind, daß das Vermächtnis dadurch weniger als der kleine, normale Pflichtteil wert ist.

Anm. 15

Der Erblasser kann auch hier, wie allgemein (oben Anm. 5) das Vermächtnis mit der Maßgabe zuwenden, daß mit dessen Annahme jeder Pflichtteilsanspruch des Ehegatten abgegolten sein soll. Darin liegt, wie in Anm. 5 ausgeführt worden ist, keine Beeinträchtigung des normalen Pflichtteils. Der sich aus § 1371 Abs. 1 ergebende Anspruch auf den erhöhten Pflichtteil ist aber nur ein Anspruch, der durch anders lautende Verfügungen des Erblassers beschränkt oder entzogen werden kann (§ 2305 Anm. 8).

Anm. 16

§ 2307 Abs. 2 ist in diesem Falle entsprechend anzuwenden, wenn nicht der Erbe, sondern ein anderer Vermächtnisnehmer mit dem dem Ehegatten zugewandten Vermächtnis beschwert ist. Der Erbe hätte, wenn ihm das Recht der Fristsetzung nicht zugebilligt würde, keine Möglichkeit, sich über den Umfang der ihn treffenden Pflichtteilslast Klarheit zu verschaffen. Denn nach § 1371 Abs. 1 hängt davon, ob der Ehegatte das Vermächtnis annimmt, nicht nur die Höhe seines Pflichtteilsanspruchs, sondern auch die Höhe des Pflichtteilsanspruchs anderer Pflichtteilsberechtigter ab. Nimmt er das Vermächtnis an, so ist für die Berechnung des Pflichtteils der anderen Berechtigten von dem um $^1/_4$ erhöhten gesetzlichen Erbrecht des Ehegatten auszugehen, anderenfalls gelten die normalen Quoten.

Anm. 17

2. Erbeinsetzung und Zuwendung eines Vermächtnisses

Der als Erbe berufene Ehegatte, dem ein Vermächtnis zugewandt ist, kann die Ergänzung des von ihm angenommenen Vermächtnisses auf den Wert des vollen Pflichtteils auch dann verlangen, wenn er die Erbschaft, gleichgültig zu welcher Quote er berufen war, ausgeschlagen hat. Durch die Ausschlagung verliert er nach § 1371 Abs. 3 nicht seinen Pflichtteilsanspruch. Würde er auch das Vermächtnis ausschlagen, dann hätte er nur den Anspruch auf den normalen, kleinen Pflichtteil. Nimmt er aber das Vermächtnis an, dann bemißt sich sein Pflichtteilsanspruch nach dem nach § 1371 Abs. 1 erhöhten gesetzlichen Erbteil. Er kann diesen Anspruch geltend machen, und darauf ist der Wert des angenommenen Vermächtnisses anzurechnen.

§ 2308

Hat ein Pflichtteilsberechtigter, der als Erbe oder als Vermächtnisnehmer in der im § 2306 bezeichneten Art beschränkt oder beschwert ist, die Erbschaft oder das Vermächtnis ausgeschlagen, so kann er die Ausschlagung anfechten, wenn die Beschränkung oder die Beschwerung zur Zeit der Ausschlagung weggefallen und der Wegfall ihm nicht bekannt war.

Auf die Anfechtung der Ausschlagung eines Vermächtnisses finden die für die Anfechtung der Ausschlagung einer Erbschaft geltenden Vorschriften entsprechende Anwendung. Die Anfechtung erfolgt durch Erklärung gegenüber dem Beschwerten.

E I 2040 Abs. 1 II 2174; M 5 510—512; P 5 631; 6 319, 320, 328.

Übersicht

Anfechtung der Ausschlagung

Anm. 1

1. Anfechtungsgrund

Die Kenntnis des Pflichtteilsberechtigten von den dem Erbteil oder dem Vermächtnis beigefügten Beschränkungen und Beschwerungen ist für Ausübung des durch §§ 2306, 2307 ihm verliehenen Wahlrechts so wesentlich (so auch § 2306 Anm. 23, 28), daß ihm das Gesetz gestattet, die Ausschlagung anzufechten nicht bloß unter den allgemeinen Voraussetzungen der §§ 119ff, sondern schon auf Grund der Tatsache, daß die Beschränkungen usw. zur Zeit der Ausschlagung weggefallen und der Wegfall ihm nicht bekannt war. Für beides ist der Anfechtende beweispflichtig. Es ist nicht erforderlich, daß der Anfechtende durch die Unkenntnis zur Annahme bestimmt worden ist. Angefochten werden kann, wenn auch nur eine von mehreren Beschränkungen oder Beschwerungen weggefallen ist.

Anm. 2

2. Form und Frist der Anfechtung

Die Anfechtung muß in der Frist des § 1954 erfolgen. Die Anfechtung der Ausschlagung einer Erbschaft hat nach §§ 1955, 1945 durch Erklärung gegenüber dem Nachlaßgericht in öffentlich beglaubigter Form zu geschehen. Sie gilt nach § 1957 Abs. 1 zugleich als Annahme des Erbteils und hat demgemäß den Verlust des Pflichtteilsanspruchs zur Folge. Daraus folgt aber nicht, daß die Anfechtung als Verzicht auf den Pflichtteil aufzufassen wäre und vormundschaftsgerichtliche Genehmigung nach § 1822 Nr. 2 erforderte. Vielmehr handelt es sich sachlich nur um eine andere Form der Annahme, zu der keine vormundschaftsgerichtliche Genehmigung nötig ist. Planck/Greiff 4. Aufl. § 2308 Anm. 1c nimmt an, daß die vormundschaftsgerichtliche Genehmigung erforderlich ist, wenn zur Zeit der Ausschlagung, ohne daß der gesetzliche Vertreter dies wußte, nicht alle auf den Erbteil gelegten Beschränkungen und Beschwerungen weggefallen waren, da in diesem Fall durch die Ausschlagung ein Pflichtteilsanspruch begründet worden ist.

Auch wenn die Ehegatten in Gütergemeinschaft leben, bedarf ein Ehegatte, um anzufechten, in keinem Fall der Zustimmung des anderen Ehegatten (§§ 1432, 1455; vgl. auch die bis zum 1. Juli 1958 in Kraft gewesenen §§ 1453 Abs. 1, 1519 Abs. 2, 1549).

Anm. 3

3. Anfechtung der Annahme

§ 2308 spricht nur von Anfechtung der Ausschlagung. Ob auch eine irrtümlich, d. h. in Unkenntnis angeordneter Beschränkungen usw. erklärte Annahme anfechtbar sei, ist nach § 119 zu bejahen. Die Unkenntnis einer Beschränkung oder Beschwerung ist bei der Erklärung, eine Erbschaft anzunehmen, ebenso zu behandeln wie der Irrtum über eine verkehrswesentliche Eigenschaft einer Sache nach § 119 Abs. 2. Das folgt, wie Planck/Greiff 4. Aufl. § 2308 Anm. 3 zutreffend dargelegt hat, aus § 2306 Abs. 1 Halbs. 2. Entsprechendes gilt für die Erklärung der Annahme eines Vermächtnisses. Die Wesentlichkeit eines Irrtums über das Bestehen der Beschränkungen und Beschwerungen folgt hier aus § 2307 Abs. 1 Halbs. 2 (Planck/Greiff aaO). Kipp/Coing 11. Bearb. § 10 III läßt im Gegensatz zu Kipp 8. Bearb. § 132 III a. E. die Anfechtung in analoger Anwendung des § 2308 zu.

Jedenfalls ist die Anfechtung sowohl der Ausschlagung als der Annahme ausgeschlossen, wenn sich der Bedachte nur über die Tragweite der Beschränkungen usw.

und den wirtschaftlichen Wert der Zuwendung getäuscht hat (vgl. **RG** 103, 21 sowie § 1954 Anm. 3).

Anm. 4

4. Maßgebender Zeitpunkt für den Wegfall

Maßgebend für den Wegfall der Beschränkung usw. selbst und der Kenntnis hiervon ist die Zeit der Ausschlagung. Ist sie erst nach dieser Zeit, z. B. durch Ausschlagung eines Bedachten, Erbunwürdigkeit, weggefallen, so ist die Anfechtung nicht gegeben, obschon der Wegfall nach §§ 1953 Abs. 2, 2344 Abs. 2 auf die Zeit des Erbfalls zurückdatiert wird.

Anm. 5

5. Anfechtung der Ausschlagung von Vermächtnissen

Für die Anfechtung der Vermächtnisausschlagung gelten sonst keine besonderen Bestimmungen. Die entsprechende Übernahme der für die Erbschaftsausschlagung geltenden Vorschriften ergibt Unanwendbarkeit der §§ 1955 und 1957 Abs. 2, da an Stelle des Nachlaßgerichts der Beschwerte tritt. Die Anfechtung bedarf deshalb auch keiner Form. Anfechtbar ist auch die nach § 2307 Abs. 2 Satz 2 durch Verstreichenlassen der Frist fingierte Ausschlagung.

Vererblichkeit des Anfechtungsrechts § 2317 Anm. 14.

§ 2309

Entferntere Abkömmlinge und die Eltern des Erblassers sind insoweit nicht pflichtteilsberechtigt, als ein Abkömmling, der sie im Falle der gesetzlichen Erbfolge ausschließen würde, den Pflichtteil verlangen kann oder das ihm Hinterlassene annimmt.

E I 1983 II 2175; M 5 401—403; P 5 511—513.

Übersicht

Pflichtteilsrecht entfernter Abkömmlinge und der Eltern

I. Bedeutung der Vorschrift

Anm. 1

§ 2309 begrenzt den Kreis der nach §§ 2303, 2305, 2306, 2307 an sich pflichtteilsberechtigten Angehörigen. Das selbständige Pflichtteilsrecht des Ehegatten wird von dieser Vorschrift nicht berührt. Von den Eltern und Angehörigen sind nach dieser Bestimmung nur diejenigen pflichtteilsberechtigt, die bei Eintritt der gesetzlichen Erbfolge als gesetzliche Erben berufen wären. Leitender Gedanke der Bestimmung ist: „Demselben Stamme darf nicht zweimal ein Pflichtteil gewährt werden" (Mot. 5, 401; Prot. 5, 512). Jedoch befreit die Auszahlung des Pflichtteils an ein unberechtigtes Stammesmitglied nicht von der Verpflichtung, an den Berechtigten zu zahlen (**RG** 93, 193). Es kommt dem Erben und nicht dem entfernter Berechtigten zugute, wenn der Nächstberechtigte von seinem Pflichtteilsrecht nicht oder nicht rechtzeitig Gebrauch macht.

Anm. 2

Der entfernter Verwandte kann, wenn er nicht durch einen näher Verwandten ausgeschlossen wird, nur dann pflichtteilsberechtigt werden, wenn ihm nach den allgemeinen Bestimmungen ein Pflichtteilsrecht in irgendeiner Form zusteht. Voraussetzung ist daher, daß er an sich unmittelbar zur gesetzlichen Erbfolge als Abkömmling oder Elternteil berufen wäre, aber im Einzelfall durch Verfügung von Todes wegen von der Erbschaft ausgeschlossen ist (§ 2303) oder daß er, weil ihm ein zu geringer Erbteil oder ein zu geringes Vermächtnis zugewandt ist, einen Pflichtteilsrestanspruch hat (§§ 2305, 2307 Abs. 1 Satz 2), oder daß er den hinterlassenen größeren, aber mit Beschränkungen oder mit Beschwerungen versehenen Erbteil oder das Vermächtnis ausgeschlagen hat (§§ 2306 Abs. 1 Satz 2, 2307 Abs. 1 Satz 1).

Dem entfernter Verwandten steht, wenn er auf diese Weise pflichtteilsberechtigt ist, nur der eigene in seiner Person begründete Pflichtteilsanspruch zu. Ein zwischen dem nicht pflichtteilsberechtigten näheren Abkömmling und dem Erben ergangenes rechtskräftiges Urteil oder ein zwischen diesen über den Pflichtteil geschlossener Vergleich hat daher auf das Pflichtteilsrecht des entfernteren Abkömmlings keinen Einfluß (**RG** 93, 193).

Anm. 3

II. Ausschluß durch Näherberechtigte

Die Pflichtteilsberechtigung der entfernter Berechtigten wird grundsätzlich durch diejenige des näher Berechtigten ausgeschlossen. Wer näher und wer entfernter als Berechtigter in Betracht kommt, bestimmt sich nach den allgemeinen in §§ 1924 Abs. 2, 1930, 1924, 1925 enthaltenen Regeln. Danach werden Eltern grundsätzlich durch Abkömmlinge und entferntere Abkömmlinge durch ihre mit dem Erblasser verwandten Eltern oder Voreltern insoweit ausgeschlossen, als diese näher Verwandten den Pflichtteil verlangen können oder das ihnen Hinterlassene annehmen. Die entfernter Verwandten sind demnach nicht pflichtteilsberechtigt, wenn der hiernach für ihren Ausschluß in Frage kommende näher Verwandte pflichtteilsberechtigt ist. Dabei ist es unerheblich, ob dem näher Verwandten der volle Pflichtteilsanspruch nach § 2317 oder nur ein Pflichtteilsrestanspruch nach §§ 2305, 2307 Abs. 1 Satz 2 zusteht.

III. Pflichtteilsrecht entfernter Berechtigter. Gründe für den Wegfall des Rechts der näher Verwandten

Anm. 4

Ein Pflichtteil des entfernter Verwandten kommt nur in Frage, wenn das Erb- oder Pflichtteilsrecht des ihm vorgehenden weggefallen ist. Es ist nicht vorausgesetzt, daß der vorgehende Verwandte ausdrücklich oder stillschweigend von der gesetzlichen Erbfolge ausgeschlossen wäre (§ 1938). Im Gegenteil würde ihm gerade durch die Ausschließung ein Pflichtteilsanspruch erwachsen (§ 2303). Ob im übrigen der Nachlaß, gegen den der Pflichtteilsanspruch zusteht, nach der gesetzlichen oder der gewillkürten Erbfolge vererbt wird, ist ohne Bedeutung.

Anm. 5

Der Nachrückende ist nur insoweit pflichtteilsberechtigt, als der ihm Vorgehende den Pflichtteil nicht verlangen kann. Der Fall, daß dieser bereits vor dem Erblasser verstorben war, ist hierbei gänzlich auszuscheiden, da der Verstorbene nach §1923 Abs. 1 nicht Erbe werden und daher auch keinen Pflichtteilsanspruch erwerben konnte. Es kommen vielmehr nur folgende vier Wegfallsgründe in Betracht.

1. Ausschlagung

Anm. 6

Bildet sie die gesetzliche Voraussetzung für die Geltendmachung seines Pflichtteilsrechts (§§ 2306 Abs. 1 Satz 2, 2307 Abs. 1 Satz 1), so kann der ausschlagende näher Verwandte in diesem Falle den Pflichtteil fordern. Ein Pflichtteilsrecht des entfernter Verwandten kommt insoweit nicht in Frage.

Anm. 7

Hat dagegen der näher Verwandte ausgeschlagen, ohne daß hierdurch der Pflichtteilsanspruch (ganz oder zum Teil) für ihn ausgelöst worden wäre, so ist, da er insoweit den Pflichtteil nicht verlangen kann, der gemäß § 1953 Abs. 2 (s. auch § 2069) nachrückende entfernter Berechtigte nicht gehindert, seinerseits den Pflichtteil zu fordern. Das trifft zu, wenn der näher Verwandte ausgeschlagen hat, sei es den zu geringen Erbteil (§ 2305 Anm. 5), oder den beschränkten oder beschwerten zu geringen oder dem Pflichtteil gleichkommenden Erbteil (§ 2306 Anm. 15) oder endlich den unbeschränkten oder unbeschwerten den Pflichtteil übersteigenden Erbteil.

Anm. 8

2. Erbunwürdigkeit

Ist der Nächstberechtigte für erbunwürdig erklärt, so gilt er als bereits vor dem Erbfall verstorben. Er kann selbstverständlich den Pflichtteil nicht verlangen (§ 2344). Dagegen ist der Nachrückende daran nicht gehindert. Steht dem Verlangen des Nächstberechtigten die Einrede aus § 2345 Abs. 2 entgegen, so ist vorerst ungewiß, ob er den Pflichtteilsanspruch hat. Erst wenn der Erbe von der Einrede wirksam Gebrauch gemacht hat, ist sein Verlangen hinfällig.

3. Erbverzicht

Anm. 9

Hat der Nächstberechtigte auf das gesetzliche Erbrecht verzichtet und gilt der Verzicht gemäß der Vermutung des § 2350 Abs. 2 nicht zugunsten der Eltern des Erblassers, so bleibt ihm, wenn sonst ein Elternteil nachrücken würde, das gesetzliche Erbrecht gewahrt. Unter diesen Umständen kann daher, falls die Voraussetzungen der §§ 2303, 2305, 2306, 2307 insoweit gegeben sind, für ihn auch ein Pflichtteilsanspruch entstehen. Pflichtteilsansprüche der Eltern können deshalb nicht in Frage kommen.

Anm. 10

Beschränkte sich der Verzicht des Nächstberechtigten, sein gesetzliches Erbrecht unberührt lassend, auf das Pflichtteilsrecht (§ 2346 Abs. 2), so wird er gegenstandslos, wenn es demnächst wirklich zur gesetzlichen Erbfolge kommt. War jedoch der Nächstberechtigte bei Eintritt des Erbfalls tatsächlich auf den Pflichtteil gewiesen (Anm. 3), so kann er kraft seines Verzichts den Pflichtteil nicht verlangen, und der nachrückende entfernter Berechtigte kann deshalb seinerseits den Pflichtteil fordern.

Anm. 11

Erstreckt sich der Erbverzicht des Nächstberechtigten nach der Vermutung des § 2349 zugleich auf seine Abkömmlinge, so ist damit sowohl sein eigenes wie das Pflichtteilsrecht der Abkömmlinge ausgeschlossen (§ 2346 Anm. 11), während dasjenige der nachrückenden Eltern unberührt bleibt.

Anm. 12

Hat endlich der an sich Nächstberechtigte nur für seine Person, aber schlechthin, sei es auf das gesetzliche Erbrecht oder auf das Pflichtrecht verzichtet, so kann er keinesfalls den Pflichtteil verlangen, und eben deshalb steht der Pflichtteilsanspruch nunmehr dem nachrückenden Abkömmling oder Elternteil zu.

4. Entziehung des Pflichtteils und Beschränkung in guter Absicht

Anm. 13

Dadurch, daß einem Abkömmling nach § 2333 der Pflichtteilsanspruch entzogen wird, verliert dieser seinen Pflichtteilsanspruch. Entferntere Abkömmlinge oder Eltern werden dadurch nicht gehindert, ihrerseits den Pflichtteil zu fordern.

Anm. 14

Die Beschränkung des Pflichtteilsrechts in guter Absicht (§ 2338) läßt einen Pflichtteilsanspruch weder auf seiten des in dieser Weise Beschränkten, noch der entfernter Berechtigten entstehen.

Beginn der Verjährungsfrist § 2332.

IV. Umfang des Pflichtteilsrechts des entfernter Berechtigten

Anm. 15

Der entfernter Berechtigte ist niemals in höherem Umfange pflichtteilsberechtigt, als es der an sich Nächstberechtigte gewesen wäre. Er muß sich deshalb auf seinen Pflichtteil anrechnen lassen, was der an sich Nächstberechtigte darauf verlangen konnte, auch wenn dieser von seinem Rechte, so insbesondere auf Vervollständigung des Pflichtteils nach §§ 2305, 2307 Abs. 1 Satz 2 keinen Gebrauch gemacht hat.

Anm. 16

Er muß sich aber auch schlechthin anrechnen lassen, was der an sich Nächstberechtigte als ihm hinterlassen angenommen hat. Die allgemeine Fassung berechtigt nicht, nach der Art der Hinterlassung von Todes wegen oder nach den verschiedenen Wegfallsgründen (Anm. 6—13) zu unterscheiden. Waren derartige Zuwendungen mit Beschränkungen oder Beschwerungen verbunden, so ist der hierdurch verminderte Wert durch Schätzung zu ermitteln. Eine Streichung der Beschränkungen nach der Sondervorschrift des § 2306 Abs. 1 Satz 1 kommt hier nicht in Frage. Anrechnung von Vorempfängen auf den Pflichtteil §§ 2315 Anm. 17—22, 2316 Anm. 19ff. (Näheres über vielfach widerstreitende Meinungen zu § 2309 bei Planck/Greiff.)

§ 2310

Bei der Feststellung des für die Berechnung des Pflichtteils maßgebenden Erbteils werden diejenigen mitgezählt, welche durch letztwillige Verfügung von der Erbfolge ausgeschlossen sind oder die Erbschaft ausgeschlagen haben oder für erbunwürdig erklärt sind. Wer durch Erbverzicht von der gesetzlichen Erbfolge ausgeschlossen ist, wird nicht mitgezählt.

E I 1984 II 2176; M 5 403, 405; P 5 513, 514, 516—518.

Übersicht

Feststellung des maßgebenden Erbteils

1. Ausschließung, Ausschlagung, Erbunwürdigkeit

Anm. 1

Für die Berechnung des Pflichtteils als Hälfte des Wertes des gesetzlichen Erbteils (§ 2303 Anm. 14) ist derjenige Erbteil maßgebend, der auf den betreffenden Pflichtteilsberechtigten entfallen wäre, wenn es ohne Rücksicht auf die tatsächlich erfolgte Ausschließung (§§ 2303 Anm. 12, 2333), Ausschlagung (§§ 1953, 2306 Anm. 18) oder Erbunwürdigkeitserklärung (§ 2344) zur regelmäßigen gesetzlichen Erbfolge aller im Einzelfall berufenen gesetzlichen Erben gekommen wäre. Mitgezählt wird auch der bei wirklich eingetretener gesetzlicher Erbfolge nach § 1938 Ausgeschlossene. Der Ausschlagende wird mitgezählt ohne Rücksicht darauf, ob er, wie im Falle des § 2306 Abs. 1 Satz 2 pflichtteilsberechtigt geworden ist oder dieses Recht eingebüßt hat. Nur der Verzichtende ist und bleibt auch bei dieser bloß fiktiven Erbfolge ausgeschlossen, wie wenn er zur Zeit des Erbfalls nicht mehr lebte (Anm. 5). Dies hat zur Folge, daß der Wegfall eines Erben durch Ausschließung usw. den Divisor nicht vermindert, also den Erbteil und damit den Pflichtteil der übrigen nicht vergrößert, daß vielmehr die Ausschließung usw. lediglich dem Erben zustatten kommt.

Anm. 2

Rücken gemäß § 2309 entferntere Abkömmlinge des Erblassers als Pflichtteilsberechtigte ein, so versteht sich schon nach dem Grundsatze des § 1924 Abs. 2 von selbst, daß der weggefallene nähere Abkömmling und der Stamm der an seine Stelle tretenden entfernteren Abkömmlinge nicht zweimal gezählt werden.

Anm. 3

Auch sonst ist vorausgesetzt, daß eine gesetzliche Erbfolge der mehreren in Betracht kommenden Pflichtteilsberechtigten nebeneinander überhaupt möglich ist. Stünde den Eltern wegen des Vorhandenseins wenigstens eines pflichtteilsberechtigten Abkömmlings kein gesetzlieches Erbrecht zu (§ 1930), so haben sie auch kein Pflichtteilsrecht (§ 2309). Erst wenn sämtliche Abkömmlinge durch Ausschlagung, wirksame Entziehung des Pflichtteils, Erbunwürdigkeit oder Erbverzicht weggefallen sind, kommt ein gesetzliches, aber zugleich auch ausschließliches gesetzliches Erbrecht und demgemäß auch Pflichtteilsrecht der Eltern in Frage. Daneben auch die weggefallenen Abkömmlinge mitzuzählen, ist begrifflich unmöglich.

Anm. 4

Treffen nach den Grundsätzen der gesetzlichen Erbfolge (§§ 1925, 1931) die Eltern oder der überlebende Ehegatte des Erblassers mit anderen Verwandten zusammen, die als gesetzliche, wenn auch nicht als pflichtteilsberechtigte Erben in Betracht kommen oder kommen würden, so bestimmt sich der Pflichtteil des Elternteils oder Ehegatten wiederum so, als kämen neben ihnen die mitzählenden ausgeschlossenen usw. Verwandten wirklich zur gesetzlichen Erbfolge. Der (kleine — § 1371) Pflichtteil des Ehegatten bleibt mithin $\frac{1}{2}$ von $^1/_4$ = $^1/_8$ des Nachlasses, auch wenn an Stelle des ausschlagenden Kindes nunmehr die Eltern des Erblassers (mit je $^1/_8$) pflichtteilsberechtigt werden, obgleich der Ehegatte gemäß § 1931 neben den Eltern an sich zu $\frac{1}{2}$ von $\frac{1}{2}$ = $^1/_4$ pflichtteilsberechtigt wäre.

Anm. 5

2. Erbverzicht

Im Falle des Erbverzichts, dem in der Regel eine anderweite Abfindung aus dem Vermögen des Erblassers zugrunde liegt, bleibt es auch für die Berechnung des Pflichtteils bei dem Grundsatze des § 2346 Abs. 1 Satz 2 (§ 2346 Anm. 10). Und zwar gleichviel, ob der Verzicht gegen oder ohne Entgelt erklärt war. Der Verzichtende wird jedoch gezählt, vermindert somit den Pflichtteil der übrigen Berechtigten, wenn sein Verzicht gemäß § 2346 Abs. 2 auf das Pflichtteilsrecht beschränkt war. Daß neben ihm die an seine Stelle tretenden Abkömmlinge nicht noch besonders gezählt werden, ist selbstverständlich. — Ebenso § 2316 Anm. 9. Soweit die Erbteile wegen der zu erwartenden Geburt eines Miterben usw. nicht bestimmbar sind (§ 2043), muß vorerst auch die Feststellung des Pflichtteils unterbleiben.

§ 2311

Der Berechnung des Pflichtteils wird der Bestand und der Wert des Nachlasses zur Zeit des Erbfalls zugrunde gelegt. Bei der Berechnung des Pflichtteils eines Abkömmlings und der Eltern des Erblassers bleibt der dem überleben den Ehegatten gebührende Voraus außer Ansatz.

Der Wert ist, soweit erforderlich, durch Schätzung zu ermitteln. Eine vom Erblasser getroffene Wertbestimmung ist nicht maßgebend.

E I 1985, 1986 Abs. 1, 2, 1987; II 2177; M 5 405—407, 409; P 5 518.

Übersicht

Feststellung des Nachlaßwerts

Anm. 1

I. Maßgebender Zeitpunkt für die Wertermittlung

Für die Wertermittlung ist wie beim Inventar (§ 2001) der Bestand zur Zeit des Erbfalls maßgebend, auch wenn der dem Pflichtteilsberechtigten in Aussicht gestellte Erbteil schon unter Lebenden an ihn ausgekehrt worden wäre (**RG** 67, 307). Spätere Wertsteigerungen kommen dem Pflichtteilsberechtigten nicht zugute. Ebenso ändern spätere erhebliche Wertminderungen nichts am Betrage des ermittelten Pflichtteils (**RG** JW 1910, 238), doch kann der Erbe nach allgemeinen Grundsätzen die beschränkte Haftung geltend machen. Dagegen nimmt der als Erbe eingesetzte Pflichtteilsberechtigte an den Wertveränderungen des Nachlasses teil.

Anm. 2

II. Dem Erblasser angefallene Erbschaften und Vermächtnisse

Ob eine dem Erblasser angefallene Erbschaft oder ein ihm angefallenes Vermächtnis endgültig dem Nachlaß zugeführt oder durch Ausschlagung (§§ 1952, 2180 Abs. 3) aus ihm ausgeschieden werden soll, hängt von der freien, durch den Pflichtteilsberechtigten nicht angreifbaren Entschließung des Erben ab (aM Planck/Greiff Anm. 2b α, wonach durch willkürliche Ausschlagung des Erben der Pflichtteil nicht soll verkürzt werden können).

III. Verbindlichkeiten

Anm. 3

Der für die Berechnung des Pflichtteils maßgebliche Bestand des Nachlasses ergibt sich nach Abzug der Nachlaßverbindlichkeiten von den Aktiven des Nachlasses. Rechtsverhältnisse, die infolge des Erbganges durch Vereinigung von Recht und Verbindlichkeit erloschen sind, gelten hierbei entsprechend den §§ 1976, 2143, 2377 u. a. als nicht erloschen (KG OLG 30, 234).

Anm. 4

Die Nachlaßverbindlichkeiten sind nur in dem Umfange anzusetzen, wie wenn es zur reinen gesetzlichen Erbfolge gekommen wäre. Danach sind zwar allgemeine, zur Feststellung und Sicherung des Nachlasses aufgewendete oder noch aufzuwendende Kosten unter die Passiven einzustellen, so die Kosten der Nachlaßverwaltung (**RG** JW 1906, 114; Kiel OLG 40, 152), die Kosten der Sicherung des Nachlasses nach § 1960, der Ermittlung der Nachlaßgläubiger und der Inventarerrichtung (§§ 1993, 2314 Abs. 2). Ferner gehören dazu die Kosten, die aufgewandt worden sind, um den Bestand und den Wert des Nachlasses zu ermitteln, z. B. die Kosten für Sachverständigengutachten und für etwaige zu diesem Zweck geführte Rechtsstreitigkeiten.

1. Abzuziehende Nachlaßverbindlichkeiten

Anm. 5

Bei den nach dem 20. Juni 1948 eingetretenen Erbfällen ist die nach dem Lastenausgleichsgesetz v. 14. 8. 1952, BGBl I 446, zu zahlende Vermögensabgabe eine Nachlaßverbindlichkeit, die bei der Berechnung des Pflichtteils mit dem für den Zeitpunkt des Erbfalls maßgebenden Zeitwert des § 77 LAG anzusetzen ist (**BGH** 14, 368; aA Berücksichtigung des Ablösungswerts nach § 199 LAG: Karlsruhe DNotZ 1954, 146; Mohrbutter und Gewehr MDR 1953, 405).

Wenn der Erblasser mit dem überlebenden Ehegatten bei seinem Tode im Güterstand der Zugewinngemeinschaft gelebt hat und dieser weder Erbe wird noch ein ihm zugewandtes Vermächtnis angenommen hat, ist auch die etwa bestehende Forderung auf den Zugewinnausgleich eine Nachlaßverbindlichkeit, die bei der Berechnung des Pflichtteils des überlebenden Ehegatten und bei der Berechnung des Pflichtteils der übrigen Pflichtteilsberechtigten abgezogen werden muß.

Anm. 6

Abzuziehen als reine Nachlaßverbindlichkeit ist auch die Abfindung eines unehelichen Kindes mit dem Pflichtteilsbetrage nach § 1712 Anm. 1—3 (**RG** 90, 202), während Pflichtteilsansprüche selbst nicht abzuziehen sind (Anm. 8).

2. Außer Betracht bleibende Nachlaß- und andere Verbindlichkeiten

Anm. 7

Die durch Errichtung der Verfügung von Todes wegen, Bestellung eines Testamentsvollstreckers (aM Hamburg SeuffArch 62 Nr. 42) usw. verursachten Kosten bleiben grundsätzlich außer Betracht. Ebenso die Kosten der Nachlaßverteilung, die den einzelnen Erben treffende Erbschaftsteuer (wegen der inzwischen aufgehobenen Nachlaßsteuer vgl. ErbschaftsteuerG v. 10. 9. 1919, RGBl 1543, § 17 Abs. 4) und die lediglich auf Anerkenntnis der Erben beruhenden Schulden.

Anm. 8

Vermächtnisse und Auflagen, einschließlich der Ansprüche auf den Dreißigsten (§ 1969 Anm. 9) stehen, und zwar nicht bloß im Konkurse (KO § 226 Nr. 5), dem Pflichtteilsanspruche nach. Sie kommen deshalb bei der Berechnung des Pflichtteils nicht in Frage (s. aber § 2318 Anm. 1—3).

Pflichtteilsansprüche selbst kommen nicht in Abzug, da sie einen Nachlaßüberschuß voraussetzen.

IV. Der Voraus (§ 1932)

Anm. 9

Gegenüber den pflichtteilsberechtigten Eltern und Abkömmlingen wird der überlebende Ehegatte dadurch begünstigt, daß die zum Voraus gehörigen Haushaltungsgegenstände usw. von vornherein aus den Aktiven des Nachlasses ausscheiden. Der Pflichtteil der Abkömmlinge und Eltern ist somit nur von dem übrigen Nachlaß zu berechnen. Er kann daher gegenstandslos sein, wenn der Nachlaß nur aus Hausratsgegenständen besteht.

Anm. 10

Die Bestimmung will nur den Ehegatten vor den Eltern und Abkömmlingen des Erblassers begünstigen, nicht den eingesetzten Erben. Sie ist daher nur anzuwenden, wenn der Voraus dem Ehegatten gebührt. Dies trifft nach § 1932 nur dann zu, wenn der Ehegatte neben Verwandten der ersten oder zweiten Ordnung oder neben Großeltern gesetzlicher Erbe geworden ist; der Fall, daß die in § 1932 angeführten Gegenstände um deswillen an ihn gelangen, weil er durch Verfügung von Todes wegen zum Alleinerben eingesetzt ist, gehört darum nicht hierher (§ 1932 Anm. 2, 3; aM Kassel Recht 1925 Nr. 463). Ebensowenig „gebührt" der Voraus dem Ehegatten, wenn er ihm entzogen oder wenn der Ehegatte für erbunwürdig erklärt ist. Dagegen gebührt er ihm auch dann, wenn er demnächst ausgeschlagen wird.

Anm. 11

Der Voraus hat nicht selbst auch Pflichtteilseigenschaft. Vielmehr werden bei Ermittlung des Pflichtteils des Ehegatten die zum Voraus gehörenden Gegenstände zusammen mit den übrigen Nachlaßgegenständen unter die Nachlaßaktiven eingestellt.

Anm. 12

Nach der vor dem 1. Juli 1958 geltenden Fassung der §§ 1932, 2311 stand dem überlebenden Ehegatten als gesetzlichen Erben neben Verwandten der ersten Ordnung kein Anspruch auf den Voraus zu. Bei Erbfällen, die vor diesem Zeitpunkt eingetreten sind, kommt daher bei der Ermittlung des Pflichtteils von Abkömmlingen ein Voraus nicht in Betracht. Nur wenn der Erbfall nach dem 30. Juni 1958 eingetreten ist, müssen auch bei der Ermittlung des Pflichtteils der Abkömmlinge diejenigen Gegenstände vom Bestand des Nachlasses abgezogen werden, die dem Ehegatten nach § 1932 als Voraus gebühren (vgl. darüber § 1932 Anm. 1, 8).

V. Feststellung des Nachlaßwertes

1. Wertermittlung durch Schätzung

Anm. 13

Die Ermittlung erfolgt soweit erforderlich durch Schätzung, z. B. nicht bei Wertpapieren mit Börsenkurs, wohl aber bei einem Hause ohne Rücksicht auf den später in der Zwangsversteigerung ermittelten Erlös (**RG** JW 1910, 238). Zu den Aktiven eines Nachlasses gehört auch der good will eines zum Nachlaß gehörenden Unternehmens. Dessen Wert kann nur geschätzt werden. Die in der Tatsacheninstanz nach § 2311 Abs. 2 vorgenommene Schätzung kann vom Revisionsgericht nur beschränkt nachgeprüft werden (**BGH** 1. 7. 1959 V ZR 117/58; über die Schätzung nach § 287 ZPO und deren Nachprüfung im Revisionsrechtszug vgl. **BGH** RzW 1960, 123; 1960, 124).

Anm. 14

Maßgebend ist im allgemeinen der gemeine Wert (BayObLG OLG 44, 105), nicht schlechthin der bei einem Verkauf erzielte Erlös (**RG** JW 1910, 238). Der gemeine Wert ist der Wert, den der Nachlaßgegenstand in der Hand jedes Erben haben würde. Im allgemeinen deckt er sich mit dem Verkaufswert. Ein Liebhaberwert, den der Nachlaßgegenstand für einen bestimmten Erben hat, kommt nie in Betracht. Solange es sich nur darum handelt, die Höhe des Pflichtteilsanspruchs zu ermitteln, kann der Pflichtteilsberechtigte nicht den Verkauf oder die Zwangsversteigerung der Nachlaßgegenstände verlangen (**RG** 72, 381).

Anm. 15

Bei einem Landgut ist im Falle des § 2312 der Ertragswert maßgebend. Diese Vorschrift steht dem nicht entgegen, daß der Ertragswert auch in anderen Fällen berücksichtigt wird, z. B. bei der Schätzung eines Landguts für die Inflationszeit mit ihren unverhältnismäßig niedrigen Verkaufspreisen (**RG** LZ 1926, 1132). Auch sonst kann für die Inflationszeit außer dem Verkaufswert auch der innere Wert in Betracht kommen (**RG** JR 1927 Nr. 1119).

Anm. 16

Der innere und nicht der Verkaufswert ist auch maßgebend, soweit für Nachlaßgegenstände gesetzliche Höchstpreise bestehen, die hinter dem wahren inneren Wert zurückbleiben. Um diesen zu ermitteln, ist bei einem Grundstück sowohl der Ertragswert als auch der Gebäude- oder Sachwert in Rechnung zu stellen, wie er sich unter Berücksichtigung des Baukostenindex und der durch das Alter und den Zustand des Gebäudes bedingten Abschreibungen ergibt (**BGH** 13, 45). Zu beachten ist, daß das Bestehen von Stoppreisen sich wertmindernd auch auf den wahren inneren Wert auswirken kann.

Anm. 17

Es ist nicht üblich, als inneren Wert einfach den Mittelwert zwischen Ertrags- und Sachwert anzunehmen. Aus Rechtsgründen kann nicht beanstandet werden, wenn bei der Ermittlung des inneren Wertes eines Grundstücks mit Mietwohnungen von dem Ertragswert ausgegangen und der innere Wert als etwas darüber liegend angenommen wird, weil der Sachwert des Grundstücks höher ist. Ebenso kann aus Rechtsgründen nicht beanstandet werden, wenn bei der Ermittlung des wahren inneren Wertes eines Einfamilienhauses und eines für den eigenen Betrieb des Eigentümers bestimmten Geschäftshauses von dem Sachwert ausgegangen wird (**BGH** 10. 3. 1956 IV ZR 99/56; zur Frage der Berechnung des inneren Wertes von Grundstücken und Gebäuden vgl. Krieger, Der Grundstückswert S. 20ff; Albert, Die Schätzung der Grund- und Gebäudewerte 4. Aufl. S. 15; Weil, Grundstücksschätzung 5. Aufl. S. 57). Schwarzmarkt- und Wucherpreise bleiben unberücksichtigt. Als innerer Wert kann in der Regel nur ein Betrag angenommen werden, der unter normalen wirtschaftlichen Verhältnissen bei einem Verkauf voraussichtlich erzielt würde, wenn keine Höchstpreise bestünden. Danach kann nicht berücksichtigt werden, daß infolge einer Geldentwertung Käufer, um ihr Geld anzulegen, bereit gewesen wären, höhere Preise zu zahlen und damit auf eine angemessene Verzinsung des Kaufpreises zu verzichten (**BGH** LM BGB § 2311 Nr. 4).

Anm. 18

Gegenstände, die dem alsbaldigen Verbrauch dienen, wie z. B. Warenbestände eines Handelsunternehmens, werden in der Regel nur mit dem Verkaufswert bemessen werden können (Ascher LM BGB § 2311 Nr. 2).

Anm. 19

Soweit der Pflichtteilsanspruch den Unterschiedsbetrag betrifft, der sich bei Berücksichtigung des inneren Werts der Nachlaßgegenstände und des Verkaufswerts nach den gesetzlichen Höchstpreisen ergibt, kann der Erbe unter Umständen die Zahlung nach § 242 verweigern. Dieses Recht hat er, wenn er den Pflichtteilsanspruch nicht aus seinem Barvermögen befriedigen kann und wenn ihm auch nicht zuzumuten ist, sich die dazu erforderlichen Mittel durch Veräußerung anderer nicht preisgebundener Gegenstände zu beschaffen (**BGH** 13, 48).

Anm. 20

Eine wirtschaftliche Einheit, z. B. ein gewerbliches Unternehmen, kann einen anderen Wert haben als die einzelnen Gegenstände. Dann entscheidet der Wert der wirtschaftlichen Einheit, und zwar nicht nur, wenn er höher ist als der Wert der einzelnen Gegenstände (BayObLGZ NF 22 A 188: Konzessionsapotheke), sondern auch, wenn bei Einstellung des Unternehmens, das der Erbe fortsetzt, und Verkauf der dem Betriebe gewidmeten Gegenstände mehr herausgekommen wäre, als das Unternehmen zur Zeit des Erbfalls wert war (Kipp/Coing 11. Bearb. § 9 II 2a).

Wenn ein Landgut zu bewerten ist, kann sich, je nachdem ob das Gut als solches bewertet wird oder, falls eine Parzellierung möglich ist, durch Zusammenrechnen der bei einer Parzellierung zu erzielenden Erlöse ein unterschiedlicher Wert ergeben. Die zweite Form der Bewertung ist nur zulässig, wenn der Erbe zur Zeit des Erbfalls eine Parzellierung plante. Aber auch wenn das Gut als solches zu bewerten ist, kann sich die Möglichkeit einer Parzellierung und der Veräußerung einzelner Parzellen als Bauland mehr oder weniger wertsteigernd auswirken. Über die Grundsätze, die bei der Bewertung eines solchcn Gutes zu beachten sind, vgl. **BGH** LM BGB § 2311 Nr. 4.

Ungewisse Rechte usw. § 2313.

Anm. 21

Schwierig ist es, die Beteiligung an einer Handelsgesellschaft zu bewerten, wenn in dem Gesellschaftsvertrag vorgesehen ist, daß der ausscheidende Gesellschafter nicht den Anspruch nach § 738 hat, sondern mit einem geringeren Betrag abgefunden wird. Zu unterscheiden sind der Vollwert der Beteiligung, d. h. die Bewertung der Beteiligung unter Berücksichtigung der stillen Reserven und des good will, der Buchwert und der Abfindungswert nach den Bestimmungen des Gesellschaftsvertrages.

Nach § 2311 ist grundsätzlich der Vollwert für die Bemessung des Pflichtteils maßgebend. Es ist aber zu bedenken, daß der Erbe oft nicht in der Lage ist, den vollen Wert zu realisieren oder den Pflichtteil in voller Höhe durch Verwertung anderer Nachlaßgegenstände zu befriedigen. Dann steht ihm nach § 242 ein vorübergehendes Leistungsverweigerungsrecht zu. Es liegt ähnlich wie in dem Fall **BGH** 13, 45 betreffend den Stoppreis und inneren Wert eines Grundstücks bei der Berechnung des Pflichtteils (vgl. Anm. 19).

Das Gericht hat hier weitgehende Möglichkeiten zu gestalten. Es kann insbesondere entscheiden, daß der Erbe aus den laufenden Geschäftserträgen Abträge auf die noch offene Pflichtteilsforderung zu leisten hat und daß er diese daraus zu verzinsen hat.

Der volle Anspruch wird fällig, wenn die Realisierung des vollen Wertes durch Verschulden des Erben nicht mehr möglich ist, z. B. seine privaten Gläubiger pfänden seine Beteiligung und kündigen.

Das vorläufige Leistungsverweigerungsrecht kann aber auch zu einem endgültigen werden, z. B. wenn ein Nachlaßgläubiger die Beteiligung pfändet und kündigt, oder wenn er, der Erbe, die Beteiligung selbst kündigt, weil er auf andere Weise eine Nachlaßverbindlichkeit nicht erfüllen kann.

Dasselbe gilt auch dann, wenn der Erbe kraft seiner Befugnis aus § 139 Abs. 2 HGB ausscheidet oder wenn er sich überhaupt in angemessener Zeit nach Annahme der Erbschaft entschließt, aus der Gesellschaft auszuscheiden, und wenn infolgedessen nur der Abfindungswert realisiert werden kann. Der Pflichtteilsberechtigte kann mit Rücksicht auf die persönliche Haftung des Erben diesen nicht zwingen, in der Gesellschaft zu bleiben.

Zu den vorstehend erörterten Fragen vgl. Siebert NJW 1960, 1033.

Anm. 22

2. Vom Erblasser getroffene Wertbestimmungen

Die vom Erblasser getroffenen Wertbestimmungen sind als Teilungsanordnungen maßgebend (§ 2048), jedoch nur insoweit, als sie den Berechtigten nicht im Pflichtteil verkürzen (vgl. auch § 2316 Anm. 16). Abs. 2 Satz 2 bestimmt daher, daß eine vom Erblasser getroffene Wertbestimmung nicht zu berücksichtigen ist. Der Pflichtteilsberechtigte muß sie sich aber unbeschränkt gefallen lassen, soweit sie an Stelle gänzlicher Entziehung des Pflichtteils (§ 2333) angeordnet sind.

Besondere Wertberechnung bei Vorempfängnissen (§§ 2315, 2316) und zur Ergänzung verpflichtenden Schenkungen (§§ 2325, 2328). Auskunftspflicht des Erben § 2314. Pflichtteilsberechnung bei fortgesetzter Gütergemeinschaft § 1511.

VI. Umstellung

Anm. 23

Daraus, daß der Bestand und der Wert des Nachlasses zur Zeit des Erbfalls maßgebend sind, folgt, daß bei Erbfällen, die vor dem 21. Juni 1948 eingetreten sind, der Pflichtteilsanspruch in Reichsmark zu ermitteln ist. Die Aktiven des Nachlasses sind in Reichsmark zu schätzen und die Nachlaßverbindlichkeiten sind mit ihrem vollen Reichsmarkbetrag in Ansatz zu bringen. Der Umstand, daß sie etwa später im Verhältnis 10 : 1 umgestellt sind, kann zu keiner anderen Beurteilung führen. Falls der Nachlaß nach der auf Reichsmarkgrundlage anzustellenden Berechnung überschuldet ist, besteht kein Pflichtteilsanspruch. Das gilt, da der Pflichtteilsberechtigte von später eingetretenen Wertveränderungen nicht betroffen wird, auch, wenn sich die Verhältnisse durch die Währungsumstellung geändert haben (**BGH** 7, 138). Der Pflichtteilsanspruch ist nach § 18 Abs. 1 Nr. 3 UmstG im Verhältnis 1 : 1 auf DM umgestellt. (Vgl. darüber § 2317 Anm. 10—13).

Anm. 24

Soweit nach § 2313 bei der Wertermittlung Rechte und Verbindlichkeiten außer Ansatz geblieben sind, kann sich später eine Erhöhung des Pflichtteilsanspruchs ergeben. Traten die für die Bemessung dieses Anspruchs maßgebenden Umstände erst nach der Währungsreform ein, so ist dieser Anspruch als DM-Anspruch entstanden.

§ 2312

Hat der Erblasser angeordnet oder ist nach § 2049 anzunehmen, daß einer von mehreren Erben das Recht haben soll, ein zum Nachlasse gehörendes Landgut zu dem Ertragswerte zu übernehmen, so ist, wenn von dem Rechte Gebrauch gemacht wird, der Ertragswert auch für die Berechnung des Pflichtteils maßgebend. Hat der Erblasser einen anderen Übernahmepreis bestimmt,

so ist dieser maßgebend, wenn er den Ertragswert erreicht und den Schätzungswert nicht übersteigt.

Hinterläßt der Erblasser nur einen Erben, so kann er anordnen, daß der Berechnung des Pflichtteils der Ertragswert oder ein nach Abs. 1 Satz 2 bestimmter Wert zugrunde gelegt werden soll.

Diese Vorschriften finden nur Anwendung, wenn der Erbe, der das Landgut erwirbt, zu den im § 2303 bezeichneten pflichtteilsberechtigten Personen gehört.

P 6 330—335, 448—450.

Übersicht

Übernahme eines Landguts zum Ertragswert

Anm. 1

1. Zweck der Vorschrift

Die Vorschriften dienen dazu, dem Übernehmer eines Landguts, falls er selbst zu den pflichtteilsberechtigten Personen gehört (Abs. 3), auch hinsichtlich der Pflichtteilslast dadurch Erleichterung zu verschaffen, daß sich die sonstigen Pflichtteilsberechtigten auf der Grundlage des Ertragswerts (§ 2049 Anm. 4—6) statt, wie sie nach § 2311 verlangen könnten, des Schätzungswerts auf ihren Pflichtteil abfinden lassen müssen. Dies gilt jedoch nur, wenn es wirklich zu der vom Erblasser beabsichtigten Gutsübernahme kommt, nicht also wenn das Gut vorher an einen Fremden veräußert wird. Der Anerbe ist nur als Berechtigter gedacht. Hätte ihn der Erblasser zur Übernahme verpflichtet, so läge hierin eine Beschränkung, von der er sich gemäß § 2306 Anm. 18 durch Ausschlagung befreien dürfte, um den nach dem Schätzungswert zu bemessenden Pflichtteil zu fordern.

Anm. 2

2. Bestimmung eines anderen Übernahmepreises durch den Erblasser

Bei der Bestimmung eines andern Übernahmepreises würde ein Herabgehen unter den Ertragswert die übrigen Pflichtteilsberechtigten, ein Überschreiten des Schätzungswerts dagegen den übernehmenden Anerben benachteiligen. Eine solche Bestimmung ist daher für die Pflichtteilsberechnung (nur für diese: KG HRR 1930 Nr. 1111) nicht maßgebend; sie kann aber unter Umständen durch Auslegung auf das zulässige Maß zurückgeführt werden.

Anm. 3

3. Alleinerbe als Übernehmer

Ist nur ein Erbe eingesetzt, so gelten für Berechnung des Pflichtteils sonstiger Berechtigter die gleichen Grundsätze, wie sie Abs. 1 für den Fall der Berufung mehrerer Erben aufstellt. Auch der Alleinerbe muß zu den Pflichtteilsberechtigten gehören und muß als Erbe mit dem Grundstücke bedacht sein; dieses darf also nicht Gegenstand eines Vermächtnisses sein. Die Anordnung nach Abs. 2 braucht vom Erblasser nicht mit ausdrücklichen Worten getroffen zu sein; es genügt, wenn er seinen Willen im Testament in irgendeiner Weise zu erkennen gegeben hat (**RG** 13. 11. 1933 IV 129/33).

Anm. 4

4. Absatz 3

Dem fremden Erben gegenüber gilt immer der Schätzungswert nach § 2311. — Anerbenrecht nach Landesgesetz Art. 64 EG.

§ 2313

Bei der Feststellung des Wertes des Nachlasses bleiben Rechte und Verbindlichkeiten, die von einer aufschiebenden Bedingung abhängig sind, außer Ansatz. Rechte und Verbindlichkeiten, die von einer auflösenden Bedingung abhängig sind, kommen als unbedingte in Ansatz. Tritt die Bedingung ein, so hat die der veränderten Rechtslage entsprechende Ausgleichung zu erfolgen.

Für ungewisse oder unsichere Rechte sowie für zweifelhafte Verbindlichkeiten gilt das gleiche wie für Rechte und Verbindlichkeiten, die von einer aufschiebenden Bedingung abhängig sind. Der Erbe ist dem Pflichtteilsberechtigten gegenüber verpflichtet, für die Feststellung eines ungewissen und für die Verfolgung eines unsicheren Rechtes zu sorgen, soweit es einer ordnungsmäßigen Verwaltung entspricht.

E I 1986 Abs. 3, 4; II 2178; M 5 407—409; P 5 518.

Übersicht

Bedingte und ungewisse Rechte und Verbindlichkeiten

Anm. 1

1. Bedingte Rechte und Verbindlichkeiten

Bei der Schätzung des Wertes von bedingten Rechten und Verbindlichkeiten ist auf die größere oder geringere Wahrscheinlichkeit des Eintritts der Bedingung keine Rücksicht zu nehmen. Vielmehr kommen sie vorläufig, je nachdem ob sie aufschiebend oder auflösend bedingt sind, entweder gar nicht oder voll unter den Aktiven in Ansatz. Ebenso für die auflösende Bedingung KO § 66, VerglO § 31, anders für die aufschiebende bei der Abschlagsverteilung im Konkurse KO §§ 154, 168 Nr. 2.

Anm. 2

2. Ausgleichung

Der Eintritt der aufschiebenden Bedingung bei Rechten, der auflösenden bei Verbindlichkeiten erhöht nachträglich den Anspruch des Pflichtteilsberechtigten. Der umgekehrte Fall vermindert den Anspruch und verpflichtet zur Rückzahlung des zuviel Empfangenen. Der Anspruch bestimmt sich nicht nach den Vorschriften über die Herausgabe einer ungerechtfertigten Bereicherung, sondern nach den allgemeinen Grundsätzen über bedingte Verpflichtungen (§ 159). Sicherheitsleistung (KO § 67) kann weder vom Erben noch vom Pflichtteilsberechtigten verlangt werden. Doch sind gegebenenfalls Arrest und Schadensersatzanspruch aus § 160 zulässig.

3. Ungewisse und unsichere Rechte, zweifelhafte Verbindlichkeiten (Abs. 2)

Anm. 3

Ein Recht ist ungewiß, wenn sein Bestand oder die Person des Berechtigten ungewiß ist. Es ist unsicher, wenn seine wirtschaftliche Verwertbarkeit zweifelhaft ist (**RG** 83, 253; WarnRspr 1913 Nr. 251).

Anm. 4

Eine Verbindlichkeit ist zweifelhaft, wenn es zweifelhaft ist, ob sie rechtlich besteht oder ob sie tatsächlich verwirklicht werden kann (**BGH** 3, 394). Danach sind zweifelhafte Verbindlichkeiten alle vom Erben bestrittenen Nachlaßverbindlichkeiten, auch wenn sie schon klageweise geltend gemacht worden sind (**RG** Gruchot 50, 1014) und Bürgschaften und Pfandrechte für fremde Schulden (**RG** SeuffArch 68 Nr. 129).

Anm. 5

Ungewisse und unsichere Rechte sowie zweifelhafte Verbindlichkeiten nebst den Kosten darüber geführter Prozesse (**RG** JW 1906, 114) bleiben zunächst ganz außer Ansatz. Hierzu gehören auch dingliche Rechte und Belastungen, künftige Rückgriffsansprüche oder Verbindlichkeiten (**RG** WarnRspr 1913 Nr. 251), regelmäßig auch ein vom Erblasser erworbenes, gemäß § 2108 Abs. 2 auf die Erben übergegangenes Nacherbenrecht als bis zum Eintritte des Nacherbfalls unsicheres Recht (**RG** 83, 253).

Anm. 6

Eine an sich unbestrittene Verbindlichkeit ist als zweifelhafte zu behandeln, wenn der Erblasser gegen den Gläubiger eine Forderung hatte, die als ungewisse außer Ansatz bleiben muß, und wenn Verbindlichkeit und Forderung aus einer einheitlichen Geschäftsverbindung herrühren, in deren Rahmen die gegenseitigen Forderungen und Verbindlichkeiten von Zeit zu Zeit miteinander verrechnet wurden. In diesem Falle wäre es dem Pflichtteilsberechtigten gegenüber unbillig, wenn die Verbindlichkeit als bestehend berücksichtigt, die Forderung aber, mit der sie an sich zu verrechnen wäre, unberücksichtigt bliebe (**BGH** 7, 141). Berücksichtigt werden kann die Verbindlichkeit nur insoweit, als sie den Betrag des ihr gegenüberstehenden ungewissen Rechts übersteigt. Entsprechendes gilt, um eine unbillige Benachteiligung der Erben zu vermeiden, wenn in diesem Fall einer an sich unbestrittenen zum Nachlaß gehörenden Forderung eine zweifelhafte Nachlaßverbindlichkeit gegenübersteht.

Anm. 7

Als zweifelhafte Verbindlichkeit hat der Bundesgerichtshof in einem Urteil v. 22. 11. 1951 die nach § 1 des Gesetzes zur Sicherung von Forderungen für den Lastenausgleich v. 2. 9. 1948 entstandene Umstellungsgrundschuld angesehen (**BGH** 3, 394).

Anm. 8

Keine unsicheren Rechte oder zweifelhaften Verbindlichkeiten sind **Rechte auf wiederkehrende Leistungen,** wiederkehrende Hebungen, Renten (**RG** 72, 381) u. dgl., deren Kapitalwert sich nach allgemeinen Grundsätzen schätzen läßt. Ebensowenig **befristete Rechte und Verbindlichkeiten,** bei deren Bewertung evtl. der Zwischenzins in Betracht kommt (vgl. auch KO §§ 65, 70, VerglO § 30). **Öffentliche Abgaben** sind, auch wenn sie noch nicht durch einen Abgabebescheid festgesetzt sind, doch keine zweifelhaften Verbindlichkeiten, wenn sie nach dem Gesetz geschuldet werden und alle tatsächlichen Grundlagen für ihre Bemessung feststehen, so daß ihre Höhe nach dem Gesetz errechnet werden kann (**BGH** 14, 369 für die Abgabeschuld nach dem Lastenausgleichsgesetz v. 14. 8. 1952, BGBl I 446, mit Anm. LM BGB § 2311 Nr. 3).

Anm. 9

4. Maßgebender Zeitpunkt

Nach dem in § 2311 aufgestellten Grundsatz kommt es nicht darauf an, ob das Recht oder die Verbindlichkeit im Zeitpunkt des Erbfalls bedingt, ungewiß oder unsicher war. Mit Rücksicht auf die in § 2313 bestimmte Ausgleichspflicht muß aber, auch wenn die Voraussetzungen zur Zeit des Erbfalls vorlagen, stets geprüft werden, ob sie auch noch in dem Augenblick vorliegen, in dem der Pflichtteilsanspruch geltend gemacht wird (**BGH** 3, 394).

Anm. 10

5. Ordnungsmäßige Verwaltung wie § 2038 Anm. 4.

§ 2314

Ist der Pflichtteilsberechtigte nicht Erbe, so hat ihm der Erbe auf Verlangen über den Bestand des Nachlasses Auskunft zu erteilen. Der Pflichtteilsberechtigte kann verlangen, daß er bei der Aufnahme des ihm nach § 260 vorzulegenden Verzeichnisses der Nachlaßgegenstände zugezogen und daß

der Wert der Nachlaßgegenstände ermittelt wird. Er kann auch verlangen, daß das Verzeichnis durch die zuständige Behörde oder durch einen zuständigen Beamten oder Notar aufgenommen wird.

Die Kosten fallen dem Nachlasse zur Last.

E I 1988 Abs. 1 II 2179; M 5 409, 410; P 5 519—521.

Übersicht

Auskunftspflicht des Erben

1. Auskunftsberechtigter

Anm. 1

Der Auskunftsanspruch steht den Personen zu, die nach § 2303, 2309 pflichtteilsberechtigt sind, weil der Erblasser sie von der gesetzlichen Erbfolge ausgeschlossen hat, oder die die Erbschaft nach § 2306 Abs. 1 Satz 2 ausgeschlagen haben und deswegen pflichtteilsberechtigt sind. Da der Anspruch dem Pflichtteilsberechtigten Klarheit darüber verschaffen soll, ob und in welcher Höhe ihm ein Anspruch auf den Pflichtteil zusteht, hängt er nicht von dem tatsächlichen Bestehen dieses Anspruchs ab. Der Erbe muß daher auch Auskunft erteilen, wenn kein aktiver Nachlaß vorhanden ist.

Anm. 2

Der Erbe kann dem Verlangen auf Auskunft nicht dadurch entgehen, daß er dem Pflichtteilsberechtigten die Erfüllung des Pflichtteilsanspruchs anbietet und, wenn dieser die Annahme ablehnt, den Betrag hinterlegt. Solange der Pflichtteilsberechtigte im unklaren über die Höhe des Anspruchs ist, besteht die Pflicht, Auskunft zu erteilen ohne Rücksicht darauf, ob der Pflichtteilsberechtigte ganz oder teilweise befriedigt ist. Der Auskunftsanspruch besteht nur dann nicht mehr, wenn der Pflichtteilsberechtigte die angebotene Leistung als Erfüllung des ganzen Anspruchs angenommen hat oder wenn sich ergibt, daß er wegen des Pflichtteilsanspruchs voll befriedigt ist oder daß ihm ein solcher nicht mehr zusteht. Bringt der Erbe während des Rechtsstreits über den Auskunftsanspruch nicht den Nachweis, daß er bereits Auskunft erteilt hat, sondern den Nachweis, daß er den Pflichtteilsanspruch in voller Höhe erfüllt hat, dann hat er damit die geforderte Auskunft geleistet. Der Pflichtteilsberechtigte muß nunmehr den Rechtsstreit in der Hauptsache für erledigt erklären.

Anm. 3

Der Pflichtteilsberechtigte, der nicht Erbe ist, kann Auskunft auch dann verlangen, wenn ihm ein Vermächtnis zugewandt ist. Er braucht nicht zuvor zu erklären, ob er das Vermächtnis ausschlägt (**BGH** 28, 177). Grundsätzlich steht ihm der Auskunftsanspruch auch dann zu, wenn er das Vermächtnis annimmt. Dadurch, daß er das Vermächtnis annimmt, verliert er sein Pflichtteilsrecht nicht, er behält den Pflichtteilsrestanspruch. Auskunft nach § 2314 kann er nur dann nicht mehr verlangen, wenn das angenommene Vermächtnis so groß ist, daß ihm kein Pflichtteilsrestanspruch verbleibt. Das würde zutreffen, wenn der Erblasser ihm den Pflichtteil als Vermächtnis zugewandt hätte. In diesem Fall ist aber anzunehmen, daß ihm mit einem solchen Vermächtnis zugleich ein dem Inhalt des § 2314 entsprechender Auskunftsanspruch zugewandt ist (**RG** 129, 239).

Anm. 4

Ist der Pflichtteilsberechtigte dagegen Miterbe, so kann er sich gemäß §§ 2027, 2028, 2038 selbst über den Bestand des Nachlasses unterrichten; er hat deswegen keinen Auskunftsanspruch nach § 2314 gegen die anderen Miterben (**BGH** 18, 70; vgl. § 2038 Anm. 13). Ist er Nacherbe, so gelten die §§ 2121 ff, 2127. Ist ihm der Pflichtteil vermächtnisweise zugewendet, so kann ihm der Anspruch auf Auskunfterteilung mitvermacht sein (§ 2174 Anm. 14).

Anm. 5

Das Verlangen der Auskunftserteilung ist nötigenfalls im Klagewege zu stellen. Nach § 254 ZPO kann damit die Klage auf Zahlung des Pflichtteils verbunden werden (vgl. dazu Kaschinke NJW 1957, 1175). Von mehreren Pflichtteilsberechtigten kann jeder das Verlangen selbständig stellen.

Anm. 6

Der Pflichtteilsberechtigte braucht nur zu beweisen, daß er zu den an sich nach § 2303, 2309 pflichtteilsberechtigten Personen gehört. Der auskunftspflichtige Erbe muß beweisen, daß er bereits Auskunft erteilt hat oder daß der Pflichtteilsberechtigte wegen seines Pflichtteilsanspruchs bereits ganz befriedigt worden ist. Mit diesem Nachweis erteilt er zugleich die geforderte Auskunft.

2. Inhalt der Auskunftspflicht

Anm. 7

a) Bestandsverzeichnis

Aus der Auskunftspflicht des Erben folgt nach § 260, daß er auf Verlangen ein Verzeichnis des Bestandes vorzulegen und gegebenenfalls den Offenbarungseid zu leisten hat. Der „Bestand", für den Begriff und maßgebender Zeitpunkt aus § 2311 (daselbst Anm. 1) zu entnehmen sind, ergibt sich aus einem Vergleich der Aktiven und Passiven des Nachlasses. Das Verzeichnis hat deshalb nicht nur die Aktiven (so Hamburg OLG 14, 283; Planck/Greiff Anm. 2), sondern auch die Passiven aufzuführen (**RG** 129, 242f; **BGH** LM BGB § 260 Nr. 1; 2. 11. 1960 V ZR 124/59 vorgesehen zur Veröffentlichung in der amtlichen Sammlung; Hamburg JW 1939, 155). Es hat sich auch auf die bedingten, ungewissen und unsicheren Rechte und Verbindlichkeiten (§ 2313) und unter Umständen auch auf einen zweiten Nachlaß zu erstrecken, an dem die den Pflichtteil schuldenden Erben als Erbeserben beteiligt sind (**RG** 72, 380). Ebenso gehören in das Verzeichnis die möglicherweise zum Voraus gehörigen Gegenstände, solange unter den Beteiligten noch nicht feststeht, daß sie gemäß § 2311 (daselbst Anm. 9) außer Ansatz zu bleiben haben (**RG** 62, 110). In das Verzeichnis sind auch diejenigen Gegenstände aufzunehmen, die der Erblasser nur in Besitz hatte. Die darauf gerichteten Herausgabeansprüche Dritter sind unter den Verbindlichkeiten aufzuführen (**BGH** LM BGB § 260 Nr. 1).

Anm. 8

b) Auskunft über Ausgleichsposten und Zuwendungen

Neben dieser den greifbaren (effektiven) Nachlaß betreffenden Auskunftspflicht besteht für den Erben unter Umständen noch eine sich auf die entsprechende Anwendbarkeit der §§ 2057, 2314 gründende Pflicht zur Auskunft über Faktoren des rechnungsmäßigen Bestandes, nämlich über die nach § 2316 Anm. 2, 3 als Ausgleichungsposten in Betracht kommenden Zuwendungen (**RG** 73, 372; WarnRspr 1912 Nr. 173; 1933

Nr. 64; **BGH** 24. 9. 1953 IV ZR 37/53) und, wenn es sich um den Pflichtteilsergänzungsanspruch handelt, über die in § 2325 bezeichneten Schenkungen (**RG** 73, 369; WarnRspr 1933 Nr. 64; **BGH** 2. 11. 1960 V ZR 124/59 vorgesehen zur Veröffentlichung in der amtlichen Sammlung; nach Hamburg MDR 1956, 169 auch über die Anstandsschenkungen; vgl. auch § 2057 Anm. 1, 3). Ein Erbe, von dem nichts weiter als Auskunft über den Bestand des Nachlasses verlangt wird, kann aber abwarten, ob in diesen Beziehungen an ihn ein besonderes Verlangen gestellt wird (**RG** WarnRspr 1913 Nr. 378).

c) Ergänzung des Verzeichnisses

Anm. 9

Ist ein Verzeichnis, das auf diesen Namen Anspruch hat, einmal vorgelegt, so kann wegen angeblicher Mängel nicht dessen Ergänzung oder Vorlegung eines neuen Verzeichnisses verlangt werden. Die Mängel sind vielmehr im Verfahren der eidlichen Bekräftigung des Verzeichnisses oder im Prozeß über den Hauptanspruch auf den Pflichtteil zu erörtern (KG OLG 23, 1; Dresden SächsArch für Rechtspflege 1907, 499; 1913, 252).

Anm. 10

Anders ist es, wenn der Auskunftspflichtige einen bestimmten aus einer Mehrheit von Gegenständen bestehenden Vermögensteil, der festgestelltermaßen zum Nachlaß gehört, überhaupt nicht berücksichtigt und ganz ausgelassen hat, da er irrig annahm, dieser gehöre nicht zum Nachlaß. Es fehlt dann hinsichtlich dieses Vermögensteils noch an einem Nachlaßverzeichnis. Eine Ergänzung des mitgeteilten Bestandsverzeichnisses kann ferner verlangt werden, wenn der Auskunftspflichtige eine unbestimmte Mehrheit von Sachen auf Grund eines Rechtsirrtums nicht aufgeführt hat, z.B. die Sachen, an denen nach Auffassung der Auskunftspflichtigen der Erblasser kein Eigentum, sondern nurden Besitz hatte (**BGH** LM BGB § 260 Nr. 1). Die Klage auf Ergänzung des Verzeichnisses kann nur Erfolg haben, wenn in dem darüber geführten Rechtsstreit nachgewiesen wird, daß der irrtümlich nicht verzeichnete aus einer Mehrheit von Gegenständen bestehende Vermögensteil zum Nachlaß gehört oder entgegen der Auffassung des Erben doch Eigentum des Erblassers war.

d) Auskunft über die die Größe der Pflichtteilsquote bedingenden Umstände

Anm. 11

§ 2314 soll den Pflichtteilsberechtigten, der nicht Erbe ist, in die Lage versetzen, sich die notwendigen Kenntnisse zu verschaffen, um über den Umfang seines Rechts Klarheit zu gewinnen. Nach dem bis zum 1. Juli 1958 geltenden Recht reichte die Bestimmung hierzu aus. Bei Erbfällen, die nach dem 30. Juni 1958 eintreten, kann, wenn der Erblasser verheiratet war, auch Ungewißheit über die Höhe der Pflichtteilsquote bestehen. Falls der Erblasser im **Güterstand der Zugewinngemeinschaft** gelebt hat, hängt die Größe des gesetzlichen Erbteils und damit auch die Pflichtteilsquote der übrigen Pflichtteilsberechtigten nach § 1371 Abs. 1 davon ab, ob der überlebende Ehegatte entweder Erbe geworden ist, ein ihm zugewandtes Vermächtnis angenommen hat, oder ob er gleichfalls nur seinen Pflichtteil zu beanspruchen hat. In den beiden ersten Fällen ist der gesetzliche Erbteil des überlebenden Ehegatten um ein Viertel erhöht, die gesetzlichen Erbteile der übrigen Pflichtteilsberechtigten sind entsprechend geringer.

Anm. 12

Damit pflichtteilsberechtigte Abkömmlinge und Eltern in der Lage sind, ihre Rechte geltend zu machen, können sie in entsprechender Anwendung des § 2314 von den Erben auch darüber Auskunft verlangen, ob der Erblasser mit seinem Ehegatten im Güterstand der Zugewinngemeinschaft gelebt hat und ob der Ehegatte ein ihm zugewandtes Vermächtnis angenommen oder ausgeschlagen hat. Der Erbe ist verpflichtet, hierauf eine bestimmte Antwort zu geben. Es genügt nicht, daß er angibt, der Ehegatte habe noch keine Erklärung abgegeben. Der Erbe wird daher durch das Auskunftsverlangen des Pflichtteilsberechtigten unter Umständen verpflichtet, dem Ehegatten nach § 2307 Abs. 2 eine Frist für die Erklärung über die Annahme des Vermächtnisses zu setzen. Diese Vorschrift ist unter diesen Umständen auch entsprechend anzuwenden, wenn mit dem dem Ehegatten zugewandten Vermächtnis kein Erbe, sondern ein anderer Vermächtnisnehmer beschwert ist, da der Erbe auf andere Weise keine Klarheit über die Höhe der ihn treffenden Pflichtteilslast gewinnen und auch seiner dem Pflichtteilsberechtigten gegenüber bestehenden Auskunftspflicht nicht nachkommen kann.

3. Anspruchsgegner

Anm. 13

Die Pflicht, Auskunft zu erteilen, ist, obwohl sie der Vorbereitung eines Anspruchs gegen den Nachlaß dient, keine eigentliche Nachlaßverbindlichkeit. Beim Vorhandensein mehrerer Erben kann daher der einzelne nicht gemäß § 2058, wohl aber gemäß § 431 in Anspruch genommen werden. Ist bei einer Mehrheit von Erben das Bestandsverzeichnis, durch dessen Vorlegung über den Bestand des Nachlasses Auskunft erteilt werden soll, von einem Miterben zugleich im Auftrage der übrigen aufgestellt worden, so müssen diese sich einen Mangel der erforderlichen Sorgfalt bei jenem, dem sie die Aufstellung des Verzeichnisses ohne eigene Nachprüfung überlassen haben, im Sinne des § 260 Abs. 2 als einen eigenen Mangel der Sorgfalt anrechnen lassen (**RG** 129, 240).

Anm. 14

Als nur vom Auskunftspflichtigen persönlich, nicht aus seinem Vermögen erfüllbar fällt der Anspruch im Nachlaßkonkurse nicht unter die Konkursforderungen; er kann vielmehr auch während des Konkurses gegen den Erben persönlich verfolgt werden (**RG** BayZ 1920, 78). Bei der Nachlaßverwaltung besteht die Auskunftspflicht des Erben neben der des Nachlaßverwalters nach § 2012 Abs. 1 Satz 2 (Celle MDR 1960, 402). **RG** 50, 225 läßt mit Rücksicht auf § 2213 Abs. 1 Satz 3 den Anspruch nicht zu gegen den Testamentsvollstrecker (dagegen Strohal I § 52 A 3). Schon auf Grund § 2215 ist der Erbe regelmäßig in der Lage, auch ohne den Testamentsvollstrecker dem Verlangen zu genügen.

Anm. 15

4. Recht auf Anwesenheit bei der Bestandsaufnahme (Abs. 1 Satz 2)

Der Pflichtteilsberechtigte hat, wie im Falle des § 2121 Abs. 2, das Recht, bei der Aufnahme des Verzeichnisses anwesend zu sein. Das Recht umfaßt auch die Zulassung eines Vertreters (**RG** 12. 11. 1934 IV 109/34) oder eines Beistandes (KG JW 1926, 723). Der Erbe braucht dem Verlangen, ein Bestandsverzeichnis im Beisein des Pflichtteilsberechtigten aufzunehmen, nicht zu entsprechen, wenn bereits ein gemäß §§ 1960, 1993ff, 2121 oder 2215 ordnungsgemäß aufgenommenes Verzeichnis vorhanden ist.

5. Ermittlung des Wertes

Anm. 16

Die Wertermittlung, geboten durch § 2303 Abs. 1 Satz 2, geschieht nur auf Grund besonderen Verlangens. Dem Bestandsverzeichnisse (Anm. 7) brauchen Wertangaben nicht beigefügt zu werden (**RG** 18. 11. 1909 IV 34/09).

Anm. 17

Zum Zwecke der Wertermittlung kann nach § 809 Vorzeigung der Sachen beansprucht werden, zur Ermittlung des Geschäftswerts eines vom Erblasser betriebenen Unternehmens unter Umständen auch neben einer auf den Todestag abgeschlossenen Bilanz die Vorlegung der Bilanzen und der Gewinn- und Verlustrechnungen früherer Jahre (**RG** WarnRspr 1918 Nr. 229), nicht dagegen noch besondere Bewertungsunterlagen über die Schutzrechte und Fabrikationsgeheimnisse des Unternehmens, da deren Wert sich bereits im Ertragswert des Unternehmens ausdrückt (**BGH** LM BGB § 260 Nr. 1). Ebenso kann die Vorlage von Belegen verlangt werden, wenn land- und forstwirtschaftlich genutzte Güter zum Nachlaß gehören, deren Wert nicht ohne Kenntnis der Belege ermittelt werden kann (**BGH** 2. 11. 1960 V ZR 124/59 vorgesehen zur Veröffentlichung in der amtlichen Sammlung).

Anm. 18

Der Pflichtteilsberechtigte kann, falls zum Nachlaß Anteile einer Gesellschaft mit beschränkter Haftung gehören, auch die Mitteilung derjenigen Unterlagen fordern, deren Kenntnis notwendig ist, um die Anteile zu bewerten. Wenn es sich um Anteile an einer Einmann-GmbH handelt, kann der Pflichtteilsberechtigte ein Verzeichnis über die Vermögensbestandteile der Gesellschaft verlangen (**BGH** 25. 2. 1954 IV ZR 171/53).

Anm. 19

Auch wenn Grund zu der Annahme besteht, daß ein sich als entgeltlich darstellender Vertrag (in dem Falle **RG** WarnRspr 1933 Nr. 64 ein solcher, durch den der Erblasser seine Beteiligung an offenen Handelsgesellschaften gegen eine lebenslängliche Rente aufgegeben hatte) eine verschleierte, von der Auskunftspflicht (Anm. 8) betroffene Schenkung enthalte, kann die Verpflichtung zur Vorlegung von Bilanzen u. dgl. gegeben sein.

6. Amtliche Bestandsaufnahme (Abs. 1 Satz 3)

Anm. 20

Der Berechtigte kann sich mit einem ihm mitgeteilten privatschriftlichen Verzeichnis begnügen, verzichtet aber durch Stillschweigen noch nicht auf das Recht, amtliche Aufnahme (wie § 2121 Abs. 3) zu verlangen (**RG** 72, 384). Dieses Recht steht nicht in einem Wahlverhältnis zu dem dem Pflichtteilsberechtigten nach Satz 2 zustehenden Anspruch, bei der Aufnahme eines vom Erben selbst aufzustellenden Verzeichnisses zugezogen zu werden. Es kann daher auch noch ausgeübt werden, wenn der Pflichtteilsberechtigte vorher auf ein von dem Erben privat zu erstellendes Verzeichnis geklagt hatte. Anders wäre es, wenn er auf die Aufnahme eines amtlichen Verzeichnisses verzichtet hätte oder wenn das Verlangen nach den besonderen Umständen des Falles mit Rücksicht auf das bereits vorgelegte private Verzeichnis rechtsmißbräuchlich wäre. Ein solcher Verzicht kann aber nur bei einer Sachlage angenommen werden, die über den Willen des Berechtigten keinen Zweifel läßt. Um einen Rechtsmißbrauch annehmen zu können, müssen besondere Umstände hinzukommen. Die Tatsache allein, daß ein privates Verzeichnis vorgelegt worden, daß inzwischen längere Zeit verstrichen ist und daß der Bestand des Nachlasses sich erheblich verändert hat, genügen dazu nicht. Es kann auch nach Treu und Glauben geboten sein, das Verlangen auf amtliche Verzeichnung des Nachlasses auf einen bestimmten Teil seines Bestandes zu beschränken, sofern dabei gewährleistet bleibt, daß das private und amtliche Verzeichnis zusammen eine klare, übersichtliche und vollständige Verzeichnung des Gesamtnachlasses ergeben, die den berechtigten Ansprüchen des Pflichtteilsberechtigten voll genügt (**BGH** 2. 11. 1960 V ZR 124/59 vorgesehen zur Veröffentlichung in der amtlichen Sammlung).

Anm. 21

Der Pflichtteilsberechtigte braucht sich auch, solange er ein amtliches Verzeichnis verlangen kann, nicht darauf verweisen zu lassen, daß er die Erhärtung des von dem Erben selbst aufgestellten Verzeichnisses durch den Offenbarungseid fordern kann (**RG** DJ 1940, 1248). Auch dieses Verlangen ist, nötigenfalls im Klagewege, gegenüber dem Erben zu stellen, der seinerseits die amtliche Aufnahme zu veranlassen hat; unmittelbar beim Nachlaßgericht kann ein Pflichtteilsberechtigter, der nicht Erbe ist, die Aufnahme nicht beantragen (KGJ 27, A 51).

Auch das amtliche Verzeichnis muß die in Anm. 7, 8 angeführten Angaben über die Nachlaßverbindlichkeiten und die fiktiven Aktiva des Nachlasses enthalten (**BGH** 2. 11. 1960 V ZR 124/59 vorgesehen zur Veröffentlichung in der amtlichen Sammlung).

Anm. 22

7. Kosten

Die Kosten, und zwar einschließlich derjenigen der Zuziehung, der Wertermittlung, der amtlichen Aufnahme, jedoch ausschließlich der Eidesabnahme (§ 261 Abs. 3) gehören zu den Nachlaßverbindlichkeiten und sind gemäß § 2311 mit zu berücksichtigen. — Gebühr für die amtliche Aufnahme KostO § 52.

Anm. 23

8. Erlaß der Auskunftspflicht durch den Erben oder durch Verzicht des Berechtigten

Der Erblasser kann dem Erben die Auskunftspflicht nicht wirksam erlassen, soweit er nicht gemäß §§ 2333ff einem Pflichtteilsberechtigten gegenüber berechtigt ist, diesem den Pflichtteil zu entziehen. Ein vertragsmäßiger Verzicht gegenüber dem Erblasser erfordert, weil er eine Minderung des Pflichtteilsrechts enthält, die Form des § 2348. Gegenüber dem Erben ist er an keine Form gebunden (**RG** 6. 7. 1908 IV 585/07).

9. Inventarfrist und Inventar nach §§ 1993ff

Anm. 24

Unabhängig von § 2314 kann der Pflichtteilsberechtigte in seiner Eigenschaft als Nachlaßgläubiger nach § 1994 dem Erben eine Inventarfrist setzen lassen und von ihm gemäß § 2006 (FGG § 79) die Leistung des Offenbarungseids verlangen. Dies Verlangen kann jedoch nicht in der Weise durchgeführt werden, daß der Erbe zur Errichtung des Inventars oder seiner Beeidigung durch Urteil gezwungen wird; vielmehr besteht die Folge der Nichterfüllung des Verlangens nach den §§ 1994, 2006 lediglich in der unbeschränkten Haftung des Erben (§ 2006 Anm. 1, 11).

Anm. 25

Hat dieser schon ein Inventar nach den §§ 1993ff errichtet, so kann er den Pflichtteilsberechtigten, der Auskunftserteilung aus § 2314 verlangt, darauf verweisen; unter Umständen kann auch der Pflichtteilsberechtigte seinerseits dieses Inventar als eine ihm persönlich erteilte Auskunft im Sinne des § 2314 gelten lassen und es zur Grundlage für den ihm unter den Voraussetzungen des § 260 Abs. 2, 3 zustehenden Anspruch auf Leistung des Offenbarungseides nehmen (**RG** 129, 240). Neben der Inventarerrichtung kommen in diesen Fällen hinsichtlich der Pflicht des Erben zur Auskunft über den effektiven Bestand des Nachlasses (Anm. 7) nur noch Ansprüche auf Wertermittlung (Anm. 16—19) in Frage. Der Eintritt unbeschränkter Haftung nach § 2005 erledigt nicht auch die Auskunftspflicht des Erben.

Anm. 26

10. Verjährung

Für den Auskunftsanspruch ist keine besondere Verjährung vorgeschrieben. Es gilt daher für ihn die allgemeine dreißigjährige Verjährungsfrist des § 195. Da er rechtlich nur ein Hilfsanspruch ist, der nur dazu dienen soll, den Pflichtteilsanspruch zu verwirklichen, kann dem Verlangen auf Auskunft mit dem Einwand begegnet werden, daß der Pflichtteilsanspruch verjährt sei. Wenn der Erbe sich auf die Verjährung des Pflichtteilsanspruchs berufen kann und beruft, besteht kein Raum für den Auskunftsanspruch (Staudinger/Ferid 11. Aufl. § 2314 Nr. 33; im Ergebnis ebenso **BGH** 2. 11. 1960 V ZR 124/59 vorgesehen zur Veröffentlichung in der amtlichen Sammlung).

§ 2315

Der Pflichtteilsberechtigte hat sich auf den Pflichtteil anrechnen zu lassen, was ihm von dem Erblasser durch Rechtsgeschäft unter Lebenden mit der Bestimmung zugewendet worden ist, daß es auf den Pflichtteil angerechnet werden soll.

Der Wert der Zuwendung wird bei der Bestimmung des Pflichtteils dem Nachlasse hinzugerechnet. Der Wert bestimmt sich nach der Zeit, zu welcher die Zuwendung erfolgt ist.

Ist der Pflichtteilsberechtigte ein Abkömmling des Erblassers, so findet die Vorschrift des § 2051 Abs. 1 entsprechende Anwendung.

E I 1989 Abs. 1 Nr. 2, Abs. 2—4, 1990 Abs. 1 II 2180; M 5 410—414; P 5 521—523; 6 102, 103; KB 322.

Übersicht

Anrechnung von Zuwendungen auf den Pflichtteil

Anm. 1

I. Allgemeine Bedeutung der §§ 2315, 2316

Nach § 2311 ist für die Berechnung des Pflichtteils der Bestand des Nachlasses zur Zeit des Erbfalls zugrunde zu legen. Zuwendungen, die der Erblasser dem Pflichtteilsberechtigten oder anderen bereits zu Lebzeiten gemacht hat, können danach bei der Bemessung des Pflichtteilsanspruchs grundsätzlich nicht berücksichtigt werden. Hiervon machen die §§ 2315 und 2316 eine Aussnahme.

§ 2315 ordnet die Berechnung und Verrechnung des Pflichtteils eines Abkömmlings, Elternteils oder Ehegatten auch für den Fall, daß er der einzige nächste gesetzliche Erbe sein würde, mit Rücksicht auf gewisse ihm unter Lebenden auf den Pflichtteil gemachte Zuwendungen.

§ 2316 beschäftigt sich mit dem Pflichtteil eines Abkömmlings, neben dem noch wenigstens ein anderer Abkömmling vorhanden ist, mit Rücksicht auf auszugleichende Zuwendungen. § 2316 Abs. 4 handelt von der Möglichkeit, daß die Zuwendung sowohl auf den Pflichtteil wie (als Ausgleichungsposten) auf den Erbteil anzurechnen ist.

Anm. 2

II. Die Anrechnung auf den Pflichtteil

Die Anrechnung auf den Pflichtteil geschieht in der Weise, daß von dem nach Abs. 2 berechneten Pflichtteil der Wert der Zuwendung mit demselben Betrage gekürzt wird, zu dem er dem Nachlaß hinzugerechnet war. Der Pflichtteilsberechtigte kann infolgedessen mit seinem Anspruche leer ausgehen (**RG** 58, 61), hat aber niemals herauszuzahlen.

III. Zuwendung

Anm. 3

Zum Begriff der Zuwendung vgl. § 2050 Anm. 2, 14—17. Die in § 2050 Abs. 1 besonders behandelte Ausstattung des Kindes kann auch insoweit Zuwendung sein, als sie das den Vermögensverhältnissen entsprechende Maß nicht übersteigt und deshalb nicht als Schenkung gilt (§ 1624).

Anm. 4

Im Gegensatz zu der von Planck/Greiff 4. Aufl. § 2315 Anm. 3a und Staudinger/Ferid 11. Aufl. § 2315 Nr. 24 vertretenen Ansicht sind als Zuwendungen auch bloße Schenkungsversprechen anzusehen. Planck/Greiff gründet seine Ansicht darauf, daß der versprochene Gegenstand noch zum Nachlaß gehört und daher bei der Wertermittlung ohnehin zu berücksichtigen sei, so daß der Wert des Versprechens nicht nochmals dem Nachlaß hinzugerechnet werden könne. Demgegenüber ist zu beachten, daß das Schenkungsversprechen bei der Ermittlung des Nachlaßwertes als Nachlaßverbindlichkeit zu berücksichtigen ist, so daß, um die dadurch bewirkte Wertminderung auszugleichen, das Versprechen als Zuwendung behandelt werden muß. Ebenso ist das Versprechen, eine nicht zum Nachlaß gehörige Sache zu schenken, als Zuwendung zu berücksichtigen, denn auf jeden Fall ist der Nachlaß mit einer Verbindlichkeit beschwert.

Anm. 5

IV. Rechtsgeschäft unter Lebenden

Die Zuwendung muß durch Rechtsgeschäft unter Lebenden vermittelt sein. Danach ist ausgeschlossen, daß die Anrechnung auf den Pflichtteil wirksam durch Verfügung von Todes wegen angeordnet werden kann (**RG** 67, 307; JR 1927 Nr. 1121). Im übrigen kommen Rechtsgeschäfte jeder Art, auch Verträge zugunsten Dritter in Frage (§ 328). Geschieht die Zuwendung ohne den Willen des Pflichtteilsberechtigten (z. B. durch Bezahlung seiner Schulden), so ist § 516 Abs. 2 entsprechend anwendbar.

V. Bestimmung des Erblassers über die Anrechnung

1. Bestimmung bei der Zuwendung

Anm. 6

Die Zuwendung muß mit der Bestimmung geschehen, daß sie auf den Pflichtteil angerechnet werden soll. Die Bestimmung ist eine gegenüber dem Empfänger der Zuwendung abzugebende Willenserklärung, die diesem nicht bloß zugehen (§ 130), sondern auch zu seinem Bewußtsein gebracht werden muß. Mit dem sich hieraus ergebenden Erfordernisse, daß die Umstände das Bewußtsein des Empfängers von der Anrechnungspflicht in ihrer Richtung auf den Pflichtteil außer Zweifel stellen müssen, kann die Bestimmung auch stillschweigend erklärt werden (**RG** SeuffArch 76 Nr. 57).

Anm. 7

In der Anordnung der Anrechnung auf den Erbteil ist sie nicht ohne weiteres enthalten; nur besondere Umstände können im Einzelfall zu der Annahme führen, daß eine solche Anordnung, über ihren nächstliegenden Sinn (§§ 2055, 2316 Abs. 1) hinausgehend, unmittelbar auf eine pflichtteilsrechtliche Wirkung abziele und daß dies dem Empfänger bewußt geworden sei (**RG** SeuffArch 76 Nr. 57; Recht 1904 Nr. 1312; JW 1925, 2124 Nr. 13).

Die Bestimmung setzt nicht notwendig voraus, daß der Erblasser von vornherein die Absicht hat, den Empfänger der Zuwendung auf den Pflichtteil zu setzen. Sie hat vielmehr auch dann Sinn und Berechtigung, wenn er sich dadurch nur diese Möglichkeit offenhalten will (**RG** Recht 1921 Nr. 149). Bestimmung, Zuwendung und Rechtsgeschäft (Anm. 5) werden regelmäßig zeitlich zusammentreffen („mit der Bestimmung"). Es genügt jedoch, wenn die Bestimmung der Zuwendung vorangeht, aber in Hinblick auf die bevorstehende Zuwendung getroffen wird.

2. Bestimmung nach der Zuwendung

Anm. 8

Dagegen bindet die nachträgliche Bestimmung den Empfänger selbst dann nicht, wenn er sich (formlos) damit einverstanden erklärt hätte (**RG** SeuffArch 76 Nr. 57). Hat der einzige Abkömmling A aus dem 300 betragenden Vermögen des Erblassers E eine mit Anrechnungspflicht nicht beschwerte Zuwendung von 100 erhalten, und beträgt infolgedessen der Nachlaß des E nur noch 200, so gebührt ihm als Pflichtteil $\frac{1}{2} = 100$. Er bekommt danach unter Lebenden und von Todes wegen zusammen 200. Soll er sich jedoch die vorempfangenen 100 auf den Pflichtteil anrechnen lassen, so beträgt der Pflichtteil nur $\frac{200 + 100}{2} - 100 = 50$. Er bekommt dann zusammen nur

150. Die (wie hier vorausgesetzt) nachträglich auferlegte und übernommene Anrechnungspflicht verkürzt deshalb unter allen Umständen den Pflichtteil des A und enthält somit einen Erbverzicht, der nach §§ 2346 Abs. 2, 2348 öffentlich beurkundet werden muß (**RG** 71, 136).

Anm. 9

Der gleiche Erfolg tritt zwar auch dann ein, wenn die Anrechnungsbestimmung sogleich mit der Zuwendung verbunden wird. Allein in diesem Falle ist die Bestimmung des Zuwendenden das Entscheidende. Die Zuwendung erhält damit eine besondere rechtliche Beschaffenheit, und nur so, wie sie beschaffen ist, also als auf den Pflichtteil anzurechnen, kann sie der Pflichtteilsberechtigte annehmen oder ablehnen. Sein Widerspruch gegen die Bestimmung wäre, wenn er trotzdem annimmt, unwirksam. Die Annahme in Unkenntnis der Bestimmung hätte Nichtigkeit der Zuwendung zur Folge und würde den Bereicherungsanspruch des Erblassers oder des Nachlasses aus § 812 entstehen lassen.

Anm. 10

Im übrigen ist der Erblasser nicht gehindert, dem zum Erben eingesetzten Pflichtteilsberechtigten die Anrechnung von Zuwendungen letztwillig zur Pflicht zu machen, soweit hierdurch nicht eine Schmälerung seines Pflichtteils eintritt (§§ 2050 Anm. 14, 2306 Anm. 6).

VI. Hinzurechnung (Abs. 2 Satz 1)

Anm. 11

Der Wert der Zuwendung erhöht, wiewohl nur rechnungsmäßig und nur im Verhältnis zu demjenigen Pflichtteilsberechtigten, welcher die Zuwendung empfangen hat, den nach § 2311 zugrunde zu legenden Wert des Gesamtnachlasses (anders bei § 2316, wo es sich um Berücksichtigung der Ausgleichungspflicht und im Falle des Abs. 4 zugleich um Anrechnung auf den Pflichtteil bei einer Mehrheit von pflichtteilsberechtigten Abkömmlingen handelt, vgl. auch §§ 2325, 2327). Die Erb- oder Pflichtteile anderer Beteiligter werden hiervon grundsätzlich nicht berührt.

Anm. 12

Kommen verschiedene lediglich auf den Pflichtteil anzurechnende Zuwendungen an verschiedene Pflichtteilsberechtigte in Frage, so ist der Berechnung eines jeden Pflichtteils auch ein verschiedener Gesamtbestand des Nachlasses zugrunde zu legen. Haben z. B. an derartigen Zuwendungen empfangen bei einem Nachlaßreinbestand von 2000 der überlebende Ehegatte E 200, der Abkömmling A 500, so ist der Pflichtteil des E von 2200, des A von 2500 fiktivem Nachlaßbestand zu berechnen. Dafür spricht auch die Entstehungsgeschichte des Gesetzes. Vgl. darüber Planck/Greiff 4. Aufl. § 2315 Anm. 6.

VII. Bestimmung des Wertes der Zuwendung (Abs. 2)

Anm. 13

1. Maßgebender Zeitpunkt

Für die Wertbestimmung ist die Zeit der Leistung, nicht wie in § 2311 des Erbfalls maßgebend. Spätere Veränderungen des Sachwerts und selbst der Untergang der zugewendeten Sache sind unbeachtlich.

Anm. 14

2. Zuwendungen in der Inflationszeit

Fällt eine anzurechnende Zuwendung in die Zeit vor der Inflation, der Erbfall in die Inflationszeit, so ist für die Frage, mit welchem Werte die Zuwendung anzurechnen ist, in erster Linie der in seinen Verfügungen von Todes wegen niedergelegte Wille des Erblassers maßgebend (**RG** 21. 9. 1936 IV 123/36). Ist ein solcher Wille nicht feststellbar, so muß der Wert des Nachlasses gemäß § 2311 für die Zeit des Erbfalls in Papiermark geschätzt und der sich nach der Zuwendungszeit bestimmende Wert der Zuwendung, um die Zusammenrechnung der beiden Werte zu ermöglichen, für die Zeit des Erbfalls in Papiermark umgerechnet werden; die so in Papiermark errechnete Pflichtteilsforderung ist dann gemäß § 2317 Anm. 9 aufzuwerten (**RG** JR 1927 Nr. 1120).

Anm. 15

3. Bestimmung des Anrechnungswertes durch den Erblasser

Hat der Erblasser bei der Anrechnungsbestimmung (Anm. 6ff) den anzurechnenden Wert festgesetzt, und zwar auf einen hinter dem wirklichen Werte zurückbleibenden Betrag, so ist diese Festsetzung maßgebend (wenn von der Geldentwertung betroffen, in dem für die Zeit des Erbfalls umzurechnenden Betrage). Sind dadurch andere Pflichtteilsberechtigte benachteiligt, so kann ihnen der Ergänzungsanspruch nach § 2325 zustehen.

Die Festsetzung eines zu hohen, den Empfänger im Pflichtteil benachteiligenden Wertes kann nur als Erbverzicht zur Geltung kommen (Anm. 8).

Anm. 16

4. Einfluß der Währungsreform

Schwierigkeiten können sich, wenn der Erbfall nach der Währungsreform eingetreten ist, bezüglich derjenigen Zuwendungen ergeben, die vor dem 21. Juni 1948 gemacht sind. Grundsätzlich ist der Wert der Zuwendung in der damals geltenden Reichsmarkwährung zu ermitteln. Der festgestellte Reichsmarkbetrag muß entsprechend dem in § 2 WährG enthaltenen Gedanken als DM-Betrag dem Nachlaß hinzugerechnet werden. Von dieser Summe ist der Pflichtteil zu berechnen, der dann wiederum um den in Deutsche Mark ausgedrückten Betrag der Zuwendung zu kürzen ist (**BGH** 19. 10. 1955 IV ZR 42/55).

Unbilligkeiten können sich ergeben, wenn nicht Sachwerte, sondern Reichsmarkbeträge zugewandt waren. In solchen Fällen wird notfalls im Wege der ergänzenden Testamentsauslegung festzustellen sein, ob die Zuwendung mit einem anderen als ihrem in Deutscher Mark ausgedrückten Nennbetrag anzurechnen ist.

VIII. Anrechnungspflicht für nachrückende Abkömmlinge (Abs. 3)

Anm. 17

Die Anrechnungspflicht trifft auch den nachrückenden Abkömmling, der an Stelle des nächstberechtigten, aber weggefallenen Abkömmlings pflichtteilsberechtigt geworden ist. Jener muß sich auf seinen Pflichtteil die dem weggefallenen Abkömmling gemachten Zuwendungen anrechnen lassen. Die auf diese Weise von der Anrechnungspflicht Betroffenen können Geschwister oder Abkömmlinge des weggefallenen pflichtteilsberechtigten Abkömmlings sein.

Anm. 18

Falls der anrechnungspflichtige Abkömmling vor dem Erblasser verstorben ist, muß der an seine Stelle tretende Abkömmling die jenem gemachten Zuwendungen sich ebenso anrechnen lassen wie dieser es müßte, wenn er den Erbfall erlebt hätte und pflichtteilsberechtigt geworden wäre. Es kommt nicht darauf an, ob er den Weggefallenen beerbt hat oder selbst in den Genuß der Zuwendung gelangt ist. Nichts besonderes gilt, wenn der an die Stelle des Weggefallenen Tretende dessen Abkömmling ist. Ist er dagegen ein mit dem Weggefallenen in der Seitenlinie verwandter Abkömmling des Erblassers, so ist § 1935 entsprechend anzuwenden. Danach ist der ursprüngliche Pflichtteil, der sich ergeben würde, wenn der Vorgehende nicht weggefallen wäre, und der endgültige nach dem Wegfall sich ergebende Pflichtteil zu berechnen. Der ursprüngliche Pflichtteil muß dem Berechtigten verbleiben. Er wird durch die Anrechnung der dem Weggefallenen gemachten Zuwendungen nicht beeinträchtigt. Anderseits mindern Zuwendungen, die dem Pflichtteilsberechtigten selbst gemacht sind, nicht den Teil des Pflichtteils, den er durch den Wegfall des ihm Vorgehenden erhält.

Anm. 19

Falls der vorgehende Abkömmling als Pflichtteilsberechtigter dadurch weggefallen ist, daß er durch letztwillige Verfügung von der Erbfolge ausgeschlossen und ihm dabei der Pflichtteil entzogen ist, daß er den Erbteil ausgeschlagen hat oder für erbunwürdig erklärt ist, ist Abs. 3 nur anwendbar, wenn an Stelle des Weggefallenen ein Abkömmling von ihm tritt. Die Geschwister des Weggefallenen brauchen sich die diesem gemachten Zuwendungen nicht auf ihren Pflichtteil anrechnen zu lassen, da dieser nach § 2310 durch den Wegfall des neben ihnen Pflichtteilsberechtigten in seiner Höhe überhaupt nicht berührt wird.

Anm. 20

Abs. 3 ist nicht anzuwenden, wenn an die Stelle des weggefallenen Abkömmlings die Eltern des Erblassers pflichtteilsberechtigt werden. Aus § 2309 ist aber herzuleiten, daß die Zuwendungen praktisch auch auf ihren Pflichtteil anzurechnen sind (vgl. darüber unten Anm. 23).

Anm. 21

Was in den Anm. zu § 2051 von der Ausgleichungspflicht gesagt ist, gilt hier von der Anrechnungspflicht.

Anm. 22

Die entsprechende Anwendung ist auch dann geboten, wenn ein Fremder als Erbe eingesetzt und der nachrückende Abkömmling der einzige in Betracht kommende Pflichtteilsberechtigte ist. Der Erblasser kann die Anwendung des § 2051 dadurch ausschließen, daß er die Anrechnung dem Empfänger der Zuwendung nur für seine Person zur Pflicht macht. Der Nachrückende ist hierfür beweispflichtig.

Anm. 23

IX. Verhältnis zu § 2309. Nachrücken der Eltern des Erblassers

Zu beachten ist, daß der entferntere Abkömmling nach § 2309 Anm. 5ff insoweit nicht pflichtteilsberechtigt ist, als der vorgehende Berechtigte den Pflichtteil verlangen kann oder das ihm Hinterlassene annimmt. Nun kann zwar der Empfänger der anzurechnenden Zuwendung, soweit sie anzurechnen ist, den Pflichtteil „nicht verlangen“. Aber doch nur deshalb nicht, weil er durch den Voempfang hierauf schon bei Lebzeiten abgefunden worden ist, ohne daß ihm die einmal empfangene Zuwendung wieder entzogen werden kann. Mit Planck/Greiff Anm. 8b muß eine derartige Vorausgewährung dem Hinterlassenen gleichgestellt werden. Die Annahme der Zuwendung als „des Hinterlassenen“ läßt es deshalb insoweit überhaupt nicht zum Nachrücken entfernterer Pflichtteilsberechtigter kommen. Soweit dennoch die Eltern des Erblassers nachrücken, z. B. wegen Erbunwürdigkeit des einzigen Abkömmlings, der durch anzurechnende Zuwendungen bereits teilweise auf den Pflichtteil abgefunden ist, haben sie praktisch die Anrechnungspflicht ebenfalls gegen sich gelten zu lassen. Zwar nicht auf Grund von § 2315 Abs. 3, der nur auf Abkömmlinge berechnet ist. Wohl aber auf Grund von § 2309, der ein Pflichtteilsrecht der Eltern nur insoweit entstehen läßt, als der weggefallene Abkömmling nicht schon unter Lebenden hierauf abgefunden war. Ist er schon vor dem Erblasser verstorben, so hat sich damit die Anrechnungspflicht überhaupt erledigt. Die Eltern können dann kraft eigenen Rechtes ihren vollen Pflichtteil fordern (§ 2309 Anm. 5).

X. Anwendung für die §§ 2303, 2305—2307

Anm. 24

Nach der Absicht des Gesetzgebers soll im Falle der Anrechnung der nach § 2315 zu berechnende Pflichtteilsanspruch derjenige sein, der allein dem Pflichtteilsberechtigten zusteht. Nicht den in § 2303 Abs. 1 Satz 2 genannten normalen Pflichtteilsanspruch, sondern den sich aus § 2315 ergebenden wirklichen kann der Berechtigte gegen den Erben geltend machen.

Anm. 25

Entsprechend muß auch in §§ 2305 und 2306 auf das Verhältnis des hinterlassenen Erbteils zu dem Wert des nach § 2315 zu berechnenden Pflichtteilsanspruchs abgestellt werden. Denn allein darauf kommt es an, ob und wie weit dieser Anspruch durch die Erbeinsetzung gedeckt ist. Der Berechtigte hat daher nach § 2305 nur insoweit einen Pflichtteilsrestanspruch, als der Wert des ihm Zugewandten den ihm nach § 2315 zustehenden wirklichen Pflichtteilsanspruch nicht deckt. Nur wenn der Wert des hinterlassenen Erbteils diesen Anspruch nicht übersteigt, fallen die auf dem Erbteil ruhenden Beschränkungen und Beschwerungen nach § 2306 Abs. 1 Satz 1 fort. Schlägt der Pflichtteilsberechtigte den ihm hinterlassenen Erbteil nach § 2306 Abs. 1 Satz 2 aus, dann kann er den ihm nach § 2315 zustehenden Pflichtteilsanspruch nur geltend machen, wenn der Wert des beschwerten Erbteils größer war als dieser Anspruch. Für § 2307 kommt es gleichfalls auf das Verhältnis des Wertes des Vermächtnisses zu dem sich nach § 2315 ergebenden Anspruch an.

XI. Anrechnung auf Zugewinnausgleichsforderung und Pflichtteil des Ehegatten

Anm. 26

Falls ein Erblasser, der mit seinem Ehegatten im Güterstand der Zugewinngemeinschaft gelebt hat, bestimmt hat, eine von ihm gemachte Zuwendung solle nach § 1380 auf die Zugewinnausgleichsforderung und auch auf den Pflichtteil angerechnet werden, ist zu beachten, daß sie nicht doppelt angerechnet werden darf. Soweit der Wert der Zuwendung durch die Anrechnung auf die Ausgleichsforderung verbraucht ist, kann er nicht mehr auf den Pflichtteil angerechnet werden. Die Zugewinnausgleichsforderung beträgt die Hälfte des auszugleichenden Zugewinns (§ 1378 Abs. 1). Der Wert der Zuwendung muß, um die Ausgleichsforderung nach § 1380 durch eine Anrechnung in Fortfall zu bringen, mindestens so groß wie der auszugleichende Zugewinn sein. Eine Anrechnung auf den Pflichtteil ist daher nur insoweit möglich, als der Wert der Zuwendung den auszugleichenden Zugewinn übersteigt. Für die Berechnung der Zugewinnausgleichsforderung und des Pflichtteils sind für den Fall, daß der Ehegatte als gesetzlicher Erbe neben Abkömmlingen berufen wäre, folgende Formeln anzuwenden, wenn bezeichnet wird:

Auszugleichender Zugewinn des Erblassers	Az
Ausgleichsforderung	Af
Reinnachlaß einschließlich des auszugleichenden Zugewinns vor Abzug der Ausgleichsforderung	Rn
Pflichtteil	Pf
Zuwendung	Zw
Belastung der Erben	Be
Gesamterwerb des Ehegatten	Ge

Anm. 27

Bei Anrechnung nur auf die Ausgleichsforderung:

$$Af_1 = \frac{Az + Zw}{2} - Zw = \frac{Az - Zw}{2}.$$

Eine Ausgleichsforderung besteht nicht mehr, wenn Zw gleich oder größer als Az ist. Sie ist dann durch die Zuwendung abgegolten. Falls Zw größer als Az ist, wird Af_1 negativ. Das ist bedeutsam, wenn die Zuwendung auch noch auf den Pflichtteil anzurechnen ist (vgl. Anm. 29). Wenn sie nur auf die Ausgleichsforderung anzurechnen ist, kann diese im ungünstigsten Fall durch die Anrechnung entfallen. Der überlebende Ehegatte ist nicht verpflichtet, die empfangene Zuwendung ganz oder teilweise zurück zu zahlen.

Bei der Berechnung des Pflichtteils muß nach § 2311 von Rn noch die Ausgleichsforderung als Nachlaßverbindlichkeit abgerechnet werden. Dadurch, daß die Zuwendung auf die Ausgleichsforderung angerechnet wird, wird diese geringer, der Pflichtteil wird, da nur die tatsächlich von den Erben zu befriedigende Ausgleichsforderung von Rn abzuziehen ist, um $\frac{Zw}{16}$ größer sein, als er wäre, wenn der Erblasser die Anrechnung nicht angeordnet hätte. Demnach ist

$$Pf_1 = \frac{1}{8}\left(Rn - \frac{Az - Zw}{2}\right) = \frac{1}{8}\left(Rn + \frac{Zw - Az}{2}\right)$$

$$Be_1 = Af_1 + Pf_1$$

$$Ge_1 = Af_1 + Pf_1 + Zw.$$

Anm. 28

Bei Anrechnung nur auf den Pflichtteil:

$$Af_2 = \frac{Az}{2}$$

$$Pf_2 = \frac{1}{8}\left(Rn + Zw - \frac{Az}{2}\right) - Zw$$

$$Be_2 = Af_2 + Pf_2$$

$$Ge_2 = Af_2 + Pf_2 + Zw.$$

Anm. 29

Bei Anrechnung auf Ausgleichsforderung und Pflichtteil:

In diesem Fall darf die Zuwendung (Zw) nicht zweimal abgezogen werden, sondern insgesamt nur einmal. Be_3 ist die Summe von Af_1 und Pf_1. Von dieser Summe ist Zw nicht mehr abzuziehen, da dieser Wert bereits in der Formel für Af_1 abgezogen ist. Sofern Zw größer ist als Az, ergibt sich für Af_1 ein negativer Wert, der auf Pf_1 anzurechnen ist. An sich wäre von der Formel für Pf_2 auszugehen; jedoch darf bei dieser Formel in der Klammer nicht Zw, sondern nur $\frac{Zw}{2}$ hinzugerechnet werden, da $\frac{Zw}{2}$ für den überlebenden Ehegatten bereits als auszugleichender Zugewinn in Rechnung gestellt worden ist, so daß hiervon nicht nochmals die Pflichtteilsquote beansprucht werden kann. Dann entspricht der Minuend der Formel für Pf_2 der Formel für Pf_1. Demnach beträgt

$$Be_3 = \frac{Az - Zw}{2} + \frac{1}{8}\left(Rn + \frac{Zw - Az}{2}\right)$$

$$Ge_3 = Be_3 + Zw.$$

Anm. 30

Die Bestimmung des Erblassers über die Anrechnung auf Ausgleichsforderung und Zuwendung bezweckt, den Ehegatten, soweit es die Größe der Zuwendung erlaubt, wirtschaftlich nicht besser zu stellen, als er stehen würde, wenn die Zuwendung nicht gemacht, sondern als auszugleichender Zugewinn im Nachlaß verblieben wäre. Dieses Ergebnis kann nur erreicht werden, wenn die Zuwendung nicht größer gewesen ist als Ausgleichsforderung und Pflichtteil sein würden, wenn sie nicht gemacht wäre, sondern als auszugleichender Zugewinn im Nachlaß verblieben wäre.

In diesem Fall wäre

$$Af_4 = \frac{Az + Zw}{2}$$

$$Pf_4 = \frac{1}{8}\left(Rn + Zw - \frac{Az + Zw}{2}\right) = \frac{1}{8}\left(Rn + \frac{Zw - Az}{2}\right)$$

$$Ge_4 = Af_4 + Pf_4.$$

Es muß also sein

$Ge_3 = Ge_4$

$$\frac{Az - Zw}{2} + \frac{1}{8}\left(Rn + \frac{Zw - Az}{2}\right) + Zw = \frac{Az + Zw}{2} + \frac{1}{8}\left(Rn + \frac{Zw - Az}{2}\right)$$

$$0 = 0.$$

Anm. 31

Entsprechende Formeln gelten, wenn der Ehegatte gesetzlicher Erbe neben Verwandten der zweiten Ordnung wäre, nur ist dann der Divisor für Pf nicht $\frac{1}{8}$ sondern $\frac{1}{4}$.

Anm. 32

Wenn der Erblasser die Anrechnung der Zuwendung auf Pflichtteil und Ausgleichsforderung angeordnet hat, ist es praktisch, zunächst Ausgleichsforderung und Pflichtteil für den Fall auszurechnen, daß die Zuwendung noch als auszugleichender Zugewinn im Nachlaß verblieben wäre, also Af_4 und Pf_4 nach den oben Anm. 30 mitgeteilten Formeln. Ist die Zuwendung gleich oder größer als die Summe dieser Beträge, dann ist der Ehegatte durch die Zuwendung voll abgefunden. Ihm steht keine Ausgleichsforderung und kein Pflichtteil mehr zu.

Anm. 33

Nur wenn die Zuwendung geringer ist, dann ist es notwendig, Be_3 nach der Formel Anm. 29 auszurechnen. Nur dann ergibt sich für Be_3 ein positiver Wert, den der Ehegatte noch als Ausgleichsforderung und Pflichtteil zu beanspruchen hat.

Anm. 34

Falls die Pflichtteilslast nach §§ 2320, 2321 ein einzelner Miterbe oder ein Vermächtnisnehmer ganz oder zum Teil zu tragen hat, ist es notwendig, die Höhe von Pflichtteil und Ausgleichsforderung gesondert zu berechnen. In diesem Fall muß die Zuwendung in der Reihenfolge auf Ausgleichsforderung und Pflichtteil angerechnet werden, die der Erblasser bestimmt hat.

Anm. 35

Hat der Erblasser bestimmt, daß die Zuwendung zunächst auf die Ausgleichsforderung anzurechnen sei, ist eine Anrechnung auf den Pflichtteil nicht möglich, wenn die Zuwendung gleich oder kleiner als Az ist. Sie wird dann bereits verbraucht, um die Ausgleichsforderung abzudecken. Ausgleichsforderung und Pflichtteil sind in diesem Falle nach den Formeln Anm. 27 zu berechnen.

Anm. 36

Ist Zw größer als Az, dann ist die Ausgleichsforderung durch die Anrechnung abgedeckt, und der Betrag, der gemäß Anm. 29 nach der Formel für Be_3 zu berechnen ist, ist die Höhe des noch geschuldeten Pflichtteils.

Anm. 37

Hat der Erblasser bestimmt, daß die Zuwendung zunächst auf den Pflichtteil und dann erst auf die Ausgleichsforderung anzurechnen sei, dann ist eine Anrechnung auf die Ausgleichsforderung nicht möglich, wenn Zw gleich oder kleiner als $\frac{1}{8}\left(Rn + \frac{Zw - Az}{2}\right)$ ist, da sie dann bereits verbraucht wird, um den Pflichtteil abzudecken. In diesem Fall sind Ausgleichsforderung und Pflichtteil nach den Anm. 28 mitgeteilten Formeln zu berechnen.

Anm. 38

Ist die Zuwendung größer als $\frac{1}{8}\left(Rn + \frac{Zw - Az}{2}\right)$, dann ist der Pflichtteil durch die Anrechnung abgedeckt, und der Betrag, der gemäß Anm. 29 nach der Formel für Be_3 zu berechnen ist, ist die Höhe der noch geschuldeten Ausgleichsforderung.

Anm. 39

Wenn der Erblasser die Reihenfolge der Anrechnung nicht bestimmt hat und die Zuwendung geringer ist als die Summe von Af_4 und Pf_4 (Anm. 30), dann muß der Betrag, der gemäß Anm. 29 nach der Formel für Be_3 zu berechnen ist, im Verhältnis von Af_4 zu Pf_4 auf Ausgleichsforderung und Pflichtteil verteilt werden.

§ 2316

Der Pflichtteil eines Abkömmlings bestimmt sich, wenn mehrere Abkömmlinge vorhanden sind und unter ihnen im Falle der gesetzlichen Erbfolge eine Zuwendung des Erblassers zur Ausgleichung zu bringen sein würde, nach demjenigen, was auf den gesetzlichen Erbteil unter Berücksichtigung der Ausgleichungspflicht bei der Teilung entfallen würde. Ein Abkömmling, der durch Erbverzicht von der gesetzlichen Erbfolge ausgeschlossen ist, bleibt bei der Berechnung außer Betracht.

Ist der Pflichtteilsberechtigte Erbe und beträgt der Pflichtteil nach Abs. 1 mehr als der Wert des hinterlassenen Erbteils, so kann der Pflichtteilsberechtigte von den Miterben den Mehrbetrag als Pflichtteil verlangen, auch wenn der hinterlassene Erbteil die Hälfte des gesetzlichen Erbteils erreicht oder übersteigt.

Eine Zuwendung der im § 2050 Abs. 1 bezeichneten Art kann der Erblasser nicht zum Nachteil eines Pflichtteilsberechtigten von der Berücksichtigung ausschließen.

Ist eine nach Abs. 1 zu berücksichtigende Zuwendung zugleich nach § 2315 auf den Pflichtteil anzurechnen, so kommt sie auf diesen nur mit der Hälfte des Wertes zur Anrechnung.

E I 1989 Abs. 1 Nr. 3, Abs. 4, 1990 Abs. 2 II 2181; M 5 410—416; P 5 521—525, 892; 6 102, 103, 320, 351; KB 323 ff.

Übersicht

Ausgleichungspflicht

Anm. 1

I. Voraussetzungen des Abs. 1

Es handelt sich um die Berechnung des Pflichtteils eines Abkömmlings neben einem oder mehreren Abkömmlingen, nicht wie in § 2315 (dort Anm. 1) des Pflichtteilsberechtigten schlechthin, und zwar um die nähere Bestimmung des nach § 2303 Anm. 17 hierfür maßgebenden gesetzlichen Erbteils. Die anderen — näheren oder entfernteren — Abkömmlinge (§ 2309) müssen vorhanden sein, d. h. zur Zeit des Erbfalls gelebt haben. Ob sie, allein oder neben Fremden, Erben oder Pflichtteilsberechtigte geworden sind, ist gleichgültig, wofern sie nur gemäß § 2310 „mitgezählt werden". Nur der Verzichtende und der Erbunfähige bleiben außer Betracht (Anm. 9).

Anm. 2

II. Ausgleichungspflicht

Die Bestimmungen über die Pflicht zur Ausgleichung von Zuwendungen im Falle der gesetzlichen Erbfolge sind in den §§ 2050ff enthalten. Der Erbe, der durch die Zuwendung mehr erhalten hat, als ihm bei der Auseinandersetzung zukommen würde, braucht weder den Mehrbetrag herauszuzahlen (§ 2056) noch den Pflichtteil zu zahlen, wenn die Zuwendung das einzige, rechnungsmäßige Aktivum des Nachlasses ist. Er könnte gegebenenfalls nur mit dem Pflichtteilsergänzungsanspruch aus §§ 2325ff belangt werden (**RG** 77, 282).

Anm. 3

III. Auskunftspflicht

In entsprechender Anwendung des § 2057 ist der Erbe zur Auskunft über auszugleichende Zuwendungen auch dann verpflichtet, wenn ihm der Pflichtteilsberechtigte nicht als Miterbe, sondern nur als Pflichtteilsgläubiger gegenübersteht (**RG** 73, 372; **BGH** 24. 9. 1953 IV ZR 37/53). Diese Auskunft hat sich auf eine Ausstattung zu erstrecken, deren Ausgleichung ihm zum Nachteil des Pflichtteilsberechtigten (Abs. 3) vom Erblasser erlassen worden ist (**RG** WarnRspr 1912 Nr. 173).

IV. Berechnung des Pflichtteils

1. Hinzurechnung des Werts der Zuwendungen

Anm. 4

Auch wenn es nicht zur gesetzlichen Erbfolge und damit zur Durchführung der Ausgleichung kommt, wird doch die Ausgleichungspflicht **rechnungsmäßig berücksichtigt.** Die Hälfte des auf dieser Grundlage ermittelten gesetzlichen Erbteils bildet den Pflichtteil. Dabei ist festzuhalten, daß die Ausgleichung nur unter den Abkömmlingen und nur innerhalb des auf sie entfallenden Nachlaßanteils stattfindet.

Anm. 5

Dem Wert des Nachlasses, der den Abkömmlingen einschließlich derjenigen zukommen würde, die gemäß § 2310 bei der Berechnung des Pflichtteils mitzuzählen sind, sind die Werte sämtlicher Zuwendungen, die bei der gesetzlichen Erbfolge auszugleichen wären, hinzuzurechnen (§ 2055 Abs. 1 Satz 2). Falls bei der gesetzlichen Erbfolge nur Abkömmlinge Erben würden, wäre der Wert der Zuwendungen zu dem Wert des Gesamtnachlasses hinzuzurechnen.

Anm. 6

Falls neben den Abkömmlingen auch der überlebende Ehegatte des Erblassers zur gesetzlichen Erbfolge gelangen würde, wäre der Wert der Zuwendungen, da der Erbteil des Ehegatten ¼ oder nach § 1371 ½ beträgt, nur dem Werte von ¾ oder ½ des Nachlasses hinzuzurechnen. Erb- und Pflichtteil des überlebenden Ehegatten werden sonach durch die Bestimmungen des § 2316 nicht beeinflußt.

Beispiel: Nachlaß 2000, Erben neben dem Ehegatten E die Abkömmlinge A mit 1250, B mit 0, C mit 250 auszugleichenden Zuwendungen. Gesetzlicher Erbteil des E (falls nicht § 1371 zutrifft) 2000 : 4 = 500, hiervon ½ Pflichtteil = 250. Der gesetzliche

Erbteil jedes Abkömmlings beträgt (1500 + 1250 + 250) : 3 = 1000, mit Anrechnung der Vorempfänge für A 1000 — 1250 = 0. Da somit § 2056 einschlägt (**RG** WarnRspr 1913 Nr. 252), berechnet sich für B und C der gesetzliche Erbteil auf je (1500 + 250) : 2 = 875 und mit Anrechnung der Vorempfänge für B auf 875 — 0 = 875, für C auf 875 — 250 = 625. Hiervon ½ Pflichtteil für A = 0, für B = 437 ½, für C 312 ½.

2. Bewertung der Zuwendungen

Anm. 7

Sind bei einem während der Inflationszeit erfolgten Erbfall Zuwendungen aus der Zeit vor der Inflation zu berücksichtigen, so gilt für die Wertberechnung Entsprechendes wie nach § 2315 Anm. 14 (**RG** JR 1927 Nr. 1120).

Anm. 8

Maßgebend für die Bemessung des Wertes der Zuwendung ist nach § 2055 Abs. 2 die Zeit, zu der die Zuwendung erfolgte. Bei Erbfällen, die nach dem Stichtag der Währungsreform eingetreten sind, gilt für die Berücksichtigung von Zuwendungen, die vor dem Stichtag der Währungsreform gemacht sind, das in § 2315 Anm. 16 Ausgeführte (**BGH** 19. 10. 1955 IV ZR 42/55).

V. Erbverzicht (Abs. 1 Satz 2)

Anm. 9

Im Falle des Erbverzichts wird der Verzichtende nach § 2310 Anm. 5 nicht mitgezählt, wenn sich der Verzicht auf das gesetzliche Erbrecht erstreckte. In diesem Falle kommt eine Hinzurechnung der ihm gemachten Zuwendungen zum Nachlaß ebensowenig in Frage, wie wenn er vor dem Erblasser gestorben wäre. Dasselbe gilt von den Abkömmlingen des Verzichtenden, wenn der Verzicht nach § 2349 auch für sie wirksam ist. War er dagegen auf die Person des Verzichtenden beschränkt, so sind die nachrückenden Abkömmlinge gemäß § 2051 Anm. 2 an seiner Stelle zur Ausgleichung verpflichtet. Auf dieser Grundlage ist mithin auch ihr Pflichtteil zu berechnen.

Anm. 10

Hatte der Verzicht nur den Pflichtteil zum Gegenstande (§ 2346 Anm. 13), so wird der Verzichtende mitgezählt (§ 2310 Anm. 5). Kommt auch sein eigener Pflichtteil nicht mehr in Betracht, so ist doch derjenige der übrigen Abkömmlinge nach Ausgleichungsgrundsätzen (Anm. 4—8), und zwar unter Einbeziehung des Verzichtenden zu berechnen. Rücken infolge des Pflichtteilsverzichts entferntere oder gleich nahe Abkömmlinge nach, so berechnet sich ihr Pflichtteil ebenfalls auf Grund des § 2051 (vgl. das. Anm. 2).

Anm. 11

VI. Pflichtteil des überlebenden Ehegatten

Die Berechnung des Pflichtteils des überlebenden Ehegatten wird, wenn er neben Abkömmlingen als Pflichtteilsberechtigter in Betracht kommt, wie bereits in Anm. 6 ausgeführt, durch § 2316 nicht berührt. Die den Abkömmlingen gemachten Schenkungen sind aber nach § 2325 auch für den Pflichtteil des überlebenden Ehegatten bedeutsam, da sich für ihn ein Anspruch auf Pflichtteilsergänzung ergeben kann.

VII. Verhältnis des § 2316 zu § 2309

Anm. 12

Ergibt die nach § 2316 durchzuführende Berechnung, daß ein Abkömmling wegen der ihm gemachten auszugleichenden Zuwendungen keinen Pflichtteil mehr fordern kann, dann werden dadurch auch dessen entferntere Abkömmlinge nicht pflichtteilsberechtigt. Vielmehr ist der Abkömmling, der die Zuwendung empfangen hat, rechtlich so zu behandeln, wie nach § 2309 ein Abkömmling, der das ihm Hinterlassene angenommen hat (ebenso Planck/Greiff 4. Aufl. § 2316 Anm. 5).

Anm. 13

Aus § 2309 und auch aus § 2051 Abs. 1 ergibt sich weiter, daß einem Abkömmling, der an Stelle eines weggefallenen Abkömmlings pflichtteilsberechtigt geworden ist, nur der für den Weggefallenen nach § 2316 zu errechnende Pflichtteilsbetrag zusteht.

Anm. 14

Ist an die Stelle des Weggefallenen ein Abkömmling des Erblassers getreten, der nur Seitenverwandter des Weggefallenen ist, dann führt der Wegfall zu einer Erhöhung des Pflichtteils des nunmehr Pflichtteilsberechtigten. § 1935 ist in diesem Fall entsprechend anzuwenden. Dem an die Stelle des Weggefallenen getretenen Abkömmling muß trotz der ihn treffenden Ausgleichspflicht des Weggefallenen ein Pflichtteil in der Höhe verbleiben, wie er ihm ohne die durch Wegfall eingetretene Veränderung zustehen würde (vgl. § 2315 Anm. 18).

Anm. 15

VIII. Mehrbetrag des Pflichtteils (Abs. 2)

Die Hinzurechnung der Vorempfänge erhöht rechnungsmäßig den Bestand des Nachlaßanteils der Abkömmlinge und kann, verglichen mit dem reinen Nachlaß, auf Kosten des Erben als des Pflichtteilsschuldners zu einer Vergrößerung des einen oder des anderen Pflichtteils führen. Diese Vergrößerung soll dem Pflichtteilsberechtigten auch dann zustatten kommen, wenn er selbst als Erbe eingesetzt ist. In diesem Falle könnte er nach dem Wortlaute des § 2305 mit dem Pflichtteilsanspruche Vervollständigung des zu niedrig bemessenen Pflichtteils nur nach dem Reinbestand des Nachlasses fordern. Und auch dieser Anspruch wäre ausgeschlossen, wenn er auf einen Bruchteil des (reinen) Nachlasses eingesetzt ist, der der Hälfte seines gesetzlichen Erbteils gleichkommt oder sie übersteigt. Abs. 2 sichert dem Pflichtteilserben in beiden Fällen das Recht, seinem Anspruch auf Vervollständigung die in Abs. 1 angeordnete fiktive Wertberechnung zugrunde zu legen. So könnte, wenn in dem Beispiele Anm. 6 von den drei auf je $^1/_8$ pflichtteilsberechtigten Abkömmlingen B auf $^1/_5$ (also genügend hoch), C auf $^1/_{20}$ (also zu niedrig) eingesetzt wäre, bei einem Reinbestande von 2000 der mit 400 Erbteil bedachte B überhaupt nichts, der mit 100 bedachte C nur den Unterschied zwischen $^1/_{20}$ und $^1/_8 = ^3/_{40}$ oder 150 zur Vervollständigung fordern. Nach Ausgleichungsgrundsätzen kann aber B zu 400 noch 37 ½ = 437 ½, C zu 100 noch 212 ½ = 312 ½ verlangen (Anm. 6).

Anm. 16

IX. Ausgleich von Ausstattungen (Abs. 3)

Die Bezugnahme auf § 2050 Abs. 1 schließt zugleich den nur als Ergänzung hierzu dienenden Abs. 2 in sich. Der Erblasser kann einem Abkömmling, den er mit einer **Ausstattung** (§ 2050 Abs. 1) oder solchen **Zuschüssen** oder **Aufwendungen für die Vorbildung** bedacht hat, welche das seinen Vermögensverhältnissen entsprechende Maß übersteigen (§ 2050 Abs. 2), die Ausgleichungspflicht sogleich bei der Zuwendung oder nachträglich durch Verfügung von Todes wegen (§ 2050 Anm. 8) erlassen. Der Erlaß ist jedoch unwirksam, soweit er anderen Pflichtteilsberechtigten zum Nachteil gereicht. Diese Unwirksamkeit folgt schon aus allgemeinen Grundsätzen, wonach die Bevorzugung eines Abkömmlings in dem Pflichtteilsrecht der übrigen ihre Grenze findet (Prot. 5, 892). Die in § 2050 Abs. 1 aufgeführten Zuwendungen sind also bei der Berechnung des Pflichtteils eines Abkömmlings nach § 2316 stets dem Werte des Nachlasses hinzuzuzählen, also auch dann, wenn der Erblasser angeordnet hat, ihre Ausgleichung solle nicht erfolgen. Ob sie weiter auch auf den Pflichtteil anzurechnen sind, hängt davon ab, ob der Erblasser nach § 2315 eine dahingehende Bestimmung getroffen hat.

Anm. 17

X. Verzicht auf die aus der Ausgleichung erwachsenen Rechte

Haben die übrigen Abkömmlinge dadurch, daß der Erblasser bei der Zuwendung die Ausgleichung angeordnet hat (§ 2050 Abs. 3), einmal das Recht erlangt, Ausgleichung zu fordern und damit ihren Pflichtteil entsprechend zu erhöhen, so können sie sich dieses Rechtes nur in der Form des Erbverzichts (§ 2346 Abs. 2) begeben. Soweit es sich bei den unter Erlassung der Ausgleichungspflicht gemachten Zuwendungen um Schenkungen handelt, ist auch der Pflichtteilsergänzungsanspruch nach §§ 2325 ff gegeben.

Anm. 18

XI. Nachträgliche Anordnung der Ausgleichung

Darüber, daß umgekehrt zum Nachteil des betreffenden Pflichtteilsberechtigten ihm die Ausgleichungspflicht nicht nachträglich auferlegt werden kann, es sei denn, daß er sich durch Erbverzichtsvertrag hiermit einverstanden erklärt hat, vgl. **RG** 67, 309; 71, 135; SeuffArch 76 Nr. 57.

XII. Zusammentreffen von Ausgleichungspflicht und Anrechnungspflicht (Abs. 4)

Anm. 19

1. Allgemeiner Grundsatz

Abs. 4 regelt den Fall, daß die Ausgleichungspflicht nach Abs. 1 und die Anrechnungspflicht nach § 2315 zusammentreffen, daß der Pflichtteil infolge einer auszugleichenden Zuwendung nach § 2316 Abs. 1 berechnet worden ist und daß der Erblasser bestimmt hat, die Zuwendung solle auf den Pflichtteil angerechnet werden. Durch Halbierung des nach Ausgleichungsgrundsätzen ermittelten gesetzlichen Erbteils (Beispiel Anm. 6) ist dem Pflichtteilsberechtigten die eine Werthälfte der Zuwendung bereits auf den Pflichtteil angerechnet. Es versteht sich deshalb von selbst und wird durch Abs. 4 nur klargestellt, daß für nochmalige Anrechnung derselben Zuwendung auf den Pflichtteil nur die andere Hälfte übrigbleibt. Die durchgeführte Anrechnung ergibt mithin, da eine Herauszahlung niemals in Frage kommen kann (§ 2315 Anm. 2), in dem Beispiel Anm. 6 für A 0 — 625 = 0, für B 437 ½ — 0 = 437 ½, für C 312 ½ — 125 = 187 ½ als endgültigen Pflichtteil.

2. Zusammentreffen von pflichtteilsberechtigten Abkömmlingen mit dem Ehegatten des Erblassers

Anm. 20

a) Ausgleichung und Anrechnung allein unter den Abkömmlingen

Diese Berechnungsweise ist auch festzuhalten, wenn, wie in unserm Beispiel, (Anm. 6) auf einen Nachlaß von 2000 sowohl Abkömmlinge als der überlebende Ehegatte E pflichtteilsberechtigt sind. Zwar sind die Zuwendungen, die auf den Pflichtteil anzurechnen sind, nach der Regel des § 2315 Anm. 11, 12 dem Gesamtnachlasse (2000) hinzuzurechnen, während dieselben Zuwendungen in ihrer Eigenschaft als Ausgleichungsposten gemäß § 2055 Anm. 3 nur zu der auf die Abkömmlinge entfallenden Sondermasse (1500) hinzutreten. Eine Lösung dieses vom Gesetzgeber nicht beachteten Widerspruchs ist unmöglich. Man wird sich deshalb entweder für die eine oder die andere Berechnungsweise zu entscheiden haben. Diese Entscheidung kann, da das Gesetz eine Ausgleichung unter anderen Erben als Abkömmlingen schlechterdings nicht kennt (§§ 2050 ff, 2055), nur dahin gehen, daß die auszugleichende Zuwendung auch insoweit, als sie zugleich auf den Pflichtteil anzurechnen ist, immer nur der Sondererbmasse der Abkömmlinge hinzugerechnet werden darf.

Anm. 21

b) Nebeneinander von Ausgleichsposten und nur auf den Pflichtteil anzurechnenden Zuwendungen

Anders ist es, wenn es sich nebeneinander um Ausgleichungsposten im Sinne von § 2050 und um Zuwendungen handelt, die lediglich auf den Pflichtteil anzurechnen sind (§ 2315 Abs. 1). In diesem Falle besteht kein Hindernis, die letzteren dem Gesamtnachlasse hinzuzuzählen, von dem so ermittelten Bestande die Sondererbmasse der Abkömmlinge abzuzweigen, dieser die reinen Ausgleichungsposten hinzuzufügen, danach für beide Gruppen gesondert die gesetzlichen Erbteile, die Pflichtteile und die hierauf anzurechnenden Vorempfänge einzustellen und hiernach den endgültigen Pflichtteil zu bestimmen.

Beispiel:

Nachlaß 2000,
auszugleichende Zuwendungen za,
nur auf den Pflichtteil anzurechnende Zuwendungen zp,
auszugleichende und zugleich anzurechnende Zuwendungen zap.

Es haben erhalten E 200 zp, A 1250 za und 300 zp, B 450 zp, C 250 zap und 50 zp.

Der rechnungsmäßige Gesamtbestand des Nachlasses beträgt für sämtliche Beteiligte, den überlebenden Ehegatten E wie die drei Abkömmlinge A, B, C zunächst 2000 Reinbestand + der einem jeden von ihnen gemachten, nur auf den Pflichtteil anzurechnenden Zuwendungen zp, mithin

für E 2000 + 200 = 2200,
für A 2000 + 300 = 2300,
für B 2000 + 450 = 2450,
für C 2000 + 50 = 2050 (§ 2315 Anm. 11, 12).

Hiervon kommen ¾ (im Falle des § 1371 Abs. 1 ½) als Sondermasse der drei Abkömmlinge für die nur unter ihnen vorzunehmende Ausgleichung in Betracht. Diese Quote ist für jeden Abkömmling von dem für ihn maßgebenden, soeben ermittelten Gesamtbestand des Nachlasses zu berechnen. Die Sondermasse der Abkömmlinge ist sonach einzusetzen für A mit 1725, für B mit 1837 ½, für C mit 1537 ½. Jeder dieser drei Sondermassen sind wiederum die allen Abkömmlingen gemachten bloß auszugleichenden Zuwendungen za, ebenso aber auch die sowohl auszugleichenden als auf den Pflichtteil anzurechnenden Zuwendungen zap hinzuzurechnen.

Danach bestimmt sich z. B. für C sein gesetzlicher Erbteil auf $^1/_3$ von 1537 ½ + 1250 (A za) + 250 (C zap) = 3037 ½ : 3 = 1012 ½, abzüglich 250 zap, also auf 762 ½.

Der Pflichtteil beträgt hiervon ½ = 381 ¼. Darauf sind anzurechnen noch ½ von 250 zap = 125 und 50 zp. Somit ergibt sich als endgültiger Pflichtteil des C: 381 ¼ — (125 + 50) = 206 ¼.

Anm. 22

3. Besonderheiten. Auskunft

Handelt es sich nur um auszugleichende und zugleich anzurechnende Zuwendungen (zap) und kommen bloß Abkömmlinge in Frage, so ist rechnerisch das Ergebnis dasselbe, wenn man den Pflichtteil sogleich von dem um die Hinzurechnungen vermehrten Nachlaß berechnet und hiervon die betreffende Zuwendung in voller Höhe absetzt. Vielfach abweichende Berechnungsmethoden, s. bei Planck/Greiff Anm. 8a und b, auch Maenner Recht 1921, 145.

Auskunftspflicht der Beteiligten in entsprechender Anwendung des § 2057 (oben Anm. 3). Zuwendungen aus dem Gesamtgute § 2331.

§ 2317

Der Anspruch auf den Pflichtteil entsteht mit dem Erbfalle.
Der Anspruch ist vererblich und übertragbar.

E I 1992 II 2182; M 5 417—419; P 5 525—527.

Übersicht

Pflichtteilsanspruch

I. Rechtsnatur des Anspruchs

1. Nachlaßverbindlichkeit

Anm. 1

Der Pflichtteilsanspruch (vgl. Anm. 7 vor § 2303) erwächst aus dem Pflichtteilsrecht (Anm. 6 vor § 2303, unten Anm. 21; **BGH** 28, 177). Er begründet eine Nachlaßverbindlichkeit (§ 1967 Anm. 17). Der Erbe (§ 2303 Anm. 14) haftet dafür nach allgemeinen Grundsätzen. Vom Pflichtteil kann begriffsmäßig nicht die Rede sein, wenn der Nachlaß von vornherein überschuldet ist.

Anm. 2

Der Anspruch folgt im Range erst hinter den sonstigen Nachlaßverbindlichkeiten, jedoch vor Vermächtnissen und Auflagen (§§ 1973 Anm. 12, 1974 Anm. 12—14, 1991 Anm. 9, 10). Er wird durch das Aufgebot nicht betroffen (§ 1972, s. aber § 2060 Anm. 8) und kann nur gegen den Erben oder den Miterben (§ 2305 Anm. 9), nicht gegen den Testamentsvollstrecker geltend gemacht werden (§ 2213 Anm. 9, aber auch ZPO § 748 Abs. 3). Für ihn gilt der Gerichtsstand der Erbschaft (ZPO § 27).

2. Entstehung des Anspruchs

Anm. 3

Der Anspruch entsteht mit dem Erbfalle (§ 1922) unmittelbar kraft Gesetzes. Daraus wurde unter der Herrschaft des ErbschaftsteuerG v. 3. 6. 1906, RGBl 654, § 1, logisch zutreffend gefolgert, daß er der Erbschaftsteuer auch dann unterliege, wenn er gar nicht geltend gemacht werde (**RG** 77, 238); anders ist die Rechtslage nach ErbschaftssteuerG v. 10. 9. 1919, RGBl 1543, § 20 Nr. 1, 7, und v. 22. 8. 1925, RGBl. I 320, § 2 Abs. 1 Nr. 1, Abs. 2 Nr. 4. Unverändert ErbschaftsteuerG idF v. 30. 6. 1951, BGBl I 764, und v. 1. 4. 1959, BGBl I 188.

Anm. 4

Auch in den Fällen der §§ 2306 Abs. 1 Satz 2, 2307 Abs. 1 Satz 1 hängt die Entstehung des Anspruchs nicht von der Ausschlagung des Erbteils oder des Vermächtnisses ab. Bis zur Ausschlagung steht jedoch dem Pflichtteilsberechtigten die Einwendung einer die Geltendmachung zur Zeit hindernden Tatsache entgegen (§ 2332 Abs. 1; **RG** JW 1931, 1354).

Der Anspruch entsteht überhaupt nicht im Falle eines mit dem Erblasser abgeschlossenen Erbverzichtsvertrags (§ 2346).

3. Geltendmachung, Erlaß des Anspruchs, Verzicht

Anm. 5

Für die Geltendmachung des Pflichtteilsanspruchs gelten die allgemeinen Vorschriften des Rechtes der Schuldverhältnisse. Der Anspruch unterliegt als eine reine Geldforderung (**RG** 104, 196; 116, 7) den allgemeinen schuldrechtlichen Vorschriften, so auch hinsichtlich des Verzuges und der Verzinslichkeit, die demgemäß erst bei Verzug oder Rechtshängigkeit eintritt (**RG** LZ 1915, 223; **BGH** LM BGB § 2314 Nr. 2; Bay ObLGZ NF 31, 70).

Anm. 6

Ist der Anspruch einmal entstanden, dann kann er nicht, wie das Vermächtnis (§ 2176), einseitig ausgeschlagen werden. Wohl aber kann die Pflichtteilsschuld dem

Erben durch formlosen Vertrag erlassen werden (§ 397; **RG** JW 1928, 907). Ein solcher Erlaß liegt aber regelmäßig noch nicht in der Anerkennung der Rechtswirksamkeit eines den Pflichtteilsberechtigten von der Erbfolge ausschließenden Testaments, aus dem ihm gerade der Pflichtteilsanspruch erwachsen ist (**RG** Recht 1913 Nr. 532). Er ist jedenfalls dann zu verneinen, wenn die Anerkennung nur gegenüber dem Nachlaßgericht erklärt und von diesem nicht an den Erben weitergegeben, deshalb vom Erben auch nicht angenommen worden ist (**RG** Recht 1923 Nr. 329).

Anm. 7

Ein Ehegatte, der in allgemeiner Gütergemeinschaft lebt, das Gesamtgut aber nicht oder nicht allein verwaltet, bedarf zu Verzicht oder Erlaß nicht der Zustimmung des anderen Ehegatten (§§ 1432, 1455). Auch die Ehefrau bedurfte hierzu nach dem vor dem 1. April 1953 und 1. Juli 1958 geltenden Recht nicht der Zustimmung des Mannes (die damals geltenden §§ 1406 Nr. 1, 1453, 1519, 1549), wohl aber bedürfen Eltern und Vormund der vormundschaftsgerichtlichen Genehmigung (§§ 1822 Nr. 2, 1643 Abs. 2; **RG** JW 1928, 907 Nr. 23).

Anm. 8

Ein Vertrag, durch den ein von dem Erben über den Tod des Erblassers in Unkenntnis gehaltener Pflichtteilsberechtigter gegenüber dem Erben auf den Pflichtteil verzichtet, ist wegen fehlender Willenseinigung nichtig (**RG** 93, 297; §§ 154 Anm. 1, 312 Anm 1.

II. Aufwertung und Umstellung

Anm. 9

1. Aufwertung

Als ein reiner Geldsummenanspruch (kein sog. Wertanspruch in dem insbesondere von Mügel, Aufwertungsrecht 5. Aufl. S. 320 vertretenen Sinne) ist der Pflichtteilsanspruch, wenn der Erbfall in der Zeit vor Einführung der neuen Reichsmark eingetreten ist, als eine Markforderung entstanden. Diese ist nach § 242 (9. Aufl. Anm. 5dγ) aufzuwerten; dabei sind zur Herbeiführung eines billigen Ausgleichs zwischen den beiderseitigen Belangen alle Umstände des Falles, namentlich der Umstand zu berücksichtigen, inwieweit sich der Erbe den Wert des Nachlasses erhalten hat (**RG** 116, 5; JR 1927 Nr. 1119, 1120; BayObLGZ NF 24 A 256, auch 25 A 85).

Die Berufung des Erben darauf, daß, wenn der Pflichtteilsberechtigte alsbald nach dem Erbfall befriedigt worden wäre, das Geld in seinen Händen verbraucht oder entwertet sein würde, hat das Reichsgericht (**RG** JW 1927, 1470; 1927, 1835 Nr. 14) nicht als erheblich angesehen, weil es mit § 242 unvereinbar sei, daß der Erbe durch die bloße Unterlassung rechtzeitiger Zahlung seine Schuld zu einem Teile sollte herabmindern können, zu dem ihm der Wert des Nachlasses verblieben sei.

Ob eine in entwertetem Gelde, wenn auch vor Mitte August 1922 (**RG** 113, 136), auf eine Pflichtteilsschuld geleistete Zahlung noch als Vollzahlung oder nur als eine durch einen Aufwertungsanspruch auszugleichende Teilzahlung zu gelten hat, hängt, wie die gleiche Frage bei der Auszahlung von Markvermächtnissen (§ 2174 Anm. 45), von den nach Treu und Glauben zu beurteilenden Umständen des Falles ab.

Das Aufwertungsgesetz v. 16. 7. 1925, RGBl I 117 (§§ 62, 63 Abs. 2 Nr. 2, § 10 Abs. 1 Nr. 2) setzt der Aufwertung von Pflichtteilsansprüchen grundsätzlich keine Schranke. Es gilt auch für das Eingreifen dieses Gesetzes hier dasselbe, was (nach § 2174 Anm. 46) bei Markforderungen aus Vermächtnissen Rechtens ist.

2. Umstellung

a) Umstellungsverhältnis

Anm. 10

Der Pflichtteilsanspruch ist nach § 18 Abs. 1 Nr. 3 UmstG im Verhältnis 1:1 auf Deutsche Mark umgestellt. Er konnte, da er ein reiner Geldsummenanspruch ist, vor der Währungsreform durch Zahlung seines Reichsmark-Nennbetrages oder durch Hinterlegung unter Verzicht auf das Recht zur Rücknahme nach §§ 372, 376, 378 getilgt werden (**BGH** 5, 18). Schuldtilgende Wirkung hat die Zahlung des Reichsmark-Nennbetrages jedoch nicht gehabt, wenn sie oder die Hinterlegung des Reichsmarkbetrages in einer gegen Treu und Glauben verstoßenden Weise zur Unzeit erfolgt ist. Das wäre z.B. bei Zahlungen unmittelbar vor der Währungsreform der Fall (Harmening/Duden, Umstellungsgesetz § 13 Anm. 34 Abs. 4 a.E.; Duden DRZ 1948, 338; von Caemmerer SJZ 1950, 12).

Anm. 11

Der Erbe kann sich auf die schuldtilgende Wirkung einer Hinterlegung nicht berufen, wenn der Pflichtteilsberechtigte dadurch in Annahmeverzug geraten ist, daß er einen ihm vom Erben als Erfüllung angebotenen Betrag zu einer Zeit zurückwies, bevor der Erbe dem nach § 2314 gestellten Verlangen auf Auskunft über den Bestand des Nachlasses entsprochen hatte (**BGH** LM BGB § 2314 Nr. 2). Die Hinterlegung hat keine schuldtilgende Wirkung, wenn der Pflichtteilsberechtigte einen als Abfindung für den Pflichtteilsanspruch angebotenen Betrag zurückgewiesen hat. Dadurch ist der Pflichtteilsberechtigte nicht in Verzug der Annahme des ihm geschuldeten Pflichtteils gekommen (**BGH** aaO).

Ist der vor dem 21. Juni 1948 entstandene Anspruch nicht vorher getilgt worden, dann ist die Umstellung im Verhältnis 1 : 1 erfolgt ohne Rücksicht darauf, welche Wertveränderungen der Nachlaß durch die Währungsreform erfahren hat und auch ohne Rücksicht darauf, wie sich die Umstellung des Anspruchs auf den Nachlaß auswirkt.

Anm. 12

b) Vertragshilfe

Die Erben können, wenn sich für sie Schwierigkeiten aus der Umstellung ergeben, richterliche Vertragshilfe nach dem Vertragshilfegesetz v. 26. 3. 1952, BGBl I 198, in Anspruch nehmen. Jeder Miterbe ist nach § 2038 Abs. 1 Satz 2 Halbs. 2 allein berechtigt, den Antrag zu stellen (**BGH** LM VHG § 1 Nr. 13). Der Pflichtteilsanspruch kann im Vertragshilfeverfahren gestundet oder herabgesetzt werden, wenn und soweit die fristgemäße oder volle Leistung dem Schuldner bei gerechter Abwägung der Interessen und der Lage beider Teile nicht zugemutet werden kann. Danach ist für die Frage, ob und wie weit Vertragshilie zu gewähren ist, in erster Linie maßgebend, ob der Wert, den der Nachlaß zur Zeit des Erbfalls hatte, so erheblich gemindert ist, daß es dem Beschwerten nicht zugemutet werden kann, die im Verhältnis 1 : 1 in DM umgestellte Forderung in voller Höhe zu begleichen. Auch bei dieser „korrigierenden Vertragshilfe" können aber unter Umständen die persönlichen Verhältnisse der Beteiligten, insbesondere ihre Vermögens- und Einkommensverhältnisse mitzuberücksichtigen sein (**BGH** LM VHG § 1 Nr. 1; dazu Anmerkung Duden JZ 1954, 390; aA Stuttgart NJW 1952, 1219). Die Vertragshilfe wird nach §§ 7ff VHG in einem besonderen Verfahren durch das Gericht gewährt, bei dem der Schuldner seinen allgemeinen Gerichtsstand hat. Mit Einverständnis des Gläubigers kann sie nach § 11 Abs. 4 VHG in einem anhängigen Rechtsstreit auch durch das Prozeßgericht gewährt werden.

Anm. 13

Aus § 242 kann der Erbe nur Rechte herleiten, soweit er sich auf einen Tatbestand beruft, der im Vertragshilferecht nicht geregelt ist, oder soweit er Rechte in Anspruch nimmt, die über die im Vertragshilferecht gegebenen Möglichkeiten hinausgehen (**BGH** 2, 150; 8, 347; LM BGB § 242 A Nr. 13).

III. Vererblichkeit und Übertragbarkeit des Anspruchs (Abs. 2)

Anm. 14

Der einmal entstandene Anspruch ist vererblich und übertragbar gemäß §§ 398ff. Auch im Falle des § 2306 Abs. 1 Satz 2 ist der Pflichtteilsanspruch zusammen mit dem Ausschlagungsrecht vererblich; dagegen ist er in diesem Falle, solange die Ausschlagung noch aussteht, nicht übertragbar, da er von dem als höchstpersönliches Recht des Erben (§ 2033 Anm. 12; § 1952 Anm. 8) nicht übertragbaren Recht zur Ausschlagung des Erbteils nicht getrennt werden kann.

Anm. 15

War der Pflichtteilsberechtigte als Nacherbe eingesetzt (§ 2306 Abs. 2) und ist er vor Eintritt des Nacherbfalls gestorben, ohne das Ausschlagungsrecht verloren zu haben, so geht zwar sein Pflichtteilsanspruch auf seinen Erben über. Dieser ist aber nur dann in der Lage, die Ausschlagung nachzuholen und den Pflichtteilsanspruch geltend zu machen, wenn ihm auch die Nacherbschaft anfällt, von deren Ausschlagung diese Geltendmachung abhängt; geht die Nacherbschaft gemäß § 2108 Abs. 2 nach dem Willen des Erblassers auf einen Dritten als Ersatznacherben über, so ist ihre Ausschlagung durch den Erben des Pflichtteilsberechtigten nicht möglich und dieser deshalb außerstande, sich den Pflichtteilsanspruch zu verschaffen (**RG** JW 1931, 1354).

Anm. 16

Die Befugnis zur Ausschlagung eines Vermächtnisses und Geltendmachung des Pflichtteils nach § 2307 steht auch einem von Todes wegen oder unter Lebenden eintretenden Erwerber des Vermächtnisses zu, der damit nur eine Forderung durch eine andere ersetzt.

IV. Pfändbarkeit des Anspruchs. § 852 Abs. 1 ZPO

Anm. 17

Der Abtretung steht trotz § 400 nicht entgegen, daß der Pflichtteilsanspruch nach ZPO § 852 nur pfändbar ist, wenn er durch Vertrag anerkannt oder rechtshängig geworden ist (**RG** SeuffArch 68 Nr. 130). Nur unter dieser Voraussetzung ist gegen den Anspruch eine Aufrechnung zulässig (§ 394) und gehört er auch zur Konkursmasse (KO § 1).

Anm. 18

Der Grund für die durch § 852 Abs. 1 ZPO ausgesprochene Beschränkung besteht darin, daß der Anspruch in familienrechtlichen Beziehungen wurzelt. Er soll daher nicht gegen den Willen des Berechtigten geltend gemacht werden können. § 852 Abs. 1 ZPO kann deswegen nicht mehr durchgreifen, wenn der Berechtigte den Anspruch abgetreten hat.

Anm. 19

Unzulässig ist es, die Pfändung für den Fall auszusprechen, daß der Anspruch anerkannt oder rechtshängig wird (KG JW 1935, 3486). Gegen eine dem Verbot des § 852 ZPO zuwider ausgesprochene Pfändung ist mit der Erinnerung nach § 766 ZPO vorzugehen. Pfändbar ist ein dem Pflichtteilsberechtigten zugewandtes Vermächtnis, und zwar auch soweit es nach § 2307 den Pflichtteilsanspruch deckt (BayObLG OLG 16, 41).

Anm. 20

Zur Annahme einer vertraglichen Anerkennung im Sinne dieser Voraussetzung genügt es, wenn der Pflichtteilsberechtigte und der Erbe, sei es auch nur durch schlüssige Handlungen (z. B. auf seiten des Pflichtteilsberechtigten Abtretung, auf seiten des Erben Hinterlegung) darüber einverstanden sind, daß der Pflichtteilsanspruch besteht und geltend gemacht werden solle (Karlsruhe HRR 1930, 1164). Verjährung § 2332.

Anm. 21

V. Pflichtteilsrecht

Von dem Pflichtteilsanspruch ist das Pflichtteilsrecht als die Quelle, aus der jener Anspruch unter gewissen Voraussetzungen entsteht, zu unterscheiden. Dieses Recht äußert schon bei Lebzeiten des Erblassers rechtliche Wirkungen (**RG** 92, 1; **BGH** 28, 177; Anm. 6 vor § 2303; oben Anm. 1). Es schränkt seine Testierfreiheit zugunsten seiner Abkömmlinge, seiner Eltern und seines Ehegatten ein. Eine Ausnahme von der ihm kraft des Pflichtteilsrechts obliegenden Hinterlassungspflicht bestimmen die §§ 2333 ff. Das dort geordnete „Recht zur Entziehung des Pflichtteils" (§§ 2335 Abs. 2, 2337), durch dessen Ausübung er sich gegenüber dem Pflichtteilsberechtigten seine volle und unbeschränkte Testierfreiheit verschafft, ist ein gegenwärtiges sog. Recht des rechtlichen Könnens und kann daher auch bei Lebzeiten des Erblassers Gegenstand einer Feststellungsklage sein (**RG** 92, 1). Auch nach dem Erbfall erschöpfen sich die Wirkungen des Pflichtteilsrechts nicht in dem Pflichtteilsanspruch (vgl. §§ 2306 Anm. 12ff, 2318 Abs. 2 u. 3, 2319).

§ 2318

Der Erbe kann die Erfüllung eines ihm auferlegten Vermächtnisses soweit verweigern, daß die Pflichtteilslast von ihm und dem Vermächtnisnehmer verhältnismäßig getragen wird. Das gleiche gilt von einer Auflage.

Einem pflichtteilsberechtigten Vermächtnisnehmer gegenüber ist die Kürzung nur soweit zulässig, daß ihm der Pflichtteil verbleibt.

Ist der Erbe selbst pflichtteilsberechtigt, so kann er wegen der Pflichtteilslast das Vermächtnis und die Auflage soweit kürzen, daß ihm sein eigener Pflichtteil verbleibt.

E I 1993 II 2183; M 5 420, 421; P 5 546—548.

Übersicht

Abwälzen der Pflichtteilslast auf Vermächtnisse und Auflagen

I. Kürzung von Vermächtnissen und Auflagen im allgemeinen (Abs. 1)

Anm. 1

1. Letztwillig angeordnete Vermächtnisse

Die Verbindlichkeit zur Leistung des Pflichtteils trifft grundsätzlich den Erben. Hiervon kann ihn auch der Erblasser nicht befreien. Das Gesetz gewährt ihm jedoch im Verhältnis zu Vermächtnisnehmern und Auflagebeteiligten einen Ausgleich dafür, daß der Pflichtteil nach dem Reinbestande des Nachlasses und ohne Rücksicht auf die hiervon noch zu entrichtenden Vermächtnisse und Auflagen berechnet wird (§ 2311 Anm. 8). Der Erbe darf auch sie zur Tragung der Pflichtteilslast mit heranziehen, indem er den Betrag des Vermächtnisses usw. verhältnismäßig, d. h. um so viel kürzt, als dem Werte des Vermächtnisses usw. im Verhältnis zum Reinbestande des Nachlasses entspricht.

Beispiel: 500 Vermächtnis: 2000 Nachlaß = 1:4. Daher trägt von 400 Pflichtteil der Vermächtnisnehmer 100, sein Vermächtnis kürzt sich von 500 auf 400, er kann sich aber dafür gegebenenfalls durch verhältnismäßige Kürzung ihm etwa auferlegter Beschwerungen erholen (§ 2188).

2. Gesetzliche Vermächtnisse

Anm. 2

Die Pflichtteilslast ist auch von den sog. gesetzlichen Vermächtnissen mitzutragen, so vom Recht auf den Dreißigsten (§ 1969), dagegen nicht von dem bloß auf den Erbteil des künftigen Kindes gelegten Unterhaltsanspruch der Mutter aus § 1963.

Anm. 3

Der Voraus (§ 1932) kann nicht zur Deckung des Pflichtteils der Abkömmlinge und der Eltern herangezogen werden, da er bei Berechnung des Pflichtteils bereits voll abgezogen ist (§ 2311 Anm. 9).

3. Allgemeine Bedeutung der Bestimmung

Anm. 4

Abs. 1 enthält nur ergänzendes Recht. Der Erblasser kann zugunsten des Erben wie der Vermächtnisnehmer usw. hiervon abweichende Anordnungen treffen (§ 2324), auch unter mehreren Vermächtnissen usw. das eine oder das andere davon befreien, die Last mitzutragen (§ 2189).

Anm. 5

Gegenüber dem Vermächtnisanspruch ist es Einrede, wenn der Erbe Kürzung auf Grund der Pflichtteilslast verlangt (**RG** 1. 6. 1922 IV 391/21). Für deren Voraussetzungen ist er beweispflichtig.

Anm. 6

Ein im Sinne des § 2079 übergangener Pflichtteilsberechtigter bleibt, wenn er von seinem Anfechtungsrecht keinen Gebrauch macht, pflichtteilsberechtigt; der Erbe hat das Recht zur Verteilung der Pflichtteilslast nach Maßgebe der §§ 2318ff auch dann, wenn ein solcher Pflichtteilsberechtigter den Pflichtteilsanspruch geltend macht (**RG** WarnRspr 1927 Nr. 35).

Anm. 7

II. Kürzung gegenüber pflichtteilsberechtigten Vermächtnisnehmern (Abs. 2)

Der Abs. 2 enthält eine zwingende Vorschrift, durch die das Kürzungsrecht des Erben eingeschränkt wird. Der Erbe kann das Vermächtnis gemäß Abs. 1 nur bis auf den Betrag des dem Bedachten gebührenden Pflichtteils herabdrücken und muß es voll entrichten, wenn dem pflichtteilsberechtigten Vermächtnisnehmer damit nicht mehr als sein Pflichtteil zugewendet ist (§ 2307). Dagegen kann er sich gemäß Abs. 1 wegen der hierdurch eintretenden Erhöhung seiner Pflichtteilslast an anderen ihm etwa auferlegten Vermächtnissen usw. schadlos halten.

Ist der pflichtteilsberechtigte Vermächtnisnehmer der Ehegatte, der mit dem Erblasser bei dessen Tod im **Güterstand der Zugewinngemeinschaft** gelebt hat, dann ist die Kürzung nur soweit zulässig, daß diesem der nach §§ 1371, 2303, 1932 erhöhte oder große Pflichtteil verbleibt.

Bei den anderen pflichtteilsberechtigten Vermächtnisnehmern (Abkömmlingen und Eltern) kommt es darauf an, ob der Erblasser bei seinem Tode mit dem überlebenden Ehegatten im Güterstand der Zugewinngemeinschaft gelebt hat. Trifft das zu, und ist der überlebende Ehegatte als Erbe berufen, oder hat er ein ihm zugewandtes Vermächtnis angenommen, dann berechnet sich die Pflichtteilsquote des Vermächtnisnehmers nach dem gemäß § 1371 Abs. 1 um ¼ geminderten gesetzlichen Erbteil der Abkömmlinge oder Eltern (§ 2303 Anm. 15). Für den Fall, daß der Ehegatte das Vermächtnis ausgeschlagen oder nur den kleinen Pflichtteil als Vermächtnis zugewandt erhalten hat und daneben den güterrechtlichen Zugewinnausgleich fordert, vgl. unten Anm. 10 a. E.

III. Kürzung durch den pflichtteilsberechtigten Erben (Abs. 3)

Anm. 8

Abs. 3 enthält ebenso wie Abs. 2 eine zwingende Vorschrift. Sie erweitert das Kürzungsrecht des Erben. Ihre Fassung ist im Hinblick auf § 2306 wenig geglückt. Übersteigt der Erbteil des selbst pflichtteilsberechtigten Erben nicht seinen Pflichtteil, so hat er Vermächtnisse und Auflagen überhaupt nicht zu tragen; sie gelten als nicht angeordnet (§ 2306 Anm. 12). Ist sein Erbteil größer und hat er nicht ausgeschlagen (§ 2306 Anm. 18), so hat er damit auch die Verpflichtung zur Entrichtung der Vermächtnisse usw. selbst auf Kosten des eigenen Pflichtteils übernommen (KG OLG 14, 308). Er kann mithin auf die Bedachten die Pflichtteilslast nur insoweit übertragen, als es sich um Befriedigung dritter Pflichtteilsberechtigter handelt. Der eigene Pflichtteil verbleibt ihm zwar nur in dem durch die Vermächtnisse usw. bereits geminderten Umfange, weitere Beeinträchtigungen, die ihm aus der Befriedigung dritter Pflichtteilsberechtigter entstehen würden, braucht er jedoch (dies ist die Bedeutung der vorliegenden Vorschrift) nicht zu dulden. Er kann vielmehr die daraus entstehende Pflichtteilslast vollständig auf die Vermächtnisse usw. abwälzen. Nötigenfalls darf er auch das Vermächtnis eines Pflichtteilsberechtigten über die Grenze des Abs. 2 hinaus mit heranziehen, da das eigene Pflichtteilsrecht des Erben vor demjenigen des Vermächtnisnehmers jedenfalls den Vortritt hat.

Anm. 9

Obwohl die Absätze 2 und 3 zwingende Rechtssätze enthalten, ist doch der Erblasser in einem Fall des § 2306 Abs. 1 Satz 2 befugt, den dem Pflichtteilsberechtigten hinterlassenen Erbteil voll zu belasten. Er kann daher auch bestimmen, daß dieser Erbe nicht berechtigt sein soll, Vermächtnisse und Auflagen wegen des Pflichtteilsanspruchs anderer zu kürzen. Darin liegt ein weiteres Vermächtnis zugunsten derjenigen, die sich sonst eine Kürzung gefallen lassen müßten (ebenso Kipp/Coing 11. Bearb. § 12 II 2 d; Planck/Greiff 4. Aufl. § 2318 Anm. 5).

Anm. 10

In Abs. 3 ist ein Alleinerbe vorausgesetzt, beim Vorhandensein mehrerer Erben s. § 2319. Besondere Gestaltungen der Pflichtteilslast in §§ 2320—2323.

Ist der Erbe der Ehegatte des Erblassers, der mit diesem bei dessen Tode im **Güterstand der Zugewinngemeinschaft** gelebt hat, dann verbleibt ihm der nach §§ 1371, 2303, 1932 erhöhte oder große Pflichtteil. Hat der Erblasser in einem Fall des § 2306 Abs. 1 Satz 2 bestimmt, daß der Ehegatte als Erbe nicht berechtigt sein soll, die ihm auferlegten Vermächtnisse und Auflagen wegen des Pflichtteilsanspruchs anderer zu kürzen, und schlägt der Ehegatte deswegen aus, dann steht ihm nach § 1371 Abs. 2 nur der normale kleine Pflichtteil zu (§ 2303 Anm. 8).

Ist der Erbe ein Abkömmling oder Elternteil des Erblassers, dann kommt es für die Höhe seiner Pflichtteilsquote darauf an, ob der Erblasser bei seinem Tode mit dem überlebenden Ehegatten im Güterstand der Zugewinngemeinschaft gelebt hat, und ob dieser ein ihm vom Erblasser zugewandtes Vermächtnis angenommen hat. In diesem Fall berechnet sich die Pflichtteilsquote des Abkömmlings oder Elternteils nach dem nach § 1371 Abs. 1 um ¼ verminderten gesetzlichen Erbteil der Abkömmlinge oder Eltern (§ 2303 Anm. 15; oben Anm. 7).

Der gesetzliche Erbteil und damit auch die Pflichtteilsquote der übrigen gesetzlichen Erben mindert sich nicht, wenn der Ehegatte das Vermächtnis ausgeschlagen hat. Dasselbe gilt, wenn er ein Geldvermächtnis im Betrage seines kleinen, normalen Pflichtteils angenommen hat und daneben den güterrechtlichen Ausgleich des Zugewinns fordert (§ 2304 Anm. 8).

§ 2319

Ist einer von mehreren Erben selbst pflichtteilsberechtigt, so kann er nach der Teilung die Befriedigung eines anderen Pflichtteilsberechtigten so weit verweigern, daß ihm sein eigener Pflichtteil verbleibt. Für den Ausfall haften die übrigen Erben.

E II 2184; P 5 546—548.

Übersicht

Haftung des pflichtteilsberechtigten Erben für Pflichtteilsansprüche

1. Leistungsverweigerungsrecht nach Satz 1

Anm. 1

Ebenso wie § 2318 Abs. 3 beruht diese Bestimmung auf dem Gedanken, daß der pflichtteilsberechtigte Erbe nicht gezwungen werden soll, den ihm gebührenden Pflichtteilsbetrag zur Erfüllung von Vermächtnissen, Auflagen oder Pflichtteilsansprüchen anderer Personen zu verwenden. Handelt es sich um mehrere Erben, so werden die Pflichtteilsansprüche gleich anderen Nachlaßverbindlichkeiten regelmäßig im Laufe der Auseinandersetzung befriedigt (§ 2046 Anm. 1). Bis zur Teilung ist der einzelne Miterbe durch § 2059 geschützt. Nach der Teilung haftet er gegenüber dem noch unbefriedigten Pflichtteilsgläubiger grundsätzlich als Gesamtschuldner, jedoch in den Fällen der §§ 2060, 2061 nur für den seinem Erbteil entsprechenden Teil des Anspruchs. Das Gesetz gewährt dem selbst pflichtteilsberechtigten Miterben eine in § 2318 Abs. 3 auch dem Alleinerben eingeräumte zerstörende Einrede, durch die er sich vom Pflichtteilsanspruch insoweit freimacht, als er im eigenen Pflichtteil verkürzt würde. Diese Einrede, für die der Miterbe beweispflichtig ist, steht ihm auch zu, wenn er unbeschränkt haftet, da hiervon der Pflichtteilsanspruch selbst in seinem Inhalte betroffen wird. § 2319 regelt nicht die Verteilung der Pflichtteilslast unter die Miterben, sondern der Haftung gegenüber dem Pflichtteilsberechtigten.

Anm. 2

Dem Erben steht, wenn sein Erbteil mit Vermächtnissen und Auflagen beschwert ist, neben dem Recht, die Beschwerungen nach § 2318 Abs. 3 zu kürzen, auch die Einrede gegen den Pflichtteilsberechtigten nach § 2319 Satz 1 zu. Dabei kann der Miterbe im Verhältnis zu dem Pflichtteilsberechtigten beanspruchen, daß ihm ein dem vollen Pflichtteilsbetrag gleichkommender Wert des Nachlasses verbleibt. Er ist nach § 2306. Abs. 1 Satz 2 nur den Vermächtnisnehmern gegenüber verpflichtet, ihre Forderung selbst auf Kosten seines eigenen Pflichtteils zu befriedigen (ebenso Planck/Greiff 4. Aufl. § 2319 Anm. 1).

Anm. 3

§ 1371 ist zu beachten, wenn der Erblasser bei seinem Tode mit dem überlebenden Ehegatten im **Güterstand der Zugewinngemeinschaft** gelebt hat. Ist dieser als Erbe berufen, dann kann er nach § 2319 die Befriedigung der anderen Pflichtteilsberechtigten soweit verweigern, daß ihm der große, um $^1/_8$ erhöhte Pflichtteil verbleibt.

Das Ausmaß, in dem die anderen pflichtteilsberechtigten Erben die Befriedigung verweigern dürfen, hängt davon ab, ob der Erblasser im Güterstand der Zugewinngemeinschaft gelebt hat, und ob dieser Güterstand durch den Tod des Erblassers aufgelöst worden ist. Falls der überlebende Ehegatte nach der erbrechtlichen Lösung (§ 1371 Abs. 1) abgefunden ist (der überlebende Ehegatte ist als Erbe berufen oder er hat ein ihm vom Erblasser zugewandtes Vermächtnis angenommen), dann berechnet sich die Pflichtteilsquote der übrigen Pflichtteilsberechtigten nach ihrem gemäß § 1371 Abs. 1 geringeren gesetzlichen Erbteil (§ 2303 Anm. 15). Die Pflichtteilsquote aller Beteiligten ist nach dem normalen gesetzlichen Erbteil zu berechnen, wenn der Ehegatte nicht Erbe geworden ist und auch kein Vermächtnis angenommen hat, oder wenn das angenommene Vermächtnis nur ein Geldbetrag in Höhe des normalen kleinen Pflichtteils ist und der Ehegatte daneben den güterrechtlichen Zugewinnausgleich beansprucht (§ 2304 Anm. 8).

Anm. 4

2. Ausfallhaftung der übrigen Miterben nach Satz 2

Der oder die übrigen nichtpflichtteilsberechtigten Erben haften für den Ausfall gemäß §§ 2058, 2060 ff. Der Erblasser kann zwar im Verhältnis dieser Erben zueinander die Pflichtteilslast regeln (§ 2324), sie aber nicht ganz hiervon befreien.

Das gleiche beim Pflichtteilsergänzungsanspruch § 2328.

§ 2320

Wer an Stelle des Pflichtteilsberechtigten gesetzlicher Erbe wird, hat im Verhältnisse zu Miterben die Pflichtteilslast und, wenn der Pflichtteilsberechtigte ein ihm zugewendetes Vermächtnis annimmt, das Vermächtnis in Höhe des erlangten Vorteils zu tragen.

Das gleiche gilt im Zweifel von demjenigen, welchem der Erblasser den Erbteil des Pflichtteilsberechtigten durch Verfügung von Todes wegen zugewendet hat.

E I 1995, 1996 Abs. 1 II 2185; M 5 421—424; P 5 548—550.

Übersicht

Pflichtteilslast des an Stelle des Pflichtteilsberechtigten Erbenden

I. Eintritt des gesetzlichen Erben an die Stelle des Pflichtteilsberechtigten (Abs. 1)

1. Allgemeines

Anm. 1

Aus § 426 folgt, daß mehrere Erben die Pflichtteilslast im Verhältnis zueinander regelmäßig nach dem Verhältnis ihrer Erbteile zu tragen haben. Hiervon macht § 2320 eine Ausnahme.

Anm. 2

Als gesetzlicher Erbe an Stelle des Pflichtteilsberechtigten — aber so, daß letzterem der Pflichtteilsanspruch verbleibt — kommt in Betracht, wer infolge Ausschließung des Pflichtteilsberechtigten von der Erbfolge (§ 1938) oder infolge einer gemäß § 2306 Abs. 1 Satz 2 erfolgenden Ausschlagung nachrückt.

Ferner kommt auch derjenige in Betracht, der bereits Erbe war, dessen Erbteil aber infolge des Wegfalls des Pflichtteilsberechtigten erhöht wird (§ 1935 Anm. 1, 2; **RG** WarnRspr 1918 Nr. 77).

Anm. 3

Abs. 1 enthält nur dispositives Recht (§ 2324 Anm. 1; **RG** JW 1938, 2143 Nr. 18 = DJ 1938, 1037 mit Anm. Vogels).

2. Übernahme der Pflichtteilslast

Anm. 4

Wer an Stelle des Pflichtteilsberechtigten gesetzlicher Erbe wird, übernimmt damit (§ 1967) nach außen die Haftung für den Pflichtteilsanspruch als Nachlaßverbindlichkeit. Da aber dieselbe Tatsache, welche den Pflichtteilsanspruch erzeugt, ihm den Vorteil der Erbenstellung verschafft, so entspricht es der Billigkeit, daß er auch im Innenverhältnis zu den Miterben die Pflichtteilslast allein trägt.

Anm. 5

Die Pflichtteils- oder Vermächtnislast trifft ihn jedoch nur in Höhe des erlangten Vorteils. Der Ersatzmann genießt im Gegensatz zu dem weggefallenen Pflichtteilsberechtigten nicht die Vorteile des § 2306 Abs. 1 Satz 1. Dagegen kommt ihm § 2322 zustatten. Ein Vorteil liegt auch darin, daß z. B. der überlebende Ehegatte statt neben Abkömmlingen nunmehr neben Eltern usw. erbt und deshalb sowohl durch Erhöhung des Erbteils als durch den Anspruch auf den größeren Voraus begünstigt wird (§§ 1931, 1932; aA Kipp/Coing 11. Bearb. § 12 Anm. 10). Wertmindernd kommen die mit der Erbenstellung überkommenen Beschwerungen, insbesondere die Haftung für sonstige Pflichtteilsansprüche in Betracht.

Anm. 6

3. Übernahme der Vermächtnislast

Ob das Vermächtnis dem Pflichtteilsberechtigten zur Abfindung auf den Pflichtteil (§ 2307) oder trotz wirksamer Entziehung des Pflichtteils, also ohne Hinterlassungspflicht zugewendet ist, macht keinen Unterschied.

II. Zuwendung des Erbteils des Pflichtteilsberechtigten an einen Dritten (Abs. 2)

Anm. 7

Der Grundsatz des Abs. 1 wird im Wege gesetzlicher Auslegungsregel auf die gewillkürte Erbfolge ausgedehnt, auch hier ohne Unterschied, ob der vom Erblasser Begünstigte durch die Verfügung von Todes wegen überhaupt erst Erbe wird oder nur eine Erhöhung seines gesetzlichen Erbteils erfährt (**RG** WarnRspr 1918 Nr. 77).

Anm. 8

Er gilt auch, wenn der Begünstigte mit dem Pflichtteilsberechtigten zusammen auf einen Erbteil eingesetzt ist und sein Anteil dadurch größer wird, daß ihm der Anteil des Pflichtteilsberechtigten nach § 2094 anwächst, oder wenn der Begünstigte nach § 2096 als Ersatzerbe an Stelle des Pflichtteilsberechtigten erbberechtigt wird.

Anm. 9

Im übrigen braucht die Zuwendung nicht gerade als „Erbteil" des Pflichtteilsberechtigten bezeichnet zu werden, wenn sonst die Absicht erhellt, den an Stelle des Ausgeschlossenen oder Ausschlagenden Berufenen in gleicher Weise zu bedenken. Hat der Erblasser zwei eheliche und drei uneheliche Kinder zu je $^1/_6$ und die beiden Kinder des dritten ehelichen Kindes zu je $^1/_{12}$ eingesetzt, dem nicht bedachten dritten ehelichen Kind ein Vermächtnis zugewandt, das dieses unter Berufung auf seinen Pflichtteilsanspruch ausschlägt, dann ist nach der Regel des § 2320 im Zweifel anzunehmen, daß diese Pflichtteilslast auch von den miterbenden unehelichen Kindern mitzutragen ist (**RG** DR 1941, 441).

Anm. 10

Nach § 2324 kann der Erblasser abweichende Anordnungen treffen, insbesondere die Pflichtteilslast auch den Miterben auferlegen. Der Erbteil im Sinne dieser Bestimmung ist der gesetzliche Erbteil (**RG** 28. 10. 1940 IV 491/39).

III. Pflichtteilsberechtigter Ehegatte bei Auflösung der Zugewinngemeinschaft durch den Tod des Erblassers

Anm. 11

Schwierig ist die Rechtslage, wenn der Pflichtteilsberechtigte der Ehegatte des Erblassers ist, der mit diesem bei dessen Tod im Güterstand der Zugewinngemeinschaft gelebt hat. Wenn dem Ehegatten kein Vermächtnis zugewandt worden ist oder wenn er das ihm zugewandte Vermächtnis ausgeschlagen hat, ist auch sein Pflichtteil nach § 1371 Abs. 2 nur der normale, nicht erhöhte. Ihm entspricht der normale, nicht erhöhte Erbteil. Dieser kann daher auch allein der Erbteil im Sinne des § 2320 sein.

Beispiel:

Der Erblasser war in zweiter Ehe verheiratet. Er hinterläßt seine Witwe und zwei Kinder. Er hat es bei der gesetzlichen Erbfolge bewenden lassen, aber bestimmt, falls seine Ehefrau wegfalle, solle an ihrer Stelle ihr Sohn aus erster Ehe erben. Würde die Witwe erben, wäre sie zu ½ berufen (§ 1371 Abs. 1). Sie schlägt aus, ihr Sohn aus erster Ehe erbt dann nur ein Viertel. Ferner muß er im Zweifel nach § 2320 Abs. 2 den Pflichtteil seiner Mutter mit $^1/_8$ tragen. Falls kein auszugleichender Zugewinn vorhanden ist, bekommt er dann nur $^1/_8$ des Nachlasses. Ist solcher vorhanden, mindert sich dieses Achtel noch um $^1/_{16}$ des auszugleichenden Zugewinns.

Anm. 12

Nimmt der Ehegatte ein ihm zugewandtes Vermächtnis an, dann ist Erbteil im Sinne des § 2320 Abs. 2 der nach § 1371 Abs. 1 erhöhte gesetzliche Erbteil. Denn dem Ehegatten steht in diesem Fall u. U. ein Anspruch auf Ergänzung des Vermächtnisses auf den Wert des großen Pflichtteils zu, und der etwaige Anspruch auf güterrechtlichen Ausgleich des Zugewinns ist durch das Vermächtnis und den Pflichtteilsrestanspruch abgegolten.

Beispiel:

Der Erblasser hinterläßt seinen Ehegatten und drei Kinder. Er setzt jedes Kind zu ¼ und einen Dritten gleichfalls zu ¼ als Erben ein. Dem Ehegatten vermacht er 1000. Dieser nimmt das Vermächtnis an. Auszugehen ist von dem erhöhten gesetzlichen Erbteil des Ehegatten, der ½ beträgt. Demnach hat der Erblasser den Erbteil des Ehegatten dem Dritten zur Hälfte und jedem Kind zu je $^1/_6$ zugewandt. Das Vermächtnis ist daher in Höhe des erlangten Vorteils von dem Dritten zur Hälfte und zur anderen Hälfte von den Kindern zu gleichen Teilen zu tragen. In entsprechendem Verhältnis müssen sie auch einen etwaigen Pflichtteilsrestanspruch tragen.

Anm. 13

Normalerweise können die Miterben sich dadurch, daß an die Stelle eines Weggefallenen ein Ersatzerbe tritt, nie schlechter stehen. Dafür sorgt § 2320. Wenn aber an die Stelle eines Ehegatten ein Ersatzerbe tritt, kann es anders sein, da dadurch nicht nur der Pflichtteilsanspruch dieses Ehegatten, sondern auch der Anspruch auf güterrechtlichen Ausgleich des Zugewinns ausgelöst sein kann. Für diesen haftet der Ersatzerbe nur entsprechend seiner Erbquote. Wenn der Erblasser diese weitere Benachteiligung der Miterben ausschließen will, muß er dem Ersatzerben zugunsten der anderen Miterben ein Vermächtnis auferlegen, durch das dieser verpflichtet wird, die etwaige Ausgleichsforderung allein zu tragen.

§ 2321

Schlägt der Pflichtteilsberechtigte ein ihm zugewendetes Vermächtnis aus, so hat im Verhältnisse der Erben und der Vermächtnisnehmer zueinander derjenige, welchem die Ausschlagung zustatten kommt, die Pflichtteilslast in Höhe des erlangten Vorteils zu tragen.

E I 1996 Abs. 1 II 2186; M 5 422, 423; P 5 550, 551.

Ausschlagung eines Vermächtnisses durch den Pflichtteilsberechtigten

Anm. 1

Schlägt der Pflichtteilsberechtigte das Vermächtnis aus und fordert er dafür gemäß § 2307 den Pflichtteil, so entspricht es der Billigkeit, daß die Pflichtteilslast, zu deren Erfüllung das Vermächtnis bestimmt war, hiermit auch dann verbunden bleibt, wenn es einem anderen (Ersatzbedachten, Anwachsungsberechtigten) anfällt, oder daß die Pflichtteilslast von dem getragen wird, der durch die Ausschlagung befreit und somit um den Wert des Vermächtnisses bereichert wird (dem beschwerten Erben, **RG** WarnRspr 1914 Nr. 168, oder Vermächtnisnehmer). Dies alles nur in Höhe des durch die Ausschlagung erlangten Vorteils (§ 2320 Anm. 5).

Anm. 2

Zwar steht der Pflichtteilsanspruch selbst nur gegen die Erben zu. Der Leistende hat aber einen schuldrechtlichen Ausgleichungsanspruch gegen denjenigen, welchem das ausgeschlagene Vermächtnis zustatten gekommen ist (Kürzungsrecht desselben § 2322) und darf, soweit dieser reicht oder soweit er selbst der Gewinnende ist, andere Vermächtnisnehmer nicht gemäß § 2318 zur Pflichtteilslast heranziehen (§ 2323).

War mit dem ausgeschlagenen (Unter-)Vermächtnis ein anderer Vermächtnisnehmer beschwert, so kann er diesen, schon bevor er den Pflichtteil auszahlt, durch Zurückbehaltung des Hauptvermächtnisses zur Erstattung nötigen (§ 273).

Abweichende Anordnungen des Erblassers § 2324.

§ 2322

Ist eine von dem Pflichtteilsberechtigten ausgeschlagene Erbschaft oder ein von ihm ausgeschlagenes Vermächtnis mit einem Vermächtnis oder einer Auflage beschwert, so kann derjenige, welchem die Ausschlagung zustatten kommt, das Vermächtnis oder die Auflage so weit kürzen, daß ihm der zur Deckung der Pflichtteilslast erforderliche Betrag verbleibt.

E I 1996 Abs. 2 II 2187; M 5 423, 424; P 5 549—551.

Übersicht

Kürzung von Vermächtnissen und Auflagen

1. Voraussetzungen des Kürzungsrechts und Grundgedanke der Vorschrift

Anm. 1

Die Vorschrift knüpft an §§ 2320, 2321 an, wonach die Pflichtteilslast von dem an Stelle des ausschlagenden Pflichtteilsberechtigten nachrückenden Erben oder von dem durch Ausschlagung des Vermächtnisses Gewinnenden zu tragen ist.

Waren die ausgeschlagenen Zuwendungen selbst wieder mit Vermächtnissen oder Auflagen beschwert, so gehen außer der Pflichtteilslast nach §§ 2161, 2192 auch diese Beschwerungen auf den Nachrückenden oder Gewinnenden über.

Bezüglich der Beschwerungen ist der Nachrückende als Erbe durch §§ 1935, 2095 und 1922, als Vermächtnisnehmer durch §§ 2159, 2187 dagegen geschützt, auf mehr als den Betrag der Zuwendung in Anspruch genommen zu werden.

Anm. 2

§ 2322 gibt nur dann ein Kürzungsrecht, wenn der Wert desjenigen, was der Nachberufene durch die Ausschlagung erlangt hat, geringer ist als der Betrag der auf dem Erlangten ruhenden Pflichtteilslast und der Beschwerungen. Der Nachberufene hat in erster Linie die Pflichtteilsansprüche zu erfüllen. Falls das Erlangte nicht ausreicht, um außer diesen Ansprüchen auch die auf dem Erlangten ruhenden Vermächtnisse und Auflagen zu erfüllen, kann er diese kürzen, und zwar um den Betrag, um den die Summe aus dem Betrag des Pflichtteilsanspruchs und dem Betrag des Wertes der Vermächtnisse und Auflagen den Wert des Erlangten übersteigt. Falls daher das Erlangte ausreicht, um die Pflichtteilslast und die Beschwerungen zu decken, hat der Nachberufene sie voll zu tragen, auch wenn das ihm Angefallene dadurch ganz aufgezehrt wird. Eine Kürzung nach § 2322 setzt somit immer voraus, daß dem Kürzungsberechtigten von der Zuwendung selbst nichts verbleibt.

Anm. 3

Das Kürzungsrecht verbleibt dem Bedachten wie im Falle des § 2319 Anm. 1, auch wenn er sonst unbeschränkt haften sollte. Der verkürzte Vermächtnisnehmer ist gemäß § 2188 auch seinerseits wieder zur Kürzung berechtigt. Der Erblasser kann abweichende Anordnungen treffen (§ 2324), auch durch Begünstigung eines einzelnen Vermächtnisses das Kürzungsrecht des Erben usw. entsprechend einschränken (§ 2189).

Anm. 4

§ 2322 beruht auf dem Grundsatz, daß der Nachberufene, falls es erforderlich ist, den gesamten ihm angefallenen Nachlaß zur Verfügung stellen muß, um den Pflichtteilsberechtigten zu befriedigen. Soweit der Nachlaß dazu nicht ausreicht, muß sich zwar der Vermächtnisnehmer einen Eingriff in sein Recht gefallen lassen. Die Befriedigung des Pflichtteilsanspruchs soll aber nach dem Willen des Gesetzgebers nicht in der

Weise geschehen, daß das Vermächtnis beeinträchtigt wird, obwohl dem Erben selbst etwas aus dem Nachlaß verbleibt. Das führt dazu, daß §§ 1089, 1087 in folgendem Fall nicht angewandt werden können. Der Erblasser hat seine Tochter als Alleinerbin eingesetzt und seiner Ehefrau den Nießbrauch am Nachlaß vermacht. Die eingesetzte Erbin schlägt aus und verlangt den Pflichtteil. Die Erbschaft fällt den Enkelkindern an. Diese haben den nach § 2306 Abs. 1 Satz 2 entstandenen Pflichtteilsanspruch ihrer Mutter zu erfüllen. Sie können dazu aber nicht unter Berufung auf §§ 1089, 1087 Nachlaßgegenstände verwerten, an denen der Witwe des Erblassers der Nießbrauch einzuräumen ist. Denn das würde praktisch zu einer Kürzung des der Witwe zugewandten Vermächtnisses führen, obwohl den Erben das Nachlaßvermögen, nachdem der Nießbrauch beendet ist, verbleiben würde, soweit es nicht für die Befriedigung der Nachlaßverbindlichkeiten verwandt werden mußte. Eine solche Kürzung widerspräche nicht nur dem Willen des Erblassers, sondern auch dem in § 2322 zum Ausdruck gelangten Grundsatz (**BGH** 19, 309; dazu Anm. LM BGB § 2322 Nr. 1; unberechtigt die Kritik von Natter JZ 1956, 284; vgl. dazu die oben genannte Anm. am Ende).

Anm. 5

2. Kürzung des Voraus des überlebenden Ehegatten

Da nach § 1932 auf den Voraus des überlebenden Ehegatten die für Vermächtnisse geltenden Vorschriften anzuwenden sind, wäre dieser grundsätzlich gleichfalls zu kürzen. Da aber nach § 2311 Abs. 1 Satz 2 bei der Berechnung des Pflichtteils der Abkömmlinge und der Eltern der dem überlebenden Ehegatten gebührende Voraus außer Ansatz bleibt, kann der Voraus wegen der Pflichtteilslast der Eltern nicht gekürzt werden (vgl. auch § 2318 Anm. 3). Anders ist es, wenn und soweit dadurch, daß der Pflichtteilsberechtigte den ihm zugewandten Erbteil ausschlägt, das Recht auf den Voraus erst begründet wird.

Anm. 6

3. Kürzung bei Ansprüchen auf unteilbare Leistungen

Eine eigentliche Kürzung des Vermächtnisanspruchs ist nur möglich, wenn der Anspruch aus dem Vermächtnis auf eine teilbare Leistung geht. Richtet er sich auf eine unteilbare Leistung, z. B. auf die Einräumung des Nießbrauchs am Nachlaß, dann ist der Wert des Vermächtnisses zu schätzen. Der Nachberufene kann dann von dem Vermächtnisnehmer nur fordern, daß ihm gegen die Erfüllung des Vermächtnisses ein Betrag gezahlt wird, der dem Unterschiedsbetrag zwischen dem Wert des Vermächtnisses zuzüglich des Pflichtteilsanspruchs und dem Wert des ihm Zugewandten entspricht. Weigert sich der Vermächtnisnehmer, diesen Betrag zu zahlen, dann kann der Nachberufene die Erfüllung des Vermächtnisses verweigern. Er muß aber an Stelle dessen dem Vermächtnisnehmer einen Betrag zahlen, der dem Wert des Vermächtnisses unter Abzug des sonst von dem Vermächtnisnehmer zu erstattenden Betrages entspricht (**BGH** 19, 309; dazu Anm. LM BGB § 2322 Nr. 1).

§ 2323

Der Erbe kann die Erfüllung eines Vermächtnisses oder einer Auflage auf Grund des § 2318 Abs. 1 insoweit nicht verweigern, als er die Pflichtteilslast nach den §§ 2320 bis 2322 nicht zu tragen hat.

E I 1997 II 2188; M 5 424; P 5 551.

Kürzung von Vermächtnissen und Auflagen (§ 2318)

Die (nach § 2324 abänderungsfähige) Vorschrift dient dem Vermächtnisnehmer und Auflagebeteiligten als Mittel, den Beschwerten dazu zu zwingen, von den Befugnissen der §§ 2320—2322 zur Abwälzung der Pflichtteilslast auch wirklich Gebrauch zu machen. Sie erläutert § 2318 Abs. 1 und gibt zu erkennen, daß der Erbe die Pflichtteilslast nur insoweit verhältnismäßig auf den Vermächtnisnehmer oder den durch eine Auflage Begünstigten abwälzen kann, als sie ihn sonst treffen würde.

Daraus, daß § 2323 nur auf § 2318 Abs. 1 verweist, folgt nicht, daß der selbst pflichtteilsberechtigte Erbe das ihm nach § 2318 Abs. 3 zustehende Kürzungsrecht auch ausüben kann, soweit die Pflichtteilslast nach §§ 2320—2322 einen anderen trifft. Das ergibt sich schon daraus, daß das Kürzungsrecht nach § 2318 Abs. 1—3 an sich schon nur insoweit besteht, als den Erben die Pflichtteilslast trifft (im Ergebnis ebenso Planck/Greiff 4. Aufl. § 2323 Anm. 2; KG OLG 14, 308; aA Kipp/Coing 11. Bearb. § 12 bei Anm. 9, der zu Unrecht auf Planck/Greiff für die von ihm vertretene Ansicht verweist).

§ 2324

Der Erblasser kann durch Verfügung von Todes wegen die Pflichtteilslast im Verhältnisse der Erben zueinander einzelnen Erben auferlegen und von den Vorschriften des § 2318 Abs. 1 und der §§ 2320 bis 2323 abweichende Anordnungen treffen.

E I 1994 Satz 2, 1998 II 2189; M 5 421, 424; P 5 548, 551.

Übersicht

Abweichende Anordnungen des Erblassers über die Pflichtteilslast

1. Abweichende Anordnungen

Anm. 1

Dem Erblasser ist jede anderweite Regelung der Pflichtteilslast gestattet, durch die er nicht in das eigene Pflichtteilsrecht des Erben (§§ 2318 Abs. 3, 2319) oder des Vermächtnisnehmers (§ 2318 Abs. 2) eingreift. Innerhalb dieses Rahmens kann er das Recht des Erben zur verhältnismäßigen Kürzung der Vermächtnisse und Auflagen nicht nur erweitern oder beschränken, sondern auch ausschließen.

Anm. 2

Eine solche Anordnung braucht, wie auch sonst letztwillige Bestimmungen, nicht ausdrücklich getroffen zu werden (§ 2084 Anm. 8—32). So genügt es, wenn sich aus dem Zusammenhange des Testaments, nötigenfalls unter Mitberücksichtigung von Umständen außerhalb des Testaments, als der Wille des Erblassers erkennen läßt: Nachlaßverbindlichkeiten irgendwelcher, auch unvorhergesehener Art sollten im Verhältnisse zwischen einem Vermächtnisnehmer und dem Erben nicht zu einer Kürzung der Zuwendung an jenen führen, sondern zu Lasten des diesem verbleibenden Nachlasses gehen. Es ist dann unerheblich, ob der Erblasser um das Pflichtteilsrecht einer von ihm übergangenen Person gewußt und an die Möglichkeit einer Geltendmachung des Pflichtteilsanspruchs durch sie gedacht hat oder nicht (**RG** WarnRspr 1927 Nr. 35).

Dem wirklichen oder mutmaßlichen Willen des Erblassers kann es ferner entsprechen, daß im Innenverhältnis der Miterben die Pflichtteilslast einem anderen als demjenigen Erben zur Last fällt, der sie nach den gesetzlichen Vorschriften an sich zu tragen hat (**RG** JW 1938, 2143; DNotZ 1938, 252).

Anm. 3

2. Die Rechtswirkungen abweichender Anordnungen

Die Pflichtteilsschuld mehrerer Erben ist nach außen immer eine gemeinschaftliche und grundsätzlich gesamtschuldnerische Verbindlichkeit gemäß §§ 2058ff. Nur **im Verhältnis zueinander** kann sie der Erblasser damit verschieden beschweren (§ 2046 Abs. 2) und dadurch gegenseitige schuldrechtliche Ausgleichungsansprüche unter ihnen begründen. § 2189 gestattet ihm, auch einem einzelnen Vermächtnisnehmer die Pflichtteilslast aufzuerlegen. Doch bleibt der Pflichtteilsberechtigte mit seinem Anspruch in jedem Falle an den Erben gewiesen (§ 2303 Anm. 14).

§ 2325

Hat der Erblasser einem Dritten eine Schenkung gemacht, so kann der Pflichtteilsberechtigte als Ergänzung des Pflichtteils den Betrag verlangen, um den sich der Pflichtteil erhöht, wenn der verschenkte Gegenstand dem Nachlasse hinzugerechnet wird.

Eine verbrauchbare Sache kommt mit dem Werte in Ansatz, den sie zur Zeit der Schenkung hatte. Ein anderer Gegenstand kommt mit dem Werte in Ansatz, den er zur Zeit des Erbfalls hat; hatte er zur Zeit der Schenkung einen geringeren Wert, so wird nur dieser in Ansatz gebracht.

Die Schenkung bleibt unberücksichtigt, wenn zur Zeit des Erbfalls zehn Jahre seit der Leistung des verschenkten Gegenstandes verstrichen sind; ist die Schenkung an den Ehegatten des Erblassers erfolgt, so beginnt die Frist nicht vor der Auflösung der Ehe.

E I 2009, 2010; II 2190; Reichstagsvorlage 2298; M 5 581—588; P 6 104, 105.

Übersicht

Pflichtteilsergänzungsanspruch

I. Zweck der Bestimmung

Anm. 1

§ 2325 soll den Pflichtteilsberechtigten dagegen schützen, daß der Erblasser sein Recht durch Schenkungen unter Lebenden vereitelt. Einen derartigen Schutz enthielt bereits das römische Recht. Er bestand ferner auch im gemeinen, preußischen und sächsischen Recht. Sie gaben dem Pflichtteilsberechtigten Anfechtungs- und Widerrufsrechte gegenüber dem Beschenkten.

Anm. 2

Das Bürgerliche Gesetzbuch hat sich dem System des code civile Artikel 920ff angeschlossen und dem Pflichtteilsberechtigten wegen der Schenkungen grundsätzlich einen Anspruch gegen den Erben gewährt. Dieses System ist einfacher und dadurch innerlich gerechtfertigt, daß die Benachteiligung des Pflichtteilsberechtigten in erster Linie durch die Handlung des Erblassers eingetreten ist, für die der Erbe als dessen Gesamtrechtsnachfolger einstehen muß. Nur insoweit der Erbe nicht haftbar gemacht werden kann, ist es berechtigt, dem Pflichtteilsberechtigten einen Anspruch gegen den Beschenkten zu geben (§ 2329).

II. Das Wesen des Pflichtteilsergänzungsanspruchs

Anm. 3

Bei dem Pflichtteilsergänzungsanspruch handelt es sich nicht um den Pflichtteilsanspruch, der, wie es für die §§ 2315, 2316 zutrifft, nur von der allgemeinen Regel abweichend berechnet wird. Es ist vielmehr ein Anspruch, der dem Berechtigten neben seinem Pflichtteilsanspruch zusteht. Er ist auch nicht zu verwechseln mit dem Anspruch auf Vervollständigung des Pflichtteils aus §§ 2305, 2307, dem Pflichtteilsrestanspruch. Er kann auch neben diesem bestehen, wie § 2326 zeigt (§ 2326 Anm. 1).

Anm. 4

Grundsätzlich unterliegt er den Vorschriften über den (ordentlichen) Pflichtteilsanspruch (**RG LZ** 1925, 1071), so auch bezüglich der Auskunftspflicht über die in Betracht kommenden Schenkungen gemäß § 2314 (vgl. § 2314 Anm. 8; **RG** 73, 369), des Zeitpunkts seiner Entstehung, seiner Vererblichkeit, Übertragbarkeit und Pfändbarkeit (§ 2317, § 852 ZPO). Die Entziehung des Pflichtteils und der Verzicht auf den Pflichtteil ergreift auch den Ergänzungsanspruch. Ein Pflichtteilsergänzungsanspruch kann aber auch bestehen, wenn ein Pflichtteilsanspruch überhaupt nicht besteht, weil der Erblasser kein Vermögen hinterlassen hat.

Anm. 5

Er steht nach § 2303 Anm. 14, 16 regelmäßig gegen den Erben und nur ausnahmsweise gegen den Beschenkten zu (§ 2329) und dient dazu, den Berechtigten gegen Verkürzungen seines Pflichtteils unter Lebenden zu schützen. Ob der Berechtigte bereits zur Zeit dieser Verkürzung vorhanden und pflichtteilsberechtigt war, oder ob er es erst später geworden, ist gleichgültig. Ebenso, ob er am Nachlaß als Pflichtteilserbe oder nur als Pflichtteilsgläubiger beteiligt ist (**RG** 80, 135).

III. Schenkungen

Anm. 6

1. Rechtsgültigkeit der Schenkung

Liegt nur der Tatbestand der §§ 2325 ff vor, so kommt eine Nichtigkeit des Schenkungsvertrags wegen Verstoßes gegen die guten Sitten (§ 138) nicht in Frage. Es greifen hier die gleichen Grundsätze Platz, wie sie für die Fälle der Anfechtung wegen Täuschung oder Drohung (**RG** 72, 218; 83, 112) und wegen Verstoßes gegen KO § 31 Nr. 1 oder AnfG § 3 Nr. 1 (**RG** 69, 143; 74, 226) aufgestellt sind; beim Hinzutreten weiterer Umstände kann auch eine den §§ 2325 ff unterliegende Schenkung gegen die guten Sitten verstoßen (**RG** 2. 2. 1925 IV 531/24).

2. In Betracht kommende Arten von Schenkungen

Anm. 7

Der Anspruch wird durch Schenkungen jeder Art begründet ohne Rücksicht auf den Betrag und darauf, ob sie aus dem Stammvermögen oder aus laufenden Einkünften oder ob sie in Benachteiligungsabsicht gemacht sind (§ 2287). Der Anspruch des Pflichtteilsberechtigten geht daher weiter als der des Vertragserben, der durch Schenkungen benachteiligt ist.

Anm. 8

Der Begriff der Schenkung ergibt sich aus §§ 516 Abs. 1, 517 (**BGH** 9. 11. 1960 V ZR 96/59 zur Veröffl. vorgesehen). Eine Schenkung ist auch das bloße Schenkungsversprechen. Falls das Versprechen schon zu Lebzeiten des Erblassers erfüllt worden ist, besteht die Schenkung in dem geleisteten Gegenstand. Über das zur Zeit des Erbfalls noch nicht erfüllte Schenkungsversprechen vergleiche unten Anm. 18.

Anm. 9

Für die Frage, ob und inwieweit in einem gegenseitigen Vertrag eine Schenkung enthalten ist, kommt es nicht auf die Verhältnisse zur Zeit des Erbfalls (Anm. 22), sondern zur Zeit der Schenkung an (**RG** JW 1916, 1117). Auch gewagte Rechtsgeschäfte, wie z. B. ein Leibrentenkauf, die sich zum Nachteil des Nachlasses ausgewirkt haben, sind daher keine Schenkungen, wenn sie diese Eigenschaft nicht schon von vornherein hatten.

Anm. 10

Unter Umständen kann eine Schenkung auch in der Begründung der allgemeinen Gütergemeinschaft gefunden werden (**RG** 87, 301). Auch die gemischte Schenkung (§ 516 Anm. 23—25, **RG** WarnRspr 1908 Nr. 205), die das Maß übersteigende Ausstattung (§ 1624 Abs. 1) und die durch Leistung unter Lebenden vollzogene Schenkung von Todes wegen gehören hierher (§ 2301 Abs. 2). Ebenso die Zuwendung an eine damit erst begründete Stiftung, auch die Stiftung eines Familienfideikommisses preußischen Rechts oder Zustiftung zu einem bestehenden Familienfideikommiß, und zwar auch dann, wenn der Stifter oder Zustifter selbst die Stellung des ersten oder zeitigen Fideikommißbesitzers einnimmt (**RG** 54, 399; LZ 1932, 392; Pr. ZwangsauflösungsG v. 22. 4. 1930, GS 136, § 134 Abs. 1 Nr. 4). Grundsätzlich auch die belohnende Schenkung (**RG** LZ 1918, 1076; JW 1931, 1356).

Anm. 11

Eine Schenkung kann auch vorliegen, wenn in dem Gesellschaftsvertrag einer offenen Handelsgesellschaft, zu der der Erblasser gehörte, vorgesehen ist, daß die Gesellschaft nach dem Tode des Erblassers mit einem von mehreren Erben fortgesetzt werden soll. Die Schenkung besteht in dem Wert der Beteiligung als solcher, nicht in dem nach dem Erbfall aus ihr gezogenen Gewinn. Dieser ist aber bedeutsam für die Bewertung der Beteiligung (**RG** 171, 353).

Anm. 12

Eine Schenkung kann ferner darin bestehen, daß der Erblasser zugunsten eines anderen eine Lebensversicherung abgeschlossen hat. Geschenkt sind dann die tatsächlich gezahlten Prämien, nicht die Versicherungssumme (**RG** 128, 190; **BGH** 7, 142f). Nach § 2 Abs. 1 Nr. 3 ErbschaftsteuerG idF v. 1. 4. 1959, BGBl I 188, gilt dagegen die Versicherungssumme als von Todes wegen erworben.

Nur Anstands- usw. Schenkungen sind ausgenommen (§ 2330).

Anm. 13

3. Der beschenkte Dritte kann ein Fremder, aber auch ein anderer Pflichtteilsberechtigter (Ehegatten in Abs. 3) sein (**RG** 69, 390). Hat der Ergänzungskläger auch selbst ein Geschenk erhalten, so gilt § 2327.

Anm. 14

4. Klageberechtigt ist der Pflichtteilsberechtigte, d. h. wer zum Kreise der in § 2303 genannten nahen Angehörigen gehört (§ 2317 Anm. 21), auch dann, wenn er gesetzlicher Erbe ist (**RG** 58, 124; 80, 135).

IV. Ausgleich der Schenkungen

Anm. 15

1. Ausgleich im allgemeinen

Der Ausgleich erfolgt auf Grund einer fiktiven Berechnung des Nachlasses, indem der verschenkte Gegenstand, d. h. der durch Schätzung ermittelte Wertbetrag der Schenkung ohne Abzüge (vgl. aber § 2329 Anm. 12) dem nach § 2311 maßgebenden

Bestande, und zwar wie im Falle des § 2315 (vgl. dort Anm. 11) des Gesamtnachlasses hinzugerechnet, nicht auch tatsächlich zugeführt wird. Der sich hiernach herausstellende Mehrbetrag des Pflichtteils bildet, verglichen mit dem reinen Pflichtteil, die dem Berechtigten unmittelbar zukommende (**RG** JW 1911, 996 Nr. 43) „Ergänzung".

Anm. 16

2. Auszugleichende Zuwendungen

Auszugleichende Zuwendungen bleiben außer Betracht, da sie nach § 2316 bereits bei Berechnung des ordentlichen Pflichtteils zu berücksichtigen sind (**RG** 77, 284; JW 1937, 2201). Doch wird der Erbe in diesem Falle regelmäßig nur als Beschenkter aus § 2329 zu haften haben.

Anm. 17

3. Fehlen eines greifbaren Nachlasses

Ist ein greifbarer Nachlaß nicht vorhanden, so berechnet sich der Ergänzungsanspruch lediglich nach dem Betrage der Schenkung. Für einen Ergänzungsanspruch, auch in der Richtung gegen den Beschenkten, ist überhaupt kein Raum, wenn der Nachlaß selbst bei Hinzurechnung des verschenkten Gegenstandes nicht aktiv wird (**RG** LZ 1928, 53).

Anm. 18

4. Schenkungsversprechen

Auch das Schenkungsversprechen ist Schenkung im Sinne von Abs. 1. Ist es noch nicht erfüllt, so ist es — wenn die Fälligkeit hinausgeschoben ist, zum Zeitwerte (§ 2313 Anm. 8) — ein Passivum, und es wird, wenn der Ergänzungsanspruch erhoben wird (für die fiktive Berechnung), zugleich ein Aktivum des Nachlasses (**RG** LZ 1928, 53). Das Schenkungsversprechen wird also praktisch bei der Berechnung des Pflichtteils nicht berücksichtigt. Dennoch ist die Unterscheidung zwischen Pflichtteil und Ergänzung wegen der §§ 2326 und 2327 bedeutsam. Gegenüber dem Empfänger des Schenkungsversprechens kann der Erbe Erfüllung nur verweigern, soweit er selbst pflichtteilsberechtigt ist (§ 2328).

V. Bewertung der Schenkungen

1. Verbrauchbare Sachen § 92

Anm. 19

Auch wenn der Erblasser versprochen hatte, verbrauchbare Sachen zu leisten und dieses Versprechen noch nicht zu seinen Lebzeiten erfüllt hat, ist der Wert der geschenkten Sachen zur Zeit ihrer Hingabe maßgebend. Nur um diesen Wert ist das Vermögen des Erblassers durch die Schenkung geschmälert, und nur insoweit ist der Ergänzungsanspruch innerlich gerechtfertigt (aA die 9. Auflage Anm. 4. Wie hier Planck/Greiff 4. Aufl. § 2325 Anm. 3a; Kipp/Coing 11. Bearb. § 13 III).

Anm. 20

Ebenso wie im Falle des § 2315 Abs. 2 können sich auch hier Schwierigkeiten ergeben, wenn die Zuwendung verbrauchbarer Sachen vor dem 21. Juni 1948 und der Erbfall nach dem 20. Juni 1948 eingetreten ist. Soweit es sich dabei nicht um Geld handelt, ist der in Reichsmark ermittelte Wert der Zuwendung nach dem in § 2 WährG zum Ausdruck gelangten, der Währungsumstellung zugrunde liegenden Gedanken im gleichen Nennwert als DM-Betrag dem Wert des Gesamtnachlasses hinzuzurechnen. Wenn ein Geldbetrag zugewandt wurde, würde diese Berechnung unter Umständen nicht zu einem Ausgleich, den das Gesetz allein bezweckt, sondern zu einer Bevorzugung des Pflichtteilsberechtigten unter Benachteiligung der Erben führen, die auch nicht im Wege der Vertragshilfe ausgeglichen werden kann. Um dieses zu vermeiden, kommt nur der innere, durch die Kaufkraft ausgedrückte wirkliche Wert, den das Geldgeschenk im Zeitpunkt der Leistung hatte, in Betracht. Nur dieser Wert ist dann in seinem DM-Nennbetrag dem Nachlaß hinzuzurechnen.

Anm. 21

2. Schenkweiser Erlaß einer Schuld

Handelt es sich um den schenkungsweisen Erlaß einer Schuld, so kommt nach der Natur der Sache ebenfalls nur die Zeit der Schenkung in Betracht (**RG** 80, 137). Fällt eine hierher gehörige Schenkung in die Zeit vor der Inflation, der Erbfall dagegen in die Inflationszeit, so gilt für die Umrechnung des nach der Zeit der Schenkung anzusetzenden Wertes Entsprechendes wie nach § 2315 Anm. 14.

Anm. 22

3. Andere Gegenstände (Abs. 2 Satz 2)

Andere Gegenstände als verbrauchbare Sachen sind mit dem Wert in Ansatz zu bringen, den sie zur Zeit des Erbfalls hatten. Hatten sie aber zur Zeit der Schenkung einen geringeren Wert, so ist nur dieser anzusetzen. Diese Vorschrift entspricht der Regel des § 2311. Die Gefahr der Wertverringerung oder des Untergangs der Sache in der Zeit zwischen Schenkung und Erbfall hat sonach der Ergänzungsberechtigte zu tragen, selbst dann, wenn der Beschenkte daran Schuld trüge. Doch tritt in den Fällen des § 281 an Stelle des geschenkten Gegenstandes der Ersatz oder Ersatzanspruch. Anderseits kommt (zufolge Halbs. 2 der vorliegenden Vorschrift) eine bis zum Erbfall eingetretene Wertsteigerung dem Ergänzungsberechtigten nicht zugute. Wertschwankungen in der Zwischenzeit bleiben ganz außer Betracht. Ob sich der geschenkte Gegenstand noch im Vermögen des Beschenkten befindet, ist im Verhältnis zum Erben gleichgültig. Falls der geschenkte Gegenstand von dem Beschenkten vor dem Erbfall veräußert ist, kommt es nicht darauf an, ob der Beschenkte ein Entgelt dafür erhalten hat, sondern allein darauf, ob er zur Zeit des Erbfalls überhaupt noch vorhanden war und welchen Wert er in diesem Zeitpunkt hatte.

Anm. 23

VI. Beweislast

Beweispflichtig für den behaupteten Umfang der Schenkung und die behauptete Werthöhe ist der Ergänzungskläger. Wendet der Erbe gegenüber der auf den Wert zur Zeit des Erbfalls abgestellten Ergänzungsklage ein, der Wert sei zur Zeit der Schenkung geringer gewesen, so liegt ihm der Beweis ob. Über den Umfang der Begründungspflicht bei einer den Ergänzungsanspruch vorbereitenden Feststellungsklage vgl. **RG** JW 1916, 675.

Zuständiges Gericht ZPO § 27.

Anm. 24

VII. Die zehnjährige Ausschlußfrist

(Berechnung §§ 187, 188). Sie beginnt auch beim Schenkungsversprechen erst mit Leistung des Gegenstandes. Sie gilt nicht für die dem Ergänzungskläger selbst zugewendeten Schenkungen (§ 2327 Anm. 2), kommt aber auch dem Beschenkten zugute, wenn er gemäß § 2329 an Stelle des Erben belangt wird (**RG** 81, 204).

VIII. Schenkungen an den Ehegatten

Anm. 25

Alle Schenkungen an den Ehegatten sind ohne zeitliche Beschränkung anrechnungspflichtig. Das gilt nicht, wenn die Ehe vor dem Tode des Erblassers aufgelöst war, sei es durch Tod des anderen Eheteils, durch Scheidung, Aufhebung oder dadurch, daß der Erblasser, nachdem sein Ehegatte für tot erklärt worden war, wieder geheiratet hat (§§ 28, 29, 38, 41 EheG). In diesem Fall beginnt die Ausschlußfrist hinsichtlich der früheren Schenkungen mit der Auflösung der Ehe.

Anm. 26

Der Pflichtteilsergänzungsanspruch ist auch dann gegeben, wenn die Schenkung bereits vor dem 1. Januar 1900 erfolgt, der Erbfall aber erst nach dieser Zeit eingetreten ist (**RG** 54, 241; 58, 128). Besonderheiten, wenn die Schenkung von Ehegatten in westfälischer Gütergemeinschaft vorgenommen worden ist, **RG** JW 1911, 996.

IX. Anspruch des Ehegatten, der mit dem Erblasser bei dessen Tod im Güterstand der Zugewinngemeinschaft gelebt hat

Anm. 27

Falls der Pflichtteilsergänzungsanspruch von einem Ehegatten geltend gemacht wird, der mit dem Erblasser bei dessen Tod im Güterstand der Zugewinngemeinschaft gelebt hat, ist zu beachten, daß, falls güterrechtlicher Zugewinnausgleich beansprucht werden kann und wird, die Hälfte des Wertes der Schenkung dem Ehegatten bereits über den Zugewinnausgleichsanspruch zugute kommt (§ 1375 Abs. 2 Nr. 1). Dennoch muß bei der Berechnung des Pflichtteilsergänzungsanspruchs das Geschenk mit dem vollen und nicht nur mit der Hälfte seines Wertes eingesetzt werden, da die Ausgleichsforderung als Nachlaßverbindlichkeit voll in Abzug gebracht werden muß.

Beispiel:

Der Ehegatte würde als gesetzlicher Erbe neben Abkömmlingen berufen sein.
Normale Pflichtteilsquote $1/8$,
Nachlaßwert 10000 (alles auszugleichender Zugewinn),
Wert der Schenkung 2000.

Wäre die Schenkung nicht erfolgt, dann würde der Nachlaß 12000 betragen. Die Ausgleichsforderung würde dann 6000 und der Pflichtteil 750 betragen. Soviel muß der Ehegatte im Falle der Schenkung bei Berücksichtigung des Pflichtteilsergänzungsanspruchs erhalten.

Er hat nach §§ 1375, 1378 einen Zugewinnausgleichsanspruch in Höhe von (10000 + 2000) : 2	= 6000
Sein Pflichtteil beträgt (10000 — 6000) : 8	= 500
Der Pflichtteilsergänzungsanspruch beträgt (10000 — 6000 + 2000) : 8 — 500	= 250
insgesamt	6750

Anm. 28

Die Ausgleichsforderung ist auch dann in der vollen errechneten Höhe bei der Berechnung des Pflichtteilsergänzungsanspruchs in Ansatz zu bringen, wenn sie nach § 1378 Abs. 2 begrenzt ist, weil sie durch das vorhandene Vermögen nicht voll gedeckt wird. Würde sie in diesem Fall nur mit dem nach § 1378 Abs. 2 begrenzten Wert eingesetzt, dann würde der beschenkte Dritte zu hoch in Anspruch genommen, wenn er nach § 1390 für die ungedeckte Ausgleichsforderung und nach § 2329 für den Pflichtteilsergänzungsanspruch haftet, und der überlebende Ehegatte würde zu viel erhalten.

Beispiel:

Auszugehen ist von denselben Verhältnissen wie im Beispiel Anm. 27.
Nur beträgt diesmal der Wert des Nachlasses 2000,
der Wert der Schenkung 10000.

Die Zugewinnausgleichsforderung errechnet sich wiederum auf 6000. Sie ist gegen die Erben nach § 1378 Abs. 2 begrenzt auf	2000
Der Beschenkte kann evtl. nach § 1390 in Anspruch genommen werden für	4000
Pflichtteil wegen Überschuldung des Nachlasses	0
Pflichtteilsergänzungsanspruch gegen den Beschenkten nach § 2329: Zu dem Wert des Nachlasses ist der Wert der Schenkung hin zuzurechnen und davon die volle Ausgleichsforderung abzuziehen oder es ist von dem Wert des Geschenkes die Ausgleichsforderung in der Höhe abzuziehen, als sie durch den Nachlaß nicht gedeckt wird, also (2000 + 10000 — 6000) : 8 = (10000 — 4000) : 8	= 750
	6750

Anm. 29

Falls der Ehegatte ein ihm zugewandtes Vermächtnis annimmt, berechnet sich der ihm zustehende Pflichtteil nach dem nach § 1371 Abs. 1 erhöhten gesetzlichen Erbteil. Das gilt auch für die Berechnung des Pflichtteilsergänzungsanspruchs.

Beispiel:

Auszugehen ist von den Verhältnissen wie im Beispiel Anm. 27.
Pflichtteilsquote ¼,
Anspruch auf güterrechtlichen Zugewinnausgleich besteht nicht (§ 1371 Abs. 2).
Der Pflichtteil beträgt 10000 : 4 = 2500
Der Pflichtteilsergänzungsanspruch
(10000 + 2000) : 4 — 2500 = 500

3000

§ 2326

Der Pflichtteilsberechtigte kann die Ergänzung des Pflichtteils auch dann verlangen, wenn ihm die Hälfte des gesetzlichen Erbteils hinterlassen ist. Ist dem Pflichtteilsberechtigten mehr als die Hälfte hinterlassen, so ist der Anspruch ausgeschlossen, soweit der Wert des mehr Hinterlassenen reicht.

E I 2011 II 2191; M 5 461; P 5 589.

Übersicht

Pflichtteilsergänzungsanspruch des als Erbe berufenen Berechtigten

Anm. 1

1. Zuwendung der Hälfte des gesetzlichen Erbteils (Satz 1)

Der Ergänzungsanspruch steht auch dann zu, wenn der Pflichtteilsberechtigte wegen des ordentlichen, nach dem Reinbestande des Nachlasses gemäß § 2303 berechneten Pflichtteils durch die Erbeinsetzung gedeckt ist und erst infolge der Hinzurechnung des Geschenks (§ 2325 Anm. 15—17) sich eine Erhöhung des Pflichtteils herausstellt. So namentlich, wenn sich erst hierdurch der Nullbestand des reinen Nachlasses in einen Aktivbestand verwandelt (§ 2325 Anm. 17). Der Pflichtteilsergänzungsanspruch steht dem Pflichtteilsberechtigten auch zu, wenn er den ihm zugewandten, die Hälfte des gesetzlichen nicht übersteigenden Erbteil ausgeschlagen hat (Planck/Greiff 4. Aufl. § 2326 Anm. 1), so daß ihm der ordentliche Pflichtteilsanspruch selbst nicht, sondern allenfalls ein Pflichtteilsrestanspruch (§ 2305) zusteht.

2. Zuwendung von mehr als der Hälfte des gesetzlichen Erbteils (Satz 2)

Anm. 2

Ist dem Pflichtteilsberechtigten, der auch als Alleinerbe berufen sein kann, mehr als die Hälfte des gesetzlichen Erbteils hinterlassen, so erwirbt er durch eine gemäß § 2306 Abs. 1 Satz 2 erfolgende Ausschlagung den ordentlichen Pflichtteilsanspruch und zugleich den Ergänzungsanspruch.

Anm. 3

Der Pflichtteilsberechtigte kann den Ergänzungsanspruch auch geltend machen, wenn er den ordentlichen Pflichtteilsanspruch nicht hat, sei es, weil der ihm hinterlassene Erbteil frei von Beschränkungen oder Beschwerungen ist und deswegen nach § 2306 Abs. 1 Satz 2 kein Pflichtteilsanspruch durch die Ausschlagung begründet wird oder weil er die Erbschaft trotz Beschränkungen oder Beschwerungen annimmt. Er muß sich dann jedoch das Hinterlassene auf diesen Anspruch anrechnen lassen, soweit es den Betrag des ordentlichen, nach dem wirklichen Nachlaßbestande berechneten Pflichtteils übersteigt, und hat keinen Anspruch auf Ergänzung, wenn er dafür bereits durch das mehr Zugewendete gedeckt ist oder gedeckt wäre, wenn er die Erbschaft nicht ausgeschlagen hätte. Dasselbe gilt nach § 2307 Abs. 1, wenn er mit einem Vermächtnis bedacht ist.

Anm. 4

Die Beschränkungen oder Beschwerungen, mit denen ihm der größere Erbteil oder das größere Vermächtnis hinterlassen ist, haben entsprechend § 2307 Anm. 7 außer Betracht zu bleiben, wenn es sich um Ermittlung des Wertes des Hinterlassenen handelt. Mit Strohal bei Planck 3. Aufl. Anm. 4 und anderen dort Angeführten (aA Planck/Greiff 4. Aufl. Anm. 4) wird jedoch dem Ergänzungsberechtigten aus § 119 das Recht zustehen, die Annahme anzufechten, wenn er die beschränkte oder beschwerte Zuwendung, Erbteil oder Vermächtnis, in Unkenntnis von der Schenkung angenommen hatte.

Anm. 5

Ob der Pflichtteilsberechtigte gewillkürter oder gesetzlicher Erbe geworden, macht wie für § 2325 (**RG** 58, 126), so auch für § 2326 keinen Unterschied.

Anm. 6

Die Vorschrift des Satz 2 begründet keine bloße Einrede, sondern sie schließt den Pflichtteilsergänzungsanspruch aus und ist daher gegebenenfalls auch von Amts wegen zu berücksichtigen (**RG** 4. 2. 1937 IV 197/36).

§ 2327

Hat der Pflichtteilsberechtigte selbst ein Geschenk von dem Erblasser erhalten, so ist das Geschenk in gleicher Weise wie das dem Dritten gemachte Geschenk dem Nachlasse hinzuzurechnen und zugleich dem Pflichtteilsberechtigten auf die Ergänzung anzurechnen. Ein nach § 2315 anzurechnendes Geschenk ist auf den Gesamtbetrag des Pflichtteils und der Ergänzung anzurechnen.

Ist der Pflichtteilsberechtigte ein Abkömmling des Erblassers, so findet die Vorschrift des § 2051 Abs. 1 entsprechende Anwendung.

E I 2012 II 2192; M 5 462, 463; P 5 589; 6 104, 105.

Übersicht

Anrechnung der dem Pflichtteilsberechtigten gemachten Geschenke

Anm. 1

1. Allgemeine Voraussetzung

Vorausgesetzt ist, daß neben dem als Ergänzungskläger gedachten selbst beschenkten Pflichtteilsberechtigten noch ein anderer vom Erblasser Beschenkter in Betracht kommt, der ein Fremder (§ 2329) oder Miterbe oder gleichfalls Pflichtteilsberechtigter sein kann.

2. Hinzurechnung zum Nachlaß und Anrechnung auf die Ergänzung (Abs. 1 Satz 1)

Anm. 2

Wenn das Geschenk in gleicher Weise dem Nachlasse hinzuzurechnen ist wie das dem anderen gemachte Geschenk, so wird damit nur auf Abs. 2 des § 2325 Bezug genommen, der je nach der Art des Schenkungsgegenstandes über den für den Wertansatz maßgebenden Zeitpunkt bestimmt. Nicht aber kommt dem selbst beschenkten Ergänzungskläger auch die zehnjährige Ausschlußfrist des Abs. 3 zugute, er hat sich vielmehr die ihm selbst oder seinem Vorfahren gemachten Geschenke ohne zeitliche Beschränkung anrechnen zu lassen (**RG** 69, 389).

Anm. 3

Die Schenkungen werden dem Gesamtnachlaß hinzugerechnet; danach bestimmt sich der dem Betreffenden im ganzen gebührende Pflichtteil. Der Unterschied zwischen diesem und dem ordentlichen Pflichtteil ist der Betrag der Ergänzung. Nur auf diese Ergänzung, nicht auf den Pflichtteil hat sich der Pflichtteilsberechtigte die selbst empfangene Schenkung anrechnen zu lassen. Soweit sie den Ergänzungsbetrag übersteigt, bleibt sie ganz außer Betracht (s. jedoch Anm. 5).

Anm. 4

Soweit die mehreren Geschenke zugleich auszugleichende Zuwendungen darstellen (§ 2050) und deshalb bereits bei Berechnung des ordentlichen Pflichtteils eines Abkömmlings berücksichtigt sind (§ 2316 Anm. 4, 5), scheiden sie völlig aus und kommen für die Ergänzung nicht mehr in Frage, vgl. auch **RG** 77, 284 und § 2325 Anm. 16.

Anm. 5

3. Anrechnung auf Pflichtteil und Ergänzung (Abs. 1 Satz 2)

Nur wenn der Erblasser gemäß § 2315 Abs. 1 Anrechnung des Geschenks auf den Pflichtteil angeordnet hatte, muß sich der Ergänzungsberechtigte (entgegen Anm. 3) die selbst empfangene Schenkung auf den gesamten Betrag von Pflichtteil und Ergänzung und zwar zunächst auf den Pflichtteilsanspruch, soweit sie mehr beträgt als dieser, auch auf die Ergänzung anrechnen lassen. Für die Wertbestimmung ist in diesem Falle nicht § 2325 Abs. 2, sondern nach § 2315 Anm. 13 immer nur die Zeit der Schenkung maßgebend.

Anm. 6

4. Pflichtteilsberechtigter Abkömmling (Abs. 2)

Übereinstimmend mit § 2315 Abs. 3 (Näheres dort Anm. 17—22) hat sich der in das Pflichtteilsrecht nachrückende Abkömmling auch bezüglich der seinem Vorfahren gemachten Schenkungen so behandeln zu lassen, wie wenn er selbst der Beschenkte wäre.

§ 2328

Ist der Erbe selbst pflichtteilsberechtigt, so kann er die Ergänzung des Pflichtteils so weit verweigern, daß ihm sein eigener Pflichtteil mit Einschluß dessen verbleibt, was ihm zur Ergänzung des Pflichtteils gebühren würde.

E I 2013 II 2193; M 5 463—466; P 5 589—591; 6 105, 106.

Pflichtteilsergänzungsanspruch gegen den selbst pflichtteilsberechtigten Erben

Anm. 1

Aus den allgemeinen, nach § 2325 Anm. 4 auch hier anwendbaren Vorschriften über die **Pflichtteilslast** folgt, daß der pflichtteilsberechtigte Erbe die Last auch insoweit auf Vermächtnisnehmer und Auflagebeteiligte abwälzen darf, als sie durch die Ergänzungspflicht gesteigert ist (§ 2318).

Anm. 2

Entsprechend dem § 2319 ist ihm, und zwar gleichviel ob er Miterbe oder Alleinerbe ist, jedoch nur gegenüber dem Ergänzungsanspruche, ein im Wege der Einrede verfolgbares Verweigerungsrecht beigelegt, durch das er sich im Genusse des eigenen nach Ergänzungsgrundsätzen ihm selbst gebührenden Pflichtteils erhalten kann. Für den Ausfall haftet dem Ergänzungsberechtigten, soweit er sich nicht an andere Erben halten kann, nach den Grundsätzen des § 2329 der Beschenkte, und zwar auch dann, wenn er mit dem Erben wiederum identisch ist. Gegenüber dem Pflichtteilsanspruch selbst ist, abgesehen von § 2319, kein Leistungsverweigerungsrecht gegeben.

Anm. 3

Beispiel:

Der Nachlaß beträgt 2000 DM. Der Erblasser hat einem Dritten eine Schenkung von 6000 DM gemacht. Er hat zwei Söhne, A und B hinterlassen, von denen er A als Alleinerben eingesetzt hat. Der Pflichtteil des B beträgt 500 DM, sein Ergänzungsanspruch 1500 DM. Obwohl A als Pflichtteil und Ergänzung auch 2000 DM gebühren würden, muß er den Pflichtteilsanspruch des B mit 500 DM befriedigen. B muß sich wegen 1500 DM, A wegen 500 DM an den Beschenkten halten.

§ 2329

Soweit der Erbe zur Ergänzung des Pflichtteils nicht verpflichtet ist, kann der Pflichtteilsberechtigte von dem Beschenkten die Herausgabe des Geschenkes zum Zwecke der Befriedigung wegen des fehlenden Betrags nach den Vorschriften über die Herausgabe einer ungerechtfertigten Bereicherung fordern. Ist der Pflichtteilsberechtigte der alleinige Erbe, so steht ihm das gleiche Recht zu.

Der Beschenkte kann die Herausgabe durch Zahlung des fehlenden Betrags abwenden.

Unter mehreren Beschenkten haftet der früher Beschenkte nur insoweit, als der später Beschenkte nicht verpflichtet ist.

E I 2014—2016 II 2194; M 5 466—468; P 5 592—595.

Übersicht

Haftung des Beschenkten für den Ergänzungsanspruch

I. Der zur Ergänzung nicht verpflichtete Erbe

Anm. 1

Soweit der Erbe zur Ergänzung nicht verpflichtet ist, tritt aushilfsweise die Haftung des Beschenkten ein. Ist der Beschenkte Miterbe des Ergänzungsberechtigten, so haftet er jedenfalls als Beschenkter, soweit er nicht schon als Erbe verpflichtet ist (s. auch Anm. 15—18). Der Erbe ist von vornherein nicht zur Ergänzung verpflichtet,

wenn der Nachlaß mit Null aufgeht oder überschuldet ist (§§ 2311 Anm. 1 ff, 2325 Anm. 17),

soweit er nach § 2328 die Ergänzung verweigern kann,

wenn und soweit er infolge von Wertveränderungen des Nachlasses den entstandenen Ergänzungsanspruch nach den Grundsätzen der beschränkten Haftung (§§ 1975 ff insbesondere 1991 Abs. 4, 1992) nicht zu erfüllen braucht, ja sogar nicht erfüllen darf (**RG** 58, 127).

Anm. 2

Dagegen kann der Ergänzungsberechtigte Ausfälle, die er infolge Zahlungsunfähigkeit des unbeschränkt haftenden Erben erleidet, nicht gegen den Beschenkten geltendmachen. Kipp/Coing 11. Bearb. § 13 VI 2 will im Gegensatz zu Kipp 8. Bearb. (§ 136 VI 3) den Anspruch gegen den Beschenkten auch gewähren, wenn weder der Nachlaß noch das eigene Vermögen des unbeschränkt haftenden Erben ausreicht, um den Ergänzungsanspruch zu befriedigen.

Anm. 3

Diese Befreiungsgründe schließen es jedoch nicht aus, den als Erbe zur Ergänzung nicht verpflichteten Erben nunmehr persönlich in seiner Eigenschaft als Beschenkter in Anspruch zu nehmen (**RG** JW 1912, 913 Nr. 11). Wegen der verschiedenen Rechtsfolgen muß streng geschieden werden, ob der Beklagte als Erbe oder als Beschenkter in Anspruch genommen wird. Als Erbe ist er auf einen entsprechenden Antrag nur unter Vorbehalt der beschränkten Haftung (§ 780 ZPO) zu verurteilen.

II. Der Anspruch gegen den Beschenkten

1. Allgemeine Rechtsnatur

Anm. 4

Der Ergänzungsanspruch wird dadurch, daß er gegen den Beschenkten verfolgt wird, nicht in seinem Grunde, sondern nur nach Art und Umfang der Haftung verändert (**RG** 58, 128). Die Normen des Pflichtteilsrechts sind auf ihn auch in diesem Falle anwendbar, soweit dies mit den sich aus der Richtung des Anspruchs gegen den Beschenkten ergebenden Eigentümlichkeiten vereinbar ist (**RG** 73, 370f; LZ 1925, 1071; SeuffArch 88 Nr. 147, beide betr. Anwendbarkeit des § 2306). Namentlich braucht der Beschenkte ebenso wie der Erbe (§ 2325 Anm. 24), eine länger als zehn Jahre zurückliegende Schenkung nicht herauszugeben (**RG** 81, 204).

Anm. 5

Die Bestimmung des § 2317 über den Zeitpunkt der Entstehung, die Vererblichkeit und Übertragbarkeit des Anspruchs und § 852 Abs. 1 ZPO sind auf den Anspruch gegen den Beschenkten anzuwenden. Die strafweise Entziehung des Pflichtteils und der Verzicht auf den Pflichtteil ergreifen auch den Anspruch gegen den Beschenkten. Ferner hat der Beschenkte das Recht, den Anspruch wegen Pflichtteilsunwürdigkeit nach § 2345 anzufechten.

Anm. 6

Auch der gegen den Beschenkten gerichtete Anspruch kann nach § 27 ZPO vor dem Gericht geltend gemacht werden, bei dem der Erblasser zur Zeit seines Todes seinen allgemeinen Gerichtsstand hatte.

2. Inhalt des Anspruchs

a) Duldung der Zwangsvollstreckung

Anm. 7

Der Anspruch geht auf Geld, auf den fehlenden Betrag, dessen Höhe sich nach §§ 2325—2327 unter Abzug des vom Erben Erlangten oder zu Erlangenden berechnet.

Gleichwohl ist der Beschenkte grundsätzlich nicht zur Zahlung, sondern zur Herausgabe des Geschenks zum Zwecke der Befriedigung verpflichtet und gemäß Abs. 2 nur zur Zahlung berechtigt, d. h. er ist, wie in den Fällen der §§ 1973 Anm. 19, 1990 Anm. 16 verbunden, die Zwangsvollstreckung in die Gegenstände der Schenkung zu dulden. Dementsprechend hat unter Bezifferung des geforderten Geldbetrags auch die Verurteilung zu lauten (**RG** Recht 1911 Nr. 2170; LZ 1932, 392 Nr. 8).

Anm. 8

Handelt es sich um ein noch nicht erfülltes Schenkungsversprechen, so ist der Schenkungsanspruch herauszugeben.

Anm. 9

b) Minderung der Bereicherung durch Kosten und Aufwendungen

Soweit die Bereicherung durch Kosten des Schenkungsaktes oder Aufwendungen auf den geschenkten Gegenstand gemindert ist (vgl. Anm. 12), ist auch dies bei der Verurteilung zu berücksichtigen. Der Beschenkte kann sich wegen dieser Kosten und Aufwendungen aus dem bei der Zwangsvollstreckung erzielten Erlös vorweg befriedigen. Nur wenn Geld geschenkt war, sind Herausgabe und Zahlung dasselbe.

Anm. 10

c) Auskunftspflicht

Eine Auskunftspflicht des beschenkten Dritten besteht, abweichend von § 2325 Anm. 4, nur dann, wenn er nach § 260 einen Inbegriff herauszugeben hat (**RG** 73, 371; 84, 204; **BGH** 18, 67). „Inbegriff" ist dabei in dem weiten **RG** 90, 139 dargelegten Sinne zu verstehen (**RG** JR 1927 Nr. 1655).

Anm. 11

d) Behandlung im Konkurs des Beschenkten

Im Konkurs des Beschenkten hat der Pflichtteilsberechtigte kein Recht auf abgesonderte Befriedigung aus den geschenkten Gegenständen. Die Bereicherung des Beschenkten ist vielmehr in Geld zu beziffern. Der Pflichtteilsberechtigte erhält hiervon, falls dieser Betrag geringer ist, als sein Ergänzungsanspruch, andernfalls von diesem die Konkursdividende. Im letzteren Fall kann er sich überhaupt nicht, im ersten nur wegen des Unterschiedes zwischen dem Betrag seines Ergänzungsanspruchs und der in Geld bezifferten Bereicherung nach Abs. 3 an einen früher Beschenkten halten.

III. Anwendung der Bereicherungsvorschriften

Anm. 12

Wegen der Anwendung der Vorschriften über die Herausgabe einer ungerechtfertigten Bereicherung vgl. § 1973 Anm. 13ff. Die Bereicherung wird durch die dem Beschenkten entstandenen Kosten des Schenkungsakts (**RG** WarnRspr 1908 Nr. 205) und durch Aufwendungen, die der Beschenkte gemacht hat, um das Geschenk zu erhalten oder dessen Wert zu steigern, vermindert.

Anm. 13

Von der Rechtshängigkeit oder von dem Augenblick an, in dem der Beschenkte den Mangel des rechtlichen Grundes erfährt, haftet er nicht mehr nach Bereicherungsrecht, sondern nach den allgemeinen Vorschriften. Zur Kenntnis vom Mangel des rechtlichen Grundes (§ 819 Abs. 1) gehört regelmäßig Kenntnis vom Stande des Nachlasses und der Ergänzungsbedürftigkeit des Pflichtteils im Sinne von § 2325ff. Doch kann die Kenntnis auch schon zur Zeit der Schenkung gegeben sein, wenn dem Empfänger eine damit verbundene Benachteiligungsabsicht des Erblassers bekannt war (vgl. auch §§ 818 Abs. 2, 826).

Anm. 14

Der fernere Empfänger, dem die Schenkung unentgeltlich zugewendet ist, haftet nach § 822.

IV. Pflichtteilsberechtigter als alleiniger Erbe (Abs. 1 Satz 2)

Anm. 15

Ist der Pflichtteilsberechtigte der alleinige Erbe, so kommt von vornherein nur der Ergänzungsanspruch gegen den Beschenkten in Frage. Unerheblich ist, ob der Pflichtteilsberechtigte durch gesetzliche Erbfolge oder auf Grund letztwilliger Verfügung zur Erbfolge berufen ist. Er kann den Beschenkten wegen des Betrages in Anspruch nehmen, in dessen Höhe die Pflichtteilsergänzung, die ihm gebührt, durch den Wert des Nachlasses nicht gedeckt wird. Ebenso wie bei § 2326 Satz 2 sind bei der Berechnung des Nachlaßwerts die darauf ruhenden Beschränkungen und Beschwerungen unberücksichtigt zu lassen.

Anm. 16

Er kann sein Recht, wenn es sich um ein Schenkungsversprechen handelt, auch durch Verweigerung der Leistung ausüben.

Anm. 17

Der Pflichtteilsberechtigte, welcher der alleinige Erbe ist, ist zur Geltendmachung des Ergänzungsanspruchs gegen den Beschenkten auch dann befugt, wenn die Verfügung über den Nachlaß infolge der Eröffnung des Nachlaßkonkurses dem Konkursverwalter zusteht. Jener Anspruch und ein nach KO § 32 bestehender Anfechtungsanspruch sind keine Gesamtgläubigerforderungen, sondern sie stehen in dem Verhältnisse zueinander, daß mit der Durchführung der Anfechtung und in dem Maße dieser Durchführung die Bereicherung des Beschenkten und damit nach Anm. 12—14 eine Voraussetzung für die Verpflichtung zur Pflichtteilsergänzung fortfällt (**RG** LZ 1928, 53).

Anm. 18

Ein dem Falle, daß der ergänzungsberechtigte Pflichtteilsberechtigte alleiniger Erbe ist, entsprechender Tatbestand kann auch bei einer Erbenmehrheit vorliegen (wie in dem Falle **RG** LZ 1928, 53, in dem die Kinder und der Ehegatte des Erblassers die gesetzlichen Erben des durch die Schenkung an einen Fremden geminderten Nachlasses geworden waren).

Anm. 19

V. Abwendung der Herausgabe (Abs. 2)

Sie erfolgt durch freiwillige Zahlung des fehlenden Betrags (Anm. 7), also nicht wie nach §§ 1973 Anm. 21, 1992 Anm. 12 des Wertes der von der Zwangsvollstreckung bedrohten oder ergriffenen Schenkungsgegenstände.

VI. Reihenfolge der Haftung mehrerer Beschenkter (Abs. 3)

Anm. 20

Der zuletzt Beschenkte haftet zuerst. Nur soweit er nicht verpflichtet ist (nicht auch soweit er nicht zahlungsfähig), kann der nächste früher Beschenkte herangezogen werden. Der Anspruch gegen den früher Beschenkten geht nicht etwa dahin, die Zwangsvollstreckung in das ihm gemachte Geschenk insoweit zu dulden, als die Zwangsvollstreckung wegen des Ergänzungsanspruchs in die dem später Beschenkten zugewandten Gegenstände nicht zur Befriedigung geführt hat. Er geht vielmehr dahin, die Zwangsvollstreckung in das Geschenk wegen derjenigen Forderung zu dulden, die sich aus der Differenz zwischen dem Pflichtteilsergänzungsanspruch und der bei dem später Beschenkten durch das Geschenk im maßgeblichen Zeitpunkt noch vorhandenen Bereicherung ergibt.

Anm. 21

Maßgeblicher Zeitpunkt ist derjenige, in dem der Anspruch gegen den später Beschenkten rechtshängig wird oder in dem dieser von dem Ergänzungsanspruch Kenntnis erlangt.

Anm. 22

Auch der gegen den früher Beschenkten gerichtete Anspruch ist bereits mit dem Erbfall entstanden. Er ist von dem genannten maßgeblichen Zeitpunkt an kein künftiger oder bedingter mehr. Obwohl sofort gegen die später und früher Beschenkten auf Leistung geklagt werden kann, ist es doch mit Rücksicht auf die Schwierigkeit, den Anspruch gegen den früher Beschenkten zu beziffern, möglich, gegen den später Beschenkten auf Leistung und gegen den früher Beschenkten zunächst auf Feststellung seiner Verpflichtung zu klagen (**BGH** 17, 336).

Anm. 23

Die Verpflichtung erlischt insbesondere durch Wegfall der Bereicherung vor Eintritt der Rechtshängigkeit oder vor Kenntnis gemäß §§ 818 Abs. 4, 819. Oder durch Fristablauf, während sich ein früher beschenkter Ehegatte hierauf nicht beziehen darf (§ 2325 Anm. 25).

Anm. 24

VII. Beweislast

Der Ergänzungskläger hat die Schenkung und ferner zu beweisen, daß oder inwieweit der Erbe nicht verpflichtet ist. Diese Beweislast trifft ihn auch dann, wenn er den Erben selbst in der Eigenschaft des Beschenkten in Anspruch nimmt (**RG** 80, 136).

Ist der Pflichtteilsberechtigte der alleinige Erbe (Anm. 15—18), so hat er zur Berechnung des ihm gebührenden Betrags den Bestand des Nachlasses darzulegen (**RG** 84, 207).

Der Beklagte ist dafür beweispflichtig, daß er nicht bereichert oder daß ein zunächst haftender später Beschenkter vorhanden ist.

Daß dieser nicht verpflichtet sei, ist Replik des Klägers.

Von mehreren Pflichtteilsberechtigten kann jeder klagen. Soweit der Beschenkte an den Kläger herausgibt, mindert sich seine Bereicherung.

Verjährung § 2332 Abs. 2.

§ 2330

Die Vorschriften der §§ 2325 bis 2329 finden keine Anwendung auf Schenkungen, durch die einer sittlichen Pflicht oder einer auf den Anstand zu nehmenden Rücksicht entsprochen wird.

E I 2018 II 2195; M 5 469; P 5 596.

Anstandsschenkungen

Anm. 1

Anstandsschenkungen usw. sind nur so weit ergänzungspflichtig, als sie das hiernach sich bestimmende Maß überschreiten (vgl. auch §§ 534, 1446, 1641, 1804, 2113, 2205). Eine Schenkung, durch die der Schenker sich für geleistete Dienste erkenntlich zeigen will, belohnende Schenkung, kann ganz oder teilweise unter § 2330 wie die entsprechenden Vorschriften fallen; sie braucht es aber nicht (§ 2325 Anm. 10). Unter Umständen kann einer sittlichen Pflicht auch eine größere Schenkung entsprechen, selbst eine solche, die den Nachlaß im wesentlichen erschöpft. Das zeigt der Fall Celle HRR 1934 Nr. 942.

Anm. 2

Im Geltungsbereich der Höfeordnung der früheren britischen Zone können Zuwendung an ein weichendes Kind anläßlich der Übergabe eines Hofes Schenkungen sein, durch die einer sittlichen Pflicht entsprochen wird (**BGH** 6. 3. 1952 IV ZR 18/51).

Anm. 3

Die Beweislast dafür, daß oder inwieweit es sich um eine Anstandsschenkung usw. handelt, trifft den, der sich darauf beruft (**RG** LZ 1918, 1076).

§ 2331

Eine Zuwendung, die aus dem Gesamtgute der Gütergemeinschaft erfolgt, gilt als von jedem der Ehegatten zur Hälfte gemacht. Die Zuwendung gilt jedoch, wenn sie an einen Abkömmling, der nur von einem der Ehegatten abstammt, oder an eine Person, von der nur einer der Ehegatten abstammt, erfolgt oder wenn einer der Ehegatten wegen der Zuwendung zu dem Gesamtgut Ersatz zu leisten hat, als von diesem Ehegatten gemacht.

Diese Vorschriften sind auf eine Zuwendung aus dem Gesamtgute der fortgesetzten Gütergemeinschaft entsprechend anzuwenden.

E I 1991, 2017 II 2196; M 5 416, 468; P 5 525, 596.

Anm. 1

Die Vorschrift ist durch das Gleichberechtigungsgesetz v. 18. 6. 1957, BGBl I 609, neu gefaßt. Nach der ursprünglichen, vor dem 1. Juli 1958 geltenden Fassung gilt Entsprechendes für Zuwendungen, die aus dem Gesamtgut der allgemeinen Gütergemeinschaft, der Errungenschaftsgemeinschaft oder der Fahrnisgemeinschaft erfolgt waren. Für die allgemeine Gütergemeinschaft gilt nach Art. 8 I Nr. 6 des Gleichberechtigungsgesetzes das Recht der Gütergemeinschaft. Soweit die Ehegatten am 1. Juli 1958 im Güterstand der Errungenschafts- oder Fahrnisgemeinschaft des BGB gelebt haben, bleiben, sofern die Ehegatten nichts anderes vereinbaren, die Vorschriften, die vor dem 1. April 1953 für diese Güterstände gegolten haben, nach Art. 8 I Nr. 7 des Gleichberechtigungsgesetzes maßgebend.

Anm. 2

Vgl. Anm. 1—4 zu § 2054, mit dem die Vorschrift, bis auf den die Eltern eines Ehegatten betreffenden Zusatz in Abs. 1, wörtlich übereinstimmt. Sie bezieht sich sowohl auf den ordentlichen wie auf den Pflichtteilsergänzungsanspruch (**RG** 94, 265).

§ 2332

Der Pflichtteilsanspruch verjährt in drei Jahren von dem Zeitpunkt an, in welchem der Pflichtteilsberechtigte von dem Eintritte des Erbfalls und von der ihn beeinträchtigenden Verfügung Kenntnis erlangt, ohne Rücksicht auf diese Kenntnis in dreißig Jahren von dem Eintritte des Erbfalls an.

Der nach § 2329 dem Pflichtteilsberechtigten gegen den Beschenkten zustehende Anspruch verjährt in drei Jahren von dem Eintritte des Erbfalls an.

Die Verjährung wird nicht dadurch gehemmt, daß die Ansprüche erst nach der Ausschlagung der Erbschaft oder eines Vermächtnisses geltend gemacht werden können.

E I 1999 II 2197; M 5 425—428; P 5 551, 593, 594.

Übersicht

Verjährung des Pflichtteilsanspruchs

I. Allgemeines

Anm. 1

Die Verjährung sowohl des ordentlichen, als auch des Pflichtteilsergänzungsanspruchs ist in drei Jahren beendet. Um einen Pflichtteilsanspruch handelt es sich auch, wenn der Erblasser bestimmt hat, daß der Erbe unter bestimmten Voraussetzungen nur den Pflichtteil erhalten soll oder wenn er ihn ausdrücklich auf den Pflichtteil gesetzt hat. Anders ist es, wenn der Erblasser den Erben auf einen seinem Pflichtteil entsprechenden Bruchteil zum Erben eingesetzt oder ihm ein Vermächtnis in Höhe des Pflichtteils zugewandt hat. Es handelt sich dann um den Erbauseinandersetzungs- oder Vermächtnisanspruch, der nicht nach § 2332 verjährt.

Anm. 2

Die Verjährung beginnt, soweit der Anspruch gegen den Erben zusteht (§ 2303, 2305—2307, 2316 Abs. 2, 2325—2328), mit der Kenntnis des Pflichtteilsberechtigten vom Erbfall und von der ihn beeinträchtigenden Verfügung.

Anm. 3

II. Kenntnis von dem Eintritt des Erbfalls

Kenntnis von dem Eintritt des Erbfalls ist nach § 1922 die Kenntnis vom Tode des Erblassers. Sie ist auch dann maßgeblich, wenn eine Vor- und Nacherbschaft angeordnet ist. Auch wenn der Anspruch gegen den Nacherben geltend gemacht wird, ist allein auf die Kenntnis von dem Tode des Erblassers, nicht aber auf die Kenntnis von dem Eintritt des Nacherbfalls abzustellen. Gegen den Vorerben und gegen den Nacherben besteht ein einheitlicher Anspruch, der nach § 2317 Abs. 1 mit dem Erbfall entstanden ist und der sich gegen den jeweiligen Herrn des Nachlasses richtet. Schuldner des Anspruchs ist zunächst der Vorerbe und nach Eintritt des Nacherbfalls der Nacherbe. Gegen beide kann nur eine einheitliche Verjährungsfrist laufen. Es ist undenkbar, daß der Anspruch dem Vorerben gegenüber verjährt, dem Nacherben gegenüber dagegen noch nicht verjährt ist. Die durch die vor Eintritt des Nacherbfalls durch die Verjährung begründete Einrede kann auch von dem Nacherben geltend gemacht werden (aA Ottow MDR 1957, 211, dagegen zutreffend Donau MDR 1958, 134).

III. Kenntnis von der beeinträchtigenden Verfügung

Anm. 4

1. Die beeinträchtigende Verfügung

Mit der „Verfügung" ist zunächst gemeint die den Berechtigten von der Erbfolge ausschließende oder sonst beeinträchtigende Verfügung von Todes wegen. Eine den Pflichtteilsberechtigten im Sinne dieser Vorschrift in seiner Rechtsstellung beeinträchtigende Verfügung von Todes wegen liegt immer dann vor, wenn die Verfügung einen nach §§ 2303, 2305, 2306 Abs. 1 Satz 2 oder Abs. 2, § 2316 Abs. 2 oder § 2307 einen Pflichtteilsanspruch begründenden Inhalt hat, mag dieser kraft Gesetzes bestehende Pflichtteilsanspruch auch in der Verfügung ausdrücklich anerkannt sein (**RG** 113, 234). Beim Pflichtteilsanspruch eines Abkömmlings aus § 2316 Abs. 2 gegen seine Miterben handelt es sich also um eine Verfügung von Todes wegen, durch die dem Abkömmling zwar ein die Hälfte des gesetzlichen Erbteils erreichender oder übersteigender Erbteil hinterlassen, aber weniger als die Hälfte desjenigen zugewendet wird, was auf seinen gesetzlichen Erbteil unter Berücksichtigung der Ausgleichungspflicht (§§ 2050ff) bei der Teilung des Nachlasses entfallen würde (**RG** 135, 231).

2. Kenntnis

Anm. 5

Die Kenntnis von der beeinträchtigenden Verfügung muß nicht notwendig durch deren amtliche Verkündung erlangt sein. Umgekehrt kann trotz Verkündung Unkenntnis vorliegen. Die Vorschrift des § 1944 Abs. 2, wonach die Frist nicht vor amtlicher Verkündung der letztwilligen Verfügung zu laufen beginnt, ist nicht entsprechend anwendbar (**RG** 66, 30).

Anm. 6

Die Kenntnis des Pflichtteilsberechtigten muß sich auf den für ihn wesentlichen, seine Beeinträchtigung ergebenden Inhalt der Verfügung (**RG** 70, 362) sowie auf ihre Rechtswirksamkeit erstrecken. Hieran fehlt es z. B., solange er die Unterschrift des Erblassers unter dem ihn von der Erbfolge ausschließenden Testament für unecht hält; die Kenntnis ist in dieser Hinsicht, wie auch sonst (§ 1944 Anm. 9, 10, § 2082 Anm. 6ff), mit zuverlässigem Erfahren der in Betracht kommenden Umstände erlangt (**RG** 115, 27; 135, 236).

Anm. 7

Es ist nicht erforderlich, daß der Berechtigte die Verfügung in allen Einzelheiten prüft und rechtlich zutreffend beurteilt. Er muß nur erkannt haben, daß er durch die Verfügung von der Erbfolge ausgeschlossen oder sonst in seinem Pflichtteil beeinträchtigt ist. Es genügt nicht, daß er nur von der Tatsache, daß eine Verfügung besteht, Kenntnis hat, und aus dem Verhalten der sonst Beteiligten schließen kann, daß das Testament möglicherweise einen ihn beeinträchtigenden Inhalt hat. Die dadurch etwa begründeten Vermutungen können nicht einer Kenntnis gleichgesetzt werden. Fahrlässige Unkenntnis ist nicht dasselbe wie Kenntnis (**BGH** LM BGB § 2332 Nr. 1). Anders ist es, wenn der Berechtigte sich bewußt der Kenntnis des Testaments verschlossen hat, um den Beginn der Verjährungsfrist hinauszuzögern. Die erforderliche Kenntnis kann auch dann fehlen, wenn berechtigte Zweifel an der Wirksamkeit der Verfügung nur auf rechtlicher Beurteilung ihres Inhalts beruhen (**RG** 140, 75).

Anm. 8

Auf die Kenntnis vom Stande des Nachlasses und der sich daraus ergebenden Beeinträchtigung des Pflichtteilsrechts kommt es für den Beginn der Frist nicht an (**RG** 104, 195). Es ist Sache des Pflichtteilsberechtigten, dem der Erbfall und die ihn beeinträchtigende Verfügung bekanntgeworden sind, sich rechtzeitig innerhalb der Verjährungsfrist über alle für die Pflichtteilsfrage in Betracht kommenden Verhältnisse, insbesondere auch über den Bestand und den Wert der Nachlaßmasse, und zwar im Falle des § 2316 nicht nur des reinen Nachlasses, sondern auch der Vorempfänge, die dem Nachlaß bei der Bestimmung des Pflichtteils eines Abkömmlings hinzuzurechnen sind, zu unterrichten (**RG** 135, 231).

Anm. 9

Anders ist es, wenn zu den Erben oder Vermächtnisnehmern der Ehegatte des Erblassers gehört, der mit diesem bei dessen Tode im **Güterstand der Zugewinngemeinschaft** gelebt hat. Davon, ob dieser Ehegatte die Erbschaft oder das Vermächtnis annimmt, hängt die Höhe der Pflichtteilsquote ab. Sie ist im Falle der Annahme mit Rücksicht auf den dann maßgeblichen nach § 1371 Abs. 1 erhöhten gesetzlichen Erbteil des Ehegatten entsprechend geringer (§ 2303 Anm. 15). Die Pflichtteilsberechtigten können daher keine Kenntnis von dem wirklichen Ausmaß der sie beeinträchtigenden Verfügung haben, solange nicht entschieden ist, ob der Ehegatte die Zuwendung angenommen hat. Wenn dem Pflichtteilsberechtigten eine Zuwendung gemacht ist, kann es u. U. von der Annahme der dem Ehegatten gemachten Zuwendung abhängen, ob jener überhaupt durch die Verfügung beeinträchtigt ist. Deswegen kann die Verjährung nicht beginnen, solange dem Pflichtteilsberechtigten unbekannt ist, ob der Ehegatte die Zuwendung angenommen hat. Falls der Ehegatte als Erbe eingesetzt ist, wird die Unkenntnis in der Regel durch das Ende der Ausschlagungsfrist nach § 1944 schnell behoben sein. Für die Ausschlagung eines dem Ehegatten zugewandten Vermächtnisses besteht keine Ausschlagungsfrist. Die für den Erben als Träger der Pflichtteilslast bestehende Unsicherheit kann dadurch behoben werden, daß dieser den Ehegatten in entsprechender Anwendung des § 2307 Abs. 2 unter Bestimmung einer Frist auffordert, sich über die Annahme des Vermächtnisses zu erklären (§ 2307 Anm. 16), und daß er sodann dem Pflichtteilsberechtigten die Entscheidung des Ehegatten mitteilt.

Anm. 10

IV. Den Pflichtteilsergänzungsanspruch begründende Schenkungen

In zweiter Linie muß unter der „Verfügung" auch eine den Pflichtteilsanspruch begründende Schenkung des Erblassers verstanden werden. Demgemäß ist, soweit es sich um den nach §§ 2325—2328 gegen den Erben zu richtenden Ergänzungsanspruch handelt (anders nach Abs. 2 für den Anspruch aus § 2329 gegen den Beschenkten), zum Beginn der Verjährung auch (oder, wenn keine beeinträchtigende Verfügung von Todes wegen vorliegt, nur) Kenntnis von jener Verfügung zu erfordern.

Kenntnis von der Beeinträchtigung durch die Verfügung ist auch hier nicht erforderlich; vielmehr ist es Sache des Pflichtteilsberechtigten, sich innerhalb der Verjährungsfrist darüber zu unterrichten, ob die ihm ihrem Inhalte nach bekannt gewordene Verfügung des Erblassers eine Schenkung enthält und welchen Wert das Geschenkte in dem nach § 2325 Abs. 2 maßgebenden Zeitpunkt hatte (**RG** 135, 231).

V. Besondere Fälle

Anm. 11

Gegen eine pflichtteilsberechtigte Ehefrau lief die Verjährung auch dann, wenn sie nach den vor dem 1. April 1953 und 1. Juli 1958 geltenden güterrechtlichen Vorschriften zur Verfügung über den Pflichtteilsanspruch und zur Klageerhebung nicht befugt war (**RG** JW 1910, 820 Nr. 44).

Anm. 12

Wird durch ein von Ehegatten errichtetes gemeinschaftliches Testament oder durch eine von ihnen gemeinschaftlich vorgenommene Schenkung ein pflichtteilsberechtigter Abkömmling beeinträchtigt, so entsteht der Pflichtteilsanspruch hinsichtlich des Nachlasses des Erstverstorbenen im allgemeinen schon mit dessen Tode (§ 2317 Abs. 1). Haben die Ehegatten aber in westfälischer Gütergemeinschaft gelebt, so ist der Anspruch dadurch bedingt, daß das Gesamtgut nicht während der fortgesetzten Gütergemeinschaft eine Vermehrung erfährt, durch die die Pflichtteilsverletzung wieder ausgeglichen wird; die Verjährung beginnt deshalb nicht vor dem Tode des letztlebenden Ehegatten (**RG** JW 1911, 996).

VI. Allgemeine Vorschriften über die Verjährung

Anm. 13

Im übrigen gelten die allgemeinen Verjährungsgrundsätze, so insbesondere § 207 (Vollendung der Verjährung gegen den noch nicht angenommenen, unvertretenen oder in Konkurs geratenen Nachlaß). Die Vereinbarung, die Berechnung des Pflichtteils solle bis nach beendeter Liquidation des Nachlasses ausgesetzt bleiben, ist Stundung nach § 202 (**RG** 10. 4. 1911 IV 385/10).

Anm. 14

Durch die Klage des Pflichtteilsberechtigten auf Auskunfterteilung (§ 2314) wird die Verjährung des Pflichtteilsanspruchs nicht gemäß § 209 unterbrochen, da dieser Anspruch durch jene Klage nicht rechtshängig wird (**RG** 115, 27; Köln JR 1958, 223 und für die entsprechende Vorschrift des § 440 PrALR II 2: **RG** 22. 4. 1907 IV 474/06).

Anm. 15

Dagegen kann in dem Verhalten des Erben, der auf das Verlangen des Pflichtteilsberechtigten diesem gemäß § 2314 über den Bestand des Nachlasses Auskunft erteilt oder gemäß § 1994 mit § 1967 Abs. 2 (§ 2314 Anm. 24) dem Nachlaßgericht ein Inventar einreicht und in dem einen oder andern Falle gar noch dem weiteren Verlangen des Pflichtteilsberechtigten auf Leistung des Offenbarungseides gemäß § 260 oder § 2006 entspricht, eine nach § 208 zur Unterbrechung der Verjährung geeignete Anerkennung des Pflichtteilsanspruchs dem Grunde nach gefunden werden; es ist dann Tatfrage, ob diese Anerkennung sich auf den Pflichtteilsanspruch im ganzen bezieht oder ob sie, bei Unvollständigkeit des aufgestellten Verzeichnisses, nur den Anspruch auf denjenigen Pflichtteilsbetrag deckt, welcher sich aus dem Verzeichnis entnehmen läßt (**RG** 113, 234; über die Anerkennung des Pflichtteilsanspruchs s. auch **RG** WarnRspr 1937 Nr. 134).

Anm. 16

Die durch das Anerkenntnis eintretende Unterbrechung der Verjährung nach § 208 wirkt auch gegenüber dem Nacherben, falls der Vorerbe das Anerkenntnis abgegeben und der Nacherbfall vor Ablauf der dann nach § 217 neu in Lauf gesetzten Verjährungsfrist eingetreten ist. Es kommt nicht darauf an, ob der Nacherbe dem Anerkenntnis zugestimmt hat (aA Donau MDR 1958, 735). Dagegen werden durch das Anerkenntnis des Vorerben die zur Zeit der Abgabe des Anerkenntnisses bestehenden Einwendungen gegenüber dem Pflichtteilsanspruch für den Nacherben nicht abgeschnitten.

Anm. 17

Durch die gegen den Vorerben gerichtete Klage wird die Verjährung nach § 209 gleichfalls mit Wirkung gegenüber dem Nacherben unterbrochen, wenn der Nacherbfall nach Rechtshängigkeit eintritt. Der Pflichtteilsanspruch wird jedoch nach § 326 ZPO durch ein allein gegen den Vorerben ergangenes rechtskräftiges Urteil nicht mit Wirkung gegenüber dem Nacherben rechtskräftig festgestellt, da das Urteil nicht gegen den Nacherben wirkt. Gegenüber dem Nacherben kann daher die 30jährige Verjährungsfrist des § 218 nur laufen, wenn der Pflichtteilsberechtigte auch gegen diesen auf Feststellung seines Anspruchs geklagt hat (vgl. auch Donau MDR 1958, 735).

Anm. 18

VII. Die dreißigjährige Verjährungsfrist

Der Pflichtteilsanspruch verjährt ohne Rücksicht auf die in Anm. 6—9 erörterte Kenntnis in der regelmäßigen dreißigjährigen Verjährungsfrist des § 195. Diese Frist kommt auch dem zugute, der auf einen dem Pflichtteil entsprechenden Bruchteil der Erbschaft als Erbe oder auf den Pflichtteilsbetrag als Vermächtnisnehmer eingesetzt ist; wer sich auf eine solche testamentarische Anordnung stützt, erhebt nicht den gesetzlichen Pflichtteils-, sondern einen Erbauseinandersetzungs- oder Vermächtnisanspruch (**RG** 113, 237; **JW** 1927, 1206 Nr. 21; **HRR** 1932, 958; vgl. § 2304 Anm. 3).

Anm. 19

VIII. Verjährung gegen den Beschenkten (Abs. 2)

Der gegen den Beschenkten nach § 2329 bestehende Anspruch verjährt ohne Rücksicht auf die Kenntnis in drei Jahren von dem Eintritt des Erbfalls an.

IX. Ausschlagung der Erbschaft als Anspruchsvoraussetzung (Abs. 3)

Anm. 20

Hängt die Geltendmachung des nach § 2317 Abs. 1 mit dem Erbfall entstehenden Pflichtteilsanspruchs von vorgängiger Ausschlagung des dem Pflichtteilsberechtigten zugewendeten Erbteils oder Vermächtnisses ab (§§ 2306 Anm. 18, 2307 Anm. 1, 2317 Anm. 4; 1371 Abs. 3), so wird die Verjährung durch die Hinausschiebung der Ausschlagung nicht gehemmt. Mit dieser Vorschrift wird dem Umstande Rechnung getragen, daß der Berechtigte sich den Anspruch durch eine in seinem Belieben stehende Willenserklärung jederzeit verschaffen kann (vgl. §§ 199, 200).

Anm. 21

Freilich kann danach der zum Erben eingesetzte Pflichtteilsberechtigte mit Rücksicht auf die drohende Pflichtteilsverjährung genötigt sein, die Ausschlagung schon zu einem Zeitpunkte zu erklären, wo mangels Verkündung der ihn berufenden Verfügung (§ 1944 Anm. 4, 5) oder wegen Fehlens der Kenntnis von der Beschränkung oder der Beschwerung oder von der Größe des ihm hinterlassenen Erbteils (§ 2306 Anm. 31) oder weil der Fall der Nacherbfolge noch nicht eingetreten ist (§ 2142 Anm. 4, 6), die Ausschlagungsfrist gegen ihn noch gar nicht zu laufen begonnen hatte (**RG** 59, 346).

Anm. 22

Die Verjährung wird nicht dadurch unterbrochen, daß der Berechtigte, bevor er die Erbschaft ausgeschlagen hat, einen Pflichtteilsanspruch gerichtlich geltend gemacht hat und mit dieser Klage abgewiesen worden ist (Zitelmann ArchBürgR 29, 165).

Anm. 23

Entsteht der Pflichtteilsanspruch entfernterer Abkömmlinge oder der Eltern erst mit dem Wegfall des nächststehenden Abkömmlings (§ 2309 Anm. 4ff), so entspricht es dem Grundgedanken des Abs. 1, daß die Verjährung erst beginnt, wenn der nachrückende Berechtigte auch von jenem Wegfall Kenntnis erlangt hat; beruht der Wegfall auf Entziehung des Pflichtteils, so läuft die Verjährung nicht, solange der Nachrückende die Entziehungsgründe des § 2333 als nicht vorhanden angesehen hat (**RG** JW 1912, 70; WarnRspr 1913 Nr. 253).

§ 2333

Der Erblasser kann einem Abkömmlinge den Pflichtteil entziehen:

1. **wenn der Abkömmling dem Erblasser, dem Ehegatten oder einem anderen Abkömmlinge des Erblassers nach dem Leben trachtet;**
2. **wenn der Abkömmling sich einer vorsätzlichen körperlichen Mißhandlung des Erblassers oder des Ehegatten des Erblassers schuldig macht, im Falle der Mißhandlung des Ehegatten jedoch nur, wenn der Abkömmling von diesem abstammt;**
3. **wenn der Abkömmling sich eines Verbrechens oder eines schweren vorsätzlichen Vergehens gegen den Erblasser oder dessen Ehegatten schuldig macht;**
4. **wenn der Abkömmling die ihm dem Erblasser gegenüber gesetzlich obliegende Unterhaltspflicht böswillig verletzt;**
5. **wenn der Abkömmling einen ehrlosen oder unsittlichen Lebenswandel wider den Willen des Erblassers führt.**

E I 2000 Satz 1, 2001 II 2198; M 5 428—437; P 5 551—565, 649; 6 320, 321.

Übersicht

Pflichtteilsentziehung gegenüber Abkömmlingen

I. Allgemeines

Anm. 1

Die §§ 2333, 2334 und 2335 treffen Bestimmungen über die Entziehung des Pflichtteils, und zwar § 2333 gegenüber Abkömmlingen, § 2334 gegenüber den Eltern und § 2335 gegenüber dem Ehegatten des Erblassers. Im Volksmund wird häufig von **Enterbung** gesprochen. Darum handelt es sich in den genannten Paragraphen streng genommen nicht. Denn dem Erblasser steht es ohnehin frei, seine Verwandten ohne Angabe von Gründen von der Erbfolge auszuschließen. Falls aber in einer letztwilligen Verfügung angeordnet ist, daß eine bestimmte Person aus bestimmten dort angegebenen Gründen „enterbt" werde, wird in der Regel angenommen werden können, daß ihr damit der Pflichtteil entzogen werden soll (ebenso Planck/Greiff 4. Aufl. § 2333 Anm. 1).

Anm. 2

Die **Entziehung** des Pflichtteils kann eine **vollständige oder teilweise** sein, auch in der Zuwendung des Pflichtteils unter sonst unzulässigen Beschränkungen und Beschwerungen bestehen (§ 2306).

Die **Entziehungsgründe** sind erschöpfend geregelt, entsprechende Anwendung auf andere Tatbestände ist nicht gestattet (**RG** 168, 41).

Anm. 3

Die Entziehungsgründe setzen **Verschulden** und deshalb auch Zurechnungsfähigkeit des Täters voraus. Das gilt auch für den Enziehungsgrund nach Nr. 5. In der 9. Aufl. (Anm. 1) war im Gegensatz zu den früheren Auflagen im Anschluß an von Stackelberg JW 1938, 2940 die Ansicht vertreten worden, daß mit Rücksicht auf den die deutsche Rechtsordnung beherrschenden Gemeinschaftsgedanken der Entziehungsgrund unter Nr. 5 kein Verschulden fordere. Diese Auffassung kann nicht geteilt werden. Die Entziehung des Pflichtteils hat den Charakter einer Strafe. Sie ist daher in allen Fällen nur gerechtfertigt, wenn den Betroffenen ein Verschulden trifft (im Ergebnis ebenso **RG** LZ 1918, 694; WarnRspr 1942 Nr. 53; Planck/Greiff 4. Aufl. § 2333 Anm. 2; Kipp/Coing 11. Bearb. § 14 I 5).

Anm. 4

Das Recht, den Pflichtteil zu entziehen, kann Gegenstand einer **Feststellungsklage** sein (§ 2317 Anm. 21). Über die Anwendbarkeit des älteren Rechts vgl. **RG** 63, 120.

II. Die Entziehungsgründe

Anm. 5

1. Lebensnachstellung (Nr. 1)

Es genügt jede Art von Lebensnachstellung, sei es auch in Form der Anstiftung oder Beihilfe oder bloß vorbereitender Handlungen. Unter Umständen kann sogar wissentliches Geschehenlassen genügen. Darauf, ob der Erblasser sich mit Lebensnachstellung bedroht gefühlt hat, kommt es nicht an, sondern nur darauf, daß der Pflichtteilsberechtigte den ernsthaften Willen gehabt hat, den Tod herbeizuführen (**RG** 31. 1. 1918 IV 339/16).

Anm. 6

2. Vorsätzliche körperliche Mißhandlung (Nr. 2)

Gemeint ist die vorsätzliche körperliche Mißhandlung eines leiblichen Eltern- oder Vorelternteils — nicht der Stiefeltern —, ohne daß es auf deren Schwere ankommt, im Sinne der strafrechtlichen Bestimmungen StGB §§ 223ff, nach denen auch die Notwehr zu beurteilen ist (**RG** JW 1913, 207). **Notwehr** schließt ein „sich schuldig machen" aus (§ 227, StGB § 53). Der Erbe ist deshalb nach § 2336 Abs. 3 auch dafür beweispflichtig, daß der vom Pflichtteilsberechtigten behauptete Stand der Notwehr nicht vorgelegen habe (**RG** WarnRspr 1913 Nr. 402; **BGH** 30. 3. 1960 V ZR 38/59; vgl. dazu auch **BGH** LM BGB § 2294 Nr. 1). Auch im Falle der Überschreitung der Notwehr (StGB § 53 Abs. 3) kann das Verschulden zu verneinen sein (**BGH** LM BGB § 2294 Nr. 1).

3. Verbrechen oder Vergehen gegen den Erblasser oder seinen Ehegatten (Nr. 3)

Anm. 7

In Betracht kommt ein Verbrechen oder Vergehen im Sinne von StGB § 1, wenn es gegen den Erblasser oder seinen Ehegatten (als Verletzte) gerichtet ist. Anders als bei Nr. 2 ist nicht gefordert, daß der Abkömmling von dem Ehegatten des Erblassers abstammt. Es berechtigen daher auch Verfehlungen gegenüber dem Stiefvater oder der Stiefmutter zur Entziehung des Pflichtteils.

Anm. 8

Ob das vorsätzliche Vergehen als ein schweres aufzufassen sei, ist nach Lage des Einzelfalles zu beurteilen. Dabei kann die eigene verwerfliche Lebensführung des Erblassers als die Tat des mißratenen Abkömmlings mildernd in Betracht kommen (**RG** JW 1929, 2707). Die Beurteilung hat auch nicht allein nach der objektiven Schwere der begangenen Tat und nach dem subjektiven Grad der Verantwortlichkeit des Täters im strafrechtlichen Sinne zu erfolgen, sondern es sind alle Begleitumstände, die Beweggründe und der Anlaß der Tat mit zu berücksichtigen. Der Bundesgerichtshof hat ausgesprochen, eine 16jährige Tochter brauche dadurch, daß sie ihren Vater im Herbst 1939 angezeigt hat, ausländische Sender gehört und staatsfeindliche Äußerungen gemacht zu haben, kein schweres Vergehen begangen zu haben, wenn sie sich zur Zeit der Anzeige in einer besonderen seelischen Notlage befunden und zu der Anzeige dadurch veranlaßt worden ist, daß ihr Vater sie unmittelbar zuvor schwer mißhandelt und entwürdigend behandelt hat (**BGH** 13. 11. 1957 IV ZR 218/57). Auch eine vereinzelte grobe Beleidigung stellt im allgemeinen noch kein schweres Vergehen dar (**RG** JW 1929, 2707; WarnRspr 1917 Nr. 26).

Daß eine strafgerichtliche Verurteilung stattgefunden habe, wird nicht gefordert.

Anm. 9

4. Böswillige Verletzung der Unterhaltspflicht (Nr. 4)

In Betracht kommt nur böswillige Verletzung der Unterhaltspflicht, die dem Abkömmling gesetzlich obliegt (§§ 1601 ff). Sie setzt nicht bloß eigenes Leistungsvermögen ohne Gefährdung des eigenen standesmäßigen Unterhalts, sondern auch Kenntnis von der Bedürftigkeit und geflissentliche Vorenthaltung des Unterhalts aus verwerflicher Gesinnung voraus. Eine Verletzung der Unterhaltspflicht liegt auch vor, wenn der Abkömmling dem kranken Erblasser nicht die genügende Unterstützung und Pflege hat zuteil werden lassen. Darauf, daß er es unterlassen hat, die Pflege selbst zu übernehmen, kann die Entziehung nicht gestützt werden, wenn ausreichende Geldmittel für die Pflege bereitgestellt worden sind. Ein Entziehungsgrund ist auch nicht gegeben, wenn der Abkömmling irrig annahm, nicht unterhaltspflichtig zu sein. Die Entziehung kann auch nicht darauf gestützt werden, daß der Abkömmling seiner Mutter (der Ehefrau des Erblassers) gegenüber die Unterhaltspflicht verletzt hat. Es kann darin aber mit Rücksicht auf § 170b StGB ein Entziehungsgrund nach Nr. 3 bestehen.

5. Ehrloser oder unsittlicher Lebenswandel (Nr. 5)

Anm. 10

Entziehungsgrund ist ein ehrloser und unsittlicher Lebenswandel (zu unterscheiden von einzelnen, nicht auf einem festgewurzelten Hange beruhenden Handlungen: **RG** 168, 42; LZ 1923, 449), wenn er, und zwar noch zur Zeit der die Entziehung anordnenden Verfügung (**RG** 77, 162), wider den Willen des Erblassers geführt wird; vgl. auch § 2336 Anm. 7—10. In Betracht kommen z. B. gewerbsmäßige Unzucht, Kuppelei, gewerbsmäßiger Wucher, gewerbsmäßiges Glücksspiel, unsinniges Schuldenmachen, fortgesetzter Ehebruch, Landstreichen, unverbesserliche Rauschgift- oder Trunksucht. Die Frage, ob der Geschlechtsverkehr mit dem Verlobten den Vorwurf eines unsittlichen Lebenswandels begründet, kann nicht allgemein beantwortet werden. Es kommt dabei auf die Umstände des einzelnen Falles an (vgl. **BGHSt** 6, 46 ff).

Anm. 11

Daß der Erblasser abgemahnt habe, ist nicht erforderlich. Sein eigener Lebenswandel ist aber von Bedeutung (**RG** JW 1929, 2707). Da die Bestimmung dem Schutz der Familienehre dient und diejenigen ausschließen soll, die den guten Namen der Familie untergraben oder sich durch ihren unsittlichen Lebenswandel von dem Familienband gelöst haben, müssen bei der Entscheidung, ob der Abkömmling einen ehrlosen oder unsittlichen Lebenswandel geführt hat, die persönlichen Lebenskreise des Erblassers, die dort bestehenden Ehrbegriffe und Rücksichten auf die öffentliche Meinung und die Lebensführung in der Familie überhaupt mitberücksichtigt werden (**RG** WarnRspr 1942 Nr. 53).

Anm. 12

Daraus folgt aber nicht, daß der Abkömmling sich einem ehrlosen oder unsittlichen Lebenswandel gegen den Willen des Erblassers, der selbst einen tadelfreien Lebenswandel führt, hingeben kann, weil sonst in der Familie eine leichte Ehr- und Moralauffassung herrscht. Die allgemeinen Ehr- und Sittengesetze sind in jedem Fall maßgebend, wenn der Erblasser sie für sich und seine Abkömmlinge als verbindlich betrachtet.

Anm. 13

Strengere Anforderungen können zu stellen sein, wenn sie in den Lebenskreisen des Erblassers allgemein gefordert werden und keine überholte, der Sittenordnung selbst widersprechende Beschränkung der persönlichen Freiheit bedeuten.

Anm. 14

Ist das allgemeine und das für den Lebenskreis des Erblassers geltende Ehr- und Sittengesetz nicht verletzt, dann kann die Entziehung des Pflichtteils nicht darauf gegründet werden, daß der Abkömmling allein nach dem subjektiven Empfinden des Erblassers einen unsittlichen oder ehrlosen Lebenswandel geführt hat (**RG** WarnRspr 1942 Nr. 53). Nach **RG** WarnRspr 1931 Nr. 199 reicht es zur Annahme eines unsittlichen Lebenswandels nicht aus, wenn eine jahrelang ihrem Beruf ordnungsmäßig nachgehende Angestellte mit zwei Männern zu verschiedenen Zeiten nach längerer Bekanntschaft geschlechtlich verkehrt hat; vgl. anderseits über fortgesetztes ehebrecherisches Verhalten als unsittlichen Lebenswandel **RG** JW 1914, 1081 und WarnRspr 1933 Nr. 152; über langdauerndes geschlechtliches Zusammenleben einer Verlobten mit ihrem späteren Manne **RG** LZ 1923, 396; **BGH** LM BGB § 1621 Nr. 1; über Verschwendungssucht, die an sich nur zur Beschränkung des Pflichtteils gemäß § 2338 berechtigt, **RG** LZ 1918 694.

Anm. 15

Bei der Feststellung, ob der Abkömmling einen ehrlosen oder unsittlichen Lebenswandel geführt hat, dürfen einzelne Handlungen des pflichtteilsberechtigten Abkömmlings, die dieser erst nach der Errichtung des die Pflichtteilsentziehung enthaltenden Testaments begangen hat und die von dem Erblasser bei seiner Verfügung nicht ins Auge gefaßt werden konnten, nicht mitgewürdigt werden. Die Prüfung hat sich auf den Tatbestand zu beschränken, der zur Zeit der Testamentserrichtung abgeschlossen vorlag, der dem Erblasser den Anlaß zur Pflichtteilsentziehung gegeben hat (**RG** 168, 43). Die Verfehlungen berechtigen zugleich zum Rücktritt vom Erbvertrage (§ 2294) und zur Aufhebung einer gegenseitigen Verfügung nach § 2271 Abs. 2.

§ 2334

Der Erblasser kann dem Vater den Pflichtteil entziehen, wenn dieser sich einer der im § 2333 Nr. 1, 3, 4 bezeichneten Verfehlungen schuldig macht. Das gleiche Recht steht dem Erblasser der Mutter gegenüber zu, wenn diese sich einer solchen Verfehlung schuldig macht.

E I 2003 II 2199; M 5 442; P 5 579.

Pflichtteilsentziehung gegenüber Eltern

Die Entziehung des Pflichtteils gegenüber einem Elternteil ist nur wegen Lebensnachstellung (§ 2333 Nr. 1), Verbrechen und Vergehen (Nr. 3) und Verletzung der Unterhaltspflicht gegen den Erblasser (Nr. 4), also nicht auch wegen Mißhandlung (Nr. 2; vgl. auch § 1631 Abs. 2), soweit sie nicht unter Nr. 3 fällt, und wegen schlechten Lebenswandels (Nr. 5) zulässig. Die Unterhaltspflicht kann auch durch schwere Vernachlässigung der Erziehung und Ausbildung verletzt sein (§ 1610 Abs. 2). Straflosigkeit der Eltern gemäß StGB §§ 247 Abs. 2, 289 Abs. 5 ist unerheblich. Der Pflichtteil kann nur dem schuldigen, nicht auch dem anderen Elternteil entzogen werden.

§ 2335

Der Erblasser kann dem Ehegatten den Pflichtteil entziehen, wenn der Ehegatte sich einer Verfehlung schuldig macht, auf Grund deren der Erblasser nach den §§ 1565 bis 1568 auf Scheidung zu klagen berechtigt ist.

Das Recht zur Entziehung erlischt nicht durch den Ablauf der für die Geltendmachung des Scheidungsgrundes im § 1571 bestimmten Frist.

E I 2005 II 2200; M 5 444, 445; P 5 580.

Übersicht

Pflichtteilsentziehung gegenüber dem Ehegatten

1. Die Entziehungsgründe

Anm. 1

Die Entziehung des Pflichtteils gegenüber dem Ehegatten setzt eine schuldhafte Verletzung der ehelichen Pflichten (Eheverfehlung) voraus. Die Fälle der Scheidung wegen Verschuldens waren bisher in den angezogenen §§ 1565—1568 geregelt, die durch EheG 1938 § 84, EheG (1946) § 78 aufgehoben worden sind. Während die §§ 1933, 2077 Abs. 1 durch die §§ 27, 28 der 1. DV v. 27. 7. 1938, RGBl I 923, geändert worden sind, ist § 2335 nicht geändert worden. Die Bestimmung ist übersehen worden. Es muß daher davon ausgegangen werden, daß die §§ 1565—1568 durch EheG §§ 42 und 43 und der § 1571 durch EheG § 50 ersetzt sind.

Anm. 2

Die Scheidungsgründe der §§ 44, 45, 46, 48, die kein Verschulden voraussetzen, kommen nicht in Betracht. Das alleinige oder überwiegende Verschulden des klagenden Ehegatten an der Ehezerrüttung ist jedoch nur Voraussetzung des Widerspruchsrechtes des beklagten Ehegatten, kein Merkmal des Scheidungstatbestandes. Hat der klagende Ehegatte die Zerrüttung der Ehe allein oder überwiegend verschuldet, so wird in aller Regel eine Eheverfehlung im Sinne der §§ 42, 43 EheG vorliegen, so daß sich das Entziehungsrecht des anderen Ehegatten aus einer dieser Vorschriften ergeben wird.

Anm. 3

Die Scheidungsklage braucht nicht, wie in den Fällen der §§ 1933, 2077, bereits erhoben zu sein. Der Richter, der über die Rechtmäßigkeit der Entziehung des Pflichtteils zu entscheiden hat, muß, wenn der Erblasser gestorben ist, bevor das anhängige Scheidungsverfahren beendet war, sich vollständig an die Stelle des Scheidungsrichters versetzen. Als Scheidungsgrund sind jedoch nur die angegebenen Entziehungsgründe und als maßgebender Zeitpunkt für die Frage nach der Berechtigung des Scheidungsbegehrens ist der Tag der Errichtung der letztwilligen Verfügung so zu berücksichtigen, als wäre er der Tag der letzten mündlichen Verhandlung im Scheidungsstreit. Die Beweislast hat nach § 2336 Abs. 3 derjenige, der die Entziehung geltend macht. Sonst ist das für die Scheidung geltende Recht uneingeschränkt anzuwenden. Der Richter hat also zu prüfen, ob diese Gründe zur Scheidung aus Verschulden geführt hätten. Unerheblich ist es, ob auch eine Widerklage des überlebenden Ehegatten Erfolg gehabt hätte (**RG** 168, 34).

Anm. 4

2. Kein Erlöschen durch Fristablauf (Abs. 2)

Das Recht zur Entziehung erlischt nicht durch Fristablauf (EheG § 50, der an die Stelle des § 1571 getreten ist), auch nicht durch Verwirkung des Scheidungsrechts nach ZPO § 616 (KG JW 1931, 1379), wohl aber durch Verzeihung (§ 2337, EheG § 49;

RG DR 1942, 337). Hat der Erblasser die Verfehlung des Ehegatten nicht als ehezerstörend empfunden, so ist ein Scheidungsrecht von vornherein nicht gegeben (EheG § 49; vgl. auch **RG** WarnRspr 1938 Nr. 50). Daß auch der Erblasser dem Ehegatten einen Scheidungsgrund gegeben hat, beseitigt sein Entziehungsrecht nicht.

§ 2336

Die Entziehung des Pflichtteils erfolgt durch letztwillige Verfügung.

Der Grund der Entziehung muß zur Zeit der Errichtung bestehen und in der Verfügung angegeben werden.

Der Beweis des Grundes liegt demjenigen ob, welcher die Entziehung geltend macht.

Im Falle des § 2333 Nr. 5 ist die Entziehung unwirksam, wenn sich der Abkömmling zur Zeit des Erbfalls von dem ehrlosen oder unsittlichen Lebenswandel dauernd abgewendet hat.

E I 2000 Satz 2, 2006—2008 II 2201 M 5 430, 447—449; P 5 552, 553, 580, 581; 6 321, 328.

Übersicht

Pflichtteilsentziehung. Angabe des Grundes. Beweis

I. Entziehung des Pflichtteils durch letztwillige Verfügung (Abs. 1)

Anm. 1

1. Inhalt der Erklärung

Die Entziehung des Pflichtteils umfaßt auch den Pflichtteilsergänzungsanspruch (§ 2325 Anm. 4). Regelmäßig enthält die Pflichtteilsentziehung zugleich die Kundgebung, der Betreffende solle überhaupt nichts aus dem Nachlaß erhalten, also von der Erbfolge ausgeschlossen sein und deshalb, auch wenn der Entziehungsgrund nicht Stich hält, nach § 2303 keinesfalls mehr als den Pflichtteil erhalten. Umgekehrt enthält die Ausschließung von der gesetzlichen Erbfolge nicht ohne weiteres auch die Entziehung des Pflichtteils. Im übrigen kann diese sowohl ausdrücklich als stillschweigend erklärt, unter den Voraussetzungen des § 2078 auch angefochten werden, und zwar mit dem Erfolge, daß der Enterbte den vollen gesetzlichen Erbteil erhält, wenn der Erblasser ihm diesen ohne den Irrtum belassen haben würde.

Anm. 2

2. Form der Erklärung

Als letztwillige Verfügung (§ 1937) kann die Entziehung in allen Formen des Testaments und, wiewohl nur als einseitige Verfügung, gemäß § 2299 im Erbvertrag ausgesprochen werden, auch wenn dieser gemäß § 2276 Abs. 2 ohne Wahrung der Testamentsform abgeschlossen wird. Die in einem gemeinschaftlichen Testament ausgesprochene Pflichtteilsentziehung ist nicht wechselbezüglich (§ 2270 Abs. 3).

II. Bestehen des Entziehungsgrundes zur Zeit der Testamentserrichtung und Angabe in der Verfügung (Abs. 2)

1. Bestehen des Entziehungsgrundes zur Zeit der Testamentserrichtung

Anm. 3

Der Grund der Entziehung besteht zur Zeit der Errichtung auch dann, wenn die Tatsachen der §§ 2333 Nr. 1—4, 2334, 2335 der Vergangenheit angehören. Sie müßten denn nach § 2337 bereits verziehen sein. Nur der schlechte Lebenswandel muß bis dahin und im Sinne des Abs. 4 sogar bis zum Erbfall angedauert haben.

Anm. 4

Keinesfalls kann der Erblasser bedingungsweise für den Fall etwa künftig eintretender Tatbestände die Entziehung anordnen. Er kann deswegen auch einem Abkömmling, der zur Zeit der Testamentserrichtung noch nicht geboren ist, nicht den Pflichtteil entziehen. Wohl aber kann er die Entziehung des Pflichtteils für den Fall aussprechen, daß ein bestimmter Tatbestand, der einen Entziehungsgrund enthält, zur Zeit der Testamentserrichtung bereits besteht. Ist der Grund für die Pflichtteilsentziehung schon gegeben, so kann der Erblasser die wirkliche Entziehung von ferneren Bedingungen abhängig machen.

Anm. 5

2. Angabe des Grundes in der Verfügung

Die Angabe des Grundes erfordert nicht notwendig nähere Darlegung der einzelnen Tatumstände, muß aber erkennen lassen, auf welchen der verschiedenen im Gesetz angegebenen Entziehungsgründe sich der Erblasser stützen will (**BGH** 21. 6. 1957 IV ZR 64/57). Dazu kann der Erblasser in der Verfügung auch auf andere Akten verweisen, wenn sich aus diesen der Entziehungsgrund eindeutig und ohne Schwierigkeiten entnehmen läßt (**RG** 168, 34 für die Bezugnahme auf Ehescheidungsakten). Der Gebrauch der Worte des Gesetzes genügt jedenfalls bei § 2333 Nr. 5 (**RG** 95, 24; dazu Kipp JW 1919, 503; **RG** 168, 43).

Anm. 6

III. Beweislast für das Bestehen des Grundes (Abs. 3)

Die Beweislast (über deren Umfang bei behaupteter Notwehr vgl. § 2333 Anm. 6) trifft regelmäßig den Erben, im Falle des § 2329 den Beschenkten. Die Führung des Beweises kann aber auch von den gemäß §§ 2318ff zur Tragung der Pflichtteilslast herangezogenen Vermächtnisnehmern und Auflagebeteiligten übernommen werden. Für die Feststellung, ob der Grund vor der Testamentserrichtung bestanden hat, können nach dem Grundsatze der freien Beweiswürdigung auch nach der Testamentserrichtung eingetretene Tatsachen berücksichtigt werden (Planck/Greiff Anm. 2a; **RG** DR 1939, 382). Dagegen müssen Tatsachen, die in keinem Zusammenhang mit den in der Verfügung angegebenen Entziehungsgründen stehen und daher nicht geeignet sind, den Beweis für das Bestehen dieser Gründe zu stützen, bei der Entscheidung vollständig unbeachtet bleiben, auch wenn sie selbst einen Entziehungsgrund abgeben sollten (**RG** 168, 42). Der mißlungene Beweis des in der letztwilligen Verfügung angegebenen Grundes kann nicht durch den Nachweis eines andern, nicht angegebenen Grundes ersetzt werden. Ist der vom Erblasser angegebene Entziehungsgrund bewiesen, so kann der Pflichtteilsberechtigte nicht mit dem Einwand gehört werden, der wirkliche Beweggrund der Entziehung sei ein anderer gewesen (Reichel AcP 138, 212 Anm. 14).

IV. Dauernde Abkehr von dem schlechten Lebenswandel (Abs. 4)

Anm. 7

Dauernde Abwendung vom schlechten Lebenswandel macht die darauf gestützte Entziehung von selbst hinfällig, wenn sie nur bis zum Erbfall eingetreten ist. Sie muß eine gewisse Zeit schon angedauert haben und die Besorgnis künftiger Rückfälle auszuschließen geeignet sein.

Anm. 8

Soweit außereheliche Beziehungen den Tatbestand des § 2333 Nr. 5 erfüllen, bedeutet es eine Abkehr von dem unsittlichen Lebenswandel, wenn die betreffenden Personen heiraten (**RG** 168, 39). Eine Abkehr von einem unsittlichen Lebenswandel hat der Bundesgerichtshof auch angenommen, wenn die Verlobten zwar ihre geschlechtlichen Beziehungen fortsetzten, nachdem daraus ein Kind hervorgegangen war, die Heirat aber nur hinausgeschoben werden mußte, da die Eltern der Braut sich ihr widersetzten (**BGH** LM BGB § 1621 Nr. 1). Ähnlich § 2338 Anm. 13.

Anm. 9

Auch in diesem Falle verbleibt dem Enterbten im Zweifel (Anm. 1) nur der Pflichtteil. Falls der Erblasser irrig einen nicht vorhandenen Entziehungsgrund angenommen hat, kann die nach § 2078 Abs. 2 zulässige Testamentsanfechtung auch dazu führen, daß der Pflichtteilsberechtigte seinen vollen gesetzlichen Erbteil erhält. Zum gleichen Erfolg kann die Anfechtung führen, wenn der Erblasser durch die irrige Erwartung, der Abkömmling werde seinen ehrlosen oder unsittlichen Lebenswandel nicht aufgeben, zu der Verfügung bestimmt worden ist.

Anm. 10

Den Beweis für die Besserung hat der „enterbte" Abkömmling zu führen (**RG** 77, 163). Die Entziehung entfällt nicht dadurch, daß der Abkömmling sich nach dem Tode des Erblassers gebessert hat (**RG** Recht 1910 Nr. 732).

Anm. 11

V. Entsprechende Anwendung

Die entsprechende Anwendung des § 2336 erfolgt bei der Ausschließung der fortgesetzten Gütergemeinschaft § 1509 und der Entziehung des Anteils am Gesamtgute § 1513, auch PrAGBGB Art. 59 § 7. Aufhebung der im gemeinschaftlichen Testament oder im Erbvertrag gemachten Zuwendungen §§ 2271 Anm. 36—38, 2297 Anm. 3, 4.

§ 2337

Das Recht zur Entziehung des Pflichtteils erlischt durch Verzeihung. Eine Verfügung, durch die der Erblasser die Entziehung angeordnet hat, wird durch die Verzeihung unwirksam.

E I 2004 II 2202; M 5 443, 444; P 5 579, 580.

Übersicht

Verzeihung

Anm. 1

I. Verzeihung

Die Verzeihung ist kein Rechtsgeschäft, keine empfangsbedürftige Willenserklärung, sondern (wie in den Fällen der §§ 532, 2343, EheG § 49) nur die Kundgebung der Gesinnung, durch die Verfehlungen nach §§ 2333 ff nicht mehr beleidigt zu sein. Sie setzt volle Kenntnis des Sachverhalts voraus, muß vom Erblasser selbst, nicht von dem nach §§ 2333 Nr. 1—3, 2334 etwa betroffenen Ehegatten oder Abkömmling ausgehen und kann auch bedingt, jedoch nicht im voraus für künftige Verfehlungen erklärt werden. Nicht erforderlich ist, daß der Erblasser sich der nach § 2337 eintretenden Wirkungen bewußt gewesen ist. Verzeihung unter Vorbehalt ist regelmäßig keine Verzeihung. Die Beweislast trifft den Enterbten.

II. Unwirksamkeit der Entziehung

Anm. 2

Die Verzeihung schließt nicht nur eine künftige Entziehung des Pflichtteils aus, sondern macht auch eine bereits angeordnete Entziehung unmittelbar kraft Gesetzes unwirksam, läßt aber die Erbeinsetzung eines Dritten regelmäßig unberührt (§ 2085; SächsOLG 34, 231). Der Berechtigte erlangt durch die Verzeihung regelmäßig nur den Anspruch auf den Pflichtteil.

Anm. 3

Falls aber die Verfügung, durch die er von der Erbfolge ausgeschlossen ist, wegen ihres Zusammenhangs mit der Verfügung, durch die dem Berechtigten der Pflichtteil entzogen worden war, gleichfalls unwirksam wird (§ 2085), kann der Berechtigte auf Grund eines früher errichteten Testaments, das allein durch die unwirksame Verfügung widerrufen war, oder als gesetzlicher Erbe zur Erbschaft berufen sein.

Anm. 4

Unter Umständen kann auch eine Testamentsanfechtung auf die Verzeihung gegründet werden, wenn der Erblasser zu der Verfügung durch die irrige Annahme bestimmt worden ist, er werde dem Pflichtteilsberechtigten die Verfehlungen nie verzeihen (§ 2078 Abs. 2).

Anm. 5

Auch ohne Verzeihung kann die Entziehung gemäß §§ 2253ff widerrufen und, solange Verzeihung nicht gewährt ist, durch Widerruf des Widerrufs nach § 2257 wieder in Kraft gesetzt werden.

§ 2338

Hat sich ein Abkömmling in solchem Maße der Verschwendung ergeben oder ist er in solchem Maße überschuldet, daß sein späterer Erwerb erheblich gefährdet wird, so kann der Erblasser das Pflichtteilsrecht des Abkömmlinges durch die Anordnung beschränken, daß nach dem Tode des Abkömmlinges dessen gesetzliche Erben das ihm Hinterlassene oder den ihm gebührenden Pflichtteil als Nacherben oder als Nachvermächtnisnehmer nach dem Verhältnis ihrer gesetzlichen Erbteile erhalten sollen. Der Erblasser kann auch für die Lebenszeit des Abkömmlinges die Verwaltung einem Testamentsvollstrecker übertragen; der Abkömmling hat in einem solchen Falle Anspruch auf den jährlichen Reinertrag

Auf Anordnungen dieser Art finden die Vorschriften des § 2336 Abs. 1 bis 3 entsprechende Anwendung. Die Anordnungen sind unwirksam, wenn zur Zeit des Erbfalls der Abkömmling sich dauernd von dem verschwenderischen Leben abgewendet hat oder die den Grund der Anordnung bildende Überschuldung nicht mehr besteht.

E I 2002 Abs. 1, 3 II 2203; M 5 437—442; P 5 565—579; 6 356, 357.

Übersicht

Pflichtteilsbeschränkung in guter Absicht

I. Pflichtteilsbeschränkung gegenüber Abkömmlingen. Gründe für die Beschränkung

Anm. 1

Die Pflichtteilsbeschränkung in guter Absicht ist nur gegenüber Abkömmlingen, nicht auch Eltern und Ehegatten zulässig. Sie ist nicht Entziehung, vielmehr Zuwendung des Pflichtteils verbunden mit fürsorgenden Maßnahmen für den Abkömmling und seine Familie.

Anm. 2

Vorausgesetzt ist **Verschwendung** (Begriff § 6 Anm. 3), und zwar ohne Rücksicht auf etwaige Gefahr des Notstandes und darauf, ob sie zur Entmündigung geführt hat, oder **Überschuldung,** und zwar in so hohem Maße, daß der spätere Erwerb erheblich gefährdet ist, d. h. es muß die Besorgnis begründet sein, das aus irgendwelchen Erwerbsquellen, insbesondere durch die Erbschaft selbst ihm zufließende Vermögen werde gleichfalls verschwendet oder von den Gläubigern beschlagnahmt werden. Diese Besorgnis wird durch das Bestehen der Entmündigung nicht notwendig ausgeschlossen.

II. Beschränkung zugunsten der gesetzlichen Erben des Abkömmlings

Anm. 3

Die Beschränkung ist nur zugunsten der gesetzlichen Erben des Abkömmlings zur Zeit seines Todes gestattet und nur so, daß sie nach Verhältnis ihrer gesetzlichen Erbteile bedacht werden (§ 2066). Dies trifft auch dann zu, wenn die Abkömmlinge zwar durch Verfügung von Todes wegen, aber im Sinne von § 2052 als Erben berufen sind. Eine nähere Bezeichnung der Erben ist unschädlich, wenn sie sich beim Tode des Abkömmlings als seine gesetzlichen Erben erweisen.

Anm. 4

Erfolgt die Zuwendung an Fremde oder nach anderen Erbquoten, so ist die Anordnung unwirksam (§ 2306 Anm. 12), oder sie berechtigt den Abkömmling, den Erbteil auszuschlagen und den Pflichtteil ohne Beschränkungen zu verlangen (§ 2306 Anm. 18). Der Erblasser ist jedoch nicht gehindert, die Berufung auf die Erben der ersten Ordnung zu beschränken (Prot. 5, 573); auch einzelne von ihnen auszuschließen, denen gegenüber er zur Entziehung des Pflichtteils berechtigt ist. Der Fiskus zählt auch hier nicht zu den gesetzlichen Erben (§§ 2104, 2149).

Anm. 5

Falls der Abkömmling keine Leibeserben hinterläßt, ist der Fall der Nacherbfolge nicht eingetreten. Das ihm Hinterlassene fällt dann als Teil seines Vermögens an die von ihm eingesetzten Erben oder zusammen mit seinem Nachlaß an den Fiskus, wenn er keine Verfügung von Todes wegen hinterlassen hat. Entsprechendes gilt, wenn der Erblasser nur die Erben der ersten Ordnung berufen hat und solche beim Tode des Abkömmlings nicht vorhanden sind.

III. Einsetzung der gesetzlichen Erben als Nacherben oder Nachvermächtnisnehmer

Anm. 6

Nacherbeinsetzung der gesetzlichen Erben setzt voraus, daß der Abkömmling zunächst als Vorerbe berufen ist (§ 2100). Die ihn als Vorerben treffenden Beschränkungen ergeben sich aus §§ 2112ff. Unwirksamkeit wegen Zeitablaufs ist mit Rücksicht auf §§ 2109 Nr. 1, 2163 Nr. 1, 2210 ausgeschlossen.

Anm. 7

Über §§ 2115 und 2214 hinaus entzieht § 863 ZPO auch die Nutzungen des Pflichtteils der Pfändung. Diese sind unpfändbar, soweit sie erforderlich sind, um den eigenen standesgemäßen Unterhalt des Pflichtteilsberechtigten zu bestreiten und um die ihm obliegenden Unterhaltsverpflichtungen gegenüber seinem Ehegatten, seinem früheren

Ehegatten oder seinen Verwandten zu erfüllen. Der Pfändungsschutz besteht jedoch nicht gegenüber den Ansprüchen der Nachlaßgläubiger oder solcher Gläubiger, deren Recht auch den Nacherben oder dem Testamentsvollstrecker gegenüber wirksam ist.

Anm. 8

Ist dem Abkömmling unter den hier fraglichen Beschränkungen ein **Erbteil** hinterlassen, der **größer ist als der Pflichtteil,** so bleibt er, wie bei jeder andern dem § 2306 entsprechenden Beschränkung oder Beschwerung, jedenfalls daran gebunden, wenn er nicht ausschlägt (KG RJA 15, 194). Schlägt er aus, so erwirbt er zwar gemäß § 2306 Abs. 1 Satz 2 den Pflichtteilsanspruch, aber vom Beweis der Tatsache der Verschwendung oder Überschuldung hängt ferner ab, ob er diesen Pflichtteil nur mit den Beschränkungen des § 2338 (unter Verwandlung der Nacherbeinsetzung in eine dem Nachvermächtnis ähnliche Beschwerung) oder ob er ihn unbeschränkt erhält (**RG** 85, 347; SeuffArch 62 Nr. 188). Keinesfalls werden die an Stelle des ausschlagenden Abkömmlings nachrückenden Erben von den angeordneten Beschränkungen betroffen (KGJ 40, 63).

Dasselbe gilt nach § 2307 Abs. 1, wenn dem Abkömmling ein — den Pflichtteil erfüllendes oder übersteigendes — **Vermächtnis zugewendet,** aber **mit** einem **Nachvermächtnis** (§ 2191) zugunsten der gesetzlichen Erben beschwert ist.

Ist er gerade **auf den Pflichtteil als Erbe berufen,** so muß er sich gegen die Regel des § 2306 Abs. 1 Satz 1 die aus § 2338 begründete Beschränkung gefallen lassen.

Ist er **weder als Erbe noch als Vermächtnisnehmer** bedacht, sondern nur auf den Pflichtteilsanspruch verwiesen, so sind seine gesetzlichen Erben gleich Nachvermächtnisnehmern zu behandeln. Vererblichkeit des Nacherbenrechts kann, wie im Falle des § 2104, nicht in Frage kommen (§ 2108 Anm. 4).

IV. Übertragung der Verwaltung auf einen Testamentsvollstrecker

Anm. 9

Die Übertragung der Verwaltung auf einen Testamentsvollstrecker (§§ 2209, 2210) entzieht dem Abkömmling nach § 2211 jedes Verfügungsrecht und schließt zugleich gemäß § 2214 seine Gläubiger vom Zugriff auf den Pflichtteil aus, beschränkt diese auch nach Maßgabe des § 863 ZPO im Zugriff auf den Reinertrag (vgl. Anm. 7). Eine Verpflichtung des Testamentsvollstreckers, dem Erben Nachlaßgegenstände herauszugeben, wie sie § 2217 vorsieht, kommt hier nicht in Betracht. Sie kann mit der Nacherbeinsetzung verbunden (§ 2222), aber ebenso dinglich wirksam auch für sich allein angeordnet werden.

Anm. 10

Beschränkende Anordnungen anderer Art braucht sich der Abkömmling wegen Verschwendung oder Überschuldung nicht gefallen zu lassen, insbesondere nicht eine Schmälerung des Pflichtteilsbetrags (**RG** Recht 1914 Nr. 645). Desgleichen nicht eine Anordnung, die dem Testamentsvollstrecker auch die Verwaltung des Reinertrags des dem Abkömmling Hinterlassenen, sei es von vornherein und unbedingt, sei es von einem gewissen Zeitpunkt ab oder unter gewissen Voraussetzungen (Abtretung oder Pfändung des Hinterlassenen) zum Zwecke der Naturalverpflegung des Abkömmlings überträgt.

Anm. 11

Eine andere Frage ist es, ob eine solche Beschränkung des Bedachten in der Verfügung über die Erträgnisse an sich zulässig ist. Dies bejaht **RG** WarnRspr 1919 Nr. 71, indem es annimmt, die Beschränkung sei kein selbständiges rechtsgeschäftliches Veräußerungsverbot im Sinne des § 137 Satz 1, sondern die gesetzliche Rechtsfolge der dem Testamentsvollstrecker eingeräumten Machtbefugnisse und daher ein nach Maßgabe der §§ 2211, 135 kraft Gesetzes eintretendes Veräußerungsverbot (s. aber gegen die Anwendbarkeit des § 135 **RG** 87, 432; § 2211 Anm. 3).

Anm. 12

V. Art und Weise der Anordnung

Die Anordnung erfolgt durch letztwillige Verfügung, die die Angabe des Grundes (Verschwendung oder Überschuldung) enthalten muß. Gegenüber dem Anspruch auf unbeschränkte Gewährung des Pflichtteils hat der Erbe, im Falle des § 2329 der Beschenkte die Anordnung selbst und ihre Voraussetzungen zu beweisen.

VI. Unwirksamwerden der Anordnung

Anm. 13

Die Anordnung wird unwirksam bei dauernder Abwendung usw. wie im Falle des § 2336 Anm. 7—10. Gleichgültig ist, ob sich der Abkömmling unter dem Zwange äußerer Verhältnisse oder aus eigener besserer Einsicht heraus abgewendet hat (**RG** 24. 6. 1907 IV 121/07). Die von selbst eintretende Unwirksamkeit der Beschränkung kann von jedermann, so auch von den Gläubigern des Abkömmlings geltend gemacht werden.

Anm. 14

Eine erst **nach dem Erbfall eingetretene Besserung** des Abkömmlings ist auf die Anordnungen des Erblassers ohne Einfluß, falls er nicht selbst für diesen Fall den Wegfall der Beschränkung angeordnet hat (Planck/Greiff Anm. 5). Das Nachlaßgericht ist nicht befugt, den Wegfall der Beschränkung anzuordnen, insbesondere die Verwaltungsbefugnis des Testamentsvollstreckers aufzuheben (aM AG Zittau DJ 1936, 1537. Wie hier KG DR 1942, 1190. Dort wird weiter bemerkt, falls der Testamentsvollstrecker sein Amt niedergelegt hat, könne allerdings das Nachlaßgericht erwägen, ob ein neuer Testamentsvollstrecker gemäß § 2200 Abs. 1 BGB ernannt werden solle).

Anm. 15

Falls die Voraussetzungen für dic Beschränkungen nach dem Erbfall weggefallen sind, ist zu prüfen, ob die Auslegung des Testaments, notfalls die ergänzende Auslegung ergibt, daß der Erblasser die Beschränkungen für diesen Fall nicht mehr gewollt hat. Eine dahingehende Auslegung ist allerdings nicht möglich, wenn das Testament insoweit nur die bloße Anordnung enthält, daß der Nachlaß für die Lebenszeit des Abkömmlings durch einen Testamentsvollstrecker verwaltet werden und nach dem Tode des Abkömmlings dessen gesetzlichen Erben als Nacherben anfallen soll (KG DR 1942, 1190).

Anm. 16

Beschränkungsrecht aus § 2338 im Falle des Erbvertrags § 2289 Abs. 2, des gemeinschaftlichen Testaments § 2271 Abs. 3, für den Anteil des Abkömmlings bei der fortgesetzten Gütergemeinschaft § 1513 Abs. 2.

Sechster Abschnitt

Erbunwürdigkeit

Anm. 1

Das BGB kennt **keine allgemeine Erbunwürdigkeit,** sondern nur eine solche gegenüber einem bestimmten Erblasser und auch nur bei Angriffen gegen dessen Leben, Testierfähigkeit oder Testierfreiheit. Dem Unwürdigen wird nicht nur, worauf die §§ 2339—2344 abgestellt sind, ein Erwerb als Erbe, sondern nach § 2345 auch ein Anspruch als Vermächtnisnehmer oder Pflichtteilsberechtigter entzogen.

Anm. 2

Zur Geltendmachung der Erbunwürdigkeit bedarf es in allen Fällen einer **Anfechtungsklage** (§ 2340, 2342), die zu erheben nur bestimmte Personen befugt sind (§ 2341). Das Anfechtungsrecht erlischt bei Verzeihung (§ 2243). Die durchgeführte Anfechtung wirkt absolut.

Anm. 3

Die Vorschriften gelten nach § 1506 Satz 2 auch für die fortgesetzte Gütergemeinschaft. Auch ältere Unwürdigkeitsgründe sind nach ihnen zu beurteilen, wenn der Erblasser nach 31. 12. 1899 verstorben ist (EG Art. 213).

§ 2339

Erbunwürdig ist:

1. **wer den Erblasser vorsätzlich und widerrechtlich getötet oder zu töten versucht oder in einen Zustand versetzt hat, infolgedessen der Erblasser bis zu seinem Tode unfähig war, eine Verfügung von Todes wegen zu errichten oder aufzuheben;**
2. **wer den Erblasser vorsätzlich und widerrechtlich verhindert hat, eine Verfügung von Todes wegen zu errichten oder aufzuheben;**
3. **wer den Erblasser durch arglistige Täuschung oder widerrechtlich durch Drohung bestimmt hat, eine Verfügung von Todes wegen zu errichten oder aufzuheben;**
4. **wer sich in Ansehung einer Verfügung des Erblassers von Todes wegen einer nach den Vorschriften der §§ 267 bis 274 des Strafgesetzbuchs strafbaren Handlung schuldig gemacht hat.**

Die Erbunwürdigkeit tritt in den Fällen des Abs. 1 Nr. 3, 4 nicht ein, wenn vor dem Eintritte des Erbfalls die Verfügung, zu deren Errichtung der Erblasser bestimmt oder in Ansehung deren die strafbare Handlung begangen worden ist, unwirksam geworden ist, oder die Verfügung, zu deren Aufhebung er bestimmt worden ist, unwirksam geworden sein würde.

E I 2045 II 2204; M 5 517—520; P 5 634—642; KB 325.

Übersicht

Voraussetzungen der Erbunwürdigkeit

Neueres Schrifttum: Röwer, Das Verschweigen der ehelichen Untreue als Fall der Erbunwürdigkeit, FamRZ 1960, 15.

I. Erbunwürdigkeitsgründe (Abs. 1)

1. Allgemeines

Anm. 1

Wie die Entziehungsgründe des § 2333 sind auch die Erbunwürdigkeitsfälle erschöpfend geregelt. Sie umfassen nur ganz bestimmte Verfehlungen, die sich gegen den Erblasser unmittelbar (Abs. 1 Nr. 1—3) oder gegen eine Verfügung des Erblassers von Todes wegen (Abs. 1 Nr. 4) richten (s. auch Anm. 1 vor § 2339). Ehrloses Verhalten schlechthin, insbesondere auch ein asozialer Lebenswandel begründet keine Erbunwürdigkeit; es gibt dem Erblasser allenfalls das Recht, dem Erben den Pflichtteil zu entziehen (§§ 2333, 2334; vgl. Vogels DR 1941, 2450).

Anm. 2

Die Erbunwürdigkeitsgründe umfassen alle Formen der Teilnahme (StGB §§ 47 ff). Versuch genügt nur im Falle Nr. 1.

Anm. 3

2. Angriffe gegen Leib und Leben des Erblassers (Abs. 1 Nr. 1)

Tötung im Sinne von StGB §§ 211—215, ebenso vorsätzliche Tötung im Zweikampf (§§ 206, 207), nicht aber Tötung des Einwilligenden (§ 216), der dem Verzeihenden nach § 2343 gleichzustellen ist. Notwehr schließt die Widerrechtlichkeit aus. Der Erfolg, den Erblasser testierunfähig zu machen, braucht auch im dritten Falle der Nr. 1 nicht bezweckt zu sein, es genügt, daß er z. B. im Falle schwerer Körperverletzung in Siechtum verfällt. Der Vorerbe ist nicht Erblasser, seine Tötung durch den Nacherben macht diesen nicht erbunwürdig.

Anm. 4

3. Verhinderung, eine Verfügung von Todes wegen zu errichten oder aufzuheben (Abs. 1 Nr. 2)

Die **Verhinderung** setzt voraus, daß der Erblasser einen bestimmten Errichtungs- oder Aufhebungsakt beabsichtigt, ihn aber infolge der auf ihn — gleichviel mit welchen Mitteln — ausgeübten Einwirkung unterlassen hat. Versuch oder nur vorübergehende Einwirkung genügt nicht. Eine etwaige Unwirksamkeit des beabsichtigten Aktes, z. B. wegen Entmündigung (§ 2229 Abs. 3) oder infolge Bindung an ein gemeinschaftliches Testament (§ 2271), ist bedeutungslos.

4. Bestimmung des Erblassers zur Errichtung oder Aufhebung einer Verfügung von Todes wegen durch Täuschung oder Drohung (Abs. 1 Nr. 3)

Anm. 5

Täuschung und Drohung § 123. Der letzteren steht unmittelbare Gewaltanwendung gleich. Daneben bleibt die (weniger weittragende) Anfechtung aus § 2078 Abs. 2 unberührt (**RG** 59, 33). Hypnose ist keine Drohung. Der Hypnotiseur kann aber nach Abs. 1 Nr. 1 erbunwürdig sein, wenn der hypnotische Zustand bis zum Tode des Erblassers gedauert hat. Das in der Hypnose errichtete Testament ist nach § 2229 Abs. 4 nichtig.

Anm. 6

Täuschung ist angenommen worden, wenn eine Frau den Erblasser zur Heirat und zugleich zur Erbeinsetzung bestimmt und hierbei verschwiegen hat, daß sie mit einem anderen ein unsittliches Verhältnis unterhielt und fortsetzen wollte (**RG** JW 1912, 871[32]), oder wenn eine Ehefrau ein ehebrecherisches Verhältnis verschwiegen hat (OLG Nürnberg MDR 1958, 692 = DRsp I [174] 70c). Es handelt sich hierbei um Fälle der Täuschung durch Unterlassen. Sie setzen eine Rechtspflicht zur Aufklärung voraus. Diese kann bei länger zurückliegenden Vorgängen entfallen (vgl. Röwer FamRZ 1960, 15).

Anm. 7

Täuschung und Drohung müssen den Erblasser bestimmt haben, eine Verfügung von Todes wegen zu errichten oder aufzuheben. Die Behauptung, der Erblasser sei durch Drohung gezwungen worden, einen Kindesannahmevertrag zu schließen, der ein gesetzliches Erbrecht begründe (§ 1757 Abs. 1), reicht daher nicht aus; es können dann unter Umständen aber die Voraussetzungen des Abs. 1 Nr. 2 gegeben sein (OLG Köln NJW 1951, 158 Nr. 15).

Anm. 8

5. Urkundenfälschung (Abs. 1 Nr. 4)

Urkundenfälschung, insbesondere auch fälschliche Anfertigung einer angeblichen Verfügung und Beseitigung von Urkunden, vor oder nach dem Erbfalle, wie z. B. die fälschliche Anfertigung von zwei Testamenten nach dem Tode des Erblassers (OLG Stuttgart Rpfleger 1956, 160). Doch soll nach allgemeiner Meinung auch die Fälschung die Natur einer Verfehlung gegen den Erblasser haben. Erbunwürdigkeit tritt deshalb nach der Ansicht des Reichsgerichts nicht ein, wenn der Fälscher durch die Fälschung den wahren letzten Willen des Erblassers zu verwirklichen bestrebt war (**RG** 72, 207; 81, 413; Kipp/Coing 11. Bearb. § 85 II 4, wenn nachgewiesen sei, daß der Erblasser das von ihm errichtete formungültige Testament tatsächlich für gültig gehalten habe; aM Planck/Greiff Anm. 2d; Palandt/Rechenmacher Anm. 2d; Bartholomeyczik § 5 II 3d). Die Beweislast dafür, daß die in Ansehung der Urkunde begangene strafbare Handlung keine Verfehlung gegen den Erblasser bedeutet, soll der Fälscher oder Unterdrücker der Urkunde haben (**RG** 81, 413). Die Rechtsprechung des Reichsgerichts ist jedoch bedenklich. Jede Fälschungshandlung ist ein unerlaubter Eingriff in den Testiervorgang und insoweit — mindestens in der Form — eine Verfehlung gegen den Erblasser. Es ist auch zu beachten, daß die Verfehlungen nach Abs. 1 Nr. 4 sich nur mittelbar gegen den Erblasser, unmittelbar jedoch nach dem Gesetzeswortlaut („in Ansehung . . .") gegen die Verfügung von Todes wegen als solche richten. Das letztere bedeutet jedoch nicht, daß kein Fall des § 2339 Abs. 1 Nr. 4 vorliege, wenn keine Verfügung von Todes wegen besteht, ihre Einrichtung vielmehr nur vorgetäuscht wird, um dadurch andere inhaltlich unrichtige Urkunden zu erwirken (so OLG Celle v. 16. 1. 1958 — 10 Wx 13/57 — bei Hoffolgezeugnis und Grundbucheintragung auf Grund einer mittels eidesstattlicher Versicherung vorgetäuschten letztwilligen Verfügung). Es ist überspitzt, wenn dieser einheitliche Lebensvorgang dahin zergliedert wird, eine intellektuelle Urkundenfälschung (StGB § 271) sei nur hinsichtlich des Hoffolgezeugnisses und der Grundbucheintragung, jedoch nicht „in Ansehung einer Verfügung des Erblassers von Todes wegen" begangen worden.

Anm. 9

II. Unschädlichkeit der mit Erbunwürdigkeit bedrohten Handlungen (Abs. 2)

Die mit Erbunwürdigkeit bedrohten Handlungen sind praktisch unschädlich, wenn a) die erzwungene, erschlichene oder verfälschte Verfügung, sei es von Anfang an wegen Formmangels unwirksam war, sei es vor dem Erbfall (durch Widerruf, Wegfall des Bedachten usw., Zeitablauf im Falle des § 2252) unwirksam geworden ist oder wenn b) die infolge von Täuschung oder Drohung aufgehobene oder vermöge einer Urkundenfälschung nur angeblich aufgehobene Verfügung aus gleichen Gründen schon ohnedies unwirksam wäre oder geworden wäre. In allen diesen Fällen tritt nach dem Wortlaut und Sinne des Abs. 2 keine Erbunwürdigkeit ein. Zur Frage, ob Erbunwürdigkeit dagegen auch dann besteht, wenn eine nach § 2339 Abs. 1 Nr. 3 oder 4 zustandegekommene letztwillige Verfügung von Anfang an — insbesondere wegen Formmangels — nichtig ist, vgl. LG Ravensburg NJW 1955, 795 mit abl. Anm. von Bartholomeyczik.

§ 2340

Die Erbunwürdigkeit wird durch Anfechung des Erbschaftserwerbs geltend gemacht.

Die Anfechtung ist erst nach dem Anfalle der Erbschaft zulässig. Einem Nacherben gegenüber kann die Anfechtung erfolgen, sobald die Erbschaft dem Vorerben angefallen ist.

Die Anfechtung kann nur innerhalb der im § 2082 bestimmten Fristen erfolgen.

E I 2046 Abs. 1, 2, 4—6 II 2205; M 5 520, 521; P 5 642, 643, 645; 6 357.

Übersicht

Anfechtung des Erbschaftserwerbs

Anm. 1

I. Allgemeines (Abs. 1)

Die Erbunwürdigkeit tritt nicht kraft Gesetzes, sondern erst nach rechtskräftig durchgeführter Anfechtung (§ 2342) mit der Wirkung des § 2344 Abs. 1 ein. Der Erbunwürdige selbst kann somit, da er nicht anfechtungsberechtigt ist (§ 2341), die Unwürdigkeit niemals geltend machen.

Anm. 2

II. Zeitpunkt der Anfechtung (Abs. 2 Satz 1)

Anfall der Erbschaft § 1942 Anm. 12. Hängt der Anfall an den Erbunwürdigen davon ab, daß ein ihm vorgehender Berufener ausschlägt oder aus anderen Gründen wegfällt, so ist die Anfechtung nicht vor dem Wegfall zulässig. Behauptet dagegen der nach § 2341 Anfechtungsberechtigte, daß sämtliche vor ihm Berufenen erbunwürdig seien, so darf er sich vorläufig — ob mit Recht, wird das Urteil ergeben — auf den Standpunkt des § 2344 Abs. 2 stellen und die Anfechtungsklage gleichzeitig gegen die mehreren auch bloß nacheinander berufenen Erbunwürdigen erheben (aM Planck/Greiff Anm. 2). Auch für die Ausübung des Anfechtungsrechts aus §§ 2078ff hat er in diesem Falle sogleich als Anfechtungsberechtigter zu gelten (§ 2080 Anm. 6ff), wenn auch der Erfolg dieser Anfechtung davon abhängt, daß er die Erbunwürdigkeitserklärung der vorgehenden Berechtigten durch Urteil herbeiführt (§ 2342). Die Anfechtung aus § 2340 ist niemals vor dem Erbfall, wohl aber gegen die Erben des Unwürdigen zulässig.

Anm. 3

III. Anfechtung gegen Nacherben (Abs. 2 Satz 2)

Dem **Nacherben** gegenüber braucht der Anfall der Nacherbschaft (§ 2139) nicht abgewartet zu werden. Die Klage kann, auch gegen mehrere nacheinander oder nur bedingt berufene unwürdige Nacherben zugleich, schon nach Anfall an den Vorerben, regelmäßig also schon nach dem Erbfall erhoben werden (vgl. auch § 2142).

IV. Anfechtungsfrist (Abs. 3)

Anm. 4

Die Anfechtungsfrist beträgt gemäß § 2082 ein Jahr nach erlangter Kenntnis vom Erbunwürdigkeitsgrunde. Gegenüber dem unwürdigen Nacherben (Anm. 3) beginnt sie jedoch erst mit Anfall der Nacherbschaft. Es gelten die Verjährungsgrundsätze der §§ 203, 206, 207. Mit Ablauf von 30 Jahren seit dem Erbfalle ist die Anfechtung ausgeschlossen.

Anm. 5

Kenntnis hat der Anfechtungsberechtigte nur, wenn er von den Anfechtungstatsachen in zuverlässiger Weise erfahren hat (§ 2082 Anm. 6; OLG München MDR 1957, 612 = DNotZ 1958, 322 Nr. 11 [L]). Es genügt daher nicht, wenn er nur persönlich von dem Erbunwürdigkeitsgrunde überzeugt ist, ohne daß dies sachlich begründet und beweisbar ist (aM OLG Frankfurt NJW 1947/48, 228; Soergel § 2082 Anm. 1).

§ 2341

Anfechtungsberechtigt ist jeder, dem der Wegfall des Erbunwürdigen, sei es auch nur bei dem Wegfall eines anderen, zustatten kommt.

E I 2046 Abs. 3 II 2206; M 5 521; P 5 642—645.

Die Anfechtungsberechtigten

Anm. 1

Anfechtungsberechtigt ist, abweichend von § 2080 Abs. 1, der auch nur mittelbar, bedingt oder erst an späterer Stelle am Wegfall des Erbunwürdigen Interessierte. So insbesondere auch der Vorerbe gegenüber dem Nacherben (§ 2142 Anm. 7), der Nacherbe gegenüber dem Vorerben (§ 2102), endlich immer der Fiskus (§ 1936). Der Erfolg der Anfechtung braucht nicht dem Anfechtenden selbst die Erbenstellung usw. zu verschaffen, er kann vielmehr nach § 2344 Abs. 2 auch einem anderen zugute kommen. Der selbst erbunwürdige Berechtigte ist von der Anfechtung nicht ausgeschlossen, solange der auch gegen ihn gerichteten Klage (§ 2340 Anm. 2) nicht rechtskräftig stattgegeben ist (§ 2342 Abs. 2).

Anm. 2

Das Anfechtungsrecht ist als solches weder übertragbar noch pfändbar. Es ist jedoch als Vermögensrecht vererblich (vgl. auch § 2080 Anm. 14). Ebenso steht es gegen die Erben des Unwürdigen zu.

§ 2342

Die Anfechtung erfolgt durch Erhebung der Anfechtungsklage. Die Klage ist darauf zu richten, daß der Erbe für erbunwürdig erklärt wird.

Die Wirkung der Anfechtung tritt erst mit der Rechtskraft des Urteils ein.

E I 2047 II 2207; M 5 521, 522; P 5 645.

Anfechtungsklage

Anm. 1

I. Zu Abs. 1 Satz 1

Die **Anfechtungsklage** muß die Anfechtung gerade wegen Erbunwürdigkeit, zum Unterschiede von der Anfechtung letztwilliger Verfügungen, und das Verlangen auf Feststellung (Anm. 2) deutlich zum Ausdruck bringen (**RG** JW 1910, 23[37]); sie ist gegen den erbunwürdigen Erben oder seine Erben, nicht auch gegen den Erwerber eines Erbteils (§ 2033) oder den Erbschaftskäufer zu richten, gegebenenfalls auch als Widerklage gemäß ZPO § 280. Die Anfechtung kann aber nicht mittels Einrede oder etwa im Erbscheinsverfahren erklärt werden (LG Hamburg DR 1941, 2449 Nr. 14). Jedoch genügt die gewöhnliche, auch in Form der Einrede geltend zu machende Anfechtung nach § 143 Abs. 1 gegenüber dem Vermächtnis- oder Pflichtteilsanspruch des Unwürdigen (§ 2345). Die Klagerhebung durch den Nächstberufenen bedeutet nicht notwendig, wie im Falle des § 1957 Abs. 1, zugleich die Annahme der Erbschaft.

Anm. 2

II. Zu Abs. 1 Satz 2

Die **Erbunwürdigkeitserklärung** ist Feststellung nach ZPO § 256 (aM Palandt/Rechenmacher Anm. 1: Rechtsgestaltungsklage). Deshalb ist es auch zulässig, die Klage im Gerichtsstande der Erbschaft zu erheben (ZPO § 27).

Anm. 3

III. Zu Abs. 2

Die **Wirkung** der erfolgreichen Klage (§ 2344) äußert sich mit der Rechtskraft ebenso wie der Wegfall des Erben durch Ausschlagung gegenüber allen nach § 2341 Anfechtungsberechtigten. Dagegen schafft die Klagabweisung nur Recht unter den Parteien. Die Urteilsform ist unentbehrlich und kann nicht durch öffentliche Urkunde nach ZPO § 794 Nr. 5 ersetzt werden (RJA 7, 185). Vermöge der rückbeziehenden Wirkung des § 2344 Abs. 1 kann der im Falle der Erbunwürdigkeit nachrückende Erbe mit der Anfechtungsklage auch den Erbschaftsanspruch aus den §§ 2018ff verbinden (vgl. auch § 2340 Anm. 2; aM Planck/Greiff Anm. 3; Crome § 665 Anm. 55 wie hier Kipp/Coing § 85 Anm. 20; Palandt/Rechenmacher Anm. 1).

Anm. 4

IV. Streitwert

Der Streitwert der Erbunwürdigkeitsklage bestimmt sich allein nach dem Interesse des Klägers an der Besserstellung, die sich für ihn aus der Erbunwürdigkeit des Beklagten ergibt (**BGH** MDR 1959, 922 = Rpfleger 1959, 317).

§ 2343

Die Anfechtung ist ausgeschlossen, wenn der Erblasser dem Erbunwürdigen verziehen hat.

E I 2050 II 2208; M 5 524, 525; P 5 649.

Verzeihung

Anm. 1

I. Verzeihung

Vgl. § 2337 Anm. 1. Gegenstand der Verzeihung können alle Handlungen sein, die in § 2339 Abs. 1 aufgeführt sind, auch ein Mordversuch, selbst eine Tötung, wenn z.B. der tödlich Verletzte vor seinem Tode noch die Verzeihung ausspricht (Planck/Greiff Anm. 1; vgl. BG Halle NJ 1958, 145). Verzeihung gegenüber dem Erbunwürdigen setzt in der Regel die Kenntnis des Erbunwürdigkeitsgrundes voraus. Bei Verfehlungen, die der Bedachte nach dem Tode des Erblassers begangen hat, kann jedoch u. U. darauf abgestellt werden, ob der Erblasser bei entsprechender Kenntnis die Verzeihung ausgesprochen hätte (vgl. OLG Stuttgart Rpfleger 1956, 160). Der Erbunwürdige hat die Verzeihung zu beweisen. Die Verzeihung wirkt auch wegen des Vermächtnis- und Pflichtteilsanspruchs § 2345.

II. Verzicht

Anm. 2

Der Anfechtungsberechtigte kann auch durch Vertrag mit dem Erbunwürdigen auf die Anfechtung verzichten. Nach Mot. 5, 525 soll sich allein nach den Vorschriften über den Erbschaftsanspruch bestimmen, inwieweit ein vertragsmäßiger Anspruch den Berechtigten binde, da diesem dinglichen Anspruch Einwendungen aus einem obligatorischen Recht entgegengesetzt werden könnten. Danach könnte trotz des Verzichts zunächst die Anfechtungsklage erhoben und der Erbe für unwürdig erklärt werden (§ 2342 Abs. 1). Der Erbe könnte erst, wenn später der Erbschaftsanspruch erhoben wird, einwenden, der Anfechtungsberechtigte habe verzichtet. Es bestehen aber keine zwingenden Gründe, dem Verzichtsvertrage — unbeschadet des § 138 — eine stärkere Wirkung zu versagen. Regelmäßig ist daher schon die Anfechtungsklage des Verzichtenden abzuweisen (Planck/Greiff Anm. 2).

Anm. 3

Der Verzicht des nächsten Anfechtungsberechtigten greift dem etwa später Berechtigten nicht vor.

§ 2344

Ist ein Erbe für erbunwürdig erklärt, so gilt der Anfall an ihn als nicht erfolgt.

Die Erbschaft fällt demjenigen an, welcher berufen sein würde, wenn der Erbunwürdige zur Zeit des Erbfalls nicht gelebt hätte; der Anfall gilt als mit dem Eintritte des Erbfalls erfolgt.

E I 1972, 2048 Abs. 1 II 2209; M 5 376, 522, 523; P 5 483, 647—649.

Wirkung der Unwürdigkeitserklärung

Anm. 1

Die Wirkungen der Erbunwürdigkeitserklärung sind die gleichen wie diejenigen der Ausschlagung. Es ist deshalb auf die wörtlich übereinstimmenden Vorschriften des § 1953 Abs. 1 u. 2 (Anm. 1—4) zu verweisen. Gleich dem Ausschlagenden wird auch der Unwürdige bei der Berechnung des Pflichtteils mitgezählt (§ 2310). Der erfolgreiche Anfechtungskläger kann, wenn im gegebenen Falle in der Klagerhebung keine Annahme zu finden ist (§ 2342 Anm. 1), auch jetzt noch die Erbschaft ausschlagen. Ist der Nacherbe schon vor dem Eintritte der Nacherbfolge für unwürdig erklärt worden (§ 2340 Anm. 3), so fällt ihm die Erbschaft nicht mehr gemäß § 2139 an. Das Nacherbrecht kann dann auch nicht mehr auf seine Erben übergehen (vgl. sonst § 2108 Anm. 5), die Erbschaft verbleibt vielmehr nach § 2142 Anm. 7 endgültig dem Vorerben.

Anm. 2

Mit dem Wegfall des Erbunwürdigen werden auch Rechtsgeschäfte unwirksam, die von ihm oder ihm gegenüber in bezug auf die Erbschaft vorgenommen worden sind. Dritte sind (abweichend vom Falle der Ausschlagung) nicht geschützt, soweit sie sich nicht auf gutgläubigen Erwerb oder Erbschein berufen können (vgl. § 1959 Anm. 11).

§ 2345

Hat sich ein Vermächtnisnehmer einer der im § 2339 Abs. 1 bezeichneten Verfehlungen schuldig gemacht, so ist der Anspruch aus dem Vermächtnis anfechtbar. Die Vorschriften der §§ 2082, 2083, des § 2339 Abs. 2 und der §§ 2341, 2343 finden Anwendung.

Das gleiche gilt für einen Pflichtteilsanspruch, wenn der Pflichtteilsberechtigte sich einer solchen Verfehlung schuldig gemacht hat.

E I 1874, 2049 II 2210; M 5 189, 523, 524; P 5 220, 649; 6 321.

Unwürdigkeit bei Vermächtnis und Pflichtteil

Neueres Schrifttum: Raape, Die Einrede der Erbunwürdigkeit aus § 2345 II usw. in Festschrift Karl Haff 1950, 317.

Anm. 1

I. Vermächtnis- und Pflichtteilsunwürdigkeit (Abs. 1)

Hierzu bedarf es zwar auch der Anfechtung durch den nach § 2341 Berechtigten, in der Regel durch den Erben oder sonstigen Beschwerten, nicht aber förmlicher Klage nach § 2342. Es genügt vielmehr die Anfechtungserklärung gegenüber dem Unwürdigen nach § 143 Abs. 4. Ist der Bedachte zugleich Erbe (Vorausvermächtnis) oder ist der Pflichtteilserbe zugleich nach § 2305 auf Vervollständigung des Pflichtteils berechtigt, so ist in dem Sachgesuch nach § 2342 Anm. 1 regelmäßig auch die Anfechtung des Vermächtnis- und Pflichtteilserwerbs enthalten. Auch hier gelten die Ausschlußfristen des § 2082. Im Wege der Einrede kann die Leistung des Vermächtnisses oder Pflichtteils zeitlich unbeschränkt verweigert werden (§ 2083). Der Anfechtungsgrund wird gemäß § 2339 Abs. 2 und durch Verzeihung nach § 2343 hinfällig. Als Vermächtnis kommen auch das Schenkungsversprechen von Todes wegen (§ 2301 Abs. 1), der Voraus (§ 1932) und der Dreißigste in Betracht (§ 1969).

Anm. 2

II. Zu Abs. 2

Der **Pflichtteilsanspruch** umfaßt auch den Pflichtteilsergänzungsanspruch (§ 2325 Anm. 1ff). Ist er gegen den Beschenkten gerichtet (§ 2329), so ist auch dieser anfechtungsberechtigt. Ebenso der gemäß den §§ 2318ff zur Tragung der Pflichtteilslast verpflichtete Dritte. Ist gegenüber dem Pflichtteilsberechtigten wirksam angefochten worden, dann können entferntere Abkömmlinge oder Eltern, die bisher durch den Unwürdigen ausgeschlossen waren, den Pflichtteil verlangen (§ 2309). Das gilt auch dann, wenn die Anfechtungsfrist verstrichen war und der Erbe das Anfechtungsrecht nur im Wege der Einrede (§ 2083) geltend gemacht hat (Raape aaO S. 322).

Siebenter Abschnitt

Erbverzicht

Anm. 1

I. Gesetzesübersicht

Das Gesetz regelt in dem vorliegenden Abschnitt den Verzicht auf das gesetzliche Erbrecht (§ 2346 Abs. 1, §§ 2349, 2350), den Verzicht auf das Pflichtteilsrecht (§ 2346 Abs. 2) und dessen Aufhebung (§ 2351) sowie den Verzicht auf Zuwendungen von Todes wegen (§ 2352). Die §§ 2347, 2348 enthalten Bestimmungen über die persönlichen und formellen Voraussetzungen für einen solchen Verzicht.

Entsprechend anzuwenden beim Verzicht eines Abkömmlings auf seinen Anteil am Gesamtgute der fortgesetzten Gütergemeinschaft § 1517 Abs. 2. Beurteilung eines vor 1. Januar 1900 errichteten Erbverzichts und eines vorher geschlossenen aufhebenden Vertrags (§ 2351) nach älterem Recht EG Art. 217.

II. Rechtliche Natur des Erbverzichts

Anm. 2

Während der Erbvertrag einen erbrechtlichen Erwerb begründet, schließt der Erbverzicht einen solchen, der sonst auf Grund des Gesetzes oder einer Verfügung von Todes wegen eintreten würde, im voraus aus (§§ 2346, 2352), und zwar vermöge eines vor dem Erbfall zwischen dem Erblasser und dem künftigen Erben usw. abgeschlossenen Vertrags.

Anm. 3

Der Vertrag hat, da er unmittelbar eine Änderung der erbrechtlichen Verhältnisse bewirkt, erbrechtlichen Charakter. Er ist kein Erbvertrag.

Anm. 4

Nach seinem Inhalt ist er sowohl von der Ausschlagung der Erbschaft oder eines Vermächtnisses als auch von dem nach § 312 Abs. 2 zwischen künftigen gesetzlichen Erben über den gesetzlichen Erbteil oder den Pflichtteil geschlossenen Vertrag zu unterscheiden. Die Ausschlagung ist erst nach dem Erbfall möglich. Sie beseitigt rückwirkend das Erbrecht oder den Vermächtnisanspruch, während der Erbverzicht vor dem Erbfall mit dem Erblasser selbst (anders: der Vertrag nach § 312 Abs. 2) geschlossen sein muß und diese Rechte überhaupt nicht erst entstehen läßt.

§ 2346

Verwandte sowie der Ehegatte des Erblassers können durch Vertrag mit dem Erblasser auf ihr gesetzliches Erbrecht verzichten. Der Verzichtende ist von der gesetzlichen Erbfolge ausgeschlossen, wie wenn er zur Zeit des Erbfalls nicht mehr lebte; er hat kein Pflichtteilsrecht.

Der Verzicht kann auf das Pflichtteilsrecht beschränkt werden.

E I 1972, 2019 II 2211; M 5 376, 472, 473; P 5 483, 598, 599.

Übersicht

Verzicht der Verwandten oder des Ehegatten des Erblassers auf das gesetzliche Erbrecht

I. Rechtsnatur und Wesen des Erbverzichts

Anm. 1

1. Allgemeines

Der Erbverzicht ist ein abstraktes, unmittelbar den Verlust des Erbrechts bewirkendes Rechtsgeschäft (**RG** LZ 1932, 102). Er ist keine Verfügung von Todes wegen und insbesondere kein Erbvertrag. Vgl. weiter Anm. 2—4 vor § 2346. Sonstige Vertragsbeziehungen beurteilen sich nach dem Grundrechtsgeschäft.

Im übrigen gelten für den Erbverzicht mit den aus §§ 2347, 2348 sich ergebenden Besonderheiten die allgemeinen Vertragsgrundsätze. So wegen der Anfechtbarkeit nicht die §§ 2281, 2078, sondern die §§ 119, 123. Auch ein bedingter Erbverzicht ist daher möglich (Frankfurt DNotZ 1952, 488). Falls bei einem auflösend bedingten Erbverzicht die Bedingung nach dem Erbfall eintritt, wird der verzichtende Nacherbe (BayObLG NJW 1958, 344). Umgekehrt ist er Vorerbe, wenn bei dem aufschiebend bedingten Erbverzicht die Bedingung nach dem Erbfall eintritt.

Unentgeltlicher Verzicht ist nicht Schenkung (§ 517), unterliegt deshalb auch nicht der Gläubigeranfechtung.

2. Erbverzicht gegen Abfindung

Anm. 2

Wird der Erbverzicht gegen eine Abfindung erklärt, so kann das Abfindungsgeschäft ein Rechtsgeschäft unter Lebenden oder eine vertragsmäßige Verfügung von Todes wegen sein (vgl. über den Unterschied **RG** SeuffArch 77 Nr. 60, wo die Bestimmung in einem Überlassungsvertrag, ein gestundeter Teil des Preises solle dem Übernehmer als Erbabfindung unter der Bedingung zustehen, daß er beim Tode des Überlassers noch Eigentümer des Grundstücks sein werde, nicht als Vermächtnisvertrag, sondern als bedingter Schulderlaß unter Lebenden aufgefaßt ist). In dem einen wie in dem andern Falle ist die Wirksamkeit des Erbverzichts regelmäßig durch diejenige des Abfindungsgeschäfts mindestens stillschweigend bedingt. Wenn nicht, so ist doch bei Unwirksamkeit dieses Geschäfts, solange der Erblasser noch lebt und deshalb der erbrechtliche Erfolg noch nicht eingetreten ist, regelmäßig die Kondiktion des Erbverzichts aus § 812 statthaft (vgl. dagegen Planck/Flad 4. Aufl. vor § 2346 Anm. 4 Abs. 3).

Anm. 3

Ein Vertrag, durch den ein Elternteil die Wirtschaft einem Kinde überträgt, wogegen dieses sich wegen seines künftigen Erbteils für abgefunden erklärt, ist nicht ohne weiteres als ein Erbverzicht anzusehen, der dazu führen müßte, daß das Kind bei späterem Vermögenserwerb des Übertragenden leer ausgeht; es kommt darauf an, ob sich der Erbverzicht, wenn er nicht ausdrücklich erklärt ist, aus dem ganzen Inhalt des Abfindungsvertrags mit Zuverlässigkeit ergibt (**RG** LZ 1932, 102).

Anm. 4

Unter Umständen können die Erklärungen, die in einem von Ehegatten mit einem ihrer Kinder abgeschlossenen Erbvertrag abgegeben sind, auch als Verzicht des Schlußerben auf seinen Pflichtteil und als Annahme dieses Verzichts durch die Erblasser aufgefaßt werden, wenn der Erbvertrag dahin geht, daß die Ehegatten sich gegenseitig als Alleinerben und das am Vertrag beteiligte Kind als Schlußerben einsetzen, während den anderen Kindern Vermächtnisse für den Fall zugewandt werden, daß sie keine Pflichtteilsansprüche geltend machen. Die Annahme des Verzichts liegt dann in der Einsetzung des Verzichtenden als Schlußerben (**BGH** 22, 364).

Anm. 5

Ein Irrtum über die Grundlagen der gemeinsamen Berechnung der Abfindung von der Art, wie in dem Falle **RG** Recht 1913 Nr. 2885, kann die Anfechtung des Grundrechtsgeschäfts und auf diesem Wege auch die Unwirksamkeit oder die Rückforderung des Verzichts begründen.

Anm. 6

Sind infolge der Aufwertungsgesetzgebung die Grundlagen des gegen eine Abfindung abgeschlossenen Erbverzichtsvertrags weggefallen, so kann die Folge nur die sein, daß der Verzichtende an dem Vertrage nach Treu und Glauben nicht mehr festgehalten werden kann und daß ihm, wenn über den Nachlaß wirksam verfügt ist, ein Pflichtteilsanspruch zusteht (**RG** SeuffArch 90 Nr. 152).

II. Erklärung des Erbverzichts

Anm. 7

1. Erklärung durch Verwandte oder Ehegatten des Erblassers

Als Regel ist behandelt der Verzicht der Verwandten und des Ehegatten auf das gesetzliche Erbrecht (oder auf Bruchteile desselben; über die Möglichkeit der Umdeutung eines — unzulässigen — Verzichts auf einen realen Teil der Erbschaft in einen Verzicht auf einen Bruchteil s. KG JFG 15, 98).

Verzicht auf letztwillige Zuwendungen § 2352.

Der Fiskus kann auf sein gesetzliches Erbrecht ebensowenig verzichten, wie er ausschlagen oder davon ausgeschlossen werden kann (§§ 1942, 1938).

Der Verzicht ist wirksam, auch wenn er vor Begründung des betreffenden Verwandtschafts- usw. Verhältnisses, aber im Hinblick darauf oder durch Ehevertrag erklärt ist. Annahmevertrag § 1767 Abs. 1.

Anm. 8

2. Erklärung gegenüber dem Erblasser

Nur der mit dem Erblasser geschlossene Vertrag ist Erbverzicht im Sinne des Gesetzes (**RG** 63, 428). Die nach dem Erbfall dem Vorerben gegenüber abgegebene Erklärung des Nacherben, zu seinen Gunsten auf das Nacherbrecht zu verzichten, ist daher kein Erbverzicht, sondern eine Übertragung der Nacherbenanwartschaft (**RG** DNotZ 1942, 145). Der Verzicht auf eine bereits angefallene Erbschaft hat, soweit er nicht Verfügung über den Erbteil ist (§ 2033), nur schuldrechtliche Wirkung. Über Ausschlagung zugunsten eines Dritten vgl. § 1947 Anm. 2—5. Auch der unter künftigen gesetzlichen Erben (**RG** 98, 330) gemäß § 312 Abs. 2 vereinbarte Verzicht begründet bloß schuldrechtliche Beziehungen.

III. Rechtswirkungen des Erbverzichts

Anm. 9

Der Erbverzicht bezieht sich nur auf den Erbfall derjenigen Person, mit der der Verzichtende den Verzichtsvertrag geschlossen hat. Im Geltungsbereich des Höferechts der britischen Zone ist daher ein Verzichtsvertrag dahin, daß der Verzichtende ein für allemal von der Hoferbfolge ausgeschlossen wird, nicht möglich (Celle RdL 1957, 322).

Anm. 10

Der Erbverzicht hat unmittelbar den **gänzlichen Wegfall des Erbberechtigten** zur Folge, gleich dem schon vor dem Erbfall eingetretenen Tode oder der Ausschließung (§§ 1923, 1938). Erhöhung seines Erbteils gemäß § 1935 kann nicht mehr in Frage kommen. Er wird, wenn ein fremder Pflichtteil zu berechnen ist, weder bei Feststellung des dafür maßgebenden Erbteils (§ 2310 Anm. 5) noch wegen etwaiger Ausgleichungsposten mitgezählt (§ 2316 Anm. 9). Die für den Erbverzicht erhaltene Abfindung käme auch von vornherein nicht als ausgleichungspflichtiger Vorempfang in Betracht.

Anm. 11

Der Verzicht auf den gesetzlichen Erbteil ergreift zwar an sich auch den Pflichtteil als die Werthälfte eben jenes Erbteils. Es steht aber nichts entgegen, den Verzicht auf den gesetzlichen Erbteil zu beschränken und (für den Fall letztwilliger Ausschließung von der Erbfolge) den Pflichtteil vorzubehalten.

Anm. 12

Der Verzicht auf eine letztwillige Zuwendung (§ 2352) enthält nicht notwendig auch den Verzicht auf das gesetzliche Erbrecht und umgekehrt. Der gegenseitige Verzicht von Eheleuten auf das gesetzliche Erbrecht schließt daher nicht aus, daß sie einander, auch in derselben oder in einer später errichteten Urkunde, letztwillig bedenken (**RG** LZ 1919, 594; **BGH** 30, 261, 267).

IV. Beschränkung des Verzichts auf den Pflichtteil (Abs. 2)

Anm. 13

Die Beschränkung des Verzichts auf den Pflichtteil, und zwar einschließlich des Pflichtteilsergänzungsanspruchs (§ 2325 Anm. 4), beläßt dem Verzichtenden für den Fall, daß es zur gesetzlichen Erbfolge kommt, den vollen gesetzlichen Erbteil. Der Erblasser erlangt durch den Vertrag die Möglichkeit, über den gesetzlichen Erbteil des Verfügenden in vollem Umfang letztwillig zu verfügen. Da der Verzicht sich auch auf den Pflichtteilsergänzungsanspruch erstreckt, braucht er auch bei Schenkungen unter Lebenden keine Rücksicht mehr auf das Pflichtteilsrecht des Verzichtenden zu nehmen.

Anm. 14

Über die Wirkung des so beschränkten Verzichts auf die Berechnung der übrigen Pflichtteile vgl. §§ 2310 Anm. 5, 2316 Anm. 10. Auch die Verminderung des Pflichtteils infolge der Anerkennung einer erst nachträglich angeordneten Ausgleichungspflicht (§ 2050 Anm. 19) kann nur durch formgerechten Erbverzicht herbeigeführt werden (**RG** 71, 133). Verzicht auf bereits entstandene Pflichtteilsansprüche § 2317 Anm. 6. Verzicht auf den Pflichtteil bei Lebzeiten des Erblassers ist gegenüber seinen Verwandten oder seinem Ehegatten, auch wenn sie als Testamentserben berufen sind, nach § 312 Abs. 2 zulässig (**RG** 98, 330), hat aber nur schuldrechtliche Wirkung.

V. Teilweiser Erbverzicht

Anm. 15

Eine Bestimmung darüber, ob außer dem Erbverzicht auf den Pflichtteil (Abs. 2) und dem Erbverzicht zugunsten eines anderen (§ 2350) ein teilweiser Erbverzicht möglich ist, ist im Gesetz nicht enthalten. Grundsätzlich bestehen keine Bedenken gegen die Zulässigkeit eines teilweisen Erbverzichts. Auch der Bundesgerichtshof geht in **BGH** LM BGB § 2271 Nr. 7 davon aus, daß ein teilweiser Erbverzicht zulässig sei.

Anm. 16

Der Erbverzicht enthält eine Verfügung über das Erbrecht. Wegen des im Erbrecht bestehenden Typenzwangs ist daher ein teilweiser Erbverzicht nur zulässig, wenn dadurch keine erbrechtliche Lage geschaffen wird, die mit den zwingenden Normen des Erbrechts unvereinbar ist. Es kann daher kein Verzicht auf das Erbrecht an bestimmten Gegenständen erklärt werden (KG JFG 15, 98 Nr. 31).

Anm. 17

Unbedenklich ist ein Verzicht auf einen Bruchteil der Erbschaft oder dahin, daß der Verzichtende erst von einem bestimmten Zeitpunkt an Erbe sein will oder nach einer bestimmten Zeit aufhören will, Erbe zu sein. Ferner kann der Verzichtende durch Erbverzicht seine Zustimmung dazu erteilen, daß sein Erbteil durch die Ernennung eines Testamentsvollstreckers, der seinen Erbteil zu verwalten hat, oder eine Teilungsanordnung beschränkt wird. Dasselbe gilt für die Zustimmung, den Erbteil mit Vermächtnissen und Auflagen zu belasten (vgl. Coing JZ 1960, 209).

Infolge dieses Erbverzichts greift für diese Beschränkungen und Beschwerungen § 2306 nicht durch. Ein teilweiser Erbverzicht kann insbesondere notwendig sein, wenn der durch gemeinschaftliches Testament gebundene überlebende Ehegatte oder der durch einen Erbvertrag Gebundene die von ihm getroffene Verfügung ändern will.

§ 2347

Zu dem Erbverzicht ist, wenn der Verzichtende unter Vormundschaft steht, die Genehmigung des Vormundschaftsgerichts erforderlich; steht er unter elterlicher Gewalt, so gilt das gleiche, sofern nicht der Vertrag unter Ehegatten oder unter Verlobten geschlossen wird.

Der Erblasser kann den Vertrag nur persönlich schließen; ist er in der Geschäftsfähigkeit beschränkt, so bedarf er nicht der Zustimmung seines gesetzlichen Vertreters. Ist der Erblasser geschäftsunfähig, so kann der Vertrag durch den gesetzlichen Vertreter geschlossen werden; die Genehmigung des Vormundschaftsgerichts ist in gleichem Umfange wie nach Abs. 1 erforderlich.

E I 2020 Abs. 1 II 2212; M 5 474, 475; P 5 599—603; KB 325.

Voraussetzungen auf seiten der Vertragschließenden

I. Auf seiten des Verzichtenden

Anm. 1

Es muß denselben Erfordernissen genügt sein, wie sie § 2290 Abs. 3 für den bloß vertragschließenden Teil bei Aufhebung des Erbvertrags aufstellt. Vgl. dort Anm. 6, 7. Heilung etwaiger Mängel durch nachträgliche Genehmigung des Verzichtenden (§ 108 Abs. 3) ist nur bis zum Tode des Erblassers möglich.

Anm. 2

Abs. 1 ist nicht entsprechend auf einen schuldrechtlichen Vertrag anzuwenden, durch den der Vormund oder elterliche Gewalthaber mit dem Großvater des Abkömmlings im Namen des Minderjährigen ein Rechtsgeschäft schließt, das sich wirtschaftlich nachteilig für den späteren Pflichtteilsanspruch des Minderjährigen auswirken kann. In einem Fall hatte der durch seinen Vater vertretene Minderjährige, der der einzige lebende Abkömmling seines Großvaters mütterlicherseits war, von diesem ein Grundstück erworben und sich dabei verpflichtet, die auf dem Grundstück ruhenden Lasten zu übernehmen, für die Großeltern und später für seinen Vater und dessen künftige Ehefrau (seine zukünftige Stiefmutter) einen Nießbrauch an dem Grundstück einzuräumen. Dieser Vertrag bedürfte auch dann keiner vormundschaftsgerichtlichen Genehmigung, wenn das Grundstück den wesentlichen Teil des Vermögens des Großvaters ausgemacht hätte (**BGH** 24, 372).

II. Auf seiten des Erblassers

Anm. 3

Auf seiten des Erblassers ist, wenn er unbeschränkt geschäftsfähig oder in der Geschäftsfähigkeit beschränkt ist (ebenso wie beim Erbvertrag, § 2274), persönliches Handeln unerläßlich (München JFG 17, 181).

Der einem geschäftsfähigen Erblasser bestellte Gebrechlichkeitspfleger (§ 1910 Anm.) kann für den Pflegling auch dann keinen Erbverzichtsvertrag abschließen, wenn dieser infolge seiner Gebrechlichkeit seinen Willen nicht in der vorgeschriebenen Form auszudrücken vermag (**RG** HRR 1929, 1651; Kassel JW 1931, 1383).

Anm. 4

Daß der beschränkt geschäftsfähige Erblasser (§§ 106, 114) ohne Zustimmung des gesetzlichen Vertreters den Verzicht entgegennehmen kann, entspricht dem § 107 und den §§ 2229 Abs. 2, 2253 Abs. 2, 2290 Abs. 2, weicht aber ab von 2275 Abs. 2.

Anm. 5

Dagegen ist (abweichend von § 2275 Abs. 1) im Falle der Geschäftsunfähigkeit des Erblassers (§ 104) seine Vertretung durch den gesetzlichen Vertreter nach allgemeinen Grundsätzen zulässig; der Vertreter bedarf wiederum, gleichviel ob Vormund oder Gewalthaber (außer wenn es sich um Ehegatten oder Verlobte handelt), der Genehmigung des Vormundschaftsgerichts.

Die Ehefrau bedurfte schon vor dem 1. April 1953 nicht der Zustimmung des Mannes.

Anm. 6

Alles dies gilt nur vom Erbverzicht selbst, nicht von dem damit etwa verbundenen Rechtsgeschäft (§ 2346 Anm. 2), das nach seiner besonderen Natur (Abfindungsvertrag usw.) zu beurteilen ist.

§ 2348

Der Erbverzichtsvertrag bedarf der gerichtlichen oder notariellen Beurkundung.

E I 2020 Abs. 1 II 2313; M 5 473, 474; P 5 599—601.

Beurkundung

Anm. 1

Beurkundung § 128, EG Art. 141, RNotO § 77, FGG §§ 167ff, hierzu **RG** 69, 130. Nicht nur die Erklärung des Verzichtenden, sondern die beider Teile muß amtlich beurkundet sein. Ihre gleichzeitige Anwesenheit vor Gericht oder Notar ist nicht erforderlich. Jedoch muß der Vertrag vor dem Tode des Erblassers zustande gekommen sein (§ 152).

Anm. 2

Ein mit dem Erbverzicht etwa verbundener anderer Vertrag unterliegt den hierfür geltenden besonderen Vorschriften. Inwieweit die Nichtigkeit des einen auch die Nichtigkeit des damit verbundenen anderen Vertrags zur Folge hat, ist nach § 139 zu beurteilen.

Anm. 3

Der Form, nicht aber zugleich den sonstigen Erfordernissen des Erbverzichts wird auch durch einen protokollarisch beurkundeten prozeßgerichtlichen Vergleich genügt, selbst wenn landesgesetzlich für die Beurkundung bloß Notare zuständig sind (**RG** 48, 183; SeuffArch 79 Nr. 80).

Anm. 4

Die Heilung eines privatschriftlichen Grundstückskaufvertrags, die nach § 313 mit der Auflassung und Eintragung eintritt, macht einen in den Vertrag aufgenommenen Erbverzicht nicht formgültig (KG JFG 7, 133). Dasselbe gilt, wenn die einen Erbverzicht enthaltende Abschichtung von Kindern, die unter früherem Landesrecht eingekindschaftet waren, durch privatschriftliche Zuweisung von Grundstücken erfolgt (BayObLG JFG 7, 112, 117).

§ 2349

Verzichtet ein Abkömmling oder ein Seitenverwandter des Erblassers auf das gesetzliche Erbrecht, so erstreckt sich die Wirkung des Verzichts auf seine Abkömmlinge, sofern nicht ein anderes bestimmt wird.

E I 2023 II 2214; M 5 480—483; P 5 604—609; 6 321.

Erstreckung der Verzichtswirkungen auf Abkömmlinge

Anm. 1

Der Verzicht eines Abkömmlings oder Seitenverwandten, nicht also auch des Vorfahren oder Ehegatten des Erblassers erstreckt sich auf die Abkömmlinge des Verzichtenden, die bereits vorhandenen wie die künftigen, auch wenn er nicht in ihrem

Namen oder in ihrer gesetzlichen Vertretung (§ 2347) erklärt ist. Der ganze Stamm des Verzichtenden wird dadurch ausgeschlossen (**RG** 61, 16), auch wenn die Abkömmlinge nicht seine Erben werden.

Anm. 2

Die Vorschrift ist jedoch nachgiebiger Art. Sie betrifft nur das gesetzliche Erbrecht und ist ebenso anzuwenden, wenn der Verzicht nach § 2346 Abs. 2 auf das Pflichtteilsrecht beschränkt worden ist. Der nach § 2352 erklärte Verzicht auf letztwillige Zuwendungen ist mithin für die Abkömmlinge nicht verbindlich (KGJ 34 A 111; JFG 20, 161; Stuttgart NJW 1958, 347; vgl. auch § 2352 Anm. 6—8).

Anm. 3

§ 2349 enthält keine Auslegungsregel, sondern einen ergänzenden Rechtssatz. Ein abweichender Wille muß in dem Erbverzichtsvertrag zum Ausdruck gelangt sein. Will der Verzichtende den Verzicht erst nachträglich auf seine Person beschränken, so muß der Verzicht nach § 2351, insoweit er sich auf die Abkömmlinge erstreckt, aufgehoben werden.

§ 2350

Verzichtet jemand zugunsten eines anderen auf das gesetzliche Erbrecht, so ist im Zweifel anzunehmen, daß der Verzicht nur für den Fall gelten soll, daß der andere Erbe wird.

Verzichtet ein Abkömmling des Erblassers auf das gesetzliche Erbrecht, so ist im Zweifel anzunehmen, daß der Verzicht nur zugunsten der anderen Abkömmlinge und des Ehegatten des Erblassers gelten soll.

E I 2022 II 2215; M 5 477—480; P 5 603, 604.

Übersicht

Verzicht zugunsten eines anderen

I. Verzicht zugunsten eines anderen im allgemeinen

Anm. 1

Der relative Verzicht eines zur gesetzlichen Erbfolge Berechtigten zugunsten eines anderen gesetzlichen Erben kommt dem anderen vermöge des Wegfalls des Verzichtenden (§ 2346 Anm. 10) gemäß §§ 1930 oder 1935 unmittelbar zugute, wenn es bei der gesetzlichen Erbfolge bleibt. Ist der andere ein Fremder, so bedarf es, um ihn zum Erben zu machen, noch der Erbeinsetzung. Unter Umständen aber und wenn zugleich die Form des § 2276 beobachtet ist, kann sich diese Erbeinsetzung als eine vertragsmäßige schon mit dem Abschluß des Erbverzichtsvertrags vollziehen. Die Begünstigung des anderen braucht nicht ausdrücklich erklärt zu sein.

Anm. 2

Dem Erbe werdenden anderen muß nicht notwendig der volle und unbeschwerte Erbteil des Verzichtenden anfallen (vgl. München JFG 15, 364). Ob dies Voraussetzung des Erbverzichts ist oder ob das Erbewerden zu einem geringeren Anteil oder unter Beschränkungen und Beschwerungen genügt, ist Auslegungsfrage. Unter Umständen ist der Verzicht nur zum Teil wirksam.

Anm. 3

Ist der Verzicht zugunsten mehrerer Personen erklärt, so tritt im Zweifel seine Unwirksamkeit erst ein, wenn alle weggefallen sind; dies gilt insbesondere auch im Falle des Abs. 2, so daß, wenn zugunsten der andern Abkömmlinge des Erblassers verzichtet und bei seinem Tode nur noch einer von ihnen vorhanden ist, im Zweifel diesem der Verzicht in vollem Umfange zugute kommt (RG LZ 1926, 1006).

Anm. 4

Ist der Verzicht auf den Pflichtteil beschränkt, so kann er, da der Verzichtende trotzdem mitgezählt wird, andern Pflichtteilsberechtigten nicht zugute kommen (§ 2310 Anm. 5). Ein solcher zugunsten des Erben erklärter Verzicht wird von Abs. 1 überhaupt nicht getroffen.

II. Verzicht eines Abkömmlings zugunsten anderer Abkömmlinge oder des Ehegatten des Erblassers (Abs. 2)

Anm. 5

Der Erbverzicht eines Abkömmlings gilt als stillschweigend bedingt dadurch, daß der freiwerdende gesetzliche Erbteil sich innerhalb der ersten Ordnung (§ 1924) oder zugunsten eines Elternteils (auch Stiefelternteils) des Verzichtenden vererbt. Er ist im Zweifel unwirksam, wenn Verwandte späterer Ordnungen oder der Fiskus zur Erbfolge kommen würden. Die Einsetzung eines Fremden zum Alleinerben schließt zwar den Verzichtenden zugleich von der Erbfolge endgültig aus, er behält aber im Zweifel wenigstens den Pflichtteil (§ 2346 Anm. 11).

Anm. 6

Nicht ausdrücklich geregelt ist der Fall, daß der Verzicht nur zugunsten eines von mehreren gesetzlichen Erben erklärt worden ist. Das Kammergericht hat früher angenommen, daß sich der Verzicht nur auf denjenigen auswirkt, zu dessen Gunsten er erfolgt ist und daß der Verzichtende im übrigen Erbe bleibt. Der Erblasser hinterläßt seine Witwe, einen Sohn und mehrere Geschwister. Der Sohn hat zugunsten der Witwe verzichtet. Diese und der Sohn sollen dann je zu ½ Erbe werden. Die Geschwister des Erblassers kommen nicht zum Zuge (KG OLG 46, 240).

Diese Rechtsprechung hat das Kammergericht aufgegeben und nunmehr angenommen, daß der zugunsten eines anderen erklärte Verzicht unter der Voraussetzung, daß dieser kraft Gesetzes oder durch Verfügung von Todes wegen Erbe wird, ganz allgemein bewirkt, daß demjenigen, zu dessen Gunsten der Verzicht erklärt ist, der volle Erbteil des Verzichtenden zufällt. Die Witwe würde also in dem erwähnten Fall Alleinerbin geworden sein (KG DNotZ 1942, 148). Dieser Ansicht ist zuzustimmen. Sie entspricht den Vorstellungen der Beteiligten und auch dem Sinn des Gesetzes.

Anm. 7

Hamm (Rpfleger 1952, 89) hat § 2350 Abs. 2 in einem Fall entsprechend angewandt, in dem in einem Adoptionsvertrag im Sinne des § 1767 das Erbrecht des adoptierten Kindes nach dem zuerst versterbenden Ehegatten ausgeschlossen und bestimmt war, daß das Kind das volle Erbrecht erst nach dem zuletzt versterbenden Ehegatten erhalten solle. Zutreffend ist angenommen, daß der zuerst verstorbene Ehemann von seiner Witwe als Alleinerbin und nicht auch von seinen Geschwistern beerbt worden ist.

Anm. 8

III. Beweislast

Im Falle des Abs. 1 hat zur Unwirksamkeit seines Verzichts der Verzichtende zu beweisen, daß er nur zugunsten eines anderen verzichtet habe und daß dieser nicht Erbe geworden sei. Dafür, daß ein solcher sowie der nach Abs. 2 erklärte Verzicht gleichwohl als unbedingter gewollt sei, ist (Auslegungsregel) beweispflichtig, wer hieraus Rechte für sich ableitet. § 2350 handelt nur vom gesetzlichen Erbrecht, Verzicht auf letztwillige Zuwendungen § 2352 Anm. 1.

§ 2351

Auf einen Vertrag, durch den ein Erbverzicht aufgehoben wird, findet die Vorschrift des § 2348 und in Ansehung des Erblassers auch die Vorschrift des § 2347 Abs. 2 Anwendung.

E I 2020 Abs. 2 II 2216; M 5 476; P 5 599, 600; 6 322, 329, 330.

Aufhebung des Erbverzichts

Die Aufhebung des Erbverzichts, auch des Verzichts auf letztwillige Zuwendungen nach § 2352 ist selbstverständlich nur bis zum Tode des Erblassers möglich. Die Verweisung auf § 2348 schreibt hierfür gerichtliche oder notarielle Beurkundung, die auf § 2347 Abs. 2 für den Erblasser das gleiche vor wie beim Abschluß des Erbverzichtsvertrags. Für den durch die Aufhebung bloß gewinnenden Verzichtenden gilt, wenn er in der Geschäftsfähigkeit beschränkt ist, lediglich § 107. Durch die Aufhebung wird der vor Abgabe des Erbverzichts vorhanden gewesene Zustand wiederhergestellt. Der Verzichtende kann zwar auch ohne Aufhebung des Verzichts letztwillig wirksam bedacht, aber nur kraft der Aufhebung wieder gesetzlicher Erbe oder Pflichtteilsberechtigter werden. Der Einfluß der Aufhebung auf die mit dem Erbverzicht verbundenen Abfindungs- usw. Verträge beurteilt sich nach allgemeinen Grundsätzen.

§ 2352

Wer durch Testament als Erbe eingesetzt oder mit einem Vermächtnisse bedacht ist, kann durch Vertrag mit dem Erblasser auf die Zuwendung verzichten. Das gleiche gilt für eine Zuwendung, die in einem Erbvertrag einem Dritten gemacht ist. Die Vorschriften der §§ 2347, 2348 finden Anwendung.

E I 2024 II 2217; M 5 483, 484; P 5 408, 609, 610; 6 100.

Übersicht

Verzicht auf letztwillige Zuwendungen

I. Verzicht auf testamentarische Zuwendungen

Anm. 1

Der Verzicht auf letztwillige Zuwendungen läßt die betreffenden Verfügungen an sich bestehen, entkleidet sie aber der Wirkung, indem er, wie vorzeitiger Tod des Bedachten, den Anfall der Zuwendung an ihn von vornherein ausschließt.

Anm. 2

Praktische Bedeutung hat dieser Erbverzicht nur in den Fällen, in denen es dem Erblasser nicht mehr möglich ist, die die Zuwendung anordnende letztwillige Verfügung zu widerrufen, z. B., weil der Erblasser entmündigt ist oder in den Fällen, in denen er von einem Erbvertrag, in dem eine Zuwendung für einen Dritten angeordnet ist, nicht zurücktreten kann. Bei einem gemeinschaftlichen Testament besteht für den überlebenden Ehegatten die Möglichkeit, sich durch Abschluß eines Erbverzichtsvertrags mit den durch seine wechselbezügliche Verfügung bedachten Personen von seiner gemäß § 2271 (vgl. dort Anm. 12—19) eingetretenen Bindung zu befreien (**RG** WarnRspr 1918 Nr. 124; vgl. § 2271 Anm. 21), ohne das ihm Zugewandte ausschlagen zu müssen.

II. Verzicht auf Zuwendungen durch Erbvertrag

Anm. 3

1. Zuwendungen an den anderen Vertragschließenden

Soweit Zuwendungen im Erbvertrag an den anderen Vertragschließenden gemacht sind, können sie nur in den Formen der §§ 2290—2292 aufgehoben werden (vgl. KG JW 1938, 2746).

Einseitige, bloß bei Gelegenheit des Erbvertrags getroffene Verfügungen stehen dagegen nach § 2299 den testamentarischen gleich und werden deshalb durch Satz 1 mitgetroffen.

Anm. 4

2. Vertragsmäßige Zuwendungen an Dritte (Satz 2)

Sie können ebenfalls gemäß §§ 2290—2292, aber auch unbeschadet der Fortdauer des Erbvertrags und ohne Zuziehung des anderen Vertragschließenden durch Vertrag des Erblassers unmittelbar mit dem bedachten Dritten außer Wirksamkeit gesetzt werden. So auch im Falle des § 2280 durch Vertrag des überlebenden Ehegatten mit dem Dritten (KG RJA 15, 180). Ein solcher Verzicht ist erforderlich, wenn der Erblasser von dem Erbvertrag nicht zurücktreten und der Vertrag nicht mehr aufgehoben werden kann, da der andere Vertragsschließende verstorben ist (§ 2290 Abs. 1 Satz 2).

Das BayObLG (BayObLGZ NF 24 A 232 = JFG 3, 166) und auch Celle NJW 1959, 1923 sprechen in einem solchen Falle dem zum Erben des Überlebenden eingesetzten Sohne eines der beiden vertragschließenden Ehegatten wegen seiner Teilnahme am Vertragsschlusse die Eigenschaft eines Dritten ab. Der Sohn ist in diesem Fall Vertragschließender, soweit es sich um den Erbvertrag als Vertrag zwischen dem Überlebenden und dem Sohn handelt; soweit aber der Erbvertrag als Vertrag zwischen den Ehegatten über die Zuwendung an den Sohn in Betracht kommt, ist dieser Dritter. Das genügt, damit § 2352 Satz 2 angewandt werden kann. Anderenfalls könnte der überlebende Ehegatte seine Testierfreiheit nicht zurückerlangen, da der Erbvertrag wegen des Todes des anderen Ehegatten, der auch Vertragschließender ist, nach § 2290 Abs. 1 Satz 2 nicht mehr aufgehoben werden kann (s. Endemann JW 1925, 2791).

Anm. 5

III. Anwendung der §§ 2347, 2348

Nach § 2347 gelten gleiche sachliche, nach § 2348 gleiche Formerfordernisse wie für den Verzicht auf das gesetzliche Erbrecht nach § 2346.

IV. Bedeutung des Verzichts eines Abkömmlings für seine Abkömmlinge

Anm. 6

Soweit kein Anwaltszwang besteht, kann der Erbverzicht auch in einem Prozeßvergleich vereinbart werden. Die Form des Prozeßvergleichs ersetzt dann die nach § 2348 vorgeschriebene Beurkundung (**BGH** FamRZ 1960, 28). Durch die Prozeßbevollmächtigten kann der Erbverzicht wegen § 2347 Abs. 2 Satz 1 nicht erklärt werden.

Die ergänzende Vorschrift des § 2349 ist nicht erwähnt. Sie ist daher auf den Verzicht auf eine durch letztwillige Verfügung angeordnete Zuwendung nicht anzuwenden. Das im Testament vorgesehene Ersatzerbrecht von Abkömmlingen wird daher durch den Verzicht des zunächst berufenen Elternteils der Abkömmlinge nicht berührt (KGJ 34 A 108; 53, 37; Stuttgart NJW 1958, 347).

Anm. 7

Auch die Auslegungsregel des § 2069 wird als solche weder durch einen Verzicht auf das testamentarische, noch durch einen solchen auf das gesetzliche Erbrecht berührt.

An die Stelle eines durch Testament bedachten, nachträglich weggefallenen Abkömmlings des Erblassers treten daher nach der Auslegungsregel des § 2069 ersatzweise seine Abkömmlinge auch dann, wenn der Weggefallene zugleich mit Wirkung für sie auf das gesetzliche Erbrecht verzichtet hatte. Denn der Verzicht kann nach § 2349 für die Abkömmlinge des Verzichtenden nicht weiterreichen, als er es für den Verzichtenden selbst tut. Anders wäre es, wenn der Ersatzberufene selbst auf sein Erbrecht verzichtet hätte (vgl. KG DNotZ 1942, 305 mit einer Begründung, die teilweise der in HRR 1939, 1163 veröffentlichten Entscheidung widerspricht).

Falls der Abkömmling als Testamentserbe berufen ist, berührt ein von ihm später erklärter Verzicht auf das gesetzliche Erbrecht, der sich nach § 2349 auf seine Abkömmlinge erstreckt, deren Ersatzberufung als Testamentserben nach § 2069 gleichfalls nicht.

Anm. 8

Dasselbe gilt grundsätzlich, wenn der Abkömmling nicht nur mit Wirkung auf seine Abkömmlinge auf das gesetzliche Erbrecht, sondern auch auf die testamentarische Zuwendung verzichtet hat. In diesem Fall ist jedoch zu prüfen, ob nicht ein der Auslegungsregel des § 2069 entgegenstehender Wille des Erblassers festgestellt werden kann (vgl. § 2069 Anm. 6). Eine solche Feststellung kann auch im Wege einer ergänzenden Testamentsauslegung getroffen werden. Sie ist insbesondere gerechtfertigt, wenn der Verzicht gegen eine vollständige Abfindung des Verzichtenden erklärt worden ist. Falls der Verzichtende in einem gemeinschaftlichen Testament als Schlußerbe, und zwar als alleiniger Vollerbe berufen ist, ist zu beachten, daß er oder seine Abkömmlinge nach dem dem Testament zugrunde liegenden Willen beider Ehegatten das ganze Vermögen des Längstlebenden nach dessen Tode erhalten soll. Eine auch im Sinne des Erstverstorbenen vollständige Abfindung für das Erbrecht des in dieser Weise bedachten Stammes wird daher nur möglich sein, wenn der zur Abfindung gezahlte Betrag nicht aus dem Vermögen des Erblassers entnommen wird.

Staudinger/Seybold 11. Aufl. §§ 2068—2070 Anm. 6 und Baumgärtel DNotZ 1959, 68 nehmen an, im Falle einer vollständigen Abfindung des verzichtenden Abkömmlings bestehe eine tatsächliche Vermutung dafür, daß eine Ersatzberufung der Abkömmlinge für diesen Fall nicht gewollt sei. Nach dieser Auffassung ist es möglich, § 2069 auch in den Fällen auszuschalten, in denen ein dieser Vorschrift entgegenstehender Wille des Erblassers nicht festgestellt werden kann (vgl. Baumgärtel aaO S. 69).

Anm. 9

V. Anwendung des § 2351

§ 2351 handelt von jeder Form des Erbverzichts und gilt deshalb auch für die Aufhebung des Verzichts auf letztwillige Zuwendungen.

Achter Abschnitt

Erbschein

Übersicht

Vorbemerkungen

Anm. 1

I. Gliederung des Achten Abschnitts:

a) Erbschein (Begriff und Inhalt), §§ 2353, 2364;
b) Inhalt des Antrags, §§ 2354 bis 2356;
c) Prüfung des Antrags, §§ 2358 bis 2360;
d) Behandlung unrichtiger Erbscheine, §§ 2361, 2362, 2370 Abs. 2;
e) Wirkungen des Erbscheins, §§ 2365 bis 2367;
f) Besondere Erbzeugnisse:
α) Gemeinschaftlicher Erbschein, § 2357;
β) Erbschein des Vorerben, § 2363;
γ) Testamentsvollstreckerzeugnis, § 2368;
δ) Inlandsbeschränkter Erbschein, § 2369;
g) Unrichtige Todeserklärung, § 2370.

Anm. 2

II. Allgemeines

Der Erbschein hat sich aus den Erbbescheinigungen des preußischen Rechts (Gesetz vom 12. März 1869 betr. die gerichtlichen Erbbescheinigungen) und ähnlichen Einrichtungen anderer deutscher Länder entwickelt. Er ist also erst neueren Ursprungs (vgl. im einzelnen zur geschichtlichen Entwicklung Bartholomeyczik, Erbeinsetzung, andere Zuwendungen und Erbschein S. 251—256).

Der Erbschein ist ein Zeugnis des Nachlaßgerichts, das dem — gesetzlichen oder gewillkürten — Erben auf Antrag über die erbrechtlichen Verhältnisse, insbesondere über sein Erbrecht und — bei mehreren Erben — über die Größe seines Erbteils erteilt wird (§ 2353). Er soll in möglichst klarer Weise den Erben bezeichnen, den Umfang seines Erbrechts aufzeigen und etwa vom Erblasser angeordnete Beschränkungen erkennen lassen. In einem Erbschein ist kein Raum für „Maßgaben", Empfehlungen, Anregungen o. ä., auch nicht in der Form von „Anheimgaben" (OLG Schleswig SchlHA 1958, 353; Keidel JZ 1959, 440).

Anm. 3

III. Arten des Erbscheins

a) Der **Alleinerbschein,** § 2353 Fall 1;

b) Der **Teilerbschein,** § 2353 Fall 2; er kann auch auf Antrag eines Miterben über den Erbteil eines anderen erteilt werden (OLG München JFG 23, 334 = HRR 1942, 840; Greiser DFG 1936, 192). Vgl. im übrigen, insbesondere zum Mindestteilerbschein § 2353 Anm. 19;

c) Der **gemeinschaftliche Erbschein,** § 2357, wenn mehrere Erben vorhanden sind. Er ist auf Antrag aller oder jedes einzelnen der Miterben zu erteilen. Er weist das Erbrecht aller Miterben und die Größe ihrer Erbteile aus, ohne etwaige Ausgleichsrechte und -pflichten zu berücksichtigen; er betrifft also die Erbfolge in den ganzen Nachlaß.

d) Der **Gruppenerbschein.** Er faßt mehrere Teilerbscheine in einer Urkunde zusammen (KGJ 41, 90; KG HRR 1935 Nr. 1321), setzt jedoch voraus, daß alle aufgeführten Miterben ihn beantragen und die erforderlichen Erklärungen abgeben.

e) Der **gemeinschaftliche Teilerbschein.** Er weist — wie der Gruppenerbschein — nicht alle Miterben, sondern nur mehrere von ihnen aus. Er kann jedoch auf Antrag eines einzelnen der in ihm genannten Miterben ausgestellt werden (KG JFG 13, 41; OLG München JFG 15, 354; KG HRR 1935 Nr. 1321; aM KGJ 41, 90; Planck/Greiff 2357 Anm. 1).

f) Der **Sammelerbschein** (auch vereinigter oder zusammengefaßter Erbschein genannt). Er faßt die Erbscheine über Erbfälle nach mehreren Erblassern, die sich nacheinander beerbt haben, in einer Urkunde zusammen (KGJ 44, 99). Er kann nur ausgestellt werden, wenn dasselbe Nachlaßgericht (§ 2353 Anm. 1—3) zuständig ist, auch alle einzelnen Erbscheine zu erteilen (BayObLG 1951, 695).

g) Der **inlandsbeschränkte (gegenständlich beschränkte) Erbschein,** § 2369. Er setzt voraus, daß kein deutsches Nachlaßgericht zuständig ist, den Erbschein zu erteilen, und daß sich im Inlande Nachlaßgegenstände befinden.

Im übrigen sind nach dem Recht des BGB gegenständlich beschränkte Erbscheine grundsätzlich ausgeschlossen. Das BGB und auch die Rückerstattungsgesetze kennen insbesondere keinen Erbschein, der seinem Inhalt und seiner Wirkung nach nur auf Rückerstattungsansprüche beschränkt ist (**BGH** 1, 15). Für die Zulässigkeit gegenständlicher beschränkter Erbscheine auch bei inländischer Erbschaft BayObLG RJA 13, 16; Endemann JW 1933, 2068 Anm. zu Nr. 7; vgl. auch Beck DNotZ 1951, 504.

h) Das **Hoffolgezeugnis** nach § 18 Abs. 2 Satz 3 Höfeordnung v. 24. 4. 1947 (BrZ). Das Zeugnis ist ein Erbschein über die Hoferbfolge, also über die Sondererbfolge in das hofgebundene Vermögen (den Hof, HöfeO §§ 1—3) nach Höferecht. Von ihm zu unterscheiden ist

α) der Erbschein über den Gesamtnachlaß, zu dem ein Hof gehört,

β) der Erbschein über das hoffreie Vermögen.

Vgl. im einzelnen Anm. 15ff.

Anm. 4

IV. Sonstige erbrechtliche Ausweise

a) Das **Testamentsvollstreckerzeugnis** (§ 2368). Die Vorschriften über den Erbschein sind mit einigen Abweichungen entsprechend anzuwenden.

b) Das Zeugnis über die Fortsetzung der Gütergemeinschaft (§ 1507). Über sein Verhältnis zum Erbschein vgl. Conrades Recht 1900, 528ff; s. ferner KGJ 45, 246.

c) Der Ausweis über die Rechtsnachfolge an einzelnen Gegenständen für das Grundbuchamt nach GBO §§ 36, 37.

d) Die Bescheinigung über die Rechtsnachfolge in eine Buchforderung nach RSchuldbG v. 31. 5. 1910 § 16 (vgl. KGJ 45, 154 und 312).

e) Folgezeugnis des Fideikommißgerichts gemäß VO v. 20. 3. 1939 (RGBl I 509) § 39.

Anm. 5

V. Wirkung des Erbscheins

Dem Erbschein kommt im Verkehr mit Dritten eine besondere Beweiskraft und öffentlicher Glaube zu. Er schafft eine — widerlegbare — Rechtsvermutung, daß sein Inhalt richtig und vollständig ist (§ 2365). Der gutgläubige Dritte wird außerdem — ähnlich wie beim Grundbuch — geschützt, wenn er von dem im Erbschein Bezeichneten rechtsgeschäftlich erwirbt oder an ihn leistet (§§ 2366, 2367). Der Erbschein stellt anderseits jedoch keine für das Wiederaufnahmeverfahren bedeutsame Urkunde i. S. des § 580 Nr. 7b ZPO dar (SchlHOLG SchlHA 1952, 95). Die Wohnungsbehörden können sich im allgemeinen auf die Richtigkeit eines ihnen vorgelegten Erbscheins verlassen (**BVerwG** DRsp II [271] 88b = ZMR 1959, 114). Zur Frage der materiellen Rechtskraft des Erbscheins s. Anm. 9.

Anm. 6

VI. Voraussetzungen der Erbscheinserteilung

Die **Erteilung** des Erbscheins setzt einen Antrag (§ 2353 Anm. 6—9) voraus, für den bestimmte Erfordernisse bestehen (§§ 2354—2356). Der Erbscheinsantrag muß den

Erblasser und das beanspruchte Erbrecht genau bezeichnen. Ist er mangelhaft, so darf er nicht sofort zurückgewiesen werden; um den Mangel zu beheben, ist vielmehr eine Zwischenverfügung zu erlassen (KG DNotZ 1955, 408).

Anm. 7

Das Nachlaßgericht muß von Amts wegen ermitteln (§ 2358 Anm. 1—5) und darf den Erbschein nur erteilen, wenn es die erforderlichen Tatsachen „für festgestellt erachtet" (§ 2359).

Anm. 8

VII. Über das **Nachlaßgericht** vgl. § 2353 Anm. 1—3.

Über die Selbständigkeit des Nachlaßgerichts gegenüber dem Prozeßgericht vgl. § 2359 Anm. 3, 4; über das Verhältnis zum Grundbuchrichter vgl. die zu § 2365 Anm. 8 genannten Erläuterungswerke zur GBO und Entscheidungen, ferner Kipp/Coing 11. Bearb. § 103 I mit Anm. 5, 6.

Anm. 9

VIII. Materielle Rechtskraft

Eine **materielle Rechtskraft** kommt den Entscheidungen im Erbscheinsverfahren nicht zu, da sie an der Erbfolge sachlich nichts ändern können (KG JFG 14, 286 = JW 1936, 3486[73]; KG JFG 18, 170 = JW 1938, 2831[14]; BayObLG 1952, 293; 1953, 264; KG NJW 1955, 1074; vgl. auch § 2359 Anm. 12). Der Erbschein bindet daher auch den Prozeßrichter nicht, sondern bietet nur eine — allerdings wesentliche — Beweiserleichterung (§ 2365). Selbst der Grundbuchrichter, für den der Erbschein nach § 35 GBO im Hinblick auf das Bestehen des Erbrechts in dem ausgewiesenen Umfang volle Beweiskraft besitzt, hat alle Tatsachen von Amts wegen zu beachten, welche die Unrichtigkeit des Erbscheins begründen (so Güthe/Triebel GBO § 35 Anm. 17; vgl. jedoch § 2365 Anm. 8 zu OLG Celle NdsRpfl 1958, 140; ferner Palandt/Rechenmacher Anm. 5 vor § 2353).

Anm. 10

IX. Übergangsrecht

Es gilt auch für den Erbschein der Grundsatz des EG Art. 213. Ist der Erblasser vor dem Inkrafttreten des BGB (1. 1. 1900) gestorben, so bleiben die früheren Gesetze maßgebend (vgl. KGJ 23, 217; 24, 225; 35, 119; 36, 119; OLG 1, 33; 3, 122; 5, 236; 6, 318, 319; BayObLG 2, 87; du Chesne Gruchot 45, 49; Josef Gruchot 47, 346). Bei einem gemeinschaftlichen Testament ist der Erbschein nach dem zweiten Erbfall nach neuem Recht zu erteilen, wenn der eine Ehegatte vor und der andere nach dem Inkrafttreten des BGB gestorben ist (OLG 2, 378).

Anm. 11

X. Zwischenstaatliches Privatrecht

Die Vorschriften über den Erbschein sind nur anwendbar, wenn die Beerbung sich nach den deutschen Gesetzen bestimmt (s. EG Art. 24ff). Jedoch greift ergänzend § 2369 ein. Zur Frage der Rückverweisung nach französischem internationalem Privatrecht OLG Köln NJW 1955, 755; vgl. auch § 2353 Anm. 14, § 2369 Anm. 1. Zur Beerbung holländischer Staatsangehöriger mit letztem Wohnsitz in Deutschland LG Koblenz JZ 1959, 316 mit Anm. von Drobnig. Zur Behandlung deutscher Erblasser mit unbeweglichem Nachlaß in Österreich BayObLG NJW 1960, 775; vgl. § 2353 Anm. 14.

Anm. 12

Für die Erteilung von Erbscheinen auf Antrag Vertriebener für Lastenausgleichszwecke nach Erblassern ausländischer Staatsangehörigkeit, die vor dem 1. 4. 1952 im Ausland verstorben sind, ist in entsprechender Anwendung des § 73 Abs. 3 FGG das Amtsgericht zuständig, in dessen Bezirk das zuständige Ausgleichsamt seinen Sitz hat (KG West NJW 1954, 1331).

Anm. 13

XI. Interzonales Privatrecht

Die Frage, ob die Sowjetzone und der Sowjetsektor Berlins als Inland im Sinne der Zuständigkeitsbestimmungen des FGG (§§ 36, 43, 66, 73) zu behandeln ist, muß für die einzelnen Bereiche der freiwilligen Gerichtsbarkeit jeweils gesondert entschieden werden. Für das Erbscheinsverfahren sind die unter sowjetischer Besetzung stehenden Gebiete Deutschlands grundsätzlich Inland im Sinne des § 73 Abs. 1 u. 2 FGG; denn insoweit sind die Rechtsunterschiede (vgl. **BGH** 7, 221 und **BGH** NJW 1956, 1031 = FamRZ 1956, 183 m. Anm. von Bosch zu § 606 ZPO) nicht so wesentlich, daß jene nicht mehr zum Inland als einem Gebiet gemeinsamer Verfahrensordnung im Sinne des § 73 FGG gerechnet werden könnten (BayObLG MDR 1955, 429). Hatte der Erblasser seinen letzten Wohnsitz oder Aufenthalt in der Sowjetzone, so war ursprünglich allein das dortige Nachlaßgericht für die Erteilung des Erbscheins zuständig (KG West DNotZ 1952, 231). Die Erbscheinserteilung obliegt, nachdem alle Angelegenheiten, für welche bisher gemäß FGG § 72 die Amtsgerichte als Nachlaßgerichte zuständig waren, auf die Staatlichen Notariate übertragen worden sind, gemäß VO v. 15. 10. 1952 (GBl f. d. sowj. Zone 1067) und VO v. 21. 11. 1952 (VOBl Groß-Berlin-Ost I 565) nunmehr den Staatlichen Notariaten. Dies muß entgegen KG West NJW 1953, 947 grundsätzlich auch dann gelten, wenn der Erbschein für westdeutsche Rechtsverhältnisse bestimmt ist (LG München NJW 1954, 646). Weigert sich die nach § 73 Abs. 1 FGG örtlich zuständige Behörde der Sowjetzone aus unsachlichen oder willkürlichen Gründen, insbesondere aus politischen Erwägungen, den beantragten Erbschein zu erteilen, oder ist aus gleichen Gründen nicht zu erwarten, daß sie einem ordnungsmäßigen Antrag entsprechen wird, so geht die Zuständigkeit allerdings, weil eine zur Erbscheinserteilung bereite Stelle fehlt, nach § 73 Abs. 2 FGG in Verbindung mit § 14 der VO v. 31. 5. 1934 (RGBl I 472) und den Anordnungen der All. Kdtr. Berlin v. 16. 2. und 3. 3. 1949 auf das Amtsgericht Berlin-Schöneberg über. Ähnliches gilt, wenn die Erbscheinserteilung durch ein sowjetzonales Notariat gegen rechtsstaatliche Grundsätze verstößt (vgl. OLG Stuttgart JR 1952, 73; KG West DNotZ 1952, 231; BayObLG NJW 1954, 1646). § 73 Abs. 3 FGG ist nicht entsprechend anwendbar, weil in Fragen der Erbscheinserteilung eine grundsätzliche Verschiedenheit des sachlichen Rechts zwischen der Bundesrepublik und Westberlin einerseits und der Sowjetzone andererseits nicht besteht und daher für die Erteilung eines gegenständlich beschränkten Erbscheins kein Raum ist (KG West JR 1954, 265). Zur Erteilung von Erbscheinen über landwirtschaftliche Besitzungen in der Sowjetzone vgl. Wulff RdL 1953, 173.

Anm. 14

XII. Landwirtschaftsrecht

1. Erbhofrecht

Soweit für die Erteilung eines Erbscheins auf den zeitlichen und örtlichen Anwendungsbereich des RErbhG zurückzugreifen ist, wird für den früheren Rechtszustand auf die Behandlung der einschlägigen Fragen in der 9. Auflage dieses Werkes verwiesen (vgl. 9. Aufl. § 2353 Anm. 7, § 2355 Anm. 3 a.E., § 2358 Anm. 3, § 2366 Anm. 6 Abs. 2, § 2369 Anm. 3). Zur Zuständigkeit der Landwirtschaftsgerichte insoweit vgl. OLG Hamm RdL 1951, 73.

Anm. 15

2. Höferecht

Vgl. auch Anm. 3h. Nach § 18 Abs. 2 HöfeO (BrZ) ist für die Ausstellung eines Erbscheins das Landwirtschaftsgericht zuständig, wenn zu dem Nachlaß ein Hof (§ 1 HöfeO) gehört (OLG Celle NdsRpfl 1949, 180). Auch die Erteilung eines Erbscheins für einen verwaisten Hof ist ausschließlich Sache der Landwirtschaftsgerichte (bestr.; vgl. einerseits **OGH** RdL 1950, 144, andererseits OLG Celle NdsRpfl 1950, 37). Voraussetzung für die Zuständigkeit der Landwirtschaftsgerichte der britischen Zone ist die Belegenheit des Hofes, der zum Nachlaß gehört, in der britischen Zone (**BGH** 9, 270).

Anm. 16

In dem Erbschein ist der Hoferbe als solcher aufzuführen. Nach § 18 Abs. 2 Satz 3 HöfeO ist auf Antrag eines Beteiligten lediglich die Hoferbfolge zu bescheinigen (Hoffolgezeugnis). Den Antrag kann nur stellen, wer die Stellung als Hoferbe für sich selbst beansprucht (**OGH** 3, 173). Im Hoffolgezeugnis ist auch eine etwaige Beschränkung des Hoferben durch das Verwaltungs- und Nutznießungsrecht der Witwe oder eines anderen anzugeben (OLG Celle MDR 1949, 165; NdsRpfl 1955, 189). Das Grundbuchamt kann von der Witwe ein Hoffolgezeugnis verlangen, auch wenn der Hofeigentümer ein notarielles Testament hinterlassen hat, sofern die Wirtschaftsfähigkeit der Witwe und die Kinderlosigkeit des Erblassers nicht beim Grundbuchamt offenkundig sind (OLG Oldenburg NJW 1958, 554).

Anm. 17

Das Verfahren zur Ausstellung des Erbscheins (Hoffolgezeugnisses) auf Grund des § 18 Abs. 2 HöfeO unterscheidet sich nicht von einem anderen Verfahren nach der Verfahrensordnung für Landwirtschaftssachen (LVO). Über den Antrag auf Ausstellung ist durch begründeten Beschluß zu entscheiden. In dem Beschluß ist der zu erteilende Erbschein (Hoffolgezeugnis) seinem Inhalt nach festzulegen. In dem Erbscheins- oder Hoffolgezeugnisverfahren ist grundsätzlich nur zu prüfen, wer Erbe geworden ist (über den Umfang der Prüfungspflicht im Gegensatz zum gewöhnlichen Erbscheinsverfahren nach dem BGB vgl. Wöhrmann RdL 1950, 136). Auf Vermächtnisse ist nur insoweit einzugehen, als sie die Hoffolge selbst beeinflussen (OLG Celle NdsRpfl 1955, 189). Der Erbschein (Hoffolgezeugnis) selbst kann dem Antragsteller erst nach Rechtskraft des Beschlusses erteilt werden, mit dem über den Erteilungsantrag entschieden wird (**BGH** NJW 1953, 700 = LM HöfeO § 18 Nr. 1). Über den Wegfall des Rechtsschutzbedürfnisses für ein Erbschein- und Hoffolgezeugnisverfahren, wenn ein Antrag auf Feststellung des Hoferben vorliegt, vgl. OLG Celle RdL 1955, 143. Ist ein Erbschein (Hoffolgezeugnis) über einen Nachlaß, zu dem ein Hof gehört, erteilt worden, ohne daß vorher ein Erbscheinsverfahren nach den Vorschriften der LVO durchgeführt und ohne daß rechtskräftig über die Erteilung des Erbscheins (Hoffolgezeugnisses) beschlossen war, so ist der Erbschein (Hoffolgezeugnis) mangels der erforderlichen formellen Rechtsgrundlage einzuziehen (**BGH** DNotZ 1954, 213 mit zust. Anm. von Rötelmann).

Anm. 18

Zur Beschwerde gegen die Erteilung eines Hoffolgezeugnisses vgl. Wöhrmann RdL 1956, 269; OLG Celle DNotZ 1956, 434 = RdL 1956, 145; OLG Oldenburg DNotZ 1957, 21 mit Anm. von Keidel; OLG Braunschweig RdL 1958, 123; **BGH** RdL 1958, 39. Wer nur möglicherweise als weiterer Hoferbe nach dem Hofvorerben in Betracht kommt, hat keine feste Anwartschaft auf die Hofnachfolge; er hat daher kein Beschwerderecht, wenn die von ihm beantragte Einziehung des Hoffolgezeugnisses abgelehnt wird (**BGH** RdL 1952, 26).

Anm. 19

Das Landwirtschaftsgericht kann auch einen auf das hoffreie Vermögen des Erblassers beschränkten Erbschein ausstellen (OLG Köln RdL 1953, 281; OLG Hamm JMBlNRW 1953, 52 = DRspr I [174] 41d; OLG Düsseldorf JMBlNRW 1953, 274 = DRspr II [282] 81c; LG Köln DNotZ 1959, 492 mit kritischer Anm. von Hense = RdL 1959, 180; vgl. auch Hense DNotZ 1952, 205; 1955, 370, der jedoch das Nachlaßgericht für zuständig hält; ebenso Kipp/Coing 11. Bearb. § 128 V 3; OLG Hamburg NJW 1958, 554 = MDR 1958, 247 = RdL 1958, 184 mit abl. Anm. von Wöhrmann. Wie hier auch Staudinger/Firsching Anm. 18 vor § 2353.

Anm. 20

Für die Ausstellung und Einziehung eines Testamentsvollstreckerzeugnisses ist, auch wenn zum Nachlaß ein Hof gehört, das Nachlaßgericht zuständig (OLG Oldenburg RdL 1953, 281 = DRspr II [282] 80c; aM OLG Hamm NJW 1953, 1759 für den Fall, daß der Nachlaß im wesentlichen aus einem Hof besteht). Vgl. auch § 2368 Anm. 2.

Anm. 21

Über die Voraussetzungen der Erteilung von Erbscheinen über landwirtschaftliche Besitzungen in der Sowjetzone und den Ostgebieten vgl. Wulff RdL 1953, 173. Nach einer neueren Entscheidung des Amtsgerichts Berlin-Schöneberg (JR 1960, 103) ist bei geregeltem Nachlaß im Sinne des Art. II Abs. 2 Satz 1 KRG 45 ein Hoffolgezeugnis auch für einen „Erbhof" jenseits der Oder-Neiße-Linie zu erteilen.

XIII. Recht der Wiedergutmachung

Anm. 22

1. Rückerstattung

Die Rückerstattungsgesetze kennen keinen Erbschein, der seinem Inhalt und seiner Wirkung nach auf Rückerstattungsansprüche beschränkt ist. Soweit ein Erbschein nur für Zwecke eines Rückerstattungsverfahrens gebraucht wird, genießt seine Erteilung kostenrechtliche Vorteile. Seine unbeschränkte Wirkung büßt er hierdurch jedoch nicht ein (**BGH** 1, 15). Dennoch macht der vom Nachlaßgericht auf den Erbschein gesetzte — unrichtige — Vermerk „nur gültig für das Rückerstattungsverfahren" den Erbschein nicht ungültig (BayObLG NJW 1952, 825; 1953, 144). Nach OLG Hamm NJW 1954, 1731 Nr. 13 kann ein von der Rückerstattungsbehörde verlangter gegenständlich beschränkter Erbschein erteilt werden, wenn sich im Inlande Gegenstände befinden, die dem Erblasser ohne die Entziehungsmaßnahme zur Zeit des Erbfalls gehört hätten und wenn der Erbe deren Rückerstattung begehrt (vgl. auch OLG Bamberg JZ 1951, 510 mit abl. Anm. von Aubin). Wird von einem Erbschein, der für Zwecke des Rückerstattungsverfahrens beantragt worden ist und der daher kostenrechtliche Vorteile genießt, späterhin auch anderweitiger Gebrauch gemacht, so wird die volle Gebühr nacherhoben (KostO § 107 Abs. 3).

Die gesetzliche Todesvermutung des Art. 43 REG (BrZ), Art. 51 REG (AmZ), Art. 44 REAO (Berl.) ist im Erbscheinsverfahren nicht anzuwenden. Auch wenn der Erbschein für Zwecke eines Rückerstattungsverfahrens beantragt wird, ist die Vorlage von Sterbeurkunden, Todeserklärungsbeschlüssen oder sonstigen Beweismitteln nicht entbehrlich (**BGH** 1, 9; OLG Frankfurt MDR 1952, 491; aM Werner JZ 1951, 140; OLG Hamm DNotZ 1950, 180; vgl. ferner NJW 1953, 144 Nr. 8). Gleichwohl muß ein Erbschein nicht schon deshalb als unrichtig eingezogen werden, weil er auf die Todesvermutung der Rückerstattungsvorschriften gestützt ist; das allein braucht die Überzeugung, daß er richtig ist, nicht zu erschüttern (BayObLG 1952, 163 = NJW 1953, 144 Nr. 8).

Zum Beschwerderecht der Nachfolgeorganisation für Rückerstattungsansprüche im Erbscheinerteilungsverfahren s. § 2359 Anm. 6.

Anm. 23

2. Entschädigung

§ 86 Abs. 2 des Bundesergänzungsgesetzes zur Entschädigung für Opfer der nat.soz. Verfolgung (BErgG) v. 18. 9. 1953 ordnete an, daß das Nachlaßgericht auf Antrag des Erben einen „Erbschein für den Entschädigungsanspruch" zu erteilen hat, wenn die Entschädigungsorgane dies verlangen. Der Erbschein nach § 86 Abs. 2 BErgG ist ein persönlich beschränkter Erbschein für ein bestimmtes Verfahren (Henrichs NJW 1954, 1715), jedoch kein gegenständlich beschränkter Erbschein entsprechend der Vorschrift des § 2369 BGB und der Regelung für den hoffreien Nachlaß im Bereich der HöfeO (BrZ) (aM Pehe JR 1954, 57; auch Palandt/Rechenmacher § 2369 Anm. 2). Für die Erteilung eines solchen Erbscheins ist die Todesvermutung des § 86 Abs. 1 BErgG maßgebend (§ 86 Abs. 2 Satz 2 BErgG). Nach der neuen Fassung des Bundesentschädigungsgesetzes v. 29. 6. 1956 (BEG) ist der Nachweis der Erbberechtigung und damit das Erbscheinsverfahren erleichtert. Nach § 181 BEG, der § 86 Abs. 2—4 BErgG entspricht, soll im Entschädigungsverfahren von der Vorlage eines Erbscheins abgesehen werden, wenn die Erbberechtigung auch anderweitig nachweisbar ist. Die Erteilung des Erbscheins für den Entschädigungsanspruch einschl. des vorausgegangenen Verfahrens ist grundsätzlich gebührenfrei (BEG § 181 Abs. 3 Satz 1). Für einen solchen Erbschein braucht weder eine Sterbeurkunde noch ein rechtskräftiger Todeserklärungsbeschluß vorgelegt zu werden (LG Hamburg JR 1957, 266 mit Anm. von Pehe). Zur Frage der Erbscheinserteilung in Entschädigungssachen vgl. ferner Schoeneich NJW 1955, 741 II.

Anm. 24

XIV. Neueres Schrifttum:

A. Bücher: Bartholomeyczik, Erbeinsetzung, andere Zuwendungen und Erbschein, 1942; Bartholomeyczik, Erbrecht 4. Aufl. 1960, § 33 S. 171—182; Kipp/Coing, Erbrecht 11. Bearb. 1960 § 130; Firsching, Nachlaßrecht 1960 S. 28ff, 162ff.

B. Aufsätze: Arnold, Kann im Erbscheinsverfahren von einem Todeserklärungs- oder Todeszeitfeststellungsbeschluß abgewichen werden? MDR 1950, 331; Arnold, Entkräftung der Todeszeitpunktvermutung im Erbscheinsverfahren, MDR 1951, 278; Asbeck, Testamentseröffnung und Erbscheinserteilung beim „Berliner Testament" mit „Wiederverheiratungsklausel", MDR 1959, 897; Bab, Erbscheine nach Erblassern, die ihren letzten Wohnsitz außerhalb Deutschlands hatten, JR 1951, 236; Bab, Erbscheine nach ausgewanderten deutschen Juden, JR 1951, 370; Bab, Erbschein nach dem erstverstorbenen zugunsten des überlebenden Ehegatten auf Grund eines gemeinschaftlichen Testaments, JR 1952, 468; Backs, Testamentarische Beschränkungen des Erben im Erbschein, DFG 1940, 49; Beck, Gegenständlich beschränkter Erbschein, DNotZ 1951, 504; Boos, Erfordernisse des Antrags auf Erteilung eines Erbscheins für verheiratete Töchter, NJW 1949, 335; Coper, Todeserklärung und Erbscheine im Berliner Wiedergutmachungsverfahren, JR 1951, 206; Firsching, Behandlung der Nachlässe von Ausländern in der Praxis des Notars, DNotZ 1952, 330, 342; Firsching, Unzulässiger Vorbescheid im Erbscheinsverfahren? NJW 1955, 1540; Greiser, Der gemeinschaftliche Teilerbschein, DFG 1936, 190; Guggumos, Ersatznacherbe und Erbschein, DFG 1937, 233; Guggumos, Der Einfluß der Spaltung eines Ausländernachlasses auf den deutschen Erbschein, DFG 1938, 28; Henrichs, Der auf das Entschädigungsverfahren beschränkte Erbschein nach § 86 Abs. 2 BEG, NJW 1954, 1715; Hense, Teilerbschein, gegenständlich beschränkter Erbschein und Erbschein über nicht hofgebundenes Vermögen, DNotZ 1952, 205; Hense, Erbschein über hoffreies Vermögen, DNotZ 1955, 370; Höver, Zum Erbscheinsverfahren, DFG 1936, 28; Höver, Zur Behandlung der Testamente Geisteskranker im Erbscheinsverfahren, DFG 1940, 81; Israel, Erbscheine für im Auslande ansässige Erben, HW 1951, 241; Kayser, Die Mitwirkung des Notars im Erbausweisverfahren, DNotZ 1939, 631; Marx, Die Grundregeln des amerikanischen Erbrechts und die Ausstellung eines Teilerbscheins nach § 2369 BGB, NJW 1953, 529; Pehe, Art. 44 REAO begründet keine Todesvermutung im Erbscheinsverfahren, JR 1951, 208; Pehe, Im Entschädigungsverfahren ist die Todesvermutung der Wiedergutmachungsbehörde für das Erbscheinsverfahren maßgebend, JR 1954, 57; Pehe, Über Urkunden im Erbscheinsverfahren, JR 1955, 134; Schmidt, Zum Nachweis des Hoferbrechts im Grundbuchverfahren, MDR 1960, 19; Scholz, Gegenwartsfragen in Nachlaßsachen, JR 1951, 591; Schwenn, Die Anwendung der §§ 2369 und 2368 BGB auf Erbfälle mit englischem oder amerikanischem Erbstatut, NJW 1952, 1113; 1953, 1580; Stählin, Vergleiche im Erbscheinsverfahren, DFG 1942, 71; Tröster, Eheliches Güterrecht und Erbscheinsverfahren, Rpfleger 1960, 38; Weimar, Fragen aus dem Recht des Erbscheins, MDR 1958, 832; Wengler, Fragen des deutschen Erbscheinsrechts für Nachlässe, auf die englisches Intestaterbrecht anwendbar ist, JR 1955, 41.

Neuestens: Deubner, Das Erbscheinserteilungsverfahren, JuS 1961, 34; Firsching, Aktuelle Fragen des Erbscheinsrechtes, DNotZ 1960, 565, 640.

§ 2353

Das Nachlaßgericht hat dem Erben auf Antrag ein Zeugnis über sein Erbrecht und, wenn er nur zu einem Teile der Erbschaft berufen ist, über die Größe des Erbteils zu erteilen (Erbschein).

E I 2068, 2078 II 2218; M 5 558, 559, 574; P 5 670—679, 691.

Übersicht

Erteilung des Erbscheins

I. Nachlaßgericht

Anm. 1

FGG §§ 72 ff in Verbindung mit der VO v. 31. 5. 1934 (RGBl I 472) und v. 10. 6. 1936 (RGBl I 488; vgl. auch Einl. Anm. 2 Abs. 1 zu diesem Buche, ferner § 1960 Anm. 10—14), KonsGG v. 7. 4. 1900 (RGBl 213) § 7. Das Rechtspflegergesetz hat in § 3 Abs. 1 Nr. 2 b die amtsrichterlichen Geschäfte in Nachlaß- und Teilungssachen im allgemeinen dem Rechtspfleger übertragen. Ausnahmen für die Erteilung und Einziehung von Erbscheinen enthält § 13 Nr. 5 und 6 aaO. Vgl. hierzu auch LG München NJW 1959, 300 = DNotZ 1959, 265.

Örtliche Unzuständigkeit des Gerichts macht den von ihm erteilten Erbschein nicht unwirksam (FGG § 7). Die Unzuständigkeit kann aber von jedem Beteiligten im Beschwerdewege gerügt werden; der Erbschein ist dann ohne Rücksicht auf seine inhaltliche Richtigkeit von demjenigen Gericht, das ihn erteilt hat, entsprechend § 2361 einzuziehen (KGJ 53, 88; OLG Köln JMBlNRW 1957, 15 = DRsp I [174] 62 d; vgl. auch § 2361 Anm. 3). Das Beschwerdegericht ist nicht befugt, selbst einen Erbschein zu erteilen (RJA 16 S. 40 u. 66).

Anm. 2

Das Nachlaßgericht kann ein anderes Amtsgericht ersuchen, den Antragsteller über die zur Begründung des Antrags nach § 2354 oder § 2355 anzugebenden tatsächlichen Verhältnisse zu vernehmen und ihm die in § 2356 Abs. 2 vorgeschriebene eidesstattliche Versicherung abzunehmen (**RG** 95, 286), ihm auch aufzugeben, die in § 2356 Abs. 1 bestimmten Urkunden beizubringen (KGJ 44, 102). Einem anderen Gericht kann das Nachlaßgericht es aber nicht übertragen, im Wege der Rechtshilfe den Erbschein selbst zu erteilen. Bittet der Antragsteller, den beim unzuständigen Gericht eingereichten Erbscheinsantrag an das zuständige Gericht abzugeben, so hat das Gericht hierüber nach pflichtmäßigem Ermessen zu befinden; die Verweisung muß nicht etwa deshalb abgelehnt werden, weil sie im Gesetz nicht geregelt ist (OLG Hamm DNotZ 1953, 203). Ein Amtsgericht, dessen örtliche Unzuständigkeit als Nachlaßgericht zutage liegt, wird nicht dadurch im Sinne von FGG § 5 mit einer Erbscheinssache „befaßt", daß es als Urkundsgericht einen bei ihm angebrachten Antrag auf Erteilung eines Erbscheins beurkundet (OLG Schleswig SchlHA 1958, 334).

Zur Zuständigkeit des Amtsgerichts Berlin-Schöneberg vgl. Anm. 13 vor 2353. Die Befugnis des Amtsgerichts Berlin-Schöneberg, eine Nachlaßsache mit bindender Wirkung an ein anderes Amtsgericht abzugeben, besteht auch dann, wenn es bereits in der Sache oder in einer anderen Nachlaßangelegenheit desselben Erblassers tätig geworden ist (KG Rpfleger 1960, 58 mit Anm. von Keidel = NJW 1960, 538).

Anm. 3

Das Nachlaßgericht, nicht das Anerbengericht war auch zuständig für die Erteilung eines Erbscheins oder einer erbscheinsähnlichen Bescheinigung in den erbhofrechtlichen Fällen (Anm. 7 in der 9. Aufl. dieses Kommentars). Nach § 18 Abs. 2 der Höfeordnung v. 24. 4. 1947 sind nunmehr aber im Bereich der früheren britischen

Zone die zu Art. VI 15 MRVO Nr. 84 genannten Gerichte (im 1. Rechtszuge das Amtsgericht als Landwirtschaftsgericht) auch zuständig zu entscheiden, wer kraft Gesetzes oder kraft Verfügung von Todes wegen Hoferbe eines Hofes geworden ist, und einen Erbschein auszustellen (vgl. im übrigen Anm. 14ff vor § 2353). Zum Erbschein über das zum Nachlaß gehörende hoffreie Vermögen ist neuerdings das OLG Hamburg (NJW 1958, 554 = MDR 1958, 247 = RdL 1958, 184 mit abl. Anm. von Wöhrmann) für die Zuständigkeit des Nachlaßgerichts eingetreten (auch Palandt/Rechenmacher § 2353 Anm. 1; aM LG Köln DNotZ 1959, 492 mit krit. Anm. von Hense; vgl. im einzelnen Anm. 19 vor § 2353).

Über die Zuständigkeit bei Erbscheinsanträgen von Heimatvertriebenen vgl. OLG Hamm DNotZ 1958, 322 Nr. 16 (Leitsatz) = JMBlNRW 1957, 259; ferner Häussermann BWNotZ 1959, 273; Keidel JZ 1959, 440. Das OLG Hamm hält aaO in entsprechender Anwendung des § 73 Abs. 3 FGG für die Erteilung des von einem Vertriebenen beantragten Erbscheins nach einem ausländischen Erblasser das Nachlaßgericht für zuständig, in dessen Bezirk das Ausgleichsamt seinen Sitz hat.

II. Der Erbe

Anm. 4

Nur dem Erben im Sinne von § 1922 Abs. 1 darf der Erbschein erteilt werden, gleichviel ob er durch Gesetz, Testament oder Erbvertrag berufen ist, nicht also dem Erwerber des Erbteils im Sinne von § 2033. Ein an sich nicht unzulässiger Zusatz über die Veräußerung des Erbteils nimmt an den Rechtswirkungen des Erbscheins nicht teil (**RG** 64, 173). Ebensowenig darf dem Erbschaftskäufer (aM Endemann JW 1910, 89), dem nur forderungsberechtigten Vermächtnisnehmer und dem Pflichtteilsberechtigten ein Erbschein erteilt werden. Er darf ferner dem Ersatzerben nicht vor Anfall der Erbschaft, dem Nacherben nicht vor Eintritt der Nacherbfolge (§ 2139; vgl. auch § 2363), dem Vorerben oder auf den Vorerben nicht mehr nach Eintritt des Nacherbfolgefalls ausgestellt werden (ZBlFG 20, 262; HRR 1932 Nr. 12). Der Nacherbe kann vor Eintritt des Nacherbfalls auch nicht beantragen, einen Erbschein zugunsten des Vorerben zu erteilen; seine Befugnisse beschränken sich vielmehr darauf, die Einziehung eines unrichtigen Erbscheins zu betreiben, insbesondere eines solchen, der entgegen § 2363 Abs. 1 erteilt worden ist (BayObLG 1948/51, 561 = DRspr I [174] 37e). Vgl. aber auch § 2363 Anm. 3 a. E. zu OLG Oldenburg NdsRpfl 1958, 154; ferner Keidel DNotZ 1958, 267.

Anm. 5

Der Kreis der Personen, denen der Erbschein zu erteilen ist, ist weiter als der Kreis der Antragsberechtigten; s. hierüber Anm. 7.

III. Antrag

Anm. 6

Der Antrag (**Erfordernisse** §§ 2354—2356) ist auf einen bestimmten Inhalt des Erbscheins zu richten (KGJ 42, 128; BayObLG 19 A 207). Er muß den Erblasser und das beanspruchte Erbrecht genau bezeichnen. Ist er mangelhaft, so darf er nicht sofort zurückgewiesen werden; vielmehr ist zunächst eine Zwischenverfügung zu erlassen, um den Mangel zu beheben (KG DNotZ 1955, 408). Haupt- und Hilfsanträge dürfen unter der doppelten Voraussetzung miteinander verbunden werden, daß jeder der Anträge für sich das mit ihm beanspruchte Erbrecht bestimmt bezeichnet, und daß die Reihenfolge, in der die Anträge zu prüfen und zu bescheiden sind, dem Nachlaßgerichte vom Antragsteller bestimmt vorgeschrieben wird (**RG** 156, 172 gegen JFG 3, 155 und die 9. Auflage). Ein Antrag, der sowohl den Erfordernissen des § 2354 als auch denen des § 2355 entspricht, braucht bei Zweifeln über die Gültigkeit der Verfügung von Todes wegen keine Angabe darüber zu enthalten, ob die Erteilung des Erbscheins auf Grund gesetzlicher Erbfolge oder auf Grund der Verfügung von Todes wegen beantragt wird, falls der Inhalt des Erbscheins in beiden Fällen übereinstimmen würde (JFG 5, 184; vgl. Anm. 15). Antragstellung durch einen Bevollmächtigten ist zulässig (RJA 17, 68).

Anm. 7

Antragsberechtigt ist der Erbe (Anm. 4), Allein- oder Miterbe, nachdem ihm die Erbschaft angefallen ist — er gibt damit zugleich die Annahme der Erbschaft zu erkennen (§ 1943) —, der Fiskus erst, nachdem die Feststellung gemäß den §§ 1964ff getroffen ist. An Stelle des verstorbenen Erben sind die Erbeserben, bei einer Mehrheit solcher ist jeder von ihnen ohne Mitwirkung der andern (RJA 13, 84) und im Falle des § 2033 ist der Rechtsnachfolger des Miterben berechtigt, die Erteilung des Erbscheins zu beantragen, jedoch nur auf den Namen dessen, der unmittelbar Erbe geworden ist (**RG** 64, 173; OLG 44, 106). Die gleiche Befugnis muß wegen des immer vorhandenen Bedürfnisses, einen Erbausweis vorzulegen, auch dem Testamentsvollstrecker (trotz und neben dem Antragsrecht aus § 2368, KGJ 22 A 56), dem Nachlaß- und Nachlaßkonkursverwalter, dem Abwesenheits- und dem nach FGG § 88 bestellten Auseinandersetzungspfleger (RJA 13, 198; 16, 63) und dem Erbschaftskäufer zustehen (vgl. **RG** 164, 238). Das Gesetz spricht ihnen das Antragsrecht jedenfalls nicht ab. In den Fällen der §§ 792, 896 ZPO kann die Erteilung des Erbscheins auch vom Gläubiger des Erben beantragt werden. War dem Erben schon ein Erbschein erteilt, so haben die Genannten auf eine weitere Ausfertigung Anspruch (FGG § 85, Einsicht und Abschrift § 78).

Anm. 8

Nicht antragsberechtigt ist dagegen der Nachlaßpfleger (§ 1960), da er keinen bestimmten Erben zu vertreten hat (RJA 10, 277; BayObLG 32, 552), ferner nicht der Erwerber einzelner Nachlaßgegenstände (LG München DNotZ 1950, 33 für den Käufer eines Nachlaßgrundstücks). Daher kann auch derjenige, den der Erbe bevollmächtigt hat, ein Nachlaßgrundstück an sich selbst aufzulassen, keinen Erbschein — auch keinen auf den Namen des Erben — beantragen (OLG Celle JR 1948, 317 = DRspr I [174] 9c).

Anm. 9

Ist ein Erbschein bestimmten Inhalts erteilt worden, so steht das dem Antrag eines anderen, einen Erbschein abweichenden Inhalts zu erteilen, nicht entgegen. Wird dem neuen Antrag entsprochen, so ist es Sache des Nachlaßgerichts, den früheren unrichtigen Erbschein einzuziehen oder für kraftlos zu erklären (KGJ 48, 105; s. aber auch über den Fall, daß der neue Erbschein bei einem anderen Nachlaßgericht als demjenigen beantragt wird, welches den früheren Erbschein erteilt hat, KGJ 44, 105).

IV. Zeugnis über das Erbrecht (Alleinerbschein)

Anm. 10

Das **Zeugnis über das Erbrecht** des Erben bestätigt die Tatsache der Gesamtrechtsnachfolge oder der Erbfolge in den Hof (Anm. 25). Das BGB läßt einen auf einzelne zur Erbschaft gehörige Gegenstände beschränkten Erbschein grundsätzlich nur im Falle des § 2369 zu (OLG 4, 397; 6, 315; 7, 446; 21, 351; JFGErg 18, 180; **BGH** 1, 15; ebenso Palandt/Rechenmacher § 2369 Anm. 2).

Anm. 11

Hiervon ging auch das PrGKG v. 28. 10. 1922 aus, indem es in § 78 Abs. 5, 6 den Fällen, daß der Erbschein nur zur Verfügung über einen einzelnen Gegenstand gebraucht und zu diesem Zwecke dem Grundbuchamt oder einer andern öffentlichen Behörde übersandt werden soll, durch besondere kostenrechtliche Vorschriften Rechnung trug. Die KostO v. 25. 11. 1935 enthielt keine derartigen Vorschriften. Sie stand aber ersichtlich ebenfalls auf dem Standpunkt, daß ein gegenständlich beschränkter Erbschein nur im Falle des § 2369 erteilt werden konnte, da sie in § 99 Abs. 2 Satz 3 nur diesen Fall erwähnte. Das gleiche gilt nunmehr auch für die KostO v. 26. 7. 1957 (s. § 107 Abs. 2 Satz 3 daselbst; Baumbach/Lauterbach 14. Aufl. KostO § 107 Anm. 2; vgl. auch JFGErg 18, 177).

Anm. 12

Dagegen standen das frühere BayObLG (2, 191; 14, 74 = RJA 13, 16) und die dort angeführten bayerischen Vorschriften auf dem Standpunkt, daß ein gegenständlich beschränkter Erbschein allgemein erteilt werden darf (ebenso Endemann JW 1933, 2068 zu 7; Planck/Greiff Vorbem. 6); in BayObLG 18 A 225 wird aber in Übereinstimmung mit den früheren Entscheidungen hervorgehoben, daß auch ein gegenständlich beschränkter Erbschein das Erbrecht bezeugt und daher nicht für Gegenstände erteilt werden kann, die der Erbe aus dem Nachlaß durch Erbauseinandersetzung oder als Vorausvermächtnis erlangt hat.

Anm. 13

Über die Zulässigkeit eines Erbscheins über hoffreies Vermögen s. Anm. 15ff vor § 2353.

Anm. 14

Der Erbschein über den inländischen Immobiliarnachlaß eines Erblassers, der auf Grund einer Rückverweisung gemäß Art. 27 EGBGB nach deutschem Recht als Erbstatut ausgestellt worden ist, ist rechtlich kein beschränkter Erbschein im Sinne des § 2369, sondern ein Erbschein nach § 2353 (OLG Köln NJW 1955, 755, vgl. auch § 2369 Anm. 1).

Hinterläßt ein deutscher Erblasser außer seinem in Deutschland befindlichen Vermögen unbewegliche Vermögenschaften in Österreich, so ist die Erbfolge, im besonderen auch die Auslegung eines Testaments, für jede der beiden Nachlaßmassen (Nachlaß in Deutschland und Nachlaß in Österreich) gesondert zu beurteilen. In diesem Falle kann über die Erbfolge des in Deutschland befindlichen Vermögens ein allgemeiner Erbschein nach § 2353 erteilt werden; im Erbschein muß aber zum Ausdruck kommen, daß er sich nicht auf die unbeweglichen Vermögenschaften in Österreich erstreckt (BayObLG NJW 1960, 775).

Anm. 15

Im übrigen gehören nicht in das Zeugnis: Angaben über den Umfang des Nachlasses, auch nicht über Beschwerungen des Erben durch Vermächtnisse (BayObLG 32, 552; KG DFG 1941, 27 = HRR 1941 Nr. 327 zum Nießbrauch der Witwe am Erbteil des Sohnes und zum Ausschluß der Auseinandersetzung), Auflagen, Pflichtteilsansprüche, Teilungsanordnungen, da sie das Erbrecht selbst unberührt lassen, oder über das Ergebnis der Erbauseinandersetzung (BayObLG 18 A 225), ebensowenig Entscheidungsgründe. Auch der Berufungsgrund der Erben ist regelmäßig nicht mit in den Erbschein aufzunehmen (KG DFG 1941, 27 = HRR 1941 Nr. 327; so auch schon RJA 16, 45 und 217), falls die Angabe nicht erforderlich ist, um — bei der Berufung auf mehrere Bruchteile aus verschiedenen Gründen (§ 1951 Anm. 7) — den Umfang des Erbrechts zu bezeichnen. Dagegen sind Beschränkungen aufzunehmen, die, wie die Anordnung der Nacherbfolge oder die Ernennung eines Testamentsvollstreckers (§§ 2363, 2364), das Wesen des Erbrechts verändern.

Anm. 16

Im einzelnen hat das Zeugnis, wofür keine bundesrechtlichen Formvorschriften bestehen, Namen und Zeit des Todes des Erblassers sowie Namen und Wohnort der Erben so genau zu bezeichnen, daß Verwechslungen ausgeschlossen sind. Alternative Angabe (Gesetz oder Testament) ist nicht unstatthaft, wenn bei zweifelhafter Gültigkeit des Testaments der Erbe durch das Gesetz in demselben Umfange wie durch das Testament berufen ist (OLG 35, 379; JFG 3, 158; 5, 184). Im Testament enthaltene Vermächtnisanordnungen, Auflagen, Teilungsanordnungen u. a., die in den Erbschein nicht aufzunehmen sind, schließen die erforderliche Übereinstimmung der beiden Berufungen nicht aus; anders ist es jedoch, wenn eine Nacherbfolge oder eine Testamentsvollstreckung angeordnet ist (JFG 5, 187; HRR 1933 Nr. 1492). In dem einem Nacherben erteilten Erbschein ist auch der Tag anzugeben, an dem ihm die Erbschaft angefallen ist (RJA 16, 44). Als Verfügungsausweis muß das Zeugnis ganz aus sich verständlich sein; die Bezugnahme auf Urkunden ist unzulässig (RJA 17, 56).

V. Teilerbschein

Anm. 17

Sind **mehrere Erben** vorhanden, so kann der Erbschein nach § 2357 als gemeinschaftlicher, aber auch, und zwar auch neben dem gemeinschaftlichen, nur für einen einzelnen und allein zu benennenden Miterben erteilt werden. In beiden Fällen ist die **Größe des Erbteils,** d. h. (abgesehen von den für das Höferecht geltenden Besonderheiten, Anm. 25) des dem Erben anfallenden Bruchteils der Erbschaft anzugeben, wozu unter Umständen vorher noch der Wert einzelner dem Erben zugewendeter Gegenstände bestimmt werden muß (§ 2087 Anm. 15; OLG 18, 368). Die Angabe des durch Berufung zur Zeit des Erbfalls angefallenen Erbteils genügt, auch wenn eine Erhöhung nach §§ 1935, 2094 noch möglich ist. Solange wegen der zu erwartenden Geburt eines Miterben oder aus einem der anderen in § 2043 angegebenen Gründe der Kreis der Miterben noch nicht als geschlossen feststeht, darf kein gemeinschaftlicher Erbschein erteilt werden.

Anm. 18

Teilerbscheine können nach KGJ 42, 128 in der Form erteilt werden, daß den von der Ungewißheit der Größe ihrer Erbteile betroffenen Erben bezeugt wird, ihr Erbteil sei noch unbestimmt, z. B. weil infolge Schwangerschaft der Witwe noch Personen geboren werden könnten, die neben ihnen zu gleichen Teilen erbberechtigt sein würden; ist die Ungewißheit beseitigt, so ist ein solcher Erbschein wieder einzuziehen. Auch wenn die Größe eines Erbteils wegen unüberwindlicher Beweisschwierigkeiten nicht festgestellt werden kann, sich z. B. im Falle einer Zwillingsgeburt die für die Größe eines Erbteils maßgebende Erstgeburt eines bestimmten Kindes nicht feststellen läßt, ist nach JFG 10, 75 die Erteilung eines Erbscheins zulässig, der die bestehenden Zweifel offen läßt. Zur Frage des Teilerbscheins bei fortgesetzter Gütergemeinschaft vgl. Müller FamRZ 1956, 339.

Anm. 19

Unter Umständen, z. B. wenn sich nicht ermitteln läßt, ob alle neben einem Miterben berufenen Erbanwärter den Erbfall erlebt haben, kann dem Miterben auf Antrag auch ein Teilerbschein über einen Mindesterbteil erteilt werden (JFG 1, 176 gegen RJA 11, 14). Ob ein solcher Mindestteilerbschein, wenn ein Miterbe verschollen ist, regelmäßig der Bestellung eines Abwesenheitspflegers für den Verschollenen und der Erteilung eines gemeinschaftlichen Erbscheins vorzuziehen ist (so LG Aachen JR 1951, 733 = DRspr I [174] 33c unter Hinweis auf KG JFG 13, 43), ist allerdings zweifelhaft (vgl. auch Scholz JR 1951, 591).

Anm. 20

Auf Antrag eines Miterben kann ein Teilerbschein auch nur über das Erbrecht eines anderen Miterben erteilt werden (OLG München HRR 1942, 840).

VI. Die Erteilung

Anm. 21

Der Erbschein wird erteilt, indem dem Antragsteller oder dem von ihm bestimmten Dritten, der auch eine Behörde sein kann, das Zeugnis ausgehändigt wird, und zwar nach Maßgabe des Landesrechts in Urschrift oder in Ausfertigung. Es genügt nicht, wenn der Beschluß, der die Erteilung anordnet, bekanntgegeben oder eine Ausfertigung dieses Beschlusses zugestellt wird (so auch BayObLG JZ 1960, 490 = NJW 1960, 1722). Über den Meinungsstreit betr. die Anwendbarkeit des § 16 FGG auf den Erbschein vgl. Schlegelberger, FGG 7. Aufl. § 84 Anm. 8. Über die Amtspflicht, einen Erbschein auszuhändigen **BGH** 1. 4. 1957 III ZR 233/55 = WM 1957, 1165. Zur Beschwerde vgl. § 2359 Anm. 6 ff. Die Beschwerde gegen die Erteilung eines Erbscheins mit dem Ziele, ihn einzuziehen, steht auch demjenigen zu, auf dessen Antrag der Erbschein erteilt worden ist (KG NJW 1960, 1158).

Anm. 22

Die Kosten des Erbscheins trägt der Antragsteller (KostO § 2 Nr. 1); außerdem haftet der Vollstreckungsschuldner (das. § 3 Nr. 4). Sie sind keine Nachlaßverbindlichkeit. Zur „Kostentragungspflicht für einen zur Löschung einer Hypothek erforderlichen Erbschein" vgl. Gregor NJW 1960, 1286.

Anm. 23

Gebühr für die Erteilung eines Erbscheins KostO § 107. Über die „Erteilung" des Erbscheins im kostenrechtlichen Sinne s. JFGErg 17, 117. Mitteilung des Erbscheins an das Finanzamt RAbgO § 189a.

Anm. 24

VII. Vorbescheid

Eine Ankündigung des Nachlaßgerichts an die Beteiligten, es beabsichtige, binnen bestimmter Frist einen Erbschein näher bezeichneten Inhalts zu erteilen, ist eine beschwerdefähige Verfügung; sie ist auch — anders als im Verfahren der vormundschaftsgerichtlichen Genehmigung (BayObLG DNotZ 1958, 542 mit Anm. von Baur) — zulässig. Der Erlaß eines solchen Vorbescheids ist jedoch nur in Ausnahmefällen vertretbar (**BGH** 20, 255 = LM BGB § 2353 Nr. 2 mit ausführlicher Anmerkung von Johannsen = NJW 1956, 987 = Rpfleger 1956, 233 mit Anm. von Haegele = DNotZ 1957, 545 mit Anm. von v. Schack = JZ 1956, 452; aA KG NJW 1955, 1072 Nr. 10 mit zust. Anm. von Baur, dagegen bereits Firsching NJW 1955, 1540 mit weiteren Nachweisen; s. a. § 2359 Anm. 8, insbesondere zur Beschwerde).

Anm. 25

VIII. Zugehörigkeit eines Hofes zum Nachlaß

Vgl. insoweit wegen des früheren Erbhofrechts Anm. 7 der 9. Aufl. dieses Werkes nnd im übrigen Anm. 15ff vor § 2353.

§ 2354

Wer die Erteilung des Erbscheins als gesetzlicher Erbe beantragt, hat anzugeben:

1. die Zeit des Todes des Erblassers;
2. das Verhältnis, auf dem sein Erbrecht beruht;
3. ob und welche Personen vorhanden sind oder vorhanden waren, durch die er von der Erbfolge ausgeschlossen oder sein Erbteil gemindert werden würde;
4. ob und welche Verfügungen des Erblassers von Todes wegen vorhanden sind;
5. ob ein Rechtsstreit über sein Erbrecht anhängig ist.

Ist eine Person weggefallen, durch die der Antragsteller von der Erbfolge ausgeschlossen oder sein Erbteil gemindert werden würde, so hat der Antragsteller anzugeben, in welcher Weise die Person weggefallen ist.

E I 2069 II 2219; M 5 559, 560; P 5 679; 6 357.

Der Antrag bei gesetzlicher Erbfolge

Anm. 1

I. Allgemeines

Gesetzliche Erbfolge vgl. §§ 1924ff. Zur Erbscheinserteilung bei gewillkürter Erbfolge s. § 2355. Die nach § 2354 oder § 2355 erforderlichen Angaben brauchen nicht schon in dem Antrag auf Erteilung des Erbscheins enthalten zu sein; fehlen sie, so hat das Nachlaßgericht nach § 2358 zu veranlassen, daß sie nachgebracht werden (**RG** 95, 287), geeignetenfalls im Wege der Rechtshilfe (§ 2353 Anm. 2). Der Erbscheinsantrag muß den Erblasser und das beanspruchte Erbrecht genau bezeichnen. Ist er mangelhaft, so darf er nicht sofort zurückgewiesen werden. Das Nachlaßgericht hat vielmehr eine Zwischenverfügung zu erlassen, um den Mangel zu beheben (KG DNotZ 1955, 408). Ist der Erbe selbst der Antragsteller, so liegt die Annahme der Erbschaft regelmäßig schon im Antrage. Ein Antrag mit Vorbehalt der Ausschlagung ist unstatthaft. Andere Antragsberechtigte (§ 2353 Anm. 7) haben die Annahme zu beweisen (§ 1943 Anm. 1 ff; vgl. auch § 2357 Anm. 6).

II. Vorgeschriebene Angaben

Anm. 2

Zu Nr. 1: Zeit des Todes so genau, wie zur Beurteilung der Erbfolge erforderlich. Todeserklärung VerschG § 9, Vermutung gleichzeitigen Todes § 11 (bisher BGB §§ 18, 20). Vgl. wegen der Todesvermutung auch § 2356 Anm. 1.

Anm. 3

Zu Nr. 2: Verwandtschaftsverhältnis §§ 1924—1930, eheliches Verhältnis § 1931. Fiskus § 1936. Zum Nachweis bei Namensänderungen infolge Heirat vgl. § 2356 Anm. 5, insbesondere OLG Oldenburg DNotZ 1956, 566 = NJW 1957, 144. In Zweifelsfällen ist auch die Staatsangehörigkeit des Erblassers nachzuweisen (EG Art. 24 ff).

Anm. 4

Zu Nr. 3: Wegen § 1930 haben die Verwandten der ersten und ferneren Ordnungen, wegen der §§ 1931, 1932 hat der Ehegatte darzulegen, daß ihnen vorgehende oder neben ihnen berechtigte Erben entweder nie vorhanden waren oder daß und wie (Abs. 2) solche Personen vor oder nach Eintritt der Erbfolge weggefallen sind (OLG Köln DNotZ 1959, 213 = MDR 1959, 585). Wegfallsgründe § 1935 Anm. 2. Auch die Weggefallenen und deren Verwandtschaftsverhältnis sind näher zu bezeichnen. Der Erbscheinsantrag braucht jedoch nicht unter allen Umständen Angaben darüber zu enthalten, welche Verwandten zur Zeit des Erbfalls nicht oder nicht mehr vorhanden waren (LG Hamburg DNotZ 1958, 98). Eine Versicherung, daß die Geburt eines Miterben nicht zu erwarten sei (§ 2043), braucht nicht verlangt zu werden. Entfernte Möglichkeiten (Vorhandensein etwaiger unehelicher Kinder einer verheirateten Frau) sind ohne besonderen Anlaß nicht in Betracht zu ziehen (KGJ 39 A 92).

Anm. 5

Zu Nr. 4: Verfügungen von Todes wegen (§ 1937) sind, soweit vorhanden, nicht bloß anzugeben, sondern auch vorzulegen, obwohl das letztere in § 2356 nur für die Urkunden vorgeschrieben ist, auf denen das Erbrecht beruht. Das gilt auch für ein Testament, das noch vorhanden, aber nach § 2258 Abs. 1 infolge Widerspruchs mit dem späteren Testament aufgehoben worden ist (vgl. RG DR 1942, 1140 Nr. 6, wo die Frage jedoch dahingestellt geblieben ist). Ohne Einsicht und Prüfung der vorhandenen Verfügungen, gleichviel welchen Inhalts, kann der Nachlaßrichter das gesetzliche Erbrecht nach der verneinenden Seite, daß ihm Verfügungen von Todes wegen nicht entgegenstehen, nicht für festgestellt erachten (§ 2359). Noch vorhandene, aber gemäß §§ 2255, 2256 zweifellos widerrufene Urkunden stehen den nicht vorhandenen gleich. Ergibt eine vorhandene Verfügung den Ausschluß der gesetzlichen Erbfolge und wird deren Unwirksamkeit behauptet, so ist auch dies darzulegen (Abs. 2).

Anm. 6

Zu Nr. 5: Im Falle des Rechtsstreits Gehör des Gegners (§ 2360 Abs. 1). Anhängigkeit: ZPO §§ 263 Abs. 1, 281 (vgl. HRR 1937 Nr. 637).

§ 2355

Wer die Erteilung des Erbscheins auf Grund einer Verfügung von Todes wegen beantragt, hat die Verfügung zu bezeichnen, auf der sein Erbrecht beruht, anzugeben, ob und welche sonstigen Verfügungen des Erblassers von

Todes wegen vorhanden sind, und die im § 2354 Abs. 1 Nr. 1, 5, Abs. 2 vorgeschriebenen Angaben zu machen.

E I 2078 II 2220; M 5 558, 573, 574; P 5 671, 681, 691.

Der Antrag auf Grund einer Verfügung von Todes wegen

I. Gewillkürte Erbfolge

Anm. 1

Die betreffende Verfügung von Todes wegen (§ 1937) ist zu bezeichnen und nach § 2356 vorzulegen. S. auch § 2360 Abs. 2, 3. Erst nach der Eröffnung (§ 2260) kann der Schein erteilt werden.

Anm. 2

Ob die **sonstigen Verfügungen** auf das Erbrecht des Antragstellers von Einfluß sind und welchen sonstigen Inhalt sie haben, ist gleichgültig.

II. Vorgeschriebene Angaben

Anm. 3

§ 2354 Nr. 1: Zeit des Todes, Nr. 5: etwa anhängiger Rechtsstreit. Abs. 2: Darlegung, inwiefern dem Erbrecht des Antragstellers entgegenstehende oder es schmälernde Berufene weggefallen sind (der vor dem Ersatzerben zunächst Berufene, Miterben, Nacherben). Nr. 3 ist nicht mit angezogen. Der Antragsteller braucht deshalb nicht anzugeben, ob und welche Personen vorhanden sind oder waren, die z.B. als stillschweigend mitberufene Abkömmlinge eines Abkömmlings des Erblassers (§ 2069) möglicherweise sein Erbrecht schmälern könnten, sondern nur, daß und in welcher Weise die vorhandenen oder vorhanden gewesenen, vor oder neben ihm eingesetzten Personen weggefallen sind. Hält das Nachlaßgericht nach der ersten Richtung eine Feststellung für erforderlich, so hat es gemäß § 2358 von Amts wegen Ermittlungen anzustellen (KGJ 39 A 95). Die Angaben haben sich auch nicht auf die Personen der gesetzlichen Erben (abgesehen von §§ 2066ff), Pflichtteilsberechtigten oder der übrigen Erben zu erstrecken, sofern kein gemeinschaftlicher Erbschein nach § 2357 verlangt wird.

Anm. 4

Wird nach Eintritt der Nacherbfolge ein neuer Erbschein beantragt, so bedarf es nicht unter allen Umständen einer neuen förmlichen Erbausweiserklärung (KGJ 46, 146).

§ 2356

Der Antragsteller hat die Richtigkeit der in Gemäßheit des § 2354 Abs. 1 Nr. 1, 2, Abs. 2 gemachten Angaben durch öffentliche Urkunden nachzuweisen und im Falle des § 2355 die Urkunde vorzulegen, auf der sein Erbrecht beruht. Sind die Urkunden nicht oder nur mit unverhältnismäßigen Schwierigkeiten zu beschaffen, so genügt die Angabe anderer Beweismittel.

In Ansehung der übrigen nach den §§ 2354, 2355 erforderlichen Angaben hat der Antragsteller vor Gericht oder vor einem Notar an Eides Statt zu versichern, daß ihm nichts bekannt sei, was der Richtigkeit seiner Angaben entgegensteht. Das Nachlaßgericht kann die Versicherung erlassen, wenn es sie für nicht erforderlich erachtet.

Diese Vorschriften finden keine Anwendung, soweit die Tatsachen bei dem Nachlaßgericht offenkundig sind.

E I 2070, 2078 Abs. 3 II 2221; M 5 560—562; P 5 679, 682, 691.

Übersicht

Die Nachweispflicht des Antragstellers

Neueres Schrifttum: Pehe, Über die Urkunden in Erbscheinsverfahren, JR 1955, 134.

I. Nachweis durch öffentliche Urkunden (Abs. 1 Satz 1 Halbs. 1)

Anm. 1

Nachweis durch öffentliche Urkunden: ZPO § 415; auch ausländische öffentliche Urkunden: HRR 1935 Nr. 1024. Für § 2354 Abs. 1 Nr. 1 (Zeit des Todes) Sterbeurkunde, Todeserklärung oder Todeszeitfeststellung (VerschG v. 15. 1. 1951 §§ 1 ff, wegen des Zeitpunkts §§ 9 Abs. 2, 3, 23, 44; vgl. auch Buch für Todeserklärungen beim Standesamt I in Berlin (West) PStG idF v. 8. 8. 1957 § 40). Die Todeserklärung begründet die Vermutung, daß der Verschollene in dem im Beschluß festgestellten Zeitpunkt gestorben ist (VerschG § 9 Abs. 1; entsprechend für die Todeszeitfeststellung VerschG § 44 Abs. 2). Die Vermutung kann jedoch im Erbscheinsverfahren durch jedes Beweismittel widerlegt werden (OLG Hamburg NJW 1952, 147[15]; BayObLG 1953, 120 = DRspr I [174] 47; Czapski NJW 1952, 770; aM Arnold MDR 1950, 331, 679; 1951, 278; vgl. auch LG Paderborn MDR 1955, 366 für den Fall, daß kein Berichtigungsverfahren nach VerschG § 33a mehr möglich ist).

Für Nr. 2 (Verwandtschafts- usw. -verhältnis) Geburtsurkunden; Heiratsurkunden, wenn das Erbrecht auf dem ehelichen Verhältnis beruht; für die ältere Zeit (vor 1876) kirchliche Zeugnisse, Legitimationsurkunden u. dgl. Durch Geburtsurkunden ist auch das Vorhandensein der die Verwandtschaft mit dem Erblasser vermittelnden Zwischenpersonen nachzuweisen.

Nach Erteilung des Erbscheins können die überreichten Urkunden zurückverlangt werden. Es sind dann aber vollständige oder auszugsweise beglaubigte Abschriften zurückzubehalten, soweit dies nicht nach Lage des Falles entbehrlich ist (RJA 15, 283).

Anm. 2

Geburtsbescheinigungen mit begrenzter Gültigkeitsbestimmung (z. B. „gültig nur zum Zwecke der Taufe") reichen zum urkundlichen Nachweis im Sinne von Satz 1 nicht aus (RJA 15, 290); sie können aber, z. B. wenn das Standesamt im abgetretenen Gebiete liegt und neue Urkunden von dort nur mit unverhältnismäßigen Schwierigkeiten (Anm. 11) zu beschaffen sind, als „andere Beweismittel" im Sinne von Satz 2 in Betracht kommen. Gleiches gilt von der Sterbenachricht des Zentral-Nachweise-Amtes in Berlin über einen Kriegsteilnehmer (KGJ 49, 75).

Anm. 3

Durch die dem Personenstandsgesetz von 1875 nach der VO v. 14. 2. 1924 (RGBl I 116) eingefügten §§ 15a—15c waren als neue standesamtliche Urkunden die kurzen Geburts-, Heirats- und Todesscheine zugelassen. Sie bewiesen, daß die Geburt, die Eheschließung oder der Sterbefall im Register beurkundet war. Die gleiche Beweiskraft hatten nach § 15a Abs. 2 Eintragungen in ein Familienstammbuch, wenn sie den für den Schein vorgesehenen Inhalt hatten und mit der Unterschrift und dem Siegel des Standesbeamten versehen waren. Hiernach kam den standesamtlichen Scheinen und Eintragungen in das Familienstammbuch hinsichtlich der in ihnen angeführten Personenstandstatsachen wenigstens eine mittelbare Beweiskraft zu. Demzufolge waren die Todesscheine regelmäßig geeignet, die Zeit des Todes des Erblassers (§ 2354 Nr. 1) oder solcher Personen, durch welche der Antragsteller von der Erbfolge ausgeschlossen oder sein Erbteil gemindert werden würde (§ 2354 Abs. 1 Nr. 3, Abs. 2), gemäß § 2356 Satz 1 nachzuweisen (KG JR 1927 Nr. 137a, womit ältere Entscheidungen desselben Gerichts, insbesondere KGJ 53, 86 überholt waren). Entsprechendes trifft für den Nachweis eines ehelichen Verhältnisses (§ 2354 Nr. 2) durch den Heiratsschein zu. Dagegen waren die Geburtsscheine zum Nachweis eines Abstammungsverhältnisses (§ 2354 Nr. 2) nicht verwertbar, da sie nach § 15b aaO nur die Namen des Kindes sowie den Ort und Tag seiner Geburt enthielten (KG JR 1927 Nr. 137b). Ebensowenig waren früher die Eintragungen der Kinder in den vor dem 1. 7. 1938 ausgestellten Familienstammbüchern zum Nachweis eines Abstammungsverhältnisses verwertbar (KG JFG 15, 52; 20, 34 = DRW 1939, 1391[13]; Erste AusfVO zum PStG **1937** v. 19. 5. 1938 § 107 Abs. 2; anders nach § 107 Abs. 1 aaO für die neuen Familienstammbücher). § 107 Abs. 2 aaO ist jedoch durch Art. II Nr. 12 der 4. AVO zum PStG v. 27. 9. 1944 (RGBl I 219) geändert worden. Die Beweiskraft der Eintragungen in einem solchen Familienstammbuch erstreckte sich danach, wenn sie mit Unterschrift und Dienstsiegel des Standesbeamten versehen sind, im Sinne der §§ 60, 66 PStG 1937 auch auf solche näheren Angaben über die Heirat, die Geburt oder den Tod, die sich aus dem inneren und äußeren Zusammenhang des ordnungsgemäß geführten Familienstammbuchs ergeben. Ahnenpässe haben nicht die den Personenstandsurkunden zukommende Beweiskraft s. aber Anm. 10).

Das Personenstandsgesetz idF v. 8. 8. **1957** (BGBl I 1125) regelt die Beweiskraft der Personenstandsbücher und -urkunden in Anlehnung an das PStG 1937 gleichfalls in den §§ 60—66. Nach PStG 1957 § 61a stellt der Standesbeamte auf Grund seiner Personenstandsbücher folgende Personenstandsurkunden aus: 1. beglaubigte Abschriften, 2. Geburtsscheine, 3. Geburts-, Heirats- und Sterbeurkunden, 4. Auszüge aus dem Familienbuch. Die Personenstandsurkunden haben dieselbe Beweiskraft wie die Personenstandsbücher (§ 66). Die Vorschriften über Beweiskraft und Benutzung der Bücher in den §§ 60—66 PStG 1957 gelten nach § 61 der AusfVO v. 12. 8. 1957 (BGBl I 1139) auch für die vom 1. Januar 1876 an geführten Standesregister und die im Lande Baden-Württemberg geführten Familienregister; für den seit dem 1. Juli 1938 geführten Zweiten Teil des Blattes im Familienbuch gelten die früheren Vorschriften. Über die Anlegung eines Familienbuches für Vertriebene vgl. Anm. 11.

Anm. 4

Eine Eheschließung kann im Erbscheinsverfahren nicht durch die Sterbeurkunde des einen Ehegatten oder durch die Geburtsurkunde eines Kindes, sondern nur durch die Heiratsurkunde bewiesen werden (KG HRR 1942, 718).

Anm. 5

Verheiratete Miterbinnen brauchen zur Erteilung eines Erbscheins im allgemeinen keine Heiratsurkunden vorzulegen. Nach den §§ 2356 Abs. 1, 2354 Abs. 1 Nr. 2 müssen sie nur das Verhältnis, auf dem ihr Erbrecht beruht, durch öffentliche Urkunde nachweisen. Insoweit ist die bloße Namensänderung einer Erbin infolge Heirat belanglos. Das Nachlaßgericht kann daher auch der verheirateten Miterbin nicht androhen, es werde den Erbscheinsantrag abweisen, wenn die Heiratsurkunde nicht vorgelegt werde. Es muß notfalls zur Frage der Personengleichheit von Amts wegen ermitteln (§ 2258; KG JFG 21, 120; LG Braunschweig DRZ 1948, 395; OLG Oldenburg DNotZ 1956, 566 = NJW 1957, 144; zustimmend Ripfel DRZ 1949, 89 und Boos NJW 1949, 335; aM Boehmer DRZ 1948, 395).

Anm. 6

Zweifel, ob die standesamtlichen Urkunden und demgemäß auch schon die standesamtlichen Eintragungen richtig sind, braucht der Nachlaßrichter nicht selbst aufzuklären. Wenn die Erteilung des Erbscheins hiervon abhängig ist, kann er die Beteiligten auf das Berichtigungsverfahren (PStG 1957 §§ 46ff) verweisen. Es verletzt die staatliche Zuständigkeitsabgrenzung, wenn man (mit OLG Hamm JMBlNRW 1953, 18 = DRspr I [174] 42a) dem Nachlaßrichter eine Aufklärungspflicht auferlegt. Das Nachlaßgericht sollte sich — auch bei offenbarer Unrichtigkeit — nicht über den Inhalt standesamtlicher Urkunden hinwegsetzen, sondern ihre Berichtigung abwarten (für weitergehende Bindung Arnold MDR 1950, 331 = DRspr I [174] 20d).

Anm. 7

Beruht das Erbrecht auf ehelicher Abstammung, so braucht außer der Geburtsurkunde nicht noch die Heiratsurkunde der Eltern vorgelegt zu werden, da das Geburtenbuch (ebenso wie das Geburtsregister nach aPStG § 22 Nr. 5, KGJ 36 A 97) auch zur Beurkundung der (ehelichen oder unehelichen) Abstammung bestimmt ist (nPStG §§ 21 Nr. 1, 62 Nr. 3, 60; Brandis/Maßfeller PStG 532; aM Emig PStG 151).

Anm. 8

Hängt das in Anspruch genommene Erbrecht davon ab, daß Zwischenpersonen wieder weggefallen sind (§ 2354 Abs. 2), so ist je nachdem der Wegfall durch Sterbeurkunden (oder Todesscheine), Todeserklärungen, durch Vorlegung der sie ausschließenden Verfügung von Todes wegen (§ 1938), der Erbverzichtsurkunde (§ 2346), der Ausschlagungserklärung (§ 1945), des rechtskräftigen die Erbunwürdigkeit aussprechenden Urteils (§ 2342) oder des Scheidungs- oder Aufhebungsurteils darzutun. Wie die durch die Todeserklärung begründete Todesvermutung des § 9 VerschG (RJA 13, 97), so gilt auch die Lebensvermutung des § 10 für das Erbscheinsverfahren (RJA 13, 211; KG DNotZ 1957, 156). Todeserklärung ist entbehrlich, wenn das Gericht aus anderen Umständen die Überzeugung vom Wegfall eines Verschollenen gewinnt (RJA 9, 84; vgl. VerschG § 1 Abs. 2, §§ 39ff). Soweit sich die betreffenden Urkunden schon in der Hand des Nachlaßgerichts, sei es auch einer anderen Geschäftsabteilung desselben Gerichts befinden, genügt es, hierauf zu verweisen (OLG 44, 106: Bezugnahme auf das bei demselben Gericht aufbewahrte standesamtliche Nebenregister, wenn die in Betracht kommenden Daten so genau angegeben werden, daß die Urkunden ohne weiteres zu ermitteln sind). Es kann aber auch eine Bezugnahme auf andere Akten, insbesondere auf Erbscheinsakten anderer Gerichte zugelassen werden (OLG Köln DNotZ 1959, 213 = MDR 1959, 585).

Anm. 9

II. Vorlage der Verfügung von Todes wegen (Abs. 1 Satz 1 Halbs. 2)

Die die Erbeinsetzung enthaltende Verfügung von Todes wegen muß sich nach §§ 2259—2261 ohnedies schon in der Verwahrung des Nachlaßgerichts befinden. Ob und inwieweit der Erbscheinsrichter den Nachweis der Echtheit des eigenhändigen Testaments erfordern will, steht nach § 2359 in seinem pflichtmäßigen Ermessen, s. jedoch §§ 2360 Abs. 2, 2368 Abs. 2. Der Antragsteller muß auch ein Testament vorlegen, das noch vorhanden, aber nach § 2258 Abs. 1 infolge Widerspruchs mit dem späteren Testament aufgehoben worden ist (vgl. § 2254 Anm. 5).

III. Angabe anderer Beweismittel (Abs. 1 Satz 2)

Anm. 10

Im Gebrauche anderer Beweismittel (Zeugen; Sachverständige, z. B. Genealogen; Privaturkunden, z. B. Familienstammbäume, Ahnenpässe) sind dem Gericht keine Schranken gezogen. Auch der Inhalt wirksam gebliebener, aber verlorengegangener Verfügungen von Todes wegen (Anm. 13) kann auf diesem Wege festgestellt werden (§ 2255 Anm. 13; RJA 11, 181; vgl. auch § 2231 Anm. 6 a.E.).

Anm. 11

Unter unverhältnismäßigen Schwierigkeiten sind solche jeglicher Art zu verstehen, deren Überwindung dem Antragsteller nicht zugemutet werden kann. Dies kann auch dann angenommen werden, wenn die Kosten, um eine Urkunde, insbesondere aus dem Ausland, zu beschaffen, gegenüber den unter gewöhnlichen Umständen aufzuwendenden Kosten unverhältnismäßig hoch sind und einen erheblichen Teil des Nachlasses oder des in Betracht kommenden Erbteils verzehren würden (JFG 1, 178). Das Nachlaßgericht mißbraucht die Vorschrift des § 2356 Abs. 1 Satz 2 nicht, wenn es bei verschollenen Personen, deren Namen und Geburtsdaten bekannt sind, im Erbscheinsverfahren verlangt, daß ein Todeserklärungsbeschluß vorgelegt werde. Bei dem gleichen Tatbestand kann es auch ablehnen, ein Erbenaufgebot nach § 2358 Abs. 2 zu erlassen (OLG Hamburg NJW 1953, 627 mit abl. Anm. von Mannheimer = DNotZ 1953, 331).

Vertriebene, die nicht die erforderlichen standesamtlichen Urkunden vorlegen können, müssen in der Regel gemäß PStG 1957 § 15a ein Familienbuch anlegen lassen, um ihre Erbberechtigung nach § 2356 nachzuweisen. Seit der Novelle 1957 zum PStG, deren Zweck es ist, Vertriebene wieder mit ordnungsmäßigen Personenstandsunterlagen auszustatten, besteht kein Anlaß mehr, insoweit eidesstattliche Versicherungen als Ersatz für Personenstandsurkunden zuzulassen. Die Anlegung eines Familienbuches ist nicht unverhältnismäßig schwierig im Sinne von § 2356 Abs. 1 Satz 2 (OLG Bremen 23. 6. 1960 I W 117/60 = JR 1960, 422). Vgl. im übrigen zum PStG 1957 oben Anm. 3.

IV. Eidesstattliche Versicherung (Abs. 2)

Anm. 12

Die **eidesstattliche Versicherung** ist für die „übrigen nach den §§ 2354, 2355 erforderlichen Angaben" vorgesehen. Das Nachlaßgericht darf deshalb den Erbschein nicht schon allein auf Grund der Angaben des Antragstellers erteilen, auch wenn er sie sämtlich eidesstattlich versichert und sie uneingeschränkt glaubhaft erscheinen (KGJ 36 A 115; vgl. auch **BGH** 8, 188 zu den §§ 22, 23 Wertpapierbereinigungsgesetz). Sie betrifft zumeist die Negative (Nichtvorhandensein gleich oder besser berechtigter Erben, entgegenstehender Verfügungen von Todes wegen, Nichtanhängigsein eines Rechtsstreites), legt dem zu ihr Verpflichteten nicht, wie ZPO § 459 (in der bis zum 31. 12. 1933 gültig gewesenen Fassung) eine besondere Prüfungs- und Erkundigungspflicht auf (**RGSt** 39, 226; vgl. auch München DNotZ 1937, 702), kann aber nach Lage des Falles auch auf bestimmte einzelne Tatsachen abgestellt werden.

Anm. 13

Sie ist vom Antragsteller, auch wenn er mit dem Erben nicht identisch ist (§ 2353 Anm. 7), insbesondere auch vom Gläubiger des Erben oder vom gesetzlichen Vertreter des Antragstellers abzugeben, kann dagegen nicht von einem Bevollmächtigten oder gar von einem Unterbevollmächtigten abgegeben werden (RJA 13, 199; DNotZ 1937, 702; KG JR 1953, 307 = DRspr I [174] 45d); unter Umständen kann aber die Erklärung eines solchen dem Nachlaßgericht Anlaß geben, dem Erben die Versicherung zu erlassen (RJA 17, 68). Statt des gesetzlichen Vertreters kann der Erbe selbst, wenn er eidesmündig ist (ZPO § 455 Abs. 2), zur eidesstattlichen Versicherung zugelassen werden (hM).

Anm. 14

Die örtliche Zuständigkeit von Gericht oder Notar — zwischen denen auch im Falle des Art. 141 EG dem Antragsteller die Wahl bleibt — und die Form der Beurkundung bestimmen sich nach Landesrecht, da es sich hierbei nicht um die Beurkundung von Rechtsgeschäften nach FGG §§ 167 ff handelt (ZBlFG 20, 337; JFG 15, 143). Über die Frage, ob die eidesstattliche Versicherung auch vor einem deutschen Konsul abgegeben werden kann, s. Féaux de la Croix DJ 1937, 112. Darüber, daß die eidesstattliche Versicherung auch von einem notary public in den USA beurkundet werden kann, vgl. LG Mainz NJW 1958, 1496.

Anm. 15

Zu Abs. 2 Satz 2: Erlaß der Versicherung nach Ermessen des Nachlaßrichters (vgl. DRW 1939, 1951[7]); deshalb auch kein Beschwerderecht aus FGG § 20 gegen die

Abforderung (aM JFG 12, 207), sofern nicht das Gericht seine Befugnis übersehen hat, die eidesstattliche Versicherung gegebenenfalls zu erlassen (OLG Köln DNotZ 1959, 213 = MDR 1959, 585). Ist eine Versicherung an Eides statt zum Teil unrichtig, so kann das Nachlaßgericht die Abgabe einer neuen Versicherung grundsätzlich nicht verlangen, wenn keine berechtigten Bedenken in einem für die Entscheidung wesentlichen Punkt ausgeräumt werden sollen (OLG Köln aaO).

Vgl. auch § 2357 Abs. 4.

Anm. 16

V. Offenkundige Tatsachen (Abs. 3)

Offenkundigkeit (ZPO § 291): Offenkundig sind solche Tatsachen, die nach allgemeinen Erfahrungssätzen feststehen (Ableben überalter Personen), oder dem Nachlaßgericht sonst amtlich bekannt sind (BayObLG 14, 55). Mehr als die auf Grund zugelassener Beweismittel oder der Offenkundigkeit gebildete Überzeugung des Gerichts von der Richtigkeit der erheblichen Tatsachen ist nicht erforderlich (JW 1930, 270[1]): Verschiedenheit der Schreibweise eines Namens). Die Tatsache, daß die erste Ehefrau vor der Wiederverheiratung des Erblassers weggefallen ist, will KG JW 1935, 1885[88] nicht als offenkundig gelten lassen.

Anm. 17

VI. Besonderheiten des Landwirtschafts- und des Wiedergutmachungsrechts

Vgl. vor § 2353 Anm. 14—21 zum Landwirtschaftsrecht, Anm. 22 zum Rückerstattungsrecht und Anm. 23 zum Entschädigungsrecht.

§ 2357

Sind mehrere Erben vorhanden, so ist auf Antrag ein gemeinschaftlicher Erbschein zu erteilen. Der Antrag kann von jedem der Erben gestellt werden.

In dem Antrage sind die Erben und ihre Erbteile anzugeben.

Wird der Antrag nicht von allen Erben gestellt, so hat er die Angabe zu enthalten, daß die übrigen Erben die Erbschaft angenommen haben. Die Vorschriften des § 2356 gelten auch für die sich auf die übrigen Erben beziehenden Angaben des Antragstellers.

Die Versicherung an Eides Statt ist von allen Erben abzugeben, sofern nicht das Nachlaßgericht die Versicherung eines oder einiger von ihnen für ausreichend erachtet.

E II 2222; P 5 678, 679.

Übersicht

Der gemeinschaftliche Erbschein

I. Voraussetzungen (Abs. 1)

Anm. 1

Wird der gemeinschaftliche Erbschein von sämtlichen Miterben, zu denen aber der Nacherbe neben dem Vorerben nicht gehört, oder für sie von einem nach § 2353 Anm. 7f Antragsberechtigten beantragt, so gelten bezüglich aller Erben die Bestimmungen der §§ 2354—2356 mit den Besonderheiten der Abs. 2 bis 4. Der einzelne Miterbe hat die Wahl, sich den Erbschein nur für seine Person und nur über seinen Erbteil (§ 2353 Anm. 17ff; Teilerbschein) oder als gemeinschaftlichen über den ganzen Nachlaß erteilen zu lassen; er muß aber in diesem Falle auch die sonst den Miterben obliegenden Angaben und Beweise erbringen (Anm. 8).

Anm. 2

Zulässig ist auch die Erteilung eines gemeinschaftlichen Teilerbscheins über die Erbteile eines Teiles der Erben, und zwar auch auf Antrag eines einzelnen Miterben (so KG JFG 13, 40 und DFG 1940, 26 = HRR 1940 Nr. 413 unter Aufgabe seiner früheren Rechtsprechung RJA 11, 14 und KGJ 41, 90; ebenso München JFG 15, 353; aM die 8. Auflage).

Anm. 3

Ein Erbschein nach mehreren Erblassern ist nur in der Weise möglich, daß mehrere Einzelzeugnisse über verschiedene Erbfälle in einer Urkunde zusammengefaßt werden (KGJ 44, 99; vgl. aber über die Möglichkeit, in einer Bescheinigung nach GBO § 36 mehrere Erbfälle zu bezeugen, HRR 1938 Nr. 1185).

Anm. 4

Zum Erbschein über hoffreies Vermögen im Gebiet des Höferechts vgl. Anm. 19 vor § 2353.

Anm. 5

II. Inhalt des Antrags (Abs. 2)

Angabe der Erben und ihrer Erbteile: Kennt der Antragsteller nicht alle Erben, so kann mit einer öffentlichen Aufforderung nach § 2358 Abs. 2 geholfen werden. Die Angabe der Erbteile erfordert die bestimmte Bezeichnung der in Anspruch genommenen Bruchteile (RJA 9, 6) ohne Rücksicht auf etwaige Ausgleichsposten. Soweit sie auch nur bei einem Miterben nicht bestimmbar sind (so im Falle des § 2043 der Kinder neben der Witwe), ist die Erteilung des gemeinschaftlichen Erbscheins über „ihre Erbteile" ausgeschlossen; vgl. aber § 2353 Anm. 17ff.

III. Antrag einzelner Erben (Abs. 3)

Anm. 6

Die **Annahme der Erbschaft** (§ 1943 Anm. 1ff) wird vom Antragsteller schon durch den Antrag erklärt. Bezüglich der übrigen Erben hat er sie darzulegen und nach § 2356 nachzuweisen. Fehlt eine ausführliche Annahmeerklärung, so ist der Fristbeginn, d. h. der Zeitpunkt der erlangten Kenntnis von dem Anfalle und dem Grunde der Berufung (§ 1944 Anm. 2ff) und der Ablauf der Ausschlagungsfrist für jeden der beteiligten Erben nachzuweisen. Alle Nachweise sind grundsätzlich durch öffentliche Urkunden und Versicherung an Eides Statt zu führen (§ 2356). Die Nachweispflicht obliegt auch dem Antragsteller, der nicht selbst Erbe ist (z. B. dem Testamentsvollstrecker, Gläubiger). Über Schwierigkeiten, wenn es sich um Erben unbekannten Aufenthalts handelt, vgl. OLG 21, 349.

Anm. 7

Ist ein Miterbe verschollen, so kann ein gemeinschaftlicher Erbschein nur ausgestellt werden, wenn feststeht, daß der Verschollene zur Zeit des Erbfalles gelebt hat oder wenn für diesen Zeitpunkt eine Lebensvermutung (VerschG § 10) bestand (LG Münster MDR 1947, 199; OLG Oldenburg NdsRpfl 1952, 53 = DRspr I [110] 23a).

Anm. 8

IV. Eidesstattliche Versicherung (Abs. 4)

Die eidesstattliche Versicherung ist grundsätzlich von allen Erben abzugeben, auch wenn nur einer von ihnen den gemeinschaftlichen Erbschein beantragt. Die Verpflichtung der übrigen, hierdurch zur Erteilung des Erbscheins „mitzuwirken", ergibt sich aus § 2038 (aM Strohal II § 67 Anm. 24). Sie können, soweit sie nicht Gründe zur Verweigerung der Versicherung beibringen, im Klagewege dazu angehalten werden, wenn auch die Versicherung selbst nicht erzwungen werden kann. Ob und inwieweit sich der Nachlaßrichter an der Versicherung eines oder mehrerer Erben genügenlassen oder ob er sie ganz erlassen will, steht in seinem pflichtmäßigen Ermessen (§§ 2356 Anm. 15, 2359).

§ 2358

Das Nachlaßgericht hat unter Benutzung der von dem Antragsteller angegebenen Beweismittel von Amts wegen die zur Feststellung der Tatsachen erforderlichen Ermittelungen zu veranstalten und die geeignet erscheinenden Beweise aufzunehmen.

Das Nachlaßgericht kann eine öffentliche Aufforderung zur Anmeldung der anderen Personen zustehenden Erbrechte erlassen; die Art der Bekanntmachung und die Dauer der Anmeldungsfrist bestimmen sich nach den für das Aufgebotsverfahren geltenden Vorschriften.

E I 2071 Abs. 1 Satz 2, 2072, 2078 Abs. 3 II 2223; M 5 562, 563, 574; P 5 679—683.

Übersicht

Tätigkeit des Nachlaßgerichts

I. Ermittlung von Amts wegen (Abs. 1)

Anm. 1

Offizialtätigkeit des Nachlaßgerichts gemäß FGG §§ 12, 15 (**RG** 95, 287; 99, 87 Abs. 2). Es ist nicht auf die angebotenen Beweismittel beschränkt (KG DJ 1936, 1696; BayObLG 1951, 690; OLG Frankfurt NJW 1953, 507). Im Erbscheinsverfahren gibt es — wie allgemein im Gebiet der freiwilligen Gerichtsbarkeit, von besonderen im Gesetz begründeten Ausnahmen abgesehen — keine Beweislast (OLG Hamm DNotZ 1950, 43). Die Ermittlungen haben sich nicht nur auf das Vorhandensein, sondern gegebenenfalls auch auf die Echtheit, den Sinn und die Wirksamkeit getroffener Verfügungen von Todes wegen, ferner auf die Rechtzeitigkeit der Ausschlagung (JW 1937, 44[28]), die Gebundenheit durch Erb- oder Ehevertrag (RJA 12, 17) oder gemeinschaftliches Testament (JFG 14, 288 = DJ 1936, 1696 mit Anm. von Vogels), die Begründetheit einer Testamentsanfechtung (JFG 13, 280), das etwaige Vorhandensein näherer Verwandter des Erblassers (DNotZ 1937, 702), die Staatsangehörigkeit des Erblassers (KG JR 1951, 762), etwaige Namensänderungen wegen Heirat (OLG Oldenburg DNotZ 1956, 566 = NJW 1957, 144; vgl. auch § 2356 Anm. 5) usw. zu erstrecken. Hierbei sind alle Erkenntnismöglichkeiten auszuschöpfen (BayObLG 1948/1951, 598).

Anm. 2

Ob ein Testament vernichtet worden ist, braucht im Erbscheinsverfahren nicht vom Antragsteller bewiesen zu werden. Im Erbscheinsverfahren, das dem Gebiet der freiwilligen Gerichtsbarkeit angehört, gibt es — abgesehen von besonderen im Gesetz begründeten Ausnahmen — keine Beweislast. Der Antragsteller ist zwar für die in § 2354 Abs. 1 Nr. 1 und 2 sowie Abs. 2 angeführten Tatsachen beweispflichtig. Im übrigen hat jedoch das Nachlaßgericht den Sachverhalt nach § 2358 in Verbindung mit FGG § 12 von Amts wegen zu ermitteln (OLG Hamm DNotZ 1950, 43 = DRspr I [174] 21e).

Anm. 3

Nach BayObLG (RJA 17, 72) hat das Nachlaßgericht die erforderlichen Ermittlungen auch dann selbst anzustellen, wenn ein Rechtsstreit über das Erbrecht anhängig ist, während das Kammergericht (RJA 9, 75; OLG 34, 318; 40, 155) das Nachlaßgericht für befugt erachtet, das Erbscheinsverfahren bis zur Entscheidung eines schon anhängigen Erbrechtsstreits auszusetzen. Die zweite Auffassung verdient auf Grund der Entstehungsgeschichte des § 2360 und aus Zweckmäßigkeitsgründen den Vorzug. Keinesfalls darf der Antragsteller zur Entscheidung streitiger Tat- oder Rechtsfragen auf den Weg eines erst anhängig zu machenden Rechtsstreits verwiesen werden (KGJ 35 A 110; OLG 46, 245). Zur Bedeutung eines vorliegenden rechtskräftigen Urteils § 2359 Anm. 3.

Anm. 4

Anerkennung des Erbrechts durch die Beteiligten enthebt das Gericht nicht der Pflicht zu eigener Prüfung (KGJ 34 A 112). Erklärungen der Miterben im Erbscheinsverfahren geben dem Nachlaßrichter nur einen Anhalt für die Ermittlung der Wahrheit, die ihm von Amts wegen obliegt. Vertreten die Miterben eine Ansicht, die das Testament antastet, auf das der Erbscheinsantrag sich stützt, so liegt darin allein noch keine Anfechtung des Testaments (**RG** DR 1941, 263[4]).

Anm. 5

Gehör der Beteiligten § 2360. Parteistellung im Sinne der ZPO haben sie nicht; trotz der Bezugnahme des § 15 FGG auf die Vorschriften der ZPO über den Zeugenbeweis sind deshalb die §§ 357, 397 ZPO auf Beweiserhebungen im Erbscheinsverfahren nicht anwendbar; es liegt im pflichtmäßigen Ermessen des Nachlaßgerichts, ob und inwieweit es Beteiligte zu Beweiserhebungen zuziehen oder sie vom Ergebnis der Erhebungen verständigen will (BayObLG 32, 383; BayObLG 1948/51, 417; aA OLG Potsdam NJ 1947, 161 und Fenner NJ 1947, 162). Die eidliche Vernehmung des Antragstellers und der sonstigen Beteiligten ist auch im Bereich der freiwilligen Gerichtsbarkeit zulässig (Kühn SJZ 1949 Sp. 581 = DRspr IV [470] 10b). Das gilt insbesondere, wenn keine anderen Beweismittel vorhanden sind und eine gewisse Wahrscheinlichkeit für die zu erweisende Tatsache besteht (BayObLG 1952, 102; 1953, 5; Palandt/Rechenmacher Anm. 1; Keidel JZ 1954, 564; Barnstedt DNotZ 1958, 470; Schlegelberger FGG 7. Aufl. § 15 Anm. 27; Keidel FGG 7. Aufl. § 15 Anm. 10a; aM **BGHSt** 5, 111 für das Verfahren vor den Niedersächsischen Sonderhilfsausschüssen nach dem Nds. Personenschadengesetz v. 22. 9. 1948; ferner **BGHSt** 10, 272 für das Verfahren zur Hausratsverteilung nach der Ehescheidung). Gegen die Vornahme von Ermittlungen gibt es keine Beschwerde aus FGG § 19.

Anm. 6

II. Öffentliche Aufforderung (Abs. 2)

Öffentliche Aufforderung entsprechend den Aufgebotsvorschriften, ZPO §§ 948 bis 950, wenngleich ohne Androhung von Rechtsnachteilen, nach dem Ermessen des Gerichts, so insbesondere wenn das Vorhandensein besser berechtigter Erben (Kinder aus einer bestimmten Ehe) wahrscheinlich ist. Die Verschweigung der Erbrechte im Aufforderungsverfahren hat zwar nicht ihren Verlust, wohl aber zur Folge, daß sie bei der Ausstellung des Erbscheins — vorbehaltlich einer etwaigen späteren Feststellung — nicht berücksichtigt werden (Mot. 5, 563; RJA 9, 84; DRW 1940, 198[10] = JFG 20, 387; DNotZ 1951, 525; aM Planck/Greiff Anm. 8; Matthießen ZBlFG 6, 389). Ist ein Besserberechtigter verschollen und nach Angabe des Antragstellers gestorben, so kann das Nachlaßgericht verlangen, daß eine Todeserklärung beigebracht wird, falls ihre Beschaffung nicht unverhältnismäßig schwierig ist (§ 2356 Anm. 8, 11); es ist in solchem Falle nicht verpflichtet, statt der Auflage eine öffentliche Aufforderung zu erlassen (RJA 13, 97; vgl. auch OLG Hamburg NJW 1953, 627[13] mit abl. Anm. von Mannheimer).

§ 2359

Der Erbschein ist nur zu erteilen, wenn das Nachlaßgericht die zur Begründung des Antrags erforderlichen Tatsachen für festgestellt erachtet.

E I 2071 Abs. 1 Satz 2, 2078 Abs. 3 II 2224; M 5 562, 574; P 5 679, 682, 691.

Übersicht

Erteilung des Erbscheins

Anm. 1

I. Nicht zu prüfende Umstände

Das Nachlaßgericht hat, abgesehen von den Fällen der §§ 792, 896 ZPO (§ 2353 Anm. 7), nicht zu prüfen, aus welchem Grunde und zu welchem Zwecke die Erteilung eines Erbscheins beantragt wird, sondern es hat gemäß §§ 2353, 2359 den Erbschein zu erteilen, wenn die Voraussetzungen der §§ 2354—2357 erfüllt sind und es die zur Begründung des Antrages erforderlichen Tatsachen für festgestellt erachtet; es darf deshalb dem Erben die Erteilung auch nicht mit der Begründung verweigern, daß er keines Erbscheins bedürfe (JFG 3, 146).

II. Feststellung des Erbrechts

1. Tätigkeit des Nachlaßgerichts

Anm. 2

Das Gericht entscheidet nach Abschluß der Ermittlungen (§ 2358) nach freier Überzeugung (ZPO § 286), welche Tatsachen es für festgestellt erachtet. Beweisregeln insbesondere auch wegen des Urkundenbeweises (ZPO §§ 415ff) bestehen nicht. Eine Begründung ist nicht vorgeschrieben. Aus den festgestellten oder offenkundigen Tatsachen hat das Nachlaßgericht selbständig im bejahenden oder verneinenden Sinne bestimmte Schlußfolgerungen zu dem mit dem Antrage geltend gemachten Erbrecht zu ziehen. Der Erbschein ist entweder so, wie er beantragr ist, zu erteilen, oder zu verweigern. Er darf nicht mit einem anderen Inhalt erteilt werden, als beantragt worden ist (**RG** 156, 180; KGJ 42, 128; BayObLG 19 A 207; KG HRR 1933 Nr. 1492; JFG 14, 78).

2. Selbständigkeit des Nachlaßgerichts

Anm. 3

Die Selbständigkeit, mit der das Nachlaßgericht im allgemeinen über die Begründetheit des Antrags befindet, gilt auch gegenüber einem Vergleich, den mehrere Erbansprecher über die Erbfolge geschlossen haben (JFG 6, 165), oder einer sonstigen Vereinbarung der Beteiligten (HRR 1932 Nr. 16), grundsätzlich auch gegenüber einem im Erbrechtsstreit ergangenen rechtskräftigen Urteil. Ist durch das Urteil das Erbrecht des Antragstellers festgestellt worden, so ist das Nachlaßgericht, wenn nach seiner Auffassung von der Sach- und Rechtslage der unterlegene Prozeßgegner oder ein Dritter der wahre Erbe ist, nicht gezwungen, den Antragsteller mit der Wirkung der §§ 2365—2307, welche über die Rechtskraft unter den Prozeßparteien hinausreicht, als Erben auszuweisen. Anderseits darf das Nachlaßgericht, falls durch das rechtskräftige Urteil das Erbrecht eines andern gegen den Antragsteller festgestellt ist, diesem den Erbschein auch dann nicht erteilen, wenn es ihn für den wahren Erben hält. Denn sonst könnte der andere sofort im Prozeßwege, gestützt auf die Rechtskraft des Urteils, die Herausgabe des Erbscheins an das Nachlaßgericht erzwingen und dadurch dessen Kraftlosigkeit herbeiführen (§ 2362 Anm. 1). Es liegt, trotz der grundsätzlichen Unabhängigkeit des Nachlaßgerichts vom Prozeßgerichte, nicht im Sinne des Gesetzes, einen Erbschein unter solchen Umständen zu erteilen. Die Frage ist umstritten. Bis zur 4. Auflage ist in diesem Werke mit der damals herrschenden Meinung schlechthin gesagt worden, daß das zwischen mehreren Erbansprechern ergangene rechtskräftige Urteil das Nachlaßgericht formell nicht binde (wie hier Kipp § 62 I 7 und Herold/Eichler, ZBlFG 20, 206 sowie Warneyer § 2359 I. Für noch weitergehende Bindung des Nachlaßgerichts insb. Kuttner, JheringsJ 59, 393 und 61, 107; Schlegelberger, FGG § 12 Anm. 17; Endemann III § 146 V; neuerdings auch Kipp/Coing § 128 II 3 mit Anm. 41). Vgl. auch zum neuesten Stande des Meinungsstreits Staudinger/Firsching § 2360 Anm. 8, 9.

Anm. 4

Zum Einfluß eines anhängigen Rechtsstreits vgl. §§ 2358 Anm. 3, 2360 Anm. 1.

Anm. 5

3. Besonderes

Bloße Anfechtbarkeit einer Verfügung von Todes wegen hindert die Erteilung des Erbscheins nicht (aM Strohal II § 67 Anm. 17). Ist jedoch die Anfechtung gemäß § 2081 erklärt worden, so hat sich das Nachlaßgericht auch über ihren Erfolg schlüssig zu machen (KGJ 38 A 118; s. auch § 2358 Anm. 1). Das gleiche gilt für die Berechtigung einer Ehescheidungsklage in den Fällen der §§ 1933, 2077 Anm. 7ff. Bei Erbunwürdigkeit wirkt die Anfechtung erst mit der Rechtskraft des Urteils (§ 2342 Abs. 2). Im Erbschein ist die Größe des Erbteils (§§ 2353 Anm. 17, 2357 Anm. 5) anzugeben. Im übrigen vgl. wegen des Inhalts des Zeugnisses § 2353 Anm. 10—16.

III. Beschwerde

Anm. 6

1. Allgemeines

Vgl. § 2361 Anm. 11f zur Beschwerde, insbesondere zum Beschwerderecht im allgemeinen. Zur Zulässigkeit der weiteren Beschwerde und zur Beschwerdebefugnis eines nach § 1960 Abs. 2 bestellten Nachlaßpflegers vgl. OLG Celle JR 1950, 58: Hiernach liegt nicht nur die Führung von Prozessen über das Erbrecht, sondern auch die Vertretung im Erbscheinsverfahren, insbesondere die Einlegung der Beschwerde oder weiteren Beschwerde gegen eine im Erbscheinverfahren ergangene Entscheidung des Nachlaß- oder Beschwerdegerichts außerhalb der Vertretungsmacht des Nachlaßpflegers (unter Hinweis auf KGJ 41 A 94, 96). Zum Beschwerderecht einer Nachfolgeorganisation bei Rückerstattungsansprüchen OLG Hamburg MDR 1954, 683 = DR II (247) 41a.

Für die Beschwerde sind folgende Fälle zu unterscheiden: Das Nachlaßgericht hat

a) es abgelehnt, einen Erbschein zu erteilen,
b) angekündigt, es werde den beantragten Erbschein erlassen,
c) angeordnet, den Erbschein zu erteilen,
d) den Erbschein erteilt,
e) den Erbschein eingezogen.

Anm. 7

2. Ablehnung (a)

Gegen die Verfügung, welche es ablehnt, einen Erbschein zu erteilen, gibt es die gewöhnliche, an keine Frist gebundene Beschwerde nach FGG §§ 19, 20. Sie steht im Falle des § 2357, wenn auch jeder Miterbe die Erteilung eines gemeinschaftlichen Erbscheins beantragen kann, gemäß FGG § 20 Abs. 2 doch nur dem Antragsteller zu (OLG 40, 155 Anm. 1c; JFG 13, 348). Der Vermächtnisnehmer als solcher hat kein Beschwerderecht (JFG 15, 246). Das Nachlaßgericht kann einer Beschwerde gegen seine ablehnende Verfügung selbst abhelfen (FGG § 18 Abs. 1).

Anm. 8

3. Ankündigung (b)

Die Ankündigung **(Vorbescheid)** des Nachlaßgerichts, es werde, falls kein Rechtsmittel eingelegt wird, einen Erbschein bestimmten Inhalts erteilen, ist beschwerdefähig (KG NJW 1955, 1072[10] im Anschluß an **RG** 137, 222; vgl. auch BayObLG 33, 334). Sie ist auch zulässig. Ein solcher Vorbescheid ist sachdienlich, da ein unrichtiger Erbschein beträchtlichen Schaden anrichten kann. Zwingende gesetzliche Vorschriften stehen dem Vorbescheid nicht entgegen (vgl. im einzelnen **BGH** 20, 255 = LM BGB § 2353 Nr. 2 mit eingehender Anm. von Johannsen = NJW 1956, 987 = JZ 1956, 452 = Rpfleger 1956, 233 mit Anm. von Haegele = DNotZ 1957, 545 mit Anm. von v. Schack, ferner OLG Hamm NJW 1956, 808; Firsching NJW 1955, 1540; auch § 2353 Anm. 24; aM KG aaO mit zustimmender Anm. von Baur). Der Ausweg, in „besonders zweifelhaften Fällen" zunächst die Erteilung des Erbscheins anzuordnen, jedoch „durch eine zeitliche Verschiebung in der Zustellung der Verfügung an den Erbprätendenten und den Antragsteller dem Gericht Gelegenheit zu geben", die Vollziehung nach FGG § 24 Abs. 2 auszusetzen (so Baur aaO), wäre bedenklicher. Der Antragsteller hat Anspruch darauf, daß eine Entscheidung, die das Gericht getroffen hat, ihm auch alsbald mitgeteilt wird. Einer Beschwerde gegen einen Vorbescheid kann das Nachlaßgericht selbst abhelfen, FGG § 18 Abs. 1. Es kann ihn aufheben oder inhaltlich ändern, ebenso das Beschwerdegericht.

Anm. 9

4. Anordnung (c)

Die bloße Anordnung, daß ein Erbschein erteilt werde, berührt zunächst nur den inneren Geschäftsbetrieb des Nachlaßgerichts. Daher ist der Erbschein noch nicht erteilt, wenn der Beschluß, welcher die Erteilung anordnet, bekanntgegeben, insbesondere eine Ausfertigung dieses Beschlusses zugestellt, sondern erst dann, wenn dem Antragsteller die Urschrift oder eine Ausfertigung des Erbscheins selbst ausgehändigt worden ist (§ 2353 Anm. 21); die Ausfertigung des Anordnungsbeschlusses nimmt, selbst wenn sie den Inhalt des späteren Erbscheins vollständig wiedergibt, auch nicht am Schutz des guten Glaubens (§§ 2366, 2367) teil (BayObLG NJW 1960, 1722 = JZ 1960, 490). Gleichwohl hat die Rechtsprechung die Beschwerde mit dem Ziele zugelassen, die Anordnung aufzuheben oder zu ändern, solange der Erbschein nicht erteilt ist (BayObLG 19 A 209, 213; JFG 13, 354; Keidel FGG 7. Aufl. § 20 Anm. 5 B c; vgl. auch Anm. 10). Das Nachlaßgericht kann auch in diesem Falle noch selbst abhelfen, FGG § 18 Abs. 1.

Anm. 10

5. Erteilung (d)

Ist der Erbschein erteilt, d. h. ordnungsgemäß dem Antragsteller oder sonstigen Empfangsberechtigten ausgehändigt (§ 2353 Anm. 21), so kann das Nachlaßgericht (FGG § 18 Abs. 1) oder das Beschwerdegericht ihn nicht einfach durch Beschluß aufheben oder inhaltlich ändern. Die Beschwerde kann nur das Ziel haben, das Nachlaßgericht anzuweisen, den angefochtenen Erbschein einzuziehen oder für kraftlos zu erklären, § 2361 (**RG** 61, 273; BayObLG 19 A 207; 33, 201; HRR 1935 Nr. 1171). Ein Antrag, einen erteilten Erbschein zu ändern, kann aber vielfach dahin ausgelegt werden, den Erbschein einzuziehen und einen neuen Erbschein mit dem angegebenen Inhalt auszustellen (RJA 7, 24; 17, 57; JFG 10, 76; vgl. auch JW 1936, 2752[55]).

Anm. 11

6. Einziehung (e)

Ist der Erbschein eingezogen worden, so entfällt die Möglichkeit, gegen den Beschluß, der die Einziehung angeordnet hat, Beschwerde einzulegen (BayObLG 20 A 212). Im übrigen vgl. § 2361 Anm. 11, 12.

Anm. 12

IV. Bindung an frühere Entscheidungen im Erbscheinsverfahren

Zur Bindung des Nachlaßgerichts an die Rechtsauffassung des Landgerichts im Erbscheinsverfahren: Hat das Nachlaßgericht einen Erbscheinsantrag abgelehnt und ist es auf Beschwerde durch das Landgericht angewiesen worden, den Erbschein zu erteilen, so ist es grundsätzlich an die Rechtsauffassung des Landgerichts gebunden. Auch das Landgericht ist daran gebunden. Nur ausnahmsweise besteht eine Bindung nicht, wenn sich nachträglich der Sachverhalt, welcher der Entscheidung des Landgerichts zugrunde lag, oder das von ihm angewandte Recht in einem für die Entscheidung maßgeblichen Punkte geändert hat (KG JFG 20, 203 = DR 1939, 1959). Nachlaß- und Beschwerdegericht würden jedoch in einem etwaigen neuen, von Amts wegen einzuleitenden Verfahren auf Einziehung des Erbscheins (§ 2361) nicht gebunden sein, da Entscheidungen im Erbscheinsverfahren keine materielle Rechtskraft haben (KG JFG 14, 286; KG NJW 1955, 1074). Das Kammergericht hat in der letztgenannten Entscheidung zutreffend angenommen, daß der Beschluß des **BGH** v. 28. 10. 1954 IV ZB 48/54 nicht entgegenstehe. Dort hat der BGH ausgesprochen: Hat im Verfahren der freiwilligen Gerichtsbarkeit das Landgericht auf die Beschwerde eines Beteiligten eine Entscheidung des Amtsgerichts aufgehoben und die Sache zur erneuten Entscheidung an das Amtsgericht zurückverwiesen, und hat keiner der Beteiligten Beschwerde gegen den zurückweisenden Beschluß eingelegt, so sind in dem weiteren Verfahren nicht nur das Amtsgericht und das Landgericht, sondern auch das Oberlandesgericht an die Rechtsauffassung gebunden, auf welcher der zurückliegende Beschluß beruht (NJW 1955, 21[6]). Das Einziehungsverfahren ist jedoch gegenüber der Erbscheinserteilung ein neues Verfahren.

§ 2360

Ist ein Rechtsstreit über das Erbrecht anhängig, so soll vor der Erteilung des Erbscheins der Gegner des Antragstellers gehört werden.

Ist die Verfügung, auf der das Erbrecht beruht, nicht in einer dem Nachlaßgerichte vorliegenden öffentlichen Urkunde enthalten, so soll vor der Erteilung des Erbscheins derjenige über die Gültigkeit der Verfügung gehört werden, welcher im Falle der Unwirksamkeit der Verfügung Erbe sein würde.

Die Anhörung ist nicht erforderlich, wenn sie untunlich ist.

E I 2071 Abs. 2, 2078 Abs. 3 II 2225; M 5 562, 574; P 5 679—682, 691.

Anhören Dritter

Anm. 1

I. Zu Abs. 1

Anhängigkeit eines Rechtsstreits über das Erbrecht (Erbschaftsanspruch, Feststellungsklage, Erbunwürdigkeitsklage, auch Streitigkeiten über den Personenstand als unmittelbare Voraussetzungen des Erbrechts) schließt die Erteilung des Erbscheins nicht aus. Erlangt aber das Nachlaßgericht aus dem Antrage (§ 2354 Nr. 5) oder sonst hiervon Kenntnis, so „soll" es den Gegner des Antragstellers vorher mündlich oder schriftlich hören. Zweckmäßig wird es auch die Prozeßakten beiziehen. Hält es auch unter Berücksichtigung der Prozeßergebnisse den Sachverhalt im Sinne des § 2359 für festgestellt, so hat es trotz des schwebenden Rechtsstreits über den Antrag zu entscheiden; andernfalls kann es das Erbscheinsverfahren aussetzen (§ 2358 Anm. 3). Nachlaßverwaltung und Nachlaßkonkurs sind kein Hindernis, dem Erben (auch auf Antrag des Verwalters, § 2353 Anm. 7) den Erbschein zu erteilen. Der Prozeßrichter ist nicht ermächtigt, dem Nachlaßgericht die Erteilung, d. h. Aushändigung des Erbscheins (§ 2353 Anm. 21) durch einstweilige Verfügung zu untersagen.

Anm. 2

II. Zu Abs. 2

Ist die nach § 2346 vorzulegende **Verfügung von Todes wegen** ein eigenhändiges Testament (§§ 2231 Nr. 2; 2247) oder Not- oder Seetestament gemäß §§ 2250, 2251 oder Wehrmachts-Nottestament (9. Aufl. TestG § 27 Anm. 4a), so „soll", auch wenn wegen der Echtheit und Wirksamkeit keine Zweifel bestehen, das Nachlaßgericht die Beteiligten hören, die ohne die Verfügung als in früheren Verfügungen eingesetzte oder als gesetzliche Erben berufen wären. Dasselbe gilt, wenn die errichtete — öffentliche oder nichtöffentliche — Verfügung untergegangen oder verloren ist und ihr Inhalt nur durch andere Beweismittel festgestellt werden kann (§ 2356 Anm. 10f).

Anm. 3

III. Zu Abs. 3

Es ist nicht nur dann **untunlich**, alle oder einzelne Beteiligte **anzuhören**, wenn das unausführbar, sondern auch wenn das unverhältnismäßig schwierig ist oder mit erheblichen Verzögerungen und unverhältnismäßigen Kosten verbunden sein würde (OLG 34, 317; vgl. §§ 2200 Abs. 2, 2216 Anm. 18, 2356 Anm. 10f). Das Nachlaßgericht entscheidet hierüber nach pflichtmäßigem Ermessen.

§ 2361

Ergibt sich, daß der erteilte Erbschein unrichtig ist, so hat ihn das Nachlaßgericht einzuziehen. Mit der Einziehung wird der Erbschein kraftlos.

Kann der Erbschein nicht sofort erlangt werden, so hat ihn das Nachlaßgericht durch Beschluß für kraftlos zu erklären. Der Beschluß ist nach den für die öffentliche Zustellung einer Ladung geltenden Vorschriften der Zivilprozeßordnung bekanntzumachen. Mit dem Ablauf eines Monats nach der letzten Einrückung des Beschlusses in die öffentlichen Blätter wird die Kraftloserklärung wirksam.

Das Nachlaßgericht kann von Amts wegen über die Richtigkeit eines erteilten Erbscheins Ermittelungen veranstalten.

E I 2073, 2078 Abs. 3 II 2226; M 5 563, 564; P 5 683.

Übersicht

Einziehung; Kraftloserklärung

I. Der unrichtige Erbschein

Anm. 1

Die Unrichtigkeit des Erbscheins kann sich durch den Ausgang eines über das Erbrecht geführten Rechtsstreits oder durch neue dem Nachlaßgericht bekannt werdende Tatsachen (Ausschlagung eines Miterben gegenüber der nach § 2357 Anm. 6 als bewiesen angesehenenen Annahme, RJA 12, 203, erfolgreiche Anfechtung, Erbunwürdigkeitserklärung, Eintritt der Nacherbfolge, KGJ 48, 112, usw.) oder dadurch ergeben, daß das Gericht aus tatsächlichen oder Rechtsgründen zu einer abweichenden Auffassung kommt. So, wenn es den Nachweis des früher angenommenen Erbrechts jetzt nicht mehr als geführt erachtet (OLG 37, 256). Das trifft nicht nur dann zu, wenn nach seiner neu gewonnenen Überzeugung das bescheinigte Erbrecht nicht besteht, sondern schon dann, wenn die nach § 2359 erforderliche Überzeugung des Gerichts erschüttert ist (BayObLG 1948/51, 412; NJW 1953, 144 Nr. 8) und es wegen des Erbrechts nunmehr ein non liquet annimmt; bloße Zweifel, die an dem Nachweise des Erbrechts auftauchen, reichen aber nicht aus (JR 1925 Nr. 1529). Entscheidend ist, ob die vom Nachlaßgericht unter Verwendung aller zur Verfügung stehenden Erkenntnismittel zu treffenden Feststellungen die Annahme rechtfertigen, daß das bescheinigte Erbrecht nicht mehr als nachgewiesen anzusehen ist (OLG Hamm JMBlNRW 1956, 246). Auch der Fall gehört hierher, daß die beschränkenden Angaben der §§ 2363, 2364 (OLG 32, 81; 35, 367; KG HRR 1929 Nr. 208) oder nach früherem Recht die Aufführung des Anerben nach ErbhRVO § 15 Abs. 1 (JW 1936, 3403[18]) zu Unrecht unterblieben oder inhaltlich unrichtig sind oder geworden sind. In allen solchen Fällen sachlicher Unrichtigkeit, ebenso bei Unverständlichkeit und inneren Widersprüchen (KGJ 34 A 227; 42, 220; RJA 17, 56), kann der Erbschein nicht geändert oder ergänzt, er kann vielmehr nur eingezogen oder für kraftlos erklärt und es kann gegebenenfalls ein neuer Erbschein erteilt werden (**RG** 61, 277; BayObLG 14, 144; 24 A 299 = JW 1926, 823[1]; JW 1936, 3403[18]; OLG Celle NdsRpfl 1955, 189 nit Nachw.). Veräußerung des Erbteils nach § 2033 macht den Erbschein nicht unrichtig (**RG** 64, 173).

Anm. 2

Schreib- oder Rechenfehler und ähnliche offenbare Unrichtigkeiten können dagegen auf dem Erbschein selbst und den erteilten Ausfertigungen berichtigt werden, da der Grundsatz des § 319 ZPO ebenmäßig für das Gebiet der freiwilligen Gerichtsbarkeit gilt (BayObLG 24 A 149; KG DFG 1937, 87; Höver DFG 1936, 31; auch OLG Celle NdsRpfl 1955, 189). Wenn ein Erbschein zwar das Erbrecht richtig bezeugt, aber ohne Antrag oder abweichend vom Antrage erteilt ist, so ist § 2361 entsprechend anzuwenden, es sei denn, daß der Antragsberechtigte oder auch nur einer von mehreren die Erteilung genehmigt hat (RJA 14 S. 268 u. 272; 17 S. 56, 58; JFG 14, 78; OLG München HRR 1942, 752; BayObLG 1948/51, 561). Das gleiche gilt für ein Testamentsvollstreckerzeugnis, das vom Antrage abweicht (OLG München HRR 1942 Nr. 752), ferner wenn der Antragsteller nicht antragsberechtigt war, z. B. für den Nacherben vor dem Eintritt des Nacherbfalls (§ 2139; BayObLG 1948/51, 561 = DRspr I [174] 37f).

Anm. 3

Ein von einem örtlich unzuständigen Amtsgericht erteilter Erbschein ist auch bei sachlicher Richtigkeit einzuziehen, und zwar nicht nur auf Beschwerde, sondern auch dann, wenn die Unzuständigkeit nicht gerügt worden ist (OLG Köln JMBlNRW 1957, 15 = DRsp I [174] 62d; vgl. auch § 2353 Anm. 1). Über den Fall, daß eines von mehreren in derselben Urkunde zusammengefaßten Zeugnissen (§ 2357 Anm. 3) unzulässigerweise erteilt oder unrichtig ist, vgl. KGJ 50, 96.

Anm. 4

Zur Einziehung des Erbscheins eines Kriegsvermißten, wenn nicht nachgewiesen ist, daß für ihn im Zeitpunkt des Erbfalls eine Lebensvermutung bestand, vgl. OLG Frankfurt Rpfleger 1953, 36 = DRspr I (174) 42c mit Hinweisen auf OLG Oldenburg NdsRpfl 1952, 53 = DRspr I (110) 23a; OLG Frankfurt Rpfleger 1952, 339 = DRspr I (170) 13a und **BGH** 5, 240.

Anm. 5

II. Das zuständige Nachlaßgericht

Gemeint ist in Anm. 1 das Nachlaßgericht, das den Erbschein erteilt hat. Die Einziehung steht deshalb einem anderen Nachlaßgericht nicht zu, auch wenn es sich mit Recht zur Erteilung für zuständig hält. Dies gilt sowohl dann, wenn mehrere Gerichte als Nachlaßgericht örtlich zuständig sind, insbesondere wegen eines doppelten Wohnsitzes des Erblassers, als auch dann, wenn der Erbschein von einem örtlich unzuständigen Gericht (§ 2353 Anm. 1) erteilt worden ist (KGJ 44, 104; 53, 88). Die Einziehung ist auch dann Sache des Nachlaßgerichts, wenn die Erteilung vom Beschwerdegericht (§ 2359 Anm. 12) angeordnet worden war; das Beschwerdegericht (Anm. 11) ist nie befugt, den Erbschein selbst einzuziehen; es muß die Ausführung dem Nachlaßgericht überlassen (RJA 16 S. 43 u. 66; BayObLG 1954, 71; OLG Celle NdsRpfl 1955, 189).

Anm. 6

III. Folge der Einziehung (Abs. 1 Satz 2)

Die Einziehung geschieht von Amts wegen. Sie kann von einem Erben auch dann beantragt oder angeregt werden, wenn die Erteilung seinem Antrage entsprach (Bay-

ObLG 31, 174). **Zwangsmittel** FGG § 33 idF des Art. 4 der VO v. 5. 8. 1935 (RGBl I 1065). Die Einziehung ist vollzogen, wenn das Gericht den tatsächlichen Besitz des ausgehändigten Erbscheins (§ 2353 Anm. 6) oder, bei einer Aushändigung in mehreren Ausfertigungen, den Besitz an sämtlichen Scheinen wiedererlangt hat, wobei Veränderungen an der bei den Gerichtsakten befindlichen Urschrift des Erbscheins für die Einziehung ohne Bedeutung sind (OLG Oldenburg DNotZ 1958, 263 mit eingehender Anm. von Keidel = NdsRpfl 1958, 154). Die bloße Einforderung genügt nicht. Schon die Tatsache der Einziehung macht den Schein **kraftlos,** d. h. sie entzieht ihm endgültig die Wirkungen der §§ 2365 ff, auch wenn er etwa versehentlich wieder in Verkehr gesetzt, sogar wenn er vom Nachlaßgericht selbst wieder ausgehändigt würde, weil die Einziehung als ungerechtfertigt erkannt worden war. Hier bleibt nur Erteilung eines neuen Erbscheins übrig.

IV. Kraftloserklärung (Abs. 2)

Anm. 7

1. Der Beschluß

Die Kraftloserklärung durch Beschluß setzt voraus, daß ein unrichtiger Erbschein (Anm. 1) nicht sofort erlangt werden kann.

Der **Beschluß** ist dem Antragsteller (§ 2353 Anm. 7) gemäß FGG § 16 bekanntzumachen und wird ihm sowie dem hiervon unterrichteten Dritten gegenüber schon hierdurch wirksam (§ 2366 Anm. 10).

Anm. 8

2. Bekanntmachung (Abs. 2 Satz 2)

Es gelten die Vorschriften für die öffentliche Ladung der ZPO §§ 204—206.

Anm. 9

3. Wirksamwerden (Abs. 2 Satz 3)

Die Wirksamkeit der Kraftloserklärung tritt nach Ablauf eines Monats (ZPO § 206) vom Ausgabetage des am spätesten erschienenen öffentlichen Blattes ab gerechnet gegen jedermann ein. Der Erbschein verliert damit schlechthin den öffentlichen Glauben der §§ 2365—2367. Der neue richtige Erbschein kann schon erteilt werden, ohne den Fristablauf abzuwarten (vgl. 2353 Anm. 9). Daneben bleibt die Einziehungspflicht bestehen. Ähnlich Kraftloserklärung einer Vollmacht § 176.

Anm. 10

V. Nachprüfung erteilter Erbscheine (Abs. 3)

Die **Ermittlungspflicht** des Nachlaßgerichts (§ 2358 Anm. 1 ff) dauert auch fort, wenn der Erbschein erteilt ist (KGJ 36 A 114; JFG 5, 171 Abs. 2). Zur Änderungsbefugnis des Amtsgerichts im Erbscheinsverfahren s. OLG Hamm JMBlNRW 1959, 176. Zur Bindung an Vorentscheidungen des Nachlaß- und des Beschwerdegerichts vgl. § 2359 Anm. 12.

VI. Rechtsmittel

Anm. 11

Beschwerde nach FGG §§ 19, 20 ist **zulässig** sowohl gegen die die Einziehung anordnende (OLG Hamm DNotZ 1951, 41/42; BayObLG 1952, 164) als gegen die den Antrag auf Einziehung ablehnende Verfügung, im letzteren Falle auch dann, wenn sich die Beschwerde gegen die im Erbschein bezeugte Erbenstellung des Antragstellers wendet (**BGH** 30, 261 = NJW 1959, 1730 m. Anm. von Bärmann NJW 1960, 142 = MDR 1959, 744 = DNotZ 1959, 591 = Rpfleger 1959, 376 mit krit. Anm. von Haegele). Insbesondere ist der wirkliche Erbe nicht auf die Klage aus § 2362 beschränkt (**RG** 61, 273). Dagegen gibt es keine Beschwerde gegen den Beschluß, durch den ein Erbschein für kraftlos erklärt wird (FGG § 84), es sei denn, daß die Kraftloserklärung insofern an einem Mangel leidet, als sie nicht öffentlich bekanntgemacht worden ist (BayObLG 1958, 364 = DRsp IV [170] 63 = MDR 1959, 400 = RdL 1959, 40). Sie ist gleichfalls ausgeschlossen, wenn die Einziehung des Erbscheins vollzogen ist (BayObLGZ 1957,

292, 302; Keidel DNotZ 1958, 266; JZ 1959, 440). Der eingezogene und der für kraftlos erklärte Erbschein können nicht wieder in Kraft gesetzt werden. Eine Beschwerde, welche dieses Ziel verfolgt, kann jedoch als Antrag behandelt werden, einen neuen Erbschein zu erteilen, der inhaltlich mit dem früheren übereinstimmt (vgl. § 2359 Anm. 3; JFG 10, 77 u. 79; s. auch KG DNotZ 1955, 156 und OLG Oldenburg DNotZ 1955, 158 mit eingehender Anm. Keidel aaO S. 160, 164; BayObLGZ 1959, 199, 203). Entsprechendes gilt, wenn die vom Landgericht auf Beschwerde beschlossene Einziehung vom Nachlaßgericht durchgeführt worden ist, für die **weitere Beschwerde** (OLG Oldenburg NdsRpfl 1948, 151 = DRspr IV [470] 11d; BayObLG 1951, 416; 1953, 197). Zur **Beschwerdefrist** vgl. OLG Neustadt NJW 1958, 836 = DNotZ 1958, 601: Das Recht der einfachen Beschwerde wird in Erbscheinssachen nicht durch Fristablauf, etwa wegen Rechtsmißbrauchs oder Verwirkung, ausgeschlossen.

Anm. 12

Beschwerdebefugnis. Die Beschwerde steht dem Antragsteller des eingezogenen Erbscheins oder seinem Erben zu (KG DRW 1939, 1951[7]), nach neuerer Rechtsprechung aber auch allen sonstigen Antragsberechtigten (**BGH** 30, 220 = NJW 1959, 1729 = MDR 1959, 744 = Rpfleger 1959, 347 im Anschluß an KG DNotZ 1955, 156 und Keidel ebenda S. 160; aM OLG Bremen Rpfleger 1956, 195 mit abl. Anm. von Keidel). Zu dem Antrage, einen Erbschein einzuziehen, berechtigt eine Rechtsstellung, die dem Gebiet des Erbrechts angehört, nicht schon ein rechtliches oder wirtschaftliches Interesse des Antragstellers (BayObLG JW 1935, 1189[2]). Auch wer im Erbschein als Erbe oder Nacherbe bezeichnet ist, kann geltendmachen, daß er nicht Erbe oder Nacherbe sei (OLG München JFG 13, 351). Aber auch der Nachlaßgläubiger, der einen vollstreckbaren Titel besitzt, kann im Wege der Beschwerde die Einziehung eines Erbscheins betreiben, der auf Antrag eines andern erteilt worden ist (OLG München JFG 23, 154 mit Hinweis auf KGJ 49, 83; BayObLG 34, 406 = JW 1935, 1189; JFG 15, 248). Kein Beschwerderecht der Erbschaftssteuerbehörde **RG** RJA 15, 14. Zur Beschwerdebefugnis eines Nachlaßpflegers und bei Rückerstattungsansprüchen vgl. § 2359 Anm. 6.

Die Beschwerde gegen die Erteilung eines Erbscheins mit dem Ziele, ihn einzuziehen, steht auch demjenigen zu, auf dessen Antrag der Erbschein erteilt worden ist (KG NJW 1960, 1158; s. auch Anm. 6).

Anm. 13

VII. Rückerstattung

Die in den Rückerstattungsgesetzen geschaffene Todesvermutung (Art. 43 REG BrZ; entsprechend Art. 51 REG AmZ) ist im Erbscheinsverfahren nicht anwendbar (**BGH** 1, 13; BayObLG NJW 1953, 144[8]; beide mit Nachweisen über abweichende Meinungen). Gleichwohl muß ein Erbschein nicht schon deshalb als unrichtig eingezogen werden, weil er auf die Todesvermutung der Rückerstattungsvorschriften gestützt ist; hierdurch allein braucht die Überzeugung, daß er richtig ist, noch nicht erschüttert zu werden (BayObLG 1952, 163 = NJW 1953, 144[8]; vgl. auch Anm. 1).

Der vom Nachlaßgericht auf den Erbschein gesetzte Vermerk „Nur gültig für das Rückerstattungsverfahren" oder „Nur für Zwecke der Rückerstattung" macht den Erbschein nicht ungültig (BayObLG 1952, 67 = NJW 1952, 825; BayObLG 1952, 163 = NJW 1953, 144[8]).

Vgl. auch Vorbem. 13a vor § 2353.

Anm. 14

VIII. Höferecht

Vgl. Anm. 15—21 vor § 2353. Zum Recht der Beschwerde gegen die Ablehnung der Einziehung eines Hoffolgezeugnisses vgl. **BGH** RdL 1952, 26.

Anm. 15

IX. Kosten

Zur Kostentragungs- und Kostenerstattungspflicht im Erbscheineinziehungsverfahren gemäß BayAGBGB Art. 131 vgl. BayObLG 1954, 128.

§ 2362

Der wirkliche Erbe kann von dem Besitzer eines unrichtigen Erbscheins die Herausgabe an das Nachlaßgericht verlangen.

Derjenige, welchem ein unrichtiger Erbschein erteilt worden ist, hat dem wirklichen Erben über den Bestand der Erbschaft und über den Verbleib der Erbschaftsgegenstände Auskunft zu erteilen.

E I 2074 II 2227 Abs. 1, 2; M 5 564, 565; P 5 683; 6 357, 358.

Ansprüche des wirklichen Erben

Anm. 1

I. Der **wirkliche Erbe,** dem der Nacherbe, der Testamentsvollstrecker und der irrtümlich für tot Erklärte gleichgestellt sind (§§ 2363 Abs. 2, 2364 Abs. 2, 2370 Abs. 2), hat neben dem Rechte, die Einziehung zu beantragen (§ 2361 Anm. 6, 12), den durch Klage verfolgbaren **Anspruch auf Herausgabe des unrichtigen Erbscheins** an das Nachlaßgericht. Die Klage steht zu **gegen** den **Besitzer** des Erbscheins, auch des schon für kraftlos erklärten Erbscheins, mag er den Besitzer selbst oder einen Dritten als Erben ausweisen. Auch mittelbarer Besitz genügt (§ 868). Der falsche Erbe ist ohne Besitz und deshalb allein, weil ihm der unrichtige Erbschein erteilt worden ist, nicht verklagbar. Jede Unrichtigkeit im Sinne von § 2361 Anm. 1 ff, auch Unvollständigkeit genügt zur Klagebegründung. Erst mit der Herausgabe an das Nachlaßgericht, die als Einziehung wirkt, wird der Erbschein kraftlos (§ 2361 Anm. 6). Der Streitwert der Herausgabeklage bemißt sich nach dem Interesse des Klägers, die gemäß den §§ 2365 bis 2367 drohenden Nachteile zu verhüten (**RG** JW 1911, 813).

Anm. 2

II. Die **Auskunftspflicht** obliegt, abweichend von Abs. 1, nicht dem Besitzer des Erbscheins als solchem, sondern dem oder den mehreren Personen, die darin fälschlich als Erben ausgewiesen sind. Der Erbe oder Miterbe, dessen Erbrecht nur dem Umfange nach im Erbschein unrichtig bezeichnet ist, ist deshalb allein dem wirklichen Erben oder Miterben nicht auskunftspflichtig. Wohl aber trifft die Auskunftspflicht auch den Gläubiger des (falschen) Erben und die sonstigen nach § 2353 Anm. 7 Antragsberechtigten, die sich den falschen Erbschein haben erteilen lassen und dadurch gleichfalls in die Lage gekommen sind, über den Nachlaß zu verfügen, gleichviel ob sie davon Gebrauch gemacht haben oder nicht. Vorlegung eines Bestandsverzeichnisses und Offenbarungseid § 260. Gleiche Pflichten treffen den Erbschaftsbesitzer § 2027.

§ 2363

In dem Erbscheine, der einem Vorerben erteilt wird, ist anzugeben, daß eine Nacherbfolge angeordnet ist, unter welchen Voraussetzungen sie eintritt und wer der Nacherbe ist. Hat der Erblasser den Nacherben auf dasjenige eingesetzt, was von der Erbschaft bei dem Eintritte der Nacherbfolge übrig sein wird, oder hat er bestimmt, daß der Vorerbe zur freien Verfügung über die Erbschaft berechtigt sein soll, so ist auch dies anzugeben.

Dem Nacherben steht das im § 2362 Abs. 1 bestimmte Recht zu.

E I 2075 II 2228 Abs. 1, 3; M 5 565, 566; P 5 683, 684.

Übersicht

Erbschein des Vorerben

Neueres Schrifttum: Bab, Erbschein nach dem erstverstorbenen zugunsten des überlebenden Ehegatten auf Grund eines gemeinschaftlichen Testaments, JR 1952, 468; Backs, Testamentarische Beschränkungen des Erben im Erbschein, DFG 40, 49; Guggumos, Ersatznacherbe und Erbschein, DFG 1937, 233.

I. Zum Inhalt des Erbscheins (Abs. 1)

1. Anordnung der Nacherbfolge

Anm. 1

Der Erbschein des Vorerben muß zum Schutze der Rechte des Nacherben erkennen lassen, daß die aus den §§ 2112ff ersichtlichen Beschränkungen in der Verfügung über Erbschaftsgegenstände bestehen oder — im Interesse des Vorerben — daß und inwieweit sie kraft letztwilliger Anordnung nicht bestehen. Dagegen beweist der Erbschein in der Hand des Vorerben nicht, daß sein Verfügungsrecht noch fortbesteht, d. h. daß es nicht durch Eintritt der Nacherbfolge (§ 2139) oder schon vorher durch Entziehung der Verwaltung (§ 2129) erloschen ist.

Anm. 2

Eine vom Erblasser angeordnete Nacherbfolge ist im Erbschein nicht mit zu vermerken, wenn feststeht, daß die dafür gesetzte Bedingung nicht oder nicht mehr eintreten kann (OLG Celle NdsRpfl 1955, 189).

Anm. 3

Hat sich die Nacherbfolge durch Zeitablauf (§ 2109) oder durch Wegfall des Nacherben (§ 2108 Anm. 4) ganz erledigt oder ist der Nacherbfall eingetreten, so ist der Erbschein unrichtig geworden (§ 2361 Anm. 1; vgl. auch § 2365 Anm. 5 a. E.). Maßgebend für die nach Abs. 1 Satz 1 erforderlichen Angaben ist nicht die Rechtslage zur Zeit des Erbfalls, sondern die zur Zeit der Erteilung des Erbscheins (DRZ 1929 Nr. 136; JFG 18, 223). Der Nacherbe hat auf Erteilung eines eigenen Erbscheins erst nach Eintritt der Nacherbfolge Anspruch (§ 2353 Anm. 4, § 2365 Anm. 5 a. E.). Der Nacherbe hat vor Eintritt der Nacherbfolge auch kein Beschwerderecht, wenn ein dem Vorerben erteilter Erbschein eingezogen wird, der die Anordnung der Nacherbschaft angibt; denn durch eine solche Einziehung wird kein Recht des Nacherben beeinträchtigt (OLG Oldenburg NdsRpfl 1958, 154 = DNotZ 1958, 263 mit eingehender Anm. von Keidel S. 265).

Anm. 4

Bei einer Amtspflichtverletzung durch Nichterwähnung einer Nacherbfolge in einem dem Vorerben erteilten Erbschein kann der Nacherbe schon vor Eintritt der Nacherbfolge aus § 839, GG Art. 34 auf Feststellung der Ersatzpflicht des Staates für den Schaden klagen, der ihm infolge unwirtschaftlicher Verwaltung der Erbmasse durch den Vorerben erwachsen ist und in Zukunft noch erwachsen wird (**RG** 139, 343 zu WeimVerf Art. 131).

Anm. 5

Zur entsprechenden Anwendung der §§ 2363, 2364 auf das letztwillig verfügte Verwaltungs- und Nutznießungsrecht der Witwe eines Hofeigentümers beim Hoffolgezeugnis (Erbschein) nach HöfeO § 18 Abs. 2 vgl. Anm. 16 von § 2353; OLG Celle MDR 1949, 165 = DRspr II [282] 30d.

Anm. 6

2. Voraussetzungen der Nacherbfolge

Die Voraussetzungen der Nacherbfolge ergeben sich aus den §§ 2103—2107, 2109.

3. Angabe des Nacherben

Anm. 7

Die Bezeichnung des Nacherben, auch des Ersatznacherben (vgl. LG Saarbrücken SaarRuStZ 1956, 38), mag er ausdrücklich oder stillschweigend, § 2069, berufen sein (**RG** 142, 171), hat, wenn sie keine namentliche sein kann (§§ 2101, 2104), nach anderen Merkmalen (künftige Nachkommenschaft des X) so genau wie möglich zu geschehen (RJA 11, 280). Es ist statthaft, einen solchen Erbschein durch namentliche Anführung der Nacherben später zu ergänzen. Sofern ein von der Regel des § 2108 Abs. 2 Satz 1 abweichender Wille des Erblassers vorliegt, ist im Erbschein zu vermerken, daß die Nacherbenanwartschaft nicht auf die Erben des Nacherben übergeht; fehlt ein solcher Vermerk, so bedeutet die Fassung des Erbscheins, daß die Anwartschaft vererblich ist (RG 154, 330). Vgl. hierzu auch Guggumos DFG 1937, 233ff.

Anm. 8

Auch wenn der Nacherbe sein Anwartschaftsrecht veräußert hat (§ 2108 Anm. 13), ist im Erbschein nicht der Erwerber, sondern der Nacherbe anzugeben (s. § 2353 Anm. 4; ebenso Kipp/Coing 11. Bearb. § 50I3b; auch Palandt/Rechenmacher 19. Aufl. Anm. 1; aM KG DRW 1939, 1085[28] = JFG 20, 21). Ist gemäß § 2222 für den Nacherben ein Testamentsvollstrecker ernannt, so ist zur Sicherung des Rechtsverkehrs mit dem Vorerben diese Ernennung, unter Hinweis auf ihre begrenzte Zweckbestimmung, mit anzugeben (RJA 12, 121; aM 2. Aufl.). Die Angabe der Anteile der Nacherben gehört nicht in den dem Vorerben zu erteilenden Erbschein (OLG 32, 81).

Anm. 9

Die Feststellung der Nacherben für den Nacherbenvermerk bestimmt sich nicht nach der Ausnahmeregelung der §§ 2354—2356, sondern nach der grundsätzlichen Regelung des § 2358 (FGG § 12). Das Nachlaßgericht hat daher die Nacherben von Amts wegen zu ermitteln (OLG Frankfurt NJW 1953, 507).

Anm. 10

4. Befreiung des Vorerben (Abs. 1 Satz 2)

Die **Befreiung des Vorerben von Beschränkungen** seines Verfügungsrechts ist nicht nur dann anzugeben, wenn der Erblasser sie mit den in § 2137 behandelten oder sonstigen Ausdrücken im vollen Umfange des § 2136 angeordnet hat, sondern gemäß dem Zwecke des Erbscheins, als Verfügungsausweis zu dienen, auch dann, wenn es sich nur um die Befreiung von einzelnen gesetzlichen Beschränkungen handelt; wird das nicht angegeben, so ist der Erbschein unrichtig (RJA 12, 204; 16, 62). Auch die Zuwendung eines Nachlaßgegenstandes an den Vorerben als Vorausvermächtnis ist, wenn nicht die Vermutung des § 2110 Abs. 2 widerlegt ist, im Erbschein anzugeben (DRW 1940, 455[20] = HRR 1940, 539). Dagegen gehört die in § 2136 auch zugelassene Befreiung von gesetzlichen Verpflichtungen gegenüber dem Nacherben nicht in den Erbschein (OLG 34, 290; RJA 16, 62). Entsprechend bei der Eintragung des Vorerben im Grundbuche GBO § 51.

Anm. 11

II. Herausgabe eines unrichtigen Erbscheins (Abs. 2)

Der Herausgabeanspruch des § 2362 Abs. 1 — daneben das Recht, Einziehung nach § 2361 zu betreiben — steht dem Nacherben gegen jeden Besitzer des unrichtigen Erbscheins zu, also, wenn darin Unrichtigkeiten im Sinne des ersten Absatzes enthalten sind, auch gegen den Vorerben, und zwar schon vor Eintritt der Nacherbfolge. Dagegen ist er zu dem Verlangen auf Auskunftserteilung nach § 2362 Abs. 2 erst nach Eintritt der Nacherbfolge, gegenüber dem Vorerben übrigens schon nach § 2130 Abs. 2 berechtigt.

§ 2364

Hat der Erblasser einen Testamentsvollstrecker ernannt, so ist die Ernennung in dem Erbschein anzugeben.

Dem Testamentsvollstrecker steht das im § 2362 Abs. 1 bestimmte Recht zu.

E I 2075, Abs. 2, 3 II 2228 Abs. 2, 3; M 5 566; P 5 683.

Testamentsvollstrecker und Erbschein

I. Angabe im Erbschein (Abs. 1)

Anm. 1

Nur die Ernennung des Testamentsvollstreckers (§§ 2197 ff), nicht auch sein Name oder etwaige ihn in der Verwaltung beschränkende oder befreiende Anordnungen (§ 2368 Anm. 3f) sind im Erbschein anzugeben (OLG 40, 155 Anm. 1f).

Anm. 2

Die Angabe hat zu unterbleiben, wenn der Testamentsvollstrecker den Erben (oder den Erbeserben, KGJ 46, 141) nicht beschränkt, so in den Fällen der §§ 2208 Abs. 2, 2223, ferner, wenn es sich um den nur für einen Miterben auszustellenden Erbschein handelt, dessen Erbteil von der Bestellung des Testamentsvollstreckers nicht betroffen wird (RJA 12, 120; OLG 44, 107); dagegen nicht in dem Falle des § 2222, in dem die Testamentsvollstreckung die Art der Beschränkung des Vorerben durch das Nacherbenrecht beeinflußt (§ 2363 Anm. 8). Die Ernennung ist ferner nicht anzugeben, wenn sie nach § 2201 unwirksam oder zur Zeit der Erteilung des Erbscheins, z. B. durch Ablehnung des Amtes oder durch Eintritt einer auflösenden Bedingung, bereits hinfällig geworden ist (KGJ 48, 143 gegen RJA 8, 35). Dasselbe gilt, wenn die Ernennung, z. B. wegen einer aufschiebenden Bedingung, noch nicht wirksam geworden ist und ihre Aufnahme in den Erbschein das einstweilen unbeschränkte Verfügungsrecht des Erben ins Ungewisse stellen würde (JFG 10, 72). Vgl. auch GBO § 52.

Anm. 3

Das dem Testamentsvollstrecker selbst zu erteilende Zeugnis behandelt § 2368.

Anm. 4

II. Herausgabe eines unrichtigen Erbscheins (Abs. 2)

Der Testamentsvollstrecker kann — neben dem Rechte, Einziehung nach § 2361 zu beantragen (BayObLG 13, 743; RJA 16, 244) — Herausgabe des Erbscheins an das Nachlaßgericht sowohl vom Erben verlangen, wenn darin die Ernennung des Testamentsvollstreckers nicht angegeben ist oder sonstige Unrichtigkeiten enthalten sind, als auch von jedem dritten Besitzer des unrichtigen Erbscheins. Als Ausfluß seines Verwaltungsrechts gebührt ihm in diesem Falle auch das Recht auf Auskunftserteilung aus § 2362 Abs. 2. Wegen des Rechts des Testamentsvollstreckers, selbständig die Erteilung des Erbscheins zu beantragen, vgl. § 2353 Anm. 7.

§ 2365

Es wird vermutet, daß demjenigen, welcher in dem Erbschein als Erbe bezeichnet ist, das in dem Erbschein angegebene Erbrecht zustehe und daß er nicht durch andere als die angegebenen Anordnungen beschränkt sei.

E I 2076 II 2229; M 5 567, 568; P 5 683.

Übersicht

Beweiswirkung des Erbscheins (Vermutung)

I. Allgemeines

Anm. 1

Die durch den Erbschein begründete **Vermutung** ist durch alle Beweismittel widerlegbar (ZPO § 292 in entsprechender Anwendung); der Gegenbeweis kann unter

Umständen demselben Beweis- und Tatsachenstoff, der schon bei der Erteilung des Erbscheins vorgelegen hat, entnommen werden (**RG** 92, 71; DR 1942, 977[7]). Die Vermutung hängt von der Erteilung ab, d. h. regelmäßig von der Aushändigung des Erbscheins an den Antragsteller (§ 2353 Anm. 21), auch wenn ihm nur mittelbarer Besitz daran verschafft wird (§ 868). Doch ist die Fortdauer der Vermutung von der Fortdauer des Besitzes oder auch nur vom Vorhandensein des Erbscheins nicht abhängig.

Anm. 2

Die Vermutung erlischt erst mit der Einziehung oder Kraftloserklärung (§ 2361), denen die Herausgabe an das Nachlaßgericht gleichsteht (§ 2362 Anm. 1), oder dadurch, daß von einem wenn auch unzuständigen Nachlaßgericht (§ 2353 Anm. 1) ein zweiter widersprechender Erbschein erteilt wird. Eine Vermutung hebt dann die andere auf (so auch neuerdings **BGH** 23. 11. 1960 V ZR 142/59 mit weiteren Nachweisen).

Anm. 3

Öffentlicher Glaube des Erbscheins §§ 2366, 2367.

II. Vermutung für das Erbrecht (Halbs. 1)

Anm. 4

Die Vermutung hat, wie bei der Eintragung im Grundbuche (§ 891), unmittelbar das **Erbrecht** des oder der mehreren im Erbschein bezeichneten Erben, insbesondere auch die Größe des Erbteils (§ 2353 Anm. 17), nicht die zugrunde liegenden Tatsachen zum Gegenstande (**RG** WarnRspr 1913 Nr. 300; **RG** DR 1944/45, 339[15]). Sie wirkt sowohl für den Erben, wenn er das Erbrecht selbst, insbesondere mit dem Erbschaftsanspruche oder einzelne zum Nachlaß gehörende Ansprüche geltend macht, als auch gegen ihn, wenn er wegen Nachlaßverbindlichkeiten belangt wird. Doch braucht der Erbe den Nachweis seines Erbrechts gegenüber den Nachlaßschuldnern nicht durch Erbschein zu führen; diese dürfen die Zahlung auch nicht verweigern, bis er den Erbschein vorlegt (**RG** 54, 343; WarnRspr 1908 Nr. 75; § 2367 Anm. 2). Anderseits soll nach **RG** (IV. ZS) WarnRspr 1913 Nr. 300 (durch Urteil v. 21. 1. 1944 VI 107/43 = DR 1944/45, 399[15] erneut ausdrücklich bestätigt) der im Erbrechtsstreit gegenüber dem Erbscheinserben als gesetzlicher Erbe auftretende Kläger seiner Pflicht zur Führung des Gegenbeweises dadurch genügen, daß er nach den allgemeinen Grundsätzen, welche die Beweislastverteilung bei der Erbschaftsklage regeln, die Tatsachen für sein gesetzliches Erbrecht beweist, während der Beklagte die zur Ausschließung dieses Erbrechts dienenden Tatsachen, deshalb auch die streitige Echtheit eines vorhandenen Privattestaments soll beweisen müssen (zustimmend Kipp § 63 Anm. 4 und dort Angeführte; auch Kipp/Coing 11. Bearb. § 103 Anm. 4). Dagegen hat **RG** (V. ZS) 92, 71 den für die Rechtsvermutung des § 891 (s. dort Anm. 21ff) ständig angenommenen Satz auch für § 2365 anerkannt, es gehöre zur Führung des Gegenbeweises, jede Möglichkeit auszuräumen, daß das beurkundete Recht entstanden sei. Auch von diesem Standpunkt aus ist aber (mit **RG** 27. 4. 1925 IV 518/24) anzuerkennen, daß der Prozeßrichter gegenüber dem Erbschein freie Hand hat, wenn es sich um die Auslegung eines in seiner Echtheit nicht bestrittenen Testaments handelt.

Anm. 5

Gemäß § 857 erstreckt sich die Vermutung auch darauf, daß der Erbe an den Nachlaßsachen Besitz erlangt habe und daß ihm deshalb die Besitzschutzmittel zur Seite stehen. Er wird aber mit der Erteilung des Scheines allein nicht schon Erbschaftsbesitzer im gesetzlichen Sinne des § 2018 Anm. 4—6. Der einem Vorerben erteilte Erbschein, der gemäß § 2363 die Nacherben benennt, bezeugt nicht mit den Wirkungen der §§ 2365—2367, wer Nacherbe ist; diese Wirkungen kommen nur einem Erbschein zu, der den Nacherben nach Eintritt der Nacherbfolge erteilt wird (§ 2353 Anm. 4; JFG 6, 135; OLG München HRR 1938 Nr. 315).

III. Vermutung für das Fehlen weitergehender Beschränkungen (Halbs. 2)

Anm. 6

Inhalt und Umfang des Erbrechts werden sowohl nach der positiven als nach der negativen Seite bezeugt, positiv dahin, daß es überhaupt und zugleich, daß es mit den angegebenen Beschränkungen besteht, negativ dahin, daß sonstige Beschränkungen nicht angeordnet sind.

Anm. 7

Als mögliche Beschränkungen des Erben kommen jedoch nur in Frage: Anordnung einer Nacherbfolge und Ernennung eines Testamentsvollstreckers gemäß §§ 2363, 2364, nicht auch Teilungsanordnungen, die nur schuldrechtliche Verpflichtungen zwischen den Erben begründen (§ 2048 Anm. 4). Ebensowenig befaßt sich die Vermutung mit Umständen, die nicht auf Anordnung des Erblassers beruhen, wie etwaige Nachlaßverwaltung oder Nachlaßkonkurs oder Entziehung der Verwaltung nach § 2129.

IV. Besonderes

Anm. 8

Nachweis der Erbfolge durch Erbschein nach GBO §§ 35, 36; FGG § 107 Abs. 2. Über die Grenzen der dem **Grundbuchrichter** (oder Schiffsregisterrichter) gegenüber dem Inhalte des Erbscheins obliegenden Prüfung vgl. Güthe/Triebel GBO § 35 Anm. 17 sowie KG JFG 18, 42; s. auch Henke/Mönch/Horber GBO § 35 Anm. 35 Anm. 3 Cc; Meikel/Imhof/Riedel GBO 5. Aufl. § 35 Anm. 39, 40; Thieme GBO 4. Aufl. § 35 Anm. 2 Abs. 4; Haegele Rpfleger 1951, 547. Bedenklich ist die vom OLG Frankfurt vertretene Meinung, das Grundbuchamt könne einen Erbschein deshalb als unrichtig zurückweisen, weil seine Erteilung gefestigter Rechtsauffassung widerspreche (Rpfleger 1953, 36). Ist die Auslegung eines Testaments, in dem einem Dritten die Auswahl des Nacherben überlassen ist, zweifelhaft und hängt die Gültigkeit des Testamentes von dieser Auslagung ab, so ist der Grundbuchrichter nach Ansicht des OLG Celle dagegen nicht befugt, das Testament anders auszulegen, als es der Nachlaßrichter bei der Erteilung des Erbscheins getan hat (NdsRpfl 1958, 140). Das ist billigenswert. Vgl. auch Staudinger/Firsching Anm. 17, 18.

Anm. 9

Ein nach dem 1. Weltkriege in den an Polen abgetretenen Gebieten von einem polnischen Gericht, sei es auch im Einklang mit den dort gültig gebliebenen Vorschriften des BGB, erteilter Erbschein genügte nicht zum Nachweise der Erbfolge (JFG 17, 342).

Anm. 10

Zum Streitwert: Der Erbschein begründet nur eine Rechtsvermutung und kann wirtschaftlich fast ohne Wert sein. In einem Rechtsstreit, der das Erbscheinsverfahren z. B. mit einem Antrag auf Abgabe einer eidesstattlichen Versicherung, nur vorbereiten soll, ist daher in der Regel ein geringer Streitwert festzusetzen (**BGH** 8. 7. 1954 IV ZR 210/53).

§ 2366

Erwirbt jemand von demjenigen, welcher in einem Erbschein als Erbe bezeichnet ist, durch Rechtsgeschäft einen Erbschaftsgegenstand, ein Recht an einem solchen Gegenstand oder die Befreiung von einem zur Erbschaft gehörenden Rechte, so gilt zu seinen Gunsten der Inhalt des Erbscheins, soweit die Vermutung des § 2365 reicht, als richtig, es sei denn, daß er die Unrichtigkeit kennt oder weiß, daß das Nachlaßgericht die Rückgabe des Erbscheins wegen Unrichtigkeit verlangt hat.

E I 2077 II 2230; M 5 569—572; P 5 684—686; 6 222.

Übersicht

Öffentlicher Glaube beim Erwerb vom Erbscheinserben

Anm. 1

I. Allgemeines

§ 2366 behandelt den **öffentlichen Glauben** des Erbscheins, entsprechend dem Inhalte des Grundbuchs § 892, soweit es sich um den **Erwerb** von dem durch Erbschein ausgewiesenen Erben handelt (Leistung an den Erben § 2367). Entscheidend ist lediglich, ob zur Zeit des Erwerbs ein solcher Erbschein erteilt ist und noch gilt. Nicht ist erforderlich, daß ihn der Erbe bei Abschluß des Geschäfts besitzt oder vorlegt oder daß er oder der Erwerber auch nur davon Kenntnis hat (**RG** ZBlFG 8, 327). Ebensowenig ist zwischen entgeltlichem und unentgeltlichem Erwerb unterschieden; doch haftet letzterenfalls der Erwerber dem wirklichen Erben nach den §§ 816, 822 auf Bereicherung.

Anm. 2

II. Erwerb durch Rechtsgeschäft

Der Erwerb muß **durch dingliches Rechtsgeschäft** (Anm. 7 vor § 104), einseitiges oder zweiseitiges, vermittelt sein. Demnach scheidet der Erwerb unmittelbar kraft Gesetzes (so § 412), insbesondere durch Erbgang aus, mag er sich auch auf Grund einer Verfügung von Todes wegen, im Wege der Zwangsvollstreckung oder des Arrestes vollziehen, soweit es sich dabei nicht gemäß ZPO §§ 894, 897 um die durch Urteil erzwungene Erfüllung eines Rechtsgeschäfts handelt. Über verfügende Rechtsgeschäfte anderer Art als Erwerbsgeschäfte s. § 2367 Anm. 5. Der dem Erbscheinserben aus dem Rechtsgeschäfte zufließende Erwerb (die Gegenleistung) wird als dinglicher Ersatz nach §§ 2019 Anm. 3, 2111 Anm. 3—11 Bestandteil der Erbschaft, soweit er mit Mitteln der Erbschaft gemacht ist. Im übrigen haftet der falsche Erbscheinserbe nach § 816 auf Bereicherung. Das zwischen ihm und einem Dritten ergehende Urteil wirkt weder für noch gegen den wirklichen Erben.

Anm. 3

III. Erbschaftsgegenstand

Erbschaftsgegenstand, Sache oder Recht (§ 90) einschließlich der Ersatzstücke (Surrogate) nach § 2019 Anm. 1—3, im Gegensatze zu der Erbschaft als Ganzem (§§ 2030, 2371 ff) oder zum Erbteile. Der Erbschein schützt mithin den nicht, der einen Erbteil auf Grund des § 2033 Abs. 1 erwirbt. Zugleich kommt zum Ausdruck („Erbschaftsgegenstand, zur Erbschaft gehörendes Recht"), daß sich der Erwerb auf der Grundlage des dem Erbscheinserben vermeintlich zustehenden Erbrechts vollzogen haben muß. Der gute Glaube an den Inhalt des Erbscheins schützt auch den Erwerber von Sachen nicht, die der durch den Erbschein ausgewiesene Erbe als angeblich zum Nachlaß gehörig, in Wirklichkeit jedoch ohne Berechtigung veräußert. Jedoch können Veräußerungen solcher Art den Schutz der §§ 932 ff genießen.

Anm. 4

IV. Recht an einem Erbschaftsgegenstand

In Betracht kommen z. B. Dienstbarkeiten, Hypotheken, Grundschulden, Pfandrechte.

Anm. 5

V. Befreiung von Rechten

Gemeint sind Rechte dinglicher oder persönlicher Art, sofern sie dem Erben als solchem, auch als Erbschaftssurrogate, zustehen (Löschungsbewilligungen, Erlaß, befreiende Schuldübernahme).

VI. Schutzwirkung des Erbscheins

Anm. 6

Die Schutzwirkung des Erbscheins reicht soweit wie die Vermutung des § 2365, nicht weiter. Danach hat die Veräußerung, welche der falsche, aber durch einen noch geltenden Erbschein ausgewiesene Erbe vorgenommen hat, die gleiche Wirkung, wie wenn sie der wahre Erbe bewirkt hätte. Ebenso sind die Veräußerungen des wirklichen Erben, dem ein unbeschränkter Erbschein erteilt ist, voll wirksam, auch wenn er in Wahrheit durch Anordnung einer Nacherbfolge oder Ernennung eines Testamentsvollstreckers beschränkt war.

Anm. 7

Dagegen bietet der Erbschein keine Gewähr dafür, daß der Erbe nicht in anderer Weise (durch Nachlaßverwaltung, Nachlaßkonkurs, Entziehung der Verwaltung nach § 2129) beschränkt oder daß sein Vorerbenrecht nicht inzwischen durch Eintritt der Nacherbfolge erloschen ist (s. jedoch § 2140), auch nicht dafür, daß er gemäß § 2361 nicht für kraftlos erklärt ist. Angaben, die nicht in den Erbschein gehören (§ 2353 Anm. 15), genießen den öffentlichen Glauben überhaupt nicht.

Anm. 8

Der Schutz tritt nur zugunsten des Erwerbers ein, nicht zugunsten des oder der vermeintlichen Erben, also nicht auch wegen der Verfügungen, die vermeintliche Miterben untereinander über Erbschaftsgegenstände getroffen haben. Anderseits wirkt der unrichtige Erbschein auch nicht zuungunsten des Erwerbers, wenn er z. B. nachweist, daß die im Erbschein angegebenen Beschränkungen des Erben tatsächlich nicht bestehen.

Anm. 9

Das Vorhandensein eines zweiten widersprechenden Erbscheins hebt die Vermutung des § 2365 (Anm. 2) und damit auch den öffentlichen Glauben des ersten Erbscheins auf (streitig; wie hier Planck/Greiff Anm. VII; Palandt/Rechenmacher Anm. 2; **BGH** 23. 11. 1960 V ZR 142/59 mit weiteren Nachweisen). Mit der Wiedereinziehung des ihm entgegenstehenden Scheines wird jedoch der auf Grund des anderen Erbscheins vollzogene Erwerb wirksam.

Anm. 10

VII. Kenntnis der Unrichtigkeit

Der Schutz des Erbscheins versagt, wenn dem Erwerber Kenntnis der Unrichtigkeit (§ 2361 Anm. 1) nachgewiesen wird. Hierzu genügt jedoch nicht Kennenmüssen (§ 122 Abs. 2) oder Kenntnis von einzelnen Tatsachen, die das bezeugte Erbrecht aufzuheben oder einzuschränken geeignet sind, wenn der Erwerber dadurch nicht die Überzeugung gewonnen hat, daß der Erbschein unrichtig ist. Er braucht deshalb nicht gutgläubig im Sinne von § 932 Abs. 2 zu sein. Zweifel, selbst ein auf grober Fahrlässigkeit beruhendes Nichterkennen der Unrichtigkeit, begründen keine Kenntnis. Kenntnis der Anfechtbarkeit steht nach § 142 Abs. 2 der Kenntnis der Nichtigkeit gleich. Entscheidend ist der Zeitpunkt der Vollendung des betreffenden Rechtsgeschäfts. Grundsätzlich kommt es auf die Kenntnis des Vertreters an, ausnahmsweise genügt diejenige des Vertretenen (§ 166).

Anm. 11

VIII. Kenntnis vom Rückgabeverlangen des Nachlaßgerichts

Wer weiß, daß das Nachlaßgericht die Rückgabe des Erbscheins wegen Unrichtigkeit verlangt hat, kann sich auf die Schutzwirkung des Erbscheins nicht berufen, gleichviel ob der Erbschein unrichtig ist und ob das Verlangen des Nachlaßgerichts gerechtfertigt ist. Das gleiche gilt, wenn der Erwerber von der rechtskräftigen Verurteilung zur Herausgabe an das Nachlaßgericht erfährt (§ 2362 Abs. 1). Dagegen ist die Kenntnis davon unschädlich, daß die Klage auf Herausgabe erst erhoben ist.

Anm. 12

IX. Verhältnis zum öffentlichen Glauben des Grundbuchs

Soweit Grundstücke in Frage stehen und der Erbe im Grundbuch eingetragen ist, ist der öffentliche Glaube des Grundbuchs (§ 892) für den grundbuchmäßigen Erwerb auch dann maßgebend, wenn das Grundbuch und der Erbschein verschiedene Personen als Erben ausweisen. Doch verliert der Erbschein damit im übrigen, also bei Verfügungen über bewegliche Sachen, über Forderungen und sonstige zum Nachlasse gehörige, nicht im Grundbuch eingetragene Rechte nicht seine Schutzwirkung. Inwieweit die Kenntnis von der (richtigen) Eintragung im Grundbuch oder von einem dort eingetragenen (begründeten) Widerspruch der Kenntnis von der Unrichtigkeit des Erbscheins gleichsteht (Anm. 10), ist Tatfrage.

§ 2367

Die Vorschriften des § 2366 finden entsprechende Anwendung, wenn an denjenigen, welcher in einem Erbschein als Erbe bezeichnet ist, auf Grund eines zur Erbschaft gehörenden Rechtes eine Leistung bewirkt oder wenn zwischen ihm und einem anderen in Ansehung eines solchen Rechtes ein nicht unter die Vorschrift des § 2366 fallendes Rechtsgeschäft vorgenommen wird, das eine Verfügung über das Recht enthält.

E I 2077 II 2231; M 5 569—572; P 5 685—687, 728, 729.

Übersicht

Sonstige Rechtsgeschäfte mit dem Erbscheinserben

Anm. 1

I. Allgemeines

§ 2367 behandelt den **öffentlichen Glauben** des Erbscheins, entsprechend beim Grundbuche § 893, wenn es sich um Leistungen an den Erben oder um andere als Erwerbsgeschäfte handelt.

II. Leistungen an den Erbscheinserben (Halbs. 1)

Anm. 2

Der gutgläubige Nachlaßschuldner wird durch Leistung an den Erbscheinserben (§ 241) auch dann befreit, wenn dieser sich nicht als wirklicher Erbe erweist oder wenn der Erbe infolge bestehender, aber im Erbscheine nicht angegebener Beschränkungen (§ 2366 Anm. 6—8) nicht wirksam annehmen konnte. Der Schuldner ist jedoch nicht berechtigt, die Leistung von der Vorlage eines Erbscheins abhängig zu machen (§ 2365 Anm. 4; Ausnahme bei einer Nachlaßhypothek, wenn der Erbe nicht als Gläubiger eingetragen ist, gemäß § 1144 in Verb. mit GBO § 35 Abs. 1; s. auch ZPO § 94).

Anm. 3

Ob die Leistung an den Erbscheinserben persönlich oder so bewirkt wird, daß sie der Gläubiger als erfolgt gelten lassen muß (§§ 182 ff, 1375, 1443), ist gleichgültig. Hinterlegung steht der Leistung gleich (§ 378). Auch insoweit treten die mit der Leistung an den Berechtigten verknüpften Wirkungen ein, als dadurch kraft Gesetzes (§§ 268, 426,

774, 1143, 1163, 1177) die dem wirklichen Erben zustehende Forderung auf den Leistenden übergeht. Zur Erbschaft gehören auch die Rechte, welche infolge dinglicher Ersetzung Bestandteile der Erbschaft geworden sind (§§ 2019 Anm. 1—3, 2111 Anm. 3 bis 11).

Anm. 4

Der falsche Erbe haftet dem wirklichen Erben nach § 816 Abs. 2 auf Bereicherung.

Anm. 5

III. Nicht unter § 2366 fallende Verfügungsgeschäfte (Halbs. 2)

Als nicht auf Erwerb abzielende Verfügungsgeschäfte, zweiseitige oder einseitige, die der Erbscheinserbe gegenüber einem Dritten oder dieser gegen den Erbscheinserben vornimmt, kommen in Betracht: Aufrechnung, Anbieten der Leistung, Kündigung, Vorrangseinräumung, Erklärungen an Behörden usw. Dagegen kann der Erbscheinserbe niemals den wirklichen Erben nur schuldrechtlich, so auch nicht durch Abschluß von Mietverträgen über ein Nachlaßgrundstück verpflichten, ebensowenig durch Führung eines Rechtsstreits über zur Erbschaft gehörende Rechte.

§ 2368

Einem Testamentsvollstrecker hat das Nachlaßgericht auf Antrag ein Zeugnis über die Ernennung zu erteilen. Ist der Testamentsvollstrecker in der Verwaltung des Nachlasses beschränkt oder hat der Erblasser angeordnet, daß der Testamentsvollstrecker in der Eingehung von Verbindlichkeiten für den Nachlaß nicht beschränkt sein soll, so ist dies in dem Zeugnis anzugeben.

Ist die Ernennung nicht in einer dem Nachlaßgerichte vorliegenden öffentlichen Urkunde enthalten, so soll vor der Erteilung des Zeugnisses der Erbe, wenn tunlich, über die Gültigkeit der Ernennung gehört werden.

Die Vorschriften über den Erbschein finden auf das Zeugnis entsprechende Anwendung; mit der Beendigung des Amtes des Testamentsvollstreckers wird das Zeugnis kraftlos.

E II 2233; M 5 222; P 5 253—255, 688—691.

Übersicht

Testamentsvollstreckerzeugnis

Neueres Schrifttum: Haegele, Testamentsvollstreckerzeugnis und Erbschein, Just 1957, 99, 128.

I. Erteilung (Abs. 1 Satz 1)

Anm. 1

Das Testamentsvollstreckerzeugnis wird dem Testamentsvollstrecker für seine Person erteilt. Es bekundet, abweichend von dem für den Erben erteilten Erbschein, nicht nur die Tatsache der Ernennung (§ 2364 Anm. 1), sondern hat auch seine Person namentlich zu bezeichnen. Auf das Zeugnis hat nicht allein der verwaltende, sondern jeder Testamentsvollstrecker Anspruch, sobald er das Amt angenommen hat, also auch in den Fällen der §§ 2208, 2222, 2223.

Anm. 2

Auch wenn zum Nachlaß ein Hof gehört, für den Höferecht gilt, ist nicht das Landwirtschaftsgericht, sondern das Nachlaßgericht zuständig, das Testamentsvollstreckerzeugnis zu erteilen (OLG Oldenburg NdsRpfl 1953, 196 = RdL 1953, 281 = DRspr II [282] 80c; Lange/Wulff HöfeO 4. Aufl. S. 378 unter Nr. 259a; aM OLG Hamm NJW 1953, 1759 = JMBlNRW 1953, 137 = RdL 1953, 224 = DRspr II [282] 77e). Vgl. auch Anm. 20 vor § 2353.

II. Verwaltungsbeschränkung und -erweiterung (Abs. 1 Satz 2)

Anm. 3

Als Verwaltungsbeschränkungen kommen alle von der Regel der §§ 2203—2206 abweichenden Anordnungen in Betracht, soweit sie für den rechtsgeschäftlichen Verkehr des Testamentsvollstreckers mit Dritten erheblich sind (RJA 7, 24; vgl. auch JW 1938, 2476[15]); insbesondere also Beschränkungen aus den §§ 2208, 2209, 2222, 2223 und Anordnungen für die Amtsführung mehrerer Testamentsvollstrecker, § 2224 Abs. 1; aber auch Anordnungen über die Fortdauer der Verwaltung nach § 2210 Anm. 2 oder über deren zeitliche Begrenzung sind anzugeben (OLG 40, 158).

Anm. 4

Befreiungen in der Eingehung von **Verbindlichkeiten** §§ 2207, 2209 Anm. 6.

III. Anhören des Erben (Abs. 2)

Anm. 5

Der **Nachweis der Ernennung** durch öffentliche Urkunde ist in den bei § 2360 Anm. 2 erwähnten Fällen nicht möglich. Er erledigt sich, wenn das Gericht nach § 2200 selbst die Ernennung vornimmt. Zur Erteilung eines Testamentsvollstreckerzeugnisses auf Grund eines ausländischen (englischen) Privattestaments: JW 1936, 1154[43].

Anm. 6

Gehör des Erben, Untunlichkeit wie § 2360 Anm. 2, 3.

IV. Anwendung der Erbscheinsregeln (Abs. 3 Halbs. 1)

Anm. 7

Die entsprechende Anwendung der **Vorschriften über den Erbschein** ergibt:

Die Größe des betreffenden Erbteils ist anzugeben, wenn der Testamentsvollstrecker nur einem von mehreren Erben bestellt ist (§ 2353). Im übrigen ist die Person des Erben gleichgültig; die Angabe hierüber ist, um Verwechslungen mit dem Erbschein zu verhüten, sogar eher zu vermeiden. Die in den §§ 2354—2356 vorgeschriebenen Angaben und Nachweise liegen dem Testamentsvollstrecker nur insoweit ob, als davon die Gültigkeit seiner Ernennung abhängt. Jeder der mehreren Testamentsvollstrecker kann das Zeugnis für sich allein (wiewohl unter Aufführung auch der übrigen zur Führung des Amtes Mitberechtigten, § 2224), als auch als gemeinschaftliches beantragen, hat aber dann die Annahme des Amtes durch die übrigen nachzuweisen (§ 2357). Zur Ermittlungs- und Prüfungspflicht des Nachlaßgerichts vgl. §§ 2358, 2359, insbesondere, wenn ein Wechsel in der Person des Testamentsvollstreckers eintritt (§ 2361 Abs. 3). Der Gegner ist zu hören, nach Befinden auch der streitende Erbansprecher, wenn ein Rechtsstreit über die Gültigkeit der Ernennung anhängig ist (§ 2360).

Anm. 8

Das Zeugnis ist einzuziehen, wenn sich ergibt, daß eine wirksame Anordnung oder Annahme des Amtes nicht vorliegt oder der Inhalt des Zeugnisses sonst unrichtig ist, § 2361 (RJA 10, 121; 16, 67; Beschwerde gegen die Erteilung mit dem Ziel auf Einziehung: JW 1928, 1943[3]). Ebenso wie ein Erbschein kann ein Testamentsvollstreckerzeugnis nur entsprechend dem gestellten Antrag erteilt werden; weicht es vom Antrag ab, so ist es selbst dann einzuziehen, wenn es richtig ist, es sei denn, der Antragsteller habe es nachträglich genehmigt (OLG München HRR 1942, 752; vgl. auch § 2361 Anm. 2). Klagerecht des Erben oder des wirklichen Testamentsvollstreckers auf Herausgabe des unrichtigen Zeugnisses und Auskunftspflicht § 2362.

Anm. 9

Beweiskraft und öffentlicher Glaube des Zeugnisses §§ 2365—2367 (so für den Fall, daß eine von § 2224 Abs. 1 Satz 2 abweichende Anordnung des Erblassers im Zeugnisse nicht angegeben ist, OLG 34, 319). Gegenständlich beschränktes Zeugnis nach § 2369 (KGJ 36 A 112; JW 1936, 1154[43]).

V. Kraftloswerden bei Amtsende (Abs. 3 Halbs. 2)

Anm. 10

Mit der Beendigung des Amtes (§§ 2225—2227) wird das Zeugnis von selbst kraftlos (**RG** WarnRspr 1910 Nr. 426). Eine Einziehung im gesetzlichen Sinne, nämlich mit der Wirkung, daß das Zeugnis dadurch kraftlos wird, ist in diesem Falle demgemäß nicht möglich (RJA 5, 37; 16, 66). Trotzdem besteht eine Amtspflicht des Nachlaßgerichts, das Zeugnis zu den Akten zu ziehen oder auf ihm zu vermerken, daß und seit wann das Amt des Testamentsvollstreckers erloschen ist (JFG 16, 299; s. auch OLG München NJW 1951, 74 mit Nachw.).

Anm. 11

Die Vorlegung des Zeugnisses bietet Dritten keine Gewähr dafür, daß die Befugnisse des Testamentsvollstreckers noch fortbestehen. Sie sind nur gemäß § 2218 Anm. 11 geschützt. Jedoch können sie sich insoweit auf den öffentlichen Glauben des Zeugnisses berufen, als es keine Beschränkung der Amtsdauer des Testamentsvollstreckers enthält, die auf einer Anordnung des Erblassers beruht (§ 2365 Anm. 6; **RG** 83, 352). Kein Recht des Dritten, den Nachweis des Amtes gerade durch das Zeugnis zu verlangen (**RG** 100, 282 und JW 1910, 802[9]), s. aber ZPO § 94 (§ 2365 Anm. 4; § 2367 Anm. 2). Über die Haftung des Testamentsvollstreckers, falls er eine von ihm erteilte Vollmacht nebst dem Testamentsvollstreckerzeugnis bei Beendigung des Amtes in den Händen des Bevollmächtigten läßt, s. § 2225 Anm. 7.

VI. Besonderes

Anm. 12

Antragsrecht des Gläubigers auf Erteilung des Zeugnisses ZPO §§ 792, 896; Recht auf Akteneinsicht und Ausfertigung FGG §§ 78, 85, G. v. 30. 9. 1936 (RGBl I 853); GBO § 35 Abs. 2 (hierzu **RG** HRR 1933 Nr. 138). Zur Bindung des Grundbuchamts an den Inhalt des Testamentsvollstreckerzeugnisses, auch wenn es das zugrundeliegende Testament anders als das Nachlaßgericht auslegt, LG Bückeburg MDR 1957, 559. Vgl. auch über die Stellung des Grundbuchrichters im allgemeinen § 2365 Anm. 8. Gebühr für das Zeugnis KostO § 109 Abs. 1 Nr. 2 (früher § 101 Abs. 1 Nr. 2; vgl. hierzu DRpfl 1939 Nr. 158). Über das Recht des Testamentsvollstreckers, die Erteilung des Erbscheins zu beantragen s. § 2353 Anm. 7.

Anm. 13

Das Nachlaßgericht darf kein Zeugnis darüber erteilen, daß die in einem Erbschein aufgeführte Anordnung einer Testamentsvollstreckung, z. B. durch Ablehnung des ernannten Vollstreckers, fortgefallen ist (RJA 16, 53).

§ 2369

Gehören zu einer Erbschaft, für die es an einem zur Erteilung des Erbscheins zuständigen deutschen Nachlaßgerichte fehlt, Gegenstände, die sich im Inlande befinden, so kann die Erteilung eines Erbscheins für diese Gegenstände verlangt werden.

Ein Gegenstand, für den von einer deutschen Behörde ein zur Eintragung des Berechtigten bestimmtes Buch oder Register geführt wird, gilt als im Inlande befindlich. Ein Anspruch gilt als im Inlande befindlich, wenn für die Klage ein deutsches Gericht zuständig ist.

E I 2079 II 2234; M 5 574, 575; P 5 691—696; 6 21.

Übersicht

Inlandsbeschränkter Erbschein

Neueres Schrifttum: Vgl. Anm. 24 vor § 2353, insbesondere Bab, Beck, Firsching, Guggumos, Hense, Israel, Marx, Schwenn.

I. Zu Abs. 1

1. Voraussetzungen

Anm. 1

Ein inlandsbeschränkter (gegenständlich beschränkter) Erbschein (s. auch Anm. 3 vor § 2353) kann unter der Voraussetzung verlangt werden, daß nach materiellem Rechte ein ordentlicher Erbschein durch die inländischen Gerichte nicht erteilt werden kann (oder daß die Zuständigkeit eines deutschen Nachlaßgerichts nicht festzustellen ist, JW 1933, 2068[7]). Jene Voraussetzung trifft zu, wenn der Erblasser ein Ausländer war und gemäß einem Staatsvertrag oder EG Art. 25 nach ausländischem Rechte beerbt wird (JFG 8, 116; 10, 81; s. ferner Aubin JZ 1951, 511). Jedoch ist der Erbschein über den inländischen Immobiliarnachlaß eines Erblassers, der auf Grund einer Rückverweisung gemäß EGBGB Art. 27 nach deutschem Recht als Erbstatut erteilt worden ist, rechtlich kein beschränkter Erbschein im Sinne des § 2369, sondern ein Erbschein nach § 2353 (so schon KG JFG 16, 23 = JW 1937, 2527[23] mit zustimmender Anm. von Lewald; vgl. auch Guggumos DFG 1938, 28). Denn die Rückverweisung schafft hinsichtlich des inländischen Immobiliarnachlasses ein besonderes Erbstatut, nach welchem die Erbfolge insoweit in sachlicher wie förmlicher Hinsicht uneingeschränkt nach deutschem Recht zu beurteilen ist (OLG Köln NJW 1955, 755; dort ist auch zutreffend dargelegt worden, daß die Entscheidung **BGH** 1, 9 mit ihren allgemeinen Bemerkungen über den Inhalt der Erbscheine (S. 15) diesem Schluß, der auf den Besonderheiten der Rückverweisung beruhe, nicht entgegenstehe). Darauf, ob der Erblasser zur Zeit seines Todes seinen Wohnsitz oder seinen Aufenthalt im Inlande oder im Auslande hatte, kommt es nur insofern an, als sich die örtliche Zuständigkeit des Gerichts, das den beschränkten Erbschein zu erteilen hat, im ersten Falle nach FGG § 73 Abs. 1, im zweiten Falle nach FGG § 73 Abs. 3 bestimmt (KGJ 36 A 102; RJA 11, 182; 13, 216; 17, 53; aM 2. Aufl. und BayObLG RJA 13, 19).

Anm. 2

Auch beim beschränkten Erbschein für im Inlande befindliche Nachlaßgegenstände (Sachen oder Rechte, § 90) handelt es sich um die Bezeugung eines Erbrechts, d. h. einer Gesamtnachfolge, für deren Voraussetzungen das betreffende ausländische Recht maßgebend ist (KGJ 36 A 109; RJA 17, 53; JFG 15, 78). Wegen der formellen Voraussetzungen für die Erteilung des Erbscheins gilt aber das deutsche Recht (§§ 2353 ff). Ob das für die Beerbung maßgebende ausländische Recht die Einrichtung des Erbscheins kennt, ist unerheblich (RJA 12, 210; DRW 1940, 802[19] = DJ 1940, 552). Als Inland kann auch ein Konsularbezirk in Betracht kommen (KonsGG v. 7. 4. 1900 § 26).

Anm. 3

2. Inhalt des beschränkten Erbscheins

Die allgemeine Angabe, daß der Erbschein für den „im Inlande befindlichen Nachlaß" erteilt werde, genügt. Es ist sogar bedenklich, die inländischen Nachlaßgegenstände einzeln aufzuführen. Denn die rechtliche Zugehörigkeit der Gegenstände zum

Nachlaß und das Verfügungsrecht des Erben über sie kann im Erbschein ohnehin nicht bezeugt werden. Der inlandsbeschränkte Erbschein wirkt vielmehr — wenn auch mit der ihm eigenen Beschränkung — wie ein gewöhnlicher Erbschein. Er weist nur das Erbrecht aus. Die unverbindliche Angabe einzelner Nachlaßgegenstände könnte leicht dazu führen, dem Erbschein auch insoweit Bedeutung beizumessen und im Rechtsverkehr irrezuführen (wie hier Bartholomeyzik aaO 1942, 314; 1954, 164 [s. Anm. 24 vor § 2353]; Palandt/Rechenmacher Anm. 2; aM Planck/Greiff Anm. 6; Anm. 1 der 9. Aufl. dieses Werkes). Der Antragsteller muß allerdings darlegen, daß sich im Inlande Nachlaßgegenstände befinden. Das setzt § 2369 Abs. 1 voraus.

Anm. 4

II. Zu Abs. 2 Satz 1

Behördlich gebuchte Gegenstände, so insbesondere in Grundbuch, Schiffsregister, Reichs- und Staatsschuldbuch, Patentrolle, Musterregister, Handelsregister.

Anm. 5

III. Zu Abs. 2 Satz 2

Die Vorschrift betrifft vermögensrechtliche **Ansprüche,** für deren Verfolgung nach ZPO §§ 12ff, nicht bloß § 23 ein **deutsches Gericht** zuständig ist.

IV. Einzelfragen

Anm. 6

Die Ausnahmevorschrift gestattet nicht, den gegenständlich beschränkten Erbschein über eine Erbfolge nach dem allgemeinen bürgerlichen Recht auch ohne die besonderen Voraussetzungen des § 2369 zu erteilen (§ 2353 Anm. 10), wohl aber ist sie auf das Testamentsvollstreckerzeugnis (§ 2368) entsprechend anwendbar (JFG 15, 81).

Anm. 7

Zum interzonalen Privatrecht vgl. Anm. 13 vor § 2353. Zum Höferecht vgl. Anm. 15ff ebenda. Zum Erbschein im Rahmen der Wiedergutmachung (Rückerstattung, Entschädigung) vgl. Anm. 22, 23 ebenda.

Anm. 8

Über Einzelfragen zum Nachlaßabkommen zwischen dem Deutschen Reich und der Republik Österreich v. 5. 2. 1927 (RGBl II 505) vgl. **RG** 167, 383; KG DJ 1940, 552; KG DNotZ 1953, 406.

Anm. 9

Will ein Vertriebener für Zwecke des Lastenausgleichs einen Erbschein nach einem Erblasser ausländischer Staatsangehörigkeit beantragen, der vor dem 1. 4. 1952 im Auslande gestorben ist, so ist entsprechend FGG § 73 Abs. 2 das Amtsgericht zuständig, in dessen Bezirk das zuständige Ausgleichsamt seinen Sitz hat (KG DNotZ 1954, 607; OLG Hamm JMBlNRW 1957, 259 = DNotZ 1958, 322 Nr. 16). Vgl. ferner Einl. zu diesem Buche Anm. 8 a. E. mit Hinweis auf LG Mannheim RdschLA 1959, 10 = DNotZ 1959, 609.

Anm. 10

Ist der Erblasser ein nach ausländischem Recht beerbter Ausländer und soll für seinen inländischen Nachlaß ein beschränkter Erbschein nach § 2369 beantragt werden, so ist das deutsche Gericht auch zur Testamentseröffnung zuständig (LG Lübeck SchlHA 1958, 334 = DNotZ 1959, 264).

Anm. 11

Gebühr für die Erteilung des beschränkten Erbscheins KostO § 107 Abs. 2 Satz 3.

§ 2370

Hat eine Person, die für tot erklärt oder deren Todeszeit nach den Vorschriften des Verschollenheitsgesetzes festgestellt ist, den Zeitpunkt überlebt, der als Zeitpunkt ihres Todes gilt, oder ist sie vor diesem Zeitpunkte gestorben, so gilt derjenige, welcher auf Grund der Todeserklärung oder der Feststellung der Todeszeit Erbe sein würde, in Ansehung der in den §§ 2366, 2367 bezeichneten Rechtsgeschäfte zugunsten des Dritten auch ohne Erteilung eines Erbscheins als Erbe, es sei denn, daß der Dritte die Unrichtigkeit der Todeserklärung oder der Feststellung der Todeszeit kennt oder weiß, daß sie aufgehoben worden sind.

Ist ein Erbschein erteilt worden, so stehen demjenigen, der für tot erklärt oder dessen Todeszeit nach den Vorschriften des Verschollenheitsgesetzes festgestellt ist, wenn er noch lebt, die im § 2362 bestimmten Rechte zu. Die gleichen Rechte hat eine Person, deren Tod ohne Todeserklärung oder Feststellung der Todeszeit mit Unrecht angenommen worden ist.

E I 2089, 2090 II 2335; M 5 597—600; P 5 725, 726.

Übersicht

Unrichtige Todeserklärung oder Todeszeitfeststellung

Anm. 1

I. Allgemeines

§ 2370 ist durch den Ersten Teil Art. 5 Nr. 11 GesEinhG v. 5. 3. 1953 (BGBl I 33) neu gefaßt worden. Hierbei sind die Fälle, in denen der Tod und der Zeitpunkt des Todes gemäß VerschG §§ 39ff durch gerichtliche Entscheidung festgestellt worden ist, einbezogen und den früher in § 2370 allein geregelten Fällen der Todeserklärung gleichgestellt worden. Die nachfolgenden Ausführungen zur Todeserklärung gelten daher für die Todeszeitfeststellung entsprechend.

Anm. 2

II. Zu Abs. 1

1. Der vermeintliche Erbe

Ist jemand **auf Grund einer Todeserklärung** (VerschG § 9, früher BGB § 18) **vermeintlicher Erbe** des für tot Erklärten geworden, so bleiben auch ohne Erteilung eines Erbscheins die von ihm oder ihm gegenüber vorgenommenen Rechtsgeschäfte der in den §§ 2366, 2367 bezeichneten Art zugunsten des gutgläubigen Dritten wirksam, und zwar sowohl gegenüber dem irrig für tot Erklärten, in dessen Vermögen zur Zeit der Vornahme des Rechtsgeschäfts überhaupt keine Erbfolge eröffnet war, als auch gegenüber demjenigen, welcher nach dem ermittelten wirklichen — früheren oder späteren — Zeitpunkte des Todes des Erblassers in Wahrheit schon zur Zeit der Vornahme des Rechtsgeschäfts sein gesetzlicher oder gewillkürter Erbe geworden war. Die Schutzwirkung tritt nur ein, wenn der als Erbe Aufgetretene unter der Voraussetzung der Richtigkeit des in der Todeserklärung angenommenen Todestags auch wirklich Erbe des für tot Erklärten geworden wäre. Eine Vermutung, daß dem so sei, würde nur durch wirklich erteilten Erbschein begründet (§ 2365).

Anm. 3

2. Kenntnis der Unrichtigkeit

Kenntnis erfordert, wie im Falle des § 2366 Anm. 10, positives Wissen von der Unrichtigkeit der Todeserklärung, also davon, daß der für tot Erklärte noch gelebt hat oder zu welchem anderen Zeitpunkt er gestorben ist.

Anm. 4

3. Aufhebung der Todeserklärung oder Todeszeitfeststellung

Aufhebung der Todeserklärung infolge der **Anfechtungsklage** mit Rechtskraft des darauf ergehenden Urteils ZPO § 976 Abs. 3. Kenntnis davon, daß die Klage erhoben worden, ist unschädlich. Die Todeserklärung wird erst mit der Rechtskraft des sie aussprechenden Beschlusses wirksam (§§ 29, 49 Abs. 1); eine Aufhebungsklage kommt nur noch gegenüber den vor Inkrafttreten des Gesetzes ergangenen Ausschlußurteilen in Betracht (§ 48 Abs. 1 b). Der Kenntnis von der Aufhebung der Todeserklärung zufolge Anfechtungsklage steht nach § 49 Abs. 2 die Kenntnis von der **Aufhebung nach den §§ 30—33** gleich.

III. Zu Abs. 2

Anm. 5

Zu Abs. 2 Satz 1: Dem **fälschlich für tot Erklärten** steht gegen den Erbschaftsbesitzer nach den §§ 2031, 2027 der Anspruch auf Herausgabe seines Vermögens und Auskunftserteilung zu. Die Pflicht zur Auskunft und zur Herausgabe des Erbscheins liegt nach § 2362 auch dem Besitzer des unrichtigen Erbscheins ob. Nicht minder ist das vermeintliche Nachlaßgericht, das den unrichtigen Erbschein erteilt hat, nach § 2361 zur Einziehung verpflichtet.

Anm. 6

Zu Abs. 2 Satz 2: Die Vorschrift entspricht § 2031 Abs. 2.

Neunter Abschnitt

Erbschaftskauf

Anm. 1

Der Erbschaftskauf, dessen Grundsätze auch für Veräußerungsgeschäfte anderer Art gelten (§ 2385), betrifft nicht das Erbrecht, sondern nur die Erbschaftsgegenstände und deren Ersatzstücke (Surrogate) nach dem Bestande zur Zeit des Kaufes (§ 2374). Er begründet deshalb — wenigstens auf der Aktivseite der Erbschaft — keine Gesamtnachfolge, macht aber den Käufer neben dem gleichfalls forthaftenden Verkäufer in jedem Falle für die Nachlaßverbindlichkeiten haftbar (§§ 2382—2384). Im allgemeinen gelten die Kaufgrundsätze; sie sind aber wegen der erbrechtlichen Natur des Geschäfts durch eine Anzahl besonderer Vorschriften ergänzt worden. § 2371 fordert für den Kauf gerichtliche oder notarielle Beurkundung.

Anm. 2

Der Erbschaftskauf kommt verhältnismäßig selten vor. Die nachfolgenden Vorschriften haben daher nur geringe praktische Bedeutung.

§ 2371

Ein Vertrag, durch den der Erbe die ihm angefallene Erbschaft verkauft, bedarf der gerichtlichen oder notariellen Beurkundung.

E II 448; M 2 352—354; P 2 114, 115; 5 444.

Übersicht

Form des Vertrages

Neueres Schrifttum: Patschke, Erbteilsübernahme durch den Miterben, NJW 1955, 444.

I. Wesen des Erbschaftskaufs

Anm. 1

Der Erbschaftskauf ist Kauf im Sinne von §§ 433 ff (gegenseitiger Vertrag im Sinne der §§ 320 ff; vgl. **RG** WarnRspr 1933 Nr. 163), somit schuldrechtliches Geschäft. Er untersteht den besonderen hierfür gegebenen Vorschriften auch dann, wenn er in die Form des Vergleichs gekleidet ist (**RG** JW 1910, 998[3]).

Anm. 2

Der Erbschaftskauf wirkt nicht dinglich. Ein Miterbe kann aber den von ihm verkauften Nachlaßanteil, mag er seinen ganzen Erbteil oder nur einen Bruchteil davon darstellen, gemäß § 2033 Abs. 1 mit dinglicher Wirkung auf den Käufer übertragen; es ist Auslegungsfrage, ob der als Verkauf bezeichnete Vertrag zugleich die dingliche Übertragung enthält (**RG** 137, 173; WarnRspr 1915 Nr. 264). Davon bleibt der Grundsatz unberührt, daß der Verkauf eines Erbteils auch dann der Form des § 2371 bedarf, wenn sogleich die dingliche Übertragung in der Form des § 2033 Abs. 1 vorgenommen wird (**RG** 137, 171).

Anm. 3

Der Alleinerbe kann die Erbschaft nicht als Ganzes unmittelbar auf den Käufer als Gesamtnachfolger übertragen; er ist vielmehr als Verkäufer verpflichtet, die einzelnen zur Erbschaft gehörigen Sachen und Rechte oder, bei Verkauf eines Bruchteils der Erbschaft, Nachlaßgegenstände im Werte des verkauften Bruchteils (**RG** WarnRspr 1917 Nr. 183) nach den für diese Gegenstände geltenden besonderen Vorschriften auf den Käufer als Einzelnachfolger so zu übertragen, daß dieser sie hat, wie wenn er an Stelle des Verkäufers Erbe geworden wäre. Entsprechendes gilt, wenn ein Miterbe bei schon geteiltem Nachlaß noch einen Erbschaftskauf abschließt (**RG** 134, 296).

Anm. 4

Genehmigung des Erbschaftskaufs durch das Vormundschaftsgericht ist nach §§ 1822 Nr. 1, 1643 erforderlich.

Anm. 5

II. Die angefallene Erbschaft

Gegenstand des Kaufes ist die angefallene Erbschaft als Vermögensinbegriff oder der Anteil eines Miterben (§ 1922 Abs. 2) im ganzen oder nach Bruchteilen, nicht aber das Erbrecht selbst. Ein Erbanspruch auf Bestandteile des Nachlasses ist vor der Teilung gesetzlich nicht gegeben und deshalb bis dahin auch kein möglicher Gegenstand des Verkaufs (**RG** 61, 76). Zum Anfall der Erbschaft s. § 1942. Der Kauf ist nichtig, wenn er über den Nachlaß eines noch lebenden Dritten geschlossen wird und die Ausnahme des § 312 Abs. 2 nicht Platz greift. Ist der Erbfall eingetreten, so kann auch die dem Verkäufer noch nicht angefallene Erbschaft, insbesondere die Nacherbschaft bedingungsweise (für den Fall des Anfalls), es kann sogar die einem Dritten angefallene Erbschaft vom Nichterben unter Einhaltung der Form wirksam verkauft werden (§§ 434, 2376).

III. Gerichtliche oder notarielle Beurkundung

Anm. 6

Vgl. §§ 128, 152, Nichtigkeit wegen Nichtbeobachtung der Form, § 125. Der Formzwang erstreckt sich, bei Strafe der Nichtigkeit des Vertrags, auf alle Vertragsabreden, nicht bloß auf das eigentliche Veräußerungsgeschäft (OLG Schleswig SchlHA 1954, 54). Nur soweit solche Abreden im Vertrage einigermaßen Ausdruck gefunden haben, können sie beachtet werden, selbst wenn ihre Auslegung nur unter Hinzunahme anderer, formloser Nebenabreden gelingt (**RG** JW 1910, 998[3]).

Anm. 7

Ein Vergleich unter Erbschaftsbewerbern, durch den sie die Erbschaft ohne Rücksicht darauf, wem von ihnen sie ganz oder teilweise angefallen sei, untereinander nach Anteilen verteilen, kommt darauf hinaus, daß die einen sich für den Fall, daß sie Erben sein sollten, zur Veräußerung von Bruchteilen der Erbschaft an die andern für den Fall verpflichten, daß diese (überhaupt oder zu dem betreffenden Teile) nicht Erben sein sollten. Auch ein solcher Vertrag unterliegt deshalb als auf eine Erbschaftsveräußerung gerichtet dem Formzwange (**RG** 72, 210; JW 1905, 721[12]; WarnRspr 1919 Nr. 23; 1939 Nr. 46). Das gleiche gilt, wenn bei einem Streite zwischen Erbschaftsbewerbern über die Gültigkeit eines Testaments der eine dem andern gegenüber die Gültigkeit oder die Nichtigkeit durch Vertrag anerkennt (**RG** 72, 209; s. aber auch WarnRspr 1909 Nr. 512), nicht aber für einen Erbauseinandersetzungsvertrag, wenn über Bestehen und Umfang des Erbrechts der Beteiligten kein Streit besteht (**RG** 6. 8. 1936 IV 84/36).

Anm. 8

Der Mangel der Form kann nicht (was **RG** 79, 240 dahingestellt läßt) durch Übertragung des Erbteils gemäß § 2033 Abs. 1 geheilt werden; § 313 Satz 2 oder GmbHG § 15 Abs. 4 sind nicht entsprechend anwendbar (**RG** 129, 123; 137, 175; HRR 1934 Nr. 1035; zu § 313 Abs. 2 auch OLG Schleswig SchlHA 1954, 54 = DRspr I [174] 47i—k; vgl. auch Kipp/Coing § 111 II). Doch liegt in der Übertragung des Erbteils meist eine formgerechte Wiederholung des Kaufgeschäfts. Unter Umständen kann ein, z. B. wegen unrichtiger Preisangabe, nichtiger Erbschaftskauf gemäß § 140 in eine Erbauseinandersetzung umgedeutet werden; dies gilt auch dann, wenn die Erbauseinandersetzung wegen Zugehörigkeit eines Grundstücks zum Nachlaß nach § 313 nichtig war, dieser Mangel aber durch die in den Vertragserklärungen enthaltene Auflassung und die Eintragung im Grundbuch geheilt wurde (**RG** 129, 122; zu vgl. mit HRR 1934 Nr. 1035). — Die Formvorschrift gilt nicht für Erbschaften, die vor dem 1. 1. 1900 angefallen sind (**RG** 73, 291).

Anm. 9

Zur Frage, ob der vorkaufsberechtigte Miterbe Arglist einwenden kann, wenn der Miterbe, der seinen Erbanteil verkauft hat, und sein Käufer sich auf die Formungültigkeit des Kaufvertrags berufen, vgl. **RG** 170, 203; das Reichsgericht hat dort die insbesondere nach **RG** 157, 209 entstandene Rechtsfrage aus tatsächlichen Gründen dahingestellt gelassen. Die Frage wird aber, wenn man die Formvorschriften mit Hilfe des § 242 nicht zu sehr aufweichen will, regelmäßig zu verneinen sein.

Anm. 10

Der gerichtlichen und notariellen Beurkundung bedarf auch der schuldrechtliche Vertrag über die **Aufhebung** eines Erbschaftskaufs und die Rückübertragung der Erbanteile (OLG Schleswig SchlHA 1957, 181).

§ 2372

Die Vorteile, welche sich aus dem Wegfall eines Vermächtnisses oder einer Auflage oder aus der Ausgleichungspflicht eines Miterben ergeben, gebühren dem Käufer.

E I 488 Abs. 3 II 450 Abs. 2; M 2 355; P 2 112, 113.

Vorteile, die dem Käufer gebühren

Anm. 1

I. Ergänzende Vorschrift. Der **Wegfall von Vermächtnissen und Auflagen** kommt dem Käufer als Gegenstück für die Erfüllung der Nachlaßverbindlichkeiten zugute, die ihm durch § 2382 auferlegt wird. § 2376 ergibt dasselbe beim Wegfall der Nacherbschaft.

Anm. 2

II. Ausgleichspflicht: §§ 2050ff. Die daraus hervorgehende Erhöhung des gesetzlichen Erbteils gebührt dem Käufer, wie ihm der Verkäufer nach § 2376 auch dafür haftet, daß infolge der Ausgleichung der Erbteil nicht gemindert wird.

§ 2373

Ein Erbteil, der dem Verkäufer nach dem Abschlusse des Kaufes durch Nacherbfolge oder infolge des Wegfalls eines Miterben anfällt, sowie ein dem Verkäufer zugewendetes Vorausvermächtnis ist im Zweifel nicht als mitverkauft anzusehen. Das gleiche gilt von Familienpapieren und Familienbildern.

E I 488 Abs. 2 II 450 Abs. 1, 3; M 2 354, 355; P 2 112—114.

Umfang des Verkaufs

I. Zu Satz 1

Anm. 1

Auslegungsregeln, z. T. abweichend von der Nacherbfolge § 2110. Vorausgesetzt ist Verkauf des **Erbteils** durch einen Miterben, dem durch **Nacherbfolge** oder **Wegfall eines Miterben** (§§ 1935, 2094ff) ein weiterer Erbteil anfällt.

Anm. 2

Vorausvermächtnis § 2150, das auch im „Voraus" bestehen kann, § 1932. Doch haftet nach § 2376 der Verkäufer für das Nichtvorhandensein auch eines solchen Vermächtnisses.

II. Zu Satz 2

Anm. 3

Familienpapiere („Urkunden rechtlicher Art, Personenstandsatteste, Korrespondenzen, Tagebücher, Familiennotizen usw.", Prot. 2, 114) **und Familienbilder** gelten ebenfalls im Zweifel nicht als mitverkauft, gleichviel ob sie Vermögenswert haben oder nicht (vgl. § 2047 Anm. 4). Die Regel gilt beim Verkaufe sowohl des Erbteils als der ganzen Erbschaft.

§ 2374

Der Verkäufer ist verpflichtet, dem Käufer die zur Zeit des Verkaufs vorhandenen Erbschaftsgegenstände mit Einschluß dessen herauszugeben, was er vor dem Verkauf auf Grund eines zur Erbschaft gehörenden Rechtes oder als Ersatz für die Zerstörung, Beschädigung oder Entziehung eines Erbschaftsgegenstandes oder durch ein Rechtsgeschäft erlangt hat, das sich auf die Erbschaft bezog.

E I 489, 490, 491 Abs. 1 II 451 Abs. 1; M 2 356—358; P 2 115—121, 126; 6 182.

Übersicht

Herausgabepflicht des Verkäufers

I. Allgemeines

1. Gegenstand der Herausgabepflicht

Anm. 1

Gegenstand der Herausgabepflicht ist nicht wie im Falle der §§ 2018 Anm. 10, 2130 die Erbschaft als Ganzes, sondern sind die **einzelnen Erbschaftsgegenstände,** Sachen oder Rechte (§ 90). Nach der Natur dieser Gegenstände bestimmt sich gemäß § 433 Abs. 1 die Pflicht zur Übergabe, Auflassung und Übertragung.

Anm. 2

2. Maßgebender Zeitpunkt

Maßgebend ist jedoch nicht die Zeit des Erbfalls, sondern die **Zeit des Verkaufs.** Zur Verschaffung schon vorher veräußerter, wenn auch bei Dritten noch vorhandener Gegenstände ist der Verkäufer überhaupt nicht, zur Ersatzleistung nur im Rahmen des § 2375 verpflichtet. Anderseits gehören zur Erbschaft und sind deshalb mit herauszugeben auch nach dem Erbfall vom Erben als solchem erworbene Rechte, wie z. B. Ansprüche gegen den Testamentsvollstrecker, Nachlaßpfleger, gegen Miterben (Ausgleichspflicht), aus der Geschäftsführung (§ 1959), ferner der Erbschaftsanspruch (§§ 2018ff), der Anspruch gegen den Vorerben (§ 2130) und die nach § 857 erlangten Besitzrechte.

Anm. 3

3. Sonstige Pflichten des Verkäufers ergeben sich aus allgemeinen Kauf- und Vertragsgrundsätzen, so insbesondere aus § 260 die Pflicht, ein Verzeichnis vorzulegen und unter den Voraussetzungen des § 260 Abs. 2 den Offenbarungseid zu leisten.

Anm. 4

4. Erwerb vom Nichterben

Der vom Scheinerben kaufende Erwerber ist nach § 2030 dem Erbschaftsanspruch des wahren Erben ausgesetzt. Auch eine Genehmigung durch letzteren macht den Verkauf nicht nach § 185 wirksam, da es sich hierbei (abgesehen von der Veräußerung eines Erbteils nach § 2033) nicht um eine Verfügung handelt. Im übrigen ist der Käufer für den unter dem Titel des Erbschaftskaufs vom Nichterben abgeleiteten Erwerb nicht durch §§ 932ff, sondern nur, wenn ein Erbschein erteilt ist, nach den §§ 2366, 2367 oder durch den öffentlichen Glauben des Grundbuchs geschützt.

II. Herausgabe von Ersatzstücken

Anm. 5

Auch die Ersatzstücke (Surrogate) der Erbschaft sind herauszugeben, falls sie zur Zeit des Verkaufs noch beim Erben vorhanden sind (Anm. 2). Es gelten hierfür die gleichen Grundsätze wie für die Erbengemeinschaft (vgl. § 2041). Danach ist auch in Natur (s. aber § 2375 Anm. 2) herauszugeben, was der Erbe mit Mitteln der Erbschaft, aber für sich erworben hat (§§ 2019 Anm. 3, 2111 Anm. 4). Er kann die Herausgabe andererseits nicht durch den Nachweis abwenden, daß er den Ersatz aus eigenen Mitteln beschafft habe. Die Nutzungen verbleiben dem Verkäufer (§ 2379).

Anm. 6

Handelt es sich um den durch Verfügung nach § 2033 vollzogenen Verkauf eines Erbteils, so erlangt der Käufer, indem er die Rechtsstellung des Miterben erwirbt, vermöge der dinglichen Wirkung der Ersetzung (Surrogation) gemäß § 2041 dadurch unmittelbar die Verfügung auch über die Ersatzstücke der Erbschaft. Soweit die Auseinandersetzung durchgeführt und damit die Erbengemeinschaft aufgehoben ist, bestimmt sich auch hier die Herausgabepflicht nach § 2374.

§ 2375

Hat der Verkäufer vor dem Verkauf einen Erbschaftsgegenstand verbraucht, unentgeltlich veräußert oder unentgeltlich belastet, so ist er verpflichtet, dem Käufer den Wert des verbrauchten oder veräußerten Gegenstandes, im Falle der Belastung die Wertminderung zu ersetzen. Die Ersatzpflicht tritt nicht ein, wenn der Käufer den Verbrauch oder die unentgeltliche Verfügung bei dem Abschlusse des Kaufes kennt.

Im übrigen kann der Käufer wegen Verschlechterung, Unterganges oder einer aus einem anderen Grunde eingetretenen Unmöglichkeit der Herausgabe eines Erbschaftsgegenstandes nicht Ersatz verlangen.

E I 491 II 451 Abs. 2; M 2 357, 358; P 2 115—120, 126.

Wertersatzpflicht des Verkäufers

I. Zu Abs. 1 Satz 1

Anm. 1

In der Zeit vom Anfall **bis zum Verkauf der Erbschaft** ist der Erbe in der Verfügung über die Erbschaft unbeschränkt (Abs. 2). Gleichwohl gewährt Abs. 1, wenn es nachmals zum Verkaufe kommt, dem Käufer auch für früher vorgenommene unentgeltliche Verminderungen im Wege ergänzender Bestimmung einen Ausgleich. Der Verkäufer des Erbteils haftet hierfür zu dem entsprechenden Teile.

Anm. 2

Zu den **verbrauchten** Sachen (§ 92) gehört ausgegebenes Erbschaftsgeld, auch wenn es z. B. erst durch Verkauf von Nachlaßgegenständen an deren Stelle getreten wäre, soweit damit nicht Ersatzstücke für den Nachlaß erlangt sind (§ 2374 Anm. 5). Verbrauch durch Verbindung, Vermischung, Verarbeitung §§ 946 ff. Verbraucht ist auch eine Nachlaßforderung, deren Aufrechnung der Erbe mit seiner eigenen Schuld an den Nachlaßschuldner vornimmt oder geschehen läßt.

Anm. 3

Unentgeltliche Veräußerungen sind nicht nur Schenkungen, vgl. § 2113 Anm. 17 ff. **Unentgeltliche Belastung** liegt auch dann vor, wenn der Erbe für seine eigene Schuld eine Hypothek oder ein Pfandrecht an einem Erbschaftsgegenstande bestellt, da ein hierfür empfangener Gegenwert jedenfalls nicht Surrogat des Nachlasses wird.

Anm. 4

Für den **Wertersatz,** dessen Höhe der Käufer zu beweisen hat, ist der Zeitpunkt des Verbrauchs usw. maßgebend. Es ist kein Grund erfindlich, warum Wertveränderungen bis zum Kaufschluß je nachdem zum Vorteil, namentlich aber auch zum Nachteil des Verkäufers gehen sollten. Er kann der minder weit gehenden Ersatzforderung auch durch das Mehr, Wiederherstellung des vorigen Standes begegnen. Keine Ersatzpflicht besteht im Falle des § 2385 Abs. 2.

Anm. 5

II. Zu Abs. 1 Satz 2

Für die **Kenntnis des Käufers** ist der Verkäufer beweispflichtig. Kennenmüssen (§ 122 Abs. 2) genügt nicht.

Anm. 6

III. Zu Abs. 2

Vom Verkaufsabschlusse ab haftet der Verkäufer nach allgemeinen Grundsätzen.

§ 2376

Die Verpflichtung des Verkäufers zur Gewährleistung wegen eines Mangels im Rechte beschränkt sich auf die Haftung dafür, daß ihm das Erbrecht zusteht, daß es nicht durch das Recht eines Nacherben oder durch die Ernennung eines Testamentsvollstreckers beschränkt ist, daß nicht Vermächtnisse, Auflagen, Pflichtteilslasten, Ausgleichungspflichten oder Teilungsanordnungen bestehen und daß nicht unbeschränkte Haftung gegenüber den Nachlaßgläubigern oder einzelnen von ihnen eingetreten ist.

Fehler einer zur Erbschaft gehörenden Sache hat der Verkäufer nicht zu vertreten.

E I 492, 493 II 452; M 2 358, 359; P 2 121, 122; 6 322, 324.

Gewährleistungspflicht des Verkäufers

I. Gewährleistung wegen eines Mangels im Rechte (Abs. 1)

Anm. 1

Allgemeine Voraussetzung der Gewährleistung für Rechtsmängel ist, daß der Käufer den Mangel bei Abschluß des Kaufes nicht kennt (§ 439 Abs. 1). Erlaß der Haftung ist nichtig, wenn der Mangel arglistig verschwiegen ist (§ 443). Da die Erbschaft als Inbegriff den Gegenstand des Kaufes bildet, haftet der Verkäufer nicht für Rechtsmängel der einzelnen zur Erbschaft gehörigen Gegenstände nach den §§ 434 bis 439, wenn er die Haftung nicht vertragsmäßig übernommen hat. Ob dies durch einen Verkauf nach einem Verzeichnis geschehen sei, ist Tatfrage. Er haftet insbesondere auch nicht für ihre Zugehörigkeit zur Erbschaft, sondern nur dafür, daß sie, falls sie zum Vermögen des Erblassers gehörten, durch Erbfolge auf ihn übergegangen sind oder daß er in Erbeneigenschaft daran Rechte erlangt hat. Für den Mangel ist der Käufer beweispflichtig (§ 442).

Anm. 2

Die Haftung verpflichtet den Verkäufer, wenn er nicht Erbe ist, dem Käufer vom wahren Erben die Erbschaft oder den veräußerten Erbteil (§ 2033) zu verschaffen, die vorhandenen Beschränkungen oder Beschwerungen zu beseitigen. Die Rechte des Käufers bestimmen sich gemäß § 440 Abs. 1 nach den §§ 320—327. Sein Schadenersatzanspruch ist wegen einzelner beweglicher Sachen oder Rechte an solchen Sachen von den Voraussetzungen der §§ 440 Abs. 2—4, 441 abhängig. Ist ein Erbteil verkauft, so haftet der Verkäufer nur nach dem Verhältnis dieses Erbteils. Keine Haftung des Schenkers § 2385 Anm. 4.

Anm. 3

Haftung **für das Bestehen des Erbrechts,** im Falle des § 2033 des Miterbenrechts, beim Verkauf einer Nacherbschaft vor Eintritt der Nacherbfolge für die Berufung zum Nacherben (§ 2371 Anm. 5).

Anm. 4

Beschränkungen durch das Recht eines **Nacherben** §§ 2112 ff, durch Ernennung eines **Testamentsvollstreckers** §§ 2203 ff. Dagegen besteht keine Haftung dafür, daß nicht Nachlaßverwaltung angeordnet oder Nachlaßkonkurs eröffnet ist, es sei denn, daß arglistiges Verschweigen vorliegt.

Anm. 5

Vermächtnisse einschließlich der gesetzlichen Vermächtnisse des Voraus § 1932, des Dreißigsten § 1969, nicht aber des Unterhaltsanspruchs aus § 1963 (Anm. 7 das.). **Auflagen, Pflichtteilslasten** gehören nicht zu den nach § 2378 (vgl. aber § 2382 Anm. 3) vom Käufer zu erfüllenden Nachlaßverbindlichkeiten. **Ausgleichspflichten** § 2372 Anm. 2. **Teilungsanordnungen** § 2048.

Anm. 6

Unbeschränkte Haftung § 2383 Anm. 11.

Anm. 7

II. Gewährleistung wegen eines Sachmangels (Abs. 2)

Der Verkäufer haftet nicht — entsprechend den §§ 459ff — für Sachmängel, da Kaufgegenstand ein Sachinbegriff ist. Ausnahmen gelten lediglich bei arglistigem Verschweigen von Mängeln (vgl. Staudinger/Herzfelder 9. Aufl. § 2376 Anm. 2a) und bei Zusicherung bestimmter Eigenschaften einer zur Erbschaft gehörenden Sache (vgl. Planck/Greiff § 2376 Anm. 14).

§ 2377

Die infolge des Erbfalls durch Vereinigung von Recht und Verbindlichkeit oder von Recht und Belastung erloschenen Rechtsverhältnisse gelten im Verhältnisse zwischen dem Käufer und dem Verkäufer als nicht erloschen. Erforderlichenfalls ist ein solches Rechtsverhältnis wiederherzustellen.

E I 499 II 453; M 2 365; P 2 129.

Durch Vereinigung erloschene Rechtsverhältnisse

I. Zu Satz 1

Anm. 1

Die **Vereinigung von Recht und Verbindlichkeit** oder **von Recht und Belastung** ist in Wahrheit eingetreten und wirkt auch nach dem Verkaufe gegen Dritte (hierdurch befreite Bürgen, erloschene Pfandrechte) voll. Sie „gilt" nur im Verhältnis der Vertragsgegner nicht als eingetreten (so auch § 1991 Anm. 6, 7), so daß der verkaufende Erbe je nachdem wieder als Nachlaßgläubiger gegen den Käufer auftreten kann (§ 2378), sich aber von ihm auch als Nachlaßschuldner behandeln lassen muß.

Anm. 2

Im Falle des Verkaufs eines Erbteils (§ 2033) kommt es nach § 2032 (Anm. 6) nicht zur Konfusion oder Konsolidation. Daß sich der Erwerber des Erbteils eine Schuld des verkaufenden Miterben an den Nachlaß bei der Auseinandersetzung mit den übrigen Miterben auf den gekauften Erbteil anrechnen lassen muß, folgt aus § 2042 Abs. 2 in Verbindung mit §§ 756, 755 Abs. 2 (**RG** 78, 273; § 2042 Anm. 26).

Anm. 3

II. Zu Satz 2

Wiederherstellung insbesondere erloschener Nebenrechte, wie Bürgschaft, Pfand, Hypothek.

§ 2378

Der Käufer ist dem Verkäufer gegenüber verpflichtet, die Nachlaßverbindlichkeiten zu erfüllen, soweit nicht der Verkäufer nach § 2376 dafür haftet, daß sie nicht bestehen.

Hat der Verkäufer vor dem Verkauf eine Nachlaßverbindlichkeit erfüllt, so kann er von dem Käufer Ersatz verlangen.

E I 495 II 454; M 2 360, 361; P 2 122—124.

Erfüllung von Nachlaßverbindlichkeiten

I. Nach dem Verkauf (Abs. 1)

Anm. 1

§ 2378 regelt nur die **Haftung gegenüber dem Verkäufer.** Wegen der Haftung gegenüber den Nachlaßgläubigern vgl. die §§ 2382, 2383.

Anm. 2

Die Verpflichtung, die **Nachlaßverbindlichkeiten zu erfüllen,** auch soweit sie erst nach dem Erbfall entstanden sind (§ 1967), wirkt, wenn sie nicht besonders vereinbart wird, nicht als förmliche Schuldübernahme nach den §§ 414ff, da auch der Verkäufer nach wie vor Schuldner bleibt (§ 2382 Anm. 1). Auch § 416 ist deshalb nicht ohne weiteres anwendbar. Doch ist entsprechend § 415 Abs. 3 der Käufer zur rechtzeitigen Befriedigung der Nachlaßgläubiger, gegebenenfalls zum Schadenersatz an den Verkäufer verpflichtet, aber nur im Rahmen der beschränkten Haftung, wenn er nicht die unbeschränkte Haftung des Verkäufers gekannt hat (§ 2376 Anm. 1, 6). Der Verkäufer kann seine Leistungen an den Käufer nicht davon abhängig machen, daß er Zug um Zug von der Haftung für die Nachlaßverbindlichkeiten befreit wird; auch dem Wiederverkäufer einer Erbschaft (§ 2385 Anm. 1) steht ein solches Recht gegenüber dem Wiederkäufer nicht zu (**RG** 101, 185).

Anm. 3

Vermächtnisse, Auflagen und Pflichtteilslasten bleiben im Verhältnis der Vertragsgegner auf dem Verkäufer liegen, es sei denn, daß der Käufer ihr Vorhandensein gekannt hat (§ 2376; **RG** HRR 1930 Nr. 2021). Soweit der Verkäufer dafür einzustehen hat, kann er auch nicht nach Abs. 2 Ersatz verlangen. Die Ausgleichspflicht ist nicht Nachlaßverbindlichkeit.

II. Vor dem Verkauf (Abs. 2)

Anm. 4

Der **Ersatzanspruch des Verkäufers** folgt aus der Unterstellung, daß schon mit dem Erbfall eine Gesamtnachfolge des Käufers in die Nachlaßverbindlichkeiten stattgefunden habe. Der Erfüllung steht gleich: Leistung an Erfüllungs Statt (§ 364), Hinterlegung (§ 378) und Aufrechnung einer Eigenforderung des verkaufenden Erben gegen den Nachlaßgläubiger (§ 389).

III. Sonstiges

Anm. 5

Beim Verkauf eines Erbteils geht im Umfange des § 2376 die gesamtschuldnerische Haftung aus den §§ 2058ff auf den Käufer über. Über die Befreiung hiervon bei Ausübung des Vorkaufsrechts § 2036 Anm. 1.

Anm. 6

Sonstige Pflichten des Käufers, wie Zahlung des Kaufpreises, Abnahmepflicht (§ 433 Abs. 2), Kosten (§§ 448, 449), Zinspflicht (§ 452), ergeben sich aus den allgemeinen Kaufvorschriften.

§ 2379

Dem Verkäufer verbleiben die auf die Zeit vor dem Verkaufe fallenden Nutzungen. Er trägt für diese Zeit die Lasten, mit Einschluß der Zinsen der Nachlaßverbindlichkeiten. Den Käufer treffen jedoch die von der Erbschaft zu entrichtenden Abgaben sowie die außerordentlichen Lasten, welche als auf den Stammwert der Erbschaftsgegenstände gelegt anzusehen sind.

E I 495 II 455; M 2 360, 361; P 2 120—123.

Nutzungen, Lasten

Anm. 1

I. Zu Satz 1

Daß die **Nutzungen** (§§ 99—101) **dem Verkäufer verbleiben,** enthält eine Minderung der ihm durch die §§ 2374, 2375 auferlegten Herausgabe- und Ersatzpflicht.

Anm. 2

II. Zu Satz 2

Lasten (§ 103) **und Zinsen** bleiben auf dem Verkäufer, obwohl sie als Nachlaßverbindlichkeiten gemäß § 2378 vom Käufer zu tragen wären.

III. Zu Satz 3

Anm. 3

Abgaben (insbesondere Erbschaftsteuer; sie ist keine eigentliche Nachlaßverbindlichkeit und, soweit der Nachlaß mithaftet, zugleich eine außerordentliche Last, RG 172, 149f) und **außerordentliche Lasten** § 2126 Anm. 2. Die Vorschrift enthält keine Auslegungsregel, sondern nachgiebiges Recht (**RG** JW 1910, 998[3]).

IV. Verkauf eines Erbteils

Anm. 4

Beim Verkauf eines Erbteils gehen Nutzungen und Lasten in dem als Ergebnis der Auseinandersetzung ermittelten Überschuß unter (§ 2047 Anm. 1). Für die Anwendung des § 2379 bleibt deshalb regelmäßig kein Raum. Doch bleiben vor Kaufschluß bereits verteilte Reinerträge (§ 2038 Anm. 12) dem Verkäufer.

§ 2380

Der Käufer trägt von dem Abschlusse des Kaufes an die Gefahr des zufälligen Unterganges und einer zufälligen Verschlechterung der Erbschaftsgegenstände. Von diesem Zeitpunkt an gebühren ihm die Nutzungen und trägt er die Lasten.

E I 494, 495 Satz 1, II 456; M 2 359, 360; P 2 122, 123.

Übergang der Gefahr, der Nutzungen und Lasten

Anm.

Die Vorschrift weicht von § 446 Abs. 1 nur insoweit ab, als nicht der Zeitpunkt der Übergabe, sondern derjenige des Kaufabschlusses maßgebend ist.

§ 2381

Der Käufer hat dem Verkäufer die notwendigen Verwendungen zu ersetzen, die der Verkäufer vor dem Verkauf auf die Erbschaft gemacht hat.

Für andere vor dem Verkaufe gemachte Aufwendungen hat der Käufer insoweit Ersatz zu leisten, als durch sie der Wert der Erbschaft zur Zeit des Verkaufs erhöht ist.

E I 496 II 457; M 2 361, 362; P 2 124—126; 6 182.

Verwendungen vor dem Verkauf

Anm. 1

I. Zu Abs. 1

Ergänzende Vorschrift. Zu den **notwendigen Verwendungen** (§ 994 Anm. 20 bis 25) gehören auch die gewöhnlichen Erhaltungskosten. Auch diese sind dem Verkäufer, obwohl ihm die Nutzungen verbleiben (§ 2379), zu ersetzen, da die Bestimmung des § 994 Abs. 1 Satz 2 auf den Erbschaftskauf nicht übertragbar ist. Für die Notwendigkeit ist der Zeitpunkt der Verwendung maßgebend. Der Anspruch besteht auch, wenn die Sache zur Zeit des Kaufabschlusses untergegangen oder verschlechtert ist. Die gewöhnlichen Lasten (vgl. § 995 Anm. 2, 3) treffen nach § 2379 Anm. 2 den Verkäufer.

II. Zu Abs. 2

Anm. 2

Ein Ersatzanspruch wegen anderer, d. h. **nützlicher Verwendungen** besteht übereinstimmend mit § 996 nur, wenn der Wert der Erbschaft noch zur Zeit des Verkaufs durch sie erhöht ist. Nach diesem Zeitpunkt gemachte Verwendungen kann der Verkäufer nach Maßgabe des § 450 ersetzt verlangen. Verwendungen auf die Erbschaft durch Erfüllung von Nachlaßverbindlichkeiten (§ 2022 Abs. 2) begründen den Ersatzanspruch des Verkäufers nach § 2378 Abs. 2. Aufwendungen, um Nutzungen zu gewinnen, trägt der Verkäufer als Nutzungsberechtigter (§ 2379 Anm. 1).

III. Verkauf eines Erbteils

Anm. 3

Beim Verkauf eines Erbteils kommen Ersatzansprüche des verkaufenden Miterben gegen die übrigen Erben in Frage. Sie können vom Verkäufer gleich einem gewöhnlichen Nachlaßgläubiger gegen die Erbengemeinschaft, darunter auch den Erbteilskäufer, verfolgt werden. Da solche Ersatzansprüche nicht zum Erbteil gehören, gelten sie ohne besondere Abrede nicht als mitverkauft. Ist der Erbteil erst nach der Auseinandersetzung verkauft, so gilt die Regel des Abs. 2.

§ 2382

Der Käufer haftet von dem Abschlusse des Kaufes an den Nachlaßgläubigern, unbeschadet der Fortdauer der Haftung des Verkäufers. Dies gilt auch von den Verbindlichkeiten, zu deren Erfüllung der Käufer dem Verkäufer gegenüber nach den §§ 2378, 2379 nicht verpflichtet ist.

Die Haftung des Käufers den Gläubigern gegenüber kann nicht durch Vereinbarung zwischen dem Käufer und dem Verkäufer ausgeschlossen oder beschränkt werden.

E I 497 II 458; M 2 362, 363; P 2 126, 127.

Haftung des Käufers gegenüber Nachlaßgläubigern

I. Zu Abs. 1 Satz 1

Anm. 1

Der **Käufer** wird nicht Gesamtnachfolger des Erblassers (Anm. 1 vor § 2371); er **haftet** aber vom Kaufabschluß an, wie beim Kauf eines Vermögens (§ 419), **für alle Nachlaßverbindlichkeiten** neben dem verkaufenden Erben als Gesamtschuldner (§§ 421 ff), soweit dieser nicht durch förmliche Schuldübernahme gemäß den §§ 414 ff hiervon befreit ist (KGJ 52, 60: Haftung für die dem Nachlaßpfleger festgesetzte Vergütung).

Anm. 2

Für den Kreis der Nachlaßgläubiger kommt keine andere Begrenzung in Frage, als sie für das Erbrecht überhaupt im Anschluß an § 1967 in Rechtsprechung und Rechtslehre erörtert ist; dies gilt auch für Verbindlichkeiten aus einem vom Erben als solchem vorgenommenen Rechtsgeschäft (**RG** 112, 129; § 1967 Anm. 12). Der Käufer haftet nicht, wenn der Verkäufer nicht Erbe war. Beschränkung der Haftung § 2383.

Anm. 3

II. Zu Abs. 1 Satz 2

Der Käufer haftet im Außenverhältnis unbeschränkbar (Abs. 2) auch für Vermächtnisse, Auflagen, Pflichtteilslasten (§§ 2378, 2376) sowie für die gewöhnlichen Lasten und die Zinsen der Nachlaßverbindlichkeiten (§ 2379).

Anm. 4

III. Zu Abs. 2

Die Vorschrift regelt die **Unwirksamkeit abweichender Vereinbarung** gegenüber den Nachlaßgläubigern (entsprechend § 419 Abs. 3). Wegen dieser Folgen muß der von der Rechtsprechung für § 419 entwickelte Grundsatz, der Erwerber eines einzelnen Gegenstandes könne nur dann als Vermögensübernehmer behandelt werden, wenn ihm die Verhältnisse des Veräußerers bekannt gewesen seien (**RG** 134, 125; 154, 375; 160, 14) hier entsprechend gelten (**RG** 171, 192).

Anm. 5

IV. Lastenausgleich

Nach LAG § 60 kann auf gemeinsamen Antrag der Beteiligten unter bestimmten Voraussetzungen die Schuldübernahme genehmigt werden, wenn der Erwerber beim Erbschaftskauf die Abgabeschuld des Veräußerers übernommen hat oder übernimmt.

Anm. 6

V. Sonderfälle

Bei Verkauf und Übertragung eines **Erbteils** (§ 2371 Anm. 2) tritt der Käufer in die Gesamthaftung der Miterben gemäß §§ 2058—2063 ein (**RG** 60, 131); Rechtsnachfolger des Verkäufers im Sinne von ZPO § 325 ist er auch dann nicht, wenn er diesem gegenüber nach § 2378 verpflichtet ist, die ausgeklagte Nachlaßverbindlichkeit zu erfüllen (**RG** HRR 1930 Nr. 2021). Zum Erlöschen der Haftung des Erbteilskäufers infolge Ausübung des Vorkaufsrechts vgl. § 2036 Anm. 1, 2. Vereinigen sich infolge rechtsgeschäftlichen Erwerbs Nacherbenrecht und Vorerbschaft in einer Person, so wird damit ein an den Eintritt des Nacherbfalles geknüpftes Vermächtnis noch nicht fällig. Die Haftung des Käufers aus einer mit einem Vermächtnis belasteten Nacherbschaft entsteht daher erst mit dem Eintritt des Nacherbfalles (LG Heilbronn NJW 1956, 513).

§ 2383

Für die Haftung des Käufers gelten die Vorschriften über die Beschränkung der Haftung des Erben. Er haftet unbeschränkt, soweit der Verkäufer zur Zeit des Verkaufs unbeschränkt haftet. Beschränkt sich die Haftung des Käufers auf die Erbschaft, so gelten seine Ansprüche aus dem Kaufe als zur Erbschaft gehörend.

Die Errichtung des Inventars durch den Verkäufer oder den Käufer kommt auch dem anderen Teile zustatten, es sei denn, daß dieser unbeschränkt haftet.

E I 498 II 459; M 2 363—365; P 2 127—129.

Übersicht

Haftungsbeschränkung

I. Beschränkte Haftung des Käufers (Abs. 1 Satz 1)

Anm. 1

1. Allgemeines

Die **Haftung des Käufers** besteht neben dem Verkäufer als Gesamtschuldner (§ 2382 Anm. 1). Beide können selbständig, jeder für sich und grundsätzlich ohne Wirkung für oder gegen den anderen, das **Recht der beschränkten Haftung** geltend machen oder des Rechtes verlustig gehen (Anm. vor § 1967).

Anm. 2

2. Aufgebot der Nachlaßgläubiger (§§ 1970—1973)

Sowohl der Verkäufer wie der Käufer sind antragsberechtigt; das vor oder nach Kaufschluß erwirkte Ausschlußurteil kommt auch dem anderen Teil zugute (ZPO § 1000). Für das Verweigerungsrecht (§ 1973 Abs. 1) auch des Verkäufers ist der jeweilige Umfang des nunmehr in der Hand des Käufers befindlichen Nachlasses maßgebend. Die Bereicherung (§ 1973 Anm. 13ff) kann auf seiten des Verkäufers nur im Kaufpreis, in gezogenen Nutzungen (§ 2379), Verwendungsansprüchen, soweit sie nicht zum Ausgleich der Verwendungen dienen (§ 2381), und im Verbrauch ohne Ersatzpflicht bestehen (§ 2375 Anm. 4). Auf seiten des Käufers mindert der gezahlte oder geschuldete Kaufpreis den Betrag seiner Bereicherung.

Anm. 3

3. Ablauf der Fünfjahresfrist (§ 1974)

Rechtzeitige Geltendmachung der Forderung gegenüber dem Verkäufer wirkt, wenn sie vor Kaufabschluß erfolgt, auch gegen den Käufer. Nach Kaufabschluß wirkt sie nur gegen den, demgegenüber sie vorgenommen ist.

Anm. 4

4. Nachlaßkonkurs (§§ 1975ff)

Nach Kaufschluß kann formell („in Ansehung des Verfahrens") nur der Käufer, niemals der Verkäufer Gemeinschuldner werden; nur unter besonderen Voraussetzungen ist auch der Verkäufer antragsberechtigt (KO § 232 Abs. 1, 2). Der Konkurs ergreift jedoch den gesamten Nachlaß (s. auch Anm. 12), somit auch die noch in der Hand des Verkäufers befindlichen Nachlaßgegenstände (KO §§ 1, 118); auch die von dem oder gegen den Verkäufer vorgenommenen Rechtshandlungen sind nach KO §§ 7, 8 unwirksam. Auch ihm gegenüber dauern die Wirkungen der §§ 1976, 1977 fort (Konfusion, Aufrechnung), ebenso seine Verantwortung gegenüber den Nachlaßgläubigern aus §§ 1978—1980 neben derjenigen des Käufers, die mit Kaufschluß beginnt. Unter Umständen kann schon die Tatsache des Verkaufs die Verantwortung des Verkäufers aus § 1978, zugleich für Verschleuderungen des Käufers begründen. Während der Dauer des Nachlaßkonkurses sind beide durch ZPO §§ 784, 785 gegen Inanspruchnahme ihres eigenen Vermögens geschützt.

Anm. 5

5. Nachlaßvergleichsverfahren

Der Käufer ist berechtigt, den Antrag auf Eröffnung des Verfahrens zu stellen, der Verkäufer nur unter den besonderen Voraussetzungen des § 232 Abs. 2 KO (VerglO § 113 Nr. 1). Vergleichsschuldner ist der Käufer oder der Verkäufer, je nachdem ob der eine oder der andere den Antrag gestellt hat; die Vorschrift des § 232 Abs. 1 KO ist, soweit sie zur Folge hat, daß nur der Käufer Gemeinschuldner werden kann (s. Anm. 4), auf das Vergleichsverfahren nicht zu übertragen. Der Antrag kann auch vom Käufer nicht mehr gestellt werden, wenn der Verkäufer unbeschränkt haftet, gleichviel ob dessen unbeschränkte Haftung schon vor Kaufabschluß (Abs. 1 Satz 2) oder erst nachher eingetreten ist (VerglO § 113 Nr. 3).

Anm. 6

6. Nachlaßverwaltung (§§ 1975ff)

Ihre Anordnung zu beantragen steht dem Käufer unbeschränkt zu. Das gleiche Recht muß auch dem Verkäufer, und zwar nicht nur soweit er Nachlaßgläubiger sein sollte (§ 1981 Anm. 11), sondern auch, wiewohl unter entsprechender Einschränkung gemäß KO § 232 Abs. 2, als Mittel zugestanden werden, sich die durch das Verhalten oder die Vermögenslage des Käufers gefährdete beschränkte Haftung für die Nachlaßverbindlichkeiten zu sichern, die er auch weiter zu vertreten hat. Im übrigen gilt das in Anm. 4 Gesagte. Ein Verkauf der Erbschaft durch den Konkurs- oder Nachlaßverwalter ist nicht Erbschaftskauf im Sinne des § 2371, sondern nach allgemeinen Kaufgrundsätzen zu beurteilen.

Anm. 7

7. Unzulänglichkeitseinrede (§§ 1990—1992)

Sie steht dem Verkäufer wie dem Käufer zu. Doch können sich beide nur durch Herausgabe des eigentlichen Nachlasses (§ 1990 Anm. 16), der Verkäufer also nicht durch Herausgabe des Kaufpreises oder der ihm sonst gegen den Käufer zustehenden Ansprüche befreien. Ebensowenig kann der Käufer den gezahlten Kaufpreis als Aufwendung in Rechnung stellen . Das Einlösungsrecht steht beiden zu (§ 1992 Anm. 12).

Anm. 8

8. Inventarerrichtung (§§ 1993ff)

Die Inventarfrist kann auch nach Kaufschluß sowohl dem Erben wie dem Käufer gesetzt werden. Abgesehen von Abs. 2 bestimmen sich Fristenlauf, Versäumnisfolge, Nachteile mangelhafter Errichtung, Eidesverweigerung jedem Teile gegenüber durchaus selbständig. Ebenso wirkt der Mangel des Vorbehalts im Urteile nur gegen den Verurteilten (ZPO § 780).

Anm. 9

9. Aufschiebende Einreden (§§ 2014, 2015, ZPO § 782)

Sie stehen beiden Teilen zu; die Frist läuft auch für den Käufer von der Annahme der Erbschaft ab und endet mit der Inventarerrichtung, gleichviel von wem sie ausgeht. Der Antrag des einen auf Erlaß des Aufgebots kommt auch dem anderen zustatten (ZPO § 1000).

Anm. 10

10. Verkauf eines Erbteils

Ist er gemäß § 2033 vom Verkäufer dem Käufer übertragen, so gelten für beide, als wenn sie Miterben wären, die Grundsätze der §§ 2058—2062. Der beschränkt haftende Verkäufer kann jedoch, da er keinen Anteil mehr am Nachlasse hat, bis zur Teilung jede Befriedigung aus seinem Vermögen verweigern (§ 2059 Abs. 1). Nach Ausübung des Vorkaufsrechts wird der Käufer gemäß § 2036 von jeder Haftung frei.

Anm. 11

II. Unbeschränkte Haftung des Käufers (Abs. 1 Satz 2)

Unbeschränkte Haftung des Verkäufers zur Zeit des Kaufschlusses läßt auch den Käufer, unbeschadet seiner Ersatzansprüche gegen den Verkäufer aus § 2376 den Gläubigern gegenüber unbeschränkt haftbar werden. Dagegen berührt es den Käufer nicht, wenn die unbeschränkte Haftung des Verkäufers erst nach Kaufschluß eintritt (s. aber auch Anm. 5).

Anm. 12

III. Ansprüche des Käufers aus dem Kauf (Abs. 1 Satz 3)

Ansprüche des Käufers gegen den Verkäufer (§§ 2374—2377) begründen an sich Eigenverbindlichkeiten des letzteren, können aber entsprechend § 1978 Anm. 13 während der Dauer der Nachlaßverwaltung oder des Nachlaßkonkurses nur vom Verwalter gegen den Verkäufer geltend gemacht werden, wenn dieser beschränkt haftet.

Anm. 13

IV. **Wirkungen der Inventarerrichtung (Abs. 2)**

Inventar s. Anm. 8. Vorausgesetzt ist ordnungsmäßige Errichtung. Das „ungetreue Inventar" (§ 2005) läßt nicht nur den Errichtenden, sondern, wenn inzwischen die auch ihm gesetzte Inventarfrist verstrichen ist, auch den anderen Teil die beschränkte Haftung verlieren.

§ 2384

Der Verkäufer ist den Nachlaßgläubigern gegenüber verpflichtet, den Verkauf der Erbschaft und den Namen des Käufers unverzüglich dem Nachlaßgericht anzuzeigen. Die Anzeige des Verkäufers wird durch die Anzeige des Käufers ersetzt.

Das Nachlaßgericht hat die Einsicht der Anzeige jedem zu gestatten, der ein rechtliches Interesse glaubhaft macht.

E II 460; P 2 129.

Anzeige vom Verkauf

Anm. 1

I. **Anzeigepflicht des Verkäufers** entsprechend der des Vorerben bei Eintritt der Nacherbfolge. Vgl. § 2146.

Anm. 2

II. Zum **rechtlichen Interesse** im allgemeinen **BGH** 4, 324.

Anm. 3

III. Gebühr für die Entgegennahme der Anzeige KostO §§ 112 Abs. 1 Nr. 7, 115.

§ 2385

Die Vorschriften über den Erbschaftskauf finden entsprechende Anwendung auf den Kauf einer von dem Verkäufer durch Vertrag erworbenen Erbschaft sowie auf andere Verträge, die auf die Veräußerung einer dem Veräußerer angefallenen oder anderweit von ihm erworbenen Erbschaft gerichtet sind.

Im Falle einer Schenkung ist der Schenker nicht verpflichtet, für die vor der Schenkung verbrauchten oder unentgeltlich veräußerten Erbschaftsgegenstände oder für eine vor der Schenkung unentgeltlich vorgenommene Belastung dieser Gegenstände Ersatz zu leisten. Die im § 2376 bestimmte Verpflichtung zur Gewährleistung wegen eines Mangels im Rechte trifft den Schenker nicht; hat der Schenker den Mangel arglistig verschwiegen, so ist er verpflichtet, dem Beschenkten den daraus entstehenden Schaden zu ersetzen.

Urkundlich unter Unserer Höchsteigenhändigen Unterschrift und beigedrucktem Kaiserlichen Insiegel.

Gegeben Neues Palais, den 18. August 1896.

(L. S.)

Wilhelm.
Fürst zu Hohenlohe.

E I 500 II 461; M 2 365, 366; P 2 129, 130; 6 182, 183.

Weiterverkauf; sonstige Veräußerungsverträge

I. Entsprechende Anwendung der Vorschriften über den Erbschaftskauf

Anm. 1

1. Zu Abs. 1 Halbs. 1

Durch **Weiterverkauf der Erbschaft** oder Weiterveräußerung (Anm. 2) entstehen unmittelbare Rechtsbeziehungen nur zwischen dem jeweiligen Verkäufer und Käufer. Der Umfang der Herausgabepflicht einschließlich der Ersatzstücke bestimmt sich nach der Zeit des zweiten und folgenden Verkaufs (§ 2374 Anm. 2), doch haftet der spätere Verkäufer auch für Wertminderungen des Nachlasses durch seine Rechtsvorgänger (§ 2375) und neben der Gewährleistung des § 2376 zugleich dafür, daß sein eigenes Recht an der Erbschaft frei von Mängeln ist. Die weiterverkaufte Erbschaft ist schon mit dem Abschlusse des betreffenden Vertrags durch Vertrag erworben, auch wenn er einen gemäß § 2033 noch zu übertragenden Erbteil zum Gegenstand hat. War der erste Vertrag durch Herausgabe der Erbschaftsgegenstände noch nicht erfüllt, so ist der spätere Verkäufer seinem Abkäufer gleichwohl selbst herausgabepflichtig, wenn nicht gewollt ist, daß er sich hiervon durch Abtretung des Herausgabeanspruchs an den vorgehenden Verkäufer befreien darf. Den Nachlaßgläubigern werden und bleiben gemäß den §§ 2382, 2383 neben dem Erben auch alle späteren Erwerber der Erbschaft gesamtschuldnerisch verhaftet (vgl. auch KO § 233).

2. Zu Abs. 1 Halbs. 2

Anm. 2

Andere Veräußerungsverträge sind Tausch, Hingabe an Erfüllungs Statt, Schenkung (Abs. 2), Vergleich, insbesondere wenn er unter streitenden Erbschaftsbewerbern über die Überlassung der Erbschaft an den in Wahrheit nicht Erbberechtigten geschlossen wird, vgl. § 2371 Anm. 7; **RG** 72, 209; 171, 366. Auch eine Vereinbarung, die der Erbe des Verfolgten und der erbverdrängte Abkömmling des Verfolgten miteinander treffen und in der sie zur Regelung der aus REGamZ Art. 79 entstehenden Fragen bestimmen, daß ihnen die Rückerstattungsansprüche aus dem Nachlaß des Verfolgten je zur Hälfte zustehen sollen, ist nach § 2385 entsprechend den Bestimmungen über den Erbschaftskauf zu behandeln (Oberstes Rückerstattungsgericht Nürnberg 19. 11. 1957 ORG III 629 — Fall Nr. 1521 = WM IV B 1958, 81).

Anm. 3

Verzichtet ein Kind, das für den Fall, daß der überlebende Elternteil heiratet, als Nacherbe nach diesem eingesetzt worden ist, bevor der Nacherbfall eintritt, durch Vertrag mit diesem Elternteil zu dessen Gunsten, so überträgt es damit seine Nacherbanwartschaft auf den Elternteil; der Vertrag bedarf daher der Form der §§ 2033 Abs. 1, 2371, 2385. Ist ein solcher Verzichtsvertrag wegen des Verhaltens eines Teiles sittenwidrig und richtet sich die Sittenwidrigkeit gegen den anderen Teil, so ist nach ständiger Rechtsprechung auch das dingliche Erfüllungsgeschäft nichtig (**RG** 17. 6. 1941 VII 119/40).

II. Sonderregelung bei Schenkung (Abs. 2)

Anm. 4

1. Zu Abs. 2 Satz 1

Beschränkte Verpflichtung des Schenkers gegenüber § 2375.

Bloße Beurkundung des Schenkungsversprechens nach § 518 Abs. 1 genügt nicht, der Mangel wird auch nicht nach Abs. 2 durch Herausgabe der Erbschaftsgegenstände geheilt, da sich hierin die Leistung des Schenkers einer Erbschaft nicht erschöpft, wohl aber, wenn ein Erbteil verschenkt ist, durch Verfügung gemäß § 2033 Abs. 1.

Wird die Schenkung nach §§ 812 oder 531, 527, 528 zurückgefordert, so liegt dem Schenker die Verpflichtung ob, den Beschenkten von den auf ihn übergegangenen Verpflichtungen, insbesondere von der Haftung für die Nachlaßverbindlichkeiten wieder zu befreien.

Anm. 5

2. Zu Abs. 2 Satz 2

Der zweite Halbsatz regelt die **Haftung für Arglist** (**RG** 55, 214) entsprechend § 523 Abs. 1. Auch die Schenkung der Erbschaft erfordert nach § 2371 Beurkundung der beiderseitigen Willenserklärungen.

KRUSE

ERKENNTNIS UND WERTUNG

Das Grundproblem der Erkenntnislehre und der Ethik

Von Professor Dr. jur. Fr. Vinding Kruse, Kopenhagen

Groß-Oktav. 595 Seiten. 1960. Ganzleinen DM 56,—

Innerhalb der Philosophie hat das erkenntnistheoretische Hauptwerk ‚*The Foundation of Thought*‘, das in Dänemark als ‚*Erkendelse og Vurdering*‘ bereits 1952 in 2. Auflage erschien und hier in deutscher Übersetzung vorliegt, in der englischen Literatur bereits große Anerkennung erreicht. Der Verfasser ist der deutschen wissenschaftlichen Welt bereits durch sein ins Deutsche und Englische übersetzte Werk ‚*Eigentumsrecht*‘ bekannt, das in der deutschen Rechtsliteratur dank seiner neuen Gedanken als bahnbrechendes Werk anerkannt wurde.

COING

GRUNDZÜGE DER RECHTSPHILOSOPHIE

von Professor Dr. Helmut Coing

Oktav. XI, 302 Seiten. 1950. Halbleinen DM 17,—

(Lehrbücher und Grundrisse der Rechtswissenschaften Band 19)

„Da das Buch klar und fesselnd geschrieben ist und mit geschickter Hand die wesentlichen Probleme auswählt und zueinander ordnet, auch durch vorzüglich ausgesuchte Beispiele aus der Rechtsgeschichte und dem Rechts- und Wirtschaftsleben der Gegenwart die Tragweite rechtsphilosophischer Fragestellung veranschaulicht, ist es sehr wohl geeignet, den Jünger des Rechts für die Rechtsphilosophie zu gewinnen.“

Zeitschrift für die gesamte Strafrechtswissenschaft

WELZEL

DIE NATURRECHTSLEHRE SAMUEL PUFENDORFS

Ein Beitrag zur Ideengeschichte des 17. und 18. Jahrhunderts

von Prof. Dr. Hans Welzel, Bonn

Oktav. IV, 114 Seiten. 1958. DM 14,80

Samuel Pufendorf gehört zu den schöpferischen Geistern, die damals eine neue Epoche heraufgeführt haben, von deren Ergebnissen wir noch heute zehren. Sein umfassendes Naturrechtssystem — dessen Studium *Locke* und *Rousseau* der europäischen Jugend ans Herz gelegt haben — genoß über ein Jahrhundert ein weltweites Ansehen. Aus ihm stammen zu einem sehr wesentlichen Teile die in der Folgezeit bis zur Gegenwart fortwirkenden Ideen der auf der sittlichen Freiheit gegründeten Menschenwürde und der aus ihr abgeleiteten naturrechtlichen Freiheit und Gleichheit aller Menschen.

HENKEL

RECHT UND INDIVIDUALITÄT

von Professor Dr. Heinrich Henkel, Hamburg

Oktav. 87 Seiten. 1958. DM 9,80

„Die vorliegende Schrift ist klein, aber inhaltsreich. Leider befassen sich immer weniger Rechtslehrer mit der Rechtsphilosophie; das positive Recht und die Rechtslehre für die Praxis steht allenhalben im Vordergrund. Die Schrift ist äußerst instruktiv für jeden, der sich von hoher Warte mit den Grundfragen des Rechts befaßt und dafür ein umfassendes juristisches Wissen und humanistische Bildung mitbringt.“

Österr. Forschungsinstitut für Wirtschaft und Politik

EVERS

DER RICHTER UND DAS UNSITTLICHE GESETZ

Eine Untersuchung von Dr. Hans-Ulrich Evers

Oktav. VIII, 154 Seiten. 1956. DM 16,—

„Die Arbeit von Evers zeichnet sich dadurch aus, daß sie nicht nur dem rechtsphilosophisch Interessierten Material und wohlbegründete Thesen bietet, sondern auch den Juristen anspricht, der sich nicht speziell mit rechtsphilosophischen Fragen befaßt. Vor allem dem Richter ist die Lektüre des Buches zu empfehlen. Findet er doch eine Fülle von Anregungen zu Fragen, die seine Tätigkeit stark berühren und zu denen er irgendwann einmal Stellung beziehen muß.

Goltdamer's Archiv für Strafrecht, Hamburg

WALTER DE GRUYTER & CO · BERLIN W 30

FSC
www.fsc.org
MIX
Papier | Fördert
gute Waldnutzung
FSC® C083411

Kolibri 360 GmbH
Ferdinand-Jühlke-Straße 7
99095 Erfurt, Deutschland
produktsicherheit@kolibri360.de